Le lettere di Dante

Toscana bilingue
Storia sociale della traduzione medievale

Bilingualism in Medieval Tuscany

A cura di / Edited by
Antonio Montefusco

Volume 2

Le lettere di Dante

Ambienti culturali, contesti storici e circolazione
dei saperi

A cura di
Antonio Montefusco e Giuliano Milani

DE GRUYTER

This publication is part of a project that has received funding from the European Research Council (ERC) under the European Union's Horizon 2020 research and innovation programme (grant agreement No 637533).

The information and views set out in this publication reflect only the authors' views, and the Agency (ERCEA) is not responsible for any use that may be made of the information it contains.

ISBN 978-3-11-077685-0
e-ISBN (PDF) 978-3-11-059066-1
e-ISBN (EPUB) 978-3-11-059073-9
ISSN 2627-9762
e-ISSN 2627-9770

This work is licensed under the Creative Commons Attribution 4.0 International License (CC BY 4.0). For details go to https://creativecommons.org/licenses/by/4.0/.

Library of Congress Control Number: 2019955265

Bibliographic information published by the Deutsche Nationalbibliothek
The Deutsche Nationalbibliothek lists this publication in the Deutsche Nationalbibliografie; detailed bibliographic data are available on the internet at http://dnb.dnb.de.

© 2021 Antonio Montefusco and Giuliano Milani,
This volume is text- and page-identical with the hardback published in 2020.
published by Walter de Gruyter GmbH, Berlin/Boston
This book is published with open access at www.degruyter.com
Cover image: © Biblioteca Nazionale Centrale di Firenze, Pal. 600, f. 1
Typesetting: Meta Systems Publishing & Printservices GmbH, Wustermark
Printing and binding: CPI books GmbH, Leck

www.degruyter.com

Antonio Montefusco
Premessa

Questo volume è pubblicato nel quadro del progetto ERC StG 637533 *Biflow (Bilingualism in Florentine and Tuscan Works, 1260–1430)*, incentrato sulla storia sociale della traduzione nella Toscana medievale. Nella prima fase del progetto (2015–2018), ci siamo concentrati sul *dictamen* come sapere egemonico che ha presidiato l'intero arco della scrittura, latina e volgare, di livello alto, veicolando una importante riflessione sul linguaggio. Le 12 epistole di Dante sono risultate un *case study* particolarmente interessante per studiare questo intreccio tra volgarizzamenti, bilinguismo e *dictamen*. Abbiamo colto l'occasione per esaminare i testi in maniera integrale e approfondita, com'è tipico dell'approccio che abbiamo sviluppato nel lavoro collettivo condotto dal team del progetto per i vari dossier che sono oggetto della nostra ricerca: da tale approccio è nato questo volume. In esso si raccolgono una serie di interventi che abbiamo discusso in due workshops tenutisi presso l'Università Ca' Foscari di Venezia: *Dante attraverso i documenti III. Contesti culturali e storici delle epistole dantesche* (10–21 ottobre 2016) e *Dante attraverso i documenti IV. Contesti culturali e storici delle epistole dantesche* (15–17 giugno 2017). A questi interventi se ne sono aggiunti degli altri allo scopo di costruire una monografia per quanto possibile completa riguardo al nostro tema. Tutti i capitoli, comunque, sono stati sottoposti a revisione anonima e discussi dai curatori, che hanno cercato di far interloquire gli autori fra di loro, allo scopo di dar vita a un volume collettivo ma anche omogeneo, soprattutto nei risultati. Colgo l'occasione, dunque, per ringraziare i revisori per la loro lettura attenta e scrupolosa e per i loro utili suggerimenti.

Il lavoro intorno a questo volume si è accompagnato, come si è detto, a quello del team sul *dictamen* e il volgare in Toscana tra metà XIII sec. e metà Trecento. Segnalo velocemente i principali risultati, in parte discussi nel quadro del lavoro su Dante e le sue lettere. All'inizio del progetto, ho avuto la fortuna di collaborare al libro Dante Alighieri, *Le opere*, V, a cura di M. Baglio, L. Azzetta, M. Petoletti e M. Rinaldi, Roma, Salerno, 2016, in cui ho curato l'*Appendice III*, con l'edizione provvisoria dei volgarizzamenti delle epistole V e VII (*Volgarizzamenti* [Montefusco]); sto ora lavorando a un'edizione definitiva, che tenga presente l'intero testimoniale, latino e volgare: anticipo qualche elemento di questo lavoro nell'introduzione di questo volume.

Antonio Montefusco, Università Ca' Foscari Venezia

ᵃ Open Access. © 2020 Antonio Montefusco, published by De Gruyter. [cc] BY This work is licensed under the Creative Commons Attribution 4.0 International License (CC BY 4.0).
https://doi.org/10.1515/9783110590661-202

In occasione del primo workshop veneziano venne presentato e discusso l'intervento di Cristiano Lorenzi, poi pubblicato come *Prime indagini sul volgarizzamento della "Brevis introductio ad dictamen" di Giovanni di Bonandrea*, in «Filologia e Critica», XLII (2017), pp. 302–317; è oggi in via di preparazione l'edizione del volgarizzamento a cura dello stesso Lorenzi. Ancora di Lorenzi, segnalo il contributo *Volgarizzamenti di epistole in un codice trecentesco poco noto (Barb. lat. 4118)*, in «Linguistica e letteratura Open», XLII, pp. 315–358 (disponibile all'indirizzo: https://www.libraweb.net/articoli.php?chiave=201701602&rivista=16), incentrato su uno dei testimoni dei volgarizzamenti delle epistole dantesche. Sempre in occasione del primo workshop, Sara Bischetti presentò il primo nucleo di riflessione intorno al problema della *mise en page* e *mise en texte* della epistolografia, toscana e non, tra latino e volgare, che venne poi discusso anche nel convegno, co-organizzato da *Biflow* e dall'*International research network Ars dictaminis* (Namur, Paris, Aachen), intitolato *Der Mittelalterliche Brief zwischen Norm und Praxis* (Aachen, 30 novembre–2 dicembre 2017), i cui atti sono ora in corso di stampa. La stessa Bischetti sta ora preparando una monografia sul tema. Un quadro generale dei risultati raggiunti, che comprende anche l'edizione della *Gemma Purpurea* di Guido Faba a cura di Michele Vescovo, è presentato in A. Montefusco, S. Bischetti, *Prime osservazioni su «ars dictaminis», cultura volgare e distribuzione sociale dei saperi nella Toscana medievale*, in «Carte Romanze», 6/1 (2018), pp. 163–240.

Il libro sulle lettere di Dante apre anche una serie di pubblicazioni legate al progetto ERC StG 637533 *Biflow (Bilingualism in Florentine and Tuscan Works, 1260–1430)*. La serie si intitola *Toscana Bilingue. Storia sociale della traduzione medievale*, e comprenderà a breve un libro sul notaio episcopale Francesco da Barberino (intitolato *Francesco da Barberino al crocevia. Culture, società, bilinguismo*), i contributi citati sul *dictamen* e altri interventi, che si spera forniscano un rinnovato approccio al problema della traduzione nel medioevo uscente.

Questo libro non sarebbe mai nato senza l'adesione dell'intero team di *Biflow* a questa impresa intellettuale collettiva. Ad essi si sono aggiunti presto i miei studenti del corso veneziano di Filologia Medievale e Umanistica dell'a.a. 2016/2017, coi quali è stato attivato un vivacissimo laboratorio filologico sulle lettere dantesche. A tutti loro sono dedicate queste pagine. Resta infine da ringraziare Gaia Tomazzoli, che oltre ad aver arricchito il libro con un capitolo, ha attivamente collaborato alla sua cura editoriale.

Indice

Antonio Montefusco
Premessa — V

Antonio Montefusco
Le lettere di Dante: circuiti comunicativi, prospettive editoriali, problemi storici — 1

Edizioni di riferimento e abbreviazioni — 41

A Tradizione e critica del testo

Emanuele Romanini
Appunti sulle lettere di Dante nel codice Vat. Pal. lat. 1729 di Francesco Piendibeni — 47

Marco Petoletti
Prospettive filologiche ed ecdotiche delle epistole dantesche a trasmissione monotestimoniale: le lettere VI e XII — 69

Enrica Zanin
Documenti e tracce delle prime edizioni delle epistole nel fondo Witte dell'università di Strasburgo — 85

B Dante e l'*ars dictaminis*

Antonio Montefusco
Competenze, prassi e legittimità profetica del Dante *dictator illustris*
 Elementi di un'interpretazione sociologico-retorica
 delle epistole — 105

Benoît Grévin
Le epistole dantesche e la prassi duecentesca dell'*ars dictaminis*
 Proposte metodologiche per uno studio sistematico — 131

Gaia Tomazzoli
Funzioni delle metafore nelle epistole arrighiane — 147

Fulvio Delle Donne
L'epistola II: tecniche del *dictamen* e tradizione consolatoria —— 165

C Lettera per lettera

Dalla militanza con i Bianchi al soggiorno in Lunigiana

Paolo Grillo
"Universitas partis Alborum": Dante, i Bianchi e Bologna prima della battaglia della Lastra —— 185

Mirko Tavoni
Le Epistole I e II nella vita di Dante (fatti, personaggi, date, testualità, ideologia) —— 201

Claudia Villa
Tempi dell'epistolario dantesco: l'epistola al Malaspina —— 233

Giuliano Milani
La fedeltà di Dante a Moroello
L'epistola IV dalla prospettiva del destinatario —— **243**

Gli anni dell'Impero

Anna Fontes Baratto
L'epistola V di Dante: un'intertestualità polimorfa —— 267

Francesco Somaini
L'epistola V e l'ipotesi di un dossier dantesco per Enrico VII —— 287

Luca Marcozzi
L'epistola di Dante ai fiorentini: memoria scritturale, profetismo e tracce umanistiche dell'invettiva dantesca —— 329

Amedeo De Vincentiis
Gli *scelestissimi* lettori di Dante
Ricezioni e significati dell'epistola VI nella prima metà del Trecento —— **353**

Justin Steinberg
Messianic and Legal Time in Dante's Political Epistles —— 371

Elisa Brilli
Enrico VII, Dante e gli «universaliter omnes Tusci qui pacem desiderant»
  Destinatari e (co-)mittenti danteschi —— 395

Attilio Bartoli Langeli
Scrivere all'imperatrice —— 429

Federico Canaccini
Essere (filoimperiali) o non essere? Questo è il dilemma
  Relazioni politiche tra i conti Guidi, Dante Alighieri e l'imperatore
  Enrico VII a partire dal cosiddetto "trittico Battifolle"
  (epistole VIII–X) —— 455

Gian Maria Varanini
Cancellerie in dialogo
  Nuove testimonianze su Enrico VII di Lussemburgo, gli Scaligeri
  e i Ghibellini italiani —— 473

Proiezioni profetiche e impossibilità di tornare

Gian Luca Potestà
«Cum Ieremia»
  Sul testo della lettera di Dante ai cardinali —— 493

Rodney Lokaj
**Le fonti biblico-patristiche quali vettori tematici nella lettera XI
ai Cardinali —— 509**

Giuliano Milani
Il punto di non ritorno
  Note sull'epistola all'amico fiorentino —— 531

Andreas Kistner
Da Montecatini ad Altopascio: Firenze senza Dante —— 551

Giuliano Milani e Antonio Montefusco
Le epistole attraverso i contesti
  Osservazioni conclusive —— **569**

Opere citate —— **583**

Antonio Montefusco
Le lettere di Dante: circuiti comunicativi, prospettive editoriali, problemi storici

Abstracts: In questo articolo si introducono i contributi del volume e contemporaneamente si presenta un quadro dell'attività epistolare di Dante. Viene studiata innanzitutto la trasmissione manoscritta delle lettere, in particolare i testimoni minori, e si individua una ricezione delle lettere in area senese. Si propone in seguito uno studio dei volgarizzamenti delle epistole V e VII, collegando la loro ricezione all'attività di Giovanni Villani e alla scrittura della *Nuova cronica*. Infine, per interpretare il ruolo dell'attività epistolare nel percorso intellettuale di Dante, si offre una panoramica delle lettere perdute e dei riferimenti ad altre epistole nelle lettere conservate. L'analisi permette di ricostruire il *network* dei destinatari di Dante e i circuiti della comunicazione a esso legato.

In this article I introduce all of the volume's essays, and, at the same time, I sketch the portrait of Dante's letter-writing activity. First, I resume the manuscript transmission of Dante's letters, with particular focus on the minor witnesses, and I pin down their reception in the Sienese area. Then, I examine the vulgarization of the epistles V and VII, and I link their reception to Giovanni Villani's activity, and namely to his *Nuova cronica*. Finally, in order to interpret the role of letter-writing in Dante's intellectual career, I briefly introduce the lost letters and the references to other epistles that can be found in the surviving ones. Such analysis allows to retrace the network of Dante's addressees and its communication chains.

1 Le lettere al centro

Ma come? Potrebbe subito obbiettare qualcuno. Non è argomento capace di provocare curiosità ed interesse nell'animo di persone colte l'esame delle lettere d'un poeta? E di qual poeta, Dio buono? Dante Alighieri! O non sono forse le lettere tra gli scritti d'un artista quelli che sogliono pressoché sempre metterci con lui in più immediata ed intima comunione di sentimenti e di affetti? (...) Nulla di più vero, in massima; pur tale non è, convien confessarlo, il caso per le epistole dell'Alighieri a noi pervenute. Mai come in queste sue scritture il poeta, solito elevarsi con tanta semplice sublimità al di sopra d'ogni

---

Antonio Montefusco, Università Ca' Foscari Venezia

∂ Open Access. © 2020 Antonio Montefusco, published by De Gruyter. [CC BY] This work is licensed under the Creative Commons Attribution 4.0 International License (CC BY 4.0).
https://doi.org/10.1515/9783110590661-001

sorta d'errori, di pregiudizi, di ubbie, letterarie e non letterarie, è rimasto l'uomo del suo tempo. Vincolato all'ossequio di formole consacrate da una tradizione secolare, in virtù di lacci tenaci e molteplici, egli nulla ha fatto per sciogliersi da codesta schiavitù, da cui sembra anzi essersi sino ad un certo segno compiaciuto. E se non fosse la nobile gagliardia dei concetti che tratto tratto lampeggiano e sfavillano attraverso l'involucro crasso o nebuloso che lo ravvolge, noi non riconosceremmo agevolmente nel dettatore enfatico e pesante delle *Epistole* l'intelletto sovrano che cesellò con sì squisita finezza i periodi armoniosi della *Vita Nuova* e sprigionò dall'incandescente fucina del suo cervello il metallo un poco aspro e rugoso, ma pur lucente e sonoro della prosa del *Convivio*. È davvero un fatto degno d'attirar l'attenzione, non ché dei Dantisti, di quanti scrutano l'evoluzione del pensiero italiano durante l'età crepuscolare che precede il Rinascimento, questa soggezione assoluta d'un intelletto, spesso così intensamente e quasi inconsciamente innovatore, quale fu quello di Dante, agli oracoli di una dottrina che, sorta nel più caliginoso periodo dell'evo medio, lo traversò tutto quanto senza venire mai meno alla gretta e superstiziosa ispirazione del tempo in cui s'era formata.[1]

Non si rimane certamente indifferenti rispetto alla durezza con cui Francesco Novati, nell'ambito di una *lectura* rivolta – come sarebbe diventata tradizione – al *corpus* delle cosiddette "opere minori" e pubblicata nel 1905, parlava delle lettere dantesche quasi come di un relitto navale incagliato nelle acque della Storia. Ed era una "durezza" autorevole, poiché scagliata dallo scranno dello studioso ufficialmente incaricato dalla Società Dantesca di approntare l'edizione critica delle lettere del poeta.[2] Tuttavia, pur facendo emergere una profonda insensibilità rispetto a questo ridotto manipolo di testi, l'intervento fotografava efficacemente lo statuto problematico delle lettere dantesche come oggetto di ricerca, soprattutto se studiate con un'attitudine calibrata sul e integralmente tesa al Dante maggiore. Ne conseguiva forzosamente un posizionamento ancillare che ha continuato e continua a emergere negli studî danteschi.

Nel caso di Novati, però, questa ancillarità non rimaneva inerte. L'approccio della scuola "storica" non solo obbligava a una verifica il più rigorosa possibile del problema dell'autenticità di queste opere, le quali, dopo le scoperte di inizio '800 e l'approdo a una prima forma *vulgata* con il Witte e con il Torri, avevano attirato a più riprese sospetti di manipolazione o addirittura di falso.[3] Novati

---

1 Novati, *Le epistole*, pp. 6–7.
2 Andreoli, Tagliani, *Bibliografia unificata*; mi risulta di Novati solo la seguente: *L'Epistola di Dante a Moroello*. L'edizione, infatti, non fu mai portata a termine; da una mia verifica sulle carte Novati depositate presso Società Storica Lombarda, consultabile presso la Biblioteca Braidense, il lavoro non era in stato molto avanzato. Cfr. *Francesco Novati. Inventario*. Sto conducendo uno studio sul materiale relativo alle lettere che verrà pubblicato nell'ambito di un volume dedicato alle carte di Karl Witte, depositate ora presso la Bibliothèque nationale et universitaire de Strasbourg.
3 Montefusco, *Le "Epistole"*, pp. 409–416.

coglieva l'occasione sia per sollevare problemi irrisolti – penso soprattutto a quello della formazione dell'Alighieri come *dictator* tra la Bologna dell'università e la Firenze di Brunetto – sia per fare nuove acquisizioni sul fronte della storia del *dictamen* e dell'influsso di quest'ultimo sulla nascente prosa volgare in toscano. Sul primo terreno, per fare solo un esempio, proprio in questo intervento lo studioso milanese faceva uscire dall'oblio un maestro come Mino da Colle Val d'Elsa, formatosi a Bologna per poi diventare *magister* ad Arezzo, i cui rapporti con gli autori della nascente letteratura in toscano sono stati indagati da Helene Wieruszowski. Sul secondo terreno Novati inaugurava una linea che da Schiaffini arriverà alle pagine di Quaglio e di Segre, che proprio a partire dalla curvatura specifica che l'insegnamento dell'*ars* riceveva in Italia, sempre tra la Toscana e Bologna, individueranno la possibilità di un interscambio tra la prosa ritmica latina e la prosa d'arte in volgare.[4]

In altri termini, complice la più labile definizione dei confini disciplinari della stagione ottocentesca della nostra critica letteraria, quella delle lettere di Dante risultava un'ancillarità produttiva, perché incitava a battere piste di approfondimento nuove e significative, che andavano ben al di là dei confini degli studi danteschi. In questa posizione, le epistole si facevano senz'altro strumento di verifica di ricerche importanti di natura stilistico-ecdotica, come ad esempio quella sulla prosa ritmata mediolatina, in un arco storico che da monsignor Di Capua arriva agli studi più recenti di mediolatinisti come Peter Dronke e Paolo Chiesa;[5] oppure porta di accesso a contesti culturali più ampi ma ancora poco noti, come quelli appena evocati dell'ambiente aretino dell'*ars* e quello della epistolografia in volgare. In entrambi gli approcci, tuttavia, l'attenzione ai testi danteschi sfumava inevitabilmente nell'ombra.

Quello del Novati era, se così si può dire, un programma di lavoro che oggi acquisisce a più di un titolo una nuova attualità. Rispetto al sondaggio di massima che mi è capitato di avanzare nel 2011 in occasione della pubblicazione dei tre volumi intitolati *Dante, oggi*, la situazione degli studi riguardanti le lettere ha subito il benefico influsso del crescente interesse che Dante sta ricevendo con l'avvicinarsi del centenario del 2021. Non mi propongo di ripercorrere tutti gli studi più recenti: basti dire che l'interesse per i testi che sono al centro di questo volume è rimasto flebile e mai monografico. L'osservazione sorprende, poiché nella dantistica nel frattempo si è realizzata un *biographical turn* che

---

[4] Mi limito a citare i titoli ricordati: Wieruszowski, *Politics and Culture*, in particolare il saggio su Arezzo (*Arezzo as a Center of learning and letters in the Thirteenth Century*); A. Schiaffini, *Gli stili prosastici*; Quaglio, *La poesia realistica*; Segre, *Lingua, stile e società*.
[5] Di Capua, *Appunti sul "cursus"*; Di Capua, *Fonti ed esempi*; Dronke, *Dante e le tradizioni*; Chiesa, *L'impiego del "cursus"*.

qualcuno ha definito, più o meno a ragione, tardo-positivista (e l'etichetta dovrebbe dispiacere meno di quanto possa sembrare offensiva e limitante).[6] Ebbene: se verifichiamo questa affermazione a partire da uno dei prodotti più evidenti di questo cambio di passo metodologico, e cioè le biografie dantesche (ne sono uscite, come noto, diverse), non si può fare a meno di notare che le lettere continuano a non comparire tra le prime fonti di informazione.[7]

Il più significativo avanzamento in questo micro-settore degli studi su Dante è da apprezzare sul piano filologico-editoriale: ben tre sono le nuove edizioni pubblicate, per le cure di Manlio Pastore Stocchi, Claudia Villa e Marco Baglio, a cui andrà unita l'edizione Lokaj di poco più di un decennio fa. Si tratta di un materiale ricchissimo, ma non ancora capace di cambiare il quadro generale che più sopra si è descritto, soprattutto perché, per ragioni differenti (ma in gran parte editoriali), queste edizioni restano imprigionate nella *vulgata* critico-filologica stabilita tra l'Ottocento e il sesto centenario dantesco, una *vulgata* esemplificata dall'edizione nazionale a cura di Ermenegildo Pistelli, che pure si è dimostrata sempre più oggetto di perplessità degli specialisti. E gli esempi si potrebbero moltiplicare, per dimostrare come la situazione fotografata da Novati all'inizio del secolo passato sia rimasta sotto alcuni aspetti invariata.[8]

Per questo con Giuliano Milani abbiamo ritenuto che un volume interamente consacrato alle lettere attualmente conservate sotto il nome di Dante non solo colmi un vuoto bibliografico, ma possa collocarsi all'origine di una nuova stagione storiografica. I saggi che abbiamo raccolto sono nati nel quadro di un progetto, iniziato ormai sei anni orsono, volto all'analisi della vita e dell'opera di Dante alla luce dei documenti coevi. I risultati raggiunti con i contributi raccolti in *Dante attraverso i documenti I* e *II* ci hanno convinto della bontà del programma (riallacciare i risultati della ricerca storica e di quella prettamente letteraria intorno all'Alighieri a partire dal *corpus* documentario del *Codice diplomatico dantesco*, recentemente rimesso a nuovo in termini editoriali ed esegetici)[9] e del metodo (sollecitare una serie di studiosi, non per forza specialisti di Dante ma di campi di studio affini, per aggiornare informazioni e fornire nuove piste di approfondimento).

Per spiegare il motivo dello spostamento di interesse – dai documenti propriamente detti alle lettere – e dimostrare la legittimità dell'operazione non c'è

---

6 Grimaldi, *Per lo studio*, parla di «ritorno al positivismo della scuola storica» (p. 13).
7 Con una eccezione notevole: Inglese, *Vita di Dante*. Per uno stato dei lavori aggiornato su questa stagione di studi, si veda ora il Forum di discussione Brilli, *Dante and Biography*. Anche nel Forum, tuttavia, non si fa eccessiva attenzione alle epistole dantesche.
8 Mi permetto su questo di rimandare a Montefusco, *Epistole, a c. di M. Baglio*.
9 *Dante attraverso i documenti. I.*; *Dante attraverso i documenti. II.*; *CDD*.

bisogno qui di insistere sullo statuto doppio dell'epistolografia, intrinsecamente in bilico tra esigenza pragmatica e scrittura letteraria.[10] Bisogna invece ricordare che, spostandoci dal periodo precedente al bando (1302) a quello dell'esilio, i documenti strettamente intesi si assottigliano fino a ridursi all'accordo di San Godenzo del giugno 1302 e alla cosiddetta pace di Castelnuovo dell'ottobre 1306. Le lettere costituiscono dunque la testualità privilegiata per guardare al percorso dantesco e ai plurimi contesti attraversati da esso in questi anni cruciali per la scrittura del poema, ma anche alla costruzione di un'autoconsapevolezza nuova in termini di progettualità autoriale e letteraria e alla proiezione di tale progettualità in una lunga e accidentata posterità.

L'ambizione era quella di iniziare a erigere uno spazio di scambio e approfondimento ermeneutico a partire dalle lettere, nella convinzione che esse meritino uno spazio specifico, una "room of one's own" che sia di profitto agli studi danteschi, ma appunto non solo a essi. Le due linee di approfondimento sono state quelle del commento storico, che ambiamo a fornire per l'integrità dei testi, e del contesto più latamente culturale. L'insieme di questi motivi ha reso urgente un rinnovamento degli studi innanzitutto sul terreno del trattamento dei testi epistolari come indispensabili per comprendere i contesti intorno alla vicenda dell'Alighieri. Altra esigenza importante è risultata quella di attrezzare un laboratorio sulla prassi epistolare di Dante con strumenti allargati ad altri specialismi – in particolare le acquisizioni dei recenti studi sul *dictamen*, che hanno notevolmente cambiato la nostra visione di questa specifica tradizione medievale:[11] su questo piano specifico è stato molto importante l'apporto del team veneziano legato al progetto ERC StG 637533 Biflow (*Bilingualism in Florentine and Tuscan Works, 1260–1430*), che proprio sull'intreccio tra volgarizzamenti, bilinguismo e *dictamen* ha incentrato le ricerche della prima fase del progetto.[12] In terza istanza, va assolutamente colmato il *gap* che le lettere continuano a vivere rispetto alle altre opere dantesche sul terreno della restituzione critico-filologica.

È stato sulla base di questi obiettivi che storici delle istituzioni e dei testi, filologi e italianisti sono stati sollecitati a rileggere, ognuno con i suoi strumenti, le epistole dantesche. Abbiamo deciso di limitare questo approfondimento alle 12 lettere attribute a Dante, escludendo sia l'epistola a Guido da Polenta, che, pur sorgendo da un nucleo che ha qualche tratto di plausibilità, sembra

---

10 Vedi su questo i saggi raccolti in *La corrispondenza epistolare*.
11 Mi limito qui a citare dei titoli dotati di una bibliografia di orientamento, e cioè, *Dall'ars dictaminis*; Hartmann, *Ars dictaminis*; Grévin, Turcan-Verkerk, *Le dictamen*. Per quanto riguarda Dante e il *dictamen*, vedi almeno Brilli, *The Interplay*, pp. 141–157.
12 Vedi la *Premessa* in questo volume.

da escludere dal novero delle autentiche,[13] sia la controversa lettera a Cangrande, vera *crux desperationis* della critica dantesca, in ragione soprattutto dello squilibrio stilistico e contenutistico tra prima e seconda parte. La prima parte, com'è noto, è intesa a offrire al destinatario scaligero l'ultima cantica («sublim*is* cantica») della *Commedia*, titolata *Paradiso* («que decoratur titulo *Paradisi*»), in forma di dedica e di iscrizione di accompagnamento al testo (*Ep.* XIII, 11). La seconda costituisce una *lectura* dei primi 12 versi del testo che la accompagnava; una volta esplicitamente chiusa la parte dedicatoria, si apre un'*introductio* all'opera scritta nelle vesti di un lettore («itaque, formula consumata epistole, ad introductionem oblati operis aliquid sub lectoris officio compendiose aggrediar», *Ep.* XIII, 13). A parte la discussione sulla sua autenticità, ancora vivace tra gli studiosi,[14] è soprattutto la natura del testo, nonché la sua trasmissione indipendente rispetto al resto del *corpus*, ad averci convinti a escluderla dal nostro studio.[15]

Una parte dei saggi deriva da contributi discussi in due vivaci workshops tenutisi a Venezia nel 2016 e nel 2017.[16] Altri sono stati ideati, redatti e raccolti successivamente. Complessivamente i contributi sono stati organizzati in tre macro-sezioni. Una prima sezione è di natura più strettamente filologica, e si propone di indagare specificamente la tradizione manoscritta delle epistole attraverso i due testimoni principali, per poi soffermarsi sulla scoperta e valorizzazione del testimone vaticano (Città del Vaticano, Biblioteca Apostolica Vaticana, Pal. Lat. 1729) da parte del fondatore della Società Dantesca di Germania, Karl Witte. La scoperta non solo fece emergere dall'oblio l'epistolografia autentica dantesca – fino ad allora nota quasi esclusivamente attraverso i volgarizzamenti – ma si può considerare l'inizio dello studio scientifico delle 12 lettere di Dante, grazie anche alla collaborazione che Witte offrì agli studiosi italiani.[17] La seconda sezione è invece dedicata a una rinnovata analisi del rapporto tra il *dictamen* e la prosa epistolare di Dante. La terza, che è anche la più corposa, offre una serie di *close readings* di quasi tutte le lettere dantesche, scandite secondo tre periodi.

Le panoramiche recenti, con ampio recupero della letteratura critica, giustificano l'assenza di un sistematico *status quaestionis* in sede introduttiva.[18] Più

---

[13] Mi paiono ancora stringenti le argomentazioni di Migliorini Fissi, *La lettera pseudo-dantesca*.
[14] Si veda *Ep. XIII* (Azzetta) e il ricchissimo commentario con bibliografia pregressa.
[15] Qualche osservazione sulla prima parte si trova più in là in questa introduzione e nel saggio Montefusco, *Le "Epistole"*.
[16] Una anticipazione è uscita su «L'Alighieri»: Montefusco, *Epistole*, a c. di M. Baglio.
[17] Vedi ora il capitolo di Enrica Zanin in questo volume.
[18] Faccio riferimento a Montefusco, *Le "Epistole"*, e alla ricca *Nota introduttiva* di Baglio in *Ep.* (Baglio).

interessante, invece, raccogliere delle riflessioni preliminari partendo dalla concreta trasmissione delle lettere in oggetto, cercando di considerarle innanzitutto come emersioni di una comunicazione in forma epistolare più ampia di quella conservata, e approfondendo, tramite le tracce testimoniali manoscritte nonché i riferimenti interni ai testi, le linee di trasmissione, conservazione e pratica di lettura. Si tratta di riflessioni volte da una parte a fornire un quadro di riferimento per i contributi qui raccolti, per forza frammentari, e dall'altra a colmare alcune lacune nell'informazione (per esempio sui testimoni minori delle epistole). La necessità di questa indagine preliminare permette, tuttavia, di avanzare qualche proposta ermeneutica che si spera possa essere utile per il futuro editore critico delle epistole nonché per lo studioso di cose medievali, nella consapevolezza, già ricordata al principio di questa avventura, che, come diceva Vinay, per usare Dante come testimone del suo tempo bisognerà evitare i «passaggi in vuoto», cioè quelle connessioni logiche non dimostrate che conferiscono, non sempre a ragione, al poeta l'ultima parola sul suo contesto.[19] Tra questi passaggi in vuoto non vanno mai dimenticate le concrete modalità con cui la sua parola è stata conservata, spesso problematiche ma non di rado utili per lo studio del contesto socio-culturale in cui essa è nata e si è diffusa.

2 Ricezione e trasmissione: i testimoni minori delle lettere e gli ambienti di circolazione

Dante non raccolse le sue lettere, né destinò a esse alcuna intenzione libraria di stampo autoriale. Su questo, l'innovazione di Petrarca resta flagrante.[20] L'esigua tradizione manoscritta è, dunque, il risultato di un disinteresse che sembra derivare da una precisa attitudine (non specifica dell'Alighieri, al suo tempo) rispetto all'operazione di raccolta e organizzazione della propria scrittura epistolare.[21] Ciò nonostante, un veloce regesto delle tracce lasciate da questo "epistolario mancato"[22] nella letteratura seguente – che qui si fornisce in rapido schizzo,[23]

---

19 Vinay, *Riflessioni*.
20 Garbini, *Francesco Petrarca*, pp. 173–83.
21 Mi riferisco, com'è ovvio, al problema dell'autorialità nelle raccolte di *dictamina*, in particolare in questa fase di "egemonia" di tale sapere sull'intero arco di scrittura del tempo. La questione, su cui esiste una bibliografia imponente, ha dato adito a riflessioni metodologiche importanti. Si vedano in generale almeno il volume classico di Constable, *Letters and letter collection*, e Ysebaert, *Medieval letters*.
22 Parafrasando la definizione che Contini aveva dato delle *Rime*, Marco Baglio l'ha definito, felicemente, «un insieme di extravaganti» (*Ep.* [Baglio], p. 3).
23 Qualche elemento, da cui partiamo, già in *Ep.* (Baglio), p. 27.

ma sarebbe opportuno che si facesse presto un quadro più sistematico e rigoroso – già conforta l'idea che esse costituirono immediatamente un modello di stile e uno stimolo di riflessione teorico-politica.

Ne risultarono custodi, lettori e riscrittori autori minori, come Francesco da Barberino, che conosce almeno l'epistola V e la riutilizza nella sua bizzarra lettera a Enrico VII;[24] oppure come il notaio, giurista e scrittore Geri d'Arezzo, che, forse tramite lo stesso Francesco da Barberino, conobbe la lettera a Cino;[25] e quindi il figlio e commentatore Pietro;[26] e ancora il notaio, poi vescovo d'Arezzo, Francesco Piendibieni da Montepulciano, che non solo raccolse il grosso di ciò che conosciamo dell'attività epistolare di Dante (vedi dopo), ma la riutilizzò nella propria scrittura "creativa";[27] per non dire dei grandi trecentisti, politici come Cola di Rienzo, che sicuramente conobbe ed ebbe presente la lettera ai cardinali,[28] e letterati come Boccaccio[29] e lo stesso Petrarca, il quale, nonostante l'approccio polemico, fu lettore, forse più scrupoloso di quanto ancora sappiamo, delle missive di Dante.[30]

Questo quadro contraddittorio di diffusione non sistematica in aree differenti del mondo culturale trecentesco trova una conferma e una precisazione

---

[24] Vedi l'edizione in Brilli, Fontes, Montefusco, *Sedurre l'imperatore*, pp. 37–89.

[25] Claudia Villa rileva la coincidenza dell'uso dell'episodio di Leucotoe secondo la versione di Ovidio nella lettera III di Dante e nello scambio tra Geri e Francesco da Barberino: *Ep.* (Villa), p. 1528.

[26] Si tratta di una eco inserita nella canzone *Non si può dir che ·ttu non possa tutto*, databile agli anni '30 del '300: vedi Stefanin, *Pietro Alighieri*: si vedano in particolare i riferimenti a Oza al v. 22, e l'opposizione tra carità e cupidigia ai vv. 46–51.

[27] In un carme in esametri latini risalente al 1390, in anni quindi piuttosto ravvicinati rispetto alla trascrizione del codice vaticano di cui *infra*, si rileva una coincidenza nella citazione virgiliana di *Ep.* I, 7: «quis vobis dignas grates persolvere attentabit?»: la rileva *Ep.* (Baglio), p. 67. Lo stesso Piendibeni riusò anche le ecloghe dantesche: vedi De Angelis, *Magna questio*, pp. 185–191. Il codice autografo autografo Firenze, Bibl. Nazionale Centrale, II IV 313, che raccoglie l'opera del notaio, è meritevole di studio più approfondito e anche di un'edizione complessiva, che sicuramente farebbe emergere altra memoria dantesca e, forse, epistolare. Vedi almeno *Il notariato a Perugia*.

[28] La lettera è citata più volte da Cola, almeno nell'epistola del 1347 a Clemente VI e in una del 1351 a Guy de Boulogne: cfr. Morghen, *Dante profeta*, p. 111.

[29] Oltre alla trascrizione di tre lettere nello Zibaldone Laurenziano (vedi dopo), Boccaccio riusa per ben due volte la lettera a Moroello (*Ep.* IV): nella lettera a Carlo di Durazzo del 1339 e nella più nota *Mavortis milex*: vedi Billanovich, *Petrarca letterato*, pp. 82–83.

[30] Un'indagine sul tema è ancora da fare; il citato Billanovich, *Petrarca letterato*, pp. 239–240, individuò in Boccaccio il latore di un nucleo epistolare dantesco trasmesso al poeta, che in effetti riusa più volta l'epistola ai cardinali, trascritta nello zibaldone di Boccaccio come unico testimone: Velli, *Petrarca e Boccaccio*, pp. 65–68; altri influssi vede Pastore Stocchi, *Petrarca e Dante*; una nuova indagine è ora in preparazione da parte di C. M. Monti.

su scala geografico-culturale se guardato dal punto di vista della tradizione manoscritta. Come noto, le epistole dantesche sono per lo più a tradizione unica "ad incastro": tre (III, XI, XII) sono trascritte nello Zibaldone Laurenziano di Boccaccio (Firenze, Biblioteca Medicea Laurenziana, Pl. XIX.8 = *L*) e nove (I, II, IV, V, VI, VII, VIII, IX, X) in un codice oggi conservato presso la Biblioteca Apostolica Vaticana (Città del Vaticano, Biblioteca Apostolica Vaticana, Pal. Lat. 1729 = *V*). Solo le lettere arrighiane V e VII sono pluritestimoniali (e plurilingui, per dir così): la V essendo trasmessa anche dal codice *P* = Roma, Biblioteca Nazionale Centrale Vittorio Emanuele, S. Pantaleo 8 (101) ed essendo stata volgarizzata nel XV secolo a Firenze; mentre la VII è trasmessa da ulteriori due codici in latino: oltre a *V* e *P* (nel quale è trascritta anche in versione volgare: vedi dopo), ne sono testimoni anche *M* = Venezia, Biblioteca Nazionale Marciana, Latino XIV 115 (4710) e *S* = Siena, Biblioteca Comunale degli Intronati, F V 9. Il "relativo" successo di questa lettera – bizzarro, vista la natura peculiare del testo: invettiva rivolta allo stesso Enrico durante la campagna italiana allo scopo di esprimere un dissenso che si pretende collettivo («universaliter omnes Tusci qui pacem desiderant», *Ep.* VII, 1) sul prosieguo della campagna militare dell'imperatore – si riverbera su una ricchissima fortuna in volgare: la lettera infatti venne volgarizzata due volte nel XIV secolo e trasmessa da 20 testimoni volgari (vedi dopo).

Visti nel loro insieme, questi testimoni manoscritti forniscono qualche informazione sull'area di conservazione delle lettere. Partiamo dal noto,[31] anche se apporto più di una correzione. *L*, compilato da Boccaccio, ci riporta, per la parte riservata alle lettere, agli estremi anni napoletani dell'autore del *Decameron*; la circolazione partenopea degli anni '40 del '300 si realizzò senz'altro per il tramite di Toscani lì presenti; tra di essi, assume una certa importanza Cino da Pistoia, insegnante allo *Studium* napoletano nonché destinatario di una delle lettere ivi trascritte.[32]

Con *V*, invece, siamo di fronte a una filiera squisitamente notarile-cancelleresca. Appartenuto a Francesco Piendibeni da Montepulciano, il manoscritto trasmette le epistole in coda al *Bucolicum Carmen* petrarchesco e alla *Monarchia* di Dante; per quanto sia ancora difficile pronunciarsi su quanto materialmente Francesco intervenne nella redazione del testimone, non possiamo escludere che tale trascrizione sia stata realizzata sotto il suo controllo.[33] Tale eventualità non è priva di conseguenze, perché il Piendibeni, prima di sedere sulla cattedra

---

31 Quadro generale in Mazzoni, *Le epistole di Dante*, pp. 227–280; Montefusco, *Le "Epistole"*, ed *Ep.* (Baglio), pp. 29–31; 249–257.
32 Vedi ora il saggio di M. Petoletti in questo volume.
33 Si veda ora il saggio di E. Romanini in questo volume.

episcopale di Arezzo, fu cancelliere a Perugia, dove succedette a ser Lodovico di Jacopuccio da Rieti.[34] Il principale collettore delle epistole dantesche – ripeto: 9 pezzi, più del 70% del totale – nasce dunque in ambito strettamente cancelleresco e assume l'aspetto di edizione di una sorta di *summa dictaminis* dantesca "in miniatura". Probabilmente a Perugia il Villani aveva lasciato una serie di pezzi danteschi; le condizioni differenti in cui versano i testi, che mancano in gran parte delle *salutationes* e delle *datationes* topiche e cronologiche, fanno pensare a degli antigrafi circolanti in forma di carte sciolte (quindi minute di lettere) o a registri in cui venivano trascritte le *partes* salienti del testo.[35]

Alcune tracce linguistiche diffuse nelle lettere, che riconducono all'area casentinese,[36] ci fanno escludere la possibilità di minute autografe – sogno proibito di ogni dantista che abbia in mente la descrizione della scrittura dell'Alighieri fornita da Leonardo Bruni, le cui caratteristiche sembrano ricordare una "cancelleresca", dunque una scrittura adatta anche a delle lettere ufficiali[37] – ma ci devono far immaginare che, nella silloge piendibeniana, venissero copiati diversi nuclei testuali, tra cui uno raccolto e conservato in area guidinga.[38] Qui dei notai trascrissero vario materiale epistolografico dantesco, in parte scritto per l'occasione (le letterine per la Gherardesca),[39] in parte magari portato con sé dall'esule. L'ottica del notaio e la sua cultura si intravedono nella copiatura selettiva dal punto di vista testuale: protocollo (e ancora di più l'escatocollo) erano inutili perché intercambiabili grazie agli strumenti di base (manuali, *summae salutationum* etc.); il corpo della lettera diventava *dictamen* esemplare, esempio di applicazione retorica e modello di ulteriore scrittura stilisticamente intonata. Per essere chiari: la scrittura dantesca, unendo prestigio del nome e qualità stilistica, sembra qui colta nell'atto di modellizzarsi anche in zone non centrali ma significative della produzione pragmatica e notarile, legata alle corti signorili.

V e *L*, dunque, i due principali *testes* delle lettere, mostrano un intreccio che non è possibile sbrogliare tra precoce interesse per la figura di Dante e proiezione retorica della sua scrittura; queste due strade della ricezione sono parallele ma non cronologicamente coincidenti. Il Casentino del Dante vivo e

---

34 Viti, *Francesco da Montepulciano*.
35 Situazione generale schematizzata in *Ep.* (Baglio), p. 32.
36 Mazzoni, *Le epistole*, pp. 48–55; Montefusco, *Le "Epistole"*, pp. 421–424; 434–438.
37 «Fu ancora scrittore perfetto et era la lettera sua magra e lunga e molto corretta, secondo io ho veduto in alcune lettere di sua propria mano scritte» (Bruni, *Vita di Dante*, p. 548).
38 Ma sul problema di una possibile conservazione di ambito cancelleresco in corti simili, vedi il saggio di G. M. Varanini nel volume.
39 Vedi su questo il saggio di A. Bartoli Langeli in questo volume.

filo-imperiale assume un ruolo primaziale, e mostra anche un percorso mancato (la possibile consistenza di una raccolta di lettere in forma di *summa dictaminis*, magari con una forte marca d'autore). Firenze sembra qui assumere un ruolo di vettore di trasmissione (non di prima conservazione), dovuto a personalità (Giovanni Villani, per esempio) che si mostrarono presto interessate alla scrittura epistolare di Dante: ci tornerò.

I restanti testimoni ci permettono sia di precisare questa riflessione sulle specifiche modalità di conservazione sia di misurarne la proiezione in aree nuove. Il primo e interessantissimo codice da ricordare è *P*, membranaceo di 147 carte, di formato medio-grande, composto da vario materiale dantesco (poetico e non).[40] L'unità codicologica che ci interessa è alle cc. 137-143, dove sono trasmesse, in ordine: la lettera VII all'imperatore in volgare; la stessa lettera nella originale versione latina; infine la lettera V ai principi e re d'Italia. L'unità è stata trascritta nell'ultimo quarto del XIV secolo in minuscola cancelleresca da tre mani che mi paiono diverse ma coeve, una per ogni lettera.

La mano *a* (che interviene alle cc. 137*r*-140*v*) si mostra marcata e con un tracciato piuttosto contrastato, evidente in particolare nel rafforzamento centrale delle aste [**figura 1**]; la mano *b* (responsabile delle cc. 141*r*-142*v*, corrispondenti alla lettera VII in latino) è più minuta e sottile, e vistosamente slanciata, con ampi tratti di completamento "a proboscide", e si caratterizza per l'utilizzo di una "g" in doppia forma, vale a dire tipicamente cancelleresca, con occhiello inferiore ovale e proteso a sinistra, e a mo' di "s" tagliata da un tratto trasversale [**figura 2**]. La mano *c* subentra a c. 143*r* sino a 144*v* (per la lettera V), e si presenta maggiormente inclinata a destra rispetto alle altre, e più irregolare nel modulo [**figura 3**]. Alle cc. 138-140, quindi con l'epistola VII, si notano glosse marginali di una mano che potrebbe essere la stessa mano *a* o una coeva: ad ogni modo, quello che mi pare significativo è la presenza di una rigatura [**figura 4**], che ci fa pensare che queste note rientrino nel programma del copista. Tornerò sulla questione. Da notare, poi, che una mano coeva o quella di uno dei tre copisti (propendo per quest'ultima tesi, pensando a *c*) è intervenuta in luoghi della V e in luoghi della VII nell'interlineo, proponendo lezioni alternative segnalate con un *aliter* [**figura 5**]. Andrà infine rilevato che a c. 139*v* è presente un richiamo che spinge a ipotizzare che queste due prime carte, che trasmettono la VII epistola in volgare e che aprono l'attuale unità, fossero in verità le carte finali di un fascicolo [**figura 6**]; altre due mani hanno aggiunto (quindi in

---

[40] Rettifico alcune annotazioni in merito all'importante testimone raccolte in Montefusco, *Le "Epistole"*, pp. 442-445, grazie all'importante *expertise* di Sara Bischetti, che ringrazio. Una scheda di descrizione del codice verrà pubblicata a breve nel sito del catalogo *Biflow* sul portale dell'Università di Venezia per le cure della stessa Bischetti.

un momento coevo o poco posteriore) le due lettere latine di più grande successo (la VII e la V).

Se la presenza del volgarizzamento ci porta a Firenze, il fascicolo è accluso a un manoscritto che appartenne all'umanista senese Celso Cittadini, come si evince dalla postilla autografa apposta nel margine inferiore di c. 89r.[41] In linea teorica a Celso potrebbe essere allegata anche solo questa unità codicologica; da notare però che la storia del codice lo segnala come assemblato già in epoca antica (almeno dal XVII secolo), e una ricezione già senese di questi testi danteschi epistolari può essere ritenuta plausibile, come dimostra anche il manoscritto *S*, una miscellanea religiosa compilata nell'avanzato XV secolo e conservata presso gli Intronati; qui, su una pagina bianca, il copista ha trascritto parzialmente la lettera VII per i primi 13 paragrafi.[42]

E sempre a Siena ci porta il codice *M*, un cartaceo della fine del XV secolo che merita qualche indugio, in assenza di approfondite descrizioni precedenti.[43] Il manoscritto, composto da 176 cc., si sviluppa in 16 fascicoli ed è di formato in-4°; è stato compilato da almeno cinque mani diverse in corsive umanistiche (mano *a*: cc. 2r-37r, 94v-96v, 98r-101v; mano *b*: cc. 39r-61v; mano *c*: cc. 63r-78v; mano *d*: cc. 79r-92r; mano *e*: cc. 103r-150r; mano *f*: cc. 155r-175v). A noi interessa in particolare la mano *a*, calligrafica, influenzata dall'italica e non priva di eleganti svolazzi ornamentali. Questa mano appartenne a Rinaldo Marescotti, figlio di Lodovico Marescotti (1414-*post* 1473) e autore del testo che apre l'unità codicologica di nostro interesse, e cioè l'*Oratio habita in Concilio Senensi, cum esset Prior dominorum anno 1481*, da cui si desume il *post quem* per l'assemblaggio del manufatto. Alla famiglia Marescotti di Siena riconduce anche il notevole fregio ornamentale depositato sulla carta incipitaria, decorata in oro su sfondo rosso e blu e contenente lo stemma di famiglia (un'aquila spiegata di nero, membrata, rostrata e coronata del campo, **figura 7**).

Il codice riveste un certo interesse anche per motivi strettamente codicologici, perché è un ottimo esemplare di "libro di famiglia" quattrocentesco, la cui copia si è sviluppata nel tempo presumibilmente nell'ambito dello stesso gruppo famigliare; inizialmente approntato con caratteri tipicamente umanistici, esso, con il concorrere di altre mani (di cui la più tarda *f* è databile all'inizio del Cinquecento), assume infine le fattezze di uno zibaldone, con un'attenzione all'aspetto decorativo sempre più scarna. La rilegatura avviene presto, ma non

---

[41] *I Manoscritti del fondo S. Pantaleo*, pp. 31–34; per la biblioteca di Celso, vedi Di Franco Lilli, *La Biblioteca*.
[42] Mazzoni, *Il codice S(enese)*, pp. 281–288.
[43] Partiamo dalla breve ma efficace descrizione presente in Viti, *Due commedie umanistiche pavesi*, p. 113, che aggiorna quella del Kristeller, *Iter italicum*, vol. VI, p. 261 b.

immediatamente, perché la struttura lascia sospettare che i fascicoli rimanessero a disposizione dei vari membri della famiglia responsabili della redazione. Il codice fa parte del gruppo di manoscritti provenienti dal convento camaldolese di san Michele di Murano, che poi confluirono nella Marciana, e in particolare appartenne al frate veneziano G. B. Mittarelli, veneziano, che potrebbe averlo recuperato a S. Maria degli Angeli a Firenze, dove fece i suoi studi di teologia.[44]

Nella unità codicologica assemblata da Rinaldo Marescotti andrà sottolineata la trascrizione dell'epistola dantesca alle cc. 8–12v, in una miscellanea testuale che affianca, alla già ricordata *oratio* del Marescotti, un cospicuo gruppo di *diciarie* in volgare (in realtà si tratta di una serie piuttosto ripetitiva di testi relativi a solennità civili di ambito comunale), e infine la *Repetitio Zanini*, un testo degli anni '30 del '400 di impianto goliardico-universitario. L'unità codicologica in questione costituisce una testimonianza plastica delle peculiari caratteristiche dell'umanesimo senese quattrocentesco, ben rappresentate da una figura come Agostino Dati, vicino al Marescotti che qui trascrive l'*Isagoge*: una cultura, questa, dove emerge il ruolo preminente del genere oratorio, latino e volgare, legato sia all'ambiente istituzionale sia a quello universitario.[45] La ricezione del Dante epistolografo si inserisce quindi in questo contesto piuttosto ospitale culturalmente per dei testi che sono stati redatti in latino secondo un'esplicita scelta del suo autore, ma che la tradizione fiorentina successiva, come vedremo, ha restituito a una precisa linea locale di volgarizzazione e moralizzazione.[46]

Bisogna dunque aggiungere ai luoghi di conservazione e trasmissione già enucleati una linea senese che effettivamente ha anche una sua reale consistenza sul piano della *collatio*: per la VII, difatti, *M* e *S* si accoppiano abbastanza costantemente (fatta eccezione per qualche *singulares* di *S* che è in odore di ricorrezione umanistica); e non a caso entrambi sembrano attingere a un collaterale piuttosto vicino a *P*, arrivato anch'esso, come si è detto, al Cittadini.[47] L'incrocio dei dati dell'analisi codicologica e di una nuova integrale collazione che ho realizzato sull'intero *corpus* e sul testimoniale (anche in volgare) in vista

---

44 Vedi Mittarelli, *Bibliotheca codd. Mss.*; su questa figura di erudito cfr. Barzazi, *Mittarelli, Giovanni Benedetto*. Anche in questo caso, mi sono avvalso di un'indagine congiunta con Sara Bischetti, e rimando alla scheda dettagliata per il catalogo *Biflow*.
45 Fioravanti, *Università e Città*.
46 Mi permetto di rinviare alle riflessioni svolte in Montefusco, Bischetti, *Prime osservazioni*, pp. 193–198.
47 «*S* appartenne sicuramente alla famiglia ß (e come testo-base al sottogruppo *x* rappresentato da *P*) ha, nella sua prima parte, minori ma sicuri contatti con il sottogruppo *y* (cioè con *M*) e deriva da un antigrafo che entro la famiglia dovette essere migliore rappresentante della tradizione» (Mazzoni, *Il codice S(enese)*, p. 287).

di una edizione definitiva dei tre volgarizzamenti forniscono qualche pista ulteriore per provare a delineare che cosa avviene ai rami alti dello stemma.

Il rapporto tra *V* e *P* è, su questo piano, assolutamente decisivo; per definirlo è opportuno confrontare le lezioni dell'*Ep.* V e della VII, uniche pluritestimoniali: in questi due casi bisogna sottolineare che la consistenza dell'archetipo non è dimostrabile.[48] Le ipotesi di Mazzoni, in questo senso, non hanno retto alla prova di una indagine che tenga presente le specifiche modalità dell'intertestualità dantesca. In un caso (l'epistola V) si era ipotizzata una lacuna indimostrabile. Mi riferisco a *Ep.* V, 3 «saturabuntur omnes qui esuriunt et sitiunt ‹iustitiam›», laddove i due testimoni trasmettono «saturabuntur omnes qui esuriunt et sitiunt». Ermenigildo Pistelli aveva proposto l'addizione di «iustitiam» sulla base di *Mt* 5, 6, raccogliendo un'ipotesi già circolata nelle edizioni ottocentesche;[49] accetta la correzione di Baglio, ipotizzando che in archetipo vi fosse una abbreviazione della citazione (con *etc.*). Andrà però sottolineato banalmente che l'integrazione non è grammaticalmente necessaria e che le citazioni scritturali sono talvolta rielaborate e riscritte da Dante anche nelle epistole.[50] Inoltre trovo il sintagma «non esurient neque sitient» senza oggetto in un interessante passaggio di *Isaia*, dove il Signore parla della liberazione dalla cattività, predicendo che Israele, fatto popolo, non avrà fame né sete e non verrà colpito dall'arsura. L'intero passaggio, che è sicuramente presente a Dante nella redazione della lettera, suona così:

> haec dicit Dominus: "in tempore placito exaudivi te, et in die salutis auxiliatus sum tui: et servavi te, et dedi te in foedus populi, ut suscitares terram et possideres hereditates dissipatas; ut diceres his qui vincti sunt: Exite, et his qui in tenebris: Revelamini. Super vias pascentur et in omnibus planis pascua eorum. Non esurient neque sitient, et non percutiet eos aestus et sol, quia miserator eorum reget eos et ad fontes aquarum portabit eos" (*Is.* 49, 8–10).

Si tratta di una citazione biblica presente anche nel passaggio dell'epistola paolina *2 Cor.* 6, 2, «Ecce nunc tempus acceptabile, ecce nunc dies salutis», che fornisce la citazione per l'*exordium* della lettera: il «tempus acceptabile» richiama la collocazione «in tempore placito (...) et in die salutis» delle parole di Isaia.[51] Si aggiunga poi anche l'esigenza di variazione, dato che «iustitiam» è presente poco prima («et nos gaudium expectatum videbimus qui diu pernoctavimus in deserto, quoniam Titan exorietur pacificus, et iustiam [...] revirescet.

---

48 Mazzoni, *Riflessioni sul testo*.
49 *Ep.* (Pistelli), p. 389.
50 Come ha mostrato Brilli, *Reminiscenze scritturali*.
51 Rigo, *Tempo liturgico*, pp. 33–44.

Saturabuntur *etc*»), che va proprio nella direzione di una rielaborazione della fonte biblica. La lezione del volgarizzamento conferma l'assenza del sintagma ai piani alti: «quegli che hanno fame, e che bere disiderano, si sazieranno nel lume de' suoi raggi, e coloro che amano le iniquitadi, fieno confusi dalla faccia di colui che riluce». La correzione è dunque da respingere, e forse da annoverare tra i *monstra* correttivi che si sono lungamente accumulati nella storia editoriale delle lettere.[52]

A *Ep.* VII, 10 la lezione «exultavit in me spiritus meus» è trasmessa unanimemente dai testimoni latini (con l'eccezione dell'erroneo «exultavis» di *S*); sulla base di una citazione evangelica («exultavit spiritus meo in Deo salutari meo», *Lc* 1, 47), gli editori correggono «in te», ma i volgarizzamenti (*volg. A* «quando si essultò in me [*sed* et in ne *P*] lo spirito mio» e *Volg. B* «quando si esultò in me lo spirito mio») confermano che la lezione era presente ai piani alti dello stemma e contribuiscono a escludere l'errore, consigliando di mantenere a testo la lezione tràdita (confermata, secondo la felice agnizione di Baglio, da *Inf.* IV, 20: «in me stesso m'essalto»).

Mi pare che queste riflessioni confermino l'impressione che i volgarizzamenti siano stati condotti a partire da ottimi esemplari della tradizione che travalicano l'archetipo latino, e che il futuro editore non potrà far a meno di valutare con estrema attenzione le varianti suggerite dalla tradizione traduttiva indiretta. Per fare un esempio, mi trattengo sul passo appena commentato dell'epistola VII, che è cruciale perché Dante vi afferma e testimonia di aver visto, ascoltato e infine toccato l'imperatore, il cui ruolo messianico è suggellato dalla citazione di Giovanni Battista. Nell'edizione *vulgata*, ripresa da Baglio che non corregge il presunto errore d'archetipo, il testo suona così:

> Nam et ego qui scribo tam pro me quam pro aliis, velut decet imperatoriam maiestatem benignissimum vidi et clementissimum te audivi, cum pedes tuos manus mee tractarunt et labia mea debitum persolverunt. Tunc exultavit in me spiritus meus, cum tacitus dixi mecum: "ecce Agnus Dei, ecce qui tollit peccata mundi" (*Ep.* VII, 10).

I due volgarizzamenti, invece, propongono la seguente resa:

> imperò che io che scrivo così per me come per gli altri, sì come si convene a la 'mperiale maestà, vidi te benignissimo e odì te pietosissimo quando le mie mani tocorono li tuoi

---

[52] Basti qui fare l'esempio della ulteriore menda che Pistelli propose a *Ep.* VI, 21: «a, Tuscorum vanissimi, tam natura quam vitio insensati? Quam in noctis tenebris malesane mentis pedes oberrent ‹et frustra autem iacitur retem› ante oculos pennatorum nec perpendis figuratis ignari», ove la pesantissima aggiunta si basa su *Prb* 1, 17; accolta da *Ep.* (Brugnoli-Frugoni), essa è stata oggi finalmente rigettata (tranne in *Ep.* [Lokaj]).

pedi e li miei labri pagarono il debito, quando si essultò in me lo spirito mio, quando infra me dissi cò mmeco stesso: "Ecco l'agnello di Dio, il quale toglie e peccati del mondo» (*Volg. A* [Montefusco]).

imperò che io, che scrivo così per me come per gli altri, siccome si conviene alla imperiale maestade vidi te benignissimo, e udì te pietosissimo quando le mie mani toccarono i tuoi pedi e le labbra mie pagarono il lor debito, quando si essultò in me lo spirito mio, quando fra me dissi meco stesso: "Ecce Agnus Dei, ecce qui tollit peccata mundi" (*Volg. B* [Montefusco]).

Si nota immediatamente che la lezione «quando si essultò» presuppone una variante latina «cum» effettivamente attestata in *M P S* («tunc» è trasmessa da *V*) e che si è considerata fino ad oggi banalizzante.[53] Sarà invece da sottolineare una *climax* che viene scandita in maniera martellante dalla ripetizione di *cum*, che propone una progressione dei sensi che va dalla vista all'udito al tatto per passare poi alle labbra e infine all'interiorità dello spirito, dove l'identificazione di Enrico con Cristo avviene con un'esultanza paradossalmente silenziosa. In questo senso si potrebbe proporre la seguente restituzione del passo, con ritocco della punteggiatura, che mostra, a mio parere, come la lezione tràdita dai volgarizzamenti e da una qualificata maggioranza di manoscritti non si possa considerare deteriore in maniera pacifica:

nam et ego qui scribo tam pro me quam pro aliis, velut decet imperatoriam maiestatem benignissimum vidi et clementissimum te audivi, cum pedes tuos manus mee tractarunt et labia mea debitum persolverunt, cum exultavit in me spiritus meus, cum tacitus dixi mecum: "Ecce Agnus Dei, ecce qui tollit peccata mundi".

Mi sembra poi interessante rilevare anche che il copista *c* (o una mano coeva) di *P* riporta in 6 luoghi nell'*Ep.* V e in un luogo testuale nella VII una variante in interlineo che è coincidente con la lezione alternativa di *V* [**figura 5**]:[54] segnalate con *aliter*, in gran parte,[55] si tratta di correzioni che possono in teoria anche essere congetturali; ho qualche dubbio a considerarle il frutto di una collazione che il copista di *P* opera tenendo presente le varianti di *V*, perché non interviene

---

53 Nella sua edizione, Baglio (e io stesso, nel commento al volgarizzamento) l'ha considerata tale: cfr. *Ep.* (Baglio), p. 45.
54 V.9 procula \aliter pocula/ *P* pocula *V* ; 17 animauertio \aliter animauersio/ *P* animaduersio *V* ; 18 preuitias \aliter premitias/ *P* primitias *V* ; 20 presidetis \aliter possidetis/ *P* possidetis *V* ; 23 nutioribus \aliter notioribus/ *P* notioribus *V* ; 28 pertimax \aliter pertinax/ *P* pertinax *V* ; VII 9 manus intus \aliter meas/ *P* manus mee *V* .
55 Tranne uno: *Ep.* V, 20 *presidetis* vs *possidetis*, con riferimento giuridicamente complesso al problema del possesso dei beni privati da parte di chi si oppone a Enrico, a cui viene ricordato che il godimento di tali beni è concesso *vinculo sue legis*. Si tratta di passaggio che merita ulteriore indagine.

a colmare le proprie lacune. Più probabilmente il copista *c*, che trascrive l'*Ep.* V da una copia con varianti, possedeva anche la VII, e inserisce anche lì una lezione alternativa presente nel suo antigrafo. D'altra parte il Vaticano, per l'*Ep.* V, presenta anch'esso una serie di passaggi lacunosi in cui il copista ha trascritto l'iniziale o parte della parola omessa [**figura 8**].⁵⁶ Se consideriamo nell'insieme tali dati, lascerei l'archetipo aperto in entrambe le lettere pluritestimoniali; nel caso *dell'Ep.* V, il copista di *V* ha a disposizione un antigrafo danneggiato, mentre *P*, in particolare il copista *c*, mostra di possedere un testimone di notevole interesse, che forse riunisce le due arrighiane; mi chiedo se, pur non escludendo il deposito presso i conti Guidi di un registro dove vennero copiati alcuni nuclei testuali danteschi, non si possa addirittura pensare a un quaderno d'autore, che ne raccoglieva i testi in una versione ancora sottoposta a revisione.

3 Le lettere a Firenze e la socializzazione della comunicazione pragmatica

Bisogna tornare a Firenze, tuttavia, per aggiungere un ulteriore tassello al quadro fin qui delineato. Come si è detto, osservata dal punto di vista delle testimonianze latine, Firenze – che pure è "destinataria" diretta di almeno una missiva perduta (su cui dopo) e luogo di residenza del *pater L.* dell'*Ep.* XII – sembra destinata al luogo di comprimaria. Eppure, come ho già notato altrove, Giovanni Villani nel suo ritratto dantesco dedica uno spazio ampio – quasi un terzo di tale medaglione – all'attività del Dante epistolografo.⁵⁷ In realtà la città natale del poeta recepì la sua opera epistolare in una maniera peculiare: proponendo abbastanza presto un volgarizzamento della lettera a Enrico VII, che pure nella

---

56 V.1 ducibus marchionibus comitibus *om. V*; orat pacem. Ecce nunc] or [..........] *V*; ab ortu auroram] al[..........] *V*; 17 familiam suam corrigit, set ei voluptuosius] famili [..............] *V*; 18 suppinatur ut coluber]suppi [............] *V*; preparari *om. V*; 19 incole latiales *om. V*; 24 sintillula *om. V*.

57 «In tra·ll'altre fece tre nobili pistole; l'una mandò al reggimento di Firenze dogliendosi del suo esilio sanza colpa; l'altra mandò a 'lo 'mperadore Arrigo quand'era a l'assedio di Brescia, riprendendolo della sua stanza, quasi profettezzando; la terza a' cardinali italiani, quand'era la vacazione dopo la morte di papa Chimento, acciò che s'accordassono a eleggere papa italiano; tutte in latino con alto dittato, e con eccellenti sentenzie e autoritadi, le quali furono molto commendate da' savi intenditori» (Villani, *Nuova Cronica*, pp. 335–336); su questo passaggio, vedi ora le note in *Ep.* (Baglio), p. 26, insieme all'intera sezione consacrata alle lettere perdute alle pp. 228–245.

seconda parte assume le forme di una invettiva contro la città. Anche il secondo volgarizzamento della stessa lettera (che chiamo B), vero e proprio best-seller con una ventina di testimoni e una buona fortuna a stampa garantita dall'inclusione nelle *Prose del Doni*, fu probabilmente redatto sullo scorcio del XIV secolo; mentre è più difficile pronunciarsi per quello della lettera V, diffuso in 5 testimoni che non risalgono più in alto del XV secolo. Aggiorno la lista già fornita altrove, correggendola e aggiungendo un testimone:[58]

A = London, British Library, Additional 26772: cart.; sec. XV in., volg. dell'*Ep*. VII alle cc. 22r-24v.

B = Firenze, Biblioteca Nazionale Centrale, Filza Rinuccini, 21 ins. 13: cart.; sec. XVI, volg. dell'*Ep*. V alle cc. 1r -3r; volg. dell'*Ep*. VII alle cc. 3v-5v.

C = Roma, Biblioteca Corsiniana, Corsini 697 (44 F 26): cart.; sec. XIV ex., volg. dell'*Ep*. VII alle cc. 277v-279r.

F^1 = Firenze, Biblioteca Nazionale Centrale, II II 40 (già Magl. VII 1010): cart.; sec. XV med., volg. dell'*Ep*. V alle c. 17r-v.

F^2 = Firenze, Biblioteca Nazionale Centrale, II I 71 (già Magl. VIII 1385): cart.; sec. XV ex., volg. dell'*Ep*. VII alle cc. 100r-101v.

F^3= Firenze, Biblioteca Nazionale Centrale, Magliab. VI 115: cart.; sec. XV ex, volg. dell'*Ep*. VII alle cc. 153v-155v.

F^4 = Firenze, Biblioteca Nazionale Centrale, Magliab. VII 1103: cart.; sec. XV ex., volg. dell'*Ep*. VII alle cc. 113v-116v.

F^5= Firenze, Biblioteca Nazionale Centrale, Magliab. VIII 1580: cart.; secc. XV–XVIII, volg. dell'*Ep*. V alle cc. 116v-120 r, volg. dell'*Ep*. VII alle cc. 125r-128v.

L^1 = Firenze, Biblioteca Laurenziana, XL 49: cart.; secc. XIV ex.-XV, l'*Ep*. VII è a cc. 115v-118r.

L^2 = Firenze, Biblioteca Laurenziana, XLII 38: cart.; sec. XIV ex., il volg. dell'*Ep*. VII è alle cc. 1r-3r.

M = Venezia, Biblioteca Nazionale, Marciano it. IX 326 (= 6913): membr.; sec. XIV ex., volg. dell'*Ep*. VII alle cc. 53r-54v.[59]

Ma = Firenze, Biblioteca Marucelliana, A 74: cart.; sec. XVI, il volg. dell'*Ep*. VII è a cc. 3r-5r.

P = Roma, Biblioteca Nazionale Centrale, Fondo S. Pantaleo 8; membr.; sec. XIV ex., volg. dell'*Ep*. VII alle cc. 138r-141r.

R^1 = Firenze, Biblioteca Riccardiana, 1304: cart.; sec. XV med.; volg. dell'*Ep*. V alle cc. 118r-119v.

R^2 = Firenze, Biblioteca Riccardiana, 1050: cart.; secc. XIV–XV; volg. dell'*Ep*. VII alle cc. 115r-116r.

R^3= Firenze, Biblioteca Riccardiana, 1094: cart.; sec. XV in.; volg. dell'*Ep*. VII è a c. 91r-v.

R^4 = Firenze, Biblioteca Riccardiana, 1579: cart.; sec. XV in.; volg. dell'*Ep*. VII alle cc. 33v-35v.

---

[58] Per la lista precedente, divisa tra i tre testi, vedi *Volgarizzamenti* (Montefusco), pp. 252–253; 255–257.
[59] Correggo l'individuazione in *Volgarizzamenti* (Montefusco), p. 257.

R⁵ = Firenze, Biblioteca Riccardiana, 2313: cart.; sec. XV in., volg. dell'*Ep.* VII alle cc. 105r-107r.
R⁶ = Firenze, Biblioteca Riccardiana, 2545: cart.; secc. XV–XVII, volg. dell'*Ep.* VII alle cc. 140r-144v.
S = Valladolid, Biblioteca Universitaria y de Santa Cruz, 332: berg.; volg. dell'*Ep.* V dell'*Ep.* VII è alle cc. 226r-230r.
V¹ = Città del Vaticano, Biblioteca Apost. Vat., Vat. Chig. L VI 229: cart.; sec. XV ex., *Ep.* VII alle cc. 168r-170v.[60]
V² = Città del Vaticano, Biblioteca Apost. Vat., Barb. Lat. 4118: cart.; 1387–1397, l'*Ep.* VII è alla c. 155v.[61]

Osservando la composizione dei testimoni di questi testi, si può rilevare come emerga la presenza di due linee di agglutinamento: una minoritaria che riunisce il volg. B dell'*Ep.* VII con la tradizione poetica trecentesca. Questa tipologia di raccolta sembra realizzarsi già *ab antiquo*, come mostra L¹, che risale a un periodo a cavallo tra Trecento e Quattrocento, ma soprattutto L², vero e proprio capostipite di tale tradizione: esso riveste un'importanza particolare non solo in forza della sua antichità, ma anche perché è possibile che su questo manoscritto (o su un testimone a esso imparentato) sia stata esemplata una parte dell'antologia doniana che consentì alle epistole dantesche nella loro versione volgare una certa notorietà moderna.[62] Da questo vettore, quindi, il testo è passato nelle cosiddette miscellanee di epistole e dicerie volgari quattrocentesche che, raggruppando testi brevi in prosa volgare di contenuto retorico-politico e morale-religioso, hanno conosciuto notevole fortuna a Firenze e in Toscana.[63]

Ciò induce a interrogarsi sul ruolo di questo volgarizzamento proprio all'origine di tali miscellanee. Le testimonianze indirette, a questo proposito, mi sembrano significative. La *mise en vers* della *cronica* del Villani a opera del Pucci aggiunge un particolare significativo:

> Dante a quel tempo fu, se ben comprendo
> Per lettera solenne dettatore,
> e per volgare similmente intendo (...)
> Poi tre Pistole fece copiose
> Pure in volgar, con tanto intendimento,

---

60 Rettifico la sigla di *Volgarizzamenti* (Montefusco), p. 255 in ragione dell'acclusione del seguente testimone vaticano.
61 Il codice era indicato come Vat. Lat. 4118 in Montefusco, *Le "Epistole"*, p. 441; la segnatura esatta è quella qui riportata; sul ms. e il suo contenuto, sempre nell'ambito delle ricerche del progetto *Biflow*, cfr. Lorenzi, *Volgarizzamenti di epistole*.
62 Ricottini Marsili-Libelli, *Anton Francesco Doni*, pp. 40–43.
63 La bibliografia su queste miscellanee inizia a diventare importante: vedi la bibliografia raccolta in Lorenzi, *Volgarizzamenti di epistole*.

> che forse mai non fur sì belle prose (...)
> le qua' venendo alle discrete mani
> fur commendate assai, se ben discerno
> da que' ch'avevano gl'intelletti sani.[64]

All'altezza degli anni '70 del '300, dunque, Dante è considerato autore di epistole volgari, o comunque all'origine della circolazione di *belle prose* epistolari. Si segna, dunque, un passaggio, dal *dictamen* latino (modello squisitamente retorico) a *diceria* volgare, che avviene precocemente a Firenze dove, come ci avverte il testo all'origine del poema di Pucci, e cioè la *Nuova cronica* del Villani, la ricezione delle lettere avviene attraverso il tramite di «savi intenditori» – qui il passaggio «le quali furono molto commendate da' savi intenditori»[65] è reso con «que' che avevano gl'intelletti sani», con memoria dantesca quant'altre mai.

Giovanni Villani, delineando così il "filtro" fiorentino che accoglie le lettere dantesche, ci fornisce elementi cruciali per comprenderne le concrete modalità di ricezione. Soffermiamoci, dunque, sui «savi intenditori». Franca Ragone, studiando le fonti della *Nuova cronica*, ha mostrato come, per Villani, il "savio" cittadino costituisce una figura che declina quei personaggi investiti dalle istituzioni comunali di funzioni diverse (specialmente di natura consultiva, giuridica e politica) basate sulla loro esperienza, competenza e reputazione sociale, all'interno del progetto di riorganizzazione della memoria all'interno del testo cronachistico: qui, riprendendo una tradizione affinata nella testualità popolare (come in Bono Giamboni), essi diventano delle personalità capaci di esprimere pareri tecnici sugli argomenti più importanti sulla base della conoscenza del passato.[66]

Il riferimento di Villani alle lettere di Dante evoca anche l'uso di discussione collettiva di testi che si ritenevano di particolare importanza. Le lettere enriciane, in particolare la VI con i suoi destinatari fiorentini, non mancarono certamente di suscitare questa discussione, che, rivolgendosi all'assemblea, doveva necessariamente e presto aprirsi al volgare.[67] Non credo che sia avventato immaginare che, all'interno di questa pratica di lettura collettiva, mediata e "volgarizzata" (quindi, alla base del volgarizzamento) descritta da Villani, potesse apparire anche un commento. La tradizione manoscritta dei due volgarizzamenti mostra, infatti, la diffusa presenza di glosse al volgarizzamento A, il più antico, che è un commentario continuativo ed esplicativo. Esse passano anche al

---

64 Solerti, *Le Vite di Dante*, pp. 6–7.
65 Villani, *Nuova Cronica*, II, pp. 335–336.
66 Ragone, *Giovanni Villani*, pp. 26–29.
67 Vedi su questo lo studio di A. De Vincentiis in questo volume, e in un libro dedicato all'epistola VI di prossima pubblicazione per i tipi di Viella.

volgarizzamento B: in uno dei rami della tradizione, infatti, è presente una serie di glosse che deriva da una selezione e semplificazione di quello originario.[68] Selezione, perché le glosse sono segnalate con lettere alfabetiche che corrispondono a quelle presenti in A, ma con salto della progressione alfabetica (da *c* si passa a *g*, e così via); semplificazione perché esse vengono violentemente riassunte (con qualche danno per la comprensione: vedi **figura 4** e **6**.[69]

Questa procedura si inserisce perfettamente all'interno della costruzione del cantiere storiografico che porta il Villani alla compilazione della *Nuova cronica*, in cui le lettere diventano fonti di informazioni privilegiate, non di rado passando attraverso un processo di volgarizzazione che conduce l'autore a registrare a testo documenti in volgare. È noto l'interesse di Villani per i volgarizzamenti, come mostra il caso della traduzione del *Somnium Scipionis*, realizzata su sua richiesta da Zanobi da Strada come recita l'ultima parte del proemio;[70] e anche il contatto molto forte con volgarizzatori come Andrea Lancia induce a mettere in relazione la scrittura della cronica con l'intensa attività di traduzione della Firenze dell'epoca.[71] Recentemente si è studiata più da vicino la concreta modalità con cui una serie di testi documentari e normativi vengono inseriti, in versione volgare, nella *Nuova cronica*.[72] A tre di questi documenti, tutti concentrati negli ultimi quindici anni coperti dalla narrazione, viene allegato un prologo in cui si afferma esplicitamente che è stato lo stesso Villani a chiedere che venisse realizzata la traduzione. Con riferimento alla lettera di re Roberto di Napoli inviata al Comune di Firenze nel 1333, Villani afferma:

> e con tutto che in latino, come la mandòe, fosse più nobile e di più alti verbi e intendimenti per li belli latini di quella, ci parve di farla volgarizzare, acciò che seguisse la nostra materia volgare, e fosse utile a' laici come a li alletterati.[73]

---

68 È la corretta ipotesi di Lorenzi, *Volgarizzamenti di epistole*, p. 336 nota; per l'edizione delle glosse tramandate in V² vedi p. 339.
69 Lorenzi, *Volgarizzamenti di epistole*.
70 Brambilla, *Zanobi da Strada*, p. 47; sui rapporti tra i due, vedi Brambilla, *Per la fortuna volgare*.
71 Vedi soprattutto Lancia, *Chiose alla 'Commedia'*, (tramite indice Villani, Giovanni). Una prima descrizione di questo specifico paesaggio culturale e della conseguente circolazione di testi è in Azzetta, *Ancora sul Dante*, pp. 148-167. Ciò non toglie che Villani ebbe anche interesse per un approccio diretto ai testi anche latini, come mostra Ragone, *Giovanni Villani*, pp. 52–54.
72 Rabiot, «*Fatta fedelmente volgarizzare*». Se ne sta occupando, nella sua tesi di dottorato a partire dai volgarizzamenti delle epistole di Pier della Vigna, Giovanni Spalloni.
73 Villani, *Nuova Cronica* XII, 2. Gli altri documenti inseriti sono: una bolla di Giovanni XXII; un trattato tra Firenze e Venezia del 1336; un'altra lettera di re Roberto indirizzata al Duca d'Atene (1348); un discorso d'ambasciata del 1347 e una lettera di Luigi d'Ungheria al Comune dello stesso anno: cfr. Rabiot, «*Fatta fedelmente volgarizzare*», p. 51.

Senza arrivare fino a ipotizzare che la lettera a Enrico subisse questa procedura (si tratta di un testo assai precedente, ed è a una discussione dell'epoca dell'imperatore che l'autore fa riferimento) sotto l'impulso del cronista, si può forse pensare che la sua versione volgare glossata potesse essere nota o rilanciata in relazione alla scrittura e alla ricerca di fonti per la compilazione della cronaca. Se ne può concludere che, accanto alla «socializzazione della memoria storiografica», per riprendere una nota formula usata da Ovidio Capitani con riferimento al precoce ricorso al volgare per le sintesi di storia universale,[74] si realizza, con questa specifica opera di volgarizzazione e commento, una socializzazione della comunicazione pragmatica che contribuisce alla costruzione di un dibattito pubblico. Per un paradosso della storia, la lettera a Enrico, esempio di *stilus supremus* non avulso dalla *obscuritas* modellata sullo stile di Pier della Vigna, diventa un ingrediente fondamentale nel quadro della cultura fiorentina, dove la retorica non può prescindere dall'etica, ma diventa anche strumento di "prudenza" per i savi e infine di "utilità" per laici e illetterati.

4 Le lettere che non ci sono e i motivi dello scrivere per lettera

È bene anche chiarire che la flebile traccia scritta non esaurisce l'integralità del circuito comunicativo delle lettere, ma rappresenta l'emersione di un tracciato più ampio, che va ricostruito tenendo presente sia le lettere perdute,[75] sia i riferimenti interni ad altri testi epistolari che sono riportati nelle epistole che possediamo. Mi soffermo innanzitutto su quelle non conservate, passandole in rassegna cronologicamente e cercando di procurarne un'interpretazione, per quello che è possibile fare "in assenza". Questo mi permette di completare il quadro sulla ricezione dell'epistolografia dantesca appena fornito, ma anche di allineare qualche elemento utile, se incrociato con quello che sappiamo dalle lettere conservate, per definire con più precisione il significato di questa attività per Dante.

La (probabilmente) prima epistola scritta da Dante e non conservata è testimoniata nel capitolo ventinovesimo del «libello» giovanile, la *Vita nova*. Comincia qui la seconda parte dell'opera, contrassegnata dalla morte di Beatrice, evento che costituisce allo stesso tempo il momento di svolta del libro e il punto

---

[74] Capitani, *La storiografia medievale*, p. 781.
[75] Vedi oggi l'Appendice I di *Ep.* (Baglio), che raccoglie l'intero arco delle testimonianze sulla questione, alle pp. 221–245.

di ripensamento della lirica cortese da parte di Dante, che mira a una ricomposizione della lacerazione originaria che caratterizza la lirica d'amore: alcuni si erano fermati alla contemplazione del dolore amoroso (Cavalcanti, per esempio); altri avevano assunto la conversione come rifiuto e rovesciamento della poesia giovanile (Guittone senz'altro); Dante decide di "assassinare" la donna, con un evento che permette di ricostruire la vicenda amorosa nella forma di un libro-canzoniere che è anche "libro di memorie" e di prefigurare un nuovo stile.[76] La solennità del passaggio è sottolineata dal richiamo a un testo dell'Antico Testamento, le *Lamentazioni* attribuito al profeta Geremia. L'*incipit* dell'opera, che descrive la desolazione di una città lasciata in solitudine, è riscritto per ben tre volte: la prima, con una citazione letterale, in occasione dell'annunzio della morte dell'amata; la seconda poco più in là, quando si annuncia che Dante aveva voluto dare ufficiale annuncio di questa morte con una lettera rivolta a tutti i potenti dell'epoca:

> poi che fue partita da questo secolo, rimase tutta la sopradetta cittade quasi vedova dispogliata da ogni dignitade. Onde io, ancora lagrimando in questa desolata cittade, scrissi alli principi de la terra alquanto de la sua conditione, pigliando quello cominciamento di Yeremia profeta *Quomodo sedet sola civitas*. (*VN* 19, 8 ed. Gorni)

Qui Dante riscrive in volgare l'inizio del libro biblico («et factum est, postquam in captivitatem redactus est Israel, et Ierusalem deserta est, sedit Ieremias propheta flens, et planxit lamentatione hac in Ierusalem [...] et eiulans dixit *Quomodo etc.*»)[77] e annuncia la scrittura di un'epistola, che, secondo le norme dei manuali, cominciava con una citazione (la terza dal libro biblico). Non possiamo dire con sicurezza che Dante l'abbia concretamente scritta; certo è che tale lettera è descritta in maniera credibile: i destinatari, nel senso di "lettera circolare", torneranno nell'esordio di un'altra lettera dantesca, la V; nell'*Ep.* XI ricomparirà, diversamente funzionalizzata, la medesima citazione esordiale;[78] verosimile è anche il *medium* linguistico, perché Dante afferma, poco dopo, di non averla allegata perché redatta in «parole (...) tutte latine» (*VN* 19, 9–10 ed. Gorni).

Il centro del discorso dell'Alighieri non risiede qui nella lettera, ma verte sul riuso delle *Lamentazioni*. Il testo era di grande utilizzo nel contesto devozionale ed esegetico dell'epoca, soprattutto in ambito francescano: si pensi che Olivi lo aveva commentato a Santa Croce tra il 1287 e il 1289, in anni cioè assai vicini alla frequentazione dantesca delle «scuole de li religiosi» (*Conv.* II, xii,

---

[76] Antonelli, *La morte di Beatrice*.
[77] Marigo, *Mistica e scienza*, p. 62.
[78] E per la diversa funzionalizzazione profetica, cfr. il saggio di Potestà in questo volume.

5–6).⁷⁹ Questa tradizione aveva interpretato l'immagine della Gerusalemme derelitta come prefigurazione della Passione di Cristo, e tale interpretazione era stata profondamente assimilata da Cavalcanti, sia per esprimere la condizione dell'amante sia per appellarsi al lettore, a cui veniva richiesta la condivisione empatica di tale situazione di sofferenza.

Dante, che partecipa pienamente a questa cultura esegetica, assume e supera questo punto di vista, esplicitando la fonte biblica di Cavalcanti ma usandola in maniera diversa: questa volta essa serve a sottolineare che la perdita della donna da una parte permette di interrompere quella sofferenza continua, e dall'altra ha una «portata universale».⁸⁰ La lettera, tuttavia, non viene allegata, perché l'intenzione dell'autore è di non «scrivere [il *libello*] altro che in volgare» (*VN* 19, 10), ma essa gli è indispensabile perché lo strumento epistolare, appartenente a un circuito ufficiale della comunicazione scritta, garantisce l'universalità delle conseguenze della morte dell'amata, non ultima una sua certa conseguenza politica, nel senso di "collettiva" (la città che è «dispogliata da ogni dignitade»). Nel 1293, dunque, il Dante ancora non affacciato alla vita politica affida alla scrittura epistolare un grado di autentificazione diverso, e per certi aspetti, più alto di quella cortese e volgare; ma, allo stesso tempo, ci lascia intravedere come una scrittura d'occasione, legata a precisi avvenimenti e specifiche esigenze di servizio come quella delle lettere, sia sempre, nell'Alighieri, motivo di quella densa riflessione che egli sviluppa continuativamente nelle opere maggiori.

Se ci spostiamo nel periodo seguente al bando emerge una missiva ufficiale che venne spedita al Comune di Firenze, con la quale il poeta chiedeva ufficialmente di poter rientrare vantando il proprio impegno militare anti-ghibellino nella battaglia di Campaldino del 1289 (quando i Fiorentini sgominarono Arezzo) e probabilmente prendeva le distanze dal periodo del priorato. La prima testimonianza esplicita riguardo all'esistenza di questa lettera è inserita nella storia di Firenze redatta dal cancelliere Leonardo Bruni nel 1421. In questo testo il breve riferimento all'epistola è inserito in un lungo passaggio consacrato alla descrizione della battaglia.⁸¹

Più approfondito, com'è ovvio, è l'uso di questo eccezionale documento nella *Vita di Dante* dello stesso Bruni del 1436. Qui il primo riferimento alla lettera è all'interno di un passo in cui si riassume il brano appena ricordato,

---

79 Bartoli, *La Caduta di Gerusalemme*.
80 Sull'uso delle *Lamentazioni* nella poesia del tempo, cfr. Rea, *Cavalcanti e l'invenzione*, che riprende l'indagine avviata da De Robertis, *Il caso di Cavalcanti*, poi ripresa da Martinez, *Cavalcanti*.
81 Bruni, *Opere letterarie e politiche*, pp. 76–77.

incentrato sulla cronaca "militare"; rispetto a questo, il cancelliere aggiunge che nella epistola Dante avrebbe descritto «la forma della battaglia»,[82] suggerendo che proprio la lettera fosse la fonte usata da Bruni nell'opera precedente. Se così fosse, il ruolo decisivo che viene concesso a Corso Donati nella *Storia di Firenze*, in cui viene anche riportata una appassionata orazione,[83] assume nuova importanza, perché nella *Vita* l'epistola in questione si inserisce in un gruppo di lettere inviate anche «a' particulari cittadini del reggimento»:[84] il testo, dunque, con l'abiura del periodo priorale e dell'impegno a fianco dei Ghibellini fino al 1304, poteva forse essere rivolto anche a Corso.[85] Non si può dire di più sulla datazione, perché le parole di Bruni sono inservibili in quanto confondono cronologicamente le varie sedi dell'esilio dantesco tra il bando e l'avvento di Enrico.[86]

La ricerca ha dimostrato che l'opera di Bruni, mossa da intenti politici ben precisi in relazione con il regime oligarchico che egli servì come cancelliere dal 1427 al 1444, presenta diversi casi di manipolazione e rielaborazione delle fonti,[87] ma non vi sono motivi sufficienti per dubitare dell'esistenza di questa lettera. Che una parte delle lettere di Dante sia stata ricevuta e presumibilmente conservata a Firenze, come abbiamo visto, è indubbio; nel citato passaggio di Villani si fa riferimento a un testo spedito «al reggimento di Firenze dogliendosi del suo esilio senza colpa» tra le lettere che vennero lodate «da' savi intenditori»:[88] si tratta, con tutta probabilità, della stessa *Popule mee* di cui abbiamo parlato sinora.

---

[82] Bruni, *Opere letterarie e politiche*, p. 8.
[83] «Cursius Donatus, qui extraordinariae praeerat aciei, intellecto suorum periculo, etsi praeceptum fuerat ne iniussu ducis praelium iniret, tamen perniciosum ratus ultra differre, "Adoriamur, inquit, commilitones, hostium equitatum, priusquam pedes eorum se immisceat pugnae. Neque vero me in tanto discrimine civium meorum aut praeceptum ducis aut poena deterret. Si enim vincimur in acie illa, moriturio non ultra formidanda est poena. Sin ut spero vicerimus, tunc Pistorium veniat, qui supplicium de nobis sumere volet". His dictis, cum aciem concitasset, ex transverso hostem invadit. Ab hac maxime acie victoria parta creditur Florentinis: nam hostes a tergo violentius percussi, retro iam respicere coacti sunt» (Bruni, *Opere letterarie e politiche*, p. 77). Il ruolo decisivo di Corso a Campaldino è comunque diffuso nelle fonti sulla battaglia. Sulle implicazioni per Dante, vedi il recente Diacciati, *Dante a Campaldino*.
[84] Bruni, *Opere letterarie e politiche*, p. 31.
[85] Sul rapporto con i Malaspina, vedi le innovative pagine di Inglese, *Vita di Dante*, p. 90 e il contributo di G. Milani sull'epistola IV in questo volume.
[86] Bruni, *Opere letterarie e politiche*, pp. 29–32.
[87] Per l'impalcatura ideologica dell'opera di Bruni, vedi Hankins, *Coluccio Salutati*; sull'uso delle fonti, vedi Cabrini, *Le "Historiae" del Bruni*.
[88] Villani, *Nuova cronica*, II, l. X, cxxxvi.

A questo si aggiunga che il Bruni descrive la scrittura di Dante, e fa riferimento proprio a una scrittura di tipo cancelleresco. Anche le notizie che Bruni ci fornisce intorno al testo della lettera sembrano verisimili. L'*incipit* è un *exordium a proverbio*, cioè con citazione biblica, come raccomandato tradizionalmente nei manuali e applicato in altre lettere (*Popule mee* è estratto, con variazione, da *Mic.* 6, 3); si consideri poi che si tratta di formula utilizzata nella liturgia pasquale,[89] spazio liturgico a cui Dante attinge anche nell'*Ep.* V per la descrizione della prossima venuta dell'imperatore.[90] Si aggiunge infine la citazione del testo della lettera inserita nella *Vita di Dante*, che ha l'aspetto di una probabile *narratio*, ossia della parte del corpo della lettera che precede la *petitio*, la richiesta ufficiale che è poi il negozio giuridico intorno a cui è costruito il testo:

> da questo priorato nacque la cacciata sua e tutte le cose avverse che egli ebbe nella vita, secondo lui medesimo scrive in una sua epistola, della quale le parole son queste: «tutti i mali e tutti gli inconvenienti miei dalli infausti comizii del mio priorato ebbono cagione e principio; del qual priorato, benché per prudenza io non fussi degno, nientedimeno per fede e per età non era indegno, però che dieci anni erano già passati dopo la battaglia di Campaldino, nella quale la parte ghibellina fu quasi al tutto morta e disfatta; dove mi trovai non fanciullo nell'armi, dove ebbi temenza molta e nella fine grandissima allegrezza, per li varii casi di quella battaglia». Queste sono le parole sue.[91]

In questa citazione due elementi sembrano caratteristici della scrittura epistolare dantesca: innanzi tutto l'autopresentazione umile («del qual priorato, benché per prudenza io non fussi degno» può essere avvicinato a diverse formule nelle lettere, e soprattutto a quella usata nella lettera ai Cardinali, dove l'autore, "l'ultima delle pecore del pascolo di Gesù Cristo", si descrive, in negativo, come privo di ogni autorità pastorale: *Ep.* XI, 9); ma anche l'icastica rammemorazione della battaglia di Campaldino – che pure doveva, come si è detto, aprire a una più larga descrizione: «nella quale la parte ghibellina fu quasi al tutto morta e disfatta» sembra ricordare da vicino i tratti veloci con cui, nell'*Ep.* VI, si ricordano le sconfitte di Milano e Spoleto a opera di Federico I (*Ep.* VI, 19) e nella VII si descrivono con tratti sintetici le città che resistono alla missione enriciana (*Ep.* VII, 22).

Un'altra lettera non conservata è collegata alla missione italiana di Enrico VII. Ne parla Biondo Flavio, con riferimento a un testo che Dante avrebbe redatto «partis Albae extorrum et suo nomine data»[92] in occasione dell'arrivo a Firen-

---

89 Di Capua, *Scritti minori*, vol. I, pp. 377–379.
90 Vedi *Ep.* (Pastore Stocchi), *ad locum*.
91 Bruni, *Opere letterarie e politiche*, pp. 16–17.
92 Biondo Flavio, *Historiarum ab inclinato Romano Imperio decades III*, II, 9, 342.

ze degli ambasciatori di Enrico nel luglio 1309 – durante una missione esplorativa e preparatoria che toccò i principali centri del *Regnum*. La missiva era stata spedita a Cangrande della Scala, al quale sarebbe stata significata la temerarietà e "cecità" della risposta fiorentina. Il testo sarebbe precoce rispetto alla missione, e ha dunque suscitato qualche dubbio di autenticità; è ben vero, tuttavia, che esso coinciderebbe quasi con il primo intervento papale a favore di Enrico (la *Divinae Sapientiae* del 26 luglio 1309), che faceva sperare in una concreta attuazione del proposito imperiale, inserendosi in più generali manovre che effettivamente potevano rincuorare le speranze di coloro che avevano subìto condanne di bando e che, in ragione anche del necessario rafforzamento del sostegno in loco, erano tradizionalmente oggetto di procedure di pacificazione. Per non dire poi che Biondo riconduce il testo a quel Pellegrino Calvi, non altrimenti noto *magister epistolarum* di Scarpetta Ordelaffi a Forlì, già ricordato per un gruppo di lettere alla cui stesura Dante collaborò nel periodo precedente alla Lastra.[93] La lettera è particolarmente in anticipo rispetto agli avvenimenti, e andrebbe forse valorizzata maggiormente, perché dimostrerebbe come la decisione di Enrico di realizzare la missione italiana, per nulla scontata vista l'attitudine dei precedenti re dei Romani, confermava *ex post* – quindi moltiplicava, se si vuole – un'attesa di palingenesi "imperiale" per la penisola italiana che Dante aveva maturato "a freddo" e forse in maniera isolata, sviluppando un grumo di ragionamenti che si definivano a partire da un'esperienza personale (il bando), ossia una riflessione di ordine storico-linguistico (nel *De vulgari eloquentia*) e una messa a punto in senso politico-sociale di una lunga fedeltà a ragionamenti di ordine filosofico (nel *Convivio*). Queste due ultime lettere perdute indicano chiaramente come Dante affidasse a questi testi l'incubazione di riflessioni personali-biografiche (la *Popule mee*) o politico-teoriche, che rendono la loro scomparsa non del tutto irrilevante.

5 Dal noto all'ignoto: i circuiti della comunicazione e la tradizione comunale

Per soppesare più da vicino, però, il ruolo dello strumento epistolare nel percorso di Dante e nella costruzione della sua presenza come intellettuale e scrittore nella società del suo tempo, credo sia interessante inserire le lettere all'interno

---

93 «Innuunt autem nobis Peregrini Calvi foroliviensis, Scarpettae epistolarum magistri, extantes literae, crebram Dantis mentionem habentes, a quo dictabantur» (Biondo Flavio, *Historiarum ab inclinato Romano Imperio decades III*, II, 9, 342); cfr. Campana, *Calvi, Pellegrino*, p. 770.

degli scambi che si possono ricostruire a partire dalla loro concreta testimonianza. Comincio dalla lettera I, che ha, fra gli altri grandi elementi di interesse, anche quello di mostrarci concretamente il funzionamento dello scambio di informazioni *via lettera* in caso di trattative tra le varie articolazioni del potere locale dell'epoca. L'epistola a Niccolò da Prato si colloca infatti all'interno delle negoziazioni tra il cardinale e i fuoriusciti, organizzati in una struttura politico-militare chiamata *Universitas Alborum*; più precisamente, secondo la testimonianza dantesca, il gruppo di fuoriusciti ha ricevuto una (o più) lettere per il tramite di un frate L., nunzio del cardinale (probabilmente Lapo Cerlichi, suo nipote e pratese come lui); gli scambi si realizzavano sia in forma scritta sia orale (si fa riferimento ai «cara consilia» di Niccolò e a un «relatus», una relazione di Lapo: *Ep*. I, 2 e 8). I fuoriusciti hanno impiegato più del dovuto a elaborare una risposta a causa di un'intensa discussione interna, e per questo la *captatio benevolentiae* che, a norma di manuali, doveva aprire la lettera, consiste in verità in una richiesta di scuse per il ritardo (*Ep*. I, 2).

Le epistole III e IV, indirizzate rispettivamente a Cino da Pistoia e a Moroello Malaspina, si presentano accoppiate perché entrambe sono testi introduttivi a componimenti poetici. Quest'ultimo dato è stato messo in dubbio a più riprese; tuttavia in entrambi i casi il riferimento a testi allegati è indubbio. Nella lettera III Dante parla esplicitamente di un "testo calliopeo", cioè redatto nella lingua delle muse, nel quale l'argomento è "trattato in maniera figurata come è d'abitudine in poesia" («transumptive more poetico», dove «transumptive» è riferimento al linguaggio metaforico nella tradizione retorica medievale). La poesia è redatta in risposta a una esplicita domanda del destinatario («redditur») e allegata sotto il testo epistolare («inferius», *Ep*. III, 4). Nel caso della lettera IV, la formula usata dal poeta è meno esplicita quanto alla forma poetica del testo («presentis oraculi seriem»); la prosa latina, tuttavia, si chiude con il riferimento a uno sviluppo del tema al di fuori del testo epistolare («extra sinum presentium», *Ep*. IV, 1). Tale sviluppo si trova "sotto", cioè dopo la lettera: il termine è lo stesso della III, «inferius», come medesima è anche la situazione comunicativa descritta, che consiste nell'invito a completare il ragionamento della lettera con il testo allegato (qui «requiratis» mentre nell'altra «redditur»).[94] Il caso ci interessa qui perché, unico nel *corpus*, il testo epistolare è parte di una comunicazione più ampia che è andata persa, e che integrava, in una forma che sembra esorbitare l'auto-commento, lo scambio poetico.

Nonostante una tradizione manoscritta che ha totalmente obnubilato questo macroscopico accostamento di *media* linguistici e generi differenti, le due

---

94 Billanovich, *Prime ricerche dantesche*, p. 43.

lettere, in questo caso, si inseriscono all'interno di uno scambio poetico-letterario che possediamo e che coinvolse, in un gioco a tre, Moroello Malaspina, Cino e Dante.[95] Di questo gioco poetico andranno allegati altri pezzi, in un ordine di difficile ricostruzione, ma che sicuramente dovette far parte di un periodo in cui, come certifica il *De vulgari eloquentia*, Cino è considerato da Dante il *cantor* per eccellenza di *amor* o *venus* (*Dve* II, ii); più nello specifico, il pistoiese sollecita a più riprese Dante sul problema dell'impossibilità di rendere unico l'oggetto d'amore, e questo è l'argomento principale dello scambio. Si tratta di una volubilità esibita, che i colleghi gli rimprovereranno sia in ambito amoroso sia in ambito giuridico («aliquandiu mutavit opinionem in deterius» dirà Baldo degli Ubaldi;[96] secondo il Farinaccio i «delicta carnis» toccarono soprattutto, tra i giuristi, il nostro)[97] e che lui stesso non mancò di rimarcare addirittura nei testi legali (dove ricordò che, per esperienza, il dono amoroso vale più del sospiro).[98]

Ripercorriamo velocemente lo scambio. In *Novellamente Amor* (*Rime* 98) Cino afferma di stare per cadere di nuovo innamorato, e chiede consiglio (resistere o lasciarsi andare?) a Dante, che lo invita all'astinenza (*I' ho veduto già senza radice*, *Rime* 99); in *Dante, quando per caso* (*Rime* 103) la domanda diventa una *quaestio* generale, ed è qui che si inserisce il dittico rappresentato dalla lettera III e dal sonetto *Io sono stato* (*Rime* 104), in cui Dante sostiene, con argomentazione filosofico-aristotelica e letteraria, la possibilità che un nuovo amore possa sostituire una precedente passione una volta che quest'ultima si sia spenta o corrotta. Lo scambio si allarga al marchese Moroello Malaspina quando Cino invia a quest'ultimo un ulteriore sonetto, *Cercando di trovar miniera in oro* (*Rime* 105), dove si racconta nuovamente l'intervenire di un nuovo amore, stavolta indotto dal marito del marchese; sarà Dante a rispondere in nome di Moroello, con un testo (*Degno fa voi trovare ogni tesoro*, *Rime* 106) in cui si avanza il sospetto di un'insincerità di Cino.

La canzone "montanina" *Amor da che convien* (*Rime* 15), insieme all'*Ep.* IV, ha tutte le caratteristiche per far parte di questo scambio, in cui Dante riprende l'approccio cavalcantiano all'amore, ammettendo la possibilità di amori plurimi (e dando infatti adito a Boccaccio di proporre genialmente l'identificazione di questo amore senile del poeta con una "alpigiana gozzuta") e descrivendo uno strascico di effetti drammaticamente alienanti, al punto da limitare il libero arbitrio dell'innamorato (*Ep.* IV, 4). Non è un tema che esclude Beatrice, che anzi è ricordata da Cino già in *Novellamente Amor* («ella sarà del mi' cor *beatrice*»,

---

95 Vedi su questo gli interventi di Milani e di Villa in questo volume.
96 Zaccagnini, *Cino da Pistoia*, p. 201.
97 Chiappelli, *Cino da Pistoia giurista*, p. 37.
98 Chiappelli, *Cino da Pistoia giurista*, p. 38.

Rime 98, v. 4) e poi "rivendicata" nella sua unicità da Dante in *Io sono stato* («Io sono stato con Amore insieme / dalla circulazion del sol mia nona», *Rime* 104, vv. 1–2, con riferimento all'età in cui si innamorò della donna secondo *VN* 1, 2 ed. Gorni). Ha dato da pensare soprattutto il congedo "politico" della canzone, in cui il poeta si rivolge alla poesia dicendole che nel suo cammino vedrà Firenze che gli chiude la porta in faccia.[99] Ma se analizziamo ciò che rimane di questo scambio, riferimenti politici emergono anche in *Dante quando per caso*, con riferimento a «il nero e il bianco» che uccidono (*Rime* 103, v. 12); se Dante si attiene al discorso amoroso nella risposta poetica, nell'epistola III non solo sottolinea la comune condizione di esiliati dei due poeti, ma invita, con riferimento a testi senecani di consolazione, a farsi forza in questa situazione (*Ep.* III, 8).

Questo *tour de force* di lettura che si allarga dalle due lettere all'intero scambio poetico mostra un dato significativo, e cioè che la comunicazione epistolare costituiva il mezzo ordinario di elaborazione concettuale, talvolta concepito come accompagnamento rispetto a opere destinate a una circolazione più allargata. Tramite un *corpus* epistolare a cui – non lo si dimentichi – Dante non ha destinato il suo solito sforzo di conservazione, ordinamento e rilettura, emergono (fortunatamente per noi) linee concettuali alternative, ma rilevanti proprio perché al di fuori di quella profonda auto-rilettura. Innanzitutto una linea poetica secondaria, non torbida ma parallela e doppia, rispetto al "mito" beatriciano: una linea ancora battuta prima della *Commedia*, che non esclude Beatrice, come si è visto, ma anzi la tiene costantemente sullo sfondo come forza ordinatrice di un percorso pieno di possibili svolte. Il secondo elemento è l'accostamento di questa produzione tardo-cavalcantiana con argomenti politici, non limitati, come si è visto, alla "montanina": questa situazione ci mostra in atto l'attività poetica della coppia Cino-Dante proprio come ci viene teorizzata e descritta nel *Dve*: «Cynum Pistoriensem amorem, amicum eius rectitudinem» (*Dve* II, ii, 8). Lo sfondo in cui avviene tutto ciò è la corte malaspiniana, corte di lunga tradizione mecenatesca per i poeti e, all'epoca di Dante, ospite e custode della sua scrittura epistolare.[100] L'elemento che tiene insieme questo quadro comunicativo complesso è quello dell'amicizia, una sfera già attiva per Dante nella *Vita nova* e che qui, all'altezza contemporaneamente del *De vulgari* e del

---

[99] «O montanina mia canzon, tu vai: / forse vedrai Fiorenza, la mia terra, / che fuor di sé mi serra, / vota d'amore e nuda di pietate; / se dentro v'entri, va dicendo: "Omai // non vi può far lo mio fattor più guerra: / là ond'io vegno una catena il serra / tal, che se piega vostra crudeltate, / non ha di ritornar qui libertate"» (*Rime* 106, vv. 76–84).
[100] Si veda l'intervento di Milani per la bibliografia su questo aspetto.

dittico malaspiniano-ciniano, si definisce come fondamento della comunicazione e dunque, in qualche modo, della stessa comunità politica.

Si tratta di un nodo che vediamo attivo anche nel periodo della maturità di Dante; esso emerge in quel piccolo gioiello di corrispondenza privato-politica che fu l'epistola XII, testo che ci offre uno squarcio luminoso sull'ultimo Dante, intento a intraprendere la scrittura dell'ultima cantica. La lettera è legata all'emanazione di un provvedimento, probabilmente nel maggio del 1315, di assoluzione dei banditi di Firenze che doveva avvenire a seguito della corresponsione di una certa quantità di danaro e della sottomissione al rituale dell'oblazione.[101] Ciò che interessa qui è che anche questa lettera costituisce l'unica traccia scritta sia di una più fitta corrispondenza sia di probabili iniziative di un gruppo di intrinseci interessati alla sorte di Dante, attivi probabilmente anche prima del provvedimento: si parla infatti di vie diverse per tornare in patria, alle quali stanno lavorando il destinatario della lettera e «alios» (*Ep.* XII, 8), e si contrappone il contenuto della lettera ricevuta da Dante agli aspetti poi definiti (così è da intendere «preconsiliata», *Ep.* XII, 5) nell'iniziativa legislativa.

In questo senso assume una notevole importanza un passaggio che ha dato molto da pensare agli interpreti: «litteras vestri meique nepotis» (*Ep.* XII, 3). Dante afferma qui di aver saputo («significatum est michi») dell'ordinamento in questione proprio da una serie di lettere, tra cui questa a cui risponde.[102] Lasciato da parte il problema di quel *vestri* – che qui interpreto, con Pastore Stocchi, come riferito alla lettera – andrà rimarcato che Dante afferma di avere ricevuto missive dal destinatario, dal nipote e da altri amici (l'intera stringa è, infatti: «litteras vestre meique nepotis nec non aliorium quamplurium amicorum»). Viene qui descritta con precisione una rete di supporto attiva per il bandito a questa altezza cronologica. Essa consisteva almeno nel "vos" dell'epistola, che è chiamato con reverenza «pater» lungo tutto il testo e per questo è stato identificato con un religioso (ma bisogna tenere presente che il vocativo «pater mi» a *Ep.* XII, 8 presenta un possessivo raro e sconsigliato dai manuali in caso di uomini di chiesa); l'uso del voi (così diverso dal "tu" riservato addirittura a Enrico VII nell'epistola VII) ci induce a pensare che fu una figura di rilievo quanto al grado ecclesiastico (un cardinale, un vescovo, un ministro o un priore). Tra gli intrinseci attivi si staglia anche la figura del nipote, per il quale sono state avanzate diverse candidature.

Più difficile dire qualcosa degli altri "amici", ma senz'altro il passaggio sembra prefigurare un *network* a cerchi concentrici. Al «pater» si conferisce un

---

[101] Barbi, *Problemi di critica dantesca*, vol. I, pp. 53–56.
[102] Sul problema del «vestri» vedi in questo volume il saggio di Milani con ampia bibliografia pregressa.

ruolo deliberativo: si sottopone la risposta di Dante al suo consiglio e giudizio (*Ep.* XII, 2); si dice che lui, prima di altri, può fornire all'esule altre vie di ritorno (*Ep.* XII, 8). A questo personaggio dovettero essere legati, magari anche in base all'inserimento nelle strutture religiose cittadine, un gruppo di famigliari, sostenuti, in una rete più larga, da altri cittadini. Si configura una rete famigliare intrinseca di sostegno che viene significativamente ricondotta dall'Alighieri alla sfera dell'amicizia, che una precisa tradizione di pensiero comunale, come si è detto, aveva fortemente legato all'idea della comunità politica; sembra significativo ricordare le parole del pensatore "popolare" Bono Giamboni, che tiene insieme, in maniera significativa, l'amico e il parente: «l'amico è tenuto all'amico, e 'l parente al parente, a due cose, cioè a consigliarlo e aiutarlo; a consigliarlo è tenuto, cioè a darli fedeli e diritti consigli; ad atarlo è tenuto in su' bisogni e pericoli suoi».[103]

Lo scambio epistolare, dunque, si colloca all'interno di relazioni che continuano, anche nella fase estrema del Dante bandito, nel quadro di processi di legittimazione politica fortemente radicati nel pensiero e nella prassi politiche comunali e che si pongono alla base del circuito della comunicazione epistolare, tra privato e politico. Questa osservazione trova conferma nella porzione epistolare *stricto sensu* dell'epistola a Cangrande, che abbiamo escluso dalla nostra discussione. Interessa qui sottolineare come la dedica del *Paradiso* allo scaligero costituisca, per Dante, una *retributio* (l'unico di cui il poeta è capace) delle magnifiche concessioni da lui ottenute (*Ep.* XIII, 10). Questa restituzione è resa possibile da un rapporto che Dante definisce nei termini di una "amicizia devota". Meno egalitario ma politico e letterario insieme, il rapporto si inserisce in questa riflessione che attraversa l'opera dantesca per intero, dal sodalizio stilnovista fotografato nella *Vita nova* (con l'amico Guido) a quello politico-linguistico con Cino da Pistoia nel *Dve* (dove è Dante ad autodefinirsi "amico" di Cino), per finire appunto nella lettera XII.

In questo quadro assume un significato particolare la convergenza che la lettera XIII presenta con la III, controesempio di testo affiancato a una poesia in volgare, in cui il rapporto con l'amico (Cino in un caso e Cangrande nell'altro) si intreccia con la conquista di un prestigio legato alla propria scrittura: nella III Dante interpreta la richiesta di Cino di intervenire su un dubbio teorico come possibilità di aumentare il proprio «titulum»; nella XIII è il dono del testo a Cangrande che comporta l'aumento del «titulum» del poema (*Ep.* XIII, 12); in entrambi i casi il termine indica la "lode" o il " prestigio". Questa convergenza apre il problema, non piccolo, del rapporto, nell'opera dantesca, tra destinatari

---

[103] Bono Giamboni, *Il libro*, p. 112.

e dedicatari. Quello che interessa qui è, più semplicemente, la concreta modalità con cui la scrittura epistolare è adibita, in un arco di possibilità che vanno dalla più volatile alla più ufficiale, all'invio o, per usare un anacronismo, alla pubblicazione della scrittura letteraria. Ne consegue che, anche nella fase più matura di autoconsapevolezza autoriale, Dante affida al circuito sociale e comunicativo che si concretizza negli scambi epistolari un ruolo importante, basato su una comunità politico-letteraria definita dal paradigma comunale dell'amicizia.

Appendice

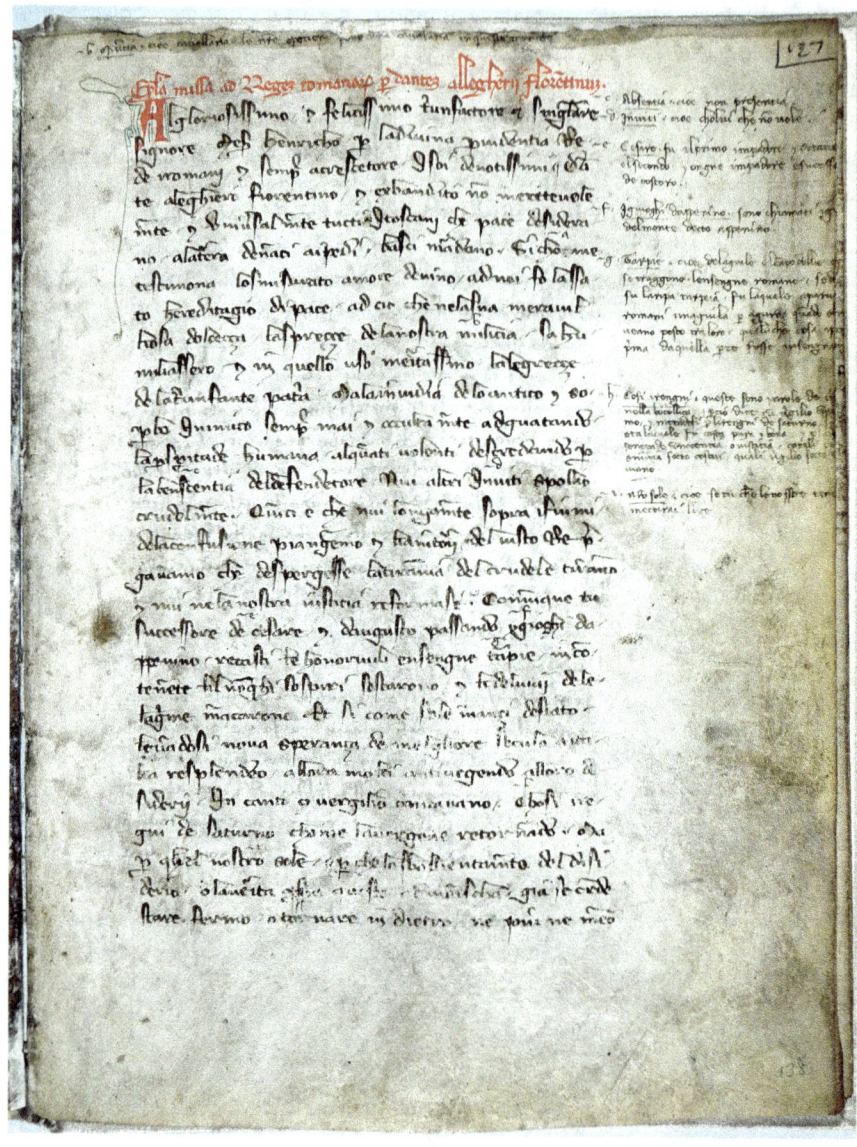

Figura 1: Roma, BNC, San Pantaleo 8, f. 137r.

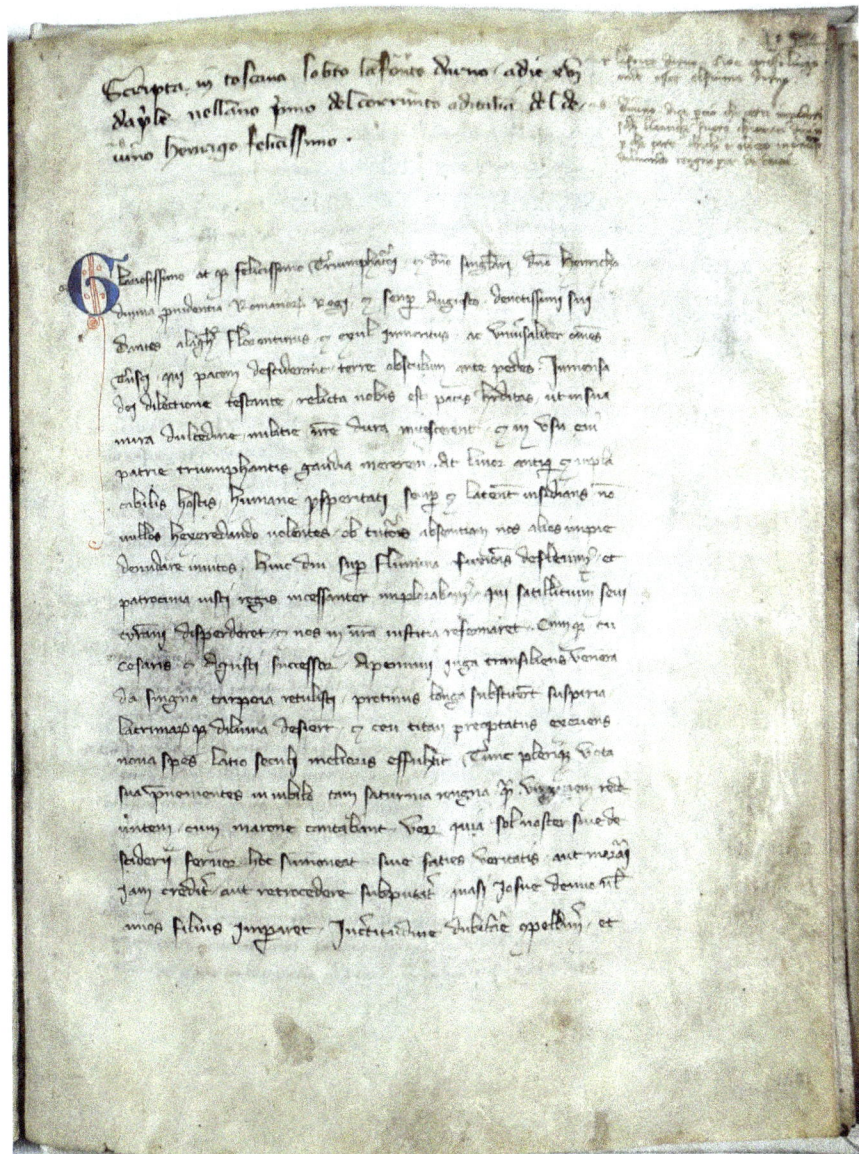

Figura 2: Roma, BNC, San Pantaleo 8, f. 141r.

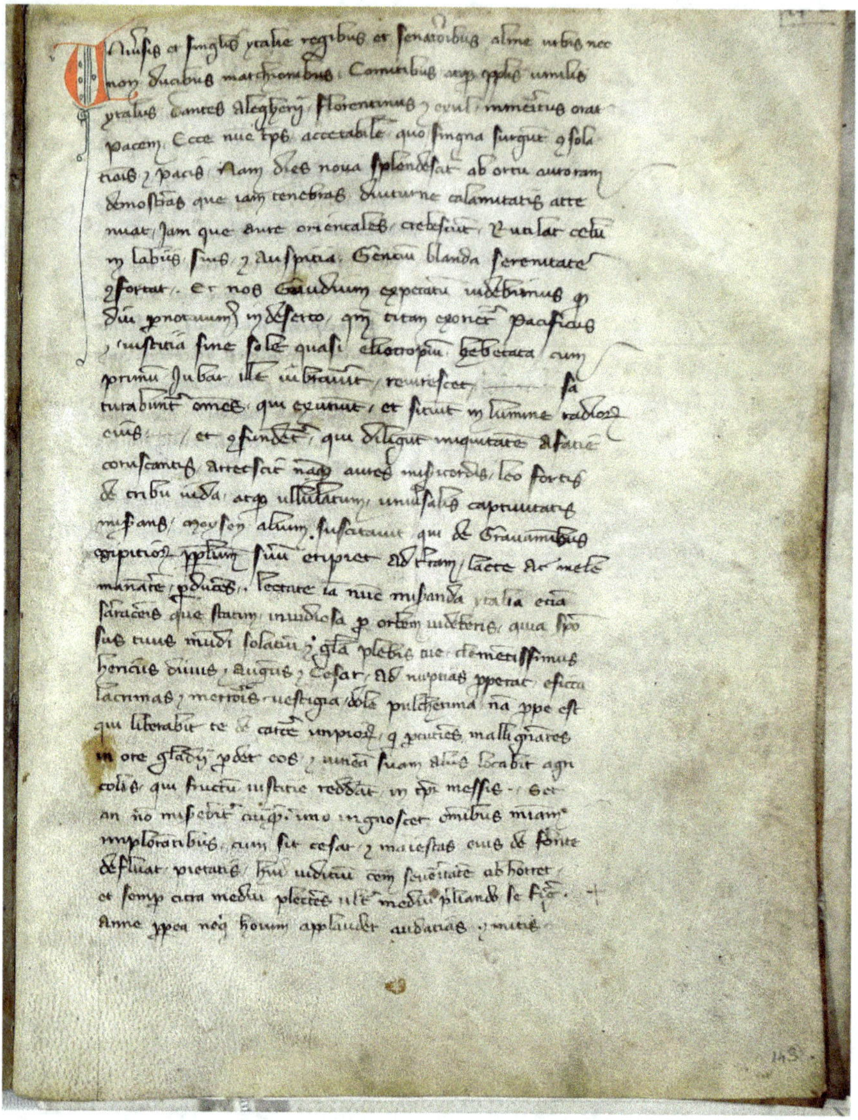

Figura 3: Roma, BNC, San Pantaleo 8, f. 143r.

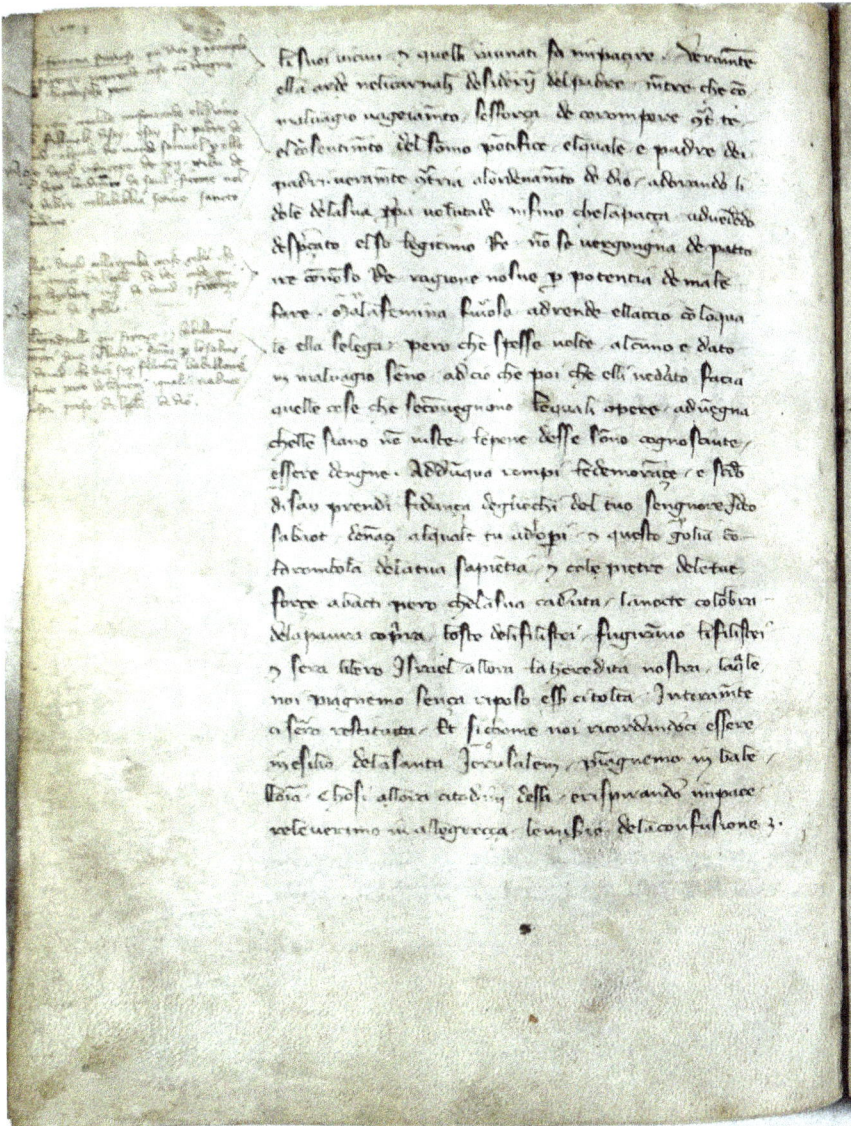

Figura 4: Roma, BNC, San Pantaleo 8, f. 140v.

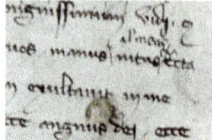

Figura 5: Roma, BNC, San Pantaleo 8, f. 141v (particolare).

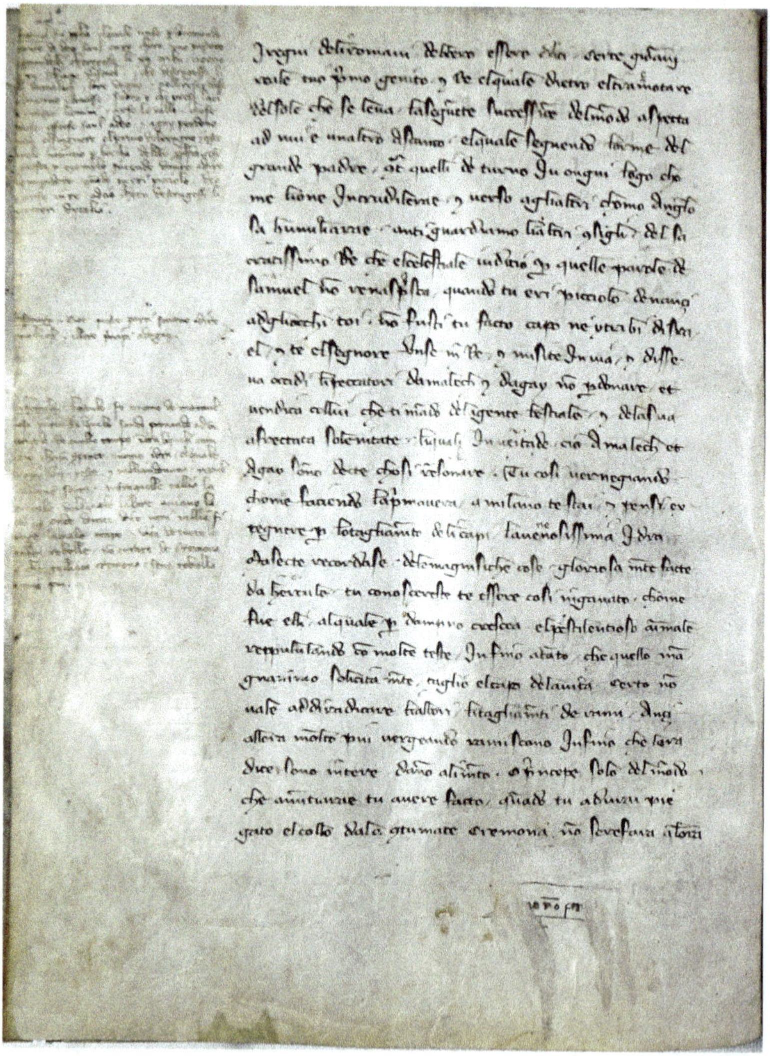

Figura 6: Roma, BNC, San Pantaleo 8, f. 139v.

Le lettere di Dante: circuiti comunicativi, prospettive editoriali, problemi storici — 39

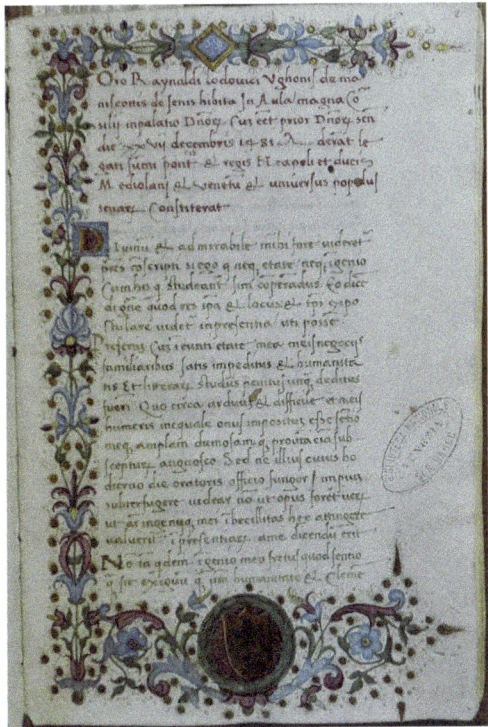

Figura 7: Venezia, BN Marciana, XIV 115, f. 1r.

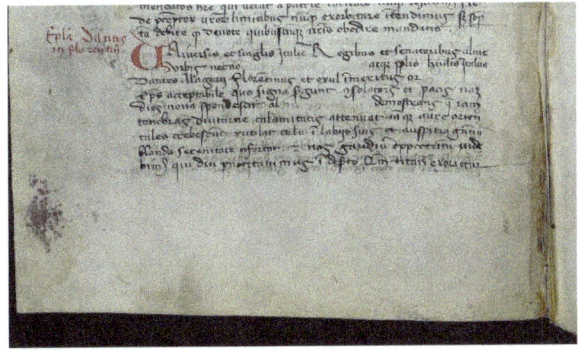

Figura 8: Città del Vaticano, BAV, Pal.lat.1729.f. 60v (particolare).

Edizioni di riferimento e abbreviazioni

Le opere di Dante, salvo diversa indicazione, sono citate dalle seguenti edizioni:
- *La Commedia secondo l'antica vulgata*, a cura di G. Petrocchi, Milano 1966–1967 (rist. Firenze 1994).
- *Convivio*, a cura di F. Brambilla Ageno, Firenze 1995.
- *De Vulgari Eloquentia*, a cura di P. V. Mengaldo, Padova 1968.
- *Epistole*, a cura di M. Baglio, in *Nuova Edizione commentata delle Opere di Dante*, V, *Epistole Egloge Questio de aqua et terra*, a cura di M. Baglio, L. Azzetta, M. Rinaldi, Roma 2016, pp. 3–269.
- *Epistola XIII*, a cura di L. Azzetta, in *Nuova Edizione commentata delle Opere di Dante*, V, *Epistole Egloge Questio de aqua et terra*, a cura di M. Baglio, L. Azzetta, M. Petoletti, M. Rinaldi, Roma 2016, pp. 273–287.
- *Rime*, a cura di D. De Robertis, Firenze 2002.
- *La Vita Nova*, a cura di G. Gorni, in *Opere*, vol. I. *Rime, Vita Nova, De vulgari eloquentia*, Milano 2011.

Per quanto riguarda l'apparato di commento, le diverse edizioni delle opere di Dante sono citate attraverso le seguenti abbreviazioni:

Canz. (Allegretti) = Dante Alighieri, *La canzone "montanina"*, Verbania 2001.
Comm. (Tommaseo) = Dante Alighieri, *Divina Commedia*, a cura di N. Tommaseo, Milano 1869.
Comm. (Inglese) = D. Alighieri, *Commedia. Opera completa*, revisione del testo e commento di G. Inglese, Roma 2016.
Conv. (Fioravanti) = D. Alighieri, *Convivio*, a cura di G. Fioravanti, in *Opere*, vol. II. *Convivio, Monarchia, Epistole, Egloge*, Milano 2014.
Dve (Fenzi) = D. Alighieri, *De vulgari eloquentia*, a cura di E. Fenzi, in *Nuova edizione Commentata delle Opere di Dante*, III, Roma 2012.
Dve (Marigo) = D. Alighieri, *De vulgari eloquentia*, ridotto a miglior lezione, commentato e tradotto da A. Marigo, Firenze 1957.
Dve (Mengaldo) = D. Alighieri, *De vulgari eloquentia*, a cura di P. V. Mengaldo, in *Opere minori*, II, Milano-Napoli 1979.
Dve (Tavoni) = D. Alighieri, *De vulgari eloquentia*, a cura di M. Tavoni, in *Opere*, I. *Rime, Vita Nova, De vulgari eloquentia*, Milano 2011.
Egl. (Petoletti) = Dante Alighieri, *Egloge*, a cura di M. Petoletti, in *Nuova Edizione commentata delle Opere di Dante*, V, *Epistole Egloge Questio de aqua et terra*, a cura di M. Baglio, L. Azzetta, M. Petoletti, M. Rinaldi, Roma 2016.
Ep. (Del Monte) = D. Alighieri, *Epistole*, a cura di A. Del Monte, in *Opere minori*, Milano 1960.

Ep. (Fraticelli) = *Il Convito di D. Alighieri e le epistole*, con illustrazioni e note di P. Fraticelli e d'altri, Firenze 1857.

Ep. (Fraticelli²) = *Il Convito di D. Alighieri e le epistole*, con illustrazioni e note di P. Fraticelli e d'altri, II ed., Firenze 1862.

Ep. (Brugnoli-Frugoni) = D. Alighieri, *Epistole*, a cura di G. Brugnoli, A. Frugoni, in *Opere minori*, tomo II, Milano-Napoli 1979.

Ep. (Giuliani) = *Le opere latine di Dante Allighieri*, reintegrate nel testo con nuovi commenti da G. Giuliani, vol. II. *Epistolae, Eclogae e Quaestio de aqua et terra*, Firenze 1882.

Ep. (Honess) = D. Alighieri, *Four political letters*, transl. and with a commentary by C. E. Honess, London 2007.

Ep. (Jacomuzzi) = D. Alighieri, *Epistole*, a cura di A. Jacomuzzi, in *Opere minori*, II, Torino 1986.

Ep. (Lokaj) = D. Alighieri, *Epistole*, a cura di R. Lokaj, in *Opere latine*, Roma 2005.

Ep. (Monti) = A. Monti, *Le lettere di Dante*. Testo, versione, commento e appendici, Milano 1921.

Ep. (Moore) = D. Alighieri, *Epistole*, in *Tutte le opere di D. Alighieri*, nuovamente rivedute nel testo dal Dr. E. Moore, Oxford 1894 (rist. 1897, 1904).

Ep. (Pastore Stocchi) = D. Alighieri, *Epistole, Ecloge, Questio de situ et forma aque et terre*, a cura di M. Pastore Stocchi, Roma-Padova 2012.

Ep. (Pézard) = D. Alighieri, *Epîtres*, in *Oeuvres complètes*, éd. par A. Pézard, Paris 1965.

Ep. (Pistelli) = D. Alighieri, *Epistole*, in *Le Opere di Dante*. Testo critico della Società Dantesca Italiana, Firenze 1921 (rist. 1960).

Ep. (Torri) = *Epistole di Dante Allighieri edite e inedite. Aggiuntavi la dissertazione intorno all'acqua e alla terra e le traduzioni rispettive a riscontro del testo latino con illustrazioni e note di diversi*, a cura di A. Torri, Livorno 1842.

Ep. (Toynbee) = *Dantis Alagherii Epistolae. The Letters of Dante*, Emended Text, with Introduction, Translation, Notes, and Indices and Appendix on the Cursus by P. Toynbee, Oxford 1920.

Ep. (Mazzoni) = D. Alighieri, *Epistole I–V. Saggio di edizione critica*, a cura di F. Mazzoni, Milano 1967.

Ep. (Villa) = D. Alighieri, *Epistole*, in *Opere*, II, *Convivio, Monarchia, Epistole, Egloge*, Milano 2014.

Ep. (Vinay) = D. Alighieri, *Monarchia*, testo, introduzione e commento a cura di G. Vinay, in appendice *Le Epistole politiche tradotte*, Firenze 1950.

Ep. (Witte) = *Dantis Alligherii Epistolae quae exstant cum notis Caroli Witte ...*, Pavia 1827.

Inf. (Bellomo) = D. Alighieri, *Inferno*, a cura di S. Bellomo, Torino 2013.

Mon. (Chiesa-Tabarroni) = D. Alighieri, *Monarchia*, a cura di P. Chiesa, A. Tabarroni, in *Nuova Edizione Commentatata delle Opere di Dante*, IV, Roma 2013.
Mon. (Quaglioni) = D. Alighieri, *Monarchia*, a cura di D. Quaglioni, in *Opere*, II. *Convivio, Monarchia, Epistole, Egloge*, Milano 2014.
Mon. (Ricci) = Dante Alighieri, *Monarchia*, a cura di P. G. Ricci, Milano 1965.
Mon. (Shaw) = Dante Alighieri, *Monarchia*, a cura di P. Shaw, Firenze 2009.
Op. minori (Fraticelli) = *Dantis Aligherii Epistolae quae extant*, cum disquisitionibus atque italica interpretatione Petri Fraticelli, Firenze 1840.
Rime (De Robertis) = Dante Alighieri, *Rime*, a cura di D. De Robertis, Firenze 2002.
Rime (Witte) = D. Alighieri, *Lyrische Gedichte*, ed. Karl Witte, Lipzig 1842.
Volgarizzamento (Montefusco) = *Appendice III. I Volgarizzamenti delle epistole V e VII*, in *Nuova Edizione Commentata delle Opere di Dante*, V, *Epistole Egloge Quaestio de aqua et terra*, a cura di M. Baglio, L. Azzetta, M. Petoletti, M. Rinaldi, Roma 2016.

Altre abbreviazioni:

CDD	=	*Codice Diplomatico Dantesco*, a cura di T. De Robertis, G. Milani, L. Regnicoli e S. Zamponi, in *Nuova Edizione commentata delle Opere di Dante*, VII, III, Roma 2016.
CSEL	=	*Corpus Scriptorum Ecclesiasticorum Latinorum*, Vienna 1866–.
DBI	=	*Dizionario Biografico degli Italiani*, Roma 1960–.
ED	=	*Enciclopedia Dantesca*, Roma 1970–1978.
MGH	=	*Monumenta Germaniae Historica*.
MGH, SS	=	*Monumenta Germaniae Historica, Scriptores*.
MGH, LL	=	*Monumenta Germaniae Historica, Leges*.
MGH, EE	=	*Monumenta Germaniae Historica, Epistolae*.
NECOD	=	*Nuova edizione commentata delle opere di Dante*, Roma 2012–.
PL	=	*Patrologiae Cursus completus [...] Series latina [...]*, a cura di J. P. Migne, Paris 1844–1864.
RIS	=	*Rerum italicarum scriptores*, Milano 1723–1751.
RIS^2	=	*Rerum italicarum scriptores*, Città di Castello 1900–1975.

A **Tradizione e critica del testo**

Emanuele Romanini
Appunti sulle lettere di Dante nel codice Vat. Pal. lat. 1729 di Francesco Piendibeni

Abstracts: Un testimone fondamentale per la trasmissione dell'epistolario dantesco è il codice Vat. Pal. lat. 1729, che contiene il *Bucolicum carmen* del Petrarca, il *De monarchia* e nove epistole di Dante, di cui sette qui conservate in attestazione unica. Allestito attorno al 1394, il manoscritto appartenne a Francesco Piendibeni, colto umanista originario di Montepulciano. Estendendo l'analisi ad altri due codici della biblioteca del Piendibeni, Vat. lat. 2940 e Par. lat. 8027, l'intervento propone una nuova riflessione sulla copia delle lettere dantesche.

A crucial witness in the transmission of Dante's epistles is manuscript Vat. Pal. lat. 1729, containing Petrarch's *Bucolicum carmen*, the *De monarchia* and nine of Dante's epistles, seven of which are attested by this witness only. Compiled around 1394, the manuscript belonged to Francesco Piendibeni, a cultivated humanist born in Montepulciano. Through an extended inquiry, which includes two other manuscripts from Piendibeni's library (Vat. lat. 2940 and Par. lat. 8027), this paper puts forward a new evaluation of this copy of Dante's letters.

Parole chiave: lettere di Dante, Vat. Pal. lat. 1729, Francesco Piendibeni, biblioteca del Piendibeni, Vat. lat. 2940, Par. lat. 8027.

«Varia Alagherii mens in Epistolis clare planeque perspicitur: modo poetam videmus, modo factionis fautorem. Hominem admiramur doctissimum et singulari praeditum acumine».[1] L'innegabile ricchezza storico-letteraria della produzione epistolare di Dante è stata veicolata da una tradizione manoscritta forse

---
1 Schneider, *Dantis Alagherii*, p. 16, a premessa di un'edizione fototipica con i fogli vaticani delle epistole di Dante.

Annotazione: Il presente intervento è stato elaborato sotto il patrocinio della Fondazione Fratelli Confalonieri di Milano. Esprimo la mia gratitudine a Carla Maria Monti e Marco Petoletti per i loro attenti consigli. Utili indicazioni mi sono state fornite anche da Marco Baglio, Agnese Bellieni, Teresa De Robertis, Amedeo De Vincentiis, Mirella Ferrari, Antonio Manfredi, Giovanni Mignoni, Duccio Pasqui, Clémence Revest, che ringrazio.

Emanuele Romanini, Università Cattolica del Sacro Cuore di Milano

troppo avara, che ha permesso di conservare solo tredici lettere.² Uno dei testimoni fondamentali per la trasmissione di ciò che resta del *corpus* epistolografico dell'Alighieri è il codice Città del Vaticano, Biblioteca Apostolica Vaticana, Pal. lat. 1729 (= *V*): qui sono preservate nove lettere, cioè nell'ordine le *Epp*. VII, VI, VIII, IX, X, II, IV, I e V (ff. 56r-62r). Un altro importante testimone è il celebre Zibaldone Laurenziano di Giovanni Boccaccio, Firenze, Biblioteca Medicea Laurenziana, Plut. XXIX 8 (= *L*), che contiene le *Epp*. XI, III e XII (ff. 62v-63r). Le *Epp*. I e II sono dunque trasmesse da *V*, la III da *L*, dalla IV fino alla X ancora da *V* e poi la XI e la XII da *L*: il Vaticano e il Laurenziano sono tra loro complementari. Due lettere compaiono anche in altri codici: Roma, Biblioteca Nazionale Centrale, San Pantaleo 8 [101] (= *P*), con le *Epp*. VII e V (ff. 141r-144v); Venezia, Biblioteca Nazionale Marciana, lat. XIV 115 [4710] (= *M*), con l'*Ep*. VII (ff. 8r-11r); Siena, Biblioteca Comunale degli Intronati, F V 9 (= *S*), ancora con l'*Ep*. VII, ma incompleta (f. 124r). Diversa è invece la tradizione dell'*Ep*. XIII, costituita da otto manoscritti differenti.³

In definitiva, ben sette lettere su tredici sono conservate unicamente da *V*: si tratta delle *Epp*. I, II, IV, VI, VIII, IX e X. Nel caso delle *Epp*. V e VII, per le quali si può operare un confronto con *P*, *M* e *S*, il testo di *V* dimostra inoltre di essere «piuttosto affidabile».⁴ Il Vaticano, solo depositario di una cospicua parte dell'epistolario superstite di Dante, si rivela quindi indispensabile anche in presenza di pluritestimonialità. Considerato il suo valore, esso è stato oggetto

---

2 Un'importante edizione di riferimento per le lettere, definita "critica" sia pur priva di un apparato che giustifichi le scelte effettuate, resta quella della Società Dantesca Italiana, pubblicata dapprima nel 1921 e poi ristampata nel 1960: *Ep*. (Pistelli). In attesa di un lavoro critico più completo, sono state approntate ottime edizioni con aggiustamenti testuali e traduzione italiana, tra cui: *Ep*. (Pastore Stocchi), del 2012; *Ep*. (Villa), del 2014; *Ep*. (Baglio) e *Ep. XIII* (Azzetta), del 2016, incluse nella serie della *Nuova Edizione commentata delle Opere di Dante*. Sulle lettere perdute: *Ep*. (Pistelli), nota, pp. 412-415; *Ep*. (Pastore Stocchi), appendice, pp. 132-142; *Ep*. (Baglio), appendice, pp. 228-245. Per un efficace sguardo d'insieme: Montefusco, *Le "Epistole"*.

3 Per la tradizione delle *Epp*. I-XII: *Ep*. (Baglio), pp. 29-35, tavv. 1-2 (ripr. di *L*, ff. 62v-63r; su *L* si vedano anche: Petoletti, Zamponi, *Gli zibaldoni*, pp. 291, 304-305, 311 nn. 108-110). Per quella dell'*Ep*. XIII: *Ep. XIII* (Azzetta), pp. 298-306. Negli ultimi anni ho potuto occuparmi di *V* più che altro da una specola petrarchesca, attendendo all'edizione critica del commento al *Bucolicum carmen* del Petrarca conservato nei primi fogli del codice: Romanini, *L'esegesi*, tesi di dottorato (un progetto di ricerca post-dottorale, finanziato dalla Fondazione Fratelli Confalonieri di Milano, mi sta permettendo di completare e perfezionare l'edizione in vista della pubblicazione). Dal lavoro di tesi sono derivati alcuni contributi: Romanini, *Boccaccio "auctoritas"*; Romanini, *Francesco Piendibeni*; Romanini, *Verso l'edizione*; Romanini, *Francesco Piendibeni lettore*. Per *V*: infra, parr. 2-3.

4 *Ep*. (Baglio), p. 35.

di grande attenzione fin dal suo primo rinvenimento ottocentesco.[5] Una nuova riflessione codicologica, non limitata a *V* ma estesa ad altri esemplari provenienti dalla biblioteca del suo primo possessore, può forse ora permettere di chiarire alcuni aspetti legati alla trascrizione di queste preziose lettere dantesche. In particolare, informazioni non secondarie emergono dal pressoché inedito accostamento di *V* con i codici Città del Vaticano, Biblioteca Apostolica Vaticana, Vat. lat. 2940 (= *G*), di contenuto boccacciano, e Paris, Bibliothèque nationale de France, lat. 8027 (= *F*), senecano: tutti e tre risalenti agli ultimi decenni del sec. XIV, essi sono accomunati da numerosi elementi testuali e paratestuali.[6]

1 Francesco Piendibeni e il "trittico vaticano-parigino" della sua biblioteca

Prima di appartenere al bibliofilo quattrocentesco Giannozzo Manetti,[7] *V* fu allestito sul volgere del Trecento per volontà di un altro colto umanista, Francesco Piendibeni, il cui calamo intervenne a più riprese sulle pergamene di cui si compone il codice.[8] Nato a Montepulciano in Toscana forse nel 1353 e morto nel suo paese natale nel 1433 all'età di circa ottant'anni, il Piendibeni divise la sua esistenza tra cancellierato e pratica notarile, vita ecclesiastica e culto delle *hu-*

---

5 Sulle questioni relative alla scoperta di *V*: Zanin, *Documenti e tracce*, in questo stesso volume.
6 Per *G* e *F*: *infra*, pp. 51–54.
7 Nel Cinquecento il manoscritto fu poi acquistato da Ulrico Fugger, ricco collezionista di libri, e quindi incluso tra i fondi della Biblioteca Palatina di Heidelberg. Lo si desume dal *Catalogus latinorum librorum* fuggeriano, aggiornato dai bibliotecari palatini, conservato nel codice Città del Vaticano, Biblioteca Apostolica Vaticana, Pal. lat. 1916, ff. 553–590, dove *V* è indicato con la sigla «56. mane.» (ff. 556*v*, 560*v*, 575*v*, 581*v*). Si vedano: Zenatti, *Dante e Firenze*, pp. 414–419; Toynbee, *The Vatican Text*, pp. 1–2; Cassuto, *I manoscritti*, pp. 7–8, 44, 97–103; Cagni, *I codici*, pp. 2–3, 28 n. 65, 37 n. 138; Lehmann, *Eine Geschichte*, pp. 113; 122; 535. Il Pal. lat. 1916 è consultabile online, a colori, sul sito della Biblioteca Apostolica Vaticana: <http://digi.vatlib.it/view/MSS_Pal.lat.1916>. Per la presenza del Manetti nei manoscritti del Piendibeni: *infra*, note 17, 29, 38.
8 Tra i più importanti interventi a stampa che hanno segnato la storia degli studi sul Piendibeni: Zenatti, *Dante e Firenze*, del 1902, con pionieristiche indagini codicologiche; Petrarca, *Il Bucolicum Carmen*, ed. Avena, del 1906, con un prezioso, sia pur parziale, lavoro editoriale sul commento petrarchesco di *V*; Billanovich, *Giovanni del Virgilio*, del 1963–1964, con fini riflessioni storico-filologiche; Viti, *Francesco da Montepulciano*, del 1997, con un'imprescindibile ricostruzione biografica e un'ampia bibliografia in calce.

manae litterae. Ancor giovane si formò in diritto e poesia presso lo *Studium* di Bologna, dove seguì i corsi del maestro Pietro da Moglio, cultore del Petrarca, costituendo con Coluccio Salutati, Giovanni Conversini e Francesco da Fiano un «quartetto illustre di scolari».[9]

Nel 1381 si trasferì a Perugia, dove ricoprì vari uffici nella Cancelleria del Comune, fino ad allora guidata da Filippo Villani: prima quello di *coadiutor*, poi dal 1384 quello di *abbreviator scripturarum*, infine dal 1393 quello di *cancellarius*, grazie a una promozione di papa Bonifacio IX. Nel 1396 lo stesso papa lo chiamò a Roma, nella Curia pontificia, dove iniziò a lavorare come *secretarius apostolicus*. Nominato arciprete di Montepulciano, fu di nuovo attivo in Curia a inizio Quattrocento, specialmente durante la *renovatio* umanistica promossa da papa Innocenzo VII tra il 1404 e il 1406, quando attorno allo *Studium Urbis* gravitarono valenti letterati come Francesco da Fiano, Iacopo Angeli, Poggio Bracciolini, Leonardo Bruni, Antonio Loschi e Pier Paolo Vergerio. Nel dicembre del 1413 papa Giovanni XXIII lo nominò quindi vescovo di Arezzo, importante sede episcopale posta sotto il controllo della Signoria di Firenze, e in tale veste partecipò al Concilio di Costanza del 1414–1418.

Scritti epistolari di varia provenienza testimoniano l'amicizia, o quantomeno le relazioni, tra il Piendibeni e alcuni fra i principali attori della cultura umanistica a cavallo fra Tre e Quattrocento, tra cui Domenico Silvestri, Francesco da Fiano, Coluccio Salutati, Poggio Bracciolini e Niccolò Niccoli.[10] Di grande rilievo storico e letterario sarebbe inoltre la dimostrazione di un'intrinsichezza

---

9 Billanovich, *Giovanni del Virgilio*, 1963, p. 213. Si veda anche Billanovich, *Petrarca*, p. 371.

10 In un'epistola metrica inviata al Piendibeni presumibilmente tra il 1372 e il 1385, il Silvestri si lamenta delle noie materiali ostili agli studi (Firenze, Biblioteca Medicea Laurenziana, Plut. XC inf. 13, f. 43r-v; Novati, *La giovinezza*, p. 121 e nota 1; Silvestri, *The Latin Poetry*, ed. Jensen, pp. XII, 143–149, *Ep.* X; Piacentini, *Domenico Silvestri*, pp. 289–290). Il da Fiano, scrivendo al Montepulcianese probabilmente negli anni '80 del Trecento, rifiuta l'invito dell'amico di recarsi a Perugia, «ad lecturam rethorice et poetarum» secondo la rubrica di un codice marciano (Venezia, Biblioteca Nazionale Marciana, lat. XII 139 [4452], ff. 12v-15v; Monti, *Una raccolta*, pp. 130–131, 134, 138–140 n. 11; Viti, *Francesco da Montepulciano*, p. 807; Bellieni, *Tra Petrarca*, tesi di dottorato, pp. 100–105 n. 8). Tre lettere sono inoltre indirizzate al Piendibeni tra il 1398 e il 1404 dal Salutati, che nella seconda lo ringrazia per l'aiuto offerto nel facilitare la nomina del Bracciolini a *scriptor apostolicus*; in una quarta lettera, allo stesso Poggio, il cancelliere di Firenze tesse le lodi del Montepulcianese (Salutati, *Epistolario*, ed. Novati, vol. III, pp. 312–313, *Ep.* X 19; vol. IV/1, pp. 3–10, *Epp.* XIV 1–3 [si vedano anche: vol. III, pp. 314 nota, 396 nota; vol. IV/1, pp. 17 nota, 111 nota]; Viti, *Francesco da Montepulciano*, p. 808). Infine nel 1432, indirizzando una lettera allo scultore e architetto Michelozzo di Bartolomeo, il Niccoli parla di un incontro avvenuto con il vescovo di Arezzo, che tra l'altro gli avrebbe rivelato di possedere una copia del *De agri cultura* di Catone il Censore (de la Mare, *The Handwriting*, pp. 52 nota 3, 59–61, tav. 13a).

diretta del Piendibeni con il Petrarca e il Boccaccio, che è stata ventilata da Antonio Avena pur senza addurre in proposito una solida documentazione.[11]

Uomo di ampia e raffinata cultura, il Piendibeni lasciò alla Biblioteca del Capitolo di Montepulciano un altissimo numero di manoscritti, ben 1500 secondo una nota contenuta in un codice ora disperso, indicato dalle fonti col nome di *Silva cedua politiana*: tali manoscritti, insieme alla biblioteca, andarono distrutti in un incendio del 1539.[12] I pochi volumi superstiti che possono essere oggi ricondotti al vescovo di Arezzo costituiscono dunque solo una porzione minima del suo ricco patrimonio librario. Tale patrimonio doveva avere una certa consistenza già attorno agli anni 1389–1390, quando il Piendibeni, ancor giovane, approntò di proprio pugno il suo testamento, realizzato in scrittura gotica notarile con elementi cancellereschi e oggi conservato a Perugia, Archivio di Stato, Notai di Perugia, prot. 22, not. Cola di Bartolino, aa. 1395–1410, ff. 19*r*-20*v*.[13] Qui si preoccupò del destino di "tutti i suoi libri", «omnes libros meos» (f. 20*r*), e decise di devolvere al maestro Onofrio Ramalducci de Piro un esemplare della *Genealogia deorum gentilium* del Boccaccio, vergato su carta: «Item, relinquo iure legati ser Honofrio de Piro, magistro filiorum meorum, *Geneologias* Boccaccii, in cartis bombicinis scriptas» (f. 19*r*).

Questa copia della *Genealogia* è con buona probabilità identificabile con l'attuale codice Città del Vaticano, Biblioteca Apostolica Vaticana, Vat. lat. 2940

---

11 Petrarca, *Il Bucolicum Carmen*, ed. Avena, p. 60 e nota 2, che definisce il Piendibeni «amico del Petrarca, del Boccaccio» e cita un'opera di Francesco Novati, *Corrispondenti del Salutati*, mai pubblicata, la cui decima monografia («monografia X») avrebbe dovuto tracciare un profilo del Piendibeni. Una recente ricognizione tra le carte del Fondo Novati, dove si conservano anche i materiali preparatori per la «monografia X», non mi ha per ora permesso di schiudere nuovi varchi di indagine in questa direzione (Milano, Società Storica Lombarda, Fondo Novati, fascc. 146.15, 162.3; Colombo, *Francesco Novati*, pp. 110–112, 123–124; Romanini, *Boccaccio "auctoritas"*, p. 61 e nota 7).

12 Milano, Società Storica Lombarda, Fondo Novati, fasc. 162.3; Novati, *Le epistole*, p. 22 e nota 49; Toynbee, *The Vatican Text*, p. 1; Coradini, *La visita*, p. 10; Billanovich, *Giovanni del Virgilio*, 1963, p. 212; Colombo, *Francesco Novati*, pp. 123–124; Scarpelli, *Scultura*, p. 42. Fino ai primi decenni del secolo scorso il codice *Silva cedua politiana* era conservato presso l'Archivio della Curia Vescovile di Montepulciano, ora incluso nell'Archivio Storico Diocesano della città. Giovanni Mignoni, delegato all'assistenza agli studiosi da don Azelio Mariani, direttore dell'Archivio, in una comunicazione privata mi scrive che il codice è attualmente irreperibile e aggiunge: «L'ipotesi è che tale documento sia andato smarrito a seguito degli spostamenti che hanno subito la cancelleria e l'archivio durante il passaggio del fronte nel 1944».

13 Abbondanza, *Il notariato*, pp. XLVI–XLVII, 258–263 n. 204 (con trascr. del testo); Branca, *Un quarto elenco*, p. 17; de Angelis, *Magna questio*, p. 186 nota 159; Branca, *Tradizione. II*, p. 68; Viti, *Francesco da Montepulciano*, p. 807; Boccaccio, *Genealogie*, p. 1590; Zaccaria, *Boccaccio narratore*, p. 248; Romanini, *Boccaccio "auctoritas"*, p. 61; *Ep.* (Baglio), pp. 30–31.

(= *G*) (**figura 5**)¹⁴ e non sarebbe dunque "irreperibile", come invece indicato da alcuni importanti studi boccacciani di Vittore Branca e Vittorio Zaccaria, che pur conoscono sia il testamento sia *G*.¹⁵ Il manoscritto in questione, esemplato in scrittura gotica semilibraria, ospita l'enciclopedia mitologica dell'autore di Certaldo (ff. 9v-167v), introdotta da una *tabula capitulorum* (ff. 1r-8v) e dal carme esametrico del Silvestri *super XV libris "Genealogie"*, incompleto (f. 9r), cui si affiancano alcune aggiunte quattrocentesche (ff. Ir-IVr, 168r-170v). Un confronto con il codice Paris, Bibliothèque nationale de France, lat. 8027 (= *F*), copiato dal Piendibeni,¹⁶ suggerisce di assegnare a quest'ultimo la trascrizione se non di tutti, almeno di una parte dei fogli di cui si compone la *Genealogia* di *G*. A lato dell'opera boccacciana egli appose di sua mano numerose postille esegetiche, ricorrendo a una scrittura di tipo gotico con base corsiva. Corresse inoltre di tanto in tanto la copia del testo. La nota di possesso vergata in rosso sotto l'*explicit* del trattato è autografa: «*Genealogie deorum gentilium* secundum Iohannem Bocaccium de Certaldo (...) explicit. Amen. Deo gratias. Francisci de Montepolitiano» (f. 167r).¹⁷ *G* offre un importante supporto all'analisi di *V*.

---

14 Hortis, *Studj*, p. 923 n. 86; Zenatti, *Dante e Firenze*, pp. 378, 392, 460–461; Branca, *Tradizione. I*, p. 112; Billanovich, *Giovanni del Virgilio*, 1963, p. 213; Mazzoni, *Le Ecloghe*, p. 409; Mazzoni, *Le epistole*, p. 49; Kristeller, *Iter Italicum*, vol. II, p. 315; Tamburini, *Note diplomatiche*, p. 174 nota 6; Badalì, *I codici*, p. 63 n. 85; Fohlen, *Les manuscrits*, p. 2 nota 2; Zaccaria, *Per il testo*, p. 180 nota 2; Guzman, *Manuscripts*, p. 26 n. 22; Manfredi, *I codici*, pp. 406–407 n. 647, 431; Springer, *The Manuscripts*, p. 197; Viti, *Francesco da Montepulciano*, p. 809; Boccaccio, *Genealogie*, p. 1588; Zaccaria, *Boccaccio narratore*, p. 246; Fohlen, *La bibliothèque*, p. 78 n. 302, 353–354; *Les manuscrits classiques*, vol. III/2, pp. 46–51; Romanini, *Boccaccio "auctoritas"*, pp. 61–62, 64–68, 71–74; *Ep.* (Baglio), p. 31. Il manoscritto è consultabile online, a colori, sul sito della Biblioteca Apostolica Vaticana: <https://digi.vatlib.it/view/MSS_Vat.lat.2940>.
15 Branca, *Tradizione. I*, p. 112; Branca, *Un quarto elenco*, p. 17; Branca, *Tradizione. II*, p. 68; Boccaccio, *Genealogie*, pp. 1588, 1590; Zaccaria, *Boccaccio narratore*, pp. 246, 248. Per il collegamento tra il testamento e *G*: Romanini, *Boccaccio "auctoritas"*, p. 61; *Ep.* (Baglio), pp. 30–31.
16 Per *F*: *infra*, pp. 53–54.
17 Nei margini si incontrano sporadicamente anche postille più tarde, tra cui si può forse riconoscere pure la mano quattrocentesca di Giannozzo Manetti, non segnalata dalle moderne schede descrittive di *G*. Si confrontino per es. il f. 70r, marg. d., con postille in latino e greco, e il codice Città del Vaticano, Biblioteca Apostolica Vaticana, Pal. gr. 194, f. 23r, con la scrittura latina e greca di Giannozzo (Cagni, *I codici*, p. 6 tav.; il manoscritto è consultabile online, in bianco e nero, sul sito della Biblioteca Apostolica Vaticana: <https://digi.vatlib.it/view/MSS_Pal.gr.194>). Il Manetti, del resto, fu segretario di Niccolò V e *G* è inventariato tra i volumi latini riuniti dal pontefice nel nucleo fondativo della Biblioteca Vaticana (Manfredi, *I codici*, pp. 406–407 n. 647; si veda anche *supra*, nota 7).

Rilevante è anche il sostegno dell'altro codice appena citato, Paris, Bibliothèque nationale de France, lat. 8027 (= *F*) (**figura 6**),[18] il quale però, non essendo segnalato negli acuti contributi di Oddone Zenatti e Giuseppe Billanovich, è stato spesso ignorato dagli studi piendibeniani.[19] *F* comprende le *Tragoediae* di Seneca, in numero di dieci inclusa la spuria *Octavia*, ordinate secondo la tradizione A e tutte introdotte, salvo la prima, dagli *argumenta* di Albertino Mussato (ff. 1*r*-65*r*); seguono l'inizio dell'*Ecerinis* dello stesso Mussato (f. 65*v*), le *Declamationes* di Seneca il Vecchio (ff. 66*r*-87*r*), la *Formula honestae vitae* di Martino di Braga, attribuita a Seneca (ff. 87*v*-89*r*), e ulteriore materiale pseudo-senecano, ovvero il *De moribus liber* (ff. 89*r*-90*r*), il *Liber proverbiorum* con le *Sententiae* di Publilio Siro (ff. 90*r*-92*r*) e il *Liber de remediis fortuitorum* (ff. 92*v*-93*v*). Il manoscritto, esemplato in scrittura gotica semilibraria, fu approntato dallo stesso Piendibeni, come testimonia una sottoscrizione autografa depositata in fondo al primo blocco testuale; essa registra che nel 1389 a Perugia il Montepulcianese terminò di copiare le tragedie del Cordubense ed è di grande rilievo, in quanto documenta l'attività di copista del futuro cancelliere del capoluogo umbro: «MCCCLXXXVIIII die XXIIII februarii explevi ego Franciscus de Montepoliziano Perusii» (f. 65*r*, marg. inf.).[20] L'intero codice fu inoltre rivisto dal Piendibeni, il quale vergò negli interlinea e nei margini, con la medesima scrittura di nota presente in *G*, varie postille di commento, assai fitte in apertura delle *Declamationes* (ff. 66*r*-72bis*r*).

---

[18] Publilii Syri *Sententiae*, ed. Woelfflin, pp. 19-20 n. 12; Hoffa, *Textkritische*, p. 464; Giancotti, *Ricerche*, pp. 12, 127, 142, 146, 171, 177; Megas, *O prooumanistikos*, pp. 43-44, 48-49, 57, 60, 63, 77-78; Moussatou *Oi ypotheseis*, ed. Megas, pp. 2 e nota 4, 21-24, 115, tav. 7b (ripr. del f. 42*v*); Desmed, *Le cercle*, p. 83 n. 12; Meersseman, *Seneca maestro*, p. 52; Samaran, Marichal, *Catalogue*, vol. III/1, p. 5; vol. III/2, tav. 119b (ripr. del f. 14ra; la tav. 119a non riproduce il Par. lat. 8027, bensì il Par. lat. 8544, f. 155*v*); Bloomfield, Guyot, *Incipits*, pp. 255 n. 2956, 306 n. 3609, 376 n. 4457; Rossi, *Ingresso*, p. 1, tav. 7 (ripr. del f. 14ra); MacGregor, *The Manuscripts*, pp. 1146-1147 n. 39, 1184 n. 39, 1213, 1218, 1221, 1237, 1239; Bloch, *La formation*, p. 330 nota 22; Fumagalli, *Appunti*, p. 144 nota 48; Rossi, *Da Dante*, pp. 123, 133-134, tav. 81 (ripr. del f. 14ra, non 65rb); Marchitelli, *Da Trevet*, p. 141; Rabel, *Le "Sénèque"*, p. 20 nota 69; Bertolini, *I volgarizzamenti*, p. 364 nota 33; Boschi Rotiroti, *Un Seneca*; Villa, Petoletti, *Teatro*, p. 151; Ruggio, *Repertorio*, p. 76. Il manoscritto è consultabile online, in bianco e nero, sul sito della Bibliothèque nationale de France: <http://gallica.bnf.fr/ark:/12148/btv1b9067972q>.

[19] Zenatti, *Dante e Firenze*; Billanovich, *Giovanni del Virgilio*, 1963-1964. Ignora *F* anche il più moderno biografo del Piendibeni: Viti, *Francesco da Montepulciano*. Per l'inserimento di *G* in uno studio organico sul Montepulcianese: Rossi, *Da Dante*, pp. 123, 133-134.

[20] Poco oltre, nel basso del primo foglio con le *Declamationes*, si legge un'altra nota autografa, cronologicamente anteriore alla precedente: «1388 die 6 martii cepi» (f. 66*r*, marg. inf.). La rifilatura moderna del manoscritto impedisce di decifrare con chiarezza l'ultima parte della nota, che è stata letta come «cepi [ego Franciscus]» (Megas, *O prooumanistikos*, p. 44) o «cepi [corrigere Franciscus]» (Rossi, *Da Dante*, p. 134).

Da uno sguardo d'insieme su *V*, *G* e *F* (**figure 1–6**), emerge in maniera lampante come l'allestimento di questi tre manoscritti sia indubbiamente frutto dell'attenta regia del Piendibeni.[21] Quest'ultimo svolse in parte le funzioni di copista, in parte si avvalse di uno o più copisti. Al di là del riconoscimento della sua mano nella *transcriptio* dei singoli testi, il suo ruolo di regia appare evidente: egli disseminò le carte di varie indicazioni per il rubricatore e le organizzò apponendo quasi regolarmente dei titoli correnti nei margini superiori; spesso, se non sempre, intervenne anche nella realizzazione delle rubriche, dei segni di paragrafo e dei capilettera, tra cui probabilmente quelli in inchiostro rosso e turchino attraversati da una linea bianca variamente spezzata e ondulata, «che non rivelano certo la mano di uno speciale artista»,[22] ma che costituiscono un lampante *trait d'union* fra i tre volumi.[23] Sui tre codici distribuì inoltre, con la sua caratteristica scrittura di nota, di tipo gotico con base corsiva, sempre molto posata, numerose e spesso assai fitte annotazioni, sia interlineari sia marginali, sovente affiancate dalle sue tipiche graffe dal tratto ondulato, poste a ridosso dei passaggi giudicati degni di maggiore attenzione: tracce, queste, di uno studio attento e meditato delle opere da lui collezionate. L'analisi delle epistole vaticane di Dante può dunque beneficiare di un supporto paleografico e codicologico assai prezioso.

2 Il codice Vat. Pal. lat. 1729

Il manoscritto *V*, membranaceo, si compone di 65 fogli (ff. 1–64, con 62bis), ripartiti in 6 quinterni (fascc. 1–6^{10}, ff. 1–60), un duerno (fasc. 7^4, ff. 61–63) e una pergamena di recupero utilizzata come guardia (f. 64).[24] Nel complesso tre

---

21 Per *V*: *infra*, parr. 2–3.
22 Zenatti, *Dante e Firenze*, p. 378.
23 Si raffrontino per es. le *M* maiuscole in: *V*, f. 1*r*; *G*, f. 97*r*; *F*, f. 81*r* (**figure 1, 5, 6**). Il Piendibeni si è invece probabilmente avvalso di un professionista della miniatura per realizzare i bei capilettera e le decorazioni che ornano la copia delle *Tragoediae* di Seneca in *F*.
24 Zenatti, *Dante e Firenze*, pp. 74 nota, 359–360, 370–419, 431–432, 458–462 (con trascr. delle *Epp*. I e IV); Novati, *Le epistole*, pp. 21–22; Petrarca, *Il Bucolicum Carmen*, ed. Avena, pp. 27–28, 60–62, 64–65, 70–72, 78–80, 92, 94, 247–286 (con trascr. di parte del commento al *Buc. carm*.); Vattasso, *I codici*, p. 83 n. 92; Novati, *L'epistola*, pp. 518–533 e nota 21 (con trascr. dell'*Ep*. IV; tav. con ripr. del f. 60*r*); Toynbee, *The Vatican Text* (con trascr. diplom. delle epistole); Schneider, *Dantis Alagherii* (con tavv. che riproducono i ff. 29*v*, 31*r*-62*r*); Zingarelli, *La vita*, vol. I, pp. 442–443 e note 25, 27; vol. II, pp. 599, 608, 614, 618 e note 8, 26; Cagni, *I codici*, pp. 28 n. 65, 37 n. 138; Lehmann, *Eine Geschichte*, pp. 113, 122, 535; Billanovich, *Giovanni del Virgilio*, 1963, pp. 213, 219, 225; Billanovich, *Giovanni del Virgilio*, 1964, pp. 309, 323; Billanovich, *Tra Dante*, p. 6; Mazzoni, *Le Egloghe*, pp. 409–412; *Mon*. (Ricci), pp. 14–15, 61, 67–72, 99;

sono i blocchi testuali: il *Bucolicum carmen* del Petrarca (fascc. 1–3, ff. 1r-29v; bianco il f. 30r-v), il *De monarchia* di Dante (fascc. 4–6, ff. 31r-55v) e le nove lettere dell'Alighieri (fascc. 6–7, ff. 56r-62r; bianchi i ff. 62v-63v; *Appendice*, tabb. 1–2).

1. Il *Bucolicum carmen* (**figura 1**). I versi pastorali del Petrarca, vergati in scrittura gotica libraria, non sono autografi del Piendibeni e furono probabilmente esemplati da un copista di formazione salutatiana.[25] L'autografia è invece sicuramente riconoscibile nelle numerose correzioni distribuite dal Montepulcianese sulla copia delle egloghe, nonché nelle tante glosse di commento che egli depositò attorno ai versi con la sua caratteristica scrittura di nota, sviluppando un'ampia esegesi che si compone di copiosi *interlinearia* e di fitti *marginalia*.[26] La medesima scrittura di nota è rinvenibile in *G* e in *F*. In calce agli esametri petrarcheschi il Piendibeni appose in rosso la sottoscrizione «Francisci Petrarce poete florentini laureati *Buccolicorum liber* explicit. Francisci de Montepolitiano», a lato della quale aggiunse con inchiostro marrone che il suo lavoro di correzione, e presumibilmente anche di esegesi, fu terminato a Perugia

---

Mazzoni, *Le epistole*, pp. 48–57, 59, 63, 69, 71, 76–79 e note 2, 7, 10, 12, 18, 24, 35–36, 57, 59, 63, 70, 74; Kristeller, *Iter Italicum*, vol. II, pp. 395, 591; Megas, *O prooumanistikos*, p. 44; Padoan, recensione, pp. 367–368 nota 2; Pastore Stocchi, *Epistole*, pp. 705–706; Abbondanza, *Il notariato*, pp. XLVII, 268–269 n. 207; *Piendibeni, Francesco*; Martellotti, *Censura*, p. 245 nota 1; Mann, *The Making*, pp. 128 nota 2, 132 nota 6, 182; de Angelis, *Magna questio*, pp. 123, 171 nota 124, 186; Mann, *L'unico esemplare*, p. 82; Mann, *Bucolicum carmen*, p. 425; Mann, *Il "Bucolicum carmen"*, pp. 521 e nota 33, 528 nota 71, 532; Rossetto, *Per il testo*, pp. 73–75, 79, 85, 87, 93, 99, 105; Cheneval, *Die Rezeption*, pp. 26–29, 68, 71; Colombo, *Francesco Novati*, p. 111 n. 15; Viti, *Francesco da Montepulciano*, pp. 809–810; Mazzoni, *Moderni errori*, pp. 316–317 e note 3, 5; Rossi, *Da Dante*, pp. II, 133–135, 141, 148, 151, 158, 160, 177, 180–181, 192, 219, tavv. 73–77 (ripr. dei ff. 25v, 29v, 31r, 45v, 55v); *Canzone* (Allegretti), pp. 11–12; Feo, *Bucolicum carmen*, p. 279; *Mon.* (Shaw), pp. 6, 37–38, 56, 141, 206, 227–228, 239, 301; Montefusco, *Le "Epistole"*, pp. 409–410, 413 nota 36, 414 nota 39, 417, 422–424, 444, 452; *Ep.* (Pastore Stocchi), p. 5; *Mon.* (Chiesa-Tabarroni), pp. CXXIV, CXXVI, CXXVIII; Petoletti, *Epistole*, p. 233; Piacentini, *Domenico Silvestri*, p. 290; Romanini, *Boccaccio "auctoritas"*, pp. 61–74; Romanini, *L'esegesi* (con ed. del commento a *Buc. carm.* I–IX, XI–XII e trascr. dei *marginalia* a *Buc. carm.* X); *Ep.* (Baglio), pp. 3–4, 6–7, 29–33, 35–37, 39–48, 55–57, 154–155, 180, 234; Montefusco, *Epistole a c. di M. Baglio*, pp. 129–132, figg. 1–2 (ripr. del f. 60r). Il manoscritto è consultabile online, a colori, sul sito della Biblioteca Apostolica Vaticana: <https://digi.vatlib.it/view/bav_pal_lat_1729>.

25 Sono debitore a Teresa De Robertis per questa indicazione sulla mano del copista, offertami in occasione del seminario che ha permesso l'elaborazione di Romanini, *Boccaccio "auctoritas"*. Si veda Vattasso, *I codici*, p. 83 n. 92: «gotico-rotonda calligrafica».

26 Un numero minoritario degli interventi correttorii è stato realizzato dallo stesso copista durante la trascrizione. Qualche rara chiosa si differenzia dalle altre, poiché scritta con un tratto di penna più sottile (per es. al f. 20r, marg. sin., verso il centro).

nel 1394: «Explevi corrigere 20 Iulii Perusii 1394. Deo gratias. Amen» (f. 29v). Come già metteva in rilievo Oddone Zenatti nel 1902, il confronto tra questo *explicit*, scritto appunto in rosso, e un secondo *explicit* in nero, posto più sotto nel foglio dalla medesima mano che ha esemplato i versi, prova, assieme ad altri indizi, che la copia del testo petrarchesco non è attribuibile al Piendibeni.[27]

2. Il *De monarchia* (**figura 2**). Il trattato dantesco è vergato in scrittura gotica semilibraria. Oddone Zenatti proponeva di assegnarla al calamo del Piendibeni: l'ipotesi viene confermata da un raffronto con la semilibraria di *G* e *F*.[28] Lo stesso Piendibeni è talvolta intervenuto per correggere la trascrizione e ha sporadicamente apposto brevi *marginalia* a lato dell'opera.[29]

3. Le nove lettere (**figura 3-4**). Le epistole sono esemplate con una scrittura non uniforme, semilibraria che tende a evolversi in cancelleresca, nel complesso piuttosto elegante, distribuita su circa 39/40 righe per carta.[30] Il testo è stato revisionato da chi si è occupato della copia.[31] Differentemente dai fogli con il *Bucolicum carmen* e il *De monarchia*, nei margini non compare alcuna chiosa di commento. Questo il dettaglio della raccolta:

ff. 56r-57r, *Ep.* VII, all'imperatore Enrico VII: inc. «*Epistola Dantis Alegerii florentini ad Henricum Cesarem Augustum*.[32] Immensa Dei dilectione testante relicta est nobis [ed. nobis est] pacis hereditas»; expl. «et respirantes in pace confusionis miserias in gaudio recolemus».[33] In rosso: rubrica con segno di paragrafo (marg. sup.); capolettera; tratti su alcune iniziali del testo (f. 56r). Numeraz. moderna a lapis: «1» (f. 56r, marg. sin.). Trasmissione: oltre che in *V*, presente in *P*, *M* e *S* (*Ep.* [Baglio], pp. 154-179).

ff. 57r-58v, *Ep.* VI, ai Fiorentini: inc. «Dantes Alagherii florentinus et exul inmeritus scelestissimis Florentinis intrinsecis. Eterni pia providentia Regis, qui dum celestia»; expl. «quoniam peccator percutitur, ut "sine retractatione rivan-

---

[27] Zenatti, *Dante e Firenze*, p. 378. Ho potuto avallare questa conclusione grazie ad alcuni suggerimenti di Mirella Ferrari.
[28] Zenatti, *Dante e Firenze*, p. 378. Si veda anche il parere di *Mon.* (Shaw), pp. 38, 228.
[29] Alcuni *marginalia*, di mano quattrocentesca, sono forse riconducibili a Giannozzo Manetti (per es. al f. 32r, marg. d., verso il basso; si veda *supra*, nota 7).
[30] Con alcune eccezioni: f. 56r, rr. 43; f. 57r, rr. 38; f. 58v, rr. 36; f. 59v, rr. 41; f. 62r, rr. 8 (*Ep.* [Baglio], p. 30).
[31] Lo indicano due tipologie di intervento: «rare integrazioni introdotte in apice o tramite *v* rovesciata e puntini di espunzione sottoscritti alle lettere tracciate per errore e da eliminare» (*Ep.* [Baglio], p. 30).
[32] Assenza del protocollo: «Sanctissimo, gloriosissimo atque felicissimo triumphatori et domino singulari domino Henrico (...) terre osculum ante pedes».
[33] Assenza dell'escatocollo: «Scriptum in Tuscia sub fonte Sarni XV Kalendas Maias, divi Henrici faustissimi cursus ad Ytaliam anno primo».

tur [ed. moriatur]". Scripsit pridie Kalendas Aprileis [ed. Apriles] in finibus Tuscie sub fonte Sarni, faustissimi cursus Henrici Cesaris ad Ytaliam anno primo». In rosso: segno di paragrafo dell'escatocollo (f. 58v). Assenza di numeraz. moderna a lapis.[34] Trasmissione: solo in V (*Ep.* [Baglio], pp. 132–153).

ff. 58v-59r, *Ep.* VIII, all'imperatrice Margherita di Brabante: inc. «Gloriosissime atque clementissime domine domine M. divina providentia Romanorum regine et semper auguste (...). Gratissima regie Benignitatis epistola et meis oculis visa letanter»; expl. «sub trihumphis [ed. triumphis] et gloria sui Henrici reformet in melius». In rosso: capolettera; tratti su alcune iniziali del testo (f. 58v). Numeraz. moderna a lapis: «2» (f. 58v, marg. sin.). Trasmissione: solo in V (*Ep.* [Baglio], pp. 180–185).

f. 59r, *Ep.* IX, all'imperatrice Margherita di Brabante: inc. «Serenissime atque piissime domine domine M. celestis miserationis intuitu Romanorum regine et semper auguste (...). Regalis epistole documenta gratuita ea qua potui veneratione recepi»; expl. «ut cuiusque sinistrationis ab estu sim semper et videar esse secura». In rosso: capolettera (f. 59r). Numeraz. moderna a lapis: «3» (f. 59r, marg. sin.). Trasmissione: solo in V (*Ep.* [Baglio], pp. 186–189).

f. 59r-v, *Ep.* X, all'imperatrice Margherita di Brabante: inc. «Illustrissime atque piissime domine domine Margarite divina providentia Romanorum regine et semper auguste (...). Cum pagina vestre Serenitatis apparuit ante scribentis et gratulantis aspectum»; expl. «meliora iam secula promittebant. Missum de Castro Poppii XV Kalendas Iunias, faustissimi cursus Henrici Cesaris ad Italiam [ed. Ytaliam] anno primo». In rosso: capolettera (f. 59r). Numeraz. moderna a lapis: «4» (f. 59r, marg. sin.). Trasmissione: solo in V (*Ep.* [Baglio], pp. 190–191).

ff. 59v-60r, *Ep.* II, ai conti Uberto e Guido da Romena: inc. «*Hanc epistolam scripsit Dantes Allagerii* [ed. *Alagherii*] *Oberto et Guidoni comitibus de Romena* (...). Patruus vester Alexander, comes illustris, qui diebus proximis»; expl. «nitentem cunctis exurgere [ed. exsurgere] viribus, hucusque prevalens, impia retinere molitur». In rosso: segno di paragrafo della rubrica; capolettera (f. 59v). Numeraz. moderna a lapis: «5» (f. 59v, marg. sin.). Trasmissione: solo in V (*Ep.* [Baglio], pp. 72–79).

f. 60r, *Ep.* IV, al marchese Moroello Malaspina: inc. «*Scribit Dantes domino Maroello* [ed. *Moroello*] *marchioni Malaspine. Ne lateant dominum vincula servi*

---

[34] L'*explicit* dell'*Ep.* VII e l'*incipit* dell'*Ep.* VI non presentano alcuna soluzione di continuità e l'*intitulatio* di quest'ultima, «Dantes Alagherii florentinus (...) intrinsecis», non è scritta in rosso, bensì con lo stesso inchiostro del testo; non compare nessun altro elemento in rosso e solo due sottili barre oblique (//) marcano la separazione tra le epistole (*Ep.* [Baglio], p. 30). Ciò ha fatto sì che la presenza dell'*Ep.* VI sia talvolta passata inosservata, come nel caso di Cheneval, *Die Rezeption*, p. 26, che ancora nel 1995, descrivendo V, registrava solo otto lettere, omettendo appunto l'epistola ai Fiorentini.

sui, quam affectus gratuitatis [ed. gratuitas] dominantis»; expl. «qualiterque me regat, inferius extra sinum presentium requiratis». In rosso: segno di paragrafo della rubrica; capolettera (f. 60r). Numeraz. moderna a lapis: «6» (f. 60r, marg. sin.). Trasmissione: solo in *V* (*Ep.* [Baglio], pp. 90–101).

    f. 60r-v, *Ep.* I, al cardinale Niccolò da Prato: inc. «Reverendissimo in Christo patri dominorum suorum carissimo domino Richolao [ed. Nicholao] miseratione celesti (...). Preceptis salutaribus moniti et apostolica pietate rogati, sacre vocis contextui»; expl. «sed semper tam debite quam devote quibuscunque vestris obedire mandatis». In rosso: capolettera (f. 60r). Numeraz. moderna a lapis: «7» (f. 60r, marg. sin.). Trasmissione: solo in *V* (*Ep.* [Baglio], pp. 60–71).

    ff. 60v-62r, *Ep.* V, ai signori e ai popoli d'Italia: inc. «*Epistola Dantis in Florentinos*. Universis et singulis Italie [ed. Ytalie] regibus et senatoribus alme Urbis nec non ‹...›[35] atque populis, humilis italus [ed. ytalus] Dantes Alagerii [ed. Alagherii] florentinus et exul inmeritus or‹...›. "‹...› tempus acceptabile", quo signa surgunt»; expl. «ut ubi radius spiritualis non sufficit, ibi splendor minoris luminaris illustret». In rosso: rubrica (marg. sin.); capolettera (f. 60v). Numeraz. moderna a lapis: «8» (f. 60v, marg. sin.). Trasmissione: oltre che in *V*, presente in *P* (*Ep.* [Baglio], pp. 102–131).

Come rilevato, l'unica data che compare in *V* è quella del 20 luglio 1394, apposta dal Montepulcianese in calce al *Bucolicum carmen*, verso la fine del fasc. 3, per indicare la conclusione del suo lavoro di correzione della copia degli esametri petrarcheschi («explevi corrigere»). Dallo studio della fascicolazione emergono alcuni dati non trascurabili: la sezione con il *Bucolicum carmen*, che occupa i fascc. 1–3, è indipendente dal resto; le epistole non solo seguono il *De monarchia*, ma con esso condividono il fasc. 6; l'*Ep.* V, l'ultima della serie, si apre nel fasc. 6 e prosegue sul fasc. 7, che non forma una sola unità col precedente.[36] La copia dei fascc. 4–7, con i testi di Dante, potrebbe essere successiva al 20 luglio 1394. Considerata l'indipendenza dei fascicoli petrarcheschi da quelli danteschi, non si può però nemmeno escludere l'ipotesi che, da un punto di vista cronologico, la copia dei fascc. 4–7, o almeno quella dei fascc. 4–6, abbia preceduto quella dei fascc. 1–3: i fascicoli potrebbero essere stati assemblati secondo

---

[35] Testo con lacune, «particolarmente instabile» e con «molti spazi lasciati in bianco, verosimilmente per impossibilità di decifrazione di un antigrafo che doveva essere, almeno in questo caso, molto rovinato» (*Ep.* [Baglio], p. 30).
[36] I richiami al fascicolo successivo, posti al centro del marg. inf., compaiono in fondo ai fascc. 1-2 e 4-5. Il fasc. 3 ne è privo e, come visto, si chiude con un foglio bianco. Anche il fasc. 6 non presenta alcun richiamo finale. Si noti tra l'altro la presenza di una striscia di pergamena inserita tra il fasc. 6 e il 7, per rafforzare la rilegatura.

l'ordine attuale solo in un secondo momento. Certo è che la copia del fasc. 7 ha seguito quella del fasc. 6, poiché la trascrizione dell'ultima lettera, la V, è frutto di un'aggiunta.[37] A prescindere dalla realizzazione delle singole parti, la copia dell'intero manoscritto è credibilmente riconducibile agli anni in cui il Piendibeni fu attivo nella Cancelleria del Comune di Perugia: qui, come detto, arrivò nel 1381 e nel 1393 assunse la carica più alta, ovvero quella di *cancellarius*; nel 1396 si trasferì infine nella Curia romana.[38]

3 La copia delle lettere dantesche

Molti degli elementi paratestuali che accomunano il trittico *V G F* sono rintracciabili nelle prime due sezioni di *V*, ma non compaiono nella terza, contenente le epistole: priva di titoli correnti e di capilettera rossi e turchini, essa non presenta nessuna postilla interlineare o marginale, né tantomeno alcuna graffa laterale. Il Piendibeni intervenne comunque anche in questa sezione. Come ancora una volta già evidenziava Oddone Zenatti nel 1902, la presenza del Montepulcianese può *in primis* essere evinta dai titoli non danteschi, rossi, apposti nei margini in apertura di due lettere della serie, l'*Ep.* VII e la V, dove si può riconoscere la sua mano.[39] In rosso sono realizzati pure otto capilettera, quattro segni di paragrafo e alcuni lievi tratti posati sulle inziali di certe parole: anch'essi potrebbero essere ascrivibili al Piendibeni.

Pone maggiori problemi l'elaborazione di un giudizio univoco sulla copia delle epistole. La complessa questione della mano o delle mani che potrebbero

---

37 È stato dapprima completato lo spazio bianco in fondo al fasc. 6 e poi è stato aggiunto il fasc. 7 per terminare la copia.

38 Di questi anni, o comunque successivo di non molto, è inoltre l'assemblaggio finale del codice. Nella biblioteca quattrocentesca di Giannozzo Manetti i fascicoli di *V* erano già riuniti in un solo manoscritto, come testimonierebbe anche la numerazione antica dei fogli, a inchiostro, posta nel marg. sup. d., che è stata assegnata alla mano del Manetti (Zenatti, *Dante e Firenze*, pp. 371, 417; Cagni, *I codici*, pp. 18 e nota 9, 28 nota 1 [«numer. manett.»]; si veda *supra*, nota 7). Nel marg. inf. d. si trova invece una numerazione a lapis più moderna.

39 Zenatti, *Dante e Firenze*, p. 378. Titolo dell'*Ep.* VII, f. 56r, marg. sup.: «Epistola Dantis Alegerii florentini ad Henricum Cesarem Augustum» (il titolo è stato dapprima scritto dal Piendibeni nel marg. sup. d., in inchiostro marrone, a mo' di indicazione per il rubricatore; come in tanti altri luoghi di *V*, *G* e *F*, lo stesso Piendibeni ha poi vergato la rubrica). Titolo dell'*Ep.* V, f. 60v, marg. sin.: «Epistola Dantis in Florentinos» (*Ep.* [Baglio], p. 30, evidenzia che la rubrica si addice invece all'*Ep.* VI). Si confrontino questi due titoli con le formule di *incipit* e di *explicit* del *Bucolicum carmen* e del *De monarchia*, anch'esse in rosso: si tratta della medesima mano, quella del Piendibeni.

averle qui riprodotte è stata a lungo dibattuta e continua a essere oggetto di dibattito. Oddone Zenatti escludeva in questo caso un'eventuale presenza piendibeniana.[40] Al contrario Giuseppe Billanovich, nei citati articoli del 1963-1964, pareva non esitare nell'individuare la mano del Piendibeni, ma invero non approfondiva di molto la questione:

> La nota (...) e le fitte postille che la stessa mano seminò, in diverse ondate, sui margini di questo codice [Città del Vaticano, Biblioteca Apostolica Vaticana, Vat. lat. 1694][41] combaciano convincentemente, oltre che con le scritture di cancelleria di Francesco che sopravvivono a Perugia ed all'Archivio Vaticano, (...) con le pagine di testo e con le postille che egli scrisse nel Vaticano Palatino lat. 1729: celebre, più che per il *Bucolicum Carmen* del Petrarca (...) e la *Monarchia* di Dante, per le nove epistole di Dante, sette delle quali salvate unicamente in questa copia.[42]

Pier Giorgio Ricci, nella sua edizione del *De monarchia* edita nel 1965, operava invece in maniera netta alcune distinzioni:

> Scrittura a piena pagina di più mani. La prima copiò il *Bucolicum Carmen* del Petrarca (...); la seconda, attribuita a Francesco da Montepulciano, copiò la *Monarchia* (...); la terza copiò nove epistole di Dante, per la maggior parte conservate da questo solo codice.[43]

D'altro canto Francesco Mazzoni, in un celebre intervento edito in *Conferenze aretine 1965*, si pronunciava in maniera differente:

---

40 Zenatti, *Dante e Firenze*, p. 378.
41 Databile al sec. XI, il manoscritto contiene il *De inventione* di Cicerone (ff. 1v-37v) e la *Rhetorica ad Herennium* dello pseudo-Cicerone (ff. 39r-76r), oltre a brevi testi ed estratti di genere retorico-grammaticale. È assai probabile che il Piendibeni se ne sia servito durante gli anni della formazione bolognese; vi appose infatti numerose postille con la sua tipica scrittura di nota, sia in interlinea sia a margine, e sotto l'*explicit* della *Rhetorica* registrò la data del 1371 e il nome di Pietro da Moglio. Si vedano: Nogara, *Bibliothecae*, pp. 191-192; Billanovich, *Giovanni del Virgilio*, 1963, pp. 211-215, tav. 7 (ripr. dei ff. 53v, 76r); Billanovich, *Giovanni del Virgilio*, 1964, p. 291; Gallick, *Medieval*, p. 89; Billanovich, *Petrarca*, p. 374; Munk Olsen, *L'étude*, pp. 302-303 n. C.533; Zelzer, *Zur Überlieferung*, pp. 199-200; Fohlen, *Les manuscrits*, pp. 13, 45; *Les manuscrits classiques*, vol. III/1, pp. 307-310; Buonocore, *Recensio*, pp. 16, 24; Viti, *Francesco da Montepulciano*, pp. 807, 809; Gargan, *Scuole*, p. 19 nota 24; Alessio, *I trattati*, pp. 176-178, 180; *Ep.* (Baglio), p. 30. Il manoscritto è consultabile online, a colori, sul sito della Biblioteca Apostolica Vaticana: <https://digi.vatlib.it/view/MSS_Vat.lat.1694>.
42 Billanovich, *Giovanni del Virgilio*, 1963, pp. 212-213. Si veda anche Billanovich, *Giovanni del Virgilio*, 1964, p. 309: «Sul banco della cancelleria di Poppi (...) Dante scrisse per la contessa Gherardesca (...) tre lettere all'imperatrice. E queste e (...) altre lettere di Dante lì rimasero, finché Francesco Piendibeni, che nacque e morì sotto i monti del Casentino, le versò, salvandole, nel suo Vaticano Palatino lat. 1729».
43 *Mon.* (Ricci), p. 15.

Tanto la *Monarchia* che le *Epistole* nel Vat. Pal. 1729 sono dunque autografe del Piendibeni (...): non si tratterà di mani diverse di scrittura, quanto di una stessa mano, con andamento più spiccatamente librario o più francamente corsiveggiante ([...] la grafia delle *Epistole* e quella delle postille qua e là apposte dal Piendibeni in varii manoscritti indicati dal Billanovich coincidono perfettamente).[44]

Laura Rossetto, in un articolo sul *cursus* delle epistole dantesche pubblicato nel 1993, ha infine espresso un giudizio categorico contro l'eventuale autografia del Piendibeni:

> Pur tenendo presente che era normale per un notaio-cancelliere-intellettuale di fine Trecento disporre di più scritture, da un esame attento della grafia risulta che il testo del *Bucolicum Carmen* è realizzato in una semigotica libraria che non ha nessuna parentela con le competenze grafiche del Piendibeni e che il testo delle *Epistole* è scritto in una cancelleresca libraria lontanissima dall'omologo tipo piendibeniano.[45]

È forse più prudente, per ora, lasciare *sub iudice* la questione.[46] In attesa di un'indagine più specifica, si può comunque constatare che la scrittura con cui sono vergate le epistole non è omogenea dal f. 56r al f. 62r: dapprima di base semilibraria con elementi cancellereschi, essa presenta un grado di corsività crescente verso gli ultimi fogli, dove tende piuttosto alla cancelleresca con elementi librari. Anche gli inchiostri sono soggetti a variazioni: il *corpus* delle lettere si apre con un marrone chiaro, mentre termina con dei toni più scuri. Le variazioni possono essere pure interne al testo di una medesima lettera, come nel caso della seconda, l'*Ep*. VI, che al f. 57v presenta per esempio un evidente cambiamento nei colori a circa metà della pagina. Differenti sono inoltre alcune soluzioni scrittorie dell'*Ep*. I, l'ottava, e altre dell'*Ep*. V, l'ultima che, come detto, si estende su un fascicolo aggiunto in fondo alla raccolta. Non parrebbe dunque irragionevole ipotizzare l'intervento di almeno due copisti, che in taluni momenti potrebbero anche aver operato contestualmente, fianco a fianco. In assenza di prove risolutive, non si può però nemmeno escludere che le variazio-

---

44 Mazzoni, *Le epistole*, p. 89 nota 12.
45 Rossetto, *Per il testo*, p. 73.
46 Prudente è anche il giudizio di Marco Baglio che, a introduzione del suo recente lavoro editoriale, riassume così gli studi pregressi: «La parziale o totale autografia del codice [V] da parte del Piendibeni sarà da valutare sulla base di un attento confronto con i suoi autografi sopravvissuti: assegnano interamente a lui la copia di tutti i testi Billanovich (...) [e] Mazzoni (....); [Rossetto] pone la difficoltà di ricondurre a un'unica mano la semigotica libraria adottata per il testo petrarchesco e la cancelleresca delle epistole» (*Ep*. [Baglio], pp. 29–30). Si veda anche il parere di Antonio Montefusco: «Allo stato attuale non mi sento di escludere che tale trascrizione sia stata fatta sotto il controllo del Piendibeni» (Montefusco, *Epistole a c. di M. Baglio*, p. 130).

ni nell'esecuzione possano semplicemente dipendere da tempi diversi nella scrittura, non dall'intervento di più mani.

In definitiva potrebbe essere altresì plausibile parlare di un'unica mano e, forse, Giuseppe Billanovich e Francesco Mazzoni non erravano nell'assegnare al Piendibeni, oltre alle glosse al Petrarca e alla trascrizione del *De monarchia*, anche la copia delle epistole.[47] Nell'insieme, in parallelo a maggiori indagini su V, si impone sicuramente uno studio di più ampio raggio, non limitato al trittico vaticano-parigino del Piendibeni, ma esteso a tutti i documenti a lui attribuibili con certezza, tra i quali alcuni attendono ancora di essere adeguatamente indagati.[48] La questione è però assai delicata e le difficoltà intrinseche all'analisi di

---

[47] Le posizioni restano però contrastanti. Durante la discussione che ha seguito l'esposizione del presente intervento nella prima giornata del convegno, Amedeo De Vincentiis ha per esempio sostenuto la presenza di due mani differenti dietro la copia dell'*Ep.* I e dell'*Ep.* V. In un incontro presso la Biblioteca Vaticana, Antonio Manfredi non ha invece voluto escludere a priori la posizione sostenuta da Giuseppe Billanovich e Francesco Mazzoni, consigliandomi comunque una certa prudenza. Mirella Ferrrari mi ha infine invitato a considerare, sia pur con il cauto beneficio del dubbio, certe analogie tra i tratti semilibrari di alcune epistole e la semilibraria della *Monarchia*, così come tra gli elementi corsivi di altre epistole e quelli delle glosse al Petrarca.

[48] Partendo dalle indicazioni di Billanovich, *Giovanni del Virgilio*, 1963, pp. 212–213, e allargando poi le ricerche, ho iniziato a investigare presso varie sedi, reperendo per ora materiale autografo nei seguenti luoghi di conservazione, alcuni già citati: Arezzo, Archivio Storico Diocesano; Città del Vaticano, Archivio Segreto Vaticano e Biblioteca Apostolica Vaticana; Firenze, Biblioteca Nazionale Centrale; Lucca, Biblioteca Statale; Parigi, Bibliothèque nationale de France; Perugia, Archivio di Stato. Per una lista aggiornata dei manoscritti autografi e dei postillati del Montepulcianese: Romanini, *Francesco Piendibeni*. Tra di essi emerge per esempio un codice che testimonia l'attività letteraria del Piendibeni, ovvero il miscellaneo Firenze, Biblioteca Nazionale Centrale, Naz. II IV 313, i cui ff. 74–81 consistono in un fascicolo autografo, sottoscritto e datato al 1390–1391, dove il Montepulcianese, in una gotica semilibraria accompagnata da qualche elemento cancelleresco, trascrisse 19 carmi latini, in parte da lui composti e in parte a lui indirizzati, che scambiò con alcuni corrispondenti poetici degli anni perugini. Si vedano: Cipolla, *Antiche cronache*, pp. 519–520 (con trascr. del carme VI); Zippel, *Nicolò Niccoli*, pp. 8–9; Novati, recensione, p. 114 nota 2; Mazzatinti, Pintor, *Inventari*, pp. 22–23; Zenatti, *Dante e Firenze*, pp. 378, 380–385, 392–394 (con parziali trascr. dei carmi); Cavalcabò, *Un Cremonese*, pp. 22–23 (con trascr. del carme VI); De Robertis, *Censimento*, pp. 193–194 n. 31; Billanovich, *Giovanni del Virgilio*, 1963, pp. 212–213; Mazzoni, *Le epistole*, p. 88 nota 2; Padoan, recensione, pp. 367–368 nota 2; Abbondanza, *Il notariato*, pp. XX–XXI, XLVII, 264–268 n. 206 (con trascr. dei carmi I, III), tav. 38 (ripr. del f. 75r); Silvestri, *The Latin Poetry*, ed. Jensen, pp. 143–144; Zucchi, *Ottonello Descalzi*, p. 475 nota 1; de Angelis, *Magna questio*, pp. 185–187 e nota 159; Rossetto, *Per il testo*, p. 73 nota 4; Colombo, *Francesco Novati*, p. 124 n. 3; Viti, *Francesco da Montepulciano*, p. 809; *Rime* (De Robertis), vol. I/1, p. 221; de Angelis, *Un percorso*, p. 246 nota 3; Gargan, *Dante*, p. 366 nota 68; Petoletti, *Le "Egloghe"*, pp. 18 e nota 11, 36 e nota 59; *Ep.* (Baglio), p. 30; *Egl.* (Petoletti), pp. 507, 530, 540. Un secondo fascicolo di questa miscellanea, ff. 48–57, contenente le due redazioni di una lettera *Strenuo militi*, vergata

ciò che è già noto, accanto ai giudizi non concordi dei tanti studiosi che se ne sono occupati, invitano ad attenersi a una massima cautela anche nell'accostarsi a ciò che non è ancora stato esaminato.

Un altro aspetto di interesse non secondario è legato alle ipotesi formulate attorno al possibile antigrafo da cui le lettere di *V* possono essere state copiate. La loro lampante complementarietà con quelle di *L*, lo Zibaldone Laurenziano del Boccaccio, portò Oddone Zenatti a supporre che *V* fosse stato esemplato a partire da un altro Zibaldone boccacciano, oggi scomparso.[49] La congettura è stata successivamente respinta, tra gli altri, da Francesco Mazzoni e Manlio Pastore Stocchi.[50] L'ipotesi oggi più accreditata, recentemente ribadita da Marco Baglio, è che la copia sia stata eseguita «attingendo a un copialettere assemblato in area casentinese, forse la cancelleria dei conti Guidi».[51] Non si deve del resto dimenticare l'informazione trasmessa dal citato manoscritto *Silva cedua politiana*, ora disperso, secondo cui il Montepulcianese sarebbe arrivato a possedere diverse centinaia di codici: se il dato fosse vero, si potrebbe ben supporre che, tra i tanti manoscritti scomparsi nel rogo cinquecentesco della Biblioteca del Capitolo di Montepulciano, si trovassero altri esemplari delle lettere scritte dal sommo Fiorentino.[52] Certo è che la presenza delle epistole dantesche all'interno di *V* dipende *in toto* dalla volontà del Piendibeni, il quale intervenne depositandovi, se non direttamente l'inchiostro del suo calamo di copista, sicuramente i frutti preziosi del suo attento lavoro di regia. Questo colto cancelliere di Perugia rivolse i suoi interessi eruditi non solo alla letteratura classica, ma pure ai nuovi classici – Dante, Petrarca e Boccaccio –, tutti e tre presenti nella sua biblioteca, e in *V* volle riunire, accanto al Petrarca poeta bucolico e al Dante trattatista politico, anche il più peregrino Dante delle lettere, creando così una pregiata raccolta poetico-prosaica dal genuino sapore trecentesco.

---

con maggiori elementi cancellereschi e risalente agli anni degli uffici perugini, è stato recentemente ricondotto al calamo del Piendibeni: Rossi, *Da Dante*, pp. 123, 134-135. Per alcune informazioni inedite sull'attività curiale del Montepulcianese e sui documenti vaticani da lui prodotti: Revest, "*Romam veni*", tesi di dottorato, vol. I, pp. 386-390, da cui emerge che il Piendibeni fu «le protagoniste de la production épistolaire pontificale des années 1404-1415» (p. 388).

49 Zenatti, *Dante e Firenze*, pp. 458-462.
50 Mazzoni, *Le Ecloghe*, pp. 409-412; Pastore Stocchi, *Epistole*, p. 705.
51 *Ep.* (Baglio), p. 30. Si vedano anche: Montefusco, *Le "Epistole"*, p. 422; Montefusco, *Epistole a c. di M. Baglio*, pp. 131-132.
52 Per *Silva cedua politiana*: *supra*, p. 51 e nota 12.

Appendice

Tab. 1: Il codice Vat. Pal. lat. 1729.

Fascicoli, fogli	Contenuto	Copia del testo	Aggiunte
fascc. 1–3, ff. 1r-29v; f. 30r-v bianco	Petrarca, *Bucolicum carmen*, con ampio commento **(figura 1)**	non del Piendibeni (probab. copista di formazione salutatiana)	del copista: – alcune correzioni della copia del Piendibeni (si vedano G e F, **figure 5 e 6**): – correzioni della copia (termine: 20 luglio 1394) – note di commento (assai numerose) – altri elementi paratestuali del Manetti: – numeraz. ant. dei fogli
fascc. 4–6, ff. 31r-55v	Dante, *De monarchia* **(figura 2)**	del Piendibeni (si vedano G e F, **figure 5 e 6**)	del Piendibeni: – correzioni della copia – note di commento (ridotte) – altri elementi paratestuali del Manetti: – forse alcune note di commento – numeraz. ant. dei fogli
fascc. 6–7, ff. 56r-62r; ff. 62v-63v bianchi	Dante, nove lettere **(figure 3 e 4)**	questione *sub iudice* (una o più mani? Piendibeni?)	di chi ha eseguito la copia: – correzioni della copia del Piendibeni: – alcuni elementi paratestuali (ridotti) del Manetti: – numeraz. ant. dei fogli

Tab. 2: Le lettere di Dante nel codice Vat. Pal. lat. 1729.

Fascicoli, fogli	Numeraz. mod. a lapis	Lettera, destinatario	Trasmissione
fasc. 6, ff. 56r-57r	«1»	VII, all'imperatore Enrico VII	V + P, M e S
fasc. 6, ff. 57r-58v	non presente	VI, ai Fiorentini	V
fasc. 6, ff. 58v-59r	«2»	VIII, all'imperatrice Margherita di Brabante	V
fasc. 6, f. 59r	«3»	IX, all'imperatrice Margherita di Brabante	V
fasc. 6, f. 59r-v	«4»	X, all'imperatrice Margherita di Brabante	V
fasc. 6, ff. 59v-60r	«5»	II, ai conti Uberto e Guido da Romena	V
fasc. 6, f. 60r	«6»	IV, al marchese Moroello Malaspina	V
fasc. 6, f. 60r-v	«7»	I, al cardinale Niccolò da Prato	V
fascc. 6-7, ff. 60v-62r	«8»	V, ai signori e ai popoli d'Italia	V + P

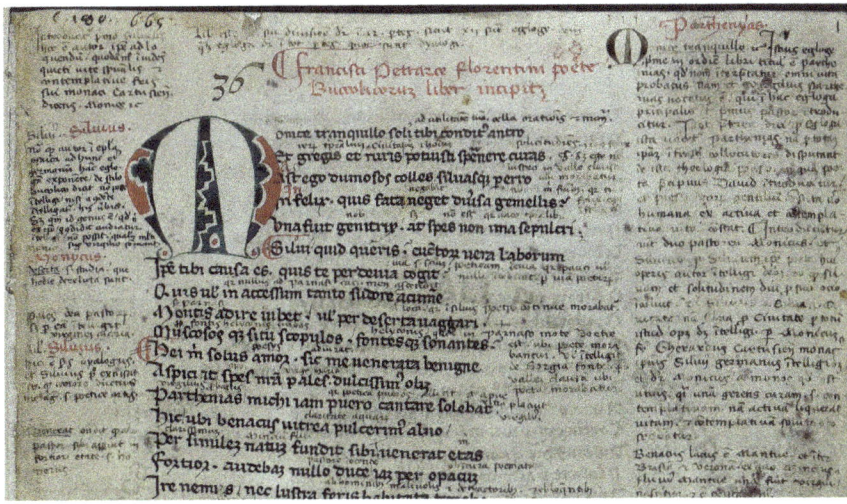

Figura 1: Città del Vaticano, Biblioteca Apostolica Vaticana, Pal. lat. 1729, f. 1r.

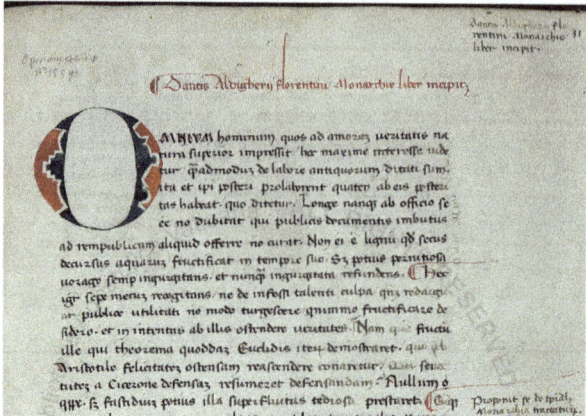

Figura 2: Città del Vaticano, Biblioteca Apostolica Vaticana, Pal. lat. 1729, f. 31r.

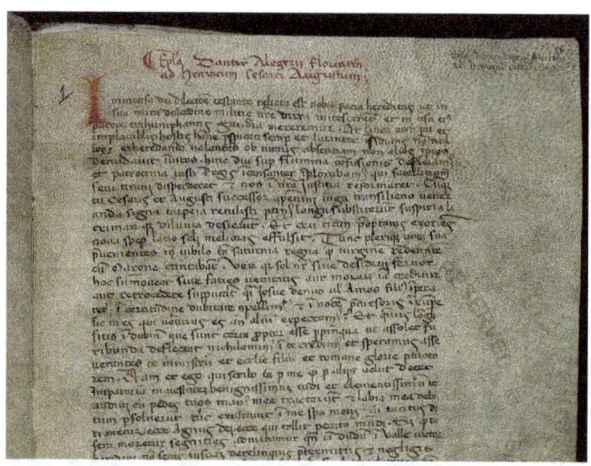

Figura 3: Città del Vaticano, Biblioteca Apostolica Vaticana, Pal. lat. 1729, f. 56r.

Appunti sulle lettere di Dante nel codice Vat. Pal. lat. 1729 — 67

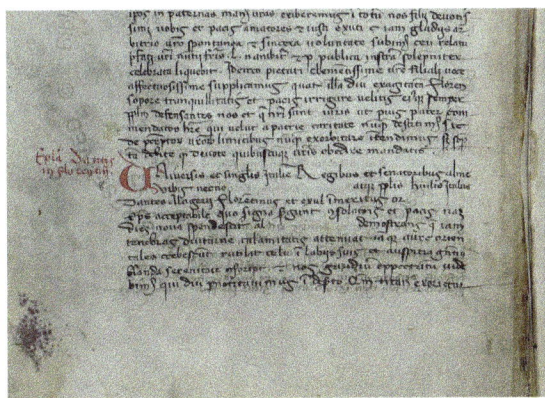

Figura 4: Città del Vaticano, Biblioteca Apostolica Vaticana, Pal. lat. 1729, f. 60v.

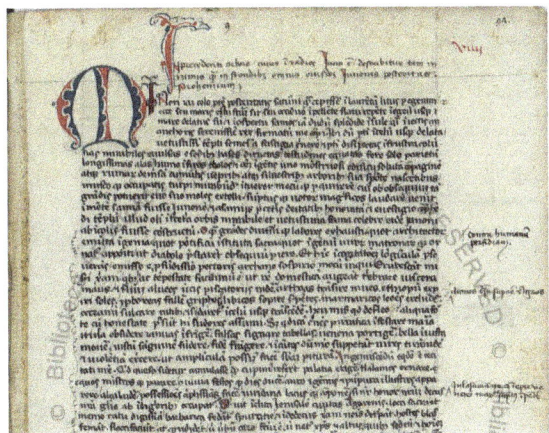

Figura 5: Città del Vaticano, Biblioteca Apostolica Vaticana, Vat. lat. 2940, f. 97r.

Figura 6: Paris, Bibliothèque nationale de France, lat. 8027, f. 81r.

Marco Petoletti
Prospettive filologiche ed ecdotiche delle epistole dantesche a trasmissione monotestimoniale: le lettere VI e XII

Abstracts: Il contributo affronta i problemi legati all'edizione di due epistole dantesche (VI, ai Fiorentini, e XII, al così detto amico fiorentino), trasmesse da un solo testimone manoscritto, rispettivamente Vat. Pal. lat. 1729 e Laur. Plut. 29, 8, quest'ultimo autografo di Giovanni Boccaccio. Il ritorno ai manoscritti consente infatti di riabilitare alcune lezioni che sul fondamento di una lunga e autorevole tradizione editoriale sono state corrette. Il particolare è proposta una nuova edizione, con traduzione italiana, della lettera XII sul fondamento del manoscritto Laurenziano, segnalando l'incongruenza di alcune correzioni proposte. La ricerca delle fonti, in particolare bibliche, consente inoltre di avanzare sulla strada di una più approfondita esegesi del testo.

This essay deals with two of Dante's letters (VI, to the Florentine people, and XII, to the so-called "Florentine friend") and the related debate. These letters survive in only one witness each, Vat. Pal. lat. 1729 and Laur. Plut. 29.8 respectively, the last being an autograph of Boccaccio's. Thanks to a careful examination of these manuscripts, some readings, corrected by a long lasting and authoritative tradition, can be restored. A new edition, with Italian translation, of letter XII is provided, based on the Laurentianus, with critical discussion of previous faulty emendations. Moreover, a deep analysis of the sources, especially Biblical ones, is really helpful to give a better exegesis and understanding of this text.

Parole chiave: lettere di Dante, Boccaccio, Bibbia in Dante, filologia medioevale.

La sopravvivenza del magro gruppo di epistole dantesche giunte ai nostri giorni, escludendo il caso spigoloso e complicato della lettera XIII a Cangrande della Scala, la cui trasmissione è più complessa e maculata da molti problemi, è sospe-

---

Annotazione: Ringrazio Teresa De Robertis per i provvidi controlli autoptici sullo Zibaldone membranaceo di Boccaccio.

Marco Petoletti, Università Cattolica del Sacro Cuore di Milano

sa, come si sa, al filo esile di due manoscritti del Trecento, famosi e legati a protagonisti della cultura di quel secolo. Il primo è lo zibaldone membranaceo autografo di Giovanni Boccaccio (L: così chiamo la somma di quei due volumi, il Laur. 29.8 e il Laur. 33.31, che, artificiosamente separati, in origine costituivano una sola unità codicologica), la portentosa raccolta retorica costruita con materiali disparati dai tempi della giovinezza fiorentina, attraverso il soggiorno napoletano tra 1327 e 1340–41, fino alla sosta romagnola (giacché il testo databile più recente lì copiato risale al gennaio del 1348), testimone unico per le lettere III, XI, XII.[1] Il secondo è il Vat. Pal. lat. 1729 (V), almeno in parte o integralmente copiato sul declinare del sec. XIV dal toscano Francesco Piendibeni, cancelliere perugino e quindi vescovo di Arezzo, che porta altre nove lettere dantesche, I, II, IV, V, VI, VII, VIII, IX, X (la V e la VII ebbero una minima diffusione e furono pure volgarizzate).[2]

Lo zibaldone membranaceo è un monumento nella storia della letteratura italiana e riflette le pulsioni culturali di Boccaccio ancor prima dell'incontro con Francesco Petrarca, a metà del sec. XIV, che impresse un'accelerazione erudita alla produzione del Certaldese. È un prezioso scrigno che custodisce memorie dantesche e petrarchesche che Boccaccio era riuscito a raccogliere per i buoni uffici degli amici tra Napoli e la Romagna. Agli astri che guidarono il suo cammino letterario egli volle in sordina accostare se stesso con quegli esperimenti un po' strambi, in poesia e prosa latina, prodotti durante il suo tirocinio: *dictamina* arzigogolati, costruiti attingendo ai classici e ai moderni, con Apuleio narrativo e Dante epistolografo in testa, prose di contenuto mitologico, ancor chiuse nel segreto delle loro allusioni oscure, e un dialogo in esametri scossi da molte crepe prosodiche e metriche tra una defunta e il viandante amato, in cui è rielaborato un carme epigrafico romano di nobile fattura, frequente nelle miscellanee degli umanisti, ma prima di Boccaccio senza fortuna. È dunque sì un libro d'uso, ma non un disorganico guazzabuglio di testi copiati alla rinfusa: Boccaccio intendeva adoperare concretamente le opere raccolte per sperimentare la sua acerba Musa.[3]

Sul fronte dantesco, egli copia lo scambio bucolico tra l'Alighieri e Giovanni del Virgilio con una cura editoriale che si riflette nella *mise en page*: dal punto

---

1 Per lo Zibaldone membranaceo di Boccaccio: Petoletti, Zamponi, *Gli Zibaldoni*, pp. 291–313, con bibliografia.
2 Su questo manoscritto e i problemi relativi alla autografia totale o parziale di Francesco Piendibeni mi dispensa dall'allegare altra bibliografia il contributo di E. Romanini, *Le lettere di Dante nel codice Vat. Pal. lat. 1729 di Francesco Piendibeni*, in questo stesso volume. Per Francesco Piendibeni basti il rimando a Viti, *Francesco da Montepulciano*.
3 Petoletti, *Il Boccaccio e la tradizione*, pp. 108–114.

di vista testuale la sua trascrizione è la più affidabile e gli errori – comincio ad avvertire – sono minimi e numericamente pochissimi.[4] L'unica prova in poesia latina di Dante è messa in rilievo dalla particolare attenzione grafica: il testo poetico su un'unica colonna svetta per il modulo dei caratteri impiegati, le iniziali sono toccate di giallo, le rubriche incipitarie esibiscono i nomi dei protagonisti, il maestro bolognese al cui ardimento baldanzoso siamo debitori per avere provocato la reazione geniale in forma di poesia pastorale, e naturalmente Dante; tutt'intorno e nell'interlinea, come per un classico antico, è trascritto con ordine un commento risalente alle scuole emiliane e romagnole dove il rinnovato miracolo della zampogna virgiliana aveva risuonato per la prima volta. Invece la trascrizione delle tre lettere di Dante nello zibaldone membranaceo, ai ff. 62v-63r – l'XI ai cardinali italiani, la III a Cino di Pistoia, la XII, che per inveterata tradizione, seguendo un suggerimento affidato da Boccaccio alle pagine del suo *Tratatello in laude di Dante*, si suole indicare come mandata a un amico fiorentino – si presenta decisamente in sordina: nessuna rubrica, nessuna esplicita menzione di Dante, il cui nome è celato da un'iniziale puntata anche nella lettera XII, dove l'Alighieri parla esplicitamente di sé.[5] Dal punto di vista paleografico questa sezione dello zibaldone dovrebbe risalire agli anni estremi del primo soggiorno napoletano ed è compatibile con la scrittura adoperata per le lettere fittizie dettate da Boccaccio nel 1339. Le tre epistole dantesche seguono nel codice l'*Allegoria mitologica* dello stesso Certaldese e una lettera indirizzata ai chierici della Chiesa di Roma che l'*intitulatio* assegna a Federico imperatore (*inc.* «Loquar ad dominos meos»). Si tratta di un'epistola propagandistica, debitrice a una lettera di Berengario di Poitiers, discepolo di Abelardo, diretta contro i certosini. Circolò nella grande collezione in sei parti dell'epistolario di Pier della Vigna ed estravagante è riconoscibile nello zibaldone di Boccaccio e in un manoscritto vaticano (Archivio di S. Pietro G 44, f. 62r-v), che porta la raccolta di lettere di Tommaso di Gaeta.[6] Le tre missive di Dante sono quindi seguite dalla trascrizione di un lungo ritmo in *Vagantestrophen*, tradizionalmente assegnato allo stesso Pier della Vigna, la cui particolare recensione qui copiata è stata studiata da Antonio Montefusco.[7] Anche questo curioso esperimento di poesia goliardica ebbe fortuna in alcune raccolte di *exempla epistolarum*.

---

4 Petoletti, *Boccaccio editore*, pp. 165–170.
5 Petoletti, *Boccaccio editore*, pp. 176–180.
6 Petoletti, Zamponi, *Gli Zibaldoni*, p. 311. Cfr. anche Schaller, Vogel, *Handschriftenverzeichnis*, p. 454.
7 Montefusco, *Petri de Vinea*; Montefusco, *Dall'Università di Parigi*, pp. 217–232.

Insomma la corona di testi che circondano la perla preziosa delle lettere dantesche riconduce alle scuole di retorica dell'Italia meridionale che affascinarono il giovane Boccaccio, impegnato a costruire il proprio bagaglio culturale. Un'altra lettera dantesca che non è trascritta nello zibaldone membranaceo, la IV a Moroello Malaspina, era sicuramente conosciuta a Boccaccio che vi attinse nelle sue personali epistole fittizie del 1339.[8] In conclusione Boccaccio accoglie nella sua miscellanea le epistole dantesche senza particolare enfasi, con lo scopo di imitare la prosa latina dell'Alighieri per costruire le sue fantasiose missive giovanili: è dunque una copia utile, non una semplice trascrizione passiva, perché era necessario capire quei testi per poterne approfittare in sede di creazione personale.

Boccaccio è perseguitato dalla cattiva fama di essere copista inaffidabile e distratto: soprattutto i molti errori che segnano l'autografo Hamiltoniano del *Decameron* gli hanno guadagnato questo discredito che si è poi riverberato – con un certo meccanicismo – anche sulle altre trascrizioni di sua mano, di testi propri e altrui. In parte questo giudizio sferzante va ridimensionato e alcune prospettive di ricerca a questo proposito non sono state percorse in tutta la loro potenzialità. Per esempio, si ha la fortuna di possedere il diretto modello di un'opera presente nel Laur. 33.31: mi riferisco alle *Satire* dei Persio con parziale commento, che Boccaccio trascrisse dal Laur. 37.19, risalente all'inizio del sec. XI. Occorrerebbe un attento studio per verificare le effettive qualità del Certaldese copista attraverso la straordinaria possibilità di confronto tra antigrafo e apografo.[9] Non voglio in assoluto ribaltare l'idea vulgata, ma nel contempo riabilitare – almeno in parte – Boccaccio da sentenze sommarie, perché francamente sono più numerosi i tentativi di emendazione, ora geniali ora maldestri, dei moderni critici, impegnati a piegare il testo tràdito alle proprie esigenze esegetiche, delle presunte imperfezioni nella trascrizione di L.[10] Un prudente ricorso alle correzioni, purché in un certo qual modo sorrette da plausibilità paleografica, è via maestra per rimediare ai guasti provocati o da Boccaccio o dal modello che egli aveva a disposizione.[11]

Anzi si deve dire che sul fronte quantitativo delle pure distrazioni e dei trascorsi di penna il primato spetta senz'altro al copista del Vat. Pal. lat. 1729 (V), che commette numerosi errori banali, solo alcuni dei quali rimediati *inter scribendum*. Per esempio nell'epistola VI non pochi sono i difetti: errori di

---

8 Billanovich, *Restauri*, pp. 49–78.
9 Robathan, *Boccaccio's accuracy*.
10 Mazzoni, *Moderni errori*.
11 Si veda a questo proposito il contributo di G. Potestà, «*Cum Ieremia*». *Sul testo della lettera di Dante ai cardinali*, in questo volume.

persistenza, di aplografia, di dittografia e altre più o meno gravi mende. Si pensi solo a questo passo (V, f. 58r):

> VI, 18: Utque breviter colligam, quas tulit calamitates illa civitas gloriosa in fide pro libertate *Sagantum*, ingnominiose vos eas in perfidia pro servitute subire necesse est.

La correzione del tràdito *Sagantum* in *Saguntum* è facile e indispensabile: l'errore testimonia come il copista di V abbia una marcata tendenza a riprodurre passivamente le lettere che aveva appena vergato (in questo caso la *a* della sillaba incipitaria). Noto qui che la fonte sottesa al passo non è tanto «Livio che non erra», la cui conoscenza da parte di Dante è ancora *sub iudice*, e neppure in primo luogo Paolo Orosio (IV, xiv, 1: «Hannibal Poenorum imperator Saguntum florentissimam Hispaniae civitatem, amicam populi Romani, primo bello inpetitam, deinde obsidione cinctam et fame excruciatam omniaque fortiter contemplatione fidei, quam Romanis devoverant, digna indignaque tolerantem octavo demum mense delevit»), che pure è lo storico maggiormente da lui sfruttato, ma Lucano, che nel *Bellum civile* dedica appena due versi alla fedele Sagunto all'interno del nobile discorso tenuto dai Marsigliesi, partigiani del Senato e di Pompeo, di fronte a Cesare per piegarne l'indomito furore e convincerlo alla pace (III, 349-350): «nec pavet hic populus *pro libertate subire*, / obsessum Poeno gessit quae Marte Saguntum».[12]

Lucano è poeta ben presente nella lettera VI, come manifesta un altro luogo, oggetto per altro di intervento congetturale da parte degli editori (V, ff. 57v-58r):

> VI, 12: An septi vallo ridiculo cuiquam defensioni *confidetis*? O male concordes, o mira cupidine *cecati*! Quid vallo sepsisse, quid propugnaculis et pinnis armasse iuvabit, cum advolaverit aquila in auro terribilis, que nunc Pyrenen, nunc Caucason, nunc Athlanta supervolans, militie celi magis confortata sufflamine, vasta maria quondam transvolando despexit? Quid, cum affore stupescetis, miserimi hominum, delirantis Hesperie domitorem?

Qui – dopo avere restaurato le forme ortografiche di V *Pyrenen*, che per altro è quella antica, e *affore*, con assimilazione regressiva, di contro a *Pirenen* e *adfore*, unanimemente accettati dagli editori, e corretto senza soverchio scandalo il tràdito *miserimi* in *miserrimi* – è da accogliere la piccola emendazione di Karl Witte che per ristabilire un *cursus tardus* muta il futuro *confidetis*, che pure potrebbe essere giustificato sul piano della grammatica e del senso, nel presente *confiditis*.[13] Subito dopo segue, rimodulata, una citazione da Lucano (I, 87),

---

12 *Ep.* (Baglio), pp. 146-147.
13 *Ep.* (Fraticelli), p. 476. Il testo latino delle epistole dantesche in questa edizione è di Witte come è dichiarato a p. 408: «la lezione (...) del testo latino, che or per me si produce, è interamente al Witte dovuta».

in cui l'autore esclama contro il popolo romano che si precipitò alla guerra civile: «o male concordes nimiaque cupidine ceci». A partire da Toynbee, che riprende un suggerimento di Parodi, per ripristinare il *cursus velox*, *cecati* è stato corretto in *obcecati* (i successivi editori sono tutti concordi in proposito).[14] Però, poiché volontariamente, per rendere ancor più enfatica la propria apostrofe contro i Fiorentini, Dante rielabora la seconda parte dell'emistichio lucaneo, introducendo in anafora una nuova interiezione e sostituendo l'aggettivo *nimius* con l'ancor più intenso *mirus*, mi chiedo se non sia più economica una semplice *traiectio*, *cecati cupidine*, che è *cursus tardus* (come il precedente *defensionis confiditis* e i successivi *in auro terribilis*, *Athlanta supervolans*, *confortata sufflamine*) piuttosto della congettura finora accolta. Per di più penso che l'integrazione *urbem* come complemento oggetto di *armasse*, anche in questo caso – dopo Pistelli – sostenuta da tutti gli editori, non sia così necessaria come si è soliti pensare.[15]

Ancora per l'epistola VI (VI, 26) l'apparente guasto *rivantur*, con cui si chiude la missiva prima delle formule di escatocollo, ha provocato molte discussioni e suscitato diverse proposte da parte degli studiosi. La maggior parte degli editori, sulla scorta di una possibile citazione veterotestamentaria (*1 Sam* 14, 39) ha messo a testo *moriatur*, che però non è facilmente giustificabile dal punto di vista puramente paleografico. Certo il precedente biblico è assai produttivo per la comprensione del passo: si tratta delle parole di Saul rivolte ai capi del popolo perché indaghino chi abbia commesso peccato agli occhi di Dio prima dello scontro con i Filistei di modo che costui possa essere punito con la morte *sine retractatione*, anche se si trattasse del proprio figlio Gionata. Ecco il testo secondo V, f. 58v:

> VI, 26: Igitur tempus amarissime penitendi vos *tremere presuptorum*, si dissimulare non vultis, adesse conspicitis. Et sera penitentia hoc amodo venie genitiva non erit, quin potius tempestive animadversionis (*ante* animadversionis *del.* ad) exordium. Est enim quoniam peccator percutitur, ut sine retractatione *rivantur*.

---

14 Parodi, *Intorno al testo*, p. 420; *Ep.* (Toynbee), p. 69, dove non è ancora identificata la fonte lucanea. Per l'importanza del *cursus* nell'emendazione delle epistole dantesche si veda anche Rossetto, *Per il testo critico*.
15 *Ep.* (Pistelli), p. 424. Precedentemente si preferiva l'integrazione di *vos* («vos armasse iuvabit»): *Ep.* (Torri), p. 48; *Ep.* (Fraticelli), p. 476; *Ep.* (Moore), p. 408. In *Ep.* (Toynbee), p. 70 si trova: «quid propugnaculis vos et pinnis armasse iuvabit», con accoglimento di quanto suggerito da Parodi, *Intorno al testo*, p. 420 nota 17: «ma per il "cursus" è da metterlo prima [si riferisce all'integrazione del *vos*], *quid propugnàculis vòs et pinnis armàsse iuvàbit*, ottenendo l'intreccio che ripetutamente ricorre in quest'epistola, "cursus velox" seguito da doppio "planus"».

Alcune lievi correzioni vulgate (*tremere* in *temere* e *presuptorum* in *presumptorum*) non creano difficoltà, ma altri problemi restano aperti: mi riferisco a *hoc* prima di *amodo* ('d'ora in poi'), che sarà forse da correggere in *hic*, da intendere come avverbio di luogo ('a questo punto'), o forse *hec*, da legare a *penitentia*.[16] Su *rivantur* (esiste in latino "antico" il raro verbo transitivo *rivo*, che ha il significato di 'far scorrere un corso d'acqua') si è esercitata l'acribia della critica:[17]

> revertatur *con*. Torri/Witte: perdatur *con*. Meyer: moriatur *con*. Moore: eruatur *con*. Pézard: puniatur *con*. Brilli: ruatur *con*. Chiesa: cruciatur *con*. Montefusco

In particolare Elisa Brilli ha riconosciuto una citazione dei *Moralia in Iob* di Gregorio Magno (*praef.* 5, 12), ripresa da altri autori nel Medioevo: «alia namque est percussio, qua peccator percutitur ut sine retractatione puniatur (...) Aliquando enim peccator punitur, ut absque retractatione puniatur»;[18] di conseguenza ha proposto di correggere l'errato *rivantur* in *puniatur*, sulla base del testo gregoriano. L'assenza di un *cursus* canonico è compensata dalla "forza" della citazione patristica:[19] del resto che possa trattarsi di una ripresa autoriale sembra certificato dall'esordio del periodo «Est enim quoniam» (qui *quoniam* ha valore dichiarativo).[20] Tuttavia anche in questo caso appare problematico capire la genesi dell'errore del copista di V: sul piano paleografico come si possa passare da *puniatur* all'incomprensibile *rivantur* è oscuro. La scelta prudenziale di Claudia Villa, che ha lasciato le *cruces desperationis*, segnala efficacemente il problema,[21] ma ora la stessa studiosa, con una serrata indagine tra lessico romanzo e mediolatino, ha difeso con convincenti raffronti la lezione di V: *rivo* nel senso di 'battere intensamente le teste dei chiodi' assume nel contesto il

---

16 A dire il vero l'espressione non ha creato fin qui alcun problema agli editori, tranne che in *Ep.* (Baglio), p. 44, dove, pur senza alcun intervento sul testo, si segnala le difficoltà. Senza altra specificazione la lezione *hec* è già in Meyer, *Über Ursprung und Blute*, p. 17.
17 *Ep.* (Torri), p. 42; *Ep.* (Fraticelli), p. 482; Meyer, *Über Ursprung und Blute*, p. 17; Moore, *Two proposed Emendations*, pp. 281-283 (la congettura *moriatur* è accolta in *Ep.* [Toynbee], p. 76); Pézard, *«La rotta gonna»*, III, pp. 67-71; Brilli, *Reminiscenze*, pp. 452-455; Chiesa, *L'impiego del "cursus"*, p. 299 nota 77; Montefusco, *Le "Epistole"*, pp. 419-421.
18 Brilli, *Reminiscenze*, pp. 452-455.
19 È da rivedere quanto scrive Brilli, *Reminiscenze*, p. 455: «questa lezione rispetta come "moriatur" le esigenze del *cursus*, in questo caso *planus*»; *puniatur*, come del resto *moriatur*, è un quadrisillabo». Si veda Chiesa, *L'impiego del "cursus"*, p. 298 nota 75. È ancora utile riferire in proposito il giudizio di Di Capua, *Tre note*, p. 253: «la ragione del ritmo, che indusse il Meyer a congetturare *perdatur*, non ha alcun valore. Dante non è così schiavo del *cursus* da non tollerare, in una reminiscenza biblica, una cadenza ritmica secondaria».
20 Di Capua, *Tre note*, p. 254.
21 *Ep.* (Villa), p. 1462.

tono di una sferzata maligna contro la dura cervice dell'ingrato popolo fiorentino.[22]

In diverse circostanze il testo di V è stato corretto a mio avviso senza un'effettiva necessità.

> (V, f. 57r) VI, 2: Eterni pia providentia regis, *que*, dum celestia sua bonitate perpetuat, infera nostra despiciendo non deserit, sacrosancto Romanorum imperio res humanas disposuit gubernandas, ut sub tanti serenitate presidii genus mortale quiesceret et ubique natura poscente civiliter degeretur.

Non vedo la necessità di emendare il relativo *que*, da legare a *providentia*, in *qui*, come suggerito da Torri, approvato da quasi tutti i successivi editori.[23]

> (V, 58r) VI, 19: Nec ab inopina Parmensium fortuna *summatis audatiam*, qui malesuada fame[24] urgente murmurantes *in invicem* «prius moriamur et in media arma ruamus»,[25] in castra Cesaris absente Cesare *prorupent*. Nam et hii, quanquam de Victoria victoriam sint adepti, nichilominus ibi sunt de dolore dolorem *memorabilem* consecuti.

I piccoli ritocchi ortografici (*sumatis* e *audaciam* per *summatis* e *audatiam*) non creano imbarazzo, e neppure l'antica congettura *proruperunt* per *prorupent*, che risale all'edizione Torri. Invece è da reintegrare *in invicem* di V contro *invicem*, che dai tempi di Torri si è trascinato pigramente in altre edizioni, con le lodevoli eccezioni di quelle di Toynbee, di Frugoni-Brugnoli e di Villa:[26] così per di più si svela il riferimento evangelico sotteso al passo (*Io* 6, 43 «nolite murmurare in invicem», l'ammonimento rivolto da Gesù ai Giudei i quali mormoravano di lui che aveva detto di essere il pane disceso dal cielo).[27]

Ha conseguenze evidenti sulla restituzione critica del testo il rifiuto della congettura (o forse cattiva lettura) che trasforma, senza alcuna necessità, l'aggettivo *memorabilem* nell'avverbio *memorabiliter*.[28] Il bisogno per altro di ripar-

---

22 Villa, *La testa del chiodo*, in c.d.s. Ringrazio molto l'autrice che mi ha consentito di leggere in anteprima l'importante contributo.
23 *Ep.* (Torri), p. 36. Condivido dunque la posizione di Mazzoni, *Le «Ecloghe»*, p. 420; Mazzoni, *Le epistole*, p. 96, in difesa di *que*.
24 Palese il richiamo a Virgilio, *Aen.* VI, 276: «et Metus et malesuada Fames ac turpis Egestas».
25 Virgilio, *Aen.* II, 353: «moriamur et in media arma ruamus».
26 *Ep.* (Torri), p. 40. Ma si veda *Ep.* (Toynbee), p. 72; *Ep.* (Brugnoli-Frugoni), p. 556; *Ep.* (Villa), p. 1460.
27 Si noti che il richiamo al Vangelo di Giovanni, segnalato in *Ep.* (Brugnoli-Frugoni), p. 556 e *Ep.* (Baglio), p. 147 (ove però a testo si legge comunque *invicem*), è incastonato tra due citazioni virgiliane.
28 *Ep.* (Torri), p. 40. Così anche *Ep.* (Fraticelli), p. 480; *Ep.* (Toynbee), p. 72 (senza alcuna indicazione sull'effettiva lezione di V); *Ep.* (Pistelli), p. 425; *Ep.* (Pastore Stocchi), p. 48; *Ep.* (Villa),

tire direttamente da V è stato indicato recentemente da Silvia Rizzo,[29] che ha riabilitato la lezione *torqueri* in *Ep*. VI, 7, già in Torri,[30] contro l'apparente *conqueri* di V, corretto generalmente in *conquiri* e precedentemente difeso dalla stessa Rizzo.[31]

Ritorno ora alla lettera XII, trasmessa esclusivamente da L a f. 63r. Nel piccolo *corpus* epistolare dantesco è un documento eccezionale, non soltanto per la forte valenza autobiografica, ma anche per le qualità retoriche, che non si manifestano, come in molti altri casi, nel rutilante splendore di uno stile teso e sublime. Dante qui con mezzi sobri ed efficaci riesce ad alludere al dramma dell'esilio ingiustamente patito con nobile fermezza. Si pensi soltanto all'abilissimo uso del *cursus tardus* nei parr. III, 5-7, dove Dante in prima persona riflette sull'ignominiosa proposta di revoca della condanna, con la successione di due interrogative retoriche e due proposizioni introdotte anaforicamente da *Absit* in cui egli respinge sdegnosamente l'offerta turpe. La riflessione si apre e si chiude con un *cursus velox* (rispettivamente «revocatio gratiosa» e «pecuniam suam solvat»), ma si dispiega attraverso il *cursus tardus*, che conferisce solennità alla ripulsa senza appello («perpessus exilium», «manifesta quibuslibet», «continuatus in studio», «cordis humilitas», «aliorum infamium», «predicante iustitiam», «bene merentibus»).

Le fonti bibliche non esibite, come avviene nelle folgoranti invettive e negli accorati appelli, offrono spesso la possibilità di intraprendere inaspettati percorsi che consentono di meglio spiegare il dettato della breve missiva. Nella traduzione francese delle opere di Dante del 1965 André Pézard riconosceva velocemente un nobile precedente per l'ultima frase, «nec panis deficiet», in *Is*. 51, 14.[32] L'importantissimo recupero non ha praticamente lasciato traccia nelle successive edizioni commentate, con l'eccezione di quella di Marco Baglio, che così precisa «la secca conclusione è giocata sulla memoria di *Is*. 51, 14».[33] Si discute poi se effettivamente questa sia l'ultima frase dell'epistola XII, o se la trascrizione di Boccaccio sia rimasta interrotta perché l'antigrafo da cui copiava era già mutilo: benché «panis deficiet» sia tecnicamente un *cursus tardus*,

---

p. 1460; *Ep*. (Baglio), p. 146, che pure a p. 44 giustamente segnala che in V si legge *memorabilem*, ma accetta la congettura antica. Il manoscritto porta chiaramente *memorab(i)le(m)*.
29 Rizzo, *Note sulla latinità*, pp. 283–286. Si veda anche Montefusco, rec. a *Ep*. (Baglio), pp. 125–132 (in relazione a *Ep*. I).
30 *Ep*. (Torri), p. 36.
31 *Ep*. (Baglio), p. 43 e Rizzo, *«La lingua nostra»*, p. 555.
32 *Ep*. (Pézard), p. 790: «nouvelle formule biblique (*Isaïe* LI, 14)»; Pézard, *«La rotta gonna»*, III, p. 119, dove è richiamato un altro passo biblico (comunque meno pertinente), *3 Rg* 17, 14: «hydria farinae non deficiet nec lecythus olei minuetur».
33 *Ep*. (Baglio), p. 227.

la conclusione è sembrata ad alcuni esegeti piuttosto brusca. Così per esempio si esprime Manilio Pastore Stocchi: «il periodo conclusivo (...) riesce un po' secco e contravviene alla norma che per una *clausula* regolare richiede almeno due *distinctiones*. (...) Ciò può far dubitare che del finale dell'epistola si sia perduta, oltre all'escatocollo, anche una parte del testo».[34] Baglio invece, anche in virtù della ripresa veterotestamentaria, ha sostenuto che «il tono perentorio tronca con efficacia la discussione, per di più con allusione a una sentenza di probabile ascendenza biblica» e che dunque occorrerà pensare «più probabilmente a una conclusione sentenziosa e icastica così pensata dall'autore».[35]

Il luogo biblico, sicuramente sotteso alla frase dantesca, appartiene a quella sezione che comprende i capitoli 40–55 di *Isaia*, dove il profeta riflette sull'esilio degli Ebrei, quando fu consentito loro, ai tempi di Ciro, re dei Persiani, di ritornare da Babilonia a Gerusalemme. Il passo in questione, *Is.* 51, 14, debitamente contestualizzato, costituisce una sorta di chiave di volta per una migliore esegesi della bellissima missiva dantesca. Fa parte dell'esortazione in cui il popolo oppresso viene spronato ad avere fiducia nel Signore (*Is.* 51, 1: «audite me qui sequimini quod iustum est et quaeritis Dominum»): gli esuli torneranno in patria e i loro persecutori saranno puniti. Coloro che sono stati riscattati dal Signore rientreranno in Sion tra cantici di lode (*Is.* 51, 11): «et nunc qui redempti sunt a Domino revertentur et venient in Sion laudantes». Chi è prigioniero sarà liberato, non verrà annientato, né mancherà il pane (*Is.* 51, 14): «cito veniet gradiens ad aperiendum et non interficiet usque ad internectionem nec deficiet panis». Il capitolo si chiude con queste parole (*Is.* 51, 22–23):

> Ecce tuli de manu tua calicem saporis, fundum calicis indignationis meae, non adiicies ut bibas illum ultra. Et ponam illum in manu eorum qui te humiliaverunt et dixerunt animae tuae: «Incurvare, ut transeamus». Et posuisti ut terram corpus tuum, et quasi viam transeuntibus.

L'*exul immeritus* di fronte alla proposta ignominiosa dei Fiorentini che ne volevano l'umiliazione evoca in tutta la sua portata profetica il passo di Isaia, grido di speranza per il giusto che verrà liberato dagli iniqui grazie all'intervento potente dell'Altissimo. Il braccio del Signore, non un ordinamento temerario, riscatterà Dante dall'esilio: è questa l'unica via che non recherà oltraggio al suo nome. Allora coloro che sopportano l'ingiustizia otterranno giustizia (l'espressione dantesca «perpessus iniuriam» richiama *Ps.* 102, 6: «faciens misericor-

---

[34] *Ep.* (Pastore Stocchi), p. 95, dove addirittura il testo, a segnalare la successiva lacuna, è stampato in questo modo: «quippe nec panis deficiet ***». In *Ep.* (Villa), p. 1565, si parla di «brusca conclusione».
[35] *Ep.* (Baglio), p. 227.

diam Dominus et iudicium iniuriam patientibus», e *Ps.* 145, 7: «qui custodit veritatem in saeculum facit iudicium iniuriam patientibus», nonché *Eccl.* 4, 9: «libera eum qui iniuria patitur de manu superbi»). Il versetto profetico chiude come un sigillo la lettera XII e ne illumina il dettato: a questo punto non è più necessario pensare che il testo sia interrotto. Sulla base di questo riconoscimento assume un significato ancor più profondo la famosa terzina di *Par.* XVII, 58–60: «tu proverai sì come sa di sale / lo pane altrui, e come è duro calle / lo scendere e 'l salir per l'altrui scale».

Sul fronte più propriamente testuale nel corso dei secoli si sono cumulate sull'epistola XII numerose congetture e proposte di correzioni, alcune delle quali trascinatesi da un'edizione all'altra, che forse possono essere accantonate, rispettando la trascrizione di Boccaccio.[36] Molti dei più lievi interventi, come si vedrà, mirano a ristabilire parallelismi e figure di *sonus*, altri, apparentemente di piccolo momento, portano con sé conseguente esegetiche non indifferenti. Nella mia ricostruzione, che si fonda su una nuova ricognizione dell'autografo boccacciano – come è inevitabile e come anche gli altri esegeti moderni hanno fatto – tenterò di affrontare alcune questioni miranti a ristabilire il corretto dettato.

Nel testo le grafie tipiche del Boccaccio possono essere senza troppi scrupoli abbandonate, dandone conto in un'apposita sezione, tanto più che l'ortografia del Certaldese è in continua evoluzione: *nicil* e *mici* per esempio vengono progressivamente abbandonati a partire dal 1350 per *nichil* e *michi*, e così *ngn* per *gn*. Addirittura nell'epilogo del *De montibus* Boccaccio, dimostrando franche propensioni filologiche, riflette su problemi ortografici, come la progressiva perdita dei dittonghi nelle trascrizioni dei copisti rispetto ai manoscritti antichi o il disastro che ha investito i nomi propri generando confusioni e incertezze soprattutto in chi, come lui, aveva raccolto in un prontuario un gran numero di toponimi a servizio della lettura degli antichi.[37] È utile però precisare che *ngn* per *gn* è presente nella documentazione dell'Italia centrale tra Duecento e Trecento (ho meno informazioni sui manoscritti toscani dell'epoca), ma in assenza di altre indicazioni è più prudente ristabilire la forma normalizzata. Nella breve

---

36 Qualche dubbio per un corretto scioglimento paleografico (con diverse oscillazioni tra gli editori) ha suscitato il *quo* all'inizio del § 4. In L si legge infatti la lettera *q* sormontata da quella che è stata variamente interpretata come una piccola *a*, che ha indotto a trascrivere *qua* (riferito quindi ad *absoluto* di § 3), oppure – e meglio – *o*. Accolgo anch'io quest'ultima soluzione, che mi sembra la più adeguata sul fronte paleografico e soprattutto del significato. Per la questione: Rizzo, *Note sulla latinità*, pp. 289–290.

37 Fera, *Storia e filologia*, pp. 380–382; Monti, *La "Genealogia"*, pp. 352–354 e 361–362; Berté, Petoletti, *La filologia*, pp. 205–212.

lettera XII soltanto *clasulate* per *clausulate* merita una piccola giunta: il fatto che in un'altra epistola dantesca, la X, questa volta trasmessa da V, si reperisca *clausularum* (§ II, 4) secondo l'ortografia consueta giustifica il piccolo ritocco alla trascrizione di L, presente per altro fin dall'antica edizione di Dionisi.[38]

Tutti gli editori hanno corretto a § I, 2 il tràdito *e(r)at* in *erit* (non metto conto di discutere la precedente congettura di Dionisi, ripresa nelle edizioni ottocentesche, che ha proposto *eatenus*):[39]

> XII, 2: Ad illarum vero significata responsio, etsi non *erat* qualem forsan pusillanimitas appeteret aliquorum, ut sub examine vestri consilii ante iudicium ventiletur, affectuose deposco.

Secondo me invece il testo copiato da Boccaccio è difendibile: poiché la risposta era già stata materialmente scritta da Dante, il verbo al passato non è affatto inappropriato, tanto più che nella successiva proposizione è adoperato un imperfetto congiuntivo (*appeteret*).[40] La correzione che muta l'imperfetto indicativo in futuro va dunque segnalata in apparato, ma respinta dal testo. I più recenti editori, correttamente a mio avviso, hanno rifiutato la congettura risalente a Barbi, *vestras* in luogo del tràdito *vestri*,[41] che è il genitivo del pronome *vos* e dunque non crea alcuna difficoltà. Piuttosto sarà da riflettere se qui Dante si riferisca a una o più lettere: la formulazione adottata mi induce a pensare che sia in gioco una sola missiva mandata dal *pater*, a nome altresì del nipote di Dante, identificato con Niccolò di Foresino Donati, e di altri amici.[42] Che il destinatario dell'epistola sia Teruccio di Manetto Donati, in quanto ecclesiastico, come proposto nell'antica bibliografia, pare proprio destituito di fondamento, perché l'appellativo *pater* riservatogli da Dante non implica automaticamente la sua appartenenza al clero o a qualche ordine religioso.[43] Eviterei altresì di

---

38 Dionisi, *Serie*, V, p. 176. Ha avuto una certa fortuna editoriale un'altra congettura di Dionisi, *Serie*, V, p. 177: *vinctus* a correggere il tràdito *victus* di § 6. Giustamente a mio avviso i più recenti editori (Pastore Stocchi, Villa e Baglio) hanno conservato la lezione di L: per la discussione si veda *Ep.* (Baglio), p. 54.
39 Dionisi, *Serie*, V, p. 176, che comunque legge *erit* in L. La correzione è ripresa in *Ep.* (Torri), p. 96. La lezione *erit* è a testo in *Ep.* (Fraticelli), p. 524; *Ep.* (Moore), p. 413; *Ep.* (Toynbee), p. 154; *Ep.* (Pistelli), p. 435 e nei successivi editori.
40 Opposta la posizione di Della Torre, *L'epistola*, pp. 123–124, che sostiene *erit*.
41 Barbi, *Per un passo*, p. 305; la correzione è accolta in *Ep.* (Pistelli), p. 435. Si veda la discussione in *Ep.* (Baglio), p. 54.
42 Per la discussione circa l'identificazione del *pater* e del nipote di Dante si veda la messa a punto in *Ep.* (Baglio), pp. 218–219.
43 *Ep.* (Pastore Stocchi), p. 90, sulla scia di Barbi, *Per un passo*. Per ulteriori identificazioni si veda in questo volume il saggio di Giuliano Milani.

regolarizzare il dettato nei §§ III, 5–6, correggendo *Hecne* in *Hocne*, per creare parallelismo con il successivo *Hoc*, che tutti gli editori mantengono inalterato.[44] Come pure non vedo la necessità di integrare l'avverbio interrogativo enclitico *-ne* a § IV, 9 «non solis», restaurato a partire da Dionisi per lo stesso motivo sopra esposto (e allora perché non intervenire sull'«hoc sudor» di § 5?).[45]

I passi più spigolosi si trovano ai §§ IV, 8 e 9. Come sciogliere i due *flor* con abbreviazione per troncamento che precedono rispettivamente *introitur* e *introibo*? Condivido il suggerimento di Silvia Rizzo che propone di rendere in entrambi i casi con l'accusativo di moto a luogo *Florentiam*.[46]

Qualche piccolo problema ha posto anche l'interrogativa di § IV, 9 sia sul fronte dell'emendazione sia su quello dell'interpunzione. In L il passo si presenta in questo modo:

> N(on)ne dulcissimas ve(r)itates pot(er)o speculari ubiq(ue) s(u)b celo (.) Ni pri(us) i(n)gloriu(m) ymo i(n)gnominiosu(m) (.) p(o)p(ul)o flor[47] civitati me redda(m).

Varie sono state le proposte per risolvere i difetti della trasmissione. Toynbee, seguito da Pastore Stocchi e Villa, ha proposto di sciogliere il *flor* con segno di abbreviazione per troncamento in *florentino* e di collegare il ricostruito *populo florentino* all'aggettivo *ignominiosum* e quindi di interpungere prima di *civitati*. Il passo dunque significherebbe (così Pastore Stocchi): «non potrò speculare le dolcissime verità sotto qualsiasi cielo, se prima non mi restituisca alla mia città inglorioso, anzi ignominioso per il popolo fiorentino?».[48] Però si deve dire che Boccaccio non adotta nel suo zibaldone per l'aggettivo *florentinus* una forma di abbreviazione così severa, se così posso esprimermi, e *flor* sta sempre per *Florentia* variamente declinato. Per di più è evidentissimo il segno di interpunzione

---

44 *Ep.* (Fraticelli), p. 524; *Ep.* (Moore), p. 414; *Ep.* (Toynbee), p. 156; *Ep.* (Pistelli), p. 435. Si veda anche *Ep.* (Baglio), p. 54. In *Ep.* (Torri), p. 96, si legge: «hanc ne meruit innocentia». Dionisi, *Serie*, V, p. 176, mantiene *Hecne*.
45 Dionisi, *Serie*, V, p. 177. Si veda *Ep.* (Baglio), p. 55. Ricordo che, riferendosi al contributo di Mascetta-Caracci, *Il "cursus" ritmico*, Parodi, *Intorno al testo*, pp. 423–424 così si esprime a proposito di una possibile *traiectio* per «solis astrorumque specula»: «può darsi che abbia ragione nel voler mutare "solis astrorumque specula" in "solis specula astrorumque", poiché un tale mutamento rende la proposizione in tutto parallela a quella che segue», benché poi questa stessa proposta sia rifiutata.
46 In *Ep.* (Baglio), p. 55.
47 La lettera *r* presenta un segno di abbreviazione per troncamento.
48 *Ep.* (Pastore Stocchi), p. 95. Si vedano anche *Ep.* (Toynbee), pp. 158–159 («can I not under any sky contemplate the most precious truths, without I first return to Florence, disgraced, nay dishonoured, in the eyes of my fellowcitizens?»); *Ep.* (Villa), pp. 1492–1493 («forse non potrò ovunque, sotto il cielo, meditare le dolcissime verità, se prima non mi sarò restituito alla città, senza gloria, anzi con ignominia, per il popolo fiorentino?»).

debole (il punto) dopo *ingnominiosum* e prima di *populo*. È vero che la punteggiatura dei manoscritti non sempre coincide con quella moderna, ma in questo caso penso che questa osservazione non possa essere trascurata. Da ultimo Marco Baglio corregge il tràdito *civitati* in *civitatis*. Per parte mia mi ricollego a quanto suggerito in tempi antichi da Giovan Jacopo Dionisi[49] e recentemente da Silvia Rizzo[50] e propongo la seguente ricostruzione: *populo Florentie‹que› civitati*, con minima integrazione del *-que* enclitico, perché penso che sia piuttosto facile che la lettera *q* dopo il *Florentie* abbreviato sia potuta rimanere nella penna di Boccaccio.

A conti fatti, a parte quest'ultimo esempio, l'unico altro errore in L per l'epistola XII si reperisce a § IV 8, dove accolgo l'antica e piccolissima correzione del Dionisi *aut* per *aut(em)*, per altro espresso in forma abbreviata con *aut* sormontato da *titulus*: «sed si alia per vos aut deinde per alios invenitur que fame D(antis)que honori non deroget».[51] *Autem* dev'essere rifiutato, perché in tutto Dante latino, come è normale, la congiunzione si trova in seconda posizione a inizio periodo. L'altra congettura non trascurabile di Della Torre *ante*, che pure crea una costruzione chiastica «per vos ante, deinde per alios», mi sembra meno sostenibile sul piano puramente paleografico, perché Boccaccio rende l'avverbio di tempo con *an* con *titulus* orizzontale sovrapposto.[52] Forse riporre maggior fiducia in Boccaccio copista e tentare fin dove si può di difendere il testo così come trasmesso da L è una strada che il futuro editore delle lettere dantesche dovrà percorrere con il maggior impegno possibile.

***

---

49 Dionisi, *Serie*, V, p. 177, dove a testo è proposto «populo florentineque civitati» (tuttavia come lezione di L viene indicata scorrettamente la seguente: «propere Florentiae civitati»); questa correzione è ripresa in *Ep.* (Torri), p. 98 e *Ep.* (Fraticelli), p. 526 (che così interpungono il testo: «immo ignominiosum populo, Florentinaeque civitati me reddam»), successivamente da *Ep.* (Moore), p. 414 e *Ep.* (Pistelli), p. 435.
50 In *Ep.* (Baglio), p. 55.
51 Dionisi, *Serie*, V, p. 177 (la correzione è tacita).
52 Della Torre, *L'epistola*, pp. 125–126. La correzione, prima difesa per questioni di ritmo da Parodi, *Intorno al testo*, p. 423 nota 31 («la lezione del Della Torre [...] *per vos ante* ecc., è confermata dal "cursus" [!]: "si àlia per vos ànte [vel.], deinde per alios [t.] invenitur [vel.]»), ma poi messa parzialmente in discussione a p. 440 («che sia ancora il minore dei mali ritornare al vecchio *aut...?*»), è accolta in *Ep.* (Pistelli), p. 425, dove però non si rinuncia all'*aut*: «si alia per vos *ante aut* deinde per alios» (e così anche in *Ep.* [Frugoni, Brugnoli], p. 596; il solo *ante* è in *Ep.* (Pastore Stocchi), pp. 92–94; *Ep.* (Villa), pp. 1492 e 1565; *Ep.* (Baglio), p. 224 nel testo (ma alle pp. 54–55 si legge: «accetto la correzione in *aut* di Dionisi [...] mi pare più semplice pensare a un'aggiunta di *titulus* su un originario *aut*, che va dunque lasciato»). L'altra congettura *antecedenter* (*Ep.* [Toynbee], p. 157) è così giudicata da Parodi, *Intorno al testo*, p. 440: «e poi è così pesante e sgarbato, che spero non sia la lezione vera».

Per comodità pubblico qui di seguito un'edizione provvisoria dell'epistola XII seguita da traduzione italiana. Nel primo apparato si dà conto delle varianti ortografiche rifiutate, nel secondo, che si configura come un vero e proprio apparato critico, si segnalano anche le congetture che si sono depositate sul testo.

I. 1. In litteris vestris et reverentia debita et affectione receptis quam repatriatio mea cure sit vobis et animo grata mente ac diligenti animadversione concepi, et inde tanto me districtius obligastis quanto rarius exules invenire amicos contingit. 2. Ad illarum vero significata responsio etsi non erat qualem forsan pusillanimitas appeteret aliquorum, ut sub examine vestri consilii ante iudicium ventiletur, affectuose deposco.

II. 3. Ecce igitur quod per literas vestri meique nepotis nec non aliorum quam plurium amicorum significatum est michi per ordinamentum nuper factum Florentie super absolutione bannitorum quod, si solvere vellem certam pecunie quantitatem vellemque pati notam oblationis, et absolvi possem et redire ad presens. 4. In quo quidem duo ridenda et male preconsiliata sunt, pater: dico male preconsiliata per illos qui talia expresserunt. Nam vestre littere discretius et consultius clausulate nichil de talibus continebant. III. 5. Estne ista revocatio gratiosa, qua D(antes) Ala(gherii) revocatur ad patriam per trilustrium fere perpessus exilium? Hecne meruit innocentia manifesta quibuslibet? Hoc sudor et labor continuatus in studio? 6. Absit a viro philosophie domestico temeraria tantum cordis humilitas, ut more cuiusdam Cioli et aliorum infamium quasi victus ipse se patiatur offerri. 7. Absit a viro predicante iustitiam, ut perpessus iniurias iniuriam inferentibus, velut bene merentibus, pecuniam suam solvat.

IV. 8. Non est hec via redeundi ad patriam, pater mi! Sed si alia per vos aut deinde per alios invenitur que fame D(antis)que honori non deroget, illam non lentis passibus acceptabo. Quodsi per nullam talem Florentiam introitur, nunquam Florentiam introibo. 9. Quidni? Non solis astrorumque specula ubique conspiciam? Nonne dulcissimas veritates potero speculari ubique sub celo, ni prius inglorium, ymo ignominiosum, populo Florentie‹que› civitati me reddam? Quippe «nec panis deficiet».

<small>1 litteris] lict(er)is L || animadversione] a(n)i(m)av(er)s(i)o(n)e L || 2 significata] sing(nifica)ta L || 3 significatum] si(n)g(ni)ficatu(m) L || 4 quo] q° *ut vid.* L || clausulate] clasulate L || nichil] nicil L || 5 Ala(gherii)] Alla(gherii) L || 7 velut] velud L || 9 ignominiosum] i(n)gnominiosu(m) L</small>

<small>2 erat] eatenus *con.* Torri: erit *con.* Toynbee || 3 vestri] vestras *con.* Barbi || 5 Hecne] Hoc ne *con.* Witte || 6 victus] vinctus *con.* Dionisi || 8 aut] aut(em) L: aut *con.* Dionisi: ante *con.* Della Torre: antecedenter *con.* Toynbee || Florentiam introitur, nunquam Florentiam introibo] Florentia introitur nunquam Florentiam introibo *con.* Dionisi: Florentiam introi-</small>

tur nunquam Florentiam introibo *con*. Rizzo *apud* Baglio || 9 Non (solis)] Nonne *con*. Witte || ymo ignominiosum, populo Florentie‹que› civitati] ymo ingnominiosum (.) populo Flor(entie) civitati L: ymo ignominiosum, populo Flor(entineque) civitati *con*. Dionisi: populo Florentie civitatis *con*. Baglio: ymo ignominiosum, populo Flor(entie) ‹et› civitati *con*. Rizzo *apud* Baglio: ymo ignominiosum, populo Florentino, civitati *sic distinxit* Toynbee: ymo ignominiosum populo Florentino, civitati *sic distinxerunt* Pastore Stocchi, Villa

1. Nella vostra lettera ricevuta con la debita reverenza e con affetto mi sono reso conto con mente grata e diligente osservazione quanto il mio ritorno in patria sia oggetto della vostra attenzione e vi stia a cuore, onde tanto più strettamente mi avete legato quanto più raramente agli esuli occorre di trovare amici. 2. Anche se la risposta a quanto trovo lì scritto non fosse quale forse bramerebbe la pusillanimità di qualcuno, chiedo affettuosamente che venga scrutata dall'esame del vostro consiglio prima del giudizio.

3. Ecco dunque che per mezzo della lettera vostra e di mio nipote nonché di altri numerosi amici mi è stato annunciato che in virtù di un ordinamento testé approvato a Firenze in relazione all'assoluzione degli sbanditi, se volessi versare una determinata quantità di denaro e volessi sottopormi al disonore dell'oblazione, potrei essere assolto e ritornare seduta stante. 4. Certamente in questo due cose sono degne di riso e malamente deliberate, padre: dico malamente deliberate da coloro che le misero per iscritto. Infatti la vostra lettera, strutturata con discernimento e consiglio, nulla di ciò conteneva. 5. È forse frutto di generosità questa revoca per cui Dante Alighieri è richiamato in patria dopo aver sopportato l'esilio per quasi tre lustri? Queste cose forse meritò l'innocenza manifesta a ciascuno? Questo il sudore e la fatica ininterrotta nello studio? 6. Lungi da un uomo familiare della filosofia una tanto temeraria bassezza di cuore che alla maniera di un qualsivoglia Ciolo e di altri infami quasi sconfitto egli stesso sopporti di essere offerto! 7. Lungi da un uomo che predica la giustizia che, dopo aver subito ingiurie, versi il suo denaro proprio a coloro che gli hanno recato ingiurie come se fossero benemeriti!

8. Non è questa la via per ritornare in patria, padre mio. Ma nel caso che se ne trovi un'altra da parte vostra o quindi da parte di altri che non oltraggi il buon nome e l'onore di Dante, l'accetterò non a passi lenti. E se per nessun'altra di tal sorta si può entrare dentro Firenze, mai dentro Firenze entrerò. 9. E che? Non vedrò dappertutto i riflessi splendenti del sole e degli astri? Non potrò forse indagare le dolcissime verità dappertutto sotto la volta del cielo a meno di non rendermi senza gloria, anzi con ignominia, al popolo e alla città di Firenze? Anzi non mancherà neppure il pane.

Enrica Zanin
Documenti e tracce delle prime edizioni delle epistole nel fondo Witte dell'università di Strasburgo

Abstracts: Lo studio delle carte appartenute a Karl Witte e conservate alla biblioteca universitaria di Strasburgo permette di rivedere la storia della prima edizione delle lettere di Dante e dei suoi episodi più importanti: l'edizione parziale di Witte nel 1827, la scoperta di 7 epistole nel codice vaticano 1729, la pubblicazione della nuova silloge di Torri nel 1842 e l'edizione Fraticelli del 1857 sono eventi che le carte di Witte commentano dall'interno, offrendo nuovi spunti per capire come si sia costituito il corpus delle epistole dantesche.

By studying Karle Witte's documents (now preserved at the Strasbourg University Library), the article traces back the history of the first edition of Dante's epistles in its pivotal stages: Witte's incomplete edition from 1827, the discovery of 7 new epistles in the Vatican manuscript in 1729, the publication of Torri's new collection in 1842, and Fraticelli's edition from 1857 are all events that Witte's documents witness from within, thus providing new insights for understanding how the corpus of Dante's epistles was assembled.

Parole chiave: Karl Witte, lettere di Dante, Alessandro Torri, Pietro Fraticelli, Niccolò Tommaseo, storia della filologia, ricezione di Dante nell'Ottocento.

Conosciamo la storia dell'edizione delle epistole dantesche: nel 1826, Carlo Troya include in un suo studio tre epistole trascritte dallo Zibaldone di Boccaccio;[1] nel 1827, Karl Witte pubblica sei epistole e diversi volgarizzamenti;[2] nel 1840 Pietro Fraticelli ne pubblica una traduzione italiana;[3] nel frattempo, nel 1838, nove epistole, di cui sette fino allora sconosciute, sono rinvenute in un codice vatica-

---
[1] Troya, *Del Veltro allegorico* trascrive le epistole III, XI e XII conservate nello Zibaldone di Boccaccio (Firenze, Bibl. Laur., Pl. 29.8).
[2] *Ep.* (Witte). Witte edita, oltre a diversi volgarizzamenti e alla lettera a Cangrande, le tre epistole dello Zibaldone di Boccaccio (*L*) e l'epistola VII all'imperatore conservata alla Marciana di Venezia (Lat. XIV 115). Egli non conosce i testimoni *V*, *P* e *S*.
[3] *Opere minori* (Fraticelli).

Enrica Zanin, Università di Strasburgo, Institut Universitaire de France

no; nel 1842, Alessandro Torri[4] pubblica il corpus completo e nel 1857 Fraticelli[5] ripubblica il corpus riveduto, corretto ed annotato.[6] Una parte di questa storia ottocentesca, che pare quasi un romanzo, è conservata nella biblioteca nazionale di Strasburgo, che a priori non ha nulla di dantesco, se non che vi sono conservate le carte, le lettere e i libri di Karl Witte. Lo studio di questo archivio permette in parte di rivedere la storia dell'edizione delle epistole e dei suoi episodi più importanti. La scoperta del codice vaticano, la corsa alla pubblicazione in cui si lanciano Witte e Torri, le revisioni dell'edizione Fraticelli del 1857 sono eventi che le carte e gli appunti di Witte commentano dall'interno, offrendo nuovi spunti per capire come il corpus delle epistole dantesche è venuto alla luce.

1 L'enigma della scoperta del codice 1729

La storia della scoperta del codice vaticano (Vat. Pal. 1729) è raccontata da Niccolò Tommaseo nel 1865. Nel 1837 Karl Witte, che è allora professore di diritto all'università di Halle, prepara un'edizione della *Commedia* e ricerca uno studioso in grado di collazionare per lui i testi. Alfred von Reumont, diplomatico tedesco in Italia ed amico di Witte, gli raccomanda Theodor von Heyse, che studia alla biblioteca vaticana. Heyse, dice Tommaseo, «per quell'istinto che muove gli animi non volgari ed è come il destino della loro vita, proseguendo l'indagine sulla letteratura dantesca, sentì un'aura di storia e di poesia spirare del codice 1792».[7] Seguendo tale aura di poesia, egli scopre le lettere e «datone avviso al signor Witte, ch'egli non conosceva né di persona né per lettera, prendendosi la cura del copiare le epistole, gliene f[ece] dono». Secondo Tommaseo tuttavia, se Heyse "dona" le lettere a Witte, quest'ultimo è meno incline alla generosità. Quando l'anno successivo, in un giornale di Lipsia,[8] annuncia la scoperta, egli «tacque il nome dello scopritore, che aveva alla copia, da quel critico ch'egli è, aggiunta anche la correzione degli errori».[9] Insomma, secondo quanto dice Tommaseo, Heyse scopre il testo, lo corregge, e Witte si attribuisce il merito della scoperta. Ma la storia delle epistole non finisce qui. Proprio quando Witte è sul punto di ultimarne l'edizione, egli smarrisce la copia delle lettere

---

[4] *Ep.* (Torri). L'edizione di Torri riprende le epistole edite da Witte ed aggiunge le 8 lettere trasmesse da L.
[5] *Ep.* (Fraticelli). Fraticelli edita tutte le epistole tranne quelle rivolte alla contessa di Battifolle (VIII, IX, X).
[6] Per una relazione esaustiva della storia editoriale delle epistole, vedasi Toynbee, *History of the letters*; Montefusco, *Le Epistole di Dante*.
[7] Tommaseo, *Divina commedia*, pp. 701–702.
[8] Witte, *Neu aufgefundene Briefe*.
[9] Witte, *Neu aufgefundene Briefe*.

durante un viaggio in Svizzera.[10] Egli richiede allora di nuovo l'aiuto di Heyse, ma nel frattempo Alessandro Torri ottiene copia delle lettere da un impiegato della biblioteca[11] e le pubblica nel 1842.

Un'analisi più accurata dei documenti rivela che tale storia, per quanto avventurosa e complessa, è tuttavia inesatta. Per prima cosa, Heyse non "dona" la trascrizione a Witte, ma è debitamente pagato per questo, come per le altre trascrizioni che Witte gli commissiona.[12] In secondo luogo, se è vero che Witte non cita Heyse nell'articolo del 1839, egli tuttavia ne descrive la scoperta nell'edizione delle *Rime* di Dante, pubblicata nel 1842.[13] Infine, Heyse non ha «corretto» (cioè editato) il testo, come afferma Tommaseo, perché egli non ne è capace: Heyse è specializzato in filologia greca, le sue ricerche non coprono gli studi danteschi. Egli lavora per Witte per finanziare le sue ricerche.[14]

Perché Tommaseo racconta un'altra versione dei fatti? Per almeno due ragioni. La prima è probabilmente una semplice *querelle* accademica. Witte scrive a Jacopo Ferrazzi che Tommaseo adotta la versione dei fatti divulgata da Francesco Palermo, che cercherebbe così di "vendicarsi",[15] perché Witte ha radicalmente condannato una sua tesi filologica.[16] L'ipotesi della "vendetta" è confermata dai difensori di Witte, come Ferrazzi e poi Scartazzini.[17]

---

10 La storia dello smarrimento del manoscritto è riportata dal biografo di Witte, H. Witte, *Karl Witte*, pp. 185–186.
11 La storia dell'edizione è raccontata da *Ep.* (Torri), *prefazione*, pp. VI–VIII, e successivamente in un articolo tedesco, Birnbaum, *Dante's Briefe*.
12 Vedi la lettera di Karl Witte a Jacopo Ferrazzi del primo agosto 1873, in Ferrazzi, *Manuale dantesco*, vol. V, pp. 544–545; e la lettera di Karl Witte ad Alfred von Reumont del 30 ottobre 1837, citata in H. Witte, *Karl Witte*, p. 185.
13 «Herr Dr. Th. Heyse in Rom hatte schon im Jahre 1837 di Güte gehabt, sich auf meine Bitte umfassenden Nachforschungen nach Dante betreffenden Manuskripten in der Vatikanischen Bibliothek bereitwillig zu unterziehen. Hierbei gab er mir Notiz von der Vatic. Palatinischen Handschr. No. 1729, welche unter Andern eine Anzahl von Briefen unsers Dichters enthält, und unterzog sich demnächst mit eben so viel Gefälligkeit als Sachkunde der Abschrift» (*Rime* [Witte], p. 234).
14 Vedi il ritratto che ne traccia Stieglitz, *Erinnerungen*, pp. 183–188.
15 Vedi la lettera di Karl Witte a Jacopo Ferrazzi del primo agosto 1873: «è una accusa contra a me assolutamente priva di fondamento. È una calunnia con cui il Palermo volle vendicarsi del non aver io voluto riconoscere quel suo Quinterno per autografo del Petrarca» (Ferrazzi, *Manuale dantesco*, pp. 544–545).
16 Questi i diversi episodi della querelle: Francesco Palermo nel 1860 sostiene che Petrarca sarebbe il copista di un frammento del *Paradiso* conservato a Firenze. Witte stronca la sua interpretazione, Palermo risponde citando una lettera a lui indirizzata da Domingo Franzoni, in cui Witte è accusato di essersi impadronito delle epistole («il prof. Heyse desidera per mezzo mio d'esser a lei presentato. Egli s'è occupato di Dante: ed è il vero scopritore, ed il primo che copiò le lettere latine di Dante, che poi volle cedere al Witte», Palermo, *I Manoscritti Palatini*, vol. III, p. 699). Witte riporta in un articolo le diverse tappe del dibattito: cfr. «Zur Textskritik der *Divina Commedia*» (1878), in Witte, *Dante Forschungen*, vol. II, pp. 328–270, e più precisamente pp. 357–369.
17 Scartazzini, *Dante in Germania*, p. 62.

La seconda ragione è politica: Tommaseo scrive questo testo nel 1865, seicento anni dopo la nascita di Dante e quattro anni dopo l'unità d'Italia. In questo contesto il ritrovamento rocambolesco delle epistole può anche essere letto come un'allegoria politica. Gli scritti di Dante, padre della patria, sono ritrovati da due tedeschi: il primo (Heyse) viene in Italia, e con rispetto copia quanto trova in biblioteca. Il secondo (Witte) non viene in Italia, ma si impadronisce senza pudore di quanto vi si trova, per poterne fare uso in Germania. Tuttavia, la sorte vuole che Witte sia punito (e perda il manoscritto), e che sia infine un italiano (Alessandro Torri) il primo editore delle epistole.

Il ritrovamento del codice vaticano suscita quindi una corsa all'edizione che canalizza tensioni politiche e conflitti filologici. Con la pubblicazione della silloge, nel 1842, si apre un nuovo capitolo nella storia delle epistole.

2 Witte dopo l'edizione Torri (1842): la punizione di Oza

Dopo che nel 1842 Alessandro Torri pubblica le epistole a Livorno, il dibattito sul testo dantesco sembra concentrarsi essenzialmente in Italia. Karl Witte, dopo aver perso le epistole ed essersi fatto "soffiare" la pubblicazione da Torri, non sembra più partecipare attivamente al lavoro critico sul testo: nel 1843 egli pubblica una recensione che taccia di approssimazione l'edizione di Torri; nel 1857 egli appare nei ringraziamenti nell'edizione di Fraticelli, che attribuisce a Witte la lezione del testo latino:

> ma il dotto alemanno Prof. Witte, questo egregio cultore delle lettere italiane, questo benemerito degli studi danteschi, non pago di quanto avea fatto la prima volta, volle di nuovo riscontrare i codici e confrontare le varie lezioni; e nuovamente portando il suo esame critico sopra ogni frase ed ogni parola del testo, poté rettificare molti passi disordinati, rendere intelligibili varie frasi oscure, e correggere parecchi e parecchi errori. E quantunque del suo accurato lavoro avess'egli determinato valersi per una ristampa, pure per un tratto d'impareggiabil cortesia ha voluto esserne con me liberale, affinché io me ne giovassi per l'edizione presente. La lezione dunque del testo latino, che or per me si produce, è interamente al Witte dovuta.[18]

Sembrerebbe dunque che Witte, dopo aver perso il manoscritto, rinunci a pubblicare una nuova edizione delle epistole, ma si limiti a dare la sua lezione del testo non ad un filologo come Alessandro Torri, bensì a Pietro Fraticelli, uno

---

18 *Ep.* (Fraticelli), pp. 431–432.

stampatore appassionato di filologia.[19] L'analisi dei documenti del fondo Witte rivela tuttavia un'altra storia. Witte non rinuncia, dopo il 1842, a pubblicarne una nuova edizione; egli non si ritira dal dibattito italiano, ma influenza radicalmente le ricerche di Torri e di Fraticelli.

Nel fondo Witte è conservato uno dei rari esemplari dell'edizione wittiana delle epistole,[20] pubblicata in sole 60 copie nel 1827. Questo volume, appartenuto a Witte, rivela dettagli interessanti del lavoro del filologo. La sguardia posteriore del volume reca scritta, dalla mano di Witte, una lista numerata di 25 nomi di critici danteschi, italiani (Torri, Scolari), tedeschi (Ludwig G. Blanc), inglesi (Henri K. Barlow), con cui Witte corrispondeva,[21] a cui probabilmente egli intende indirizzare un esemplare del suo libro. Più interessante ancora: Witte fa interfogliare il volume per annotare correzioni al testo o referenze ad opere di storia e di critica letteraria in grado di spiegare elementi del testo. Per esempio, egli introduce tra le pagine 6 e 7, dove comincia nella sua edizione l'epistola a Cangrande, un foglietto [**figura 1**] dove è trascritta la *salutatio* della lettera secondo la lezione riportata nel manoscritto latino 78, conservato alla biblioteca di Monaco.

Più generalmente, Witte appunta sugli interfogli la lezione del codice vaticano e referenze a saggi critici, quali biografie su Dante (come Cesare Balbo, *Vita di Dante*, 1839), saggi storici (Barthold, *Der Römerzug König Heinrichs*, 1830), traduzioni in tedesco di testi critici (Ozanam, *Dante und die katholische Philosophie des dreizehnten Jahrhunderts*, 1844) ed opere di cui egli non condivide le tesi (come l'approccio neo-ghibellino di Gabriele Rossetti, *Sullo spirito antipapale*, 1832) [**figura 3**]. Si tratta di testi e di estratti che generalmente Witte possiede nella sua libreria, e che probabilmente appunta qui per preparare un nuovo commento alle epistole. Lo spoglio di tali riferimenti permette di datare il periodo in cui egli lavora a questo progetto: il testo più recente a cui egli si riferisce è del 1853.[22] È quindi verosimile pensare che almeno fino a tale data Witte intenda pubblicare una nuova edizione commentata delle epistole.

Altri appunti databili agli anni 1843–1853 confermano tale ipotesi. Tra le carte di Witte si trovano diversi foglietti[23] che tentano di riprodurre la genealo-

---

19 Cfr. Fagioli Vercellone, *Fraticelli, Pietro*.
20 Dante, *Epistolae*, ed. K. Witte, Padova 1827, documento conservato alla BNU di Strasburgo, collocazione: R.10.798.
21 Cfr., nel fondo Witte della BNU, *Briefwechsel*, segnatura: MS2529. Cfr. anche le lettere di Witte in *Carteggio dantesco*.
22 Ruth, *Studien über Dante*, appuntato sull'edizione Witte alla BNU di Strasburgo, collocazione: R.10.798, fol. 19r.
23 Documento conservato alla BNU di Strasburgo, collocazione: Ms 1811a, fol. 234–258.

gia dei conti Guidi (per interpretare le epistole II e IV) e dei Malaspina (per le epistole VIII, IX, X). L'accumularsi di schemi e di appunti mostra come Witte fatichi a ricostruire le ramificazioni dinastiche della famiglia dei Guidi. Egli scrive allora ad uno storico del medioevo, Theodor Wüstenfeld, professore all'università di Göttingen, che risponde a Witte con altrettanti schemi ed altrettanti dubbi.[24] Non solo fino al 1842, ma almeno fino al 1853, quindi, Witte prepara una nuova edizione delle epistole.

Si potrebbe pensare che, dopo che Torri pubblica le epistole nel 1842, e che Witte critica aspramente tale edizione nel 1843, il dialogo tra i due filologi si interrompa. Lo studio dei documenti rivela che non è così. Anzi: Alessandro Torri conosce il lavoro di Witte ed intende contribuire al progetto di una nuova edizione delle epistole. Witte e Torri scambiano libri e lettere cordiali almeno fino al 1852.[25] Per esempio, in una lettera del 1845 [**figura 1**], Torri presenta a Witte l'attualità del dibattito sulle epistole e racconta come nasca la questione dell'autenticità dell'epistola a Cangrande:

> forse il cavaliere Scolari le avrà rimesso il suo libretto (Venezia 1844) intorno all'Epistolario dantesco, anzi alla sola lettera intitolata a Cangrande Scaligero, ch'egli ritiene per assoluto come apocrifa. (...) Staremo a vedere se altri verranno alla opinione di lui, oppure s'egli si resterà solo, isolato.[26]

Torri si riferisce qui ad un testo di Filippo Scolari,[27] che mette in dubbio per la prima volta l'autenticità dell'epistola a Cangrande: Witte, dal canto suo, difende la paternità dantesca.[28] Nella stessa lettera, Torri sembra dare per certo che Witte sia sul punto di finalizzare una nuova edizione delle epistole, ed incoraggia così il collega:

> sono sempre in desiderio di vedere la sua ristampa dell'Epistole dantesche da me date in luce.[29]

Torri non si limita ad aspettare la nuova edizione delle epistole, ma fornisce a Witte appunti e pareri utile per emendare la prima edizione del 1842. In una

---

[24] Documento conservato alla BNU di Strasburgo, collocazione: Ms 1811a, fol. 239.
[25] Salza, *Del carteggio di Alessandro Torri*. È probabile che la corrispondenza si interrompa a causa dell'invecchiare di Torri (che ha 72 anni nel 1852).
[26] Lettera di Alessandro Torri a Karl Witte, del 20 maggio 1845, documento conservato alla BNU di Strasburgo, collocazione: Ms 1811a, fol. 230.
[27] Scolari, *Intorno alle epistole latine*, pp. 38–40.
[28] Novati, *Le epistole*, pp. 17–27, descrive i problemi di autenticità delle epistole sorti dopo l'edizione di Torri.
[29] Lettera di Alessandro Torri a Karl Witte, del 20 maggio 1845, documento conservato alla BNU di Strasburgo, collocazione: Ms 1811a, fol. 230.

lettera del maggio 1845, egli pare volersi scusare degli errori che Witte ha denunciato nella sua recensione del 1842,[30] accusando di inesattezza il tipografo:

> io stesso rileggendo l'epistolario del nostro autore nella mia edizione, m'accorsi che qua e colà trapassarono degli errori, non so se per fatto mio nella verificazione delle prove, o per fatto del tipografo nell'eseguire le correzioni da me segnate sulla ultima stampa di torchio.
>
> Ma posto che ella forse è a tempo di fare al testo latino da me pubblicato le convenienti modificazioni, io vengo a comunicargliele qui appresso.

Della lista delle "modificazioni" al testo latino, che doveva essere inclusa nella lettera, non vi è più traccia. Nell'archivio è invece conservata un'altra lista di correzioni che probabilmente Torri invia successivamente a Witte. Si tratta di un'appendice ad un articolo di Torri, pubblicato tre anni dopo, in cui sono recensite alcune "rettificazioni" all'epistolario di Dante.[31] Nei margini dell'articolo sono appuntate, con la scrittura di Torri, sei nuove correzioni [**figura 2**]. È ragionevole pensare che Torri avesse inviato un estratto del suo articolo a Witte, aggiungendo di suo pugno alcune proposte per aiutare il lavoro del filologo tedesco.

La storia di una di queste correzioni ci fa capire come si svolse la collaborazione tra gli editori. Si tratta di un passo piuttosto oscuro dell'epistola ai cardinali italiani, conservata nello zibaldone di Boccaccio. Dante immagina, in una prosopopea, la possibile reazione dei cardinali alle sue esortazioni: chi è costui, direbbero i cardinali, che osa venire a spiegare a noi cosa dobbiamo fare, allora che non è nessuno, «non temendo la punizione di Oza»?[32] Due punti paiono problematici nelle edizioni di Witte (1827), Torri (1842) e Fraticelli (1840 e 1857): capire chi è Oza; capire cosa c'entra Oza con un «altare vacillante». Nell'edizione latina delle epistole di 1827, Witte scrive:

> quis iste, qui Ozae repentinum supplicium non formidans ad aram, quamvis labantem, se erigit?[33]

Fraticelli, in una edizione parziale delle epistole, pubblicata nel 1840, riprende il testo latino di Witte e traduce:

---

30 Witte, *Torris Ausgabe*. Le principali critiche che Witte muove all'edizione di Torri sono: le abbreviazioni del codice latino non sono esplicitate correttamente, la traduzione è precaria, le note al testo sono insufficienti.
31 Torri, *Su l'epistolario di Dante* (BNU, segnatura: CD.10.553,12,19).
32 *Ep.* XI, 9. Su questo passo, vedi Menzinger, *Dante, la Bibbia* e *Ep.* (Villa), pp. 1480–89 e 1482–84.
33 *Ep.* (Witte), p. 56.

e chi è costui (voi forse indignati riprenderete) e chi è costui, che non paventando l'improvviso supplicio di <u>Oza all'altare</u>, comecché pericolante, distende la mano?[34]

Torri infine, nella sua edizione del 1842, riprende anch'esso il testo latino di Witte, e propone una diversa traduzione:

> Chi è costui, che non temendo l'improvviso supplizio d'<u>Osea</u>, s'inalbera contra <u>gli altari crollanti</u>?[35]

Witte possiede un esemplare dell'edizione di Torri del 1842, e ne appunta cospicuamente il testo latino, ma non commenta in alcun modo né questo passo latino, né la sua traduzione.[36] Invece Torri, nelle sue note marginali all'articolo del 1848, mette in luce le difficoltà di questo passo. In primo luogo, capisce che si parla di Oza, e non di Osea:

> XII, 85, 5, 16:   ERRATA: Osea   CORRIGE: Oza.[37]

Prendere Oza per Osea è una svista grossolana da parte di Torri. Il testo latino di Witte, che egli segue, reca scritto «Oza», ed una nota indica a quale passo biblico Dante fa allusione (*2 Re* 6). Oza appare episodicamente nel secondo libro dei Re: egli è incaricato dal re Davide di ricondurre l'arca a Gerusalemme su di un carro, ma i buoi sono agitati e rischiano di farla cadere. Oza allora la sostiene, e per il semplice fatto di averla toccata viene fatto morire da Dio.[38]

Ora, anche se si corregge Osea con Oza, il passo resta ambiguo. Torri si chiede, nello stesso foglietto manoscritto destinato a Witte, come intendere «ad aram».

> XII, 85, 5, 17   ERRATA: gli altari crollati?   CORRIGE: l'arca vacillante? **)
>
> **) si allude alla subita morte di Oza per aver voluto por mano all'arca, onde reggerla. Nel cod. Leggesi *aram* e però avevamo tradotto altari V. Martini, *la Bibbia*.

Torri si chiede perché Oza si sarebbe inalberato («erigit») contro l'altare («ad aram») pericolante («quamvis labantem») quando la Bibbia parla piuttosto

---

34 *Op. minori* (Fraticelli), p. 766.
35 *Ep.* (Torri), p. 84.
36 *Ep.* (Torri), p. 84 (documento conservato alla BNU di Strasburgo, collocazione: CD.105.485).
37 Torri, *Su l'epistolario di Dante*, appendice.
38 Vedi *2 Re* 6, 6–7, nella traduzione della *Vulgata* di Antonio Martini (Londra 1821), usata da Torri: «Oza stese la mano all'arca di Dio e la tenne: perché i bovi recalcitravano e l'avean fatta piegare. E il Signore si sdegnò altamente contro Oza, e lo punì per la sua temerità: ed ei si morì nello stesso luogo presso all'arca di Dio».

dell'arca vacillante. Egli propone allora a Witte di correggere la lezione del codice:

XII, 85, 5, 17   ERRATA: aram   CORRIGE: arcam

Secondo questa nuova lezione, Oza non si sarebbe inalberato contro gli altari, ma avrebbe semplicemente cercato di reggere l'arca vacillante, come pare voglia fare Dante, nella lettera ai cardinali italiani, per impedire che la Chiesa vacilli.

Witte, come abbiamo visto, non si accorge del problema nella sua edizione del 1827, né successivamente quando legge l'edizione Torri del 1842. Egli tuttavia appunta nel suo volume delle epistole, su cui lavora fino al 1853, la correzione suggerita da Torri. In margine al passo in questione, egli nota a matita: «*arcam cf. Art.*». Pare possibile pensare che l'articolo a cui egli si riferisce qui sia giustamente quello di Torri del 1848.

Witte rinuncia al progetto di pubblicare una nuova edizione delle epistole. La correzione proposta da Torri a Witte, in via del tutto confidenziale nei margini di un articolo, appare per la prima volta nell'edizione del 1857, curata da Pietro Fraticelli.[39] Come sappiamo, la lezione del testo latino, in quest'edizione, è opera di Witte. Quello che non sapevamo, e che lo studio delle carte di Witte rivela, è che la revisione del testo delle epistole è probabilmente il frutto dell'opera congiunta di Witte e di altri filologi italiani, come Alessandro Torri, che collaborano insieme per correggere la prima edizione.

3 Witte e l'edizione Fraticelli (1857): il caso *Ciolo*

Witte, scrive Pietro Fraticelli, ha curato il testo latino dell'edizione ricorretta delle epistole, pubblicata a Firenze nel 1857.[40] Il testo della traduzione italiana e il commento sono invece opera di Pietro Fraticelli. Lo studio delle carte di Witte mostra che questa ripartizione è discutibile, e che il contributo di Witte è più importante di quanto le parole encomiastiche di Fraticelli lascerebbero supporre.

Lo storia dell'enigma di "Ciolo" mostra come Witte partecipi attivamente all'apparato critico del testo. Nella lettera XII, all'amico (o al *pater*) fiorentino, Dante rifiuta di sottoporsi all'infamia dell'oblazione per rientrare a Firenze per-

---

39 *Ep.* (Fraticelli), p. 527.
40 Vedi *supra* citazione e nota 18.

ché è umiliante, dice Dante, per un uomo familiare della filosofia, essere pubblicamente dato in mostra alla maniera di un qualsivoglia Ciolo e di altri infami:

> ut more cuiusdam Cioli et aliorum infamium quasi victus, ipse se patiatur offerri![41]

Witte, nell'edizione del 1827, non spiega chi sia Ciolo. La sua lezione del testo lascia intendere che per lui Ciolo è un nome comune: egli trascrive «scioli», e lo lascia minuscolo, come se non si trattasse di un nome proprio. «Infames» non significa qui, secondo Witte, 'tacciato di infamia, malfattore', bensì 'sine fama', senza fama.[42] Fraticelli, nella sua traduzione del 1840, sembra esplicitare la lezione di Witte quando traduce:

> ch'egli a guisa di misero saputello e di qualunque senza fama si vive, patisca, quasi malfattore fra lacci, venire offerto al riscatto![43]

Ciolo diventa qui un «misero saputello», ed «infames» significa «senza fama». Anche per Fraticelli Ciolo è un nome proprio lessicalizzato. Torri, nell'edizione del 1840, riprende la lezione di Witte ma propone una nota esplicativa: «il conte Balbo preferisce la lezione «Ciolo», nome personale forse di qualche malfattore famigerato a quel tempo».[44] Torri si riferisce alla traduzione dell'epistola di Cesare Balbo, che considera "Ciolo" come un nome proprio, ma non si cura di cercarne l'identità.[45]

Le ricerche su Ciolo potrebbero fermarsi qui, se non fosse che Witte conduce una vera e propria inchiesta per capire chi fosse tale Ciolo. Tra le sue carte si trova una lettera del 1839, scritta da Richard Henry Wilde ad Alfred von Reumont, che quest'ultimo legge, sottolinea, e rispedisce a Witte. I passi evidenziati descrivono le ricerche di Wilde, che, dietro richiesta di Witte, legge le consulte della repubblica di Firenze per trovare informazioni su Ciolo:

> «cuiusdam scioli»: in the other copies I have seen the word is written "ciole, ciuli, cioli or Ciole" and among the Italians it is generally considered a proper name. I went through a tedious and laborious research at the archives of the Riformagione of Florence to see if any sued person had been pardoned on these terms.[46]

---

41 *Ep.* XII, 6.
42 «Ut more cuiusdam scioli et aliorum infamium, quasi vinctus, ipse se patiatur offerri» (*Ep.* [Witte], p. 66).
43 *Op. minori* (Fraticelli), p. 771.
44 *Ep.* (Torri), p. 99.
45 Ciolo: «nome, probabilmente, di qualche malfattore famigerato a quel tempo» (Balbo, *Vita di Dante*, vol. II, p. 279).
46 Lettera del 7 novembre 1839 di Richard Henri Wilde ad Alfred von Reumont, documento conservato alla BNU di Strasburgo (collocazione: Ms 1811a, fol. 233).

Wilde si appiglia all'unico indizio presente nella lettera di Dante: e cioè che Ciolo deve essere stato bandito e poi perdonato, dopo aver subito una pena infamante quanto l'oblazione che viene richiesta a Dante per rientrare a Firenze. Wilde finisce per trovare un Ciolo che pare simile al personaggio descritto da Dante:

> I have at length succeeded in finding that on the 11 December 1316 Lippus Lapi Ciole, among others, received a pardon upon the terms of going behind the car, with the mitre on his head, and complying with the other usual terms. His name is found near the end of a long Provigione in book n. 16 distinzione 2 cap. 2 par. 30. of the Archivio della Riformagione.[47]

Ma non è in grado di capire quale sia l'accusa e quale sia la pena di Lippo Lapo Ciolo:

> thus far it has not been in my power to discover who Lippus Lapi Ciole was, or what was his crime, but if I shall get permission to examine the archivio del Magistrato Supremo I mean to look for his condemnation.[48]

I testi dell'archivio non permettono di sapere come finisce l'inchiesta di Wilde, e se egli riesce infine a scoprire, nelle Consulte della Repubblica di Firenze, la vera identità di Ciolo. Probabilmente no: nel 1840 (cioè, l'anno dopo) Wilde rientra in America; il volume che prepara su Dante[49] resta incompiuto, e non reca alcuna spiegazione su Ciolo e la sua storia. A questo punto Witte probabilmente abbandona la pista delle provvigioni: bisognerà aspettare che Isidoro Del Lungo pubblichi la Riforma di Baldo d'Aguglione, del 2 settembre 1311, per conoscere l'identità e la storia di Ciolo.[50] Witte, invece, continua altrove le sue ricerche. Troviamo infatti, nel volume delle epistole che egli continua ad annotare fino al 1853, un appunto interessante, nei margini della lettera XII [**figura 4**]:

> «Ciolo» Varchi *Ercolano* ... «nome d'un facinoroso malfattore, il quale nell'occasione del noto incendio, procurato da Nero degli Abati, avendo appositamente bruciato i libri di sue ragioni, pretese in appresso di esser creditore contro parecchie persone di forti somme. Il

---

47 Lettera del 7 novembre 1839 di Richard Henri Wilde ad Alfred von Reumont, documento conservato alla BNU di Strasburgo (collocazione: Ms 1811a, fol. 233).
48 Lettera del 7 novembre 1839 di Richard Henri Wilde ad Alfred von Reumont, documento conservato alla BNU di Strasburgo (collocazione: Ms 1811a, fol. 233).
49 *The Life and Times of Dante*, manoscritto conservato alla *Library of Congress*, MS. 45633; cfr. anche Chesley Mathews, *Richard Henry Wilde*.
50 Vedi Del Lungo, *Dell'esilio di Dante*, p. 137. Nella stessa pagina del Lungo annota: «pare a me che il Ciolo che qui troviamo, solo de' suoi eccettuato così spiccatamente dalla nota di ribelli, potrebbe essere colui al quale Dante alludeva»; cfr. poi *Ep.* (Toynbee), p. 156.

nome e il fatto di costui passò in proverbio, come si ha dal Borghini: "non siamo ai tempi di Cione d'Abati: a chi de dare domanda" [sic]».[51]

Witte capisce che "Ciolo" non è Lippo Lapo Ciolo, bensì Cione degli Abati. Egli desume probabilmente queste informazioni non dall'*Ercolano* (dove non è fatta menzione di Ciolo), ma dalla *Cronica* di Dino Compagni che descrive l'incendio di Neri degli Abati[52] e che Vincenzo Borghini cita in un suo discorso, precisando il ruolo svolto da Ciolo e il proverbio che ne deriva.[53] Più interessante ancora è il fatto che Pietro Fraticelli, nella sua edizione delle epistole del 1857, riporti testualmente la nota di Witte:

> CIOLO: chi sia questo Ciolo non è facile stabilire. Potrebbe per altro essere quel frodolento, così appunto chiamato, il quale, in occasione del noto incendio di Firenze procurato da Neri degli Abati, avendo appositamente bruciato i libri di sue ragioni, pretese in appresso di esser creditore di forti somme contro parecchie persone. Il nome ed il fatto di costui, secondo che si ha dal Borghini, passò proverbio.[54]

La prossimità fra i due testi è evidente,[55] e, benché sia difficile datare esattamente l'appunto manoscritto,[56] è possibile pensare che Fraticelli abbia preso da Witte, e non il contrario: la postilla wittiana include infatti più informazioni della nota di Fraticelli (e cita esplicitamente Borghini). Tuttavia Fraticelli non attribuisce né a Witte né ad altri tale scoperta, anzi, nel seguito della nota egli prende le distanze dal filologo tedesco:

> il Witte peraltro nella sua edizione del 1827, invece di Cioli, avea stampato: *more cujusdam scioli et aliorum infamium*, e secondo questa lezione poteva intedersi: «a guisa di misero saputello e di qualunque senza fama si vive, interpretando *infamis*, sine fama, come *inglorius*, sine gloria».[57]

---

51 Dante, *Epistolae*, ed. K. Witte, Padova 1827, documento conservato alla BNU di Strasburgo, collocazione: R10798, fol. 66v.
52 Compagni, *Cronica*, p. 96.
53 Borghini, *Discorsi*, vol. I, p. 189 (edizione probabilmente accessibile a K. Witte).
54 *Ep.* (Fraticelli), p. 527, nota 1. L'enfasi è mia.
55 Le riprese letterali lasciano supporre che un testo imiti l'altro o che entrambi si basino sulla stessa fonte. Non è stato per ora possibile ritrovare una fonte comune, ed è per questo che privilegio la prima ipotesi.
56 L'appunto di Witte è in inchiostro azzurro, un inchiostro che egli non usa per postillare le epistole. Come mi ha fatto notare Angelo Colombo, che qui ringrazio, sappiamo che Witte scrive con l'inchiostro azzurro più tardi, negli anni 1870–80, quando appunta il *Convivio*, ma non possiamo essere certi che egli non ne facesse uso precedentemente. La datazione della nota resta dunque incerta: l'inchiostro ci induce a datarla agli anni 1870–80, il contenuto al 1853 circa (quando Witte lavora ancora ad un'edizione delle epistole).
57 *Ep.* (Fraticelli), p. 527.

Più precisamente, egli propone un'altra lezione del testo (quella di Witte nel 1827) e un'altra traduzione (quella da lui pubblicata nel 1840). Questa operazione può essere interpretata in due modi. In primo luogo, Fraticelli non rinuncia completamente alla sua prima interpretazione del testo, senza osare difenderla apertamente: egli sceglie allora di presentarla al lettore come un'idea difesa da altri, nel caso in cui la pista di Ciolo degli Abati dovesse risultare falsa. In secondo luogo, egli sceglie di attribuire esclusivamente a Witte la prima lezione del testo, e in questo modo sottolinea come la sua nuova edizione sia più aggiornata, più precisa e più corretta di quella del 1827. Insomma, Witte, che probabilmente propone una prima risoluzione del "caso Ciolo", non viene citato, ma anzi viene relegato nel passato, come autore di una prima e parziale interpretazione delle epistole. Le diverse vicende del "caso Ciolo" mostrano invece che Witte non si limita a fornire a Fraticelli la lezione del testo latino, ma che egli contribuisce attivamente all'apparato critico delle epistole. L'elogio ditirambico che Fraticelli fa del filologo tedesco nell'introduzione è quindi un omaggio sincero, e al tempo stesso un riconoscimento parziale dell'operato di Witte.

4 L'apporto di Karl Witte al dibattito sulle epistole

L'apporto di Witte all'edizione delle epistole è quindi, in larga parte, sommerso. Egli pubblica poco e male: la sua edizione del 1827 è stampata in soli 60 esemplari, essenzialmente inviati, in via confidenziale, ai suoi amici e colleghi. Dopo anni di lavoro egli rinuncia a pubblicare una nuova edizione del testo, e preferisce dare i suoi appunti e la sua lezione del testo latino a Pietro Fraticelli. Egli spiega, in *Dante Forschungen*,[58] di aver abbandonato il progetto perché non riusciva a definire la genealogia dei conti toscani. Egli pubblicherà successivamente un articolo in cui cerca di fare i conti con i Guidi ed i Malaspina.[59] Il biografo di Witte scrive che egli traversava momenti di grande fatica e di debolezza fisica,[60] che possono in parte giustificare l'abbandono di tale progetto.

Altre difficoltà spiegano l'influenza intermittente e sommersa di Witte sulla dantistica italiana. La sua legittimità, nel campo degli studi danteschi, era evi-

---

58 «Die Schwierigkeiten aber, die mir di Genealogie der Malaspini, und besonders die der Grafen Guidi machte, hemmten zuerst den raschen Fortgang und ließen mich dann das Unternehmen ganz zur Seite legen» (Witte, *Dante Forschungen*, vol. I, p. XII).
59 Witte, *Dante Forschungen*, vol. II, pp. 194–236.
60 H. Witte, *Karl Witte*, pp. 186–187.

dente ma precaria: non è un filologo di formazione, ma è professore di diritto tedesco all'università; non è italiano, ma vive e lavora in Germania, come ricorda, non senza polemica, Tommaseo, quando descrive il rinvenimento del manoscritto vaticano. Inoltre Witte deve far fronte a diverse difficoltà materiali per poter lavorare su Dante: poiché insegna (a Breslau e poi a Halle), non può concedersi lunghi soggiorni di ricerca in Italia, ma deve contare sull'aiuto gratuito (nel caso di Reumont) o pagante (nel caso di Heyse) di altri filologi per poter accedere ai manoscritti e ai documenti conservati in archivio. Tale aiuto è spesso precario e insufficiente: molti dei codici di cui Witte richiede una copia gli sono trasmessi con errori di trascrizione che egli non è sempre in grado di verificare.[61] E in generale ogni sforzo di ricerca è sottomesso a problemi materiali (passaggio di frontiere, accesso alle biblioteche, perdita di manoscritti) che ritardano e scoraggiano il ricercatore.

L'influenza di Witte, benché sommersa, è importante: i suoi lavori orientano gli studi danteschi. Witte è uno dei primi ad insistere sull'importanza della ricostruzione del testo e della collazione dei manoscritti, in un contesto dove queste pratiche sono viste con perplessità da numerosi critici, come lo stesso Tommaseo.[62] Witte insiste sulla necessità di storicizzare l'opera di Dante e critica aspramente le letture neo-ghibelline,[63] molto diffuse nell'Italia dei moti, e più generalmente le letture politiche non storicizzate, praticate da critici come Cesare Balbo, Gino Capponi, Carlo Troya e soprattutto Gabriele Rossetti che, secondo Witte, presenterebbe Dante come l'autore clandestino di una setta politica prossima alla carboneria.[64]

---

[61] Soprattutto nel caso della collazione dei diversi manoscritti del canto VI della *Commedia*, conservata anch'essa a Strasburgo, BNU segnatura: Ms. 1811.

[62] Sono interessanti, a questo proposito, le scelte filologiche di Tommaseo: «postasi per fondamento una edizione, un codice (e l'edizione della Crusca sarà sempre ad ogni uomo di gusto il miglior fondamento), a questo quasi canone dovrebbersi osare quelle varianti sole che la logica e la poesia richiedono; alle restanti dar bando. Ma a questo fine gioverebbe avere raccolte le varianti di tutti o di gran parte almeno dei molti codici della *Commedia* (...) allora forse vedrebbesi che, quantunque molti siano i codici, tutti si riducono a certe quasi famiglie, secondo che il signor Witte ingegnosamente pensava» (*Introduzione* in Tommaseo, *Divina commedia. Inferno*, pp. XCV–XCVI).

[63] «Dante, so wird er sagen, hat uns gelernt, alles Flussgebiet, das vom Apennin nach Morgen und nach Abend sich abdacht, als unser gemeinsames Vaterland zu lieben; er hat der Hass geben fremde Bedränger in unsere Herzen gepflanzt, und seine beredten Worte sind es, die den Länderbesitz der römischen Kirche als einen Abfall von den Geboten Christi brandmarken» (Witte, *Dante Forschungen*, vol. II, pp. 237–273).

[64] «Gabriel Rossetti, ein durch die Ereignisse von 1820 aus Neapel vertriebener Carbonaro, hat dreißig Jahre seines Exils darauf verwendet, um mit unglaublichem Aufladen Scharfsinn und Gelehrsamkeit Dante in einer langen Reihe von Bänden als den Geheimschreiber einer

In questo senso, l'attenzione di Witte alle epistole può anche essere intesa come la volontà di difendere una lettura contestuale e storicizzata dell'opera di Dante. Commentando le lettere ad Enrico VII e ai Signori d'Italia, Witte intende implicitamente mostrare che Dante non è anti-germanico, né progetta, anacronisticamente, l'unità d'Italia.[65]

Witte non solo afferma l'importanza del contesto, ma tende a leggere l'opera di Dante attraverso la biografia dell'autore: egli propone di interpretare la lettera a Moroello Malaspina (IV), in cui Dante parla d'una passione irresistibile per una donna incontrata in riva all'Arno, alla luce della canzone detta "montanina", in cui l'amore per la donna è da intendersi come l'amore per lo studio.[66] Più generalmente, egli considera l'amore per il sapere, descritto nel *Convivio*, come il segno di una "crisi" in cui il poeta smarrirebbe la «diritta via»,[67] che solo lo studio della teologia permetterebbe di ritrovare. Questa interpretazione influenza i critici successivi, come Scartazzini e Menzio, che leggono il *Convivio* come l'espressione di un "traviamento"[68] spirituale e sentimentale.

L'apporto di Witte al dibattito sulle epistole è quindi importante, ma ambiguo ed indiretto. Witte vive in Germania, ed è quindi al di fuori delle lotte politiche e delle *querelles* filologiche che si svolgono in Italia. In questo senso i dantisti italiani gli riconoscono una postura *super partes* e sono sensibili ai suoi giudizi. Witte da un lato pare disposto a collaborare, senza ricercare onori e riconoscimenti: egli dona a Fraticelli la sua lezione delle epistole e i suoi appunti. Dall'altro, egli è estremamente severo nelle recensioni e negli articoli che pubblica in tedesco. In questo modo, pur senza intervenire direttamente nel dibattito italiano, egli esercita una forma di autorità morale sugli altri specialisti di Dante, che temono il suo giudizio (Torri), cercano in lui una cauzione scientifica (Fraticelli) o semplicemente esprimono ammirazione per le sue ricerche.[69]

---

dem Carbonarismus verwandten politischen Sekte darzustellen» (Witte, *Dante Forschungen*, vol. II, p. 240). Karl Witte si riferisce qui a Rossetti, *Sullo spirito antipapale*.
65 Vedi *Ep.* (Witte), pp. 27–29 e 48–52.
66 «Brief (...), der über die Entstehung der zehnten Canzone berichtet. (...) Dass von Beatrice hier nicht die Rede sein kann, und dass jene Gedichte, welche den Brief begleiteten, nicht etwa Teile der göttlichen Komödie waren, versteht sich wohl. Es erhellt aus der Schilderung selbst, aus dem Verhältnis seiner lieber zu den Studien» (*Rime* [Witte], pp. 234–237).
67 «Als in des Dante die vollen Mannesjahre erreicht hat, wird Beatrice ihm entrissen. Lange Klagt er um sie, wie um die verlorene Unschuld; endlich aber verlockt auch ihn neuer Reiz. In den Blicken eines holden Mädchens glaubt er Beatrices Liebe und Erbarmen wiederzufinden, sie verspricht ihn teilnehmend zu trösten, aber bald verdrängt das Blitzen ihrer Augen ganzes Herz ein. Sie ist die Philosophie» (Witte, *Über das Missverständnis Dantes*, poi in *Dante Forschungen*, vol. I, p. 59).
68 Menzio, *Il traviamento intellettuale*. Cfr. anche König-Pralong, *La philosophie de Dante*.
69 Gli elogi di Scartazzini manifestano l'importanza che il giudizio di Witte assume per i dantisti italiani: «l'opuscolo *Sopra Dante* (1824) pesa sulla bilancia della scienza dantesca più che

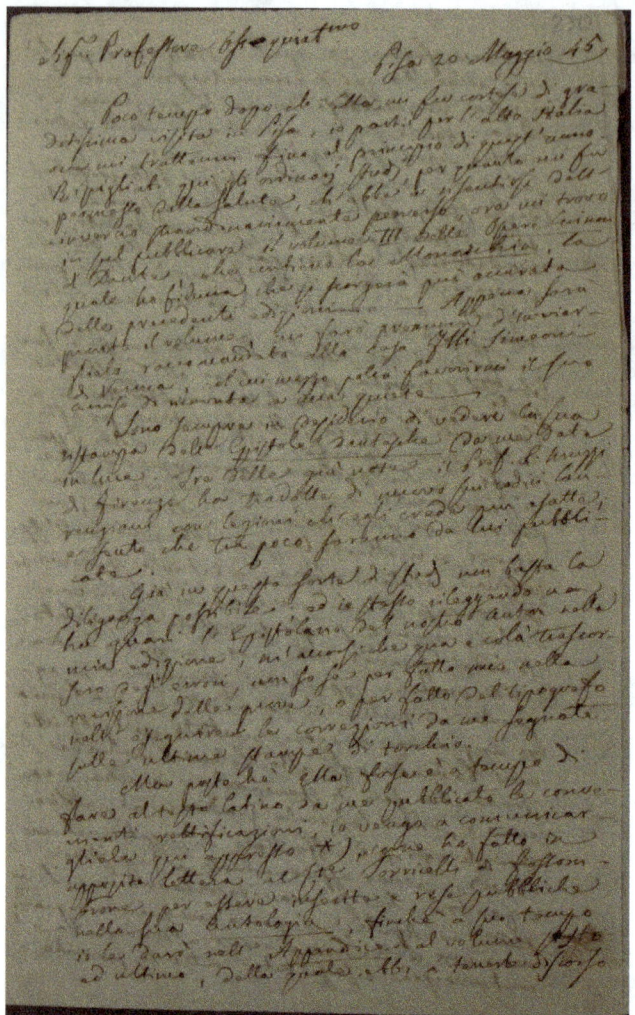

Figura 1: Lettera di Alessandro Torri a Karl Witte, del 20 maggio 1845, documento conservato alla BNU di Strasburgo, collocazione: Ms 1811a, fol. 230, p. 1.

---

i grossi volumi scritti da altri. Mi ricordo ancora dell'impressione profonda che questo lavoro fece su me (...). Io aveva già letto e riletto Dante sino dalla mia infanzia, prima nella graziosa edizioncina romana, poi col commento del Biagioli. Ma sebbene io ne sapessi lunghi tratti a memoria, esso era nondimeno per me sempre un libro con sette suggelli. Quale fu la mia maraviglia, quanta la mia gioia leggendo quest'opuscolo. Erano le prime pagine scritte dal Witte che io leggeva, da quel Witte, di cui per lo innanzi io non conosceva che a mala pena il nome, e che poi mi divenne padre nei miei studi danteschi ed amico venerando e carissimo» (Scartazzini, *Dante in Germania*, p. 55).

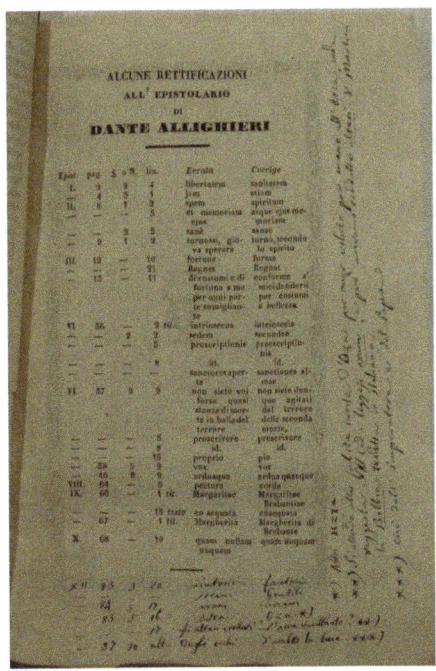

Figura 2: Alessandro Torri, *Su l'epistolario di Dante Allighieri impresso a Livorno nel 1842–43: dichiarazione e protesta dell'Editore verso un bibliografo francese*, Appendice, Pisa, 1848, documento conservato alla BNU di Strasburgo, collocazione: CD.10.553,12,19.

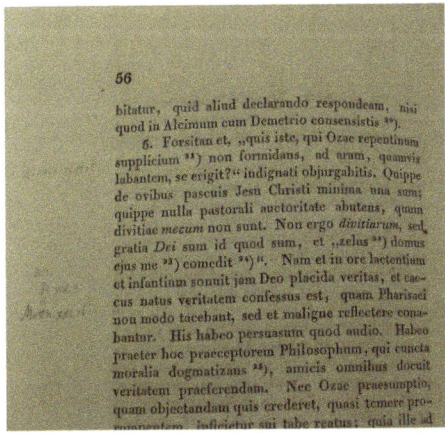

Figura 3: K. Witte ed., *Dantis aligherii, Epistolae, que extant*, ed. Karl Witte, Padova, sub signo minervae, 1827, p. 56, documento conservato alla BNU di Strasburgo, collocazione: R10798.

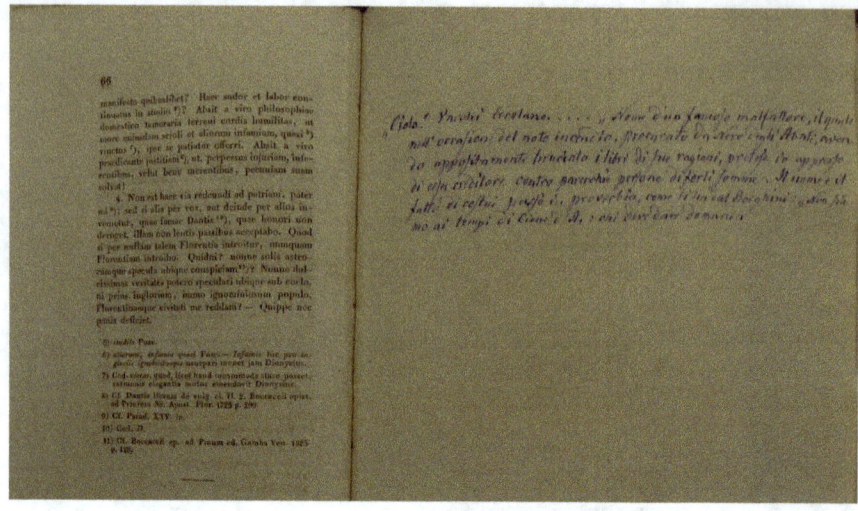

Figura 4: K. Witte ed., *Dantis aligherii, Epistolae, que extant*, Padova 1827, p. 66, documento conservato alla BNU di Strasburgo, collocazione: R10798.

B **Dante e l'*ars dictaminis***

Antonio Montefusco
Competenze, prassi e legittimità profetica del Dante *dictator illustris*
Elementi di un'interpretazione sociologico-retorica delle epistole

Abstracts: Nel saggio si fornisce un'interpretazione complessiva delle 12 lettere dantesche. Si definiscono in prima istanze le competenze di Dante nel dominio del *dictamen*, partendo dal testo del *Dve* incentrato sui gradi della «constructio». Si verifica, poi, la corrispondenza tra la teoria retorica espressa nel capitolo e la prassi di scrittura delle epistole. A partire da questo quadro, si propone un confronto con altri autori volgari della generazione precedente che hanno riservato al *dictamen* un ruolo centrale (Guittone d'Arezzo e Brunetto Latini). In seguito, si analizza la scrittura dantesca da un punto di vista strettamente retorico, comparando lo stile di Dante con lo *stilus curie romane*, che sembra il più vicino. Si analizza, infine, il processo di auto-investitura profetica di Dante, che nelle lettere rende visibile il ruolo che il profetismo assume per fornire a Dante, esule e laico ormai privo di ruoli istituzionali riconosciuti, una legittimazione di natura carismatica.

The article proposes a comprehensive interpretation of Dante's 12 epistles. I first define Dante's competence in the field of *ars dictaminis*, relying on the passage in *De vulgari* where he discusses the degrees of «constructio». I then proceed to verify the correspondence between said rhetorical theory and the writing practice developed in his epistles. In this framework, I compare Dante with other authors from the previous generation who likewise wrote in the vernacular and accorded great importance to the *dictamen* (Guittone d'Arezzo and Brunetto Latini). Then, I analyze Dante's writing from a rhetorical point of view and compare his style with the *stilus curie romane*, which seems to be the closest to his.

Annotazione: Ho discusso parti di questo saggio con Elisa Brilli, Maria Conte, Fulvio Delle Donne, Benoît Grévin, Domenico Losappio, Giuliano Milani, Marco Petoletti, Sylvain Piron, Gian Luca Potestà, Justin Steinberg: le loro letture mi hanno permesso di mettere a fuoco numerose questioni che ho provato ad affrontare ed approfondire, e per questo li ringrazio. Resta inteso che limiti ed errori del presente articolo sono integralmente a carico dello scrivente.

Le citazioni del testo dantesco provengono dalle edizioni esplicitamente citate; ho invece talvolta ritoccato la traduzione.

Antonio Montefusco, Università Ca' Foscari Venezia

Finally, I examine Dante's prophetic self-investiture and its role in providing Dante, exiled layman without a true institutional role, with a charismatic legitimization.

Parole chiave: Dante, *ars dictaminis*, Guido Faba, Tommaso di Capua, *cursus*, profetismo.

1 Un'idea di *dictamen*

In *Dve* II, vi, 2–4 è percepibile con immediatezza un'intensificazione tecnica dell'argomentazione che vira decisamente verso l'*ars dictaminis*. L'inserzione di una lista di sintagmi in prosa latina, organizzati secondo una gerarchia ascendente su diversi piani (sintattico, stilistico, metaforico) e inquadrati in un contesto spiccatamente scolastico-pedagogico,[1] è infatti intesa a spiegare quale sia il grado di «constructio» ("costruzione") dotato di massima eleganza («urbanitas plenissima»), specificata, poi, come grado di costruzione "saporito, venerabile ed eccellente" («sapidus et venustus etiam et excelsus») nonché "il più eccellente" («excellentissimus»).[2] Nel secondo libro dell'incompiuto trattato latino, Dante ha stabilito ordinatamente che al volgare illustre si addicono solo un certo tipo di versificatori, trascelti sulla base del principio della «convenentia»,[3] quindi tre tematiche («salus, venus, virtus») specifiche,[4] un metro particolare (la canzone)[5] e uno stile preciso (quello tragico),[6] surrogato da capacità tecni-

---

[1] Cfr. dopo, a nota 11.
[2] «Est enim sciendum quod constructionem vocamus regulatam compaginem dictionum; ut *Aristotiles phylosophatus est tempore Alexandri*. Sunt enim quinque hic dictiones compacte regulariter, et unam faciunt constructionem. Circa hanc quidem prius considerandum est quod constructionum alia congrua est, alia vero incongrua. Et quia, si primordium bene discretionis nostre recolimus, sola supprema venamur, nullum in nostra venatione locum habet incongrua, quia nec inferiorem gradum bonitatis promeruit. (...) Est ut videtur congrua quam sectamur. Sed non minoris difficultatis accedit discretio priusquam quam querimus attingamus, videlicet urbanitate plenissimam» (*Dve* II, vi, 2–4).
[3] È il tema di *Dve* II, i, 8: «quapropter, si non omnibus competit, non omnes ipsum debent uti, quia inconvenienter agere nullus debet».
[4] «Quare hec tria, salus videlicet, venus et virtus, apparent esse illa magnalia que sint maxime pertractanda, hoc est ea que maxime sunt ad ista, ut armorum probitas, amoris accensio, et directio voluntatis» (*Dve* II, ii, 8).
[5] «Horum autem modorum cantionum modum excellentissimum esse pensamus; quare, si excellentissima excellentissimis digna sunt, ut superius est probatum, illa que excellentissimo sunt digna vulgari, modo excellentissimo digna sunt, et per consequens in cantionibus pertractanda» (*Dve* II, iii, 3).
[6] «Quare, si bene recolimus summa summis esse digna iam fuit probatum, et iste quem tragicum appellamus summus videtur esse stilorum, illa que summe canenda distinximus isto solo

che e cultura classica,[7] e infine un verso proprio, il *superbissimum carmen* dell'endecasillabo.[8] Per quanto, dunque, nei primi cinque capitoli si possa vedere una compatta gradazione dell'argomentazione,[9] è altrettanto evidente che Dante segnali al lettore che, col capitolo VI, si affronta un tema importante in maniera innovativa.[10]

Dopo una ricapitolazione di quanto già detto fino a lì,[11] Dante fornisce una precisa definizione del concetto di "costruzione" come «regulat*a* compag*o* dictionum», cioè come "connessione di parole sottoposte a una regola"; segue immediatamente un'esemplificazione, consistente in un periodo latino composto di cinque parole «compacte regulariter» – si varia qui, con gioco retorico, la definizione della costruzione come «regulat*a* compag*o*», e questo virtuosismo serve all'autore per dare già il tono dell'argomentazione e individuare una tradizione argomentativa precisa, nonché per ritagliarsi un possibile pubblico di riferimento.[12] L'esempio in questione è «Aristotiles phylosophatus est tempore Ale-

---

sunt stilo canenda, videlficet salus, amor et virtus, et que propter ea concipimus, dum nullo accidente vilescant» (*Dve* II, iv, 8).

[7] «Sed cautionem atque discretionem habere sicut decet, hic opus et labor est, quoniam nunquam sine strenuitate ingenii et artis assiduitate scientiarumque habitu fieri potest (...). Et ideo confutetur eorum stultitia, qui, arte scientiaque immunes, de solo ingenio confidentes, ad summa summe canenda prorumpunt; et a tanta presumptuositate desistant; et si anseres natura vel desidia sunt, nolint astripetam aquilam imitari» (*Dve* II, iv, 9–10).

[8] «Quorum omnium endecasillabum videtur esse superbius, tam temporis occupatione, quam capacitate sententie, constructionis, et vocabulorum; quorum omnium specimen magis multiplicatur in illo, ut manifeste apparet; nam ubicunque ponderosa multiplicantur, multiplicatur et pondus» (*Dve* II, v, 3).

[9] Si veda la gradazione negli incipit dei vari *capitula*, scandita da particelle temporali: «postquam» (*Dve* II, ii,1); «nunc autem» (II, iii, 1); «quando (...) antequam» (II, iv, 1); «satis dixisse videmur» (II, v, 1); segue, nel VI, una rottura evidente, con uso di una formula «versatur intentio» (II, vi, 1), estratta, secondo Mengaldo, dal «linguaggio filosofico *ab antiquo*» (*Dve* [Mengaldo]), formula qui riferita al *subiectum* generale del trattato: «quia circa *vulgare illustre* nostra versatur intentio».

[10] Su questo capitolo, si raccomanda in particolare l'ampio commento di Tavoni, *Dve* (Tavoni), pp. 1434–1445, che ricorre sistematicamente, e a giusto titolo, alla tradizione dell'*ars dictaminis*, raccogliendo una linea di commento al testo che risale a Marigo, e che si è quindi precisata ulteriormente con Mengaldo; ampio spazio a questa tradizione è anche nel commento di Fenzi.

[11] «Quia circa vulgare illustre nostra versatur intentio, quod nobilissimum est aliorum, et ea que digna sunt illo cantari discrevimus, que tria nobilissima sunt, ut superius est astructum, et modum cantionarium selegimus illis tanquam aliorum modorum summum, et ut ipsum perfectius edocere possimus quedam iam preparavimus, stilum videlicet atque carmen, nunc de constructione agamus» (*Dve* II, vi, 1).

[12] Sull'interpretazione di questo capitolo è riferimento l'articolo di Tavoni, Chersoni, *Ipotesi d'interpretazione*, soprattutto le pp. 131–142 (il resto del saggio è dedicato all'analisi sintattica

xandri», cioè "Aristotele filosofò al tempo di Alessandro". A voler specificare, il periodo è strutturato in maniera basica, perché l'ordine delle «dictiones» è organizzata secondo l'ordine naturale, seguendo cioè la progressione soggetto + verbo + complemento;[13] la «clausula», il sintagma che chiude il periodo (in questo caso «tèmpore Àlexàndri»), vede succedersi una parola proparossitona e un quadrisillabo parossitono, secondo una scansione che veniva chiamata *cursus velox* e che costituiva la cadenza ritmica più ricercata (se non obbligatoria) davanti alle pause forti.[14] Tale tipo di costruzione, per quanto semplice, rientra nella categoria delle costruzioni "congrue" o "corrette", le sole che l'autore ha intenzione di analizzare ed esemplificare a scopo precettivo per la pratica letteraria dei poeti illustri.

---

comparata delle 11 canzoni esemplari della «supprema constructio»); nell'articolo è mobilitata e ripresa anche l'intera bibliografia pregressa sul rapporto tra l'argomentazione dantesca qui sviluppata e le tradizioni retorica e grammaticale precedenti e coeve: ciò mi esime dal richiamarla a mia volta. Su *compago*, cfr. p. 132; si aggiungano gli interessanti rilievi di Fenzi, che, al classico Prisciano (e dunque alla tradizione specificamente grammaticale), aggiunge Albertano, *Liber* II, 63 (con riferimento alla compagine sociale), esempio pregnante data la continua oscillazione di Albertano da Brescia tra retorica e pragmatica (su cui cfr. almeno Artifoni, *Prudenza del consigliare*).

13 Alle osservazioni di Marigo, che afferma che l'esempio è «una proposizione in cui le parole sono collocate nell'ordine naturale e, coll'accordo sintattico del genere, numero e caso, compacte regulariter» (*Dve* [Marigo], *ad locum*) e di Mengaldo («l'ordine è quello naturale soggetto-verbo-complemento [...] ma è già presente la clausola ritmica [*velox*] e i nomi propri sono di personaggi di nobile estrazione storica, come nella formulistica d'intenzione più elevata, non Pietri e Berte qualsiasi», *Dve* [Marigo], *ad locum*), Tavoni, Chersoni, *Ipotesi d'interpretazione*, p. 132, aggiungono Matteo di Vendôme, *Ars versificatoria* (Faral, *Les arts poétiques*, p. 118) con riferimento all'importanza di preservare l'ordine naturale per non danneggiare il senso.

14 Sul *cursus* nella prosa medievale, sono ancora importanti i volumi di Lindholm, *Studien zum Mittellateinischen Prosarhythmus* e Janson, *Prose Rhythm*, su cui bisogna tenere presente la recensione di Orlandi, pp. 701–718; una rivalutazione complessiva del ruolo del *cursus* nella prosa medievale è in Grévin, *L'empire d'une forme*, pp. 857–881; sulla terminologia medievale, diversa da quella adottata nella tradizione degli studi contemporanei (cfr. anche dopo), cfr. Turcan-Verkerk, *La théorisation progressive*, pp. 179–201. Lo studio dell'uso del *cursus* in Dante è oggetto di una ampia tradizione di studi: si ricordano, in particolare, quelli di Parodi, *Intorno al testo*; Di Capua, *Appunti sul "cursus"* e le pp. riunite anche in Di Capua, *Fonti ed esempi*; Rajna, *Per il "cursus"* (non solo sulle lettere) come anche Mengaldo, *Cursus*, e Mikkel, *Cursus in Dante*. Già in Parodi e Di Capua il *cursus* ha permesso di proporre aggiustamenti al testo tràdito: sulle conseguenze filologiche di tale approccio (con esempi danteschi), si veda Chiesa, *L'impiego del* cursus. Una prima sistemazione delle clausole ritmiche nelle epistole è in Rossetto, *L'uso del "cursus"*, e un'interpretazione complessiva in Di Patre, *Un cursus geometrico?*. Si veda ora, però, l'articolo di B. Grévin, *Le Epistole dantesche* in questo volume, che è anticipazione di una monografia sulla questione; si tengano presente anche le osservazioni nel saggio di F. Delle Donne, *L'epistola II*, sempre in questo volume, che propone un approccio leggermente diverso.

In questo caso, però, l'esemplificazione è realizzata con periodi prosastici in latino. Conviene riportarla:

> sed non minoris difficultatis accedit discretio prius quam, quam querimus, actingamus, videlicet urbanitate plenissimam. Sunt etenim gradus constructionum quamplures: videlicet insipidus, qui est rudium; ut *Petrus amat multum dominam Bertam*. Est et pure sapidus, qui est rigidorum scolarium vel magistrorum, ut *Piget me, cunctis pietate maiorem, quicunque in exilio tabescentes patriam tantum sompniando revisunt*. Est et sapidus et venustus, qui est quorundam superficietenus rethoricam aurientium, ut *Laudabilis discretio marchionis Estensis et sua magnificentia preparata cunctis, cunctis illum facit esse dilectum*. Est et sapidus et venustus etiam et excelsus, qui est dictatorum illustrium, ut *Eiecta maxima parte florum de sinu tuo, Florentia, nequicquam Trinacriam Totila secundus adivit*. Hunc gradum constructionis excellentissimum nominamus, et hic est quem querimus, cum suprema venemur, ut dictum est (*Dve* II, vi, 4-5).

L'esempio eccellente, che è sempre il grado più elevato verso cui tende l'argomentazione precettiva dantesca, è qui definito come tipico dei «dictato*res* illu*stres*», ovverosia dei "dettatori", i grandi prosatori e, in particolare, autori di epistole, la cui scrittura era oggetto di trattazione sistematica nei manuali di *ars dictaminis*.[15] A ragione, dunque, uno dei grandi commentatori del trattato dantesco ha affermato che qui «alla prospettiva grammaticale viene subito cumulata quella retorica»:[16] si traduca l'espressione pensando che, per la esatta definizione di «constructio», Dante ha attinto dall'insegnamento grammaticale, fondato essenzialmente sui testi tardo-antichi di Donato e di Prisciano e incentrato sulle parti del discorso, mentre, laddove si passa a mostrare i gradi dei diversi costrutti, utilizza la strumentazione tecnica del *dictamen*, secondo la seguente ascensione: 1. correttezza grammaticale; 2. ricercatezza nell'ordine delle parole (mediante il ricorso all'*ordo artificialis*) e uso del *cursus*; 3. aggiunta di figure di pensiero (i «colores») adatte a uno stile mediocre (*ornatus facilis*); 4. impiego della metafora (*transumptio*) insieme alle altre figure retoriche tipiche dello stile tragico (enfasi, personificazione etc.), classificate come *ornatus difficilis*.[17]

---

15 Sul ruolo delle *Summae* e la loro diffusione, cfr. almeno Grévin, *Rhétorique du pouvoir* e l'introduzione di Delle Donne a Nicola da Rocca, *Epistole*; sull'*ars dictaminis* in generale, in attesa del manuale *Ars dictaminis* in corso di stampa, si può ricorrere con profitto a Delle Donne, Santi, *Dall'ars dictaminis*, e Grévin, Turcan-Verkerk, *Le dictamen*, che è dotato di un'amplissima bibliografia (e che ci esime di specificare altrimenti).
16 *Dve* (Mengaldo), *ad locum*.
17 Si riassume qui un dibattito che è stato piuttosto ampio, e con notevoli addentellati, su questo capitolo del *Dve*. Si prendano come particolarmente esemplificativi gli interventi di Scaglione, *Dante and the Rhetorical*, che ha sottolineato l'«idiosyncratic way» in cui Dante avrebbe mescolato il pensiero strettamente grammaticale (e più specificamente sintattico) della tradizione grammaticale con quello retorico della tradizione del *dictamen*, e di Corti, *Dante*,

Questa modellizzazione è per noi particolarmente preziosa, perché ci informa con estrema precisione delle competenze nel dominio del *dictamen* – come si è detto, una specifica e disciplinare parte della retorica nel medioevo maturo – che sono certificabili per l'Alighieri alla data del 1304–1307 (presunti termini *post* e *ante* per la redazione del trattato incompiuto).[18] Si tratta dello sfondo tecnico su cui è costruita la prassi epistolare di Dante, e per questo merita ancora qualche indugio, sia per chiarire la posizione dantesca in merito alla cultura *dictaminale* del suo tempo, sia per poter analizzare le poche lettere (12 in tutto: teniamo da parte quella a Cangrande, ancora controversa)[19] sicuramente attribuibili alla sua mano. Sarà questo l'oggetto delle prossime pagine (§ 2–4), base di un ulteriore ragionamento che si propone di rivalutare le strategie di legittimazione utilizzate da Dante nella scrittura epistolare nella fase finale della produzione epistolare (con le arrighiane e la lettera ai cardinali, 1311–1314), laddove l'assenza di un rapporto formalizzato con un potere istituzionalizzato lo induce a rafforzare l'autocoscienza profetica (§ 5).

2 Tra Bologna, Arezzo e Firenze

Bisogna sottolineare, innanzitutto, che il paragrafo del *Dve* sopra riportato condensa in un numero limitato di esempî una materia che i manuali di *dictamen* svolgevano con grande dispendio di indicazioni puntuali, divise in sezioni differenti.[20] Per comprendere questo sforzo di sintesi, basti pensare che, tra i quattro

---

che ha individuato nella teorizzazione modista una fonte anche per la *suprema constructio* dantesca. Una valutazione equilibrata della questione, che tende a valorizzare l'apporto della tradizione retorica anche sulla teorizzazione sintattica elaborata in questo passo del *Dve*, è in Tavoni, Chersoni, *Ipotesi d'interpretazione*, pp. 137–142 (ma si veda già il commento di *Dve* [Tavoni], pp. 1435–1436).

18 E – si noti – limiti temporali anche coincidenti *ad annum* con le epistole concretamente conservate, collocandosi la più antica probabilmente al 1304 (*Ep* I); per la retrodatazione della II, proposta da Indizio, *Sul mittente*, seguito, tra gli altri, anche da me (Montefusco, *Un approccio al corpus*, p. 453), cfr. ora, in questo volume, il saggio di Tavoni, *Le epistole I e II nella vita di Dante (fatti, personaggi, date, testualità, ideologia)*, che ripropone, con argomenti convincenti, l'ordine cronologico proposto dalla edizione nazionale.

19 Sulle differenze stilistiche tra l'epistola a Cangrande e il resto del *corpus* (e le altre opere dantesche), si vedano ancora con profitto le pagine di Dronke, *Dante e le tradizioni*. Sulla problematicità dell'epistola XIII, oltre al corposo commento procurato da L. Azzetta, sostenitore della sua autenticità, cfr. da ultimo Inglese, *Dante (?) a Cangrande*.

20 Contrariamente a *Ad Herenn.* dove la trattazione è più conseguente e compatta: cfr. IV, 10–12; cfr. invece almeno Bene da Firenze, *Candelabrum*, che riprende il problema riorganizzandolo su I, 8 e II, 69 (con riprese anche da Trasmondo e in rapporto con Bernardo da Bologna).

esempî riportati, i primi due sembrano da leggersi piuttosto come *dictamina* imperfetti, in cui, cioè, permangono dei *vitia* di costruzione: nel primo è evidente la tematica triviale presa nel suo senso proprio, mentre nel secondo emerge una certa *obscuritas* (è il termine tecnico nelle *artes*)[21] dovuto all'omissione di membri indispensabili per la comprensione (per es., un *eorum* dopo *quicunque*), che però avrebbero danneggiato il rigido isosillabismo (Dante lo definisce "degli scolari") ricercato per la frase. «Vitiis itaque penitus eiectis», direbbe un maestro di *dictamen*;[22] Dante snocciola due periodi che invece rispondono alle esigenze del dettatore più, e poi ancor più, illustre. Se da una parte, questa sinteticità sembra ritagliare un pubblico preciso per il trattato, capace, con questi pochi scorci, di individuare le indicazioni d'insieme, dall'altra la terminologia usata da Dante nonché l'attitudine complessiva, orienta su un *corpus* testuale preciso: mi riferisco al *dictamen* come veniva insegnato a Bologna, e in particolare a quello ampiamente rinnovato all'inizio del Duecento.[23]

Rispetto alle fonti solitamente invocate in questo specifico ambito, il "criptomanuale" tratteggiato da Dante sembra prossimo alle opere del maestro bolognese Guido Faba, attivo negli anni '20-'40 del XIII secolo, e la cui influenza fu determinante su scala europea.[24] L'aggettivazione con cui l'Alighieri produce la sua gradazione, incentrata sulla conquista di una *venustas* ("grazia") che ha una base gustativa ("saporito"), a fondamento della scala di giudizio delle varie costruzioni (*insipidus – pure sapidus – sapidus et venustus – sapidus, venustus et excellentissimus*), è con tutta evidenza debitrice della *dulcedo rethorice venustatis* (legata alla *dulcedo saporis*) che è uno degli elementi del perfetto *dictamen* nelle opere del Faba, e in particolare nel suo manuale più fortunato, intito-

---

21 Cfr. almeno Bene da Firenze, *Candelabrum*, I, xi, 10–1 (e per le conseguenze sulla scrittura letteraria del Due-Trecento, cfr. Montefusco, Bischetti, *Prime osservazioni*, pp. 202–205). In questo volume, il saggio di Tomazzoli, *Funzioni delle metafore*, dimostra come nelle epistole politiche Dante metta in pratica una retorica dell'*explanatio*, allontanando il rischio di *obscuritas*.
22 «Vitiis itaque penitus eiectis, in summa teneas quod omne dictamen commodum et perfectum tria requirit: bonam gramaticam, perfectum sensum locutionis, et verborum ornatum. Si autem hec tria dictator fecerit, perfecte dictabit» Guido Faba, *Summa dictaminis*, p. 295.
23 «I tre esempi di costruzione sintattico-retorica forgiati da Dante in II, vi, 4 (...) sono così evidentemente fatti su misura per un pubblico di cultori di *artes dictandi* (tanto più data la singolarissima scelta di dare, come modelli di sintassi poetica volgare, tre esempi di sintassi prosastica latina), da orientare decisamente su Bologna, capitale delle *artes dictandi*» (Tavoni, *Qualche idea*, p. 103, ma si vedano le pp. 97–103, che riassumono i dati raccolti nel commento citato). Personalmente, considero l'ipotesi plausibile; si tenga tuttavia presente anche la ricostruzione differente di Inglese, *Vita di Dante*, p. 521; in disaccordo è anche Fenzi nel suo commento al *Dve*: *Dve* (Fenzi), pp. XXIII–XXIV.
24 Una prima ricognizione della tradizione manoscritta è in Pini, *La tradizione manoscritta*.

lato tradizionalmente *Summa dictaminis* (ma che sarebbe più corretto chiamare *Ars*), sunto della sua attività.²⁵

Redatta in risposta alla pubblica lettura della *Rethorica antiqua* del maestro anticiceroniano Boncompagno da Signa (1170 ca. – *post* 1240),²⁶ l'*Ars* di Guido ne condivide l'orgoglio corporativo, che indica nel *dictamen* un sapere sacrale, custodito dal *magister* che lo dispensa ai proprî allievi, aprendo agli intellettuali l'ordine dell'universo (la cosiddetta *machina mundialis*). Il Dante *dictator* del *De vulgari* presenta una piena consonanza con questo orgoglio, che, nel XIV secolo, è diventato piuttosto diffuso nella manualistica, in particolare in una serie di prologhi di carattere autobiografico che accompagnano e ribadiscono l'ascesa della tecnica del *dictamen* come "sapere egemonico" (secondo la nota definizione di Benoît Grévin).²⁷ Le rivendicazioni di originalità, pure così diffuse nell'*opera omnia* dantesca, dalla *Vita Nova* alla *Commedia*, nel *De vulgari eloquentia* assumono una curvatura che risente di questa particolare stagione di auto-promozione, sociale e culturale insieme, dei grandi maestri di *dictamen* dell'inizio del Duecento. Nella prima di queste rivendicazioni, ad apertura del trattato, si afferma la volontà di «discretionem aliqualiter lucidare illorum qui tanquam ceci ambulant per plateas» (*Dve* I, i,1),²⁸ riprendendo alla lettera uno

---

25 L'espressione ritorna in più luoghi del testo (Guido Faba, *Summa*, pp. 289 e 295) e deriva dalla definizione del celebre prologo, dove il sapere retorico posseduto dal *magister*, rappresentato come un *viridarium*, è caratterizzato da dolcezza di canto, bellezza e profumo: «advenite nunc omnes ad viridarium magistri Guidonis, qui dona sophie cupitis invenire, ubi dulces avium cantus resonant et suaviter murmurant a fontibus rivuli descendentes, flores similiter apparent vernantes et lilia venustatis, rose quoque specioso consurgunt, et cynnamomum et balsamum ac viole non desinunt redolere» (p. 287). Un intreccio tra dolcezza e sapore è anche all'inizio del testo, proprio in seguito rispetto al prologo, laddove si introduce al tema del buon dictamen: «quia scire malum non est malum, sed peccatum est potius operari; cum huius rei peritiam habere debeat unusquisque, ut que sint nocitura, docente notitia, fugiat, quod aliter numquam posset, et faciat, inspirante Domino, que sint iusta; ad modum serentis qui terram spinis ac tribulis purgat ut fructus mundus appareat et sincerus, ad similitudinem illius qui studiose vas lavat, ut eiecta sorde antiqui vitii ad novi saporis dulcedinem preparetur; iterum eo perspecto quodvirtutes plantari non valent, nisi ea que sunt contraria extirpentur; priori facie vitiis estirpatis de regulis subsequenter tractemus prosaici dictaminis et doctrina» (p. 288). Significativa anche la presenza del *dictator* «insipidus» in Jacques De Dinant, *Summa*, rr. 71–73, in Polak, *A textual study*, p. 63 (segnalatomi da Domenico Losappio, che ringrazio), che permette di introdurre la pista parallela delle *poetriae*.
26 Secondo la ricostruzione di Gaudenzi, *Sulla cronologia*, p. 183; per la biografia di Faba, cfr. però anche il classico Kantorowicz, *An "Autobiography"*, e Saiani, *La figura di Guido Faba*.
27 Questi prologhi e il loro significato nel contesto della retorica duecentesca è studiato, in parte sulla scia di Kantorowicz, *An "Autobiography"*, in Artifoni, *"Sapientia Salomonis"*.
28 Ma andrà tenuta presente anche una forte tendenza didattica insita nell'uso del «lucidare», come rilevato da Fenzi che rimanda, tra gli altri, al *Candelabrum* di Bene e in specie al suo *incipit* (*Dve* [Fenzi], *ad locum*), e se ne raccomanda, a questo proposito, anche il commento di

dei *topoi* di questa stagione: il sapere retorico che supera le tenebre, cristallizzato fin nel titolo del testo di Bene da Firenze (*Candelabrum*, appunto) nonché nella solita *Ars* del Faba, dove l'oscurità è ricacciata allorquando si bussa alla porta del *dictamen* («tenebris relegatis, ianua dictaminum sit pulsantibus aperta»).[29]

Nel secondo libro del trattato Dante passa a occuparsi, in maniera pratico-precettiva, del genere lirico più illustre (la canzone), dopo una discussione degli elementi che ne permettono la realizzazione: quale tipo di volgare, quale ordine di versificatori, quali argomenti e quale stile, la misura dei versi e finalmente la *constructio* (*Dve* II, i–vi). In questo contesto così tecnicizzato si infittiscono i passaggi che stigmatizzano gli errori del passato; il primo è collocato nella discussione della "materia" e si appoggia sui versi dell'*Ars poetica* «sumite materiam», uno dei luoghi oraziani più glossati nel Medioevo e in particolare nella tradizione retorica, che Dante usa per incitare i lettori a ponderare il peso della materia alle proprie spalle per evitare di cadere («ununquenque debere materie pondus propriis humeris coequare, ne forte humerorum nimio gravatata virtute in cenum cespitare necesse sit» II, iv, 4).[30] Più espliciti ancora i passaggi inseriti in quello che si è definito cripto-manuale di *dictamen*, e cioè il citato paragrafo sulla *costructio*, dove Dante prorompe due volte in invettive contro coloro che, prima di lui, hanno praticato la canzone senza consapevolezza: una volta sono definiti *ydiote* («pudeat, ergo, pudeat ydiotas», II, vi, 3, con termine molto forte e riferimento alla cecità di questi "idioti", che salda il passaggio al prologo del trattato),[31] quindi, dopo la più lunga esemplificazione presente nel trattato e consistente in ben 11 canzoni illustri in occitano, francese e italiano,[32]

Alessio *ad locum* che segnala il motivo del *clericus* che «privo di libri "ambulat in tenebris"», (Bene da Firenze, *Candelabrum*, p. 294).

29 Guido Faba, *Summa*, p. 288; cfr. anche la *Gemma purpurea* (1239–1248): «nam ecce philosophie palatium aperio clavibus michi datis, et misericordia ductus, vinculis resecatis, extraho de manibus impiorum materias nequiter laceratas, quas magni archimandrite ordiri nesciunt et variare ignorant per gradus, ordines et personas, ab eadem captivitate nichilominus liberans adverbia cum verbis et participia cum lucidis adiectivis, et ad studentium honorem, gaudium, profectum et gloriam disponens artificialiter singula et sedi proprie, dignitati, honori et loco restituens universa, in quibus omnis homo palpans clamabat nec erat qui adiuvaret, errabat Arrialdus et maximum defectum cetus scolasticus sustinebat». Cito da Vescovo, *La* Gemma purpurea *di Guido Faba*.

30 Come si è detto, la citazione oraziana risulta essere tra le più commentate nella tradizione medievale, solitamente a cerniera della trattazione precettiva nell'*Ars poetica* (Villa, *Dante lettore di Orazio*).

31 Il passaggio è raccordato anche agli «idioti che non saprebbero l'abc» di *Conv.* IV, xv, 16.

32 Per un'analisi sintattica di questo *corpus* esemplificativo – il più corposo del *Dve* – cfr. almeno Chersoni, Tavoni, *Ipotesi d'interpretazione*, pp. 142–157.

sono chiamati "seguaci dell'ignoranza" e identificati negli imitatori di Guittone d'Arezzo («subsistant igitur ignorantie sectatores Guictonem Aretinum et quosdam alios extollentes», II, vi, 8).[33]

Non si è mai notato come anche queste invettive rientrino nella linea dei maestri bolognesi, e anzi addensano rimandi al già ricordato Guido Faba: nell'*Ars* di quest'ultimo, il «sumite materiam» oraziano è adibito alla modellizzazione del «dictator sagax (...) diligens et discretus ad inveniendam materiam suo ingenio congruentem»;[34] le invettive specificamente anti-guittoniane contribuiscono di conseguenza a rinforzare l'autopresentazione di Dante come *dictator* illustre sul piano del volgare con un forte richiamo al fenomenale prologo autobiografico dello stesso testo, dove l'annuncio della propria opera è presentata come lo strumento che supererà gli antichi errori e permetterà all'uomo, edotto dalla grazia di questa sapienza miracolosa, di non essere corrotto dalla ignoranza e dalla cecità: «ecce novella surrexit gratia, abicite procul vetustatis errores, ut viri doctissimi sollicite precaventes ne ignorantie vel cecitatis fermento massa vestre prudentie corrumpatur».[35]

Collocarsi nella linea di Guido Faba serve a Dante per esplicitare la propria visione del *dictamen* rispetto ai due più importanti autori in volgare della generazione precedente alla propria, Brunetto Latini e Guittone d'Arezzo. Entrambi questi autori avevano fornito una propria interpretazione di questo sapere egemonico, nonché una sua particolare applicazione pratica, in due contesti (Firenze e Arezzo) in cui la *rettorica* aveva assunto un'importanza cruciale nella vita cittadina. Ciò che accomuna queste due esperienze è un progetto di totale volgarizzazione, attuato parallelamente ma diversamente.

Brunetto fa convogliare nel *dictamen* la letteratura pragmatica e morale e la tradizione concionatoria e si investe (più o meno) personalmente nella diffusione di un *corpus* di volgarizzamenti che affianca i grandi *dictamina* svevi ai discorsi dell'antichità (alcune orazioni ciceroniane), ma si impegna anche nel commento in volgare del *De inventione* (pure servendosi di tradizione glossatoria di scuola nella incompiuta *Rettorica* e nell'enciclopedia del *Tresor*).[36] Questa trasformazione "dall'interno" della tradizione retorica influenzerà nella lunga durata l'ambiente culturale fiorentino, rendendo l'esperienza dantesca, come

---

[33] E su questo punto, si veda almeno Antonelli, "*Subsistant igitur ignorantiae sectatores*".
[34] Guido Faba, *Summa*, p. 334.
[35] Guido Faba, *Summa*, p. 287. E si veda anche il *Prologus* della *Rota nova*, che riprende il *topos* del "superamento" in maniera originale: «taceat igitur totus mundus, et Tulliana peritia necnon et facundia Ciceronis loquatur, et a finibus terre austri regina veniat audire sapientiam Salomonis» (*Magistri Guidonis Fabe Rota nova*, p. 6).
[36] Cfr. soprattutto Alessio, *Un commento in volgare*.

spesso succede, isolata o comunque parallela e irriducibile a quella.[37] Guittone d'Arezzo, pure avulso da ogni teorizzazione, realizza un vero e proprio (il primo, e a lungo l'unico) epistolario volgare d'autore, preservato dal codice Laurenziano Rediano 9 in uno con le canzoni morali secondo un'organizzazione voluta dal copista (che infatti rubrica «Lettere e cansone»).[38] Oltre al dato linguistico, ciò che caratterizza l'epistolografia guittoniana è questo incerto confine tra poesia e prosa, di tipo sia macrostrutturale – alcune poesie sono inserite nella sezione delle lettere – sia microstrutturale – la prosa epistolare è caratterizzata da tratti ritmici che lo avvicinano alla scrittura in versi.[39]

Il distanziamento dantesco da queste due esperienze è forte ed esplicito. Per quanto l'interpretazione della condanna dei *sectatores ignorantiae*, soprattutto per l'incertezza che vige nell'accomunare la lunga lista di undici esempi di canzone illustre nella sezione della *constructio*, è ancora oggetto di discussione, non escluderei[40] che l'invettiva contro i guittoniani cumuli, per Dante, anche questa eccentrica interpretazione del *dictamen*, sul piano sia linguistico sia dei generi letterari. Così, anche contro il Latini che aveva addebitato alla scrittura in versi una certa *oscuritate*[41] che la rendeva inferiore alla prosa, Dante non manca di collocare l'intera sua trattazione all'ombra dell'idea della superiorità della poesia, promuovendo il tipo *metricum* come *exemplar* rispetto a quello *prosaycum* e dunque dotandolo di un sicuro *primatus* (*Dve* II, i, 1). La posizione è piuttosto eccentrica rispetto alla tradizione delle *artes*, dove la produzione in versi volgare rientra nel genere *rithmicum* (e il trattato ad essa dedicato da Antonio da Tempo nel 1332 ca. si intitola conseguentemente *Summa artis rithmici vulgaris*); conguagliando la poesia volgare sotto l'ombrello di quella quantitativa classica,[42] l'Alighieri conferma, in maniera paradossale, la sua totale compartecipazione alla mentalità dei maestri bolognesi di *dictamen* finanche nel suo

---

37 Su questo tema, che ha suscitato qualche discussione, mi permetto di rinviare a Bischetti, Montefusco, *Prime osservazioni*, in part. alle pp. 182–193, dove si discutono anche le tesi di von Moos, che tendevano a vedere nel Latini una cultura completamente divaricata da quella di impianto "dictaminale": Von Moos, *Die italienische ars arengandi*.
38 Carrai, *Guittone e le origini*. Si veda anche Leonardi, *Guittone e dintorni*.
39 Lo ha studiato con sistematicità Pasquini, *Intersezioni*.
40 Mi rendo conto che dello statuto del tutto ipotetico della proposta; per l'interpretazione corrente, si veda Antonelli, *"Subsistant igitur ignorantiae sectatores"*.
41 Nel *Tesoretto* Brunetto dice: «quando vorrò trattare / di cose che rimare / tenesse oscuritate / con bella brevitate / ti parlerò per prosa» (si cita da Brunetto, *Poesie*, vv. 419–423).
42 In *Dve* II, i, 1; II, vii, 7; II, xi, 4 Dante usa "metricus" per la versificazione in volgare, riservando "rithimus" per la rima, con uso diverso dalla manualistica (per esempio, lo stesso Antonio da Tempo) che intendeva con quest'ultimo termine la versificazione volgare: cfr. il commento di Tavoni in *Dve* (Tavoni), II, i, 1.

progetto di nobilitazione del volgare illustre e, di riflesso, spiega almeno in parte il motivo di quella pagina del trattato che modellizza la *constructio excelsa* su modelli prosastici. L'esempio più calzante, per una tale *forma mentis*, è di nuovo Guido Faba, che al culmine della carriera inizia a fornire, all'interno dei suoi manuali, modelli di lettere in volgare (nella *Gemma purpurea* e nei *Parlamenta et epistole*), aprendo alla fortunata *summa* interamente in volgare composta, sempre nell'ambiente bolognese, da Matteo de' Libri.[43]

Di fronte, dunque, alla pressione dell'ascesa e dell'affermazione del volgare, i maestri sviluppano un progetto che pretende di "governare" queste nuove tendenze culturali, tenendo ben salda la gerarchia linguistica in ragione di un'idea di *dictamen* come linguaggio artificiale, che si avvicina a quello divino e quindi necessariamente latino.[44] Se Brunetto e Guittone avevano fatto saltare questa gerarchia, Dante la erode dall'interno, restando fedele a una epistolografia in latino redatta secondo uno stile personale ma comunque precisamente inquadrabile nelle tendenze del tempo, e allo stesso utilizzando questa competenza per affermare e dimostrare *geometrico more* la possibilità cognitiva di una poesia volgare illustre.

3 Autocoscienza teorica e prassi epistolare

Inquadrato, dunque, il *know how* retorico-dictaminale che possiamo definire specificamente dantesco, è ora importante verificare se l'Alighieri si mantenga conseguente nella prassi scrittoria, e cioè nelle sue lettere, e additivamente collocare la sua di fronte a esempi coevi. Si tratta di un tentativo non ancora realizzato; proverò, dunque, a proiettare la modellizzazione del *Dve* sul testo epistolare, cercando di mostrare come tale teorizzazione e la pratica epistolare, pur non concretizzandosi in automatica "traduzione tecnica" del modello mentale che Dante ha in testa, risultano comunque coerenti e appartenenti a un timbro d'autore; in particolare, mi preme verificare come e quanto le *constructiones* con le quali sono costruite le epistole siano conseguenti rispetto agli esempi prosastici di *Dve* II, vi, 4–5.

Nell'impossibilità di analizzare l'intero *corpus*, mi limito a mostrare un passaggio esemplificativo. Lo estraggo da un pezzo particolare ma molto rappresentativo, e cioè l'*Ep.* V, una circolare rivolta ai poteri e alle istituzioni italiane

---

[43] Innovazione tanto più significativa, se a Matteo sono attribuite anche *summae* integralmente in latino: Kristeller, *Matteo de' Libri*.
[44] Grévin, *L'ars dictaminis, discipline hégémonique*, pp. 32–33.

(ordinatamente: i re, in quel momento di Napoli e di Sicilia; i senatori di Roma; i funzionari e le comunità del *Regnum Italicum*). Il tema della lettera è l'annuncio della futura missione con cui Enrico di Lussemburgo, eletto re dei Romani nel 1308, si dirige a Roma per indossare la corona imperiale e ricevere dal papa unzione e consacrazione: il pontefice Clemente V ne annuncia l'incoronazione in San Pietro con una bolla del 1310. Come si comprende subito, il tema e i mittenti esigono uno stile tragico, intonato al *dictamen* illustre, per il quale si richiamano spesso i grandi manifesti della cancelleria sveva, redatti sotto il controllo di Pier della Vigna.[45] Leggiamo ora l'*exordium* della lettera, la parte, cioè, che precede la *narratio*, considerata il nucleo del testo, di cui si sono numerati, per la comodità dell'analisi, i periodi.

> «Ecce nunc tempus acceptabile», quo signa surgunt consolatiònis et pàcis [*pl*]. (1) Nam dies nòva splendèscit [*pl*] ab ortu auròram demònstrans [*pl*], que iam tènebras diutùrne [*vl*] calamitàtis attènuat [*vl*]; (2) iamque aure orientàles crebréscunt [*pl*], rutilat celum in làbiis sùis [*pl*], et auspitia gentium blanda serenitàte confòrtat [*pl*]. (3) Et nos gaudium expectàtum vidébimus [*td*], qui diu pernoctitàvimus in desérto [*vl*], quoniam Titan exoriétur pacìficus [*td*], // et iustitia, sine sole quasi eliotròpium hebetàta, cum primum iubar ille vibràverit, revirèscet [*vl*]. (4) Saturabuntur omnes qui esuriunt et sitiunt iustitiam in lumine radiorum eius, et confundentur qui diligunt iniquitatem a fàcie coruscàntis [*vl*]. (5) Arrexit namque aures misericordes Leo fòrtis de tribu Iùda [*vl*]; // atque ullulatum universalis captivitatis miseras, Moysen àlium suscitàvit [*vl*] qui de gravaminibus Egiptiorum populum sùum erìpiet [*td*], ad terram lacte ac melle manàntem perdùcens [*pl*].

Lascio da parte il primo periodo, che contiene una citazione illustre, chiamata *sententia* o *proverbium* (in questo caso, Dante richiama una lettera paolina), una delle modalità consigliate per dare avvio a una epistola (nelle lettere dantesche, l'indicazione è rispettata con costanza). I cinque periodi successivi si possono agevolmente comparare con le *constructiones* modello di *Dve* II, vi, 4–5 per lunghezza, arcatura retorica e tessitura ritmica. Essi infatti contengono due membri di estensione comparabile (1, 2, 4) talvolta raddoppiati o leggermente allungati (3 e 5: li si è indicati con //); essi non sono rigidamente isosillabici, come nella *constructio sapida et venusta*, ma leggermente variati, come nella *excelsa*. Vagliamo in prima battuta la costruzione delle clausole ritmiche.

---

[45] L'edizione del testo è ora in *L'epistolario di Pier della Vigna*; l'influsso della scrittura emanante dalla cancelleria sveva nella storia del *dictamen* è studiato in Delle Donne, *Una costellazione*; Delle Donne, *La cultura*; Grévin, *Rhétorique du pouvoir*; Delle Donne, *Le lettere*. Sulla diffusione in Toscana, cfr. B. Grévin, *Héritages culturels des Hohenstaufen*. L'influsso delle lettere sveve (in particolare la *Collegerunt pontifices*, che si legge in *L'epistolario di Pier della Vigna*, I, 1, pp. 79–92) sulle lettere arrighiane è sistematizzato in Grévin, *Rhétorique du pouvoir*, pp. 795–802. Una nuova fonte per la lettera XI è ora oggetto di un intervento di Delle Donne, *Una fonte*.

L'ornamentazione applicata alle clausole, interne e finali, della prosa offriva al *dictator* esperto uno strumento di scansione sintattica nonché di innalzamento stilistico, basato su un repertorio a cui poteva attingere tramite la mnemotecnica, e che consisteva in una serie di sintagmi (perlopiù composti da due parole ma talvolta, tramite *consillabicatio*, comprendente anche bisillabi o monosillabi, che andavano a scomporre l'unità ritmica costituita dalla parola) che potevano essere variati attingendo, per esempio, alle desinenze della flessione nominale o verbale, oppure usando parole con radici assimilabili, stavolta desunte perlopiù dalle *summae*.[46] Tenendo presente questa risorsa, andranno presi come termine di paragone i due esempi di *constructiones* corrette e sviluppate con un minimo («superficietenus») di retorica in *Dve* II, vi, 4–5, e cioè l'esempio eccellente, che presenta due *tardus* chiusi da un *velox*: «eiecta maxima parte florum de sinu tùo Florèntia [*td*], nequìcquam Trinàcriam [*td*] Totila secùndus adìvit [*pl*]»; e, prima, l'esempio «sapidus et venustus» che incornicia un *velox* all'interno di due *planus*: «laudabilis discretio marchiònis Estènsis [*pl*] et sua magnificéntia préparata [*vl*] cunctis, cunctis illum facit èsse diléctum [*pl*]».

Nel testo citato di *Ep.* V, 1–5 mi pare significativo rilevare come le *constructiones* siano scandite in linea di massima su tre pause dotate di *cursus*; nel caso del periodo **3** si sottolinea la presenza di uno schema in cui le tre clausole si dispongono in simmetria, chiudendo il *velox* all'interno di due *tardus*; prediletto sembra le schema che tende a variare le clausole (in **1** e **5**), con l'ovvia conseguenza che, laddove il periodo tende ad allargarsi, si creano voluti effetti di simmetria (negli stessi casi **1** e **5**). La ripetizione su *planus* (in **2**) è evidentemente a parte, distillata da una ricerca di *accumulatio* che tende al parallelismo tra i vari elementi naturali che partecipano all'avvento di Enrico. Per quanto, dunque, non si possa parlare di sovrapposizione, la modellizzazione e la pratica epistolare di Dante sono in stretto rapporto tra di loro sul piano della ricerca di scansioni ritmiche della frase, con una certa attenzione alla simmetria.

Un parallelo discorso può farsi sul piano dell'*ordo*. Nel testo epistolare, si noti almeno la differente dislocazione del verbo prima in posizione naturale poi finale in **1**; in **2** finale e, immediatamente contiguo, iniziale e finale e così via, in una *variatio* che non induce all'*obscuritas*. Delle figure retoriche, si rilevino la continuata *transumptio* dell'aurora, in *disiunctio* con le immagini di tenebra, nonché le antonomasie per l'imperatore (*Titan* e *Moyses*).[47] Qui si può verificare una forte tendenza al modulo della *constructio excelsa*, che «si differenzia dai

---

46 Cfr. Grévin, *L'empire d'une forme*, e Grévin, *Le Epistole dantesche e la prassi duecentesca dell'ars dictaminis*, in questo volume.
47 Per il ruolo di questa figura, detta *pronominatio*, si veda il saggio di Tomazzoli in questo volume.

precedenti soprattutto per l'uso della tecnica metaforico-simbolica continuata della *transumptio*, culmine dell'*ornatus difficilis*».[48] Ma, di nuovo, si attinge anche al periodare *sapidus et venustus* «proprio di coloro che amano servirsi dei "colores rhetorici"».[49]

Resta da verificare se tale uso, con l'addentellato della sua autocoscienza teorica, produca oppure no un timbro originale nel contesto retorico-epistolografico del tempo. Tenendo presente una certa oscillazione dovuta ai problemi di un testo critico non ancora affidabile né stabile,[50] nel *corpus* superstite emerge con una certa evidenza una concorrenza tra la *clausola* ritmica raccomandata per le pause forti, e cioè il *velox* (pp4p), e il *tardus* (p4pp). Già nei sintagmi in posizione finale Dante tende a proporre il *tardus* circa una volta su cinque, e questo uso tende a salire considerando i periodi interni fino a uno su tre, quasi pareggiando il *velox* (parliamo di circa 445 clausole con *tardus*, laddove si riscontrano, per il *velox*, una ventina di esempî in più).[51] Nella storia del *cursus* alcuni casi isolati presentano una spiccata preferenza per il *tardus*: si possono citare il papa riformatore Gregorio VII († 1085) nonché, nella manualistica, le indicazioni definite nei *Praecepta dictaminum* di Adalberto Samaritano (1111–1118), uno dei primi maestri bolognesi;[52] siamo in una fase (secc. XI–XII in.) cronologicamente piuttosto alta della storia dell'epistolografia medievale, e sicuramente travolta dall'uso sempre più dominante del *velox* che, tra XIII e XIV secolo, tenderà a ricacciare il *tardus* a un'occorrenza più ridotta.[53]

L'Alighieri, tuttavia, non presenta un così forte rovesciamento delle gerarchie ritmiche, che ha indotto qualche studioso – tra cui l'illustre Tore Janson[54] –

---

48 *Dve* (Mengaldo), II, vi, 4, commento *ad locum*.
49 *Dve* (Marigo), II, vi, 4, commento *ad locum*.
50 Sui problemi filologici delle edizioni delle lettere di Dante, mi permetto di rimandare alla ricostruzione in Montefusco, *Le "Epistole"*, pp. 412–416; ugualmente, per una valutazione delle edizioni più recenti (Pastore Stocchi, Villa, Baglio), rimando a un intervento-recensione: Montefusco, *Epistole a c. di M. Baglio*. L'uso del *cursus* a scopo ecdotico nella *restitutio* delle epistole dantesche, e non solo, è discusso in Chiesa, *L'impiego del* cursus, pp. 293–301 (con importanti osservazioni anche sull'uso dantesco).
51 Il calcolo è realizzato a partire da Rossetto, *L'uso del "cursus"*, in particolare nelle tabelle riassuntive di pp. 63–71; questo esame, l'unico finora complessivo, abbisogna forse di qualche aggiustamento (in particolare nella tendenza a valorizzare intrecci e catene, e talvolta a individuare clausole ritmiche in pause minori del periodo), ma è ancora uno strumento di base di certa utilità.
52 Per l'uso della cancelleria papale al tempo di Gregorio VII, Janson, *Prose*, pp. 42–49; per la preferenza accordata al *tardus* da Adalberto Samaritano, eccezionale nella storia del *dictamen*, si veda p. 77.
53 Janson, *Prose Rhythm*, pp. 69–ss.
54 Janson, *Prose Rhythm*, pp. 79–80.

a ipotizzare una specifica tradizione scolastica fiorentina distinta, su questo piano, dalla tradizione bolognese nonché da quella affermatasi oltralpe. In Dante si riscontra invece un equilibrio fra i tre tipi di clausole (incluso, dunque, anche il *planus*, p3p, usato ca. il 30% delle volte in chiusura di periodo) con una spiccata ricerca di parallelismi nella tessitura del periodo che, come abbiamo appena visto, trova specifica esplicitazione nel capitolo della *constructio* del *Dve*. Si prenda la lettera solenne scritta da Dante all'imperatore Enrico VII il 17 aprile 1311, in un momento di forte stallo della campagna militare dovuto alla ribellione delle città lombarde. A conclusione della *petitio*, dopo aver individuato nell'azione di Firenze un tentativo di dilazione che vorrebbe sfiancare l'operazione imperiale, l'Alighieri indica nel figlio di Enrico, Giovanni di Boemia, un nuovo Ascanio, quindi una sorta di erede "provvidenziale" del ruolo del padre, la cui carica imperiale, è bene ricordarlo, era elettiva. Il passaggio è dunque cruciale per il discorso dantesco, che ritaglia all'impero un posto cruciale nel progetto di Dio sulla terra.

> Iohannes namque, regius primogenitus tuus et rex, quem, post diei orièntis occàsum [pl], mundi successiva postèritas prestolàtur [vl], nobis est àlter Ascànius [pl], // qui vestigia magni genitòris obsèrvans [pl], in Turnos ubique sicut lèo desèviet [td] et in Latinos velut àgnus mitèscet [pl].» (*Ep.* VII, 18).

In questo passaggio elegantemente accordato si noterà come le due *constructiones* si poggiano su due clausole con *cursus planus* che incorniciano una volta un *velox* e un'altra un *tardus*; si tratta di una struttura ritmica intesa a rilevare parallelismi o disgiunzioni intense (come quella tra i seguaci di Turno e gli epigoni dei Latini, intese a sottolineare il doppio approccio richiesto al governo imperiale, di dura reazione a chi si ribella e di mitezza nei confronti di chi è fedele) dotati sempre di forte significato. Non si vuol dire qui che sia impossibile trovare qualche esempio di prosa epistolare che presenti un similare equilibrio tra le clausole.[55] Ma ciò che sembra proprio di Dante è un sistematico ricorso a strutture ritmiche più complesse, costruite volontariamente su ripetizioni e contrasti e che si dispiegano sull'intero periodo, con uno scopo non solo sintattico ma più sensibilmente semantico.

---

[55] Può qui essere ricordato il caso del papa Alessandro II († 1073), predecessore di Gregorio VII, in una fase di assestamento dello stile della cancelleria papale: Janson, *Prose Rhythm*, pp. 47–49.

4 Uno stile curiale

A partire da questo dato, possiamo ora provare a precisare la posizione della prassi dictaminale rappresentata dalle lettere dantesche a fronte di quelle coeve. La letteratura critica ha, su questo punto, avanzato proposte diverse e talora non totalmente coerenti o contraddittorie tra di loro. Spesso si è avuta la tendenza ad avvicinare lo stile dantesco a quello *supremus* usato nella cancelleria imperiale, e in particolare nello stile delle lettere più o meno riconducibili all'autorità di Pier della Vigna. La conoscenza di questi testi da parte di Dante, oltre che attesa, è senza meno facilmente dimostrabile a partire dal canto XIII dell'*Inferno*, dove il pellegrino incontra l'anima del logoteta imperiale. In bocca a Piero viene messo un discorso in versi (volgari) che riprende puntualmente le caratteristiche più salienti del *dictamen* svevo: sul piano dell'*ornatus difficilis*, risalta l'uso di *transumptiones* caratteristiche di questi testi, quali quella della vigna (utilizzato nell'elogio del logoteta realizzato da Nicola della Rocca), quella della meretrice e quella della chiave, accanto ai poliptoti su "infiammare" e "credere", le figure di suono, l'iniziale anafora dispiegata su tre terzine e rime ricercatissime al limite dell'omofonia.[56] Se pensiamo che il discorso di Piero rispetta la partizione epistolografica classica (*exordium* ai vv. 55–57; *narratio* ai vv. 58–75), con la *petitio* (vv. 76–78) consistente nella richiesta di confortare la memoria del dannato sulla terra, ne esce confermata l'idea che quello di Dante è, innanzitutto, un discorso critico sulla specifica prassi retorica della Magna Curia: si intende che, per l'Alighieri, questo stile sovraccarico, che pone la prosa latina in concorrenza diretta con la poesia in ragione dell'accumulo di *colores* retorici e usi ritmici, è un aspetto "negativo" della scrittura della cancelleria sveva e dei suoi principali esponenti.[57] In questo senso il giudizio dantesco sembra convergere con alcuni contemporanei che avevano sottolineato la conseguenza negativa, sul terreno della comprensione, di questa prosa di natura propagandista e politica, parlando di *obscuritas*.[58] Non sorprende, dunque, di scoprire che lo stile epistolare di Dante non sembra avvicinabile a quello del logoteta; e nemmeno i riscontri puntuali tra le due opere sembrano andare al di là di un ristretto gruppo di stringhe testuali che insistono su fonti comuni.[59]

---

56 Villa, «*Per le nove radici d'esto legno*».
57 Jacomuzzi, *Il palinsesto della retorica*, parla genericamente di una critica della retorica in generale, anzi di una sua «dissacrazione» (p. 66).
58 Per il giurista Odofredo, lo stile di Piero è caratterizzato da un «obscure loqui» (Kantorowicz, *Über die dem Petrus*, p. 653 nota 1).
59 Cfr. su questo tema la nota 46.

Sembra anche fuorviante e anacronistico comparare lo stile di Dante con quel gruppo di stili che sembrano perlopiù legati a contesti di insegnamento della retorica, definiti "romano" (che privilegiava un uso localizzato del *cursus*) o "ilariano" (che invece generalizzava il ricorso al ritmo), e poi "ciceroniano" (che attinge specialmente alle risorse dell'*ornatus*) e "isidoriano" (caratterizzato dall'uso di figure di suono). Nella tradizione delle *poetriae*, e in particolare nella *Parisiana poetria* di Giovanni di Garlandia (1220–1235), questi quattro stili «modernorum» indicano le differenti possibilità di arricchimento della prosa latina.[60] Bisogna però ammettere che nella scrittura di Dante risulta davvero difficile individuare la prevalenza di uno di questi stili, sebbene sia utile rimarcare, come ha ben esemplificato l'ultimo commentatore Marco Baglio, che il cosiddetto isidoriano «è lo stile che Dante mostra di preferire, incrociandolo con la prosa ritmica tipica dello stile romano. Ripetizioni, poliptoti e paronomasie segnano in generale la prosa latina di Dante e nello specifico quella epistolare».[61] Ma l'abbondantissimo ricorso all'*ornatus*, specie *difficilis*, orienta anche verso lo stile che si attribuisce a Cicerone, sebbene proprio quest'ultimo costituisca in qualche modo la prova della sfocatezza di tale paradigma, dato che con *stilus tullianus* si indicava la seriazione dei *colores* desunte, nell'*ars dictaminis*, dalla pseudo-ciceroniana *Rhetorica ad Herennium*.[62]

Il quadro di pratiche stilistiche che sembra giustificare con più precisione la scrittura epistolare dantesca è da individuare nel cosiddetto *stylus Curie romane*, che da qualche studioso illustre è stato definito, con ulteriore anacronismo, *stylus rhetoricus*.[63] Si tratta dello stile cancelleresco che si è sviluppato e affermato presso la cancelleria papale durante un lungo percorso evolutivo, giunto a maturazione durante il XIII secolo, perfezionandosi durante il pontificato di Onorio III e poco dopo. Esso è il frutto del trapianto in ambito papale

---

60 Sembrerebbe trattarsi di una "invenzione" di Giovanni di Garlandia, il quale pone sotto queste etichette i quattro possibili stili di cancelleria: «de quatuor stilis curialibus. Preter stilos tres poeticos et de pedibus servandis in dictamine. Item preter tres stilos poeticos sunt et alii stili quatuor quibus utuntur moderni, scilicet Gregorianus, Tullianus, Hyllarianus, Hysydorianum» (*The Parisiana Poetria*, c. 5, l. 402). Lo ha mostrato Turcan-Verkerk, *La théorie des quatre styles*, che ha anche sottolineato il corto-circuito che si è ingenerato nella tradizione di studi moderna, che ha dato largo credito a questa costruzione: si veda, ad esempio, l'articolo di Schiaffini, *Gli stili prosastici* e Plezia, *Quattuor stili modernorum*.
61 *Ep.* (Baglio), p. 22.
62 Destinato a grande fortuna, come si sa, ma in epoca più tarda. Per Giovanni di Garlandia: «in stilo tulliano non est observanda pedum cadencia, set dictionum et sententiarum coloracio. Quo stilo utuntur vates prosayce scribentes et magistri in scolasticis dictaminibus» (*The Parisiana Poetria*, c. 5, l. 432–433).
63 Witt, *Medieval "Ars dictaminis"*, p. 30; la categoria è stata criticata da Grévin, *Rhetorique du pouvoir*, p. 135 n. 46.

e della conseguente trasformazione dello stile teorizzato nella scuola francese (detta "di Orléans"), caratterizzato dall'impiego di ricchissime serie di figure retoriche e da un risultato prosastico piuttosto analitico; a questi influssi si affiancarono anche gli apporti provenienti dalla scuola bolognese, nonché dalla tradizione meridionale. Lo stile della curia papale trovò la sua individualità nel forte ricorso a meccanismi di *pathos*, desunti dalla tradizione omiletica e specificamente cistercense (legata alla predicazione per le crociate) – caratteristica particolarmente adatta alla *performance* orale di lettura collettiva e pubblica in cerimonie solenni.[64]

Prendiamo un esempio particolarmente rappresentativo: una delle lettere raccolte nella *Summa dictaminis* di Tommaso da Capua. Durante i pontificati di Innocenzo III, Onorio III e Gregorio IX, Tommaso ebbe un ruolo centrale nella cancelleria papale, contribuendo a definire lo *stylus curie romane* e influenzando a sua volta l'epistolografia sveva tramite il complesso di esperimenti stilistici latini realizzati da un nutrito gruppo di *dictatores* campani, e più precisamente capuani, all'inizio del Duecento.[65] Ecco un passaggio di una epistola che ha per destinatario un religioso e che ruota intorno al concistoro:

> O felix, quem perplexa temporalium retia non involvunt! O felix, quem fluvius desiderii terrenorum immissum a bestia retardare non potuit, qui liberis pennis et siccis pedibus ab humore carnalium voluptatum exemptus volaveris in solitudinem, qua quiescis! Ecce, nunc sedes ad pedes Domini cum Maria; ecce, nunc in Rachelis pulchritudine delectaris; ecce, iam gustas, quam magna multitudo dulcedinis, quam abscondit Deus diligentibus se! Quid plura? Manifeste loquor, publice fateor et aperte protestor, quod factus es ante me sinceritate consciencie, innocentia vite, fame decore.[66]

Sul piano dell'*ornatus difficilis*, si noterà la *transumptio* delle preoccupazioni temporali rappresentate come delle reti, a cui si lega l'immagine del volo di chi se ne libera; così, la metafora del fiume, anch'essa a rappresentazione delle conseguenze negative del secolo, resta isolata ma ben evidenziata nel suo contrasto con la rappresentazione aerea precedente. Il ritmo è costruito tramite una serie di ripetizioni (*O felix ... ecce, nunc ... quam ...*), interrogative retoriche (*quid plura?*) ed esclamative, con una *climax* di impianto patetico che ha uno scopo evidentemente oratorio. Rientrano in questa complessiva intenzione anche le figure di suono qui sfruttate, tra le quali emergono soprattutto gli esibiti omoteleuti e assonanze (i più evidenti sono *loquor ... fateor ... protestor*, ma non va

---

64 Schaller, *Studien zur Briefsammlung*, pp. 371–51; cfr. anche l'introduzione di Delle Donne in Nicola da Rocca, *Epistole*, pp. XXIII–XXVI.
65 Delle Donne, *Tommaso di Capua*.
66 *Die Briefsammlung des Thomas von Capua*, p. 55.

sottovalutato anche l'accumulo di suoni sibilanti nell'immagine del volo: *liberis pennis et siccis pedibus ... volaveris ... quiescis*).

Per verificare l'operatività di tale modello, facciamo riferimento a un pezzo, tra le epistole dantesche, che risulti omogeneo per il tema ma anche per il carattere parenetico, e cioè l'epistola XI. La lettera è redatta da Dante durante il drammatico conclave di Carpentras, interrotto *manu militari* da un'irruzione organizzata dal gruppo di cardinali guasconi per evitare che il papa ritorni a Roma. L'Alighieri, che pure è privo di qualsivoglia legittimità pastorale («nulla pastorali auctoritate abutens», *Ep.* XI, 9), osa prendere la parola divorato dallo zelo e confortato dagli esempi di coloro che, nonostante fossero umili o addirittura lattanti, hanno saputo vedere la verità e mostrarla ai farisei, renitenti a vederla. L'intenzione è contraria a quella dei guasconi: incitare i cardinali italiani a combattere («viriliter propugn*are*», 26) per riconquistare alla città di Roma e all'Italia la sede petrina. Nel cuore della *narratio*, dopo aver spiegato ai propri interlocutori che egli scrive, pure minima pecora del signore, perché dotato della grazia, Dante prorompe in un'invettiva che descrive una curia in preda alla cupidigia e l'iniquità, in cui le opere dei padri e dei dottori sono abbandonati a favore della ricchezza e dei benefici:

> Quidni? Cupiditatem unusquisque sibi duxit in uxorem, quemadmodum et vos, que nunquam pietatis et equitatis, ut caritas, sed semper impietatis et iniquitatis est genitrix. A, mater piissima, sponsa Christi, que in aqua et Spiritu generas tibi filios ad ruborem! Non caritas, non Astrea, sed filie sanguisuge facte sunt tibi nurus; que quales pariant tibi fetus, preter Lunensem pontificem omnes alii contestantur. Iacet Gregorius tuus in telis aranearum; iacet Ambrosius in neglectis clericorum latibulis; iacet Augustinus abiectus, Dionysius, Damascenus et Beda; et nescio quod "Speculum", Innocentium, et Ostiensem declamant. Cur non? Illi Deum querebant, ut finem et optimum; isti census et beneficia consecuntur (*Ep.* XI, 14).

Il testo è costruito intorno alla corposa *transumptio* del matrimonio tra i cardinali e la *cupiditas*, a partire dal quale si generano le immagini della cupidigia-madre e delle figlie della sanguisuga-nuore. Per intensificare il *pathos*, Dante puntella la lettera di interrogative retoriche (*quidni? ... cur non?*), intrecciandole con una ricca serie di esclamative. Un medesimo intento di costruzione di un ritmo quasi martellante è da indicare nell'uso abbondante di omotoleuti nella prima parte del passaggio (*pietatis ... equitatis ... impietatis ... iniquitatis*), interrotti da due termini con sibilante finale (*caritas ... genitrix*). Nella seconda parte, è l'anafora (*iacet ... iacet*) a sfociare in due liste (*Dionysius, Damascenus et Beda ... "Speculum", Innocentium, et Ostiensem*) e nella *contentio* finale che contrappone Padri e Dottori agli attuali cardinali.

5 La legittimità del *dictator*

Gli elementi che abbiamo raccolto sono utili per precisare l'attività del Dante *dictator*, per individuare i punti di maggiore originalità della sua produzione epistolare, per individuare quale ruolo ebbe il *dictamen* come sapere egemonico e pratico insieme nella sua opera. Dobbiamo sottolineare in prima istanza come emerga, dall'indagine condotta finora, una notevole coerenza tra l'autocoscienza dell'Alighieri esperto di epistolografia che abbiamo visto all'azione nel *Dve* e la prassi scrittoria sviluppata nelle lettere. Non bisogna infatti porre una barriera o una divaricazione tra lo stile *curie romane* e la manualistica dei grandi maestri bolognesi a cui Dante si attiene, seppure secondo una linea di innovazione "dall'interno". Proprio il caso di Tommaso da Capua è, a questo riguardo, particolarmente significativo. Tommaso, infatti, insegnò nelle scuole dell'Italia settentrionale – è attestato un suo insegnamento a Vicenza – e la sua riflessione sulla scrittura epistolare fu un punto di riferimento per la grande manualistica bolognese.[67] Nel *Candelabrum* di Bene da Firenze, è Tommaso difatti a fornire gli elementi di riflessione e di nomenclatura fondamentali per la partizione della lettera (nell'*abbreviatio* del libro V), ma anche per gli usi aggettivali e verbali a cui attenersi nelle varie parti (per esempio nel libro III a proposito della *salutatio*).[68]

Formatosi nella Firenze dominata dalla figura di Brunetto Latini, Dante si sottrasse volutamente alla trasformazione, volgarizzazione e moralizzazione del *dictamen* che proprio il Latini aveva consegnato alla incompiuta *Rettorica* e al *Tresor*. Egli invece rimase fortemente coerente a un quadro scolastico, che concepiva la scrittura epistolare gerarchizzata sul latino come lingua dell'autentificazione documentaria, e allo stesso tempo attingeva, trasformandole, a tradizioni di scrittura curiale recepite sempre in ambito bolognese. Una delle motivazioni di questa visione può proprio essere ricercata e trovata nella peculiare posizione sociale dell'Alighieri, che, a differenza di Brunetto ma anche di autori a lui contemporanei (da Pier della Vigna a Francesco da Barberino), non ha un *cursus* di studi regolare compiuto né alcun titolo di incardinamento istituzionale (non è, per esempio, un notaio come Brunetto o Francesco da Barberino). Dante è un *dictator* illustre privo di una fonte di legittimazione istituzionale al di fuori della sua scrittura volgare; non è un caso se egli, dunque, cercherà di dimostrare a un pubblico di lettori probabilmente accademici la possibilità di scrivere in un volgare illustre superiore al latino attingendo anche alla tradizione del *dictamen* sulla base di una conoscenza di prima mano di *summae* e *artes*.

---

67 Heller, *Die Ars dictandi*.
68 Bene da Firenze, *Candelabrum*, pp. 339.

Nella prassi dantesca il *dictamen* resta, di conseguenza, fortemente ancorato a un quadro di emissione istituzionale, che talvolta arriva fino ad obliterare la firma d'autore: succede nella lettera redatta in nome dell'*Universitas Alborum* (*Ep.* I) o nel gruppo di testi epistolari scritte per la moglie di Enrico VII a nome di Gherardesca, la moglie di Guido Guidi, conte di Battifolle (*Epp.* VIII–X).[69] Questo fenomeno, che non cancella mai il timbro unico dello scrittore, è però piuttosto sorprendente se lo si confronta con il paziente e caratteristico progetto di Dante di presentarsi come *auctor*.[70] A parte la consolatoria redatta in morte di Alessandro da Romena (*Ep.* II) e le lettere accompagnatorie di componimenti poetici (*Epp.* III–IV), dove emerge l'io dello scrittore secondo la normale *routine* della scrittura epistolare privata, nelle grandi lettere circolari (quelle arrighiane e quella ai cardinali), redatte in un momento in cui la *Commedia* iniziava a circolare e a essere conosciuta,[71] allo stile curiale, dunque universale, Dante aggiungerà anche una precisa auto-presentazione profetica.[72] Nella lettera scritta ai Fiorentini *intrinseci* il 31 marzo per ribadire il carattere sacrale della missione di Enrico e accusare la città di Firenze di costituire un empio nucleo di resistenza a tale missione, Dante si auto-descrive con queste parole:

> et si presaga mens mea non fallitur, sic signis veridicis sicut inexpugnabilibus argumentis instructa prenuntians, urbem diutino merore confectam in manus alienorum tradi finaliter, plurima vestri parte seu nece seu captivitate deperdita, perpessuri exilium pauci cum fletu cernetis (*Ep.* VI, 17).

Come ha chiarito Elisa Brilli, l'espressione «praesaga mens» intarsia richiami virgiliani (*Aen.* X, 843) e agostiniani; pertiene anzi più precisamente ad Agostino la «definizione tecnica della mente profeticamente ispirata».[73] In effetti, Dante qui lega la profezia all'interpretazione intellettuale di segni veridici, collocandosi quindi nel quadro definito del *De Genesi ad litteram*, dove, a partire dal commento al *raptus Pauli* e alla visione dell'Apostolo, Agostino esplicita una gerarchia tra i tipi di profezia secondo la quale è «maxime propheta» colui che è capace di attingere alla «vivacitate mentis» con la quale si interpretano le «rerum significativas similitudines».[74] Questa gerarchia si incardina nella dot-

---

69 Cfr. su questo l'articolo di Attilio Bartoli Langeli in questo volume.
70 Ascoli, *Dante and the Making*.
71 Per le datazioni, si veda Inglese, *Vita di Dante*, pp. 118–ss.
72 Ledda, *Modelli biblici*. Per la convergenza di *dictamen* e profetismo nell'epistolario dantesco, cfr. Brilli, *The interplay*, pp. 153–69.
73 Montefusco, *Le "Epistole"*; sull'intertestualità Brilli, *Reminiscenze scritturali*, p. 550.
74 *Agostino, De Genesi ad litteram*, XII, ix, 20: «proinde, quibus signa per aliquas rerum corporalium similitudines demonstrabantur in spiritu, nisi accesserat mentis officium, ut etiam intellegerentur, nondum erat prophetia; magisque propheta erat, qui interpretabatur quod alius

trina agostiniana dei tre tipi di visione, che posiziona l'intelletto (la *mens*), che vede oggetti incorporei,[75] al di sopra dello *spiritus* e del corpo; questo quadro gnoseologico, che fu alla base della riflessione sulla profezia in ambito scolastico nel XIII secolo,[76] approda all'idea per cui la visione intellettuale, che consta di un atto interpretativo, non sbaglia mai: «at vero in illis intellectualibus visis non fallitur: aut enim intellegit, et verum est; aut si verum non est, non intellegit: unde aliud est in his errare quae videt, aliud ideo errare quia non videt».[77] Credo che si possa proporre l'ipotesi che questo specifico ragionamento sia alla base dell'idea dantesca di una «presaga mens (...) signis veridicis sicut inexpugnabilibus argumentis instructa prenuntians». La plausibilità di questo rimando, che mi pare non sia stato ancora rilevato, può essere confortata dalla tessera «non fallitur» che accompagna l'idea di una mente "presaga" (*Ep.* VI, 17).

Nella già citata lettera ai cardinali, Dante sente invece il bisogno di distinguere con forza la sua denuncia da quella di astronomi e profeti rozzi:

> Piget, heu!, non minus quam plagam lamentabilem cernere heresium, quod impietatis fautores, Iudei, Saraceni et gentes, sabbata nostra rident, et, ut fertur, conclamant: «Ubi est Deus eorum?»; et quod forsan suis insidiis apostate potentes contra defensantes Angelos hoc adscribunt; et, quod horribilius est, quod astronomi quidam et crude prophetantes necessarium asserunt quod, male usi libertate arbitrii, eligere maluistis (*Ep.* XI, 4).

Il passaggio è di una certa importanza perché Dante accomuna i «crude prophetantes» a eretici e apostati, i primi soddisfatti dell'assenza di Dio che si verifica

---

vidisset, quam ipse qui vidisset. Unde apparet magis ad mentem pertinere prophetiam, quam ad istum spiritum, qui modo quodam proprio vocatur spiritus, vis animae quaedam mente inferior, ubi corporalium rerum similitudines exprimuntur. Itaque magis Ioseph propheta, qui intellexit quid significarent septem spicae et septem boves, quam Pharao qui eas vidit in somnis. Illius enim spiritus informatus est, ut videret; huius mens illuminata, ut intellegeret. Ac per hoc in illo erat lingua, in isto prophetia; quia in illo rerum imaginatio, in isto imaginationum interpretatio. Minus ergo propheta, qui rerum quae significantur, sola ipsa signa in spiritu per rerum corporalium imagines videt; et magis propheta, qui solo earum intellectu praeditus est: sed et maxime propheta, qui utroque praecellit, ut et videat in spiritu corporalium rerum significativas similitudines, et eas vivacitate mentis intellegat, sicut Danielis excellentia tentata est et probata, qui regi et somnium quod viderat dixit, et quid significaret aperuit. Et ipsae quippe imagines corporales in spiritu eius expressae sunt, et earum intellectus revelatus in mente».
75 «Quae non habent imagines sui similes» (Agostino, *De Genesi ad litteram*, XII, vi, 15).
76 Cfr. la ricostruzione di Rodolfi, *Cognitio obumbrata*.
77 «In visione autem spiritali, id est in corporum similitudinibus, quae spiritu videntur, fallitur anima, cum ea quae sic videt, ipsa corpora esse arbitratur; vel quod sibi suspicione falsaque coniectura finxerit, hoc etiam in corporibus putat, quae non visa coniectat. At vero in illis intellectualibus visis non fallitur: aut enim intellegit, et verum est; aut si verum non est, non

nella vacanza papale, i secondi orgogliosi di aver contribuito alla drammatica situazione. Allo stesso tempo viene correttamente attribuita ai diffusori di profezie l'insistenza sulla "necessità" di un momento di tribolazione per la Chiesa, allo scopo di una futura rigenerazione. Possiamo anche individuare con buona approssimazione l'obiettivo della polemica dantesca in quei particolari testi, come le profezie papali figurate intitolate *Genus nequam* (la "stirpe cattiva"), che trasmettevano una serie di figure papali, affiancate da un motto e un commento: le prime figure erano identificate, a fondamento della veridicità della predizione; seguiva un gruppo di figure riferite ai o al futuro pontefice. Proprio intorno al 1304–1305 un codice fiorentino testimonia dell'uso di queste profezie in ambienti di tipo francescano o comunque tra gruppi nostalgici del papa Celestino V.[78] Che Dante conosca questa letteratura è confortato dalla immagine dei papi simoniaci di *Inf.* XIX, dove, come ha dimostrato Potestà, egli civetta esplicitamente con questa testualità.[79]

L'Alighieri, dunque, qui non sta mettendo in guardia dalla diffusione incontrollata di profezie, come fa ad esempio il teologo francescano Pietro di Giovanni Olivi: quest'ultimo, infatti, si trova a essere ispiratore, nel quadro di una rivalutazione della teologia della storia di impianto gioachimita, di gruppi che facevano grande uso di testi profetici, in particolare incentrati sulla denuncia dell'attuale stato della Chiesa.[80] Risultava molto importante, di conseguenza, distinguere le corrette interpretazioni di visioni e avvenimenti contemporanei da quelle scorrette o equivoche. Dante, invece, sembra contestare *in toto* una visione che considera la vacanza papale – protratta a causa del cattivo uso del libero arbitrio da parte dei cardinali – come un momento necessario di svolta nella storia della salvezza (che può aprire, per esempio, all'arrivo di figure escatologiche come il papa angelico?).

Questa distinzione e precisazione è particolarmente importante a questa altezza cronologica del percorso dantesco. Nell'epistola XI, vero capolavoro del *corpus*, Dante è ormai giunto a un'esplicita autocoscienza profetica, basata su una assimilazione al profeta veterotestamentario Geremia.[81] Egli sta sviluppan-

---

intellegit: unde aliud est in his errare quae videt, aliud ideo errare quia non videt» (Agostino, *De Genesi ad litteram*, XII, xxv, 52).
78 Si tratta di Firenze, Biblioteca Riccardiana, 1222 B, un codicetto dalla fattura piuttosto rozza, la cui redazione è stata realizzata poco dopo la morte di Benedetto XI; sul testo *Genus nequam* vedi Potestà, *L'ultimo messia*, p. 174.
79 Potestà, *Dante profeta*, pp. 85–87.
80 Burr, *Olivi on Prophecy*.
81 Cfr., in questo volume, il contributo di Potestà, «*Cum Ieremia*». *Sul testo della lettera di Dante ai cardinali*; sull'uso di Geremia in vista della investitura profetica, cfr. anche Jacoff, *Dante, Geremia*, e Tavoni, *Qualche idea*, pp. 161-ss.

do un quadro cognitivo che gli consentirà di definire una propria ecclesiologia, nella visione del carro che chiude il *Purgatorio* e nella prospettiva di riforma disegnata nella *Monarchia*. Allo stesso tempo, e per la prima volta, il ruolo di *denunciator* è rivendicato, come si è già detto, proprio a partire da una posizione priva di *auctoritas* pastorale («nulla pastorali auctoritate»), quindi di laico nonché di povero («divitie mecum non sunt», *Ep.* XI, 9). L'assenza di legittimità istituzionale è finalmente non soltanto controbilanciata dal prestigio della scrittura volgare e dalla condizione di esule,[82] ma viene finalmente superata da un progetto di legittimazione carismatica, per usare le categorie di Weber,[83] derivata direttamente da Dio («gratia Dei sum id quod sum»), che si esplica nella missione apocalittica, affidata a Giovanni, di scrivere ciò che si vede: «quod vides scribe in libro» (*Apc* 1, 11).

---

[82] Si tratta di una risorsa sfruttata da Dante nella lunga durata, per esempio anche in *Tre donne*; per le strategie di legittimazione di Dante durante l'esilio, cfr. Brilli, *Firenze e il profeta*.
[83] Mi riferisco al celebre saggio del 1919 *Politik als Beruf*, che si può leggere in traduzione in Weber, *La scienza come professione*.

Benoît Grévin
Le epistole dantesche e la prassi duecentesca dell'*ars dictaminis*
Proposte metodologiche per uno studio sistematico

Abstracts: Le lettere di Dante sono spesso analizzate per ritrovare le caratteristiche e le idiosincrasie dello stile dantesco: questa logica, di matrice letteraria, sposta spesso l'interesse verso l'analisi dell'uso delle *autorictates* classiche o l'originalità delle metafore. L'articolo adotta invece un altro metodo possibile e complementare, proponendo uno studio sistematico delle "comunanze formulari" tra le lettere dantesche e le produzioni epistolari del Duecento italiano che poterono influenzarle, ossia il contenuto delle *summae dictaminis* papali, imperiali e comunali. I sintagmi su cui è condotta la ricerca dei paralleli sono selezionati tramite il filtro della struttura semi-ritmica delle lettere duecentesche e dantesche, in cui emergono gli automatismi o "semi-automatismi" di scrittura imposti dal *cursus rhytmicus*. I risultati preliminari dell'inchiesta dimostrano le potenzialità di un simile approccio sistematico, che inserisce la produzione epistolare di Dante all'interno della prassi epistolare del suo tempo rispettando le logiche d'insegnamento e di pratica retorica del Duecento.

Many enquiries about Dante's epistles are aimed at pinpointing Dantean features and personal traits: this literary perspective is mainly concerned with his reuse of classical *auctoritates* or the novelty of his metaphors. In this article I propose another complementary method for approaching the issue, that is to say a systematic study concerning the "formulaic points of contact" between Dante's epistles and the Italian Duecento epistolary tradition contained in those pontifical, imperial and municipal *summae dictaminis* that might have influenced Dante. The clauses taken for comparison are selected through the frame of the letters' semi-rhythmic structure: there, automatism or semi-automatism imposed on writing through *cursus rhytmicus* raises compelling issues. The preliminary results of such an investigation show the potential of a systematic approach that aims at contextualizing Dante's letters within both the teaching logic and the rhetorical practice of the Italian Duecento.

Parole chiave: Dante, *ars dictaminis*, *cursus rhytmicus*, *Summae dictaminis*, intertestualità.

Benoît Grévin, CNRS

L'*ars dictaminis* italiana duecentesca di lingua latina possedeva precise caratteristiche, legate alla sua polivalenza di discorso adatto a un uso sia interpersonale che impersonale e istituzionale, nonché all'importanza nella sua strutturazione del fattore ritmico e, in seconda linea, metaforico.[1] È la mancata presa in considerazione di queste caratteristiche di tipo "semi-formularistico"[2] ad aver rallentato fino ad oggi una ricerca sistematica che indaghi la natura dell'influenza delle fonti legate alla prassi dell'*ars dictaminis*, e *in primis* delle lettere e dei testi assimilati contenuti nelle grandi *summae dictaminis* duecentesche (Pier della Vigna, Tommaso di Capua, Riccardo da Pofi e altri)[3] su una produzione come quella dantesca:[4] le caratteristiche parzialmente formularistiche dei testi contenuti nelle *summae dictaminis* duecentesche rendono la riconduzione di un particolare motivo a una origine precisa difficile, se non, nella maggior parte dei casi, impossibile. Questa indeterminazione, che conduce a rinviare la maggioranza dei motivi e sintagmi danteschi già presenti in *dictamina* anteriori a una massa indifferenziata di testi, impedisce di utilizzare una analisi filologico-letteraria di stampo classico per pronunciarsi sul rapporto delle epistole dantesche con diverse serie di lettere che le precedettero nella storia del *dictamen* italiano ed europeo. Di conseguenza, la ricerca della fonte non può qui assumere le caratteristiche confortevoli di un gioco di rinvii semplici di testo a testo. Prenderà piuttosto l'aspetto di una moltiplicazione di echi, che rimandano a una molteplicità di punti di partenza di importanza apparentemente uguale, localizzabili in diversi punti della gigantesca ragnatela costituita dalla quasi illimitata rete di quei *dictamina* duecenteschi superstiti che possono essere stati letti e studiati dall'apprendista notaio, o più generalmente dal letterato, all'epoca dell'infanzia, dell'adolescenza e della giovinezza di Dante.[5]

---

[1] Sulla teoria e la prassi dell'ars *dictaminis* nel Duecento, con numerosi elementi sulle *summae dictaminis* citate in queste pagine, si vedano in genere i due volumi collettivi recenti Delle Donne, Santi, *Dall'ars dictaminis*, e Grévin, Turcan-Verkerk, *Le* dictamen, con bibliografia aggiornata fino al 2014.

[2] Sulla proposta di questo termine e le sue ragioni, cfr Grévin, *De l'ornementation*, in particolare pp. 93–9.

[3] Su queste *summae*, cfr. *infra*, p. 139 e note 5 e 26–28. Le lettere di Pier della Vigna sono qui citate a partire da *L'Epistolario di Pier della Vigna*; quelle di Tommaso di Capua a partire da Tommaso di Capua, *Die Briefsammlung*; quelle di Riccardo da Pofi, ancora inedite, a partire da una trascrizione personale sul ms. Vat. Barb. 1948.

[4] Si veda anche, per una presentazione sintetica dei problemi, Montefusco, *Le "Epistole"*.

[5] Una data cerniera corrisponde agli anni 1266–1271, che vedono l'accelerazione dell'organizzazione sia delle grandi *summae dictaminis* papali, in parte grazie alla vacanza pontificia del 1268–1271, sia delle *summae dictaminis* dette di Pier della Vigna, in probabile gestazione dall'epoca del regno di Manfredi, ma rielaborate, forse nello stesso milieu. Cfr. a questo proposito Thumser, *Les grandes collections* et Thumser, *Petrus de Vinea*.

Si potrebbe sostenere che durante tutta la sua lunga storia, ma particolarmente dopo gli sviluppi teorici e pratici degli anni 1180–1220 (con l'ascesa dei grandi maestri bolognesi a nord e la definizione sempre più chiara dell'essenza dello *stylus papalis*, a sua volta imitato e rielaborato nella Magna Curia sveva a partire dal 1220, a sud),[6] i due perni su cui poggiava la pratica dell'*ars* erano l'uso della *transumptio* (ossia il lavoro di sostituzione di termini ovvi con termini mutuati dal tesoro biblico, classico, giuridico o filosofico, metaforicamente adatti a esaltare o denigrare il soggetto trattato)[7] e del *cursus rhythmicus*. Il quadro è quello di una prassi epistolare in gran parte impiegata nella creazione cadenzata di decine di lettere e atti destinati a riprendere lo stesso discorso, in un perpetuo esercizio di *variatio*, *ampliatio/amplificatio* o *riductio*: per distinguere formalmente lettere o atti simili, nello stampo formato dai diversi schemi ritmici autorizzati dal *dictamen* papale (in pratica tre: *velox*, *tardus* e *planus*: è errore considerare il *trispondaicus* una valida alternativa, in quanto appare soltanto nel margine di errore tollerato dalla prassi) il *cursus* era poco a poco diventato – con l'accumulazione nelle scuole o ateliers di scrittura di lettere di origine papale, sveva o di altri orizzonti che presentavano variazioni sugli stessi temi – un vero e proprio condizionamento formulare (o piuttosto semi-formulare, se si tiene conto del fatto che in diverse sezioni del periodo non era obbligatorio). Questo condizionamento influiva sulla prassi dei *dictatores* al livello "micro" delle unità sintagmatiche di due o tre parole, come al livello "macro" dell'intera lettera.[8]

La struttura del *cursus velox*, particolarmente favorita durante il Duecento presso le corti sveva e papale per decorare le chiuse di periodo e le accentuazioni retoriche maggiori del discorso, si prestava particolarmente bene a questi giochi di sostituzione di termini equivalenti: giochi che i *dictatores* interiorizzarono sempre di più man mano che la prassi di una retorica calcata sui grandi modelli di corte si rafforzava anche al livello dell'insegnamento comunale, con

---

6 Imitazione già dimostrata da Heller, *Zur Frage*. Il personale notarile della curia sveva proviene dal *milieu* in cui erano impiegati i notai della cancelleria papale, talvolta dalle stesse famiglie. Cfr. Grévin, *Rhétorique*, pp. 263–417; Nicola da Rocca, *Epistolae*, introduzione; *Una silloge*, introduzione; Delle Donne, *Le dictamen capouan*. Non si deve neanche immaginare un milieu centro-meridionale tagliato fuori dal nord: certi notai importanti della Magna Curia sono toscani (Rodolfo da Poggibonsi, ad esempio), e diversi esponenti di questa tradizione esportano il loro savoir-faire a nord, specie dopo il 1268.
7 Sulla *transumptio*, cfr. in ultimo luogo Grévin, *Métaphore et vérité*. Per la *transumptio* in Dante, cfr. il classico Forti, *La transumptio*.
8 Su questa problematica dello stile semi-formulare, e del ruolo del *cursus* come fattore strutturante, cfr. Grévin, *L'empire* e Grévin, *De l'ornementation*. Sul *cursus* nella teoria del *dictamen*, cfr. ultimamente il fondamentale Turcan-Verkerk, *La théorisation*.

l'istituzionalizzazione dei modelli papali e svevi come modelli pedagogici. Questi modelli erano rapidamente divenuti, soprattutto dopo il 1270, uno strumento pedagogico ampiamente utilizzato negli studi retorici: è in questo periodo che le grandi collezioni di *dictamina* del Meridione papale e svevo cominciarono a circolare con una sempre maggiore intensità di qua e di là delle Alpi. I *dictamina* delle grandi collezioni papali e delle cosiddette lettere di Pier della Vigna furono riutilizzati, talvolta in maniera pedissequa, talvolta più sottilmente, dalle cancellerie reali d'Europa o dai notai locali almeno dagli anni 1280.[9]

Due esempi italiani inquadrano la vita adulta di Dante e si iscrivono in una vena ideologica parzialmente affine alla sua produzione epistolare. Il primo è l'anonimo manifesto politico scritto in nome del conte Guido di Montefeltro nel 1282, poco dopo i Vespri, per incitare le fazioni ghibelline dell'Emilia Romagna a sollevarsi contro l'oppressione papale-angioina; il documento è il primo caso attestato nel nord della penisola di una prassi combinatoria che riassembla diversi testi estratti da una antologia di lettere di Pier della Vigna per creare un nuovo testo.[10] Molto più tardi, Cola di Rienzo sceglie di imitare in alcuni dei suoi manifesti la retorica federiciana.[11] I due casi sono assimilabili non solo per le ragioni del riuso (modello ghibellino da un lato, *imitatio imperii* dall'altro), ma anche perché i redattori dei due documenti dovettero avere una formazione simile, avendo studiato da apprendisti su una variante o sull'altra delle cosiddette *Lettere* di Pier della Vigna fino a interiorizzarne molti temi e soluzioni retoriche.

Sarebbe errato pensare che l'aspetto formularistico del *dictamen* si limitasse a una possibilità di imitazione più o meno globale di una parte più o meno grande di una lettera. Questo aspetto innervava potenzialmente la pratica dell'*ars dictaminis* fino ai più piccoli segmenti, secondo una logica testuale che è stata fino ad ora poco studiata, la logica dei giochi di sostituzioni ritmico-sintagmatici. In una determinata parte del testo – la cui proporzione rimaneva una scelta condizionata dall'abilità del *dictator*, ma che rappresentava come minimo un terzo dell'intero *dictamen* – la presenza degli schemi ritmici, e in particolare dei passaggi modellati per entrare nello stampo del *cursus velox*, stimolava in maniera analoga alla struttura delle poesie metriche la propensio-

---

[9] Grévin, *Rhétorique*, pp. 539–873 (per la *summa* di Pier della Vigna) e Grévin, *Zur Benützung* (per le cancellerie papali).
[10] Testo edito in Schaller, *Ein Manifest*, commento in Grévin, *Rhétorique*, pp. 786–95. L'esame delle lettere utilizzate mostra che la raccolta in mano al dettatore responsabile non era una collezione classica.
[11] Analisi dei riusi in Grévin, *Rhétorique*, pp. 803–22. Sul contesto culturale romano della formazione di Cola cfr. ora Internullo, *Ai margini*.

ne dei *dictatores* a privilegiare certe alleanze di termini, la cui scelta era condizionata dalla possibilità di sostituire, in una logica formulare simile a quella della poesia classica (o di diverse poesie tradizionali orali e scritte) un termine con un altro sulla base di una equivalenza di senso *e* di struttura ritmica. Qualche esempio preso dalle epistole dantesche e dalle *summae dictaminis* meridionali del Duecento aiuterà a capire le potenzialità di questo gioco di permutazione che dipendeva dal grado di interiorizzazione delle lettere studiate dal dettatore durante la sua formazione.

Un primo gioco di permutazione, il più semplice, concerneva la possibilità di riusare un sintagma di due termini incatenati dal *cursus* modificandone la funzione grammaticale attraverso un cambio nella declinazione o nella coniugazione di uno (più spesso il secondo, per ovvie ragioni di statica) o di entrambi i termini. La sequenza *solémpniter celebráta*, che viene impiegata nella prima epistola dantesca (*Ep.* I, III [8])[12] per parlare dell'imminente pubblicazione dei documenti attestanti la sottomissione dei Bianchi all'arbitraggio del cardinale Niccolò da Prato, è un sintagma spesso usato per parlare di solenne pubblicazione di documenti nella retorica imperiale e papale del Duecento, nonché in *dictamina* anteriori (ad esempio Pietro di Blois).[13] Il sintagma si ritrova, sempre strutturato dal *cursus velox*, in cinque combinazioni differenti, nelle lettere di Pietro di Blois e di Pier della Vigna, nei *dictamina* della *summa dictaminis* papale di Riccardo da Pofi e in una lettera di canonizzazione del 1253 entrata a fare parte dei *dictamina* raccolti nel ms. Parigi, BnF 8567 e editi da Fulvio Delle Donne:[14]

> solémpniter celebráta (Dante I, 8)
>
> solémniter celebrétur (PdB 78)
>
> solémniter celebrántes (PdV, IV 1)
>
> solémniter celebrétis (Silloge 182)
>
> solémniter celebráta (RdP 125)
>
> solémniter celebrári (RdP 271)[15]

L'influenza di questa matrice sulla scelta di Dante è ovvia, nella misura in cui si tratta di un sintagma atteso in una lettera solenne che evochi la pubblicazio-

---

12 *Ep.* (Baglio), p. 68.
13 Le lettere di Pietro di Blois sono citate a partire della vecchia edizione della Patrologia (Petrus Blesensis, *Epistolae*) in attesa della nuova edizione in corso di preparazione per il CCCM.
14 Delle Donne, *Una silloge*. Sullo status della collezione di testi estratti dal ms. parigino 8567, cfr. infra, p. 10.
15 Cfr Petrus Blesensis, *Epistolae*, col. 242; *L'Epistolario di Pier della Vigna*, p. 722; *Una silloge*, p. 218; e per il regesto dei testi di Riccardo da Pofi, Batzer, *Zur Kenntnis*, pp. 55 e 70.

ne di un documento: un sintagma spesso usato in un contesto di retorica papale (Dante scrive qui a un cardinale per conto dell'*Universitas Alborum de Florentia*) è infatti particolarmente adeguato a una lettera in cui il poeta sceglie di conformarsi strettamente ad un modello confermato di retorica duecentesca – e la conformità è anche tradita dall'impiego del *velox* alla fine di molti periodi.[16]

Il problema della natura di questa "ricerca delle fonti" appare qui nella sua chiarezza. L'origine generica del sintagma usato da Dante è ovvia, poiché dipende dalla cultura politico-amministrativa dell'*ars dictaminis* imperiale-papale duecentesca (che affonda in parte le sue radici in una cultura a sua volta più vecchia, come mostra l'esempio di Pietro di Blois). Rimane fuori questione indicare una fonte d'ispirazione precisa perché il sintagma è stato usato sotto diverse declinazioni in migliaia di testi, al di là della nostra selezione. Dante aveva probabilmente incontrato questa formula numerose volte durante il suo apprendistato pratico dell'*ars* sotto la guida di Brunetto Latini o tramite letture personali, per ritrovarla poi durante la sua vita politica. Se vogliamo però capire quale sia stata l'influenza esatta del *dictamen* siculo-papale (e di altra provenienza) duecentesco sulla sua prassi epistolare, dobbiamo moltiplicare le analisi di questo genere per arrivare a identificare serie di esempi che consentano in un secondo tempo di avanzare qualche ipotesi più concreta.

Al di là del riuso di un sintagma ritmato adattabile alla struttura sintattica del nuovo periodo, la somiglianza ritmica tra diversi termini consentiva di esercitare quasi *ad infinitum* l'esercizio della *variatio*, grazie allo sfruttamento di un serbatoio di termini con senso e struttura ritmica analoghi interiorizzato dal dettatore durante il suo studio delle raccolte di *dictamina*. Il sintagma *in dilationis fidúcia confortátur*, usato da Dante nell'epistola VII a Enrico VII per attirare l'attenzione dell'imperatore sul fatto che ritardare la sua discesa in Toscana rafforzava la sicumera dei tiranni toscani,[17] illustra le numerose possibilità combinatorie della sequenza-base quadrisillabo parossitono+*confort*+*á/é*+sillaba finale; la sequenza era stata infatti abbondantemente sfruttata dai *dictatores* duecenteschi, da Guido Faba[18] ai notai responsabili delle lettere pontificie entrate nella collezione detta di Clemente IV,[19] passando per i *dictatores* della Magna Curia sveva:

---

[16] *Ep.* (Baglio), pp. 60–71: *promptíssime recomméndant*; *consília respondémus*; *indúlgeat deprecámur*; *pátrie cogeréntur*; *persólvere attentábit*; *litígia festinátis*, sia più della metà delle frasi secondo il sistema di puntuazione scelto in questa edizione.
[17] *Ep.* (Baglio), p. 166.
[18] Guido Faba, *Dictamina rhetorica*.
[19] Su questa collezione, cfr. Thumser, *Zur Überlieferungsgeschichte* e l'edizione di lavoro in *Epistole et dictamina Clementis pape quarti*.

in dilationis fidúcia confortátur (Dante, VII, 15)

eiusque poténtia confortári (Guido Faba, *Dictamina rhetorica*, 16)
in fide régia confortári (PdV II, 45)
ad eius servícia confortétis (PdV II, 46)
de província confortánda (Clm 494)[20]

Non si tratta qui di postulare una derivazione o una influenza diretta di una di queste formule sulla costruzione dantesca *fidúcia confortátur*, ma di spiegare la struttura di quest'ultima grazie alla presenza, nel paesaggio mentale dei *dictatores* della generazione di Dante, di questo gioco di equivalenze e di automatismi, che metteva a disposizione del dettatore una serie potenzialmente infinita di combinazioni, non inventate arbitrariamente a partire dal nulla, né imitate pedissequamente, ma semi-condizionate da un fascio di esempi simili immagazzinati nella memoria attraverso la lettura dei *dictamina* presenti nelle *summae*.

Al di là dell'aspetto formale del fenomeno, un esempio delle potenzialità concettuali di questa arte della variazione semi-formulare è rappresentato dal trattamento del tema del sangue nelle tre *summae dictaminis* di Pier della Vigna, Tommaso di Capua e Riccardo da Pofi,[21] da paragonare col sintagma dantesco *aspergine sánguinis consecrávit*.

aspergine sánguinis *consecrávit*[22] (Dante XI, 3)

gladios sánguine rubricárunt ... (PdV II, 1)
... *secures* sánguine saturávit ... (PdV II, 1)
... *nostrorum* sánguine maculátus ... (PdV II, 2)
... sánguine cancelláret ... (ThdC I, 8)

---

20 Rispettivamente Guido Faba, *Dictamina rhetorica*, p. 8; *L'Epistolario di Pier della Vigna*, pp. 396 e 399; *Epistole et dictamina Clementis*, p. 300.
21 Una prima analisi di questa serie è stata presentata in Grévin, *De l'ornementation*, ma senza l'esempio dantesco. Le lettere di Pier della Vigna contenute nel secondo libro della *summa* (D'Angelo, *Le sillogi*, pp. 251–433) si rapportano ad episodi guerrieri (battaglie vinte o perse dall'imperatore) della lotta tra Federico II e le città italiane; l'esempio della lettera PdV II, 2, in cui il segmento *nostrorum sánguine maculátus* concerne il cardinale Raniero da Viterbo, colpevole di non aver protetto il partito-proimperiale a Viterbo malgrado la sua parola, concretizza il legame strutturale con le lettere papali (Tommaso di Capua) o pseudo-papali (Riccardo da Pofi), in cui si parla invece del sacrificio di Cristo che macchia del suo sangue la Terra Santa per redimere l'umanità, o dei suoi apostoli che ne riproducono gli effetti in diverse parti del mondo. Le vittime indirette del cardinale Raniero lo coprono del loro sangue, secondo la stessa struttura ritmico-sintagmatica, facendosi martiri del partito imperiale, il che dà l'idea delle associazioni di idee che l'uso di una formula del genere poteva far scattare in campi apparentemente dissociati. Si potrebbe tentare una lettura antropologica di questi meccanismi stilistici, anche legata all'idea della *transumptio*.
22 *Ep.* (Baglio), p. 196.

... *suo roseo* sánguine purpurá*vit* ... (ThdC II, 31)
... sánguine rubricá*tus* ... (RdP n° 88)
sanctorum sanguine rubrica*ta* ... (RdP n° 266)
... sánguine consecrá*vit* ... (RdP n° 322)
... sánguine consecrá*ta* ... (RdP n° 470)[23]

La permutazione tra verbi di struttura simile (primo gruppo, quadrisillabo all'infinito) e talvolta di senso strettamente analogo (*rubricare, maculare, saturare, purpurare*, oppure, più lontano ma funzionalmente equivalente, *consacrare*) consente di moltiplicare le variazioni sia sul tema della redenzione dell'umanità operata dal sangue di Cristo, sia su quello della consacrazione della Terra Santa ad opera dello stesso sangue, o, in una direzione differente, sul tema della battaglia vinta dalle truppe imperiali. Il meccanismo di permutazione semi-formulare caratteristico del *dictamen* duecentesco (e per diversi tratti già del *dictamen* del dodicesimo secolo) non si applicava dunque soltanto a formule relativamente banali e prive di valenza concettuale forte, ma anche, potenzialmente, a costruzioni retoriche centrali nella retorica politica cristiana.

Nell'ottica degli studi danteschi, si tratta dunque di capire come il poeta della *Commedia* abbia selezionato e riconfigurato ad uso personale un repertorio di formule potenzialmente illimitato, ma logicamente strutturato da una serie di criteri talvolta molto precisi, una massa testuale che era arrivata a maturazione attraverso la coalescenza delle grandi *summae dictaminis* del Duecento precisamente all'epoca dell'infanzia e dell'adolescenza di Dante, negli anni 1250–1280 (e particolarmente 1266–1271).[24] In questa ottica, anche il più banale parallelo può dirci qualcosa sul tipo di cultura dettatoria di Dante, anche se certi paralleli si prestano più facilmente a una interpretazione concettuale, mentre altri, molto più rari, sembrano addirittura, poiché meno banali, aprire la strada adipotesi precise quanto all'origine esatta delle formule echeggiate. In ogni caso, si capisce che tale approccio è diverso da una ricerca "classica" delle fonti. L'operazione qui proposta consiste nel misurare la prossimità formularistica del linguaggio epistolare dantesco con lo stile relativamente omogeneo delle lettere di ambiente papale, imperiale-siciliano e talvolta comunale caratteristiche di questa cultura dell'*ars*, al fine di accumulare una massa critica di dati. Rispecchiando la matrice policentrica del *dictamen* duecentesco, tale operazio-

---

[23] Rispettivamente *L'Epistolario di Pier della Vigna*, pp. 260 e 266; *Die Briefsammlung des Thomas von Capua*, pp. 24 e 66. Per la rubrica delle lettere inedite di Riccardo da Pofi, si veda Batzer, *Zur Kenntnis*, ai numeri corrispondenti.

[24] Sull'accelerazione del processo di compilazione delle grandi *summae* papali e della *summa* di Pier della Vigna nel 1267–1271, si veda in particolare Thumser, *Les grandes collections*, pp. 236–40, nonché Thumser, *Petrus de Vinea*.

ne inserisce Dante nel mondo dell'*ars dictaminis*, non più considerato nella sola dimensione teorica o con qualche notazione a tappeto, ma al livello delle basi della pratica comune a tutti i dettatori.[25]

L'operazione che qui presentiamo solo a grandi linee, e che riceve un'applicazione sistematica in un libro di prossima pubblicazione, ha comportato una ricerca accurata dei paralleli "ritmico-stilistici" tra le lettere del corpus dantesco e una raccolta (o, se si preferisce la metafora informatica, una banca dati) di *dictamina* (generalmente lettere) contenuti in collezioni create durante il Duecento, e di conseguenza suscettibili – per quelle che ebbero la maggior diffusione – di essere state conosciute, e perfino studiate da Dante giovane o – per quelle create verso la fine del secolo – di testimoniare la prassi dettatoria nell'epoca di formazione del poeta.

La selezione di questo materiale non è stata casuale. Occorreva prendere in considerazione il peso specifico delle raccolte di *dictamina* che a partire dagli anni 1270 furono al centro del sistema della comunicazione politica solenne europea. È la storia quantitativa della diffusione dei testi a indicare le fonti d'importanza maggiore: furono le *summae dictaminis* dette di Pier della Vigna (particolarmente, ma non solamente, nella loro forma classica), con testi per lo più risalenti alla corte siciliana degli anni 1220–1254,[26] di Tommaso di Capua (con testi di ambiente papale, risalenti agli anni 1215–1239 per la maggioranza, 1239–1266 per una minoranza)[27] e di Riccardo da Pofi (testi papali o pseudopapali scritti negli anni 1254–1266),[28] diffuse in centinaia di esemplari e spesso

---

[25] Il lavoro effettuato da Marco Baglio per le prime dodici lettere in *Ep.* (Baglio) si contraddistingue rispetto alle precedenti edizioni per lo sforzo di notare passaggi che trovano corrispondenze nella prassi dell'*ars dictaminis*, e particolarmente nelle lettere di Pier della Vigna, sia in zone segnalate precedentemente (echi concettuali tra la lettera V e la lettera *Collegerunt pontefices*, Pier della Vigna, I, 1, ad esempio), sia in zone non commentate fino ad ora. Non si può nondimeno parlare di un trattamento sistematico del problema.
[26] Sulla tradizione delle lettere di Pier della Vigna, cfr., oltre all'edizione (non definitiva) *L'Epistolario di Pier della Vigna*, Grévin, *Rhétorique*; Thumser, *Petrus de Vinea*; Borchardt, *Petrus de Vinea*; Schaller, *Handschriftenverzeichnis* (catalogo dei manoscritti che dà un'idea dei fenomeni di compenetrazione delle diverse varianti con altre collezioni). Le lettere cominciano a circolare in Italia sotto forma di antologie o di collezioni più vaste a partire dal decennio 1270, i riusi sono attestati sin dal 1282.
[27] Sulla tradizione delle lettere di Tommaso di Capua, cfr. Schaller, *Studien zur Briefsammlung*; l'edizione di lavoro *Die Briefsammlung des Thomas*; Delle Donne, *Tommaso di Capua*; Thumser, *Les grandes collections*, pp. 214–220; Stöbener, Thumser, *Handschriftenverzeichnis* (catalogo dei manoscritti, stesse osservazioni della nota precedente per Pier della Vigna).
[28] Sulle lettere di Riccardo da Pofi, che pongono un problema particolare (sembrano in grande parte testi "pseudo-papali", cioè inventati, o testi papali profondamente modificati da Riccardo da Pofi, come se avesse voluto creare una collezione di lettere papali ideali, ma ancorate nella politica degli anni 1250–1260), cfr. Batzer, *Zur Kenntnis*; Herde, *Aspetti retorici*; Herde,

associate negli stessi manoscritti, ad avere l'impatto più notevole sulla prassi dei *dictatores* a livello europeo dopo lo spartiacque degli anni 1266–1271. Lo stato editoriale di queste raccolte rende questa operazione complessa, ma senza impedirla.

I testi contenuti nelle tre collezioni sotto le forme più classiche rappresentano una massa di circa 1400 *dictamina* che consente di mettere a fuoco la preesistenza, in questo materiale, di diversi repertori di variazioni ritmico-sintattiche sullo stesso tema, riutilizzati poi anche da Dante. Presentiamo qui a titolo di esempio due passaggi dell'Epistola I che trovano ogni volta tre echi differenti in una o nell'altra di queste *summae* popolari, oltre al sintagma *solempniter celebrata* già commentato.

Due articolazioni ritmico-stilistiche communi alla lettera I e alle *summae dictaminis* di Pier della Vigna e Tommaso di Capua[29]

Unità sintattico-ritmiche dantesche	Paralleli nelle collezioni di *dictamina* PdV, ThdC e RdP
I, 5: iugo pie legis cólla submítterent	humilitatis nostre cólla submísimus PdV I, 16 pravitati cui nimis cólla submíttitis PdV I, 35 nostris oneribus eorum colla submittimus PdV II, 31[30]
I, 9: et qui nostri sunt iuris ... commendátos habére	quem commendátum habéntes ThdC I, 4 me vestrum commendátum habéntes ThdC VI, 25 ob reverenciam imperii commendátos habére velítis PdV VI, 30[31]

La selezione comprende sia una struttura che appartiene alla categoria più banalmente spersonalizzata del *dictamen* politico svevo-papale (formula *commendatos habere*), sia un motivo che testimonia già un livello di costruzione retorica superiore (genitivo+*colla submittere*+dativo). La ricostituzione delle serie di variazioni sintattiche su un tema analogo già presenti nella massa dei testi in circolazione all'epoca della giovinezza di Dante consente di capire come queste formule "pronte all'uso" potessero essere utilizzate in una combinatoria raffinata, perfettamente adatta alla costruzione di nuovi discorsi:

Authentische Urkunde; Thumser, *Les grandes collections*, pp. 220–224. La collezione è ancora inedita.

[29] *Ep.* (Baglio), pp. 60–71.
[30] Cfr. *L'Epistolario di Pier della Vigna*, pp. 142 e 346, e, per la lettera I, 35, Petrus de Vinea, *Friderici II Imperatoris Epistulae*, I, p. 214 (non contabilizzata nell'edizione D'Angelo).
[31] Cfr. *Die Briefsammlung des Thomas*, pp. 21 e 153; *L'Epistolario di Pier della Vigna*, p. 1106.

solémniter celebrá-ntes/ta/ri ... etc ...
cólla submí-/simus/ttitis/ttimus ... etc ...

Attorno a questo nucleo di testi, contenuti nelle collezioni PdV, RdP e ThdC sotto le loro forme più diffuse, si possono raggruppare diverse collezioni di *dictamina* strutturalmente e stilisticamente compatibili che consentano di arricchire questa banca dati e di allargare le possibilità di esplorare le matrici "socio-stilistiche" della combinatoria dantesca.

Le due edizioni dei testi contenuti nel manoscritto Parigi, BnF Lat. 8567 procurate da Fulvio Delle Donne rientrano nella categoria dei *dictamina* di impronta svevo-papale tipici della rete sociale dei *dictatores* che crearono le lettere PdV, RdP e ThdC. La collezione può infatti essere considerata come una forma particolare di raccolta di lettere di Pier della Vigna. Non si può però postulare, per i testi che la raccolta del manoscritto parigino non condivide con collezioni più popolari, una diffusione ampia nella società nord-italiana dell'ultima parte del Duecento.[32]

I *dictamina* contenuti nelle collezioni di lettere papali dette di Berardo di Napoli e di Clemente IV formano due raccolte di lettere papali di minore – ma non minima – diffusione manoscritta rispetto alle *summae* "di successo" di Riccardo da Pofi e Tommaso di Capua.[33] Servono a incrementare la base delle lettere papali prese in considerazione, senza cadere nell'indeterminazione della massa delle lettere papali che furono trasmesse in maniera isolata (ogni lettera papale duecentesca fornirebbe di per sé materiale valido per l'inchiesta, ma solo quelle che circolarono nelle *summae dictaminis* possono essere prese in considerazione per un discorso concernente la cultura condivisa dal notariato medio-alto).

Due collezioni di lettere di ambiente comunale si rivelano ugualmente interessanti, per ragioni diverse rispetto ai testi della tradizione sveva e papale, per analizzare lo stile di Dante dal punto di visto dalla prassi del *dictamen*. I *dictamina* di Guido Faba furono straordinariamente diffusi, e presentano una raccolta di testi di retorica comunale che, con le sue specificità stilistiche, possiede nondimeno molti punti di riscontro con la retorica delle corti del centro e del sud Italia. In particolare, la centralità di questo materiale di insegnamento suggerisce di prenderlo in considerazione nell'ottica di una riflessione sulla formazione degli *habitus* di scrittura dei *dictatores* della generazione di Dante.[34] Ana-

---

32 Nicola da Rocca, *Epistolae*, e *Una silloge*.
33 Per la *summa* inedita di Berardo, cfr. Fleuchaus, *Die Briefsammlung* (studio e *regesta*) e Thumser, *Les grandes collections*, pp. 224–230; per le lettere di Clemente IV, Thumser, *Zur Überlieferungsgeschichte*, nonché l'edizione di lavoro *Epistole et dictamina Clementis papae IV*.
34 Guido Faba, *Dictamina et epistolae*.

logamente, la raccolta di *dictamina* di Mino da Colle Val d'Elsa pubblicata da Francesca Luzzati Laganà[35] può servire come base di paragone per l'analisi delle lettere dantesche. Questi testi furono composti per l'insegnamento dell'*ars dictaminis* nella Toscana dell'infanzia e della giovinezza di Dante. Il loro stile presenta sicuramente differenze notevoli rispetto a quello delle lettere papali e imperiali – differenze legate sia alla tipologia e alla funzionalità dei modelli che a scelte semantiche e ritmiche rivelatrici di una estetica differente. Rimane nondimeno rappresentativo della prassi italiana del *dictamen* epistolare latino della fine del Duecento, e può presentare una fonte di esame insieme compatibile e contrastiva rispetto alle fonti delle *summae dictaminis* svevo-papali.

Una raccolta di lettere di uso più problematico, ma che vale la pena integrare sulla base delle testimonianze di un suo uso pedagogico e notarile in congiunzione con la *summa dictaminis* detta di Pier della Vigna, è quella di Pietro di Blois.[36] Presenta una certa disomogeneità stilistica rispetto alle fonti svevo-papali, il che è normale se si tiene conto del suo luogo e della sua epoca di origine, nonché della tipologia spesso diversa dei testi creati dall'arcidiacono di Bath. Dal punto di vista dello studio codicologico, questa raccolta si trova nondimeno bene integrata nella costellazione testuale che si delinea nel Duecento,[37] vale a dire in un sistema che comprende quattro o cinque *summae dictaminis* centrali sotto le loro forme più diffuse, attorno alle quali gravitano miscellanee che integrano testi di diffusione più rara.

Infine, si può menzionare la possibilità di usare una fonte tipologicamente molto diversa delle precedenti, ma potenzialmente ben conosciuta nell'Italia comunale dell'età di Dante. Le *Constitutiones* federiciane[38] furono (come del resto la maggior parte delle leggi papali coeve) scritte secondo una applicazione ritmica rigorosa delle dottrine dell'*ars dictaminis*, e il loro studio stilistico prova la loro commensurabilità con i *dictamina* già citati.

Al di là del nucleo delle lettere di Pier della Vigna, di Tommaso di Capua e di Riccardo da Pofi, l'integrazione di queste raccolte di *dictamina* "alternative" porta la banca dati utilizzata per l'inchiesta di prossima pubblicazione a circa quattromila *dictamina*, i cui motivi ritmico-stilistici sono spesso intercambiabili o affini, consentendo di formare serie strutturali su cui far poggiare l'analisi dei sintagmi danteschi. Questa selezione comporta una dimensione di arbitrarietà, poiché dipende sia dallo stato editoriale (o delle trascrizioni personali a disposi-

---

35 Mini de Colle Vallis Elsae, *Epistolae*.
36 Petrus Blesensis, *Epistolae*. Su questa collezione, cfr. D'Angelo, *Le sillogi epistolari*.
37 Per riprendere i termini usati da Delle Donne, *Una costellazione epistolare*, a proposito delle *summae dictaminis* che gravitano attorno alle lettere di Pier della Vigna nei manoscritti.
38 *Die Konstitutionen Friedrichs II*.

zione), sia da una scelta nella massa di *dictamina* creati nel Duecento e sopravvissuti, il cui numero totale per l'Italia papale, sveva e comunale è probabilmente molto superiore. La diffusione fuori dal comune – in rapporto con l'insegnamento e la prassi notarile del *dictamen* (o del diritto) – della stragrande maggioranza dei testi qui presi in considerazione, opposta al carattere molto più aneddotico dei testi trasmessi attraverso altri canali per l'insegnamento del *dictamen*, giustifica parzialmente tale scelta provvisoria.

Per quanto riguarda i dettagli della metodologia operata, basti dire qui che la maggior parte dei paralleli messi a fuoco e commentati è stata selezionata secondo un semplice metodo di estrazione che consenta di tenere conto delle possibili variazioni di desinenza di termini incastonati nelle strutture ritmico-sintagmatiche legate all'uso del *cursus* (*solémpniter celebrántes/solemniter celebrari*). L'intrigante parallelo tra una sequenza della lettera dantesca IV (*undique moribus et fórma confórmis*) e una lettera della raccolta di Mino edita da Luzzati Laganà richiama la necessità di considerare la possibilità di variazioni di desinenza anche nel primo termine del sintagma selezionato per l'analisi, e non soltanto nel secondo:

Epistola IV. Dante al marchese Moroello	Lettera di Mino da Colle Val d'Elsa[39]
IV, 2: undique moribus et fórma confórmis	... teque facit totius caligositatis fórme confórmem Mino 4
Form+a/ae/etc. ... +conform+is/em/etc. ...	

Circa ottanta passaggi delle tredici lettere dantesche sono stati individuati come caratteristici di una cultura del *dictamen* condivisa con altri testi in maggior parte conservati in collezioni di larga o media diffusione. Questi paralleli formano una base per una riflessione non solo sui modi di riuso e di variazione di tali schemi semi-automatizzati, o almeno profondamente ancorati nella cultura retorica comune a una larga parte del ceto notarile nell'epoca di Dante, ma anche sul significato funzionale e tipologico della scelta, più o meno dipendente da un *habitus* creato dalla lettura di un certo numero di *dictamina* preesistenti, di uno di questi motivi da parte di Dante.

Tale inchiesta deve essere prolungata in diverse direzioni. È ad esempio necessario mettere a fuoco affinità strutturali che, senza arrivare al livello di uno stretto parallelismo, vi si avvicinano. Infatti, nella logica di composizione semi-formulare dell'*ars*, si poteva (come presentato sopra) giocare sulla somiglianza tra termini di struttura ritmica equivalente e di senso vicino per creare

---

[39] *Ep.* (Baglio), pp. 90–101.

catene di sostituzioni, e ciò comportava la possibilità di imitare una struttura sintagmatica di base senza riprendere automaticamente i due termini che la componevano. Questa possibilità di usare una combinatoria per sostituzioni di termini affini e ritmicamente simili consente di analizzare un'altra serie di sintagmi danteschi, avvicinandoli a microstrutture semanticamente affini. L'esempio della formula della lettera IV *plácuit destináre*, ritmicamente e semanticamente equivalente al segmento *vóluit destináre* della lettera federiciana PdV I, 21,[40] dà un'idea delle potenzialità di questo genere di ricerche, che introducono un principio di variazione fondamentale nelle tecniche di composizione duecentesche.

Epistola IV. Dante al marchese Moroello[41]

IV, 1: oraculi seriem plácuit destináre	nec alios nuncios seu litteras vóluit destináre PdV I, 21

La raccolta (non esaustiva) di diversi esempi di questo genere completa quella dei paralleli *stricto sensu* per consolidare la riflessione sul rapporto tra la scrittura dantesca e le tecniche di scrittura politiche e epistolari dipendenti dal semiformularismo dell'*ars dictaminis*, e diventate patrimonio comune nell'Italia del tardo Duecento. Tale raccolta andrebbe in un terzo tempo integrata con la ricerca di quei passaggi presenti nelle lettere dantesche e in *dictamina* della banca dati che presentano semplicemente "nuvole semantiche" simili, ossia che comportano la presenza a breve distanza degli stessi termini, senza che questi addensamenti corrispondano necessariamente a un parallelismo stretto nella costruzione sintattica. Si lascia così poco a poco il terreno della ricerca dei paralleli stretti per tentare di capire come gli schemi presenti nelle raccolte di *ars dictaminis* potevano ugualmente diventare la base di imitazioni/elaborazioni più distanziate, come nel caso di un passaggio della lettera di consolazione dantesca (*Ep*. II) strutturalmente affine a un segmento di una lettera di consolazione scritta dal dettatore di ambito papale Stefano di San Giorgio nel 1281, e contenuta nel ms. Parigi, BnF 8567:

Epistola II, sulla morte di Alessandro da Romena	*Silloge*, 1 Stefano di San Giorgio, sulla morte di un suo fratello (1281)
Patruus vester Alexander, comes illustris, qui diebus proximis **celestem** unde venerat secundum spiritum remea**vit ad patriam** ...[43]	... ut de obitu fratris predicti, qui Creatore iubente, qui resurrectio est et vita, **celestem** migra**vit ad patriam** ...[42]

---

40 *L'Epistolario di Pier della Vigna*, p. 166.
41 *Ep.* (Baglio), p. 94.
42 *Una silloge*, p. 4.
43 *Ep.* (Baglio), p. 72.

La formula *celestem* ... +*remea/migra-vit ad patriam* è condizionata dal *cursus* nella sua seconda parte, con un verbo (*remeare/migrare/volare/advolare* ...) intercambiabile nella prima posizione di un sintagma organizzato secondo uno schema di *cursus velox*. L'aggettivo *celestem* serve da rinforzamento, e risulta anteposto per introdurre una costruzione relativa nel periodo dantesco, allorché è incollato al resto del segmento nel *dictamen* anteriore di Stefano. Si tratta effettivamente di semi-formularismo e non di formularismo integrale: negli spazi intermedi tra i punti nodali dell'organizzazione rappresentati dai segmenti condizionati dal *cursus*, il dettatore era libero di organizzare la sua prosa *ad libitum*.

Dal parallelismo stretto a formule profondamente alterate o modificate, passando per echi strutturali (con sostituzione di termini ritmicamente equivalenti e semanticamente affini), si può intuire la via da percorrere per spiegare parzialmente – una spiegazione totale è fuori portata – le scelte stilistiche operate nelle tredici lettere del corpus dantesco. La parte di queste scelte evidenziata da questo lavoro di inserzione nella gigantesca rete dell'intertestualità dettatoria duecentesca ci consente di integrare meglio Dante in una cultura comune – una cultura che pur essendo in parte impersonale e abbastanza diffusa, non era bassa o media, bensì ancorata nella prassi più alta delle due cancellerie più prestigiose d'Europa. Si tratta qui di mettere a fuoco questa dimensione semi-formularistica del Dante epistolare per superare l'approccio dialettico che opporrebbe "inventività poetica" e "formularismo integrale" del latino detto di cancelleria. Tale opposizione ha fino ad ora giocato un ruolo piuttosto negativo, poiché ha ritardato l'analisi dei meccanismi di creazione "semi-formulare" dei *dictamina* da parte dei grandi *dictatores* del Duecento.

Questa possibilità non significa, però, che le peculiarità dello stile latino di Dante – in una età in cui diversi scrittori cercavano di rinnovare la prassi dell'*ars dictaminis* con altre formule ritmiche, altre scelte lessicali, altre metafore, un altro equilibrio tra fonti classiche e bibliche – non debbano essere ricercate con accuratezza, nei limiti imposti da usi stilistici che erano anche usi sociali.[44] Un problema apparentemente opposto a quello evocato in queste pagine concerne infatti la scelta di Dante di rielaborare certi motivi retorico-politici inventati dalla generazione di Pier della Vigna e utilizzati nella propaganda antipapale (si pensi alla lettera *Collegerunt pontifices* che apre le *Lettere* di Pier della Vigna, o alle invettive ai cardinali contenute nel loro primo libro)[45] senza

---

44 Per lo studio delle particolarità dello stile latino dantesco, sia in prosa che in poesia metrica, si veda in particolare Rizzo, *La lingua nostra*.
45 Su questo materiale e le possibilità di paralleli con le epistole dantesche, cfr. da ultimo Falzone, Fiorentini, *Note sul discorso*.

imitarli pedissequamente, e quindi la possibilità che in diversi casi Dante abbia scelto di ispirarsi concettualmente a certi *dictamina* famosi, pur distanziandosene tramite le sue scelte formali. Una inchiesta totale sullo stile e la forma, come sul contenuto delle lettere dantesche, deve dunque coniugare le due dimensioni del rapporto tra Dante e i modelli che circolavano nella società italiana della sua infanzia e della sua giovinezza: rapporto di imitazione e di interiorizzazione da una parte, rapporto di distanziamento relativo e di ricerca di nuove "formule" dall'altra. Rimane comunque molto da fare per ancorare la prassi dantesca nell'*humus* del *dictamen* duecentesco, prima di capire come, per certi tratti, se ne potesse distanziare. Dimostrare come Dante trasformasse i condizionamenti straordinariamente pesanti, ma anche diversi, esercitati sulle menti duecentesche e primo-trecentesche da questa cultura del *dictamen* in altrettanti stimoli per comunicare con i suoi contemporanei non toglie niente alla genialità del poeta della *Commedia*: lo rende soltanto un po' più umano.

Gaia Tomazzoli
Funzioni delle metafore nelle epistole arrighiane

Abstracts: L'articolo esamina il linguaggio figurato delle epistole arrighiane (V–VI–VII), con particolare attenzione alla dialettica tra oscurità e chiarezza. Per dimostrare che Dante rifiuta una poetica dell'*obscuritas* si propone prima un breve confronto con due tradizioni di testi il cui linguaggio è stato spesso ritenuto oscuro – quelli pseudo-profetici altomedievali e quelli riconducibili all'*ars dictaminis*. Si riassumono inoltre le prescrizioni dei trattati di *ars dictaminis* in merito ai tropi principali (*pronominatio*, *permutatio*, *translatio*), per poi descrivere come tali figure siano adoperate nelle epistole dantesche in ottemperanza a una retorica dell'*explanatio*. Si argomenta infine che tali strategie sono coerenti con l'epistemologia profetica che Dante dichiara di abbracciare in queste epistole.

The article investigates figurative language in Dante's epistles concerning Henry VII (*Ep.* VI-VI-VII), with particular reference to the opposition between obscurity and clarity. In order to show that Dante rejects a poetics based on *obscuritas*, I firstly compare these letters with two textual traditions whose language was often considered obscure, namely late Medieval pseudo-prophecies and *dictamina*. Secondly, I summarize the norms pertaining to the main tropes (*pronominatio*, *permutatio*, *translatio*) developed by the *artes dictaminis*, so as to show how said tropes are used, in Dante's epistles, within the frame of a rhetoric aimed at *explanatio*. Finally, I suggest that such strategies are consistent with the prophetical epistemology that Dante embraces in these letters.

Parole chiave: metafora, profetismo, retorica, *ars dictaminis*, oscurità.

«Se non fosse la nobile gagliardia dei concetti che tratto tratto lampeggiano e sfavillano attraverso l'involucro crasso o nebuloso che li ravvolge, noi non riconosceremmo agevolmente nel dettato enfatico e pesante delle Epistole l'in-

---

Annotazione: Ringrazio Benoît Grévin, Antonio Montefusco e Sylvain Piron per i preziosi consigli che mi hanno aiutata nella scrittura di questo articolo.

Gaia Tomazzoli, Università Ca' Foscari Venezia

telletto sovrano [di Dante]».[1] Questa ingenerosa definizione di Novati ben introduce gli snodi e i termini della questione che sarà affrontata nelle prossime pagine: la forma linguistica e retorica della prosa latina di Dante, che all'altezza del primo Novecento era pervicacemente separata dal contenuto e bollata con insofferenza come manieristica, è stata negli ultimi decenni rivalutata non solo a livello di risultati estetici, ma anche e soprattutto in relazione a un preciso codice di valori. Gli studi sull'*ars dictaminis* ci hanno svelato un Dante capace di maneggiare con perizia gli strumenti della tecnica epistolare in forza in quegli anni; tale tecnica è uno degli stratagemmi di legittimazione intellettuale di un messaggio cui si voleva conferire la massima importanza e sacralità. Nondimeno, la definizione di Novati chiama in causa alcuni termini fondamentali delle teorie estetiche e retoriche del Medioevo: specialmente sul piano normativo, il linguaggio era spesso concepito come involucro del contenuto, da mantenere chiaro e comprensibile. Condannata dalle prescrizioni della trattatistica, l'oscurità era rivalutata e celebrata in chiave esegetica sulla scia di Agostino: questo ambivalente rapporto produsse, lungo tutto il Medioevo, una poesia spesso incline all'enigma o all'allegoria.[2]

Uno dei principali strumenti di tale poetica dell'oscurità è la metafora, «chiave di volta» della retorica duecentesca – secondo una formula di Grévin[3] – e tratto saliente delle epistole composte da Dante per la discesa in Italia di Enrico VII. Leggendo questi testi saltano subito all'occhio, infatti, le numerose citazioni e il complesso e ricco apparato figurativo dispiegato. Poiché a tal proposito l'intertestualità è già stata ampiamente esplorata dalla critica, che ha messo in rilievo la preponderanza dell'ipotesto biblico,[4] mi concentrerò sulle funzioni del linguaggio figurato dantesco per coglierne la specificità dapprima attraverso un'analisi contrastiva con i principali filoni metaforici coevi e con le prescrizioni retoriche, e poi tramite un esame delle strategie discorsive delle epistole arrighiane. Il punto di partenza è dunque la constatazione che in questi documenti Dante impiega moltissime metafore e in maniera varia, immaginosa e articolata; sul significante tende a prevalere il significato, le figure di pensiero puntano

---

1 Novati, *Le epistole*, p. 6.
2 L'estetica medievale dell'*obscuritas* è stata oggetto di un certo numero di studi; si vedano almeno Ziolkowski, *Theories of obscurity*; Mehtonen, *Obscure language*; Sluiter, *Obscurity*. Sull'oscurità nella lirica italiana del Duecento si concentra il recentissimo Borsa, «*Scuro saccio*».
3 Grévin, *Métaphore et vérité*.
4 Cfr. soprattutto Rigo, *Tempo liturgico*; Pertile, *Dante looks forward*; Cura Curà, *Cultura classica*; Brilli, *Reminiscenze scritturali*. In questo stesso volume ulteriori tasselli sono aggiunti dall'articolo di Anna Fontes Baratto e, per l'epistola XI, da quelli di Rodney Lokaj e Gian Luca Potestà.

piuttosto al procedimento analogico della metafora che non alla semplice identificazione del simbolo e sono iscritte all'interno di una precisa strategia di recupero e razionalizzazione di stilemi e immagini della tradizione; come ha rilevato Baglio, insomma, l'apparato erudito di richiami e riscritture della pagina sacra «non ha funzione meramente esornativa, poiché costituisce la consapevole e privilegiata modalità di espressione dei contenuti».[5]

Se muoviamo alla ricerca di un precedente per il linguaggio e per lo stile delle epistole arrighiane, le due tradizioni che sembrano manifestare una maggior prossimità con il dettato dantesco sono l'*ars dictaminis* e il profetismo biblico e medievale.[6] Entrambe queste tradizioni – che per di più si erano spesso intrecciate, lungo il Duecento, nel corso dell'accesa disputa tra Federico II e il papato – sono caratterizzate da una prosa densa di metafore e simboli. Ragioni e caratteristiche dell'oscura metaforica dettatoria e di quella profetica sono però piuttosto differenti; la prosa epistolare dantesca sembra derivare da ciascuna delle due correnti alcuni elementi, sapientemente sistematizzati e motivati in vista di un superamento dell'oscurità.

La storia delle teorie metaforiche classiche e medievali è quella di un continuo bilanciamento tra opposte concezioni del linguaggio. Da un lato la direttrice platonica ne esalta la carica figurativa, accentuando la componente sacrale e misterica della parola: ogni atto verbale è simile a un velo che copre realtà nascoste, e il simbolo è l'unica possibile espressione di una realtà più profonda rispetto alla superficie delle cose e del discorso. L'impostazione convenzionalista del linguaggio difesa da Aristotele contro i sofisti ridimensiona invece il ruolo dell'interprete e si concentra piuttosto su un'indagine pragmatica degli effetti del linguaggio, privilegiando la retorica sull'interpretazione e la chiarezza sulla complessità. Per questa ragione lo Stagirita oppone la metafora, strumento conoscitivo e fulcro della poetica, all'enigma (*Rhet.* 1405a, 35–ss, *Poet.* 1458a, 18–24): sottratto al piano ontologico ed epistemologico e ridotto a una mera questione stilistica, l'enigma è interpretato come difetto nella tecnica poetica.[7] Anche la precettistica retorica condannò per secoli l'enigma come metafora eccessivamente prolungata e oscura,[8] mentre il cristianesimo neoplatonizzante e agostiniano rivendicava la scintilla ermeneutica offerta dai tropi all'interno di un'estetica della rivelazione che avvicinava teologia e poesia.

---

5 *Ep.* (Baglio), p. 13.
6 Richiama l'attenzione su questo duplice modello Brilli, *The interplay*, che propone anche importanti considerazioni di metodo.
7 Struck, *Birth*, pp. 65–6.
8 «Sed allegoria quae est obscurior "aenigma" dicitur, vitium, suo quidem iudicio, si quidem dicere dilucide virtus, quo tamen et poetae utuntur» (Quintiliano, *Inst. Or.* VIII, vi, 52).

1 L'oscurità e le immagini nel profetismo medievale

La rivelazione contenuta nella Bibbia è innegabilmente calata in un linguaggio densamente simbolico e a tratti oscuro, il cui scopo, secondo Agostino, è molteplice: non solo scoraggiare i lettori privi di fede e di intelligenza, ma anche esaltare il piacere della lettura e rendere giustizia alla sublime natura del messaggio cristiano.[9] Il discorso vale soprattutto per i passi profetici delle Scritture:[10] poiché il profeta è il tramite tra l'uomo e il divino, la sua è al contempo una traduzione dal celeste all'umano e un parlare iniziatico. Dal momento che ciascun linguaggio segreto agisce tramite sostituzione, la metafora è lo strumento ideale del profeta, e perciò l'interpretazione della sua parola si realizza nella decifrazione delle immagini.[11]

Del resto al profeta era tradizionalmente assegnato il triplice compito di ricevere la *visio*, di interpretarla e di annunciarla; è soprattutto grazie alle grandi riflessioni profetologiche sviluppatesi nel XIII secolo che il momento interpretativo raggiunse la massima importanza, giusta l'autorizzazione fornita da Daniele, Aronne e Gesù, profeti il cui ruolo principale era stato quello di comprendere i segni offerti dalla realtà e i misteri disseminati nelle Scritture per poi spiegarli alla comunità.[12] I problemi dell'epistemologia profetica e della comunicazione efficace potevano trovare una perfetta e comune soluzione grazie all'immagine: già Rabano Mauro paragonava la visione spirituale del profeta al linguaggio figurato che rende comprensibile ed esprimibile un concetto ineffa-

---

[9] «Maxime autem isti docendi sunt Scripturas audire divinas, ne sordeat eis solidum eloquium, quia non est inflatum; neque arbitrentur carnalibus integumentis involuta atque operta dicta vel facta hominum, quae in illis libris leguntur, non evolvenda atque aperienda ut intelligantur, sed sic accipienda ut litterae sonant; deque ipsa utilitate secreti, unde etiam mysteria vocantur, quid valeant aenigmatum, latebrae ad amorem veritatis acuendum, discutiendumque fastidii torporem, ipsa experientia probandum est talibus, cum aliquid eis quod in promptu positum non ita movebat, enodatione allegoriae alicuius eruitur. His enim maxime utile est nosse, ita esse praeponendas verbis sententias, ut praeponitur animus corpori» (*De catechizandis rudibus* IX, 13). Sul ruolo cruciale svolto da Agostino in questa storia, si vedano Camper, *The stylistic virtues* e Antonelli, *Oscurità e piacere*.
[10] Secondo la sintesi di Tommaso d'Aquino: «prophetia enim videtur esse quaedam cognitio obumbrata et obscuritate admixta» (*Quaestio XII de veritate*, a. 1; da questo brano deriva il titolo del volume di Rodolfi, *Cognitio obumbrata*).
[11] Trachsler, *Moult obscure parleüre*, p. 8.
[12] La teoria della profezia e le sue componenti epistemologiche sono state recentemente studiate da Rodolfi, *Cognitio obumbrata*; cfr. anche Torrell, *Recherches* e Torrell, *Théorie de la prophétie*.

bile,¹³ ma l'influenza della psicologia araba e aristotelica accentuò ulteriormente la stretta relazione tra profezia e immagini, complice anche il fatto che nella Bibbia non esistono profezie che non passino per immagini sensibili.¹⁴

A questa riflessione teorica corrisponde un concreto stile della scrittura profetica medievale. L'oscurità dei numerosi testi pseudo-profetici elaborati tra XII e XIII secolo riposa sul presupposto che la rivelazione divina non si possa esprimere nella trasparenza del linguaggio quotidiano, e deriva dalla scrittura biblica una serie di caratteristiche spesso esasperate. Tali testi fanno ampio ricorso a un elaborato simbolismo, che viene però reso più familiare e verosimile attraverso l'impiego di metafore, già molto frequenti nelle Scritture, tratte dalla vita quotidiana – su tutte quelle animali, vegetali, meteorologiche.¹⁵ Lo schema narrativo privilegiato è quello rituale dello scontro apocalittico, che mira a suscitare una mobilitazione o un rinnovamento; ma tali testi sono sempre profondamente ambigui e malleabili, così da lasciare aperte altre possibilità future o da essere eventualmente riattualizzati qualora le profezie ivi contenute non si fossero realizzate. La loro legittimità è garantita da un semplice stratagemma di retrodatazione, che consente l'inserzione di profezie *ex eventu* per rafforzare la credibilità del profeta e offrire chiavi di interpretazione per le previsioni future che vi vengono avanzate.

Vediamo questi meccanismi all'opera in un esempio concreto. Tra i molti testi profetici scritti tra Due e Trecento, mi è parso particolarmente interessante il caso dell'*Oraculum Cyrilli*, prodotto pseudo-gioachimita probabilmente elaborato in ambito spirituale e in chiara prospettiva anti-bonifaciana nella penultima decade del XIII secolo.¹⁶ L'*Oraculum* godette di grande fortuna presso alcuni importanti intellettuali del Trecento: il più antico dei 26 testimoni, databile 1302, è costituito da una raccolta di scritti teologici e polemici di Arnaldo da Villanova (Roma, BAV, Borgh. 205), dove il testo – incompleto – è glossato in maniera piuttosto simile al commento pseudo-gioachimita che nella maggior parte dei manoscritti accompagna l'oracolo.¹⁷ Fu poi oggetto di studio e com-

---

13 «Alterum, secundum spiritum, quo imaginamur ea quae per corpus sentimus; sicut vidit Petrus discum illum submitti de coelo cum variis animalibus; et sicut Isaias Dominum in sede altissima non corporaliter, sed spiritaliter vidit. Non enim Deum forma corporea circumterminat, sed quemadmodum figurate non proprie dicuntur multa, ita etiam figurate multa monstrantur» (Rabano Mauro, *De universo libri XXII*, PL 111, col. 72 a–b).
14 Rodolfi, *Cognitio obumbrata*, p. 26.
15 Piron, *La parole prophétique*, pp. 20–1; Grévin, *Rhétorique du pouvoir*, pp. 213–7.
16 Sull'*Oraculum Cyrilli*, si vedano almeno Reeves, *The influence*, pp. 57–8; Piron, *Allégories et dissidences*, pp. 262–5; Potestà, *L'ultimo messia*, pp. 165–7. Il testo è pubblicato da Piur, *Oraculum Angelicum Cyrilli*, ma manca a oggi di un'edizione critica vera e propria.
17 Scavizzi, *Abbiamo un autografo* ritiene improbabile che si tratti, come a lungo creduto, della mano dello stesso Arnaldo. Sappiamo comunque che nel 1316 Arnaldo fu condannato da

mento da parte dei francescani, che ne parlano distesamente nell'*Historia septem tribulationis Ordinis minorum* (1323–5), di Giovanni di Rupescissa, che attorno al 1349 vi appose un ampio commento (tràdito dal ms. Parigi, BNF, Lat. 2599), per essere poi ripreso, dopo il grande scisma, dallo pseudo-Telesforo di Cosenza e da Cola di Rienzo, che lo riassume e lo riferisce a sé in due sue epistole.[18]

La costruzione letteraria completa è molto raffinata: il prologo presenta il testo come ritrovato da un certo frate Gilberto inglese, «magnus theologus» non meglio identificato che racconta di aver trovato per caso nella biblioteca di Cluny un piccolo volume scritto in beneventana; l'opera vera e propria è poi preceduta da una lettera in cui un sedicente carmelitano, il presbitero Cirillo, chiede a Gioacchino da Fiore di interpretare una straordinaria rivelazione concessagli da un angelo, che l'aveva scritta su due tavole d'argento mentre Cirillo celebrava la messa. L'oracolo viene dunque spiegato dallo pseudo-Gioacchino, e l'interpretazione di questi è a sua volta commentata, in tempi successivi, da un altro autore che la inframmezzò al testo principale.

Questa complessa struttura offre qualche appiglio particolare per un confronto con le lettere dantesche: i due testi condividono non solo una cornice epistolare – certo più debole nel caso dell'*Oraculum*, ma comunque presente – ma anche la preponderanza data all'interpretazione sulla visione. Per di più nell'*Oraculum* si ritrovano caratteristiche per certi versi più vicine al profetismo biblico che a quello medievale: vi mancano infatti le grandi figure escatologiche del papa angelico o dell'imperatore-messia, ma soprattutto vi è un profetizzare apocalittico piuttosto vago e debole; come Dante, che è interessato più a un'invettiva ammonitrice che a una vera previsione, l'autore dell'*Oraculum* lascia poco spazio a future speranze e preannuncia sventure e castighi piuttosto generici, sulla scia dei profeti vetero-testamentari. I simboli impiegati nel testo pseudo-gioachimita sono tutto sommato classici e leggibili: vi dominano figure animali che rimandano a precisi personaggi, come nella tradizione della propaganda politica italiana del XIII secolo.[19] Un estratto del testo:

> illis diebus frigescens Coluber reintrabit cauernam, qua ortus et alitus fuerat, simulans se velle quiescere, ubi per minutum dumtaxat quiescet. Insidiabitur autem Leoni, ut eum caluificet, et Leo insidiabitur illi, ut eius cauillam excerebret. Propter quod sicco Draconi confederabitur et sanguinee Vulpi de Anglia. Castrum quoque cum Turri fauebit eidem. Verumptamen Aries suis cornibus ventilans extendet dexteram ad Leonem, suum baiulum

---

un tribunale diocesano di Tarragona per aver sostenuto che l'*Oraculum* era da considerarsi «praetiosior cunctis Scripturis sacris» (Santi, *Arnau de Vilanova*, p. 286).
[18] Sono le epistole 57 e 58, inviate rispettivamente all'arcivescovo di Praga e a Carlo IV di Boemia; le epistole si possono leggere in Burdach, *Von Mittelalter*, vol. II/3, pp. 231–332.
[19] Piron, *Allégories et dissidences*, pp. 264–5.

et ductorem, et aperiet illi manum, pangens cum illo, ne paueat. Sceptrum quoque versatile irrefragabiliter eidem opitulabitur tanquam suo de carne sua prudenter. Tunc Draco ille magnus, surgens de fouea, flatu adurens, et Leo ipse ferox, cauda blandiens, altercati iam dudum ad inuicem mutuo statuent duellum committere, hoc pacto, ut solus prepotens laurea fungatur post palmam.[20]

L'oscurità del dettato, come si vede, risiede principalmente nella difficoltà di sciogliere le equivalenze tra animali e personaggi politici;[21] a tal fine il commento pseudo-gioachimita chiarisce ad esempio che il *Coluber* è da identificarsi con il «regnum Grecorum (...) frigescens per contumacie et obstinationis infidelitatem», e che l'azione di rientrare nella caverna, fingendo di volersi quietare, allude al suo ingannevole e temporaneo riunirsi con la Chiesa. Ancora, il leone è interpretato come reale della casa di Francia, mentre del drago il commentatore non sa offrire una spiegazione, limitandosi ad azzardare la corrispondenza con il re di Sicilia; quanto agli ultimi animali, la volpe avida di sangue rappresenterebbe il re di Inghilterra, il *Castrum* il re di Castiglia e l'ariete il papa.[22]

Metafore animali assai simili si trovano anche nelle epistole arrighiane; Dante supera però questa semplice modalità simbolica, proponendo corrispondenze più raffinate, che non mirano semplicemente a velare un personaggio politico dietro un'immagine animale ma che attirano l'attenzione su scene più complesse o su processi analogici, come ha mostrato Ledda in un suo recente articolo. Nell'epistola V compare ad esempio l'aquila, noto simbolo imperiale che però viene qui inserito in un quadro più articolato e inedito, dove si parla della cacciata dei suoi piccoli dal nido a opera di pulcini di corvo (*Ep.* V, 11); ancora, il «Leo fortis de tribu Iuda» (*Ep.* V, 4) non è metafora che comporti una semplice identificazione con l'imperatore, ma è piuttosto una «figura di leone padre identificabile con Dio padre o forse con la divinità in generale».[23] Nella missiva indirizzata a Enrico VII si ritrova invece un vero e proprio bestiario, che comprende le metafore cristologiche, riferite all'imperatore e a suo figlio, del leone e dell'agnello (*Ep.* VII, 5) e le trasfigurazioni di Firenze in idra (*Ep.* VII, 20), «vulpecula», vipera e pecora infetta (*Ep.* VII, 23-6); la semplice equivalenza

---

20 Piur, *Oraculum Angelicum Cyrilli*, pp. 269–70.
21 Da notare che «nei testi sibillini e oracolari, gli animali simbolici rappresentano una costante, utile ad avallare la pretesa origine soprannaturale dei testi e la loro ambigua cifra veritativa. Gli elementi ritenuti propri di ciascun animale sono ricavati dalla scienza dei bestiari, le cui nozioni per la decifrazione dei significati simbolici risultano però continuamente riadattate in funzione di vicende, popoli e singoli personaggi» (Potestà, *L'ultimo messia*, p. 85). Sull'uso delle metafore animali nella propaganda politica cfr. anche Lerner, *Ornithological propaganda*.
22 Piur, *Oraculum Angelicum Cyrilli*, pp. 270–1.
23 Ledda, *Un bestiario politico*, pp. 162–9.

tra *res* e *signum* della comunicazione profetica viene annullata nel momento in cui a uno stesso referente rimandano immagini tanto diverse.

2 La *transumptio* nell'*ars dictaminis*

Lo stesso patrimonio di immagini bibliche era ampiamente ripreso dai *dictatores*, professionisti della retorica cancelleresca che ambivano a sacralizzare la propria attività ponendosi non solo come maestri di una tecnica di scrittura, ma anche come depositari di una sapienza esegetica che permetteva loro di manipolare l'interpretazione dei testi normalmente affidata alla Chiesa.[24] Le epistole emanate dalle cancellerie papale e imperiale durante l'acceso scontro tra Federico II e Gregorio IX si appropriarono di una retorica profetico-apocalittica che da entrambe le parti mirava a demonizzare l'avversario, presentandolo come l'Anticristo preannunciato dalle Scritture. Nello stesso periodo una rinnovata attenzione nei confronti dell'esegesi e delle possibili riattualizzazioni di simboli polisemi contribuì ad alimentare una scrittura oscura, allusiva e densa di elementi simbolici, sfida ermeneutica e vero e proprio *argot* di un'élite intellettuale. Poiché l'essenza dell'*argot* è quella di essere un *signum*, una modalità discorsiva che distingue il parlante e il suo gruppo dagli altri locutori, l'ingresso di tale linguaggio segreto all'interno del discorso pubblico può comportare la sua conservazione come segno stilistico;[25] in questo modo un codice misterioso come quello profetico, adottato in un altro contesto, perse buona parte della sua carica di oscurità, rimanendo semplice marcatore di un linguaggio esclusivo.

La pragmatica del linguaggio figurato teorizzato e impiegato nell'*ars dictaminis* è perciò differente, ma non del tutto, rispetto a quella propria del profetismo medievale: in entrambi i casi la ricerca di un dettato oscuro contribuisce alla credibilità e alla ieraticità del testo, e in entrambi i casi l'autore rivendica la propria capacità di dominare i simboli tanto dal punto di vista produttivo quanto da quello interpretativo. Ma mentre gli autori di testi profetici avevano bisogno di un discorso che riuscisse a rimanere sufficientemente ambiguo e malleabile da poter essere riadattato in tempi successivi, i *dictatores* che scrivevano per conto di una cancelleria avevano come obiettivo principale la comprensibilità e l'incisività del messaggio.

Ai testi dell'*ars dictaminis* è stata a lungo conferita una patente di oscurità che sembra debba essere meglio contestualizzata: secondo Witt, lo *stilus rhetori-*

---

24 Sulle strategie di legittimazione messe in campo dai *dictatores*, si vedano almeno Artifoni, *Sapientia Salomonis* e Grévin, *Métaphore et vérité*.
25 Si tratta del «transfert de la fonction sémantique» di cui parla Guiraud, *L'argot*, pp. 102–3.

cus sviluppato dalle cancellerie sotto l'influenza dei sermoni sulle crociate, e perciò ricco di citazioni bibliche e classiche, non coincide del tutto con lo *stilus obscurus* che i *dictatores* usavano nelle proprie missive private, dove i colleghi-amici venivano sfidati attraverso un linguaggio da casta che faceva continuo sfoggio di bravura e che permetteva di sfuggire dalla routine di una scrittura formulare.[26] Grévin ha invece messo in discussione la distinzione proposta da Witt e ribadito che la contraddizione tra oscurità ed esigenze pragmatiche della comunicazione imperiale è solo apparente, dal momento che tale oscurità promuove una sacralizzazione quasi magica del linguaggio; la distinzione sembrerebbe essere, semmai, tra i *dictatores* della curia, che sostengono una certa chiarezza linguistica, e quelli imperiali, che non esitano a ricorrere alla *transumptio* anche a rischio di scadere nell'oscurità.[27]

Il discorso tocca soprattutto Pier della Vigna, maestro indiscusso dell'epistolografia latina che proprio per la sua oscurità era noto ai contemporanei, se accettiamo la testimonianza di Odofredo: «volentes obscure loqui et in supremo stilo, ut faciunt summi doctores et sicut faciebat Petrus de Vineis». Al logoteta di Federico II si può attribuire un'eccezionale conoscenza di Scritture e glosse, che gli permise di sviluppare all'interno della cancelleria sveva il raffinatissimo stile elaborato dalla Curia papale sotto Innocenzo III. L'impiego, «con intenti ideologici, persuasivi e polemici del linguaggio biblico» genera un dettato non sempre comprensibile, volto a «creare il senso di una oscura minaccia»;[28] lo caratterizzano un periodo sintatticamente assai complesso, un ampio ricorso alla citazione classica e scritturale, una sostenuta tensione che non sfocia mai nella violenza di altri documenti della coeva propaganda politica, ma che non rifugge dal sarcasmo o da severe invettive.[29]

Il confronto tra la prosa di Pier della Vigna e quella dantesca non è una novità: lo stesso Baglio, curatore del più recente commento alle epistole di Dante, inquadra la produzione di quest'ultimo all'interno degli schemi dell'*ars dictaminis* e propone numerosi paralleli con le missive della cancelleria sveva.[30]

---

26 Witt, *Medieval ars dictaminis*, pp. 14–5.
27 Sull'*obscuritas* in relazione al *dictamen*, si vedano Grévin, *Rhétorique du pouvoir*, in part. p. 205 e 259 e Grévin, *«Linguistic mysteries»*.
28 Boccia, *Forme della creazione*, pp. 87–88.
29 Sullo stile di Pier della Vigna, si vedano Mazzamuto, *L'epistolario*; Grévin, *Rhétorique du pouvoir*; l'introduzione di *L'epistolario di Pier della Vigna*; Delle Donne, *Le parole del potere*, in part. pp. 121–122.
30 Si veda in particolare *Ep.* (Baglio), p. 24. Altri raffronti tra Pier della Vigna e Dante sono proposti, in questo stesso volume, dal saggio di Benoît Grévin, che se ne era già occupato in Grévin, *Rhétorique du pouvoir*, pp. 795-7; discute il rapporto di Dante con il *dictamen* Montefusco, *Le "Epistole"*; sul rapporto tra Dante e Pier della Vigna si veda anche Montefusco, *Pier della Vigna*. L'articolo dello stesso Montefusco in questo stesso volume (*Competenze, prassi e*

Dalla specola del linguaggio figurato, risulta però particolarmente interessante rivedere qualche passaggio di una delle più celebri epistole di Pier della Vigna, la *Collegerunt pontifices* che apre la raccolta epistolare tràdita sotto il suo nome.[31] Questa missiva, secondo i curatori della raccolta, è esemplare tanto a livello politico, quanto a livello retorico, perché pur abbracciando i modi accessissimi della polemica in corso li traduce in una forma nuova, dove il registro biblico-apocalittico si alterna a quello satirico-antifrastico:[32]

> vineam autem Domini Sabaoth aliis locabit agricolis et bonos absque iudicio male perdet. Obstemus ergo principiis, ne forte scintilla tenuis in flammam transeat destructiuam, et morbus quidem sic fistulare incipiens, non abscissus perueniat in medullas. (...) Ploret igitur mater Ecclesia, quod pastor gregis Dominici factus est lupus rapax! Crassum quidem de grege comedens, confractum non alligat, et dissolutum ad propria non reducit, sed uelut amator schismatis, caput et actor scandali, pater doli, contra iura Romani principis et honorem tuetur hereticos, Dei quidem et omnium Christi fidelium inimicos, omni prorsus Altissimi timore postposito et hominum uerecundia ultroiecta. (...) Reuertentem ergo ad gremium matris Ecclesiae benigne recipias filium singularem, presertim cum petat instanter ueniam sine culpa: aloquin leo noster fortissimus, qui hodie simulat se dormire, rugitu solo terribili trahet omnes a terrae finibus tauros pingues, et plantando iustitiam, Ecclesiam diriget, euellens prorsus et destruens cornua superborum.[33]

Come si vede, l'elaborazione metaforica è sostenuta e articolata in scene di una certa estensione, che riprendono immagini naturali tratte dalla Bibbia (la vigna del Signore, la madre Chiesa, il pastore fatto lupo rapace e via dicendo); la prosa è difficile ma non completamente oscura, grazie al riferimento a brani riconoscibili e a un andamento ragionativo comprensibile, per quanto impegnativo. La solennità non scade in un'eccessiva ridondanza, come accade in tanti altri brani dettatori:[34] i traslati animano il dettato in maniera dinamica e concre-

---

legittimità profetica del Dante dictator illustris) affronta nuovamente il tema, argomentando contro un'eccessiva riduzione dello stile epistolare di Dante all'influenza di Pier della Vigna.
31 Sulla *Collegerunt pontifices*, si veda anche Falzone, Fiorentini, *Note sul discorso*, pp. 217–21.
32 *L'epistolario di Pier della Vigna*, pp. 56–62.
33 *L'epistolario di Pier della Vigna*, pp. 79–82 (PdV I, 1, parr. 2; 18; 33).
34 Un breve esempio, di passaggio, può essere offerto dalla ripetitiva metaforica della bolla *Exultet in gloria*, con cui Clemente V salutava l'elezione di Enrico VII (1 settembre 1310): «hec est enim fructus benedictus a Domino, per quem mellifluam celi dulcedinem susceperunt. Hec est fructus pretiosus fidelibus, quem arbor iustitie in benedictionibus plantata dulcedinis germinavit. Hec est fructus mire pulcritudinis et decoris, quem celestis agricole summa benignitas de radice caritatis eduxit. Et hec est fructus, de quo gentium doctor apostolus et predicator egregius veritatis in sacro sue salutationis eloquio, quod de conscientia regis emittebat excelsi, cunctorum refici corda fidelium cum summo desiderio cupiebat» (*Henrici VII Constitutiones*, p. 376).

ta, le personificazioni diluiscono l'estraneità delle metafore, ma l'ossequio ai dettami dell'*amplificatio* si fa sentire nell'estensione non sempre necessaria di un tema. Le metafore animali, in particolare, sono assimilabili non solo ai precedenti scritturali, quanto a certi modi della letteratura profetica medievale; rispetto all'esempio dell'*Oraculum*, però, il dettato di Pier della Vigna non si limita a una semplice trasfigurazione zoomorfa, ma realizza un più complesso gioco di alternanze tra *auctoritates*, segmenti ragionativi, narrativi, polemici. L'apparato metaforico elaborato dal *dictator* svevo risulta così un precedente da tenere presente nell'analisi delle epistole arrighiane, che pure non lo imitarono in maniera pedissequa e si spinsero ben più in là nel rifiutare una retorica meramente esornativa e nel riconoscere alle citazioni e all'*imagery* un ruolo argomentativo e persuasivo dominante.

Pier della Vigna sembra tradurre in pratica un pensiero della *transumptio* che si era andato parallelamente sviluppando in ambito teorico per iniziativa dei *dictatores* attivi a Bologna nella prima metà del XIII secolo. Maestri come Boncompagno da Signa, Bene da Firenze e Guido Faba reagirono al predominio della scuola d'Orléans e del suo lessico eccessivamente ricercato e propugnarono una retorica egemonica rispetto agli *auctores* pagani, pensata per i bisogni pratici del ceto notarile; la dottrina della *transumptio* così elaborata recuperava alcuni aspetti esegetici provenienti dalla teologia chartriana e dagli insegnamenti delle *artes poetriae* nell'ottica di una scrittura sì sacralizzante, ma comprensibile e adatta alla situazione comunicativa, dove solo sul principio inderogabile della correttezza si poteva innestare un procedimento di ornamento stilistico.

Riprendendo la *Poetria nova* di Goffredo di Vinsauf, i *dictatores* assegnarono all'*ornatus difficilis* i dieci tropi enucleati dalla *Rhetorica ad Herennium* e li riassunsero sotto il nome di *transumptio*.[35] Il *Candelabrum* di Bene, in particolare, sciolse la confusione operata da Goffredo tra *transumptio* e *translatio* e considerò la prima un generico modo del parlare figurato tendente alla *gravitas*, a cui appartiene la seconda, semplice tropo equivalente a quella che oggi chiamiamo metafora. La *transumptio*, per Bene, si realizza infatti soprattutto in quattro dei dieci tropi della tradizione: *nominatio, pronominatio, permutatio, translatio* (VII, xxviii, 2–3). Il primo corrisponde all'onomatopea; gli altri tre tropi alla base della *transumptio* sono definiti in questo modo:

> pronominatio est que velut extraneo quodam vocabulo sive cognomine demostrat id quod suo non potest nomine appellari (...). Permutatio fit in nomine tam proprio quam comuni.

---

35 Sulla *transumptio* cfr. Forti, *La "transumptio"*; Purcell, *Transsumptio*; Grévin, *Métaphore et vérité*; sulla *transumptio* nelle *artes poetriae* si veda Tomazzoli, *Nova quaedam*.

> Hec aliud verbis, aliud sententia, sicut allegoria, demostrat et fit per similitudine, argumentum atque contrarium (...). Traslatio est ex quadam convenienti similitudine verbi iam dudum inventi in aliam rem traductio. Hec fit tam in nomine quam in verbo et partipicio et adverbio et in hoc differt a precedentibus. In permutatione tamen significatio vocabuli non mutatur sed per rem ipsius alia res intelligitur (...) In translatione vero dictio quasi sponte ad aliud significandum convertitur (VII, xxiv–xxxii).

3 La *transumptio* e *l'explanatio* nelle epistole arrighiane

Come prescritto da queste norme relative alla *gravitas*, i tre tropi dell'antonomasia, dell'allegoria e della metafora sono abbondantemente presenti nelle epistole arrighiane di Dante. A uno spoglio sistematico i termini figurati risultano coprire una discreta parte della prosa dantesca, pur addensandosi in maniera diseguale nel corpo delle tre epistole.

Spicca soprattutto l'ampio ricorso alla *pronominatio*, con espressioni come il già citato «Leo fortis de tribu Iuda» (*Ep.* V, 4), ma anche «Moysen alium» (*Ep.* V, 4), «tanquam alteri Babilonii» (*Ep.* VI, 6), «Pergama rediviva» (*Ep.* VI, 15), «Goliam hunc» (*Ep.* VII, 2), «nobis est alter Ascanius» (*Ep.* VII, 18), «hec Myrrha scelestis et impia», «hec Amata illa impatiens» (*Ep.* VII, 24), «proles altera Isai» (*Ep.* VII, 29). La strategia della *pronominatio* comporta la designazione, attraverso un nome proprio, di un modello o di un insieme di caratteristiche; insieme alla metafora, l'epiteto è il modo per eccellenza di una comunicazione criptata, dove il linguaggio segreto agisce attraverso una sostituzione e dove la decifrazione dipende interamente dalla conoscenza autonoma, da parte del lettore, delle caratteristiche dell'archetipo.[36] La *pronominatio* risulta perciò una figura ideale per realizzare un tono solennemente profetico, perché grazie a essa eventi della storia contemporanea vengono messi in relazione con il grande quadro storico-provvidenziale che si distende a partire dal passato del mito classico e delle Scritture.

Consistenti anche le *permutationes*, ossia le allegorie. Un esempio caratteristico della scrittura dantesca è l'immagine del campo della mente che compare nell'epistola V:

> assumite rastrum bone humilitatis, atque glebis exuste animositatis occatis, agellum sternite mentis vestre, ne forte celestis imber, sementem vestram ante iactum preveniens, in vacuum de altissimo cadat. Non resiliat gratia Dei ex vobis tanquam ros quotidianus ex

---

[36] Guiraud, *L'argot*, p. 54.

lapide; sed velut fecunda vallis concipite ac viride germinetis, viride dico fructiferum vere pacis; qua quidem viriditate vestra terra vernante, novus agricola Romanorum consilii sui boves ad aratrum affectuosius et confidentius coniugabit (*Ep.* V, 15-6).

Il passo riprende motivi scritturali e patristici, alcuni dei quali già impiegati nella propaganda papale e imperiale, ma li armonizza in un'unica grande immagine, dove diverse metafore concorrono a creare un piccolo universo psicologico, coeso e delineato in toni di fervente coinvolgimento spirituale e intellettuale.

Il tropo assolutamente dominante è però la *translatio*, che viene impiegata nei modi più diversi. A catene semantiche coerenti si avvicendano immagini in forte contrasto; si alternano metafore topiche e originali, brevi ed estese, naturalistiche e letterarie.

A, Tuscorum vanissimi, tam natura quam vitio insensati! Quam in noctis tenebris malesane mentis pedes oberrent ante oculos pennatorum, nec perpenditis nec figuratis ignari. Vident namque vos pennati et inmaculati in via, quasi stantes in limine carceris, et miserantem quempiam, ne forte vos liberet captivatos et in compedibus astrictos et manicis, propulsantes (*Ep.* VI, 21).

Questo estratto è un vero *tour de force* di metafore: in un ritmo incalzante le tenebre dell'ignoranza e del peccato si legano non agli attesi occhi interiori, ma agli stranianti *pedes* della mente, che vengono poi messi a contrasto con l'*exemplum* degli uccelli; a loro volta questi sono accostati, con ulteriore traslazione, agli uomini *inmaculati*, ossia innocenti, prima che prenda il sopravvento l'ultima metafora estesa del carcere. La stessa sovrapposizione di immagini si verifica in quest'altro passaggio, dove la metafora della pecora malata già introdotta si intreccia con la ripresa della *pronominatio* di Mirra, che nel suo ruolo di seduttrice del padre attira l'epiteto papale di *pater patrum*:

vere fumos, evaporante sanie, vitiantes exhalat, et inde vicine pecudes et inscie contabescunt, dum falsis illiciendo blanditiis et figmentis aggregat sibi finitimos et infatuat aggregatos. Vere in paternos ardet ipsa concubitus, dum improba procacitate conatur summi Pontificis, qui pater est patrum, adversum te violare assensum (*Ep.* VII, 26).

In tanta densità e complessità metaforica, spicca una caratteristica significativa: la pressoché totale mancanza di oscurità; per quanto il dettato possa essere elaborato o i riferimenti impegnativi, Dante si preoccupa sempre della comprensibilità, oltre che della solennità, del suo discorso. Questa preoccupazione è particolarmente evidente nel caso di alcune precisazioni che giungono a chiarire o dichiarare il tropo. È quel che accade ad esempio in questo passaggio: «absit, quoniam Augustus est. Et si Augustus, nonne relapsorum facinora vindicabit, et usque in Thessaliam persequetur, Thessaliam, inquam, finalis deletionis?» (*Ep.* V, 10). L'inciso finale conferisce ulteriore gravità alla già sostenutissima interrogativa retorica, e la dichiarazione dell'immagine veicolata dalla *nominatio* non stempera il quadro ma lo estende: il riferimento storico alla Tessaglia, avvolto in una distanza letteraria classicheggiante, da archetipo di sconfitta si innalza a scenario apocalittico di distruzione.

Un altro esempio è contenuto all'interno del passo appena citato, dove la complessa metafora vegetale si intreccia con le immagini bibliche della pioggia e della rugiada; la tensione si scioglie nel dolce e allitterante sintagma finale, che arriva a coronare e risolvere l'ampio quadro sviluppato: «sed velut fecunda vallis concipite ac viride germinetis, viride dico fructiferum vere pacis» (*Ep.* V, 16). Questa prassi sembra corrispondere a quel procedimento che i retori medievali, sulla scorta della *Rhetorica ad Herennium*,[37] chiamavano *explanatio*: è il principio opposto all'*obscuritas*, nonché uno dei due pilastri di un discorso elegante e perspicuo. Lo riassume ancora una volta in maniera esemplare il *Candelabrum*:

> sed non est satis loqui congrue vel latine, quia posset ibi esse rerum impertinentia vel inconcinna translatio vel obscuritas vitiosa, et ideo necessaria est explanatio ad elegantiam obtinendam, quia nichil est oratori convenientius quam conceptam materiam verbis idoneis explanare (...) Sciendum est quod explanationem inducunt usitata verba et propria seu competenter aliunde translata.[38]

L'*explanatio* offre dunque una via d'uscita dagli angusti perimetri della semplice *latinitas* perché permette di introdurre nel discorso anche dei termini "inusitati" o "impropri", purché la traslazione sia padroneggiata con competenza e cognizione di causa.

4 Analogie argomentative: un'epistemologia dei segni

Del resto il concetto stesso di oscurità esiste in mutua dipendenza con il suo opposto, la chiarezza. L'oscurità è il presupposto di ogni atto esegetico, perché

---

[37] «Explanatio est quae reddit apertam et dilucidam orationem. Ea conparatur duabus rebus, usitatis verbis et propriis. Usitata sunt ea quae versantur in consuetudine cotidiana: propria, quae eius rei verba sunt aut esse possunt qua de loquemur» (*Ad Her.* IV, xii, 17).
[38] Bene da Firenze, *Candelabrum*, I, xi, 10–1; xii, 1–7; questo passo è commentato in Montefusco, Bischetti, *Prime osservazioni*, pp. 201–203. Anche un altro *dictator* come Riccardo da Pofi ribadiva la necessità di illustrare chiaramente anche le epistole che si avvalgono di *auctoritates* bibliche o profetiche: «ces remarques montrent que les *dictatores* étaient pleinement con-

non sarebbe necessario spiegare un testo già comprensibile: la sua eliminazione sembra perciò essere l'obiettivo di ogni interpretazione. Il procedimento dantesco risolve l'oscurità nel momento in cui la crea, semina indizi e poi li spiega, impiega citazioni e immagini che vengono poi meglio contestualizzate. Buona parte della carriera di Dante è segnata dal rifiuto di un'oscurità dettata da imperizia, da superbia o da spirito settario, a favore di una difficoltà dipendente dall'inerente nobiltà del contenuto ma sempre comprensibile; prova ne sono la polemica con Guittone,[39] ma anche i diversi passi della *Commedia* in cui il linguaggio delle profezie è opposto a quello chiaro.[40]

Le forme di oscurità che operavano nella scrittura profetica da un lato e in quella dettatoria dall'altro non hanno ragione di esistere nel caso dantesco: a differenza dei *dictatores*, Dante non parla per conto di un'istituzione, e a differenza degli autori di testi profetici la legittimazione che egli cerca è soprattutto intellettuale e morale.[41] Se profezia e *dictamen* sono due modalità diverse di parlare di una politica altamente retoricizzata attraverso una retorica politicizzata, le epistole arrighiane intraprendono un altro percorso, dove l'invettiva profetizzante non può prescindere dalla carica persuasiva dell'*ars* e dove quest'ultima non è mai fine a sé stessa. La postura assunta da Dante in questi testi implica il doppio momento dell'interpretazione e della predicazione: l'autore fonda l'autorevolezza del proprio discorso su una corretta comprensione dei segni offerti dalla realtà, e al contempo proclama quanto ha appreso mediandolo attraverso analogie, citazioni ed *exempla* che hanno il duplice scopo di chiarire e di persuadere.

Come sostiene Ledda, quello che Dante adotta nelle epistole V e VI è un «profetismo naturale e argomentativo»: il primo dei due testi annuncia in tono trionfante la venuta di Enrico, celebrata attraverso scene di rinascita ispirate alle Scritture e alla classicità, e giustifica tali riprese con un «brano che si po-

---

scients du danger que présentait la volonté d'assimiler la dignité du discours politique à celle du langage biblique en donnant au premier, par l'importation d'un langage allégorique, la dignité du second» (Grévin, «*Linguistic mysteries*»).

39 Sull'*obscuritas* guittoniana e sul suo rapporto con il *dictamen*, si veda Montefusco, *La linea*, pp. 5–10.

40 Come si vede bene nel discorso di Cacciaguida, dove le *chiare parole* e il *preciso latin* (forse non dimentico della *latinitas* retorica) si oppongono alle *ambage* folli dei pagani: «né per ambage, in che la gente folle / già s'inviscava pria che fosse anciso / l'Agnel di Dio che le peccata tolle, / ma per chiare parole e con preciso / latin rispuose quello amor paterno, / chiuso e parvente del suo proprio riso» (*Par.* XVII, 31–6).

41 Un discorso parzialmente diverso si apre per l'*Ep.* XI, dove la postura profetica assunta da Dante rimanda piuttosto a modelli vetero-testamentari, e dunque a un'investitura carismatica; cfr., in proposito, i due articoli di Montefusco e Potestà in questo volume.

trebbe definire metaprofetico».[42] I «signa (...) consolationis et pacis» (*Ep.* V, 2) si realizzano in gioiose immagini che manifestano la provvidenzialità della missione arrighiana: sono le topiche metafore dell'alba opposta alle tenebre (*Ep.* V, 2), del sole della giustizia (*Ep.* V, 3), dell'imperatore come sposo (*Ep.* V, 5), della valle feconda in cui germoglia la pace (*Ep.* V, 15–6) – per citarne solo alcune. Nella parte finale dell'epistola queste metafore vengono inquadrate non come dispositivi retorici messi in campo da Dante, ma come meravigliosi effetti della volontà di Dio, testimoniati dalla Chiesa e confermati dal Papa (*Ep.* V, 22). Contaminando San Paolo con Aristotele, Dante spiega che gli *invisibilia* di Dio si comprendono attraverso le creature, e che le cose sconosciute ci si rivelano attraverso quelle conosciute (*Ep.* V, 23).[43] A questi argomenti razionali subentrano argomenti storico-provvidenziali (*Ep.* V, 26–9), infine suggellati dall'*auctoritas* papale (*Ep.* V, 30).

Questa operazione interpretativa viene poi rovesciata nell'epistola seguente, che comincia con il dichiarare le disposizioni della provvidenza divina: ai «divinis elogis», confermati dalla ragione e dalla storia (*Ep.* VI, 2–3), Dante oppone la tracotante e cieca ribellione dei Fiorentini, che si realizza in un'immaginosa galleria di mali futuri (*Ep.* VI, 5–16). L'invettiva viene anche in questo caso giustificata razionalmente:

> et si presaga mens mea non fallitur, sic signis veridicis sicut inexpugnabilibus argumentis instructa prenuntians, urbem diutino merore confectam in manus alienorum tradi finaliter, plurima vestri parte seu nece seu captivitate deperdita, perpessuri exilium pauci cum fletu cernetis (*Ep.* VI, 17).

Dante non afferma qui di aver ricevuto un'investitura carismatica, ma di aver saputo interpretare i segni che la Provvidenza ha impresso sulla storia: i vasti quadri metaforici disegnati nelle epistole, nel patto testuale, non sono altro che figure della realtà, le uniche a essere comprensibili nell'insondabile mistero divino e le più efficaci per trasmettere la parola profetica. Per questo le epistole

---

42 Ledda, *Modelli biblici*, pp. 24–8.
43 Lo stesso brano paolino (*Rm* 1, 20) viene citato nella *Monarchia*, in una dimostrazione, cruciale per l'impalcatura teorica del trattato, sulla conformità del diritto umano alla volontà divina: «preterea meminisse oportet quod, ut Phylosophus docet in primis ad Nicomacum, non similiter in omni materia certitudo querenda est, sed secundum quod natura rei subiecte recipit. Propter quod sufficienter argumenta sub invento principio procedent, si ex manifestis signis atque sapientum autoritatibus ius illius populi gloriosi queratur. Voluntas quidem Dei per se invisibilis est; et invisibilia Dei "per ea que facta sunt intellecta conspiciuntur"; nam, occulto existente sigillo, cera impressa de illo quamvis occulto tradit notitiam manifestam. Nec mirum si divina voluntas per signa querenda est, cum etiam humana extra volentem non aliter quam per signa cernatur» (*Mon.* II, ii, 7.8).

arrighiane impiegano le *auctoritates* non in semplice alternanza con la *ratio*, come prescritto dalle *artes dictandi* e come sperimentato dalla prosa epistolare di Guittone, ma come scaturigini di campi di immagini funzionali a un'argomentazione razionale e icastica. A tal scopo Dante non può avvalersi delle metafore generiche e simboliche della scrittura profetica, basate su una semplice identificazione tra *res* e *verba*, né delle metafore dettatorie, che impreziosiscono il documento secondo i modi dell'*amplificatio*; a tal scopo servono infatti metafore che mettano a fuoco un processo o un'ampia immagine, illuminando il dipanarsi della storia e mostrando lo schema razionale dietro agli eventi. Questo parlare figurato crea l'illusione dell'oscurità solo per spiegarla: quella che formalmente è perfetta adesione di forma e contenuto, epistemologicamente rimanda tanto alla sfida ermeneutica della decifrazione delle immagini quanto all'unico linguaggio efficace per veicolare questa interpretazione.

Fulvio Delle Donne
L'epistola II: tecniche del *dictamen* e tradizione consolatoria

Abstracts: L'articolo focalizza l'attenzione sui caratteri tecnici dell'epistola II, in connessione con la teoria e la pratica del *dictamen* del XIII secolo. Innanzitutto, l'indagine presta particolare attenzione alle *partes* dell'epistola e propone una nuova divisione in capitoli, sulla base della normativa retorica. Poi esamina il rapporto con la tradizione della *consolatio* epistolare, attraverso raffronti con i grandi modelli, soprattutto quelli contenuti nel quarto libro delle *summae* di Tommaso di Capua e di Pier della Vigna, che rivelano un'inventiva molto maggiore. L'ultima parte è riservata all'uso del *cursus*, che è diverso rispetto a quello della curia papale o della cancelleria imperiale sveva. Lo studio approfondito e dettagliato delle tecniche retoriche permette di far emergere alcune peculiari differenze (forse cercate volontariamente da Dante) con l'illustre *stilus modernus* dell'epoca: quello della *curia Romana*, caratterizzato dalla ricca inventiva nella *transumptio* e soprattutto dal dominio del *cursus velox*.

This paper focuses on the second epistle's technical features, with reference to the theory and practice of 13th-century *dictamen*. First, the epistle's *partes* are approached and a new chapter division, based on rhetorical norms, is proposed. Then, the author scrutinizes the relationship with the tradition of the epistolary *consolation* by means of comparing Dante's epistle with the main models of his time, and notably with those contained in the fourth book of the *Summae* by Thomas de Capua and Petrus de Vinea, which reveal a greater inventiveness. The last part of the article deals with the *cursus*, which is very different from the one used by the papal curia or by the imperial chancery. The in-depth and detailed study of such rhetorical technique sheds light on some peculiar differences (perhaps voluntarily introduced by Dante) between his style and the illustrious *stilus modernus* used in that period: the prose style of the *curia Romana*, characterized by the rich inventiveness in the *transumptio* and, above all, by the extended use of the *cursus velox*.

Parole chiave: *partes* dell'epistola, *cursus*, *topoi* di *consolatio*, *stilus curiae Romanae*, *dictamen*.

Fulvio Delle Donne, Università degli Studi della Basilicata

L'epistola di argomento consolatorio costituisce una delle più praticate e soprattutto più rilevanti forme applicative di *ars dictaminis*.[1] Dimostrazione evidente è fornita dal ruolo centrale che essa assume nelle due più importanti e diffuse raccolte strutturate (ovvero *summae* epistolari) del XIII secolo: quella di Tommaso di Capua, trasmessa, in forma più o meno completa o frammentaria, da circa 80 codici;[2] e quella di Pier della Vigna, che nelle sue diverse "forme" o "tipologie" sistematiche (termini forse meno ambigui e più appropriati rispetto a quello maggiormente usato di "redazioni") è tràdita da circa 150 codici.[3] La *summa* di Tommaso di Capua, la più antica e il modello di ispirazione principale tra quelle di ambito cancelleresco papale e imperiale, che ebbero particolare sviluppo nel XIII secolo, dedica l'intero IV libro (generalmente intitolato *De consolationibus, compassionibus et aliis, que ad id pertinent*) alle epistole di consolazione per la morte di personaggi pubblici, parenti, affini o amici, che nella raccolta più comune ed edita sono in numero di 29. Questa specifica ripartizione contenutistica si rivela ancora più particolarmente significativa nella *summa* di Pier della Vigna: poiché risulta ormai assodato che, tra le quattro principali (due in 5 e due in 6 libri), la "forma" o "tipologia" sistematicamente ordinata più antica è quella "minore" in cinque libri,[4] il fatto che nelle due forme in sei libri (la "minore" è quella che ha avuto maggiore diffusione, ed è quella edita)[5] sia stato creato un libro specificamente dedicato alle *consolationes* rende pienamente evidente l'importanza che quei testi avevano per i *dictatores* del XIII e

---

1 Sulla *consolatio* è d'obbligo il riferimento all'esauriente lavoro di Von Moos, *Consolatio*. Sulle composizioni più generalmente funerarie del medioevo, invece, cfr. Thiry, *La plainte funèbre* e Goez, *Die Einstellung zum Tode*.
2 Cfr. *Handschriftenverzeichnis des Thomas von Capua*; Heller, *Der kuriale Geschäftsgang*, pp. 198–318; Schaller, *Studien zur Briefsammlung*, pp. 371–518. La *summa* è disponibile in edizione on-line (non critica): <http://www.mgh.de/fileadmin/Downloads/pdf/Thomas_von_Capua.pdf>. Il trattatello introduttivo, che solitamente accompagna la *summa*, è edito da Heller, *Die Ars dictandi des Thomas von Capua*.
3 Cfr. Schaller, *Zur Entstehung*, pp. 114–159; Schaller, *L'epistolario di Pier della Vigna*, pp. 95–111; nonché Schaller, *Handschriftenverzeichnis zur Briefsammlung des Petrus de Vinea*. Da ultimo cfr. anche Boccia, *La redazione maggiore*, pp. 151–160; Delle Donne, *Autori, redazioni, trasmissioni, ricezione*, pp. 7–33. Sulla sua ampia diffusione cfr. soprattutto Grévin, *Rhétorique du pouvoir*.
4 Cfr. Delle Donne, *Tommaso di Capua*, pp. 53–54; Delle Donne, *Die Briefsammlung des Petrus des Vinea*, p. 225. In realtà, la distinzione secondo 4 tipologie generali è soltanto approssimativa: anche la piccola in 5 libri presenta differenze molteplici tra i testimoni: tra questi, il ms. di Toledo, Bibl. Cap., 45-9, offre sicuramente la forma più antica di organizzazione sistematica della *summa* attribuita a Pier della Vigna.
5 Cfr. l'ultima edizione, con traduzione italiana, curata da A. Boccia, E. D'Angelo, T. De Angelis, F. Delle Donne, R. Gamberini *L'epistolario di Pier della Vigna*; la precedente edizione (Petrus de Vinea, *Epistolae*) era stata curata da Johann Rudolf Iselin (Iselius) nel 1740.

XIV secolo.[6] Dunque, a quelle epistole fu riservata una collocazione autonoma e assai rilevante, in posizione piuttosto centrale: il IV libro sia nella raccolta di Tommaso di Capua, sia in quella di Pier della Vigna (probabilmente a imitazione dell'epistolario di Tommaso, a cui quello di Piero è strettamente legato).

Non è dunque sorprendente che anche Dante, seguendo gli insegnamenti teorici e pratici dei più illustri *dictatores* dell'epoca, che egli (almeno Pier della Vigna, con certezza) conosceva,[7] si sia cimentato in un'epistola simile, indirizzandola ai conti di Romena Oberto e Guido per consolarli della morte dello zio (*patruus*)[8] Alessandro: si tratta di quella che, nelle edizioni correnti, è classificata come la seconda, pur essendo forse la più antica del *corpus* dantesco, risalendo probabilmente alla metà del 1303.[9] Ed è una delle meno studiate tra quelle attribuite a Dante.

1 La ripartizione strutturale dell'epistola

Trasmessa da un unico codice,[10] Biblioteca Apostolica Vaticana, Pal. Lat. 1729, ff. 59*v*-60*r* (siglato comunemente V), l'epistola, dopo una breve rubrica riassuntiva del contenuto, che certamente rielabora dati contenuti nella *salutatio* non pervenuta, parte immediatamente con la menzione del defunto: l'*incipit* è appunto «patruus vester Alexander» e risulta un po' brusco. Generalmente, la consuetudine più diffusa nella trattatistica retorica del periodo suddivide, in via generale, l'epistola in cinque parti, che, oltre alla *salutatio*, sono chiamate solitamente *exordium*, *narratio*, *petitio* e *conclusio*.[11] Così attestano Tommaso Capuano nella sua *ars* databile al 1209–1210, in cui identifica l'*exordium* con la *bene-*

---

6 Schaller, nella *Einführung* alla ristampa anastatica (1991) dell'edizione Iselin (Iselius) di Petrus de Vinea, *Epistolae*, p. x, ipotizza anche che la divisione in sei libri possa rimandare allo schema di organizzazione di una parte del *Corpus iuris canonici* (i cinque libri di *Decretales* e *Liber sextus*).
7 Sulla questione cfr. Lokaj, *L'emergenza*, pp. 1–38. Sui rapporti tra Dante e le epistole di Pier della Vigna è stata attirata l'attenzione con puntualità sin dai tempi di Baethgen, *Dante und Petrus de Vinea*. Sulla questione torneremo ancora nella conclusione.
8 Sull'uso di questo termine cfr. Lokaj, *L'emergenza*, pp. 24–25.
9 Cfr. Indizio, *Sul mittente*, pp. 198–200. Ma per un'altra ipotesi si veda Lokaj, *L'emergenza*, p. 18; nonché Tavoni, *Le Epistole I e II*. Sul contesto complessivo cfr. anche Grillo, "Universitas partis Alborum".
10 Per un quadro complessivo sulla tradizione delle epistole dantesche cfr. Montefusco, *Le "Epistole" di Dante*, pp. 401–457; nonché le introduzioni di M. Baglio, L. Azzetta e A. Montefusco alle edizioni delle epistole dantesche (e dei loro volgarizzamenti).
11 Per un quadro generale sulla questione cfr. Bognini, Delle Donne, *Partes*.

volentie captatio,[12] Bene Fiorentino nel suo *Candelabrum*, ultimato verso il 1226,[13] o Bono da Lucca, autore del *Cedrus Libani*, databile agli anni Sessanta o Settanta del Duecento.[14] Ma generalmente si ammettono eccezioni, che riducono l'epistola anche a una sola parte.[15] La conoscenza della trattatistica retorica specifica deve guidarci nella comprensione della struttura della lettera.

Nell'epistola di Dante il passaggio tra l'*exordium* e la *narratio* è effettivamente molto sfumato,[16] dal momento che non si parte dall'occasione in cui il mittente è venuto a sapere della morte del personaggio o dalla dichiarazione del dolore provato (come spesso si legge nelle epistole consolatorie), ma dall'affermazione che Alessandro da Romena è morto, quasi come se fosse lo stesso Dante a dare la notizia.[17] L'*exordium*, in effetti, secondo l'affermazione esplicita di Boncompagno da Signa (che nella *Palma* afferma di rifarsi al *curialis stilus* in opposizione agli *antiqui*), può fondersi con la *narratio*, consistendo anche in un *proverbium*, che è «brevis verborum series obscuram in se continens sententiam».[18] E nell'epistola dantesca questa funzione può essere assunta tanto dalla dichiarazione che il defunto è tornato nella patria celeste, tanto dalla menzione

---

12 Thomas de Capua, *Ars dictaminis*, p. 16: «partes autem epistole sunt quinque a veteribus definite: salutatio scilicet, exordium sive benevolentie captatio, narratio, petitio et conclusio».
13 Bene Florentinus, *Candelabrum*, pp. 93–94; «quidam iudicant eas [*partes*] quinque, scilicet salutationem, exordium, narrationem, petitionem et conclusionem».
14 Bonus Lucensis, *Cedrus Libani*, pp. 62–63: «epistole mediocri et perfecte quinque partes consuevimus assignare, que sunt: salutatio, exordium, narratio, petitio et conclusio». Bono da Lucca, comunque, si rifà esplicitamente agli insegnamenti dei trattati precedenti e, in particolare, a quelli di Boncompagno da Signa.
15 Cfr. Thomas von Capua, *Ars dictaminis*, par. 27, pp. 37–38, che ammette, con alcuni esempi, che l'epistola può anche essere composta di quattro, tre, due e anche una sola parte; Bene Florentinus, *Candelabrum*, p. 94, secondo il quale l'epistola «bene potest et plures et pauciores [*partes*] habere»; Bonus Lucensis, *Cedrus Libani*, p. 82, che, a proposito del numero delle *partes*, comincia dicendo che «rethorici certant et adhuc sub iudice lis est», ma continua affermando che «si epistola sit diffusa, ut multe ab imperiali curia et a sede apostolica destinate, non solum ex quinque partibus tunc constabit, sed etiam ex *confutatione* et *confirmatione*».
16 Baglio, nella nota di commento alla sua edizione delle *Epistole* di Dante, p. 73, afferma addirittura che «l'epistola inizia direttamente dalla *narratio*, che dura fino al par. 5».
17 Una situazione simile si riscontra, ad es., nelle epistole IV 1, 2, 4 e 6 dell'epistolario di Pier della Vigna, nelle quali è l'imperatore a comunicare la notizia.
18 La *Palma*, una delle prime opere di Boncompagno di Signa, databile intorno al 1198, può essere letta in Sutter, *Aus Leben*, pp. 105–127; i paragrafi sull'*exordium* e il *proverbium* sono alle pp. 112–113. Tuttavia, già Bene Fiorentino intravedeva un vizio nella sostituzione dell'*exordium* con il *proverbium*, con il quale, per il suo carattere generalmente oscuro, «attentio nec docilitas nec benivolentia comparatur»: Bene Florentinus, *Candelabrum*, p. 138. Sulla contrapposizione tra *antiqui* e *moderni*, ma con connotazioni parzialmente diverse, torneremo in conclusione.

di quello che sembra il motto contenuto nella sua insegna nobiliare («scuticam vitiorum fugatricem ostendimus»). La *narratio*, invece, è introdotta, nel par. 3,[19] dalla congiunzione *ergo* («Doleat ergo, doleat»), secondo le specifiche indicazioni che soprattutto Bene Fiorentino o Guido Faba individuano come specifico nesso di passaggio.[20] In questo modo, dunque, risulta inadeguata la divisione in capitoli dell'epistola che viene di consueto accettata, nella quale si inizia il cap. II con il par. 4 («Sed quanquam, sensualibus amissis»), anziché 3, come sarebbe più appropriato.

Proseguendo su questa strada, sempre secondo gli insegnamenti della trattatistica specifica,[21] è inadeguata anche la coincidenza tra cap. III e par. 7 («Ego autem, preter hec»), dal momento che la *petitio*, ovvero la successiva parte strutturale dell'epistola, è chiaramente rinvenibile nel par. 6. La *petitio* è considerata imprescindibile da Boncompagno, che, nella *Palma*, la definisce: «quidam petendi modus, per quem mittentis propositum certificatur».[22] Generalmente è abbastanza scarna la trattazione di questa parte, e anche Tommaso di Capua – seguito verosimilmente da Guido Faba[23] – si limita a darne una definizione: «petitio est oratio, per quam aliquid postulamus, quod sit iustum, utile et necessarium» e a spiegare che un *libellus* può anche consistere della sola *petitio*.[24] Anche Bene, seguito da vicino da Bono da Lucca e da Ventura da Bergamo,[25] in pochi capitoletti spiega che la «petitio est persone mittentis expressio, qua quid fieri vel non fieri velit convenienti affectione demostrat», delinea i modi, ovvero i verbi, con cui si chiede, elenca i nessi, le congiunzioni, gli avverbi che la uniscono con la *narratio*, e i casi in cui queste due parti possono essere unite in una sola frase.[26] Nell'epistola di Dante, il par. 6 si identifica

---

19 Si fa riferimento alla divisione in paragrafi che si trova ad esempio nelle più recenti edizioni di Pastore Stocchi, pp. 14–17, e di Baglio, pp. 72–79. Solo la consueta divisione in 3 capitoli ha l'edizione di Villa (dalla quale si attende anche la nuova edizione critica per l'Edizione nazionale), pp. 1436–1439.
20 Bene Florentinus, *Candelabrum*, p. 141, individua proprio in *ergo* (esattamente come nell'epistola dantesca), la *coniunctio illativa* che segna il passaggio tra *exordium* e *narratio*; Guido Faba, *Summa dictaminis*, par. 90, p. 348. Ma cfr. anche Thomas de Capua, *Ars dictaminis*, par. 28, pp. 38–41, con simili elenchi di nessi congiuntivi, avverbiali o causali.
21 Bene Florentinus, *Candelabrum*, pp. 146–148; Guido Faba, *Summa*, par. 91, p. 349.
22 In Sutter, *Aus Leben*, p. 111.
23 Cfr. Guido Faba, *Summa dictaminis*, par. 74, p. 332.
24 Thomas de Capua, *Ars dictaminis*, p. 33.
25 Cfr. Bonus Lucensis, *Cedrus Libani*, pp. 76–78, che, amplificando alcune note già presenti in Bene sui *modi*, specifica che i tipi di *petitio* sono otto: *precativa, preceptiva, hortatoria, suasoria, monitiva, minatoria, correctoria* e *absoluta*. Cfr. anche Ventura, in Thomson, Murphy, 'Dictamen', p. 376.
26 Bene Florentinus, *Candelabrum*, pp. 146–150.

perfettamente con la *petitio* non solo perché inizia con un nesso relativo causale, ma perché contiene anche un verbo di richiesta: «Quapropter, carissimi domini mei, supplici exhortatione vos deprecor».

Introdotta dalla congiunzione *autem*,[27] la parte conclusiva (par. 7: «Ego autem, preter hec») – che sulla base di quanto precedentemente detto dovrebbe dunque costituire il cap. IV (e non più III) dell'epistola – è quella in cui Dante spiega il motivo per cui non può partecipare al funerale. La *conclusio* è definita da Boncompagno, nella *Palma*, «cuiuslibet tractatus seu epistole finis», con la specificazione, poi ripresa anche da Bene Fiorentino, che può essere affermativa, negativa o dubitativa.[28] Tommaso di Capua, dal canto suo, scrive che «conclusio est oratio, per quam epistola limitatur, clauditur et finitur, ostendendo quid commodi vel incommodi ex re premissa sequatur».[29] E Bene Fiorentino, in maniera ancora più specifica afferma che «conclusio quidem ex petitione pendet et quantum ad sentenziam et quantum ad orationis continuationem».[30] Dunque, la *conclusio* dell'epistola dantesca è certamente atipica, perché non risulta connessa con la *consolatio*, ma richiama l'attenzione sulla condizione del mittente.

2 Tematiche e motivi topici

Non è solo sul livello estrinseco, ovvero nelle ripartizioni strutturali, che si possono rinvenire tracce evidenti di approfondite conoscenze delle tecniche dell'*ars dictaminis*. Anche alcune espressioni e temi dell'epistola II risultano ricorrenti nella produzione epistolare, in special modo in quella consolatoria, che trova particolare applicazione nelle *summae* di Tommaso di Capua e di Pier della Vigna, le quali, come si è detto, furono in quell'epoca assai diffuse. L'epistola, infatti, comincia con l'affermazione che il defunto è tornato alla patria celeste: «celestem unde venerat secundum spiritum remeavit ad patriam». Tale motivo è ricorrente nel genere consolatorio, non solo in ambito cristiano, ma anche classico (cfr. Sen., *Ep.* 86, 1), come rivela già la compulsazione del ricchissimo repertorio di Peter von Moos.[31] Frequente è nel IV libro dell'epistolario di Tommaso di Capua, interamente dedicato (come si è detto) alle *consolationes*,

---

27 Cfr. Bene Florentinus, *Candelabrum*, pp. 151–152.
28 In Sutter, *Aus Leben*, p. 116. Bene Florentinus, *Candelabrum*, pp. 150–151.
29 Thomas de Capua, *Ars dictaminis*, p. 33.
30 Bene Florentinus, *Candelabrum*, p. 151.
31 Cfr. Von Moos, *Consolatio*, I, parr. 825, 969–ss.; III (T), parr. 858 (con riferimento anche all'epistola dantesca), 871, 1215, 1219, 1362.

dove si incontra nelle epistole 2 («patrem celestem et patriam, dum sic obiit, reputatur adiisse»); 10 («de vita creditur advolasse ad patriam et speratur fecisse transitum de laboribus ad quietem») e specialmente 9, dove si insiste in maniera specifica sul ritorno e si usa, come in Dante, il termine *spiritus*: «Aut quis exivit de patria (...) non respirat naturaliter ad regressum? Cum de celis humanus sit spiritus oriundus». Ma piuttosto comune è anche nel quarto libro dell'epistolario di Pier della Vigna (pure, come si è detto, interamente dedicato alle *consolationes*), dove è usato nelle epistole 3 («superioris Ducis ductus imperio, in patriam, quae iter est omnibus, generali mortalium necessitate vocatus), 8 («de seculo nequam et valle miseriae ad scolas florentis patriae [...] Illius vocatione, cuius imperium in celo et in terris et in omnibus extenditur creaturis») e soprattutto 9, dove pure si fa riferimento all'idea del ritorno: «est revocatus ad patriam; de cuius revocationis amaritudine vox populi (...) dolorosa multum exivit».[32] Il verbo *remeare* usato da Dante è probabilmente un'eco virgiliana (*Aen.*, XI 793: «patrias remeabo inglorius urbes»), ma è da lui stesso impiegato anche nell'epistola I, 7, anche se con un'accezione parzialmente diversa («adversarios nostros [...] ad sulcos bone civilitatis intenditis remeare»).[33]

Ulteriore motivo comune alla tradizione è quello della persistenza della memoria:[34] «memoria eius usque quo sub tempore vivam dominabitur michi». Esso si ritrova nel quarto libro di Tommaso di Capua, *Ep.* 23 («porro a memoria mea non excidit»); e nel quarto libro di Pier della Vigna, *Ep.* 2 («volumus, ut tantae nostrae participis memoria sit celebris super terram») e 4 («vivat in nostri cordis scrinio, etiam carne deficiente, memoria»). E pure ricorrenti sono i temi della ricompensa celeste per chi è volato tra le stelle («super astra nunc affluenter dignis premiis muneratur») e del giusto dolore («doleat ergo, doleat progenies maxima Tuscanorum [...] et doleant omnes amici eius et subditi [...] inter quos ultimos me miserum dolere oportet»).[35]

Anche la *consolatio* vera e propria, ovvero l'invito a moderare il dolore, ricalca motivi topici ricorrenti. L'espressione «doloris amaritudo» è presente anche nelle raccolte epistolari di Tommaso di Capua (IV 16) e di Pier della Vigna (IV 6), e

---

[32] Si trova anche nella lettera con cui Manfredi annuncia al fratello Corrado la morte del padre Federico II: Nicola da Rocca, *Epistolae*, doc. 7, p. 19 («ad patriam, quo iter est omnibus, feliciter utinam, victurus accessit»). La lettera, che si collega in maniera stravagante all'epistolario di Pier della Vigna, fu scritta da Nicola da Rocca, per i cui rapporti con Dante torneremo più avanti.
[33] Il riuso è notato già da Mazzoni, nelle sue annotazioni alla sua edizione del 1967, p. 33, e ricordato in nota da Baglio, p. 67 della sua edizione.
[34] Cfr. Von Moos, *Consolatio*, I, parr. 882, 1011; III (T), parr. 1531, 1537, 1651-ss., 1668, 1682, 1702.
[35] Cfr. Von Moos, *Consolatio*, I, parr. 834-843; III (T), par. 280.

l'esemplarità dei costumi del trapassato, degni di diventare *exemplaria* è *topos* comune,[36] che si trova nelle epistole di Pietro di Blois,[37] che, non essendo raccolte in maniera sistematica e univoca, spesso si trovano confuse con quelle di Tommaso di Capua o Pier della Vigna.[38] La celebrazione delle virtù del defunto, che è generalmente elemento significativo nella letteratura consolatoria,[39] tuttavia, rimane generica: il riferimento specifico è alla sola *magnificentia*, che si accompagna al coro di tutte le altre, menzionate genericamente e collettivamente come *virtutes*.

Dunque, taluni tra i più consueti motivi e argomenti retorici di tipo consolatorio risultano noti, ma il loro uso non si rivela particolarmente esteso. Anzi, proprio il confronto con i testi esemplari più significativi, come possono essere quelli di Tommaso di Capua o di Pier della Vigna, dimostra che l'autore dell'epistola II non è particolarmente interessato a elaborarne i motivi più tipici. Infatti, la funzione della *consolatio* sembra messa in subordine rispetto a quella della richiesta di protezione e sostegno. Ogni elemento retorico più originale, del resto, attraverso costruzioni parallelistiche, sembra ricondurre l'attenzione verso la condizione del mittente: se il defunto, dopo l'esilio della vita terrena, è tornato alla vera patria, Dante continua a essere esule «a patria pulsus»; se il conte Alessandro può essere meritatamente onorato in cielo per le sue virtù, Dante è immeritatamente precipitato «captivitatis (...) in antrum» dalla povertà dell'esilio; se la fustigazione dei vizi è l'insegna araldica e la regola di condotta di Alessandro, Dante non può essere accusato dei vizi di *negligentia* o *ingratitudo*. Queste figure di pensiero non sono certamente casuali, perché trovano ulteriore conferma nella costruzione a *pendant* relativa all'insegna araldica della «scutica [ma nel ms. è *sentica*] vitiorum fugatrix», e della morte che ora «crudeliter verberavit» gli amici e sudditi; o in quella per cui chi onorava la virtù in terra è ora onorato dalle virtù in cielo. Esse, d'altronde, trovano rispondenza piena nell'abile uso delle figure di parola, che vanno dalla *annominatio* come «dominus (...) dominabitur michi» alla più complessa elaborazione semantica di *aula-aulicus-regia* e *palatinus-princeps* centrata sulla *transumptio* tra la corte terrena e la corte celeste nel par. 5, laddove si dice che «qui Romane aule palatinus erat in Tuscia, nunc regie sempiterne aulicus preelectus in superna Ierusalem cum beatorum principibus gloriatur».

---

36 Cfr. Von Moos, *Consolatio*, III (T), parr. 1653-1664.
37 Petrus Blesensis, *Epistolae*, col. 5 (*Ep.* 2); col. 38 (*Ep.* 12).
38 Sulla tradizione delle epistole di Pietro di Blois cfr. Cohn, *The manuscript evidence*, pp. 43-60; Wahlgren, *The Letter Collection*; Southern, *Towards an edition*, pp. 925-937; D'Angelo, *Le sillogi epistolari*, pp. 25-41.
39 Cfr. Von Moos, *Consolatio*, III (T), par. 173.

3 Il *cursus*

Anche le figure di suono appaiono ampiamente usate. Infatti, troviamo un impiego costante del *cursus*, ovvero delle clausole ritmiche, che, secondo le tipologie attestate dalla tradizione (*tardus, planus, velox*), in fine di periodo o prima di una interpunzione piuttosto forte, si trovano distribuiti così: *velox* nei parr. 1 (*èreum illustràbat*, che potrebbe essere raddoppiato in maniera composita, *tìtulis Ytalòrum*[40] *èreum illustràbat*, se si considerano anche le parole precedenti), 2 (*vìtia repellèntem*), 3 (*crudèliter verberàvit*), 5 (*princìpibus gloriàtur*, che potrebbe essere composito con un *planus, beatòrum princìpibus gloriàtur*, se si considera anche la parola precedente), 6 (*egrègios induàtis*); *planus* nei parr. 1 (*èsse subièctum*), 3 (*consolàbar in ìllo*), 8 (*retinère molìtur*; con *velox* + *planus* composito, se si considera anche la parola precedente: *ìmpia retinère molìtur*); *tardus* nei parr. 2 (*fugatrìcem ostèndimus*), 4 (*consolatiònis exòritur*), 7 (*fècit exìlium*). La predilezione per il *velox*, consueta per i *dictatores* dell'epoca, è ravvisabile, ma non è netta, pur essendo abbastanza in linea con altri componimenti dello stesso Dante, che si allontana, così, dalla prassi cancelleresca papale e imperiale.[41]

Tale constatazione è confermata, se non aggravata, anche dall'ampliamento della ricerca ai *cola* interni ai singoli periodi: ricerca che – va rammentato – è sempre estremamente problematica dal punto di vista metodologico, perché nella trattatistica medievale non se ne parla in maniera veramente esplicita o distesa,[42] pur se trova senz'altro conferma pratica nei modelli applicativi di *ars dictaminis*. Occorre, inoltre, sempre tener presente che bisogna andare a cercare la cadenza ritmica nei *cola* plausibilmente identificabili come tali, e non in

---

40 Ovvero *Italorum* leggendo correttamente il ms. V.
41 Cfr. Lindholm, *Studien*, p. 87. Ma anche, più di recente, una scansione completa delle *Epistole* è in Rossetto, *L'uso del "cursus"*, con la scansione dell'*Ep.* II a p. 80, che tuttavia, fa riferimento a tipologie di *cursus* che risultano inusuali e dunque improbabili. Per altri studi sul *cursus* dantesco cfr. soprattutto Parodi, *Intorno al testo*, pp. 249–275; Di Capua, *Appunti sul "cursus"*; Di Capua, *Fonti ed esempi*, pp. 93–143; Toynbee, *Appendix C*, pp. 224–247; Rajna, *Per il "cursus" medievale*, pp. 7–86, che mette in guardia dalla moltiplicazione delle tipologie di *cursus*, non attestate veramente dalla tradizione; Mengaldo, *Cursus*, pp. 290–295. Più di recente, Dronke, *Dante e le tradizioni*, Excursus I, pp. 161–172 (sul *cursus* dell'*Ep.* XIII); Mikkel, *Cursus in Dante*, pp. 105–120. Interpretazioni addirittura simbolico-geometriche circolari dà Di Patre, *Un cursus geometrico*, pp. 279–300. Sul *cursus* in generale ancora importante è Janson, *Prose Rhythm*. Ma cfr. ora anche Turcan Verkerk, *La théorisation progressive*, pp. 179–201.
42 Guido Faba, *Summa*, par. 88, p. 347, significativamente afferma: «Nota quod pulcriores dictiones locari debent in principio et in fine: medium vero locum teneant minus digne». E il maestro Goffredo, in Licitra, *La 'Summa de arte dictandi'*, p. 908, pure ricorda che «melius locantur pulcra uerba in principio et in fine quam in medio clausularum».

qualsivoglia punto della frase, per evitare che l'individuazione dei *cursus* divenga un mero divertimento fine a se stesso. Fatte queste considerazioni preliminari, si dichiara, dunque, che, solo allo scopo di fornire un quadro estensivo, in linea con talune indagini sul ritmo delle epistole dantesche,[43] la ricerca è stata comunque allargata anche agli incisi sintattici di ordine minore, sebbene si ritenga tale prassi assai dubbia. Nel par. 1 possiamo trovare un *tardus* (*remeàvit ad pàtriam*; composito se con un precedente *velox*: *spìritum remeàvit ad pàtriam*), un *velox* (*dòminus meus èrat*), un problematico *velox* (*prèmiis muneràtur*), su cui torneremo, forse un *tardus* (*annòsis tempòribus*), se vogliamo considerare il sintagma come un inciso, un *planus* (composito con un *velox*: *virtùtibus comitàta in ìllo*); nel par. 2 un *planus* (*sìgna dicèbant*) e un *tardus* (*deferèbat extrìnsecus*; forse composito con un *velox*, se consideriamo anche la parola precedente: *purpùreo deferèbat extrìnsecus*); nel par. 3 un *velox* (*màxima Tuscanòrum*), forse un *planus* (*vìro fulgèbat*, se lo consideriamo un inciso) un *tardus* (*èius et sùbditi*) e ancora un doppio *tardus* (*dolère opòrtet*; *èxul inmèritus*), e un *planus* (*infortunia mèa repèndens*); nel par. 4 un doppio *planus* (*amaritùdo incùmbat*; *intellectualia què supèrsunt*); nel par. 5 (che termina con un doppio *velox*) pure un doppio *planus* (*honoràbat in tèrris*; *honoràtur in cèlis*) in rima (cosa abbastanza comune nel *cursus* dell'epoca, ma che non si riscontra con certezza altrove in quest'epistola), un *tardus* (*èrat in Tùscia*) e un *velox* (*àulicus preelèctus*, che, come alla fine del periodo, potrebbe essere raddoppiato, *règie sempitèrne àulicus preelèctus*, se si considerano anche le parole precedenti); nel par. 6 (già terminante con un *velox*) un *tardus* (*exhortatiòne vos dèprecor*), una sequenza di tre *velox* (*sensuàlia postergàre*; *exemplària esse pòssunt*; *instìtuit in herèdes*) e un dubbio *planus* (*proximiòres ad ìllum*); nel par. 7 (che già termina con un *tardus*) un duplice *tardus* (*lacrimòsis exèquiis*; *ingratitùdo me tènuit*); nel par. 8 (già terminante con un *planus*) un *velox* (*èffera persecùtrix*) e un triplice *planus* (*armìsque vacàntem*, o addirittura doppio *planus* composto, *èquis armìsque vacàntem*, se si considera anche la parola precedente; *detrùsit in àntrum*, forse da considerare in rima *m* col precedente *planus*; *hucùsque prevàlens*). Il quadro sintetico qui esposto può apparire più chiaro dalla lettura ritmica dell'intera epistola, che si dà più sotto.

Non è il caso di fare dettagliati computi numerici, né provare a definire statistiche, che non avrebbero mai rilevanza pienamente o aseticamente "scientifica", perché i parametri di riferimento (ovvero i punti in cui cercare i *cursus*) dipendono sempre da letture, interpretazioni e scelte umane, a loro vol-

---

43 Si fa riferimento soprattutto a Rossetto, *L'uso del "cursus"*, che segnala cadenze ritmiche, talvolta insolite, anche in punti della frase che non hanno rilevanza.

ta condizionate da problemi di tradizione, errori di copia, cattive edizioni.[44] Risulta, comunque, abbastanza evidente un uso più abbondante del solito del *cursus tardus*: dato che non deve essere necessariamente considerato come una spia indiziaria a sfavore dell'attribuzione a Dante dell'epistola, che comunque risulta problematica anche per altri aspetti.[45] Innanzitutto, come già rilevava Toynbee,[46] bisogna distinguere tra i diversi tipi di epistola, pubblica o privata; inoltre, il *cursus tardus* potrebbe anche essere stato usato scientemente in maniera più estesa, perché meglio adatto a epistole di argomento funebre, sebbene questa prassi non trovi riscontro né nella trattatistica, né nelle *consolationes* contenute nelle menzionate *summae* di Tommaso di Capua e Pier della Vigna, dove l'uso del *cursus velox* è sempre nettamente preponderante.

Aldilà, comunque, di queste considerazioni, l'analisi del *cursus* può permetterci di risolvere anche qualche questione ecdotica.[47] Già nella *rubrica*, ad esempio, si potrebbe suggerire una soluzione alternativa a quella che solitamente è accolta nelle edizioni:

> Hanc epistolam scripsit Dantes *Alagerii* Oberto et Guidoni comitibus de Romena post mortem Alexandri comitis de Romena patrui eorum condolens *illius* de obitu suo.

Nel ms. V, c. 59*v*, infatti, si legge così:

> Hanc epistolam scripsit Dantes *Allagerii* Oberto et Guidoni comitibus de Romena post mortem Alexandri comitis de Romena patrui eorum condolens *illius* de obitu suo.

Le differenze sono state rese maggiormente evidenti col corsivo. Aldilà della normalizzazione del nome in *Alagherii*, che nelle proposte editoriali non ha sempre riscosso universale consenso,[48] e che forse non è strettamente necessaria, la cosa più rilevante è data dall'inammissibilità dell'espressione «illius de obitu suo», a causa della compresenza di *illius* e *suo*, che generano un evidente contrasto sintattico e logico. La correzione di *illius* in *illis* è già del primo editore, Torri, che la introduce senza dichiararla, e può essere certamente accettabile,

---

44 Precise tabelle di computo delle occorrenze del *cursus* sono riportate negli studi citati alla nota precedente, ma, in verità, esse, generalmente, non denunciano in maniera chiara il riscontro sui testi. Per problemi di metodo, comunque, cfr. la recensione di Orlandi a Janson, *Prose Rhythm*, pp. 701–718, e Orlandi, *Le statistiche sulle clausole*.
45 Sulla questione, che comunque rimane problematica, si vedano soprattutto le argomentazioni di Mazzoni, pp. 30–32 della sua citata edizione.
46 Toynbee, *Appendix C*, pp. 235–236.
47 Cfr. Chiesa, *L'impiego*, con riflessioni specifiche sul *cursus* in Dante alle pp. 292–301.
48 Sulla storia testuale di questa normalizzazione cfr. innanzitutto Mazzoni, p. 39 della sua edizione.

anche sulla base di un principio di economia paleografica: *illius* potrebbe, infatti, essere un banale errore del copista, generato dall'attrattiva connessione sintattica col successivo *de obitu*.

Tuttavia, si potrebbe supporre anche un'ulteriore ipotesi. È fuor di dubbio che la *rubrica* sia l'adattamento di una più precisa *salutatio*, che sicuramente non poteva mancare, in quanto da essa devono essere stati tratti i nomi del mittente e dei destinatari. L'adattamento è reso palese, innanzitutto, dall'inversione nell'ordine dei nomi: secondo le rigide norme previste dall'*ars dictaminis*, che Dante dimostra di conoscere bene, in una *consolatio* indirizzata a persone di rango elevato, il mittente non avrebbe mai anteposto il proprio nome a quello dei destinatari;[49] l'inversione, invece, deve essere stata operata da chi, in epoca più tarda, riconosceva in Dante l'illustre letterato, la cui importanza sovrastava quella dei destinatari.

L'adattamento, tuttavia, potrebbe aver generato qualche altra alterazione anche nella parte finale, compreso l'errore di duplicazione del pronome *eius/ suo*: errore che, forse, può essere denunciato dall'esame del *cursus*. La conclusione «de obitu suo», infatti non è ritmicamente ammissibile, mentre la clausola «illìus de òbitu» dà luogo a un *cursus tardus*, particolarmente adatto alla circostanza luttuosa e ampiamente usato nell'epistola. Che Dante usasse il *cursus* anche nella parte conclusiva della *salutatio* (quando trasmessa), del resto, è confermato sistematicamente dalla prassi: *Ep.* I, *promptìssime recommèndant* (*velox*); *Ep.* III, *caritàtis ardòrem* (*planus*); *Ep.* V, *inmèritus orat pàcem* (*velox*); *Ep.* VI, *Florentìnis intrìnsecis* (*tardus*), se pure quella trasmessa è effettivamente una *salutatio* e non una rubrica; *Ep.* VII, *òsculum ante pèdes* (*velox*); *Ep.* VIII, *officium ante pèdes* (*velox*); *Ep.* X, *obsèquia famulàtum* (*velox*); *Ep.* XIII, *perpètuum incremèntum* (*velox*). *Ep* IX, la cui *salutatio*, nel ms. V (f. 59r: l'unico che la tramanda), finisce con *dèbitum exibère*, che è *velox* regolarissimo. Tuttavia, le edizioni, a partire dalla prima di Torri (1842), generalmente correggono (implicitamente e senza discussione esplicativa) *exibere* in *exhibet*,[50] con un indicativo presente che apparentemente ristabilisce la correttezza sintattica. In verità, la correzione non solo è inopportuna, ma è addirittura deleteria, perché fa sparire il *cursus*; quanto, poi, all'infinito *exibere*, come di consueto nelle epistole e

---

49 Sulla rigida regolamentazione della *salutatio* cfr. soprattutto Lanham, *Salutatio*; Delle Donne, *Le formule di saluto*, pp. 251–279. Sul rispetto delle norme previste nella trattatistica si può ristabilire anche il testo della *salutatio* dell'*Ep.* VII (a Enrico VII), che nelle attuali edizioni si legge in maniera filologicamente inammissibile, come mostra Montefusco, *Le "Epistole" di Dante*.

50 Eccezione è costituita dall'edizione di Toynbee, p. 113, che si limita solo a normalizzare in *exhibere*.

come esplicitamente ricordato nei trattati, sottintende *dicit, optat* o altri verbi di simile significato.[51]

Simile discorso può essere fatto per un altro problema editoriale connesso con il sintagma che in V, f. 59v, ha la forma «que super astra nunc affluenter dignis premiis *me netatur*», con verbo conclusivo incomprensibile. Già Torri era intervenuto correggendo *me netatur* nel più perspicuo *muneratur*, accolto generalmente da tutti, ma messo in dubbio da Paget Toynbee, che spiegava:

> all the editors have adopted the emendation *muneratur* made (*sub silentio*) by Torri. Some such word is obviously required by the sense. Dr Heberden has suggested to me that the more likely word is *remuneratur*. He points out that Dante nowhere uses the word *munerare*, but twice uses *remunerare*; e.g. in *Epist*. I, § 2, l. 43, where it is associated, as is the verb in the present passage, with praemia digna: "si qua coelo est pietas quae talia remuneranda prospiciat, illa vobis praemia digna ferat"; and in *Mon*. II, 8, l. 94. Further, Dante uses *remuneratio* in *Epist*. X, § 30, l. 590. The longer word has also in its favour the fact that it would account for the gap in the MS. reading, which no doubt in the copy from which the Vatican MS. was transcribed had been obscured by a blot or erasure.[52]

Le motivazioni offrono un notevole esempio di lucidità filologica, in quanto basano l'argomentazione non solo sulla correttezza sintattica e sulla congruenza di senso logico – principî che dovevano aver guidato implicitamente Torri, il primo editore – ma anche sullo specifico *usus scribendi* dell'autore e sulla giustificazione paleografica. Tuttavia, va detto che due sole occorrenze non sono rilevanti dal punto di vista statistico, soprattutto se si tratta della semplice aggiunta, ovvero omissione, dell'iterativo proclitico *re-*. Inoltre, è vero che *remuneratur* può adattarsi meglio alla quantità di spazio di scrittura impiegata dall'errore *me netatur*, ma un originario *muneratur*, in termini paleografici, spiegherebbe in maniera più agevole una cattiva lettura. Infine, è ancora una volta il *cursus* a fornirci un elemento di valutazione in più: «prèmiis remunerátur» è clausola problematica, in quanto sarebbe una forma insolita di *velox*, mentre

---

51 Cfr., ad es., Thomas de Capua, *Ars dictaminis*, par. 8, pp. 18–19, dove, spiegando che nella *salutatio* va usata la terza persona, si rammenta che a volte va impiegato il dativo, quando si sottintendono i verbi *mittit, mandat, delegat, legat*, e a volte l'accusativo, quando si sottintendono i verbi *optat, cupit, desiderat, affectat*. Più avanti, poi, parr. 17, 18, 20, pp. 29–30, sono forniti anche esempi di *salutatio* con infinito non retto da verbo. Attestazioni applicative di *salutationes* all'infinito o con verbi dipendenti privi di reggente sono frequenti (per quanto, nelle raccolte epistolari di tipo esemplare, le *salutationes* vengano solitamente soppresse): per rimanere solo nell'ambito consolatorio cfr. ad es. Pier della Vigna, *Ep*. IV, 9, pubblicata anche in Delle Donne, *Per scientiarum haustum*, nr. 22, p. 135, dove si può vedere anche la nr. 25, p. 145.
52 Toynbee, *The S. Pantaleo Text*, p. 222.

«prèmiis muneràtur» è un elegante *cursus velox*, generalmente di gran lunga preferito dai *dictatores* e assai usato anche da Dante.[53]

Riorganizzando in maniera più corretta la divisione in capitoli, secondo quanto definito in precedenza (ma lasciando inalterata la numerazione dei paragrafi), e segnalando gli unici tipi di *cursus* ammissibili (p = *planus*; t = *tardus*; v = *velox*) in fine di periodo e di *colon* (anche quelli, che, come si è detto, possono risultare dubbi per collocazione), la forma strutturale e ritmica dell'epistola è questa:

> [Hanc epistolam scripsit Dantes Alagherii Oberto et Guidoni comitibus de Romena post mortem Alexandri comitis de Romena patrui eorum condolens *illìus de òbitu* (t)].
>
> [I] 1. Patruus vester Alexander, comes illustris, qui diebus proximis celestem unde venerat secundum *spìritum remeàvit ad pàtriam* (t / v+t), *dòminus meus èrat* (v), et memoria eius usque quo sub tempore vivam dominabitur michi, quando magnificentia sua, que super astra nunc affluenter dignis *prèmiis muneràtur* (v), me sibi ab *annòsis tempòribus* (t) sponte sua fecit *èsse subièctum* (p). Hec equidem, cunctis aliis *virtùtibus comitàta in ìllo* (p / v+p), suum nomen pre *titulis Italòrum èreum illustràbat* (v+v). 2. Et quid aliud *heròica sua sìgna dicèbant* (p / v+p), nisi «scuticam vitiorum *fugatrìcem ostèndimus*» (t)? Argenteas etenim scuticas in *purpùreo deferèbat extrìnsecus* (t / v+t), et intrinsecus mentem in amore virtutum *vìtia repellèntem* (v).
>
> [II] 3. Doleat ergo, doleat progenies *màxima Tuscanòrum* (v), que tanto *vìro fulgèbat* (p), et doleant omnes amici *èius et sùbditi* (t), quorum spem mors *crudèliter verberàvit* (v); inter quos ultimos me miserum *dolère opòrtet* (t), qui, a patria pulsus et *èxul inmèritus* (t) infortunia *mèa repèndens* (p), continuo cara spe memet *consolàbar in ìllo* (p). 4. Sed quanquam, sensualibus amissis, doloris *amaritùdo incùmbat* (p), si considerentur *intellectualia què supèrsunt* (t), sane mentis oculis lux dulcis *consolatiònis exòritur* (t). 5. Nam qui virtutem *honoràbat in tèrris* (p), nunc a Virtutibus *honoràtur in cèlis* (p); et qui Romane aule palatinus *èrat in Tùscia* (t), nunc *règie sempitèrne* (v) *àulicus preelèctus* (v) in superna *Ierùsalem cum beatòrum princìpibus gloriàtur* (v / p+v).
>
> [III] 6. Quapropter, carissimi domini mei, supplici *exhortatiòne vos dèprecor* (t), quatenus modice dolere velitis et *sensuàlia postergàre* (v), nisi prout vobis *exemplària esse pòssunt* (v); et quemadmodum ipse iustissimus bonorum sibi vos *instìtuit in herèdes* (v), sic ipsi vos, tanquam *proximiòres ad ìllum* (p), mores eius *egrègios induàtis* (v).
>
> [IV] 7. Ego autem, preter hec, me vestrum vestre discretioni excuso de absentia *lacrimòsis exèquiis* (t); quia nec negligentia neve *ingratitùdo me tènuit* (t), sed inopina paupertas quam *fècit exìlium* (t). 8. Hec etenim, velut *èffera persecùtrix* (v), *èquis armìsque vacàntem* (p / p+p) iam sue captivitatis me *detrùsit in àntrum* (p), et nitentem cunctis exsurgere viribus, *hucùsque prevàlens* (p), *ìmpia retinère molìtur* (p / v+p).

---

53 In effetti, poi, nella sua citata edizione del 1920, p. 15, dove studia attentamente le ricorrenze del *cursus*, Toynbee scrive «premiis muneratur», pur senza tornare più sulla questione in maniera esplicita.

4 Conclusione

Insomma, lo studio tecnico-formale dell'epistola permette, innanzitutto, di comprenderne meglio la ripartizione strutturale ed esaminarne la scansione ritmica. Inoltre, consente di delinearne i rapporti con la trattatistica coeva dell'*ars dictaminis* e con le sue applicazioni epistolari contenute nelle *summae dictaminum* più diffuse.

Che Dante conoscesse le regole dell'*ars dictaminis* è cosa oramai risaputa che non ha più bisogno di ulteriori dimostrazioni, ed è attestata anche dal fatto che egli rende protagonista di un canto dell'*Inferno* (XIII) Pier della Vigna: sicuramente trovava nella sorte del logoteta e protonotario imperiale di Federico II, ingiustamente infamato dagli invidiosi secondo la sua descrizione, omologie con la sua vicenda personale, ma un'ulteriore spinta va certamente rinvenuta nell'enorme diffusione della sua *summa* epistolare, che – come si è già ricordato – fu usata come raccolta di modelli retorici nelle scuole e nelle università. La circostanza, poi, acquista ancora maggiore rilevanza se si considera che, nei vv. 58–61 di *Inf.* XIII, il *dictator* capuano si presenta al suo interlocutore con le stesse parole che si leggono nell'elogio composto in suo onore da Nicola da Rocca e contenuto nella sua *summa* epistolare (III, 45): «Io son colui che tenni ambo le chiavi / del cor di Federigo, e che le volsi, / serrando e disserrando, sì soavi, / che dal secreto suo quasi ogn'uom tolsi»; «hic est (...) qui tamquam Imperii claviger claudit, et nemo aperit, aperit, et nemo claudit».[54]

Tuttavia, l'epistola II rivela una certa libertà, per non dire indifferenza, rispetto alla prassi più stringente del *dictamen*. Innanzitutto, per quanto riguarda i *topoi* e i motivi più ricorrenti della epistolografia consolatoria, si è potuto notare che essi non sono usati né con abbondanza, né con particolare inventiva: almeno non con quella, assai più ricca, che possiamo riscontrare in Tommaso di Capua o in Pier della Vigna. Si potrebbe dire, anzi, che non si tratti neppure di una *consolatio* in senso stretto, perché le espressioni consolatorie sono fortemente subordinate a quelle di autocommiserazione sulla sorte di esule: del resto, il motivo per cui essa è stata conservata risiede nell'importanza storica e letteraria del personaggio, di certo non nella sua esemplarità di modello retorico, in quanto non si avvicina neppure minimamente ai vertici formali raggiunti

---

[54] La circostanza era stata notata già da Baethgen, *Dante und Petrus de Vinea*. Su simili rapporti cfr. più di recente anche Villa, *Per le nove radici*, pp. 131–144; Brugnoli, *L'invidia*, pp. 641–652; inoltre, si consenta anche il rimando a Delle Donne, *La porta del sapere*, pp. 52–ss. Il testo di Nicola da Rocca può essere letto in Nicola da Rocca, *Epistolae*, doc. 15, pp. 29–34. Va, tuttavia, rammentato che l'espressione usata da Nicola da Rocca è a sua volta una citazione biblica di *Apc.* 3, 7.

dal genere in quei secoli. Inoltre, per quanto riguarda l'uso del *cursus*, esso è certamente presente in fine di periodo e nei *cola* principali, ma non è costante negli incisi secondari (elemento che si accentua nelle altre opere prosastiche in latino di Dante); né si riscontrano cadenze ritmiche riconoscibili in inizio di frase, come pure era raccomandato da taluni manuali.[55] Soprattutto, non si riesce a rinvenire una linea ritmica prevalente, almeno non quella che si ritrova nei maggiori *dictatores* del Duecento, come Tommaso di Capua o Pier della Vigna, nei quali la predilezione per la sonorità enfatica del *cursus velox* è veramente dominante.[56]

Può darsi, tuttavia, che si tratti di scelte volontarie, per marcare la differenza rispetto allo *stilus modernus* della *curia Romana*, che era caratterizzato proprio dalla ricca inventiva della *transumptio* e soprattutto dal dominio del *cursus velox*.[57] E, in questo, forse, la sua posizione potrebbe essere equiparabile a quella del coetaneo Iacopo Stefaneschi, che nel 1319, nella lettera dedicatoria dell'*Opus metricum*, annunciava la volontà di non voler usare lo stile moderno.[58] Tale stile, secondo una indicazione illuminante fornita dall'*Ars dictaminis* di Giovanni del Virgilio, scritta intorno al 1320, è identificabile in quello che procede «secundum distinctionem partium et cursuum venustatem, sicut epistole Petri de Vineis et aliorum».[59] E troverà la condanna definitiva in Petrarca, che, il 9 agosto 1352, nell'epistola all'amico Francesco Nelli, raccontando di essere stato "bocciato" all'esame per diventare segretario apostolico, affermava con orgoglio di aver usato un latino tanto diverso da quello dell'epoca da risultare «non satis intelligibile» e per alcuni addirittura «Grecum seu mage barbaricum».[60]

---

[55] Questa parte è generalmente poco approfondita dalla trattatistica medievale, sebbene sia prevista esplicitamente nella *Forma dictandi* attribuita ad Alberto da Morra: cfr. Janson, *Prose Rhythm*, pp. 118-119; Dalzell, *The Forma dictandi*, pp. 440-465; Camargo, *The Libellus*, pp. 21-22.
[56] Cfr. anche Janson, *Prose Rhythm*, p. 79.
[57] Sul concetto di "moderno" in Dante cfr. Mariani, *Moderno*, p. 982; Onder, *Antico*, p. 298.
[58] Cfr. Delle Donne, *La dedica*; nonché Delle Donne, *Tra antico e moderno*.
[59] Kristeller, *Un'"Ars dictaminis"*, p. 194. Su tale questione cfr. anche Alessio, *L'ars dictaminis*, pp. 160-161; Grévin, *L'empire d'une forme*, pp. 869-870; inoltre, Witt, *Medieval 'Ars dictaminis'*, p. 27; Ward, *Rhetorical Theory*, p. 222.
[60] Petrarca, *Le Familiari*, XIII, 5, p. 69.

C **Lettera per lettera**

—
Dalla militanza con i Bianchi al soggiorno
in Lunigiana

Paolo Grillo

"Universitas partis Alborum": Dante, i Bianchi e Bologna prima della battaglia della Lastra

Abstracts: L'articolo intende offrire un contributo alla ricostruzione della biografia dantesca negli anni immediatamente successivi al bando da Firenze. Sulla base di un brano della Vita di Dante di Leonardo Bruni, infatti, si è normalmente affermato che gli esuli bianchi si organizzarono immediatamente in una *pars* in esilio e che fin dall'estate del 1302 condussero operazioni militari contro Firenze facendo base su Arezzo. Una rilettura attenta del testo di Bruni e dei pochi documenti coevi disponibili e soprattutto l'inquadramento degli eventi toscani di quell'anno nel quadro dell'intera politica italiana di Bonifacio VIII permettono però di datare la nascita della vera e propria *Universitas Alborum* e delle sue istituzioni a un momento posteriore alla morte del pontefice, quando la maggior parte dei banditi si era spostata tra Forlì e Bologna. Allo stesso modo, la ricostruzione puntuale della rete dei rapporti diplomatici fra le potenze dell'Italia settentrionale nel 1303 rende più che plausibile l'ipotesi che in quell'anno Dante sia stato inviato quale ambasciatore a Verona.

The article aims to offer a contribution to the reconstruction of Dante's biography in the years immediately following the ban from Florence. On the basis of a passage from the Life of Dante by Leonardo Bruni, in fact, it has normally been stated that the white party exiles immediately organized themselves into a party in exile and that from the summer of 1302 they conducted military operations from Arezzo against Florence. A careful re-reading of Bruni's text and of the few contemporary documents available and, above all, the setting of the Tuscan events of that year within the framework of the entire Italian policy of Boniface VIII, however, make it possible to date the birth of the actual *Universitas Alborum* and its institutions to a time after the Pope's death, when most of the bandits had moved between Forlì and Bologna. In the same way, the precise reconstruction of the network of diplomatic relations between the powers of northern Italy in 1303 makes it more than plausible that in that year Dante was sent as ambassador to Verona.

Parole chiave: Dante, guelfi, ghibellini, Bonifacio VIII, *Universitas Alborum*.

Paolo Grillo, Università degli Studi di Milano

L'epistola I dantesca, inviata al cardinale Niccolò da Prato nella primavera del 1304, fu scritta a nome di un'organizzazione ben determinata e apparentemente strutturata: l'*Universitas Alborum* dei Fiorentini esuli, guidata da un capitano di guerra, indicato con la sola iniziale "A." nel testo e oggi normalmente identificato nel nobile Aghinolfo da Romena, rappresentata da un consiglio e dotata di un cancelliere, che ovviamente sarebbe stato Dante stesso ("A. capitaneus, Consilium et Universitas partis Alborum de Florentia").[1] I modi e i tempi in cui questa *Universitas Alborum* si costituì, però, non sono finora stati indagati con precisione, ma piuttosto ipostatizzati. Vorrei dunque qui proporre una ricostruzione del primo anno e mezzo di esilio dei Bianchi di Firenze, inquadrandola nel più ampio scenario politico italiano, al fine di individuare il momento in cui i banditi decisero di darsi una vera organizzazione istituzionalizzata e su impulso di chi questa organizzazione venne creata.

1 L'incerta genesi dell' "Universitas Alborum"

L'esistenza di una *Universitas Alborum* come forza coerente e organizzata sul piano politico e militare sin dalle prime settimane seguite ai bandi del gennaio del 1302 è sostanzialmente data per scontata dagli studiosi che si sono occupati del periodo.[2] La principale fonte per la storia dei primi anni di vita dell'*Universitas Alborum* come è presentata dai biografi di Dante è la *Vita di Dante* di Leonardo Bruni, che così delinea la costituzione della *congregazione*:

> sentito Dante la ruina sua, subito partì da Roma, dove era imbasciadore, e camminando con gran celerità ne venne a Siena; quivi intesa chiaramente la sua calamità, non vedendo alcun riparo, deliberò accozzarsi con gli altri usciti: il primo accozzamento fu in una congregazione delli usciti, la quale si fe' a Gargonsa, dove, trattate molte cose, finalmente fermaro la sedia loro ad Arezzo, e quivi fero campo grosso, e crearono loro capitano generale il conte Alessandro Da Romena, ferono dodici consiglieri, del numero de' quali fu Dante, e di speranza in speranza stettero per infino all'anno 1304.[3]

---

[1] *Ep.* (Baglio), pp. 60–71 (su cui si rimanda a Montefusco, *Recensione*). Si veda anche *Ep.* (Villa), pp. 1433–1435. Voglio qui ringraziare Paolo Borsa e Daniele Bortoluzzi per aver letto il dattiloscritto e per i molteplici, utili consigli.

[2] Ad esempio, il Pampaloni parla di un'*Universitas Alborum* già organizzata e *alleatasi* con i Ghibellini durante il convegno di Gargonza «fra il gennaio e il marzo del 1302» (Pampaloni, *Bianchi e Neri*). L'affermazione è poi riproposta nella maggior parte delle biografie dantesche, come per esempio le recenti Santagata, *Dante*, p. 142 e Inglese, *Vita di Dante*, p. 72.

[3] Bruni, *Vita di Dante*, p. 546, ora anche in *Ep.* (Baglio).

Dunque, la *pars* si sarebbe organizzata durante una grande assemblea tenuta nel castello di Gargonza, nel territorio di Arezzo, dove sarebbe stato anche stipulato l'accordo fra fuoriusciti guelfi e Ghibellini, in funzione anti-nera. Si noti, però, che innanzitutto il Bruni non dà nessuna data per l'incontro, ponendolo in maniera molto generale nel periodo fra l'esilio e il 1304. È dunque una semplice ipotesi la consueta attribuzione dell'evento al 1302. Anzi, seguendo un'idea formulata nel 1965 dal Pampaloni, il convegno di Gargonza è ormai da quasi tutti situato «nella primavera del 1302, come più comunemente si ritiene, ma forse più probabilmente nello spazio di tempo intercorso tra la prima condanna di D. (27 gennaio) e la seconda (10 marzo)» e sarebbe stato alla radice dell'aggravamento delle pene fra le due tornate processuali, anche se, come vedremo, gli atti del *Libro del Chiodo* non riportano alcun cenno in tal senso.[4]

Il problema è che si tratta una ricostruzione del tutto ipotetica, dato che, come si è accennato, il Bruni non fornisce alcuna coordinata cronologica. D'altro canto, nessuno dei cronisti fiorentini contemporanei – Giovanni Villani, Dino Compagni o gli altri scrittori minori – ricorda il presunto convegno di Gargonza.[5] Di conseguenza non ne fa menzione nemmeno il più grande conoscitore della storia e della documentazione fiorentine medievali, Robert Davidsohn. Notiamo per inciso che, ciò nonostante, pure il Davidsohn seguì l'opinione tradizionale affermando che esisteva una prima organizzazione dei Bianchi ad Arezzo nel 1302 e descrivendola anche con grande precisione: gli esuli avrebbero creato una «Università della parte dei Bianchi della città e del contado di Firenze», creando «un capitano generale col suo vicario che era un giurista, un consiglio segreto di quattro e un consiglio maggiore di dodici». Il Davidsohn stesso, però, per suffragare questa ricostruzione dovette ricorrere alla prima attestazione documentaria di questa organizzazione, che risale addirittura al 22 ottobre 1305, oltre tre anni dopo la data di nascita da lui attribuitale. Insomma, anche le pagine di Davidsohn non si basano su documenti contemporanei, ma su un atto successivo, che egli di fatto proiettò arbitrariamente indietro nel tempo.[6]

L'immagine che tradizionalmente si offre dell'immediato organizzarsi della *Pars Alborum* a Gargonza, sin dal febbraio del 1302, cozza infatti con le testimonianze dei cronisti trecenteschi, i quali sottolineano invece la dispersione degli esuli, che a seconda delle loro reti di legami personali, familiari o economici si divisero fra diverse mete. Lapidario ed efficace come sempre è il Villani, quando ricorda che dopo che i Bianchi ebbero lasciato Firenze «chi n'andò a Pisa e chi

---

[4] Cherubini, *Gargonza*, in riferimento a Pampaloni, *I primi anni dell'esilio*. Si veda oltre, nota 17 e testo corrispondente.
[5] Compagni, *Cronica*, pp. 43–86, Villani, *Nuova Cronica*, pp. 75–87.
[6] Davidsohn, *Storia di Firenze*, III, pp. 305–307.

ad Arezzo e Pistoia».[7] Sullo stesso tono la piccola *Cronaca* coeva di Paolino Pieri afferma che i banditi «si puosero con Pisa e con Arezzo, ch'erano a parte ghibellina, e con Bologna, che la reggeano li Bianchi».[8] È più dettagliata e nel contempo in parte divergente la narrazione del Compagni, che sottolinea intenzionalmente le difficoltà dei fuoriusciti per creare un effetto di *pathos*: essi, afferma il cronista, «andorono stentando per il mondo, chi di qua, chi di là», spostandosi di meta in meta. Alcuni infatti si recarono ad Arezzo, ma ne furono cacciati dal podestà Uguccione della Faggiola su istigazione di Bonifacio VIII e dovettero rifugiarsi a Forlì. Altri si erano recati a Siena, ma, non fidandosi del governo locale, anch'essi si affrettarono ad abbandonare la città.[9] Il quadro, come vedremo, è comunque preciso: anche se è vero che gruppi di fuoriusciti riuscirono ad organizzare un'immediata, pur se breve, reazione militare con l'appoggio delle grandi famiglie ghibelline del Mugello, non sembra che vi fossero le condizioni per una loro organizzazione in partito dotato di organi di governo strutturati.

A riprova dell'esistenza dell'*Universitas Alborum* viene di norma utilizzato il cosiddetto "convegno di San Godenzo",[10] questo sì attestato da un documento originale, ancorché mutilo. L'incontro avvenne nella tarda primavera del 1302, forse l'8 giugno, e vide un consistente gruppo di fiorentini esuli, Bianchi e Ghibellini, guidati da Vieri dei Cerchi e fra i quali vi era lo stesso Dante Alighieri, promettere ai nobili Ubaldini, signori di diverse località del Mugello, di rifondere loro tutti i danni che avessero subito ad opera degli intrinseci se avessero mosso guerra contro Firenze.[11] L'iniziativa di tale accordo è stata attribuita dalla maggior parte degli studiosi alla *Universitas* dei Bianchi in esilio.[12] L'atto, a mio parere, dimostra però esattamente il contrario. Non vi è infatti alcuna menzione dell'esistenza di un'*universitas* o di altre forme di organizzazione politica dei banditi: i diciotto Bianchi e Ghibellini agirono invece come singoli (*Isti omnes et quilibet eorum per se*) e non in rappresentanza di un eventuale raggruppamento

---

7 Villani, *Nuova Cronica*, p. 80.
8 Pieri, *Croniche*, p. 163.
9 Compagni, *Cronica*, pp. 77–78.
10 Sul ruolo di Dante nel "convegno di San Godenzo" basti il rinvio a Carpi, *La nobiltà di Dante*, I, p. 345.
11 CDD, p. 221, doc. 136. La presenza a San Godenzo di un'adunata di «confinati e ribelli al comune di Firenze» fra cui gli Uberti, i Cerchi, i Pazzi e gli Ubertini è attestata anche da una condanna pronunciata dal podestà di Firenze Girardino da Gambara nel luglio successivo (cfr. Campanelli, *Le sentenze*, p. 198 e p. 278).
12 Si noti però la posizione assai più prudente di Cherubini, *San Godenzo*, il quale, attenendosi strettamente al dettato del documento, non fa cenno all'esistenza di una *pars* dei Bianchi strutturata.

politico già strutturato degli esuli. Il documento di San Godenzo illustra dunque una realtà opposta rispetto a quella normalmente ipotizzata: nei primi mesi del 1302 i Bianchi non furono in grado di organizzarsi per agire in campo aperto contro Firenze. Speravano invece che la pressione militare dei Ghibellini del Mugello mettesse in crisi il nuovo governo dei Neri, dando così loro un'occasione per rientrare. L'offensiva militare vi fu e non possiamo escludere che i Cerchi e i loro alleati abbiano dato un qualche contributo, ma non vi è prova che a questa altezza cronologica essi avessero già un'organizzazione strutturata.[13]

2 L'anno dei Neri

L'allontanamento dei Bianchi da Firenze, fra la presa del potere di Carlo di Valois nel novembre del 1301 e le prime condanne pronunciate da Cante Gabrielli nel gennaio del 1302, doveva in effetti aver gravemente indebolito la città dal punto di vista militare. La fuga e il bando di 600 capifamiglia – tutti abbastanza ricchi da far parte della cavalleria cittadina – seguiti da amici, alleati e seguaci avevano sicuramente mutilato gravemente le capacità belliche degli intrinseci. Una parte consistente delle forze armate disponibili, d'altronde, doveva essere dedicata al controllo dell'ordine interno e la crisi finanziaria causata dall'esilio dei ricchissimi Cerchi rendeva difficile l'arruolamento di truppe mercenarie. Restavano in città i 500 cavalieri che Carlo di Valois aveva portato con sé, i quali però erano destinati a una rapida partenza verso la Sicilia per essere utilizzati nella guerra fra Angiò e Aragona.[14]

Sin da gennaio, dunque, gli estriaseci colsero importanti successi, sottomettendo alcuni castelli in Valdarno e suscitando vivo allarme in Firenze. Il problema era grave, tanto che il 23 gennaio, nel consiglio dei Savi, si presero disposizioni per la stessa difesa della città e si propose di non bandire più alcun guelfo, ma di limitarsi a colpire i Ghibellini.[15] Tra febbraio e marzo, il podestà Cante Gabrielli condannò a morte un centinaio di uomini di Firenze, del contado e di Arezzo per aver espugnato a mano armata i castelli di Piantravigne, Poggiotazzi, Montemarciano e Cocollo, in Val d'Arno, e per aver condotto incursioni in altri villaggi vicini: i responsabili principali dell'operazione furono identificati negli Ubertini e nei Pazzi.[16] Contestualmente, come è noto, a Dante (il 10 marzo)

---

13 Si veda il commento di Giuliano Milani al documento: *CDD*, pp. 221–222.
14 Davidsohn, *Storia di Firenze*, III, p. 309. Sull'esercito fiorentino all'epoca si veda Waley, *The army*.
15 *I consigli della Repubblica Fiorentina*, I, pp. 41–42.
16 Campanelli, *Le sentenze*, pp. 192–198.

e ad altri esuli bianchi, in quanto contumaci, fu irrogata la pena capitale: l'atto però si limita a confermare le primitive accuse di baratteria. Non vi è dunque prova di un diretto coinvolgimento degli esuli in queste prime fasi del conflitto.[17]

Il vento, inoltre, cambiò rapidamente. Tra inverno e primavera, con un considerevole sforzo finanziario, il comune di Firenze dispose massicci arruolamenti di fanti e cavalieri mercenari.[18] A maggio gli intrinseci fiorentini si mossero con decisione al contrattacco, portando il proprio esercito all'assedio di Pistoia, che era in mano ai Guelfi bianchi ed era accusata di fornire aiuto e appoggio logistico ai fuoriusciti. La città non cadde, ma a settembre fu catturata l'importante fortezza di Serravalle, con il suo consistente presidio.[19] Il peso della guerra contro Pistoia fu d'altronde sostenuto in gran parte dai lucchesi, cosa che consentì ai Neri di rischierare a est una parte delle proprie forze, di riconquistare le terre perse in Valdarno e infine di condurre una vasta offensiva nel Mugello e nel Chianti contro le terre prese da Ghibellini e Bianchi, che furono in gran parte riportate sotto il dominio cittadino.[20]

Si deve inoltre osservare che la crisi militare dei fuoriusciti della tarda primavera del 1302, alla quale il convegno di San Godenzo – appunto dei primi giorni di giugno – tentava di dare una risposta, trova una spiegazione ancora migliore se allarghiamo lo sguardo al panorama politico dell'Italia centro-settentrionale. Prendendo in considerazione quanto avveniva a nord dell'Appennino, infatti, si nota che per i banditi bianchi anche il contesto sovralocale era tutt'altro che favorevole. Nella primavera del 1302 si dispiegò in tutta la sua efficacia il grande progetto politico di papa Bonifacio VIII volto a portare l'Italia intera sotto la bandiera del proprio partito. In particolare, fra maggio e giugno, nella Lombardia orientale si mobilitò una colossale forza composta dagli esuli milanesi della Torre con i loro seguaci e da truppe fornite dal patriarca di Aquileia e dai comuni di Piacenza, Cremona, Pavia e Lodi, appoggiati anche da Novara, Vercelli e dal marchese Giovanni di Monferrato. Tutti costoro, sostenuti dal denaro fiorentino, marciarono verso Milano per abbattere Matteo Visconti. Il 12 giugno una rivolta antiviscontea scoppiò nella città, sicché Matteo, minacciato dall'interno e dall'esterno, decise di abbandonare il potere e di prendere la via dell'esilio. In questo modo, i rapporti di forze nel Settentrione furono letteralmente stravolti. L'adesione di Milano al fronte guelfo filopapale portò

---

17 Campanelli, *Le sentenze*, p. 254. Sulla natura delle accuse a Dante si veda ora Milani, *Appunti per una riconsiderazione*.
18 *I consigli della Repubblica Fiorentina*, I, p. 44, p. 56.
19 Davidsohn, *Storia di Firenze*, III, p. 316.
20 Davidsohn, *Storia di Firenze*, III, pp. 317-319.

con sé rapidamente Como e Bergamo con la creazione di un blocco guelfo legato a Bonifacio VIII e territorialmente compatto, che dominava Piemonte, Lombardia e Veneto, con l'eccezione di Verona, Brescia, Mantova e pochi altri centri minori.[21]

Non si deve pensare che i drammatici eventi di Toscana e di Lombardia si svolgessero autonomamente gli uni dagli altri. La comune regia di papa Bonifacio VIII assicurava comunità di azione e di intenti ai suoi alleati in tutta Italia, tanto che fu il denaro prestato dalle società fiorentine dei Mozzi e dei Cavalcanti a permettere al patriarca del Friuli e a Pagano della Torre, vescovo di Padova, di sovvenzionare largamente la spedizione dei della Torre contro Matteo Visconti. Dopo il mutamento di regime a Milano, il banco dei Peruzzi si insediò nella metropoli lombarda, contribuendo a finanziare il nuovo governo, mentre simmetricamente l'uomo forte di Milano, Guido della Torre, investiva somme fortissime nei banchi fiorentini. Già nella primavera del 1303 truppe mercenarie milanesi erano al servizio della città del Giglio. A partire dal 1305, infine, a Firenze prima e a Lucca poi giunsero anche podestà ambrosiani, cementando così la stretta alleanza fra il blocco nero di Toscana e quello di Lombardia.[22]

Non c'è da stupirsi se dopo la caduta di Matteo Visconti molti centri si affrettarono ad allinearsi al nuovo fronte vincente, a partire dalla ghibellina Verona di Bartolomeo della Scala, che assunse un prudente atteggiamento filotorriano.[23] Già nel luglio del 1302 Bologna aderì a una grande alleanza sovracittadina guidata da Piacenza e da Milano nella speranza che essa, come dichiarava di voler fare, imponesse al marchese Azzo d'Este – da tempo nemico della città felsinea e reo di essersi poco prima imparentato con gli sconfitti Visconti – una politica di pace e l'abbandono di Reggio e Modena.[24]

Anche in Toscana si sentirono le conseguenze del trionfo di Bonifacio: Siena, che nel primo semestre del 1302 era stata governata da Enrico Tangatini, originario di Brescia, a luglio si affrettò a chiamare Tolomeo Cortesi di Cremona, proveniente da uno dei cuori dell'alleanza guelfa "nera" lombarda.[25] Si trattò di una netta scelta di campo, che certamente indusse i Bianchi ivi rifugiatisi ad allontanarsi precipitosamente, come afferma il Compagni, alla ricerca di un rifugio più sicuro.[26] Nello stesso periodo Uguccione della Faggiola alla testa della

---

21 Grillo, *Milano guelfa*, pp. 39–50.
22 Grillo, *Milano guelfa*, pp. 114–118 e *I consigli*, p. 95, doc. XIX.
23 Ferreto de' Ferreti, *Opere*, pp. 200–201; Varanini, *Della Scala Bartolomeo*.
24 *Chronicon Parmense*, p. 83; Ghirardacci, *Della historia di Bologna*, p. 444. Sulla posizione politica di Bologna e la sua lunga lotta contro gli Este cfr. Bortoluzzi, *I rapporti diplomatici*, pp. 493–510.
25 *Serie dei consoli e dei podestà*, pp. 93–128, a p. 123.
26 Compagni, *Cronica*, p. 78.

fazione ghibellina moderata dei "verdi" condusse Arezzo nel fronte filopapale, ottenendo tra febbraio e maggio il perdono pontificio per la sua condotta passata e la mediazione di Bonifacio VIII nelle sue liti con i Malatesta e i Da Polenta.[27] Insomma, come si è visto in precedenza, l'idea di un momento "aretino" incoativo nei primi mesi della storia dell'*Universitas Alborum* non ha effettivi riscontri documentari ed è frutto di una proiezione sul passato dell'effettiva esistenza di una organizzazione di fuoriusciti nella città attestata *dopo* la battaglia della Lastra.[28]

Nel corso del 1302, dunque, il progetto papale di creare un compatto fronte guelfo a lui alleato – che per comodità possiamo definire "nero" – che dominasse l'intera Italia continentale sembrava a un passo dalla realizzazione, sicché agli esuli bianchi restavano ben pochi rifugi. Il più naturale era Pisa, dove però Bonifacio VIII aveva grande influenza[29] e che di conseguenza al momento manteneva un profilo politico abbastanza defilato e coltivava buoni rapporti con Firenze. Nella città, inoltre, gli esuli meglio organizzati erano i Ghibellini di Lucca e di Firenze, che lasciarono poco spazio ai nuovi arrivati. Infine, a Pisa i fuoriusciti furono inquadrati in prevalenza nelle forze regolari della cavalleria cittadina, sicché persero ogni capacità di azione autonoma.[30]

È chiaro che in queste avverse circostanze difficilmente poteva organizzarsi una *Universitas Alborum* o che, quantomeno, essa riuscisse ad essere politicamente efficace e militarmente minacciosa. Non a caso, una volta messa in dubbio la data tradizionalmente proposta (ma non attestata da alcun documento coevo) per il convegno di Gargonza, non vi è nessuna menzione esplicita dell'esistenza di una *pars* degli esuli organizzata per tutto il corso del 1302 e anzi, come si è visto, una corretta lettura dell'atto del "convegno di San Godenzo" permette di escluderne l'esistenza almeno per i primi mesi dell'anno.

3 La grande illusione del 1303 e la nascita dell'*Universitas Alborum*

A cavallo fra il 1302 e il 1303, però, la drammatica situazione del fronte avverso a Bonifacio migliorò, soprattutto grazie ai cambiamenti del quadro sovralocale.

---

27 Meek, *Della Faggiola Uguccione*.
28 Davidsohn, *Storia di Firenze*, III, pp. 305–307.
29 Ronzani, *La chiesa*, pp. 317–334.
30 Cristiani, *I fuorusciti toscani*; sui buoni rapporti fra Pisa e Firenze nella primavera del 1302 cfr. *I consigli della Repubblica Fiorentina*, I, p. 52.

I rapporti fra il pontefice e re Filippo il Bello di Francia andavano infatti rapidamente peggiorando, con l'emanazione della bolla *Unam Sanctam*, nel novembre del 1302, con la convocazione degli stati generali di Francia e con la successiva scomunica del sovrano, nell'aprile del 1303. Nello stesso periodo si ebbe anche un brusco cambiamento nella politica settentrionale, con conseguenze che si riverberarono in tutta Italia. Sullo scorcio del 1302 si consumò la frattura fra Alberto Scotti, signore di Piacenza, e i della Torre. Questi erano stati inizialmente alleati contro Matteo Visconti, ma i secondi, desiderando emanciparsi dalla tutela politica del primo, nel novembre del 1302 cacciarono da Milano il podestà Bernardino Scotti e lo sostituirono con il cremonese Pino Vernazza. La situazione precipitò rapidamente e Alberto Scotti assunse un atteggiamento esplicitamente minaccioso, chiamando a Piacenza l'esule Matteo Visconti, bandendo dalla città alle famiglie considerate vicine ai della Torre e mobilitando contingenti di truppe per condurre incursioni nei confinanti territori di Pavia e di Tortona.[31]

Nello stesso periodo, anche a Bologna il clima politico mutò nuovamente e bruscamente. Nei primi mesi del 1303, infatti, Carlo di Valois, di ritorno dalla fallimentare spedizione siciliana, fu inviato in Romagna quale legato pontificio. Il governo di Bologna, temendo che il francese tentasse un colpo di mano sulla città, ordinò subito una stretta repressiva contro coloro che erano sospettati di essere suoi sostenitori e contro i "Neri", che furono nuovamente emarginati dalla vita pubblica.[32] I Bolognesi, inoltre, cercarono immediatamente un coordinamento con lo Scotti, chiamando come podestà Bernabò Confalonieri di Piacenza. Si creò così un fronte bianco emiliano, antitorriano e antiestense, che legava Bologna e Piacenza e poteva contare anche sulla benevola neutralità della Parma correggesca.[33]

Il cambio di fronte dello Scotti e l'ostilità bolognese sembrarono momentaneamente cambiare i rapporti di forze nell'Italia settentrionale e suscitarono allarme anche in Firenze. Qui nei primi mesi del 1303 il governo dei Neri decise di aumentare gli stipendi agli armati (*berrovieri*) del podestà e del capitano del Popolo, di riammettere in città tutti i banditi allontanati prima del novembre del 1301 e di assumere nuove truppe mercenarie, fra cui almeno un contingente milanese.[34] Sullo scorcio dell'anno, d'altronde, Uguccione della Faggiola aveva

---

31 Grillo, *Milano guelfa*, pp. 94–95, Sulla signoria dello Scotti cfr. Racine, *La signoria* e Rao, *Signori di Popolo*, pp. 59–64.
32 Ghirardacci, *Della historia di Bologna*, pp. 449–450; Davidsohn, *Storia di Firenze*, III, p. 335; Vitale, *Il governo*, pp. 88–89.
33 *Corpus chronicorum Bononensium*, p. 263, *Chronicon Parmense*, p. 84.
34 *I consigli della Repubblica Fiorentina*, I, p. 76, p. 80, p. 85, p. 95.

nuovamente cambiato campo e ripreso le operazioni militari contro la città del giglio. Fu forse in questo momento che la città tornò ad accogliere i fuoriusciti fiorentini, che poterono momentaneamente insediarvisi e raccogliersi attorno al conte Alessandro di Romena, che operava dal castello di Poppi. Potrebbe risalire allo stesso periodo il convegno di Gargonza (che, ricordiamolo, si trova a meno di 30 km da Arezzo), ma purtroppo la mancanza di precisione cronologica nella testimonianza del Bruni non consente di andare al di là di una semplice ipotesi.[35] In seguito, peraltro, i Bianchi preferirono spostarsi a Forlì, probabilmente a causa del nuovo allineamento di Bologna nel fronte avverso ai Neri. Forlì era allora governata da Scarpetta degli Ordelaffi e la piccola cittadina romagnola non rappresentava certo una base operativa particolarmente efficace, ma Scarpetta era una delle poche figure che si erano apertamente opposte al papa nell'Italia del primo Trecento: nel settembre 1302, infatti, un tumulto popolare, a cui gli Ordelaffi non furono estranei, aveva cacciato dalla città il cardinale Rinaldo da Concorezzo, uomo di fiducia di Bonifacio VIII e, si noti, in quanto milanese, personaggio di coordinamento fra la Curia e i della Torre.[36]

Le preoccupazioni degli intrinseci fiorentini non erano dunque immotivate: a primavera, il blocco bianco aprì con decisione le ostilità. Alberto Scotti aggredì più volte le terre del contado di Pavia, al fianco della quale si schierarono Milano e Cremona. A ulteriore riprova degli stretti legami fra i Ghibellini e i Bianchi toscani e gli oppositori dei della Torre in Lombardia, per condurre la propria offensiva lo Scotti aveva assoldato proprio il capo degli esuli lucchesi, Castruccio Castracani degli Antirminelli, con una forza di 400 cavalieri e 1500 fanti.[37] Nel frattempo, Matteo Visconti, con un gruppo di fuoriusciti, si preparava a un colpo di mano contro Como e Milano condotto partendo da Bellinzona. Non sappiamo se l'azione del Visconti e quella del Castracani facessero parte di una vera operazione coordinata, ma le coincidenze cronologiche suggeriscono effettivamente l'idea di un tentativo su larga scala di ribaltare gli equilibri di forze.[38]

In questo contesto si inserirono, a sud degli Appennini, anche la nomina di Scarpetta degli Ordelaffi come capo militare dei Bianchi – forse anche in considerazione del fatto che il suo conterraneo e rivale, Fulcieri da Calboli, ave-

---

35 Sul ruolo e la presenza di Alessandro di Romena nell'Aretino sullo scorcio del 1302 si veda in questo stesso volume il contributo di Mirko Tavoni. Sul cambio di fronte di Uguccione e la successiva prevalenza in città dei Ghibellini più rigidi (i "secchi") cfr. Meek, *Della Faggiola Uguccione* e Scharf, *Potere e società*, pp. 146-147.
36 *Annales Caesenates*, p. 74. Cfr. Poloni, *Ordelaffi Scarpetta*; Piazzoni, *Concoregio, Rinaldo da*; sul ruolo politico di Rinaldo da Concorezzo cfr. Grillo, *Milano guelfa*, pp. 42-43.
37 Corio, *Storia di Milano*, p. 573.
38 Corio, *Storia di Milano*, p. 576.

va nel frattempo preso servizio come podestà di Firenze – e l'offensiva lanciata dai fuoriusciti fiorentini a marzo, quando «i Ghibellini e i Bianchi usciti da Firenze, con la forza dei Bolognesi» entrarono nel Mugello nella speranza di avanzare verso la città.[39] Si noti che probabilmente a promuovere l'offensiva furono proprio i bolognesi, che fornirono una parte delle truppe a disposizione dell'Ordelaffi. A Bologna, inoltre, furono raccolti a giugno i soldi per pagare i partecipanti alla spedizione (fanti, cavalieri e stipendiarii), sia tramite prestiti concessi da mercanti bolognesi, sia tramite una *collecta* imposta ai fiorentini bianchi ivi residenti.[40] L'attacco dei Bianchi, d'altronde, sembra esser stato contestuale a un'altra operazione militare, promossa dal governo di Bologna in soccorso di Pistoia, terminata però con una dura sconfitta subita dalle forze bolognesi e pistoiesi presso il castello di Larciano, ad opera dell'esercito lucchese.[41]

Le forze a disposizione dei fuoriusciti fiorentini per il loro colpo di mano nel Mugello erano notevoli, valutate in circa 800 cavalieri e 6000 fanti, fra cui probabilmente i bolognesi erano in numero non trascurabile. Come è noto, però, la spedizione si concluse in maniera disastrosa. I banditi occuparono infatti il castello di Puliciano e pensavano di poter avanzare contando su una contemporanea insurrezione dei Bianchi rimasti in città. Probabilmente essi però ignoravano che il podestà Fulcieri da Calboli già a gennaio aveva attuato una feroce azione preventiva, arrestando, facendo giustiziare o obbligando all'esilio una buona parte dei capi dell'opposizione, che in tal modo era stata posta in condizione di non nuocere. L'esercito degli intrinseci poté così reagire in forze e porre sotto assedio Puliciano, che venne evacuata fra il 12 e il 13 marzo, non senza pesanti perdite, dato che durante la precipitosa ritirata diversi esuli fiorentini, forse 500, vennero catturati dalle avanguardie nemiche per essere in parte uccisi sul posto, in parte condotti prigionieri in città.[42]

Dopo il disastro di Puliciano, Bologna si sentì direttamente minacciata dalle forze degli alleati di Bonifacio VIII. Il 24 marzo, si giunse infatti alla rottura fra Azzo d'Este e la città felsinea e al rinnovarsi della guerra, in seguito alla quale il governo bolognese procedette a una radicale epurazione di tutti gli elementi sospettati di essere ostili al partito in carica. In aprile, dopo alcuni tumulti, vi furono condanne a morte, fra cui quella di uno dei rappresentanti della fazione favorevole agli Este, Castellano Piantavigne, e numerosi bandi.[43] Valse solo a

---

39 Compagni, *Cronica*, p. 80.
40 Pellegrini, *Dante tra Romagna e Lombardia*, p. 40.
41 Ghirardacci, *Della historia di Bologna*, p. 450.
42 Compagni, *Cronica*, pp. 80–81; Davidsohn, *Storia di Firenze*, III, pp. 340–341.
43 *Corpus chronicorum Bononensium*, p. 265; Vitale, *Il governo*, p. 90. Sulla condanna del Piantavigne cfr. Vallerani, *La giustizia pubblica*, p. 244.

parziale compensazione della difficile situazione politica e militare di Bologna il fatto che l'8 aprile il tentativo di Carlo di Valois di pacificare la Romagna e farle assumere uno schieramento filopontificio fallì clamorosamente e portò al definitivo allontanamento del principe francese dall'Italia.[44]

Si apriva così la strada all'ampia alleanza stipulata il 30 maggio 1303 tra Bologna, la *pars Alborum* di Firenze, gli Ubaldini, Pistoia e i comuni romagnoli di Forlì, Cesena, Imola, Bagnocavallo e Faenza e destinata a creare un blocco bianco, territorialmente compatto e in grado di opporsi militarmente alle minacce esterne.[45] In questo contesto troviamo finalmente per la prima volta nominata la «Universitas Blanchorum de Florentia», di cui alcuni documenti del mese successivo ci mostrano anche l'embrionale organizzazione, menzionandone il capitano generale, Scarpetta Ordelaffi, e un gruppo di consiglieri, che, come mostrano le successive sottoscrizioni, comprendeva 13 membri. Un'organizzazione abbastanza semplice, ma efficace, che rimase effettiva almeno fino all'anno seguente, quando, appunto, viene nuovamente ritratta nella medesima forma dall'*Epistola* prima dantesca.[46] L'*Universitas* appare da questi atti esser stata fortemente radicata a Bologna, dato che il 18 giugno ben 131 sostenitori fiorentini sottoscrissero un mutuo di 450 fiorini per pagare le forze militari al servizio di Scarpetta.[47]

Insomma, la mia proposta è che rispetto alla ricostruzione tradizionale, pur senza escludere la preesistenza di qualche più precoce forma di coordinamento militare dei fuoriusciti attorno a Alessandro di Romena, il momento della costituzione della vera e propria *Universitas Alborum* vada ritardato di circa un anno e datato agli inizi del 1303, quando, nel contesto del tentativo di controffensiva contro le forze nere di Lombardia e di Toscana coordinato da Piacenza e da Bologna, venne nominato suo capitano generale Scarpetta Ordelaffi, in vista della spedizione contro Castel Puliciano. L'organizzazione della parte avvenne soprattutto grazie al contesto sovralocale fattosi più favorevole, che consentì di riprendere l'iniziativa militare alle città avverse al predominio italiano di papa Bonifacio VIII. Il luogo di nascita dell'*Universitas*, a sua volta, andrebbe trasferito da Arezzo a Bologna. Fu Bologna, infatti, il centro delle operazioni diplomatiche e militari dell'epoca, mentre sembrano essere stati un'iniziativa autonoma di alcuni dei Cerchi e dei loro seguaci (fra cui Dante) i primi embrionali tentativi degli esuli bianchi di approfittare dell'offensiva autonomamente lanciata dagli Uberti e dai loro fautori ghibellini nel Mugello (questi sì, con l'appoggio degli

---

44 Davidsohn, *Storia di Firenze*, III, p. 335.
45 Davidsohn, *Storia di Firenze*, III, p. 336.
46 Orioli, *Documenti bolognesi*.
47 Cfr. *supra*, nota 40.

aretini) nei primi mesi del 1302. La centralità politica di Bologna nell'organizzazione della *Universitas Alborum* coinciderebbe così con il ruolo fondamentale che la critica più recente riconosce alla città felsinea nella produzione letteraria di Dante immediatamente successiva all'esilio.[48]

4 Dante, Bologna e Verona

Mi si consenta, in conclusione, una piccola escursione più prettamente dantesca. Uno sguardo alla situazione politica italiana nel suo complesso può infatti contribuire a sciogliere uno dei nodi della vita del poeta in quel triennio 1302–04 che ancora «lascia sul terreno molti dubbi».[49] Tutti i più recenti biografi di Dante concordano sul fatto che probabilmente vi fu un soggiorno del poeta a Verona nei primi mesi del 1303, ma non concordano sulle ragioni del trasferimento.[50] La spiegazione più accreditata, infatti, è che l'Alighieri si fosse recato alla corte scaligera quale ambasciatore di Scarpetta degli Ordelaffi, al fine di ottenere aiuti militari per le operazioni militari previste dopo la grande alleanza del giugno 1303, come attesta un brano dello scrittore quattrocentesco Biondo Flavio, sulla base di documenti – oggi perduti – trascritti da Pellegrino Calvi, che fu al servizio dell'Ordelaffi.[51] Bisogna però osservare che, seguendo alla lettera le parole di Biondo Flavio, non appare un legame diretto fra l'Ordelaffi e Dante, che scriveva e operava a nome dell'*Universitas Alborum* di Firenze e dei cui testi il Calvi si sarebbe limitato a fare copia.[52]

Se invece di incentrare l'attenzione sulla marginale Forlì di Scarpetta degli Ordelaffi noi guardiamo ai rapporti fra l'*Universitas Alborum* e Bologna e alla politica di quest'ultima e del suo stretto alleato Alberto Scotti, un'eventuale ambasceria dei Guelfi moderati a Verona può essere meglio compresa. Come si è accennato, nel giugno 1302 Bartolomeo della Scala aveva rotto la tradizionale alleanza della sua famiglia con Matteo Visconti e si era avvicinato alla Milano

---

48 Tavoni, *Convivio e De vulgari eloquentia*; Antonelli, *La riflessione sul volgare*.
49 Pellegrini, *Dante tra Romagna e Lombardia*, p. 41.
50 Per limitarsi ai contributi più recenti, cfr. Tavoni, *La cosiddetta battaglia*, pp. 66–70; Pellegrini, *Dante tra Romagna e Lombardia*, pp. 39–61; Indizio, *La profezia*, pp. 318–319; Inglese, *Vita di Dante*, pp. 77–80.
51 Su quest'ultima e sulla sostanziale attendibilità delle notizie fornite da Biondo Flavio, cfr. Pontari, *Sulla dimora*.
52 Come mostra bene il seguente brano: «Dantes Aldegerius, Forolivii tunc agens, in epistola ad Canem Grandem Scaligerum veronensem, partis Albe extorrum et suo nomine data, quam Peregrinus Calvus scriptam reliquit», in *Ep.* (Baglio), p. 243.

torriana e filopapale. Dopo la frattura tra lo Scotti e i della Torre, nel tardo autunno del 1302, non era detto che Bartolomeo della Scala avrebbe seguito il primo nel fronte avverso ai Neri. Lo accomunavano infatti ai della Torre l'ostilità verso Venezia e l'interesse a mantenere buoni rapporti con Padova, dove era vescovo Pagano della Torre, il quale esercitava una pesante influenza anche sulla vita civile della città.[53] Era dunque necessario premere perché lo scaligero scegliesse il campo antipapale e non è improbabile che un'iniziativa in tal senso sia stata assunta dalla capofila di tale schieramento, Bologna, che peraltro già nella primavera del 1301 aveva concluso un'alleanza militare con Mantova e con la Verona scaligera.[54]

Rimane da chiedersi se questa iniziativa potrebbe aver coinvolto Dante. Rimando ancora a quanto ha scritto recentemente Mirko Tavoni, sulla scorta della testimonianza di Biondo Flavio e di alcuni studi moderni: «possiamo ipotizzare che sia esistita *prima* di Castel Puliciano (*ossia prima del marzo 1303*) un'attività diplomatica tra Forlì e Verona, con lettere ufficiali di cancelleria, eventualmente accompagnate da una missione di Dante per chiedere l'aiuto militare di Bartolomeo della Scala».[55] Se inquadriamo questa missione nell'ambito di una più articolata offensiva diplomatica condotta da Bologna verso Verona, che può certamente aver coinvolto anche l'Ordelaffi, possiamo trovare un'ottima spiegazione per questo precoce soggiorno veronese di Dante: non, o non solo, una richiesta di aiuto militare, ma una missione politica volta a ottenere l'adesione di Verona allo schieramento capitanato dalla città felsinea e da Piacenza. Se la missione fosse iniziata sullo scorcio del 1302 o agli inizi del 1303, subito dopo la rottura fra della Torre e Scotti, il coinvolgimento di Dante potrebbe essere facilmente spiegato, dato che non solo l'Alighieri era comunque un diplomatico di una certa esperienza, come dimostra il suo precedente incarico di ambasciatore alla curia pontificia, alla fine del 1301,[56] ma nella città sull'Adige avrebbe potuto contare su conoscenze in grado di intercedere a suo favore presso Bartolomeo. All'epoca, infatti, era podestà di Verona l'esule fiorentino Lapo di Farinata degli Uberti, che avrebbe potuto apprezzare la presenza di un compatriota fra i ranghi degli ambasciatori, soprattutto quella di un caro amico del nipote, Lapo di Az-

---

53 Varanini, *Della Scala Bartolomeo*. Si noti inoltre che nell'aprile 1303 Bartolomeo della Scala sposò la figlia di un banchiere padovano, Vitaliano Dente; cfr. Menniti Ippolito, *Dente, Vitaliano*.
54 Ghirardacci, *Della historia di Bologna*, p. 425. Su questa alleanza vi è un nuovo importante documento in corso di edizione da parte di Armando Antonelli, che ringrazio per la segnalazione.
55 Tavoni, *La cosiddetta battaglia*, p. 68, i corsivi sono miei.
56 Sulla quale si veda ora Milani, *Dante politico fiorentino*, pp. 553–555.

zolino, a sua volta poeta, al cui fianco era stato anche durante il convegno di San Godenzo.[57]

Le pressioni diplomatiche ebbero peraltro successo, almeno parzialmente, dato che in seguito lo Scaligero «tornò all'amicizia che aveva tradizionalmente caratterizzato per l'addietro i rapporti fra i Della Scala ed i Visconti».[58] Bartolomeo, però, non diede appoggio militare alle operazioni condotte quella primavera dai Bolognesi e dai loro alleati, che si conclusero in una ripetuta serie di sconfitte, culminate in Toscana con l'azzardata e fallimentare spedizione di Castel Puliciano. Questa, mal condotta e mal coordinata con gli oppositori intrinseci a Firenze, si concluse, come abbiamo già visto, con un'umiliante sconfitta e un altissimo prezzo di vite umane. Fu probabilmente tale triste esito che indusse il poeta a abbandonare momentaneamente la costituenda *Universitas Alborum* e le incertezze della guerra di fazione, per dedicarsi, piuttosto, alle ricchezze delle biblioteche veronesi e ai suoi nuovi progetti letterari.[59]

---

57 Varanini, *Reclutamento e circolazione*, p. 178; D'Addario, *Uberti, Lapo degli*.
58 Varanini, *Della Scala Bartolomeo*.
59 Tavoni, *La cosiddetta battaglia*.

Mirko Tavoni
Le Epistole I e II nella vita di Dante (fatti, personaggi, date, testualità, ideologia)

Abstracts: Giuseppe Indizio, in un articolo del 2002, ha dimostrato che il capitano della *Universitas Partis Alborum* a nome del quale Dante, nella primavera del 1304, scrive l'epistola al cardinale Niccolò da Prato (*Ep.* I), per assicurargli l'appoggio dell'*Universitas* nel suo tentativo di pacificazione con il regime guelfo nero di Firenze, non è Alessandro dei conti Guidi di Romena, ma suo fratello Aghinolfo. A partire da questo dato, poi, ha argomentato che l'epistola in morte di Alessandro inviata ai nipoti Oberto e Guido di Romena (*Ep.* II), tradizionalmente datata fra l'epistola I e la battaglia della Lastra (20 luglio 1304), dovrebbe essere retrodatata agli inizi del 1303, andando così a occupare la prima posizione nella raccolta delle *Epistole* di Dante. Invece l'epistola II trova la sua logica datazione e collocazione ideologica e politica fra la battaglia della Lastra e la perduta epistola *Popule mee, quid feci tibi?* Essa, cioè, conferma che è esistita nella vita di Dante una fase intermedia fra il distacco dalla «compagnia malvagia e scempia» dei fuorusciti fiorentini e la richiesta di perdono al Comune di Firenze; e su tale fase intermedia apporta nuove significative informazioni.

Giuseppe Indizio, in a 2002 article, proved that the captain of the *Universitas Partis Alborum* on whose behalf Dante, in the spring of 1304, writes the epistle to cardinal Niccolò da Prato (*Ep.* I), to assure him the support of the *Universitas* in his attempt at pacification with the black guelph regime of Florence, is not Alessandro of the counts Guidi at Romena but his brother Aghinolfo. Starting from this fact, then, he argued that Dante's epistle in death of Alessandro sent to his nephews Oberto and Guido di Romena (*Ep.* II), traditionally placed between the *Ep.* I and the battle at La Lastra (20 July 1304), should be backdated to the beginning of 1303, and should therefore occupy the first position in the collection of Dante's Epistles. Instead, the *Ep.* II finds its consistent dating and political-ideological placing between the battle at La Lastra and the lost epistle *Popule mee, quid feci tibi?* It therefore confirms that there existed, in Dante's life, an intermediate phase between the detachment from the «wicked, dimwitted company» of the Florentine exiles and the request for pardon to the Com-

Mirko Tavoni, Università di Pisa

mune of Florence; and on this intermediate phase it brings new relevant information.

Parole chiave: Biografia di Dante Alighieri, Pensiero politico di Dante Alighieri, Alessandro Guidi da Romena, Aghinolfo Guidi da Romena, Niccolò da Prato.

L'epistola al cardinale Niccolò da Prato e quella ai conti Oberto e Guido di Romena, delle quali è testimone unico il ms. Pal. Lat. 1729 della Biblioteca Apostolica Vaticana, occupano rispettivamente l'ottava e la sesta posizione nella sequenza delle nove lettere di Dante copiate alle cc. 56r-62r e ordinate, a quanto pare, tenendo conto della gerarchia dei destinatari.[1] Tutte le edizioni a stampa che si sono succedute a partire dall'edizione Fraticelli del 1840, poi, hanno ordinato le lettere cronologicamente, e così quella al cardinale da Prato è diventata l'epistola I, visto che per il suo contenuto si data sicuramente alla primavera 1304, e quella ai conti da Romena è diventata l'epistola II, in quanto collegata alla I e giudicata ad essa posteriore, essendo una lettera di condoglianza per la morte di Alessandro da Romena, che della I veniva considerato il mittente ufficiale in quanto ritenuto capitano della *Universitas Partis Alborum*.

Benché la data di morte di Alessandro non si conosca, e quindi a rigore la lettera di condoglianza potrebbe anche essere posteriore a qualcuna delle altre lettere conservate dal manoscritto, tuttavia le nostre due lettere, le uniche accomunate dai nomi dei conti da Romena e afferenti alla militanza guelfo-bianca che caratterizza i primi anni dell'esilio di Dante, hanno da allora – giustamente – sempre viaggiato in coppia come epistole I e II.

Ma nel 2002 Giuseppe Indizio, nel suo articolo *Sul mittente dell'Epistola I di Dante (e la cronologia della I e della II)*, ha dimostrato che il capitano della *Universitas Partis Alborum*, al momento del tentativo di pacificazione del cardinale da Prato, non era Alessandro da Romena ma suo fratello Aghinolfo, e con ciò ha fatto venir meno la necessità che l'epistola II, in morte di Alessandro, sia posteriore alla prima; anzi ha sostenuto che deve risalire agli inizi del 1303, e che dunque va anteposta.

Ma nuove ricerche, che non hanno finora interferito nella discussione di queste datazioni, hanno cambiato il nostro modo di vedere la biografia politica e intellettuale di Dante in quegli anni, diciamo fra il 1302 e il 1306, per cui il significato e la datazione delle due lettere, soprattutto della seconda, possono e devono essere utilmente rivisti. È quello che tenterò di fare in questo articolo.

---

[1] *Ep.* (Baglio), p. 30.

1 La successione dei capitani della *Universitas Alborum*

Nell'intestazione dell'epistola I i mittenti che si rivolgono al cardinale Niccolò si dichiarano come «A. ca. (con)silium et univ(er)sitas p(ar)tis albo(rum) de florentia» (ms. Pal. Lat. 1729, c. 60r).[2] Chi è «A. ca.»? L'abbreviazione «ca.» sta per «capitaneus», e il nome è omesso in omaggio alle convenzioni epistolari. Quasi tutti coloro che si sono occupati dell'epistola, e fra questi tutti coloro che l'hanno editata, non hanno dubbi a interpretare «A.» come «Alexander».[3] Lo fanno sulla base del seguente passo della *Vita di Dante* di Leonardo Bruni:[4]

> sentita Dante la ruina sua, subito partì da Roma, dove era imbasciadore, et camminando con celerità ne venne a Siena. Quivi intesa chiaramente la sua calamità, non vedendo alcuno riparo, deliberò accozzarsi co' li altri usciti, et nel primo accozzamento fare una congregatione delli usciti, la quale si fe' a Gargonsa; dove trattate molte cose, finalmente fermaro la sedia loro ad Arezzo et quivi ferono campo grosso, et crearono loro capitano generale il conte Alexandro da Romena, ferono dodici consiglieri, del numero de' quali fu Dante, et d'isperanza in isperanza stettero infino all'anno MCCCIIII. Allora fatto sforzo grandissimo d'ogni loro amistà, ne vennero per rientrare in Firenze con grandissima multitudine, la quale non solamente d'Arezzo, ma da Bologna et da Pistoia co' loro si congiunse; et giugnendo quelli dentro improvvisi, subito preseno una porta di Firenze et vinsono parte della terra; ma finalmente bisognò se n'andassono sanza frutto alcuno.

Questo passo sintetizza – molto sommariamente – la vita di Dante dal momento in cui viene esiliato fino al 1304. Tutti gli editori e commentatori dell'epistola I elencati alla nota 3 interpretarono che la nomina del conte Alessandro da Romena a capitano generale della «congregatione» dei fuoruscti, che il Bruni dichiara avvenuta ad Arezzo al momento della sua costituzione, sia rimasta in vigore fino alla battaglia della Lastra, alla quale si riferisce l'ultima frase, e dunque

---

[2] Riproduzione fotografica del ms. in Schneider, *Dantis Alagherii Monarchiae* ma v. oltre p. 397, n. 4.
[3] Così Witte, *Neu aufgefundene*, p. 475; *Ep.* (Fraticelli), p. 168 e *Ep.* (Fraticelli²), p. 411; Del Lungo, *Dino Compagni*, p. 589; *Ep.* (Giuliani), p. 423 e p. 78; Zenatti, *Dante e Firenze*, p. 359; *Ep.* (Moore), p. 403; Toynbee, *The Vatican Text*, p. 29 e *Ep.* (Toynbee), pp. 2–3 n. 3 e p. 5 n. 3; Biagi, *Dante e il cardinal*, pp. 81, 86; Mazzoni, *Le epistole di Dante*, p. 55 e *Ep.* (Mazzoni), pp. 4, 7–8 n. 9, 13; Migliorini Fissi, *Dante e il Casentino*, p. 123; Orlandi, *Una valle dantesca*, p. 42; Carpi, *La nobiltà di Dante*, p. 534 (ma v. p. 579).
[4] Bruni, *Vita di Dante*, p. 546. La stessa notizia, più stringata, in *Historie Florentini populi*, cit. in *Ep.* (Mazzoni), p. 7 e n. 9: «Aretii [...] Verius Circulus [*Vieri dei Cerchi*] et omnis illa factio ingenti multitudine resederat, ducemque sibi constituerunt Alexandrum Romenae comitem, consiliariosque et prefectos ex sui corporis civibus».

fosse in vigore al tempo della trattativa condotta dal cardinale Niccolò da Prato.[5] Ma Indizio ha perfettamente ragione a notare che Bruni

> non dice che nel 1304 il Capitano dei Bianchi fosse ancora Alessandro, ma solo che al momento della costituzione dell'Università, ad Arezzo (quindi ai primi del 1302), egli fu eletto primo Capitano. Per gli anni seguenti la testimonianza di Bruni è chiaramente riassuntiva («et d'isperanza in isperanza stettero infino all'anno 1304»), non confermando né smentendo che all'altezza dell'*Epistola* I (marzo-aprile 1304) fosse ancora Alessandro alla guida dei Bianchi.[6]

A ulteriore conferma del carattere «chiaramente riassuntivo» della testimonianza, rimando alla mia analisi dell'intero contesto circostante questo passo, cioè dell'intera sintesi della vita di Dante, la quale è interessantissima per un solo dettaglio, cioè per il fatto che Bruni, cancelliere della Repubblica fiorentina, è il privilegiato conoscitore dell'epistola *Popule mee, quid feci tibi?*, su cui dovremo tornare, ma per tutto il resto è quanto mai povera di informazione originale, semplificata e inesatta.[7]

Indizio, raccogliendo e organizzando le informazioni sparse negli studi precedenti, mette a fuoco che nel ruolo di capitano generale si succedettero Alessandro di Romena, Scarpetta Ordelaffi e Aghinolfo di Romena, secondo la cronologia seguente – che integro e preciso ulteriormente mentre la riporto.

Primo capitano della «congregatione delli usciti» di cui parla Bruni fu, secondo la sua testimonianza, Alessandro, eletto forse agli inizi del 1302. Paolo

---

5 Per la verità qualcuno si sottrasse alla ripetizione inerziale del nome desunto dal Bruni: Davidsohn, *Storia di Firenze*, III, a pp. 305–306 n. 3 nota che poco prima che fosse scritta l'ep. I capitano dei Bianchi doveva essere non Alessandro ma il fratello Aghinolfo. Ma nessuno, dal 1912 data dell'ed. originale *Geschichte von Florenz*, raccolse l'indicazione, tranne Sestan, *Dante e i Conti Guidi*, p. 111. Anzi *Ep.* (Mazzoni), pp. 208–209 n. 9 difese la testimonianza del Bruni con questa motivazione: «la testimonianza del Bruni è cogente, ed è gratuito credere ch'egli congetturasse il nome partendo dal testo dell'epistola, e non avesse invece, tra gli archivi fiorentini e quelli aretini, qualche fonte esplicita (della quale egli del resto si servì in altri casi)». *Ep.* (Frugoni), p. 522–523 e n. 1, lascia a testo «A. capitaneus» e spiega in nota, rimandando a Davidsohn: «si tratta di Alessandro conte di Romena, ci dice Leonardo Bruni (...). Ma al comando dell'esercito che vinse la battaglia del 19 novembre 1303 era il conte Aghinolfo, fratello di Alessandro [ma cfr. qui pp. 8–9], mentre una lista del 22 ottobre 1305 indica Ciappettino degli Ubertini come il "capitaneus generalis" dei Bianchi in Arezzo (...). La difficoltà potrebbe risolversi pensando a una successione nel comando».
6 Indizio, *Sul mittente*, p. 191.
7 Tavoni, *Qualche idea su Dante*, pp. 124–129. Già Davidsohn, *Storia di Firenze*, III, p. 280 n. 2: «il racconto di Leonardo Aretino sui particolari dell'esilio di Dante, o, com'è giusto dire, della sua fuga, prima d'esser condannato, è del tutto inesatto». Difende l'attendibilità della testimonianza del Bruni, ma con argomenti che non mi sembrano convincenti, Indizio, *La profezia di Cacciaguida*, pp. 298–299 e n. 21, 305–306, 321.

Grillo, nell'articolo pubblicato in questo stesso volume, argomenta che la vera e propria *Universitas alborum*, cioè la struttura politico-militare così denominata, fu costituita solo all'inizio del 1303, e non ad Arezzo ma a Bologna, «pur senza escludere la preesistenza di qualche forma di coordinamento militare dei fuoriusciti attorno ad Alessandro di Romena».[8] Ai nostri fini di biografia dantesca, non importa se la «congregatione delli usciti» – alla quale nemmeno Bruni dà il nome di *Universitas Alborum*, ma che comunque combatteva – fosse più o meno strutturata, ma importa che Dante abbia vissuto con Alessandro, in questa fase, quel rapporto di filiale fiducia da «subditus» a «dominus» che è presupposto e dichiarato dall'epistola II.[9]

I documenti del 16–22 dicembre 1302, conservati all'Archivio di Stato di Firenze e addotti da Davidsohn,[10] che assicurano per un certo tempo ad Alessandro la disponibilità del castello di Poppi, «certamente si riferivano anche alla lotta contro Firenze», e dunque si considerano una conferma che Alessandro a quella data ricopriva ancora quel ruolo.

Fu dunque combattuta sotto la guida di Alessandro la prima guerra mugellana, della primavera-estate 1302, che ha un momento importante nel patto di San Godenzo dell'8 giugno,[11] dove il nome di Dante viene esplicitamente registrato, accanto ai nomi dei massimi responsabili politici e finanziari dell'alleanza bianco-ghibellina, nell'elenco dei quattordici garanti che «assunsero, di fronte a Ugolino da Filiccione e agli altri Ubaldini, una garanzia finanziaria per tutti i danni che potessero venir loro dallo stato di guerra in cui veniva a trovarsi il territorio attorno al loro castello di Montaccianico. Anche per la perdita di benefici ecclesiastici che fossero tolti loro dal Papa i quattordici garanti s'impegnavano a risarcirli».[12] Anzi, questo è l'unico documento che, in tutta la documentazione relativa alle campagne militari e ad ogni altra attività della

---

8 Grillo, *"Universitas partis Alborum"*, in questo volume, p. 196.
9 Dante si pone fra i *subditi* di Alessandro nella frase «doleant omnes amici eius et subditi, quorum spem mors crudeliter verberavit; inter quos ultimos me miserum dolere oportet, qui a patria pulsus et exul inmeritus infortunia mea rependens continuo, cara spe memet consolabar in illo» (*Ep.* II, 3). Con ciò non si dichiara affatto *subditus*, nel presente, dei nipoti Guido e Oberto, ma rievoca il rapporto che lo legava ad Alessandro nel passato, e precisamente nel suo primo e più duro periodo di esilio, cioè appunto quando Alessandro era il suo *capitaneus*.
10 Davidsohn, *Storia di Firenze*, III, pp. 321–323 e n. 3.
11 La prima riga del documento, contenente l'anno, è illeggibile, ma «il documento fu datato 1302 dal Del Lungo (...) e tale proposta è stata unanimemente accolta» (così il *CDD*, che lo riporta al n° 136, p. 221). Oltretutto, lo stato embrionale della «congregatione delli usciti» che esso manifesta, e su cui fa leva Grillo, *"Universitas partis Alborum"*, pp. 189–191, sarebbe incongruo in qualunque anno successivo.
12 Davidsohn, *Storia di Firenze*, III, p. 321.

«congregatione delli usciti»-*Universitas Alborum*, registra il nome di Dante. E lo registra assegnandogli una posizione di grande rilievo, pari a quella che era stata assegnata a Dante (uno dei dodici consiglieri) al momento della costituzione della «congregatione», secondo la testimonianza di Leonardo Bruni riportata sopra. Ed è pertinente notare che di questa alta considerazione Dante godeva sotto il comando del conte Alessandro.

Altrettanto pertinente è notare che questa prima stagione di azioni militari, sotto la sua guida, fu abbastanza ricca di successi, tanto da costringere Firenze a ritirare il grosso delle forze dal fronte pistoiese «perché contemporaneamente infuriavano le ostilità nel Valdarno di sopra, ostilità molto pericolose, perché di là si poteva temere ad ogni momento un assalto contro Firenze, la cui difesa era affidata a milizie delle città alleate quivi rimase».[13] I Bianchi e gli Aretini, alleati con gli Ubertini e i Pazzi, in aprile avevano conquistato i castelli di Figline e Piantravigne e «la situazione era tanto critica che il 14 giugno Cante de' Gabrielli dovette accorrere dalla zona pistoiese di combattimento, con i cavalieri delle cavallate e con i fanti di quattro sestieri di Firenze, nel Valdarno di sopra. Qui la lotta si concentrò su Castel del Piano o Pian-tra-Vigne, che non si riusciva a conquistare».[14] La valorosa difesa dei 600 sbanditi sotto assedio fu spezzata solo dal tradimento per denaro di Carlino dei Pazzi. Infatti Camicione dei Pazzi, che rabbrividisce nella Caina fra mille altri visi cagnazzi per aver semplicemente assassinato un suo congiunto, dice «aspetto Carlin che mi scagioni» (*Inf.* XXXII, 69), cioè aspetta che lo raggiunga Carlino, colpevole di un tradimento ancora più grave del suo in quanto traditore della parte. I fiorentini, impadronitisi del castello, si macchiarono di vergognose crudeltà ai danni degli assediati traditi, mentre i Bianchi in agosto conquistarono Montaccianico.

Insomma il comando di Alessandro (si possa o no qualificarlo come "capitanato" di una struttura formalizzata come la *Universitas*) fu caratterizzato, nel rapporto privato, da alto onore reso a Dante e, sul piano pubblico, da valore militare coronato da discreti successi, tali da alimentare speranze di vittoria, se non fosse stato per il tradimento subìto a Piantravigne – evento rovinoso, ma atto a suscitare in Dante indignazione contro il traditore, non disprezzo verso la parte tradita. Credo che qualche anno dopo, alla morte di Alessandro, Dante si ricordasse di questi fatti, pubblici e privati, che avevano caratterizzato positivamente la guida militare di Alessandro e il suo personale rapporto con lui.

Secondo capitano fu Scarpetta Ordelaffi, signore di fatto di Forlì, che assunse tale ruolo «tra la fine del 1302 e l'inizio del 1303»,[15] in coincidenza con lo

---

13 Davidsohn, *Storia di Firenze*, III, p. 315.
14 Davidsohn, *Storia di Firenze*, III, p. 318.
15 Poloni, *Ordelaffi, Scarpetta*.

spostamento della base operativa della «congregatione delli usciti» da Arezzo a Forlì – spostamento che costituisce evidentemente il motivo del suo subentrare nella carica di capitano.[16] Tale spostamento – come mi segnala Paolo Pontari – poté verificarsi in seguito alla cacciata, nel settembre 1302, del rettore papale *in temporalibus* Rinaldo da Concorezzo: proprio questo evento avrebbe indicato che Forlì era la sede più adeguata per una riorganizzazione militare dei fuoriusciti dopo la sconfitta mugellana.[17] È dunque plausibile che Scarpetta sia diventato *dux* della ormai unificata «factio conflata ex duabus factionibus» dei fuoriusciti bianchi e ghibellini poco dopo, nell'autunno 1302, il che concorderebbe con la data presumibile dell'ambasceria di Dante a Verona, per chiedere aiuto politico-militare agli Scaligeri, la quale dovrebbe collocarsi nell'inverno 1302–1303, e che secondo la testimonianza di Biondo Flavio avvenne mentre appunto Scarpetta ricopriva tale ruolo.[18]

Questa ambasceria, che tutti ormai sono convinti che ebbe effettivamente luogo,[19] conferma l'alta considerazione di cui Dante continuava a godere in questa fase in seno alla compagnia dei fuorusciti. Il conferimento di questa cruciale missione, infatti, implicava evidentemente fiducia nelle capacità e nella lealtà di Dante, in stridente contrasto con le accuse di tradimento che sarebbero insorte nella primavera successiva, e che avrebbero portato al primo distacco di Dante dalla compagnia.[20]

Cade sotto il capitanato di Scarpetta la disastrosa sconfitta di Castel Puliciano, 12 marzo 1303, contro il condottiero nemico, anche lui forlivese, Fulcieri da Calboli podestà di Firenze.

Il 17 maggio Scarpetta con altri stipula a Bologna un mutuo di 250 fiorini;[21] e il 18 giugno un mutuo di 450 lire bolognesi viene stipulato «a discreto viro domino Scarpeta de Ordelaffis de Forlivio generali capitaneo partis Blanchorum

---

16 È legata al ricordo di San Godenzo, e del trasferimento da San Godenzo a Forlì attraverso la valle dell'Acquacheta-Montone, la sontuosa similitudine geografica che introduce la caduta del Flegetonte giù dall'«alto burrato»: cfr. Tavoni, *Un paesaggio memoriale*, pp. 54–57, e in generale su tutte le proiezioni testuali della geografia casentinese; e Pontari, *Sulla dimora di Dante*, pp. 190–191.
17 Cfr. Piazzoni, voce *Concoregio, Rinaldo da*, p. 748 e Pellegrini, *Dante da Forlì a Verona*, p. 41.
18 Pontari, *Sulla dimora di Dante a Forlì*, pp. 210–212.
19 Cfr. Tavoni, *Qualche idea su Dante*, pp. 121–123; Pontari, *Sulla dimora di Dante a Forlì*, pp. 207–212; Pellegrini, *Dante da Forlì a Verona*, pp. 40–41 e Pellegrini, *I primi passi*, pp. 26–27.
20 Come ho argomentato in Tavoni, *La cosiddetta battaglia*, poi in Tavoni, *Qualche idea su Dante*, pp. 105–146.
21 Orioli, *Documenti bolognesi*, p. 5.

de Florentia de voluntate et consensu consiliariorum dicti capitanei partis predicte et etiam ab universitate quorum nomina inferius declarantur (...) pro stipendiariis dicte partis equitibus et peditibus persolvendis et alliis expensis dicte partis utiliter faciendis»,[22] e viene sottoscritto da 131 Bianchi fuorusciti. Dunque a questa data la *Universitas Alborum* era pienamente costituita. E il 31 maggio viene stipulato l'atto di nascita di un'ampia alleanza anti-Nera, includente l'*Universitas* dei Bianchi fiorentini e i Comuni di Pistoia, Forlì, Imola e Faenza, della quale diventa capitano generale il ghibellino Salinguerra Torelli da Ferrara.[23]

Un documento aretino già pubblicato da Ubaldo Pasqui e riportato alla luce da Paolo Pontari su segnalazione di Giuseppe Indizio, nel momento in cui nomina il cancelliere di Scarpetta Pellegrino Calvi, riporta che Scarpetta era ancora capitano generale alla data dell'8 gennaio 1304. Vi si legge infatti: «ser Pelegrinus de Forlivio tanquam vicarius Scarpette de Forlivio capitanei partis Alborum de Florentia».[24]

Secondo Davidsohn, invece, già nella battaglia di Cennina in Val d'Ambra, 19 novembre 1303, capitano dei Bianchi era Aghinolfo:

> gli Aretini, condotti dal loro podestà Federico da Montefeltro insieme con Farinata degli Ubertini [sic] e il conte Aghinolfo, che capitanava i Bianchi, riportarono il 19 novembre 1303 una vittoria importante a Cennina, nella Val d'Ambra, contro le milizie della Lega Guelfa.[25]

---

22 Orioli, *Documenti bolognesi*, Doc. II, pp. 12–15.
23 Orioli, *Documenti bolognesi*, Doc. I, pp. 6 e 9–12.
24 Si tratta di un atto notarile pubblicato da Pasqui , *Documenti per la storia*, II, p. 511), corsivo mio: «in Dei nomine amen. Anno Domini a nativitate Millesimo CCC quarto, die octavo ianuarii. Actum in hospitio Isacchini Alberti, presentibus Baldovino Ranaldi, Bectino olim Iohannis Genarii et aliis testibus. Ser Pelegrinus de Forlivio tanquam vicarius *Scarpette de Forlivio capitanei partis Alborum de Florentia*, promictens suo nomine proprio et privato quod dictus Scarpetta hec omnia infrascripta rata habebit et tenebit perpetuo, sub infrascripta pena, confessus fuit et affirmavit se habuisse et recepisse pro ipso Scarpetta a Cischo olim domini Martini, dante et solvente per Bernardinum Casuccii et de ipsius Bernardini pecunia, ccclxxv libras pisanas, quas dictus Bernardinus causa mutui vel alia causa tenebat et promiserat eidem vicario vel ipsi Scarpette, ut patere dixerunt contrahentes ipsi publico instrumento inde confecto manu ser Millioris notarii de Forlivio». Cfr. Pontari , *Sulla dimora di Dante a Forlì*, pp. 227–228 e Indizio, *La profezia di Cacciaguida*, p. 301 n. 26.
25 Davidsohn, *Storia di Firenze*, III, p. 360; nell'edizione originale, p. 258: «Die Aretiner errangen unter ihrem Podestà Federigo vom Montefeltro gemeinsam mit Farinata degli Ubertini und dem vom Grafen Aghinolfo geführten Weissen am 19 November 1303 bei Cennina im Ambratal einen bedeutenden Wassenerfolg gegen die Goldritter der Guelfenliga».

i Bianchi, insieme a Farinata degli Ubertini [Uberti *per errore materiale*] e all'esercito del Comune aretino, al comando del conte Aghinolfo, fratello di Alessandro, riportarono il 19 novembre 1303 una vittoria sulle truppe mercenarie dei Fiorentini neri.[26]

Sulla scia di Davidsohn, assume questa informazione come certa Indizio:

> a capo delle operazioni, come si è detto, non troviamo più Scarpetta Ordelaffi ma Aghinolfo da Romena, fratello di Alessandro. La circostanza è sicura poiché attestata da documenti conservati presso l'Archivio di Stato di Bologna, da cui sappiamo che Aghinolfo, a nome proprio, del Comune di Arezzo e, si badi, della «Pars Blancorum», tenne ad informare personalmente il Comune di Bologna di quel felice esordio; anche Davidsohn conferma che Aghinolfo allora capitanava i Bianchi.[27]

Ma il documento dell'Archivio di Stato di Bologna addotto da Davidsohn[28] come «fonte principale» della notizia non è in realtà così chiaro circa il capitanato di Aghinolfo. Si tratta del documento degli Uffici economici e finanziari del comune di Bologna, Tesoreria e contrallaria del comune, b. 4, registro del 1303, c. 25r, 26 novembre 1303, che l'amico Armando Antonelli ha individuato (la segnatura data dal Davidsohn era incompleta) e interpretato, e che qui trascrivo:

> It(em) solver(un)t d(ic)ti depo(s)ita(r)ii------------------------tredeci(m) l(ivr)e B(o)n(onie) /
> In panno e(m)pto in quatuor indum(en)tis f(ac)tis quatuor nu(n)tiis qui appo(r)taver(unt) lit(er)as c(ommun)i / Bo(nonie) ex p(ar)te c(ommun)is Arectii, p(ar)tis Blanco(rum) de Flor(entia) et co(mi)tis Aghinulfi sup(er) victo(r)iam habitam p(er) Areti/nos (con)tra Florentinos q(ui) iveru(n)t apud Mo(n)tevarci c(aus)a muniendi castru(m) Lat(er)ine, et solu(tion)e(m) / dic(t)am fecer(unt) vigo(r)e p(ro)vissio(n)is et mandato d(omi)no(rum), ançianorum) et (con)su(l)u(m), deffens(or)ibus viginti soc(ietatibus) artiu(m) / p(o)p(uli), p(re)sentis m(en)sis nove(m)bris d(omini) p(re)consulis soc(ietatis) not(ariorum) et sapient(ium) ellecto(rum) ab eis sc(ri)pte manu / B(o)nbologni de Co(r)bellariis not(arii) d(ic)torum anç(ianorum) et (con)sulum.

Come si vede, nella curiosa forma di questa nota di spese si registra la notizia della vittoria degli Aretini e dei Bianchi fiorentini contro i Fiorentini intrinseci nelle vicinanze di Montevarchi – Laterina. Si tratta della battaglia di Cennina,

---

26 Davidsohn, *Storia di Firenze*, III, p. 306 n. 3; e nell'edizione originale, pp. 218–219 n. 3: «ersochten die Weissen gemeinsam mit Farinata degli Ubertini und dem aretiner Bürgerheere am 19 November 1303 unter dem Grafen Aghinolfo, Bruder des Alexander, einen Sieg über die Soldtrüppen der florentiner Schwarzen».
27 Indizio, *Sul mittente*, pp. 194-195. E sulla scia di Indizio, Santagata, *Dante*, p. 152: «nel novembre 1303, come capitano dell'Università troviamo non più Scarpetta Ordelaffi, ma Aghinolfo dei Guidi di Romena, fratello del primo capitano Alessandro».
28 Davidsohn, *Storia di Firenze*, III, p. 360 n. 1.

a 17 chilometri da Laterina, riportata dagli *Annales Aretinorum* (p. 11), con le parole: «et eo tempore fuerunt sconfitte masanate Florentinorum et Senensium apud Cenninam per masanatam et cavallatam Arretinorum, per dictum comitem Federigum potestatem, ubi mortui multi et capti ex eis fuere».

Il documento non dice che Aghinolfo capitanasse né l'uno né l'altro, si limita a nominare Aghinolfo come terzo soggetto a fianco dell'uno e dell'altro e come fonte della notizia portata dai messi del Comune di Bologna; mentre della vittoria dice solo che la conseguirono gli Aretini contro i Fiorentini. Da questo documento, dunque, non si deduce che nel novembre 1303 Aghinolfo fosse capitano generale della *Universitas Blancorum*, ma solo che era un componente attivo dell'alleanza bianco-aretina.

Possiamo dunque considerare corretta l'informazione contenuta nel documento aretino trascritto qui alla n. 24, che qualifica Scarpetta come Capitano della *Pars Alborum Florentie* ancora alla data dell'8 gennaio 1304. Il che, del resto, è coerente con quella che è ad ogni evidenza la causa di questo secondo cambio di capitano, speculare a quella che era stata la causa del primo cambiamento: e cioè, nel primo cambio, lo spostamento del centro operativo della «congregatione delli usciti» a Forlì; nel secondo cambio, lo spostamento del centro operativo della *Universitas* da Forlì ad Arezzo. E questo ritorno ad Arezzo era evidentemente dovuto al fatto nuovo rappresentato dall'iniziativa di pace del cardinale Niccolò, che imponeva di essere vicini a Firenze, dove l'iniziativa si dispiegava. È dunque del tutto logico che il cambio di capitano generale, da un forlivese a un aretino-casentinese, sia avvenuto dopo che il cardinale era stato nominato legato pontificio (31 gennaio 1304), e più o meno in coincidenza con il suo ingresso in Firenze (2 marzo).

Un altro documento contestualmente citato dallo stesso Davidsohn parla di una transazione che garantiva ad Aghinolfo la disponibilità del castello di Poppi negli stessi termini in cui la garantivano ad Alessandro i documenti del 16–22 dicembre 1302 citati sopra. Benché il documento non riporti la data di decorrenza, ma solo quella di scadenza posta al 16 agosto 1306, anch'esso avvalora il ruolo di Aghinolfo come capitano in questo periodo.

Sulla base di questi documenti, opportunamente riportati in primo piano da Indizio, e qui ulteriormente analizzati, Indizio dimostra in modo del tutto persuasivo che l'«A. ca.» indicato come mittente ufficiale dell'epistola I nella primavera 1304 è Aghinolfo dei conti Guidi di Romena.

A ulteriore conferma, giunge il prezioso riscontro degli *Annales Aretinorum*, che così riportano la cronaca della battaglia della Lastra (corsivi miei):

> 1304. Comes Federigus predictus. Tunc exercitus arretinus Florentiam ivit, et de mense julij, volens et credens ipsam capere, simul cum magna militia Bononensium et cum mili-

tia Romandiolorum et *cum Albis florentinis, quorum capitaneus erat comes Aghinulphus de Romena.*[29]

Se dunque, in aggiunta a quanto ci dicono i documenti e i ragionamenti precedenti, Aghinolfo era capitano generale dei Bianchi alla battaglia della Lastra il 20 luglio 1304, non c'è il minimo dubbio che lo fosse anche al tempo della trattativa condotta dal cardinale da Prato tra il febbraio e il maggio 1304.

Interessante anche il documento del 22 ottobre 1305, pubblicato dal Davidsohn,[30] che attesta come a quella data capitano generale fosse Ciappettino degli Ubertini, dunque non fosse più Aghinolfo:

> *Okt 22. (Arezzo, in ecclesia Morelli.) Convocata (...) universitate partis blancorum de civitate Florentie ejusque comitatu existentium Aretii eorumque consilio de mandato nobilis et providi viri domini Guidini judicis de Forlivio et vicarii egregii et potentis viri Ciappecini de Ubertinis capitanei generalis partis blancorum de Florentia ejusque districtus.*

2 L'Epistola I nella vita di Dante

Come abbiamo visto, Benedetto XI nomina il cardinale da Prato suo legato il 31 gennaio 1304, e la sua missione inizia con il suo solenne ingresso in città il 2 marzo, dopo che per tutto il mese di febbraio si erano consumati violentissimi scontri interni alla fazione dei Neri, culminati nell'intervento dei Lucchesi chiamati a governare interinalmente Firenze. La missione del cardinale raggiunge il punto di massima approssimazione al suo obiettivo di pacificazione negli ultimi giorni di aprile, quando viene ammessa in città una delegazione dei fuoriusciti, si stringono i primi accordi e viene dichiarata una precarissima pace; mentre poi nel corso del mese di maggio si dispiegano potentemente le azioni di sabotaggio dei Neri, disposti a tutto pur di non permettere il rientro dei Bianchi, fino

---

29 *Annales Aretinorum, Maiores et Minores*, p. 11 (c. 157v). Il «comes Federigus predictus» è il conte Federico I da Montefeltro, podestà di Arezzo dal 1302 (nonché futuro capitano generale dei contingenti italiani dell'esercito imperiale di Enrico VII) che nelle righe immediatamente precedenti comandava l'esercito aretino nella battaglia di Cennina: «Et eo tempore fuerunt sconfitte masanate Florentinorum et Senensium apud Cenninam per masanatam et cavallatam Arretinorum, per dictum comitem Federigum potestatem, ubi mortui multi et capti ex eis fuere». Dunque sia a Cennina sia alla Lastra erano scesi in campo uno a fianco dell'altro Federico da Montefeltro e Aghinolfo da Romena.
30 Davidsohn, *Forschungen*, III, p. 307. È lo stesso documento a cui allude Ep. (Frugoni), pp. 522–523 e nota 1.

al punto di dare fuoco alla città il 10 giugno:[31] un incendio devastante. Il giorno stesso il legato, in pericolo di vita, fugge dalla città scagliando l'interdetto contro Firenze, Lucca e Prato.

Le edizioni recenti datano l'epistola I a marzo-aprile,[32] primavera,[33] marzo,[34] aprile-maggio.[35] La lettera si dichiara come risposta a una lettera del cardinale, a sua volta successiva a contatti orali («sacre vocis contextui, quem misistis post cara nobis consilia, respondemus», *Ep.* I, 2), e si scusa per essere tardiva («et si negligentie sontes aut ignavie censeremur ob iniuriam tarditatis (...) ubi forte contra debitam celeritatem defecisse despicimur»). Dunque, rapportata agli eventi ricordati sopra, la risposta deve collocarsi dopo un certo lasso di tempo, a partire dai primi di marzo in cui il cardinale avrà potuto cominciare a indirizzare ai Bianchi i suoi «cara consilia». D'altra parte, il gesto molto forte dell'ingresso in città di una delegazione dei fuorusciti presuppone che l'epistola sia stata consegnata ufficialmente al cardinale, e con un certo anticipo rispetto a tale ingresso, che avviene il 26 aprile. Sulla base di questi elementi, direi che il periodo di più probabile stesura e invio dell'epistola si restringa più o meno alla prima metà di aprile.

Questa cronologia è perfettamente sincronizzata con quanto sappiamo dei movimenti di Dante, che si ritiene concordemente si trovasse a Verona, ospite del «gran Lombardo / che 'n su la scala porta il santo uccello» (*Par.* XVII, 71–72), cioè Bartolomeo della Scala, che a Dante aveva offerto il primo rifugio e il primo ostello che meritassero questo nome, e verso di lui aveva avuto sì benigno riguardo da sostenerlo liberalmente senza aspettare di essere richiesto (vv. 70–75). Ma Bartolomeo era morto il 7 o l'8 marzo (o un mese prima): e gli era succeduto il fratello Alboino, che verso Dante aveva tutt'altro atteggiamento, tanto da meritare da lui una taccia di scarsa nobiltà (*Conv.* IV, xvi, 6).

La missione pacificatrice del cardinale Niccolò giungeva dunque con perfetto tempismo per offrire a Dante, in sostituzione del rifugio e ostello veronese che era stato ottimo ma si era chiuso, una inaspettata speranza e prospettiva di poter rientrare a Firenze. Dante sarà partito subito dopo le esequie di Bartolomeo alla volta di Arezzo, per ricongiungersi alla *Universitas Alborum*, dalla qua-

---

[31] Davidsohn, *Storia di Firenze*, III, p. 387: «tutto il quartiere del Mercato Vecchio per Por Santa Maria fino all'Arno, più di 1400 tra case, palazzi, torri, botteghe, fondaci, andò in cenere; molti morirono, e i predoni, certo non soltanto dei ceti inferiori, celebrarono i loro tripudi». Tutto il racconto del tentativo del cardinale occupa le pp. 370–390.
[32] *Ep.* (Frugoni), p. 522.
[33] *Ep.* (Pastore Stocchi), p. 8.
[34] *Ep.* (Villa), p. 1524.
[35] *Ep.* (Baglio), p. 60.

le si era già distaccato un anno prima, ma evidentemente non con uno strappo irreparabile, giusto in tempo per offrirle il suo eccellente servigio di dettatore.

Per intendere bene il ruolo giocato da Dante in quel momento è necessario tener presente che la sua integrazione all'interno della *Universitas* era già stata incrinata da un periodo di distacco, conseguente ai dissapori registrati dall'Ottimo, i quali non vanno riferiti alla battaglia della Lastra, come tradizionalmente si interpretava, ma a un episodio militare del 1303, con ogni probabilità la sconfitta di Castel Puliciano del 12 marzo.[36] È in seguito a quella battaglia, o forse nell'imminenza di essa, che Dante si era staccato dai fuoriusciti residenti a Forlì per dirigersi a Verona, dove era rimasto fino alla morte del suo liberale ospite Bartolomeo della Scala.[37] È quindi molto possibile che fra i dissensi interni alla *Universitas* a cui allude l'epistola come causa del ritardo nella risposta («et quantis qualibusque consiliis et responsis, observata sinceritate consortii, nostra Fraternitas decenter procedendo indigeat», *Ep.* I, 2) rientrassero anche attriti conseguenti al rientro di Dante dopo una lunga assenza condita di diffidenza e di screzi.[38]

È perfettamente coerente con tale posizione di Dante, diciamo di precario reinserimento nei quadri della *Universitas*, il mutuo sottoscritto ad Arezzo dal fratello Francesco il 13 maggio, che tutti interpretano finalizzato ad aiutare il sostentamento di Dante.[39] E questo indipendentemente dalla disfatta della Lastra, 20 luglio, che a quella data nessuno poteva prevedere.

Quattro anni prima – volendo stare al gioco di Dante, cioè la sua peculiare con-fusione di "eventi" interni ed esterni ai propri testi letterari – Dante aveva incontrato all'Inferno Farinata, il quale gli aveva profetizzato che entro cinquanta lunazioni avrebbe dovuto rendersi conto, a sue spese, di quanto difficile sarebbe stata l'«arte» di rientrare a Firenze dall'esilio: «ma non cinquanta volte fia raccesa / la faccia della donna che qui regge [*Proserpina*], / che tu saprai quanto quell'arte pesa» (*Inf.* X, 79-81). Tutti gli antichi commentatori spiegano questa terzina dicendo solo che entro cinquanta mesi Dante sarebbe stato esilia-

---

[36] Come credo di aver dimostrato in Tavoni, *La cosiddetta battaglia della Lastra*, pp. 59-66, poi in Tavoni, *Qualche idea su Dante*, pp. 114-120. Tale ricostruzione è accolta da Pontari, *Sulla dimora di Dante a Forlì*, partic. pp. 192-193, e da Pellegrini, *Dante da Forlì a Verona*, partic. pp. 50-53, e Pellegrini, *I primi passi*, partic. pp. 34-36. Cfr. *Ep.* (Baglio), pp. 60-61. Anche Pampaloni *I primi anni*, pp. 144-145, aveva anticipato il distacco al momento della sconfitta di Castel Puliciano.
[37] Opta per la seconda ipotesi Pellegrini, *Dante da Forlì a Verona*, p. 59 (e Pellegrini, *I primi passi*, p. 42).
[38] Rimango convinto di questa consecuzione e valutazione degli eventi anche dopo la diversa ricostruzione di Indizio, *La profezia di Cacciaguida*.
[39] *CDD*, n° 139, pp. 226-227.

to (a riprova che la presunta, in generale, intelligenza del testo degli antichi commentatori non va sopravvalutata: in sette secoli, com'è ovvio, noi abbiamo capito molto più di loro). Per primo Niccolò Tommaseo (1837) si accorge che le cinquanta lunazioni non indicano, ovviamente, il momento in cui Dante viene esiliato, ma un momento successivo in cui per una qualche ragione Dante dovrà rendersi conto di quanto sia difficile rientrare, e che vanno a cadere nel tempo del tentativo del cardinale da Prato:

> *Saprai*: Le pratiche del Cardinale Albertini, mandato nel maggio del 1304 da Benedetto XI per far rientrare in Firenze gli Usciti, tornarono vane. *Arte*: di ritornare. *Pesa*: è difficile e dura.

Da Tommaseo in poi l'informazione si consolida e viene ripetuta da tutti i commenti fino a oggi.[40] I quali tutti pertinentizzano il fatto che il tentativo del cardinale *fallì*. Cioè, la logica della battuta di Farinata viene interpretata così: Dante aveva rinfacciato a Farinata che i suoi discendenti, esiliati, non avevano imparato l'arte di rientrare dall'esilio, mentre gli antenati guelfi di Dante erano rientrati tutte e due le volte (nel 1251 e nel 1266): «s'ei fur cacciati, ei tornar d'ogne parte, / rispuos'io lui, l'una e l'altra fiata; / ma i vostri non appreser ben quell'arte» (*Inf.* X, 49–51). E Farinata gli risponderebbe che anche lui *fallirà* nell'esercizio di quell'arte, cioè che neanche lui riuscirà a rientrare dall'esilio. Ma le parole di Farinata non dicono esattamente questo: dicono che Dante dovrà sperimentare «quanto quell'arte pesa». Infatti, se si fa il calcolo preciso delle lunazioni, poiché un anno lunare è di 354 giorni, il termine, a partire dal 26 marzo o dal 9 aprile 1300 possibili date della visione infernale, va a cadere o al 10 aprile o al 23 aprile 1304, senza contare i giorni che saranno intercorsi fra la notte della discesa all'Inferno e la prima luna piena successiva. Cioè il termine non va a cadere alla data in cui il tentativo del cardinale *fallisce* – la data del fallimento è il 10 giugno – ma precisamente al ristretto lasso di tempo in cui abbiamo concluso che Dante deve aver scritto l'epistola I. È precisamente nello scrivere quella lettera, con ciò che deve aver comportato di trattativa penosa con i compagni d'esilio, dati i precedenti sopra evocati, che Dante sperimenterà *quanto quell'arte pesa*, in piena aderenza al significato metaforico di *pesare*, come in *VN* 2, 3 (IV, 1) e 26, 2 (XXXVII, 2), *Inf.* VI, 59 e XIII, 51, *Purg.* XIII, 138 e XIX, 104, *Par.* V, 61.

---

40 Come si può verificare interrogando il corpus del *Dartmouth Dante Project*.

3 La data dell'Epistola II

Quando morì Alessandro di Romena? Non si sa: nessun documento ce lo dice. Nonostante questo, nella storia degli studi sono affiorate continuamente date prive di fondamento, per lo più desunte, più o meno implicitamente, dalla data presunta dell'epistola di condoglianze di Dante, presunta in base a quanto si sapeva o si credeva di sapere sulla cronologia delle relazioni fra Dante e la compagnia dei fuorusciti bianchi suoi compagni di esilio.[41]

L'epistola II di Dante è stata quindi tradizionalmente giudicata anteriore alla battaglia della Lastra, da tutti considerata come il momento di rottura fra Dante e la compagnia dei fuorusciti bianchi, dato che nell'epistola Dante si mostra solidale, o meglio si riteneva che si mostrasse solidale, con tale compagnia. Se a ciò si aggiunge che l'epistola I veniva considerata scritta a nome dello stesso Alessandro, capitano generale della *Universitas Alborum*, di cui l'epistola II compiangeva la morte, l'epistola II è sempre stata datata nel breve periodo intercorrente fra il marzo-aprile e il luglio 1304.

---

[41] Eccone una rassegna, certamente incompleta. *Ep.* (Fraticelli²), p. 420: «nel 1306 dopo che Alessandro era morto». *Ep.* (Mazzoni), p. 31: Alessandro «dovette morire nei mesi che intercorrono tra la Epistola I e la II, anteriormente però alla rotta della Lastra (Dante infatti accenna che il lutto non è pur suo, ma anche dei compagni, *quorum spem mors crudeliter verberavit*)», ecc.: cioè qui la data di morte viene desunta dal momento della vita di Dante in cui si reputa che Dante abbia scritto la lettera di condoglianza; p. 35: «Alessandro da Romena scompare fra la primavera e l'estate del 1304, se non è menzionato dai cronisti (lui che era Capitano della Lega dei Bianchi) a proposito della impresa della Lastra, capeggiata da altri»; qui invece viene desunta, *e silentio*, dal non essere menzionato in una fonte in cui giustamente non compare perché il capitano non era lui ma suo fratello Aghinolfo. Migliorini Fissi, *Dante e il Casentino*, p. 124: «sempre anteriormente alla sconfitta della Lastra (e quindi, probabilmente, tra maggio e giugno) era morto Alessandro da Romena»: perché ripete quanto aveva scritto Mazzoni. Orlandi, *Una valle dantesca*, p. 46, seguendo Mazzoni con perfetto circolo vizioso: «date le condizioni di forte disagio che Dante denuncia, si suppone che la lettera possa essere datata 1304, quando ancora insieme agli altri esuli si trovava nell'Aretino. Del resto, anteriormente alla sconfitta della Lastra, probabilmente tra maggio e giugno, era morto Alessandro da Romena». Carpi, *La nobiltà di Dante*, p. 534: «il conte Alessandro muore di lì a poco [*dopo l'Epistola I*] e nell'occasione Dante – questa volta in persona propria – scrive ai nipoti Oberto e Guido, figli di Aghinolfo II probabile successore del fratello nella medesima carica capitaneale, una lettera di condoglianze tutt'altro che di circostanza»; p. 574: «Alessandro (...) era deceduto nel 1305, per esser subito celebrato epistolarmente da Dante stesso con una solenne previsione paradisiaca, rovesciata però nell'*Inferno*, dove freme in sua attesa l'implacato maestro Adamo»; p. 675: «l'Alessandro già defunto al momento della scrittura [*di Inf. XXX*] (...) e l'ancor vivo Aghinolfo»; p. 739: «i Guidi di Romena primi ospiti di Dante e protagonisti delle sue epistole I e II – entrambe della primavera del 1304». *Ep.* (Villa), p. 1523: «alla morte di Alessandro (1304) subentrò il fratello Aghinolfo»; p. 1526: «la lettera fu inviata a Oberto e Guido dei conti di Romena dopo la morte dello zio Alessandro; pertanto dopo il novembre 1304».

Ma, come abbiamo visto, Giuseppe Indizio ha giustamente stabilito che il mittente dell'epistola I non è Alessandro ma Aghinolfo, e con ciò ha liberato l'epistola II dal vincolo di essere posteriore alla prima. Indizio ha poi sostenuto, sia nell'articolo del 2002 (*Sul mittente dell'Epistola I di Dante*) che in uno di portata più ampia del 2016 (*La profezia di Cacciaguida*), che l'epistola II sarebbe stata scritta probabilmente agli inizi del 1303 – proposta di retrodatazione accolta in vari studi successivi.[42] Ma non mi sembra che gli argomenti per questa retrodatazione siano probanti. E precisamente:

A. La nomina di Scarpetta come capitano al posto di Alessandro, avvenuta tra la fine del 1302 e l'inizio del 1303, si spiega perfettamente con lo spostamento del baricentro delle operazioni da Arezzo a Forlì, non c'è ragione di inferirne che Alessandro muoia in quel periodo, come Indizio suggerisce, *passim*.

B. Secondo Indizio l'epistola di condoglianze ai nipoti di Alessandro, e dunque *a fortiori* la morte di Alessandro, deve essere anteriore all'aprile 1304, «quando il poeta, ancora parte integrante dell'Università dei Bianchi, temendo il contraccolpo economico che gli sarebbe derivato dalla scomparsa di un suo protettore, ne sondò gli eredi, sotto forma di condoglianze (a maggio Dante difficilmente scriverebbe a nome di compagni di partito che sta ormai irreversibilmente abbandonando)».[43] Ma secondo me questo assunto è sbagliato, per i motivi che addurrò al § 4.

C. La ragione per preferire i primi mesi del 1303 all'aprile 1304, poi, sarebbe «che Dante si trova certamente [*s'intende: nel momento in cui scrive la lettera di condoglianza*] ad Arezzo o Forlì, al tempo i baricentri dell'Università, ed equidistanti dai castelli dei Guidi di Romena, certamente a ridosso dell'area casentinese: giusta la logistica (si fa per dire) medievale, non si può infrangere la stretta vicinanza di tempo tra il diffondersi della notizia della morte di Alessandro, la stesura dell'epistola e le imminenti esequie cui Dante dice di non poter partecipare».[44] E siccome Dante risiedette a Verona dalla primavera 1303 al marzo 1304, la conclusione è che «Dante scrisse la sua seconda epistola ad Uberto e Guido da Romena nel corso del primo semestre 1303, dimorando a Forlì o comunque in un'area contigua al Casentino». Ma Arezzo, dove Dante si trova certamente nell'aprile-maggio 1304, per scrivere l'epistola I e poi per incassare il mutuo del fratello Francesco il 13 maggio, non va altrettanto bene, vicina com'è al castello di Ro-

---

[42] E cioè: Montefusco, *Le "Epistole"*, p. 453; Pinto, *Gli anni*, p. 62 n. 19; *Ep.* (Baglio), p. 6.
[43] Indizio, *Sul mittente*, p. 200.
[44] Indizio, *Sul mittente*, p. 200.

mena? Cioè, la nuova datazione-localizzazione proposta cosa ha di meglio rispetto alla datazione-localizzazione tradizionale?

D. «Ove si accogliesse la datazione tradizionale della lettera (aprile-maggio 1304) (...) si dovrà concludere che Dante fosse ancora coi Bianchi nella tarda primavera del 1304 e addirittura ancora nell'aretino (non a Forlì per essere tramontato il capitanato dell'Ordelaffi mesi addietro): ovvero in un'area che dopo il giugno 1303 e la cacciata di Uguccione della Faggiola era nuovamente ad altissima concentrazione di fuorusciti Bianchi e Ghibellini. Il che ci porrebbe di fronte numerose incognite, in particolare che l'erba, contrariamente a quanto credeva Brunetto, non era "via dal becco"».[45] Ma anche la datazione-localizzazione preferita da Indizio, cioè Forlì a inizio 1303, era ad altissima concentrazione di Bianchi e Ghibellini: che differenza c'è? Il punto torna a essere che, secondo Indizio, Dante dall'aprile 1304 non può più risiedere in aree controllate da Bianchi e Ghibellini, come già sostenuto al punto B. Assunto che non condivido, per i motivi esposti al paragrafo seguente.

4 L'Epistola II: prima o dopo la battaglia della Lastra?

Quando si scoprirà un documento contenente la data di morte di Alessandro, tutte le nostre congetture cederanno davanti al dato di fatto (e sarà soddisfatta la curiosità su chi aveva indovinato meglio). Prima di allora, si può solo continuare a cercare di datare la lettera di condoglianze di Dante chiedendosi in quale momento della sua vita essa, dato l'insieme di informazioni che contiene, si può collocare nel modo più logico.

Abbiamo già visto che l'opinione standard, prima della proposta di retrodatazione di Indizio, era ed è che l'epistola II sia stata scritta prima della battaglia della Lastra, perché Dante mostrerebbe di essere ancora parte della compagnia dei fuorusciti.[46] Indizio condivide lo stesso termine *ante quem*, e anzi ne propone una ulteriore retrodatazione:

> Francesco Mazzoni ritiene molto persuasivamente che l'epistola fu scritta da Dante prima del suo definitivo distacco dai compagni di parte: il poeta infatti dice di condolersi a

---

45 Indizio, *La profezia di Cacciaguida*, p. 307 nota 37.
46 Così *Ep.* (Toynbee), p. 13; Mazzoni, *Le epistole di Dante*, pp. 59 e 61 e *Ep.* (Mazzoni), p. 31; Migliorini Fissi, *Dante e il Casentino*, p. 124; Orlandi, *Una valle dantesca*, p. 46.

nome suo e degli altri compagni, le cui speranze sono state crudelmente colpite dalla scomparsa del conte. Il maggio 1304, giusta anche la mossa di ripiego rappresentata dal mutuo aretino contratto dal fratellastro Francesco, costituisce un plausibile *terminus ante quem* per la seconda epistola dantesca, la quale finì evidentemente senza esito.[47]

Queste ultime parole implicano che lo scopo dell'epistola non fosse di fare le condoglianze ai nipoti eredi, ma di chiedere loro, sfruttando l'occasione delle condoglianze, denaro e accoglienza: visto che l'epistola «finì evidentemente senza esito», s'intende rispetto a questo scopo assegnatole, fu necessario ricorrere al mutuo del fratellastro Francesco. È un'interpretazione "cortigiana", per riprendere uno dei termini con i quali l'atteggiamento di Dante è stato qualificato, largamente diffusa, direi maggioritaria, che secondo me non coglie la gerarchia informativa contenuta nel testo.

A mio giudizio, è vero il contrario di ciò che tutti questi studiosi affermano.[48] L'epistola *non può* essere stata scritta prima della Lastra. Lo dimostra la chiusa, con questa giustificazione per non poter partecipare alle esequie (§§ 7–8):

> ego autem, preter hec, me vestrum vestre discretioni excuso de absentia lacrimosis exequiis; quia nec negligentia neve ingratitudo me tenuit, sed inopina paupertas quam fecit exilium. Hec etiam, velut effera persecutrix, equis armisque vacantem iam sue captivitatis me detrusit in antrum et nitentem cunctis exsurgere viribus, hucusque prevalens, impia retinere molitur.

Se Dante scrivesse queste parole prima della Lastra vorrebbe dire che, dopo aver scritto l'epistola I, è «rimasto per qualche tempo ancora nell'Aretino con gli altri esuli» – come scrive benissimo Mazzoni. Vorrebbe dire che, da aprile a maggio o a giugno, è ancora lì, ad Arezzo o nell'Aretino, insieme agli altri fuorusciti. Ma se fosse così non potrebbe assolutamente giustificarsi con questa motivazione per la sua assenza al funerale. Se Alessandro fosse morto in quei giorni, e se Dante si trovasse ancora lì, insieme coi fuorusciti e con il loro capitano generale Aghinolfo, fratello del defunto, non avrebbe nessuna difficoltà a recarsi al Castello di Romena, a una cinquantina di chilometri di distanza, in piena sicurezza, cavalcando in gruppo insieme con Aghinolfo e con gli altri numerosi esuli, che certamente ed evidentemente prenderebbero parte alle esequie del

---

47 Indizio, *Sul mittente*, p. 199.
48 Fa lodevole eccezione *Ep.* (Frugoni): «la data della lettera può essere il 1304, se la condizione che Dante prospetta ora come sua si richiama alle difficoltà, di quando fece parte per sé stesso» (p. 528); «questa condizione di povertà, che ha privato Dante *equis armisque*, parrebbe indicare più che una situazione di combattente fuoruscito, quella di un esule che chiede, per eredità di simpatia, che non gli venga meno la protezione e l'aiuto, specie in una situazione fattasi scarsa di amici» (p. 530 n. 5). E cfr. Bruni, *La città divisa*, pp. 57–58.

loro primo capitano generale nonché fratello del loro attuale capitano generale. Se Dante si trovasse in questa situazione, si troverebbe nella situazione antitetica a quella che descrive con le parole «equis armisque vacantem» (*Ep.* II, 8). La chiusa dell'epistola dimostra, al contrario, che Dante è solo, staccato e lontano dalla *Universitas*, e privo di protezione.

5 «Equis armisque vacantem»

Dell'espressione chiave «equis armisque vacantem» vengono date interpretazioni che non colgono assolutamente il suo significato e il suo valore informativo. Il focus dell'informazione viene spostato sulla «inopina paupertas quam fecit exilium» (*Ep.* II, 7), con divagazioni e commenti, severi o compunti, sulla richiesta di aiuto materiale – definita più o meno velata, discreta, abbastanza scoperta, larvata, non certo criptica, tristemente necessaria, dignitosa o non dignitosa, da compatire, umana, clientelare, cortigiana, in cui non risplende né onestà né fierezza, anzi la lusinga dell'accattone, oppure rientrante nell'esercizio del genere epistolare della richiesta di dono o soccorso (?), ecc. ecc. – marginalizzando completamente il sintagma «equis armisque vacantem», come se fosse una mera *variatio* e coloritura retorica sul tema della «inopina paupertas».

    Enfatizzando il valore puramente connotativo, allusivo, di *status symbol* perduto, Marchi arriva a «escludere la possibilità di ravvisare nella formula "equis armisque" qualsiasi valenza militare in senso stretto, quasi il poeta intendesse riferirsi a cavalieri armati ai suoi ordini»; poi, sempre più irrealisticamente, a «concludere che Dante, per la sua partecipazione alle esequie, ritenesse necessaria la disponibilità di più cavalli, da assegnare a eventuali accompagnatori o da utilizzare come portatori di elementi di corredo funerario»; a «pensare, per quanto concerne il termine *arma*, che Dante alludesse ad armi araldiche, e cioè alle insegne cavalleresche della famiglia [?], effigiate sopra scudi o sopra l'armatura»; infine, ad affermare che «la disponibilità di "equis armisque" viene rivendicata e considerata irrinunciabile da Dante non solo in ragione della sua appartenenza sociale, ma anche nell'ambito di una sostanziale equiparazione della sua eccellenza del [sic] poeta con il comportamento eccezionale che viene richiesto al *miles* nel giorno dell'investitura cavalleresca, come appare dal celebre passo del *De vulgari eloquentia* (II, xiii, 12)».[49] Dante, cioè, rivendicherebbe il diritto ad avere un séguito di armi e cavalli perché è

---

49 Marchi, «*Equis armisque vacantem*», pp. 244–249.

stato capace di far tornare tutte le parole rima della canzone *Amor tu vedi ben che questa donna*.

Ma gli esempi latini e volgari a monte di Dante hanno, com'è abbastanza ovvio, un concreto significato militare. Così, per esempio, Paolo Diacono, *Historia romana*: «Theodosius (...) maximas illas Scythicas gentes (...) *equis armisque* structissimas, hoc est Alanos Hunos et Gothos, incunctanter adgressus magnis multisque proeliis vicit». Innocenzo IV, *Epistolae*: «milites *equis et armis* bene munitos»; «militum vel peditum *in equis et armis* idonei ad pugnandum»; Salimbene de Adam, *Cronica*: «milites, quo *ad equos et arma* optime preparati»; Riccardo da San Germano, *Chronica*: «milites... *in equis et armis* decenter armati»; Tommaso d'Aquino, *Summa theologiae*: «scilicet in quodam apparatu *equorum et armorum* et concursu militum».[50]

E la quarantina di esempi del binomio "armi e cavalli" nel *TLIO* (Tesoro della lingua italiana delle Origini) ha nella stragrande maggioranza (a parte la *Fiammetta* del Boccaccio dove servono a giostrare) significato militare, che si tratti di volgarizzamenti di storici latini antichi, di romanzi arturiani, di statuti cittadini o di cronache.

Sullo sfondo di questi usi attestati in latino e in volgare, e in coerenza con la testualità dell'epistola, l'espressione «equis armisque vacantem» ha certamente una connotazione cavalleresca – in questo Marchi ha ragione –, pienamente appropriata ai destinatari, discendenti come il loro «patruus» dalla «progenies maxima Tuscanorum» (§ 3), e, *si parva licet*, in qualche misura applicabile anche a Dante, memore della sua posizione di *equitator*, di *feditore a cavallo* a Campaldino e in altre eventuali azioni militari giovanili, anche se non molto feudali, al servizio del Comune di Firenze. Questa connotazione cavalleresca è in sintonia con il linguaggio aristocratico che Dante ha scelto per condolersi con i nipoti del conte; è in sintonia con la glorificazione delle eroiche armi araldiche di lui (§ 2) e con l'altissimo parallelo «et qui Romane aule palatinus erat in Tuscia, nunc regie sempiterne aulicus preelectus in superna Ierusalem cum beatorum principibus gloriatur» (§ 5).

Ma tutta questa aura non oscura affatto il significato denotativo dell'espressione, che evidenzia la fattuale e cruda condizione del fuoruscito isolato, il quale non può rischiare la vita in un trasferimento per strade appenniniche esposte a imboscate, attraverso territori cangiantemente controllati da poteri in conflitto, endemico teatro degli scontri armati di cui stiamo parlando, essendo privo della copertura militare indispensabile alla sua incolumità, stante la sua personale completa mancanza di tutela giuridica in quanto bandito e condannato a

---

[50] Ringrazio Paolo Pontari per avermi assistito nella ricerca (da cui trascelgo pochi esempi) su *BREPOLiS*.

morte. Cioè la condizione nella quale Dante si trova, e nella quale non si troverebbe se fosse ancora inserito nella *Universitas Alborum*.

6 L'Epistola II e il *De vulgari eloquentia*

Una serie di significativi riscontri lessicali e testuali congiunge l'epistola II alla I, a conferma della comune afferenza delle due epistole agli ambienti della militanza guelfo-bianca dei primi anni dell'esilio; e, d'altra parte, la congiunge al *De vulgari eloquentia* – il che invece non è affatto scontato, e suggerisce una vicinanza di ispirazione che è a sua volta del tutto coerente con l'assetto cronologico a cui portano concordemente tutti i disparati dati di fatto ed elementi di giudizio che stiamo prendendo in esame.[51]

Si parte dall'uso, vorrei spingermi a dire congiuntivo, di parole o accezioni di parole sufficientemente peculiari che non troviamo in altre opere latine di Dante, e che alludono a una memoria attiva sul piano dei significanti nel tempo della scrittura di questi testi; e si passa poi a riscontri che hanno in comune, insieme alla memoria dei significanti, una precisa sfera semantica, possiamo dire eroica e imperiale, che assimila l'esaltazione della memoria del conte palatino Alessandro nell'epistola II all'esaltazione della memoria dell'Imperatore Federico II e del suo benegenito figlio Manfredi nel *De vulgari eloquentia*.

Esaminiamo questi riscontri (corsivi miei nelle citazioni).

A) Uso figurato di *induere*, che nelle due epistole viene attribuito ai destinatari, cioè al cardinale da Prato nell'epistola I, ai conti Oberto e Guido da Romena nell'epistola II, in entrambi i casi coniugato alla seconda persona plurale, nel senso di 'indossare' un abito mentale virtuoso (la *misericordia* verso Firenze nel primo caso, i *mores* esemplari del defunto Alessandro nel secondo caso); e che nel secondo libro del *De vulgari* viene adibito a un significato tecnico particolarissimo, cioè quello di 'ammantarsi' del volgare illustre da parte dei *doctores eloquentes*, ovvero di 'rivestirsi' di una certa struttura strofica da parte della stanza di canzone.

> *Ep.* I, 7: sed si qua celo est pietas que talia remuneranda prospiciat, illa vobis premia digna ferat, qui tante urbis misericordiam *induistis* et ad sedanda civium profana litigia festinatis.

---

[51] La ricerca è resa agevole da *DanteSearch*, corpus delle opere volgari e latine di Dante lemmatizzate con annotazione morfologica e sintattica.

Ep. II, 7: et quemadmodum ipse iustissimus bonorum sibi vos instituit in heredes, sic ipsi vos, tanquam proximiores ad illum, mores eius egregios *induatis*.

Dve II, i, 4: sed hoc falsissimum est, quia nec semper excellentissime poetantes debent illud [*il volgare illustre*] *induere*, sicut per inferius pertractata perpendi poterit.

Dve II, ix, 2: nam quemadmodum cantio est gremium totius sententie, sic stantia totam artem ingremiat; nec licet aliquid artis sequentibus arrogare, sed solam artem antecedentis [*cioè la struttura strofica della stanza precedente*] *induere*.

B) *Discretio*: parola non rara in generale, ma che in tutta l'opera di Dante ricorre esclusivamente nelle nostre due epistole, nelle quali viene attribuita come virtù intellettuale ai rispettivi destinatari (*vestra discretio*), e nel *De vulgari*, all'interno del quale dilaga a significare ogni capacità di discernimento necessaria in fatto di eloquenza volgare, in particolare ogni accortezza utile al poeta volgare per scegliere e combinare i mezzi tecnici appropriati al suo poetare.

Ep. I, 2: et si negligentie sontes aut ignavie censeremur ob iniuriam tarditatis, citra iudicium *discretio* sancta vestra preponderet.

Ep. II, 8: ego autem, preter hec, me vestrum vestre *discretioni* excuso de absentia lacrimosis exequiis.

Dve (15 occorrenze): I, i, 1: volentes *discretionem* aliqualiter lucidare illorum qui tanquam ceci ambulant per plateas, plerunque anteriora posteriora putantes; I, iii, 1: Cum igitur homo non nature instinctu, sed ratione moveatur, et ipsa ratio vel circa *discretionem* vel circa iudicium vel circa electionem diversificetur in singulis; I, xv, 6: qui doctores fuerunt illustres et vulgarium *discretione* repleti; II, i, 10 (nel senso fisico di 'discontinuità'): Ad illud ubi dicitur quod superiora inferioribus admixta profectum adducunt, dicimus verum esse quando cesset *discretio*: puta si aurum cum argento conflemus; sed si *discretio* remanet, inferiora vilescunt; II, iv, 5: Deinde in hiis que dicenda occurrunt debemus *discretione* potiri, utrum tragice, sive comice, sive elegiace sint canenda; II, iv, 6: Si vero comice, tunc quandoque mediocre quandoque humile vulgare sumatur: et huius *discretionem* in quarto huius reservamus ostendere; II, iv, 10: Sed cautionem atque *discretionem* hanc accipere, sicut decet, hic opus et labor est; II, vi, 3: Et quia, si primordium bene *discretionis* nostre recolimus, sola suprema venamur, nullum in nostra venatione locum habet incongrua; II, vi, 4: Sed non minoris difficultatis accedit *discretio* priusquam quam querimus actingamus, videlicet urbanitate plenissimam; «Laudabilis *discretio* marchionis Estensis, et sua magnificentia preparata, cunctis illum facit esse dilectum»; II, vii, 2: Testamur proinde incipientes non minimum opus esse rationis *discretionem* vocabulorum habere; II, vii, 7: Et que iam dicta sunt de fastigiositate vocabulorum ingenue *discretioni* sufficiant; II, xiii, 9: Et, *discretionem* facientes, dicimus quod pes vel pari vel impari metro completur; II, xiv, 2: Nostra igitur primo refert *discretionem* facere inter ea que canenda occurrunt.

C) *Postergare* nel senso figurato, molto specifico, di gettarsi alle spalle un fatto doloroso focalizzandosi su un fatto positivo che ne prende il posto nella mente: cioè, nel caso di Oberto e Guido, gettarsi alle spalle il fatto *sensuale* della perdita del *patruus* Alessandro (contrapposto al lascito *intellectuale* che ne sopravvive: cfr. sotto al punto D) per raccoglierne e perpetuarne i costumi (vedi sopra punto A); nel caso di Dante, nel *De vulgari*, gettarsi alle spalle l'amarezza dell'esilio (e proprio la nostra epistola II inaugura il sintagma, poi ricorrente nelle epistole III, V, VI, VII «exul inmeritus»)[52] per la consolante gloria del volgare.

> *Ep.* II, 7: quapropter, carissimi domini mei, supplici exhortatione vos deprecor quatenus modice dolere velitis et sensualia *postergare* (...) et quemadmodum ipse iustissimus bonorum sibi vos instituit in heredes, sic ipsi vos, tanquam proximiores ad illum, mores eius egregios induatis.
>
> *Dve* I, xvii, 6: quantum vero suos familiares gloriosos efficiat [*il volgare illustre*], nos ipsi novimus, qui huius dulcedine glorie nostrum exilium *postergamus*.

D) Opposizione concettuale-terminologica *sensualis* vs *intellectualis* ovvero *rationalis*, a significare, nell'epistola II, l'opposizione tra la perdita fisica, sensibile del defunto e il suo lascito spirituale; nel *De vulgari* l'opposizione tra le due facce del *signum* linguistico, il significante e il significato.[53]

> *Ep.* II, 4-7: sed quanquam *sensualibus* amissis doloris amaritudo incumbat, si considerentur *intellectualia* que supersunt, sane mentis oculis lux dulcis consolationis exoritur (...) Quapropter, carissimi domini mei, supplici exhortatione vos deprecor quatenus modice dolere velitis et *sensualia* postergare.
>
> *Dve* I, vi, 3: et quamvis ad voluptatem nostram sive nostre *sensualitatis* quietem in terris amenior locus quam Florentia non existat, revolventes et poetarum et aliorum scriptorum volumina quibus mundus universaliter et membratim describitur, *ratiocinantesque* in nobis situationes varias mundi locorum et eorum habitudinem ad utrunque polum et circulum equatorem, multas esse perpendimus firmiterque censemus et magis nobiles et magis delitiosas et regiones et urbes quam Tusciam et Florentiam, unde sumus oriundus et civis, et plerasque nationes et gentes delectabiliori atque utiliori sermone uti quam Latinos.
>
> *Dve* I, iii, 2-3: oportuit ergo genus humanum ad comunicandas inter se conceptiones suas aliquod *rationale* signum et *sensuale* habere: quia, cum de ratione accipere habeat et in rationem portare, *rationale* esse oportuit; cumque de una ratione in aliam nichil deferri possit nisi per medium *sensuale*, *sensuale* esse oportuit. Quare, si tantum *rationale* esset, pertransire non posset; si tantum *sensuale*, nec a ratione accipere nec in rationem deponere potuisset. Hoc equidem signum est ipsum subiectum nobile de quo loquimur: nam *sensuale* quid est in quantum sonus est; *rationale* vero in quantum aliquid significare videtur ad placitum.

---

52 Sul quale cfr. Russo, *Dante "exul immeritus"*.
53 Cfr. Brilli, *Firenze e il profeta*, p. 290: «l'antropometria spirituale dantesca è tutta compresa tra le polarità di "secondo senso" e "secondo ragione", alle quali abbina altre dualità vulgate: vista sensoriale/vista intellettuale; puerizia/età adulta; bestialità/umanità».

E) Costellazione *aula – aulicus – palatinus*, in senso feudale-imperiale, riferito nell'epistola II al conte Alessandro – che era conte palatino, appunto; e riferito nel *De vulgari* al *vulgare illustre*, definito *aulicum*, e dunque *palatinum*, perché degno per eccellenza della futura *aula* imperiale in Italia, essendo i poeti illustri suoi familiari i *membra* disgiunti della *curia* che un giorno si riunirà in quel palazzo imperiale (I, xviii, 5: «nam licet curia, secundum quod unita accipitur, ut curia regis Alamannie, in Ytalia non sit, membra tamen eius non desunt; et sicut membra illius uno Principe uniuntur, sic membra huius gratioso lumine rationis unita sunt»).

> *Ep.* II, 6: nam qui virtutem honorabat in terris, nunc a Virtutibus honoratur in celis; et qui Romane *aule palatinus* erat in Tuscia, nunc *regie* sempiterne *aulicus* preelectus in superna Ierusalem cum beatorum principibus gloriatur.

> *Dve* I, xviii, 2: quia vero *aulicum* nominamus illud [il *vulgare illustre*] causa est quod, si *aulam* nos Ytali haberemus, *palatinum* foret. Nam si aula totius regni comunis est domus et omnium regni partium gubernatrix augusta, quicquid tale est ut omnibus sit comune nec proprium ulli, conveniens est ut in ea conversetur et habitet, nec aliquod aliud habitaculum tanto dignum est habitante: hoc nempe videtur esse id de quo loquimur vulgare.

Fra i due passi sussiste evidentemente più che una solidarietà lessicale. Sussiste una solidarietà ideologica, tanto più sintomatica in quanto si tratta di due passi afferenti a generi testuali e universi di discorso disparati e lontanissimi. Ma sono entrambi pensati da una mente che, in qualunque ambito si esprima, è dominata dall'idea imperiale.

F) *Hero – heroicus*. A riprova del discorso appena fatto, *heroica* sono, nell'epistola II, le insegne araldiche del conte Alessandro come, nel *De vulgari*, sono *heroes* e si comportano *heroico more* l'imperatore Federico II e suo figlio Manfredi. A esaltare la significatività di questo riscontro sta il fatto che questi due luoghi sono i soli in cui compaiono i lemmi "eroe-eroico", non solo in latino ma anche in volgare, in tutta l'opera di Dante.

> *Ep.* II, 3: et quid aliud *heroica* sua signa dicebant, nisi «scuticam vitiorum fugatricem ostendimus»?

> *Dve* I, xii, 2–3: sed hec fama trinacrie terre, si recte signum ad quod tendit inspiciamus, videtur tantum in obproprium ytalorum principum remansisse, qui non *heroico* more sed plebeio secuntur superbiam. Siquidem illustres *heroes*, Fredericus Cesar et benegenitus eius Manfredus, nobilitatem ac rectitudinem sue forme pandentes, donec fortuna permisit humana secuti sunt, brutalia dedignantes.

G) Infine, un concentrato di tratti congiuntivi precipita nei due passi seguenti:

> *Ep.* II, 1–2: hec equidem, cunctis aliis virtutibus comitata in illo, suum nomen pre titulis Ytalorum ereum illustrabat. Et quid aliud heroica sua signa dicebant, nisi «scuticam vitio-

rum fugatricem ostendimus»? Argenteas etenim scuticas in purpureo deferebat extrinsecus, et intrinsecus mentem in amore virtutum vitia repellentem.

Dve I, xii, 5: Racha, Racha! Quid nunc personat tuba novissimi Frederici, quid tintinabulum secundi Karoli, quid cornua Iohannis et Azonis marchionum potentum, quid aliorum magnatum tibie, nisi «Venite carnifices, venite altriplices, venite avaritie sectatores»?

Infatti:
- Le due indignate interrogative retoriche sono l'una il calco dell'altra: «quid aliud (...) dicebant, nisi (...)?» – «Quid nunc (...) personat (...) nisi (...)?».[54]
- Il soggetto della prima interrogativa sono le insegne del conte Alessandro, sferze argentee in campo vermiglio, che araldicamente esibiscono l'animo di fustigatore dei vizi; i soggetti della seconda interrogativa sono le trombe, la campana, i corni di battaglia di re, marchesi e magnati degeneri («qui non heroico more sed plebeio secuntur superbiam») che chiamano a raccolta i portatori dei peggiori vizi. Si tratta in entrambi i casi di personaggi (il conte / i re, i marchesi e i magnati) inquadrati nell'ordine feudale-imperiale, rappresentati da oggetti simbolici afferenti a tale ordine (le insegne araldiche / le trombe, la campana, i corni di battaglia), che esprimono rispettivamente il massimo del valore e il massimo del disvalore.
- Le battute tra virgolette rette dal verbo di dire («quid aliud dicebant nisi (...) ?» – «Quid (...) personat (...) nisi (...)?»), fungono in entrambi i casi da blasone verbale dei rispettivi soggetti: il blasone della fustigazione dei vizi – «scuticam vitiorum fugatricem ostendimus» – nel caso del conte Alessandro; il blasone della chiamata a raccolta dei peggiori vizi – «Venite carnifices, venite altriplices, venite avaritie sectatores» – nel caso delle due coppie di re e di marchesi degeneri.

Lo stretto parallelismo formale e semantico fra i due brani esprime l'identico animo e suggerisce che si tratta dello stesso momento biografico, ideologico e psicologico. L'epistola II, in morte del primo capitano dei fuorusciti bianchi e ghibellini, «progenies maxima Tuscanorum», al pari del XII capitolo del I libro del *De vulgari*, in morte degli «illustres heroes, Fredericus Cesar et benegenitus eius Manfredus», due testi ugualmente pervasi di immaginario imperiale e ugualmente brucianti di sconfitta, non possono essere stati scritti prima dell'evento che ha chiuso per Dante la speranza di rientrare in Firenze, cioè la disastrosa battaglia della Lastra del 20 luglio 1304.

---

54 A lato, gli «heroica sua signa» del conte Alessandro richiamano da vicino i «candida nostra signa», dei Bianchi, in *Ep.* I, 5.

La contiguità dell'epistola II con l'epistola I lo evidenzia, contrastivamente, nel modo più netto: la prima epistola tutta conciliante e pronta e volonterosa a riconoscersi nel tentativo di pacificazione del cardinale Niccolò da Prato, consumatosi fra il 2 marzo e il 10 giugno 1304; la seconda tutta vibrante di indignazione dopo che tutto era stato perduto. In parallelo, io penso che Dante non avrebbe potuto scrivere né il capitolo I, xii del *De vulgari* sui siciliani, con l'esaltazione degli svevi Federico II e Manfredi, né il capitolo I, xv, denigratorio, sui volgari toscani e in particolare il fiorentino, prima che gli eventi gli tagliassero alle spalle ogni ponte e ogni speranza di rientrare in Firenze.

7 L'Epistola II nella vita di Dante

Possiamo dunque tirare le fila da tutti gli elementi di varia natura che sono andati convergendo su una stessa fase della vita e della storia politica e ideale di Dante.

Anzitutto, l'epistola II non può essere anteriore alla battaglia della Lastra per la ragione, che considero decisiva, espressa al § 5; alla quale si aggiungono gli argomenti testuali sviluppati al § 6, che evidenziano la solidarietà con il *De vulgari eloquentia*, in particolare con il I libro del trattato, che per molte ragioni argomentate altrove ritengo sia stato scritto appunto nella seconda metà del 1304 – prima metà del 1305.[55]

L'epistola II dunque è stata scritta dopo la rottura definitiva con la «compagnia malvagia e scempia» dei fuoriusciti, consumatasi a causa della battaglia della Lastra. E consumatasi, a mio giudizio, non per dissenso preventivo di Dante verso un attacco giudicato avventurista, con connesse accuse di tradimento, ecc., come si è a lungo ripetuto, ma per la condotta militare scellerata dei capi dei Bianchi, che riuscirono a trasformare una vittoria scontata, quasi senza colpo ferire, grazie all'accorta regia del cardinale da Prato, in una inimmaginabile disfatta,[56] tale da far meritare appieno alla compagnia dei fuoriusciti la definizione di compagnia malvagia e soprattutto, in massimo grado, scempia.

---

55 *Dve* (Tavoni), pp. 1113–1116 (rist. 2017, pp. LI–LIV); Tavoni, *Qualche idea su Dante*, pp. 77–103.
56 Che l'assalto congiunto a Firenze, appositamente sguarnita dei suoi capi politici e militari, da parte di un impressionante assembramento di forze guelfe-bianche e ghibelline, sia stato organizzato dal cardinale da Prato come continuazione con altri mezzi del suo fallito tentativo diplomatico, l'ho argomentato in Tavoni, *La cosiddetta battaglia della Lastra*, pp. 73–76, poi in Tavoni, *Qualche idea su Dante*, pp. 129–132, sul fondamento della *Nuova cronica* di Giovanni Villani, IX, 72, e nell'autorevole scia di Davidsohn, *Storia di Firenze*, III, p. 394. Cfr. Inoltre Zenatti, *Dante e Firenze*, p. 358. Alle fonti primarie vanno aggiunte la *Cronaca fiorentina* di

Ma l'epistola II consiste in un altissimo encomio del conte Alessandro, che dell'*Universitas* era stato il primo capitano generale, ed esibisce profonda solidarietà verso gli eredi di lui Oberto e Guido. Come si concilia questo con l'avvenuta rottura con l'*Universitas Alborum*? Si concilia perché la rottura con l'*Universitas* non comportò affatto per Dante l'abbandono dell'appartenenza e della prospettiva politica guelfo-bianca. Uno dei difetti capitali dello schizzo biografico tracciato da Leonardo Bruni è di fare della rottura coi fuorusciti alla battaglia della Lastra e della richiesta di perdono a Firenze con l'epistola *Popule mee quid feci tibi?* un solo momento di svolta nella vita di Dante. Si tratta invece di due momenti distinti, e secondo la mia ricostruzione distanti l'uno dall'altro non meno di un anno e mezzo, oltretutto un anno e mezzo di straordinaria creatività intellettuale: dal luglio 1304 ai primi mesi del 1306.

Il *De vulgari eloquentia*, composto esattamente in questo lasso di tempo, porta i segni inequivocabili di questa fase intermedia: anzitutto il vero e proprio innamoramento per l'idea imperiale, che diventa la leva intellettuale per l'"invenzione", com'è stata giustamente definita, della lingua italiana, cioè del volgare illustre, cardinale, aulico e curiale, concepito alla massima distanza possibile dai volgari municipali, e in particolare dai volgari toscani e dal fiorentino, disprezzati e scherniti, col risentimento dell'esule che sa chiuse alle spalle le porte di Firenze, e non certo con l'atteggiamento di chi è costretto giocoforza a chiedere perdono a Firenze, e a tentare di occultare per quanto possibile i suoi trascorsi compromessi col ghibellinismo nemico di Firenze.

L'epistola II appartiene alla stessa fase, e giunge come ulteriore conferma dell'esistenza di questa fase. Posteriore alla Lastra per le ragioni che abbiamo visto, solidale col coevo *De vulgari* nel modo che abbiamo visto, essa è evidentemente incompatibile con la fase che sarà aperta dall'epistola *Popule mee quid feci tibi?*, cioè la fase che è stata definita dell'"Inferno guelfo":[57] nella quale i conti da Romena, che dominano la militanza guelfo-bianca di Dante degli anni 1302–1304, precipiteranno dalla «magnificentia sua [*del conte Alessandro*] que super astra nunc affluenter dignis premiis muneratur» (*Ep.* II, 2) all'idropisia della bolgia dei falsari dove sono attesi dall'assetato maestro Adamo (*Inf.* XXX).

A questo proposito, per inciso, questa devastante *damnatio memoriae* non sarà dovuta, a mio giudizio, alla dubbia fedeltà dei conti Guidi di Romena

---

Marchionne di Coppo Stefani, Rubrica 245ª, pp. 92–93, che descrive dettagliatamente la preparazione dell'impresa della Lastra da parte del cardinale da Prato; e – gentilmente segnalatami da Elisa Brilli – la cronaca marciana-magliabechiana, probabilmente coeva ai fatti: «dissesi che questa postura avea fatta il cardinale, stando in Civitella» (trascrizione di S. Zanini; cfr. Brilli, *Firenze, 1300–1301*, pp. 128–132).

[57] Mi riferisco naturalmente a Carpi, *La nobiltà di Dante* e Carpi, *L'Inferno dei guelfi*.

all'impresa di Enrico VII, come generalmente si interpreta, perché questa si manifesterà negli anni 1311-1313, quando il XXX canto era stato scritto da un pezzo; ma è dovuta all'orientamento guelfo di Dante negli anni di composizione dell'*Inferno*, intorno al 1308, e fa perfettamente coppia con l'altra palinodia, quella del conte Guido da Montefeltro che precipita dall'essere stato «lo nobilissimo nostro latino Guido montefeltrano» nel *Convivio* (IV, xxviii, 8) all'essere consigliere fraudolento e complice del simoniaco Bonifacio VIII in Malebolge (*Inf.* XXVII).[58]

Guardiamo ora più da vicino alla solidarietà, diciamo guelfo-bianca, a cui Dante si mostra fedele nell'epistola II. Solidarietà verso chi? Non verso gli altri esiliati,[59] ma verso la «progenies maxima Tuscanorum», cioè la famiglia, a cui Dante si sta rivolgendo; e verso «omnes amici eius et subditi», cioè un gruppo molto più ampio e generico, non specificamente l'*Universitas Alborum* o «congregatione delli usciti» che dir si voglia. Anzi, all'interno di questo gruppo ampio e generico Dante nomina sé stesso, e solo sé stesso, specificamente come esule: a riprova che gli «omnes amici eius et subditi» non sono la *Universitas* ovvero la «congregatione delli usciti», nella quale tutti, per definizione, sono esuli. Fra tutti gli amici e sudditi del conte Alessandro, invece, solo Dante spicca per la sua infelice condizione di «exul inmeritus», e lascia intendere di aver ricevuto da lui, per questa sua speciale miseria, speciale consolazione.

Occorre a questo punto vagliare distintamente l'atteggiamento di Dante verso i due fratelli conti di Romena. Al defunto conte Alessandro Dante tributa l'altissimo elogio che sappiamo. Ma perché non indirizza la sua lettera di condoglianza al parente più prossimo, il fratello Aghinolfo, con il quale per di più era stato in stretto contatto al tempo dell'epistola I, tanto stretto da avere addirittura scritto quella lettera a nome suo?[60]

---

58 Cfr. Tavoni, *Qualche idea su Dante*, cap. VII «Guido da Montefeltro dal *Convivio* a Malebolge (*Inferno* XXVII)», pp. 251-292.

59 Come afferma *Ep.* (Toynbee), p. 13 (Dante «speaks of the death of Alessandro as having been a cruel blow to the hopes of the exiles, and to himself among them, who placed in Alessandro his hopes of a return to Florence; thus showing that the writer was in association with the exiles at the date of the letter»), e come ripetono Mazzoni e successori citati al § 4.

60 I nipoti non sono i destinatari più ovvi, e poiché questa singolarità era stata addotta per mettere in dubbio l'autenticità della lettera, *Ep.* (Mazzoni), p. 30, scrive giustamente che «anche questa singolarità, che trova del resto spiegazione lampante nel fatto che proprio i due nipoti, come dice la stessa lettera, erano gli eredi del defunto (...) direi che conferisce a crederla genuina, perché evidentemente un falsario avrebbe inviato l'epistola al familiare più prossimo, vale a dire ad Aghinolfo, fratello di Alessandro, non ai suoi figli». Questo è giusto, ma non risponde alla domanda: perché Dante non ha scritto al parente più prossimo, che era evidentemente più prossimo anche a lui Dante, in quanto suo ultimo capitano generale e firmatario dell'epistola I che Dante aveva scritto a nome suo?

È forte il sospetto che Dante abbia voluto scavalcare il fratello e saltare alla generazione successiva. E le ragioni di questa scelta di Dante sembrano a portata di mano. A parte i possibili dissapori con Aghinolfo all'atto di rientrare da Verona dopo un anno o più di distacco poco amichevole dalla *Universitas*; a parte altri possibili dissapori in fase di trattativa interna all'*Universitas* su come rispondere alla richiesta del cardinale da Prato, trattativa laboriosa responsabile dell'imbarazzante ritardo nella risposta, come abbiamo visto; a parte tutto ciò, se la causa della definitiva rottura è stata la sciagurata conduzione militare della battaglia della Lastra, allora Aghinolfo (ipotetica biaffermativa), che in quella battaglia era capitano dei Bianchi (vedi il brano degli *Annales Aretinorum* citato qui al § 1), sarà certamente stato l'oggetto del più profondo disprezzo di Dante, al pari di Baschiera della Tosa che, nel generale e scellerato scoordinamento di tutta l'operazione, aveva condotto le azioni più dissennate.

Un'azione dissennata, in particolare, non fu compiuta da Baschiera della Tosa, ma dagli Aretini, e con il coinvolgimento diretto del capitano Aghinolfo. Così infatti prosegue il passo già citato degli *Annales Aretinorum*:[61]

> 1304. Comes Federigus predictus. Tunc exercitus arretinus Florentiam ivit, et de mense julij, volens et credens ipsam capere, simul cum magna militia Bononensium et cum militia Romandiolorum et cum Albis florentinis, quorum capitaneus erat comes Aghinulphus de Romena; dederuntque bataliam ad portam, ingressique multi sunt in civitate, et extracta porta de catenariis, reduxerunt vectem porte Arretium. Et appensus est vectis et toppa in episcopatu arretino, in ecclesia cathedrali.

Si può immaginare quale indignazione dovesse suscitare in Dante una tale azione, di chi, mentre abbandonava tragicamente i fuoruscitì fiorentini al loro destino, godeva di questo ridicolo trofeo.

L'epistola II, mentre stende sul fratello Aghinolfo un silenzio che considero intenzionale ed eloquente, di Alessandro scrive un encomio che dal piedistallo feudale-cavalleresco terreno lo innalza (quasi anticipando la connotazione imperiale del *Paradiso*) fino a un paradiso pure feudale-cavalleresco:

> nam qui virtutem honorabat in terris, nunc a Virtutibus honoratur in celis; et qui Romane aule palatinus erat in Tuscia, nunc regie sempiterne aulicus preelectus in superna Ierusalem cum beatorum principibus gloriatur (*Ep.* II, 5).

Non capisco perché questo eccelso encomio venga generalmente considerato un servo encomio. Tutto fa ritenere che Dante sia sincero. Sta idealizzando un personaggio che ha significato molto per lui. Un personaggio che incarnava la *speranza* di riscatto che nel primo anno dell'*Universitas* era lecito nutrire, *speranza* che infatti compare due volte nella stessa frase:

---

61 Seguito da Davidsohn, *Storia di Firenze*, III, p. 398.

> doleant omnes amici eius et subditi, quorum *spem* mors crudeliter verberavit; inter quos ultimos me miserum dolere oportet, qui a patria pulsus et exul inmeritus infortunia mea rependens continuo, cara *spe* memet consolabar in illo (*Ep.* II, 3).

In quel primo anno dell'*Universitas* Dante, come abbiamo visto, era tenuto in alta considerazione, così nella nomina fra i dodici consiglieri al momento della costituzione dell'*Universitas* come in quella fra i garanti dell'assicurazione sottoscritta a San Godenzo (e come ancora, qualche mese dopo, ma qui siamo già sotto il capitanato di Scarpetta, nell'affidamento della cruciale missione diplomatica presso Bartolomeo della Scala).

Se l'epistola II è stata scritta, come ritengo molto probabile per tutti gli argomenti fin qui sviluppati, a fine 1304 o nel 1305, da Bologna dove Dante si trovava immerso nella composizione del *Convivio* e del *De vulgari* (e da dove sarebbe stato quanto mai imprudente mettersi in viaggio senza armi e cavalli alla volta del castello di Romena); e se il suo rapporto con Alessandro era cominciato con la costituzione della *Universitas Alborum* a inizio 1302, allora l'espressione «ab annosis temporibus» («me sibi ab annosis temporibus sponte sua fecit esse subiectum», *Ep.* II, 1) è accettabile, seppur di stretta misura, a indicare un periodo di tre-quattro anni (mentre è del tutto incompatibile con l'ipotesi che l'epistola sia stata scritta a inizio 1303).

L'espressione «ab annosis temporibus» diventerebbe pienamente appropriata se fosse confermato che il conte Alessandro era capitano della Taglia guelfa di Toscana al momento della battaglia di Campaldino, come scrive incidentalmente Giovanni Villani, riferendo un episodio del 1288:[62]

> onde i Sanesi ritenendosi posenti e leggiadri, isdegnarono, e non vollono fare quella via, né vollono compagnia de' Fiorentini, e fecino la via diritta per guastare il castello di Licignano di Valdichiane, salvo che cò lloro andò il conte Alessandro da Romena, allora capitano della taglia, con certi di sua gente.

Se fosse vero che Alessandro di Romena era stato il capitano di Dante cavaliere a Campaldino, tredici anni prima di ritrovarsi a essere suo capitano generale entro la «congregatione delli usciti», la prima volta sotto le bandiere guelfe di Firenze, la seconda volta sotto le bandiere dei Guelfi bianchi ingiustamente esiliati, questo darebbe al rapporto di Dante con lui una profondità temporale straordinaria e un significato politico, simbolico e umano altrettanto straordinario.

---

62 Villani, *Nuova Cronica*, VIII, cxx, vol. I p. 586. La notizia passa poi in Ammirato, *Dell'istorie fiorentine*, p. 130. Cfr. la voce Guidi, Aghinolfo, di Marco Bicchierai, nel *DBI*. La stessa notizia è riportata da Benvenuto da Imola nel commento a *Inferno* XIII, 118–123. Vi dà credito Carpi, *La nobiltà di Dante*, pp. 365–366.

Quel che è certo è che nell'epistola II Dante, celebrando Alessandro, primo capitano generale, e rimuovendo Aghinolfo, terzo e per lui ultimo capitano generale, ha perfettamente sintetizzato, poco dopo che si era chiusa, la parabola triennale della sua militanza all'interno della compagnia, divenuta «malvagia e scempia», dei suoi sodali d'esilio.

8 Dante e Bologna, 1300–1304

Il già citato articolo di Paolo Grillo in questo stesso volume dimostra che le guerre combattute in Toscana fra Bianchi e Neri vanno contestualizzate insieme con quelle combattute in Italia settentrionale, dato che rientrano nella complessiva politica di Bonifacio VIII vòlta a imporre il proprio dominio sull'intera Italia centro-settentrionale, e che il ruolo fondamentale nel coordinare la resistenza alla politica bonifaciana fu esercitato, in entrambi i teatri, da Bologna.[63]

È una integrazione di prospettiva importante, che permette anche di capire meglio alcuni passaggi della biografia di Dante in questi anni, e alcuni passi dei testi che scrive in questi anni.

Anzitutto, permette di capire il riferimento al marchese Giovanni I di Monferrato nel brano del *De vulgari eloquentia* in cui Dante, deprecando come sia stata dissipata l'eredità degli «illustres heroes, Fredericus Cesar et benegenitus eius Manfredus» (I, xii, 4), scrive:

> Racha, racha! Quid nunc personat tuba novissimi Frederici, quid tintinabulum secundi Karoli, quid cornua Iohannis et Azonis marchionum potentum, quid aliorum magnatum tibie, nisi «Venite carnifices, venite altriplices, venite avaritie sectatores»? (*Dve* I, xii, 5)

È questo – non a caso – il brano di cui al § 6.G ho messo in luce le stringenti concordanze formali, semantiche e ideologiche con l'epistola II. I due marchesi degeneri, Azzo VIII d'Este e Giovanni I di Monferrato (coppia volutamente bipartisan, guelfo il primo, ghibellino il secondo), al momento di scrivere il mio commento al *De vulgari*[64] mi sembravano portatori di responsabilità ben diverse, cioè di gravissime colpe morali e politiche il primo, solo di un difetto culturale il secondo, cioè di degenerazione "plebea" di una dinastia fra le più prestigiose per liberalità e legami con la cultura trobadorica, rispetto agli avi Guglielmo VII e Bonifacio I. Ma ora Paolo Grillo ci mette davanti agli occhi che

---

[63] Va nella stessa direzione l'articolo di Antonelli, *«Tanto crebbe la baldanza»*, che porta nuova documentazione sul ruolo di Bologna, sulla vita a Bologna dei fuorusciti fiorentini e indirettamente su Dante.
[64] *Dve* (Tavoni), rist. 2017, pp. 148–149.

il marchese Giovanni I di Monferrato era parte attiva del fronte guelfo intransigente costituitosi nel quadro della precedente politica bonifaciana, cioè del fronte doppiamente nemico di Dante, in quanto responsabile del suo esilio e in quanto minaccioso verso la città che con ogni probabilità l'ospitava nel momento in cui – seconda metà del 1304–inizio 1305 – scriveva questo capitolo del *De vulgari*: cioè la guelfa bianca Bologna, come sempre nuovi elementi vengono a confermare.

In secondo luogo, come nota Grillo nel § 4 del suo articolo, la missione di Dante presso Bartolomeo della Scala, da porre verso la fine del 1302 (vedi sopra, pp. 212–213), si spiega e si qualifica meglio assegnandole una più ampia finalità politica, riconducibile all'iniziativa di Bologna capofila dell'alleanza anti-bonifaciana centro-settentrionale.

In terzo luogo, la sinergia politica Bologna-Forlì, vista in questa prospettiva strategica più ampia del pur cogente e immediato interesse anti-estense, motiva ulteriormente, nel *De vulgari eloquentia*, l'emergere parallelo di Bologna (I, xv) e di Forlì, proprio nel suo aspetto di recente signoria («Forlivienses, quorum civitas, licet novissima sit, meditullium tamen esse videtur totius provincie», *Dve* I, xiv, 3).

Last but not least, questo collegamento politico di Dante con Bologna all'atto della sua ambasceria veronese in data 1302–1303, che ovviamente stende il suo alone anche sul conseguente soggiorno veronese del 1303–1304, si pone in perfetta continuità con il ruolo personalmente giocato da Dante priore nel costruire l'alleanza con Bologna che verrà stipulata formalmente il 25 agosto 1300, dieci giorni dopo la conclusione del suo mandato;[65] e in perfetta continuità con l'ambasceria presso Bonifacio VIII dell'ottobre-novembre 1301, durante la quale Dante fu colpito dal primo bando, che era un'ambasceria congiunta fiorentino-bolognese.[66]

Diventa così evidente il filo continuo di rapporto politico di Dante con Bologna, dal luglio-agosto 1300 (Dante priore) all'ottobre-novembre 1301 (Dante intrinseco ambasciatore di Firenze bianca a Roma) all'autunno-inverno 1302–1303 (Dante bandito ambasciatore dell'alleanza bianca a Verona). Filo continuo che prepara e rende del tutto naturale quel trasferimento di Dante a Bologna dopo la battaglia della Lastra di cui il *De vulgari eloquentia* e il *Convivio* portano tracce sovrabbondanti.

---

[65] Cfr. Davidsohn, *Forschungen*, III, p. 282; Vitale, *Il dominio della parte guelfa in Bologna (1280–1327)*, pp. 78-79; Davidsohn, *Storia di Firenze*, III, p. 184; Santagata, *Dante*, p. 113; Indizio, «*Con la forza di tal che testè piaggia*», p. 77.
[66] Cfr. Davidsohn, *Storia di Firenze*, pp. 189-191; Santagata, *Dante*, p. 136; Indizio, «*Con la forza di tal che testè piaggia*», p. 78.

Claudia Villa
Tempi dell'epistolario dantesco: l'epistola al Malaspina

Abstracts: La tradizione manoscritta non autorizza a collegare la canzone *Amor, da che convien pur ch'io mi doglia* all'epistola IV di Dante inviata a Moroello Malaspina, in data sconosciuta; numerosi stilemi dell'epistola trovano riscontro nella *Monarchia* mentre la presa di possesso di Amore è riconducibile alla sintesi offerta nel verso di *Purg.* XXX, 39: «d'antico amor sentì la gran potenza».

The manuscript tradition does not validate any association between the song *Amor, da che convien pur ch'io mi doglia* and the IV epistle, sent by Dante to Moroello Malaspina at an unknown time. Several stylistic features developed in the epistle can be compared to the *Monarchia*, whereas Love's possession can be juxtaposed with the synthesis offered by *Purg.* XXX, 39: «I felt the mighty power of old love».

Parole chiave: Dante, Moroello Malaspina, epistola IV, *Monarchia*.

La nuova edizione critica delle Epistole dantesche, prevista dalla Società dantesca per l'occasione del centenario, impone, in via preliminare, un ragionamento generale sul problema dell'organizzazione delle epistole, secondo una cronologia che obbliga a vagliare le logiche delle datazioni finora proposte nelle pregresse edizioni. Le epistole di Dante – quantomeno, quelle finora note – sono, prima di tutto, epistole politiche, destinate a uomini che, in quell'età furono protagonisti della storia del loro tempo; e perciò, nell'attenzione per i destinatari, occorre riesaminare la cronaca di quei decenni e dunque gli episodi nei quali i corrispondenti delle lettere furono impegnati. Riflettendo sui documenti che furono accessibili ai primi editori delle epistole quando, nella prima metà dell'Ottocento, furono suggerite le date ancora accettate e constatando le difficoltà in cui furono allora invischiati i pionieri, studiosi della corrispondenza, in un'epoca nella quale, per fornire un solo esempio, lo stesso Archivio Segreto Vaticano non era facilmente accessibile, pare ormai necessario radunare e discutere ogni ulteriore acquisizione.

Claudia Villa, Scuola Normale Superiore di Pisa

∂ Open Access. © 2020 Claudia Villa, published by De Gruyter. This work is licensed under the Creative Commons Attribution 4.0 International License (CC BY 4.0).
https://doi.org/10.1515/9783110590661-012

Come è noto, l'epistola a Moroello è, allo stato attuale delle nostre conoscenze, conosciuta attraverso un solo testimone: il Vaticano Pal. Lat. 1729, riconducibile all'interesse per l'allestimento di una importante collezione, anche dantesca, da ricollegare a Francesco Piendibeni da Montepulciano, verso il 1394.

L'epistola non compare nello zibaldone del Boccaccio, che pure la conobbe, ricuperandone sintagmi nella sua *Mavortis milex extrenue*; e che nel suo Zibaldone (Firenze, Bibl. Laurenziana XXIX, 30) trascrive di seguito, ai ff. 62v-63r soltanto le tre epistole rispettivamente indirizzate ai cardinali, all'amico pistoiese esule (identificato da K. Witte, con la formula: «Cinum esse nemo facile negabit»)[1] e all'amico fiorentino.

Il manoscritto vaticano, predisposto da Francesco Piendibeni, presenta, con la *Monarchia*, la corrispondenza pubblica, ordinandola secondo un criterio difficile da riconoscere, forse destinato a fornire modelli di lettere o proclami civili poiché tutte sono indirizzate a destinatari titolari di ruoli pubblici assai significativi: Enrico VII, i fiorentini ribelli, Margherita di Brabante (tre esempi con minime varianti), i conti di Romena, Niccolò da Prato, gli Italiani, secondo precise scelte gerarchiche e, appunto, Moroello Malaspina.

In via ipotetica, prendendo atto che Filippo Villani, precocemente interessato ai fatti danteschi, fu cancelliere a Perugia dal 1376 al 1381,[2] sarebbe da valutare la formazione e il deposito di questa raccolta "politica" – collegata alla *Monarchia* – in quella cancelleria, dove il Piendibeni fu "abbreviator scripturarum" dal 1384. L'ipotesi potrebbe spiegare le ragioni della raccolta, orientando diversamente l'esegesi dell'epistola al Malaspina, ordinariamente reputata un biglietto di accompagnamento per una canzone d'amore.

Nella presentazione di tutte le epistole è prevalso, fin dalle prime edizioni ottocentesche, un ordine per così dire cronologico, costruito con l'ausilio delle lettere datate: ricordo l'edizione delle *Epistole di Dante Alighieri edite e inedite* per cura di Alessandro Torri (Livorno, 1842); quindi le edizioni di Pietro Fraticelli: *Dantis Alligherii Epistolae quae extant cum disquisitionibus atque italica interpretatione Petri Fraticelli* (Firenze, Allegrini et Mazzoni, 1840–41) e *Il Convito di Dante Alighieri e le Epistole con illustrazioni e note* (Firenze, Barbera, 1857), e poi l'edizione di G. Giuliani, *Le opere latine di Dante Alighieri reintegrate nel testo*, vol. II (Firenze, Successori Le Monnier, 1882), dove la serie comprende le epistole a Niccolò da Prato (1), ai signori di Romena (2), a Moroello con la canzone Montanina (3), all'esule pistoiese (4), agli Italiani, ai Fiorentini e all'impera-

---

[1] *Ep.* (Witte), p. 13.
[2] Per una presentazione del personaggio, appartenente a una famiglia ben informata sulle vicende di Dante, cfr. Baglio, *Filippo Villani*, pp. 305-19.

tore (5, 6, 7), ai cardinali (8), all'amico fiorentino (9), escludendo le tre letterine scritte a nome di Gherardesca di Battifolle; questo è sostanzialmente l'ordinamento normale, come rileva Paget Toynbee, *Dantis Alagheri Epistolae* (Oxford, The Clarendon press, 1920) dove lo studioso, introducendo le tre letterine con la numerazione VII*, VII**, VIII*** continua a contrassegnare come X l'epistola a Cangrande.

Le edizioni più recenti, reintegrando i tre biglietti indirizzati a Margherita di Brabante, propongono la successione cronologica con numerazione da I a XIII: e ne dipendono sostanzialmente le biografie dantesche, giacché l'esile corpus delle lettere rappresenta, allo stato attuale la più importante documentazione dei rapporti intrattenuti da Dante, negli anni del suo esilio, con gli uomini di potere protagonisti della cronaca di due decenni, compreso un pistoiese esule per motivi politici (ipoteticamente, Cino).

Per quanto riguarda la cronologia delle epistole senza datazione è forse ancora necessario ragionare più accuratamente sulle vicende entro le quali si collocano l'epistola a Moroello, l'epistola ai cardinali[3] e l'epistola a Cangrande della Scala,[4] qualora il loro testo sia in grado di fornire elementi da ricontestualizzare per una più puntuale successione.

1 L'epistola a Moroello

Come è dichiarato espressamente, l'epistola fornisce la spiegazione di uno straordinario stato emotivo, che giustifica il congedo di Dante dagli «officia libertatis» ai quali si era dedicato all'interno di una "curia". Un ulteriore chiarimento per il destinatario della lettera è annunciato dal mittente, senza ulteriori precisazioni su quanto potrà trovare: «inferius extra sinum presentium».

Nell'interpretazione di questo elemento insufficiente è sembrato inevitabile, per analogia, equiparare l'indefinibile spedizione alla offerta di un elaborato poetico, un «sermo calliopeius», secondo il sintagma impiegato nella lettera all'esule pistoiese (*Ep*. III, 4). Nella ricerca dello scritto, la coincidenza fra la

---

[3] Ho proposto una diversa datazione dell'epistola ai cardinali in Villa, *Dante fra due conclavi*, pp. 1–22. Valutando l'impossibilità di scrivere ai cardinali chiusi in conclave fra il maggio e il giugno 1314, pena la scomunica, riconfermo la necessità di una cronologia diversa da quella finora proposta; e sarei propensa a pensare, per gli echi di lettere di cancellerie europee certo anteriori, alla primavera del 1316: Villa, *L'epistola di Dante ai cardinali*, pp. 537–541.
[4] Per le possibili questioni legate alla presenza dei legati papali a Verona nel giugno 1317 e la scomunica di Cangrande, il 6 aprile 1318, cfr. Villa, *Il vicario imperiale*, pp. 19–39 e Villa, *L'epistola a Cangrande*, pp. 246–262.

localizzazione dell'episodio – l'apparizione di una donna, del tutto rispondente alle aspirazioni del poeta – narrato nell'epistola, svoltosi mentre Dante si trovava «iuxta Sarni fluenta», e un verso della canzone *Amor da che convien ch'io mi doglia* ha suggerito, dopo qualche incertezza, di congiungere i due prodotti, attribuendo al biglietto il ruolo di "razo" di una canzone, così sciogliendo l'ambiguità della formulazione.

Se è subito necessario osservare che nessuna tradizione manoscritta sostiene il collegamento fra la canzone e la lettera,[5] è opportuno ricordare che Giovanni Boccaccio, assai precocemente, intorno agli anni '40 del Trecento, imitò l'epistola a Moroello, talora *ad verbum*, nell'esercizio *Mavortis milex extrenue*, trascritto nel suo zibaldone laurenziano (ff. 51v-52r), insieme ad altre prove analoghe che la critica ritiene *dictamina* realizzati per privato addestramento. Qui rinforzò e precisò il suo rifacimento dell'epistola al Malaspina, introducendo la formula di accompagnamento «brevi calliopeio sermone», che evidentemente prelevò dall'epistola all'esule pistoiese, trascritta a f. 63r di quello stesso zibaldone.

L'integrazione inserita dal Boccaccio, intenzionato ad aggiungere un saggio poetico alle sue esercitazioni epistolari («et qualiter in me regnaverit, nulla refragante virtute, extra sinum presentium brevi calliopeo sermone queratis, ubi erit ambifarie propalatus»),[6] non è sufficiente a provare che il biglietto dantesco a Moroello fosse congiunto *ab origine*, già per Boccaccio, proprio alla canzone montanina.[7] Così i richiami congiunti alla lettera e alla canzone finora evidenziati negli scritti di Sennuccio del Bene[8] si stemperano in una lingua comune poetica che, in ogni caso, non riesce a certificarne la stretta ed esclusiva unione: Sennuccio padroneggiò e imitò, oltre la canzone montanina, altre rime dantesche; e verosimilmente ne conobbe, come il Boccaccio, alcune epistole.

Aggiungo che la canzone – di datazione incerta – presenta molti interrogativi poiché contiene un congedo per Firenze, contro cui il poeta, già esule, non intende più combattere:[9]

---

[5] L'osservazione già in Pasquini, *Fra Due e Quattrocento*, p. 80 e note 4 e 5, con bibliografia pregressa.
[6] Una garbata polemica sul significato del sintagma «calliopeius serrmo» fra il Witte e il Ciampi è riassunta in Ciampi, *Monumenti di un manoscritto autografo*, pp. 590–94.
[7] Villa, *Un oracolo e una ragazza*, pp. 1787–1798; le argomentazioni sono state riprese in Villa, *Appunti danteschi*, pp. 44–58 con bibliografia pregressa.
[8] Piccini, *Un amico del Petrarca*.
[9] Disagi per la posizione cronologica della canzone nel 1307–08 sono ampiamente esplicitati da Fenzi, *Ancora sulla Epistola a Moroello*, pp. 43–84 e Fenzi, *La Montanina*, pp. 31–84.

> O montanina mia canzon, tu, vai:
> forse vedrai Fiorenza, la mia terra,
> che fuor di sè mi serra,
> vota d'amore e nuda di pietate.[10]

Perciò Gorni ha scelto di giudicare la canzone un prodotto di tempi diversi da quelli suggeriti per l'epistola, rilevando l'incompatibilità fra il congedo a Firenze e l'invio al Malaspina.[11] È dunque necessario sottolineare come ogni singolo elemento, con relative corrispondenze e incoerenze, sia costantemente valutato alla luce del rapporto, mai posto in discussione, dei due testi.

È peraltro indubbio che la proposta di Karl Witte impegna in complesse alchimie esegetiche, tese fra il giudizio su un reale innamoramento senile di Dante e l'interpretazione allegorica dell'apparizione; e, in conseguenza, costrette a risolvere il totale contrasto fra la femmina «ria» e ostile della canzone e la visione di una donna del tutto conforme alle aspettative del poeta: «meis auspitiis undique moribus et forma conformis» (*Ep.* IV, 2). Anche l'identificazione del destinatario (Moroello Malaspina di Giovagallo) impone di considerare come la lettera sia indirizzata a un capitano d'arme che, legato alla "Taglia" guelfa nel 1306, fu poi nella curia di Enrico VII, dove assunse anche compiti ufficiali, sostanzialmente favorendo la politica imperiale.[12]

In ogni caso, ha avuto successo l'idea di Karl Witte, che ritenne le due epistole – all'esule pistoiese e a Moroello – accompagnatorie di canzoni; e ugualmente propose che l'epistola all'esule (Cino?) veicolasse la canzone *Voi che intendendo il terzo ciel movete*, constatando come Boccaccio nella sua esercitazione costruisca, ad imitazione, il verso «dentro del cerchio a cui 'ntorno si gira». Coordinando la notazione geografica «iuxta Sarni fluenta» (*Ep.* IV, 2) con l'affermazione della canzone «così m'hai concio, Amore, in mezzo l'alpi, / ne la valle del fiume» (*Rime* LIII, vv. 61–62), il Witte risolse in favore delle Alpi Casentinesi la *querelle* sui generici riferimenti montani della canzone; e impose stabilmente il dittico Moroello-Montanina,[13] sciogliendo pure i suoi dubbi personali sulla cronologia, dal momento che l'originaria proposta di una collocazione al 1309–10

---

10 *Rime* LIII, vv. 76–79.
11 Gorni, *La canzone "montanina"*, pp. 129–150. Una ampia analisi di questi fatti è stata proposta da Pasquini, *Fra Due e Quattrocento*, pp. 79–94.
12 In mancanza di nuovi documenti mi appoggio alla biografia stesa da Salvatori, in *DBI*, 67 (2006).
13 Witte collegò lettera e canzone in *Neu aufgefundene Briefe*, pp. 609–10, dove accetta la datazione proposta dal Dionisi per la canzone (1311); poi, in *Dante Alighieri's Lyrische Gedichte*, p. 117 confermò la connessione della canzone *Amor, dacchè convien pur ch'io mi doglia*, risolvendo in favore del Casentino le discussioni sull'alpe lì nominata.

fu poi modificata in favore del 1307, dopo la pace di Castelnuovo conclusa da Dante su mandato di Franceschino Malaspina e dei suoi cugini (1306).[14] Il clima di imperversante provenzalismo poteva ben favorire l'idea della *razo* premessa all'invio della canzone: e in tal senso si muovono anche contributi più recenti.[15]

Con questa datazione, insieme alla canzone "Montanina", la lettera è entrata, come IV, nella raccolta canonica delle epistole dantesche, ordinate secondo un probabile assetto temporale.

Vorremmo dunque valutare alcuni elementi che ingenerano forti perplessità per quanto riguarda l'idea di una *razo* collegata all'invio di uno scritto in versi, un gioco intellettuale che consegna Moroello alla dimensione del signore di una piccola corte feudale, «caro agli esuli e ai vati!»[16] e dunque ampiamente impegnato ad ascoltare sottili esercizi poetici.

Possiamo quindi analizzare la qualità del lessico scelto da Dante, poiché l'epistola è scritta nello stile alto previsto per un personaggio al quale il mittente si rivolge con l'appellativo di «magnificentia», forma che, ancora usata per il vicario imperiale Cangrande, ci obbliga a ricordare come pure Moroello sia stato vicario imperiale a Brescia.[17]

Nel testo Dante propone un «oraculum», impiegando un lemma usato nel linguaggio politico, specifico delle promulgazioni imperiali in quanto la formula «oraculum vive vocis» è espressione solenne della volontà imperiale o papale, talora anche ambiziosamente proposto dalla curia angioina.[18]

Il mittente fornisce quindi una serie di indicazioni biografiche esposte a gravi difficoltà quando si consideri la lettera come il biglietto di accompagnamento per una canzone che si colloca in un luogo alpino. L'indicazione geografica «iuxta Sarni fluenta» impone di seguire tutto il corso dell'Arno fino a Pisa e il cenno all'abbandono di una «curia», molto rimpianta, suscita forti perplessità, leggendo i fermi giudizi esposti nel *De vulgari eloquentia* (I, xviii, 5): «nos

---

14 Per le oscillazioni nella datazione (1309?, 1307?), cfr. Witte, *Dante Forschungen*, pp. 473–487, a p. 482 e p. 179, dove si risolve ad accogliere le osservazioni di *Ep.* (Fraticelli), pp. 450–53 e *Rime* (Fraticelli), p. 133, associando la stesura dell'epistola con il soggiorno in Lunigiana nel 1306.
15 Caiti-Russo, *Il marchese Moroello Malaspina*, pp. 137–148.
16 Prudentemente, per il suo idillio storico dedicato ai *Poeti di parte bianca*, raccolto in *Levia gravia*, il Carducci mise in scena Sennuccio del Bene e Franceschino Malaspina: pur concedendosi all'idea che gli esercizi poetici trovassero la loro collocazione in una corte animata da dame, presso un camino, dove potevano essere accolti gli influssi della vicina Provenza.
17 Moroello Malaspina fu vicario imperiale a Brescia, dopo la conquista della città (1311); cfr. Salvatori, *Malaspina, Moroello*.
18 Boyer, *Le droit civil*, pp. 54 e p. 78, per la formula «oraculum vive vocis», usata per re Roberto d'Angiò.

curia careamus», proprio nel periodo nel quale si collocherebbe il biglietto a Moroello.

In questa curia fu giusto per Dante assumere impegni («fas fuit sequi libertatis officia», *Ep.* IV, 2) applicandosi, secondo quanto dichiara: «meditationes assiduas quibus *tam celestia quam terrestia intuebar*» (*Ep.* IV, 4). La formula, rinviando alla definizione della scienza giuridica offerta nel primo libro delle *Institutiones* e nel *Digesto* (I, i, 10: «iurisprudentia est *divinarum atque humanarum rerum noticia* iusti atque iniusti scientia»), richiama un passo della *Monarchia*: «positis igitur et solutis *argumentis* que radices *in divinis eloquis* habere videbantur, restant nunc illa ponenda et solvenda que in gestis *humanis et ratione humana* radicantur» (III, x, 3),[19] a conclusione di un ragionamento sulle tesi dei sostenitori della Donazione di Costantino, che sembra precisamente prelevare il lessico dal § 3 della *palea Constantinus* del *Decretum Gratiani* (c. XIV, D. XCVI), dove sono trasferiti insegne e attributi delle dignità imperiali e senatorie pure al papa e ai chierici dei diversi ordini della chiesa di Roma, rigorosamente per un fine dichiarato: «ut sicut *caelestia ita et terrena* ad laudem Dei decorentur».[20] Il testo del *Decretum Gratiani* (c. I, D.X II: «qui beato eternae vitae clavigero *terreni simul et celestis imperii iura* commisit») è già stato opportunamente richiamato in rapporto alla dichiarazione dell'epistola.[21]

Dunque gli «officia», espressamente riconosciuti come doveri nella *Monarchia* per chiunque sia stato profondamente coinvolto in occupazioni legate ad attività pubbliche per una comunità («longe nanque *ab offitio* se esse non dubitet qui, *publicis documentis imbutus*, ad rem publicam aliquid afferre non curat»),[22] sono difficilmente riconducibili a privati esercizi poetici, e si confermano piuttosto come energie dedicate a riflessioni di natura giuridica sul rapporto del papato e dell'impero, anche fondate sulla questione della Donazione.

Infine dovremo aggiungere che la nozione di libertà al servizio dell'imperatore, nell'ubbidienza alle leggi naturali, è ampiamente ribadita nella lettera inviata dal poeta ai fiorentini ribelli «primi et soli iugum libertatis horrentes» (*Ep.* VI, 5); ma soprattutto è sviluppata in *Mon.* I, xii, 8: «sed existens sub monarcha est potissimum liberum».[23] Il termine "officium" potrebbe anche gravarsi di un suo significato tecnico, poiché era adottato a Firenze per definire un

---

19 Per il commento a questi passi, cfr. *Mon.* (Chiesa-Tabarroni), pp. 200–201; *Mon.* (Quaglioni), pp. 1328–1332, con amplissime considerazioni sulla conoscenza di Dante del *Constitutum Costantini*.
20 *Corpus iuris canonici*, I, col. 344.
21 Quaglioni, *La "Monarchia"*, p. 333, nota 41.
22 *Mon.* (Quaglioni), pp. 902–903; *Mon.* (Chiesa-Tabarroni), pp. 2–4.
23 *Mon.* (Quaglioni), p. 1010; *Mon.* (Chiesa-Tabarroni), p. 51.

ufficio amministrativo, l'«officium decem libertatis» (nel quale, come è noto, fu impegnato anche il Machiavelli).

Questa epistola, che parla con le parole della politica, non sembra dichiarare il distacco da una piccola corte feudale in Lunigiana dove gli *officia libertatis* sarebbero gli impegni in versi (sia pur nelle forme di canzoni filosofiche commentate per il *Convivio*), quasi una rivendicazione, per il poeta, di autonomia di pensiero;[24] piuttosto rinvia alla curia imperiale, quando Enrico VII sostò a Pisa dal marzo 1312 («cum primum pedes *iuxta Sarni fluenta* securus et incautus defigerem»); e a una attività interrotta («*a limine* suspirate postea *curie* separato», *Ep.* IV, 2) per il ricupero pieno di una esperienza amorosa: «Amor (...) tanquam dominus *pulsus a patria post longum exilium* solus in suo repatrians» (*Ep.* IV, 3), corrispondente alla situazione che Dante dichiara vissuta in *Purg.* XXVIII, 39: «d'*antico* amor sentì la gran potenza».

La stessa vicenda biografica di Moroello sostiene meglio questa seconda ipotesi quando il Malaspina, già capitano della parte nera negli anni 1306-07, scelse di favorire l'avventura italiana di Enrico VII, insieme alla consorteria dei Fieschi, alla quale apparteneva la moglie, la «buona Alagia» di *Purg.* XIX ,142.

Conclusione

Sottratta alle ipotesi amatorie pesantemente condizionate dal collegamento con la canzone *Amor da che convien*, l'epistola al Malaspina può essere pianamente letta, seguendo il testo e il suo linguaggio politico, come un documento di rilevante interesse per definire il rapporto di Dante con la curia imperiale e con le famiglie dell'aristocrazia italica che favorirono l'impresa di Enrico VII.

Potremo dunque riconoscere come la passeggiata di Dante lungo l'Arno, le meditazioni e gli "officia" di quel suo tempo curiale corrispondano precisamente alla elaborazione di un progetto che, comportando una riflessione sulla scienza giuridica, si approssima alla grande valutazione teorica sul diritto e sulla sacralità dell'impero deversata nella *Monarchia*, qualunque sia la data in cui il trattato fu completato.

In tal senso vorremmo collegare al periodo in cui Enrico VII soggiornò in Italia l'esperienza descritta nella epistola, espressione di un congedo maturato sull'Arno, a Pisa, (post 1311?)[25] e determinato dalla volontà di dedicarsi, in totale

---

[24] Una sintesi delle diverse letture in tal senso, con bibliografia pregressa in *Ep.* (Baglio), pp. 90–101.

[25] Altre possibili datazioni sono esplorate in questo stesso volume da G. Milani, *La fedeltà di Dante a Moroello. L'epistola IV dalla prospettiva del destinatario.*

concentrazione, alla preparazione dell'alta poesia civile d'amore e di lode che si realizzerà nella terza cantica, dove Beatrice assumerà il ruolo previsto e anticipato al lettore in *Inf.* II; e il poeta sarà guidato da una donna, in tutto corrispondente al suo desiderio: «moribus et forma conformis».

Le ulteriori coincidenze con diversi momenti dell'apparizione di Beatrice,[26] la stessa profezia fornita in forma di oracolo classico in *Purg.* XXXIII, 46–48:

> «e forse che la mia narrazion buia,
> qual Temi e Sfinge, men ti persuade
> perch'a lor modo lo intelletto attuia»

induce a formulare cautamente l'ipotesi che l'epistola a Moroello accompagnasse l'invio di un testo dove una previsione o un consiglio politico perfettamente comprensibili per il destinatario fu offerto, elegantemente dissimulato nella forma delle terzine di *Purg.* XXXIII, 40–45 e 52–54:

> «ch'io veggio certamente, e però il narro,
> a darne tempo già stelle propinque
> secure d'ogni intoppo e d'ogni sbarro,
> nel quale un cinquecento e dieci e cinque,
> messo di Dio, anciderà la fuia,
> con quel gigante che con lei delinque.
> (...)
> Tu nota; e sì come da me son porte,
> così queste parole segna ai vivi
> del viver che è un correr alla morte».

---

[26] Per le coincidenze con i canti finali del *Purgatorio*, cfr. Villa, *Un oracolo e una ragazza*, pp. 1791–98.

Giuliano Milani
La fedeltà di Dante a Moroello

L'epistola IV dalla prospettiva del destinatario

Abstracts: L'articolo rilegge l'epistola IV dando particolare importanza al suo destinatario, il marchese Moroello Malaspina. Dopo aver riconfermato sulla base degli studi storici e genealogici l'identificazione di questi con Moroello di Manfredi di Giovagallo, si indaga la natura della relazione che unì questo signore a Dante, sottolineandone tre elementi: la continuità (solo brevemente interrotta) della militanza sullo stesso fronte politico; la specificità del carattere "cortese" di questa relazione; la maggiore compatibilità di questo rapporto con il progetto imperiale che si costruì intorno a Enrico VII che con quello anti-imperiale fiorentino.

The article reads the fourth epistle giving particular importance to its addressee, the Marquis Moroello Malaspina. It reaffirms the identification of the latter with Moroello di Manfredi di Giovagallo on the basis of historical and genealogical research. It explores the relationship between this lord and Dante stressing three elements: its political coherence (only briefly interrupted); its peculiar "court" character; its better compatibility with the imperial project built around Henry VII than with the Guelph one led by Florence.

Parole chiave: Dante, epistola IV, Moroello Malaspina, Cino da Pistoia, Lunigiana, impero, Enrico VII, uomini di corte, giustizia, autobiografia.

Benché aggiunta dal copista, l'intestazione costituisce uno dei pochi dati su cui possiamo fondare l'analisi del misterioso testo dell'epistola IV.[1] È questo paratesto, infatti, a dirci che la lettera è indirizzata da Dante al marchese Moroello Malspina. Nonostante negli ultimi anni sia stato fatto un notevole lavoro esegetico,[2] tutto il resto rimane controverso: se la lettera sia stata scritta a ridosso dell'incontro di Dante con i Malaspina, testimoniato dalla cosiddetta "pace

---

[1] BAV, Vat. Pal. Lat. 1729, f. 60; *Ep.* IV, 1: «[Scribit Dantes domino Moroello marchioni Malaspine]».
[2] Per una panoramica degli studi recenti e delle soluzioni apportate negli ultimi anni ai principali problemi, Tonelli, *La canzone montanina*.

Giuliano Milani, Université Paris Est Marne-la-Vallée

di Castelnuovo" (ottobre 1306), oppure in anni più lontani, se faccia riferimento a un vero innamoramento del suo autore o sia piuttosto un testo allegorico; se, infine, accompagnasse in origine la canzone *Amor, da che convien pur ch'io mi doglia* detta "montanina" o un qualche altro testo.

L'esperimento che si tenterà in queste pagine consiste nel provare a utilizzare l'intestazione (l'indirizzo a Moroello) per avanzare di qualche passo (non molti) nella risposta alle questioni più incerte, a cominciare dalla datazione. Per svolgerlo cominceremo da alcuni chiarimenti sul profilo politico di Moroello (2), proseguendo con l'analisi degli argomenti proposti per la datazione più bassa (circa 1311–1313) (3), quindi di quella più alta (circa 1306–1309) (4). Infine proveremo a valorizzare, sulla base dei risultati di queste analisi, la relazione di Dante con Moroello (5) nel quadro più ampio (6) del percorso biografico e autobiografico del poeta. Prima di tutto ciò, tuttavia, sarà necessario soffermarsi ancora una volta sull'identità del destinatario.

1 Quale Moroello?

Anche dando per certo che il destinatario sia Moroello Malaspina, infatti, i problemi relativi alla sua identificazione non si esauriscono completamente, perché di Moroelli, tra i Malaspina, ce n'erano parecchi. Com'era tipico dei lignaggi aristocratici medievali, anche in questa famiglia distaccatasi attorno alla metà del secolo XII da una delle più antiche stirpi dell'aristocrazia italiana, quella dei marchesi Obertenghi, originati da Oberto I (morto nel 973), signore della *marca ianuensis*, delle contee di Luni, di Genova e Tortona, i nomi dello stock onomastico familiare si ripetevano spesso, seguendo talvolta precise regole di trasmissione. All'epoca che ci interessa, il nome Moroello si ritrova in particolare nel ramo detto dello "spino secco", originato da Corrado di Obizzo di Obizzo (definito in *Purgatorio* «l'antico»).[3]

Tra i Malaspina dello "spino secco" ci sono infatti almeno tre Moroelli. Il primo è il marchese Moroello, figlio di Corrado stesso, signore di Mulazzo e padre di Barnabò, vescovo di Luni, di Elena e di Franceschino. La sua morte, avvenuta al più tardi nel 1284 (o 1285) in Corsica, impedisce tuttavia di ritenere che sia il Moroello dantesco. Il secondo è il figlio di suo figlio Franceschino, attestato fino al 1370. In questo caso, tuttavia, è l'eccessiva giovinezza a escluderlo dal novero dei candidati, dal momento che nel 1321 era ancora minorenne

---

[3] Il ramo dello "spino fiorito" raccoglieva invece i discendenti di Obizzino, figlio di un cugino di Corrado "l'antico". Tavola genealogica in Fiori, *I Malaspina*, p. 324.

e affidato alla tutela di Castruccio Castracani.⁴ Per la stessa ragione, anche se con appena minore certezza, si è portati di escludere un terzo Moroello, suo cugino di terzo grado, figlio di Obizzino di Federico, signore di Villafranca, che appare minore e sotto tutela della madre Tobia Spinola in un documento del 1301 e che muore prima del 1321.⁵ Come si vedrà, se in teoria questo Moroello potrebbe essere un (giovanissimo) protettore di Dante, gli argomenti a suo favore non sono forti come quelli a favore del più famoso Morello di Giovagallo. Il fatto poi che i genealogisti, sulla base della documentazione, non attribuiscano a Moroello di Villafranca il titolo marchionale che hanno, invece, i suoi fratelli maggiori, è un motivo in più per pensare che l'intitolazione dell'epistola non si riferisca a lui.⁶ Da eliminare con certezza è infine un altro candidato avanzato dall'erudizione ottocentesca, il presunto Moroello di Alberto di Corrado "di Val di Trebbia".⁷ La ricerca ha dimostrato che questo personaggio attestato da un documento del 1322 è semplicemente un abitante di Mulazzo che non ha nulla a che vedere con la famiglia Malaspina.⁸

Benché dunque un minimo di incertezza continui a sussistere, la genealogia della famiglia Malaspina porta a credere dunque con una notevole verosimiglianza che il destinatario dell'epistola IV sia il marchese Moroello di Manfredi di Corrado "l'antico", signore di Giovagallo, nato verso la fine degli anni 1260 e destinato a morire nel 1315.⁹ Convergono verso di lui anche gli indizi tratti dai testi danteschi. È lui che Dante cita nell'*Inferno*, alludendovi con la profezia di Vanni Fucci che ricorda la sua conquista di Pistoia (1306) definendolo «vapor di Val di Magra» (*Inf.* XXIV, 145). È sempre lui che, nel *Purgatorio*, fa capolino dietro la lode che papa Adriano IV fa di Alagia Fieschi, che era stata sua moglie (*Purg.* XIX, 142–145). Anche, ma non solo, alla luce di questa corrispondenza tra documenti malaspiniani e danteschi, la stragrande maggioranza degli studiosi, soprattutto nell'ultimo secolo, lo hanno identificato con colui che nei documenti della pace con il vescovo di Luni dell'ottobre 1306, insieme ai cugini Franceschino e Corrado, è rappresentato da Dante.¹⁰ Alla luce di tutto ciò sembra un'ipotesi davvero antieconomica ritenere che sia altra persona il dedicatario del sonetto di Cino da Pistoia *Cercando di trovar minera in oro* a cui Dante ri-

---

4 Fa il punto Bianchi, *La poesia d'amore*, p. 51.
5 Saffioti Bernardi, *Malaspina, Moroello*.
6 Questo elemento non mi pare sufficientemente sottolineato dagli studi danteschi.
7 Branchi, *Storia della Lunigiana feudale*, I, pp. 178–189.
8 Fiori, *I Malaspina di Pregola*, p. 265.
9 Salvatori, *Malaspina, Moroello*.
10 *CDD*, p. 237, dove nella nota storica, redatta da chi scrive, andrà corretta un'inesattezza: ove si legge «fratello» all'ultima riga, bisognerà leggere «figlio».

sponde, secondo le intitolazioni della tradizione, "in nome del marchese Malaspina" col sonetto *Degno fa voi trovare ogni tesoro* (*Rime* CXIII) nel contesto di una più ampia corrispondenza che permette di inserire l'epistola IV in un piccolo *corpus* dantesco-ciniano-malispiniano composto da sette testi: cinque sonetti in volgare e due epistole latine (la III, a Cino, e la IV), sul quale ritorneremo.[11]

2 Un percorso politico comune brevemente interrotto

Il principale ostacolo che nel corso della seconda metà dell'Ottocento ha impedito agli studiosi di riconoscere questo Moroello come l'ospite e il protettore di Dante, generando la necessità di trovare (e, come si è visto, talvolta, di inventare) omonimi tra i rami del lignaggio marchionale, è che il marchese e il poeta militarono su due fronti opposti nel conflitto che segnò la Toscana nei primi anni del Trecento. Come era stato possibile che Dante, schierato con i Bianchi a Firenze negli anni a cavallo del secolo, dichiarato colpevole di corruzione e bandito dai Neri nel 1302, impegnatosi dal punto di vista militare e diplomatico con gli altri esuli tra 1302 (convegno di San Godenzo) e il 1304 (probabile data dell'epistola I), avesse coltivato relazioni di amicizia con il capitano generale dell'esercito nero formato da Lucca e Firenze, che nel 1302 aveva combattuto contro Pistoia conquistando la fortezza di Serravalle e che nel 1306, dopo essere stato eletto capitano della taglia guelfa, aveva conquistato la stessa Pistoia, rovesciando in favore dei Neri fiorentini, l'equilibrio politico regionale?

È interessante notare che questo problema non assillò affatto i biografi antichi, i quali non sembrano percepire la contraddizione. Boccaccio, per esempio, nelle sue due versioni del *Trattatello*, pur concedendo ampio spazio a Moroello Malaspina (del quale afferma non solo che fu ospite del poeta, ma anche suggeritore della "ripresa" della scrittura della *Commedia*, nonché, probabilmente sulla base della cosiddetta *Epistola di Ilaro*, dedicatario del *Purgatorio*),[12] non accenna mai al fatto che militasse su un fronte diverso e anzi, nelle *Esposizioni* lo definisce «uomo intendente e in singolarità suo [di Dante] amico».[13]

---

11 Barnes, *Moroello*.
12 Boccaccio, *Trattatello* (Iª red.), XIII, 181–182, pp. 99–100; 104, 106–107, 112; (IIª red.), p. 130, 146, 148, 172.
13 Boccaccio, *Esposizioni*, pp. VIII, XXIII.

Tra le ragioni di questa sottovalutazione del problema dell'incompatibilità politica è forse il fatto che, come emerge dalla ricerca più recente, presto Dante e Moroello si trovarono a militare dalla stessa parte, quella dei sostenitori italiani di Enrico VII. Anche in questo caso l'erudizione ottocentesca, a causa dei medesimi pregiudizi sull'orientamento politico a cui si faceva riferimento in apertura, ha contribuito non poco alla confusione, storpiando notizie cronistiche e finendo per ipotizzare un passaggio del marchese all'esercito guelfo negli anni dello scontro tra Enrico e Firenze.[14] Ma le cose non stanno così. Come ha chiarito Enrica Salvatori sciogliendo definitivamente i dubbi, Moroello, benché capitano dei Neri di Lucca alleati a Firenze fino al 1306–1307, finì per allearsi con Enrico VII sin dal suo arrivo in Italia.[15] Egli incontrò l'imperatore già nel dicembre 1310 a Vercelli[16] e lo seguì a Milano, dove assistette alle prime pacificazioni delle città e ottenne la conferma dei suoi possedimenti.[17] Insieme ai suoi congiunti contribuì all'impresa enriciana versando 100 fiorini d'oro per quanto spettava ai suoi possessi "in Lombardia",[18] e partecipando nel giugno 1311 all'assedio di Brescia, città della quale, dopo la conquista, nel settembre di quell'anno, divenne vicario imperiale.[19] La stessa autrice sottolinea come «negli anni successivi il M. mantenne, al pari degli altri esponenti della sua famiglia, una posizione di guelfismo moderato che non si opponeva frontalmente ai disegni imperiali, ma anzi li sosteneva talvolta anche militarmente» e che «i fattori ambientali e politici che cementarono il legame [con Dante] non vennero meno anche dopo il 1307, anzi si prolungarono fino alla morte dello stesso Malaspina», cioè fino al 1315.[20] Si tratta di dati importanti, credo, le cui conseguenze non sono state ancora valutate pienamente negli studi danteschi.[21]

A questa vicinanza politica tra Dante e Moroello negli anni successivi al loro primo contatto nel 1306 si potrebbe aggiungere un'analoga sintonia negli anni precedenti al 1302. Tralasciando, in attesa di nuovi chiarimenti, la partecipazione di Moroello Malaspina alla battaglia di Campaldino, sostenuta da alcuni eruditi ma per nulla provata, si può osservare che certamente nel 1297 Moroello fu capitano dell'esercito bolognese nella guerra contro Azzo d'Este per

---

14 Gerini, *Memorie storiche*, II, p. 43–45. Branchi, *Storia della Lunigiana*, I, pp. 505.
15 Salvatori, *Malaspina, Moroello*.
16 *Henrici VII Constitutiones*, pp. 445, 449–450.
17 *Henrici VII Constitutiones*, pp. 453, 459, 500–502.
18 *Henrici VII Constitutiones*, p. 510.
19 *Henrici VII Constitutiones*, pp. 586.
20 Salvatori, *Malaspina, Moroello*.
21 Continua a esprimere perplessità sulla compatibilità politica tra Dante e Moroello Graziosi, *Dante a Cino*: e prima di lei Baron, *La conoscenza della Commedia*. Più prudente Casadei, *Dante oltre la Commedia*, p. 133.

divenire poi, a partire dal novembre di quello stesso anno, podestà di Bologna.[22] Nel corso di questo periodo Firenze era ancora un'alleata strategica della città felsinea e non c'è ragione di credere che Dante, che aveva partecipato subito prima al governo fiorentino e che vi avrebbe partecipato subito dopo, non condividesse pienamente questa alleanza. Nel 1299 Moroello, proseguendo la sua brillante carriera di condottiero militare, divenne capitano generale dell'esercito che Matteo Visconti lanciava insieme a Bologna, Parma, Piacenza e Verona contro il marchese Giovanni di Monferrato. Nella Firenze ormai in procinto di dividersi tra Bianchi e Neri, erano i primi (e, tra loro, Dante) a sostenere le parti del signore di Milano e con lui del suo capitano.[23]

L'incompatibilità politica tra Moroello e Dante durò dunque poco. Dal punto di vista di Moroello si trattò di quattro anni: dal 1302 (data dell'inizio del comando di Moroello dell'esercito nero fiorentino) al 1306 (quando insieme ai suoi parenti Francesco e Corrado fece di Dante il suo rappresentante, e dunque o il poeta o il marchese avevano mosso un passo l'uno nella direzione dell'altro). Ancora meno durò tale incompatibilità se si considera il punto di vista di Dante. Se infatti si prende per buona la versione che volle esprimere nella *Commedia*,[24] i contatti con il signore lunigianese furono improbabili solo dal bando del 1302 al distacco dalla parte dei Bianchi, quella che avrebbe definito «compagnia malvagia e scempia» (*Par.* XVII, 62), databile, a seconda delle opinioni, tra 1303 e 1304. In ogni caso, l'incompatibilità costituì una parentesi brevissima nell'ambito di una lunga militanza sullo stesso fronte, o meglio, sullo stesso lato di una frontiera mutevole.

I casi paralleli di Dante e di Moroello mostrano infatti la difficoltà di considerare le parti di questi anni (Guelfi/Ghibellini e, ancora di più, Bianchi/Neri) come schieramenti permanenti, ereditati e dotati di uno spessore ideologico capace di mantenerli invariati. Le parti che si combattevano in Italia al contrario cambiavano spesso, soprattutto per effetto del mutare delle relazioni sovraregionali come quelle triangolari tra la Lombardia (in cui agivano i Visconti, i Della Torre e il marchese di Monferrato), Bologna con la Romagna e, infine, la Toscana delle città e dei signori rurali. Quanti, come Dante e Moroello, per ragioni diverse, si muovevano su uno scacchiere sovra-cittadino, dovevano, di volta in volta, adattarsi. L'impresa di Enrico VII, coinvolgendo tutte le realtà politiche nello stesso conflitto com'era avvenuto all'epoca di Federico II, avreb-

---

22 Fa il punto Bortoluzzi, *I rapporti diplomatici*.
23 Milani, *Dante politico fiorentino*.
24 Indizio, *La profezia di Cacciaguida*.

be dato provvisoriamente un certo ordine a questo magma che nel primo decennio del secolo aveva tuttavia raggiunto il massimo livello di mutevolezza.[25]

A tutto ciò occorre infine aggiungere il fatto che, a differenza di quanto è stato enfatizzato negli ultimi anni, non è affatto detto che questa incompatibilità fosse un motivo dirimente a impedire il contatto tra un navigato signore rurale e un fiorentino assai meno noto che sino a dieci anni prima non aveva svolto alcuna attività politica.

Pure volendo considerare questa differenza come dirimente, va detto che se queste considerazioni restringono con nettezza il periodo in cui l'epistola *non* poté essere scritta (1302–1303), e dunque liberano definitivamente dai dubbi che afflissero gli studiosi ottocenteschi circa l'identità del destinatario, esse non facilitano il compito di datarla. Non per questo mi pare necessario ampliare ulteriormente il ventaglio delle datazioni finora ipotizzate, che, pur nelle loro variazioni, possono essere ricondotte a due momenti: uno che la colloca nei pressi della pace di Castelnuovo, l'altro che la spinge verso gli anni di Enrico VII.[26] La ragione per cui non proveremo nemmeno ad anticipare la datazione di questa epistola a prima del 1306 o a posticiparla rispetto al 1313 è che la compatibilità politica tra mittente e destinatario è un elemento necessario ma non sufficiente. Per formulare all'interno del periodo possibile una datazione più precisa occorrono elementi positivi. Proviamo a valutare questi elementi esaminando più da vicino le due datazioni che sono state proposte.

3 Scrivere a Moroello tra 1311 e 1313: Dante uomo d'impero

Cominciamo dalla datazione più bassa, quella formulata sulla base di argomenti diversi da Pascoli e Torraca e oggi sostenuta da Claudia Villa.[27] Il fatto che le

---

[25] Cfr. l'articolo di Paolo Grillo in questo volume, ma anche Bortoluzzi, *I rapporti diplomatici* e Milani, *I contesti politici*.
[26] *Ep.* (Villa) p. 1531: «quindi la datazione del biglietto, in mancanza di indicazioni, poiché la lettera è incompleta, ha suscitato non pochi interventi, oscillando fra il tempo in cui un documento conferma la presenza di Dante a Sarzana e poi a Castelnuovo di Magra, in veste di procuratore dei cugini Malaspina (Moroello, Corradino e Franceschino) nella conclusione della pace con il vescovo di Luni, e il suo soggiorno nell'alto Valdarno, certificato dalle epistole politiche datate alla primavera del 1311». *Ep.* (Baglio), p. 90: «per la datazione dell'epistola si possono proporre il biennio 1307–1308 o meglio quello 1308–1309 [con citazione di Fenzi, *Ancora sulla Epistola* e Pasquini, *Un crocevia*]». Baglio non condivide l'ipotesi di Villa per cui la lettera andrebbe spostata cronologicamente intorno al 1311 (p. 92).
[27] Pascoli, *Mirabile visione*; Torraca, rec. a Zenatti, *Dante e Firenze*, pp. 139–160. Villa, *Un oracolo* e *una ragazza*.

prove, già presentate in più sedi, si ritrovino nel suo saggio pubblicato in questo stesso volume esime dal riportarle analiticamente. Punto di partenza è l'argomento, *ex silentio* ma pesante, per cui la relazione tra questa epistola e la canzone *Amor, da che convien pur ch'io mi doglia* non ha alcun fondamento nella tradizione manoscritta. Partendo da questo fatto e accogliendo pienamente la vicinanza di Moroello a Enrico VII negli anni 1310-1313 – che, come si è visto – difficilmente si fa strada negli studi danteschi, Villa osserva che alcuni dei termini chiave del testo dell'epistola IV fanno pensare che accompagnasse piuttosto un testo politico. "Oraculum" (*Ep.* IV, 1), che designa la lettera stessa, rinvierebbe a una «espressione solenne della volontà imperiale»[28] e più in generale è termine che il *Somnium Scipionis* («testo di formidabile riflessione politica e civile») definisce come un messaggio ricevuto in sonno da un'autorità relativamente a ciò che succederà o meno e a ciò che va fatto o non fatto.[29] Il «magnificientia vestra» del primo paragrafo viene accostato al termine usato per Cangrande nell'epistola XIII, sottolineando che entrambi erano vicari imperiali.[30] Gli «officia» che Dante scrive di aver esercitato destando l'ammirazione del suo destinatario sembrano doveri pubblici e dunque «difficilmente riconducibili a privati esercizi poetici».[31] Infine – soprattutto – la "curia" «in seguito ricordata con nostalgia», a cui Dante fa riferimento, non sarebbe «una qualsiasi corte feudale attiva nel 1306»;[32] essa potrebbe invece costituire un riferimento alla curia imperiale di Enrico VII che Dante e Moroello avrebbero raggiunto a Pisa nel 1311. In questo senso gli "officia libertatis" potrebbero essere gli incarichi nel corso dei quali Dante avrebbe formulato le riflessioni sul potere imperiale di cui si trova la traccia più rilevante nella *Monarchia*. L'oracolo in cui la lettera costituirebbe, farebbe inoltre pensare all'oracolo pronunciato da Beatrice nel canto XXXIII del *Purgatorio*. Della fine di questa cantica, conclude la Villa, l'epistola IV sarebbe "sinopia", ovvero una sorta di disegno preparatorio.

Tralasciando per il momento questi argomenti su cui si tornerà tra breve, vale la pena di sottolineare che l'ipotesi che l'epistola IV sia stata scritta intorno al 1312 presuppone almeno tre fatti: 1) che Dante sia effettivamente stato a Pisa o altrove presso la curia di Enrico VII; 2) che in quel contesto abbia esercitato ufficialmente qualche ufficio per conto dell'imperatore; 3) che di lì sia passato anche Moroello, osservandolo "con ammirazione".

---

28 Villa, *Tempi dell'epistolario dantesco*.
29 *Ep.* (Villa), p. 1533.
30 Villa, *Tempi dell'epistolario dantesco*, p. 238.
31 Villa, *Tempi dell'epistolario dantesco*, p. 239.
32 *Ep.* (Villa), p. 1533.

Non c'è dubbio che questi fatti, benché non documentati, siano del tutto plausibili, al punto da essere stati proposti, separatamente o insieme, anche da altri studiosi.[33] Più difficile è tuttavia inserire in questo contesto cronologico suggerito da elementi che nel testo dell'epistola sono per certi versi accessori, degli elementi assai più sostanziali: il fatto narrato e il suo destinatario.

All'analisi letterale, anche prescindendo dalla relazione con la canzone "montanina", l'oggetto dell'epistola IV è infatti, senza possibilità di dubbio, una violenta trasformazione, avvenuta in quel momento nel suo autore, innescata dal ritorno di Amore, che mette fine per Dante a una fase scandita dal proposito di astenersi dalle donne e dai loro canti. È possibile immaginare che Dante, all'altezza del 1312, e dunque a *Inferno e Purgatorio* probabilmente conclusi, anche se forse non completamente rivisti, dica che questo ritorno di Amore sta avvenendo in quel momento? Non è troppo tardi? Non si rischia di sovrapporre Dante-personaggio, del quale probabilmente proprio intorno al 1312 i primissimi lettori vennero a sapere che aveva ritrovato Beatrice nel paradiso terrestre, col Dante-poeta che da qualcosa come cinque anni doveva aver deciso di riprendere in mano il progetto di cantarla e che lo aveva fatto in un'opera in cui quella decisione era stata retrodatata di altri sette anni, alla primavera 1300? Le perplessità si fanno più intense se si considera il passo iniziale dell'Epistola IV, quello in cui Dante motiva la necessità di comunicare questo fatto al Marchese al fine di evitare il diffondersi di false opinioni che rischiano di farlo passare per negligente quando invece non ha più scelta. Quale negligenza verso Moroello si potrebbe rimproverare a Dante all'indomani della scrittura delle epistole politiche "arrighiane" e delle prime due cantiche della *Commedia* se non, addirittura, della *Monarchia* (se si accetta una datazione alta di quest'opera), se si propende per una redazione dell'epistola tutta svoltasi nel contesto di una relazione tra i due ormai interna al contesto della curia imperiale?

Quanto al destinatario, benché, come si è detto e come si ridirà, sia possibilissimo che a quell'altezza il suo schieramento fosse lo stesso di quello in cui militava il poeta, non mi sembra attestato che tra 1311 e 1313 Dante intrattenga con lui una relazione di prossimità tale da potersi definire come "suo servo". Certo, è molto probabile che ci siano stati nuovi contatti tra i due. Lo dimostra non solo il fatto, già ricordato, che Moroello, una volta fattosi filoimperiale, non si staccò mai davvero dalla fedeltà a Enrico, ma anche la possibilità, ricavabile dalla cosiddetta lettera di Ilaro – ritenuta plausibile anche da chi considera quel testo un falso[34] – di un passaggio di Dante in Lunigiana tra l'agosto 1314 e

---

33 *Dante, Enrico VII e Pisa*, ma vedi le critiche di Pellegrini, *Dante: biografia*.
34 Inglese, *Vita di Dante*, p. 128.

l'aprile 1315.³⁵ Tali fatti tuttavia non offrono conferme all'esistenza di un rapporto tra i due stretto come quello presupposto dall'epistola.

Certo, se si dimostrasse che la lettera di Ilaro è vera o se uno degli altri presupposti ricordati (in particolare il soggiorno di Dante e/o Moroello a Pisa) ricevesse più conferme di quante non ne ha attualmente, questa ipotesi di datazione assumerebbe un peso più rilevante. In attesa di tali sviluppi, tuttavia, il tenore dell'epistola porta a mantenere la prudenza e a rivalutare la datazione tradizionale.

4 Scrivere a Moroello tra 1306 e 1310: Dante uomo di corte

Osservare l'epistola IV concentrando l'attenzione sul suo destinatario fa infatti emergere altri elementi che spingono a riportare la datazione dagli anni del viaggio italiano di Enrico VII a quelli precedenti, gli anni aperti dall'arrivo di Dante in Lunigiana del 1306.

Partiamo dalla "curia" evocata nell'epistola. Diversamente da quanto sostiene Villa mi sembra che tale termine sia il più adatto a indicare la corte nei due sensi, spesso sovrapposti (assemblea di fedeli e tribunale), di un signore come Moroello. Per i Malaspina il termine è attestato nella documentazione, sin dal secolo XII.³⁶ Concordo invece pienamente con Villa (e in questo anche con Marco Santagata)³⁷ nel ritenere che questo termine, ben traducibile con l'italiano "corte", non sia riferibile necessariamente a un singolo castello.³⁸ La curia di Moroello si spostava ed è dunque possibile che Dante, parlando della curia che poi ha rimpianto, faccia riferimento, più che a un luogo, a un gruppo di persone che assistevano il signore, un gruppo che tra il 1306 e il 1309 si spostò dall'assedio di Pistoia alla stessa Pistoia, quindi in Lunigiana, forse a Giovagal-

---

35 Bellomo, *Il sorriso di Ilaro*.
36 Lo si vede per esempio in un patto tra Genova e i Malaspina stipulato dopo il 1130 edito in Olivieri, *Serie dei consoli*, p. 320: «et si iam dicti marchiones reclamauerint se ianuensibus consulibus de aliquo suo uasallo nostre ciuitatis et ipse noluerit eis facere rationem et recipere in curia marchionum consules ianuenses constringent eum ad faciendam et ad recipiendam rationem in *curia* predictorum marchionum». Anche il termine "magnificentia vestra" è in qualche modo confermato dalla documentazione coeva: un documento stipulato da Moroello nel 1302 citato da Gerini, *Memorie storiche*, II, p. 39 lo definisce "*Magnificus* vir dominus Moroellus marchio Malaspine".
37 Santagata, *Dante*, p. 192.
38 Villa, *Un oracolo e una ragazza*.

lo, forse a Verrucola, quindi nel 1310 a Vercelli, dove raggiunse l'altra curia, quella dell'imperatore.

Come si è visto, giocando sull'ossimoro di servitù e libertà che pervade tutta la lettera Dante afferma di aver svolto presso questa curia, sotto lo sguardo ammirato del suo signore, degli "officia libertatis".[39] Come dimostrano le oscillazioni dei traduttori, il primo termine di questo sintagma indica ad un tempo dei doveri e degli uffici. Se nel 1312 questo termine avrebbe potuto riferirsi, come ha ipotizzato la Villa a un lavoro svolto per Enrico VII, di cosa si poteva trattare tra il 1306 e il 1310?

Anche su questo i documenti mi sembrano chiari. Per conto di Moroello Dante svolse missioni diplomatiche e "dettatorie" non solo rappresentandolo insieme ai suoi cugini nella vertenza con il vescovo di Luni che si concluse a Castelnuovo e forse anche -ma si tratta di un'ipotesi assai più congetturale, dato il suo ruolo di attore del negozio giuridico – suggerendo al notaio che la certificò di usare nell'arenga un passaggio di Cassiodoro,[40] ma, poco prima o poco dopo, rispondendo in nome del marchese a un sonetto inviato da Cino da Pistoia.[41] La "pace di Castelnuovo" e *Degno di voi trovar ogni tesoro*, nella loro apparente diversità, rinviano infatti a un orizzonte comune, quello delle attività che svolgevano all'epoca di Dante gli "uomini di corte" – termine che merita una breve digressione.

Recentemente William Robins ha mostrato come Dante nella *Commedia* attribuisca un ruolo importante nel denunciare la corruzione della cortesia e dei costumi ad alcuni personaggi non aristocratici che in vita guidarono con le loro parole i potenti: Ciacco, Guglielmo Borsiere, Marco Lombardo. I primi commentatori, e tra loro i figli del poeta, definiscono unanimemente questi tre personaggi come "uomini di corte".[42] Nella novella che dedica allo stesso Guglielmo Bor-

---

39 Per quanto il termine *officium* abbia indubbiamente il significato di 'dovere' che gli fornisce, specialmente quando accompagnato dal verbo "sequi", un valore giuridico in senso lato, la ripresa medievale di espressioni classiche come "officium liberalitatis" o "officium pietatis" mi pare dimostrare che esso non si configuri sistematicamente come dovere pubblico o "ufficiale".
40 Ha sostenuto la possibilità di una paternità dantesca Bertin, *La pace di Castelnuovo Magra*. Sulla base della comune citazione del passo di Cassiodoro tra questa pace e un'epistola inviata nel 1312 ad Enrico VII dalla corte di Cangrande, Pellegrini, *Lo stilista nascosto*, ha annunciato uno studio in cui attribuirà a Dante anche questa epistola.
41 Petrocchi, *Vita di Dante*, p. 100, afferma che «lo scambio di sonetti tra Cino (...) e Dante (...) non è necessariamente riconducibile a questo periodo, ché vige anche l'ipotesi d'una successiva permanenza di tutti e tre i corrispondenti alla corte di Enrico VII, al momento della presenza di Moroello durante la pacificazione di Vercelli», il che non muta di molto quanto qui sostenuto.
42 Robins, *The case of courts entertainers*.

siere nel *Decameron*, Boccaccio che evidentemente ha in mente quanto scritto da Dante, nonché le parole dei suoi primi esegeti, spiega che anche costoro hanno subìto un processo di degenerazione: oggi, spiega, sparlano, seminano zizzania e fanno cattiverie, mentre, in precedenza,

> soleva essere il lor mestiere e consumarsi la lor fatica in trattar paci, dove guerre o sdegni tra gentili uomini fosser nati, o trattar matrimonii, parentadi e amistà, e con belli motti e leggiadri ricreare gli animi degli affaticati e sollazzar le corti e con agre riprensioni, sì come padri, mordere i difetti de' cattivi, e questo con premii assai leggieri.[43]

Seguendo una pista già tracciata di Michele Scherillo e Francesco Colagrosso,[44] Robins ritiene che l'evocazione dantesca degli uomini di corte nella *Commedia* costituisca un momento in cui Dante riflette sul proprio ruolo di intellettuale in dialogo col potere. Certamente gli *officia* che i documenti attestano svolti da Dante presso i Malaspina assomigliano molto a quelli descritti da Boccaccio nel suo buon tempo antico.

La corte dei marchesi di Lunigiana, del resto, sin dal secolo XII aveva accolto uomini in cerca di fama accettando da loro, come attesta il corpus dei 36 testi trobadorici recentemente edito da Gilda Caiti-Russo,[45] consigli e "sollazzi". Considerando come in quel *corpus* tornino in nomi di Selvaggia e di Beatrice, sapendo che in quella corte era rinata una poesia politica in occitano alla fine del secolo XIII, la presenza di Dante presso un marchese che era nipote e omonimo di quello che nel 1273 era stato oggetto di un componimento di Luchetto Gattilusio[46] sembra acquistare uno spessore più ampio sia della mera necessità "cortigiana" di sopravvivere, sia, come si vedrà, della speranza di ottenere una mediazione per rientrare a Firenze. Il *corpus* dei testi danteschi plausibilmente composti negli anni 1306–1310 e le tracce lasciate dai Malaspina in luoghi strategici della sua riflessione successiva – canti "cortesi" della *Commedia* in testa – mostrano infatti che il soggiorno presso Moroello costituì per Dante una fase importante di definizione delle proprie idee politiche e dei propri progetti letterari.

Forse si trattò di una fase più lunga di quello che normalmente si pensa. Come si è già ripetuto più volte il soggiorno di Dante in Lunigiana ha come termine *ante quem* la pace di Castelnuovo (6 ottobre 1306). Sulla scorta di una congettura basata su due elementi problematici e non datati (la testimonianza di Boccaccio nel *Trattatello* e il presunto "dittico" formato da epistola IV e

---

43 Boccaccio, *Decameron*, I giornata, novella VIII.
44 Scherillo, *Ciacco e Dante*; Colagrosso, *Gli uomini di corte*.
45 Caiti-Russo, *Les troubadours*.
46 Caiti-Russo, *Les troubadours*, p. 390; Luchetto Gattilusio, *Liriche*, p. 32.

"montanina") si colloca di solito la fine di questo soggiorno al 1307.[47] Un documento datato costituisce invece un forte indizio a favore dell'idea che *due* anni dopo il 1306 tale soggiorno proseguisse ancora – o fosse ripreso dopo un'interruzione – e porta dunque a sceglierlo come momento *dopo* il quale avvenne la sua interruzione definitiva. Si tratta della presenza, il 21 ottobre 1308 di Giovanni, primo figlio di Dante, a Lucca, città vicina geograficamente e politicamente a Moroello.[48] Quanto poi tale soggiorno si protrasse non è possibile dire. Ma – non essendo questa la sede per discutere delle altre tappe che gli studiosi attribuiscono a Dante in questi anni – se a Lucca il 31 marzo del 1309 una disposizione comunale stabilì che i fiorentini esuli dovessero allontanarsi dalla città nulla osta a ritenere che Dante poté rimanere in altre terre malaspiniane, controllate da Moroello, fino all'arrivo dell'imperatore e che proprio dalla corte di Moroello poté spostarsi verso quella di Enrico.

La ricerca degli ultimi anni ha chiarito come, dal punto di vista politico, per Dante il biennio 1306-1308 fu aperto (per effetto della perdita di Pistoia e Bologna, alleate dei Bianchi fiorentini) dal tramonto definitivo delle possibilità di vittoria del fronte in cui aveva militato nei primi anni dell'esilio e fu chiuso (per effetto forse della morte di Corso Donati il 6 ottobre 1308, più certamente del fallimento del tentativo di pacificazione di Napoleone Orsini, avvenuto qualche mese prima) con la fine della speranza di un suo ritorno pacifico a Firenze. Questo fatto ha spinto gli studiosi, da Umberto Carpi in poi, a collegare strettamente Moroello Malaspina e il progetto dantesco di tornare a Firenze non più con le armi, ma con la persuasione e il diritto, un progetto che sarebbe testimoniato dall'epistola perduta *Popule mee*.[49]

---

47 L'idea secondo cui Dante nell'epistola IV racconta del passaggio dalla Lunigiana al Casentino si basa sull'accostamento tra il riferimento alle montagne tra cui scorre l'Arno della canzone "montanina" («così m'ha' concio, Amore, in mezzo l'alpi / nella valle del fiume / lungo 'l qual sempre sopra me s'è forte») e quello al fiume Sarno (cioè Arno) dell'epistola IV che hanno fatto ritenere, anche alla luce del «sub fontes Sarni» dell'epistola VII, che si trattasse del Casentino. Boccaccio, spesso invocato, in realtà non fornisce argomenti dirimenti per confermare questo spostamento. La prima redazione del trattatello sembra effettivamente far riferimento a un soggiorno alternato tra Casentino e Lunigiana (e Montefeltro) compatibile con quel passaggio (Boccaccio, *Trattatello*, (I red.), par. 74: «egli [...] quando col conte Salvatico in Casentino, quando col Marchese Morruello Malespina in Lunigiana [...] si stette»). Ma la seconda redazione segnala solo un passaggio nel senso inverso (Boccaccio, *Trattatello* (II red.), par. 55: «quindi [da Verona] in Toscana tornatosene, per alcun tempo fu col conte Salvatico in Casentino. Di quindi fu col Marchese Morruello Malespina in Lunigiana»). Il fatto che il passaggio sia databile al 1307 (o al 1308) è una congettura basata sull'idea che per un po' di tempo in Lunigiana Dante dovette rimanere.
48 *CDD*, n. 98, pp. 153-154.
49 Carpi, *Un inferno guelfo*, pp. 26-34. Santagata, *Dante*, pp. 186-203.

È possibile che le cose stiano così, ma al legame di questo testo con Moroello Malspina, tuttavia, e più in generale al fatto che il soggiorno di Dante in Lunigiana sarebbe stato marcato dal tentativo dantesco di rientrare a Firenze, si oppone un fatto importante che la ricerca recente non ha considerato. Dopo la conquista di Pistoia, nel 1306, Moroello cominciò infatti una lunga vertenza con Firenze in merito ai diritti di un palazzo pistoiese, quello appartenuto al pistoiese "bianco" Dino degli Ammannati.[50] Il comune di Firenze considerava il palazzo confiscato bene di un bandito di una città di fatto soggetta, e per questo lo aveva assegnato al fiorentino Gherardo Tornaquinci. Il marchese, invece, riteneva fosse di sua proprietà sostenendo la sua famiglia che lo aveva acquistato da tempo e che Dino, al quale lo aveva concesso, ne deteneva solo il possesso, non la proprietà piena. Il conflitto legale scatenò contro Firenze l'ostilità di Moroello che, come scrive un erudito ottocentesco, «allora alquanto dispettò de' Guelfi».[51] Attuando una rappresaglia, il Malaspina bloccò il passaggio dei fiorentini nelle sue terre e per alcuni anni li danneggiò notevolmente impedendo loro di raggiungere la strategica piazza commerciale di Genova. Solo nel 1309, spinta anche dalla necessità di riavvicinarsi ai Malaspina in funzione anti-pisana,[52] Firenze cedette e il tribunale della Mercanzia, istituito l'anno precedente proprio per risolvere questioni relative alle rappresaglie, attribuì il palazzo a Moroello. Il meccanismo della rappresaglia, che rendeva i concittadini di un debitore responsabili del pagamento del debito, mostra che quello tra Firenze e Moroello era un conflitto che aveva importanti ripercussioni sul piano pubblico. Benché in quegli anni 1307–1309 i Malaspina e Firenze si trovassero a condividere in alcune occasioni alcuni obiettivi (come il progetto aragonese di conquista della Sardegna), Moroello si allontanò nettamente dall'alleanza con la città a cui era stato legato quando, comandando l'esercito lucchese, aveva condotto spedizioni e assedi. Firenze, peraltro, proprio in quegli anni vedeva riaprirsi conflitti interni in seguito alla spaccatura interna del fronte "nero" che ebbe come episodio culminante la morte di Corso Donati nel 1308.

Mi sembra dunque molto difficile ipotizzare che in queste circostanze Dante sperasse di ottenere dal Malaspina un appoggio per rientrare nella città con cui il marchese stava combattendo. Più probabile che vedesse nel soggiorno presso i Malaspina una vera alternativa, magari provvisoria, al ritorno in patria, e che dunque l'epistola *Popule mee* sia da ricondurre a una fase precedente, magari di poco, a quel soggiorno. Il fatto che l'unica fonte certa che ce ne parla, Leonar-

---

50 Riassunto e fonti in Salvadori, *Malaspina, Moroello*.
51 Gerini, *Storia della Lunigiana*, vol. I, p. 43.
52 Silva, *Giacomo II d'Aragona*.

do Bruni, la collochi all'altezza del primo soggiorno veronese, dunque intorno al 1303–1304, spinge del resto nella stessa direzione.[53]

5 Il piano della poesia. Il ritorno di Amore nel soggiorno in Lunigiana

Alla luce di questi elementi, che concorrono a conferire al soggiorno lunigianese di Dante una durata più estesa e forse una diretta continuità con gli anni arrighiani, va riconsiderata anche la coeva produzione dantesca. L'immagine di Dante *homo curialis*, per quanto efficace, trova infatti il suo maggiore limite nel fatto che sin dal 1306 egli non scrisse solo per il marchese, ma anche per se stesso, anzi, in continuità con quanto aveva fatto sin dagli anni fiorentini, scrisse *su* se stesso.

Dopo l'esilio Dante aveva cominciato due progetti che in qualche modo costituivano forme di autolegittimazione e autopromozione, il *De vulgari eloquentia* e il *Convivio*.[54] Com'è stato osservato più volte, in questi due lavori Dante cercò di costruire di sé un'immagine diversa da quella che poteva emergere dalla lettura della maggior parte delle *Rime* scritte sino a quel momento e della *Vita Nova*. Nel *De vulgari eloquentia* si presentò attraverso un'allusione appena velata come il massimo poeta della Virtù, lasciando a Cino da Pistoia il ruolo di campione della poesia d'Amore. Nel *Convivio* esplicitò sin dal principio il proposito di mondare sé stesso dalla possibile accusa di essere stato uno schiavo delle passioni procedendo a una monumentale reinterpretazione delle proprie canzoni in cui chiariva che quei testi dovevano essere letti come allegorie filosofiche.

Quando Dante nel 1306 arriva a Sarzana per stipulare la pace tra i Malaspina e il vescovo di Luni egli doveva avere con sé questi due lavori incominciati.

---

53 *Appendice I. Le epistole perdute* in *Ep.* (Baglio), pp. 228–245, p. 233.
54 Inglese, *Vita di Dante*, pp. 82–88 propone come inizio della stesura del *De vulgari* il 1304, e come termini per quella del IV libro del *Convivio* il marzo del 1306 (morte di Gherardo da Camino indicato come defunto in *Conv.* IV, xiv, 12) e il novembre 1308 (elezione di Enrico VII, di cui Dante è all'oscuro in *Conv.* IV, iii, 6). Tavoni, *Qualche idea su Dante*, p. 88, fornendo questi ed altri riferimenti conclude che i termini documentari indicano che il *Convivio* era stato iniziato tra nel 1303 o nel 1304 e interrotto tra marzo 1306 e gennaio 1309 (incoronazione di Enrico VII) e il *De vulgari eloquentia* iniziato nel 1304 e interrotto anch'esso entro il 1309. Questo autore, tuttavia, convinto della anteriorità dei due trattati alla trasformazione di Dante da filosofo laico in poeta-profeta, avvenuta a suo modo di vedere tra 1306–1307, ritiene probabile che i due trattati siano stati interrotti in coincidenza con quella trasformazione.

Se non si hanno tracce che egli abbia proseguito il primo, è invece molto più probabile che per un po' continuò il secondo, per il quale, dopo aver potuto fruire delle biblioteche bolognesi, Dante si poté giovare forse di quelle, ben fornite, di Lucca.[55] Ma, come si è accennato, a questi lavori si affiancano nuove produzioni scritte, che mostrano qualche differenza rispetto a quei progetti.

Una prima differenza è linguistica e si coglie nel modo in cui Dante, proseguendo con Cino una tenzone già avviata da qualche tempo, scrive *Io sono stato con Amore insieme*, che risponde al sonetto ciniano *Dante, quando per caso s'abbandona*. In questa occasione infatti Dante premette una epistola latina (la III) che fornisce la chiave per interpretare la composizione poetica. Come ha segnalato tra gli altri Anna Fontes Baratto, al principio del *Convivio* Dante aveva criticato la prassi di glossare testi volgari con testi latini.[56] Dante sembra dunque modificare la sua opinione, introducendo un tipo di auto-commento che si distacca da quello progettato in precedenza.[57] Molti interpreti, a cominciare da Contini, hanno avvicinato questa nuova modalità a una *razo* trobadorica.[58] Considerando i rapporti di Cino con la corte malaspiniana, il ripensamento potrebbe essere collegato proprio a un primo contatto con questa corte che tuttavia, ancora una volta, è di difficile datazione (essendo l'ottobre del 1306, data della pace di Castelnuovo, solo il termine *ante quem*).

Dal momento che nell'intestazione dell'epistola III Dante chiama Cino «exulanti pistoriensi», essa non dovrebbe essere successiva all'11 aprile 1306, data della conquista nera di Pistoia (anche se Cino potrebbe essersi di nuovo allontanato dalla sua città). Si potrebbe dunque pensare che i contatti con la corte siano cominciati tra la primavera e l'estate di quell'anno, cioè nel corso dell'assedio di Pistoia. Se si volessero collegare strettamente l'epistola IV e la "montanina", questa ipotesi permetterebbe di avvicinare cronologicamente e dal punto di vista dell'ambiente le due epistole che comunque, al di là di ogni dubbio, condividono non solo la funzione di accompagnamento di un testo volgare: una funzione che recentemente è stata definita da Natascia Tonelli come «un tratto fortemente congiuntivo»,[59] ma entro l'orizzonte socio-culturale con Cino mediatore tra Dante e il Marchese.

Un altro tratto che avvicina le due lettere è il contenuto. Tanto nel testo che l'epistola III introduce (*Io sono stato con amore insieme*), quanto nell'epistola IV

---

55 *Introduzione* in *Conv.* (Fioravanti), pp. 16–18.
56 Fontes Baratto, *Le dyptique montanino*, p. 66.
57 Anche se, come mi suggerisce Antonio Montefusco, sin dall'inizio dell'esilio il divieto del commento di poesie volgari con trattazioni latine ha comunque un macroscopico controesempio nel *De Vulgari Eloquentia*.
58 Commento in *Rime* (Contini), p. 206 (ma a proposito dell'epistola IV).
59 Tonelli, *La canzone montanina*, p. 10.

Dante parla di sé come poeta d'amore e dice, in modi diversi, che amore è un signore al quale non si può resistere e al quale lui, personalmente, non resiste. Il ritorno di Dante alla poesia d'amore e alla definizione di sé come servo di Amore è graduale ma ineluttabile se osservato attraverso la prospettiva della corrispondenza con Cino, anche al di là delle due epistole. Per prudenza sarebbe meglio prescindere dai primi quattro sonetti (*Novellamente Amor mi giura e dice*, di Cino, con la risposta *I'ho veduto già senza radice*; e *Perch'io non trovo chi meco ragioni* con la risposta di Cino *Dante, i' non so il qual albergo soni*) scambiati tra i due. Per alcuni studiosi, infatti, essi risalirebbero ancora al periodo precedente all'esilio.[60] Se invece, come pensano altri, essi risalissero agli anni successivi al 1303 diventerebbe interessante osservare che se nel primo scambio Dante si ritaglia il ruolo di chi sconsiglia all'interlocutore di cedere a un nuovo amore, già nel secondo dichiara che il suo «gran disio (...) di dire i pensamenti boni» (vv. 3-4), in una sorta sublimazione del desiderio di poter parlare d'Amore, resa necessaria dalla mancanza di interlocutori nel luogo in cui si trova. Come si diceva, tuttavia, il ritorno all'amore di Dante si fa più chiaro con *Io sono stato con Amore insieme*, in cui si dice esplicitamente che la ragione non può nulla contro Amore («libero arbitrio già mai non fu franco / sì che consiglio invan vi si balestra», vv. 10-11), e trova una conferma nella risposta di Dante al sonetto *Cercando di trovar minera in oro* inviato da Cino a Moroello, dove afferma: «io che trafitto sono in ogni poro / del prun che con sospir si medicina» (vv. 5-6), senza far capire troppo se sta parlando davvero a nome del Marchese o non, piuttosto, a titolo personale.

Quest'autorappresentazione di Dante come servo e vittima di Amore stona con il proposito iniziale del *Convivio* ma trova il suo massimo compimento nell'epistola IV e nella canzone "montanina" che, se non altro, condividono immagini e figure di stile ad essa legate, al punto che, come si diceva presentando l'ipotesi Villa, nonostante l'assenza di prove ecdotiche molti interpreti hanno creduto e credono ancora che l'una sia stata scritta per accompagnare l'altra. Del resto, nel caso in cui si volesse aderire all'altra ipotesi, proposta di recente da Natascia Tonelli, secondo cui l'epistola IV nacque per accompagnare non quella sola quella canzone, ma l'intero "libro delle canzoni" allestito da Dante in quella fase, dal momento che quell'ordinamento avrebbe avuto come ultima canzone proprio la "montanina",[61] il ritorno di Amore nell'autobiografia dantesca si configurerebbe in modo altrettanto forte. L'ipotesi di un "libro delle can-

---

[60] È l'opinione che traspare dall'ordinamento del Barbi e che Contini, *Rime*, p. 137 riprende. Al contrario Pinto, *La poetica dell'esilio*, ritiene che anche questi sonetti risalgono al periodo successivo all'esilio.
[61] Tonelli, *Tre donne*, p. 69; Tonelli, *Rileggendo*; Tonelli, *La canzone montanina*, p. 14.

zoni" allestito da Dante, tuttavia, continua a dividere gli studiosi e queste pagine, per il loro tema e per le competenze di chi le scrive, non sono certo le più adatte per discuterla. Certo è che negli stessi anni in cui Dante, dentro o in prossimità della corte di Moroello, proseguiva la redazione di un'opera, il *Convivio*, nata dalla necessità di mondare il suo autore dalla macchia di essere stato schiavo delle passioni amorose, quelle passioni in modi diversi erano tornate a manifestarsi.

6 Il piano della politica. Dante uomo di corte e d'impero?

Quanto durarono quegli anni? Nonostante si legga quasi ovunque che il soggiorno in Lunigiana si concluse nel 1307 e che coincise col trasferimento in Casentino, in realtà, come si è visto, modi e ragioni della separazione sono assai meno certi. Certo, nell'epistola IV Dante afferma che da Moroello deve separarsi, anzi, la ragione principale dell'epistola sembra dettata proprio dalla necessità di giustificare quella separazione. Per quanto riguarda le cause della separazione, come si è accennato all'inizio, la critica si divide tra chi, privilegiando il senso letterale, ritiene che Dante stia parlando di un nuovo amore e chi, leggendola allegoricamente, adombra ragioni legate a una scrittura più o meno avanzata della *Commedia*. I documenti storici e lo studio del contesto che abbiamo preso in considerazione non permettono di confermare né la prima né la seconda ipotesi, ma, forse, con grande cautela, di dare al distacco da Moroello un senso leggermente diverso da quello che di solito gli si attribuisce.

Se infatti si accettano le proposte fatte nelle pagine precedenti, ovvero che la fase in cui Dante fu a contatto più o meno stretto con Moroello si prolungò almeno fino al 1308 (se non oltre), che essa *non* coincise per Dante con il progetto di rientrare a Firenze, che nell'ultima fase di quel periodo Dante poté trovare nel signore che lo proteggeva e nella sua corte, frequentata da Cino da Pistoia, un interlocutore con cui tanto tornare a parlare di Amore, quanto condividere la recente scoperta dell'Impero testimoniata dal "capitolo speziale" del IV libro del *Convivio*, allora il valore di cesura biografica del distacco descritto dall'epistola IV risulta molto diminuito. Negli anni successivi al 1308 infatti, Dante sarebbe restato fedele tanto all'idea di impero che aveva maturato allora, quanto all'idea del ritorno di Amore, ultimo esito della nuova riscrittura autobiografica con cui la fase dell'esclusività degli studi filosofici, da punto d'arrivo, diveniva in un certo senso una digressione conclusa, una parentesi, un "traviamento".

Se si rende il distacco dalla curia malaspiniana descritto dall'epistola IV meno drammatico e periodizzante, allora queste considerazioni rendono possibile avanzare con grandissima cautela una congettura sulla sua datazione e sul suo significato che recupera, per certi versi, la proposta di Claudia Villa.

L'epistola IV potrebbe infatti essere stata scritta non nel 1311–12, dopo l'incontro di Moroello (e probabilmente anche Dante) con Enrico VII, ma prima di quell'incontro, tra il momento dell'acquisizione da parte di Dante della notizia della morte di Alberto d'Asburgo, re dei romani mai sceso in Italia, o della elezione (novembre 1308) o della incoronazione a Re dei Romani (gennaio 1309) di Enrico VII e il raggiungimento dell'imperatore a Milano (fine 1310).[62] In questo contesto di rinascita di una concreta speranza politica per l'Impero, già sognata nel IV trattato del *Convivio*, l'apparizione raccontata nella IV epistola potrebbe essere (anche?) un'allegoria, una rappresentazione, se non del ritorno di Beatrice, o dell'inizio della *Commedia*, almeno dell'avvento di una virtù come la giustizia imperiale, che nella fase precedente era stato possibile solamente rimpiangere, vagheggiandone la restaurazione in modi alternativi e assai più indiretti, che facevano leva (come nel *De vulgari Eloquentia* e nel IV trattato del *Convivio*) sulla memoria di Federico II e Manfredi e che invece adesso appariva lì a portata di mano, delineando un nuovo orizzonte di possibilità. Il riferimento all'apparizione di quella virtù avrebbe potuto giustificare un allontanamento di Dante da Moroello (per annunciare la notizia ad altri signori, magari proprio i Guidi casentinesi, per raggiungere gli alleati dell'imperatore, o l'imperatore stesso). Esprimere la necessità di partire per questa missione attraverso il vocabolario d'amore, lo stesso con il quale i due avevano, insieme a Cino, comunicato sin dal loro incontro, significava far leva su un orizzonte che come il tema della vera nobiltà Moroello avrebbe potuto condividere.

Gli elementi testuali a suffragare questa congettura non sono molti, ma sono significativi. Se in apparenza la donna descritta nell'epistola non sembra avere caratteristiche che rinviino in modo evidente alla giustizia o all'Impero, colpisce il doppio uso rilevato da Anna Fontes della similitudine della folgore che scende dal cielo in questa epistola e nella V, dove descrive la *sublimis aquila* imperiale che sta per giungere in Italia e del verbo *obstupescere* usato qui per indicare la reazione di Dante all'apparizione, nella V, l'atteggiamento che il poeta auspica per gli italiani di fronte all'arrivo di Enrico.[63] A una possibile lettura politica rinvia più in generale un'altra parte del testo, quella che presenta il nuovo avvento d'Amore come il ritorno di un bandito dopo un lungo esilio, il quale, finalmente trionfando, ha compiuto esattamente gli atti che compivano i signori fuoriusciti quando rientravano trionfatori: uccidere, espellere e imprigionare. Amore ha infatti, ucciso (*occidit*) il proposito di astenersi dalla poesia

---

62 Inglese, *Vita di Dante*, p. 99.
63 Fontes Baratto, *L'Epistola V di Dante: un'intertestualità polimorfa*, n. 30.

d'amore; scacciato (*expulit*) le assidue meditazioni sulle cose terrene e celesti che ha – con vocabolario tecnicamente giudiziario – confinato come sospette («quasi suspecte impie relegavit», *Ep.* IV, 4), cioè fuor di metafora, messo da parte. Infine ha imprigionato (*ligavit*) il libero arbitrio paventando – con una scelta tratta sempre nello stesso campo semantico della politica – una "ribellione" dell'anima contro di lui. Anche se questi verbi potevano facilmente evocare quanto era avvenuto a Firenze nel 1302 quando a fare le spese del ritorno di Corso Donati era stato lo stesso Dante, oppure a Pistoia nel 1306, al termine di un assedio violentissimo compiuto da Moroello stesso, potrebbe trattarsi di evocazione di un ritorno imperiale che risuona, anticipandole, con le immagini di diversissima estrazione, ma di eguale violenza, delle lettere arrighiane, non solo della quinta.

Resta tuttavia aperto il problema del testo che questa epistola potrebbe aver accompagnato, il quale difficilmente in questi anni potrebbe essere il *Purgatorio*. Dunque, come si è detto, si tratta ancora di un'ipotesi. In conclusione, solo se si riuscisse a dimostrare che Dante all'altezza dell'epistola IV aveva già avuto notizia di Enrico VII, la possibilità che questi riferimenti siano stati pensati come accenni al ritorno di un signore diverso si farebbe più consistente. In attesa di tale dimostrazione è più prudente, anche in questo caso, sospendere il giudizio.

7 Per una conclusione: gradualità e catastrofe nel percorso dantesco

Anche al di là di quest'ultima possibilità, anche volendo ritenere che questa lettera sia stata scritta prima della notizia del possibile arrivo dell'imperatore nel contesto italiano, la sua lettura secondo la prospettiva del destinatario fa comprendere come negli anni dell'incontro con la curia di Moroello Dante abbia modificato i suoi piani. Mentre era ancora impegnato nell'autoanalisi moralizzatrice del *Convivio* sorta, come ci attesta lui stesso, dal bisogno di mondare la propria fama e tornare in patria, ricominciò, grazie agli invii di Cino e in virtù della (ri)scoperta di una tradizione culturale cortese, a scrivere d'Amore e finì per dichiararsi, con la "montanina" e/o l'epistola IV, a quello del tutto vincolato e – anche per questo[64] – ormai impossibilitato a tornare in patria.

Come abbiamo ripetuto, il racconto dell'epistola, nel suo lapidario riferirsi a un ordine a cui è impossibile disobbedire, non permette attualmente di identi-

---

64 Carpi, *Un congedo da Firenze*.

ficare con certezza quali possano esser state le "vere" ragioni che lo portarono a partire dalla corte lunigianese. La proposta avanzata nel paragrafo precedente resta una congettura da prendere con il beneficio di inventario. Anche al di là di tale congettura, tuttavia, resta l'opportunità di considerare insieme i piani della politica e quelli della poesia. La scelta tra questi due piani, che divide gli interpreti talvolta sovrapponendosi a quella tra interpretazione allegorica e letterale di questo testo, può essere infatti, un falso problema. Più probabile, mi pare, che al graduale cambiamento di prospettiva che quel testo mette in scena in modo drammatico contribuissero tanto la riflessione politica quanto quella poetica: tanto l'evolversi del progetto tratteggiato nel *De Vulgari Eloquentia* di trovare un modo per supplire, con la lingua e la poesia, alla dispersione della "curia italiana" quanto le sperimentazioni linguistica e letteraria utili a tale supplenza; tanto l'uso delle proprie canzoni come mezzo per comunicare con membri della nobiltà italiana, quanto l'enciclopedia allestita nella forma del loro commento che aveva finito per lasciare uno spazio smisurato alla riflessione sull'impero. Tutte queste linee di ricerca trovarono nella curia di Moroello, membro di una dinastia che vantava una tradizione illustre di esercizio pubblici poteri e una lunga frequentazione con i trovatori, un laboratorio ideale.

Che il commiato grato da quella corte raccontato da Dante nell'epistola IV costituisca un duplice passo, politico e poetico, verso l'orizzonte della *Commedia* mi pare altamente plausibile. Sul piano politico lo testimonia il fatto che, nel licenziare *Inferno* e *Purgatorio* a qualche anno di distanza dall'incontro con quella curia, Dante non rinnegò affatto l'amicizia coi Malaspina. Sul piano poetico lo dimostra la rivendicazione in quelle cantiche di un'idea di cortesia e di amore a cui proprio in Lunigiana Dante aveva deciso di (tornare ad) aderire. Questa lunga fedeltà, non così frequente in Dante, conferma nell'idea, presupposta nelle pagine che precedono, di leggere l'epistola IV non come un addio definitivo dal suo destinatario, come talvolta è stato fatto, ma piuttosto, come una mossa volta a mantenere il rapporto aperto, nella continuità di un'adesione a valori comuni. Ancora da dimostrare è tuttavia che quel passo verso la *Commedia* fu il solo o definitivo. Il ritorno di Amore potrebbe aver costituito per Dante un cambiamento di prospettiva necessario ma non sufficiente per dedicarsi completamente al lavoro sulla sua opera maggiore.

Raramente, del resto, le svolte effettivamente avvenute nella biografia dantesca coincidono perfettamente con quelle raccontate nell'autobiografia. E questo è spiegabile con la differenza tra processi graduali e catastrofi. Tanto nel periodo precedente quanto in quello successivo al soggiorno in Lunigiana, Dante prese alcuni passaggi del suo passato che avevano costituito il frutto di elaborazioni meditate e protratte (la vocazione alla scrittura poetica, lo studio della filosofia, i rapporti più o meno buoni con gli altri Bianchi, l'adesione all'Impero) e li drammatizzò, al fine di conferire loro senso e poterli raccontare, mettendoli in scena come eventi istantanei e puntiformi (l'incontro con Beatrice, la sua morte, l'abbandono della «compagnia malvagia e scempia», l'illuminazione sul ruolo provvidenziale di Roma).

In questa serie, credo, si può inserire anche la folgorazione lungo il corso dell'Arno raccontata nell'epistola IV, dietro la quale occorre forse riconoscere in realtà il punto di arrivo di un processo di adattamento levigato dal ragionamento, perché, se il mutare delle circostanze esistenziali costituì per Dante, quasi sempre un problema – un problema non solo individuale, ma anche collettivo e universale – la creazione poetica, e più generalmente la scrittura, furono sistematicamente il mezzo per trovare una – altrettanto individuale, collettiva e universale – soluzione.

—
Gli anni dell'Impero

Anna Fontes Baratto
L'epistola V di Dante: un'intertestualità polimorfa

Abstracts: Nell'epistola V il denso e variegato percorso intertestuale, con cui Dante sigla la *novitas* di una scrittura consona alla *dies nova* che spunta con la venuta di Enrico VII, conduce dagli iniziali echi virgiliani alle citazioni finali dei *verba Christi*. Sono infatti le parole di Cristo stesso che Dante convoca – a suggello conclusivo della "novità" introdotta dall'epistola rispetto alle pagine del *Convivio* sull'autorità imperiale – per asserire la diretta derivazione da Dio di entrambi i massimi poteri: con velata polemica (al di là del riferimento d'obbligo all'enciclica *Exultet in gloria*) nei confronti di Clemente V, ben deciso a confinare l'imperatore nella funzione esclusiva di «advocatus et defensor ecclesie». Travalicando però il terreno meramente politico, l'*Ep*. V punta a definire la specifica competenza (e quindi responsabilità storica) della Chiesa nell'attenersi alla "verità" del messaggio evangelico.

The paper analyzes Dante's epistle V with respect to the thick and multifaceted intertextual fabric through which Dante marks the novelty of his writing as resonating with the new day brought by Henry VII's coming: such intertextual path drives from the initial Virgilian echoes to the final quotation of *verba Christi*. Christ's last words are thus evoked by Dante not only as to confirm that the epistle moves further forward than the *Convivio* with respect to his conception of imperial authority, but also as to maintain that both major powers are directly derived from God. By being implicitly polemical towards pope Clement V (beyond the compulsory reference to his encyclical *Exultet in gloria*), Dante aims at restraining the emperor's functions to those of «advocatus et defensor ecclesie». *Ep.* V thus exceeds a merely political discourse and seeks to define the specific competence (and thus historical responsibility) of the Church, whose role is to conform to the truth of the evangelical message.

Parole chiave: papato, impero, intertestualità biblica, intertestualità classica, epistolografia latina.

Anna Fontes Baratto, Université Paris 3 – Sorbonne Nouvelle

∂ Open Access. © 2020 Anna Fontes Baratto, published by De Gruyter. This work is licensed under the Creative Commons Attribution 4.0 International License (CC BY 4.0).
https://doi.org/10.1515/9783110590661-014

«Ecce nunc tempus acceptabile»: l'*incipit* paolino, annunciatore di una «dies nova», definisce fin da subito l'inedita congiuntura propizia che determina anche la scrittura *nova* dell'epistola.[1] Perché il *tempus acceptabile*, l'occasione da cogliere senza frapporre indugi, è certo quello dell'ormai imminente calata di Enrico, ma il tempo "che stringe" esige anche l'impegno personale nell'elaborazione di una scrittura che a sua volta "stringa i tempi", per assumere direttamente il linguaggio della coincidenza tra messaggio biblico e stilemi classici, tra disegno provvidenziale e attestazioni storiche del suo inverarsi nel tempo. Qui tutto è detto nel presente di una scrittura fagocitante che azzera tutte le distanze, proiettando il proprio messaggio sul tempo "altro" del piano divino per individuare, nel presente, nel tempo storico del presente, i *segni* dell'evento provvidenziale già in corso e valutare le resistenze che ad esso intendono opporsi.

È indubbio che, con questo nuovo impasto linguistico, Dante stesse elaborando una sua nuova figura autoriale, dotata inoltre dell'*auctoritas* che certo gli mancava per rivolgersi a tutti i poteri costituiti d'Italia, dai re ai *populi* (par. 1). Quanto alla figura del "profeta" che questa scrittura gli conferisce, essa va intesa, mi pare, proprio nel senso precisato da Sylvain Piron:

> c'est la marche même des événements qui constitue le présage qu'interprète le poète. (...) Dans ce prophétisme au présent, Dante ne fait pas autre chose qu'énoncer publiquement sa compréhension d'une situation historique exceptionnelle.[2]

Eccezionalità di una situazione storica che, per di più, impone di colmare il "vuoto" concettuale reperibile tra l'idea imperiale già pienamente formulata nel *Convivio* e la sua rielaborazione, e attualizzazione, nella *Monarchia*, come Giorgio Inglese ha opportunamente sottolineato nella sua recente *Vita di Dante*:

> la "digressione" del *Convivio* (IV, vi, 1) sull'autorità imperiale non sfiora nemmeno la questione del rapporto con Pietro e i suoi successori; o meglio: mentre risulta limpidamente asserito che l'Impero fu affidato a Roma «in quello altissimo e congiuntissimo consistorio della Trinitade» (v 3), non è reso esplicito ciò che tale sarà, invece, nella *Monarchia*: che l'autorità dell'Imperatore romano deriva «immediate a Deo» e non «aliquo Dei vicario vel ministro» (*Mon.* III i 5). Non è pensabile che, quando scriveva il quarto del *Convivio*, Dante ancora nutrisse dubbi al riguardo: ma di fatto una specifica polemica sull'argomento gli parve, in quella fase, non necessaria.[3]

---

[1] Riprendo qui, parzialmente e con altra impostazione, una prima stesura già pubblicata, col titolo *Linguaggio biblico e missione imperiale nell'*Epistola V *di Dante* (Fontes Baratto, *Linguaggio biblico*).

[2] Piron, *La parole prophétique*, p. 283. Ma già Mazzoni aveva parlato del «profetismo polemico» di questa lettera: precisazione che mi pare fondamentale per la loro comprensione (del profetismo come della lettera).

[3] Inglese, *Vita di Dante*, pp. 87–88.

La rende invece "necessaria" la *dies nova* che spunta con la venuta di Arrigo in Italia – e proprio nella parte conclusiva dell'epistola (parr. 27–28) si concentra la «specifica polemica sull'argomento» individuata da G. Inglese. La conferma dell'«insperata» (par. 19) discesa in Italia di un imperatore, con l'indispensabile avvallo del papa, mobilita infatti l'illustrazione del ruolo messianico che l'imperatore è chiamato a svolgere, promovendo in Italia la politica di giustizia e di pace di cui è il solo garante, ma l'esaltazione della missione imperiale induce anche Dante, in un secondo momento, a pronunciarsi sui rapporti tra i due massimi poteri: nei termini appunto che, assenti dal *Convivio*, saranno poi chiaramente enunciati nella *Monarchia*. Dante affronta così una questione che, se all'attualità *politica* si ricollega, da essa poi si discosta, per spostarsi sul terreno propriamente *ecclesiale* della retta interpretazione dei compiti rispettivamente assegnati da Dio al potere temporale e spirituale, come annunciato dal par. 22:

> unde Deum romanum principem predestinasse relucet in miris effectibus, et verbo Verbi confirmasse posterius profitetur Ecclesia.

Letta in questa prospettiva, l'epistola V fa in realtà emergere fin da subito le spie di un intento polemico che, non certo apertamente ma comunque più o meno velatamente, colpisce nello specifico le più recenti prese di posizione di Clemente – a dispetto dell'accenno finale (positivo, ma anche molto restrittivo) all'enciclica *Exultet in gloria* del primo settembre 1310. Quanto all'intertestualità "polimorfa" cui è intitolato il mio intervento, l'analizzerò proprio puntando sull'*intento* polemico, cioè sulla *destinazione* e *funzione* polemica di molti inserti intertestuali. Darò quindi per scontata, vale a dire per già eccellentemente indagata, la ricognizione dei singoli tasselli,[4] ma mi soffermerò piuttosto su alcuni aspetti – per altro spesso interdiscorsivi, e quindi indiretti, o di rimbalzo (*par ricochet*), più che intertestuali *stricto sensu* –, volti ad illustrare l'*intento* polemico da cui muove un'epistola che non credo *esclusivamente* destinata a promuovere la figura messianica dell'imperatore, né tantomeno propensa ad accreditare l'affidabilità dell'appoggio dato dal papa alla sua impresa.

Se infatti guardiamo più da vicino il modo in cui si sono sviluppate (e, aggiungerei subito, invelenite) le relazioni tra Clemente e Enrico in quei due mesi (o poco più) che separano l'emanazione dell'enciclica dalla redazione dell'epistola, il quadro che ne risulta non conforta affatto la diffusa opinione che nessuna nube fosse ancora venuta ad offuscare i loro rapporti.

Giovanni Villani ci ha già ampiamente edotti sulle turbolente reazioni italiane all'annuncio della calata, mettendo l'accento sulle invasive ingerenze fioren-

---

4 Rimando alle copiose note in merito di *Ep.* (Baglio), pp. 102–131, che mi dispensano dal riprendere qui la discussione sui singoli inserti intertestuali e la bibliografia pregressa.

tine, in ambito politico, diplomatico e finanziario.⁵ Ma il quadro da lui delineato va completato coll'infittirsi degli scambi di messaggi, e più precisamente dei messaggi di Clemente, in previsione della venuta in Italia. Per ovvie ragioni di spazio, lo farò nel modo più stringato – cominciando però da un accenno preliminare alla «legatio ad Italicos», il cui annuncio da Norimberga (26 giugno 1309)⁶ *precede* l'approvazione dell'elezione da parte del papa, nel concistoro del luglio 1309. Dalle relazioni degli ambasciatori di Enrico in Lombardia (agosto 1310)⁷ risulta che molte città lombarde subordinano la loro risposta a quella della lega lombarda o all'accordo del papa. Risulta inoltre l'afflusso degli *extrinseci* presso gli ambasciatori imperiali: «tous les forenssis de Boulogne et de toutes les autres villes de Lombardie sont venus a nous et se sont ofers de servir a tout leur pouvoir monsigneur l'enpereur».⁸

A metà settembre, pochi giorni dopo l'emanazione dell'*Exultet in gloria*, Clemente informa Enrico dell'arrivo in curia dei delegati lombardi⁹ (sono attesi anche i toscani, che invece non si presentano), poi, l'8 ottobre, gli comunica di averli assicurati (traduco *ad sensum*) che Enrico farà quello che il papa gli dirà di fare.¹⁰ L'11 ottobre Clemente riesce finalmente a far sottoscrivere a Enrico, che tergiversava da mesi (ma adesso il tempo stringe anche per lui), la «promissio lausannensis»,¹¹ l'atto ufficiale di sottomissione, con solenne giuramento, di cui Bowsky dice che mai un imperatore si era prima legato le mani in tal modo, impegnandosi ad intervenire solo per difendere ovunque e comunque gli interessi della Chiesa e dei suoi fedeli.¹²

Sempre in ottobre, Enrico riceve un *Memoriale pontificis regi missum* che gli era stato trasmesso, precisa il curatore del testo, «ut de iuramenti ratione ac indole animum regis placaret», il che è subito confermato dalle prime parole del *Memoriale*, inviatogli «ut (…) ostruantur ora iniqua loquentium et informantium

---

5 Villani, *Nuova Cronica*, X 7–8 (settembre-ottobre 1310), pp. 214–216.
6 *Henrici VII Constitutiones*, p. 271.
7 *Henrici VII Constitutiones*, pp. 325–31, la citazione che segue a p. 331.
8 *Henrici VII Constitutiones*, p. 331.
9 *Henrici VII Constitutiones*, pp. 383–4. Il papa intende esortarli tutti «quod benigne et reverenter regiam celsitudinem recipere studeant (…) ac ipsum honorare», cosicché «nostra circa tuos honores precordialis voluntas omnibus illucescit».
10 *Henrici VII Constitutiones*, p. 387: «promisimus quod capitaneum et civitates predictas et amicos ipsarum tam in predictis civitatibus quam per Lombardiam totam et Tusciam constitutos in regie benevolentie sinu recipies (…) ac ipsos in suis statu et iuribus tanquam rex iustus et pacificus dominus conservabis».
11 *Henrici VII Constitutiones*, pp. 395–8.
12 Bowsky, *Clement V and the Emperor-elect*, p. 57: «never before had an emperor bound himself in this way».

eundem regem minus vere».[13] Clemente, prosegue il testo, appoggia quanto può la spedizione in Italia, «non sine gravi displicentia multorum» (par. 7). Ma il *Memoriale* agita anche minacce o ricatti mai formulati prima nei confronti di Enrico. La Chiesa ha già dato prova di non essere a corto di difensori: decretando unilateralmente, ad esempio, la *translatio imperii* a vantaggio di Carlomagno (par. 8). Le clausole della *promissio* sono giuste, e vanno quindi rispettate, anche senza giuramento, da un re giusto. Ma se non lo è, non è questo un peccato? E la revoca «ratione peccati» (*argument massue* della supremazia papale) non spetta al papa? «Certe sic, ut patet ex canone» (par. 9). C'è chi soffia sul fuoco presso Arrigo (ma che ci sia anche Dante?); l'appoggio che gli dà Clemente dispiace «ai devoti alla Chiesa di Lombardia e Tuscia, atterriti dall'avvento, diffidenti, già pronti alla ribellione» (par. 10), che le garanzie profuse dal papa non riescono a placare. Conclusione: «verbis malignis et insidiis non debet regia celsitudo aures adhibere» (par. 11).

E possiamo adesso tornare all'epistola dantesca, riprendendola proprio dall'*intitulatio*, il cui inizio, «Universis et singulis», comporta già un cospicuo elemento intertestuale, poiché tale dicitura (presente anche nella *Questio de aqua et terra*) compare di frequente nei documenti pubblici.[14] Spicca subito, però, lo spazio testuale riservato al mittente, il cui nome è inquadrato da una duplice autocitazione: «exul inmeritus», dall'epistola III,[15] ma, dapprima, «humilis ytalus», che, come già rilevato da Sabrina Ferrara,[16] rinvia a *Inf.* I, 106, «di quell'umile Italia fia salute» – col che il riscontro virgiliano (*Aen.* III, 522–23) transita dall'avvento di un imprecisabile Veltro al portavoce della missione imperiale di Arrigo. L'Italia, così menzionata due volte («Universis et singulis Ytalie regibus (...) humilis ytalus»), travalica l'estensione «in partibus Lombardie et Tuscie» tradizionalmente riconosciuta al *regnum italicum* e assegnata dal papa alla spedizione di Enrico.[17] Essa è l'Italia virgiliana, quella che Acate intravede per primo («cum procul obscuros collis humilemque videmus/Italiam»,

---

13 *Henrici VII Constitutiones*, pp. 398–401, a p. 398.
14 La formula introduttiva *Universis et singulis* conferisce all'*Ep*. V «il carattere di un messaggio collettivo, non diversamente dalle prammatiche regie e imperiali e dalle encicliche papali» (*Ep*. [Pastore Stocchi], p. 28).
15 Il sintagma, già presente all'interno dell'*Ep*. II (par. 3), esibisce poi il suo peculiare rilievo nell'*intitulatio* dell'*Ep*. III, dove Dante contrappone la propria, acquisita e sofferta *identità* di «exul inmeritus» allo *status*, transitorio e circostanziale, che il participio «exulanti» ascrive a Cino.
16 Ferrara, *D'un bannissement*, p. 208.
17 Mi limito a citare, tra le molte occorrenze disponibili, «subditis suis intra Romanorum regnum in partibus Lombardie et Tuscie constitutis», *Exultet in gloria*, par. 3. L'enciclica si legge in *Henrici VII Constitutiones*, pp. 376–78 (il passo citato a p. 377).

Aen. III, 522–23), come pure rimanda a Virgilio l'«orat pacem»[18] che, a conclusione dell'*intitulatio*, annuncia uno dei temi maggiori dell'epistola.

Fin da subito, insomma, autocitazioni e prelievi virgiliani si intrecciano, si rafforzano a vicenda, perché è quello il filo conduttore della lettura polemicamente "storico-messianica" proposta da Dante, che non solo fa risalire le premesse dell'impero al viaggio di Enea, ma da Virgilio deriva, lo sappiamo, la definizione stessa di un impero cui Dio non assegna né confini spaziali né limiti temporali (*Aen.* I, 278–79). Ricordo in proposito quanto detto da Cristaldi: «la *figura dramatis* dell'imperatore messianico, inesistente nella Bibbia, e difatti sprovvista sino a quel momento di uno stabile e prestigioso supporto simbolico, trova con Dante questo supporto nel testo virgiliano».[19]

Ma l'*humilis ytalus* è anche fiorentino (oltre che *exul immeritus*): una duplice autoindividuazione la cui pregnanza è poi sottesa ai parr. 11–19, dove il «sanguis Longobardorum» (11), le «Scandinavie soboles» (12), i «carissimi, qui mecum iniuriam passi estis» (17) e infine gli «incole Latiales» (19) sono invitati a superare un'identità dimidiata riconoscendosi in primo luogo, al pari di Dante, come *ytali*, vale a dire come sudditi dell'impero, che garantisce loro l'autentica libertà dell'ubbidire alle sue leggi, e dove saranno non solo sudditi ma reggitori (come già detto da Pistelli):[20]

> [19] Evigilate igitur omnes et assurgite regi vestro, incole Latiales, non solum sibi ad imperium, sed, ut liberi, ad regimen reservati.

Senza attardarmi di nuovo sull'*incipit* paolino, ritorno invece sui *signa* annunciatori della *nova dies*:

> [2] «Ecce nunc tempus acceptabile», quo signa surgunt consolationis et pacis. Nam dies nova splendescit ab ortu auroram demonstrans, que iam tenebras diuturne calamitatis attenuat, iamque aure orientales crebescunt, rutilat celum in labiis suis et auspitia gentium blanda serenitate confortat.

La tessera virgiliana (da *Aen.* III, 530) «iamque aure orientales crebescunt» non solo occupa la posizione centrale ma "dialoga" con quella da *Mt* 16 3 che segue («rutilat celum»), e ne chiarisce la funzione: in entrambi i casi, infatti, l'interte-

---

18 Tollemache, *Orare*, indica infatti che, per la costruzione transitiva del verbo, l'*orat pacem* (formula che non mi sembra sia protocollare) «ricorda in modo particolare il virgiliano "orare pacem" (*Aen.* X, 80; XI, 110–11; 414)». La presenza dell'intero sintagma virgiliano è tanto più significativa in quanto «contrariamente alla regola generale (...), la *salutatio* non omette il verbo» (*Ep.* [Baglio], pp. 103–4).
19 Cristaldi, *La profezia imperfetta*, p. 322.
20 Lo ricorda *Ep.* (Baglio), p. 120, cui rinvio.

sto verte sulla retta interpretazione dei *segni*, a conforto degli «auspitia gentium», ed è quello che appunto fa Anchise pregando gli dei di dar loro il buon vento che puntualmente arriva, mentre, nel passo di Matteo, Gesù deplora che si sappiano leggere i segni del cielo ma non quelli dei tempi messianici.

Sempre da Virgilio (*Aen*. IV, 118-19) è poi notoriamente desunto il primo appellativo metaforico di Arrigo, quel «Titan» che, equiparandolo al sole, respinge fin da subito la pertinenza dell'immagine dei *duo luminaria* cui Clemente si era riferito all'inizio dell'epistola *Divine sapientie*:[21]

> [3] Et nos gaudium expectatum videbimus, qui diu pernoctavimus in deserto, quoniam Titan exorietur pacificus et iustitia, sine sole quasi eliotropium hebetata, cum primum iubar ille vibraverit, revirescet.

Precisando poi «Titan exorietur *pacificus*», Dante ricupera invece la qualifica di *rex pacificus* che compare ancora nell'*Exultet in gloria*, ma tende a scomparire dai testi successivi, da dove scompare anche l'attribuzione di un ruolo *super partes* all'imperatore, ormai confinato dalla «promissio lausannensis» in quello di «advocatus et defensor Ecclesie».[22]

---

21 *Henrici VII Constitutiones*, p. 263, par. 1, «divine sapientie imperscrutabilis altitudo exemplo celestium terram disponens (...) sicut in firmamento celi duo luminaria magna constituit ut orbem vicibus alternis illustrent, sic in terris dona precipua et suprema, sacerdocium videlicet et imperium, ad plenum regimen et gubernationem spiritualium mundanorumque constituens, utriusque potestatem superna provisione discrevit, ut eorum perutilis ministerii operosa diversitas nulla adversitate dissentiens tam in executione commissi regiminis quam in voti unitate concordes, (...) liberius iusticie opus exerceat, pacem mundo pariat, tanquillitatem inducat et nutriat unitatem» (passo citato *in extenso* da *Ep*. [Baglio], p. 130). La loro «operosa diversitas nulla adversitate dissentiens» viene subito dopo così precisata: «imperium quidem ad salutem fidelium sacerdotali auctoritate dirigitur et ipsius adiutum presidiis, sedatis interdum procellosis iminentium tempestatum turbinibus, tranquillum redditur et quietum. Sacerdocium vero pium et tutum debet habere recursum ad imperialem mansuetudinem debita sibi veneratione coniunctam, ut imperii Romani fastigium (...) specialis advocati et defensoris precipui circa ecclesiam gerat officium, et in ipsius fortitudine brachii defensentur ecclesie libertates et iura manuteneantur ipsarum, extirpentur hereses, cultus christinae fidei amplietur et inimicis consternatis eiusdem in pacis pulchritudine sedeat populus christianus et in requie opulenta quiescat». La *Divine sapientie* è la lettera ad Arrigo del 26 luglio 1309 con cui Clemente riconosce la legittimità dell'elezione ad Aquisgrana e accoglie la supplica per l'unzione «in imperatorem Romanorum, advocatum et defensorem ecclesie» (col che riassume la missione da lui assegnata all'impero-luna), fissandone la data (però prorogabile) al 2 febbraio 1312.

22 Che sarà poi esclusivamente, e insistentemente, ripreso nel *Memoriale*: «et quia aliqui reputant grave seu novum, quod rex Romanorum iuret et obligetur assistere contra rebelles ecclesie, attendendum quod ipse ad hoc tenetur ipso iure tanquam advocatus et defensor ecclesie. Numquid ecclesia advocato et defensore carebit?» (par. 8, *Henrici VII Constitutiones*, p. 400), mentre l'*Exultet in gloria* gli aveva ufficialmente attribuito una posizione *super partes* laddove affermava che «rex prefatus ad nullius partialitatis dexteram vel sinistram (...) suos

Un'ultima osservazione sul denso tessuto virgiliano di questi primi paragrafi: come è desunta da Virgilio la prima invocazione della pace nell'*intitulatio*, così il luminoso avvento del *Titan* virgiliano[23] subito presiederà al risorgere (*revirescet*) di quel "girasole" che è la giustizia, «sine sole quasi eliotropium hebetata». Perché il «revirescere» della giustizia[24] non è tanto, né solo, un *risveglio*, quanto una sua rigenerazione, atta a rinvigorirla nel solo modo in cui può esserlo, come già detto nel *Convivio* (IV iv 3–7) e poi ribadito nella *Monarchia*: identificando cioè nella sovranità imperiale il principio ordinatore della *iurisdictio* (*Mon.* III x 10) e facendo dell'imperatore l'*executor iustitie* (*Mon.* II x 1). Non escluderei dunque già qui, in questo inizio "esultante", apparentemente all'unisono coll'enciclica, un sottofondo polemico anche nei riguardi di Clemente, che si era mostrato ben deciso a disconoscere ogni carattere di novità messianicamente rigeneratrice alla missione imperiale, e più precisamente al suo esercizio della giustizia.

Alla giustizia imperiale sono poi dedicati i parr. 4–17, all'interno dei quali il suo duplice espletarsi (duplice ma non equipollente: *voluptuose/voluptuosius*) è efficacemente sintetizzato alla fine del par. 17: «voluptuose familiam suam corrigit, sed ei voluptuosius miseretur» – e con questo verbo salmistico si conclude anche il lungo percorso testuale della *misericordia*, scandito dai relativi poliptoti, che da Dio aveva preso le mosse nel par. 4. Nel par. 17, inoltre, il tema della giustizia si intreccia con l'emergere dell'altro assunto fondamentale, la diretta derivazione da Dio del potere imperiale. Su questa "novità polemica", che l'epi-

---

declinabit affectus» (par. 4, *Henrici VII Constitutiones*, p. 378). L'appellativo di *rex pacificus* o *regis imitator pacifici*, che tende a scomparire nei testi papali successivi all'enciclica, lascia posto dapprima alla disgiunzione tra la *giustizia* come attributo e la *pace* come atto di governo («tanquam rex iustus et pacificus dominus», *Henrici VII Constitutiones*, p. 387) e infine alla sola funzione di *advocatus et defensor ecclesie*, con i relativi riferimenti a testi non più scritturali ma canonici, come ribadito nel *Memoriale*: se ne veda, ad esempio, il passo già citato «et ratione peccati cognitio esset Romani pontificis et Romane ecclesie (...) ut patet ex canone» (par. 9).

23 Ma aggiungerei anche l'eco in «cum primum iubar ille vibraverit» di *Aen.* IV, 130, «ubare exorto», che, a pochi versi di distanza dalla menzione del sorgere di *Titan* (v. 118), dice già spuntato il giorno che sarà quello del malfatato amplesso di Didone e Enea nella grotta, escogitato da Giunone e proposto a una Venere diffidente che giustamente vi vede una minaccia per il viaggio predestinato. Che si tratti allora di contrapporvi i segni propizi che accompagnano invece la *nova dies* arrighiana? Lo suggerirebbe il funzionamento della memoria poetica dantesca, che mai perde di vista l'intertesto sotteso ai singoli prelievi (si veda da ultimo, a questo proposito, Brilli, *The interplay*, pp. 141–57).

24 *Ep.* (Villa), p. 1542, nota la presenza della stessa immagine metaforica nel congedo del *Liber Augustalis* di Federico II. L'idea è poi di nuovo espressa da Dante in *Ep.* VII, 4, «et nos in nostra iustitia reformaret» (ma fuori metafora, anzi con «formula topica del linguaggio liturgico», *Ep.* [Baglio], p. 158).

stola introduce rispetto al *Convivio*, vertono poi esclusivamente, e vigorosamente, i paragrafi conclusivi 27–29.

Consideriamo, in primo luogo, i termini successivi con cui Arrigo viene designato nei parr. 3–6. Egli è dapprima il *Titan* virgiliano di cui abbiamo già detto, è poi un messianico «Moysen alium» nel par. 4, tutto intessuto di reperti biblici, per comparire subito dopo, al par. 5, col suo vero nome, «Henricus», preceduto da un «clementissimus» che forse non è solo protocollare,[25] ma soprattutto seguito da un triplice appellativo, «divus et Augustus et Cesar», in cui spicca la sostituzione centrale dell'aggettivo *augustus*, del tutto consueto nelle intestazioni regali,[26] con *Augustus*,[27] nome proprio e titolo esclusivamente imperiale, poi ripetuto ancora due volte nel par. 10 con enfatica anadiplosi («Absit, quia Augustus est. Et si Augustus»): quanto a dire che, ben prima dell'incoronazione e dell'unzione papale (su cui Dante per altro sempre tace), Arrigo è già «imperator» a tutti gli effetti, non più *eligendus* (così lo definisce Clemente), ma già *electus*, perché *ordinato* da Dio, come affermerà poi il par. 29, e quindi detentore a pieno titolo della *plenitudo potestatis*.[28] Proprio in quanto imperatore *ordinato*, egli è anche lo *sponsus* del *Cantico* che «ad nuptias properat»: nozze da celebrare non con Roma né con la Chiesa, bensì, per un significativo scar-

---

[25] Benché *Ep.* (Toynbee), abbia rilevato, sulla scorta di Orosio, *Historia adversos paganos*, VI 1 6, che *clementissimus* era un titolo attribuito agli imperatori romani, il confronto con l'altra occorrenza dantesca in *Ep.* VII, 9 (ricordata da *Ep.* [Baglio], p. 110) mi sembra rafforzi l'impressione che il nome del papa faccia da controcanto a *Henricus* in quel *clementissimus* addossato alla sola comparsa del nome proprio dell'imperatore: quando esso ricompare nell'*Ep.* VII, 9 (come *variatio* di *benignissimum*: «benignissimum vidi et clementissimum te audivi») è a ridosso dell'evocazione della *proskynesis*, atto di omaggio tradizionalmente destinato al papa.

[26] La sottoscrizione «Romanorum rex semper augustus» è infatti adottata da Enrico negli atti ufficiali fino all'incoronazione a Roma.

[27] Non coglie lo scarto tra *augustus* e *Augustus* il volgarizzatore dell'*Ep.* V: «il pietosissimo Arrigo, chiaro accrescitore e Cesare», che desume *accrescitore* da Boccaccio, *Esposizioni*, p. 33: «fu cognominato Augusto, cioè accrescitore» (cito entrambi i passi da *Volgarizzamento* (Montefusco), p. 258). Di nuovo «accrescitore» al par. 10 (p. 259), dove gli sfugge inoltre l'allusione a Farsalo (e quindi il rinvio dell'epanalessi dantesca al poema di Lucano, il cui libro VII si chiude appunto sullo spettacolo della «finalis deletionis» dell'esercito sconfitto).

[28] A sua volta, Enrico dichiara ad Asti (13 nov. 1310), in un testo letto pubblicamente da Nicola Bonsignori, di poter agire «ex plenitudine sue potestatis» in virtù dell'elezione e dell'incoronaziona ad Aquisgrana approvate dal papa (*Henrici VII Constitutiones*, pp. 419–20). Il memoriale recato da Nicola da Butrinto a Clemente nello stesso torno di tempo non parla certo di *plenitudo potestatis*, ma rivendica di detenere – come «homines intelligentes» (Dante ne faceva parte?) sanno – «administrationem in imperio, acsi esset coronatus, tamen quidam querentes nocere et zizaniam seminare suggerunt simplicibus, quod non est ei obediendum, donec fuerit coronatus. Ex qua malitia possent rebelliones plures in dampnum rei publice imperii exoriri» (*Henrici VII Constitutiones*, p. 411). Entrambi i testi sono citati e commentati da Cengarle, *Enrico VII*.

to dall'esegesi tradizionale, con l'Italia, poi detta *pulcerrima* come la *sponsa* nel paragrafo seguente.[29]

Ma l'attributo metaforico più produttivo, più ricco di ramificazioni plurime (o polimorfe), è deducibile dal par. 6, dove, a norma della parabola di Matteo (*Mt* 21, 33–41), il padrone «vineam suam aliis locabit agricolis qui fructum iustitie reddant in tempore messis». Quando poi il termine *agricola* ricompare al par. 16, Dante ne rovescia il referente, che diventa adesso Arrigo stesso, «novus agricola Romanorum». All'uso metaforico dell'*agricola* ricorre anche l'*Exultet in gloria* (par. 1), che però lo riferisce a Dio, per illustrarne la *summa benignitas* e la *melliflua dulcedo* effusa su Arrigo :

> quem [*i.e.* Arrigo] celestis agricole summa benignitas de radice caritatis eduxit, (...) per quem mellifluam celi dulcedinem susceperunt, quem arbor iustitie in benedictionibus plantata dulcedinis germinavit.

Riprendendo invece il passo di Matteo, Dante ridà alla parabola evangelica tutto il vigore polemico insito nel mutamento autoritario degli affittuari (fuori metafora, proprio quello che il papa si era impegnato a scongiurare), poi confermato dal riferimento salmistico (*Ps* 146, 9) alla prole dei corvi che usurpano il posto destinato alla discendenza dell'aquila:

> [11] illi cede [imperativo rivolto al *sanguis Longobardorum*], ne, cum sublimis aquila fulguris instar descendens[30] adfuerit, abiectos videat pullos eius et prolis proprie locum corvulis occupatum.

---

[29] L'immagine salomonica di Enrico-*sponsus* è certo presente nell'epistola di Francesco da Barberino, *In trono et solio* (lo ricorda *Ep.* [Baglio], p. 110), ma in senso ben diverso: egli non è lo sposo dantesco che «ad nuptias properat» con l'Italia (né con Roma, né con la Chiesa, quindi, tradizionalmente associate alla *sponsa* come in *Ep.* XI, 26), bensì lo *sponsus* bramato dalla Corona, la mittente fittizia della missiva barberiniana, che lo esorta ad affrettare la celebrazione delle nozze-incoronazione. Per una nuova valutazione complessiva dell'epistola di Francesco da Barberino e l'edizione critica del testo, si veda Brilli, Fontes Baratto, Montefusco, *Sedurre l'imperatore*. Sugli altri possibili riscontri tra il testo barberiniano e le epistole dantesche si veda, *infra*, la nota 47.

[30] Ulteriore autocitazione: dall'*Ep.* IV, 2 «ceu fulgur descendens», subito seguito, al par. 3, da «O, quam in eius apparitione obstupui!» cui rinvia ugualmente, per la comune ascendenza virgiliana (*Aen.* I 613), *Ep.* V, 20: «exhortor (...) ut illius obstupescatis aspectum». Il cortocircuito è piuttosto sorprendente: Dante sembra infatti riscrivere l'avvento di Enrico sulla falsariga dell'apparizione della *montanina*. Comunque sia, l'autocitazione induce a postulare una datazione dell'*Ep.* IV conforme a quella più generalmente addotta (1307–1308), mentre Villa, sulla scorta di Pascoli, propone di ascriverla al periodo arrighiano (*Ep.* [Villa], pp. 1529–40, ripreso in Villa, *Un oracolo e una ragazza*). Per un'ampia ricognizione delle varie ipotesi critiche riguardanti tanto l'*Ep.* IV quanto la canzone che le è comunemente associata (ma Villa propone di disgiungerle), si veda Grupo Tenzone, *Amor, da che convien*.

Questa questione di cruciale importanza viene poi riformulata al par. 20, dove conclude la serie anaforica delle relative il cui soggetto sono ora gli *incole Latiales*:[31] «qui publicis quibuscunque gaudetis et res privatas vinculo sue legis, non aliter, possidetis». Tale affermazione, tanto recisa quanto provocatoria poiché subordina il diritto di proprietà, sia pubblico che privato, e di fatto l'esercizio del potere, al vincolo della legge *imperiale* (da ritenersi valido su tutto il suolo dell'Italia virgiliana evocata fin dall'*intitulatio*), costituisce anche l'unica occorrenza, in tutto il testo, di un vocabolario meramente denotativo.

La produttività della metafora agricola pervade l'epistola fino al par. 21. Essa fa prima dell'Italia una «vinea» (par. 6) o una «fecuna vallis» (par. 16) – non ancora un "giardino" – che darà il «frutto della vera pace» essendo lavorata dall'«aratro» dell'imperatore (par. 16) e dal «rastrello» degli *oppressi* (cioè i «carissimi, qui mecum iniuriam passi estis» del par. 16) la cui riscossa è vicina (par. 15), ma si estende poi al territorio dell'impero (ad esso, non all'Italia si riferisce l'*hortus*-giardino del par. 21), che viene a coincidere col mondo creato da Dio (parr. 20–21), e dotato quindi di una dimensione universale pari a quella dell'«universalis captivitatis», evocata al par. 4, da cui l'impero è appunto destinato a liberarlo:

> [20] Qui bibitis fluenta eius eiusque maria navigatis; qui calcatis arenas littorum et alpium[32] summitates, que sue sunt;
>
> [21] Hortus enim eius et lacus est quod celum circuit; nam «Dei est mare, et ipse fecit illud, et aridam fundaverunt manus eius».

Nel frattempo, al par. 17, la metafora dell'*agricola* ha conosciuto un'altra significativa estensione che fa di Arrigo esplicitamente un pastore («hectoreus pastor»), anzi un «buon pastore», a norma di *Io.* 10, 14,[33] poi, implicitamente, un padre:

---

[31] «Cioè "italiani"» (*Ep.* [Baglio], p. 120), perché in effetti onnicomprensivi (l'*omnes* che precede *incole Latiales* al par. 19) tanto dei «recalcitranti» dei parr. 7–14 (i più numerosi, dunque) quanto degli *oppressi*, Dante compreso, dei parr. 15–17. «Agli uni e agli altri» si riferisce per l'appunto l'*utrique* del par. 19, poi specificato con *unicuique*. L'uso sorvegliatissimo degli indefiniti («utrique...unicuique...omnes») culmina quindi nell'apostrofe onnicomprensiva agli *incole Latiales*.

[32] *Ep* (Baglio), p. 121, accoglie molto opportunamente la proposta di *Ep.* (Pastore Stocchi), p. 36 che sostituisce «Alpium» (nome proprio limitativo, se non incongruo all'interno dei parr. 20–21) con «alpium» (mentre *Ep.* [Villa], p. 1450, conserva «Alpium»).

[33] *Ep.* (Baglio), p. 118.

[17] Parcite, parcite iam ex nunc, o carissimi, qui mecum iniuriam passi estis, ut hectoreus[34] pastor vos oves de ovili suo cognoscat; cui etsi animadversio temporalis divinitus est indulta, tamen, ut eius bonitatem redoleat a quo velut a puncto bifurcatur Petri Cesarisque potestas, voluptuose familiam suam corrigit, sed ei voluptuosius miseretur.

La relazione tra l'imperatore e i sudditi è in tal modo caratterizzata colle stesse coppie, *pastor-oves*, *(pater)-familiam*, che vengono più generalmente usate per definire i rapporti tra il papa e i fedeli. Subito dopo aver così suggerito l'equipollenza tra i due poteri, Dante la formula per la prima volta in modo esplicito: «a quo vel a puncto bifurcatur Petri Cesarisque potestas». Ma la proferisce ancora all'interno di una subordinata relativa – in subordine, appunto, rispetto alla frase principale, che enuncia la raggiunta conclusione dell'ampio *excursus* sulla giustizia imperiale dei parr. 4–17, dove si intreccia con l'altrettanto impegnativa riflessione sulla misericordia.

Il percorso testuale della misericordia, che da Dio prende le mosse con un'*adnominatio* «arrexit namque aures misericordes leo fortis de tribu Iuda atque ululatum universalis captivitatis miserans» (par. 4), dà inizio subito dopo alla *narratio* con l'invito rivolto alla «miseranda Ytalia» perché si allieti («letare», imperativo biblico) dell'arrivo dello «sponsus» (par. 5) che la libererà «de carcere impiorum» e «percutiens malignantes in ore gladii perdet eos» (par. 6). L'evocazione della giustizia punitiva contro empi e «malignantes» induce a chiarire i suoi rapporti con la misericordia (parr. 7–9), evidenziati in primo luogo (par. 7) dal gioco retorico di domanda e risposta, con relativa *correctio*.[35] La ripresa degli imperativi anaforici non riguarda più, allora, l'Italia tutta, ugualmente *miseranda*, ma il «sanguis Longobardorum», perché *ceda* a quanto gli resta del seme troiano (par. 11), poi le «Scandinavie soboles» (in cui sembra prevalere l'origine germanica), perché si dispongano ad accogliere l'avvento di Enrico, da loro a ragione temuto («cuius merito trepidatis adventum», par. 12). Dante non può infatti ignorare le resistenze già manifestatesi (e appoggiate da Clemente), ma proprio per questo ricorre al duro monito di *Act* 26, 14 («durum est contra stimulum calcitrare», par. 14) per distoglierli dalla ribellione.

Il tono cambia del tutto quando poi Dante si rivolge agli «oppressi» (par. 15), i «carissimi» di cui ha condiviso le sofferenze (par. 17). A loro annuncia (con «esasperata sequenza allitterante»),[36] «prope est vostra salus», il «viride (...) fructiferum vere pacis; qua quidem viriditate vestra terra vernante» (par. 16), a

---

34 In quanto sinonimo di "troianus", l'epiteto virgiliano *hectoreus* (*Aen.* I, 273, «gente sub Hectorea») può convogliare anche la memoria del «Troianus origine Caesar», di pochi versi dopo (*Aen.* I, 286), che verrà citato in *Ep.* VII, 13.
35 *Ep.* (Baglio), p. 111.
36 *Ep.* (Baglio), p. 118.

condizione però che, accogliendo l'invito del virgiliano «parcite» (par. 17, ultimo imperativo della serie aperta da un verbo biblico), e dunque rinunciando ad ogni velleità di rivalsa, si mostrino «oves» e «familiam» dell'«hectoreus pastor», a cui Dio, pur avendogli accordato «la facoltà di punire sulla terra» (*animadversio temporalis*), ha tuttavia insegnato a coniugare giustizia e misericordia: «voluptuose familiam suam corrigit, sed ei voluptuosius miseretur». Alla sintetica efficacia di tale enunciato conclusivo può allora seguire l'evocazione della pace «preparata per ciascuno» (par. 18), e quindi della libertà "riservata" solo dall'impero a tutti gli *incole Latiales*:

> [18] hinc utrique[37] potestis advertere pacem unicuique preparari et insperate letitie iam primitias degustare. [19] Evigilate igitur omnes et assurgite regi vestro, incole Latiales, non solum sibi ad imperium, sed, ut liberi, ad regimen reservati.

Introducendo comunque la "specifica polemica" sul rapporto tra i due poteri, il par. 17 segna di fatto una svolta fondamentale nello svolgersi dell'argomentazione. Se l'assunto polemico si affermerà in modo più perentorio nei paragrafi finali, la sua comparsa già nel par. 17 serve anche ad arginare il timore che si era nel frattempo insinuato nei due paragrafi centrali, 15 e 16, e che va subito scongiurato:

> [15] agellum sternite mentis vestre, ne forte celestis imber, sementem vestram ante iactum preveniens, in vacuum de altissimo cadat.
>
> [16] Non resiliat gratia Dei ex vobis tanquam ros quotidianus ex lapide.

Vi si può aggiungere la precedente allusione alle lusinghe della *cupiditas*, che rischierebbero di trasformare, «more Sirenum», il viaggio provvidenziale in naufragio se le *Scandinavie soboles*, cui il discorso è ora rivolto, si lasciassero adescare da esse:

> [13] Nec seducat alludens cupiditas, more Sirenum nescio qua dulcedine vigiliam rationis mortificans.

Superfluo aggiungere che i timori qui insistentemente espressi saranno poi la certezza duramente acquisita di *Par.* XXX, 137–38: «l'alto Arrigo, ch'a drizzare Italia / verrà in prima ch'ella sia disposta». Per ora, la terribile, tragica discrepanza tra tempo provvidenziale e tempo storico, tra volontà divina e appetiti umani che Dante paventa può essere da lui scongiurata in due modi. In primo luogo, insistendo sul rapporto tra volontà divina e capacità umane: se agli uo-

---

37 Sul referente di *utrique* si veda, *supra*, la nota 31.

mini capita di essere «interdum utensilia Dei», in loro è inoltre connaturata la libertà di poter assecondare i disegni di Dio (par. 25), per cui il processo stesso della conoscenza, aristotelicamente delineato, permette loro di comprendere, nello specifico, la conformità della predestinazione imperiale con la volontà divina (par. 22). Si possono così ripercorrere, in secondo luogo, le circostanze in cui la storia ha già mostrato il procedere parallelo di entrambi i tempi, provvidenziale e umano, dalla «prima scintillula» dell'impero ai trionfi di Ottaviano (par. 24) e fino ai dodici anni di pace coincidenti con la nascita di Cristo (par. 26).

È dunque nel par. 17 che, concludendo la dimostrazione di come Enrico sia atto ad adempiere la missione imperiale di *giustizia*, non esente da *misericordia*, che gli spetta, viene definito (e non solo alluso tramite le due immagini del pastore e del padre) il rapporto tra i due poteri, disgiunti ma equipollenti, perché emananti entrambi direttamente da Dio, «a quo velut a puncto bifurcatur Petri Cesarisque potestas». Formula lapidaria, di un'icasticità ben dantesca, cui Dante approda dopo aver ripreso in precedenza, nel par. 14, due tra i versetti più citati e sfruttati dalla pubblicistica (tanto papale quanto imperiale)[38] per ammonire chi intendesse «recalcitrare» alla volontà divina, e più precisamente alla *potestas* imperiale da lui *ordinata*:

> [14] Preoccupetis faciem eius in confessione subiectionis et in psalterio penitentie iubiletis, considerantes quia «potestati resistens Dei ordinationi resistit» [*Rm* 13, 2], et qui divine ordinationi repugnat, voluntati omnipotentie coequali recalcitrat, et «durum est contra stimulum calcitrare» [*Act* 26, 14].

L'ammonimento colpisce certo, in primo luogo, al di là dei destinatari interni al testo, il passo dell'*Unam sanctam* dove Bonifacio VIII aveva sfruttato il versetto paolino («potestati resistens Dei ordinationi resistit») a sostegno della *reductio ad unum* che riconosce un'origine divina al solo potere papale («quicumque igitur huic potestati a Deo sic ordinate resistit, Dei ordinatione resistit, nisi duo sicut Maniceus fingat esse principia»)[39] – non mi sembra però da escludere che

---

38 Come ricordato da *Ep.* (Baglio), p. 115, il ricorso al versetto paolino (*Rm* 13, 2) in funzione filo-imperiale è già nell'epistola federiciana di Pier delle Vigne *Collegerunt pontifices*, e figurerà poi nella sentenza di Enrico VII contro i ribelli di Toscana del 23 febbraio 1313, mentre il rinvio a *Act* 26, 14 sarà presente nel proclama *Deus iudex iustus* del 26 aprile 1313 con cui Arrigo condanna Roberto d'Angiò (*Henrici VII Constitutiones*, p. 986): «nequitie siquidem et perditionis alumnus (...) calcaneum rebellionis presumpsit erigere ac contra stimulum indurata nequitia calcitrare non cessat» (già segnalato da Rigo, *Tempo liturgico*, pp. 38-39). La citazione di *Rm* 13, 2 ricorre anche in *Ep.* VII, 27.
39 Il testo dell'*Unam sanctam* si legge in *Les registres*, n. 25189.

l'ammonimento possa anche prendere di mira le velleità, o meglio l'intenzione già reperibile in Clemente di seguirne le orme.

Ma la formulazione dantesca, «a quo velut a puncto bifurcatur Petri Cesarisque potestas», per quanto lapidaria e icastica, non può bastare da sola per asseverare un assunto, dottrinale e polemico, di tale importanza. Ad essa si sostituiscono infatti, nei parr. 27-28, le parole di Cristo stesso (come già annunciato al par. 22: «et verba Verbi confirmasse posterius profitetur Ecclesia»), seguite, al par. 29, dall'esortazione di Paolo a uscire dalle tenebre che oscurano la mente:

> [29] Non igitur «ambuletis sicut et gentes ambulant in vanitate sensus» [*Eph* 4, 17] tenebris obscurati; sed aperite oculos mentis vestre, ac videte quoniam regem[40] nobis celi ac terre Dominus ordinavit.

L'epistola si era aperta nel segno di Paolo e con una citazione paolina si chiude, come fa notare Baglio[41] (anche se, a rigor di termini, si chiude nel segno di Pietro al par. 30); ma ancora più importante, mi pare, è il fatto che l'intreccio delle varie voci intertestuali svanisca nei paragrafi finali, lasciando posto alle sole citazioni neotestamentarie (da Paolo e da Pietro), e, nello specifico, agli evangelici *verba Christi*.[42] Sono, dapprima, le parole proferite da Gesù in *Mt* 22, 21, cui si riferisce il par. 27, che evidenzia, sostituendo con «iussit» l'«ait» della *Vulgata*, l'inderogabile portata imperativa di quella spartizione alla pari:

---

[40] Se il termine *imperator* non compare nell'*Ep.* V (né nelle altre due missive arrighiane, salvo nella forma aggettivale «imperatoriam maiestatem» di *Ep.* VII, 9), vi compare invece due volte *rex* riferito a Enrico (dopo l'occorrenza nell'*intitulatio*): prima nell'*adnominatio* chiastica del par. 19 («assurgite regi vestro [...] ad regimen reservati»), poi «verbum» proferito da Cristo stesso, e ripreso come tale da Dante, nel par. 29. L'*Ep.* V delinea la figura di Enrico e la sua missione trascorrendo dagli insistiti riferimenti iniziali a Virgilio, nel loro intreccio coi reperti biblici, alla successiva predominanza di questi ultimi quando si tratta di attestare la funzione provvidenziale del viaggio, ma conferisce di nuovo connotati virgiliani alla figura evangelica dell'«hectoreus pastor» (par. 17), in implicita contrapposizione con la qualifica di «romanus pastor» tradizionalmente riservata al papa, il cui attributo viene però ripreso nell'ultima perifrasi riguardante Enrico, «romanum principem» (par. 22), che così approda, come con il successivo «regem» del par. 29, a un titolo non metaforico (*imperator* resta "impronunciabile"), la cui «verità» rispetto alle prerogative papali si impone con le parole di Cristo.
[41] *Ep.* (Baglio), p. 128.
[42] I riferimenti scritturali valgono per la loro memorabilità, di cui Rigo, *Tempo liturgico*, ha ritrovato le tracce nei più diffusi testi della liturgia. Non credo tuttavia che si possa andare molto oltre l'evidenza di una comune origine biblica (che nell'*Ep.* V è poi esclusivamente neotestamentaria, e conclusivamente evangelica), perché solo da essa Dante intende attingere quello che più gli preme asserire, e cioè la "biforcazione" paritetica dei due poteri. Per la loro frequenza, spiccano però le riprese paoline da *Rm* e *Cor*: a riprova comunque di una scelta non frammentaria degli ipotesti.

> [27] Et hic (...) quasi dirimens duo regna, sibi et Cesari universa distribuens, alterutri iussit reddi que sua sunt.

Segue subito dopo, al par. 28, la ripresa da *Io* 19, 11, che si situa nel momento del massimo conflitto con Pilato cui Cristo risponde: «tu non avresti alcun potere su di me, se ciò non ti fosse stato dato dall'alto» («respondit Iesus non haberes potestatem adversum me ullam nisi tibi esset datum desuper»).

> [28] Quod si pertinax animus poscit ulterius, nondum annuens veritati, verba Christi examinet etiam iam ligati; cui cum potestatem suam Pilatus obiceret, Lux nostra de sursum esse asseruit quod ille iactabat qui Cesaris ibi auctoritate vicaria gerebat officium.

Verba Christi che solo qui, dunque, in questi paragrafi conclusivi, sono riferiti in quanto tali (seppur proferiscano, nel par. 28, un virulento «quod ille iactabat» che non è evangelico):[43] a diretta, irrecusabile convalida della loro dirompente *verità* – ovvero della «specifica polemica sull'argomento» – in un primo momento affidata all'invenzione linguistica del mittente («a quo velut a puncto bifurcatur Petri Cesarisque potestas»).

L'interpretazione delle parole di Cristo a Pilato era però tutt'altro che pacifica. Dante espone la propria («videte quoniam regem nobis celi ac terre Dominus ordinavit», par. 29) con una frase asciutta e vigorosa, esente da *transumptiones*, che culmina nel verbo forte «ordinavit», proprio di ciò che Dio dispone, stabilisce, predetermina – e lo riprende dunque dal par. 14 (dove figura già due volte, come esplicita citazione paolina che Dante si appropria tramite l'*adnominatio*), raddrizzandone definitivamente il senso rispetto all'*Unam sanctam* e, di conseguenza, alle risorgenti ambizioni teocratiche di Clemente. Ma tale asciutto vigore serve anche a sostenere un'interpretazione del passo giovanneo che si discosta, in particolare, dall'esegesi di Agostino (*In evangelium Ioannis*, 116, 5): «discamus ergo quod dixit, quod et per Apostolum docuit, quia "non est potestas nisi a Deo" [*Rm* 13, 1]» (ripresa da Tommaso d'Aquino nella *Catena aurea in Ioannem*, 19, 3). Per Agostino, Gesù lì esprime quanto poi insegna tramite Paolo, e cioè che non v'è autorità se non da Dio. Dante invece non accoglie il riferimento a Paolo proprio perché le parole dette da Cristo bastano, da sole, per «asserire», non tanto, come Paolo, l'origine divina dell'autorità, quanto la diretta derivazione da Dio del potere imperiale[44] – col che Dante confuta anche,

---

43 Su di esso, si veda la nota seguente.
44 Si apre un'ulteriore pista interdiscorsiva col *Tractatus super Romano Imperio* di Giordano da Osnabrück († 1283), la cui interpretazione del passo giovanneo concorda con quella dantesca: lo segnala, citandolo ampiamente, *Mon.* (Quaglioni), p. 1201. Vedi il testo del *Tractatus* a pp. 94–148 (il passo in questione alle pp. 95–96), dove è inserito nel *Memoriale* che Alexander von Roes, un canonico di Colonia, dedica al cardinale Giacomo Colonna presso cui si trovava,

un'ultima volta, la conformità coi precetti evangelici della *confirmatio* papale come condizione dell'investitura.

Resta infine da affrontare l'enigma posto dall'ultimo paragrafo:

[30] Hic est quem Petrus, Dei vicarius, honorificare nos monet, quem Clemens, nunc Petri successor, luce apostolice benedictionis illuminat, ut ubi radius spiritualis non sufficit, ibi splendor minoris luminaris illustret.

L'enigma non riguarda affatto il riferimento alla «benedizione apostolica» dispensata dall'*Exultet in gloria*. Situandola nella continuità diretta delle parole di Pietro (1 *Pt* 2, 17) «regem honorificate» (di cui Dante riprende il verbo, presente invece nell'*Exultet* solo tramite l'*adnominatio*: «regem predictum *honorificentia* debita venerari», par. 4, *MGH* IV/I, p. 378) e ponendola a suggello conclusivo della serrata dimostrazione degli ultimi paragrafi, ne delimita per ciò stesso l'efficacia al solo ambito spirituale perché, conformandosi al monito di Pietro, il suo successore «illumini» lo svolgersi della missione imperiale.

L'enigma risulta invece dalla ripresa della metafora dei due luminari, la cui pertinenza sembrava preliminarmente scartata fin dal primo attributo metaforico di Enrico-*Titan*. Ripresa per altro del tutto "singolare", perché non di due luminari si parla ma di uno solo, quello minore, che però splende di luce propria («illustret», intransitivo) laddove il «radius spiritualis»[45] rivela la sua insufficienza. Comunque vada inteso quel problematico «non sufficit»,[46] la metafora, verosimilmente addotta, da ultimo, come gesto cautelare nei confronti di Clemente, risulta parzialmente disattivata: depotenziata del confronto tra i due luminari, assente il rapporto di proporzionalità, o meglio il comparativo di supe-

---

a Viterbo, tra la morte di Niccolò III e l'elezione di Martino IV (ne fa menzione Waley, *Colonna, Giacomo*). Notevole la presenza dello stesso verbo *iactare* (verosimilmente risalente al comune archetipo di un commento patristico) nel *Tractatus* («dum enim Pylatus iactaret se de potestate quam habet in Christum», p. 94) come nell'*Ep.* V, 28 («quod ille iactabat»), per indicare l'arrogante dichiarazione di Pilato, mentre gli evangelisti gli attribuiscono solo dei *verba dicendi* (che Dante per altro "traduce" sdoppiandoli in «obiceret», detto di Pilato, e «iactabat», con cui Cristo designa tanto le parole quanto l'atteggiamento di Pilato).

45 A proposito dei tre termini presenti in *Ep.* V, 30, «lux», «radius», «splendor» (e «radius» già in *Ep.* V, 3), Ep. (*Baglio*), p. 131, ricorda la definizione che ne dà *Conv.* III, xiv, 5 (dove però non si tratta affatto dei *duo luminaria* né tantomeno della portata metaforica del loro rapporto).

46 Da interpretare probabilmente nel modo proposto da Tartaro (come suggerisce *Ep.* [Baglio], p. 131): Dante non intende «precisare se tale insufficienza è solo di un momento particolare, circoscritto, o piuttosto vada intesa – ed è la sua opinione – come strutturale, stante il fatto che il papa, privo della facoltà di legiferare nel mondo, è sempre nella condizione di non potere attendere adeguatamente al governo temporale» (Tartaro, *Dante*, p. 59).

riorità (il «virtuosius» della *Monarchia*, per intenderci), la metafora sembra qui mero tassello di un *topos* sprovvisto di portata esegetica.[47]

La ripresa sbilenca della metafora astrologica e il problematico «non sufficit» attribuito al «radius spiritualis» dell'innominato luminare maggiore sono forse la conseguenza del ritorno all'attualità politica più immediata, con l'inderogabile menzione dell'appoggio dato dall'enciclica clementina alla spedizione arrighiana. Non è però sul piano strettamente *politico* che l'epistola V in realtà si situa, non solo perché conferisce un ruolo virgilianamente messianico all'imperatore ma, soprattutto, perché si pronuncia poi sulla biforcazione equipollente dei due poteri, emananti pariteticamente da Dio, e mobilita, infine, le parole di Cristo stesso per confermare nel modo più autorevole la diretta derivazione da Dio del potere imperiale. Il discostarsi dal terreno politico era stato d'altronde annunciato dal par. 22 («unde Deum romanum principem predestinasse relucet in miris effectibus, et verbo Verbi confirmasse posterius profitetur Ecclesia») in cui, alla fine della lunga *petitio* rivolta ai destinatari dell'epistola (ma, in particolare, ai "recalcitranti" del par. 14 e agli «oppressi» del par. 15), accomunati dall'identificazione come «incole Latiales» (par. 19) parimenti "liberi" nella sudditanza all'impero, Dante sintetizza i due temi che fanno poi l'oggetto dei paragrafi seguenti. Ma Dante annuncia così, implicitamente, anche il diverso destinatario cui si rivolgono i paragrafi conclusivi, che fanno appunto appello

---

47 Analoga è l'impressione di un riuso sprovvisto di portata esegetica che si ricava, nell'epistola di Francesco da Barberino all'imperatore (v. *supra* nota 29), dalla presenza delle due piastre effigianti il sole e la luna che pendono dalla corona destinata ad incoronarlo («pendent lamine hinc et inde, quarum altera solem vivum, reliqua vero lunam ex illius radiis lucem dantem representat», par. 8.9). Il testo barberiniano, in effetti, non solo mai si pronuncia altrove sul rapporto tra i due poteri né mai fa menzione del papa, ma insiste anzi sull' «universalem potentiam» (par. 5.6) che l'incoronazione conferirà a Enrico, «mundi (...) possessor» (par. 2.1) da Dio predestinato a tale ufficio. I curatori dell'edizione critica dell'epistola invitano però (p. 61) a vagliare il senso e la portata di tali presenze testuali alla luce di una più ampia ricognizione del lessico politico contemporaneo. Ciò vale, in particolare, per la diffusa immagine di origine scritturale «cornua superbiae» (*Ps.* 74, 5–6), riscritta come «cornua superborum» da Francesco (par. 5.12) e come «cornua rebellionis» nell'*Ep.* VII, 25: a riprova dell'associazione tra *rebellio* cittadina e *superbia* che prolifera nel linguaggio politico del tempo (Brilli, Fontes Baratto, Montefusco, *Sedurre l'imperatore*, pp. 55–56; numerosi esempi in *Ep.* [Baglio], p. 175). Ma lo stesso avvertimento vale anche per altri punti di contatto riscontrabili tra la missiva della Corona barberiniana e l'*Ep.* V, che si tratti della citazione di II *Cor* 6, 2 («tempus est acceptabile», par. 9.4) o di *Rm* 13, 2 («[Dei manifesta voluntas] cui resistere nemo potest», par. 3.8), della prossimità tra «et ecce subito insurrexit aurora» (par 3.2) e *Ep.* V, 2 («nam dies nova splendescit ab ortu auroram demonstrans») o della presenza dello stesso verbo *pernoctare* («mediteris desideria cordis mei et quam duro pernoctabit affectu», par. 5.10 e *Ep.* V, 3 «Et nos gaudium expectatum videbimus, qui diu pernoctavimus in deserto»).

alla specifica competenza della Chiesa[48] nel riconoscere («profitetur») la predestinazione imperiale, verificabile nella storia fin dal guizzo della sua «prima scintillula» (par. 24), quale frutto della volontà divina, così come le spetta ricavarne la «conferma» dalle parole di Cristo («verbo Verbi»). La benedizione apostolica dispensata dall'*Exultet in gloria* non garantisce affatto la conformità dell'enciclica papale con i «verba Christi» – ma se Dante, come credo, lo pensava, o per lo meno lo sospettava, non era certo quello il *tempus acceptabile* per palesarlo.

---

[48] Benché riguardante la *Monarchia*, questa osservazione di Quaglioni mi sembra possa anche suggerire la prospettiva nella quale Dante affronta, già nell'*Ep.* V, il ruolo della Chiesa nella storia: «che nella *reductio ad unum* bonifaciana, nella pretesa del pontefice romano di essere il solo mediatore tra temporale e atemporale e il solo legislatore supremo, cardine dell'ordine del mondo, Dante dovesse vedere un pericolo non solo per l'ordine secolare ma più ancora per l'ordine spirituale, e dunque un problema di natura ecclesiologica prima ancora che giuridica o politica in senso "moderno", non c'è da dubitare. Dante è il testimone di una frattura che lacera la Chiesa prima ancora che l'Impero» (*Mon.* [Quaglioni], p. 878).

Francesco Somaini
L'epistola V e l'ipotesi di un dossier dantesco per Enrico VII

Abstracts: Il saggio propone l'ipotesi che l'epistola V di Dante sia stata scritta in un momento molto ravvicinato rispetto al VI canto del *Purgatorio*, e che i due componimenti siano stati concepiti come una sorta di dittico poetico-letterario e retorico-politico da presentare a Enrico VII in vista della sua prossima (e però già annunciata) venuta in Italia. In primo luogo si argomenta che *Purg.* VI sia stato composto tra l'estate e l'autunno del 1310 a Poppi o comunque nel Casentino, e si analizzano le analogie di contenuto tra il canto e il messaggio politico della coeva epistola V. Vengono poi presi in esame punti di contatto e differenze tra il progetto politico di Enrico VII e le idee di Dante, per concludere che canto ed epistola potrebbero essere state composte in parallelo per presentare l'autore come ispiratore della politica imperiale, ma che le differenze di orientamento con l'imperatore potrebbero aver portato al fallimento del progetto di Dante.

The article argues that Dante's epistle V was composed in close temporal proximity to the VI canto of the *Purgatorio*, and that these two texts were conceived as a poetic, rhetorical and political diptych to be presented to Henry VII in the wake of his imminent, and already announced, Italian mission. First I suggest that *Purg.* VI was composed between the summer and the fall of 1310 in Poppi, or in the Casentino. Then I analyze the analogies between the canto and the political message of the contemporary epistle V. Finally, I examine similarities and dissimilarities between Henry's political project and Dante's ideas. I conclude that the canto and the epistle might have been composed together for presenting their author as an inspirer of the imperial politics, but also that Dante's project likely failed because of the differences between his conceptions and Henry's.

Parole chiave: cronologia, spazio politico italiano, Roma, Enrico VII.

1 Premessa

L'eccellente intervento di Anna Fontes Baratto in questo stesso volume mi esime (non senza mio grande sollievo) dall'onere di dovermi soffermare specificamen-

Francesco Somaini, Università del Salento

te sull'interpretazione dei singoli passaggi del testo dell'epistola V e sui molteplici e dotti riferimenti letterari, filosofici, politico-dottrinali, teologici e scritturali in essa contenuti. Per le numerose suggestioni che il testo propone da questo punto di vista mi rimetto integralmente alle valutazioni che sono state da lei con grande competenza suggerite.[1] Io vorrei invece concentrarmi esclusivamente sul contesto dell'epistola stessa, ovvero sulle circostanze della sua composizione e sul senso del suo messaggio, per svolgere intorno a questi elementi alcune considerazioni che mi auguro possano risultare interessanti e, nel contempo, non troppo azzardate.

In particolare, l'ipotesi un po' originale che vorrei provare ad argomentare è quella su cui già mi è capitato di soffermarmi in occasione di una proposta di lettura del canto VI del *Purgatorio* che ebbi l'opportunità di affrontare nel maggio del 2013 nel quadro delle *Lecturae Dantis Lupienses*, organizzate in quel di Lecce dagli amici e colleghi italianisti Valerio Marucci e Valter Puccetti.[2]

In quella sede, e nel saggio che ebbi poi modo di scrivere l'anno successivo per il volume degli atti di quel ciclo salentino di incontri danteschi, ebbi modo infatti di sviluppare delle considerazioni che mi inducevano a ritenere come altamente plausibile l'ipotesi secondo cui la stesura di quel canto della *Commedia* potesse essere attribuita con buona approssimazione ad una data piuttosto precisa, collocabile all'incirca tra il pieno dell'estate e l'inizio dell'autunno del 1310 (o più esattamente tra la fine di luglio e i primi di ottobre di quell'anno). Contestualmente mi spinsi anche a sostenere, almeno in forma di ipotesi, che non soltanto l'epistola V e il canto VI del *Purgatorio* potessero essere stati composti in momenti tra loro molto ravvicinati, ma anche, e soprattutto, che potessero e dovessero essere stati concepiti come una sorta, diciamo così, di prodotto congiunto : un pacchetto a un tempo poetico-letterario e retorico-politico stilato pressoché in parallelo con lo scopo di essere proposto come un possibile *dossier*

---

[1] Più in generale (con riferimento a tutte le epistole dantesche del 1310–1311) si può comunque rimandare a tale proposito anche a Gagliardi, *L'«alto Arrigo»*; Brilli, *Reminiscenze*.

[2] Le *Lecturae Dantis Lupienses* sono una bella iniziativa cominciata nel 2012 nell'Ateneo Salentino per iniziativa dei colleghi italianisti Valerio Marucci e Valter Puccetti. L'idea dei colleghi, che mi parve da subito interessante e che tuttora prosegue con cicli di letture che si svolgono ogni anno nel mese di maggio, fu quella di chiamare a misurarsi con letture e interpretazioni dantesche studiosi talvolta anche provenienti da discipline "altre" rispetto alla dantistica in senso stretto, nella convinzione, rivelatasi, mi pare, non di rado efficace, che approcci a volte meno usuali alla lettura di Dante potessero talora condurre a interpretazioni di una qualche originalità. Io fui dunque invitato a misurarmi con una *lectura* nel maggio del 2013 in quanto storico medievista. Scelsi per l'appunto di concentrarmi sul VI canto del *Purgatorio*, e da quella lettura ne scaturì poi l'intervento citato qua sotto nella nota 3.

da presentare al Re dei Romani Enrico VII di Lussemburgo in vista della sua prossima (e però già annunciata) venuta in Italia.[3]

Ora vorrei dunque provare a portare qualche ulteriore argomento a so;stegno di quell'ipotesi, ragionando non solo e non tanto sul canto, quanto sulla seconda componente di quel possibile, ipotetico, dittico, e cioè appunto sull'epistola V.[4]

Diciamo subito, a questo riguardo, che, a differenza del canto VI del *Purgatorio*, per il quale la proposta di datazione al 1310 può indubbiamente apparire più controversa, nel caso dell'epistola il nodo della data di composizione sembra decisamente meno problematico, giacché, pur mancando in effetti l'escatocollo dell'epistola stessa, c'è di fatto un accordo generale su quando essa possa essere stata scritta. I capitoli II (ai capoversi 5 e 6) e X (al capoverso 30) non lasciano del resto adito a troppi dubbi. La lettera fu scritta quando Dante già evidentemente sapeva che l'allora re dei Romani Enrico di Lussemburgo si stava apprestando a venire in Italia: lo attestano con chiarezza i passaggi «sponsus tuus, (...) clementissimus Henricus divus et Augustus et Caesar, ad nuptias properat» (*Ep.* V, 5); «statim invidiosa per orbem videberis» (*Ep.* V, 5); e «prope est qui liberabit te de carcere impiorum» (*Ep.* V, 6). Non solo: la lettera fu scritta altresì quando già si sapeva che papa Clemente V, con la celebre bolla *Exultet in gloria* del 1° settembre di quell'anno, aveva di fatto avallato la stessa spedizione italiana di Enrico, illuminandola, per dirla con le parole dello stesso Dante, con la luce della sua benedizione apostolica («hic est quem [...] Clemens, nunc Petri successor, luce apostolice benedictionis illuminat», *Ep.* V, 30). Ciò restringe il possibile ambito cronologico della stesura dell'epistola a un arco temporale contenuto, compreso tra il 1° settembre 1310 (pubblicazione della bolla ad Avignone) e i giorni che seguirono il 23 ottobre 1310 (quando si venne a sapere che Enrico aveva fatto la sua comparsa in val di Susa, dopo aver valicato le Alpi al passo del Moncenisio).[5]

La ricordata assenza dell'escatocollo non consente di essere più precisi sulla data topica della lettera, ovvero sul luogo di composizione della stessa. Pos-

---

[3] Si veda Somaini, *Dante e il quadro politico*, pp. 7–99. Per tutte le notizie su Enrico VII di Lussemburgo di cui tratterò in queste pagine rimando essenzialmente a Schneider, *Kaiser Heinrich VII*; Bowsky, *Henry VII in Italy*; Cognasso, *Arrigo VII*.
[4] Per il testo dell'epistola mi avvalgo naturalmente della recente e ottima edizione critica curata da Marco Baglio: *Ep.* (Baglio), pp. 102–131.
[5] Si veda ad esempio Gorni, *Dante*, p. 223. Per la bolla *Exultet in gloria* si veda *Henrici VII Constitutiones*, pp. 376–378. Per l'itinerario enriciano dell'ottobre del 1310 si veda ad esempio Bowsky, *Henry VII in Italy*, p. 227. Enrico lasciò Berna (dove era giunto il 29 settembre) l'8 di ottobre. Si portò quindi a Munsten, per poi raggiungere Losanna il 10 ottobre. L'11 era a Noyon; il 12 a Ginevra; il 13 ai piedi del Moncenisio. Il 23 ottobre arrivò infine a Susa, al di qua delle Alpi.

siamo però ragionevolmente pensare che l'epistola sia stata scritta da Poppi, dove Dante si doveva verosimilmente trovare sin dal 1309, e da dove avrebbe anche inviato, nel maggio del 1311, almeno l'epistola X, scritta a Margherita di Brabante (moglie di Enrico VII) per conto della contessa di Battifolle Gherardesca della Gherardesca (moglie, come noto, di Guido Guidi di Battifolle).[6]

Nemmeno sussistono particolari perplessità sulle finalità della lettera. Anche su questo aspetto è stato pressoché universalmente riconosciuto che, per quanto indirizzata formalmente ai vari re della Penisola e ai senatori di Roma, nonché a tutti i duchi, marchesi, conti e popoli d'Italia – «universis et singulis Ytalie Regibus et Senatoribus alme Urbis nec non Ducibus, Marchionibus, Comitibus atque Populis» (*Ep.* V, 1) – e per quanto pensata anche per avere effettivamente una certa diffusione, l'epistola dovette comunque avere come principale e in un certo senso "vero" destinatario lo stesso Enrico VII.[7] Essa dovette infatti essere concepita con l'intento di rendere in qualche modo un omaggio al sovrano in arrivo, offrendogli una sorta di manifesto politico a sostegno della sua impresa: un manifesto che potesse nel contempo accreditare lo stesso Dante come un fine e dotto dittatore di epistole e dunque come un potenziale mentore e consigliere, se non addirittura ideologo, *maître-à-penser* ed ispiratore politicoculturale.[8]

Resta invece più controversa, ai fini del discorso che qui vorrei svolgere, la questione se sia proponibile l'ipotesi cui accennavo di una possibile composizione congiunta (o strettamente ravvicinata), pur nella evidente diversità delle forme, dell'epistola e del canto VI del *Purgatorio*. Per portare argomenti a sostegno di questa ipotesi cercherò dunque di proporre due ordini di considerazioni: dapprima quelle che potrebbero suggerire una datazione del canto ad un momento, come ho detto, molto vicino a quello dell'epistola; dall'altro quelle che potrebbero appunto far pensare, in ragione della sostanziale complementarietà tematica dei due testi, ad una loro possibile ideazione in chiave unitaria.

---

[6] Come ben argomentato da Umberto Carpi, il quale pure ipotizza, in modo a mio avviso non persuasivo, un arrivo dell'Alighieri nel Casentino solo nel 1311, Dante non dovette poter giungere presso il conte di Battifolle prima dell'estate del 1309 e non dovette trattenersi presso di lui oltre l'autunno del 1311 (Carpi, *La nobiltà di Dante*, vol. II, pp. 569–73). In proposito si veda anche *infra* la nota 17; mentre su Guido Guidi, conte di Battifolle, e sui Guidi in genere, si veda, sempre *infra*, la nota 14. Riguardo invece alle lettere scritte da Dante a nome della Gherardesca, moglie di Guido Guidi, alla regina dei Romani Margherita di Brabante si veda in questi stessi atti il contributo di Attilio Bartoli Langeli.
[7] Si veda al riguardo l'osservazione di *Ep.* (Baglio), nota a p. 102.
[8] Si veda ad esempio Montefusco, *Le "Epistole"*, p. 455.

2 La datazione di *Purg.* VI

A dispetto dell'opinione di alcuni autorevolissimi dantisti – come ad esempio Marco Santagata, che ancora nel 2017 ha sostenuto che «è probabile che quando scriveva questo canto [cioè il VI del *Purgatorio*], Dante non conoscesse ancora l'intenzione di Enrico di scendere in Italia» – io sono in realtà persuaso che quel canto dovette essere composto quando la notizia dell'imminente venuta del Re dei Romani nella Penisola doveva essere a Dante stesso assolutamente già nota, il che porterebbe la data di composizione del canto stesso al 1310 (in particolare, io presumo, tra la fine di luglio o i primi di agosto e il settembre, o al più tardi, come vedremo, gli inizi di ottobre di quell'anno, e dunque, come si diceva, in stretta prossimità rispetto all'epistola V).[9]

Questa ipotesi di datazione si fonda, in primo luogo, sul senso complessivo del canto, o meglio sul suo peculiare messaggio politico, il quale consiste non solo in un'analisi tanto lucida quanto impietosa dei mali italiani (le accecanti lacerazioni, le lotte continue e sanguinose, l'affermarsi di tirannidi signorili o di demagogie populiste, l'assenza in generale di un principio d'ordine, l'incompetente pretesa dirigenziale del Papato, e l'impossibilità di garantire dei livelli minimi di vivibilità...), ma anche, di fatto, nell'individuazione di una possibile e sicura risposta rispetto a tutti questi problemi: una risposta che Dante indica con chiarezza nel ristabilimento dell'autorità imperiale nella Penisola quale elemento stabilizzatore del quadro italiano e quale fattore decisivo per il ripristino di un presupposto di giustizia contro il dilagare dell'arbitrio, della violenza e del caos. Da questo punto di vista, il canto dell'«Ahi serva Italia» non è un canto rivolto al passato o di semplice, spietata, denuncia dei guasti del presente, ma è un canto a mio avviso percorso da una carica piuttosto forte di speranza e di attesa fiduciosa nell'avvenire. Infatti l'invito reiterato rivolto ad Alberto d'Absburgo a venire in Italia a prendere coscienza dei disastri del giardino dell'Impero ridotto a deserto – invito che è ripetuto anaforicamente per ben 5 volte in pochi versi (*Purg.* VI, 106–117) – più che come un lamento, gonfio di amarezza e di delusione, si presta in realtà ad essere letto come una sorta di manifesto politico carico di attese e di aspettative. In proposito si ponga mente in particolare al fatto che pur essendo formalmente rivolta a quel particolare sovrano (cioè appunto ad Alberto I, ovvero il re dei Romani del tempo della cronologia fittizia del poema), quell'anafora può facilmente essere letta come un invito rivolto a Enrico VII (il re dei Romani del tempo in cui il canto venne presumibilmente composto e di cui si dovevano già ben conoscere le intenzioni riguardo

---

[9] Per la citazione di Marco Santagata vedasi Santagata, *Il racconto della Commedia*, p. 189.

all'Italia).¹⁰ Appare cioè a mio avviso evidente – come del resto fu già rilevato da alcuni acuti lettori danteschi (come Parodi, Roncaglia e altri) – che quel canto dovette essere scritto quasi come un testo «d'occasione» in un momento in cui la venuta di Enrico nella Penisola doveva essere in realtà un'opzione politica già molto concreta e non una mera speranza in un qualche vago e lontano futuro.¹¹

A supporto di questa ipotesi di datazione al 1310 vi sono peraltro anche diversi indizi ancora più specifici. Riassumendo si tratta di questi:
1) la provenienza dei personaggi che si affollano attorno a Dante all'inizio del canto stesso (*Purg.* VI, 12–24);
2) i toni relativamente moderati della polemica anti-papale nell'apostrofe in cui prorompe il poeta dopo aver assistito alla scena dell'abbraccio tra Sordello e Virgilio (*Purg.* VI, 91–96);
3) il cenno al «successor» di Alberto I d'Asburgo, che dovrebbe avere «temenza» della maledizione che si sarebbe presto abbattuta non soltanto sulla casa asburgica, ma anche sugli altri e successivi detentori dell'ufficio imperiale, se si fosse, da parte loro, continuato a trascurare l'Italia (*Purg.* VI, 102);
4) i riferimenti alle città indicate da Dante come esempi dei mali italiani (*Purg.* VI, 106–112);
5) l'immagine di Roma vedova e piangente (*Purg.* VI, 112–114);
6) il riferimento a Firenze, paragonata ad una vecchia inferma che si rigira nel proprio letto (*Purg.* VI, 127–151).

Cerchiamo allora di approfondire in modo un po' più dettagliato in che senso questi singoli punti (pur rimandando al contributo sopra richiamato per una discussione più approfondita) consentono di trarre delle conclusioni a supporto di una possibile composizione del canto fortemente ravvicinata (se non addirittura pensata in parallelo) a quella dell'epistola V.

Riguardo al primo dei sei punti indicati, non pare in effetti privo di significato il fatto che la maggior parte – per l'esattezza quattro su sei – delle anime dei defunti per morte violenta che si affollano intorno a Dante-personaggio all'inizio del canto per implorare il suo intervento sui vivi affinché preghino per loro (così da accelerarne e quindi ridurne la permanenza nell'Antipurgatorio)

---

10 Su Alberto d'Absburgo si vedano von Wegele, *Albrecht I*; Gauert, *Albrecht I*, e Pispisa, *Alberto I*.
11 Si vedano Parodi, *La data della composizione*, a p. 285, e Roncaglia, *Il canto VI*, a p. 417. Ma si vedano ad esempio anche Ercole, *Il canto dell'Italia*, alle pp. 142–144; Ercole, *Le tre fasi*, alle pp. 342–343.

siano tutte anime di personaggi di area casentinese o legati a vario titolo al vasto consortile dei conti Guidi, signori del Casentino. Si tratta infatti di Benincasa da Laterina (un aretino morto nel 1284); di Guccio Tarlati di Pietramala (un altro aretino morto nel 1290); di Federico Novello dei conti Guidi di Bagno (un importante esponente della stirpe guidinga morto nel 1291); e di Orso degli Alberti di Mangona (cugino dei Guidi e morto nel 1286).[12] Un quinto personaggio, Gano degli Scornigiani (anche lui morto ammazzato nel 1288), era in effetti pisano e non casentinese, ma la sua vicenda era strettamente legata a quella del conte Ugolino (Ugolino della Gherardesca), che, come noto, era a sua volta il padre della contessa Gherardesca della Gherardesca, moglie, come si è già ricordato, del conte Guido Guidi di Battifolle.[13]

Ora, tutto questo rimanda verosimilmente a un frangente in cui Dante da un lato doveva avere particolare facilità nel raccogliere notizie di antichi fatti di sangue casentinesi (il che fa presumere che si dovesse trovare fisicamente da quelle parti), e dall'altro lascia supporre che egli dovesse avere qualche valido motivo per inserire nel suo poema proprio quelle storie (tra le mille vicende violente cui pure avrebbe agevolmente potuto ispirarsi): il che può a sua volta far pensare che tra questi motivi vi potesse anche essere quello di compiacere coloro che gli stavano offrendo in quel momento riparo, protezione e ospitalità, cioè, appunto i conti Guidi (in particolare i Guidi di Battifolle, signori di Poppi).[14] C'è infatti da credere che per i suoi ospiti e "mecenati" di quel momento, il fatto di vedere richiamate nella *Commedia* alcune storie della loro terra e della loro stirpe dovesse essere qualcosa di gratificante, che ne consacrava in qualche modo la notorietà ed il prestigio.

Ma oltre a questo, il fatto che tanti morti casentinesi fossero menzionati tra le anime affollantisi intorno a Dante-personaggio in quel particolare punto dell'Antipurgatorio, potrebbe in fondo far pensare anche a un messaggio di tipo più prettamente politico. O meglio, a un messaggio duplice. Da un lato infatti

---

12 Su questi personaggi si vedano le voci dell'*Enciclopedia dantesca*: Piattoli, *Benincasa da Laterina*; Saffiotti Bernardi, *Tarlati Guccio*; Ragonese, *Federico (Federigo) Novello*; e Piattoli, *Alberti Orso*. Nel caso di Orso degli Alberti (dei conti Mangona) occorrerà dire che egli non era esattamente del Casentino, ma del Mugello (area comunque non lontana dal Casentino stesso). Egli tuttavia, era in ogni caso legato ai Guidi (si veda Carpi, *La nobiltà*, vol. II, pp. 550–552).
13 Su Gano degli Scornigiani si veda Piattoli, *Scornigiani Gano*.
14 Sui conti Guidi (e in particolare Guido di Battifolle) e sull'epoca dei soggiorni danteschi a Poppi si vedano Delumeau, *I conti Guidi*, pp. 105–118; Scharf, *Le intersezioni*, pp. 119–138; Canaccini, *I Guidi e Bonifacio VIII*, pp. 139–156; Pirillo, *I castelli*, pp. 267–290; De la Roncière, *Fidelités, partonages,* pp. 35–60; Carpi, *La nobiltà*, vol. II, pp. 468–573; e Bicchierai, *Guidi, Guido*. Inoltre per le genealogie guidinghe si veda Rauty, *I conti Guidi*, pp. 241–64, con tavola genealogica a p. 250.

si potrebbe ritenere che Dante avesse inteso sottolineare, con il cenno a quelle anime di morti ammazzati del Casentino, quanto disastroso e insensato fosse (e fosse stato in passato) quel continuo susseguirsi di violenze e di lutti di cui anche quelle terre erano state segnate. Dall'altro, invece, si potrebbe supporre che il poeta avesse voluto far sapere, proprio richiamandosi a quelle anime di penitenti desiderose di cominciare il loro vero cammino di espiazione, che la nobiltà di quella cruciale area appenninica (di cui i Guidi erano indiscutibilmente *magna pars* e cui quelle anime sembravano rimandare) era a sua volta desiderosa di un cambio di passo: nel senso che non era insensibile all'opportunità di fuoriuscire da quelle laceranti lotte faziose e faide intestine per aprirsi (magari proprio per il tramite dello stesso Dante) ad una scelta di pacificazione e di perdono, quale quella che sembrava annunciare Enrico VII di Lussemburgo con il suo programma italiano.[15] Ma tutto questo può per l'appunto far pensare che la stesura del canto debba necessariamente collocarsi proprio entro i termini cronologici del soggiorno poppese e casentinese di Dante (periodo che è perfettamente compatibile con la nostra datazione al 1310). E nel contempo viene naturale supporre che il canto stesso fosse stato per l'appunto composto quando la venuta in Italia di Enrico doveva apparire ormai prossima.

Ma non è tutto: si può infatti anche pensare, come a me sembrerebbe ragionevole, che l'inserimento nel canto di quei riferimenti a fatti dei Guidi e del Casentino rispondesse in realtà anche all'idea di suscitare nei lettori interesse

---

15 Incidentalmente si potrebbe notare che su posizioni analoghe a quelle cui si andavano orientando i Guidi (o la più parte di loro)), si volse, tra l'estate e l'autunno del 1310, anche un altro amico e protettore di Dante, come Moroello Malaspina di Giovagallo, di cui Dante era stato ospite prima di portarsi nel Casentino. Su di lui – già comandante militare della *Tallia Tusciae*, cioè della lega dei comuni guelfi toscani, ma presente a Vercelli al cospetto di Enrico VII entro l'ottobre del 1310 – si può rimandare a Saffiotti Bernardi, *Malaspina Moroello*; e Salvatori, *Malaspina Moroello*. Nel caso dei Guidi, gioverà ricordare, come sottolinea il saggio di Federico Canaccini in questi stessi atti, che nel corso del Duecento i vari rami del grande consortile guidingo (Guidi di Battifolle, di Bagno, di Dovadola, di Romena e di Modigliana) erano venuti in effetti assumendo posizioni politiche differenti, dividendosi tra quelli più filoguelfi e quelli filo-ghibellini (o per meglio dire, tra quelli più e quelli meno vicini alla politica fiorentina). E analoghe divisioni – lo conferma anche il contributo, sempre in questa sede, di Elisa Brilli – sarebbero venute per vero dire riemergendo nel corso della complessa vicenda italiana di Enrico VII, a partire soprattutto dagli ultimi mesi del 1311 (proprio Guido Guidi di Battifolle si sarebbe ad esempio rivelato tra i primi della sua stirpe a "mollare" la causa imperiale) (si veda anche, *infra*, la nota n° 17). Ma nel 1310, quando si profilava l'imminente venuta in Italia del Re dei Romani (per di più in veste di pacificatore *super partes*), queste divergenze intestine parvero (e furono) accantonate, il che significa che è assolutamente lecito sostenere che a quella data tutti i Guidi fossero in realtà interessati a intavolare con il sovrano un diretto rapporto politico ed a mostrarsi a lui devoti, con ostentazioni anche formali di fedeltà.

e curiosità su quello specifico contesto dinastico e territoriale. Chi infatti si fosse trovato a leggere o a sentir nominare quei personaggi (non sempre conosciutissimi) sarebbe stato inevitabilmente indotto a chiedersi di chi si trattasse e a volerne sapere qualcosa in più.[16] In generale sembra infatti difficile pensare che Dante possa aver scritto l'intera *Commedia* senza dare in qualche modo per scontato che la sua opera dovesse essere fatalmente sottoposta a una qualche attività di commento, che tra le altre cose fornisse appunto notizie e chiarimenti ai suoi lettori circa l'identità dei diversi personaggi di volta in volta menzionati e sulle circostanze dei fatti descritti. In questo senso, poiché l'aver inserito tutti quei riferimenti al contesto casentinese avrebbe dunque evidentemente suscitato delle curiosità, è chiaro che ciò avrebbe contribuito ad attirare l'attenzione sui signori di quelle terre (che sarebbero stati inevitabilmente chiamati in causa dai commenti di chi avesse dato conto di quei versi). E se ipotizziamo che il canto VI del *Purgatorio* possa essere stato scritto, come io tenderei a credere, avendo in mente anche un lettore (o un ascoltatore) particolare, quale avrebbe potuto essere Enrico VII, si potrebbe ricavare un ulteriore significato politico di quei riferimenti: nel senso che si potrebbe congetturare, non senza ragionevolezza, che Dante avesse operato anche con il preciso intento di attirare l'attenzione del sovrano proprio verso i Guidi e lo spazio guidingo e forse, in particola-

---

16 Questa ipotesi, naturalmente, presuppone che dei lettori vi dovessero comunque essere. A tale proposito non vorrei invero addentrarmi in questa sede nella questione, alquanto dibattuta e controversa, del grado di circolazione dei canti della *Commedia* nel periodo della sua composizione. Ritengo tuttavia corretto esplicitare che – di contro ad autorevoli e ben note posizioni come quelle di Giorgio Petrocchi e altri, secondo cui Dante avrebbe scrupolosamente evitato, per diversi anni, di far circolare i canti della sua grande opera (cfr. Petrocchi, *Intorno alla pubblicazione*) – io propendo invece per la teoria opposta sostenuta da non meno autorevoli commentatori come Aldo Vallone, Giorgio Padoan o John Scott, secondo i quali in realtà l'Alighieri, via via che veniva compiendo la stesura del poema, licenziò e fece circolare i suoi canti (o blocchi di canti) quanto meno entro gruppi di lettori selezionati (cfr. ad esempio Vallone, *Note sul testo*; Padoan, *La pubblicazione casentinese*; e Scott, *Dante ha rivisto*). Dico questo per sottolineare come a mio avviso vi dovettero certamente essere dei lettori di canti della *Commedia* già ben prima che l'opera fosse terminata (o anche prima dei celebri *termini a quo* del 1314 e del 1315, indicati da Petrocchi come date prima delle quali sarebbe sostanzialmente da escludere la pubblicazione anche soltanto parziale delle prime due cantiche del poema o di parti di esse). E vi poterono anche essere dei canti (come appunto il VI del *Purgatorio*) espressamente pensati per poter essere letti almeno da qualcuno e non per essere tenuti segreti per anni. Mi pare del resto che l'ipotesi della circolazione dei canti (e dunque dell'esistenza di più lettori) si accordi tanto con il celebre "argomento barberiniano" (databile a quanto sembra al 1313, e che ricordava come a quel tempo già fosse nota l'opera dantesca «de infernalibus») quanto con testimonianze come quella di Filippo Villani, secondo cui Dante, soprattutto a partire dal suo lungo soggiorno casentinese «multum operis edidit» (cfr. Vallone, *Studi*, pp. 3–18; e Filippo Villani, *Expositio*, p. 39).

re, verso i Guidi di Battifolle (che del resto, anche in considerazione dei loro trascorsi guelfi, potevano essere presumibilmente interessati a un'operazione che li mettesse in qualche modo in una buona luce agli occhi del lussemburghese). Ma tutto questo a sua volta induce a supporre che se il canto doveva davvero esprimere anche intenti di questo genere esso poté verosimilmente essere scritto e concepito in un momento in cui la venuta del sovrano in Italia doveva essere davvero prossima: il che per l'appunto ci avvicinerebbe di nuovo a quell'ambito cronologico del 1310, che sopra abbiamo richiamato.[17] Una data precedente o successiva non avrebbe infatti avuto molto senso se ci mettiamo in questa prospettiva, mentre con riferimento a quello specifico e limitato arco temporale un testo che avesse puntato a incuriosire Enrico VII (e a mostrare un'immagine dei Guidi disposti a guardare a lui con fiducia) sarebbe stato decisamente più plausibile.[18]

---

[17] Come ha notato giustamente Umberto Carpi, è difficile pensare che prima che si fosse delineata la spedizione in Italia di Enrico VII (e che questa si fosse configurata come approvata dal papa) i diversi rami dei conti Guidi (e in particolare i Guidi di Poppi, di chiaro orientamento guelfo) potessero aver dato ospitalità all'esule Dante; e ancor più che essi potessero esser stati particolarmente interessati ad attirare su di sé l'attenzione del re dei Romani. D'altro canto, è altrettanto difficile pensare che un'operazione del genere (cioè il tentativo di suscitare l'interesse dell'imperatore per la sorte dei conti Guidi) possa essere avvenuta dopo la fine del 1311 o i primi del 1312, quando la maggior parte dei diversi esponenti guidinghi (tra cui i Guidi di Battifolle) dovettero prendere le distanze dal sovrano e riaccostarsi a Firenze ed alla sua linea di intransigente opposizione ad Enrico. Dante stesso, dopo quel periodo, dovette del resto allontanarsi dai Guidi e dal Casentino, e i versi del canto XIV del *Purgatorio*, in cui il poeta dipinse i Casentinesi come «brutti proci» (*Purg.* XIV, 48) farebbe pensare ad un rapporto ormai deterioratosi con «pressoché tutti i signori dei castelli casentinesi» (Carpi, *La nobiltà*, vol. II, pp. 569–573).

[18] Vale la pena di notare che anche «Pier della Broccia», cioè il sesto personaggio tra quelli che si affollano attorno a Dante in quella scena iniziale del canto VI del *Purgatorio*, pur non avendo alcun legame con il Casentino, potrebbe in effetti acquistare un significato politico particolare ipotizzando che la sua collocazione in quel punto del poema possa essere stata pensata proprioanche in funzione di un messaggio per Enrico VII. La storia di Pierre de la Broce, ciambellano e consigliere del re di Francia Filippo III, messo ingiustamente a morte nel 1278 per volere o responsabilità della regina Maria di Brabante (seconda moglie di quel sovrano e rimasta peraltro in vita fino al 1321), potrebbe essere infatti vista come un chiaro ammiccamento anti-francese, che prendesse di mira le trame e i delitti della corte dei Capetingi. Si può cioè supporre che Dante potesse aver pensato che ad Enrico VII non dovesse troppo dispiacere un ammiccamento siffatto, considerando che Filippo IV (figlio di Filippo III, anche se non di Maria di Brabante, come in realtà Dante probabilmente credeva) era stato, nel 1308, il grande avversario dell'elezione di Enrico a re dei Romani, e anche in seguito avrebbe continuato ad avversare la prospettiva della sua venuta in Italia e della sua incoronazione imperiale (sulla questione rimando a Somaini, *Dante e il quadro politico*, pp. 73–76; mentre sulla figura di Pierre de la Broce si vedano Masson, *La Broce*; e Ragni, *Brosse, Pierre de la*).

Il secondo indizio da considerare è quello dell'atteggiamento relativamente moderato che la lunga apostrofe del canto VI rivela verso il Papato. Certo, ai pontefici e alla Chiesa di Roma – la «gente» che dovrebbe «esser devota» (*Purg.* VI, 91) – viene effettivamente rivolto, da parte del Dante narratore (che è in effetti colui che prorompe in quella sorta di sirventese che costituisce la seconda parte del canto), il severo rimprovero di aver voluto tenere le briglie dell'Italia in luogo dell'Impero, con il risultato di aver reso l'Italia stessa una realtà ingovernabile come una bestia resa feroce e indomita («esta fiera [...] fatta fella», *Purg.* VI, 94). Ora: non c'è dubbio che sul piano del contenuto politico una posizione del genere (cioè appunto l'idea che il protagonismo del Papato, o più in generale di tutti i fautori della *pars Ecclesiae*, cioè del guelfismo genericamente inteso, fosse responsabile del caos italiano) rappresentava comunque una significativa radicalizzazione delle posizioni che l'Alighieri aveva sostenuto precedentemente, per esempio nel IV libro del *Convivio*, laddove i problemi dell'Impero (in Italia e in generale) erano stati ricondotti semplicemente al fatto in sé della latitanza o del venir meno del potere imperiale (senza porre in alcun modo l'accento sui presunti fattori impeditivi o ostativi posti in essere dalla Chiesa di Roma).[19] E tuttavia, pur tenendo conto di ciò, andrà comunque sottolineato che rispetto ad altre accuse che in altri canti della *Commedia* Dante aveva rivolto ai pontefici (ivi compreso lo stesso Clemente V, cui nel XIX dell'*Inferno* era stata anticipata la condanna al cerchio dei simoniaci), i toni del VI del *Purgatorio* paiono in definitiva assai meno irrevocabilmente polemici. In questo caso infatti la posizione di Dante non si tradusse in una dura reprimenda, magari nelle forme di una qualche profezia o di un'invettiva verso i singoli papi o verso il papa vivente (come appunto nel XIX dell'*Inferno*), e neppure in un'analisi impietosa e di carattere generale sulle responsabilità storiche del Papato (come sarebbe ad esempio avvenuto nel XVI dello stesso *Purgatorio*). Neppure si arrivò a toni che fossero minimamente comparabili alle invettive durissime e inappellabili del XXXII del *Purgatorio* o del XXVII del *Paradiso*. Al contrario, qui, cioè nel VI del *Purgatorio*, Dante si limitò a suggerire al Papato di compiere un cambio di atteggiamento nei confronti degli imperatori.

In pratica, era come se il Dante-autore, pur non mancando di far esprimere al Dante-narratore delle critiche anche severe sul comportamento passato dei

---

19 Riguardo in particolare alla situazione della Penisola, Dante nel nono capitolo del IV libro del *Convivio* aveva in effetti messo bene a fuoco il fatto che la latitanza del supremo potere civile costituito dall'Impero aveva prodotto molti mali «ne la misera Italia, che sanza mezzo alcuno a la sua governatione è rimasa» (cfr. ad esempio Chimenz, Alighieri Dante, p. 412). Egli però non aveva messo del tolto a fuoco il fatto che quella latitanza potesse avere in definitiva nell'azione politica del Papato la propria causa più profonda. È un punto questo che è stato di recente ben puntualizzato anche da Giorgio Inglese: Inglese, *Vita di Dante*, pp. 87-88.

papi, fosse comunque disposto a pensare che quel comportamento potesse essere in buona sostanza modificato. Il che potrebbe per l'appunto indurre a ritenere che quando scrisse quello specifico canto Dante dovesse essersi in qualche modo persuaso del fatto che la politica papale potesse cambiare, se non che stesse in realtà già cambiando (in particolare alla luce del diverso atteggiamento nei confronti del Re dei Romani, che, sia pure con molte cautele, venne in effetti assunto da Clemente V dopo qualche mese dall'elezione di Enrico VII del novembre del 1308: e questo se non altro nel tentativo di bilanciare, mediante il dialogo con il Lussemburghese, lo strapotere del re di Francia, da cui il papa tra il 1307 ed il 1308 aveva dovuto subire pressioni umilianti, come quelle legate alla soppressione dell'Ordine dei Templari e all'apertura del processo postumo a Bonifacio VIII).[20] Ma se così fosse – se cioè si dovesse riconoscere (come a me

---

[20] Le pressioni francesi su Clemente V per un processo postumo per eresia contro Bonifacio VIII, il papa con cui Filippo IV si era duramente scontrato negli anni precedenti, erano cominciate sin dal momento dell'elezione di Clemente al pontificato (nel 1305) per poi divenire col tempo sempre più insistenti. Per il re di Francia la condanna di Bonifacio era un obiettivo politico fondamentale, poiché solo in quel modo egli avrebbe potuto sottrarsi al rischio di essere a sua volta accusato di aver operato illegittimamente contro quel papa al tempo dello «schiaffo di Anagni» del 1303 e del suo tentativo di catturare e trasferire in Francia il pontefice. Le pressioni regie su Clemente V continuarono dunque con insistenza crescente, e nonostante le proteste di altre potenze europee come l'Inghilterra o l'Aragona (contrarie agli eccessi di protagonismo del Capetingio e ai suoi atteggiamenti da *advocatus Ecclesiae*), approdarono infine al risultato di costringere il papa, nell'agosto del 1308 ad annunciare l'effettiva futura apertura del processo canonico contro il suo predecessore: cosa che sarebbe poi in effetti avvenuta ad Avignone nel marzo del 1310. Più tardi, nell'aprile del 1311, con la bolla *Rex gloriae virtutum*, il pontefice sarebbe riuscito a trovare una soluzione di compromesso sulla questione, riconoscendo apertamente lo zelo religioso Filippo (e con ciò assolvendolo preventivamente da ogni possibile accusa di attentato alla *Libertas Ecclesiae*), ma nel contempo evitando che si arrivasse a bollare di eresia Bonifacio, e chiudendo di fatto il processo senza compromettere il prestigio dell'istituzione papale. L'esito della vicenda non toglie tuttavia che la pressione francese avesse a lungo costituito per il Papato un argomento di serio imbarazzo e si capisce perciò che l'idea di attenuare in qualche modo l'assoluta egemonia politica del re di Francia (per esempio dando spazio al Re dei Romani) dovesse essere un tema avvertito con una certa urgenza. Lo stesso dicasi del resto per le richieste francesi affinché il papa procedesse a una formale soppressione dell'Ordine dei Templari. Filippo il Bello aveva cominciato a insistere sulla questione dopo l'arresto di centinaia di cavalieri del Tempio nel Regno di Francia, nell'ottobre del 1307. Anche in quel caso il papa aveva inizialmente cercato di resistere a queste ingerenze in nome dell'autonomia della giurisdizione ecclesiastica. Ma le pressioni di Filippo il Bello si erano venute comunque moltiplicando, facendosi col tempo sempre più minacciose. Alla fine il papa avrebbe ceduto, e la soppressione dell'Ordine sarebbe stata in effetti disposta nel marzo del 1312 durante il concilio di Vienne, per essere poi ufficializzata con la bolla *Vox in excelso* dell'aprile dello stesso anno. Ma pure quella vicenda aveva costituito per il Papato un fattore di forte disagio (cfr. Paravicini Bagliani, *Clemente V*, e Menache, *Clement V*, pp. 191–199, 205–246).

pare) che i toni del poeta nei riguardi del Papato non fossero, nel canto VI del *Purgatorio,* particolarmente esacerbati – allora si dovrebbe ragionevolmente poter supporre che mentre scriveva quel canto Dante dovesse essere per l'appunto anche già al corrente del fatto che l'atteggiamento di Clemente V verso Enrico VII, dopo un'inziale cautela, aveva in realtà cominciato, tra la primavera e l'estate del 1309, a dimostrarsi decisamente non ostile e aperto al dialogo.[21]

In questo senso, si dovrebbe allora presumibilmente concludere che il poeta dovesse già essere a conoscenza di tali sviluppi, e che non gli dovesse essere ignota la ricordata bolla *Exultet in gloria* del settembre 1310 (richiamata anche nell'epistola V), con cui il pontefice, sia pur ponendo alcune condizioni, aveva dato il suo pieno benestare alla venuta di Enrico nella Penisola (notizia di cui la cancelleria di Enrico aveva poi curato la diffusione per tutta Italia).[22] O quanto meno egli doveva se non altro avere contezza della bolla *Divinae Sapientiae* del 26 luglio del 1309, con la quale Clemente V aveva già riconosciuto Enrico come re dei Romani e si era anche dichiarato pronto ad accordargli «unctionem, consecrationem et Imperii Romani coronam».[23] Se infatti la composizione del

---

21 Inizialmente, cioè all'indomani dell'elezione di Enrico di Lussemburgo a re dei Romani (avvenuta nella dieta di Francoforte del 27 novembre 1308), e anche dopo l'incoronazione tedesca dello stesso Enrico (avvenuta nella cappella palatina di Aquisgrana il 6 gennaio del 1309), l'atteggiamento di papa Clemente V verso il Lussemburghese, al di là di un'innegabile soddisfazione di fondo dovuta alla possibilità di trovare nel nuovo re dei Romani un possibile contrappeso all'influenza francese, fu improntato a una certa cautela: anche per non urtare in modo troppo scoperto la suscettibilità di Filippo IV di Francia, che si era in effetti esposto pubblicamente per tentare di procurare l'elezione per il fratello Carlo di Valois, in favore del quale anche Clemente V, seppure in modo non troppo convinto, aveva del resto compiuto qualche passo diplomatico. Già nel corso dei primi mesi del 1309, però, i segnali di apertura verso Enrico erano divenuti progressivamente più chiari (mentre nel frattempo venivano peraltro intessuti stretti e cordiali rapporti con Roberto d'Angiò, succeduto al padre Carlo II nella corona di Napoli e nei domini angioini di Provenza e Piemonte, nel maggio del 1309). L'idea papale era in realtà quella di creare le condizioni per fondare gli assetti italiani su un'intesa angioino-lussemburghese, di cui il Papato stesso fosse ad un tempo il garante e l'artefice. Perciò, quando nel giugno del 1309 partirono per Avignone i rappresentanti di Enrico VII per chiedere la benedizione papale, il pontefice si apprestò ad accoglierli con grande favore, e il 26 di luglio, subito dopo averli ricevuti, non esitò a riconoscere formalmente la legittimità dell'elezione lussemburghese con la celebre bolla *Divinae Sapientiae* (cfr. Menache, *Clement V*, pp. 152–155; Caggese, *Roberto d'Angiò*, vol. I, p. 111; Bowsky, *Henry VII*, pp. 21–22; e cfr. altresì *infra* la nota 23).

22 Per la bolla *Exultet in gloria* si veda *supra* la nota 5; sulla sua diffusione si vedano invece gli *Acta Henrici Romanorum imperatoris*, pp. 42–46.

23 Il testo della bolla *Divinae sapientiae* (tecnicamente una lettera di Clemente a Enrico VII) è in *Henrici VII Constitutiones*, pp. 261–263. Ma si veda anche Frugoni, *Divinae Sapientiae*. Sulle due bolle papali, si vedano pure Caggese, *Roberto d'Angiò*, vol. I, pp. 117–118 e 123–125; Cognas-

canto fosse avvenuta in una fase precedente a quei due atti papali (o per lo meno al più risalente di quelli), i toni relativamente moderati dell'apostrofe non sarebbero stati in realtà molto congrui, nel senso che Dante avrebbe avuto, dopo tutto, delle buone ragioni per recriminare con durezza sulla scarsa disponibilità del Papato nei riguardi dell'autorità imperiale. E ancor meno comprensibile sarebbe stato il ricorso a quei toni in una qualche misura indulgenti se dovessimo ipotizzare una datazione più tarda, che fosse successiva, in particolare, alla rottura tra il papa ed Enrico VII dell'estate del 1312: episodio che a Dante parve come un vero e proprio tradimento papale.[24] Viceversa, collocando il canto tra quei due estremi cronologici (luglio 1309 e giugno 1312) tutto acquisterebbe un senso più logico. E il ricorso a espressioni di critica pur sempre grave, ma certo non di inflessibile e drastica reprimenda, apparirebbe in definitiva giustificato. Anche sulla base di questo argomento potremmo dunque ragionevolmente pensare a una composizione quanto meno posteriore a quel termine *a quo* della fine di luglio del 1309 (e forse anche a quello del settembre del 1310).

Terzo indizio è poi quello dei celebri versi 100–102: «giusto giudicio da le stelle caggia / sovra'l tuo sangue, e sia novo e aperto, / tal ch'el tuo successor temenza n'abbia». Dopo aver rimproverato Alberto I d'Asburgo, così come il padre Rodolfo I, per il loro venir meno rispetto ai doveri di guida dell'Impero,

---

so, *Arrigo VII*, pp. 186–187; Morghen, *Le lettere politiche*, p. 99; Bowsky; *Henry VII*, pp. 22–23 e 48; e Menache, *Clement V*, pp. 152 e 157.

24 La rottura tra Clemente V ed Enrico VII può essere fatta risalire alla lettera papale del 19 giugno 1312 con cui il pontefice, anziché ordinare a Roberto d'Angiò di non interferire con l'incoronazione imperiale di Enrico (che si trovava a Roma sin dal 7 di maggio), invitò i due sovrani ad una tregua. Questa posizione neutrale (dovuta di fatto alle pressioni francesi) parve a Enrico un vero e proprio abbandono del sostegno che il papa sembrava avergli fino a quel momento garantito. Dopo quella lettera, non a caso, Enrico, esasperato dall'atteggiamento delle truppe angioine in Roma, che gli impedivano di accedere alla basilica di S. Pietro, decise comunque di farsi incoronare in S. Giovanni in Laterano dai cardinali che erano con lui (il 29 giugno del 1312); mentre il successivo 4 luglio 1312, in aperta polemica con Roberto d'Angiò e con il pontefice, sottoscrisse un formale trattato di alleanza con il re di Trinacria Federico d'Aragona, al quale fu anche riconosciuto (in contrasto con quanto disposto dalla pace di Caltabellotta dell'agosto 1302) il diritto di assicurare alla propria discendenza la corona siciliana. Queste prese di posizione polemiche contro il pontefice furono certamente condivise da Dante che infatti nel canto XVII del *Paradiso* accuserà esplicitamente «'l Guasco» (ovvero Clemente V) di avere ingannato e tradito Enrico (*Par.* XVII, 82), mentre nel XXXII del *Purgatorio* avrebbe descritto la Chiesa Romana come «la puttana sciolta», che fornica scompostamente con il «gigante», ovvero con la monarchia francese (*Purg.* XXXII, 149, 152); per non parlare della maledizione estrema pronunciata da san Pietro nel XXVII del *Paradiso* contro il papa «ch'usurpa in terra il luogo mio, / il luogo mio, il luogo mio che vaca / ne la presenza del Figliuol di Dio» (*Par.* XXVII, 22–24).

Dante lancia contro l'intera casa asburgica (il «tuo sangue») una sorta di maledizione-minaccia che ha tutti i tratti di una premonizione o di una profezia, ancorché pronunciata dal semplice Dante narratore e non dall'anima di un qualche defunto (come in genere nella *Commedia*). Con ogni evidenza si tratta però di una minaccia *post eventum*, dalla quale si comprende bene che Dante-autore doveva essere perfettamente al corrente dei fatti drammatici abbattutisi sugli Asburgo tra il 1307 ed il 1308: dall'uccisione del figlio di Alberto, Rodolfo d'Austria (il 4 luglio del 1307), a quella dello stesso Alberto I (il 1° maggio del 1308). Il canto è cioè da collocare certamente in un momento successivo a quelle due date.

Ma non è tutto. Nel verso 102 infatti la maledizione/minaccia rivolta agli Asburgo viene estesa in realtà anche allo stesso Enrico VII («il tuo successor»), che farà meglio a trarre il dovuto insegnamento da quella lezione («temenza n'abbia»), se non vorrà che la medesima punizione divina si abbatta anche su di lui. E qui sta il punto: ma come (ci si potrebbe infatti domandare e ci si è talora domandato)? Dante minaccia la rovina al suo paladino? Si rivolge con parole intimidatorie a quell'«alto Arrigo» di cui nel *Paradiso* avrebbe invece tessuto un elogio così commosso da riservargli uno dei pochi posti ancora liberi nella rosa dell'Empireo (*Par.* XXX, 133-138)? La critica dantesca si è a lungo arrovellata su questo passaggio, apparentemente così controverso. Ma il problema a ben vedere non si pone nemmeno se solo si riconosce che Dante dovette aver scritto quel verso in un momento in cui già doveva sapere che quella minaccia non aveva in realtà alcun valore (né avrebbe impressionato il destinatario), e questo poiché doveva già essere noto a tutti che Enrico VII non sarebbe affatto venuto meno ai suoi doveri di futuro imperatore, dato che non soltanto doveva avere già manifestato in maniera esplicita la propria intenzione di venire in Italia, ma doveva anche aver chiaramente dato a vedere di essere davvero sul punto di farsi vivo nella Penisola (e non soltanto con proclami tanto magniloquenti quanto vani, ma in modo concreto, con un concreto programma politico e pacificatore, e perfino con una chiara benedizione papale).

Ora, gioverà ricordare, a tale riguardo, che Enrico VII, eletto re di Germania (e dunque re dei Romani) il 27 novembre del 1308, e quindi incoronato ad Aquisgrana il 6 gennaio del 1309, aveva pubblicamente manifestato la sua intenzione di venire in Italia sin dal settembre del 1309, in occasione della Dieta di Spira; mente già in luglio aveva fatto annunciare la cosa ad Avignone, ottenendo da papa Clemente V la già ricordata bolla *Divinae Sapientiae*, con cui il pontefice aveva formalmente autorizzato l'impresa. E a questi primi proclami era poi seguito, nella primavera del 1310, l'invio in Italia di due solenni ambascerie itineranti, cui era stato affidato il compito non soltanto di prendere informazioni sulle diverse situazioni locali (in vista della spedizione del re), ma anche di annunciare a tutti l'imminente arrivo del sovrano (col suo grande programma di pace), facendo richiedere a tutti delle formali promesse di obbedienza. Nel luglio del 1310 una di queste ambascerie, guidata da Ludovico di Savoia (signore del Vaud da poco nominato senatore di Roma), nonché dai vescovi di Basilea e di Eichstädt (Gehrard von Wippingen e Philip von Ratsamhausen), dal giurista astigiano Bassano Guasco e dall'esule pistoiese Simone de' Reali, era giunta anche in Toscana, e ai primi di agosto si era portata anche ad Arezzo, ai piedi del Casentino (a una quarantina di kilometri da Poppi, dove si trovava Dante), ove aveva incontrato anche esponenti del consortile dei Guidi. Quel verso del canto VI del *Purgatorio*, se collocato in questa particolare temperie, perde dunque ogni connotato di inopportuna e inspiegabile intimidazione nei confronti del sovrano, e diventa invece una mera trovata retorica, poiché ora, dopo il luglio-agosto del 1310, Dante aveva di fatto la certezza che la venuta di Enrico nella Penisola era davvero qualcosa di imminente. Il che sposterebbe il termine *a quo* di quel canto intorno appunto a quei mesi dell'estate del 1310.

C'è poi la questione dei riferimenti alle città indicate come emblematiche dei mali italiani. Nell'invitare «Alberto Tedesco» a venire in Italia, Dante, nell'apostrofe del canto VI, ammoniva in effetti quel sovrano (a suo giudizio negligente) a venire a rendersi conto di persona dei guasti della Penisola. A tal fine erano quindi evocate, quali esempi di eloquente desolazione, alcune situazioni particolarmente significative: il caso dei vecchi partiti ormai defunti dalla proiezione sovracittadina, come i «Montecchi e Cappelletti» (*Purg*. VI, 106), che rimandavano ai contesti del Veronese (i Monticoli) e del Cremonese (i Cappelletti); quello delle aberranti lacerazioni delle fazioni urbane, esemplificate dal caso di Orvieto con «Monaldi e Filippeschi» (*Purg*. VI, 107); quello dello stato di prostrazione – ovvero «la pressura» (*Purg*. VI, 109) – delle grandi stirpi feudali, come gli Aldobrandeschi conti di Santafiora; per concludere infine con l'immagine di Roma, «vedova e sola» (*Purg*. VI, 113), che piangeva l'assenza del proprio sposo, l'imperatore.

Ora: a ben vedere tutti i riferimenti geografici evocati da questa sorta di rassegna del dolore italiano – e cioè Verona, Cremona, Orvieto, Santafiora e Roma – erano anche località situate lungo il percorso (e all'arrivo) del possibile e del tradizionale *Romzug* di un sovrano, che dovendo scendere dal Regno Teutonico nella Penisola per farsi incoronare in Roma, avrebbe presumibilmente dovuto percorrere la strada del Brennero e portarsi quindi nell'Urbe passando per la cosiddetta *via Teutonica* (o *via Regia*), per poi innestarsi sull'antica *Via Postumia*, quindi sulla *via Aemilia* e infine sulla *Cassia* fino a giungere a Roma, toccando, o sfiorando, le località richiamate nel canto. Dante in altre parole, nello scrivere il canto VI, e nell'invitare il sovrano a scendere nella Penisola, gli additava di fatto la strada più ovvia che si poteva presumere che egli avrebbe percorso o dovuto percorrere nel suo viaggio: una strada peraltro che avrebbe potuto anche prevedere, tra le diverse varianti per valicare gli Appennini, anche quella di passare per il Casentino, dove stavano lo stesso Dante e i conti Guidi. Si ponga attenzione però: perché in realtà Enrico VII non sarebbe poi venuto nella Penisola attraverso quell'itinerario, ma avrebbe preferito invece presentarsi in Italia da Nord-Ovest (anziché da Nord-Est). In luogo della via del Brennero egli optò infatti per quella del Moncenisio, che passava per i domini dei conti di Savoia, suoi fedeli alleati. Ma questa decisione riguardo all'itinerario venne presa in realtà quasi all'ultimo momento, e cioè solo verso la fine di settembre del 1310.[25]

Se dunque Dante – come a me sembra assai plausibile – compose il canto per omaggiare Enrico VII in vista della sua imminente venuta in Italia, sembra anche che egli non dovesse essere ancora venuto a conoscenza del fatto che Enrico, alla vigilia della sua partenza, avrebbe poi cambiato il proprio percorso rispetto a quello previsto. Ma se questa ipotesi ha senso, potremo allora indicare anche un termine *ad quem* per la composizione del canto: un termine che dovremmo collocare al più tardi ai primi di ottobre del 1310 (quando ormai i mutati progetti di Enrico dovettero appunto divenire di dominio pubblico). L'arco temporale in cui collocare il canto VI del *Purgatorio* si restringerebbe dunque ad un periodo compreso tra la fine di luglio e i primi di ottobre del 1310, il che ci avvicinerebbe davvero di molto (fin quasi a sovrapporsi integralmente) al contesto cronologico dell'epistola V, di cui bisognerebbe perciò postulare una composizione pressoché contemporanea a quella del canto.

Gli ultimi due indizi da considerare per la nostra datazione sono quelli, come si diceva, di Roma che piange e di Firenze che cambia continuamente posizione. Entrambi gli indizi sembrano confermare (o quanto meno non inficiare) l'ipotesi di datazione di cui qui stiamo ragionando.

L'immagine di Roma «vedova e sola» si riferisce ovviamente alla condizione di Roma abbandonata dagli imperatori tedeschi. Essa ci dice che il canto VI dovette essere evidentemente composto prima del maggio del 1312, quando Enrico, seppure per un breve periodo (cioè fino al 21 di luglio di quello stesso anno) fu effettivamente nell'Urbe (e fu allora che ebbe anche luogo la sua incoronazione a imperatore, avvenuta in San Giovanni in Laterano il 29 giugno), per

---

[25] Si vedano Cardini, *La Romfahrt di Enrico VII*, pp. 1–11; e Bowsky, *Henry VII*, pp. 43 e 227. La scelta di scartare la via del Brennero fu presa per evitare di dover transitare per le terre dei conti di Gorizia, (che in quel momento si erano appalesati come aperti nemici di Enrico, in quanto grandi rivali del figlio di lui Giovanni di Boemia nella delicata partita riguardante il conseguimento della corona di Boemia) (si veda Cognasso, *Arrigo VII*, pp. 72–74, 84–85 e 96–97).

farvi poi un secondo veloce soggiorno tra il 19 e il 20 di agosto. Prima di allora nessun re dei Romani, dai tempi di Federico II, era effettivamente più stato nella città dei Cesari: per cui l'immagine di Roma «vedova e sola» aveva oggettivamente, agli occhi di Dante, una sua ragion d'essere. Ma dopo il 1312, più che piangere per la lunga assenza dello sposo, Roma avrebbe dovuto tutt'al più rimpiangere (almeno nelle forme di una qualche premonizione) i momenti lieti in cui aveva potuto godere della sua pur breve presenza, e magari recriminare per le circostanze drammatiche che avevano determinato l'allontanamento di Enrico dalla città (ovvero la rottura con Clemente V e con Roberto d'Angiò).

Se ne deduce che quando Dante dovette comporre il canto VI del *Purgatorio* questi soggiorni romani di Enrico, e i fatti che lo costrinsero ad andarsene, non dovevano ancora essersi verificati, perché se lo fossero stati sarebbe stato difficile pensare che il poeta (nel momento in cui veniva a toccare l'argomento per lui cruciale del rapporto tra Roma e l'autorità imperiale) non vi facesse alcun cenno. È questo un argomento *ex silentio*, ma che suggerisce decisamente una datazione del canto anteriore al 1312. Del resto, sempre in tema di argomenti *ex silentio*, si potrebbe anche rilevare che l'apostrofe del canto VI non contiene in realtà nemmeno alcun elemento che possa richiamare i moti anti-imperiali che a partire dal febbraio del 1311 cominciarono a verificarsi in diverse città lombarde (dagli incidenti milanesi del 12 febbraio alle successive rivolte di Lodi, Crema, e Cremona, presto seguite anche da quelle di Parma, di Brescia, e di Reggio ...). Il fatto cioè che nell'apostrofe non vi sia nulla che possa far riferimento a questi episodi può far pensare che il canto sia in realtà stato composto quando questi eventi non dovevano ancora essere avvenuti: il che è del tutto compatibile con la nostra proposta di datazione del canto al 1310 (e anzi costituisce un ulteriore argomento a supporto di questa tesi).

Quanto infine a Firenze, si può ricordare che fino al gennaio del 1311 l'atteggiamento dei Fiorentini, e con loro della lega guelfa toscana (la cosiddetta *Tallia Tusciae*), nei riguardi di Enrico VII fu effettivamente caratterizzato da una sostanziale ambiguità ed incertezza di fondo. Fu infatti solo a partire dalle prime settimane del 1311 che Firenze decise di optare con forza per una posizione di ostilità esplicita ai progetti enriciani riguardo agli assetti italiani (e le epistole VI e VII di Dante, scritte rispettivamente il 31 di marzo ed il 17 di aprile di quello stesso anno, non avrebbero mancato di sottolineare tutta l'indignazione del poeta per quella scelta). Ma prima di allora, come sottolineò anche il Davidsohn, le cose non erano state altrettanto chiare. Certo: sin dall'estate del 1310, in occasione dell'arrivo in Toscana dell'ambasceria inviata per tutte le terre del *Regnum Italicum* da Enrico VII, alcuni esponenti del gruppo dirigente guelfo-nero (come in particolare Betto Brunelleschi) si erano mostrati fortemente contrari alla richiesta del re dei Romani di un esplicito atto di sottomissione. Ma altri cittadini, anche in considerazione della posizione papale che all'epoca, come sappiamo, pareva ben orientata verso le intenzioni di Enrico, erano parsi invece propensi a un atteggiamento più circospetto, tant'è che il Comune fiorentino aveva poi optato per una linea sostanzialmente di attesa e di cautela, in cui, pur non mancando di nutrire preoccupazioni per i progetti del sovrano (come gli ambasciatori della *Tallia Tusciae* cercarono di chiarire al pontefice nel dicembre del 1310), si era comunque pensato di non doverlo apertamente sfidare.[26]

Insomma, i toni derisori che nell'apostrofe del canto VI Dante volle riservare alla sua città, incapace di prendere una posizione chiara, erano in fondo decisamente appropriati rispetto al clima di incertezza politica che regnava in Firenze nell'estate/autunno del 1310 in rapporto al "problema Enrico". Naturalmente sarcasmi e ironie sull'instabilità politica fiorentina si sarebbero potuti ben attagliare anche ad altri momenti della recente storia cittadina (e dunque ad altre possibili date di composizione del canto). Tuttavia, se consideriamo che il tema portante di tutta l'apostrofe era in definitiva proprio la questione del rapporto tra il potere imperiale e l'Italia (e la conseguente denuncia dei mali italiani derivanti dall'assenza dell'imperatore), sembra che una sua collocazione nel frangente di cui si è detto (cioè nei mesi o nelle settimane immediatamente precedenti alla venuta di Enrico VII nella Penisola) possa in effetti risultare particolarmente persuasiva.

Dunque l'ipotesi di una datazione del canto VI all'estate-autunno del 1310 appare di fatto compatibile con tutti questi elementi indiziari, mentre mi pare che altre date su cui si è voluto ragionare, proprio in virtù dei particolari qui considerati, non potrebbero essere altrettanto persuasive.

3 La congruenza e complementarietà tematica tra *Purg.* VI ed *Ep.* V: un possibile dittico?

E veniamo con ciò all'altro aspetto del ragionamento. Se il canto VI del *Purgatorio* fu composto, come qui si è proposto, tra il luglio e l'ottobre del 1310, è chiaro che la sovrapposizione cronologica con l'epistola V apparirebbe così ravvicinata da autorizzare l'ipotesi che si potesse trattare di due lavori messi a punto praticamente in contemporanea, come una sorta di dittico o di dossier unitario. La cosa sembrerebbe trovare del resto conferma anche sotto il profilo della con-

---

26 Si veda Davidsohn, *Storia di Firenze*, III, pp. 524–32.

gruenza tematica tra i due componimenti. Soffermiamoci infatti per un momento sul contenuto strettamente politico dell'epistola V.

Intanto i destinatari: l'epistola, come si è detto, è indirizzata formalmente a tutti e a ciascuno («universis et singulis») tra i re, i senatori di Roma, i duchi, i marchesi, i conti e i popoli d'Italia; ed è scritta dall'umile italiano, ed «exul immeritus», il fiorentino Dante Alighieri (*Ep.* V, 1). C'è in questa *inscriptio* una scelta già di per sé carica di implicazioni politiche non banali, ma su questo punto torneremo più avanti (nel paragrafo 4). Vediamo invece il contenuto concreto del messaggio dantesco.

La prima parte dell'epistola è tutta incentrata sul tema dell'annuncio entusiasta dell'imminente arrivo in Italia di Enrico VII. Si avvicina – scrive Dante – il giorno tanto atteso. È l'aurora di un mattino carico di speranze, che allontana le tenebre della notte. Un nuovo sole (un Titano) sta per riportare all'Italia la pace e la giustizia.[27] Dio (ossia il forte leone di Giuda) ha ascoltato i lamenti degli schiavi italici e ha inviato un nuovo Mosè per strappare il suo popolo alla schiavitù. Egli disseterà e sazierà coloro che avranno sete e fame di giustizia, e confonderà coloro che perseguono l'iniquità (*Ep.* V, 2-4). La «miseranda Ytalia» può dunque rallegrarsi perché il suo «sposo», il clementissimo Enrico, che è Augusto e Cesare, sta per affrettarsi alle nozze. Asciughi dunque l'Italia le proprie lacrime, perché è ormai vicino («nam prope est») colui che la libererà dalle prepotenze degli empi, affidando la propria vigna (ovvero l'Italia stessa) a nuovi scrupolosi vignaioli da lui delegati (*Ep.* V, 6). Egli saprà peraltro essere indulgente, perché la maestà imperiale discende direttamente da Dio, che è la Fonte della Pietà («cum sit Caesar et maiestas eius de Fonte defluat pietatis», *Ep.* V, 7). Sarà dunque misericordioso verso chi si vorrà ravvedere, ma sarà anche implacabile nel punire con severità e fino alla finale distruzione chi persisterà o vorrà ricadere nel male (perché in quanto Augusto non potrà tollerare la presunzione, *Ep.* V, 8-10).

Gli Italici – sangue dei Longobardi («sanguis Langobardorum»), e dunque stirpe di Scandinavia («Scandinavie soboles»), così come voleva l'attribuzione della origine di quel popolo tramandata sin dai tempi di Paolo Diacono (secolo VIII) e peraltro sostanzialmente corretta – non si dimentichino perciò di discendere anche dal seme dei Troiani e dei Latini, e facciano in modo che quando l'aquila imperiale piomberà sul suo nido si mostrino come dei suoi degni aquilotti, evitando di mostrare il loro nido occupato dai corvi (*Ep.* V, 11-12). Sta insomma a loro (gli Italici) essere assetati della presenza del loro sovrano, e non lasciarsi traviare dalla cupidigia, ma presentarsi al suo cospetto con atteggiamento sottomesso (*Ep.* V, 13-14).

---

27 In proposito, sull'immagine del sole/Titano si veda Gagliardi, *L'«alto Arrigo»*, p. 133.

Gli oppressi dunque si rianimino perché il loro riscatto, la loro salvezza, si sta avvicinando («animum sublevate, quoniam prope est vestra salus»). Sappiano però arare per bene il campo dei loro cuori, preparandosi a non far giungere invano la grazia che, come una pioggia o una rugiada benefica, Dio sta per far cadere su di loro per il tramite del suo inviato imperiale *(Ep.* V, 15-16). E coloro che hanno subito dei torti (come Dante stesso) sappiano perdonare e rinunciare ad ogni rancore e rimettersi alla guida di quell'«hectoreus pastor» (cioè di quel pastore di stirpe troiana e dunque romana), che è il sovrano, il quale, saprà riconoscerli come pecore del suo gregge («oves de ovili suo»), prenderne la guida e riportarvi il beneficio della pace e della concordia, perché, pur avendo ricevuto da Dio («divinitus») il potere di punire (la «animadversio temporalis»), è comunque portato più volentieri («voluptuosius») a esercitare la clemenza che la severità *(Ep.* V, 17). Per questo, anziché avvoltolarsi come serpi nei loro antichi rancori, gli oppressi dell'una o dell'altra parte («hinc utrique») riconoscano che per ognuno si prepara la pace, e ne pregustino le primizie di gioia.

Si sveglino quindi gli Italici tutti («incolae latiales») e si presentino come uomini liberi («ut liberi») al loro re, che è stato destinato loro non solo in relazione all'impero universale («non solum [...] ad imperium»), ma anche – si badi bene – come effettivo sovrano preposto al loro concreto governo («ad regimen», *Ep.* V, 18-19). Sue sono del resto le acque di cui gli Italici si abbeverano; suoi sono i mari, i litorali, e le montagne; ed è grazie alle sue leggi che gli Italici possono godere dei beni pubblici o possedere quelli privati; perciò non pensino di poter dire, come ignoranti («veluti ignari») o come sonnambuli («tamquam sompniantes»), «Non abbiamo un signore»! («"dominum non habemus"!», *Ep.* V, 20).

Dopo tutte queste considerazioni sull'imminente arrivo in Italia di Enrico VII, e sui benefici che se ne dovevano trarre, la seconda parte dell'epistola viene invece volgendosi verso la considerazione della necessità teorica e storica dell'Impero, sul suo essere frutto della volontà divina, e sulla natura dell'autorità del sovrano.

Tutto ciò che sta sotto il cielo – osserva infatti Dante – è lago e orto dell'imperatore, perché tutto fu creato da Dio (come recitano le Scritture, *Ep.* V, 21). Dal che ne deriva che si comprende per segni evidenti che Dio ha voluto anche l'Impero Romano: cosa che la stessa Chiesa ha poi riconosciuto come confermata dalla parola del Verbo *(Ep.* V, 22). E del resto, se Dio può essere conosciuto e compreso dalle cose create nel mondo (così come si può comprendere l'esistenza di un Primo Motore, e anche riconoscerne la volontà, muovendo dalla contemplazione dei moti celesti), allo stesso modo perfino coloro che intendono le cose solo in modo superficiale potranno facilmente comprendere come Dio abbia voluto l'Impero. Lo si evince infatti dalla storia: da come quella prima scintilla si sia propagata dai tempi dei Frigi (cioè dei Troiani) fino ai grandi trionfi di Ottaviano («usque ad Octaviani triumphos»), rivelando con ciò un chiaro disegno divino dispiegatosi per mezzo degli uomini («per homines», *Ep.* V, 23–24). Gli esseri umani, del resto, il più delle volte non sono che strumenti nelle mani di Dio e dei suoi piani provvidenziali («non etemin semper nos agimus, quin interdum utensilia Dei sumus»). O meglio: gli uomini in realtà sono liberi, e agiscono in base alla loro volontà, ma quella volontà non è che un'ancella – anche involontaria – della volontà divina (*Ep.* V, 25).

L'Impero, con tutta chiarezza, è servito a creare le condizioni di pace universale necessarie per l'avvento del Figlio di Dio, il quale poi, una volta fattosi uomo, volle ripartire il mondo tra due regni: il suo e quello di Cesare, stabilendo che a ciascuno dei due fosse dato ciò che gli appartiene (*Ep.* V, 26–27). E se poi si volessero degli argomenti ulteriori, basterebbe pensare a quel che Gesù stesso (la «lux nostra») disse a Pilato, quando gli fece notare che la sua carica e la sua autorità derivavano comunque dall'alto («de sursum», *Ep.* V, 28). Insomma – conclude Dante – occorre aprire gli occhi e rendersi conto che il Signore del cielo e della terra ha disposto per gli Italici un re («regem nobis coeli ac terre Dominus ordinavit», *Ep.* V, 29). E questo re è per l'appunto quel sovrano che Pietro, vicario di Dio, ha imposto di onorare, e che anche papa Clemente, attuale successore di Pietro, ha illuminato con la luce della sua benedizione apostolica, affinché, là dove non arriva il raggio del sole del potere spirituale (il «radius spiritualis»), possa brillare la luce della luna del potere temporale (lo «splendor minoris luminaris», *Ep.* V, 30).

In definitiva direi che l'epistola V consta di due grandi assunti concettuali di fondo: Enrico sta per arrivare per portare all'Italia (l'Italia intera, come vedremo) pace e giustizia, e per assumerne la guida cui è stato destinato da Dio. E l'Impero (che ha in Italia il suo centro e ove l'imperatore è re) è istituzione di diritto divino, alla quale gli Italici per primi hanno il dovere di sottomettersi.

Vittorio Russo ha insistito molto sul secondo aspetto di questi passaggi, cioè sulle osservazioni dell'Alighieri sulla natura del potere imperiale, e ha opportunamente evidenziato come Dante – in linea di continuità con quanto già aveva postulato nel IV trattato del *Convivio* – enunciasse molto chiaramente, nell'epistola, non soltanto il principio dell'origine divina dell'Impero («Deum Romanum principem predestinasse relucet in miris effectis», *Ep.* V, 22), ma anche quella della sua indipendenza dal Papato, comprovata dal fatto che la «maiestas» imperiale defluirebbe direttamente da Dio cioè «de Fonte (...) pietatis» (*Ep.* V, 7) e dal fatto che i due poteri, di Cesare e di Pietro, si biforcherebbero da Dio come da un unico punto («velut a puncto bifurcatur Petri Cesarisque potestas», *Ep.* V, 17). Di fatto, osservava inoltre Dante, l'autorità dell'Impero compendia e completa quella della Chiesa, in quanto, per l'appunto, quella è a questa complementare («ubi radius spiritualis non sufficit, ibi splendor minoris luminaris illustret», *Ep.* V, 30).

E se l'immagine richiamata a questo proposito (presumibilmente anche per non prendere posizioni che andassero troppo esplicitamente contro la linea cui si stava attenendo, almeno nel 1310, la politica enriciana) era ancora, a ben vedere, quella della tradizionale interpretazione innocenziana del testo della *Genesi* (*Gen.* 1, 16–18), ossia dell'Impero come *minus luminare* (tant'è che anche nell'epistola esso viene definito in questo modo, e viene detto risplendere alla luce della benedizione del pontefice: *Ep.* V, 30), vi era comunque, almeno *in nuce*, anche un'idea già differente. Laddove infatti si insisteva nel descrivere Enrico VII come il sole di un nuovo giorno (e il fatto di chiamare Enrico «Titano pacifico» significava in buona sostanza attribuirgli un appellativo che la tradizione classica, da Virgilio a Ovidio, da Stazio a Lucano, riconosceva come proprio del sole, essendo il titano Iperione, figlio di Urano e di Gea, frequentemente identificato col sole stesso, al pari di suo figlio Helios, che del sole venne poi riconosciuto come il dio) si veniva in un certo senso ad anticipare la celebre teoria dei due soli di *Purgatorio* XVI («soleva Roma che 'l buon mondo feo / due soli aver, che l'una e l'altra strada / facean vedere e del mondo e di Deo», *Purg.* XVI, 106–108) e anche del III libro della *Monarchia*, in cui appunto la dottrina di papa Innocenzo III sui *duo magna luminaria* della *Genesi* sarebbe stata sottoposta a una severa confutazione (*Mon.* III, iv).[28]

Molte dunque erano le implicazioni teoriche delle considerazioni dell'epistola sull'autorità imperiale.[29] Ma non meno rilevanti erano in realtà quelle dell'altra parte dell'argomentazione dantesca, relative all'annuncio della venuta di Enrico in Italia. Non solo infatti Enrico era descritto come il restauratore della giustizia nella Penisola e come il suo pacificatore, ma era anche additato come colui cui gli Italici dovevano liberamente riconoscere di dover sottostare, essendo egli il re che Dio aveva voluto per loro. Per essi, infatti, la sua posizione di sovrano non poteva limitarsi soltanto «ad imperium», cioè alla sua funzione di monarca universale, preposto essenzialmente ad esercitare una suprema istanza di giustizia e a indicare ai diversi popoli la via della concordia – quale premessa, potremmo dire, di quella «beatitudo huius vitae» di cui lo stesso Dante avrebbe poi parlato nella *Monarchia* (*Mon.* III, xv, 7–8) – ma si estendeva anche «ad regimen», ovvero al governo particolare e concreto della Penisola stessa (*Ep.* V, 19).

E proprio qui stava il passaggio a mio avviso più significativo di tutta l'epistola. Perché affermare che gli Italici dovevano riconoscersi come soggetti «ad

---

28 Si veda Russo, *Impero e stato di diritto*, pp. 64–66.
29 Si veda in proposito anche Ferrara-Pavlović, *La métaphore solaire*, pp. 104–106.

regimen» del re dei Romani equivaleva a sostenere che l'Italia, e, si badi, l'Italia tutta, era in realtà da considerarsi come uno spazio politico del tutto particolare nel quadro dell'Impero universale.[30] Anzi proprio per tale ragione era insensato che gli Italici stessi si attardassero nella tesi, per Dante quanto mai fallace, del «dominum non habemus» (*Ep.* V, 20). Quella tesi, che poteva essere considerata come l'espressione più alta del comunalismo del XIV secolo, e che sembrava in qualche modo anticipare la celebre formula di metà Trecento di Bartolo da Sassoferrato sulla «civitas sibi princeps, superiorem non recognescens», rifletteva infatti un'ideologia che Dante, se pur vi aveva aderito in passato, ora non doveva invece proprio più riconoscere come sua. Certo, un tempo, all'epoca della sua giovanile militanza politica (quando, già reduce della battaglia di Campaldino del 1289, egli si era poi avventurato, tra il 1295 ed il 1302, nella vita pubblica fiorentina, fino al traguardo del Priorato), lo spiccato municipalismo, tipico dell'identità guelfa, doveva aver costituito un sistema di valori in cui Dante si doveva essere riconosciuto senza troppe riserve.[31] Basti dire del resto che ancora anni dopo, nel canto di Farinata, egli, ormai già esule, avrebbe pur sempre voluto rievocare con orgoglio questa sua originaria matrice guelfa, facendo ricordare dall'anima del grande leader ghibellino, morto nel 1264, quanto gli Alighieri «fieramente furo avversi / a me e a miei primi e a mia parte» (*Inf.* X, 46–47).

 D'altro canto, pare difficile non riconoscere che con il progredire della dolorosa esperienza dell'esilio e soprattutto dopo la rottura del 1304 con la «compagnia malvagia e scempia» (*Par.* XVII, 62) degli esuli della *Universitas Partis Alborum* (i Guelfi Bianchi), Dante dovesse nel frattempo aver compiuto quella che Umberto Carpi ebbe a definire come «una lunga e profonda trasformazione ideologica».[32] I valori del comunalismo guelfo su cui si era fondata la lotta di tante città italiane contro gli imperatori svevi, e che probabilmente erano stati interpretati anche da Dante – il Dante ammiratore di Tommaso, e frequentatore in gioventù del domenicano Remigio de' Girolami –come valori del tutto collimanti con l'idea delle comunità cittadine quali depositarie naturali dell'ideale di *bonum commune*, si dovettero poi scontrare con una drammatica presa d'atto

---

30 Vedasi Ercole, *Il sogno italico*, pp. 99–100.
31 Sulle tappe della carriera pubblica di Dante, dall'iscrizione all'Arte dei Medici e degli Speziali nel luglio del 1295 fino alla prima condanna all'esilio del gennaio del 1302 sarà qui sufficiente rimandare a Malato, *Dante*, pp. 40–50; Gorni, *Dante*, pp. 178–179; e Inglese, *Vita di Dante*, pp. 61–68. Non sarà inutile ricordare del resto che proprio nel segno di una sorta di rivendicazione di autonomismo municipale Dante si era distinto, nel 1301, come un oppositore dei progetti bonifaciani di mettere in questione l'indipendenza fiorentina tramite l'affermazione di un più stretto controllo papale sulla Toscana.
32 Carpi, *La nobiltà*, vol. II, p. 626.

della distanza di quegli ideali dalla realtà.[33] Col tempo cioè Dante dovette giungere a vedere nella forma politica dello stato cittadino (quando non moderato da alcun potere superiore) un principio di mera anarchia e di degenerazione politica (anche per via delle dilanianti lacerazioni intestine che vi erano connaturate).[34]

In questa evoluzione del pensiero dantesco, peraltro, non c'era soltanto una critica molto severa all'idea della piena autonomia dei Comuni come città-stato (così come di altre forme politiche che aspirassero a una sorta di completa sovranità), ma c'era anche l'indicazione precisa di un diverso sistema di governo connesso alla concreta valorizzazione dell'autorità regia nella Penisola. Infatti, il riferimento ai nuovi vignaiuoli («aliis agricolis») cui Enrico avrebbe presto affidato la cura della vigna italica e che avrebbero saputo riportare la giustizia («qui fructum iustitie reddant in tempore messis», *Ep.* V, 6) sembrava anticipare piuttosto nitidamente la prospettiva (cui Enrico stesso avrebbe in effetti cercato di dare seguito) di un governo della realtà italiana per il tramite di propri vicari, i quali non soltanto avrebbero dovuto svolgere il compito di pacificatori delle diverse situazioni locali, ma sarebbero venuti di fatto a sostituirsi (come al tempo dei vicari imperiali di Federico II) agli stessi regimi comunali. Quando del resto gli ambasciatori di Enrico, nella primavera-estate del 1310, si erano fatti vedere nella Penisola per chiedere a città e signori d'Italia «quod recipiant dictum regem sive imperatorem ut dominum eorum et ei obediant» e «quod unusquisque preparet se ad facienda servitia eidem regi (...) que tenetur», il messaggio di fondo era stato altrettanto chiaro.[35] Ed è del tutto probabile che quegli

---

33 Sul nesso tra il comunalismo e la nozione tomistica di *bonum commune* si veda ad esempio Catto, *Ideas and Experience*, e Kempshall, *The Common Good*, pp. 3–25. Su frate Remigio de Girolami, a lungo attivo a Firenze presso lo *Studium* domenicano di Santa Maria Novella, e interprete di una lettura fortemente orientata in senso municipalistico della lezione dell'Aquinate, si vedano invece, ad esempio, Davis, *Remigio de' Girolami and Dante*; Davis, *Un teorico fiorentino*, e Capitani, *Remigio de' Girolami*.

34 Sulle posizioni anti-comunalistiche del Dante maturo, divenuto di fatto un convinto "imperialista" (che è peraltro cosa diversa da "ghibellino"), si veda ad esempio Ercole, *L'unità politica*, pp. 25 e 51. Sul tema si è peraltro espresso con parole assai chiare anche Gennaro Sasso (Sasso, *Dante*, p. 108). Invece sull'evoluzione del pensiero di Dante in relazione a questo argomento, si vedano *infra*, le osservazioni delle note n° 36 e n° 38. Quanto al tema della crisi degli stati cittadini italiani, di cui le divisioni intestine erano oggettivamente uno dei fattori centrali, mi permetto di rimandare a Somaini, *La crisi delle città-stato*.

35 Le espressioni riportate nel testo comparivano nelle formule di obbedienza che gli ambasciatori regi si fecero rilasciare dai Comuni via via visitati. Si veda ad esempio *Henrici VII Constitutiones, Responsio Yporegie* [1310 maggio 20, Ivrea], pp. 308–309). Tra i primi vicari di Enrico VII si ricordano ad esempio, nel novembre del 1310, Ugolino di Vico, nominato vicario a Chieri, e Niccolò Bonsignori, vicario ad Asti (cfr. Cognasso, *Arrigo VII*, pp. 124–127).

stessi inviati regi, sia pure senza troppo forzare la mano (perché il loro compito restava comunque quello di sollecitare delle sottomissioni spontanee), avessero anche fatto trapelare, per esempio in relazione alla questione stringente del rientro dei fuoriusciti, la prospettiva dell'introduzione di questo modello di governo autoritativo: un modello che del resto sarebbe poi stato messo effettivamente in atto sin dalle prime città visitate da Enrico in Piemonte.

Si può supporre quindi che anche Dante avesse colto discorsi di questo tipo e che li avesse fatti propri senza riserve, o che magari li avesse elaborati di suo, giungendo comunque a conclusioni del tutto analoghe a quelle che si stavano preparando. Certo è ben vero che Dante, pur sempre guelfo di formazione, ancora nel canto VIII del *Paradiso* avrebbe tracciato una sorta di esaltazione del comunalismo e dei valori civici ad esso riconducibili. Infatti, alla domanda di Carlo Martello, nel cielo di Venere («Or dì: sarebbe il peggio / per l'omo in terra, se non fosse cive?»), la risposta del Dante-personaggio sarebbe stata insolitamente perentoria «Sì – rispuos'io – e qui ragion non cheggio» (*Par.* VIII, 115–17).[36] E tuttavia è chiaro che quella particolare concezione della *civilitas* – espressa non a caso nel dialogo con un personaggio come il principe angioino Carlo Martello (figlio di un re, Carlo II di Napoli, e a sua volta pretendente, almeno nominalmente, alla corona di un regno, quale quello d'Ungheria) – si palesava come qualcosa di ben lontano dall'immagine delle *civitates* come monadi indipendenti o come ordinamenti politici in tutto e per tutto sovrani.[37] Se cioè quella era stata un'idea cui Dante poteva un tempo aver prestato credito, in seguito non lo era più stata. E certo non lo era più nel 1310, al tempo dell'epistola V.[38]

---

36 Questa visione si precisò in modo ancora più esplicito nel canto XVI del *Paradiso*, laddove Dante – nel colloquio con Cacciaguida – mostrò in effetti di riconoscersi in modo ancora molto forte nella sua «predilezione per la dimensione civica comunale», pur avendo nel contempo ben chiara anche l'idea che occorresse rifarsi a un ideale di città che stesse nei propri limiti, e anzi individuando proprio nell'espansionismo territoriale la causa primaria delle degrado politico e morale, ad esempio, della sua Firenze (si veda in proposito Brilli, *Firenze e il profeta*, pp. 99–112 e 128–29).
37 Su Carlo Martello d'Angiò si vedano Manselli, *Carlo Martello*; e Walter, *Carlo Martello*.
38 In generale resta valido a mio parere il giudizio di Francesco Ercole, secondo cui Dante (soprattutto il Dante più maturo) pensava a città «autonome e autarchiche (...) nei reciproci rapporti, ma non sovrane» (Ercole, *Dante e l'unità nazionale*, p. 86). Non molto diverso fu anche, in sostanza, il giudizio, tra gli altri, di Alessandro Passerin d'Entrèves, secondo cui Dante era stato in gioventù un convinto assertore del municipalismo. In seguito, dopo l'esilio, si era convertito però progressivamente ad una visione "imperialista". O meglio, per Passerin, «il nucleo della (...) filosofia politica» di Dante in realtà rimase sempre «essenzialmente civico» e la *civitas* continuò fino all'ultimo a «denotare la forma fondamentale e "tipica" dell'associazione fra uomini». Tuttavia il Dante più maturo si sarebbe discostato dall'idea della *libera civitas* come un'entità del tutto autonoma per immaginarla inquadrata e disciplinata in ordina-

Peraltro, il punto che mi pare più interessante di tutto questo discorso rimanda al fatto che gli argomenti dell'epistola, tanto nella giustificazione della funzione e del ruolo dell'Impero (e della sua legittimazione sul piano storico e teologico), quanto nella parte più specificamente rivolta al contesto italiano, non solo erano a ben vedere del tutto congruenti con il contenuto dell'apostrofe del canto VI del *Purgatorio*, ma per molti versi sembravano integrarsi perfettamente con il discorso che Dante, in quel canto, aveva fatto pronunciare a sé stesso (cioè al Dante-narratore).

In relazione al punto appena toccato si dovrà per esempio notare, che, come nell'epistola, così anche nel canto era in realtà sviluppata in modo chiaro l'idea che la Penisola fosse da intendersi come una sorta di *regnum imperiale* riservato in modo specifico agli imperatori e al loro diretto governo. Tant'è che nel canto si era assai insistito sul fatto che, proprio per l'assenza dei sovrani ad essa precipuamente deputati, l'Italia si era ridotta a essere una «nave sanza nocchiero» (*Purg.* VI, 77), ovvero una terra senza pace, le cui città erano fatalmente destinate ad essere dilaniate da lotte intestine («l'un l'altro si rode / di quei ch'un muro ed una fossa serra», *Purg.* VI, 83-84), oppure a veder sorgere odiose tirannidi o regimi demagogici dominati da capi-parte cialtroni («le città d'Italia tutte piene / son di tiranni, e un Marcel diventa / ogni villan che parteggiando viene», *Purg.* VI, 124-126). E allo stesso modo nell'epistola si parlava delle tenebre di una lunga rovina («tenebras diuturne calamitatis», *Ep.* V, 2) e di un'Italia in condizioni così miserande da commuovere perfino i Saraceni («nunc miseranda Ytalia etiam Saracenis», *Ep.* V, 5). Proprio questo – ovvero l'idea della rovina dell'Italia come un portato del suo esser stata lasciata a sé stessa – era del resto un concetto davvero cruciale nella visione politica di Dante, e il canto e l'epistola lo esplicitavano entrambi, pur affrontando la questione da diverse angolature, e con approcci argomentativi differenti.

E qui si arriva ad un altro nodo importante. Gli approcci dei due testi infatti erano davvero dissimili: non solo, evidentemente, per le differenti modalità espressive (un canto in versi e una lettera in prosa); o per lo stile, o la lingua prescelti. Lo erano anche per i diversi procedimenti argomentativi. Si dovrà infatti notare che nel canto VI il poeta aveva costruito il suo discorso politico seguendo un triplice registro: descrittivo (la constatazione dei mali italiani), analitico (l'individuazione delle cause di detti mali) ed esortativo-monitorio e profetico-oracolare (l'invito a porvi rimedio e la minaccia di gravi castighi se ciò non fosse accaduto).

---

menti politici meno angusti (si veda Passerin d'Entrèves, *Dante politico*, pp. 47, 55-66). Sul punto si veda anche Carpi, *La nobiltà*, vol. I, p. 582.

In pratica, mosso dallo sdegno suscitatogli dal pensare alle lacerazioni accecanti delle diverse realtà italiche a confronto dell'abbraccio spontaneo nell'Aldilà tra due semplici concittadini (cioè Sordello e Virgilio, ancora ignari l'uno dell'identità dell'altro, ma spinti a grande empatia per il solo fatto di riconoscersi entrambi come «mantoani»), il Dante-narratore aveva interrotto il racconto del suo viaggio per prendere la parola in prima persona e proclamare senza mezzi termini lo stato di prostrazione dell'Italia tutta («ahi serva Italia, di dolore ostello», *Purg.* VI, 76). Da lì era quindi passato a denunciare gli errori del Papato per aver voluto proporsi (senza averne né la forza né l'autorità) quale principio ordinatore del quadro peninsulare; e poi aveva indirizzato la sua critica severa e senza sconti alle responsabilità dei sovrani tedeschi, rei di aver trascurato, il «giardin de lo'mperio» (*Purg.* VI, 105), cioè appunto il loro spazio italiano, per concentrarsi grettamente sui propri interessi dinastici nel Regno Teutonico. Ma il culmine del discorso era stato infine raggiunto con il reiterato invito ad «Alberto Tedesco» (il sovrano del tempo della finzione poetica) perché ponesse fine a questo stato di cose (con tanto di maledizione, come s'è visto, per sé, per il suo sangue e i suoi successori se non vi avessero posto rimedio).

Ora tutti questi temi, cioè i guasti prodotti in Italia dall'*absentia regis*, e la messa a fuoco delle responsabilità storiche del Papato e dei sovrani passati, nell'epistola non vennero in realtà minimamente ripresi. Dante in questo caso si limitò infatti a dei cenni più fugaci alla drammaticità della situazione italiana (non andando appunto molto al di là del riferimento alle tenebre e alle condizioni miserande di cui s'è detto). Inoltre egli evitò del tutto di addentrarsi a discutere di colpe e responsabilità. La tecnica argomentativa era insomma del tutto diversa da quella del canto; e differente era il registro comunicativo prescelto (incentrato in questo caso sull'esortazione ad accogliere il Re dei Romani e sulla giustificazione della rispondenza tra l'Impero e il volere di Dio). E tuttavia, a ben vedere, il messaggio politico dell'epistola V non solo si saldava in modo perfetto a quello di quell'apostrofe, ma trovava nelle denuncie così vibrate che in essa erano state espresse una sorta di naturale premessa per il proprio discorso ottimistico. Infatti la notte che il sole di Enrico VII stava per disperdere era esattamente quella condizione di «dolore» che Dante aveva descritto con tanta forza nel canto VI.

In altre parole, si dovrà sottolineare che se sul piano dello svolgimento concettuale il ragionamento del canto precedeva in un certo senso quello dell'epistola, ne costituiva nel contempo anche la necessaria premessa logica e argomentativa: proprio nel senso che là si additavano i guasti dell'Italia (e se ne indicavano anche le cause), mentre qui se ne annunciava la soluzione (che era poi quella, come si è detto, di riconoscere Enrico come legittimo sovrano e di accogliere con gioia il suo arrivo, sottomettendosi alla sua autorità). Si comprende allora che l'apparente difformità delle argomentazioni avrebbe potuto anche essere del tutto voluta ed essere stata pensata proprio in funzione della complementarietà tra i due testi, che dovevano integrarsi senza sovrapporsi e senza presentare ripetizioni.

Certo, non solo gli approcci (come s'è detto), ma anche i toni dei due componimenti erano fra loro profondamente diversi: anzi potremmo dire del tutto opposti. L'apostrofe del canto VI, che è stata giustamente definita come un sirventese politico, era infatti costruita come una lunga *lamentatio*, o meglio come una serie reiterata di *lamentationes*; mentre l'epistola sin dalle prime parole intendeva chiaramente trasmettere un messaggio ispirato a sentimenti di speranza (se non di fiducia) verso il futuro.[39] Il contrasto di toni e di colori era dunque assolutamente evidente, ma lo era a tal punto da far pensare a un effetto chiaroscurale pensato *ad hoc*: un effetto, cioè, che potremmo definire di discesa e di risalita. Il canto VI – con le sue tonalità cupe e perfino grevi (l'Italia «bordello», il «giardino» trasformato in «deserto», la «nave sanza nocchiero», ecc.) – si doveva cioè presentare come una sorta di anticipazione rispetto ai toni fiduciosamente enfatici dell'epistola V, che si apriva con l'annuncio dell'imminente sorgere di un sole e di una nuova aurora luminosa. I due componimenti, in altri termini, non soltanto stavano perfettamente insieme sul piano della tenuta del discorso politico complessivo, ma direi che anche nei toni e negli effetti "cromatici" erano in un certo senso l'uno il presupposto e il complemento dell'altro. Senza la denuncia vibrata del canto VI, il messaggio di speranza dell'epistola V sarebbe cioè risultato parzialmente mutilo. Pensando invece ai due testi come a due parti tra loro connesse, il discorso complessivo acquistava una forza di persuasione doppiamente ficcante e incisiva.

A completamento di quanto osservato finora, direi che si può poi forse aggiungere un'ulteriore considerazione. Vale infatti la pena di notare che mentre tra canto ed epistola, come si è visto, vi era una chiara complementarietà dell'argomentazione, non vi era, per contro, alcuna sovrapposizione o riproposizione di figure o di temi. Voglio dire cioè che tra i due testi, oltre alla diversità degli approcci ed al contrasto dei toni (pur pensati in una sostanziale congruità di svolgimento), nemmeno si ritrova il ricorso alle medesime immagini o alle stesse metafore. Quelle utilizzate nel canto – come potevano essere, ad esempio, la coppia semantica della nave e del nocchiero, o quella del cavallo e del cavalcatore (con il freno, la sella e gli arcioni), o ancora quella del giardino e del deserto – nell'epistola non vennero in alcun modo riprese. La cosa in qualche misura colpisce, perché se per esempio prendiamo l'epistola VI, scritta il

---

[39] Per la definizione del canto VI come un «sirventese politico» cfr. Gabrieli, *Il canto VI*, p. 337.

31 di marzo del 1311 e destinata ai Fiorentini, noteremo che alcune riproposizioni di quelle immagini – per esempio quella dell'Italia come nave senza nocchiero (*Ep.* VI, 3), o quella del sovrano come domatore («domitor») della Penisola (*Ep.* VI, 12) – in realtà si ritrovano. Nell'epistola V questo invece non accade. Ci sono in verità immagini ed espressioni che riprendono altri passaggi della *Commedia*, ma nulla che si richiami direttamente al canto VI del *Purgatorio*, che pure nell'apostrofe toccava temi così palesemente vicini a quelli trattati dall'Epistola.[40]

È come cioè se Dante fosse stato ben attento a non essere per nulla ripetitivo: non solo avendo cura di non svolgere nei due componimenti gli stessi concetti (e riuscendo però a sviluppare in modo perfettamente coerente i due differenti discorsi) o preoccupandosi di usare tonalità espressive dissimili, ma anche avendo cura di non utilizzare due volte le stesse espressioni, le stesse metafore o gli stessi tropi: il che mi pare possa essere un ulteriore argomento a favore della tesi che qui si vuole sostenere.

A me sembra insomma che vi siano indizi sufficienti per avanzare credibilmente l'ipotesi che Dante potesse aver concepito canto ed epistola come le due parti di un dittico, o meglio come un dossier unitario da offrire al futuro imperatore per omaggiarlo in modo adeguato in occasione della sua tanto attesa venuta in Italia. L'intento, viene da pensare, doveva essere presumibilmente quello di avvicinare Enrico ai due testi per il tramite di un lettore-commentatore (e all'occorrenza anche traduttore) del tutto particolare quale avrebbe potuto essere auspicabilmente lo stesso poeta.

Che del resto a Dante non dispiacesse l'idea di abbinare componimenti poetici a dotti testi in prosa è cosa su cui non possono sussistere troppi dubbi. Anche lasciando da parte i casi, ben noti, della *Vita Nova* e del *Convivio*, che furono programmaticamente concepiti come dei prosimetri, con la compresenza quindi di composizioni in rima e di lunghe digressioni in prosa (in volgare nella *Vita Nova*, in latino nel *Convivio*), non sarà inutile sottolineare che scelte analoghe furono da lui compiute anche in altre circostanze. L'epistola III a Cino da Pistoia (*Exulanti Pistoriensi*) del 1305 o 1306 fu ad esempio associata alla canzo-

---

[40] Tra i passi dell'epistola V che sembrano richiamare i versi di altri canti della *Commedia* si può ad esempio menzionare l'espressione «si quid de Troyanorum Latinorumque semine superest» (*Ep.* V, 11), che pare rimandare ai versi dei canti XV e del XXVI dell'*Inferno*: «non tocchin la pianta / s'alcuna sorge ancora in lor letame / in cui riviva la sementa santa / di quei Roman» (*Inf.* XV, 74-77) o «la porta / onde uscì de' Romani il gentil seme» (*Inf.* XXVI, 59-60). Mentre un altro passaggio, quello subito seguente al primo, sull'«aquila fulguris instar descendens» (*Ep.* V, 11), sarebbe poi stato ripreso nel IX canto del *Purgatorio*: «un'aguglia (...) / mi parea che (...) / terribil come folgor discendesse» (*Purg.* IX, 20-29).

ne *Io sono stato con Amore insieme*; mentre la celebre canzone "montanina" (*Amor da che convien che io mi doglia*) sarebbe stata abbinata all'epistola IV a Moroello Malaspina di Giovagallo (*Ne lateant dominum*), scritta tra la fine del 1307 e gli inizi del 1308.[41] E non parliamo poi della lettera a Cangrande della Scala (o quanto meno della prima parte di essa, se si vuole propendere per la tesi che solo quella sia la parte più propriamente autentica dell'epistola XIII). In quel caso, come noto, il testo in prosa coincise addirittura con la dedica e la presentazione al grande leader ghibellino dell'intera terza cantica della *Commedia*.[42]

Canto VI ed epistola V potrebbero dunque ben avere avuto una genesi simile ed essere stati concepiti sin dal principio come le due parti di un unico insieme. In vista cioè della venuta in Italia di Enrico VII – momento che all'Alighieri, così come a molti altri osservatori, doveva ovviamente sembrare cruciale sotto tutti i punti di vista (e nel caso del poeta anche in relazione al suo vissuto personale e alla sua condizione di «exul immeritus») – Dante dovette presumibilmente concepire l'idea di potersi proporre al sovrano in arrivo come un intellettuale a tutto tondo (come del resto egli si sentiva), capace, in quanto tale, di indossare a un tempo la veste di poeta e di consulente politico, di letterato e di filosofo, di retore e di mentore dotato anche di qualche tratto profetico o divinatorio e di una «presaga mens», come Dante stesso ebbe a dire di sé nell'epistola VI (*Ep.* VI, 17).[43] Era cioè l'idea di potersi accreditare presso il Re dei Romani in una sorta di ruolo guida, proponendosi al suo cospetto come un nuovo Pier

---

41 Montefusco, *Le "Epistole"*, pp. 448–449; e Villa, *Un oracolo e una ragazza*.

42 Per uno *status quaestionis* sull'epistola a Cangrande (ovvero l'epistola XIII) mi limito a rimandare ad Azzetta, *Nota introduttiva*.

43 Dopo tutto del resto, con la celeberrima profezia del «veltro» con cui egli aveva aperto anni prima la sua *Commedia*, Dante aveva in qualche modo anticipato quanto ora, nel 1310, pareva davvero sul punto di verificarsi; e questo doveva presumibilmente aver rafforzato in lui – e forse anche in non pochi dei suoi lettori (si veda in proposito quanto già osservato *supra* nella nota n° 16) – la convinzione che egli fosse effettivamente dotato di una certa qual attitudine divinatoria, se non di un vero e proprio spirito profetico, che lo facesse latore, come scrisse Raffaello Morghen, di «un messaggio che fosse a un tempo monito all'umanità e alla Chiesa tralignante del suo tempo, e testimonianza della giustizia divina punitrice e redentrice». Dante cioè era probabilmente davvero convinto di «aver quasi avuto dall'alto l'autorità di parlare ai grandi della terra e a tutto il popolo cristiano col tono ammonitore del profeta» (Morghen, *Dante profeta*, p. 152). Sul tema si veda almeno anche Manselli, *Profetismo*. Quanto al cenno alla «presaga mens» di Dante capace di fondarsi su «signis veridicis sicut inexpugnabilis argumentis» (*Ep.* VI, 17), si può rimandare alle osservazioni di Elisa Brilli, la quale ha sottolineato la derivazione di quell'espressione non soltanto dall'*Eneide* virgiliana, ma anche da Sant'Agostino, per il quale quel sintagma corrispondeva anzi a una vera e propria «definizione tecnica della mente profeticamente ispirata» (Brilli, *Reminiscenze*, p. 450).

della Vigna, in grado di offrire a un nuovo *stupor mundi* (cioè ad Enrico) visioni grandiose e orazioni raffinatissime, confezionando e costruendo le une e le altre con immagini e messaggi di assoluta vivezza, oppure con argomenti esposti con un ricchissimo corredo di riferimenti letterari, storici, teologici e filosofici (cioè, per dirla con Giovanni Villani, «con alto dittato e con eccellenti sentenzie di autoritadi»).[44] Si trattava, in altre parole, di mettere il proprio ingegno, le proprie qualità e il proprio talento al servizio della causa enriciana, e di mettersi al contempo in evidenza – per riprendere nuovamente Villani – come «sommo poeta e filosafo, e rettorico perfetto, tanto in dittare, versificare come in aringa parlare, nobilissimo dicitore, in rima sommo, col più pulito e bello stile che mai fosse».[45]

In una prospettiva di questo genere, il fatto dunque di proporre ad Enrico un doppio componimento, in versi e in prosa, sarebbe in fondo stato non soltanto un gesto letterariamente assai suggestivo, ma direi anche un atto politico e culturale del tutto coerente con la concezione dantesca del ruolo civile degli intellettuali e dei letterati e della vocazione «illustre» (nel senso proprio dell'"illuminare" e del "dare luce"), «cardinale» (cioè del costituire un punto di riferimento), «aulica» (nel senso della solennità che avrebbe conferito all'istituzione regia ed imperiale) e «curiale» (perché adatta a quell'idea di giustizia che una *curia regis* degna di questo nome dovrebbe ripristinare), che Dante intendeva in fondo attribuire non soltanto alla lingua italiana (o meglio appunto al volgare illustre), ma anche a sé stesso e alla cultura in genere: proprio in quanto latori di quel «gratiosum lumen rationis», di cui il poeta aveva parlato nel *De vulgari eloquentia* (*Dve* I, xviii, 5) come del fattore che avrebbe potuto contribuire a ridare all'Italia quell'unità (culturale, politica, civile, e morale) che essa aveva di fatto perduto dai tempi della fine della vicenda sveva.[46]

Anche per questo, alla luce cioè del ruolo che Dante intendeva in qualche modo attribuire a sé stesso, mi pare dunque che l'ipotesi di una composizione unitaria di canto VI ed epistola V possa essere sostenuta con una certa fondatezza.

---

[44] Sul tema si veda Montefusco, *Le "Epistole"*, p. 455. Per la citazione di Giovanni Villani, cfr. Villani, *Nuova Cronica*, vol. II, p. 336.
[45] Villani, *Nuova Cronica*, vol. II, p. 335.
[46] Su questo punto si veda ad esempio Bruni, *Italia*, p. 79–81.

4 Un punto critico. Le divergenze nella concezione dello spazio italiano tra la visione di Dante e il programma enriciano del 1310

C'è un ultimo punto però che occorre ancora svolgere, e che forse può in parte spiegare anche i motivi per cui il presunto progetto di Dante di proporsi come una sorta di *spiritus rector* del nuovo sovrano non sembra fosse riuscito, almeno nel 1310, ad andare propriamente in porto. Si tratta della questione delle differenze non banali tra l'idea di Italia che Dante cercava di avvalorare rispetto a quella dei progetti enriciani in quel particolare frangente.

Partiamo da una prima osservazione. Consideriamo cioè l'*inscriptio* dell'epistola V. Essa ci dice che la lettera era formalmente destinata, come si è visto, ai re e ai senatori di Roma, nonché a duchi, marchesi, conti e comunità d'Italia. Ora, lasciamo per un momento da parte i duchi, i marchesi, i conti e le comunità, e soffermiamoci invece sui re e i senatori di Roma. Guardiamo in particolare al caso dei re. Se ben consideriamo la cosa, dovremo notare (ed è peraltro già stato notato da altri) che rivolgersi agli «universis et singulis Ytalie regibus» (*Ep*. V, 1) non era parlare in termini generici, ma significava in realtà chiamare esplicitamente in causa personalità ben precise: come il re di Napoli Roberto d'Angiò (salito al trono nel 1309), o come il re di Trinacria Federico III d'Aragona (che regnava sulla Sicilia dal 1296); e forse anche come lo stesso re d'Aragona Giacomo II, che in virtù del trattato di Anagni del 1295 si pretendeva (dal 1297) re di Sardegna e di Corsica.

Ora tutti costoro, in quanto re, erano personaggi che per l'appunto già possedevano dei loro regni e che, per quanto legati in realtà ad un rapporto di dipendenza feudale nei confronti del Papato, consideravano sé stessi come dei sovrani. Il fatto che Dante li indicasse nell'epistola come destinatari del suo messaggio significava che egli era in effetti disposto a riconoscere quei re (così come tutti gli altri soggetti indicati quali ulteriori destinatari) come degli interlocutori legittimi. Gli ordinamenti politici di cui essi erano a capo non erano cioè messi radicalmente in discussione. Quei re (così come i duchi, i marchesi, ecc.) non erano quindi degli usurpatori. Nel contempo però a quegli stessi re (e a tutti gli altri, o meglio a tutti gli Italiani, cioè gli «incolae Latiales») Dante chiedeva anche di sottomettersi, seppure da uomini liberi, ad Enrico VII, e di riconoscerlo indubitabilmente come il "loro" re: «assurgite regi vestro» (*Ep*. V, 19). E proprio questo invito, come già abbiamo notato, era anzi a ben vedere il cuore del messaggio politico dell'epistola. Ma questo equivaleva a sostenere che tutte le formazioni politiche particolari d'Italia (compresi per l'appunto regni come quelli di Napoli, di Trinacria e di Sardegna e Corsica) erano viste in realtà come parti di un regno a esse sovra-ordinato: un regno di cui Enrico VII era incontestabilmente il vero sovrano.

Si badi: come imperatore, il sovrano di quel regno era naturalmente anche il monarca universale destinato a guidare l'intera umanità; ma di quel regno specifico riguardante l'Italia egli era anche propriamente il re, tanto che si sarebbe potuto dire, parafrasando il canto I dell'*Inferno*, che egli «in tutte parti impera e quivi regge» (*Inf.* I, 127): nel senso che in Italia e nello spazio italiano egli esercitava, in quanto re, un'autorità qualitativamente e sostanzialmente diversa da quella che, come imperatore, gli spettava nel resto del mondo.[47] È insomma il tema, di cui già si è sottolineata la centralità, della distinzione tra quell'«ad imperium» e «ad regimen» (*Ep.* V, 19). I vari regni italiani (di Napoli, ecc.) erano soggetti, così come tutta l'Italia, al *regimen* di Enrico VII, e dunque dovevano tutt'al più essere considerati come dei regni minori: dei sotto-regni, verrebbe da dire, un po' come accadeva per il regno di Boemia (di cui proprio in quello stesso 1310 il figlio di Enrico, Giovanni, stava per assumere la corona) in rapporto al regno imperiale tedesco di cui faceva comunque parte.[48]

Ma non è tutto: perché a differenza di quel che si sarebbe potuto dire della gran parte dei domini di duchi, marchesi, conti e comunità, i regni (o sotto-regni) di un Roberto d'Angiò, di un Federico III o di un Giacomo II insistevano in realtà su territori che non avevano mai fatto parte, storicamente, di quell'antico Regno Italico, che era a sua volta erede del *Regnum Langobardorum*. Il che significa che quando Dante pensava ad Enrico VII come al re di tutti gli «incolae Latiales» non si riferiva affatto al *Regnum Italicum* (cioè al vecchio *Regnum* dei Berengari o degli Ottoni, di cui Enrico era stato pacificamente riconosciuto perfino dal papa come il legittimo titolare), ma pensava, al contrario, ad un regno che dovesse insistere sull'Italia tutt'intera.[49] L'Italia cui Dante pensava come al

---

47 Sul punto si veda il sempre lucido Ercole, *Il sogno italico*, pp. 98–101.

48 Vale la pena di notare che la posizione di Dante contrastava in modo nemmeno troppo velato con l'impegno solenne ed esplicito che i sovrani angioini (come Roberto d'Angiò) erano soliti prestare nei confronti del papa, nelle cui mani essi giuravano di non rendere mai unita la corona siciliana con quella imperiale (Bowsky, *Henry VII*, p. 83).

49 Rimando in proposito alle chiarissime osservazioni di Ercole (Ercole, *L'unità politica*, p. 62), ripreso anche da Barbi (Barbi, *Nuovi problemi*, pp. 7–13); mentre per un'opinione contraria, ma a mio parere non persuasiva in quanto fondata sull'idea che Dante non avesse di fatto in mente alcun regno a proposito dell'Italia, si può rimandare a Davis, *Dante and the Empire*, p. 184. Rispetto alla lucida analisi di Francesco Ercole, va tuttavia meglio precisato, anche per non ingenerare gli equivoci del passato, che quel regno italiano cui pensava Dante non era in realtà in alcun modo assimilabile al *Regnum Italicum* dell'età post-carolingia, ma era appunto un regno (parte e cuore dell'Impero) da intendersi come esteso all'Italia tutta (come si ricava chiaramente dall'*inscriptio* dell'epistola, rivolta come si è detto a tutti i *reges* italici indicati al

«giardin de lo 'mperio» (*Purg.* VI, 105), ossia appunto come a uno spazio politico peculiare e a sé stante, o meglio come ad un vero e proprio regno riservato agli imperatori, era dunque l'Italia tutta: quell'Italia, cioè, di cui Dante stesso aveva già parlato nel *De vulgari eloquentia*, quando aveva analizzato i volgari italici costruendo una geografia linguistica che comprendeva l'intera Penisola (divisa dalla dorsale appenninica) e che includeva naturalmente anche tutta l'area cisalpina e le isole di Sicilia e Sardegna (e quindi pure la Corsica, che l'Alighieri doveva presumibilmente considerare come una sorta di pertinenza geografica della Sardegna stessa, e anche, si può supporre, tutte le isole minori, tra cui anche Malta, Gozo, Lampedusa e Pantelleria, che il poeta non ebbe in effetti mai occasione di menzionare in nessuna delle sue opere, ma che erano comunque parte integrante del Regno siciliano, sin da quando quel regno era sorto nel XII secolo). Questa Italia dantesca era a tutti gli effetti il «bel paese là dove'l sì suona» (*Inf.* XXXIII, 80), e come tale si estendeva dalle Alpi al canale di Sicilia e dalla Liguria al Carnaro – «ch'Italia chiude e suoi termini bagna» (*Inf.* IX, 114) –, e travalicava con ciò gli stessi confini dell'antica Italia augustea (con le sue 11 *regiones*), dalla quale erano in effetti escluse le grandi isole.[50]

Ma da questa concezione del contesto italiano discendevano in realtà delle conseguenze di non poco conto. Già: perché una siffatta idea dell'Italia, concepita anche come spazio politico, non poteva in realtà coincidere, almeno nel 1310, con i progetti di Enrico VII, i quali erano viceversa incentrati proprio sulla valorizzazione e il rilancio di quel *Regnum Italicum* cui Dante non intendeva prestare particolare attenzione. Lo stesso intervento di Enrico nella Penisola, infatti, per quanto motivato in primo luogo dall'aspirazione a conseguire la corona imperiale che gli avrebbe evidentemente consegnato un fondamentale sovrappiù di autorità e di prestigio (cosa di cui Enrico era senz'altro ben consapevole), era in buona misura fondato anche sull'idea di dover rimettere in piedi proprio la struttura ormai fatiscente di quel *Regnum Italicum*, che da tempo era in effetti ridotto ad una sorta di contenitore politico vuoto, ma di cui non si era affatto perduto il ricordo. Enrico intendeva cioè ridare a quel Regno perduto una rinnovata consistenza politico-istituzionale, ricostruendovi delle efficienti strutture di governo centrale (come un consiglio, una cancelleria, una tesoreria, delle diete ...); ripristinandovi una legislazione e una moneta comuni; rimettendo in essere delle istituzioni di governo locali (come i vari vicari regi e imperiali che avrebbero dovuto di fatto soppiantare i comuni); e riportandovi più in gene-

---

plurale: sul punto si vedano Solmi, *L'Italia*, pp. 217–218; Cecilia, *Italia*; e Bruni, *Italia*, pp. 75–80).

50 Si vedano al riguardo Scartazzini, *Enciclopedia dantesca*, vol. II, p. 1087; e vol. III, p. 326; Cecilia, *Italia*; Brancucci, *Italia. Storia*; e Davis, *L'Italia di Dante*, pp. 31–53.

rale la concordia e la pace, secondo quella rappresentazione di sé e della propria missione quale *rex pacificus* cui Enrico teneva particolarmente (e che peraltro non escludeva la possibilità di dover reprimere anche con la forza le eventuali resistenze ed opposizioni).[51] Molto significativi, sempre in rapporto a questo programma di rilancio del *Regnum*, furono del resto anche gli sforzi compiuti per ripristinare o per reinventare dei simboli e dei rituali, che ridessero a quell'organismo politico il senso di una ritrovata vitalità. Fu il caso, in particolare, di quella solenne cerimonia di incoronazione a re d'Italia che venne organizzata a Milano nel gennaio del 1311 (e alla quale anche Dante ebbe probabilmente modo di assistere di persona).[52]

Proprio Dante ci dice in realtà – nell'epistola VII – che quando, in quella circostanza, gli fu data l'occasione di inchinarsi ai piedi di Enrico provò una sensazione di vera e propria esultanza, tanto da pronunciare, tra sé e sé, le parole del Vangelo di Giovanni «Ecce Agnus Dei, ecce qui tollit peccata mundi» (*Ep.* VII, 10). E tuttavia, in relazione per lo meno allo spazio italiano, la sua concezione politica non collimava con quella del lussemburghese (almeno in quella fase), proprio perché Dante pensava a tutta l'Italia, mentre Enrico guardava primariamente al *Regnum Italicum*.

Il fatto è che fino alla svolta del 1312 (e alla rottura con il Papato legata alla circostanza dell'incoronazione imperiale), Enrico VII, ben lungi dall'esigere – come Dante avrebbe voluto – che tutti i re della Penisola lo riconoscessero come un sovrano a essi sovra-ordinato, cercò di relazionarsi con gli altri re italici su un piano di mera intesa diplomatica, senza richiedere particolari atti di sottomissione né avanzare pretese di superiorità. Eloquenti furono ad esempio i suoi rapporti con Roberto di Napoli, con cui ancora fino all'estate del 1312 Enrico

---

51 In merito ai progetti di Enrico VII riguardo al *Regnum Italicum* mi permetto di rimandare a Somaini, *Henri VII et le cadre italien*; e anche ad Andenna, *Henri VII et son projet*; e Andenna, *Enrico VII e il suo progetto*. Sulla consapevolezza dell'idea imperiale in Enrico VII si veda invece Heidemann, *Heinrich VII*.

52 Sull'incoronazione milanese di Enrico VII del 6 gennaio 1311 fu scritto a suo tempo che essa non avrebbe avuto alcun un reale significato politico, e non sarebbe stata altro che una sorta di mero *Festkrönung*, ossia un puro fatto cerimoniale (Sumner, *Dante and the* Regnum Italicum, pp. 14–22). Ma in realtà essa rivestiva per Enrico VII un'importanza notevole, proprio in quanto sanciva la sua piena presa di possesso del Regno Italico (cfr. Zug Tucci, *Henricus coronatur*). Enrico peraltro già portava, dai tempi dell'incoronazione germanica di Aquisgrana del 6 gennaio 1309, il titolo di Re dei Romani – ed errava perciò Arrigo Solmi nel ritenere che quel titolo gli fosse stato attribuito con la cerimonia di Milano del 1311 (Solmi, *L'Italia*, pp. 206–207). Ora però egli poté anche considerarsi a pieno titolo anche alla testa del Regno Italico. Non per nulla, come notò anche il milanese Giovanni da Cermenate, con quella cerimonia Enrico «in regem Italie (...) ferreo diademate coronatus est» (Giovanni da Cermenate, *Historia*, p. 39).

cercò in realtà di stringere un'alleanza matrimoniale, senza compiere alcuna ingerenza in relazione agli affari del regno di lui.[53] Il che non era certo quello che Dante aveva immaginato nell'epistola V.[54]

5 Il nodo di Roma

Ma a questo proposito c'è del resto anche un altro importante aspetto da sottolineare: un aspetto in rapporto al quale è di nuovo l'*inscriptio* dell'epistola a offrirci una chiave di lettura molto preziosa. Si tratta della questione attinente al ruolo ed alla funzione di Roma.

In base a quanto abbiamo detto finora sull'idea dantesca dell'Italia quale spazio politico particolare, era infatti del tutto evidente che il centro di riferimento (anche sul piano simbolico) di questo spazio non potesse essere altro che Roma, ovvero la città che non era soltanto la sede naturale degli imperatori (nella loro veste di monarchi universali e di capi dell'Impero Romano), ma anche il luogo in cui essi avevano il dovere di risiedere in quanto, appunto, sovrani di quel regno ad essi propriamente riservato. Nel canto VI del *Purgatorio* questa idea era stata espressa con estrema nettezza: Roma era stata infatti dipinta come la sposa del sovrano; e quest'ultimo – il solito «Alberto tedesco» cui

---

[53] L'idea di un'alleanza matrimoniale angioino-lussemburghese fu concepita alla corte papale di Avignone sin dall'estate del 1309 come un progetto anti-francese che creasse un argine contro lo strapotere del re di Francia Filippo IV. Si trattava di far sposare il figlio di Roberto d'Angiò, Carlo, con Beatrice di Lussemburgo, figlia di Enrico VII, procurando al giovane angioino la corona dell'antico regno di Arles (all'epoca non meno fatiscente di quanto lo fosse quel *Regnum Italicum* che Enrico VII si proponeva di rilanciare). L'accordo non venne in realtà mai concluso, ma tra la diplomazia angioina e quella del Re dei Romani le trattative per queste nozze proseguirono fino all'estate del 1312, anche quando i rapporti tra Roberto ed Enrico si erano di fatto alquanto deteriorati (oltre ai testi su Enrico VII indicati *supra* nella nota 3; si veda ad esempio Caggese, *Roberto d'Angiò*, pp. 114–115, 120–122, 125, 136, 140–142, 147–151, 155–158, 161–163).

[54] In effetti, fu solo dopo che tra Enrico VII e Roberto d'Angiò (manovrato di fatto dalla corte francese, per parte sua assai ostile all'idea che Enrico potesse acquistare un protagonismo politico sulla scena italiana ed europea) si giunse ad una definitiva rottura (nell'estate del 1312), che la posizione di Enrico – divenuto nel frattempo imperatore – mutò in modo sensibile anche in relazione al problema dei rapporti con gli altri sovrani italici. Fu così in particolare che si arrivò alle celebri costituzioni pisane dell'aprile del 1313, e alla condanna di Roberto d'Angiò. A quel punto le posizioni di Enrico VII vennero in effetti di molto accostandosi a quelle che Dante aveva proposto nell'epistola V (e nel canto VI del *Purgatorio*). Ma prima di allora le cose non si può dire che fossero andate nei termini che Dante avrebbe desiderato.

era rivolta l'invettiva – doveva aver cura di ricongiungersi quanto prima con essa, che, come si è visto, lo attendeva con trepidazione.[55]

Nell'epistola V questo concetto del Re dei Romani quale sposo dell'Urbe non fu in realtà riproposto in modo altrettanto netto. Ma questo non sorprende, perché sulle ragioni delle mancate ripetizioni tra epistola e canto ci siamo già soffermati. La cosa interessante semmai è che nell'epistola, Enrico VII, ovvero il «clementissimus Henricus, divus et Augustus et Cesar», venne definito sì come «sponsus» (e fu questa anzi l'unica immagine in cui l'epistola V riprese in parte una figura del canto), e però non già di Roma, bensì dell'Italia tutta (*Ep.* V, 5), ovvero appunto di quel regno che per Dante doveva costituire il naturale appannaggio dei Re dei Romani.

In ogni caso Roma restava pur sempre parte integrante ed essenziale di quell'insieme più vasto di cui appunto Enrico era sposo. Lo si evince con assoluta chiarezza proprio dall'*inscriptio* già ricordata, dal momento che tra i destinatari del messaggio dantesco, subito dopo i re di cui si è detto, venivano appunto indicati, come sappiamo, i senatori di Roma, ossia i detentori di quella carica civica dal nome altisonante (e dal suggestivo richiamo alla romanità antica) che dai tempi della nascita del Comune romano nel XII secolo si era venuta di fatto configurando come «la peculiarità più vistosa» di Roma stessa.[56] Il punto cioè è che se anche i senatori di Roma erano chiamati a riconoscere Enrico come loro re era perché anche Roma era evidentemente parte di quel suo regno (e non si vede d'altro canto come avrebbe potuto essere diversamente).

Certo, va anche detto che in realtà dagli inizi del Duecento i senatori di Roma avevano in buona sostanza cessato di essere il vero vertice politico dell'Urbe. Pur conservando infatti importanti funzioni di carattere giurisdizionale e ampie competenze amministrative, e pur divenendo per lo più espressione di quella decina di casate che si stavano affermando come «baronali», e che tendevano a dominare la scena locale di Roma e del Lazio, i senatori – che dal

---

[55] Gioverà ricordare a questo proposito che Alberto d'Asburgo non fu mai incoronato imperatore. Tuttavia come re del Regno Teutonico (o Regno di Germania, ma questa denominazione non era in realtà in uso), egli era *ipso facto* anche Re dei Romani (in virtù del titolo che i re tedeschi, in quanto imperatori designati, avevano preso ad utilizzare sin dall'XI secolo) (Sumner, *Dante and the* Regnum Italicum, p. 11). Ma agli occhi di Dante quel titolo, che per i sovrani tedeschi si riferiva unicamente alla loro posizione di potenziali pretendenti all'Impero, doveva avere evidentemente un significato diverso: proprio nel senso che esso doveva riferirsi alla posizione di effettivo re di quel regno ideale di cui Roma era il centro, ragion per cui anche un sovrano come Alberto I (che nel *Convivio* Dante aveva dichiarato non potersi considerare propriamente come un vero imperatore) doveva comunque essere salutato come lo sposo di Roma. Sull'argomento vedasi Barbi, *Nuovi problemi*, pp. 5–8.

[56] Si veda Maire Vigueur, *Il comune*, p. 125.

1238 si erano di fatto tendenzialmente stabilizzati nel numero di due – avevano perso di fatto molto del loro potere e del loro prestigio (che un tempo li aveva visti offuscare la stessa autorità dei papi) tanto che la loro stessa nomina era stata sempre più spesso sottratta a dinamiche prettamente civiche, per passare nelle mani dei pontefici.[57] Da tempo cioè la sovranità su Roma era di fatto ritornata a risiedere in capo al papa e alla curia papale. E, sebbene dal 1305, ovvero dall'elezione al pontificato del guascone Bertrand de Got (cioè appunto Clemente V) il Papato, anche per sottrarsi ai condizionamenti delle fazioni romane e dei grandi clan baronali, avesse in realtà cessato di risiedere a Roma (per poi insediarsi in pianta stabile ad Avignone, a partire dal 1307), non c'è dubbio che Roma continuasse a essere concepita dalla maggior parte degli osservatori come "la città del papa". Dante stesso, di lì a qualche tempo, avrebbe espressamente richiamato questo concetto, e nell'epistola XI ai cardinali italiani (scritta dopo la morte di Clemente V nel 1314) avrebbe indicato la città sul Tevere (ricorrendo ancora una volta all'immagine della «vedova») come la sede naturale dei papi, consacrata dal sangue di Pietro e di Paolo (*Ep.* XI, 3).

Il fatto dunque che Dante, nell'epistola V, ignorasse in realtà il pontefice quale "signore" di Roma e invece chiamasse in causa, quali destinatari della sua lettera, proprio i senatori dell'Urbe, cioè i titolari di quella che restava certamente la più alta magistratura laicale della città, implicava in realtà anche una sorta di disconoscimento nemmeno troppo implicito dell'autorità temporale del papa sulla città stessa. Roma, cioè, nella visione di Dante se era senz'alcun dubbio la città del papa – «lo loco santo / u' siede il successor del maggior Piero» (*Inf.* II, 23-24) – lo era in realtà solo sul piano spirituale; sul piano politico e temporale era invece, e altrettanto indubitabilmente, la città dell'«Augustus et Cesar», ossia la città dell'imperatore e del Re dei Romani, con i senatori dell'Urbe quale suo naturale interfaccia istituzionale. Il richiamo ai senatori di Roma (e non al pontefice) non era perciò per nulla casuale e rifletteva questa chiara concezione politica.

Ma anche questo era un passaggio in cui Enrico VII non poteva in realtà riconoscersi. Il sovrano infatti, con il cosiddetto giuramento di Hagenau (o giuramento *de securitate*) del 17 agosto del 1310 si era impegnato formalmente ad accettare le severe condizioni che papa Clemente V gli aveva imposto per

---

57 Sul Senato di Roma si vedano Maire Vigueur, *Il comune*, pp. 133-141; e Miglio, *Il Senato di Roma*. Nel 1310, al tempo dell'epistola V, i due senatori di Roma erano Fortebraccio Orsini e Giovanni Annibaldi (cfr. De Dominicis, *Membri del Senato*, p. 14). Poi, nel maggio del 1310, venne creato senatore da Clemente V il conte del Vaud Ludovico di Savoia. Tale creazione avvenne su richiesta dello stesso Enrico VII, ma la sua nomina fu sempre, e significativamente, papale (Cognasso, *Arrigo VII*, p. 110).

autorizzarne la venuta nella Penisola, e cioè a rispettare scrupolosamente i domini papali in Italia (a cominciare naturalmente da Roma) e anzi a non soggiornare nell'Urbe se non per il tempo strettamente indispensabile a espletare il rituale dell'incoronazione a imperatore, dopodiché se ne sarebbe dovuto andare piuttosto alla svelta.[58] E tale impegno era stato poi ribadito, con condizioni ancor più stringenti, con il giuramento di Losanna dell'11 ottobre 1310.[59]

Anche in questo dunque, il progetto enriciano del 1310 (nella misura in cui Enrico intendeva procedere con l'accordo del papa), non era in realtà compatibile con i sogni danteschi. Dante pensava infatti ad un Regno dei Romani esteso a tutta l'Italia e con Roma quale sua indiscutibile capitale. Enrico (almeno in quella fase) pensava all'antico *Regnum Italicum* (che non arrivava più in là dell'Emilia e della Tuscia) ed era oltre tutto disposto a non trattenersi a Roma che per il tempo strettamente necessario a farsi incoronare imperatore.

Le due concezioni, in questo senso, erano dunque obiettivamente distanti.

6 Per concludere

In conclusione ci sono a mio avviso sufficienti elementi indiziari per sostenere che canto VI del *Purgatorio* ed epistola V fossero due componimenti che Dante non soltanto dovette scrivere pressoché in contemporanea, ma che dovette anche concepire come parte di una sorta di dossier unitario, da offrire ad Enrico VII alla vigilia della sua discesa in Italia con l'idea di accreditare sé stesso quale possibile mentore politico del sovrano.

Lasciando perdere ricostruzioni decisamente non plausibili, come quella tramandataci da Boccaccio, secondo cui Dante, al momento della discesa in Italia di Enrico, si sarebbe trovato a Parigi, possiamo considerare come un punto pressoché fermo la stesura in ambito casentinese dei due componimenti. Da Poppi e dalle terre dei conti Guidi, presso cui aveva trovato ricetto, Dante dovette cioè attendere alla composizione di canto ed epistola tra l'estate e l'autunno del 1310, nel clima di fervida e trepidante attesa di chi ormai già sapeva che il nuovo Re de Romani sarebbe effettivamente venuto nella Penisola e aveva evidentemente delle aspettative elevate in ordine a ciò che questa discesa avrebbe potuto comportare (per sé, per i suoi protettori guidinghi e, soprattutto, per l'Italia in genere).

---

58 Per il testo del giuramento di Hagenau si veda *Henrici VII Constitutiones*, pp. 340–342.
59 Per il giuramento di Losanna si veda *Henrici VII Constitutiones*, pp. 395–398.

In occasione dell'incontro (o degli incontri) che dovette avere con Enrico all'indomani del suo arrivo al di qua delle Alpi, Dante dovette presumibilmente presentare al sovrano i componimenti cui aveva lavorato. Ma se l'intento del poeta doveva esser stato quello di colpire Enrico e di divenirne eventualmente una sorta di alto consigliere politico, la cosa non dovette andare propriamente a buon fine.

E forse ciò poté anche dipendere dal fatto che le idee che Dante dovette proporre ad Enrico VII non collimavano del tutto con i disegni che Enrico era in quel momento interessato a perseguire. Due questioni in particolare sembravano incompatibili con i piani del Lussemburghese in quella fase: e cioè l'idea dantesca che il sovrano dovesse di fatto rivendicare un'autorità che si estendeva sull'Italia intera (e non sul solo *Regnum Italicum*) e soprattutto l'insistenza di Dante sul fatto che Roma dovesse diventare la sede naturale di Enrico. Entrambi, come si è visto, erano punti su cui il sovrano non poteva permettersi, in quel momento, di assumere posizioni troppo radicali che compromettessero il suo rapporto con Clemente V. Tutto ciò, dunque, può forse spiegare le ragioni per cui, nonostante gli omaggi così rilevanti profferti al sovrano, il sogno dantesco di diventare in prima persona l'ispiratore dei programmi enriciani non riuscì a trovare una concreta realizzazione. Il che peraltro non valse a suscitare nel poeta eccessivi sentimenti di delusione, e, tanto meno, di ripicca. Dante cioè – pur non mancando di esprimere talora delle critiche ad Enrico (basti pensare all'epistola VII) – avrebbe comunque continuato con convinzione a sostenere l'impresa enriciana proprio sulla base delle speranze cui anche l'epistola V aveva cercato di dare voce. E questo atteggiamento fu mantenuto fino alla fine, cioè fino all'amara conclusione della vicenda di Enrico, a Buonconvento, nell'agosto del 1313. E in un certo senso anche oltre.

Può sembrare banale (e forse anche lo è), ma i versi del canto XXX del *Paradiso* con Beatrice indicante nella rosa dell'empireo lo scranno dell'«alto Arrigo, ch'a drizzare Italia / verrà in prima ch'ella sia disposta» (*Par.* XXX, 137–138) ci parlano con ogni evidenza di una lealtà ed una devozione politica che non dovettero comunque mai venir meno.

Luca Marcozzi
L'epistola di Dante ai fiorentini: memoria scritturale, profetismo e tracce umanistiche dell'invettiva dantesca

Abstracts: L'intervento, dedicato alla lettura dell'*Ep.* VI *Scelestissimis Florentinis intrinsecis* in chiave letteraria, mira ad approfondirne alcuni aspetti topici, retorici e intertestuali, con particolare attenzione al dialogo con i classici e al forte debito contratto da Dante in questo testo con l'espressività scritturale. Propone inoltre di verificare la persistenza di alcune immagini adibite da Dante al genere della *reprehensoria* nelle opere a carattere politico (invettive, epistole, *hortatorie*) di alcuni autori delle generazioni successive a Dante, in particolare Petrarca e Salutati.

The essay provides a critical reading of Dante's *Ep.* VI *Scelestissimis Florentinis intrinsecis*, and notably of some of its topical, rhetorical and intertextual aspects, by means of focusing on the dialogue with the classics and on the Dante's strong debt towards scriptural expressiveness. I also verify the persistence of some images used by Dante in this rebuke to the Florentines in the political works (invectives, letters and *hortatoriae*) of some authors of the following generations, and in particular Petrarch and Salutati.

Parole chiave: Dante Alighieri, *Epistole*, invettive e opere polemiche, Francesco Petrarca, Coluccio Salutati.

I tre commenti recenti o recentissimi alle epistole di Dante, tutti e ciascuno a suo modo ripieni di virtù, impediscono di fatto ogni margine di intervento allo studioso chiamato a discutere del loro contesto o a fornire una lettura mirata di una singola epistola. Ben poco resta da aggiungere a quanto prodotto negli ultimi tempi, e non solo a quanto scritto nei commenti, ma anche a quanto osservato nei non pochi studi che hanno mirato nel corso degli ultimi anni a una più attenta definizione dell'intertestualità dantesca.[1] D'altra parte, proprio il punto relativo agli aspetti dell'intertestualità mi pare uno dei pochi che possa

---

[1] Tra i quali penso soprattutto a quello di Brilli, *Reminiscenze scritturali*, e a Di Patre, *I modi*; i quali assieme mi esimono dalla bibliografia.

Luca Marcozzi, Università degli Studi di Roma Tre

Open Access. © 2020 Luca Marcozzi, published by De Gruyter. This work is licensed under the Creative Commons Attribution 4.0 International License (CC BY 4.0).
https://doi.org/10.1515/9783110590661-016

prestarsi ancora a qualche supplemento di indagine, e che consenta almeno di tentar di riconoscere, tra le pieghe del testo, alcune sparse tessere della memoria scritturale, letteraria, giuridica di Dante, o di chiarire ancor più nel dettaglio alcuni percorsi e meccanismi della memoria dantesca. È questa, dunque, la direzione nella quale proverò a fornire un ulteriore contributo al testo così eccellentemente fissato e commentato da Pastore Stocchi, Baglio, Villa e alle loro osservazioni puntuali, cercando di contestualizzare l'epistola VI e ponendo attenzione agli aspetti topici, retorici e intertestuali, con particolare interesse al dialogo con i classici e al forte debito contratto da Dante con l'espressività scritturale. Tanto più importante mi pare essere la definizione di questo rapporto in quanto, come è stato notato da molti e tra i più recenti da Antonio Montefusco, proprio l'epistola agli *scelestissimi fiorentini* costituisce *magna pars* di quella «sperimentazione dantesca di un'auto-investitura profetica che trova una prima realizzazione nelle epistole, nelle quali vengono mobilitate un'impressionante mole di richiami, di origine sia biblica sia classica».[2] Vero è che la preminenza della sermocinazione, che sovrasta numericamente e strategicamente gli intertesti classici, si innesta su una strutturazione degli argomenti tutto sommato riconducibile a quanto prescritto per il ribaltamento in vizi delle pretese virtù dell'avversario.

Il testo di riferimento di Dante, per una operazione così impegnativa sotto il profilo retorico, non poteva essere che la *Rhetorica ad Herennium*, di rado, peraltro, chiamata in causa dai commenti nonostante alcune sue parti siano penetrate abbastanza palesemente nel tessuto dell'epistola. Infatti, oltre la retorica del ribaltamento propria della *vituperatio*, che è metodologicamente accolta nell'ordito espressivo dell'epistola VI,[3] è possibile altresì individuare con certezza almeno una tessera intertestuale: è proprio dagli esempi allegati alla definizione dello stile sublime nel trattatello pseudociceroniano che Dante trae a sua volta i propri esempi, con le immagini di distruzione dei templi e le altre figurazioni della devastazione rivolte ai fiorentini nel finale dell'apostrofe («videbitis edificia vestra [...] tam ariete ruere tristes quam igne cremari», VI, 15). Queste stesse immagini sono a loro volta presenti, nella *Rhetorica ad Herennium*, in

---

2 Montefusco, *Le "Epistole"*, pp. 455–456.
3 Mi riferisco in particolare a *Rhet. Her.* III, 3, in cui l'autore intende dimostrare come la virtù «troverà meglio il suo posto nelle parti contrarie»: «item, si quo pacto poterimus, quam is qui contra dicet iustitiam vocabit, nos demonstrabimus ignaviam esse et inertiam ac pravam liberalitatem; quam prudentiam appellant, ineptam et garrulam et odiosam scientiam esse dicemus; quam ille modestiam dicet esse, eam nos inertiam et dissolutam neglegentiam esse dicemus; quam ille fortitudinem nominarit, eam nos gladiatoriam et inconsideratam appellabimus temeritatem».

una apostrofe *ficta* a cittadini destinati a un supplizio collettivo, in cui ricorre l'espressione «templis spoliatis» (donde i «templa quoque spoliata» di *Ep.* VI, 16) e un'analoga sequela di matrone e fanciulli destinati a espiare le colpe dei padri.[4] Al di là dell'immagine dei templi saccheggiati, che come già indicato in alcuni studi assume una valenza topica, sarà da notare il concorso complessivo della *Rhetorica ad Herennium* (molto più a portata di mano del Livio spesso citato nei commenti) alla costruzione di questo passaggio, sia come prototipo espressivo sia come serbatoio di esempi e situazioni.

Non solo la memoria dei classici, ancorché di scuola, è suscitata: vi si aggiunge, come registro espressivo costante, quello scritturale, che Dante largamente impiega e che conferisce alla sua prosa epistolare, nelle tre altissime prove dedicate all'impresa arrighiana, una particolare, enfatica espressività che ai più è parso di ritenere manifestazione di un atteggiamento profetico.[5] Questo aspetto, che è stato giustamente sottolineato da molti lettori (fin già da Giovanni Villani), non va però a mio avviso sopravvalutato, costituendo – pur con le sue peculiari caratteristiche dantesche – uno fra i più significativi e vistosi atteggiamenti intellettuali e letterari del *dictamen* ai tempi di Dante, in cui la citazione scritturale frammista a quella classica, e variamente ricomposta, assurge al rango di automatismo:[6] si tratta però di un registro espressivo in via di esaurimento e di cui nulla rimarrà nell'epistolografia politica e nelle *reprehensorie* civili del primo umanesimo.

Quanto al profetismo dell'epistola, se dovessi darne una definizione lo chiamerei – proprio sulla base di questa topica largamente condivisa e attinta alle più note esemplificazioni della retorica, – un profetismo di maniera, oscillante tra tensione escatologica e reiterazione del tema del *timor*, della minaccia di un evento sconvolgente – in questo caso la distruzione della città – che come sempre accade nel profetismo medievale da un lato offre cagione per terrificanti

---

4 *Rhet. Her.* IV, 12: «quo pacto hostes, revulsis maiorum sepulcris, diiectis moenibus, ovantes inruerent in civitatem; quo modo deum *templis spoliatis*, optimatibus trucidatis, aliis abreptis in servitutem, *matribus* familias et ingenuis sub hostilem libidinem subiectis, urbs acerbissimo concidat *incendio conflagrata*», in relazione con *Ep.* VI, 16: «*templa* quoque *spoliata*, cotidie *matronarum* frequentata concursu, parvulosque admirantes et inscios peccata patrum luere destinatos videre pigebit» (corsivi miei).
5 Sulla memoria scritturale nelle *Epistole* rimando soprattutto a Ledda, *Modelli biblici e profetismo*; e Ledda, *Modelli biblici e identità*.
6 Ciò accade già nel *dictamen* dell'Italia meridionale del XIII secolo, e in particolare in Pier della Vigna, in cui si assiste a: «une écriture du pouvoir rythmée intégrant un semis de citations bibliques et classiques "rythmiquement recomposées" passées au rang d'automatismes» (Grévin, *Les frontières*, p. 147). Per la citazione biblica nella scrittura epistolare del Duecento e in particolare della produzione di curia, si vedano Thumser, *Les grandes*, e Broser, *Les règles*.

moniti, dall'altro presenta esortazioni alla conversione, utile a evitare più terribili punizioni. In questa epistola, dunque, l'ispirazione biblica traccia sì i confini di un'autoinvestitura profetica, ma allo stesso tempo appare come l'ornamento d'una intonazione comune alla produzione cancelleresca contemporanea e di poco precedente a Dante, da quella della curia pontificia a quelle della cancelleria imperiale. La cifra scritturale delle epistole arrighiane coincide in questo particolare aspetto con quella dei suoi modelli specifici, cioè delle coeve encicliche pontificie e delle prammatiche regie e imperiali, ricche di enfasi oratoria sviluppata in termini stilistici spesso simili a questi.

Non meno enfatica e fastosa della *gratulatio* imperiale di Dante, affidata all'epistola V è, d'altra parte, l'epistola imperiale di Francesco da Barberino, ora ripubblicata in affidabile edizione critica da Elisa Brilli, Antonio Montefusco e Anna Fontes.[7] Essa condivide con quella di Dante la forte intertestualità scritturale, a sua volta, senza sorprese, largamente presente anche nella lettera di Clemente V sulle modalità dell'incoronazione.[8] Che in esse manchi il registro profetico proprio della veemente *reprehensoria* contro Firenze è dovuto sostanzialmente al fatto che vi si celebra un episodio già avvenuto, mentre nella VI si prefigura un evento futuro. Non manca, invece, l'uso dello *stilus Salvatoris* (che riserva ad Arrigo lo stesso frasario dei Vangeli per Cristo, e in base al quale l'autore propone la propria voce come quella di colui che opera un annuncio messianico): esso non è esclusivo di Dante, poiché è usato nella reciproca delegittimazione di curia e cancelleria imperiale sin dall'epoca di Federico II, e poi nella *Exultet* del 1310.[9] Se dunque, come è stato ipotizzato, la scrittura epistolare

---

[7] Brilli, Fontes Baratto, Montefusco, *Sedurre l'imperatore*; ringrazio i tre autori per avermi fatto amichevolmente leggere in anteprima il nuovo testo critico e il ricco commento, che nonostante l'annata della rivista non era ancora stato pubblicato alla data (settembre 2017) del Convegno veneziano.

[8] Sotto il profilo del registro, le epistole giubilari per Arrigo e l'epistola VI si situano in un contesto relativamente ampio, che ha prodotto testi analoghi, come ad esempio la già citata lettera scritta a nome della corona dal Barberino, che ricorda l'epistola V di Dante non solo per il comune obiettivo, ma nelle virtù stilistiche; nella lettera di Francesco da Barberino, nulla ricorda le violente invettive di Dante contro la propria patria, tant'è vero che il Barberino fu in seguito riammesso ai pubblici uffici cittadini, ma solo l'entusiastico giubilo per la discesa del sovrano, e la rispettosa espressione di una sottomissione che, almeno in teoria, Guelfi e Ghibellini praticavano concordemente nei suoi confronti. Quanto al piano stilistico, nell'una e nelle altre è possibile osservare la stessa fraseologia, lo stesso tono enfatico allora in voga. È pur vero che nessuno tranne Dante avrebbe scritto la *Commedia* e che la costruzione della sua identità autoriale procede con modalità e testualità di stampo profetico fin dalla *Vita nova*, ma almeno in questo caso tale registro poteva essere atteso.

[9] L'emanazione della bolla *Exultet in gloria* del 1310 fu decisiva per la preparazione di attese messianiche e palingenetiche in Italia, altrimenti incompatibili con l'oscura e debole figura di Arrigo (qual era almeno al momento della sua elezione nel 1308).

dantesca discende dalla pratica civile fiorentina strutturatasi sui modelli delle *artes dictaminis* bolognesi e poi promossa da Brunetto, non si potrà non ricordare, come d'altro canto è stato fatto, che in questa fase essa appare ispirata allo stile enfatico della cancelleria federiciana e di Pier delle Vigne,[10] in cui registro apocalittico e precisazione dei dati storico-legali convivevano abbastanza serenamente.[11]

All'interno delle epistole arrighiane, una serie compatta nella cronologia e articolata in tre momenti successivi e complementari dal punto di vista retorico (*gratulatoria-reprehensoria-hortatoria*), la VI occupa a sua volta un posto particolare, dal momento che essa costituisce una raccolta di accuse nei confronti dei fiorentini (non direi una *vituperatio*, perché qui siamo nell'ambito non degli insulti ma della elencazione di reali misfatti), corredata da una serie di non velate minacce all'integrità della città. Dante auspica qui, o meglio prevede dandolo per certo, l'intervento in armi dell'imperatore per l'assedio e la distruzione di Firenze. Progetto, quello dell'assedio che nella primavera del 1311 era più di una teorica possibilità e che fu effettivamente posto in essere nel settembre dell'anno successivo, ma con una sproporzione di forze, a favore dei difensori, tale da non poter consentire alle milizie imperiali alcuna speranza di successo. L'esercito di Arrigo, numericamente meno della metà di quanto messo in campo da Firenze, non sarebbe neppure riuscito a completare l'accerchiamento della città, e dopo poche settimane avrebbe levato l'assedio. Ma nella primavera del 1311, quando Dante scriveva dal Casentino le epistole VI e VII, il futuro piano di Arrigo era ancora da fissare, e la valutazione delle forze che sarebbero scese in campo poteva non basarsi su elementi precisi.

La data dell'epistola VII, di due settimane successiva alla VI, è forse brevemente da annotare: è il 17 aprile 1311, lo stesso giorno della sanzione proveniente dalla curia papale per l'incoronazione, da tenersi in Roma il 15 agosto, e che però Clemente V doveva ancora approvare.[12] Si può dubitare che Dante ne avesse avuta immediata notizia, ma la data è comunque significativa, perché la primavera del 1311 è il frangente in cui, nonostante l'approvazione per la cerimonia romana – peraltro posticipata rispetto alla richiesta imperiale – Clemente V inizia a rivedere i termini del proprio sostegno ad Arrigo VII, supportando piuttosto l'indipendenza dei comuni guelfi e indebolendo, dunque, la posizione dell'imperatore in Toscana (di qui l'opinione di Dante, maturata nel corso degli anni successivi, sul «guasco» che ingannerà «l'alto Arrigo»). La "ribellione" fio-

---

10 Così Delle Donne, *Federico II*.
11 Su questo aspetto mi pare molto interessante il recente contributo di Falzone, Fiorentini, *Note sul discorso politico*.
12 Bowsky, *Henry VII in Italy*, p. 106.

rentina, attraverso la richiesta di sostegno a Roberto d'Angiò, con la lettera del priorato, è del primo aprile 1311[13] (e a questo potrebbe riferirsi l'accusa di Dante a Firenze di «abbandonare il pio impero e cercare di far sorgere nuovi regni» presente nell'epistola: «pium deserentes imperium nova regna temptatis», *Ep.* VI, 8). E Firenze non solo aveva attratto dalla sua parte proprio in quel frangente Ghiberto da Correggio e Bologna, ma aveva iniziato, nelle lettere del primo aprile, a negare ogni legittimazione all'imperatore chiamandolo non re dei romani ma «re di Germania» o, con una formula inusitata, «imperatore dei germani»,[14] cioè un monarca straniero venuto in Italia anziché un legittimo re dei romani o pretendente alla corona imperiale. La cancelleria fiorentina passò in quello stesso aprile alla nuova formula di designazione di Arrigo come «re di Germania», che mantenne fino alla sua morte. In questo modo Firenze tentava di non apparire ribelle al potere legittimo, ignorando volutamente il supporto papale, ancorché tiepido, all'impresa italiana di Arrigo VII.

Questa ostilità di Firenze era già palese ai primordi della discesa imperiale ma diventava fieramente attiva proprio in questa fase, in cui il comune non si limitava a ignorare Arrigo o a non mandare ambasciatori al suo cospetto, ma si proponeva palesemente di combatterlo. Mi pare che questo atteggiamento sollevi la reazione di Dante e abbia perciò riflessi in alcune scelte linguistiche dell'epistola VI, che fanno reagire il tema giuridico con il registro dell'invettiva (uno degli esempi è il tema della «manifesta voluntas» divina di affidare all'imperatore il reggimento del mondo). Tramite questo e altri argomenti, l'epistola colpisce con vigore la scelta fiorentina di restare completamente sorda alla legittimazione dell'imperatore, che il comune e la sua cancelleria tentavano in tutti i modi di ostacolare. Questa opposizione metteva a rischio la sopravvivenza stessa dell'impresa imperiale, costringendo Arrigo ad aprire un altro fronte oltre quello lombardo (è questo l'argomento dell'epistola VII, scritta nel momento in cui l'imperatore a Cremona deve decidere se volgersi a Brescia o a Firenze; e sceglierà, per il momento, Brescia); pertanto, se da un lato Dante invitava l'imperatore a dirigersi verso Firenze, dall'altro doveva ammonire i nemici di Cesare perché ne temessero la discesa, tentando di scalfire le loro certezze.

Il rischio di una campagna diretta contro Firenze era alto; tanto palese era la sproporzione delle forze in campo da farci meravigliare che Dante non la conoscesse – o non lo prendesse in considerazione – nell'epistola VII: gli armati contro Arrigo erano largamente predominanti per numero. Che le campagne si

---

13 Roberto, che era in una situazione difficile dovendo cercare un equilibrio tra il papa, suo protettore, che formalmente appoggiava la campagna imperiale, e i fiorentini, suoi finanziatori, che lo volevano a capo di una lega guelfa, non rispose.
14 Bowsky, *Henry VII in Italy*, p. 111.

organizzassero di stagione in stagione, e che le cose potessero cambiare da una primavera all'altra, è un argomento secondo me insufficiente per giustificare una così scarsa lungimiranza. All'assedio di Firenze, infatti, secondo la cronaca di Niccolò di Butrinto, i fiorentini sarebbero stati il doppio degli imperiali, e per di più armati benissimo e a difesa di ogni luogo: «prope castrum super illum pontem et circa muros et portas erant Florentini armati pulcherrime et multi et, ut dicebatur, in duplo quam nos; quia tunc in equis pauci eramus, et nulli pedites armati».[15] Ogni cronachista che è stato anche parte in causa degli eventi narrati è sempre mosso da interessi personali a fornire dati non oggettivi, e l'affidabilità di questa cronaca potrebbe essere discussa, ma a non smentirla, in questo caso, è proprio l'esito inglorioso (per l'imperatore e i suoi sostenitori) della successiva campagna.

Di fronte a tale sproporzione di forze, dunque, quale interesse conduceva Dante a rivolgere comunque all'imperatore quella irrealistica *hortatoria* che è l'epistola VII, quale obiettivo lo portava a rilanciare il massimo della posta anziché trovare per sé un possibile accordo? Sappiamo che i capi dell'esercito imperiale e i consiglieri di Arrigo, Uguccione della Faggiola e Federico da Montefeltro, lo avevano – a quanto pare – sconsigliato dall'assediare Firenze, ma invano. Perché Dante continuava invece a eccitarne l'ardimento? Perché consigliarlo alla discesa in Toscana, pur essendo chiaro che l'impresa sarebbe stata rischiosa? Forse perché Arrigo, come varie fonti raccontano, amava l'adulazione? Perché a Dante mancava una visione strategica? Perché un eventuale cedimento di Firenze gli avrebbe consentito di rientrare, come era accaduto ai banditi di diverse città del nord? Possiamo pensare tutto questo, ma possiamo anche negare che la posizione di Dante avesse una consequenzialità, anziché essere dettata di volta in volta dalla contingenza e dalla sua immediata percezione.

Più facile rispondere a un'altra domanda circa il legame tra la *reprehensoria* costituita dalla epistola VI e l'*hortatoria* della VII: mi pare che la prima prepari il terreno alla seconda, e forse, fatto il bilancio delle forze in campo – ammesso che a Dante questo dato fosse chiaro –, sia stata scritta più per incoraggiare

---

15 Niccolò di Butrino, *Relatio*, p. 548. All'assedio di Firenze, iniziato attorno al 20 settembre 1312, l'imperatore aveva duemila cavalieri e quindicimila fanti, mentre a difendere la città erano in quattromila cavalieri e sessantamila fanti (Bowsky, *Henry VII in Italy*, p. 174; Niccolò di Butrinto, *Relatio*, pp. 491-ss.). Tale era la sproporzione che l'esercito imperiale non poté nemmeno circondare la città. Dopo sei settimane il campo fu tolto, anche se le truppe imperiali continuarono a devastare per altri quattro mesi il contado, ottenendo effimere vittorie. Il feroce contegno che aveva tenuto all'assedio sanguinoso di Brescia si era fatto più mite, e nonostante le opinioni a ciò contrarie dei Ghibellini fiorentini aveva trattato con rispetto i prigionieri, concedendo diverse grazie.

Arrigo che per terrorizzare Firenze. Personalmente, non credo che con l'epistola VI Dante abbia voluto chiudere definitivamente i conti con la patria: la sua voce non è troppo diversa da quella degli esuli fiorentini, e come voce d'esule è volta soprattutto al proprio interesse, che si serve a seconda dell'occasione dello strumento migliore per essere perseguito. In altre città del nord, conquistate o strette da vincoli di sudditanza, l'imperatore aveva potuto restaurare nei propri beni e nella propria condizione precedente alcuni fuoruscite, tra quelli che spesso si trovavano al seguito del suo esercito. Durante l'assedio, testimonia ancora il Butrinto, in seguito a una effimera vittoria, alcuni «Florentini exteriores» avevano consigliato l'imperatore, inascoltati, di prendere di corsa la città;[16] se Dante fosse stato tra loro, anch'egli avrebbe forse incitato Arrigo a forzare la mano, come del resto fa nell'epistola VII. Dunque, se l'epistola VI appare sopra le righe del realismo politico, ciò è vero solo *a posteriori*, e considerandola nella nostra condizione di lettori odierni che conoscono lo svolgimento successivo dei fatti; come che stiano le cose, essa non supera i confini stilistici richiesti a un testo del genere.

*

Esaminato brevemente il contesto, vorrei offrire qualche proposta di intertestualità scritturale, prima di rivolgere l'attenzione alla possibile persistenza di alcune immagini adibite nell'epistola VI al genere della *reprehensoria* nelle opere di autori successivi. Esaminerò in particolare i seguenti punti: la pervasiva metafora nautica presente nell'epistola, il tema della *manifesta voluntas*, la definizione del *timor humanus sive mundanus*, l'immagine della rugiada del Gelboe, l'allusione ai muri di cinta in costruzione, la cecità dei fiorentini. Proverò poi a verificare l'ipotesi di una circolazione delle immagini dantesche negli autori di *vituperationes* a lui successivi, esaminando in particolare il caso dell'epistolografia politica di Petrarca: questa disseminazione può trascendere gli scarni dati della tradizione, che peraltro non sempre costituiscono confini certi alla conoscenza successiva del testo (e questo nel caso delle epistole di Dante è facilmente dimostrabile dalla trasmissione sommersa o perduta).

Il primo punto è quello della complessa metafora continuata della navicella di Pietro, che si apre con l'immagine del *gubernator*, cioè dell'imperatore come, letterariamente, «timoniere». Risale a Cicerone, ed è sviluppato nel latino medievale, lo slittamento di senso da «gubernator» a «rector»;[17] in questo caso la

---

16 Niccolò di Butrinto, *Relatio*, p. 548: «Florentini exteriores dederunt sibi aliud co[n]silium, quod directe Florentiam iret, et statim eam caperet, quia omnes qui poterant eam deffendere erant in illo castro Amise, sicut verum erat».
17 Cicerone, *Rep.* II, 51: «quare prima sit haec forma et species et origo tyranni inventa nobis in ea re publica, quam auspicato Romulus condiderit, non in illa, quam, ut perscripsit Plato,

varietà terminologica della sequenza («gubernandas [...] nauclerus [...] remiges», *Ep.* VI, 2–3) non pare causale, tanto più che Dante applica concordemente il lessico tecnico della navigazione alla descrizione del governo civile ed ecclesiastico. A mio avviso perciò «gubernandas» non andrebbe tradotto con il significato traslato di 'reggere', ma visto il contesto che ricorda quello specificamente virgiliano di ammiraglio (capo della flotta), con un termine come 'comandare', più aderente alla metafora nautica e alla precisa idea gerarchica che la sua continuazione reca con sé. Valore che si perde con la traduzione in 'reggere' o 'governare', che non danno conto del fatto che il papa «nauclerus» e i vescovi o fedeli «remiges» sono sottoposti al comando del «gubernator».

Il campo semantico di quel termine indica fin da subito e nel corpo della metafora una precisa catena di comando, la stessa che appare nel passo parallelo del *Conv.* IV, iv, 7, in cui l'impero è detto «di tutti li altri comandamenti comandamento». L'imperatore è qui «gubernator», ammiraglio, mentre il papa è semplice «nauclerus», comandante o nocchiero di una sola nave: questa stessa gerarchia è presente anche in un passo neotestamentario, quello che narra il viaggio di Paolo verso l'Italia in *Act.* 27, 11 (unica occorrenza di «nauclerius» nella *Vulgata*).[18] Diversamente da qui, in *Purg.* VI, 77, il termine «nocchiero» è adibito all'imperatore; e così pure nell'immagine dell'Italia come una nave senza timoniere usata nel *Convivio*, dove il nocchiero dev'essere proprio l'imperatore che ha un «universale e inrepugnabile officio di comandare».[19] Un'ulteriore concordanza appare significativa: infatti, nel *Convivio*, questa peculiare singolarità e separatezza della prerogativa imperiale «manifestamente vedere si può», così come nell'epistola essa deriva da una «manifesta voluntas» (termine giuridico su cui torneremo).

---

sibi ipse Socrates tripertito illo in sermone depinxerit, ut, quem ad modum Tarquinius, non novam potestatem nactus, sed, quam habebat, usus iniuste totum genus hoc regiae civitatis everterit; sit huic oppositus alter, bonus et sapiens et peritus utilitatis dignitatisque civilis quasi tutor et procurator rei publicae; sic enim appelletur, quicumque erit rector et gubernator civitatis. Quem virum facite ut agnoscatis; is est enim, qui consilio et opera civitatem tueri potest. Quod quoniam nomen minus est adhuc tritum sermone nostro saepiusque genus eius hominis erit in reliqua nobis oratione tractandum». Anche Quintiliano, *Inst.* V, 11 a proposito della similitudine: «illa (ut dixi) propiora: ut remiges sine gubernatore, sic milites sine imperatore nihil valere».
18 *Act.* 27, 11: «centurio autem gubernatori et nauclero magis credebat, quam his quae a Paulo dicebantur».
19 *Conv.* IV, iv, 6: «per che manifestamente vedere si può che a perfezione della universale religione della umana spezie conviene essere uno, quasi nocchiero, che considerando le diverse condizioni del mondo, alli diversi e necessarii officî ordinare abbia del tutto universale e inrepugnabile officio di comandare».

Più importante ancora è il fatto che siamo qui di fronte a un'intersezione del campo militare, proprio del riferimento all'impero, con un'immagine scritturale come quella della navicella di Pietro, qui per traslato la Chiesa, che ha molte attestazioni neotestamentarie. Quella concordemente chiamata in causa nei commenti fa riferimento all'episodio evangelico di Gesù che per salvare Pietro dalle acque va incontro alla barca dove sono gli apostoli sbigottiti (*Mt* 8, 24: la stessa scena raffigurata dal celebre mosaico eseguito su disegno di Giotto, ora trasportato e quasi del tutto rifatto dalla vecchia alla nuova basilica di San Pietro a Roma). Il riferimento si basa soprattutto sul fatto che nell'epistola il nocchiero e i marinai «dormitant» nella «navicula Petri» (*Ep.* VI, 3). Tuttavia, nel racconto di Matteo, non sono i marinai a dormire, ma Gesù («ipse vero dormiebat»), tanto è vero che gli apostoli lo svegliano («et suscitaverunt eum dicentes "Domine salva nos"», *Mt* 8, 25). Alla loro invocazione, Cristo «surgens» intima ai venti di placarsi e rende il mare tranquillo. Il contesto mi pare simile, ma è differente l'immagine usata, tanto che l'inversione delle azioni spinge a chiedersi se non potessero sussistere ulteriori suggestioni scritturali, oltre questa di Matteo e alle diverse occorrenze neotestamentarie che hanno dato vita alla metafora della «navicula Petri».[20]

Mi pare che due passaggi veterotestamentari possano essere accostati a questo passo dantesco con risultati migliori rispetto al racconto di Matteo. Sono da chiamare in causa anzitutto due occorrenze dal libro dei *Proverbi* (11, 14 e 23, 34), entrambe di carattere "politico", cioè rispettivamente «ubi non est gubernator populus corruet salus autem ubi multa consilia», che riconduce all'assenza del «gubernator» la causa della perdizione delle città (anche perché vi si oppongono i «multa consilia» propri dei governi di popolo); e, seconda occorrenza, l'immagine del timoniere addormentato che svia la barca, smarrito il timone («et eris sicut dormiens in medio mari et quasi sopitus gubernator amisso clavo»: questa tessera scritturale sarà utilizzata, con finalità morali, anche da Petrarca, in una *Senile* a Lombardo della Seta, destituita però di ogni significato politico).[21]

---

[20] *Mt* 8, 23: «et ascendente eo in navicula secuti sunt eum discipuli»; *Mt* 8, 24: «factus est in mari ita ut navicula operiretur fluctibus»; *Mt* 14, 13: «audisset Iesus secessit inde in navicula in locum desertum»; *Mt* 14, 22: «et statim compulit Iesus discipulos ascendere in naviculam, et praecedere eum trans fretum, donec dimittere turbas»); *Mt* 14, 24: «navicula autem in medio mari iactabatur fluctibus: erat enim contrarius ventus»; *Mt* 14, 29: «et descendens Petrus de navicula ambulabat super aquam»; *Mt* 14, 33: «qui autem in navicula erant venerunt et adoraverunt»; e poi *Mc* 3, 9; *Lc* 5, 3; *Io* 6, 22. Nello stesso episodio di Gesù che cammina sulle acque, narrato da Marco, nessuno dorme (*Mc* 6, 47–52).

[21] Lombardo vi è invitato a riprendere il timone della propria vita, intesa nella metafora, cara a Petrarca, della *navigatio*; *Sen.* XI, 10, 9: «vale et viriliter age atque amisso gubernatore tuis iam manibus clavum rege».

Altri passi scritturali passibili di essere riannodati nella memoria dantesca potrebbero essere *Sapienza* 14, 3,[22] o *Ezechiele* 27, 27–29. Quest'ultimo soprattutto riguarda un contesto simile, quello cioè dell'apostrofe-invettiva contro una città ribelle, nel caso specifico Tiro.[23] Inoltre, non può non essere ricordato quel brano che è una sorta di "naufragio con spettatore", il racconto cioè della distruzione di Babilonia nell'*Apocalisse*,[24] che proprio come questa invettiva contro Firenze nuova Babilonia, mette ripetutamente in scena la metafora nautica e allega una serie di *gubernatores* e *remiges*, spesso naufraghi per mancanza di fede o per superbia. Ma se si va alla specifica ricerca di marinai, e non nocchieri, che dormono, altri due passi mi sembrano ancor più vicini a questo dantesco rispetto a quello del vangelo di Matteo, soprattutto per il registro, poiché entrambi sono riconducibili a toni profetici o apocalittici. Il primo passo è l'episodio di Giona sulla nave, in uno dei libri profetici "postesilici".

---

[22] «Tua autem, Pater, providentia gubernat: / quoniam dedisti et in mari viam, / et inter fluctus semitam firmissimam, / ostendens quoniam potens es ex omnibus salvare, / etiam si sine arte aliquis adeat mare. / Sed ut non essent vacua sapientiae tuae opera, / propter hoc etiam et exiguo ligno credunt homines animas suas, / et transeuntes mare per ratem liberati sunt» (anche chi si dispone a navigare e a solcare onde selvagge / implora un legno più fragile della barca che lo porta. / Questa, infatti, fu inventata dal desiderio di guadagni / e fu costruita da una saggezza artigiana; / ma la tua provvidenza, o Padre, la guida / perché tu hai predisposto una strada anche nel mare, / un sentiero sicuro anche fra le onde, / mostrando che puoi salvare da tutto, / sì che uno possa imbarcarsi anche senza esperienza. / Tu non vuoi che le opere della tua sapienza siano inutili; / per questo gli uomini affidano le loro vite / anche a un minuscolo legno / e, attraversando i flutti con una zattera, scampano).

[23] «Divitiae tuae, et thesauri tui, / et multiplex instrumentum tuum: / nautae tui et gubernatores tui, / qui tenebant supellectilem tuam, / et populo tuo praeerant: / viri quoque bellatores tui, qui erant in te, / cum universa multitudine tua quae est in medio tui, / cadent in corde maris in die ruinae tuae: / a sonitu clamoris gubernatorum tuorum conturbabuntur classes. / Et descendent de navibus suis omnes qui tenebant remum: / nautae et universi gubernatores maris in terra stabunt» (le navi di Tarsìs viaggiavano, portando le tue mercanzie. / Così divenisti ricca e gloriosa / in mezzo ai mari. / In alto mare ti condussero i tuoi rematori, / ma il vento d'oriente ti ha travolto / in mezzo ai mari. / Le tue ricchezze, i tuoi beni e il tuo traffico, / i tuoi marinai e i tuoi piloti, / i riparatori delle tue avarie, / i trafficanti delle tue merci, / tutti i guerrieri che sono in te / e tutta la turba che è in mezzo a te / piomberanno nel fondo dei mari, / il giorno della tua caduta. / All'udire il grido dei tuoi nocchieri / tremeranno le spiagge. / Scenderanno dalle loro navi / quanti maneggiano il remo: / i marinai, e tutti i piloti del mare / resteranno a terra. / Faranno sentire il lamento su di te / e grideranno amaramente, / si getteranno sulla testa la polvere, / si rotoleranno nella cenere; / si raderanno i capelli per te / e vestiranno di sacco; / per te piangeranno nell'amarezza dell'anima / con amaro cordoglio).

[24] *Apc* 18, 17–18: «et omnis gubernator, et omnis qui in lacum navigat, et nautae, et qui in mari operantur, longe steterunt, et clamaverunt videntes locum incendii ejus, dicentes: Quae similis civitati huic magnae?» (tutti i comandanti di navi e l'intera ciurma, i naviganti e quanti

La figura di Giona è molto adatta a un confronto con quella di Dante, poiché la sua predicazione era avvenuta in un contesto simile: secondo il *Libro dei Re* avrebbe aiutato con le sue parole il re Geroboamo a riconquistare i territori di Israele perduti a vantaggio degli assiri, affermando con la sua parola che la riconquista era voluta da Dio e favorendo così la campagna israelitica (*2 Re* 14, 25).[25] Inoltre, l'"azione" nel libro di Giona inizia con l'invito del Signore al profeta stesso ad andare a predicare a Ninive a causa della malizia della città: «fu rivolta a Giona figlio di Amittai questa parola del Signore: "alzati, va' a Ninive la grande città e in essa proclama che la loro malizia è salita fino a me» (*Gion* 1, 1–2).[26]

Nell'episodio che qui ci interessa, Giona, che fugge dal Signore, è addormentato nella nave che incontra la tempesta, attirata proprio dalla sua presenza; il «gubernator» lo sveglia e gli chiede se è lui la causa della tempesta; alla confessione di Giona, i «viri qui remigabant» lo gettano in mare e scampano al loro destino (i termini citati sono tutti nel testo della *Vulgata*).[27] Mi pare plausibile che qui, nonostante il riferimento alla «navicula Petri» (termine peraltro lessicalizzato per indicare la Chiesa), Dante non abbia voluto tanto richiamare il sonno di Cristo, quanto il sonno di Giona, molto più vicino alla situazione descritta e stigmatizzata, con allusione al suo tralignamento che lo avrebbe portato a essere abbandonato in mare (un altro celebre nocchiero, il virgiliano Palinuro, era stato abbandonato nel mare periglioso a causa del sonno).

Anche il caso già citato della navigazione di Paolo può permettere di individuare qualche vena allusiva: in quell'episodio, infatti, il centurione aveva creduto più al «nauclerus» che all'apostolo delle genti, il quale lo aveva ammonito

---

commerciano per mare se ne stanno a distanza, e gridano guardando il fumo del suo incendio: "Quale città fu mai somigliante all'immensa città?").

25 Riporto il testo della *Vulgata* in cui, come noto, i libri dei Re sono divisi in quattro parti, le prime due corrispondenti ai due libri di Samuele (dunque *4 Re* 14, 25): «ipse restituit terminos Israël ab introitu Emath usque ad mare solitudinis, juxta sermonem Domini Dei Israël quem locutus est per servum suum Jonam filium Amathi prophetam, qui erat de Geth, quæ est in Opher» (egli ristabilì i confini di Israele dall'ingresso di Amat fino al mare dell'Araba secondo la parola del Signore Dio di Israele, pronunziata per mezzo del suo servo il profeta Giona figlio di Amittai, di Gat-Chefer).

26 Riporto ancora il testo della *Vulgata*: «et factum est verbum Domini ad Jonam, filium Amathi, dicens: Surge, et vade in Niniven, civitatem grandem, et prædica in ea, quia ascendit malitia ejus coram me» (fu rivolta a Giona figlio di Amittai questa parola del Signore: «alzati, va' a Ninive la grande città e in essa proclama che la loro malizia è salita fino a me»). Giona non è mai citato da Dante né sono state finora ravvisate allusioni.

27 «Et accessit ad eum gubernator, et dixit ei: Quid tu sopore deprimeris? (...) Et remigabant viri ut reverterentur ad aridam (...). Et tulerunt Jonam, et miserunt in mare: et stetit mare a fervore suo».

dicendo che la navigazione cominciava a essere rischiosa.[28] Paolo assume in quel caso una veste profetica fattuale, poiché compie una previsione che si sarebbe effettivamente realizzata: infatti, all'equipaggio sorpreso dalla tempesta e rimasto per molto tempo alla deriva, Paolo potrà dire: «sarebbe stato bene, o uomini, dar retta a me (...) avreste evitato questo pericolo e questo danno».[29] Ancor più significativo mi pare il motivo per cui Paolo può annunciare all'equipaggio la salvezza, che giunge dopo quindici giorni di tempesta. L'apostolo, infatti, avrebbe dovuto presentarsi al cospetto di Cesare, e solo per questa sua missione l'angelo di Dio aveva garantito la vita a sé e all'intero equipaggio: «non temere, Paolo; tu devi comparire davanti a Cesare ed ecco, Dio ti ha fatto grazia di tutti i tuoi compagni di navigazione».[30]

Mi sembra si possa riconoscere in questo caso, e senza troppe difficoltà, una precisa volontà di Dante di istituire un parallelo tra Paolo e sé stesso, entrambi garanti di salvezza per un particolare legame con Cesare, a patto, però, che l'equipaggio dormiente o miscredente dia credito alle loro parole. Se è possibile individuare qui un complesso circuito allusivo ai passi citati, se ne dovrebbe desumere che Dante potrebbe aver voluto suscitare la memoria dei fiorentini paragonandoli implicitamente a quelli che navigavano con Paolo, che avevano affrontato la tempesta per non aver creduto alle sue parole e si erano salvati solo perché egli era destinato a incontrare l'imperatore. Quali che siano, dunque, i passi biblici allusi (ma forse tutti quelli escussi possono essere più pregnanti del passaggio di Matteo), mi pare di poter dire che ci si trovi di fronte a un complesso intreccio di reminiscenze, le quali nel loro complesso evocano il tema della superbia e dell'avidità («ingluvies», *Ep.* VI, 5), punita dal naufragio; naufragio, a sua volta, previsto dal profeta come la tempesta era stata prevista dall'apostolo.

Il secondo punto è quello della «manifestissimam voluntatem» (*Ep.* VI, 4): Dante afferma in esordio che la provvidenza ha disposto che «le cose umane debbano essere rette dal sacrosanto Impero dei Romani», e che ciò è provato da una combinazione di ragione e autorità, cioè «provato dalle divine parole» e «attestato dall'antichità».[31] Quali siano le «sentenze divine» che assicurano e

---

28 *Act* 27, 10: «viri, video quoniam cum iniuria et multo damno non solum oneris et navis sed etiam animarum nostrarum incipit esse navigatio» (vedo, o uomini, che la navigazione comincia a essere di gran rischio e di molto danno non solo per il carico e per la nave, ma anche per le nostre vite»).
29 *Act* 27, 21: «oportebat quidem, o viri, audito me, non tollere a Creta lucrique facere iniuriam hanc et iacturam».
30 *Act* 27, 24: «ne timeas, Paule: Caesari te oportet assistere: et ecce donavit tibi Deus omnes qui navigant tecum».
31 *Ep.* VI, 3: «hoc etsi divinis comprobatur elogiis, hoc etsi solius podio rationis innixa contestatur antiquitas».

comprovano la legittimità dell'Impero (io preferirei a testo «eloquiis» a «elogiis», sulla base dei molti «eloquia Domini» dei *Salmi*, ma si tratta di un punto lungamente discusso, e forse di una variante adiafora), Dante non lo specifica, e dovevano dunque essere parole note ai destinatari dell'epistola. Quanto all'antichità, è questo un argomento reiterato più volte, perché per sua virtù essa conferisce autorità a un processo. Non saprei se leggervi un'allusione al fatto che la donazione di Costantino fosse inserita come «palea» del *Decretum Gratiani*. Ma se anche così non fosse, nessuna delle due ragioni investe specificamente il versante giuridico, quanto piuttosto la consuetudine; dunque, il richiamo di Dante a generici principi di antichità ed autorità potrebbe non costituire una ragione sufficiente per un interlocutore che si proponeva di delegittimare, anche nei titoli, Arrigo. Si accosta invece al linguaggio giuridico la locuzione "manifestissima voluntas", «l'evidentissima volontà di Dio» contro cui si gonfiano di temeraria presunzione gli avversari di Arrigo, e che porterà vendetta a chi non la rispetterà.

Su questa locuzione si può operare una minima precisazione ai commenti: si tratta di una voce del *Corpus iuris civilis*, *Digesto* 40.4.17.1, e riguarda l'espressione non implicita o tacita, ma per l'appunto manifesta e palese, di una volontà, «quia manifesta voluntas testantis exprimeretur, cogendum eum ad rationes reddendas». Negli esempi delle pandette essa era riferita anticamente alla volontà dei padroni di affrancare i servi, che doveva essere manifesta, e quindi resa di fronte a testimoni. La *voluntas* deve essere *manifesta* anche nei testamenti; dunque in questo caso Dio ha affidato espressamente e in modo manifesto la continuità del suo regno a un legittimo erede che è l'imperatore. Il termine, in sé non particolarmente notevole, incuriosisce soprattutto perché è stato usato anche da Francesco da Barberino, nella già citata lettera indirizzata a Arrigo VII per la sua incoronazione: «hec [la venuta di Arrigo VII] Dei [est] manifesta voluntas, sub qua curvantur qui portant orbem et cui resistere nemo potest, cum *apud eum sit sapientia et fortitudo*».[32] Questo versetto di Giobbe incastonato nel testo (e completato nel séguito: *Iob* 12, 13–16), come notano con molti esempi i già citati Brilli, Fontes e Montefusco, «costituisce una pietra angolare del pensiero politico medievale», ed è usato indifferentemente sia in senso filoimperiale sia teocratico. Ma in Dante è l'argomento stesso della volontà palese di Dio. che dimostra quasi tautologicamente la propria evidenza, a costituire un perno

---

32 Brilli, Fontes Baratto, Montefusco, *Sedurre l'imperatore*, p. 81: «porte patent, claves assurgunt, muri etiam fortissimi et inexpugnabiles inclinantur et tui magnifici nominis solo sono colligationes et rebellium federa dissolvuntur, ut omnes pariter videant quod divinis juvatur miraculis tarn potens et gratiosa congeries quod et eius qui misit illum supereminentiam representat, et intueantur et credant quod hec Dei [est] manifesta voluntas».

del discorso politico: quella volontà non necessita di alcuna dimostrazione perché un'eventuale legittimazione per argomenti e non per principio insondabile di autorità equivarrebbe a incrinarne la saldezza. La *manifesta voluntas* di Dio è di per sé un argomento non verificabile, che non può né deve essere sottoposto a un processo di dimostrazione o discussione; né è passibile, come ancora afferma Dante, di quella prescrizione cui si richiamavano i fiorentini, i quali per l'appunto non riconoscevano ad Arrigo il titolo di imperatore e dunque il diritto di governare l'Italia.[33] Nella concezione di Dante, qui non argomentata, il diritto universale non è soggetto al tempo degli uomini: su questo punto, come è facile immaginare, Dante si serve di un assioma che sarà assente nelle *reprehensorie* umanistiche, tutte calate nella storia e nella contingenza.

Un ulteriore punto su cui si può aggiungere una piccola postilla ai commenti è ancora quello del *timor* da instillare nei destinatari della *reprehensoria*. Mi pare un passaggio decisivo, poiché se accogliamo l'idea di una scrittura dell'epistola devota a una morfologia complessiva di carattere profetico, in cui il registro stilistico manifesta senza mediazioni l'atteggiamento psicologico che anima le fibre del discorso imponendo alla lettera le scelte metaforiche, l'evidente conseguenza è che uno dei fulcri di questo registro sarà la menzione delle terribili punizioni dall'ira di Dio, e l'appello al timore (o anche al terrore) che esse dovranno suscitare per essere evitate con la conversione. Il tema del *timor*, effettivamente, è trattato con grande dettaglio, nel paragrafo 11, al fine di atterrire i destinatari e richiamarli alla retta via della virtù. Ciò è reso evidente, nel testo, dalla proliferazione verbale del lemma: oltre a sue anafore e poliptoti e a figure etimologiche di *timere*, troviamo pure una endiadi di diretta derivazione tomistica cioè quella di «timor ille perniciosus, humanus videlicet atque mundanus» (*Ep.* VI, 11). Tommaso tratta di questi due tipi di timore, distinguendoli con attenzione, in una *Quaestio* della *Summa Theologiae* (II^a-IIae q. 19 a. 2 arg. 5): il primo è definito inizialmente come il timore di perdere i beni, l'altro come quello di perdere la vita: «ergo etiam alius est timor mundanus, quo quis timet amittere bona exteriora; et alius est timor humanus, quo quis timet propriae personae detrimentum»; ma dopo aver detto che ciò è contro l'autorità di Aristotele («sed contra est auctoritas Magistri, XXXIV dist. III Lib. Sent.»), afferma infine che il timore umano e mondano coincidono, e si verificano quando l'uomo recede dai suoi propositi a causa del male che teme da Dio («respondeo dicendum quod de timore nunc agimus secundum quod per ipsum aliquo modo ad Deum convertimur vel ab eo avertimur. Cum enim obiectum timoris sit ma-

---

33 *MGH* 715. *Acta Henrici VII Romanorum Imperatoris*, pp. 17–ss. Il primo aprile era stato chiamato «rex Alamaniae» o «imperaror Teutonici» in una lettera agli ambasciatori in cui Firenze e altri comuni relazionano sulle violenze di Arrigo in Lombardia.

lum, quandoque homo propter mala quae timet a Deo recedit, et iste dicitur timor humanus vel mundanus»). Questo tipo di timore si distingue da quello iniziale o servile perché guarda alle punizioni che allontanano da Dio, e che sono comminate o inflitte ai suoi nemici;[34] al contrario, il timore servile e quello iniziale osservano una pena direttamente irrogata da Dio.[35] Inoltre, il timore mondano riguarda punizioni imposte dal "braccio secolare".[36]

Dante, nel sottolineare il tema dell'ingordigia e dell'avidità dei fiorentini, procede con un argomento non dissimile da quello usato da Tommaso: infatti, secondo l'Aquinate, questo *timor* sorge, come da una «cattiva radice», dall'amore per i beni mondani:[37] allo stesso modo, è definito da Dante "rovinoso", «perniciosus» (*Ep.* VI, 11), proprio sulla base di Tommaso, nel senso, credo, che i fiorentini sono sordi al timore delle punizioni divine, ma non a quello di perdere i propri beni terreni; e se Dante non può fare appello al timore delle punizioni divine, che i fiorentini evidentemente non temono, propone l'argomento della perdita dei beni, al quale certamente essi sono sensibili. Letto in quest'ottica, il richiamo al «timor ille perniciosus, humanus videlicet atque mundanus», appare come un'ulteriore denigrazione dei concittadini, sordi a qualsiasi appello tranne che a quello delle loro tasche, ai quali cioè potrà mancare il timore di Dio ma non quello di perdere i propri beni. Inoltre, l'appello al timore mondano contiene a sua volta una legittimazione giuridico-teologica dell'azione di Arrigo, in quanto la sua definizione è connessa, in Tommaso, alla comminazione delle pene da parte delle «potestates seculares».[38]

Un altro punto su cui ci si può soffermare brevemente è quello della privazione della rugiada divina, cui Firenze è condannata per la sua arroganza: infatti, nota Dante, i fiorentini sono stati privati della rugiada celeste come era accaduto alle cime del Gilboa. Il noto riferimento è alla maledizione di David verso quel monte infausto nel secondo libro dei Re («montes Gelboë, nec ros nec plu-

---

34 II^a-IIae q. 19 a. 2 ad 4: «nam timor mundanus sive humanus respicit poenam a Deo avertentem, quam quandoque inimici Dei infligunt vel comminantur».
35 II^a-IIae q. 19 a. 2 ad 4: «sed timor servilis et initialis respiciunt poenam per quam homines attrahuntur ad Deum, divinitus inflictam vel comminatam».
36 II^a-IIae q. 19 a. 3 arg. 2: «praeterea, ad timorem mundanum videntur pertinere poenae quae per potestates saeculares infliguntur».
37 II^a-IIae q. 19 a. 3 co: «et ideo timor mundanus est qui procedit ab amore mundano tanquam a mala radice. Et propter hoc et ipse timor mundanus semper est malus».
38 II^a-IIae q. 19 a. 3 ad 2: «ad secundum dicendum quod potestates saeculares, quando inferunt poenas ad retrahendum a peccato, in hoc sunt Dei ministri, secundum illud Rom. XIII, minister enim Dei est, vindex in iram ei qui male agit. Et secundum hoc timere potestatem saecularem non pertinet ad timorem mundanum, sed ad timorem servilem vel initialem».

via veniant super vos»):³⁹ è questo il canto che il re di Israele intona quando apprende la notizia del suicidio di Saul, sconfitto dai Filistei proprio sui monti di Gilboa, e della morte del figlio di lui, Gionata, a lui legato da amicizia. Il richiamo è anche in questo caso polisemico, perché da un lato rimanda a una maledizione storica, quella del colle di Fiesole, maledetto come il Gilboa, che lo prefigura tipologicamente, per essere stato luogo di ribellione all'autorità costituita e sacra (in un caso, con Catilina, contro Roma, nell'altro, con i perfidi Filistei, contro Saul, primo re di Israele); ma dall'altro, l'evocazione del monte maledetto serve a inserire nel discorso la topica memoria delle nefandezze dei fiesolani, con annessa maledizione contro «il popolo maligno / che discese da Fiesole ab antiquo» (*Inf.* XV, 61–62), che sarà infatti di qui a breve introdotto («o miserrima Fesulanorum propago!», *Ep.* VI, 24). L'asse metaforico si rivela significativo proprio nel motivo della regalità, cui si opposero i Filistei allora, e i fiesolani o fiorentini oggi, in allusivo rapporto con la negazione da parte di Firenze della universale titolarità dei diritti di Arrigo VII sull'impero – e dunque dell'origine divina della sua carica: segno, questo, di una scrittura misuratissima pur nel dinamismo connesso al registro repressorio, e dell'attenzione estrema che Dante ha posto nella costruzione delle rispondenze interne al testo.

Delle molte immagini di questa epistola che ricorrono in passi paralleli della *Commedia*, tra i quali particolarmente importanti mi pare quella del volo dell'aquila (*Par.* VI), quello della rugiada si ritrova nell'esempio di superbia punita riguardante Saul, suicida sul monte Gilboa, «che poi non sentì pioggia né rugiada» (*Purg.* XII, 42).⁴⁰ La vicenda del predecessore di Davide impersona uno dei molti paragoni tra Firenze e le città e alle stirpi nemiche di Israele (in questo caso i Filistei), che culminerà nell'accostamento tra Firenze e Babilonia.⁴¹ Ma Saul è anche vittima della propria superbia, e così con il richiamo a questo peccato si giustifica la punizione prospettata ai fiorentini «superbissimi vestri sanguinis» (*Ep.* VI, 11): non una generica distruzione ma, per dar seguito alla compattezza della metafora continuata che ha aperto l'epistola, il «naufragio». La «superbia» di Firenze è uno dei pochi *topoi* che Dante consegnerà all'invettiva civile della generazione successiva alla sua. Petrarca, solitamente parco nei riferimenti a Dante, quando dovrà lamentarsi del fatto che Firenze gli ha esiliato

---

39 *2 Reg* 1, 21: o monti di Gilboa, su di voi non cada più né rugiada né pioggia; i vostri campi non diano più primizie per le offerte; poiché là fu gettato via lo scudo dei prodi, lo scudo di Saul, che l'olio non ungerà più.
40 Su questo passaggio, oltre ai commenti e le *lecturae*, rinvio a Delcorno, *"Ma noi siam peregrin come voi siete"*.
41 Bausi, *Canto XII*, p. 363. Su questo discorso è evidentemente d'obbligo il rinvio a Brilli, *Firenze e il profeta*.

il padre e serrato le mura, nell'*Epistola* III 8 a Zanobi da Strada, userà proprio questo argomento, per suscitare negli interlocutori fiorentini la memoria della voce dell'esule illustre.

Un'altra breve annotazione va fatta all'argomento della inutilità, che Dante evoca, del muro e dei lavori difensivi di fronte alla invincibile potenza – almeno, l'autore la reputa tale – dell'esercito imperiale. Alla base della presenza di questa immagine, che riconduce alla realtà contingente un discorso fino a quel punto istradato su toni profetici e memorie scritturali, risiede sicuramente un dato realistico, ben evidenziato da Baglio nel suo commento, poiché davvero Firenze si accingeva a costruire opere difensive (una terza cerchia di mura): ma allo stesso tempo l'immagine è topica. In Francesco da Barberino, per esempio, la cui lettera imperiale – considerata poco più di un esercizio di retorica – compie un riferimento analogo a patti scellerati che si scindono, a porte di città che si spalancano, a mura che crollano: «adventu cuius porte patent, claves assurgunt, muri etiam fortissimi et inexpugnabiles inclinantur et tui magnifici nominis solo sono colligationes et rebellium federa dissolvuntur».[42] Si tratta perciò di un modo indiretto di evocare la potenza dell'armata imperiale preconizzando i suoi effetti: e la migliore veste retorica che una simile profezia poteva assumere era quella della *descriptio*, che passa attraverso immagini di nitida e realistica concretezza.

Da ultimo, vorrei soffermarmi in modo ancor più cursorio sul tema della cecità dei destinatari, i fiorentini, evocata al par. 22 («nec advertitis dominantem cupidinem, quia ceci estis»): l'accusa di cecità rimanda al passo di *Inf.* XV, 67 («vecchia fama nel mondo li chiama orbi»), riferito ai Fiorentini di discendenza fiesolana, fondativo di una rappresentazione quasi stereotipa destinata ad avere una discreta fortuna (è presente anche in Villani).[43] Si tratta di un *topos* dialettico che questa epistola consegna alle dispute umanistiche di carattere politico. L'immagine, infatti sarà replicata nella polemica Loschi-Salutati generata dalla campagna viscontea contro Firenze (nel 1401). Vi torneremo più dettagliatamente tra poco: qui basti accennare al fatto che Loschi chiamerà ciechi i fiorentini nella sua invettiva a loro rivolta, e che Salutati, in difesa della sua città, avrà buon gioco nel rigettare l'accusa di cecità contro l'avversario, suo antico allievo, a partire proprio dal suo nome, *Luscus*.[44] Si tratta di un caso in cui la ricezione dell'epistola – che al Salutati doveva essere nota – può costi-

---

42 Brilli, Fontes Baratto, Montefusco, *Sedurre l'imperatore*, p. 81.
43 Villani, *Nuova cronica*, XIII 17, vol. III, p. 341.
44 L'accusa di Loschi («vos, ut estis, vanissimi et cecutientissimi») è all'inizio dell'*Invectiva* (§ 1), la risposta di Salutati nel suo § 10. Per l'edizione cfr. la nota 46.

tuire un punto di riferimento strutturale per quella polemica e contribuire all'interpretazione delle modalità retoriche e testuali in cui essa si svolse.

*

Fatte queste poche giunte, desultorie e non puntuali, ai commenti, che vorrei fossero interpretate più come suggestioni che come integrazioni, è necessario in conclusione spendere qualche parola sulla fortuna dell'epistola: non tanto del testo, ben noto anzi a Firenze, dove fu oggetto di una rimozione collettiva, né dei suoi temi, quanto del genere misto di invettiva, memoria scritturale e visione apocalittica che in essa si fondono. Per quanto ci si possa sforzare di ritrovare tracce dell'epistolografia dantesca in Coluccio Salutati, il modello di invettiva civile con inserti visionari, inviti al pentimento, richiami alla punizione divina è destinato ad avere ancora poca vita. A differenza dell'*hortatoria*, ripetutamente praticata da Petrarca, la *reprehensoria*, almeno in questa formulazione, è destinata ad arenarsi nel collo di bottiglia dell'evoluzione che Petrarca applica ai generi letterari del medioevo, e a scomparire. Quando Antonio Loschi scriverà la già richiamata *Invectiva in florentinos*,[45] che giunse a Firenze in una situazione simile a quella del tempo di Dante, con Gian Galeazzo Visconti alle porte della città così come lo era stato meno di un secolo prima l'imperatore, egli si tenne ben lontano dalla testualità scritturale e profetica dell'invettiva dantesca, tanto lontano da poter misurare in termini retorici l'enorme distanza tra le due operazioni e in definitiva tra le due epoche. Loschi non fece altro che scrivere una declamazione, veemente, certo, ma di sapore ciceroniano, filtrata da Petrarca, in cui l'unico tema sovrapponibile alle molte evocazioni dantesche di castighi divini sarebbe stato un generico richiamo all'ira di Dio contro Firenze, senza che alcuna reale punizione fosse non già descritta in termini di *evidentia*, ma nemmeno prospettata o annunciata.[46] A Loschi non man-

---

45 Questa è la datazione proposta da Tanturli, *Un nodo cronologico*, p. 110, e accettata da Baldassarri, *La vipera*, p. 13. Salutati risponde nel 1403, ma fingendo di essere contemporaneo al testo del Loschi.
46 L'*Invectiva in Florentinos* (Città del Vaticano, BAV, Ms. Vat. Lat. 3134) è in Baldassarri, *La Invectiva in florentinos*, e Baldassarri, *Prime ricerche*; cfr. anche Tanturli, *Un nodo*, e Salutati, *Political Writings*; fu preceduta da uno scambio di sonetti in volgare: vi si giustificava la politica espansionistica del Visconti evidenziando la falsità del mito della "Florentina libertas" e della derivazione da Roma. L'operetta era stata preceduta dall'*Exhortatio ut pacem cogitet per viam belli*, rivolta al duca Gian Galeazzo Visconti. In difesa di Firenze si levarono le voci di Cino Rinuccini e di Coluccio Salutati, che replicherà in una lettera nel 1405 a Pietro Turchi (Salutati, *Epistolario*, III p. 364) in cui annunciava la *Invectiva in Antonium Luschum*, scritta nell'estate del 1403 (anche nota come *Contra maledicum et obiurgatorem*). Salutati, in particolare, si sforza di dimostrare come Firenze, lungi dal nutrire mire dispotiche, si sia sempre distinta quale incrollabile baluardo della «libertas Italiae». Così facendo Salutati ripropone

cava, naturalmente, il registro dell'invettiva, ma essa era completamente priva di aspetti visionari, a dimostrazione del fatto che il genere si serviva ormai della dialettica anziché della profezia.

Alla base di questo atteggiamento di rigetto della profezia nelle contese civili possiamo individuare un punto preciso: nel 1345, scrivendo a Nelli di Cola di Rienzo e descrivendo la sua prigionia in Avignone, Petrarca accenna allo stile visionario e profetico del tribuno romano in una lettera che costituisce uno spartiacque importante e il punto d'avvio della nuova tendenza retorica. D'altra parte, la nuova testualità dell'invettiva deriva dalla circostanza che il profeta parla *erga omnes*, mentre di rado Petrarca scrive a destinatari collettivi, come aveva fatto Dante, e anche quando si era rivolto al popolo romano in difesa di Cola non lo aveva fatto per riprendere i suoi costumi o rimproverare le scelte politiche (è pur vero che pur scrivendo al Nelli Petrarca sapeva che le sue lettere sarebbero state divulgate e che avrebbe avuto un pubblico più ampio). L'unica vera *reprehensoria* di Petrarca, che anticipa le future modalità dell'invettiva, è la *Familiare* IV 18, che riguarda però i costumi di un conoscente rimasto ignoto.[47]

Le lettere petrarchesche di tema fiorentino, o dirette ad amici fiorentini, se serbano memoria di passi danteschi lo fanno con riferimento o alla *Commedia* o all'epistola dantesca all'amico fiorentino[48] (le *Epistole* di Dante hanno percorso strade contigue a quelle di Petrarca).[49] In un paio di casi, Petrarca usa espressioni comuni all'epistola VI, ma non mi pare siano degni di nota. Contro Firenze, egli usò anche toni aspri, ricordando nella già menzionata epistola a Zanobi l'ingiusto bando sofferto dal padre a opera dei superbi concittadini,[50] emesso secondo un costume proprio di Firenze che contava già illustri esempi prece-

---

forme e stilemi ormai noti della propaganda fiorentina, da lui stesso elaborati e promossi in innumerevoli missive nel corso della sua trentennale attività di cancelliere. Ciò tuttavia non significa che la sua risposta al Loschi si configuri come una mera, passiva rielaborazione di clichés retorici ormai consolidati: il testo presenta infatti aspetti significativamente originali, tra i quali spicca la proposta di datare l'origine di Firenze all'epoca sillana, subito dopo la fine della Guerra sociale (88 a.C.), sottolineando quindi ancora una volta i forti legami che uniscono la città toscana a Roma antica. Si ricorderà che Loschi conosceva il Piendibieni (a Roma lo frequentò dopo il 1406).

47 Petrarca, *Fam.* IV 18, 18 ("Ad amicum reprehensoria").
48 Nella *Fam.* VII 10 a Giovanni dell'Incisa, del 1348, in cui ricordava al suo interlocutore la «mala (...) et iniqua michi patrie tractatio», o l'*Epystola* III 8 inviata a Zanobi da Strada sullo stesso argomento.
49 Francesco Piendibieni le trascrisse nel Pal. lat. 1729, contenente a sua volta il *Bucolicum carmen* di Petrarca col commento autografo dello stesso Piendibieni, la *Monarchia* di Dante e quindi le nove epistole: sette delle quali risultano trasmesse solo da questo manoscritto.
50 *Epyst.* III 9, 8–9: «in exsilium cives egere superbi, / claudit iniquam urbem qui ius sibi supprimit equum».

denti («mos vetus exemplis illustribus»), tra i quali non è peregrino riconoscere lo stesso Dante; ma siamo, come accennato, in un campo topico comune e non nel contesto di una precisa intertestualità. Invece, tra le *hortatorie* imperiali, alcune lettere del *Sine nomine*, brani del *De remediis*, si possono reperire alcuni passi che per la loro natura potrebbero presentare possibili punti di tangenza tematica con questa epistola. A tal proposito, si potrebbero citare la lettera a Cola di Rienzo e al popolo romano, *Var.* 48; o l'arringa *Ad civitatem Novariensim*, che sono d'altro canto esemplari della nuova tendenza petrarchesca alla *reprehensoria* su base letteraria e libresca, anziché scritturale. In entrambi i casi, infatti, la distanza con l'espressività dell'invettiva dantesca non potrebbe essere maggiore. Nella prima, Petrarca compie un ardito discorso di carattere storico e genealogico per negare ai Colonna la cittadinanza romana, e sfrutta il *topos* della distruzione della città (anche lì ricorrono gli «spoliata templa», come in Dante, ma all'interno di una digressione storica, non come presagio del futuro); nella seconda, dovendo arringare i novaresi nell'occasione della riconquista della città da parte di Galeazzo Visconti (pur nella diversità dei punti di partenza, perché a differenza di Firenze, pronta in Dante a subire la conquista, Novara è già stata conquistata e pacificata), esordisce con una affermazione che suona quasi come un manifesto della propria attività pubblica: «nec predicator sum».[51] Fin dall'esordio, dunque, egli elimina programmaticamente ogni memoria scritturale dalla propria arringa.

Eppure, nonostante questa esibita divaricazione di intenti – dal visionarismo millenarista di Cola e dal profetismo politico di Dante –, è possibile rilevare anche in Petrarca qualche tratto concorde con l'invettiva dantesca contro Firenze: non nelle prove pubbliche o nelle arringhe, ma in una lettera al comune di Firenze che ricorda un fatto che toccò da vicino la vita privata di Petrarca. Mi riferisco alla *Familiare* in cui, dopo aver appreso della morte dell'amico Mainardo Accursio in un agguato sull'Appennino lungo la via per Firenze (che gli ricordava tragicamente come l'Italia costituisse ancora il cruento teatro di una continua guerra di strada), Petrarca si rivolse con estrema durezza ai reggitori del comune, incapaci di garantire un minimo di ordine nei loro territori (*Fam.* VIII 10). La lettera si intitola «indignatio et querela» per un delitto compiuto entro i confini di Firenze. In prospettiva dantesca, si tratta di un testo assai sorprendente, poiché Petrarca esordisce affermando che più volte avrebbe voluto scrivere ai fiorentini, con diversi scopi, congratularsi o piangere, ma che mai l'aveva fatto. Se dunque in passato avrebbe potuto scrivere una *gratulatoria* o una *consolatoria*, ora la lettera in questione non appartiene a nessuno dei due generi. Vi viene

---

51 Rinvio, per la retorica oratoria di Petrarca, al denso saggio di Dessì, *"Nec predicator sum"*.

invece paventata una prospettiva che rimanda assai da presso alla compatta metafora nautica con la quale Dante paventava ai concittadini la rovina; Petrarca, infatti, scrive ai reggitori del comune per «ammonire per il vostro incombente naufragio» («impendentis naufragii fideliter admonere»). La lettera, dopo la *salutatio* e dopo aver narrato i fatti, assume effettivamente i toni del rimprovero, se non dell'invettiva, ed è condotta nella modalità testuale dell'apostrofe, dapprima consolatoria nei confronti della vittima innocente, poi invettiva verso i sanguinari assassini, infine riprensoria dei fiorentini chiamati in correità per quanto accaduto, dei quali Petrarca ricorda – usando due temi cari a Dante – da un lato l'origine romana e dall'altro, legato al primo argomento, l'antica dilezione per la giustizia. Nella lettera, che presenta infine le modalità di un'*hortatoria* con l'invito ai fiorentini a fare giustizia della morte di Mainardo e, più prosaicamente, a rendere sicure le strade in vista del giubileo, invano si cercherà un'espressione biblica, un eccesso profetico – a eccezione del proposito già citato, in apertura, e di fronte al quale Petrarca confessa che gli è caduta la penna di mano: «subito michi semper e manibus calamus lapsus est». Ecco, questa penna che cade di mano di fronte alla prospettiva apocalittica di ammonire Firenze del suo possibile naufragio, di fronte cioè a quello che aveva fatto Dante, è un'immagine adattissima a rappresentare la distanza che corre tra le invettive civili della generazione di Dante (e di Francesco da Barberino) e di Petrarca (e a seguire di Loschi e Salutati). E ancora, in un contesto che potrebbe giustificare il registro sublime della più alta indignazione, come quello usato da Dante, Petrarca semplicemente individua come grottesca l'invocazione del castigo divino: il massimo che Firenze potrà avere, se non accoglierà i consigli del poeta, non sarà la distruzione o la dissoluzione, ma la semplice «vergogna», «infamie maculam».

Vorrei infine notare, ma sarà senz'altro un caso, che la lettera di Petrarca ai fiorentini, che si apre con un naufragio, si chiude con una endiadi geografica che certamente topica, ma che è presente anche nell'epistola VI. Sia Dante sia Petrarca citano infatti Caucaso e Atlante, in Dante estremi confini del volo dell'Aquila imperiale («quid vallo sepsisse, quid propugnaculis et pinnis urbem armasse iuvabit, cum advolaverit aquila in auro terribilis, que nunc Pirenen, nunc Caucason, nunc Athlanta supervolans, militie celi magis confortata sufflamine, vasta maria quondam transvolando despexit?», *Ep.* VI, 12), in Petrarca luoghi inospitali e deserti per antonomasia, in cui Firenze potrebbe trasformarsi se l'omicidio di Mainardo e altri delitti non verranno puniti («ubi ad insitum silvosi montis horrorem externus etiam ferri terror accesserit, brevi totus ille terrarum tractus ab hominibus desereatur, inhospitalior Atlante vel Caucaso», *Fam.* VIII 10, 31). Non saprei dire se Petrarca abbia qui intenzionalmente disposto un preciso segnale testuale allusivo per riconnettere i ricordi dei lettori con quel testo dantesco così scottante per la memoria collettiva della città, e allo stesso tempo per marcare la differenza del proprio stile, nonché del suo proposito verso Firenze, affine alla *reprehensio* ma lontano dalla *vituperatio*. Bisogna però ricordare che la lettera cade in un periodo, il giugno del 1349, in cui Petrarca – forse come il Dante del 1311 – aveva ancora in animo un'opzione di rientro in Firenze, che sarebbe poi tramontata di lì a qualche anno, ma che stava coltivando all'epoca con qualche speranza, a tal fine adottando una strategia per la quale si sentiva in dovere di mettere sul piatto tutte le ingiustizie subite, anche per interposta persona, per essere meglio ricompensato.[52] Per questa stessa ragione, però, doveva agire con qualche cautela e non tutti i toni e i registri erano percorribili. E tuttavia, al di là delle contingenti opportunità, non possiamo non notare l'enorme differenza sul piano retorico, in una lettera non più debitrice di Erennio, della Bibbia e dei suoi libri profetici, bensì infarcita di citazioni di Cicerone, Livio, Virgilio e Lucano.

Per queste vie, che implicano l'abbandono della tradizione visionaria nell'epistolografia civile e nell'invettiva politica, si giunge all'umanesimo e all'attività degli umanisti di cancelleria, come Coluccio Salutati. Questi recupera in parte l'epistolografia politica dantesca, come afferma ancora Antonio Montefusco,[53] ma è importante capire esattamente quali tratti siano sottoposti al suo vaglio.[54] Di certo il *cursus*, senz'altro il registro solenne: ma quando Salutati si applica a contese giuridiche, lo fa non sulla base dell'antichità o di un insindacabile principio di autorità, bensì con il suo stile, citando documenti, esaminando la cronologia, reperendo le fonti, rimproverando il suo avversario Loschi del fatto che calunnia Firenze, ma senza portare prove, mentre se si accusa qualcuno di un vizio, bisogna anzitutto dimostrare di avere ragione.[55] Dunque, non su insondabili principi di autorità o sulla *manifesta voluntas* risiede la ragione, ma sui documenti e sulle fonti. Sotto questo discriminante profilo, non si può certo leggere alcuna eredità o linea di sviluppo tra Dante e Coluccio, il quale anzi nell'unica sua invettiva, contro il Loschi insolente *obiurgator* di Firenze, si sente quasi costretto a giustificare quello stile che mai ha applicato, e rivolto a sé

---

52 Mi permetto di rimandare per questo aspetto e per il rapporto tra Petrarca e Firenze a Marcozzi, *Petrarca testimone* (con la bibliografia precedente ivi discussa).
53 Montefusco, Le *"Epistole"*, p. 441: «se si guarda con attenzione alle novità che Coluccio apporta alla scrittura di cancelleria, si riscontra in effetti un adattamento alla nuova situazione fiorentina non tanto della linea petrarchesca ma di una tradizione epistolare in cui letteratura e politica si mescolano potentemente, e nella quale le Epistole di Dante si trovano affiancate, non a caso, a quelle di Cola di Rienzo», con bibliografia specifica sul punto, cui si è successivamente aggiunto Baggioni, *La forteresse*.
54 Su Salutati e Dante, cfr. Bausi, *Coluccio traduttore*; Mazzoni, *Filologia dantesca*.
55 Per l'ed. cfr. la nota 46, § 178.

stesso si domanda: «tune privatum stilum tuum, qui neminem hactenus offendit, ad invectionis mordacitatem translaturus es?».[56] E il risultato, in fondo, non è un'invettiva ma un'orazione di genere giudiziale, in cui egli ribatte punto per punto e singolarmente alle affermazioni di Loschi, citando per intero il suo testo. Anche le argomentazioni di Loschi sono tutte calate nella storia, come solo di rado accadeva in Dante (in Dante i fiorentini non dovevano gloriarsi della vittoria di Modena, in Loschi della riconquista di San Miniato). Ancor più esplicitamente ciò avviene in Salutati, nel cui stile dovremo ammettere che molto più di Dante ha agito Petrarca, e assai in profondità: è stato Petrarca, abbandonando lo *stilus salvatoris* nelle *hortatorie*, eliminando le attese messianiche in ogni punto della sua scrittura, facendosi cadere la penna di mano di fronte al primo cenno di profetismo, privilegiando la storia e gli *auctores*, a rigettare il modello dantesco dell'invettiva e della *vituperatio* e a dare inizio allo stile e alla storia stessa dell'umanesimo civile, tutto calato nei fatti.

---

[56] Coluccio Salutati, lettera a Pietro Turchi (che gli aveva trasmesso il testo del Loschi, nella quale è contenuta la replica), Firenze, 11 settembre 1403 (in Salutati, *Epistolario*, vol. III p. 367).

Amedeo De Vincentiis
Gli *scelestissimi* lettori di Dante
Ricezioni e significati dell'epistola VI nella prima metà del Trecento

Abstracts: In questo saggio si propone una lettura dell'epistola ai fiorentini del 31 marzo 1311 nella prospettiva dell'orizzonte di ricezione dei destinatari, cioè della comunità dei Guelfi di Firenze nella prima metà del Trecento. Nella prima parte, si tenta di definire attraverso quale paradigma interpretativo un messaggio critico come quello contenuto nella missiva potesse essere filtrato, in relazione ai modi complessivi con cui venne recepita l'opera dantesca. Nella seconda parte invece si cerca di definire con quali pratiche politiche, proprie dei Guelfi fiorentini di inizio secolo, potesse risuonare l'accusa di cupidigia, ovvero l'argomento portante delle critiche espresse dall'autore.

The essay provides a new reading of Dante's epistle to the Florentines (March 31, 1311) in the light of its reception, that is to say in the perspective of its addressees, the Florentine Guelph community of the first half of XIV century. In the first part, I define the reading frame within which such an enigmatic message as that of the epistle could have been interpreted, with respect to the global strategies of reception of Dante's whole production. In the second part I outline which political practices assumed by Florentine Guelphs from the time could be echoed by Dante's condemnation of greed, which is one of the main criticisms expressed by the author.

Parole chiave: Dante Alighieri, Epistola VI, Firenze, Angioini, Giovanni Villani.

Oggi la missiva che Dante indirizzò il 31 marzo 1311 agli «scelleratissimi fiorentini intrinseci»,[1] interni cioè alle mura guelfe di Firenze, costituisce il sesto capitolo di un'opera assemblata a metà XIX secolo: le *Epistole*, ultime arrivate nel catalogo dantesco della modernità a stampa, disponibili dal 1842 in poi.[2] Anche

---

[1] *Ep.* (Baglio), VI (le traduzioni sono sempre mie). Sull'edizione, cfr. Montefusco, *Epistole a c. di M. Baglio.*
[2] Una descrizione essenziale della tradizione in *Ep.* (Baglio), *Nota ai testi*, pp. 29–31 (per la struttura del manoscritto vaticano, cfr. l'articolo di Emanuele Romanini in questo volume).

Amedeo De Vincentiis, Università degli Studi della Tuscia

se l'anacronismo editoriale rimane corrente, tuttavia la critica filologica ha fornito strumenti e conoscenze utili a smontarlo. Siamo così nelle condizioni di sfilare la testimonianza dalla sua tradizione, dalla serie artefatta dell'epistolario del poeta della *Commedia*, per rileggerla come un documento a sé stante, ricollocandolo in un contesto tagliato sulla misura storica del suo messaggio.

Se iniziamo a riconsiderare la testimonianza nell'orizzonte del mittente, la lettera agli intrinseci fiorentini svela un tratto d'eccezione, pressoché unico tra gli scritti di Dante. Assieme ad altre due epistole condivide infatti il privilegio di riportare la sola data precisa e inequivocabile segnata su un'opera del fiorentino.[3] La dimensione storica di riferimento per conseguenza è iscritta nel testo. E rimane ineliminabile per una decifrazione opportuna, come un codice esegetico imposto dall'autore e vigente dalla prima circolazione.

Proprio per questo durante i primi decenni del XIV secolo la ricezione del messaggio agli *scelestissimi*, a Firenze, fu condizionata da un dispositivo di interpretazione adattato alla tradizione politica locale. Non tutto ciò che si conosceva dell'opera di Alighieri nel comune guelfo era letto allo stesso modo: attorno ad argomenti speciali, il filtro del dispositivo esercitava resistenze che incoraggiavano la dimenticanza, se non il rifiuto. L'ambiente interpretativo e i confini della decifrazione del guelfismo locale, quindi, furono a lungo parte attiva nel determinare i significati della testimonianza dantesca del 1311 (e probabilmente anche del suo oblio testuale). Su tutto ciò ci soffermeremo nel primo paragrafo, mentre nell'ultimo tenteremo di identificare le dinamiche politiche che costituirono lo sfondo di ricezione delle critiche del poeta, per lo meno all'interno della comunità guelfa. In definitiva, sarà nell'intreccio tra propositi dichiarati dell'autore e attribuzione dei possibili significati da parte degli *scelestissimi* lettori di Firenze che ritroveremo le potenzialità comunicative del messaggio di Dante.

1 Nelle mura: il dispositivo di ricezione guelfo

Nella Firenze di seconda metà del Trecento venne allestito un dispositivo di lettura interpretativa che riammetteva opera e memoria del poeta esule nelle mura del guelfismo di tradizione locale. Attraverso la *Nuova cronica* di Giovanni Villani, il sapere storico insegnava ai cittadini come i messaggi più critici che

---

Sulle epistole come pezzi singoli, cfr. Mazzucchi, *Introduzione*, pp. xx–xxi. Inquadramento della serie in Montefusco, *Le "Epistole"*.
3 Cfr. Santagata, *Dante*, pp. 415–416.

Alighieri aveva rivolto loro fossero strumenti di analisi e autocritica politica legittimi, utili alla comunità guelfa, che loro stessi potevano reimpiegare meglio di qualsiasi altro lettore.[4] Consultando poi il *Trattatello* di Giovanni Boccaccio, la memoria biografica più autorevole confermava il paradigma, applicandolo alla vicenda civile del poeta.[5] Ormai Dante Alighieri poteva passare quale sommo moralista, indimenticabile per aver esortato di continuo i concittadini a essere sempre più consapevoli delle debolezze proprie e della comunità. Ciononostante, l'accettazione da parte dei fiorentini di governo manteneva attiva una protezione, invalicabile, a tutela dell'onore del guelfismo locale. Tale filtro si applicava in particolare a tematiche e forme espressive che il messaggio del 1311 concentra forse quanto nessun altro scritto epistolare di Dante. Per questo, ora, è necessario definirlo con attenzione.

Il fiorentino Alighieri mai aveva comunicato con la patria a nome o al servizio di qualche altro potentato – si leggeva nella storia cittadina, come pure nella biografia dell'autore; viceversa, aveva consigliato i residenti nelle mura sempre spontaneamente, per renderli più accorti. Soprattutto, neppure i contenuti delle sue esortazioni poetiche – così come veniva suggerito di interpretarle – recavano accuse mortali contro il guelfismo fiorentino di lunga durata, quello che poggiava sulla rivoluzione degli anni '60 del XIII secolo, quando grazie al favore papale e alle armi franco-angioine la comunità era ridiventata guelfa e quanto mai ortodossa. Insieme al poeta e tanti altri si poteva certo rimpiangere un buon tempo antico e migliore.[6] Ma era finito agli inizi del Duecento: travolto dall'istituzione imperiale fuori controllo, minacciosamente impiantata nel sud della penisola e pronta a rivendicare la sovranità nel *regnum* d'Italia da Roma in su.[7] I mali delle divisioni interne sicuramente si erano esacerbati da allora, e su quelli vita e invettive di Alighieri fungevano da memento esemplare.

---

4 I passi in Villani, *Nuova cronica*, X 136; XIII, 19, 97. I dati certi sulla prima circolazione delle opere di Dante sono in Inglese, *Vita di Dante*, in part. pp. 128–ss. Cfr. Malato, *Il mito* e, per Firenze, Bellomo, *L'interpretazione*, in part. pp. 140–141 (e sul filone dei commenti, almeno Bellomo, *Dizionario*). Per quegli ambiti di circolazione, Steinberg, *Dante e il suo pubblico*; e anche Ceccherini, *Mercanti copisti*.
5 Boccaccio, *Trattatello*. Importanti le messe in prospettiva di G. Billanovich, *La leggenda*, da integrare con Indizio, *Problemi*, pp. 263–340 (e più in generale sulle biografie dantesche, pp. 127–172). Per il testo, messa a punto filologica in Bertè, Fiorilla, *Il Trattatello*, pp. 41–ss. Cfr. Azzetta, *Le "Esposizioni"*. Sulle biografie dantesche, cfr. la messa a punto di Bartuschat, *Le biografie di Dante*, pp. 171–ss
6 Rilettura delle testimonianze circa il buon tempo antico in Zabbia, *Dalla propaganda*, pp. 247–ss.
7 Cfr. Dessì, *I nomi*. Si veda anche Cherubini, *L'immagine*; Capo, *La cronachistica*; Zabbia, *Il Regno*.

Inquadrandoli in tale paradigma veniva attenuata l'originalità corrosiva dei messaggi critici dell'esule. Nell'idioma del guelfismo locale, infatti, denunciare conflitti e divisioni dentro le mura appariva più che lecito, corrispondeva persino a un segno di saggezza. E i cittadini che reggevano il comune, quando componevano storie per proprio conto, annotavano memorie o ragionavano di politica nelle mura, esibivano sottili capacità di analisi circa i difetti di funzionamento dei meccanismi sociali e delle pratiche politiche di cui essi stessi erano partecipi.[8] Quando però il regime agiva verso l'esterno, con voce ufficiale e atti formalmente legittimi, la solidarietà doveva rimanere intatta anche nel ricordo. Anche guardando al passato la soglia dell'accoglienza lecita nel guelfismo più convinto rimaneva fissata sulle conseguenze esterne. Il discrimine dell'accettazione e delle critiche era calibrato sulla messa in discussione del patrimonio materiale, del prestigio di onore e della autonomia dei fiorentini, sia nel dominio regionale che in relazione a qualsiasi altro potentato.[9] La solidità dell'identità politica del guelfismo locale nella lunga durata, a Firenze, richiedeva di essere garantita degli sguardi esterni.[10]

Su questo versante, la ricezione guelfa dell'eredità dantesca si mantenne sorvegliatissima. Se nei testi composti in lingua madre la comunanza identitaria con i fiorentini di dentro poteva passare per scontata, molto più resistenti al filtro di rilettura locale rimasero gli scritti latini in cui l'autore aveva esposto la sua visione ideologica e politica. Quei testi infatti si presentavano nelle forme espressive e linguistiche appropriate a saperi con cui erano sostenute verità, argomenti, ragioni, universalmente validi e riconosciuti. Nel loro caso, un lasciapassare postumo nelle mura del guelfismo locale richiedeva molte più cautele.

In quella materia, l'eredità più vistosa rimaneva la *Monarchia*. Non a caso negli anni '30 tra i Guelfi di Firenze il trattato era ricordato in termini neutri, come una sapiente disquisizione sull'ufficio imperiale. Ancora più prudentemente, nella divulgazione sintetica affidata dal comune al banditore ufficiale Antonio Pucci, al soggetto imperiale si faceva precedere quello pontificio («Dante fece ancor quella Monarchia, / dove de' Papi e dello Imperiato / trattò con molta gran filosofia»).[11] E quando il biografo Boccaccio volle presentare il testo più nel dettaglio si dilungò per giustificarne la compatibilità con gli orientamen-

---

8 Cfr. Arnaldi, *Dino*.
9 Cfr. De Vincentiis, *Origini, memoria, identità*, pp. 385-ss. (sulla tradizione fiorentina circa le divisioni, cfr. Pedullà, *Machiavelli in tumulto*).
10 Trexler, *Public*.
11 *Delle poesie di Antonio Pucci*, 55, 77. Cfr. Cella, *Il "Centiloquio"*, e per il ruolo pubblico Robins, *Antonio Pucci*. La *Nuova cronica* riporta: «fece ancora la Monarchia, ove trattò de l'oficio degli 'mperadori» (Villani *Nuova cronica* X, 136).

ti guelfi. Se era stato censurato dalle autorità ecclesiastiche pontificie fu solo colpa di un uso distorto del trattato, indipendente dalle volontà di Dante – si leggeva nel *Trattatello*[12] –, nonché dell'accanimento postumo di un malevolo cardinale.

Fin dal suo apparire, e anche in seguito, inoltre, il trattato imperialista di Dante interferì solo in modo obliquo con l'identità del guelfismo locale. Senza prendere di mira specifiche scelte politiche dei regimi dentro le mura, l'opera proponeva piuttosto un modello di ordinamento valido su scala universale, ambientato in una temporalità senza scadenze. Diverso era il caso di un messaggio politico puntuale, stilato in un linguaggio e in codici altrettanto densi di sapere, ma rivolto direttamente alla comunità dei fiorentini che reggevano la città a una data precisa: 31 marzo 1311. La forma stessa impediva l'assimilazione in serie. In questo caso, senza possibili equivoci, l'esperto riconosciuto nelle arti delle scritture comunicative aveva prescelto un codice che mimava gli scambi tra autorità pubbliche, con cui si esprimevano i discorsi alti sugli affari di stato e le analisi ragionate delle situazioni in campo.[13] La missiva del 1311 dunque era un'interlocuzione che non lasciava lo scampo garantito da altre forme di comunicazione letteraria. Conviene ora rileggerla brevemente in questa prospettiva.

L'epistola *Eterni pia providentia* fin dall'*incipit* accordato al tono delle scritture sacre sollecitava un doppio livello di decifrazione. Il messaggio politico riguardava la contingenza della primavera del 1311, e si concludeva con la richiesta di un intervento pragmatico che sarebbe spettato al regime allora in carica: la spontanea accoglienza di Enrico VII di Lussemburgo nel suo passaggio per la città guelfa, in vista dell'incoronazione a Roma. Con altrettanta enfasi, però, nel testo si ambiva ad aprire un canale comunicativo fondato sul riconoscimento delle qualità culturali e intellettuali dei destinatari. Se i lettori moderni rimangono colpiti soprattutto dalla virulenza dei toni e delle espressioni rivolte contro gli *scelestissimi* fiorentini, i codici retorici impiegati nel messaggio epistolare invece definivano interlocutori considerati particolarmente competenti dall'autore: in grado di apprezzarne lo sforzo compositivo, il pregio delle forme linguistiche, l'arte di modulare i colori retorici e quella di alternare registri discorsivi propri di vari saperi.[14]

Ridotta in sintesi, la logica del messaggio politico dell'esule contrapponeva due sistemi di organizzazione dei poteri nella penisola italica, presentati come

---

12 Boccaccio, *Trattatello*, 26. Sul brano, cfr. Casadei, *Dante oltre*, pp. 124–126.
13 Cfr. la descrizione della forma della scrittura di Dante in Leonardo Bruni, *Dialogi*, 44; cfr. *Ep.* (Baglio), pp. 233–234.
14 Sui saperi sacri e filosofici cfr. Brilli, *Reminiscenze*; Maspoli Genetelli, *Filosofia politica*. Sul contesto del 1311 cfr. Santagata, *Dante*, pp. 231-ss.

inampalibili. Con il linguaggio alto del diritto, innanzitutto si ribadiva che l'opzione di una circoscrizione italica coordinata dall'autorità universale dell'Impero rimaneva del tutto legittima, esente dal «diritto di prescrizione»,[15] e praticabile anche nei tempi attuali. Quindi si condensava la tradizione politica imperiale nella nozione di "utile di tutti", un principio di matrice giuridica ma capace di risuonare in una ampia gamma di linguaggi concettuali.[16] Infine si prospettava la situazione attuale, sul campo italico di quelle settimane, dominata dalla determinazione dell'imperatore a punire i cittadini nelle mura in caso di opposizione. L'antitesi invece era incarnata dalle convinzioni degli *scelestissimi*, personificazioni delle ragioni di coloro che sostenevano il sistema di coordinamento guelfo, allora retto dall'amicizia con i sovrani di Napoli. «Vos autem» – si rivolgeva diretto l'oratore nel discorso epistolare – avete abbandonato «ciò che reca utilità a tutti» a vantaggio di un diverso e recente ordine politico: cedendo cioè alla tentazione di «nuovi regni» (*Ep.* VI, 5–8).

Sebbene ritmata da un fraseggio aggressivo, nel messaggio tuttavia la retorica dell'errore primeggiava su quella della colpa. Quando si passava alla politica condotta dagli *scelestissimi*, infatti, l'argomentazione si fondava su una presupposta cecità politica dei destinatari, che alimentava illusioni sincere, sebbene fallaci. Loro stimavano realmente – «existimatis» rinfacciava Dante (*Ep.* VI, 13) – di essere protetti da un manto di *libertas* grazie ai «nova regna» cui si erano rivolti. A considerarla dall'esterno, da fuori le mura, invece, quella appariva una «toga di falsa libertà»,[17] e ciò che l'animava avrebbe precipitato i suoi fedeli nell'«ergastolo di una vera servitù». Preferendo una argomentazione nei modi della confutazione di un inganno intellettuale a quelli giudiziari che avrebbero motivato una sanzione definitiva, senza scampo la strategia comunicativa del messaggio apriva una breccia alla conversione in estremo. In conclusione, una punizione terribile era annunciata per chi si fosse pentito troppo tardi (dopo l'inevitabile vittoria imperiale sotto le mura): il che sottintendeva pure un trattamento diverso per quelli che si fossero subito conformati alla valutazione offerta dall'esule.

In definitiva, il messaggio epistolare appariva costruito per interlocutori in grado di valutarlo sollevandosi dallo spazio stretto dalla cerchia muraria, offrendo loro materia di riflessione su una scala più ampia della contingenza im-

---

15 «Atque iure prescriptionis utentes» (*Ep.* VI, 5).
16 «Quod ad omnium cedit utilitatem»; «nova regna temptatis» (*Ep.* VI, 7–8). Cfr. Hibst, *Utilitas*; e, in riferimento a Dante e il diritto imperiale, cfr. Quaglioni, *Introduzione*, pp. lxxii–lxxix (con discussione della bibliografia).
17 «Et quo false libertatis trabeam tueri existimatis eo vere servitutis in ergastula concidetis» (*Ep.* VI, 13).

mediata di quelle settimane. A essere messo in questione era il sistema sovraregionale su cui gli *scelestissimi* avevano puntato le loro fortune civili e politiche. E attraverso l'offerta di una varietà di saperi in cui declinare il tema di fondo – dalla teologia, al diritto, alle valutazioni sulle attuali condizioni civili di Firenze, ai precedenti della storia dei tempi di Federico I e Federico II – l'*Eterni pia providentia* apriva ai destinatari altrettante possibilità di discutere e riflettere su un sistema di alleanze che in quel momento la presenza imperiale permetteva di allentare. Questo avrebbe consentito sostenere Enrico Cesare: stabilire cioè un equilibrio, nell'«Italia misera, sola, lasciata agli arbitri privati»,[18] tra la recente monarchia angioina di Napoli, figlia prediletta del papato di Avignone, cugina dei prepotenti re di Francia, e le comunità della antica circoscrizione del regno italico.

In seguito, fino agli anni '40 del secolo, l'amicizia politica con la dinastia angioina di Napoli rimase un punto fermo per i regimi guelfi che governarono a Firenze. Cosicché anche quando la comunità cittadina avviò una politica culturale di riassorbimento dell'opera dell'esule Alighieri – secondo l'impostazione che abbiamo ripercorso in precedenza –, il messaggio dell'epistola rimase irricevibile nell'orizzonte ideologico dominante. Un conto erano le critiche alla casa di Francia e al ramo angioino sparse nel grande poema volgare, che bersagliavano principi per lo più defunti e, in ogni caso, non li associavano esplicitamente ai fiorentini nelle mura. Altro peso conservava invece la denuncia del legame particolare tra i gruppi dirigenti del comune e i discendenti di Carlo I d'Angiò, tanto più che Dante non si era limitato a criticare un errore di valutazione momentaneo. Nella lettera, in effetti, si forniva una spiegazione approfondita del sistema di interessi che sorreggeva quella opzione politica. Gli *scelestissimi* continuavano a non vedere – «accecati», «perché siete ciechi»,[19] si leggeva nell'epistola – che solo la presenza del contrappeso imperiale nella penisola poteva garantire una autentica libertà, anche per Firenze, a causa di una pulsione dominante e persuasiva: la cupidigia.

2 L'avarizia dei nuovi re e la cupidigia degli *scelestissimi*

I lettori fiorentini più esperti dell'opera dantesca, incontrando il termine *cupiditas* nella missiva del 1311, potevano ricordare l'equivalente in lingua madre che

---

[18] «Quod Ytalia misera, sola, privatis arbitriis derelicta» (*Ep.* VI, 3).
[19] «Obcecati» (*Ep.* VI, 12); «nec advertitis dominantem cupidinem, quia ceci estis» (*Ep.* VI, 22).

ricorreva altrove negli scritti del concittadino. Rileggendoli con l'occhio attento al tema della *cupidigia* si sarebbe rilevato come, finché aveva composto versi nelle mura di Firenze, il poeta non si fosse mai espresso sull'argomento.[20] Al contrario, di quel vizio Alighieri si era iniziato a preoccupare solo una volta escluso dalla comunità.

Già nel prosimetro scritto tra il 1306 e il 1308 mentre si aggirava tra la Lunigiana e Lucca, la «cupiditate» appariva per due volte, nel libro IV, come qualifica dell'avidità di ricchezze terrene. Il *Convivio* in ogni caso fu poco letto e ancor meno commentato durante quegli anni, al contrario del *sacrato poema* in terzine, dove la "cupidigia" risuonava già dall'*Inferno* e accompagnava i lettori fino al *Paradiso*. Segnatamente, nel canto XII del regno infernale la cupidigia veniva deprecata come «cieca».[21] E lo stesso nel XXX paradisiaco, dove si incontrata di nuovo una «cieca cupidigia». Qui, per di più, la passione per i beni terreni era presentata quale causa dell'opposizione degli italici all'imperatore Enrico VII: un impulso capace di offuscare l'intendimento («che v'ammalia», *Par.* XXX, 139), come la *cupiditas* dell'epistola aveva reso «obcecati» gli *scelestissimi* fiorentini del 1311. Nell'orizzonte di ricezione fiorentino però le analogie con altri testi dell'autore si limitavano al richiamo di una parola. La *cupiditate* più o meno ottenebrata che Dante aveva argomentato in lingua madre non appariva né rivolta direttamente contro i Guelfi di Firenze, né connotava specialmente la loro politica. I commentatori cittadini potevano quindi spiegarla con il lessico generale dei peccati morali, in termini di «desiderio d'avere» oppure di «rubare, essere avarizia»,[22] come chiosò il divulgatore ufficiale Boccaccio. La *cupiditas* nella lingua alta dei saperi invece non si poteva tradurre in significati altrettanto generici.

L'esule Alighieri era stato più parsimonioso nell'impiego del termine quando si era espresso con la voce delle dottrine formalizzate, ovvero in discorsi dove la politica fosse inequivocabilmente elevata a materia di riflessione approfondita. Nel catalogo delle scritture dantesche presenti nelle mura fissato dalla *Nuova cronica* di Villani, solo il trattato imperialista si soffermava sulla cupidigia. E leggendo la *Monarchia*, fin dalle prime carte dell'opera, la *cupiditas* trattata dal «filosofo mal grazioso»[23] – come era ricordato a Firenze – denunciava la sua specifica carica antipolitica, impossibile da scambiare per un peccato cristiano generalizzato come altri.

---

[20] Il censimento delle occorrenze in Pasquini, *Cupidigia* e Pasquini, *Cupidità. Conv.* IV, xii. I dati certi sulla composizione del *Convivio* in Inglese, *Vita di Dante*, pp. 86–91; sulla diffusione delle cantiche della *Commedia*, pp. 121–134, 143–147.
[21] *Inf.* XII, 49. Per *sacrato poema* in seguito, cfr. Casadei, *Dante oltre*, pp. 35–40, 195–ss.
[22] Boccaccio, *Esposizioni*, cap. 45. Cfr. Barański, *«Chiosar»*, pp. 13–ss.
[23] Villani, *Nuova cronica*, X, 136.

Nel primo libro del trattato era concentrata la riflessione sul tema, introdotta dalla sentenza per cui laddove la volontà non sia monda da cupidigia, pure la giustizia è spuria. Poco oltre, l'autorità dell'*Etica Nicomachea* di Aristotele ribadiva l'assunto. Ancora dopo la cupidigia (che deprezza la dimensione umana degli individui) appariva come il contrario della carità (rivolta a fare il bene dei mortali).[24] E in entrambi i casi, la giustizia e la carità negate erano di carattere politico. Tutte e due erano considerate indispensabili al medesimo fine: governare rettamente. Quindi, scorsi alcuni paragrafi, si giungeva a una conclusione che valeva da assioma politico, ormai già argomentato in precedenza. «Come mostrato più sopra» – determinava l'autore – solo la monarchia universale era predisposta a una giustizia equa, perché unica istituzione esentata dalla cupidigia politica. L'universalità superiore dell'Impero, per natura, lo liberava dalla necessità di rivendicare frammenti del tutto. Per cui gli eredi dei Cesari erano i soli a potere governare sollevati dall'esigenza di una espansione continua del loro dominio, come invece accadeva «agli altri principi» sparsi per la cristianità.[25]

All'accumulo di ricchezze e alla brama insaziabile di accrescerle, in senso stretto, nell'intera *Monarchia* non si faceva cenno. La «humana cupiditas»[26] era invece chiamata in causa un'ultima volta, nella parte conclusiva del trattato, a confermarne le insidie conoscitive e l'irrazionalità politica. Le sue minacce – si ricordava nel terzo libro – insidiavano la facoltà di retta valutazione, riducendo gli uomini in bestie vaganti a briglia sciolta, lanciate sempre in direzione contraria a quanto indicavano sia la ragione dei filosofi che le verità sovrannaturali. La cupidigia insomma confondeva l'orientamento tra le gerarchie degli strumenti di analisi del reale, illudeva di fornire un sapere autonomo, primeggiante e dalle applicazioni senza confini. Effetti non troppo diversi da quelli provocati

---

24 *Mon.* I, xi, 6: «nam ubi voluntas ob omni cupiditate sincera non est, etsi assit iustitia»; I, xi, 11: «ad evidentiam primi notandum quod iustitie maxime contrariatur cupiditas, ut innuit Aristotiles in quinto *ad Nicomacum*». Per la datazione del trattato agli anni della spedizione di Enrico VII, convince la contestualizzazione di *Introduzione* in *Mon.* (Quaglioni), pp. XXXVII–LVI.
25 «Cum ergo Monarchia nullam cupiditatis occasionem habere possit vel saltem minima inter mortales, ut superios est ostensum, quod ceteris principibus non contigit, et cupiditas ipsa sola sit corruptiva iudicii et iustitie preperditiva» (*Mon.* I, xiii, 7); e poco prima alcuni esempi: «aliis, quorum principatus ad alios terminantur, ut puta regis Castelle ad illum qui regis Aragonum» (*Mon.* I, xi, 12).
26 «Has igitur conclusiones et media, licet ostensa sint nobis hec ab humana ratione que per phylosophos tota nobis innotuit, hec a Spiritu Sancto (...) qui per coecternum sibi Dei filium Iesum Christum et per eius discipulos supernaturalem veritatem revelavit, humana cupiditas postergaret nisi homines, tanquam equi, sua bestialitate vagantes "in camo et freno" compescerentur in via» (*Mon.* III, xv, 9).

dalla «stupefacente cupidigia»[27] che accecava l'intendimento degli *scelestissimi*, inficiando la capacità di valutare le proprie condizioni militari e di lasciarsi aperta la via al negoziato. Una cupidigia che induceva all'errore sia circa l'affidamento degli alleati (più indaffarati a difendersi che proteggere altri), sia in merito alla conformazione borghese di Firenze (male apparecchiata alla guerra), o alla tenuta del consenso interno (sotto una imminente pressione esterna), così come impediva di apprezzare tutte le altre evidenze che l'esule esponeva ai reggitori fiorentini nel marzo del 1311.

Anche se non si fosse compulsata la *Monarchia* del mittente, comunque, la *cupiditas* iscritta nel messaggio epistolare imponeva di essere decifrata nel medesimo codice interpretativo, cioè come una dinamica dalle ricadute politiche.[28] Se la materia richiedeva le medesime facoltà intellettuali, la forma però continuava a segnalare che quanto lì esposto andava inteso su tutt'altro piano di realtà. Nel testo dell'*Eterni pia providentia* infatti la distanza rassicurante che separa il modello teorico dalle sue applicazioni storiche era negata ai lettori. Oltre alla datazione esatta, nella conclusione il chiaro segnale linguistico «hic» cioè «questo divo e trionfante Enrico»[29] quale personificazione storica dell'autorità imperiale inchiodava la decifrazione dell'intero discorso: la cupidigia, nello specifico, andava connessa a qualcosa che durante gli anni '10 vincolava le scelte politiche degli *scelestissimi*. Dante non precisò esplicitamente il nesso tra il vizio accecante che affliggeva i Guelfi di Firenze e la tentazione irresistibile verso i nuovi regni di cui pure erano succubi, lasciando che fosse la sovrapposizione tra la logica del suo testo e l'evidenza del contesto di cui i destinatari erano protagonisti a caricare di senso la connessione. In conclusione, proviamo a sciogliere tale intreccio di significati, con la consapevolezza che la decifrazione che a noi richiederà ancora qualche pagina dovette costare pochi istanti ai primi destinatari del messaggio del 1311.

Nel gioco ricettivo su cui si fondava il patto tra autore e lettori di un discorso metaforico come quello dell'epistola, l'identificazione più evidente era quella tra i «nova regna» e quello del neo sovrano di Napoli, Roberto d'Angiò, che nel 1309 era stato incoronato dalle mani del papa ad Avignone. Fu lui a essere ricordato per oltre un secolo dai fiorentini quale campione italico del fronte antimperiale, argine alla presenza stabile e attiva dell'Impero nella penisola ai tempi di Dante, e in particolare durante la spedizione di Enrico di Lussembur-

---

[27] «O mira cupidine obcecati» (*Ep.* VI, 12), e si veda anche la sequenza nei paragrafi 12–18.
[28] Casadei, *Dante oltre*, p. 113 identifica un possibile riferimento di Dante al testo dell'epistola nella *Monarchia*, accolto da Quaglioni in *Introduzione*, p. XLVII.
[29] «Hic divus et triumphator Henricus» (*Ep.* VI, 25).

go.³⁰ Più in generale, il nipote di Carlo I a Firenze era stimato quale «il più savio re che fosse tra' Cristiani»³¹ nell'ultimo mezzo millennio, ovvero dai tempi di Carlo Magno. Tale valutazione diventò presto una parola d'ordine del guelfismo locale poiché valeva da autolegittimazione: erano state le manifeste virtù di saggezza politica di Roberto ad aver consigliato i regimi cittadini a mantenere sempre saldo un legame specialissimo con il regno, negli interessi della comunità fiorentina. Bene comune e fedeltà angioina erano più che compatibili, e, come in quegli anni sosteneva a Firenze il predicatore domenicano Remigio dei Girolami, una comunità cittadina bene ordinata aveva tutto da guadagnare dalla protezione dei sovrani di Napoli.³²

Quando Dante scrisse ai concittadini l'angioino era un re nuovo perché da poco incoronato, ma nel decennio precedente si era allenato da protagonista nel mestiere di governare il particolare dominio che gli sarebbe toccato in eredità.³³ Già da allora la corte di Napoli e gli amici guelfi più solidali con la dinastia avevano preparato la successione, diffondendo un profilo politico del futuro sovrano che rilanciasse l'immagine della monarchia angioina dopo lo sfortunato regno del genitore Carlo II. Rispetto al modulo di una sovranità irruenta e guerriera che caratterizzava la memoria di Carlo I, castigo degli imperatori svevi e fondatore della dinastia di Napoli a fine '200, un cinquantennio dopo si preferì prospettare agli alleati italici una dominazione sovraregionale angioina più elastica e prudente, compendiata nella notoria arte di Roberto nel temporeggiare il più a lungo possibile, lasciare spazi al negoziato, intervenire solo quando indispensabile.³⁴

Nell'opinione diffusa, al contrario, la continuità restava salda quanto al peccato tipico della famiglia regia, una tara che ormai appariva trasmessa di padre in figlio assieme al sangue angioino. Simile in questo all'avo conquistato-

---

30 Ancora il fiorentino Giannozzo Manetti, *Vita Dantis*, p. 38, sottolineava il protagonismo politico del re di Napoli, poco prima che il poeta avesse inviato «epistulam quandam "ad Florentinos", ut ipse vocat, "intrinsecos" contumeliosam sane scriberet, in qua eos acerbissime insectatur». Ricostruzione degli eventi del 1311 (da un punto di vista dantesco) e rimandi alla bibliografia di riferimento in Somaini, *Dante*.
31 «Questo re Ruberto fu il più savio re che fosse tra' Cristiani già-ffa cinquecento anni (...) Dolce signore e amorevole fu, e amicissimo del nostro Comune, di tutte le virtù dotato, se non che cominciò a 'nvecchiare l'avarizia il guastava» (Villani, *Nuova cronica*, XII 10 – ma «iscusavasene per la guerra ch'avea»). Cfr. anche Compagni, *Cronica* («savio signore e amico de' Fiorentini», p. 141).
32 Boyer, *Florence*.
33 Su questa fase, rimane indispensabile Caggese, *Roberto*.
34 Sintesi in Kelly, *The New Solomon*, da integrare almeno con la bibliografia in Boyer, *Roberto*. V. ora anche Terenzi, *Gli Angiò*, pp. 87ess.

re, anche il savio Roberto aveva dato segni di avarizia fin da principe.[35] Durante il suo lungo regno il vizio si era acutizzato, e con i decenni era divenuto tanto marcato che neppure i Guelfi fiorentini più ortodossi lo sottacevano, come il filoangioino Villani che lo menzionò nella *Nuova cronica* (sebbene in modo da completare il monumento di virtù regie con un culmine di umiltà, dal momento che il sovrano era stato il primo a dolersene). La condivisione di tale valutazione nello schieramento guelfo divenne un altro dei luoghi comuni con cui si poteva, a poco rischio, mostrare la propria saggezza politica. Come la consapevolezza esibita delle lotte di parte, della concorrenza tra famiglie, dei danni provocati dall'esclusione politica o del peso degli oneri con cui si finanziava il comune potevano essere denunciati senza danni ideologici, quali mali pressoché inevitabili del sistema di convivenza civile dentro le mura, radicati, costanti e parte dell'identità di lungo periodo della comunità, così anche l'avarizia dei re di Napoli poteva essere rilevata senza mettere in discussione l'ortodossia guelfa dei sostenitori dell'amicizia con gli Angiò. Nessuna contraddizione si frapponeva tra l'avarizia regia e la reputazione morale sia dell'avo Carlo che del discendente Roberto. La loro esistenza terrena era considerata moralmente esemplare, quella di principi attorniati da un apparato di sobrietà severa e circonfuso di pietà. Tutti e due avevano apertamente favorito la spiritualità rigorosa; e il nipote indossava pure il manto di protettore dei frati spirituali seguaci estremi di san Francesco, i più rigoristi circa l'applicazione della povertà cristiana.[36]

Al contrario dei nefandi peccati aggravati dall'eresia che l'opinione guelfa ancora citavano associati al nome dello svevo Federico II, ultima presenza dell'Impero sul suolo italico dalla metà del '200, la macchia dell'avarizia politica che anche i loro amici politici rilevavano dunque non intaccava le persone della regalità angioina. In altri termini, l'ansia di risparmiare le risorse, nell'assetto dei nuovi regni, valeva quanto una ragione di stato. Come tale, anche il vertice istituzionale ne poteva prendere atto, proprio come i Guelfi fiorentini ricordavano avesse fatto il savio monarca che perpetuavano nella memoria comunitaria. «La guerra»:[37] così, quanto a lui, il prudente re Roberto giustificava l'economia politica di famiglia davanti agli amici di Firenze.

In breve, avarizia e prudente saggezza del re di Napoli apparivano complementari. Attraverso l'endiadi valoriale si esprimeva la percezione della struttura di un dominio dalla conformazione sfuggente, dai contorni mobili, senza simili

---

35 L'avarizia degli angioini in Barbero, *Il mito angioino*, e per Roberto in particolare pp. 124–ss. Cfr. Kelly, *The New Solomon*, pp. 187–188; e, rispetto a Dante, Arnaldi, *La maledizione*; Del Vento, *«L'avara povertà»*.
36 Kelly, *The New Solomon*, pp. 74–90.
37 Vedi nota 31.

nel passato della penisola. Flessibilità e diramazioni in Provenza, Oltremare, attorno a Roma e negli stati dei papi, oltreché tra signori e comunità fedeli nel regno italico, determinavano una economia politica dell'insieme altrettanto peculiare.[38] Reggere il dominio angioino comportava, in pratica, una abilità minuziosa nel coordinare le rendite fiscali delle terre direttamente sottoposte alle possibilità di ricavare risorse altrove, sfruttando un circuito di poteri e comunità dalla geografia discontinua e in movimento.[39]

Al tempo della spedizione imperiale di Enrico VII l'avarizia di lungo periodo della casa d'Angiò non doveva certo sorprendere i cittadini eminenti di Firenze. Né tantomeno gli *scelestissimi* intrinseci, ovvero i Guelfi più convinti dell'adesione alla politica dei «nova regna»,[40] poiché loro conoscevano il sistema meglio di qualsiasi altro gruppo cittadino della penisola. Vi esercitavano infatti parte attiva e indispensabile da molti decenni, da quando cioè gli investimenti politici e finanziari dei loro avi di tre generazioni prima avevano alimentato la sostituzione del controllo svevo imperiale del sud d'Italia con quello dei nuovi sovrani della casata francese. Per amministrare con efficacia e rapidità una economia regia applicata a tempi e spazi strutturalmente sottoposti all'imprevedibilità e alla dispersione, infatti, i re appena giunti avevano prolungato e reso stabile la pratica che li aveva sostenuti durante la conquista. Selezionando i più esperti, affidabili e solventi tra i gruppi mercantili che finanziarono la spedizione del 1266, la dinastia arruolò un personale addetto alle riscossioni fiscali nel regno meridionale ammaestrato da una straordinaria competenza tecnica, acquisita in decenni di esercizi monetari e commerciali, conteggi e spostamenti di risorse, interscambio tra prodotti e denaro contante, coordinamento tra congiunture militari e riscossione di crediti: e tutto ciò su spazi e in proporzioni confacenti a quelle di una confederazioni di domini sparpagliati dalla Sicilia ai confini della Bretagna e della Normandia. Le compagnie dei Mozzi, degli Acciaioli, dei Bardi per prime, seguite rapidamente da Buondelmonti, Scali, Aldobrandini, Visdomini, Peruzzi, Bonaccorsi e uno stuolo sempre crescente di associati (tra cui, in seguito, anche i Villani e Giovanni il cronista), furono così incaricate di maneggiare direttamente le valvole che alimentavano i flussi di denaro del sistema angioino.[41]

---

38 Abulafia, *I regni*; Abulafia, *L'État angevin*; Morelli, *Introduzione*; Boyer, *Conclusions*.
39 Boyer, *Le fisc*; Barbero, *L'Italia*.
40 Un profilo di gruppo in Najemy, *Storia*, pp. 86–115. Ancora fondamentale Masi, *I banchieri*. Per le origini cfr. Jordan, *Les origines* (e si veda poi Milani, *Sulle relazioni*).
41 Yver, *Le commerce*, pp. 289–ss. (circa Villani, pp. 299–300). Ricadute tarde su Firenze in Sapori, *La crisi*. Si veda anche Poloni, *Banchieri*; e più complessivo Tognetti, *Le compagnie*. In prospettiva dantesca, cfr. Cherubini, *Dante e le attività*.

I finanzieri di Firenze offrivano un duplice vantaggio ai nuovi regnanti di Napoli, di cui altri stati non potevano godere. Innanzitutto, quei gestori stranieri di prerogative fiscali e pubbliche disponevano in proprio di crediti e risorse autonome, bastevoli a anticipi che non pesassero immediatamente sui sudditi. Un potere determinante per la mobilità continua dell'autorità angioina nei suoi domini sparsi, rischioso da attribuire a un corpo socio-professionale radicato localmente in territori da poco sottomessi. I fiorentini, al contrario, prediligevano reinvestire i profitti in patria e ammassare capitali immobiliari nelle terre attorno al loro comune. La massa di sostanze che alimentava la solvibilità a disposizione dei sovrani, così, gravava altrove. A Firenze i beni di garanzia delle compagnie finanziare sostenevano il peso politico delle grandi famiglie titolari con il loro seguito di associati nel governo cittadino. L'onere di garantire una egemonia territoriale in loco, nel dominio regionale, che tutelasse e accrescesse i capitali accumulati, ricadeva quindi sui reggenti del comune toscano, spingendoli in imprese espansionistiche a danno di comunità e poteri minori ben lontani dal regno, e in fin dei conti marginali negli affari che occupavano la curia regia di Napoli.[42]

Nei primi del Trecento l'implicazione finanziaria e politica con i principi napoletani rappresentava una tradizione ormai identitaria per il gruppo di fiorentini che ne era protagonista, tanto che in molti casi la complicità con l'avarizia angioina era titolo di vanto, strumento di prestigio e distinzione sociale in città. Avanzare denari ai principi si considerava come una pratica che nulla aveva a che spartire con l'avidità peccaminosa di prestatori e usurai privati: semmai poteva essere guardata con il misto di rispetto e ammirazione di cui beneficiavano i maggiori contribuenti al debito pubblico del comune.[43] Le ricadute dell'amicizia finanziarie con la casa d'Angiò potevano facilmente essere presentate quali benemerenze comunitarie, utili alla sicurezza di tutti i concittadini.

Così era accaduto appena sei mesi prima che l'esule Alighieri inviasse il messaggio epistolare, quando tra il settembre e l'ottobre del 1310 Roberto d'Angiò aveva sostato per tre settimane a Firenze, di ritorno dall'incoronazione avignonese. In quella occasione i governanti cittadini avevano omaggiato i reali con «presenti di grande moneta»,[44] come non si mancò di ricordare nella me-

---

42 Le ricadute sociali e politiche interne in Raveggi, Tarassi, Medici, Parenti, *Ghibellini*; e, per il Trecento, in Najemy, *Storia*, pp. 117–151. Sul sistema invece cfr. Petralia, *I Toscani* e Petralia, *Fiscalità* (ma cfr. anche l'intero volume *Lo stato territoriale*).
43 Cfr. Todeschini, *La banca*.
44 «Albergò in casa de' Peruzzi dal Parlagio, e da' Fiorentini gli fu fatto grande onore, e armeggiata, e presenti grandi di moneta» (Villani, *Nuova cronica*, X, 8); il sovrano fu ospite di Giotto di Arnoldo Peruzzi (cfr. Yver, *Le commerce*, pp. 302-ss).

morialistica locale. Il dono meritava di essere evidenziato nelle cerimonie di accoglienza perché rappresentava anche un segnale politico. All'approssimarsi della spedizione imperiale nella penisola, con quel pagamento esibito il comune riattivava in pubblico la compartecipazione al sistema di dominio guelfo rappresentato dal nuovo sovrano. In particolare, la spontaneità dell'offerta confortava davanti alla cittadinanza la libertà delle comunità, più che suggerire un rapporto di sottomissione. Per gli osservatori più savi, per i cittadini più informati circa le connessioni tra diverse dinamiche di poteri e interessi in campo – quei gesti ufficiali inoltre formalizzavano nel linguaggio delle istituzioni locali una strategia su scala sovraregionale, messa in atto già da mesi. Per gli *scelestissimi* soprattutto servivano a ratificare attraverso un contatto personale l'impegnativo patto di fedeltà finanziaria che aveva sorretto il passaggio successorio ai vertici del regno.

L'ingresso nelle mura fiorentine di Roberto e della corte nel settembre 1309 aveva segnato l'ultima tappa rilevante di un viaggio di incoronazione iniziato dalla capitale del regno, nella primavera dell'anno precedente, che era valso da presa di possesso del circuito angioino. Attraverso la Provenza e poi, lentamente, ridiscendendo nella penisola via terra, dal nord-ovest, il corteo aveva sostato tra le maggiori comunità guelfe o a vario titolo amiche dei re di Napoli.[45] Non a caso, in quei mesi di confronto tra le due sovranità sul suolo italico l'immagine politica e letteraria del copricapo regio apparve particolarmente appropriata per rappresentare lo scontro in atto.[46] Precedente di qualche settimana l'arrivo di un aspirante imperatore che cingeva solo una corona germanica, la parata itinerante del sovrano appena consacrato dal pontefice rese generalizzata tra i cittadini italici, e urgente, la questione che l'esule Alighieri avrebbe inviato ai reggitori di Firenze pochi mesi dopo: nella penisola la presenza imperiale determinava l'esistenza di un solo *regnum*, la cui corona doveva essere cinta in Lombardia da ciascun re dei romani eletto all'Impero? Oppure a Napoli, e poi in Avignone, si era rinnovata l'esistenza di una alternativa collaudata, durevole, che si rigenerava con la prevedibilità della successione per sangue, in grado di seguire ritmi e forme più efficaci nel dare ordine all'insieme italico?

Gli *scelestissimi* cui si rivolgeva Dante nel marzo 1311 non avevano atteso la celebrazione pubblica dell'amicizia angioina a Firenze di sei mesi prima per rispondere con i fatti. Fin da prima che il sovrano e la corte salpassero sulla rotta di Provenza, a Napoli la burocrazia regia aveva registrato l'apertura di un credito presso le compagnie di Bardi e Peruzzi con cui saldare ogni necessità,

---

45 Il percorso si ricostruisce da Caggese, *Roberto*, pp. 102-ss.
46 Brilli, Fontes Baratto, Montefusco, *Sedurre l'imperatore*; più in generale, cfr. Zug Tucci, *Henricus*.

in ciascuna tappa della trasferta sovraregionale. Tra censi dovuti alla sede apostolica, sostegno alla beatificazione del santo di famiglia, sussidi ai reggenti nel Mezzogiorno, spese di apparato e di milizie, quando nove mesi dopo lasciò Firenze per rientrare nella sua capitale, Roberto riconosceva volentieri agli *scelestissimi* nelle mura debiti per circa mezzo milione di fiorini.[47]

Nelle circostanze in cui i governanti di Firenze ricevettero l'epistola datata al marzo 1311, la *cupiditas* ottenebrante denunciata dall'esule attivava codici di decifrazione e suggeriva significati piuttosto evidenti ai lettori. Ciò che impediva la corretta visione della geopolitica italica da dentro le mura – per come si esprimeva il messaggio – andava riconosciuto in una commistione tra uso delle istituzioni comunitarie e finanza, tipica del guelfismo locale. Una pratica da non confondere con una banale brama di ricchezze. Sarebbe stato fare un insulto alle capacità intellettuali dei destinatari, ovvero una contraddizione incomprensibile in un retore rinomato quanto Dante, che per gli *scelestissimi* mobilitava il linguaggio dei saperi alti. La cupidigia di cui erano adepti gli interpellati equivaleva a una saggezza politica diffusa, che l'autore contestava come fallace. La ragione apparentemente neutra che si fondava sul calcolo matematico e la straordinaria possibilità di controllare le dinamiche di forza con movimenti invisibili di risorse monetarie – spiegava il messaggio di Dante – era degenerata in una ideologia imperante che sfuggiva ai suoi stessi sostenitori, accecandoli sulle possibilità di modulare diversamente la loro identità di savi mercanti e cittadini.

La cupidigia degli *scelestissimi*, tuttavia, non andava neppure liquidata come una versione comunale della tendenza espansiva di ogni potere particolare, propria a quegli «altri principi»[48] della cristianità criticati nella *Monarchia* come occupanti abusivi delle spettanze imperiali. Nel caso in questione, all'avarizia politica dei capetingi di Napoli si poteva concedere l'indulgenza dovuta a chi aspira a conservarsi nel tempo. Necessaria per governare su qualsiasi dimensione di stato, l'oculatezza nell'impiego delle risorse si accordava alle virtù utili alla durata e alla prosperità di famiglia, sia borghesi che principesche, come insegnavano la saggezza da conversari in piazza e pure le dottrine aristoteliche. La passione oscurante che animava i concittadini dell'esule nell'*Eterni pia providentia*, inversamente, appariva rivolta all'esterno della comunità, oltre le mura e il contado. Non mirava a conservare bensì ad accrescere, senza limiti di spazi e confini, coinvolgendo persino altri stati come il regno di Roberto d'Angiò.

---

47 Baso le stime sui dati di Yver, *Le commerce*, pp. 297–307, che converto da once in fiorini (circa le proporzioni: nel 1341, e a un prezzo non di favore, il comune acquistò la città di Lucca per 250,000 fiorini).
48 Cfr. *supra*, nota 25.

Guelfi del regime che sostenevano la monarchia degli Angiò interpretavano la libertà di approfittare delle debolezze di un sistema politico artificioso quale garanzia di indipendenza, dentro e fuori le mura. I più coscienziosi e savi ponderassero pure quanto i vantaggi finanziari dei circuiti mercantili fossero reimpiegabili per la tutela della *libertas* di Firenze, acquistando terre, pagando difese e alleanze, ostacolando le minacce con l'arma vischiosa del denaro. In quelle condizioni, la comunità era condannata comunque a un «ergastolo di vera servitù» – su questo allertava il messaggio di Dante ai concittadini –, la stessa di cui resta prigioniero chiunque fondi la propria fortuna sui debiti altrui.

Justin Steinberg
Messianic and Legal Time in Dante's Political Epistles

Abstracts: Questo saggio propone una nuova lettura di un passo dell'epistola di Dante ai Fiorentini che, a causa del suo tema giuridico, è stato finora scarsamente considerato dalla critica. In Ep. VI, 2 Dante attacca i Fiorentini per la loro pretesa di aver raggiunto l'indipendenza dalle leggi imperiali tramite diritti di prescrizione. Nel diritto romano la prescrizione era un istituto per cui un soggetto poteva intitolarsi formalmente una proprietà che era stata a lungo trascurata dal suo proprietario. A giustificare l'usurpazione della giurisdizione imperiale invocando diritti prescrittivi furono prima le monarchie francese e spagnola, e in seguito le città italiane settentrionali e centrali. La tesi di Dante sull'impossibilità di prescrivere le leggi pubbliche deve essere contestualizzata sullo sfondo di questo confronto epocale tra la giurisdizione universale dell'impero e un nuovo concetto di sovranità territoriale di monarchie e comuni. Esaminare le lettere sullo sfondo di questo più vasto contesto ideologico permette di concepire il messianismo delle lettere secondo una prospettiva inedita, ossia come una risposta strategica all'emergenza di una nuova forma di realismo politico.

This essay will offer a new reading of a passage in Dante's letter to the Florentines, which, because of its legal subject matter, has received little notice from literary critics. In *Ep.* VI, 2, Dante attacks the Florentines for claiming they have achieved independence from the laws of empire through prescriptive rights. Prescription was a convention in Roman law by which a possessor acquires formal title to a property neglected for an extended amount of time by its owner. First the French and Spanish monarchies, and then the northern and central Italian cities justified their appropriation of imperial rights of jurisdiction by invoking prescriptive rights. Dante's argument that public laws cannot be prescribed needs to be understood against the background of this epochal struggle between the universal jurisdiction of empire and the territorial sovereignty of the emergent nation-states and city-states. This wider ideological framework paves the way to a new understanding of the messianism of Dante's epistles as a strategic response to the emergence of a new form of political realism.

Parole chiave: prescrizione, sovranità, messianismo, impero, diritto.

Justin Steinberg, University of Chicago

Open Access. © 2020 Justin Steinberg, published by De Gruyter. This work is licensed under the Creative Commons Attribution 4.0 International License (CC BY 4.0).
https://doi.org/10.1515/9783110590661-018

This essay will offer a new reading of a passage in Dante's letter to the Florentines, which, because of its legal subject matter, has received little notice from literary critics.[1] In *Ep.* VI, 2, Dante attacks the Florentines for claiming they have achieved independence from the laws of empire through prescriptive rights. Prescription was a convention in Roman law by which a possessor acquires formal title to a property neglected for an extended amount of time by its owner. Medieval jurists drew on the principle of prescription to establish the sovereignty of political authorities who had been ruling over their territories for most of recent memory. I will argue that Dante saw prescription as a vital threat to the commonness of *ius commune* law – a commonness he relied on as an exile who had lost the protections of the Florentine statutes. In the epistles, Dante counters the relativizing, linear time of prescription by celebrating the absolute, ever-present messianic time that Emperor Henry VII's imminent arrival has reawakened.

Although prescription threatened the sanctity of *dominium* in Roman law, it was tolerated by medieval jurists because it served the common good.[2] Prescription prevented real property from being abandoned while curbing eventual disputes. In natural law terms, this was its "reasonable cause". The prescriber nonetheless had to be in continuous possession of the property by legal means and to have acquired it in good faith.[3]

Jurists were much less certain about whether the emperor could alienate his rights over those goods which belonged to him, not as private individual but as public office holder. The discussion of how long one had to wait to prescribe property belonging to the *fiscus* (whether it was 20, 40, or 100 years) had clear political implications since it appeared to both place a time limit on the emperor's transcendent authority and to introduce the possibility of imperial negligence. When publicists sought to legitimize the de facto independence of political entities from the emperor, they were drawn to the institution of prescription because it provided a model for how fact could be transformed into *ius* though time. First the Church, then the French and Spanish monarchies, and finally the northern and central Italian cities justified their appropriation of public rights of jurisdiction by invoking prescriptive rights. The imperial

---

[1] See the gloss on the passage in *Ep.* (Honess), p. 61 and the short discussion in Quaglioni, *La "Monarchia"*, p. 326.
[2] For the legal background of prescription, see Armstrong, *The Idea*, pp. 20–25; Buckland, McNair, *Roman Law*, pp. 117–122; Conte, "*Vetustas*"; Cortese, *Scritti*, vol. II, pp. 143–158; *Limitation and Prescription*; Kuehn, *Conflicting Conceptions of Property*, pp. 108–111; Madero, *Penser la physique*; Meijers, *Usucapione e prescrizione*; and Riesenberg, *Inalienability of Sovereignty*.
[3] Scavo Lombardo, *Buona fede*.

prerogatives to legislate, tax, and judge definitive appeals had transferred into their hands almost as if they were real properties.

Dante's argument that public laws cannot be prescribed needs to be understood against the background of this epochal struggle between the universal jurisdiction of empire and the territorial sovereignty of the emergent nation-states and city-states. Although he draws on the commentaries of illustrious imperialist jurists (including his friend and fellow poet Cino da Pistoia), Dante's rejection of the public uses of prescription is not just an instance of pro-Ghibelline propaganda. For Dante, this debate ultimately concerns the nature of political legitimacy, and whether it derives from de facto or de jure rule.

These divergent accounts of the sources of authority play out in the epistles as contrasting temporalities. Prescription relies on a homogenous and quantifiable conception of time: a successive, linear time that gradually converts power into legitimacy. By contrast, messianic time folds past precedent and future possibility into a less predictable, less stable present. Its simultaneity, in which the empire's former glory and imminent triumphal return infiltrate the present moment, creates the possibility that the emperor might once again be able to directly enforce universal Roman law, his current lack of de facto power notwithstanding. Even if this possibility exists primarily in the collective imagination, the continued validity and survival of the Roman laws depend on it.

This essay is divided into three sections. In the first section, I argue that when Dante depicts the German Emperor as a new messiah, he is less concerned with who Henry is as an individual than with the messianic era he inaugurates. The very prospect of Henry's descent into Italy transforms the experience of time of his subjects, jolting them out of their complacent acceptance of current political reality. Regardless of the eventual outcome of Henry's military incursion, his campaign promises to renew the dream of universal imperial jurisdiction, and Dante entreats readers to grapple with that promise.

In the second section, I contextualize Dante's attack on the Florentine claims of prescriptive rights within the legal debates of his time. I show that Dante's argument about the inalienability of imperial jurisdiction echoes closely what the jurists from the school of Orléans wrote about the inalienability of regalian rights. While propagandists for the French monarchy argued that their kings had acquired through prescription the right to rule exclusively over their kingdom as mini-emperors, the lawyers from the Orléans school countered that jurisdictional sovereignty, as a public good, could never be prescribed. Dante expands this claim about the inalienability of public rights by questioning the temporal foundation of prescription and its reliance on a predictable linear time that holds the potentialities of past and future at a safe distance.

The essay ends with a coda re-reading of Dante's clash with the devils at the gates of Dis in *Inf.* VIII–IX as a jurisdictional conflict between the messianic «messo» and the "intrinsic" demonic citizens who falsely claim prescriptive rights. Taken together, these sections show how Dante forcefully rejects prescription because it fossilizes actual power relations, draining the present of any possibility for radical change.

1 The time of messianism

On November 27, 1308, Henry, Count of Luxembourg, was chosen as King of the Romans and Emperor-elect. In 1310, Henry set out for Italy, crossing the Alps on October 23, in order to re-establish his authority over the peninsula by celebrating his coronation in Rome. Although the outcome of this expedition would be disastrous both to Henry personally and to the prestige of universal empire, it began in an atmosphere of renewed hope. Even Pope Clement V cautiously welcomed the Emperor-elect, initially viewing him as a potential ally against the encroaching secular power of the French monarchy.[4]

Identifying himself as an «undeserved exile»,[5] Dante wrote three political letters (traditionally identified as V, VI, and VII) directly related to Henry's Italian campaign during its first heady, expectant year. In *Ep*. V, written in the autumn of 1310, he calls upon the Italian populace and their rulers to prepare for Henry's peace-keeping mission by forgiving their enemies and demonstrating their willing and enthusiastic obedience. In *Ep*. VI, written on March 31, 1311, and addressed to the «intrinsic» («scelestissimis Florentinis intrinsecis», i.e., not exiled)[6] Florentines, he admonishes his fellow citizens for their rebellion against the divinely ordained Emperor. In *Ep*. VII, his third and final political letter, written on April 17, 1311, he addresses the Emperor-elect himself, urging Henry to immediately confront the rebellion in Tuscany rather than dealing with lesser, peripheral disturbances in Lombardy.

In each of these letters, Dante draws on Judeo-Christian conceptions of messianism to portray Henry as Italy's Savior. In *Ep*. V, Henry is identified as the Sun of Peace and Justice, the Lion of Judah, the Bridegroom, and the Master of the Vineyard. Like a «new Moses», he will «deliver his people from their Egyptian oppression and lead them to a land flowing with milk and honey».[7] In

---

[4] The best historical treatment of Henry's Italian campaign remains William Bowsky, *Henry VII*. See also the essays collected in *Enrico VII, Dante e Pisa*.

[5] All citations from the *Epistole* are taken from *Ep*. (Villa). For Dante as «exul inmeritus» in *Ep*. V, see *Ep*. (Villa), p. 1446.

[6] *Ep*. (Villa), p. 1454.

[7] *Ep*. V, 4: «Moysen alium suscitavit, qui de gravaminibus Egiptiorum populum suum eripiet, ad terram lacte ac melle manantem perducens».

Ep. VI, Dante compares Henry explicitly with Christ. Bearing the collective burden of Italy's political sins for the public good, it is «as if the prophet Isaiah had been pointing the finger of prophecy at him, after Christ, when, through the revelation of the holy spirit he prophesied that "ours were the sufferings he bore, ours the sorrows he carried"».[8] In *Ep.* VII, Dante testifies firsthand to how Henry's campaign re-enacts Christ's advent. Recalling his encounter with Henry at the anointed one's coronation in Milan (January 6, 1311), Dante repeats the words of John the Baptist welcoming Christ: «"Ecce Agnus Dei, ecce qui tollit peccata mundi"».[9]

Whether focused on Dante's intellectual biography or his rhetorical strategies, previous scholarship on messianism in the epistles reflects back upon Dante as an author.[10] In this essay, I focus instead on the intended effects of this messianism on readers. My primary claim is that Dante applies the metaphysics of messianism to a political-legal problem.[11] While prescriptive claims threatened to widen the gap between de facto and de jure imperial power irrevocably, Dante tries to persuade his public that it is still possible to bridge that gap through a temporal leap of faith. Messianism is a collective attitude necessary for the survival of an "international" legal community.[12]

In the medieval revival of Roman law, the emperor was considered the guarantor of the law's universal validity, its «vigore e autoritade» (*Conv.* I, iv, 7).[13] As *dominus mundi*, moreover, his jurisdiction extended without limits. Yet the legal legitimacy of the Holy Roman Emperor far outweighed his actual economic and military might in Europe and beyond, especially after the collapse of the Hohenstaufen dynasty. Medieval jurists responded to this discrepancy in a variety of ingenious ways: by ignoring de facto reality as irrelevant to how the law should function; by distinguishing between the emperor's "dominion" and his

---

8 *Ep.* VI, 25: «tanquam ad ipsum, post Christum, digitum prophetie propheta direxerit Ysaias, cum, spiritu Dei revelante, predixit, "Vere languores nostros ipse tulit et dolores nostros ipse portavit"». Here, Dante quotes *Is.* 53, 4.
9 *Ep.* VII, 10. On comparisons between Henry and Christ, see Gagliardi, *L'«alto Arrigo»*.
10 On messianism and prophecy in the letters see Brilli, *The Interplay*; and Brilli, *Reminiscenze scritturali*; Di Scipio, *St. Paul*; *Ep.* (Honess), pp. 5–41; Honess, *«Ritornerò poeta»*; Ledda, *Modelli biblici e identità profetica*; Martinez, *Cleansing the Temple*; and Pertile, *Dante Looks Forward*. Still incisive for messianism as genre is Mazzoni, *Le epistole*.
11 For the political context of the biblical language in the letters, see especially Fontes Baratto, *Linguaggio biblico*. My own focus is more on the political-theological ramifications of Dante's messianism than on its political-historical context *per se*, although I try to take this context into account as well.
12 On the concept of universal jurisdiction as a means to enact a form of "international" government, see Keen, *The Political Thought*, pp. 115; 120.
13 *Conv.* (Fioravanti), p. 568.

"jurisdiction"; and by claiming that the emperor deliberately withdraws his laws from disobedient and undeserving populaces so that they won't make a mockery of them.[14]

Dante compensates for the historical reality of a diminished Roman empire by drawing on the psychology of messianic hope. Just as the faithful must live their lives in the present *as if* the arrival of the messiah were imminent, the rulers and populaces of Italy must obey *ius commune* law *as if* it were enforceable in the here and now. The continued relevance of universal Roman law depends on an adherence to the fiction that the emperor *could* be re-instated and that the empire *could* reclaim its former glory. Dante recognizes that in actual fact the empire has «suffered violence» and that its governance is now limited to a narrow area («in angustum gubernacula sua contraxerit»).[15] Yet by «inviolable right» («de inviolabili iure») the limits of its jurisdiction *should* coincide, in Virgilian terms, with the rising and setting sun.[16] Arriving like a thief in the night, Henry will reanimate this possible world, rousing citizens out of their political inertia and requiring a renewed commitment to an old imperial imaginary. The *nunc* of the emperor's descent revives the *ubique* of the law's reach.[17]

Despite its initial promise, Henry's military campaign also risked damaging the status of the very citizens who most desired it, the Italian exiles (including Dante). Deprived of the protection of the city statutes, these vulnerable citizens depended on the rights afforded to them by a common, transregional law.[18] The collective fantasy of universal empire, while always subject to failure, had mostly guaranteed the Roman law's continued vigor even during the interregnum. Exiles had enjoyed certain rights by way of this fantasy, which made their wish for the Emperor's arrival a complicated affair. If the Emperor finally did arrive, wouldn't that descent point out the lie of universal empire under which the exiles had found some relief? Henry VII's Italian campaign was a real test case as to whether the emperor was in reality *dominus mundi*, as the law books maintained.[19]

---

14 On how jurists dealt with the de facto limits of imperial rule, see Bellini, «*Dominus Totius mundi*». For the legal limits of the *dominus mundi*, see Pennington, *The Prince*, pp. 176–97.
15 *Ep.* VII, 12.
16 *Ibid.*
17 For Dante's faith in the rule of law as the basis for his imperialism in the political letters, see Russo, *Impero e Stato*, pp. 64–66.
18 For the protections that Roman law, as *patria communis*, gives specifically to citizens in exile, see Keen, 115 and Menzinger, *Diritti di cittadinanza*.
19 The most forceful account of how Henry's campaign weakened the legal standing of universal empire is Ullmann, *The Development*.

In fact, Henry's inability to enforce his edicts – culminating in Robert of Anjou's refusal to heed the Emperor's summons for the count of treason – laid bare as never before the limits of the empire's legal reach. Lawyers for the French and Neapolitan monarchies had long resisted emperors' claims of universal jurisdiction, affirming that «rex in regno suo est imperator» (the king is an emperor in his own kingdom.) According to this argument, these governments had legally acquired full jurisdiction (*merum imperium*) because they had been effectively acting as sovereign states as long as anyone could remember, while the emperor, as a negligent owner, had abandoned his imperial prerogatives. Although imperialists might object that the emperor had never intended to permanently cede his regalian rights, the «nova regna» had time on their side.

Dante's refutation in *Ep*. VI, 2 of Florence's claim to prescriptive rights against the «Roman Prince, King of the World, and the Minister of God» is thus far more than a technical matter.[20] It has metaphysical consequences. The core argument touches upon the question of what is more real: the ideal of universal imperial jurisdiction or the brute fact of territorial sovereignty. For the proponents of sovereignty through prescription, the relentless forward movement of time is an ineluctable and unassailable reality; because time consists of a series of homogenous units, it can be measured and claimed as evidence. Responding to this quantifiable linear time, Dante instead celebrates the ecstatic simultaneity of messianic time. He pits Saint Paul's *plenitudo temporis* against the Florentine lawyers' *praescriptio longi temporis*.

We miss the polemical force of these metaphysics when we conflate messianism with prophecy. In this view, Dante's epistles are messianic because they predict (incorrectly, it turns out) that Henry will save Italy by establishing his reign over the peninsula. Yet Dante's messianism is not really concerned with the future at all – at least not in an absolute, objective sense. Dante is instead interested in how Henry's promised arrival in Italy is already transforming the present of those who await him. This emphasis is on the here and now, an emphasis that is apparent from the moment Dante first welcomes Henry's Italian campaign in the introduction to *Ep*. V. Even this initial exaltation of Henry as Italy's savior turns out to be less about the messiah per se and more about living in messianic times.

The imminence of Henry's crossing of the Alps is described as the liminal moment before the dawn:

---

20 *Ep*. VI, 5: «in romani Principis, mundi regis et Dei ministri».

> "Ecce nunc tempus acceptabile", quo signa surgunt consolationis et pacis. Nam dies nova splendescit ab ortu auroram demonstrans, que iam tenebras diuturne calamitatis attenuat; iamque aure orientales crebescunt; rutilat celum in labiis suis, et auspitia gentium blanda serenitate confortat. Et nos gaudium expectatum videbimus, qui diu pernoctavimus in deserto, quoniam Titan exorietur pacificus, et iustitia, sine sole quasi eliotropium hebetata, cum primum iubar ille vibraverit, revirescet. Saturabuntur omnes qui esuriunt et sitiunt iustitiam in lumine radiorum eius, et confundentur qui diligunt iniquitatem a facie coruscantis. Arrexit namque aures misericordes Leo fortis de tribu Iuda; atque ullulatum universalis captivitatis miserans, Moysen alium suscitavit qui de gravaminibus Egiptiorum populum suum eripiet, ad terram lacte ac melle manantem perducens.[21]

At the end of this passage, we learn what the Lion of Judah has done and what the New Moses will do. We also learn that Judgment is near, when the righteous will be satisfied and the wicked confounded. Yet Dante begins this passage not by heralding the coming of the messiah, but by declaring that we are now in the midst of a revolutionary "acceptable time". The eventuality of the messiah has already altered our temporal consciousness. While the inchoate verbs «splendescit», «crebescunt», and «revirescet» immerse readers in a transformed and transforming world, the emphatic initial placement of the adverbs «nunc» and «iam» convey the urgency of contracted messianic time. For those who can read the signs, the countdown has begun.

After this description of a world beginning anew, Dante issues what appears to be a straightforward and forceful prediction about Henry's approaching arrival: «et nos gaudium expectatum videbimus». Scholars have described this future «videbimus» as more certain and determined than the generic present tenses that precede it.[22] But they have failed to note how Dante qualifies the «gaudium» as «expectatum» and specifies that the subject «nos» refers to «qui diu pernoctavimus in deserto». They ignore, that is, how the framing of the future tense by the "perfects of experience" transforms its illocutionary force, converting a descriptive statement into an avowal. Dante pledges himself to a particular vision of the future more than he predicts or reveals it: we *will* see our expected joy.[23] Professing his faith in the fulfillment of the messianic prom-

---

21 *Ep.* V, 1–4.
22 For Luca Azzetta, *Ep. XIII* (Azzetta), p. 106: «inoltre il tempo verbale ora non è più il generico presente della grande metafora d'apertura, ma un futuro, un futuro, *videbimus*, che, inserito tra l'attesa del gaudio e la sua profetata manifestazione, suona addirittura più certo e determinato del presente». See also Pertile, *Dante Looks Forward*, p. 7.
23 Similarly, in *Ep.* VII, Dante "asseverates" («asseverantes») that, "notwithstanding" («nichilominus») recent historical circumstances, the faithful still hope and believe that Henry is the minister of God: «nichilominus in te credimus et speramus, asseverantes te Dei ministrum et Ecclesie filium et Romane glorie promotorem» (*Ep.* VII, 8).

ise, he performs a speech act in the present that re-constitutes a community of believers existing in the past. No sentence in the Epistles more perfectly illustrates the proleptic and analeptic leaps of messianic time.

How does Dante convey the ethical demands that accompany the messianic moment he so elegantly depicts in the exordium of the letter? He does so most prominently by connecting the «acceptable time» described in the introduction with the imperative time that characterizes the body of the epistle. While *Ep.* V begins by predicting that the New Moses will lead his people back to the promised land, this initial prediction is followed by a series of twenty-five commands, often at the beginning of a sentence («letare»; «exsicca»; «pone»; «facite»; «preoccupetis»; «parcite»). The acceptable time is also the "time to" do something. The opening sentence of the *narratio* section of the letter makes the connection between these two forms of now-time explicit: «letare iam nunc miseranda Ytalia etiam Saracenis».[24] Urging a personified Italy to rejoice, Dante redeploys the adverbs «iam» and «nunc» from the exordium. The «nunc» of the acceptable time promises to destabilize the «nunc» of Italy's pitiable political situation. But for this revolution to be achieved, Italy's inhabitants must transform their way of life, summoned to action by the urgent belatedness of the messianic moment, which is already (*iam*) underway.

As critics have long noted, Dante's messianism owes a profound debt to Paul,[25] whose epistles provide the model both for a conception of the "fullness" of time and for the urgent reformation of perspective that such a conception demands. Yet despite drawing on Paul's metaphysics and liberally citing him throughout his political letters, Dante diverges from the Apostle on a fundamental point. For Dante, not only grace but also the law can free men from sin. In a climactic passage in *Ep.* VI, Dante reprimands the Florentines for their greed, which has blinded them to the real meaning of freedom:

> nec advertitis dominantem cupidinem, quia ceci estis, venenoso susurrio blandientem, minis frustatoriis cohibentem, nec non captivantem vos in lege peccati, ac sacratissimis

---

[24] *Ep.* V, 6. Dante recalls here the command «laetare Jerusalem» from *Is.* 66, 10. This command is also the incipit to the introitus sung in the Mass on Laetare Sunday, the fourth Sunday of Lent in the liturgical calendar. Similarly, the Pauline quotation «Ecce nunc tempus acceptabile» (*2 Cor.* 6, 2) begins the office hymn sung as the first responsory on the first Sunday of Lent. The liturgical context for Dante's biblical quotations provides further support for his active messianism, rousing his imperialist congregants for their morning prayers. The cyclical time of liturgy also contrasts with the linear time of prescription. See Rigo, *Tempo liturgico*, pp. 222–31.

[25] For detailed references and bibliography, in addition to modern commentaries, see at least, Brilli, *Reminiscenze scritturali*; Di Scipio, *St. Paul*; Ledda, *Modelli biblici e identità profetica*; and Rigo, *Tempo liturgico*.

> legibus que iustitie naturalis imitantur ymaginem, parere vetantem; observantia quarum, si leta, si libera, non tantum non servitus esse probatur, quin ymo perspicaciter intuenti liquet ut est ipsa summa libertas. Nam quid aliud hec nisi liber cursus voluntatis in actum quem suis leges mansuetis expediunt?[26]

Rather than a form of slavery, the whole-hearted and spontaneous observance of the law exemplifies true liberty, for liberty is nothing more than the unimpeded translation of the will into action. The guidance of the laws makes this translation possible by freeing the will from the shackles of desire.

The influence of Paul in this passage is obvious. When Dante defines liberty as absolute submission to the law, he recalls Paul's paradoxical formulations, such as when the Apostle portrays the followers of Christ as «slaves to righteousness» (*Rom.* 6, 19). More specifically, Dante's «captivantem vos in lege peccati» reproduces Paul's «captivantem me in lege peccati» (*Rom.* 7, 23). Yet Paul and Dante propose dramatically different solutions for combating the lures of the flesh. While Paul contrasts the efficacy of grace with inoperative Jewish law, Dante extolls Roman law as a liberator from the chains of sin. Providentially established and imitating the principles of natural justice («iustitie naturalis imitantur imaginem»), Roman law guides individuals toward moral ends.

It is this exalted vision of the ethical role of secular law that leads Dante to insist – despite all proof to the contrary – that the emperor should still be considered *dominus mundi*.[27] Dante foresaw, as did contemporary jurists, that losing faith in the figure of the emperor threatened not just one individual's power but the entire legal edifice:

> qui publicis quibuscunque gaudetis, et res privatas vinculo sue legis, non aliter, possidetis; nolite, velut ignari, decipere vosmetipsos, tanquam sompniantes, in cordibus et dicentes «Dominum non habemus!»[28]

Ultimately unenforceable, *ius commune* law can only flourish so long as its subjects remain true believers, emotionally and imaginatively bound to a collective ideal.

If we read the epistles biographically, Dante's expectations for Henry's Italian campaign appear overly optimistic and detached from historical reality. But if we read them rhetorically, it is clear that Dante recognizes the difficulty of his task. Dante must convince readers that the real dreamers («sompniantes») are not the hold-outs for imperial rule like himself, but the political realists who,

---

[26] *Ep.* VI, 22–3.
[27] Dante refers to Henry as «preses unice mundi» in *Ep.* VII, 22.
[28] *Ep.* V, 20. Dante's final quotation here is from *Ps.* 94, 5.

without properly considering the consequences, blithely dismiss the Emperor's universal lordship as an inefficacious fiction. Faced with the skepticism of these unbelievers – who declare, in the words of the psalm, «we have no lord» – he must persuade contemporaries to remain faithful to the *idea* of universal jurisdiction. Rather than reflecting Dante's ungrounded hope for the future, *Ep.* V–VII make a realistic case for political fantasy.

The political writers who extol the de facto sovereignty of nation, kingdom, and city-state reject the alternative possible worlds that the temporal jumps of messianism help us imagine; their inexorably forward-moving time cements contemporary power relations. When Dante attacks these writers' claims of prescriptive rights, then, he does more than make an arcane legal point. His real target is nothing less than the tyranny of the actual.

2 The time of prescription

In Dante's sixth epistle, written to those Florentines who still dwell within the city walls, the exiled poet condemns his compatriots for rebelling against Henry's universal lordship. If, in the previous letter, it was a time to hope, in this one it is time to repent: «tempus amarissime penitendi»,[29] Dante exhorts his readers to change their ways before it is too late. Denouncing their transgressions against both human and divine law, he singles out for special ridicule their claims of prescriptive rights:

> Vos autem divina iura et humana transgredientes, quos dira cupiditatis ingluvies paratos in omne nefas illexit, nonne terror secunde mortis exagitat, ex quo, primi et soli iugum libertatis horrentes, in romani Principis, mundi regis et Dei ministri, gloriam fremuistis, atque iure prescriptionis utentes, debite subiectionis officium denegando, in rebellionis vesaniam maluistis insurgere? An ignoratis, amentes et discoli, publica iura cum sola temporis terminatione finiri, et nullius prescriptionis calculo fore obnoxia? Nempe legum sanctiones alme declarant, et humana ratio percontando decernit, publica rerum dominia, quantalibet diuturnitate neglecta, nunquam posse vanescere vel abstenuata conquiri; nam quod ad omnium cedit utilitatem, sine omnium detrimento interire non potest, vel etiam infirmari; et hoc Deus et natura non vult, et mortalium penitus abhorreret adsensus.[30]

In addition to generally belittling the Florentines for their make-believe rebellion (including their foolish rejection of the «yoke of liberty»), Dante provides

---

[29] *Ep.* VI, 26.
[30] *Ep.* VI, 5–7.

specific legal reasoning for why they cannot prescribe against the state. While the long-standing neglect of private property by its proper owner can transfer a title to its possessor, public rights and public dominion can never be alienated because to do so would damage the common good. Divine law, natural law, and the law of peoples all recognize that public benefit outweighs private interest. Sanctified laws can never be enervated by a mere calculation of chronological time.

Dante's recognition of the political implications of prescription turns out to be remarkably prescient.[31] In the decades after his death, prescriptive rights would become the chief legal justification for the independent sovereignty of the Italian city-states. The fourteenth-century jurist Bartolus (d. 1357) placed prescriptive rights at the center of his theory that any city that did not recognize a superior should be considered an emperor unto itself: «civitas sibi princeps».[32] Bartolus remained uncertain, however, about whether it was possible for cities to prescribe against the empire even during the emperor's vacancy. Bartolus's brilliant student Baldus (d. 1400) had no such qualms. For Baldus, the absence of the emperor meant the neglect of his duties, and that neglect legitimized the cities' jurisdictional claims. Through *diligentia*, they prescribed what the emperor lost through *negligentia*.[33]

Although jurists in Dante's time had not yet fully explored the right of a city to prescribe *imperium*, a rich body of doctrine did exist regarding whether the papacy or a kingdom could do so. In particular, Dante's views on prescription closely recall the arguments of lawyers from the school of Orléans, arguments Dante would likely have been familiar with because they coalesced around another topic that occupied much of his political thought: the questionable legitimacy of the Donation of Constantine.

In his commentary to the preface of Justinian's *Institutes*, the French jurist Jacques de Révigny (d. 1296) denies that imperial jurisdiction can ever be prescribed.[34] Glossing the lemma «augustus», Révigny dismisses the validity of the

---

[31] In fact, Neapolitan jurists would soon invoke prescription as one of their main arguments for dismissing Henry's right to charge King Robert of high treason. For a discussion of the role that prescription played in these attacks against Henry's jurisdiction, see Bowsky, *Henry VII*, p. 190; Davis, *Dante and the Idea*, pp. 20–21; 32. See also anti-imperial document published in *Acta Imperii Angliae*, pp. 244–7.
[32] See Canning, *The Political Thought*, pp. 94–104; Ryan, *Bartolus of Sassoferrato*, pp. 72–73; 76–78; Woolf, *Bartolus of Sassoferrato*, pp. 134–142.
[33] Canning, *The Political Thought*, p. 119.
[34] The following discussion on the political implications of prescription draws on Conetti, *L'origine*, pp. 70–84; Maffei, *La donazione*, pp. 107–90; Meijers, *Usucapione e prescrizione*; and Ullmann, *The Development*.

Donation of Constantine since by definition the emperor must always strive to augment the empire. But what if, as the canonists argued, the Church had effectively prescribed jurisdiction from the Emperor, regardless of the legality of the original donation? Révigny responds that while it is possible to prescribe the enjoyment of fiscal holdings from the emperor, the "signs of subjugation" can never be prescribed:

> tu dices: et si non tenuit, nihilominus potuit prescribi res donata. Respon.: utilitas bene potuit prescribi, sed subiectio non. Unde quod non solvatur census ratione illius rei, et quod non sit ecclesia ratione illius rei subiecta imperio, et in signum subiectionis non solvat censum: hoc non est prescriptibile.[35]

Like a tributary tax attached to an otherwise prescriptible property, jurisdictional dependence is a "sign of subjugation" and thus cannot be alienated. This is precisely the overreach Dante objects to in the Florentine rebellion, that they refuse to heed the *signa subiectionis*: «debite subiectionis officium denegando».[36]

In their own discussions about the Donation of Constantine, Pierre de Belleperche (d. 1308) and Cino da Pistoia (d. 1336) agree with Révigny that the *signa subiectionis* can never be prescribed, but their reasoning concerns the distinction between public and private interests rather than one between enjoyment and dominion. For these later jurists, universal imperial jurisdiction is a public good. Since such goods have been removed from the marketplace for the benefit of everyone, they can neither be acquired nor prescribed.

As Cino explains in his *Lectura Codicis*, the *signa subiectionis* should be considered an inalienable public good «like a road or theater»:

> Dico sicut alias pluries dixi. Bona quaedam fisci sunt in usu publico, ut via et theatra, et huiusmodi: et haec non praescribuntur, ut ff. de via publ. l. viam [D. 43.II.2]. Quaedam non sunt in usu publico, et tunc si quidem sunt incorporata in fiscum, tunc 40 ann. praescribuntur, ut l. omnes (C. 7, 39, 4.) Si non sunt incorporata tunc 20 ann. ut dicta l. in omnibus (ut D. 44, 3, 13), nisi sit facta denunciatio: quia tunc praescribitur quadriennio, si computetur tempus a tempore nunciationis, ut l. intra (D. 44, 3, 10), sicut plene not. supra de. Quadr. Praescr. L. j. (C. 7, 37, 1). Fallit in his, quae sunt signum subiectionis, sicut est census praestatio e huic simile, ut hac l. (C. 7, 39, 6), et dicta l. ultima.

> Nam licet emolumentum posset praescribi, tamen et ipsa subiectionis signa praescribi nequeunt. Ratio est, quia expedit Reipublicae per unum consuli et per unum gubernari, et ideo de pluribus gubernatoribus in unum solum translatum est ius imperii, ut ff. de

---

35 Jacobus de Ravanis, *Lectura super prima [-secunda] parte Codicis domini Justiniani* (Paris, 1519), fol. 359, 1r-1v. Quoted in Maffei, *La donazione*, p. 109.
36 *Ep.* VI, 5.

origin. Iur. l. ij § novissime (D. 1, 2, 2, 11] et instit. de iure nat. § sed quod principi [Inst. 1, 2, 6], quia est mundi dominus, ff. ad l. Rod. de iactu. l. deprecatio (D. 14, 2, 9), quia pro toto orbe terrarum die noctuque vigilat, ut supra de quadri. praescrip. l. ultim. circa finem (C. 7, 37, 3, 4). Et ideo signa subiectionis suae non possunt praescribi, unde est contra illos, qui dicunt Romanum ecclesiam praescripsisse sibi donationem factam ab Imperatore Constantino, quod saltim subiectionis signa non potuerit praescribere, et sic nec iurisdictionem Romani imperii, cui subiectus est totus orbis.[37]

Although other goods incorporated into the *fiscus* can be prescribed after forty years, the signs of subjection themselves are exempt from this regulation because the subjection of the entire world to Roman empire exists for the benefit of all, like a public utility. Drawing on laws such as the *lex regia*, Cino explains that it is in the interest of the Republic to be ruled by a single governor, and this public good trumps the common good of prescription when it comes to imperial jurisdiction. Clearly, then, the Church errs when it claims that it has prescribed sovereignty over the territory donated by Constantine. Dante makes a nearly identical argument about imperial jurisdiction when he asserts that the «publica iura» and the «publica rerum dominia» are inalienable because whatever pertains to common utility cannot be diminished without harming all: «nam quod ad omnium cedit utilitatem, sine omnium detrimento interire non potest».[38]

These textual correspondences seem to indicate that the jurists' critique of prescription regarding the Donation of Constantine influenced Dante's critique of prescription against the Florentines.[39] Yet, if we are to grasp the full import of this influence, we need to examine the political context of these legal writings as well as their doctrinal content, for the historical referent for these lawyers' arguments is not obvious. For example, at first glance the natural target of Révigny's dispute would seem to be papalists who upheld the validity of the Donation of Constantine. But he concludes his argument by addressing instead the Kings of Spain and France: «Et hoc valet contra regem Yspanie et regem Francie qui non recognoscunt superiorem de facto».[40]

This reference to monarchic claims of sovereignty is more than an afterthought. In his *Lectura super Digesto Veteri*, Révigny similarly denies that the Church can prescribe the subjection owed to the empire, yet once again he concludes this refutation by singling out the claims of the French monarchists:

---

[37] See Maffei, *La donazione*, pp. 136–7, especially p. 137 n. 5.
[38] *Ep.* VI, 7.
[39] See Bruno Nardi's early intuition of this connection in Nardi, *Nel mondo di Dante*, pp. 142–144.
[40] Jacobus de Ravanis, *Lectura*, 1r-1v.

«hoc dico propter hoc quod quidam dicunt quod francia exempta est ab imperio; hoc est impossibile de iure. Et quod Francia sit subdita imperio, habes C. de officio prefecti pretorio affrice. l. ii, circa principium (C. 1, 27, 2, 2). Si hoc non recognoscit rex Francie, de hoc non curo».[41] Rather than the papal absolutists, Révigny's primary adversaries appear to be the propagandists for the French crown, whose attempts to confer de jure legitimacy on de facto rule through prescription Révigny violently rejects. From a legal standpoint, he insists, the King of France's de facto power is meaningless: «de hoc non curo».[42]

The French claims of sovereignty through prescription reached an apex during the fierce ideological struggle between Philip the Fair and Boniface VIII. In a series of polemical treatises, political theorists working on behalf of King Philip appropriate the canonists' argument in favor of prescriptive jurisdiction and turn it against them. Even if the Donation of Constantine were valid (which it is not) and even if the Pope were now Emperor (which he is not), the French now rule their territory independently through prescription.[43] The anonymous author of the *Rex pacificus* sets out the French case for prescriptive rights in clear terms:

> Nam per praescriptionem legitimam ius acquiritur praescribenti. Nulla autem praescriptio magis est legitima, quantum ad cursum temporis, quam centenaria; unde et ipsa currit etiam contra Romanam ecclesiam. Reges autem Fraciae longe plus quam a centum annis sunt in possessione pacifica, quod solum Deum superiorem habent in temporalibus, nullum alium recognoscentes superiorem in istis.[44]

---

41 Quoted in Maffei, *La donazione*, p. 117.
42 Historians are sharply divided about why French jurists would reject the French kings' claims of prescriptive rights. Some scholars (like Francesco Ercole, Francesco Calasso, and Cecil Woolf) have argued that the civilist lawyers remained faithful to the idea of imperial universalism because of their philological training and the influence of the Bolognese school. Others (like Domenico Maffei and Gaines Post) emphasize how these arguments against prescription could equally support French nationalist ambitions, especially when the realm is imagined as the empire reborn, wrested from illegitimate German hands. In addition to the works already referenced in the notes, see Ercole, *Da Bartolo*; and Post, *Two Notes*, pp. 312–20.
43 See the *Quaestio in utramque partem* in *Three Royalist Tracts*, p. 106: «Franci autem non errant ei subiecti, ut dictum est supra; veli, dato quod essent subiecti (quod non concedimus), tamen praescriptio longissimi temporis currit contra imperatorem et papam, sicut dictum est supra» («France was not subject to him, as we have said above. Or, if she was subject to him (which we do not concede) a prescription of very long duration will run against both emperor and pope, as we have also said above», p. 107).
44 "*Quaestio de Potestate*", p. 38. For similar contemporary defenses of how France prescribed sovereignty, see the *Quaestio in utramque partem*, in *Three Royalist Tracts*, pp. 82–83 and John of Paris, *Tractatus de Potestate Regia et Papali*, in Leclerq, *Jean de Paris*, pp. 246–7.

Since the French have ruled their territory in good faith, without "recognizing any superior," for more than a hundred years (the maximum time limit established for prescription), jurisdiction over these lands has reverted to them by default.

Prescription clearly makes for strange bedfellows. Originally, it was employed by canonists to justify the legal validity that the Donation of Constantine had acquired over time. Later, the proponents for the French king used prescription to assert their territorial autonomy against both pope and emperor. These excessive claims of sovereignty through prescription led a French jurist, Jacques de Révigny, normally a loyal supporter of the crown, to vehemently oppose the claims of his monarch. Faced with these French efforts to undermine the very idea of universal jurisdiction, even Pope Boniface finds himself uncharacteristically defending imperial power. He accuses King Philip's arrogant representatives of lying for declaring that the French monarch does not recognize a superior in temporal power. Whatever else they may say about the de facto power of their king, Boniface reminds them that France remains de jure subject to the emperor: «Nec insurgat hic superbia gallicana: quae dicit quod non recognoscit superiorem. Mentiuntur: quia de jure sunt et esse debent sub rege romano et imperatore».[45] Thus, when Dante denounces the prideful Florentines for using prescription to rise up against their rightful emperor, he ends up sounding curiously a lot like his arch-nemesis Boniface.

Just as we cannot easily ascribe the jurists' arguments to their political affiliation, we cannot reduce Dante's refutation of Florentine prescriptive rights to his "ghibellinismo". Both Dante and the jurists are troubled by the fundamental concept of prescription, regardless of circumstance. At once a legal-political and philosophical-metaphysical problem,[46] the argument for prescriptive jurisdiction must be defeated whenever it is proposed, whoever proposes it. If the new Babylonians are allowed to legitimize their «nova regna», there is nothing to stop other political authorities from making similar claims just because they can. (The Trecento jurists worried in particular about how prescription could be abused by tyrants who had held a city in possession for a long time).[47] Dante appears to warn Florence's papal allies about such conceptual promiscuity

---

[45] Boniface VIII, *Allegatio domini papae Bonifacii pro confirmando rege Romanorum Alberto*, in Cantù, *Schiarimenti e note*, V, p. 206. For an excellent discussion the intellectual context of this exchange, see Calasso, *I glossatori*, p. 82 n. 89.

[46] Cortese, *La norma giuridica*, 2, p. 149 writes of the «problema ontologico» in the tension between *factum* and *ius* foregrounded by that prescription. On the legal realism underlying prescription, see Conte, *"Vetustas"*, pp. 125–7.

[47] See Kirshner, *Bartolo of Sassoferrato*. See also Storti Storchi, *Appunti in tema*.

when he wonders aloud why, if we now have another moon (emperor) in the sky, we should not soon expect a duplicate sun (pope): «si Delia geminatur in celo, geminetur et Delius?».[48]

Even more than the jurists, the poet Dante perceived that the territorial claims of these new sovereign states rested on a specific conception of time. When the lawyers exclude goods set aside for public use from prescription, they do so as part of a larger discussion of what *can* be alienated from the imperial fiscus, differentiating among public goods based on how much time must pass before each one becomes eligible for prescription (20, 40, and 100 years). Dante rejects wholesale this vision of calculable time («nullius prescriptionis calculo»).[49] Rather than distinguishing between alienable and inalienable goods, he derides the proposition that the sacred laws could ever fall under the purview of secular time, which he contrasts with the suddenness of messianic end times («temporis terminatione»).[50] While lawyers of various political stripes strive to codify the effects of *diuturnitas*, Dante focuses on the absolute, categorical *numquam*.

The temporal politics of Dante's messianism are clearest when he imagines the imminent return of the imperial eagle. In a tour-de-force of verbal tense and aspect, Dante describes how the arrival of this messianic figure will make a mockery of Florentine military fortifications:

> An septi vallo ridiculo cuiquam defensioni confiditis? O male concordes! O mira cupidine obcecati! Quid vallo sepsisse, quid propugnaculis et pinnis urbem armasse iuvabit, cum advolaverit aquila in auro terribilis, que nunc Pirenen, nunc Caucason, nunc Athlanta supervolans, militie celi magis confortata sufflamine, vasta maria quondam transvolando despexit? Quid, cum adfore stupescetis, miserrimi hominum, delirantis Hesperie domitorem?[51]

Above and beyond its prediction of future military defeat for the Florentines, the polemical content here becomes apparent in its alternative representation of time.

Theorists of territorial sovereignty invoke a forward-moving, linear account of history to underscore the contingency and mutability of all political power. Asserting that imperial regalia are no longer binding because they are no longer relevant, they ironically compare the Roman emperor's standing in ancient times («olim») with his present insignificance («hodie»). When Dante extols the

---

48 *Ep.* VI, 8.
49 *Ep.* VI, 6.
50 *Ibid.*
51 *Ep.* VI, 12.

once-and-future glory of the imperial eagle, he takes aim at this narrative, dissolving the secure boundaries between past, present, and future. The simultaneity of «nunc ... nunc ... nunc» calls into question the linearity of «olim ... hodie». Traveling across («transvolando») not only space but time, the eagle destabilizes the Florentines' overconfidence in the actual.[52]

The actual rhetorical aims of this daring passage have been obscured because too often scholars of Dante's political thought treat his messianism as a form of wishful thinking. In this view, Dante depicts Henry as a new Christ because he naively believes that the Emperor-elect will be victorious, and that this victory will help him return to Florence. In Walter Ullmann's estimation, Dante's faith in imperial universalism bespeaks the «vision of an idealist».[53] Similarly, for Giuseppe Di Scipio, «Dante's politics were an ideal; Florence's politics were based on reality».[54] Lino Pertile is especially severe: he refers to Dante as a «reactionary» and he criticizes Dante's adherence to Henry's cause as an «obstinate delusion» demonstrating «extraordinary shortsightedness».[55]

These interpretations assume that Dante's hope derives from his assessment of Henry's political authority and military odds.[56] In reality, Dante views messianic hope as itself transformative of that power; it involves Italy's subjects as much as it does the emperor-elect. Readers of the *Epistole* must *imagine* the simultaneity of the eagle flashing across the three mountain chains, envisioning a virtual map of the empire's ideal borders in their mind's eye. To spur this mental exercise, Dante shuttles readers from a prophetic future («iuvabit ... advolaverit») to a deictic present («nunc ... supervolans») and back to a reminiscence of past glory («quondam transvolando despexit») before leaping forward to a retrospective future advent («adfore stupescetis»). When readers perform these temporal acrobatics, they join Dante in a deliberate and collective act of imagination, one that recognizes and responds to a growing divide between de facto power and de jure legitimacy.

In the end, Dante offers nothing less than a revolutionary calendar, which he sets out most explicitly in his signature. Although scholars rarely probe his signature for anything beyond biographical clues, the final dating of the letters is one of Dante's most purposeful textual gambits. The locale where the letter

---

[52] For a contrast between Dante's "coscienza profonda" and the Florentines' presentist "coscienza effimera," see Sasso, *Dante, l'imperatore*, pp. 97–103.
[53] Ullmann, *The Development*, p. 33.
[54] Di Scipio, *St. Paul*, p. 163.
[55] Pertile, *Dante Looks Forward*, pp. 10; 13.
[56] For a reconsideration of the "realism" of Henry's mission, especially its cultural and ideological aims, see Moeglin, *Henri VII*; and Somaini, *Henri VII*.

was written (on the border of Tuscany, beneath the source of the Arno – in the Casentino) and the day of its composition (on the day before the Calends of April – March 31) contrast in their familiarity with how Dante expresses the current year. Instead of marking time from Christ's birth, Dante situates the composition of the letter within the new era constituted by Henry's auspicious descent into Italy: «faustissimi cursus Henrici Cesaris ad Ytaliam anno primo».[57] While the adversaries of universal jurisdiction count down their prescribed sovereignty from a fixed linear point in the past, Dante restarts the clock. The last two words of the letter, «anno primo», proclaim a new beginning.

We are accustomed to interpreting Dante's use of allegory as a politically neutral reflection of his medievalness. He imagines Henry VII as a Christ type because the figural interpretation of historical persons and events, as Erich Auerbach brilliantly demonstrated, was a ubiquitous method of reading the Old Testament in Dante's time. But perhaps we should see in Dante's figural poetics a more active and invested intervention, a temporal protest against the linear narrative of the victors. With this proposal in mind, I conclude this essay by briefly examining the impasse at the gates of Dis in *Inf.* VIII–IX, which suggestively stages a theological dilemma – the temporary loss of hope on the part of the pilgrim – as a political conflict, one between universal jurisdiction and territorial sovereignty.

3 Messianism and Prescription at the Gates of Dis

In *Inf.* VIII, having crossed the river Styx, Dante and Virgil arrive at the innermost gates of Hell, the walls protecting the infernal city of Dis.[58] These walls also mark the division between upper and lower Hell. As at previous border crossings, the administrators of this realm attempt to block the travelers' way. Thousands of demon guardians threaten Dante from atop the city's ramparts, snarling, «"chi è costui che sanza morte / va per lo regno de la morta gente?"» (*Inf.* VIII, 84–85). The fallen angels will speak only with the shade Virgil, and they taunt Dante by daring him to retrace his steps through Hell without a guide. Dante intensifies the menace behind the devils' threats by directly addressing the reader for the first time in the poem (*Inf.* VIII, 94–96):

---

57 *Ep.* VI, 27.
58 I also discuss this episode in Steinberg, *Dante and the Limits*, pp. 104–11.

> Pensa, lettor, se io mi sconfortai
> nel suon de le parole maladette
> ché non credetti ritornarci mai

From the start of this episode, then, readers are called upon to experience vicariously the pilgrim's anxiety.

Dante heightens this anxiety by breaking the established pattern of otherworldly encounters. Instead of handily defeating the infernal guardians with a simple formula declaring the divine authorization of their journey – «vuolsi così colà dove si puote» (*Inf.* III, 95) – Virgil speaks with the commanders of the devils alone. Although he assures Dante that he will not abandon him in the underworld and advises him to feed his spirit with «speranza buona» (*Inf.* VIII, 107), Virgil leaves the pilgrim in a state of radical doubt: «e io rimango in forse, / che sì e no nel capo mi tenciona» (*Inf.* VIII, 110–111). In fact, diplomatic relations with the devils quickly fall apart, and Virgil returns angered and rebuffed. The devils swing the gates shut, reenter the city, and prepare for a siege.

Virgil assures Dante's character that they will nonetheless overcome the impending «prova» (*Inf.* VIII, 122) with their adversaries. He has already encountered their delusional hubris («tracotanza», VIII, 124) at another battle, when they attempted unsuccessfully to defend the upper gates of Hell – a clear reference to Christ's victorious conquest at the Harrowing. In a replay of that *descensus*, the travelers now await the arrival of a Christ-like legate: «tal per lui ne fia la terra aperta» (*Inf.* VIII, 130).[59] The canto closes on this note of anticipation, ending, atypically, without resolution.

Scholars generally focus on what comes next in the episode – the dramatic appearance of the Furies and Medusa and the deliverance of Dante and Virgil by a mysterious heaven-sent liberator. Encouraged by Dante's instruction to «mirate la dottrina che s'asconde / sotto 'l velame delli versi strani» (*Inf.* IX, 62–63), they propose various allegorical readings for these figures.[60] Yet despite the voluminous scholarship on the question, we still have not reached a critical consensus about what these figures mean, or even who Dante's rescuer is. While modern critics most often identity the «da ciel messo» (*Inf.* IX, 85) as a religious figure – an angel, a Christ type, or a Christianized version of Hermes (the messenger of the Olympian Gods) – earlier commentators occasionally

---

[59] On the divine intervention in cantos VIII–IX as a metaphor for Christ's Advent or Harrowing, see Auerbach, *Literary Language*, pp. 228–33; Heilbronn, *Dante's Gate*; Hawkins, «Descendit ad inferos», especially pp. 110–14); Iannucci, *Dottrina e allegoria*; Martinez, "Vadam ad portas inferi"; and Musa, *Advent at the Gates*.
[60] See Hollander's useful summary of allegorical interpretations in Dante Alighieri, *Inferno*, trans. Jean and Robert Hollander (New York: Random House, 2002), 170.

identified him as a worldly political leader – Caesar or Henry VII. Given the militaristic atmosphere of the cantos, this alternative political reading of the "messo" cannot be completely ruled out.

More than likely, Dante intended to leave the identity of the heavenly intercessor vague (as with other messianic figures such as the "veltro"), and for that reason insists upon using impersonal pronouns such as «tal» and «altri» to refer to him. In this way, the scenario that unfolds in cantos VIII–IX can be applied to a variety of seemingly desperate situations that nonetheless require the exercise of "radical hope." Our critical attempts to pin this "tal" down to a specific historical or typological figure are thus not only futile, but they also misrepresent the existential stakes that Dante's character must face in these cantos. Those stakes, and the challenge they pose, are the essential ingredients of messianism: the waiting and hoping for a not-yet-clearly-identified someone.

By identifying the messianic figure with the ambiguous placeholder «tal», Dante can call attention to the fundamental structure of messianism above and beyond any particular instantiation of it. If we accordingly turn our interpretive gaze from referentiality to structure, we see that the scene Dante depicts before us is at once explicit and surprising. The poet dramatizes a theological problem regarding God's direct intervention in providential history as if it were a jurisdictional conflict. Virgil and Dante are refused entry into the city of Dis because its local rulers do not recognize the universal authority of that «imperador» who «in tutte parti impera» (*Inf.* I, 124; 127). In previous encounters, the wayfarers were protected by a writ of safe passage whose content Virgil only needed to enunciate for it to be upheld. Now, for the first time, the demonic guardians refuse to honor this passport issued by the divine emperor himself, disrespecting the diplomatic immunity of his ambassadors, namely Dante's "privilegio" to safely traverse the realm of the underworld on his way to visit the celestial court.[61]

As more than one critic has noticed, the impasse at the gates of Dis recalls the political events treated in *Ep.* VI.[62] Like the intrinsic Florentines, the demon-

---

[61] It is no coincidence, moreover, that the devils defy universal imperial law by disputing a writ of safe passage. The Roman emperor regularly issued guarantees of safe passage to foreigners, diplomats, and scholars when these individuals were *en route* to the imperial court. Border crossings were thus instances in which the emperor's valid power was made visible and effective. They could, however, also occasion a challenge to that power. For the history of medieval diplomatic safe-conducts and the difficulties of ensuring their enforcement, see Gian Piero Bognetti, *Note per la storia del passaporto*, 1933; and Queller, *The Office*. In particular, see Bognetti, pp. 265–6: «too often Italian subjects would close the gates of the city before the sovereign and forbid passage to the emperor».

[62] See most recently Giorgio Inglese's guarded reference in his commentary to *Inf.* VIII, 130: *Inf.* VIII (Inglese), p. 134.

ic citizens rebel against their rightful lord in the misguided belief that their reinforced walls and ramparts are impassable. Shutting out the imperial ambassadors, they proudly assert the sovereign autonomy of their realm: «lo regno de la morta gente» (*Inf.* VIII, 85). Their arrogant "tracotanza" derives, moreover, from an overweening confidence in the present. The devils believe they have acquired prescriptive rights over Dis because they equate longstanding administration of their city with dominion, having conveniently forgotten the descent of both Christ and Hercules. At the end of the episode, the angel's cutting reminders of the devils' subjugation deflate their authority by relativizing the timeline of their unchallenged rule over Dis.

Despite how closely the situations described in *Ep.* VI and *Inf.* VIII resemble each other, I do not wish to claim that the standoff at the gates of Dis represents actual events that took place in 1311. Not only would this be impossible to demonstrate (and chronologically implausible), but also reductive. Rather, in both works, Dante confronts a similar problem. In both letter and poem, he explores the potential discrepancy between de jure authority and de facto power, between "vuolsi così" and "si puote."

In cantos VIII–IX, Dante blames this widening rift on an overly segmented temporality. What begins as a contention about space quickly transforms into a problem about time as Dante's character and Virgil await the angelic intervention. Delaying this intervention over two cantos and 150 verses, the poet embroils readers in the same fear and doubt experienced by the pilgrim and his guide. Readers are made to feel viscerally, through narrative suspense, how easily despair rushes in to fill the void when the temporal imaginary is reduced to the moment-to-moment present. Indeed, the entire episode can be read as a "prova," for characters and readers alike, in negotiating the gap between present perfect and future advents, between faith in the enduring precedent of the Harrowing and hope for imminent deliverance. The *aporia* dramatized at the gates of Dis, however transitory and unfounded, challenges us to live according to messianic time.

Dante's character nearly fails this challenge when he is momentarily abandoned by the certainty of reason, as personified by his guide. Obstructed from seeing physical evidence of the coming messiah by the nebulous surroundings, Virgil loses his nerve (*Inf.* IX, 7–9):

«Pur a noi converrà vincer la punga»,
cominciò el, se non ... Tal ne s'offerse;
Oh quanto tarda a me ch'altri qui giunga!

Virgil's lack of faith in «le non parventi» (*Par.* XXIV, 65) informs his experience of time. At the end of canto VIII, he can already envision the descent of the angelic savior: «e già di qua di lei discende» (*Inf.* VIII, 128). This is the Virgil of *Eclogue* IV, who announces that a heaven-sent progeny and a new golden age are *already* («iam ... iam») on the way. Yet it only takes a transition of cantos for "già" to be transformed into «Oh quanto tarda a me». The pagan poet loses hope in his own words.

Even more than his sudden impatience, it's what Virgil doesn't say that truly troubles Dante. In his attempt to assure Dante (and himself) that they will defeat the demons, Virgil wavers, contemplating a different outcome: «"se non ..."» (*Inf.* IX, 8). He quickly corrects himself, however, changing subject in mid-sentence and reminding the pilgrim of the "tal" who has been promised to save them. But it is too late. Dante's character fills in the aposiopesis created by Virgil's «parola tronca» (*Inf.* IX, 14) with his own pessimistic fantasy, most likely understanding a worse meaning («peggior sentenzia», IX 15) than Virgil intended. Unable to make the leap of faith from one end of Virgil's sentence to the other, Dante reproduces the «speranza cionca» (IX 18) of his guide, whose poetry inspired Statius to convert to Christianity but who was himself unable to fully embrace the messianic promise.[63]

From a theological standpoint, the crisis at the gates of Dis is one of skewed vision and perspective rather than one of fact. This is the point of the anticlimax at the resolution of the episode: when he does arrive, the heaven-sent "messo" opens the gates effortlessly, dispatching any hint of Manichaeism with the mere touch of a wand. He upbraids the devils for their continued «oltracotanza» (*Inf.* IX, 93) – picking up Virgil's allusion to their «tracotanza» at the Harrowing – and returns whence he came, apparently annoyed at this petty task: «fé sembiante / d'omo cui altra cura stringa e morda» (*Inf.* IX, 101–102). The brevity of the angel's intervention, conveyed through his terse reproach of the devils and the parataxis describing his actions, puts back into perspective the seemingly endless wait for his arrival.

In retrospect, the entire drama of the gates is revealed to be nothing more than an impotent "acting out." The devils' rebellion is reduced to a nuisance, a simulacrum of power without any actual foundation.[64] The angel swiftly affirms the unbroken reach of the divine will: «Perché recalcitrate a quella voglia / a cui non puote il fin mai esser mozzo» (*Inf.* IX, 94–95). Reuniting "vuolsi così" and "si puote," the messenger reinstates the basis for Dante's right of safe passage. Virgil's word may be temporarily «tronca», but God's authority is never «mozzo».

---

63 By filling in the semantic space left open by Virgil's hesitation with his worse fears, Dante anticipates Cavalcante dei Cavalcanti's interpretive failing in the next canto.
64 On the standoff at the gates as an ironic anti-siege, see Barański, *«E Cominciare stormo»*.

Even at its most suspenseful, we know the episode will end well. This is, after all, a *comedìa*. Yet this very theological and generic certainty, I would argue, opens up a space to explore a much more fraught political problem: the potential inability of the Holy Roman Emperor to enforce his own laws. The pilgrim's fear – that God has turned away his just eyes (*Purg.* VI, 120) and become a *rex inutilis*, who reigns but does not rule – is shown to be misguided.[65] But its political analog remains a real possibility. As a Florentine citizen living in exile, Dante well understood the consequences of abandoning the collective fantasy of universal imperial jurisdiction. In *Inf.* VIII–IX, he brings these consequences home to "intrinsic" readers as well, immersing them in a hellish no-man's-land where legal protection ends at the city walls and no traveler is safe. This is the nightmarish reality that Dante saw as the consequence of definitively giving up on the dream of an imperial revival in Italy. We scoff at his idealism at our own peril.

---

[65] On the theological consequence of the *rex inutilis*, see Agamben, *Il regno*, especially pp. 99; 113–4.

Elisa Brilli
Enrico VII, Dante e gli «universaliter omnes Tusci qui pacem desiderant»

Destinatari e (co-)mittenti danteschi

Abstracts: Nell'intestazione della VII epistola a Enrico VII del 17 aprile 1311, Dante si accredita quale primo mittente del testo, ricorrendo alla dicitura di «exul inmeritus», già consueta nella sua precedente produzione epistolografica, ma aggiunge il riferimento, quali secondi mittenti del testo, agli «universaliter omnes Tusci qui pacem desiderant». Ciò contrasta con il ritratto che sarà tracciato da Cacciaguida e con la sua affermazione che, a partire dal 1304 circa, Dante avrebbe fatto «parte per sé stesso» (*Par.* XVII, 69). Mancando peraltro attestazioni documentarie di un qualche incarico ufficiale ricoperto da Dante in questa fase politica, gli studiosi appaiono divisi tra chi immagina un'allusione ai fuoriusciti di parte bianca e ghibellina e chi pensa piuttosto che il riferimento sia ai conti Guidi favorevoli al Lussemburghese. Attraverso l'esame della totalità della documentazione storica e letteraria superstite, l'articolo scarta entrambe tali ipotesi e suggerisce invece di riconoscere in questo enigmatico riferimento la traccia del tentativo di Dante di creare una nuova comunità in sostegno di Enrico; un tentativo che, in una prospettiva di lunga durata, costituisce l'ideale punto di transizione dalle modalità di costruzione del pubblico già proprie all'autore della *Vita nova* a quelle che contraddistingueranno l'attitudine profetica dell'autore delle ultime due cantiche della *Commedia*. L'articolo offre inoltre una messa a punto ecdotica a proposito dell'*intitulatio*, archiviando la proposta ricostruttiva di E. Pistelli, passata in giudicato in tutte le edizioni posteriori.

In the superscription of his epistle VII to Henry VII (April 17, 1311), Dante validates himself as the first sender through the clause «exul inmeritus», already in use in his previous letters; he also refers to «universaliter omnes Tusci qui pacem desiderant» as second senders of the epistle. This is in conflict with the biographical portrait that will be presented by Cacciaguida, and especially with the claim that, from 1304 onwards, Dante's party would have been himself (*Par.* XVII, 69). Since we lack documents witnessing some official charge entrusted to Dante in this political phase, scholars are divided between those who read the clause as referring to White and Ghibelline exiles, and those who see

Elisa Brilli, University of Toronto

∂ Open Access. © 2020 Elisa Brilli, published by De Gruyter. This work is licensed under the Creative Commons Attribution 4.0 International License (CC BY 4.0).
https://doi.org/10.1515/9783110590661-019

in it a reference to the Guidi Counts, who supported Henry VII. By examining all surviving historic and literary documents, I dismiss both readings and propose to read this enigmatic reference as a witness of Dante's attempt to create a new community in support of Henry. An attempt that, in a long-term perspective, represents an ideal moment transition in the development of Dante's strategies for shaping his audience, from those employed in his *Vita nova* to those which mark the prophetical attitude of the *Purgatorio* and *Paradiso*. The article also provides a new textual reading for the letter's superscription, thus dismissing Pistelli's proposal, who had been accepted in all subsequent editions.

Parole chiave: Dante Alighieri, Performatività, Profetismo, Salutatio, Epistolografia.

Questo contributo si concentra sulla *salutatio* (o *intitulatio* in termini retorici, o ancora protocollo in termini diplomatici) della VII epistola, la terza della stagione arrighiana, indirizzata all'imperatore il 17 aprile 1311. Mi soffermerò su questa porzione testuale per riconsiderare, in sede sia storica che retorica, le interpretazioni che ne sono state offerte negli studi. Questo esame, pur se focalizzato su un dettaglio in apparenza secondario della produzione epistolografica dantesca, vorrebbe contribuire a rivalutare l'intero iter del Dante epistolografo tra il settembre del 1310 e l'aprile del 1311, e in particolare l'annosa questione dell'attitudine, o *habitus*, profetico adottato (o meno) dal redattore di questi testi e che tanta parte ha nella produzione letteraria coeva e posteriore del fiorentino.

1 Chiose testuali

Rileggiamo innanzitutto la *salutatio* della VII epistola così come accolta dalle edizioni a partire da quella curata da Ermenegildo Pistelli nel 1921:

> Sanctissimo gloriosissimo atque felicissimo triumphatori et domino singulari domino Henrico divina providentia Romanorum Regi et semper Augusto, devotissimi sui Dantes Alagherii Florentinus et exul inmeritus ac universaliter omnes Tusci qui pacem desiderant, terre osculum ante pedes.

Come informano tutti i commenti, l'appellativo riservato a Enrico «divina providentia Romanorum Rex et semper Augustus» è affatto tradizionale, prima s'intende dell'incoronazione romana.[1] Tuttavia, è stato di recente notato che il pri-

---

[1] Conforme cioè alla sottoscrizione degli atti ufficiali fino all'incoronazione a Roma (29 giugno 1312) quando, come consueto, il titolo è aggiornato in quello di «imperator» (come ricorda

mo degli attributi riferiti all'imperatore, il «sanctissimus», rompe il protocollo epistolografico trasponendo all'autorità imperiale un aggettivo tradizionalmente riservato alla pontificia in varie *artes dictaminis* e attestazioni.[2] Data la delicatezza della faccenda poiché, come non serve ricordare, la *salutatio* è la parte retoricamente più importante di un'epistola, conviene riconsiderare quel che è trasmesso dai codici. Li elenco qui di seguito in ordine cronologico, riproducendo il testo secondo le edizioni diplomatiche approntate da P. Toynbee e F. Mazzoni, nuovamente verificate sulle riproduzioni dei manoscritti, nonché le edizioni dei volgarizzamenti approntate da A. Montefusco:

> Roma, Biblioteca Nazionale Centrale, Fondo S. Pantaleo 8 (101) (P), fol. 141r: <u>Gloriosissimo atque felicissimo</u> triumphatori et domino singulari domino Henricho divina providentia Romanorum Regi et senper Augusto devotissimj suj Dantes alagherii florentinus et exul inmeritus ac universaliter omnes Tuscj quj pacem desciderant terre obsculum ante pedes.[3]

> Città del Vaticano, BAV, Pal. Lat. 1729 (*V*), fol. 56r dove l'epistola, anepigrafa, è introdotta dalla rubrica: Epistola Dantis Alegerii florentini ad henricum cesarem augustum.[4]

> Siena, Biblioteca Comunale degli Intronati, F.V.9 (*S*), fol. 124r: <u>Gloriosissimo ac felicissimo</u> triumphatori domino singulari domino Henrico divina providentia Romanorum Regi semper augusto, Devotissimi tui Dantes Aldighierii Florentinus et exul inmeritus ac universaliter omnes tusci qui pacem desiderant, terre osculum ante pedes.[5]

> Venezia, Biblioteca Nazionale Marciana, Lat. XIV 115 (4710) (*M*), fol. 8r: <u>Sanctissimo</u> Triumphatori et domino singulari Domino Henrico divina providentia Romanorum rege

---

anche Fenzi, *Ancora a proposito*, p. 99). La stessa formula è adottata da un altro fiorentino per rivolgersi all'imperatore: Francesco da Barberino che scrive a Enrico VII a nome della Corona Romana tra il giugno e il dicembre del 1311 per spronarlo ad accelerare l'incoronazione («excellentissimo ac serenissimo principi et domino suo, domino Henrico, divina favente clementia Romanorum regi dignissimo et semper augusto», ed. in Brilli, Fontes, Montefusco, *Sedurre l'imperatore*, p. 76), ma appunto se ne trovano innumerevoli casi essendo corrente.
[2] Così ad es. nei commenti *Ep*. (Pastore Stocchi), pp. 54–55; *Ep*. (Villa), p. 1551; *Ep*. (Baglio), pp. 20 e 155 (pur con giusta cautela, cfr. *infra*).
[3] Cfr. la fotoriproduzione in *Ep*. (Witte); la trascrizione diplomatica in Toynbee, *The S. Pantaleo Text*, p. 209, da integrare con la descrizione, inclusiva della bibliografia pregressa, di Montefusco, *Le "Epistole"*, pp. 442–445.
[4] La medesima rubrica è appuntata nell'angolo in alto a destra dello stesso fol. forse da Francesco Piendibeni da Montepulciano, copista del manoscritto secondo Billanovich, *Giovanni del Virgilio*, pp. 211–213 e Mazzoni, *Le epistole*, p. 89, ma si vedano le cautele di Rossetto, *Per il testo*, p. 73 e di Baglio in *Ep*. (Baglio), p. 29. La riproduzione fotografica della sezione dantesca di questo codice edita da Schneider, *Dantis Alagherii Monarchiae Liber*, è ormai rimpiazzata dalla riproduzione integrale accessibile on-line su <https://digi.vatlib.it>.
[5] Trascrizione diplomatica di Mazzoni, *Il Codice S(enese)*, p. 686. Non riverificato sul manoscritto.

semper augusto devotissimi sui Dantes Aldigherrj florentinus et exul immeritus ac universaliter omnes Thusci qui pacem desiderant terre obsculum ante pedes.[6]

La *salutatio* è inoltre trasmessa dal volgarizzamento A:

> <u>Al gloriosissimo e felicissimo</u> trionfatore, e singulare signore, Messere Arrigo, per la divina providenzia Re de' Romani et sempre accrescitore, e suoi devotissimi Dante Aleghieri fiorentino et sbandito immeritamente, e universalmente tutti e toscani che pace desiderano, a·llui alla terra dinanzi a' piedi baci mandano.[7]

e dal più fortunato volgarizzamento B:

> <u>Al gloriosissimo e felicissimo</u> trionfatore, e singolare signore Messer Arrigo, per la divina provvidenza Re de' Romani e sempre accrescitore, i suoi devotissimi Dante Alighieri, Fiorentino e non meritevolmente sbandito, e tutti i Toscani universalmente, che pace desiderano, mandano baci alla terra dinanzi a' vostri piedi.[8]

In assenza di *V*, la lezione «sanctissimo t.» è solo del tardo *M* (post 1480), che la dà in luogo del «gloriosissimo atque [ac S][9] felicissimo t.» di *P* e *S*, così come del «al gloriosissimo e felicissimo t.» di entrambi i volgarizzamenti. Come e perché si è giunti al trittico «sanctissimo gloriosissimo atque felicissimo t.»? Le edizioni ottocentesche e dei primi anni del Novecento, essendo approntate su *M* come quella di Witte del 1827 (da cui in parte dipendono), leggono tutte «sanctissimo t.».[10] Nel 1912 tuttavia Paget Toynbee diede alle stampe la trascrizione diplomatica dell'epistola secondo *P*, un codice già segnalato dalla *Bibliografia dantesca* di Paul Colomb de Batines e poi da Michele Barbi; quindi, prima in un articolo e poi nell'edizione oxoniense del 1920, corresse il *textus receptus* editando, con *P*, «gloriosissimo atque felicissimo t.» e segnalando in apparato la diversa lezione di *M* e delle edizioni anteriori.[11] La correzione di Toynbee fu

---

6 Cfr. la fotoriproduzione in *Ep.* (Witte) e la trascrizione diplomatica in Toynbee, *The Venetian Text*, p. 434.
7 Testo edito in *Volgarizzamento* (Montefusco), p. 271, cui rinvio per la tradizione manoscritta.
8 *Volgarizzamento* (Montefusco), p. 275.
9 Mazzoni, *Il codice S(enese)*, p. 689 annoverava il luogo come esempio di «un intento correttorio talora di stampo umanistico».
10 Cfr. *Ep.* (Witte), p. 30; *Ep.* (Torri), p. 52; *Ep.* (Fraticelli), p. 488; *Ep.* (Fraticelli[2]), p. 464 (e varie riedizioni); *Ep.* (Giuliani), p. 22; *Ep.* (Moore), p. 409 (e così le seguenti).
11 Toynbee, *The S. Pantaleo Text* e quindi *Ep.* (Toynbee), p. 87 (già anticipato nell'ed. critica Toynbee, *Dante's letter to the Emperor*), e cfr. le segnalazioni di Colomb de Batines, *Bibliografia dantesca*, t. II, p. 209, e Barbi, rec. a Scartazzini, p. 23. Su *P* si vedano ora le integrazioni offerte da Montefusco, *Le "Epistole"*, pp. 443–444. Ricordo che all'epoca dell'ed. Toynbee era ancora ignoto *S* (segnalato solo nel 1939 da Mancini, *Un nuovo manoscritto*) che conferma la lezione adottata dall'editore inglese.

accolta dall'edizione a cura di Monti del 1921 (p. 180), ma non convinse Ermenegildo Pistelli al quale spetta la paternità del testo oggi vulgato, ossia di un ircocervo frutto della fusione delle lezioni di *M* e di *P*. Nell'edizione dell'epistola pubblicata in appendice alla scolastica *Piccola antologia della Bibbia Volgata* nel 1915, Pistelli editava la *salutatio* con la terna di attributi confessando «non so rinunziare al *sanctissimo*, che esce dal solito formulario ed è più dantesco», e la medesima soluzione fu adottata nell'edizione nazionale del 1921.[12] La scelta e spiegazione di Pistelli furono brevemente chiosate da Ernesto Giacomo Parodi senza prendere posizione, almeno apertamente.[13] Dall'ultradantismo di Pistelli e dal possibilismo di Parodi, via l'edizione nazionale, la *salutatio* con triplice attributo si è trasmessa fino alle edizioni più recenti inerzialmente e dando persino luogo a qualche grattacapo, come se non si sapesse più da dove fosse saltata fuori.[14]

---

12 Cfr. *Piccola antologia della Bibbia volgata*, pp. 209–219, cit. a p. 210; peraltro, in questa nota, Pistelli confondeva l'assetto testimoniale attribuendo a *M* la lezione di *P* e viceversa (ringrazio A. Montefusco per avermi procurato le riproduzioni di questa edizione); e la ristampa del 1919, stereotipa, conserva l'errore (sempre a p. 210). Si veda inoltre *Ep.* (Pistelli) p. 426, dove tuttavia mancano glosse (né qualcosa si trova a riguardo nelle righe consacrate alle epistole nella prefazione di M. Barbi, alle pp. XIX–XX). La lezione non rientra tra quelle discusse nel saggio preparatorio di Pistelli, *Dubbi e proposte*. Più in generale, si ricorderà la diffidenza, se non proprio insofferenza, di Pistelli per le minuzie filologiche, ben testimoniata dalle osservazioni svolte in veste di recensore di Toynbee: «come pretendere che ogni lettore debba farsi, per dir così, un'edizione critica per conto suo, vagliando da sé elementi di troppo diverso valore che gli sono offerti dall'*apparatus*? Osservazione che io credo non inutile, perché abbondando, pur troppo, gli *apparatus* di questo genere, che di chiamarsi *critici* non hanno davvero diritto» (Pistelli, rec. a Toynbee, p. 58, circa la scelta di registrare errori, alcuni dei quali delle precedenti ed.), nonché il fatto che Pistelli non lavorò con metodo filologico, a causa anche della difficile congiuntura storica, come ricorda Mazzoni, *Riflessioni sul testo*, p. 436 (p. 291 dell'anastatica).
13 Parodi, *Intorno al testo*, p. 142: «piuttosto voglio raccogliere qui una proposta del Pistelli, che riguarda proprio le prime parole del titolo. Come si sa, dei due codici che lo conservano, Pant.[1] [= *P*] ha *Gloriosissimo atque felicissimo Triumphatori* (insieme con Pant.[2] e l'altra versione [i due volgarizzamenti], che è adottato dal Toynbee; Ven. [= *M*], seguito dal Moore ecc., ha *Sanctissimo tr.* Il Pistelli invece di scegliere, combina: *Sanctissimo, gloriosissimo atque felicissimo tr.* Quel *Sanctissimo* gli pare troppo dantesco perché si possa rinunziarci, ed è ben possibile ch'egli abbia ragione». Dato che Parodi corregge silenziosamente la *recensio* pasticciata di Pistelli (cfr. *supra* nota 12), non è improbabile che l'osservazione sia da prendere in senso velatamente polemico.
14 Adottano (e/o traducono) la soluzione approntata da Pistelli: *Ep.* (Vinay), p. 300; *Ep.* (Del Monte), p. 771–772; *Ep.* (Pézard), pp. 767; *Ep.* (Brugnoli-Frugoni), p. 562; *Ep.* (Jacomuzzi), p. 400; *Ep.* (Lokaj), p. 630; *Ep.* (Honess), pp. 71; *Ep.* (Villa), p. 1464. L'imporsi del testo del 1921 ha poi talvolta occasionato l'attribuzione della lezione supposta integra (ossia con i tre aggettivi, che come si è visto come tale non è attestata) ora a questo ora a quel testimone, procedendo

Per dare un altro infimo contributo all'accidentata storia editoriale delle epistole, nonostante le validissime cure prodigate negli ultimi anni, la fusione delle due lezioni dell'edizione Pistelli, una fusione che può ben classificarsi come un altro esempio tanto della «fedeltà ancora eccessiva alla vulgata Fraticelli-Witte» quanto dell'«abuso di *iudicium* – non di rado mal fondato – che ha prodotto un testo critico caratterizzato da una vera e propria "furia" emendativa»,[15] pare da archiviarsi. Ciò in ragione di a) la minore plausibilità di una doppia omissione (di «sanctissimo» in *P*, *S*, volg. A, volg. B, e di «gloriosissimo et felicissimo» in *M*) rispetto a sola corruttela, nonché di b) le complicazioni che l'ipotesi di una doppia omissione di tal fatta, di valore separativo, implicherebbe sui rapporti tra i testimoni quali sono stati in seguito chiariti da Francesco Mazzoni;[16] e c) il raffronto con l'aggettivazione riservata all'imperatrice Margherita nella *salutatio* dell'epistola VIII – «gloriosissime atque clementissime» – così come delle *variationes* nella IX – «serenissime atque piissime» – e nella X – «illustrissime atque piissime» –, non tanto perché non vi figura nessun «san-

---

per esclusione. Lo stesso Mazzoni affermò che *M* presentasse la triplice attribuzione, e suggerì la caduta di «Sanctissimo» in *P* e *S* fosse «frutto di poligenesi (per *saut du même au même*)» (Mazzoni, *Il codice S(enese)*, p. 690; rist. anast. p. 285), spiegazione però impervia data la posizione incipitaria. In *Ep*. (Padoan), p. 53 si afferma che «la *salutatio* integra si legge in *P*, mentre *V* reca soltanto la didascalia» senza discutere le lezioni dei codd. Il commento *Ep*. (Baglio), p. 155 attribuisce la «formula incipitaria completa» a *P* e imputa l'omissione del «Sanctissimo» a *M* (senza rif. a *S* e ai volgarizzamenti): aldilà della svista circa l'assetto testimoniale, è comunque condivisibile la riserva nei confronti dell'autenticità del reperto promosso a testo. In concomitanza con l'elaborazione del presente lavoro, ha messo in dubbio la sensatezza della soluzione vulgata Montefusco in un intervento orale, ora edito, che lo ringrazio per aver condiviso con me in una versione preliminare: Montefusco, *Ancora su epistole*, pp. 24–28.

15 Montefusco, *Le "Epistole"*, p. 412. Si può ben parlare qui di «fedeltà» al *textus receptus* Witte-Fraticelli poiché, come già notato, è essenzialmente dall'adesione ad esso che derivava la pena di Pistelli nel disfarsi della lezione di M, e di una certa, sebbene minore che in altri casi, «furia emendativa» nel supporre che tutta la tradizione manoscritta fosse in questo punto corrotta e latrice solo di *membra disiecta* della *salutatio* dantesca.

16 Dato che, per quest'epistola, «la tradizione si organizza in due famiglie α e β provenienti da un comune archetipo; che l'unico rappresentate di α è l'autorevole *V* (...); che la seconda famiglia si suddivide in due sottogruppi *x* e *y*, al primo dei quali appartiene il codice *P* unitamente alla seconda parte del mutilo *S*, mentre a *y* appartiene il codice *M*, unitamente alla prima parte di *S*, che evidentemente, in quando individuo, deve aver tenuto presenti due diversi antigrafi della medesima tradizione β» (Mazzoni, *Le epistole*, pp. 76–77 [pp. 256–257 dell'anast.]; si vedano anche i dettagli forniti da Mazzoni, *Il codice S(enese)*, pur con l'avvertenza di cui alla nota precedente, e la sintesi in Mazzoni, *Riflessioni sul testo*, pp. 436–437 [pp. 291–292 dell'anast.]). Si sarebbe dunque costretti a ipotizzare che *S*, avendo sotto gli occhi una lezione di *y* o con la terna d'attributi o già limitata al solo «Sanctissimo» come in *M*, si risolvesse a trascrivere la lezione di *P* che però rispetto a quella del suo antigrafo era o lacunosa o del tutto diversa.

ctissima», ma perché la serie delle riscritture testimonia un'opzione netta in favore dell'endiadi di contro alla terna di attributi promossa a testo da Pistelli; in questo senso, si potrà considerare anche la dittologia «magnifico atque victorioso» che onora Cangrande della Scala nella XIII epistola, sebbene lo statuto illustre ma non imperiale del destinatario renda il riscontro meno probante di quelli destinati alla consorte di Enrico VII.

Dovendo quindi, per le prime due ragioni illustrate sopra, compiere quella selezione che Pistelli non si sentì di operare, e sebbene la situazione stemmatica, assente *V*, non sia di per sé tale da assicurare la selezione, la scelta non mi pare che poter cadere in favore dell'accordo di *P*, *S*, volg. A e volg. B («gloriosissimo et felicissimo»), già promosso a testo da Toynbee. Oltre che la predilezione dantesca per l'endiadi in questa sede, lo consigliano d) l'inopportunità di promuovere a testo la *singularis* di un testimone non solo seriore ma che, come il resto dell'epistola VII dimostra, è globalmente meno curato e affidabile, di contro a una lezione di cui è certo il valore storico e compatta la circolazione sia in latino che in volgare;[17] e) l'anomalia costituita da un attributo ecclesiastico riferito all'imperatore in sede protocollare, e ciò nonostante la fede dantesca nella sacralità dell'Impero; f) il fatto che proprio la fede dantesca nella missione di Enrico VII, quando nota a *M* o al suo antigrafo, renderebbe il «sanctissimus» *facilior* per chi copiasse senza avere più familiarità con le norme epistolografiche medievali; g) infine, il fatto che la formula conclusiva della *salutatio*, che ad alcuni è parsa di sapore papale, e che se così fosse sarebbe impugnabile a conferma della "forzatura" del «sanctissimus», in verità non lo è, come si dirà meglio a breve.

Il resto non presenta problemi ecdotici di rilievo. L'auto-presentazione di Dante quale «Florentinus et exul inmeritus» è anch'essa corrente, benché solo nella micro-tradizione dantesca. Varata nel primo semestre del 1303 nella missiva a Uberto e Guido figli del conte Aghinolfo da Romena, dove l'autore si definisce «exul inmeritus» in corpo testo (II, 3),[18] e poi codificata dalle *salutationes* delle epistole III («exulanti Pistoriensi Florentinus exul inmeritus per tempora diuturna salutem et perpetue caritatis ardorem»), V («humilis ytalus Dantes Alagherii florentinus et exul inmeritus orat pacem») e VI («Dantes Alagherii florentinus et exul inmeritus scelestissimis Florentinis intrinsecis», dove il mittente è convenientemente anteposto ai disprezzati destinatari), ai tempi della lettera all'Imperatore questa qualifica suona ormai come una marca distintiva

---

17 Cfr. la lista di errori, lacune e *singulares* di ciascun testimone in Mazzoni, *Le epistole*, pp. 76–77 e in Mazzoni, *L'edizione delle Opere latine minori*, pp. 159–159 (pp. 100–101 dell'anastatica).
18 Per la datazione, cfr. Indizio, *Sul mittente*.

del Dante epistolografo. Lo stesso vale per l'attributo «devotissimus», qui al plurale perché inclusivo dei co-mittenti dell'epistola: su otto occorrenze totali nel *corpus* dantesco, «devotus» compare sette volte nelle sole epistole e sempre alla forma superlativa. Già nella prima, l'aggettivo qualifica il mittente collettivo nella *salutatio* («devotissimi filii A. capitaneus Consilium et Universitas partis Alborum de Florentia semetipsos devotissime atque promptissime recommendant»), e si trova ripetuto nel corpo della lettera peraltro in associazione con il tema della pace, oltre che della giustizia (I, 8: «nos filii devotissimi vobis et pacis amatores et iusti»), come avviene nella *salutatio* della VII.[19]

Lasciando da parte per ora la questione di chi siano i secondi mittenti nominati nella *salutatio*, meritano attenzione sia l'avverbio sia la relativa con cui sono definiti, e tanto più l'interazione di questi due elementi. Nel lessico dantesco, «universaliter/universalmente» significa 'quanto alla natura propria di qualcosa', come nel vocabolario scolastico coevo,[20] oppure 'nella sua totalità' (quale antonimo di «membratim»), come appunto in questo luogo.[21] L'avverbio poi non ha nulla della consistenza tecnica della definizione di «universitas» che identifica i mittenti della prima epistola («Consilium et Universitas partis Alborum de Florentia»), come ordinario nel lessico politico basso-medievale dove il termine vale da sinonimo di «populus», ossia di comunità organizzata e dotata di rappresentanti.[22] A sua volta, la relativa «qui desiderant pacem» è ambigua, potendosi di per sé intendere come di valore appositivo – il fatto di amare la pace varrebbe allora da qualifica degli «omnes Tusci» – o restrittivo – la totalità in questione sarebbe limitata a coloro che amano la pace. I contenuti della lettera – che, tra le altre cose, invita Enrico VII a sradicare la mala pianta fiorentina nemica della missione pacificatrice dell'impero – chiariscono che non può trattarsi che della seconda possibilità.[23] Vale però rilevare la singolarità di

---

[19] Si vedano poi il biglietto a nome della Gherardesca di Battifolle dove qualifica la mittente (*Ep.* IX, 1: «devotissima sua G. de Batifolle Dei et Imperii gratia largiente comitissa in Tuscia palatina») e le tre occorrenze della XIII epistola, in cui manifesta la soggezione e devozione di Dante nei confronti di Cangrande (*Ep.* XIII, 1: «devotissimus suus Dantes Alagherii florentinus natione non moribus»; 3: «sed ex visu postmodum devotissimus et amicus»; 8: «Liquet igitur quod superius dixi, me scilicet esse devotissimum et amicum, nullatenus esse presumptum»). Per queste osservazioni, cfr. Ferrara, *«Devotissimus et amicus»*, pp. 202–203 (alla nota 19 si dovrà leggere *Epist.* I).
[20] Così in *Conv.* II, xiv, 9; IV, vi, 8; *Mon.* I, iii, 2; III, xi, 11.
[21] Così in *DVE*, I, vi, 3; *Ep.* VII, 1 e 14; *Mon.* II, vi, 8.
[22] Calasso, *I glossatori*, p. 8.
[23] Questa soluzione, per noi piana, non è forse sempre apparsa tale. Se il valore della relativa permane ambiguo nel volgarizzamento A («e universalmente tutti e' toscani che pace desiderano», ed. da Montefusco, *Appendice III. I volgarizzamenti*, p. 271), il volgarizzamento B pare

questo sintagma dantesco: in apparenza piano, esso ingenera una tensione tra la presunta totalità a nome della quale il mittente afferma di scrivere e la sua natura *de facto* parziale perché esclusiva di coloro che, non desiderando la pace, non sono degni di farne parte. Si tratta di una tensione propria a tutta la cosiddetta "politica dell'esclusione" basso-medievale:[24] il giro sintattico della *salutatio* dantesca la mette in scena con particolare vigore, così come la enfatizza la dottrina della Monarchia universale quando, dal piano della speculazione teologico-politica, si passi a quello della militanza, come appunto qui avviene.

Infine, riguardo all'ultima formula, ossia al «terre osculum ante pedes», al mandare baci alla terra di fronte ai piedi dell'imperatore, vari commenti recenti informano, sulla scorta del *Candelabrum* di Bene da Firenze e altre *artes dictaminis* così come di alcune occorrenze nell'epistolografia medievale, che si tratta di espressione consigliata per rivolgersi al papa; e dunque, dopo il «sanctissimus» già discusso, per la seconda volta Dante trasporrebbe a Enrico VII prerogative retoriche tradizionalmente pontificie.[25] La formula «pedum oscula beatorum», ossia il bacio dei santi piedi, è in effetti del tutto corrente per il papa, e consigliata in un'opera di riferimento quale la *Poetria* (o *De arte prosaica metrica et rithmica*) di Giovanni di Garlandia, familiare al Dante del *De vulgari*.[26]

---

risolverlo in una appositiva («e tutti i Toscani universalmente, che pace desiderano», ed. da Montefusco, *Appendice III. I volgarizzamenti*, p. 275).

24 Riecheggiando il titolo di Milani, *L'esclusione dal Comune*. Per una riflessione trasversale sulla problematica dell'esclusione si vedano gli studi editi nella prima sezione di Brilli, Fenelli, Wolf, *Images and Words in Exile*, pp. 3–128, e quelli raccolti in Menzinger, *Cittadinanze medievali*.

25 Cfr. *Ep.* (Pastore Stocchi), p. 55: «D. riecheggia piuttosto la *salutatio* riservata al Pontefice, che i formulari suggerivano appunto di concludere con *pedum oscula beatorum, ad pedes paternitatis solotenus prosternendo* e sim.» con rinvio alla *Summula* di Bernoldo di Kaisersheim (Rockinger, *Briefsteller*, vol. 2, p. 856) che, redatta tra 1312–1314, è pressoché coeva all'epistola. Dello stesso avviso la chiosa in *Ep.* (Villa), p. 1551 e in *Ep.* (Baglio) p. 155, che rinvia a titolo di esempio a Bene da Firenze, *Candelabrum* III, 40, 7; allo Pseudo Brunetto, *Sommetta*, p. 215; e a una lettera di Enrico VII a Clemente V del 1309 (*Const.* 4/1, n° 293, p. 255).

26 Per averne la misura, nei volumi delle sole *Constitutiones et acta publica* dei MGH, *LL*, che includono epistole e documenti dal X al XIV secolo, si contano poco meno di 80 occorrenze di questa formula, tutte riferite al pontefice, le più antiche delle quali rimontano al pontificato di Gregorio IX (2, p. 161; p. 223; p. 313). Parallelamente, all'inizio del XIII secolo, Giovanni di Garlandia consigliava, nel capitolo dedicato appunto alla *salutatio*, «aliquis prelatus dicit summo Pontifici propter reverenciam loco salutis, "Talis Episcopus licet indignus (vel "humilis minister") tam debitam quam devotam obedientiam", vel "devotissima pedum oscula beatorum", vel "Sanctitatis Sue pedibus prostratrum"» (Giovanni di Garlandia, *Poetria*, V, 275–279, p. 98; o nell'ed. Mari, p. 925). Circa la frequentazione dantesca della *Poetria*, più che la breve voce di Beggiato, *Giovanni di Garlandia*, in ED, cfr. i riscontri nel *De vulgari eloquentia* (Tavoni), a I, xviii, 4; II, iv, 3–5; II, vii, 6; II, x, 2) e Marguin-Hamon, *Arts poétiques médiolatins*.

Tuttavia, e al di là del fatto che almeno in un caso duecentesco questa formula si trova eccezionalmente utilizzata per un imperatore,[27] la dantesca («terre osculum ante pedes») è però diversa e di essa si conoscono varie attestazioni riferite a destinatari sì eminenti ma laici. Già l'edizione Toynbee (p. 30), criticando la lezione «osculantur pedes» promossa a testo da Witte, allegava due occorrenze di poco posteriori a Dante, in epistole inviate rispettivamente dal Comune di Lucca e da quello di Siena a Roberto d'Angiò nel 1312.[28] Si possono inoltre aggiungere altre occorrenze anteriori di cui due, a mio parere, di un certo interesse. Sono tratte da lettere destinate ad Alberto d'Asburgo, l'Alberto «tedesco» dell'apostrofe del VI del *Purgatorio*, rispettivamente dal Comune di Arezzo (nel 1301–1302)[29] e dal podestà di Pistoia, Comune di Arezzo e altri soggetti non identificabili per via di una lacuna (il 17 maggio 1305)[30] per dichiarare la propria fedeltà in vista di una prossima ma mai realizzata spedizione italiana. Dato il destinatario (un imperatore che si auspicava presto coronato), l'obiettivo della corrispondenza (i preparativi della missione), nonché la provenienza (prossima geograficamente e ideologicamente a quel Casentino dove Dante risiede quando scrive l'epistola VII), questi riscontri, tra i vari disponibili, meritano attenzione quali possibili indici di una tradizione epistolografica locale cui Dante potrebbe aver voluto collegarsi.[31] Da questo breve *excursus* si ricava che

---

[27] Così il conte Enrico di Malta, cantato da Peire Vidal, s'indirizzava a Federico II: «suo invictissimo ac precellentissimo domino Friderico illustri Romanorum imperatori semper augusto, Ierusalem et Scicilie regi comes Henricus suus devotus subditus flexis genibus oscula pedum» (*Die Aktenstücke zum Frieden von S. Germano 1230*, p. 108). Si tratta dell'unico caso che mi sia stato possibile individuare.
[28] «Serenissimo Principi dno. Roberto dei gratia Illustri Ierusalem et Sicilie Regi, Ducatus Apulie, etc. (...) populus et Commune Civitatis Lucane, terre obsculum ante pedes» (del 13 Ottobre 1312, ed. in *Acta Henrici VII*, vol. I, p. 232) e «Serenissimo Principi domino Roberto, dei gratia Ierusalem et Sicilie Regi, Illustr. Capitanei partis Guelforum Civitatis Senarum, terre obsculum ante pedes» (*Acta Henrici VII Imperatoris Romanorum*, p. 234), entrambe cit. in *Ep.* (Toynbee), pp. 87–88, che aggiorna Toynbee, *A mispunctuation*.
[29] «Serenissimo ac triumphanti principi domino Alberto Dei gracia Romanorum regi semper augusto Pochaterra potestas, octo gubernatores et defensores, consilium et commune civitatis Arecii imperii Romani fideles devocionis osculum ante pedes» (*Henrici VII Constitutiones*, p. 88).
[30] «Excellentissimo ac trihumphatori principi domino Alberto Dei gratia Romanorum regi sempler augu]sto Soffredus de Vergellen(sibus) de Pistorio miles potestas, ‹...› XXIIIIor, consilium et comune civitatis Aretii imperii Romani [fideles] terre osculum ante pedes et se ipsos humiliter commendatos» (in *Henrici VII Constitutiones*, p. 170).
[31] Preziosi per la precedente tradizione epistolografica locale Stella, *I manuali di epistolografia* e Bartoli, *I conti Guidi*, in cui tuttavia non figurano esempi della formula dantesca. La medesima compare invece in altre produzioni epistolografiche tra XIII e XIV secolo indirizzate a sovrani, ossia (in ordine cronologico) nella missiva di Stefano di S. Giorgio al re di Castiglia, Sancio IV, intorno al 1288 («illustri Rege Castelle, Stephanus devotum terre osculum ante pe-

l'ultima formula della *salutatio* della VII epistola, pur se non usuale, non è però un'invenzione dantesca e, soprattutto, non implica nessuna volontà di ritrarre Enrico *sub specie papae* – non più s'intende di quanto non facesse di per sé il rituale del bacio dei piedi attestato per il Lussemburghese sia da Dante sia da Mussato.[32]

2 Avventure critiche degli «omnes Tusci qui pacem desiderant»

Rimane da risolvere la questione più importante: chi sono gli «universaliter omnes Tusci qui pacem desiderant» a nome dei quali, oltre che proprio, Dante s'indirizza a Enrico VII? Nei commenti si registra una certa reticenza nei confronti di questo passo, così come oltre laddove Dante ripete di scrivere anche per innominati altri (par. 9: «nam et ego qui scribo tam pro me quam pro aliis»).[33] Ciò con due sole eccezioni. Secondo il commento di Monti già citato costoro sono «tutti i fuoriusciti toscani: tanto quelli che erano con Dante, a nome dei quali e suo egli scrisse questa lettera, quanto gli altri "cacciati per ogni villa" sparsi e dispersi qua e là per l'Italia» (p. 180, e cfr. p. 187). A sua volta, Baglio informa che Dante «si fa portavoce di un gruppo, i fuoriusciti e i ghibellini che tra Forlì e le sorgenti dell'Arno riponevano fiducia nell'azione

---

des», ed. in *Una silloge*, n° 60, p. 60; ringrazio B. Grévin per la segnalazione); in una lettera del 3 maggio 1305 per Bianca d'Aragona («illustrissime principisse domine Bla.nche, Dei gratia regine Aragonum. Guillelmus de Cuperantia, de Vicecomitibus de Pisis, illustrissimi principis domini regis Karoli consiliarius et familiaris, terre obsculum ante pedes», ed. in Salavert Y Roca, *Cerdeña*, vol. II, p. 159); infine in una del 4 aprile 1325 per il re di Aragona («sacre regie magestati suus humilis et devotus Michael Stephani (...) humili et devota reverentia terre osculum ante pedes», ed. in *Const.* 6/1, n° 48, p. 31).

32 Cfr. *Ep.* VII, 9, dove si ricorda il momento «cum pedes tuos manus mee tractarunt et labia mea debitum persolverunt», e Mussato, *Historia augustea* III, 8, col. 376.

33 Non commentano le edizioni *Ep.* (Witte), p. 30; *Ep.* (Torri), p. 52 (benché nella prefazione, a firma di P. Fraticelli, si dicesse che «in suo nome e a quello pure degli altri esuli ghibellini toscani prese a scrivergli [a Enrico VII] questa lettera. In essa va dicendo, che i suoi fedeli toscani si meraviglino della sua tarda venuta», p. 49); *Ep.* (Fraticelli), pp. 488–491, e così nella *Ep.* (Fraticelli²), pp. 412 e ss., in part. pp. 464 e 466–467; *Ep.* (Toynbee), pp. 87–88 e 90; *Ep.* (Del Monte), pp. 771–772; *Ep.* (Pézard), pp. 767–773; *Ep.* (Brugnoli-Frugoni), p. 562 e p. 564; *Ep.* (Jacomuzzi), pp. 400–403, e nulla si trova a riguardo nella nota introduttiva alle pp. 349–350; *Ep.* (Lokaj), pp. 630–632 e 636; *Ep.* (Honess), pp. 69–71 e 72–73; *Ep.* (Pastore Stocchi), pp. 54–55 e 58; *Ep.* (Villa), che pure, nel presentare l'epistola, parafrasa il passo come «a nome di tutti i Toscani anelanti alla pace» (p. 1550 e 1551–1552).

del sovrano, come ha già sottolineato il protocollo: universaliter omnes Tusci» (p. 161). A distanza di quasi un secolo, di comune c'è il suggerimento che Dante scrivesse a nome di un gruppo di fuoriusciti, sebbene oscilli l'identità storica del gruppo e non siano chiarite le modalità concrete di questo farsi "portavoce". Entrambe le osservazioni sono probabilmente veicolate da una tradizione diversa di studi, quella storico-biografica, e a questa occorre rivolgersi per meglio comprendere la genesi di tali suggerimenti.

Nell'ambito degli studi biografici la *salutatio* della VII epistola ha in effetti goduto di una discreta fortuna. Più che alla questione dell'identificazione del gruppo al nome del quale Dante scrive, ci si è interessati a quella del luogo di redazione, indicato da Dante attraverso la perifrasi «in Tuscia sub fonte Sarni».[34] In Casentino, dunque, ma ciò non dice in quali dei molti castelli del giogo appenninico in mano ai vari pronipoti della «buona Gualdrada» (*Inf.* XVI, 37) Dante si trovasse precisamente. La scelta è caduta in particolare tra il castello di Poppi, possedimento di Guido da Battifolle, dove certamente Dante si trova pochi mesi dopo quando scrive il terzo dei biglietti a Margherita di Brabante a nome della Gherardesca,[35] e quello di Porciano, in mano al ramo dei Guidi di Modigliana-Porciano e che, trovandosi una ventina di chilometri più a nord e alle pendici del Falterona, meglio pare convenire alla perifrasi dantesca. Nell'ambito di questa discussione, si è posta quindi anche la questione di chi siano gli «omnes Tusci». Il primo studioso a me noto a esprimersi in merito fu Francesco Torraca. In una lunga recensione al lavoro di Oddone Zenatti su *Dante e Firenze*, Torraca polemizzava con un'ipotesi di matrice britannica secondo cui Dante si sarebbe trovato in Casentino in veste di ambasciatore di Enrico VII, facendo notare di contro che la *salutatio* della VII epistola «vuol dire che il Casentino, onde l'epistola fu inviata, accoglieva altri esuli fiorentini. Forse vi si erano radunati pur allora, nella previsione di prossimi avvenimenti, per poter essere più presto e più facilmente informati di ciò, che Firenze meditava e faceva; forse vi dimoravano già prima della discesa di Arrigo».[36] Assente in Robert

---

[34] *Ep.* VII, 31, parzialmente parallelo alla dicitura di VI, 27: «in finibus Tuscie sub fontem Sarni».
[35] *Ep.* X, 6: «missum de Castro Poppii xv Kalendas Iunias, faustissimi cursus Henrici Cesaris ad Ytaliam anno primo».
[36] Torraca, rec. a Zenatti, p. 153. Il riferimento polemico è costituito da Wickstedd, Gardner, *Dante and Giovanni del Virgilio*, p. 60 («it is by no means certain what had brought Dante to the Casentino, or in what castel he adressed these letters, from the "confines of Tuscany under the source of Arno" and from "Tuscany under the source of the Arno". It is not improbable that he had been entrusted with a mission from the Emperor himself to the Conti Guidi, or had at least accompanied some such embassy; Henry had been sending legations far and wide to seek aid for the imperial cause, and they were sometimes accompanied by Florentine»). In favore dell'ipotesi Torraca adduceva la notizia della presenza in Casentino di Ubaldino de'

Davidsohn,[37] l'idea che Dante scriva a nome di precisi personaggi storici si riaffacciò in un saggio di Ernesto Sestan, che suggerì d'identificare il co-mittente (e forse anche committente) in Guido di Battifolle,[38] e fu abbracciata da Giorgio Petrocchi. Nella *Vita di Dante*, esprimendosi a favore di un soggiorno a Poppi, Petrocchi notava che «scrivendo *tam pro me quam pro aliis* [Dante] mostra di esser portavoce di tutta la comunità degli esuli fiorentini», e che «finché Dante fu a Poppi, l'ambiente politico si mostrava propenso a che un suo illustre ospite si facesse banditore delle finalità politiche della spedizione imperiale».[39]

Da qui la notizia diviene patrimonio comune. Francesco Mazzoni sottolineava le «profonde connessioni con l'ambiente politico dei conti Guidi; naturalmente con quelli, fra i vari rami della casata, che, almeno a quell'altezza cronologica, eran schierati con la parte imperiale», senza tuttavia dettagliare né sbilanciarsi circa un'eventuale committenza della VII epistola, accolta invece da Rosetta Migliorini Fissi sulla scorta di Petrocchi.[40] Gli stessi argomenti si ritrovano sinteticamente nella *Vita* curata da Giorgio Inglese, secondo il quale «Dante stavolta parla a nome di un gruppo attivo fra le sorgenti dell'Arno e la vicina Forlì».[41] Diversamente, essi hanno subito un importante sviluppo nei lavori di Umberto Carpi e, sulla sua scorta, di Marco Santagata. Ne *La nobiltà di Dante*, esprimendosi a favore della collocazione a Poppi di queste lettere, Carpi affermava non solo che, in questo frangente, Dante si accompagna ad altri fuoriusciti ma che anche svolge funzioni di «intellettuale di corte analoghe a quelle già esercitate per esempio presso Scarpetta Ordelaffi prima e poi presso i Malaspina» presso i conti Guidi.[42] A sua volta, in *Dante. Il romanzo della sua vita*, in

---

Cerchi nel 1310, di cui si discuterà oltre (par. 4). La lettura di Torraca fu forse influenzata da lavori come il grande affresco di Villari, *Dante, gli esuli fiorentini* dove la tesi relativa all'epistola VII non si trova ma pure si afferma che la *Monarchia* «divenne allora il programma del partito ghibellino» (p. 168) e che Dante «in questo momento fu come il rappresentante principale del partito imperiale» (p. 175, e cfr. p. 177).

37 Cfr. Davidsohn, *Dante, i conti Guidi*, cautamente a favore della collocazione a Porciano.
38 Cfr. Sestan, *Dante e i conti Guidi*, senza pronunciarsi in merito al luogo di composizione, sottolinea la temporanea intesa ideologica tra Dante e i Guidi in questi mesi (p. 351) e suggerisce: «non è affatto da respingere l'ipotesi che la lettera sollecitatoria sia stata a Dante ispirata – se non proprio comandata – dal suo ospite il conte Guido di Battifolle, tentennante e timoroso del suo fresco ghibellinismo, se il monarca non venisse presto in Toscana a dargli mano forte contro le pressioni della guelfa Firenze» (pp. 353–354).
39 Petrocchi, *Vita di Dante*, p. 60a (nell'ed. del 1984 alle pp. 149–150).
40 Mazzoni, *Dante e la terra casentinese*, p. V (nella rist. anastatica p. 103): a mia conoscenza, Mazzoni non fece mai riferimento a una committenza della VII epistola. Cfr. Migliorini Fissi, *Dante e il Casentino*, pp. 132–133.
41 Inglese, *Vita di Dante*, p. 112 (fonte di Baglio, citato *supra*). Il riferimento a Forlì deriva invece da una notizia trasmessa da Biondo Flavio, della quale si discuterà *infra*.
42 Carpi, *La nobiltà*, pp. 511–512, e p. 569.

un capitolo significativamente intitolato *Con i vecchi compagni di lotta*, Santagata ha sostenuto che, al tempo della spedizione di Enrico VII, è «più che probabile (...) che Dante sia rientrato, per così dire, nei ranghi e che di nuovo abbia messo a disposizione dei gruppi "bianchi" e ghibellini le sue competenze di *dictator* e di intellettuale. Potremmo dire che aveva ripreso il suo mestiere di segretario e di addetto alle relazioni esterne», appoggiandosi appunto sulla *salutatio* della epistola VII.[43]

Rileggendo queste pagine si apprezza, al di là degli addentellati addotti e che si valuteranno oltre, l'evolvere dell'impianto argomentativo. Da un lato, rispetto ai tempi di Torraca e Monti, permane una vaghezza di fondo circa l'identità dei committenti presunti (i Guidi? Quali Guidi? I fuoriusciti? Entrambi?) e di quel che significa che Dante fosse loro "portavoce" (con un mandato ufficiale? Di che tipo?). Dall'altro, la tesi si è progressivamente complicata, cosicché la fisionomia intellettuale e professionale di Dante oscilla senza soluzione di continuità tra il "portaparola" di una rinata *Universitas alborum* (come ai tempi della I epistola), l'"intellettuale di corte" dei Guidi, e ancora il "segretario" di una qualche cancelleria palatina in Casentino. Per infime che queste differenze possano sembrare sono invece fondamentali in sede storico-biografica e anche, come vorrei mostrare, hanno ricadute consistenti sull'interpretazione e dei testi e dei gesti testuali danteschi. Conviene quindi sforzarsi di valutare se è plausibile ritenere il redattore della VII epistola il rappresentante di una collettività empirica, fosse essa costituita dai fuoriusciti toscani (fiorentini o an-

---

[43] Santagata, *Dante*, p. 223. La tesi è ribadita oltre: «anche questa epistola non va considerata il gesto isolato di chi, per essere stato ricevuto in udienza, si sente autorizzato a impartire consigli, se non lezioni, a un imperatore; del resto, Dante stesso dice di scrivere a nome suo e di altri. Fa parte di una strategia elaborata proprio in quei giorni dai fuoriusciti toscani per convincere Enrico, attraverso pressioni congiunte, a imprimere un corso diverso alla sua spedizione» (p. 243). Connesso a ciò è l'argomento secondo cui la lettera non potesse essere scritta che a Porciano, presso i Guidi di Modigliana, poiché toni e contenuti non sarebbero stati compatibili con l'orientamento politico di Guido di Battifolle (pp. 240-243). L'argomento è però reversibile: l'invio di queste lettere, che si devono credere pubbliche, non crea infatti problemi a Dante quando, almeno il 18 maggio 1311, trova rifugio a Poppi e scrive all'imperatrice a nome di Gherardesca moglie di Guido da Battifolle (*Ep.* VIII, IX e X). Santagata discute oltre questo soggiorno ma, in linea con quanto esposto sopra, sminuisce il significato politico delle missive lì composte: «l'accenno alla spedizione di Enrico non poteva mancare, ma, confinato com'è all'interno di un quadretto familiare e ridotto a motivo di soddisfazione privata, è privo di mordente politico. Guido di Battifolle non voleva correre rischi, sapendo che quella lettera sarebbe finita negli archivi della cancelleria imperiale» (Santagata, *Dante*, p. 245). Per completare il quadro dei maggiori biografi recenti, il riferimento a una committenza esterna è assente nei passi consacrati alla epistola VII da Malato, *Dante*, pp. 205-206; Pasquini, *Vita*, pp. 70-71 e Gorni, *Dante*, p. 224.

che di altri centri), dai Guidi (uniti o solo alcuni rami della famiglia), o ancora da entrambe queste categorie. Oltre alla *salutatio* dell'epistola VII (ma è appunto ciò che occorre interpretare), sono stati addotti alcuni argomenti che discuterò nel seguito distinguendo, per comodità, quelli in merito alla mobilitazione politica dei conti Guidi in favore di Enrico VII da quelli circa la presenza di un gruppo di fuoriusciti in Casentino al tempo della redazione della lettera.

3 Dante "portavoce" dei conti Guidi?

Consideriamo dunque se è credibile che nell'aprile del 1311, tutto all'opposto di ciò che voleva l'antica leggenda secondo cui Dante sarebbe stato prigioniero dei Guidi,[44] fosse da loro incaricato di scrivere all'imperatore per sollecitarne la discesa in Toscana. Quale indice della mobilitazione dei conti in favore di Enrico VII è consuetudine riferirsi ai fatti narrati nella relazione indirizzata a Clemente V da Niccolò di Butrinto, ossia Nicolas de Ligny (m. 1316), un frate dell'ordine domenicano, originario di Toul in Lorena e al servizio di Enrico VII al tempo di fatti, sebbene prossimo anche alla curia pontificia.[45] Riassumendo per sommi capi, Niccolò racconta che lui e Pandolfo Savelli furono inviati dall'imperatore in Tuscia nel settembre del 1311. La spedizione diplomatica, la seconda rivolta alla Tuscia dopo quella del 1310, aveva tra i suoi obiettivi la città di Firenze, di cui pure ben si conosceva la posizione anti-arrighiana. Per limitarsi a un solo esempio, l'estate precedente erano state intercettate alcune

---

[44] A questa leggenda locale, secondo cui Dante sarebbe stato rinchiuso nel castello di Porciano, si riferiva Troya, *Del Veltro allegorico*, pp. 123-124 che appunto rinveniva nell'epistola VII una possibile ragione di questa ritorsione.

[45] Niccolò di Butrinto, *Relatio*, pp. 519 e 522 e ss. Un ricordo dello stesso episodio che qui interessa si legge anche in Villani, *Nuova cronica*, X, 26 e, sulla sua scorta, in Marchionne di Coppo Stefani, *Cronaca fiorentina*, rubr. 283, pp. 106-107; ne tace invece Compagni, *Cronica*, che ricorda però l'ambasceria precedente di Luigi di Savoia del luglio del 1310 (p. 139) ma collocandola dopo l'arrivo dell'imperatore a Pisa nel 1311, segno forse in una qualche confusione tra i due episodi. Di quest'episodio si veda anche la parafrasi, pur a tratti libera, di Davidsohn, *Storia di Firenze*, III, pp. 605-614. Ne discorre invece solo rapidamente Bowsky, *Henry VII*, p. 140, che pure attinge abbondantemente a Niccolò come fonte per altri dettagli (e del resto, di tutti i Guidi, Bowsky menziona solo una volta *en passant* Ildebrandino di Romena, p. 154). Per una valutazione della *relatio* come fonte storica cfr. Franke, *Kaiser Heinrich VII.*, pp. 159-201; Zanella, *L'imperatore tiranno*, pp. 43-56 e i contributi raccolti in Varanini, *Enrico VII e il governo*. Nella dantistica, dopo gli accenni di Davidsohn, *Dante, i conti Guidi* e Sestan, *Dante e i conti Guidi*, la *relatio* è stata messa in valore da Carpi, *La nobiltà*, vol. II, pp. 664-666, seguito da Santagata, *Dante*.

missive spedite dal comune di Brescia alla città toscana contenenti richieste di supporto alla resistenza anti-imperiale.[46] Partiti tra il 15 e il 17 ottobre 1311, i due legati si avviano per la via Emilia ma, giunti in prossimità di Bologna, sono informati del rifiuto del Comune di farli passare e costretti a cercare riparo sugli Appennini, in un castello del vescovo nei pressi di Bologna sulla via per Firenze.[47] L'indomani ripartono e dopo varie vicissitudini, ormai giunti alla Lastra (25 ottobre 1311, o più precisamente Montughi, secondo Villani), inviano un messo a Firenze che al ritorno li informa che anche i fiorentini hanno emesso un provvedimento di bando ai loro danni.[48]

Tuttavia, dei membri della famiglia degli Spini, in particolare Avvocato Spini, intrattenendo relazioni di lunga data con la Curia pontificia e in particolare con il pontefice Onorio IV Savelli (1210–1287), zio di Pandolfo, sono preoccupati per la sorte degli ambasciatori: durante la notte inviano loro delle lettere per avvisarli del pericolo incombente e l'indomani convincono il Comune a inviare tre delegati (un armato rappresentante del potestà, un popolare del capitano e Avvocato Spini) per proteggerli dai fiorentini, che hanno già dato l'assalto al palazzo in cui i legati sono ospitati.[49] Dopo una lunga consultazione si decide che, pericolose e inagibili tanto Firenze quanto Bologna, l'unica soluzione è passare «per quamdam viam que ibat ad terras comitum Guidonum, qui habitant inter Bononiam, Romandiolam et Aretium».[50] Così è fatto. Il 27 ottobre 1311 Niccolò e Pandolfo sono lasciati dai loro protettori «in quodam oppido in quo Florentini et comes Tegrinus habebant dominium»,[51] e quest'ultimo, il conte

---

46 Niccolò di Butrinto, *Relatio*, pp. 511–512.
47 Forse Sasso Marconi, stando alla descrizione: «in strata intellectis hiis que acta sunt circa eum, dimissa Bononia a sinistris, per castrum Episcopi posuimus nos in Alpibus per viam horribilem, et de nocte multum tarde applicuimus ad unum castrum inter Florentiam et Bononiam in via recta, quod castrum a Bononia distabat per septem miliaria», ossia poco meno di 11 chilometri (Niccolò di Butrinto, *Relatio*, p. 522).
48 Cfr. Niccolò di Butrinto, *Relatio*, p. 523.
49 Cfr. Niccolò di Butrinto, *Relatio*, pp. 523–524. Malgrado la protezione offerta agli ambasciatori in questa occasione, Avvocato Spini figurerà tra i ribelli condannati da Enrico VII il 23 febbraio 1313 (*Henrici VII Constitutiones*, pp. 933–951, a p. 945; cfr. Davidsohn, *Storia di Firenze*, III, p. 610, nota 2). Non ne trovo menzione in Tripodi, *Gli Spini*, che si concentra sulle generazioni posteriori.
50 Niccolò di Butrinto, *Relatio*, p. 525.
51 Niccolò di Butrinto, *Relatio*, p. 525. Secondo Davidsohn, *Dante, i conti Guidi*, p. 223, si tratta di Ampinana, a una cinquantina di chilometri. Questo castello fu comprato a patti da Firenze per 3.000 fiorini nel 1291 e distrutto (cfr. Villani, *Nuova Cronica*, VIII, 150); ai Guidi rimanevano però «i diritti signorili sugli uomini di Ampinana e la signoria sui villaggi vicini» (Bicchierai, *Guidi, Manfredi*): ciò corrisponde bene alla descrizione di Niccolò come di un luogo di frontiera e dalla giurisdizione mista tra la città e i Guidi.

Tegrimo II di Modigliana-Porciano (1240/1250–1315), uno degli undici figli di Guido di Modigliana e di Adelasia di Bonifazio di Panico, li recupera appunto qui per condurli a San Godenzo una volta scesa la notte.[52] Da qui, la comitiva procede «ad alium locum»,[53] dove è raggiunta da due fratelli del conte Tegrimo, *nominatim* Tancredi (m. 1318 ca.) e Bandino (m. 1313) più, in un secondo tempo, anche da un quarto fratello, Ruggeri (m. 1318). A questo punto, in una sorte di descrizione generale della famiglia, Niccolò menziona anche gli esponenti degli altri rami dei Guidi, e in particolare il ramo da Romena, il conte Guido Salvatico dei Guidi di Dovadola (m. 1316 ca) e Guido di Battifolle di Poppi (m. 1322/1323). Ricorda poi i giuramenti di fedeltà all'imperatore e le promesse di raggiungerlo quanto prima (o almeno non appena fosse giunto in Tuscia; Enrico VII è in questo momento a Genova) e di sostenerlo secondo le diverse disponibilità, che tuttavia solo pochi mantennero.

> Isti omnes [*scilicet* Tegrimo, Tancredi, Bandino e Ruggero, ossia i Guidi di Modigliana-Porciano] dicuntur de comitibus Guidonibus, et sunt comites palatini; et eiusdem domus sunt comes de Batefole et comes Salvaticus. Item comites de Romena omnes vocant se comites palatinos, et magnos redditus habent in Romandiola. Inter istos quidam sunt Guelphi, et illi sunt ditiores, videlicet comes Salvaticus et comes de Batifole et comes Bandinus. Omnes iuraverunt nobis fidelitatem et venire ad dominum suum personaliter, vel mittere, si impediti essent, statim quod esset in Tuscia, et ipsum associare ad coronam in illa decentia in qua possent secundum suas facultates. Isti omnes nos multum honoraverunt et gaudenter receperunt, et plus Guelphi quam Guebelini, meo iudicio. Tamen non obstantibus fidelitatibus nullus de istis Guelphis venit ad eum in Tusciam vel misit ad renovandum iuramentum, sed dilationem petierunt et habuerunt usque ad terminum petitum; et in termino petito, iam imperatore existente ante Florentiam, confederati sunt publice cum Florentinis, cum ipsis in Florentia existentes. Qui erant Guebelini inter istos, vel venerunt qui potuerunt vel miserunt, et cum eo fuerunt usque ad mortem suam.[54]

L'interpretazione complessiva è in verità delicata e dipende da se s'intenda l'«omnes iuraverunt nobis fidelitatem etc.» come riferito ai soli personaggi che

---

52 Cfr. Bicchierai, *Guidi, Tegrimo*. San Godenzo dista circa 15 chilometri da Ampinana, tragitto percorribile in qualche ora anche se, come è qui il caso, la compagnia include servi a piedi (cfr. Niccolò di Butrinto, *Relatio*, p. 525: «et in nocte dictus comes Tigrinus duxit nos inter Alpes ad unum burgum suum qui vocatur burgus Sancti Gaudentii, et mutuavit nobis equos quot potuit pro familia, que erat pedes»). Lì forse i legati furono ospitati nel Palazzo dello Specchio dei Guidi di Modigliana, «così detto per il raro – per allora – uso di vetri alle finestre che così brillavano al sole» (Bicchierai, *Guidi, Guido*, e come già suggeriva Davidsohn, *Dante, i conti Guidi*, p. 223).
53 Niccolò di Butrinto, *Relatio*, p. 525. Difficile identificare questo luogo: nel percorso lungo l'Arno verso il Valdarno inferiore, dove proseguirà la spedizione di Niccolò, si sarà potuto trattare di Porciano, Romena, Poppi, e neanche si possono escludere Stia e Pratovecchio dato che Niccolò parla di un «locum» e non di un castello.
54 Niccolò di Butrinto, *Relatio*, pp. 525–526.

Niccolò ha esplicitamente detto presenti alla riunione descritta sopra (i conti di Modigliana-Porciano), oppure a tutti i Guidi citati nella descrizione della famiglia (ossia anche i rami di Battifolle, Dovadola e Romena). Da ciò deriva l'oscillazione presso gli storici tra chi ritiene che anche Guido di Battifolle e Guido Salvatico fossero presenti e giurassero fedeltà a Enrico VII e chi si mostra più cauto.[55] Anche è possibile che Niccolò si riferisca qui cumulativamente a più incontri avvenuti in Casentino dal 27 al 31 ottobre, ma vale notare che non menziona mai Guido Novello II (o il Giovane, o di Raggiolo), di cui pure sono noti il ghibellinismo e la militanza *pro* Enrico VII.[56] Come che fosse, dal Casentino la spedizione prosegue poi verso il territorio del vescovo di Arezzo, un altro membro della famiglia dei Guidi del ramo di Romena, Ildebrandino (1257/1265–1312). Il vescovo li accoglie prima a Civitella in Val di Chiana (31 ottobre 1311), che diviene la base logistica dove gli ambasciatori convocano i rappresentanti di vari comuni della Tuscia sud-orientale,[57] e poi ad Arezzo, dove citano nobili guelfi e ghibellini di Toscana.[58] Senza bisogno di seguire gli ambasciatori, che con varie difficoltà approdano nel grossetano e poi, via mare, ritrovano la corte di Enrico VII ormai di stanza a Pisa (*cfr. figura 1*), torniamo all'episodio casentinese.

Come si è detto, questi tre giorni sono stati ritenuti significativi non solo di una temporanea convergenza dei Guidi in sostegno di Enrico VII, ma anche del fatto che presso di loro e per loro Dante avrebbe scritto al lussemburghese nell'aprile del 1311. Ora, si tratta senza dubbio di una testimonianza rivelatrice ma di un'atmosfera, mi pare, diversa da questa. Occorre infatti tenere presente non solo che i fatti narrati sono di sei mesi posteriori alla redazione dell'epistola di Dante, ma anche di due altri dati che emergono chiaramente quando si esamini l'episodio nel complesso della relazione di Niccolò. Il primo: i Guidi di Modigliana-Porciano entrano in scena solo grazie alla mediazione degli Spini

---

55 In favore del primo partito cfr. Davidsohn, *Storia di Firenze*, III, p. 612; Sestan, *Dante e i conti Guidi*, p. 350; del secondo Bicchierai, *Guidi, Guido Salvatico* e Bicchierai, *Guidi, Guido*.

56 Lo dice probabilmente presente Bicchierai, *Guidi, Guido Novello (il Giovane)*, né è impossibile che, tra tanti conti, il legato francese dimenticasse di menzionarne qualcuno.

57 Tra cui Arezzo, Cortona, Borgo S. Sepolcro (i cui legati si presentano ma non prestano giuramento), Montepulciano, Lucignano, San Savino, Chiusi, Città della Pieve (che però non risponde) e Castiglione Fiorentino (cfr. Niccolò di Butrinto, *Relatio*, p. 526).

58 Sono menzionati gli Alberti di Mangona, Uguccione Della Faggiuola, i Pazzi di Valdarno, gli Uberti (ma da correggere in «Ubertini», come suggerito da Davidsohn, *Storia di Firenze*, III, p. 613, nota 3), i Tarlati di Pietramala e, a conferma dell'orientamento sud-orientale strategico in vista della pianificazione della discesa a Roma, «generaliter omnes et quemlibet per se qui erant nobiles in districtu Florentino, Senensi, Aretino et Clusino» (cfr. Niccolò di Butrinto, *Relatio*, p. 527).

Enrico VII, Dante e gli «universaliter omnes Tusci qui pacem desiderant» — 413

Figura 1: Itinerario di Niccolò di Butrinto e Pandolfo Savelli (10/1311).

di Firenze, che sono famiglia nera e interessata alla sorte del Savelli per motivi più affaristici e relazionali che ideologici.[59] Il secondo: l'episodio casentinese costituisce per i legati una vera e propria deviazione; una deviazione imposta dai bandi di Bologna e Firenze e decisa non da loro, che avevano invece chiesto un lasciapassare per Firenze, bensì dai tre fiorentini mandati dal Comune e seduta stante.[60] Nell'ottobre del 1311, insomma, i Guidi di Modigliana-Porciano

---

[59] Tanto più persuasivo suona il suggerimento di Davidsohn, *Storia di Firenze*, III, p. 605 che Enrico avesse scelto i legati tenendo conto della prossimità alla Curia dell'uno (Niccolò) e della famiglia dell'altro (Pandolfo).

[60] Il racconto di Niccolò su questo punto, essenziale per cogliere la dinamica degli eventi, è chiarissimo: «isti tres [*scilicet* i tre inviati del Comune di Firenze] venerunt ad nos; et partem de equis, partem de somariis in via invenientes, quia ad civitatem ducebantur, violenter de manibus eorum [*scilicet* dei fiorentini che avevano dato l'assalto al palazzo dove si trovavano i legati] acceperunt, et nobis ipsos restituerunt cum hiis verbis, quod quantum vitam nostram diligebamus, quod in continenti recederemus, et quod ipsi laborarent quod omnia rehaberemus. Nos voluimus eis exponere ambassiatam nostram, noluerunt audire, litteras vestras ostendere, noluerunt videre. Quid plura? Rogavimus eos quod nos permitterent de nocte tran-

intervengono non spontaneamente ma su richiesta di una famiglia fiorentina intesa a salvaguardare i propri interessi, ossia a sbarazzarsi dei legati imperiali rapidamente e con il minimo danno; per di più, essi non costituiscono gli interlocutori privilegiati degli ambasciatori di Enrico, che difatti non avevano previsto di passare dal Casentino né ci pensano una volta trovatisi nel *cul de sac* della Lastra. In questo frangente, relativamente eccezionale, i conti accolgono i legati e prestano giuramento: si tratta dell'*incipit* di una militanza che solo Tancredi, tra i sicuramente presenti, confermerà e, più in generale, la dinamica dell'episodio fa escludere che questo ramo della famiglia avesse giurato fedeltà a Enrico in precedenza – altrimenti si sarebbe parlato di un rinnovare il giuramento – o che si possa retrodatare la sua mobilitazione a prima di questa data.[61]

Tornando a Dante, se nell'ottobre del 1311 così stavano le cose dal lato dei Guidi di Modigliana-Porciano, in che modo ciò può dimostrare che, sei mesi prima, egli svolgesse funzioni di "portavoce", "intellettuale di corte" o "segreta-

---

sire per Florentiam, et nos bene custodirent ne aliquid loqueremur. Negaverunt semper, dicentes quod in mandatis habebant ut nos reverteremur unde veniebamus. Ille antiqu[u]s Advocatus de Spinis dixerat nobis ad partem quod nullo modo induceremur reverti per Bononiam vel suum districtum, quia iam erat eis mandatum quod nos expulsi de Florentinorum districtu eramus, et quod de nobis facerent sicut de publicis hostibus, ut de cetero nullus auderet intrare. Nos vilitatem, miseriam et fatuitatem Bononiensium cognoscentes diximus quod, si nos deberent interficere, nunquam per Bononiam reverteremur. Deliberatione habita inter eos [*scilicet* i fiorentini] magna, posuerunt nos per quamdam viam que ibat ad terras comitum Guidonum» (Niccolò di Butrinto, *Relatio*, pp. 524–525).

61 L'unico sostenitore di Enrico VII fra i Guidi di Modigliana-Porciano fu Tancredi, che seguì l'imperatore a Roma, quindi a Firenze, e figura come testimone in vari atti d'importanza del 1313 (cfr. *Const.* 4/2, n° 914, pp. 927–929; n° 915, pp. 930–932; n° 916, pp. 932–951; n° 946, pp. 985–990). Lo stesso anno, il 31 marzo, Enrico VII lo ripaga per i suoi servizi donandogli i beni del fratello Bandino, morto senza eredi legittimi, per il fatto che costui «[cum] de bonis et iuribus, quae in Tuscia dudum ab Imperio tenuit a nobis homagium facere, ac fidelitatem praestare infra, vel post tempus a iure statum, et ad exercitum nostrum supra Florentiam prout habuit in mandatis a nobis, accedere, vel mittere contumaciter praetermiserit» (il privilegio del 1313 è conservato in uno del 1355 a favore dei Guidi, ed. in *Delizie*, vol. VIII, pp. 110–113, cit. a p. 111; cfr. Davidsohn, *Dante e i conti*, p. 223–224; Bicchierai, *Guidi, Tegrimo*). Non più caldi si mostrano Tegrimo e Ruggeri che, all'assedio di Firenze, si schierano con la città e anche osteggiano la successione a Tancredi dei beni di Bandino (Bicchierai, *Guidi, Tegrimo*). La disputa sorta a questo proposito è ricordata nel testamento di Tegrimo del 1315 (citato da Pirillo, *La signoria*, utile per apprezzare la lunga durata dei conflitti interni a questo ramo della famiglia, e discusso da La Roncière, *Diversi conti Guidi*), così come in quello della contessa Bice di Guido di Battifolle (cit. ivi, p. 457, nota 25). Pare così da rettificare Santagata, *Dante*, p. 248 (secondo cui tutti i Guidi di Modigliana-Porciano sarebbero stati ghibellini tranne Ruggeri) ma anche Sestan, *Dante e i conti Guidi*, p. 350 (secondo cui l'accoglienza nell'autunno del 1311 presuppone che i Guidi di Modigliana-Porciano avessero giurato fedeltà già nell'autunno del 1310, o poco dopo).

rio" presso di loro e che componesse l'epistola per il Lussemburghese dietro loro richiesta? Il ragionamento poi vale *a fortiori* per gli altri rami dei conti Guidi, fossero o meno fisicamente presenti all'incontro narrato da Niccolò: sia quelli in seguito favorevoli a Enrico, come Aghinolfo II di Romena e Guido Novello di Reggiolo, ma che non risultano mobilitati per la causa imperiale prima dell'autunno del 1311,[62] sia, e tanto più, quelli che, come Guido da Battifolle e l'anziano Guido Salvatico, a quest'epoca temporeggiano in attesa di conoscere le evoluzioni dello scacchiere e che, al momento venuto, si schiereranno in favore di Firenze contro l'imperatore.[63] La terra dei Guidi nell'aprile del 1311 non presenta, in nessuno dei suoi castelli, segni né manifesti né tanto meno compatti di una mobilitazione filo-arrighiana ed è più probabile che vi vigesse un'attesa fluida, tra speranza e sospetto nei confronti della spedizione imperiale, e sospesa tra il dubbio se il lussemburghese sarebbe mai arrivato fin lì e la valutazione del partito migliore da prendere, nell'intrico delle convenienze e opportunità che legano e oppongono i Guidi tra loro e con i centri limitrofi.

A queste considerazioni storiche conviene poi aggiungerne un'altra di carattere retorico e che a me pare, di per sé, definitiva. Se Dante avesse voluto scrivere a nome dei conti Guidi su loro richiesta, si trattasse di un ramo specifico della famiglia o di molti, sarebbe stato del tutto inappropriato – da un punto di vista retorico – nominare dei conti palatini solo dopo sé stesso e appellarli genericamente «omnes Tusci qui desiderant pacem». Come insegnava ad esempio la *Poetria* di Giovanni di Garlandia:

> Si plures mittant simul, digniores preponendi sunt, et si eis mittatur in executione, secundum ordinem loquantur hoc modo: «Ego Magister Iohannes Dilectioni Vestre mitto libellum. Ego W. Subdyaconus Vestre significo Prudencie quod denarios omnes quos postulastis, mittere non possum donec tempus preterierit autumpnale». Sic dicant alii si plures fuerint; si pluribus scribatur, secundum priorem ordinem sua negocia proponantur.[64]

---

62 Cfr. Bicchierai, *Guidi, Aghinolfo* e Bicchierai, *Guidi, Guido Novello (il Giovane o di Reggiolo)*. L'unico indizio relativo a un precedente contatto con l'imperatore risale al 12 luglio del 1310 quando, convocato dai legati di Enrico VII (all'epoca a Losanna), ossia Filippo di Rathsamhausen, vescovo di Eichstätt, e Bassiano de' Gaschio o de' Guacii, Aghinolfo invia il notaio Andrea di Betto da Poppi per scusarsi della sua assenza, determinata dalla guerra in corso tra Firenze e Arezzo, incaricandolo di ascoltare le volontà dell'imperatore e «generaliter ad omnia et singula facienda, gerenda et exercenda, que circa predicta et quodlibet predictorum fuerint oportuna» (in *Henrici VII Constitutiones*, pp. 307–308; cfr. Davidsohn, *Storia di Firenze*, III, p. 524). Talvolta descritto come un "giuramento di fedeltà" e segno della precoce mobilitazione di Aghinolfo, questo documento sembra piuttosto un'*excusatio* (come lo intitolava appunto Schwalm) e una dichiarazione di disponibilità, normale quando un conte palatino si trovi così convocato. Ringrazio G. Milani per la consulenza a riguardo.
63 Cfr. Bicchierai, *Guidi, Guido* e Bicchierai, *Guidi, Guido Salvatico*.
64 Giovanni di Garlandia, *Poetria*, V, 289–296, p. 98 (nell'ed. Mari, p. 925).

L'ispirazione gerarchica della precettistica a riguardo è tanto chiara da far escludere questa possibilità – a meno, ovviamente, che non s'immagini un Dante "segretario" dei Guidi che contravvenga però ad ogni consuetudine retorica, oppure una sorta di cripto-committenza, formulata in modo tale da dissimulare i soggetti da cui emana, donde però il venir meno della stessa motivazione politica del pubblico appello all'imperatore.

4 Dante "portavoce" dei fuoriusciti in Casentino?

Accantonata l'eventualità di una committenza dall'alto, è possibile che la *salutatio* della VII epistola testimoni di una committenza dal basso, da parte cioè dei fuoriusciti che, confluiti in Casentino, seguissero impazienti la missione dell'imperatore? Gli addentellati principali allegati in favore di quest'ipotesi sono tre. Innanzitutto, mentre nel medaglione biografico della *Nuova cronica* Villani non menziona nessuna committenza per la lettera a Enrico VII e, pur se bene informato sui fatti, nessun manipolo di fuoriusciti in Casentino,[65] nel *Trattatello* di Boccaccio l'epistola VII è presentata come il frutto di un'iniziativa concordata con altri oppositori di Firenze.[66] Il secondo addentellato è offerto dalla notizia, trasmessa da Biondo Flavio, in merito a una lettera che Dante avrebbe indirizzato a Cangrande della Scala a chiosa della risposta data dai

---

[65] Villani, *Nuova Cronica*, X,136. Per una discussione di questo luogo mi permetto di rinviare a Brilli, *Profeti, veri e falsi*.

[66] Boccaccio, *Trattatello* (I^a red.), VII, 77–78, pp. 58–59: «per che ripassate l'Alpi, con molti nemici di Fiorentini e di lor parte congiuntosi, e con ambascerie e con lettere s'ingegnarono di tirare lo 'mperadore da l'assedio di Brescia, acciò che a Fiorenza il ponesse, sí come a principale membro de' suoi nemici; mostrandogli che, superata quella, niuna fatica gli restava, o piccola, ad avere libera e espedita la possessione e il dominio di tutta Italia. E come che a lui e agli altri a ciò tenenti venisse fatto il trarloci, non ebbe perciò la sua venuta il fine da loro avvisato: le resistenze furono grandissime, e assai maggiori che da loro avvisate non erano; per che, senza avere niuna notevole cosa operata, lo 'mperadore, partitosi quasi disperato, verso Roma drizzò il suo cammino». La medesima informazione si mantiene nella seconda redazione: «per che, lasciati gli studii e in Italia tornatosi, e con certi rubelli de' Fiorentini congiuntosi, con loro insieme con prieghi, con lettere e con ambasciate s'ingegnò di rimuovere il detto Arrigo dall'assedio di Brescia e di conducerlo intorno alla sua città, estimando quella contro a lui non potersi tenere. Ma la riuscita contraria gli fece palese il suo avviso essere stato vano. Assediò Arrigo la città di Fiorenza; e ultimamente, vana vedendo la stanza, se ne partí e, non dopo molto tempo passando di questa vita, ogni speranza ruppe del nostro poeta, il quale in Romagna se ne passò, dove l'ultimo suo dí, il quale alle sue fatiche doveva por fine, l'aspettava» (Boccaccio, *Trattatello* (II^a red.), VII, 57–58, p. 131). L'erronea identificazione della città assediata con Brescia tradisce forse un'interferenza villaniana.

fiorentini agli ambasciatori di Enrico VII nel luglio del 1310 e che, nota a Pellegrino Calvi oltre che a Benvenuto da Imola, sarebbe stata «scritta a nome proprio e degli esiliati di parte bianca».[67] Infine, il terzo argomento è offerto dalla presenza in Casentino nel luglio del 1310 di un esponente del fuoriuscitismo bianco della prima leva, Ubaldino di Bindo dei Cerchi.[68]

I primi due addentellati presentano le solite incognite delle testimonianze indirette aggravate, nel caso di Boccaccio, dal fatto che il riferimento ai «nemici» (I red.) o «rubelli» (II red.) di Firenze può facilmente spiegarsi come una glossa promossa appunto dalla enigmatica *salutatio* della VII epistola. Quanto alla testimonianza di Biondo Flavio – generalmente rifiutata per i problemi che comporta nella cronologia dantesca l'ipotesi di un soggiorno a Forlì in data così bassa –, anch'essa si può spiegare rispetto al dato di nostro interesse, ossia l'identificazione dei co-mittenti con una rinata parte bianca, per l'interferenza

---

[67] «Dantes Aldegerius, Forolivii tunc agens, in epistola ad Canem Grandem Scaligerum veronensem, partis Albae extorrum et suo nomine data, quam Peregrinus Calvus scriptam reliquit, talia dicit de responsione supradictae expositioni a Florentinis urbem tenentibus tunc facta, per quae temeritatis et petulantiae ac caecitatis sedentes ad clavum notat, adeo ut Benevenutus Imolensis, quem Peregrini scripta legisse crediderim, Dantem asserat hinc cepisse Florentinos epitheto caecos» (Biondo Flavio, *Historiarum decades*, II, ix, 342, ed. in appendice a *Ep.* [Pastore Stocchi], pp. 140-141, così come a *Ep.* [Baglio], pp. 252-253, da cui è tratta la traduzione in testo). Della conoscenza di questa lettera non resta traccia nel *Comentum* di Benvenuto da Imola: ringrazio L. Fiorentini per le verifiche a riguardo.

[68] Il documento già citato (*supra* nota 62) è sottoscritto: «in Castro Biblene in camera palatii venerabilis patris domini Ildebrandini Dei gratia episcopi Aretini, in presentia ipsius domini episcopi Aretini, presentibus nobili viro Ubaldino domini Bindi de Cerchis de Florentia, ser Ugolino notario condam Ranuccii de Forlivo et magistro Luca fisico de Biblena, testibus ad hec habitis et vocatis» (*Const.* 4/1, n° 360, p. 308). Secondo lo Pseudo-Brunetto, Ubaldino fu condannato a pena pecuniaria e confino dopo la zuffa in casa Frescobaldi del 1296 (*Testi fiorentini*, pp. 147-148; cfr. Zorzi, *La faida*, pp. 104-105; Brilli, *Firenze, 1300-1301*, p. 122). All'inasprirsi del conflitto, con il cugino Vieri, patrocina Ricoverino, ferito nello scontro di Calendimaggio 1300 (*Statuti della Repubblica fiorentina*, vol. II, *Statuto del Podestà dell'anno 1325*, pp. 390-391; cfr. Davidsohn, *Storia di Firenze*, III, p. 150). Figura quindi tra i condannati da Cante de' Gabrielli il 2 giugno 1302 (Campanelli, *Le sentenze*, p. 268) e da Gherardino da Gambara il 28 luglio 1302, per aver intavolato trattative con gli Ubaldini e occupato il castello di Gangareta (o Ganghereta) in Valdarno (Campanelli, *Le sentenze*, p. 295; l'occupazione è confermata dalle *Storie Pistoresi*, 20, p. 34 e da Paolino Pieri, *Croniche*, par. 163, p. 79), mentre altri documenti certificano il supporto ricevuto in questi anni da Benedetto XI (Davidsohn, *Storia di Firenze*, vol. IV, p. 358). Pare verosimile che si tratti dello stesso «Ubaldin*us* Circli florentin*us*» che Girolamo Rossi dice marito (intorno al 1317) della contessa Rengarda, figlia di Cavalcaconte di Bagnacavallo (già sposata in prime nozze di Alberto Canali) e padre di un Tano Cerchi (cfr. *Hieronymi Rubei Historiae*, VI, pp. 532 e 534; nella trad. italiana Girolamo Rossi, *Storie*, pp. 544 e 546).

di altri luoghi danteschi, innanzitutto la prima epistola.[69] Certamente affidabile è invece il documento relativo alla presenza di Ubaldino dei Cerchi a Bibbiena presso Aghinolfo II da Romena nel luglio del 1310, ed è probabilmente opportuno scorgere in ciò il segno della mobilitazione degli esuli del 1302. Si pensi, per fare un solo esempio, che nello stesso torno di mesi si trova a Pisa Giovanni dei Cerchi (m. 1314 ca.) che, mobilitato in prima linea in favore di Enrico VII, sovrintende per conto della città all'allestimento dei doni destinati ai legati imperiali.[70] Tuttavia, il fatto che nei mesi precedenti la discesa di Enrico si assista a una comprensibile mobilitazione dei fuoriusciti e che uno di essi risulti in Casentino, forse anche in cerca di sostegno in vista degli eventi a venire, non equivale a che il territorio dei conti Guidi fosse il quartier generale dei sostenitori dell'impero. Soprattutto, il fatto che Dante fosse in contatto con altri fuoriusciti, come certamente era, è altro dallo svolgere funzioni di rappresentante di una rinata *pars Alborum* e dal redigere una lettera emanata da una strategia comune. Si tratta di sfumature importanti in sede di analisi storica e capitali per l'interpretazione dei testi che in questa congiuntura sono concepiti e diffusi.

Alla ricostruzione proposta da chi vede in Dante il volto pubblico dei fuoriusciti osta soprattutto, e nuovamente, la formula della *salutatio*. Se così fosse, si attenderebbe una menzione esplicita e tecnica della compagine, valga il raffronto con la prima epistola e la sua puntuale definizione di «Consilium et Universitas partis Alborum», opportunamente anteposta a quella del portavoce. La dicitura «omnes Tusci qui desiderant pacem» è poi disallineata rispetto alle modalità politiche e retoriche del conflitto nella penisola all'inizio del Trecento anche per un altro motivo. Le compagnie di esuli si definiscono, infatti, sempre in relazione alla o alle città di provenienza. Lo prova Dante nelle sue autopresentazioni, sempre «Florentinus» per quanto solo di nascita e in esilio, così

---

[69] Sospecciosi circa l'attendibilità della testimonianza Barbi, *Sulla dimora*, p. 194; Petrocchi, *Vita di Dante*, pp. 150–151; Pastore Stocchi, *Epistole*, così come in *Ep*. (Pastore Stocchi), pp. 140–141. Ne ha recentemente difeso l'affidabilità Indizio, *Dante secondo i suoi antichi interpreti*, pp. 160–161 e pp. 168–171, che su questa base retrodata il soggiorno di Dante a Forlì al secondo semestre del 1310 (e non nel corso del 1311). Inglese, *Vita di Dante*, pp. 110–111 esclude la possibilità che una tale presa di posizione avvenisse prima della epistola V, composta dopo il settembre del 1310, perché ideologicamente incompatibile con quella. Non discute questa testimonianza Pellegrini, *Dante tra Romagna e Lombardia*, che si concentra su quella relativa al primo soggiorno a Forlì (pp. 39–62). A beneficio di analisi future, converrà tenere separati i vari elementi della testimonianza di Biondo (esistenza dell'epistola, luogo di composizione, mittenti, destinatario e contenuto) data la possibilità che un nucleo originario fors'anche attendibile si mescolasse con spunti di provenienza disparata.

[70] Davidsohn, *Geschichte*, III, p. 383 e 414; Davidsohn, *Storia di Firenze*, III, pp. 527–528; Bowsky, *Henry VII*, p. 36; Cardini, *Cerchi, Giovanni*.

come la *salutatio* della prima epistola dove la «pars Alborum» è appunto quella «de Florentia», non un asse bianco provinciale. Lo prova parimenti la documentazione superstite relativa ad altri gruppi di esuli della stessa stagione politica. I lucchesi rifugiati a Pisa nel primo decennio del Trecento, ad esempio, «non cessarono mai di distinguersi dalla città che li aveva ospitati e continuarono a dirsi *qui omnes sunt de Luca et modo habitatores pisane civitatis*»[71] e, quando nell'imminenza dell'arrivo di Enrico VII si mobilitano per ottenere l'agognato rientro in patria, si costituiscono nella «universitas exititiorum de Lucca»: a questo nome inviano due ambasciatori ai legati imperiali nel giugno del 1310 per giurare fedeltà al Lussemburghese.[72] A loro volta, il 14 settembre 1313, quando i fuoriusciti fiorentini scrivono a Niccolò da Prato per discutere della sorte del domenicano accusato di avere avvelenato Enrico, si firmano «pars imperialis que est extra Florentiam».[73] La definizione di Tuscia, di antica e illustre tradizione romana, vale all'inizio del XIV secolo quando la penisola si consideri dal punto di vista dell'imperatore o del pontefice; non è invece operativa dal punto di vista di lucchesi, pisani, pistoiesi, aretini, fiorentini e via dicendo che, anche quando estrinseci, continuano a mutuare la definizione delle loro identità dalle città di origine, e del resto l'impero sa perfettamente ricorrere alle categorie comunali correnti e nelle missive così come negli altri documenti pubblici, quando si tratta di *extrinseci*, si precisa sempre di quale città lo siano.[74] Che nell'antropologia politica d'inizio Trecento esuli e fuoriusciti siano sempre nominati e sempre si nominino innanzitutto su scala municipale, non provinciale, non è del resto stupefacente: sono infatti prioritariamente cittadine le reti sociali all'interno delle quali, anche *extra moenia*, gli esuli continuano a muoversi, ed è normale che l'organizzazione e la mobilitazione politica avvenga su tale scala sia perché l'altra, che comporta la confederazione di esuli di provenienze diverse, è di gestione più complessa, per non dire impraticabile, per gruppi dall'alta mobilità e dalle risorse limitate, sia perché è appunto lo scacchiere

---

71 Cristiani, *I fuorusciti toscani*, p. 65.
72 *Const.* 4/2, n° 1273, pp. 1407–1048. Si vedano anche l'*instrumentum* seguente n° 1274, pp. 1408–1409 con il quale l'«universitas exititiorum de Luca» nomina i propri capitani e il n° 1286, p. 1422 con cui appunta i propri legati e in cui si precisa che i membri della parte in questione sono «intus et extra civitatem» (del 7 ottobre 1311). Cfr. Cristiani, *I fuorusciti toscani*, pp. 65–66, sulla scorta dello studio di Sforza, *Castruccio Castracani*, p. 29 e 46 (contenente un'edizione parziale del secondo documento), e Bowsky, *Henry VII*, p. 36.
73 *Const.* 4/2, n° 1245, p. 1305.
74 A titolo di esempio cfr. *Const.* 4/2, n° 981, p. 1016 (su esuli vicentini e veronesi); n° 989, p. 1032 (sugli esuli bresciani); n° 1226, p. 1287 (sulla «pars extrinseca Bobii»); n° 1227, p. 1289 (su quella di Lodi). Sulla definizione – implicitamente militare – di Tuscia, v. Faini, *Italica gens*, p. 140.

cittadino il primo che interessa, dal momento che si tratta di negoziare innanzitutto il rientro in patria.

Rispetto a tale assetto, gli «omnes Tusci qui desiderant pacem» costituiscono dunque come un'anomalia discorsiva, che corrisponde più alla proiezione sullo scenario peninsulare della griglia provinciale che a una comunità politica empirica. Questa serie di riflessioni sconsiglia dunque, in assenza di documentazione storica di diverso segno, d'intendere la *salutatio* della VII epistola dantesca come la prova dell'esistenza di una qualche *pars* sovra-municipale di esuli radunati in Casentino a nome della quale e su committenza della quale Dante prendesse l'incarico d'indirizzarsi all'imperatore.

5 Co-mittenti e destinatari multipli

Si è osservato che la dicitura «omnes Tusci qui desiderant pacem» può difficilmente riferirsi, storicamente e retoricamente, alla o alle corti casentinesi dei conti Guidi o a una compagine di esuli toscani che, organizzata, avesse dato a Dante il ruolo di rappresentante ufficiale del gruppo. Che farne allora? La comprensione di questa formula, e più in generale, del gesto testuale della VII epistola esce da quest'analisi irrimediabilmente compromessa, l'una vuota e senza termini di paragone nella sua eccentricità, l'altro inspiegabile e muto se non più inquadrabile in una qualche catena di comando Guidi/fuoriusciti-Dante-Enrico VII?

Per provare a rispondere e a ripensare questo testo in una prospettiva diversa occorre, in primo luogo, apprezzare la fattura tutta dantesca della definizione. Per giro sintattico e idiosincrasie lessicali gli «omnes Tusci qui pacem desiderant» ricalcano un modulo prediletto da Dante, specie in sede proemiale. Valga il raffronto con gli *incipit* del *Convivio* e della *Monarchia* nei quali si afferma l'universalità del desiderio di sapere, dal quale appunto discende la necessità dell'Impero universale.[75] Non meno dantesco è, in questo giro d'idee, il richiamo alla pace. Altri hanno giustamente osservato l'importanza del tema, vero basso continuo di tutta la produzione epistolografica pro-arrighiana.[76] Per

---

[75] *Conv.* I, i, 1: «sì come dice lo Filosofo nel principio della Prima Filosofia, tutti li uomini naturalmente desiderano di sapere»; e ancor meglio *Mon.* I, i, 1: «omnium hominum, quos ad amorem veritatis natura superior impressit, hoc maxime interesse videtur, ut, quemadmodum de labore antiquorum ditati sunt, ita et ipsi posteris prolaborent, quatenus ab eis posteritas habeat quo ditetur». Per questo principio cardinale della riflessione dantesca, cfr. Falzone, *Desiderio della scienza*.

[76] *Ep.* (Honess), p. 27.

parte mia mi pare importante sottolineare un dato ovvio ma che tende talvolta a passare in secondo piano: che l'evocazione della missione pacificatrice dell'impero volge qui all'esortazione alla guerra, e addirittura alla guerra contro la patria dell'esortatore. Ciò interessa non solo perché la *salutatio* offre un altro capitolo alla lunga storia del *topos* della guerra giusta, ma perché ciò riconduce a un problema che è dei più centrali e ardui nella meditazione dantesca durante l'esilio: si consideri la serie di ripensamenti e aggiustamenti dal Farinata condannato per lo scempio dell'Arbia ma elogiato per il contegno ad Empoli di *Inferno* X, alla rilettura di Montaperti come *exemplum* di superbia punita in *Purgatorio* XI, passando per il sofferto presagio di catastrofe ultrice dell'*incipit* di *Inferno* XXVI, e ancora la spinosissima rivisitazione del personaggio lucaneo di Curione che qui offre la sua battuta a Dante (*Ep.* VII, 16) ma figura tra i seminatori di scismi e discordia in *Inferno* XXVIII, senza dimenticare l'ammissione di colpa della «montanina» (v. 81) e, prima ancora, le riflessioni che doveva contenere l'epistola perduta *Popule mee*.[77] Inoltre, e come Dante spiega subito appresso nella VII lettera tramite il *proverbium* giovanneo e argomenta altrove più distesamente,[78] dato che il desiderio della pace è distintivo dell'umanità e voluto da Dio affinché il genere umano compia il proprio destino terreno, ne discende che chi ne è privo è perciò stesso estraneo all'umanità e ribelle alla Provvidenza. In altri termini, la relativa restrittiva della *salutatio* annuncia quella disumanizzazione e diabolizzazione del nemico fiorentino che, dopo l'ultimo invito alla penitenza dell'epistola VI, questa lettera e ancor più la *Commedia* porteranno alle estreme conseguenze. A sigla di queste considerazioni, non casualmente sull'esser priva di pace si arresta la pesante ironia dantesca contro Firenze alla sua *climax*: «tu ricca, tu con pace e tu con senno».[79] In sintesi, il *tardus* «omnes Tusci qui pacem desiderant» è un vero e proprio distillato di dantismo che, nel lessico e pensiero di Dante, si traduce in 'tutti i Toschi filo-

---

[77] Per questa riflessione in Dante, cfr. Brilli, *Firenze e il profeta*, pp. 47–49, 52, 181–193 e 301–302.

[78] «Immensa Dei dilectione testante relicta nobis est pacis hereditas, ut in sua mira dulcedine militie nostre dura mitescerent et in usu eius patrie triumphantis gaudia mereremur», subito opposto all'«antiquus et implacabilis hostis» (*Ep.* VII, i, 2 con riferimento a *Io.* XIV, 27). Sulla pace come oggetto del desiderio naturale, *conditio sine qua non* del conseguimento della felicità terrena, e obiettivo della provvidenza che sovrintende la storia umana, si vedano il capitolo «speziale» del *Conv.* (IV, iv–v) e *Mon.* I, iv, 2–6; I, xi, 14.

[79] *Purg.* VII, 137. Somaini, *Il quadro politico* ha argomentato in favore della datazione della composizione del VII del *Purgatorio* «tra il luglio e il settembre del 1310, quando ormai potevano darsi per certe le notizie sull'arrivo imminente in Italia di Enrico VII di Lussemburgo» (p. 96) apportando una messe di elementi indiziari che meritano di essere attentamente meditati.

imperiali' (non 'ghibellini'), perché sostenitori dell'Impero quale Dante lo teorizza, baluardo della realizzazione del fine terreno dell'umanità, voluto da Dio e fustigatore di ogni diabolica ribellione.

In secondo luogo, conviene prendere maggiormente sul serio – ossia sforzarsi di auscultare invece di occultare – l'ostentata vaghezza di questa dicitura in sede storico-politica, così come dei non specificati «altri» cui Dante si riferisce nel corpo della lettera. Come si è osservato, infatti, mentre la definizione fa appello a una categoria che l'imperatore ben poteva comprendere e sicuramente gli stava a cuore quale parte imprescindibile del suo regno a venire – la Tuscia –, essa è di matrice teologico-politica: quella Tuscia anelante la pace e che, in quanto tale, non può non riconoscersi nella missione del «Titan (...) pacificus» (*Ep.* V, 3).

Ma a che pro accreditare tali co-mittenti (non committenti)? A questo proposito si possono sviluppare due ordini di considerazioni. Da un lato, si può suggerire che questa scelta risponda al deficit di *auctoritas* e legittimità del primo mittente, il fiorentino immeritatamente esule che non poteva vantare nessun titolo e nessun incarico che lo autorizzassero a indirizzarsi a nome proprio a chi era emanazione diretta del «fons pietatis» (*Ep.* V, 7) o, come detto altrove, del «fons universalis auctoritatis» (*Mon.* III, xv, 15). I vaghi co-mittenti vengono così a puntellare il primo, dalla legittimità traballante, mitigando la distanza abissale che separa Dante dal suo destinatario e, di conseguenza, lo scandalo costituito da questa lettera nelle convenzioni epistolografiche dell'epoca; uno scandalo, si ricorderà, che, in tempi di paternità ancora dibattuta, a Francesco Novati pareva tale da costituire una prova di autenticità.[80] Dall'altro, si potrà osservare che la vaghezza è qui direttamente proporzionale al potenziale inclusivo della definizione, applicabile tanto ai Guidi quanto ai fuoriusciti e ad ogni

---

[80] «Si noti però che queste lettere [quelle incluse nelle *artes dictaminis*], le quali muovono in genere da circostanze di fatto vere, hanno sempre per mittenti o per recipienti dei magistrati o altre persone investite di pubblici uffici: tutta la gerarchia sociale è sottoposta a rassegna, dall'imperatore al notaio, dal pontefice al chierico; ma non mai, ch'io sappia, vi si mettono in scena individui privati. Or perché si sarebbe da qualche dettatore fatta un'eccezione per Dante? E questo in tempi a lui vicini, quando cioè la sua fama era certo inferiore di molto a quanto divenne più tardi? Se fosse stata di moda l'avvalersi del nome d'individui reali, celebri, quantunque non investiti di dignità ufficiali, perché non troveremmo noi lettere attribuite a Cino da Pistoia, a Brunetto Latini, ad Albertino Mussato, ad altri cotali?» (Novati, *Le epistole*, pp. 20–21). Sulla correttezza, oltre che della conclusione, della premessa della riflessione di Novati mi permetto di rinviare a Brilli, *The Interplay*, pp. 161–166. Per quanto riguarda la complessità della *fonction auteur* nei testi epistolografici medievali, oltre a Grévin, *Rhétorique du pouvoir*, pp. 65 e ss. e Delle Donne, *Autori, redazioni* (già cit. in Brilli, *The interplay*, p. 163, nota 40), si veda il bel saggio di Stella, *Chi scrive le mie lettere?*, uscito a ridosso della consegna di quel lavoro.

altro soggetto politico toscano disposto a riconoscere e sposare la visione dantesca dell'Impero. E ciò diviene fondamentale quando si osservi che, non diversamente dall'epistola V sebbene su una scala diversa, la VII ha tutta la qualità della lettera circolare o, se si preferisce, del «manifesto».[81] Altrimenti detto, è possibile se non probabile che sia stata concepita, redatta e diffusa in vista di destinatari, in realtà, multipli. Accanto a quello ufficiale ed esplicito, Enrico VII, dei destinatari impliciti che, convinti dagli argomenti che vi sono esposti nonché variamente solleticati dalle molte ragioni che rendevano desiderabile un ridimensionamento dello strapotere di Firenze, avrebbero potuto sottoscriverla, riconoscersi nella definizione appositamente aperta della *salutatio*, accorrere in supporto di Enrico e, perché no?, fare di Dante il loro portavoce *ex post*. Se questo suggerimento suona troppo ingegnoso conviene forse rileggere la scena delle *retrouvailles* con Beatrice nel *Purgatorio*. Precisamente il passo nel quale la donna, rispondendo agli angeli che la interrogano sulle ragioni della sua durezza contro il pellegrino, teorizza appunto una strategia discorsiva obliqua, ossia un discorso pubblico inteso a raggiungere destinatari secondi (là Dante pellegrino, qui i potenziali sostenitori di Enrico) oltre ai manifesti (là gli angeli, qui l'imperatore): «voi vigilate ne l'etterno die, / sì che notte né sonno a voi non fura / passo che faccia il secol per sue vie; / onde la mia risposta è con più cura / che m'intenda colui che di là piagne, / perché sia colpa e duol d'una misura» (*Purg.* XXX, 103–108). Parlare (o scrivere), insomma, all'uno affinché l'altro intenda e sia riformato dal discorso così inteso.

Quando si legga la VII epistola come una missiva rivolta non solo all'imperatore ma anche ai suoi sostenitori potenziali, diviene tanto più assennata la denuncia della politica fiorentina che, approfittando dell'indugio imperiale, ingrassa le sue fila cooptando e irretendo nuovi sostenitori (*Ep.* VII, 15 e 23–28), così come l'insistenza sui motivi dell'esilio babilonese e dell'anelata *reformatio* e *restitutio* in favore delle vittime di precedenti ingiustizie (*Ep.* VII, 4 e 30). La prima doveva suonare come un campanello d'allarme alle orecchie di dinastie territoriali che, come i Guidi, avevano tutto l'interesse di non vedere rafforzato oltre il potere di Firenze e dunque di sostenere la campagna di Enrico VII; la seconda blandiva la sofferenza, la nostalgia e il desiderio di riscossa dei fuoriusciti della stagione politica precedente motivandoli parimenti a supportare la missione arrighiana. Se il Curione lucaneo, qui citato da Dante, spronava Cesare «dum trepidant nullo firmate robore partes, tolle moras» (*Phars.* I, 280–281, cit. in *Ep.* VII, 16), quando quest'esortazione sia formulata pubblicamente, essa costituisce di per sé un invito a che le forze in campo si confermino e rinsaldino nella comune adesione al fronte imperiale.

---

[81] L'espressione è di Mazzoni, *Dante e la terra casentinese*, p. V (nella rist. anastatica p. 103).

Da questo punto di vista la VII epistola si pone in profonda continuità ideologica con le due precedenti, e in particolare con la V; se ne distanzia tuttavia per lo specificarsi dello scacchiere geo-politico, ora identificato con la Tuscia. Questo nuovo focus discende non solo da un maggiore, e del tutto comprensibile, interesse di Dante per i fatti di Toscana bensì anche da una corretta analisi dello scenario coevo e da un orizzonte d'attesa in sé tutt'altro che irragionevole. Da un lato, Dante certamente «ben vede, con la saggezza d'uomo politico che non possiamo disconoscere, che solo Firenze è il ganglio strategico della resistenza, il caposaldo da battere e annientare»,[82] ma anche comprende che, per avere una qualche possibilità di riuscita, è necessario innescare una cooperazione virtuosa tra forze imperiali e forze locali laddove queste ultime, come l'epistola lascia intendere e i fatti seguenti confermano, si sarebbero mobilitate solo all'arrivo dell'imperatore, non prima. Dall'altro, memore dell'investimento di alcuni Guidi nella stagione politica precedente, consapevole dei loro interessi nella regione e forte della consuetudine passata, recandosi «sub fonte Sarni» e lì componendo e diffondendo il suo manifesto, Dante ritiene di poter contribuire attivamente a che ciò avvenga.[83]

Questa spiegazione mi pare convenire meglio allo scenario del Casentino della primavera del 1311, uno scenario ben più opaco e fluido in termini di schieramenti politici di quel che postula l'esistenza di committenti di cui non restano tracce. Su questo scenario, Dante, forse anche non da solo – ma sia chiaro che una cosa è parlare magari tra amici delle notizie del giorno e discutere del da farsi, altro essere appuntato come portavoce ufficiale di questi o di quelli –, pensa di poter agire tramite la sua attività epistolografica, in particolare mettendo in moto un circolo virtuoso che avrebbe dovuto vedere Enrico VII scendere fulmineo contro Firenze e, congiuntamente, dall'Appennino e dalle altre aree toscane avanzare gli alleati pronti a dargli man forte. Come andò la storia è noto: neanche i Guidi riescono a mettersi d'accordo sulla linea da seguire e l'appello di Dante rimane senza seguito, facendo presa al massimo sulla Gherardesca che gli commissiona, nel maggio seguente, la redazione di una o più

---

[82] Così Mazzoni, *Le epistole*, p. 75, con metafora organicistica che varia le dantesche dell'«hydra pestiferat» e della radice (*Ep.* VII, 20–21). Per la correttezza storica dell'analisi cfr. Bowsky, *Florence and Henry* e Bowsky, *Henry VII in Italy*.
[83] In questa chiave, le riflessioni svolte da altri circa l'opportunità politica della VII lettera appaiono condivisibili, a patto però di non farne le prove di una committenza cui ostano le considerazioni svolte sopra, e di scorgervi invece le ragioni che fecero ritenere a Dante che il suo appello potesse far presa ed essere sottoscritto *in primis*, ma non esclusivamente, da interlocutori casentinesi, sorta di manifesto grazie al quale rassembrare le forze disperse sotto l'egida non di una parte bianca bensì dell'«uccel di Dio» (*Par.* VI, 4) e che, qualora accolto, lo avrebbe anche confortato nel suo ruolo, nient'affatto secondario, di cantore dell'Impero.

lettere in risposta (si badi) all'imperatrice, certo utili se l'imperatore e la sua corte fossero arrivati un giorno da quelle parti. Dall'esito, sotto questo profilo, fallimentare dell'appello non si deve tuttavia desumerne l'assurdità nel momento in cui è formulato; e neanche il fallimento in sé deve essere eccessivamente enfatizzato: se l'epistola VII non riesce a far evolvere la scacchiera come l'autore ha sperato, è però anche grazie a questa pubblica militanza, oltre che alla produzione letteraria, che Dante riesce a procacciarsi il favore e l'ospitalità del signore di Verona quando la situazione politica volge al peggio. Un esito questo, certo, infinitamente inferiore all'auspicato ma non per questo irrisorio.

6 Epistolografia performativa e profetismo

Ho premesso che quest'analisi avrebbe avuto conseguenze anche sul modo d'interpretare il gesto testuale di Dante, e occorre svolgerle. Le ragioni storiche e retoriche esposte sopra invitato a ritenere che la VII epistola non possa leggersi come un documento emanante da una comunità politica empirica già definita e storicamente operante al momento della sua redazione, che avesse incaricato Dante di rappresentarla per iscritto. Al contrario, questa lettera può e personalmente ritengo che debba essere letta come un tentativo discorsivo volto a fondare una comunità politica possibile: una comunità che ancora non è ma che, a fronte delle manovre fiorentine e con l'avvento di Enrico VII in Toscana, avrebbe potuto mettersi in opera. I co-mittenti definiti nella *salutatio* come «omnes Tusci qui pacem desiderant» si situano allora non a monte del discorso epistolografico, quali dei committenti propriamente intesi, bensì dentro di esso, perché costruiti dalla lettera, e ottativamente a valle, perché la lettera ambisce a tradurli in realtà fuori di sé, quali suo effetto.

Osservare ciò equivale a considerare quello sviluppato nella VII epistola come un discorso performativo nel senso austiniano del termine, un discorso cioè che non descrive la realtà bensì intende, col suo darsi, agirla e modificarla. Più in particolare, si tratta di un discorso di tipo «perlocutorio», dal momento che l'esito dipende dalla reazione dei destinatari – tanto l'esplicito, Enrico VII, quanto gli impliciti, i toschi che se avessero amato la pace (e soprattutto se l'avessero intesa come Dante la intendeva) avrebbero dovuto caldeggiare l'avvento dell'imperatore e supportarne l'azione contro Firenze.[84] L'interesse di

---

84 Il riferimento è ovviamente a Austin, *How to Do Things*. Per un'interessante applicazione delle categorie austiniane alle teorie del linguaggio scolastico, cfr. Rosier Catach, *La parole efficace*.

questo suggerimento risiede meno nell'apporre un'etichetta che nelle sue conseguenze sulla valutazione dell'*iter* di Dante autore, sia nel suo complesso sia in relazione al problema specifico del profetismo. Rispetto al complesso di quest'itinerario, la concezione performativa che Dante ha dello scrivere e della propria attività letteraria sta emergendo sempre con maggiore finezza negli studi più recenti, e in relazione già alla *Vita Nova*: da questo punto di vista, dunque, il Dante mobilitato nella campagna filo-arrighiana sta semplicemente esportando a un discorso pubblico, ossia di pubblicistica, delle modalità compositive e più in generale un approccio alla composizione che aveva già sperimentato, senza dubbio con successo, in altri ambiti.[85] "Semplicemente", s'intende, da un punto di vista operazionale, perché invece il risultato del trasferimento da testi pur sempre di *fictio* a un discorso pubblico di altra natura è retoricamente dirompente.

Con ciò s'arriva all'apporto specifico di questa ricognizione in vista del profetismo o, per dir meglio, dell'assunzione da parte di Dante di una postura di stampo profetico.[86] Come altri studiosi in passato, si pensi a Bruno Nardi e Nicolò Mineo, sono portata a riconoscere nelle epistole della stagione arrighiana un punto di svolta nella produzione dantesca rispetto a tale questione; e altrove, dialogando con chi insiste sull'appartenenza di questi testi al genere del *dictamen* medievale per disattivarne la carica profetica, ho ricordato che questa lettura, che pure muove da dati formali e stilistici oggettivi e condivisibili, non può però arrivare al punto di obliterare un dato testuale altrettanto lampante: il fatto che la più grande infrazione dantesca alle consuetudini epistolografiche del suo tempo, e pertanto ciò che vi è di retoricamente "profetico", è la sovraesposizione della voce e della persona autoriale, la messa in scena cioè di sé, fin dalle *salutationes*, quale interlocutore privilegiato dei grandi della terra, dei fiorentini, dell'imperatore stesso.[87] Continuando a ragionare in questa prospettiva, gli «omnes Tusci qui pacem desiderant» e la disperata impresa performativa della VII epistola spiegano come ciò sia potuto accadere.

Lungi dall'essere un discorso su commissione o un discorso visionario, il dantesco è un tentativo di fondare, in una congiuntura storica ancora relativa-

---

[85] Penso ad esempio ai lavori di Gragnolati, *Authorship and Performance* e Gragnolati, *Una performance senza gerarchia*, che ringrazio l'autore per aver condiviso in anteprima, sulla *Vita Nova*, che integrando la categoria austiniana offrono una lettura del libello come opera di costruzione attraverso la riscrittura delle liriche precedenti.
[86] Nel senso con cui il termine è adottato da Piron, *La parole prophétique*.
[87] Nardi, *Dante profeta*, p. 339; Mineo, *Mondo classico*, p. 71; Brilli, *Firenze e il profeta*, pp. 358 e ss. (con bibliografia pregressa); per le considerazioni qui richiamate si veda in particolare Brilli, *The interplay*, pp. 161–169. Diversamente, come si ricorderà, per Morghen il punto di svolta era costituito dall'epistola XI (Morghen, *Dante profeta*, p. 1152).

mente aperta, una comunità politica a venire tramite la parola, in particolare esportando all'ambito dell'epistolografia politica le modalità di costruzione e auto-accreditazione del sé, così come di costruzione del pubblico, che Dante aveva già messo in opera con frutto in altra sede. In altri termini, la messa in scena di sé nelle epistole serve affinché altri seguano e sottoscrivano; ma, al tempo stesso, ciò stravolge il genere perché v'immette un dispositivo a esso estraneo e che, incentrato sull'auto-promozione di un singolo in quanto portavoce di una verità che lo trascende, s'apparenta al profetismo. Si vede allora bene come l'*habitus* profetico dantesco (non parlo qui delle sue intime convinzioni, che sono il terreno della psicologia storica o della divinazione) sia andato definendosi per scarti sia pure radicali e determinati dall'incalzare degli eventi ma che, per altro verso, si collocano su un'ideale linea di continuità con le prove della giovinezza e con quella fideistica convinzione nel potere della (propria) parola. Anche s'intravvede perché, dopo aver cercato di fondare in tale modo una nuova comunità e quando capitò che nessuno seguisse, il sé così sovraesposto e quasi nudo si risolvesse a reclamare il proprio fare «parte per sé stesso», accreditando un'investitura ora apertamente divina e perciò incontrovertibile, e contemporaneamente dedicandosi totalmente alla costruzione, stavolta pienamente riuscita, di un'altra comunità: quella di «coloro / che questo tempo chiameranno antico» (*Par.* XVII, 119–120), quella di noi che ancora oggi lo leggiamo e ne discutiamo.

Attilio Bartoli Langeli
Scrivere all'imperatrice

Abstracts: Si prende in esame il cosiddetto "trittico di Battifolle", ossia le tre epistole che Gherardesca contessa palatina di Battifolle in quanto moglie di uno dei conti Guidi, signori del Casentino, spedì all'imperatrice Margherita, che aveva seguito il marito Enrico VII nella sua missione in Italia, in risposta ad altrettante lettere di lei. Il trittico è tràdito dal ms. Vaticano Palatino Latino 1729, occupando esattamente il centro della sezione delle lettere di Dante. Questa è la ragione principale dell'attribuzione a Dante del testo delle tre missive. Nella prima parte si ragiona degli elementi di contesto nei quali s'inquadrano le lettere della contessa, intese come prodotto cancelleresco. Nella seconda si propongono le risposte ad alcuni dei problemi che le tre lettere hanno suscitato nella letteratura critica.

The article examines the so-called "Battifolle tryptic", that is to say the three epistles that Gherardesca, Palatin Countess of Battifolle and wife of one of the Guidi counts, lords of the Casentino, sent to the Empress Margherita, who had followed her husband Henry VII in his Italian mission, in response to three of her epistles. The tryptic is attested in the ms. Vaticano Palatino Latino 1729, and it occupies the exact center of the section devoted to Dante's letters. This is the main reason why the three epistles' texts have been attributed to Dante. In the first part of the article, I discuss the context in which the Countess' epistles, here interpreted as a chancery product, are framed. In the second part I answer some questions raised by the three epistles among scholars.

Parole chiave: Gherardesca, Trittico Battifolle, allografia, scrittura femminile, Dante.

L'imperatore Enrico VII e sua moglie Margherita giunsero in Italia il 23 ottobre 1310; toccarono Torino, Milano, Cremona, Brescia, Genova; qui l'imperatrice morì, quarantaquattrenne, il 14 dicembre 1311. Nel periodo tra queste due date dal Casentino, il dominato di Guido Guidi del ramo di Battifolle conte palatino di Tuscia, Gherardesca moglie di Guido scrisse tre lettere all'imperatrice. Una è datata Poppi, 18 maggio 1311; le altre non portano data, e qualcuno ritiene che fossero due bozze dell'unica effettivamente inviata, quella appunto datata. Fos-

---

Attilio Bartoli Langeli, Pontificio Ateneo Antonianum, Roma

sero tre stesure di una lettera o tre successive lettere missive, il testo di esse è attribuito a Dante Alighieri, nonostante non vi sia fatto il suo nome: cosa del tutto naturale, in quanto nella circostanza egli operò da autore/scrivente delegato dalla contessa. Gli studiosi le hanno numerate VIII–IX–X sul totale delle tredici lettere note di Dante e le hanno raccolte sotto l'etichetta "trittico di Battifolle".

1 Curiosità

Il rapporto di scrittura tra Dante e Gherardesca moglie di Guido Guidi e contessa palatina di Tuscia sembra un caso di studio ottimo per sviluppare almeno due motivi di storia della scrittura. Il primo: scrivere da sé oppure farsi scrivere da altri, poiché Gherardesca non scrive da sé, si fa scrivere da Dante. Il secondo: la cultura alfabetica delle donne di rango elevato, qual era senza dubbio Gherardesca. Si tratterà di un antefatto *ad excludendum*: i due aspetti sono, infatti, fuori tema. Ma mi è piacevole girovagare per argomenti di storiografia paleografica, e così mostrare – esercizio a me caro – quanto i nostri studi debbano ad Armando Petrucci. Senza di lui, noi paleografi ragioneremmo come sessant'anni fa.

1.1 Scrivere da sé, farsi scrivere da altri

Altrimenti detto: autografia versus allografia ovvero eterografia. Autografia significa scrivere da sé, di propria mano, propri testi. Con ciò si escludono gli amanuensi, i copisti per mestiere (se si argomentasse che ogni scrittura a mano è *ipso facto* autografa non andremmo molto lontano). Ci sono varie autografie. Distinguiamo tra l'autografia letteraria e l'autografia pratica.

Di autografie letterarie ce n'è più d'una. C'è quella da autore, l'autore che inventa il testo scrivendolo, e allora il contrario è la dettatura. C'è quella da copista, l'autore che trascrive da sé i propri testi perché altri li leggano o li copino, e allora il contrario è l'idiografia, la delega ad altri. A metà si collocano i testi come i diari, gli epistolari, le autobiografie, scritti di propria mano da persone "qualsiasi", non appartenenti al vertice letterario. Per questi testi è invalso il termine *egodocumento*. Lo inventò negli anni 1950 Jacques Presser, lo storico olandese autore de *La notte dei Girondini* tradotto da Primo Levi, in relazione ai diari di ebrei durante l'Olocausto.[1] In Italia è usato soprattutto da stori-

---

1 Ricavo questa notizia da Ciappelli, *Introduzione*, p. 14, nota 11, con ampia bibliografia.

che: a loro soprattutto si devono le voci che trovo con Google, circa milleduecento risultati per il singolare e cinquecento per il plurale.²

L'altra è l'autografia pratica, documentaria, e questa interessa qui: scrivere e sottoscrivere una lettera, una dichiarazione, una ricevuta ... Il contrario è l'allografia.³ Essa vale farsi scrivere da altri. O, preso dalla parte di chi ha la penna in mano: scrivere per gli altri, scrivere per delega. Definizione di Petrucci: «il fenomeno della "delega di scrittura" si verifica quando una persona che dovrebbe scrivere un testo o sottoscrivere un documento e non è in condizioni di farlo perché non può o perché non sa, prega altri di farlo per lui e in suo nome, o in sua vece».⁴

Il tema si era affacciato alla storiografia e alla paleografia per merito degli antichisti, in particolare di Herbert C. Youtie, epigrafista, studioso dell'Egitto greco-romano, che come si sa è uno straordinario deposito di scritture antiche. Youtie compose tra 1971 e 1974 un trittico di saggi dai titoli *Agrammatos, Bradeos graphon, Upographeos*: chi non sa scrivere, chi scrive male, chi scrive per altri. Petrucci aveva lavorato sul libretto dei conti di Maddalena pizzicarola in Trastevere: un libretto scritto da tutti meno che dalla titolare, analfabeta. E ne ricavava che «nelle aree urbane dell'Italia centrosettentrionale del Quattro-Cinquecento (...) si era venuta formando un'informale categoria di alfabeti delegati di scrittura appartenenti alle classi medio-basse o basse della popolazione cittadina».⁵

Con ogni evidenza, questa accezione dello "scrivere per gli altri" in volgare, dal basso e in basso, non ha niente a che vedere con le lettere che Dante scrisse per la contessa Gherardesca sposa di Guido Guidi. Esattamente come l'argomento seguente, l'alfabetismo delle donne. Infatti, è indifferente rispetto a quelle lettere che Gherardesca sapesse o non sapesse scrivere. Ma vale la pena chiederselo.

1.2 Sulla cultura alfabetica delle donne

Il tema è molto frequentato. Due cose recentissime, entrambe uscite nel 2018, faranno testo d'ora in poi: una è il saggio di Tiziana Plebani, *Le scritture delle*

---

2 È quanto risulta in data 31 dicembre 2019. Il che significherebbe un notevole incremento rispetto al maggio-giugno 2017, quando preparavo questa relazione: allora Google mi dava poco meno di mille e, rispettivamente, quattrocento risultati.
3 Gli stessi prefissi per una diversa fattispecie, molto bella: Härtel, «Autodenominazione» e «allodenominazione».
4 Frase di apertura di Petrucci, *Scrivere per gli altri*.
5 Petrucci, *Scrivere per gli altri*, p. 63. Per il resto, si parla di cose degli anni '70 del secolo scorso: *Alfabetismo e cultura scritta nella storia*, oppure *Alfabetismo e cultura scritta*, dove il

donne in Europa. Pratiche quotidiane e ambizioni letterarie (secoli XIII–XX),[6] che si raccomanda per la larghezza di prospettiva in termini geografici, cronologici e tematici; l'altra, importante sia per la ricchezza delle riproduzioni sia per i testi che le accompagnano, è il volume a più mani dirette da Giovanna Murano *Donne, sante e madonne (da Matilde di Canossa ad Artemisia Gentileschi)*, secondo volume della serie *Autographa. Autografi di italiani illustri* (diretta dalla stessa Murano).[7] Inoltre, buoni inquadramenti problematici sono forniti, per restare alla letteratura recente, dalla stessa Giovanna Murano in riferimento a Caterina da Siena[8] e da Werner Maleczek in riferimento a Chiara d'Assisi.[9]

Quale la cultura alfabetica di Gherardesca? Non ne sappiamo nulla. Lei dovrebbe essere al secondo livello nella graduatoria stabilita da Francesco da Barberino, anche lui come Dante esule al servizio di potenti ma, a differenza di Dante, notaio. Egli considera l'apprendimento della lettura e scrittura come uno tra i molti elementi che compongono l'educazione delle fanciulle:

> *Ritorno alla materia principale / e vegno al primo grado d'esta parte, / e dico che, s'ella fosse figliuola / d'imperadore o di re coronato*, (...) parmi ch'a suo stato si convegna che 'n questo tempo imprenda legere e scrivere convenevolmente, sicché, se convenisse lei donna rimanere di terra o di vassalli, sarà più conta a reggimento fare; ché *ben save' che 'l senno accidentale, / lo qual porrà poi conquistar legendo, / aiuta il naturale in molte cose.* (...)
>
> Ora vi discendo agli altri gradi di questo capitolo.
>
> E s'ella sarà figlia di marchese, di duca, conte, o d'uno altro simile barone, porrà tenersi alli detti costumi; ma puote più indugiar a cominciare. (...)
>
> S'ella sarà figliuola di cavaliere da scudo o di solenne iudice o di solenne medico o d'altro gentile uomo li cui antichi ed ello usati sono di mantenere onore, nella cui casa sono o sieno usati d'esser cavalieri, (...) a me pare che, se piace alli suoi, imprender può (a) legere e anco a scrivere alquanto con esso. Ma sovra questo punto non so ben ch'io mi dica, ché molti lodano ciò e molti biasmano ciò, quando la donna è grande.[10]

Quella di «figliuola d'imperadore o di re coronato» e quella di «figlia di marchese, di duca, conte, o d'uno altro simile barone» sono le uniche due condizioni

---

saggio di Cavallo, *Dal segno incompiuto*, vertente sull'Italia nei primi secoli dell'Impero, illustra bene le ricerche di Youtie; Petrucci, *Scrittura, alfabetismo*.
6 Plebani, *Le scritture delle donne*.
7 Murano, *Donne, sante*.
8 Murano, *«Ò scritte di mia mano»*.
9 Maleczek, *Vent'anni dopo*, pp. 93–98.
10 Brani citatissimi (in ultimo da Maleczek *Vent'anni dopo*, p. 97): li riporto *ex novo* da Francesco da Barberino, *Reggimento e costumi di donna*, pp. p. 9 rr. 15–18, 12 rr. 29–33, 13 rr. 7–9, 14 rr. 1–3 e 32–35. In corsivo le parti in versi.

di nascita che meritano, nel pensiero di Francesco da Barberino, un'alfabetizzazione completa, non solo di lettura ma anche di scrittura; dubitoso, invece, è l'autore sull'opportunità di erogare entrambe le competenze alla «figliuola di cavaliere da scudo» con quel che segue.

Gherardesca, proveniente dalla nobilissima schiatta comitale pisana e perciò appartenente alla seconda categoria, dovrebbe aver ricevuto un'educazione di base alla lettura e alla scrittura. Il che, ripeto, non serve a capire le "sue" lettere alla moglie dell'imperatore.

Accenno a tre ottime basi per rapportare l'argomento dell'alfabetismo alle donne di condizione alta.

Una è l'articolo di Luisa Miglio del 2000 *«Perch'io ho charestia di chi scriva». Delegati di scrittura in ambiente mediceo.*[11] In esso si ammira una bella galleria di scriventi maschi per le donne di casa Medici durante il Quattrocento: Matteo segretario fidatissimo di Cosimo, Gentile Becchi precettore di Lorenzo e Giuliano e poi vescovo di Arezzo, Niccolò Michelozzi cancelliere di Piero e in seguito di Lorenzo, e altri, fino ad Angelo Poliziano. Professionisti della penna e del documento, dunque, che si prestano occasionalmente a scrivere per le donne di casa, sebbene alcune di esse fossero capacissime di scrivere da sé. Ma la dimensione di questo scrivere o far scrivere è sempre domestica e intima, altro che la contessa Gherardesca che scrive alla consorte dell'imperatore. Le lettere delle donne Medici sono tutte interne al cerchio parentale. Impensabile immaginare una Clarice Orsini Medici, che pure era «altera e crucciosa», che scrive o si fa scrivere, che so, ad Anna di Bretagna consorte di Carlo VIII re di Francia. Magari spinta dal marito, Lorenzo.

Un riferimento più vicino (non però cronologicamente) a Gherardesca sembra esser dato dalle donne del libro di Maria Grazia Nico Ottaviani, del 2006: *«Me son missa a scriver questa letera ....».*[12] Però il contesto e le occasioni sono sempre quelle. Prendiamo l'esempio di Caterina Cibo sposata Varano duchessa di Camerino, «donna molto intendente de governi di stati» che «discorreva con grande prudenza sopra gli affari del mondo». Le sue lettere a papi e cardinali (tutti più o meno a lei imparentati), molte di carattere pratico ma alcune con riferimenti politici, sono scritte da altri, Caterina firma soltanto. E sono tutte in volgare, altro che il latino solenne di Gherardesca sposata Guidi.

---

11 Miglio, , *«Perch'io ho charestia»*.
12 Nico Ottaviani, *«Me son missa a scriver»*. Nel capitolo *Lettere e governo*, pp. 89–119, si parla, oltre che di Caterina, di Maddalena Medici (madre di lei), Giulia Varano, Eleonora Gonzaga. Le parole virgolettate su Caterina sono a p. 113.

Il terzo volume che mi piace citare è il recente *Autografie dell'età minore*.[13] Nel volume si parla degli esercizi autografici (specialmente ma non solo lettere) dei bambini, maschi e femmine, di tre dinastie signorili, quelle degli Este, dei Gonzaga e degli Sforza, tra Quattro e Cinquecento. Ne riporto una riflessione di Isabella Lazzarini. La quale riscontra un peggioramento, una involuzione nella scrittura a mano di questi «principi *in fieri*» (specialmente maschi, va detto), con l'andare del tempo. E commenta: «la scrittura risente del mutamento di funzione dell'autografia, da "debito" dello scrivere [nell'ambito della prima educazione] a rara espressione di intenzionalità»: a questi giovani principi «il ruolo [pubblico] e quindi la disponibilità di cancellieri e la stessa concezione dell'autorità di fatto imponeva sempre più nel crescere l'abbandono della penna». Resta per le donne lo scrivere intimo, di figlia moglie madre. Poche le occasioni, incerta la mano, l'autografia delle signore di buona famiglia ha come tratto distintivo la privatezza.

1.3 Un genere da esplorare: le epistole pubbliche di sovrane

Le tre lettere di Gherardesca da Battifolle all'imperatrice sono tutt'altra cosa da quelle viste finora. Sono documenti ufficiali emessi da lei in quanto *comitissa in Tuscia palatina*, in quanto dunque autorità provvista di poteri pubblici, quali che fossero, e capace perciò di produrre scritture autentiche. Scritture di forma e tenore epistolari, in latino, come è tipico della documentazione d'autorità.[14] Documenti perciò strutturati in questa maniera: incipit con la triade *intitulatio-inscriptio-salutatio*, ovvero nome e titoli dell'emittente, nome e titoli del destinatario (in questo o nell'ordine inverso, secondo le rispettive altezze) e formula di saluto; testo, impostato sul *nos* maiestatico e il *vos* di rispetto; formule escatocollari, tra le quali indispensabile la datazione, completa o parziale, aperta di solito dalla parola abbreviata *Dat(um)* – parola sostituita in una delle lettere di Gherardesca, con bella variante, con *Missum*, parola che esprime efficacemente il fatto dell'emanazione "sovrana" e insieme dell'invio materiale.[15]

---

13 *Autografie dell'età minore*; Ferrari, Lazzarini, Piseri, *Lettere autografe di principi 'in fieri'*; Lazzarini, *I Gonzaga e gli Este* (il brano citato è a p. 66).
14 Sul tema, ovviamente molto presente agli studiosi di diplomatica, conviene citare un lavoro collettivo molto aperto: *La corrispondenza epistolare*.
15 Si ricorda che invece i notai per i loro documenti usano *Actum*, in quanto raccontano e con ciò provano un fatto avvenuto sotto i loro occhi. Aggiungiamo che tra le formule escatocollari delle lettere di Gherardesca manca la cosiddetta *roboratio*, ossia la dichiarazione dell'apposizione del sigillo. Dichiarazione che però si trova nei documenti costitutivi di diritti, e non in tutti. Tutt'altra cosa dalle lettere di Gherardesca, che sono di comunicazione e omaggio.

Le tre lettere della contessa sono documenti cancellereschi a pieno titolo, senza che l'aggettivo indichi necessariamente un ufficio addetto all'emissione seriale di documenti: il termine astratto vale a significare documenti ordinati dall'autorità e realizzati da una o più persone competenti. Realizzati nelle maniere acconce, quanto alla lingua, alle formule, allo stile e alle forme estrinseche, principale delle quali la sigillazione (che nel nostro caso non è possibile verificare).

Un'eccezione, Gherardesca? Si può chiarirlo chiedendosi quali e quante siano le occasioni nelle quali donne dotate di un potere pubblico abbiano emesso documenti propri. Il problema è certamente avvertito.[16] È in corso una bella esperienza di schedatura, coordinata da Joan Ferrante della Columbia University, dal titolo *Epistolae: Medieval Women's Letters*, con arco cronologico dal IV al XIII secolo (https://epistolae.ccnmtl.columbia.edu/). Per capirne il livello, basti dire che per ora il sito contempla 96 pagine, ciascuna con 23/25 item. Lo spoglio non è facile, perché le schede non sono in ordine né cronologico né alfabetico e, soprattutto, vi confluiscono lettere *di* e lettere *a* donne di varia condizione.[17]

Per mio conto propongo un assaggio sulla letteratura classica in tema di documentazione medievale. Mi soffermo per un verso sull'*Handbuch der Urkundenlehre* di Harry Bresslau, che è un inarrivabile tesoro d'informazioni,[18] per l'altro sulle grandi raccolte di fonti, quali i *Monumenta Germaniae Historica* e i *Regesta Imperii*.[19] In particolare nei *Regesta*, quinto volume (anni 1198–1272), si fa ammirare la sezione *Königinnen und Kaiserinnen*, inventata da Julius Ficker.[20] Approfitto poi di qualche pubblicazione specifica reperita nel web.

Per cominciare, Bresslau fa conoscere alcuni casi di protagonismo documentario di donne regnanti. Non dunque passive imitatrici della consuetudine maschile, maritale nel loro caso, ma capaci di rinnovare a più livelli le pratiche della documentazione.

---

16 Si veda ad esempio il recente *Mächtige Frauen?*; in particolare l'introduzione della curatrice, Zey, *Zur Einführung*, pp. 21-23. Il volume mi è stato segnalato da Werner Maleczek, che ringrazio.
17 Il sito mi è stato additato da Elisabetta Bartoli, che ringrazio.
18 L'*Handbuch* è in due volumi, pubblicati il primo nel 1912, il secondo postumo nel 1931 per cura di Hans-Walter Klewitz. Utilizzo la meritoria traduzione italiana del 1998: Bresslau, *Manuale di diplomatica*. Pubblicazione voluta da Giovanna Nicolaj, che firma la premessa *Ragioni e prospositi della traduzione*, pp. IX–XI. Mi affido all'*Indice delle persone e dei luoghi*, pp. 1266–1351, nel quale la dominanza maschile è interrotta ogni tanto da un nome femminile.
19 Mentre la situazione on-line dei MGH è perfetta, piuttosto complicata è la consultazione dei *Regesta*. Nella ricerca on-line mi ha aiutato Eleonora Rava, che ringrazio.
20 *Regesta Imperii*, V. Citerò i regesti raccolti in questa sezione con il numero d'ordine.

Un primato assoluto detengono le canossiane Beatrice e Matilde: «tra i signori laici dell'Italia settentrionale e centrale furono i marchesi di Tuscia del casato di Canossa quelli che cominciarono per primi a far produrre spesso i loro documenti non dai notai pubblici ma dai loro stessi funzionari, rifacendosi in questo per qualche verso alle forme dei documenti regi»[21] (Bresslau, p. 834). Un altro primato è della contessa Adelaide, vedova di Ruggero I e reggente per il minorenne Ruggero II: di lei è il più antico documento su carta dell'Occidente medievale che sia conservato, un mandato del 1109 indirizzato ai funzionari di Castrogiovanni (p. 1111).[22] Probabilmente l'attestazione più arretrata di un sigillo segreto, quello personalissimo del soggetto eminente, risale al 1194 e viene dalla contessa Eleonora di St-Quentin, il cui sigillo portava la legenda *Secretum Elienor* (p. 1180 nota 153).

Restando al regno di Sicilia, protagoniste di riforme e incrementi della cancelleria regia furono Costanza d'Altavilla dopo la morte del marito Enrico VI, cioè negli anni 1197–1198[23] e, molto tempo dopo, Giovanna I d'Angiò, 1343–1381, alla quale si deve un'istruzione per gli archivisti di corte.[24] Si hanno poi formulari di cancelleria realizzati durante il regno o la reggenza di due sovrane: ancora Costanza d'Altavilla, con una raccolta di lettere firmate dal suo notaio Tommaso da Gaeta, che in precedenza aveva servito Tancredi d'Altavilla re di Sicilia dal 1191 al 1194;[25] e Cunigonda regina di Boemia, moglie di Ottocaro II (1278–85), con un formulario comprendente fra l'altro «una breve appendice con pezzi autentici provenienti dalla cancelleria della regina».[26]

Di sigilli di regine e di altre sovrane, Bresslau ne cita in abbondanza (si veda l'*Indice delle persone e dei luoghi*, alle voci): sono attestati quelli della contessa Emma moglie di Adalberto di Ballenstedt, giudicato però «non genuino» (1045 circa), di Costanza di Francia vedova di Boemondo principe di Taranto (una bolla di piombo, 1125 circa), di Beatrice di Borgogna moglie di Federico I (1157), di Costanza di Castiglia sposa di Ludovico VII re di Francia (1160), di Giovanna d'Inghilterra moglie di Guglielmo II di Sicilia (1199), di Maria di Brabante vedova dell'imperatore Ottone IV (1218), di Matilde di Brandeburgo sposa di Ottone il Fanciullo (1258 circa) ...

Termino con un paio di notizie di addetti alla documentazione di donne coronate: oltre a Tommaso da Gaeta notaio di Costanza d'Altavilla, menzionato

---

21 Bresslau, *Manuale di diplomatica*, p. 834.
22 Oggi famoso. Bresslau lo conosceva tramite La Mantia, *Il primo documento in carta*.
23 Bresslau, *Manuale di diplomatica*, pp. 527–528.
24 Bresslau, *Manuale di diplomatica*, p. 154.
25 Bresslau, *Manuale di diplomatica*, p. 910 nota 162.
26 Bresslau, *Manuale di diplomatica*, p. 918 nota 210.

sopra, Bresslau cita un *magister Ulricus de Ulma* che nel 1205 e 1208 figura come notaio di Maria, moglie e poi vedova di Filippo di Svevia imperatore;[27] e *Cunradus quondam notarius regine*, canonico di Worms, che compare nel 1241 e nel 1248 come probabile addetto alla regina Margherita d'Austria sposa di Enrico di Svevia, figlio di Federico II.[28]

Nei *Monumenta Germaniae Historica* gli unici volumi dei *Diplomata* intitolati a una donna sono i due relativi a Matilde di Canossa e a Costanza d'Altavilla.[29] L'uno è troppo arretrato per le nostre esigenze;[30] l'altro invece merita un cenno. Agisce dunque Costanza imperatrice e regina di Sicilia, moglie e poi vedova di Enrico VI.[31] Si conoscono i testi di 66 suoi diplomi e mandati, ai quali ne vanno aggiunti 71 deperditi. Vanno dal 25 giugno 1195 alla morte, novembre 1198. La regina inizia a emettere documenti vivente il marito, però non dal matrimonio (1186) ma dal giugno 1195, sei mesi dopo l'incoronazione siciliana di lui (25 dicembre 1194). I suoi diplomi s'infittiscono dopo la morte di Enrico (28 settembre 1197).[32] L'intitolazione dei suoi documenti è «Constantia Dei gratia Romanorum imperatrix et regina Sicilie semper augusta», talvolta con trasposizione di questo o quel termine; ad essa si aggiunge, a partire dal maggio 1198, «una cum karissimo filio suo Frederico eadem gratia rege Sicilie, ducatus Apulie et principatus Capue». Nonostante il titolo di *imperatrix*, Costanza emette documentazione propria in quanto regina di Sicilia; in effetti i suoi diplomi e mandati riguardano esclusivamente persone, ufficiali e istituzioni del Regno.[33]

Passo ora in rassegna quanto ho trovato circa singole epistole pubbliche emesse da donne coronate tra la metà del XII secolo (in realtà solo per dar conto

---

27 Bresslau, *Manuale di diplomatica*, p. 513.
28 Bresslau, *Manuale di diplomatica*, p. 518 no51 1294.
29 Ci sarebbe anche il volume *Die Urkunden Lothars III*, ma dell'imperatrice Richenza o Richeza – che peraltro dai *Regesta Imperii* risulta agire molto spesso accanto al marito – nel volume sono pubblicati solo quattro placiti del 1136–1137, alle pp. 226–234. Segnalo poi due pubblicazioni relative a Urraca regina di Castiglia e León che non sono riuscito a raggiungere: *Diplomatario de la reina Urraca*; *La reina doña Urraca*.
30 *Die Urkunden und Briefe*.
31 *Die Urkunden der Kaiserin Konstanze*. Lo stesso Kölzer aveva già pubblicato i *Constantiae imperatricis*.
32 Quando, «nell'ambito dei provvedimenti adottati dalla vedova Costanza contro i tedeschi, fu rimessa in piedi anche la cancelleria siciliana del periodo normanno» (Bresslau, *Manuale di diplomatica*, pp. 527–528). Lei, inoltre, si sarebbe allora ripresa il suo sigillo, in precedenza tenuto da Gualtieri di Palearia cancelliere siciliano di Enrico VI (Bresslau, *Manuale di diplomatica*, p. 458 nota 965).
33 Parrebbe fare eccezione il diploma del 6 marzo 1198 per il vescovo di Ascoli Piceno, città non appartenente al Regno: ma la regina conferma solo i beni che la chiesa ascolana possiede «infra regni nostri limites» (*Die Urkunden der Kaiserin Konstanze*, pp. 159–161 nr. 50). Il documento si conosce dal cartulario comunale della città: *Il Quinternone*, II, pp. 625–627, nr. 119.

della prima) e il 1311, anno della morte dell'imperatrice Margherita. L'ordine è dato dall'anno di nascita della sovrana. Nell'impossibilità di dilungarmi, faccio attenzione almeno alle intitolazioni, ossia ai titoli con i quali le sovrane iniziano i propri documenti. Essi vengono alle donne o per matrimonio (regine consorti) o per discendenza paterna: spesse volte le due titolarità convivono. I cambi, se ve ne sono, dipendono dalle vicissitudini biografiche e dai viluppi dei rapporti parentali di ciascuna.

Come si vedrà, abbondano le "regine dei Romani", ossia le mogli o ex mogli o vedove d'imperatore (o sedicente tale). Molte di esse aggiungono al titolo sommo altri propri titoli, pregressi o attuali.

Eleonora d'Aquitania (1122–1204), moglie di Luigi VII re di Francia dal 1137 al 1152, poi di Enrico II d'Inghilterra. Due documenti del 1140 e del 1151, entrambi diretti al monastero femminile di Notre-Dame di Saintes. Nel primo *Helienordis Francorum regina et Willelmi ducis Aquitanici filia* consente a una donazione fatta dal marito. Il secondo è da lei emesso con l'assenso del marito, detto per l'occasione, cosa rara, «collateralis noster», e della sorella: *Helienordis Dei gratia humilis Francorum regina et Aquitanorum ducissa*.[34]

Irene da Costantinopoli (1181–1208), moglie di Filippo di Svevia re di Germania. Un documento in favore del monastero di Adelberg, 1208: *Maria Dei gratia Romanorum regina augusta*.[35]

Costanza d'Aragona (1183–1222), sposata nel 1209 con Federico II. Tre documenti: 1) maggio 1212, concessione in favore dell'abbazia di Casamari: *regina Sicilie, ducatus Apulie et principatus Capue*; 2) gennaio 1213, concessione in favore di «magister Elias»: *Romanorum regina semper augusta et regina Sicilie*; 3) aprile 1213, ordine al vescovo di Messina: *Romanorum regina semper augusta et regina Sicilie, ducatus Apulie et principatus Capue*.[36]

Maria di Brabante (1190–1260), seconda moglie di Ottone IV di Brunswick imperatore (1214–1218), poi moglie di Guglielmo d'Olanda anti-imperatore (1220–1222). Un documento tra il 1218 e il 1220, con l'attribuzione di una chiesa a una fraternita locale: *Maria gloriosi O. Romanorum imperatoris vidua*; nel sigillo *Maria dei gracia Romanor. imperatrix semp. augusta*. Altre intitolazioni, nel corso del tempo, piuttosto tristi: *relicta Ottonis imperatoris*, oppure *quondam imperatrix*, dopo il 1222 *quondam comitissa Hollandie*.[37]

---

[34] I due documenti in Grasilier, *Cartulaires inédits*, p. 36 nr. XXIX (1151) e p. 51 nr. XLVIII (1140).
[35] *Regesta Imperii*, V, nr. 5530.
[36] *Regesta Imperii*, V, nn. 5550f e 5551.
[37] *Regesta Imperii*, V, nr. 5531; altri documenti ai nn. 5535–5539, 5541, 5548. Per il sigillo di Maria nel documento del 1218 cfr. Bresslau, *Manuale di diplomatica*, p. 1181.

Agnese del Palatinato (1201?–1267), moglie di Ottone II duca di Baviera. Un documento del 1231 ca. in favore di un'abbazia: *Agnes iunior ducissa Bawariae*.[38]

Margherita d'Austria o di Babenberg (1204–1266), moglie di Enrico figlio di Federico II (1225), vedova (1242), poi moglie di Ottocaro di Boemia (1252), ripudiata (1261). Almeno otto documenti a favore di ufficiali del regno, ordini, chiese, monasteri. Movimentatissime ma sempre orgogliose le intitolazioni: 1246. *Dei gratia Romanorum regina*; 1248. *Dei gracia Romanorum quondam regina*; 1249. *regina Romanorum*; 1252. *Romanorum quondam regina, ducissa Austrie et Stirie ac marchionissa Moravie*; 1260. *domina regni Boemie, ducissa Austrie et Styrie, marchionissa Moravie*; 1262. *Romanorum regina filia ducis Liupoldi semper augusta*; 1264. *Dei gratia Romanorum quondam regina, ducissa Austrie et Stirie*; 1266. *quondam filia Liupoldi illustris ducis Austrie et Stirie et Romanorum regina* (il padre era morto più di trent'anni prima).[39]

Isabella di Brienne (1212–1228), seconda moglie di Federico II. Più documenti del gennaio-marzo 1226 in favore dell'ordine Teutonico: *Dei gratia Romanorum imperatrix semper augusta, Iherosolime et Sicilie regina*.[40]

Beatrice di Brabante (1225–1288), terza moglie di Enrico Raspe, imperatore di parte papale (contro Federico II e il figlio di lui Corrado) per nove mesi, dal maggio 1246 alla morte, febbraio 1247. Due diplomi emessi a poca distanza dalla morte del marito, il 24 marzo e il 12 aprile 1247, in favore di un monastero maschile e di un monastero femminile: *Beatrix Dei gratia quondam Romanorum regina semper augusta* e *Beatrix Dei gratia relicta domini H. quondam Romanorum regis*;[41] poi più nulla, almeno a mia conoscenza, per quarant'anni.

Sancia di Provenza (1225–1261), moglie di Riccardo di Cornovaglia. Una lettera indirizzata al priore *de Walingefordia*, una cella dell'abbazia di St. Alban, per comunicargli con gioia l'incoronazione del marito a re di Germania (15 maggio 1257): *S. Dei gratia Romanorum regina et comitissa Cornubie*.[42]

Gertrude di Hohenberg (1225–1281), moglie di Rodolfo d'Asburgo, nominata anche Anna. Notificazione del 3 maggio 1278 con la quale *Anna Dei gratia Roma-*

---

38 *Regesten der Pfalzgrafen*, nr. 6509.
39 I documenti del 1246, 1264 e 1266 in Winkelmann, *Acta imperii inedita*, pp. 398–400 nn. 473, 474, 475. Questi e gli altri in *Regesta Imperii*, V, nn. 5556, 5558–5561, 5563–5565.
40 *Regesta Imperii*, V, nr. 5553c. Uno di questi documenti è pubblicato in *Die Urkunden der lateinischen*, pp. 1071–1075 nr. 652. Nel volume gerosolimitano figurano anche la regina Maria, primi anni del secolo (pp. 1059–1068, nn. 644–650) e la *domicella* Maria d'Antiochia pretendente al trono, 1268 (pp. 1265–1272, nn. 725–727), però non come autrici di documenti.
41 *Die Urkunden Heinrich Raspes*, pp. 23–24. Il primo documento in *Regesta Imperii*, V, nr. 5576.
42 La lettera è trascritta da Matthew Paris (monaco, com'è noto, di St. Alban) nel *Liber additamentorum* ai suoi *Chronica maiora*, pp. 373–374.

norum regina annuncia il prossimo matrimonio del figlio con la figlia del re di Anglia.[43]

Elisabetta di Baviera (1227-1273), moglie di Corrado figlio di Federico II, morto nel 1254, e dal 1258 di Mainardo conte di Tirolo e Gorizia. Otto documenti, uno del 1256 e gli altri tra il 1263 e il 1272, con favori a chiese e monasteri: nel primo *Jerusalem et Sycilie regina, ducissa Swewie*; nei successivi *regina et comitissa Goritie ac Tyrolis* oppure soltanto *comitissa Goritie ac Tyrolis*.[44]

Elisabetta di Brunswick (1230-1266), moglie di Guglielmo d'Olanda, morto nel gennaio 1256. Due documenti, del giugno 1257 e del febbraio 1259, in favore di abbazie: *quondam Romanorum regina* e *illustris domina E. Romanorum regina quondam*.[45]

Elisabetta margravia di Meißen (1238 ca.-1333): con un suo documento del 15 luglio 1288, essendo morto da poco il marito Enrico III detto l'Illustre, la margravia denuncia il fatto che «i monaci del monastero di Seußlitz, ai quali il margravio per alcune questioni segrete e riservate aveva affidato la sua matrice, di solito conservata in cancelleria, avevano abusato della fiducia riposta in loro e sigillato con la matrice del loro signore alcuni privilegi da loro confezionati senza la sua autorizzazione».[46]

Imagina di Isenburg-Limburg (1255-1313), moglie di Adolfo di Nassau. Documento del 1298 in favore delle clarisse di Biebrich: *Romanorum regina semper augusta*.[47]

Elisabetta di Carinzia (1262-1313), moglie ovvero, com'è scritto nel testo, *conthoralis* di Alberto d'Asburgo imperatore. Documento del 30 agosto 1296 in favore del monastero cistercense femminile di San Bernardo di Horn (Austria): *Nos Elizabeth Dei gratia Romanorum regina et semper augusta*.[48]

---

[43] MGH, *LL Constitutiones*, pp. 158-159. Il documento fa parte con un'altra quindicina (tra i quali un'altra missiva di Anna di analogo tenore al vescovo di Basilea, non datata) di un *rotulus* "Diplomatic Documents" I.12 che tratta delle manovre connesse a questo matrimonio. In uno dei documenti i procuratori del re d'Inghilterra sono incaricati di ringraziare la regina, «quod feliciter inchoavit istud negocium» (p. 154). A p. 15 nr. 12 (sub *Rudolfi regis constitutiones*), alla data 24 ottobre 1273 si legge una *protestatio* comune dell'imperatore Rodolfo e di Gertrude sua *collateralis* a favore dell'arcivescovo Maguntino, leso nei suoi diritti dal pari grado Coloniense, che, in occasione del pranzo ufficiale dopo l'incoronazione, aveva occupato il posto a sedere a destra del sovrano.

[44] *Regesta Imperii*, V, nn. 5566, 5571⁵, 5572, 5574.

[45] *Regesta Imperii*, V, nn. 5616 e 5617.

[46] Bresslau, *Manuale di diplomatica*, p. 1218, che per il testo cita opere che non mi è stato possibile rintracciare.

[47] *Regesta Imperii* VI.2, p. 388 nr. 1055.

[48] Ed. in *Fontes rerum Austriacarum*, pp. 254-255 nr. 100. Tra i testimoni figura «magister Dyetricus noster notarius». La notificazione della regina Elisabetta è seguita dalla corrispettiva

Ed ecco finalmente Margherita di Brabante o di Lussemburgo corrispondente di Gherardesca, moglie (dal 1292) di Enrico VII, incoronato re di Germania il 6 gennaio 1309. Di lei ho raggiunto tre documenti; di altri si ha soltanto notizia.

Due dei tre documenti conservati riguardano la chiesa e ospedale di Notre-Dame nella città di Lussemburgo, «*in oppido Lutzelemburgensi*». Il 14 gennaio 1309 *Margareta Dei gratia Romanorum regina* esorta i magistrati lussemburghesi a favorirne la costruzione, che sarà fatta a spese di lei medesima[49]. Questa missiva è ovviamente in latino. Invece è in francese la lettera che il 23 agosto successivo *Marg. par la grace de Dieu royne des Romains* invia a «mon signeur Thieleman, chapelain des dames de la Vall Nostre Dame», destinando alla nuova fondazione «toutes nos grenges dentour Lussembourch».[50]

Di tutt'altro genere, e torniamo al latino, è la lettera che *Margareta Dei gratia Romanorum regina* invia nel mese di ottobre 1310, dopo il 24, all'arcivescovo di Strasburgo, «venerabili patri Iohanni episcopo Arg. amico suo karissimo», nella quale fra l'altro lo informa che «die veneris montes transivimus, Deo duce»: l'attraversamento delle Alpi era stato compiuto felicemente il 23 ottobre precedente, un venerdì.[51]

Le lettere perdute sono quelle, almeno sei, che Margherita imperatrice scrisse al papa Clemente V nei mesi centrali del 1309 per richiedergli concessioni e grazie in favore suo, del suo seguito ecclesiatico, delle religiose a lei vicine. Queste "suppliche" sono fatte conoscere dalle altrettante epistole *gratiosae* che, accogliendo le sue richieste, il pontefice Clemente V scrisse a lei («carissime

---

notificazione da parte dell'abbadessa destinataria della donazione: «nos soror Offemia dicta abbatissa totusque conventus in Sancto Bernhardo ordinis Cysterciensis». Si aggiunga un documento emesso il 5 febbraio 1300 da Alberto re con la partecipazione e l'assenso di Elisabetta, *Dei gratia regina Romanorum* (MGH, *LL Constitutiones*, pp. 68–70).
49 *Regesta Imperii* VI.4, p. 29 nr. 23.
50 *Regesta Imperii* VI.4, pp. 273–274 nr. 262.
51 *Henrici VII Constitutiones*, p. 403. Il documento figurerà nella terza dispensa dei *Regesta Imperii* VI.4, prossima a uscire (la seconda, 1 settembre 1309–23 ottobre 1310, nn. 277–712, uscita nel 2014, si ferma proprio con la notizia dell'attraversamento delle Alpi a Moncenisio: pp. 328–329 nr. 712). Per ora si legge nei *Regesta in progress* <http://www.regesta-imperii.de/epublikationen.html>: *Regesten ab 1310 Oktober 23/24*, bearb. von S. Penth *et al.*, Mainz 2018, pp. 9–10, nr. 723. Nel vol. citato dei MGH, pp. 533–535, c'è una interessante notizia tratta dal primo *Liber Commemorialium* di Venezia e databile al febbraio 1311. Vi è descritto in forma di elenco lo «Status curiae regis», uno schema della composizione della corte regale utile a fini diplomatici. Al primo posto c'è, ci mancherebbe altro, la *Regina*, però con un piccolo incidente: era scritto *vocatur Margaretha*, poi qualcuno rase il nome e lo sostituì con *Catterina*; «sed lapsum esse eius, qui post mortem reginae (...) correxit, nemo est quin videat», commenta l'editore, che perciò ripristina la lezione cassata: *Regina vocatur [Margaretha]*.

in Christo filie Margarete regine Romanorum illustri») da Avignone il 9 agosto 1309.[52]

Identico discorso va fatto per le lettere di Gherardesca all'imperatrice, che documentano un andirivieni epistolare: al piccolo bottino possiamo aggiungere tre, o due, o una lettera dell'imperatrice a Gherardesca.

1.4 Gherardesca e le altre

Dal nostro sondaggio son venute fuori molte imperatrici, *Romanorum reginae*, sovrane dei regni di Germania e d'Italia. Le altre regine sono Costanza d'Altavilla, l'omonima d'Aragona (che aggiunge la titolarità del ducato di Puglia e del principato di Capua) ed Elisabetta di Baviera regine di Sicilia; le due ultime citate e Isabella di Brienne regine di Gerusalemme; Eleonora d'Aquitania regina di Francia; Margherita d'Austria *domina regni Boemie* (1260). Sono queste le potenti del primo grado, per dirla con Francesco da Barberino (basta cambiare il soggetto: «*spose* d'imperadore o di re coronato»). Ma nei repertori consultati, i *Regesta Imperii* e i *Diplomata* dei MGH, non mancano documenti emessi dalle potenti di secondo grado, qual è la *comitissa in Tuscia palatina* Gherardesca: ossia, secondo Francesco da Barberino, le figlie o spose «di marchese, di duca, conte, o d'uno altro simile barone».

Sono Maria di Brabante *quondam comitissa Hollandie*, Agnese *ducissa Bawariae*, Margherita d'Austria *marchionissa Moravie*, Sancia di Provenza *comitissa Cornubie*, Elisabetta di Baviera prima *ducissa Swewie* e poi *comitissa Goritie ac Tyrolis*; infine la margravia Elisabetta di Meißen, il cui documento peraltro non conosciamo. Tutte costoro ricevono il titolo dal marito come Gherardesca. Invece mantengono o recuperano il titolo paterno Eleonora *Aquitanorum ducissa* e Margherita *ducissa Austrie et Stirie*; in qualche occasione entrambe, l'una in giovane età e l'altra al contrario in età avanzata, esplicitano la derivazione agnatizia: Eleonora *Willelmi ducis Aquitanici filia* nel 1140 (diciottenne), Margherita *filia ducis Liupoldi* nel 1262 (sessantenne) e *quondam filia Liupoldi illustris ducis Austrie et Stirie* nel 1266 (sessantaquattrenne).

Per quanto provvisorio e parziale, il panorama delle lettere di sovrane ottenuto dalla ricerca offre alcuni spunti per la valutazione delle lettere di Gherardesca. Può sembrare strano, a prima vista, che Gherardesca faccia scrivere un proprio documento essendo ben vivo accanto a lei il marito, dal quale lei deriva

---

[52] Cfr. i *Regesta* di Enrico VII *in progress* (vedi nota precedente): *Nachträge zu Band 1 und 2*, bearb. von S. Penth *et al.*, Mainz 2016, pp. 9–11 nr. 247*a-f*. Si tratta di lettere tratte dal Registro dell'anno IV del pontificato clementino.

rango e titolo. Non è così. Il campione ottenuto fa vedere in azione sia regine consorti sia regine vedove.

Le donne che emettono documenti propri in vita del marito regnante, quando i due non agiscano insieme, sono nel nostro sondaggio undici: Eleonora d'Aquitania (Luigi VII re di Francia), Irene da Costantinopoli (Filippo di Svevia), Costanza d'Aragona (Federico II), Agnese del Palatinato (Ottone II duca di Baviera), Margherita d'Austria (Ottocaro di Boemia, documenti del 1251 e 1260), Isabella di Brienne (Federico II), Sancia di Provenza (Riccardo di Cornovaglia), Gertrude o Anna di Hohenberg (Rodolfo d'Asburgo), Elisabetta di Baviera (Corrado di Svevia e poi Mainardo conte di Tirolo e Gorizia), Imagina di Isenburg-Limburg (Adolfo di Nassau), Elisabetta di Carinzia (Alberto d'Asburgo).

Invece, le donne che fanno da vedove un'esperienza di regno o dominato sono Maria di Brabante, nostalgica del suo Ottone IV (*gloriosi O. Romanorum imperatoris vidua, relicta Ottonis imperatoris, quondam imperatrix*); Margherita d'Austria, ancora lei, la quale, a gran distanza della morte di lui, si fa ancora forte del titolo di *Romanorum regina* ricevuto dal primo marito; Beatrice di Brabante, solo per un paio di mesi dopo la morte del marito quasi-imperatore, lei che visse per altri quarant'anni; Elisabetta di Baviera, che produce un documento due anni dopo la morte del marito Corrado; Elisabetta di Brunswick vedova di Guglielmo d'Olanda, fino a tre anni di distanza dalla morte del marito; Elisabetta margravia di Meißen, da poco vedova di Enrico III. In tutto sei donne coronate ed ex-coronate.

Ricordiamo poi che Costanza d'Altavilla produce diplomi per metà in vita di Enrico VI e per metà dopo la morte di lui, come reggente in vece del figlio Federico.

La bilancia pende decisamente dalla parte delle sovrane consorti: che è anche cosa giusta, perché la morte del titolare dovrebbe destituire la contitolare. Il che, lo si è visto, non avviene sempre. A parte questo, è cosa normale che una regina, una *ducissa*, una *comitissa* agisca documentariamente in autonomia vivente il marito. Nel caso di Gherardesca un'aggiunta non indifferente sta nel fatto che lo stesso avviene dall'altra parte: l'imperatrice Margherita non solo riceve, ma a sua volta scrive alla contessa essendo ben vivo accanto a lei l'imperatore Enrico.

I documenti di sovrane hanno forma epistolare, siano essi diplomi, notificazioni generali (quei documenti cioè aperti da formule come «noverint universi», «notum sit omnibus» e simili) o comunicazioni *ad personam*. Il rapporto è sempre nella direzione alto/basso: dalla sommità del potere verso i sudditi, *fideles*, officiali, amici. La maggioranza delle lettere ha contenuto "grazioso", consistono in erogazioni di diritti e beni. Le concessioni sovrane sono dirette a monasteri femminili più spesso che ad altri soggetti, ecclesiastici religiosi laici. Una varietà più ricca si riscontra evidentemente nel cartario di Costanza d'Altavilla, una regina che governa; ma non serve esaminarlo partitamente; basta dire che non vi si riscontrano epistole di comunicazione interpersonale.

Quest'ultimo è il genere che interessa. Esso è rappresentato nel nostro campione da due soli documenti: la lettera inviata dalla regina Sancia di Provenza a un priore di St. Alban per dargli notizia dell'incoronazione del marito (1257) e quella inviata dall'imperatrice Margherita di Brabante all'arcivescovo di Strasburgo per dirgli il buon esito dell'attraversamento delle Alpi (1310). Testi che si avvicinano a quelli di Gherardesca, ma non più di tanto. Il lato comune è nel fatto che anche le lettere di Gherardesca non hanno contenuto giuridico, dispositivo; non sono "documenti" in senso pieno, perché non producono effetti giuridici. Però in esse il contenuto informativo è ridotto se non inesistente: vi sono espressi soltanto ossequio e condivisione d'intenti. Forse qualche surplus d'informazione l'avevano le lettere dell'imperatrice.

Rispetto al nostro campione – è bene ripetere che si tratta di un campione assai malfermo – le lettere di Gherardesca rivelano qualche carattere di spicco. Si scrivono due donne, due sovrane, su un piano di parità epistolare, a prescindere dalla disparità di rango.[53] Il contenuto delle lettere è sia personale che istituzionale, uno scambio di cortesie tra donne potenti. Il rapporto tra le due è di natura gerarchica diretta (non come, ad esempio, quello tra una regina e un prelato «amico suo karissimo»), in quanto il titolo di comitissa palatina discende dall'Impero. Le lettere di Gherardesca vanno, per così dire, dal basso verso l'alto, e il protocollo di ciascuna di esse è lì a dimostrarlo; al contrario ovviamente delle lettere di Margherita regina, che rientrano nella norma alto-basso. Infine, questo trittico epistolare è di contenuto totalmente e schiettamente politico-diplomatico.[54] Questi elementi marcano l'originalità del "trittico di Batti-

---

[53] L'unico caso simile, sotto questo profilo, che io conosca è quello delle lettere di Chiara d'Assisi (nata intorno al 1193) ad Agnese di Praga (nata nel 1211), l'una di nascita aristocratica cittadina e l'altra di stirpe regia (il padre di Agnese era Ottocaro I re di Boemia, la madre era Costanza d'Ungheria). Se ne conoscono quattro, tre degli anni 1234–1238, la quarta del 1253, scritta da Chiara in punto di morte. Sono in latino. Mentre nella prima Chiara apostrofa Agnese col *vos*, a partire dalla seconda le dà del *tu*, com'è giusto tra due sorelle spirituali (benché nell'ultima sua lettera Chiara chiami Agnese sua madre e figlia: «domine Agneti matri sue carissime ac filie inter omnes alias speciali»). Tutte le lettere mostrano una certa aderenza allo stile diplomatico-epistolare, almeno nel protocollo, dove Agnese è nominata prima della mittente, Chiara, in una non rara combinazione di professione di umiltà cristiana e di galateo documentario, a sua volta derivato dal rispetto dell'ordine sociale. Testo di riferimento: *Fontes Franciscani*: le epistole di Chiara ad Agnese sono alle pp. 2261–2284 e fanno parte della sezione *Clarae Assisisensis opuscula*, curata e introdotta da Emore Paoli (pp. 2221–2324).

[54] Allora, un altro oggetto di un possibile approfondimento: le lettere di Giovanna d'Arco. Molto spostate in avanti nel tempo, non certamente dovute a una sovrana, ma in qualche

folle" rispetto alle lettere delle sovrane raggiunte dalla nostra ricognizione. E forse servono per rispondere alle domande che le tre lettere propongono a ogni piè sospinto.

2 Domande

Su questi tre testi è stato detto tutto il possibile, giusto e non giusto. Inutile ripetere. Basta rinviare all'«edizione commentata» di Marco Baglio, che tiene conto dell'intera bibliografia in tema.[55] Resta il fatto che queste lettere, al contrario delle altre a lui assegnate, dicono poco di Dante, del suo pensiero, della sua biografia. Dicono solo, se sono sue (tutti ormai lo pensano, ma è bene lasciare aperto il dubbio), che egli si prestò a fare da segretario, dettatore, epistolografo di una contessa. Certamente per sdebitarsi con la sua ospite, magari per ottenere qualche piccolo vantaggio, infine e specialmente per portare avanti le sue ragioni politiche per interposta persona. Mi limito perciò a pochi appunti, formulati a mo' di domande.

2.1 Dove e quando

Le lettere di Gherardesca all'imperatrice sono tre delle nove "lettere di Dante" trasmesse dal manoscritto Vaticano Palatino Latino 1729 nella sua parte finale, ff. 56r-62r. Stanno esattamente al centro di questa sezione, ff. 58v-59v (cinque facciate prima, cinque facciate dopo) e sono trascritte in continuità; la stessa continuità e lo stesso ordine mantengono gli studiosi moderni, che le numerano

---

misura attinenti al nostro tema, essendo la Pulzella d'Orléans un personaggio a suo modo pubblico. Si tratta di un manipolo di undici lettere, di cinque delle quali si conserva l'originale; si ha poi menzione di almeno altre otto sue lettere. Sono tutte in francese, e fuoriescono decisamente dai canoni dell'epistolografia ufficiale. Si dispongono tra il marzo 1429 e il marzo 1430, quando Giovanna aveva 17-18 anni (sarebbe morta sul rogo il 30 maggio 1431). Sono dirette a collettività (agli Inglesi, agli «hérétiques de Bohêmes» cioè agli Ussiti, agli abitanti di Tournai, di Troyes, di Reims, di Riom) e a persone eminenti (al Delfino di Francia, al re d'Inghilterra, al duca di Borgogna, al conte d'Armagnac). Sono scritte da *clerici scribentes* al servizio di lei. Nei cinque originali c'è la sua firma, che si ritiene essere della mano di Giovanna tenuta e guidata da altri. Cfr. Duparc, *À propos des lettres*.
55 *Ep.* (Baglio). L'edizione è definita «commentata, non critica» (p. 35); non entro nel merito né di questa dichiarazione né dell'edizione in sé. Di Baglio sono da leggere la *Nota introduttiva* al corpus epistolare, pp. 3-28; la *Nota ai testi*, pp. 29-30 (descrizione del codice Palatino) e 48 (lezioni problematiche); il commento introduttivo al "trittico", pp. 180-181 nota.

VIII–IX–X. Le nove epistole "di Dante", comprese queste tre, sono trascritte in lettera cancelleresca, mentre gli altri testi presenti nel manoscritto, il *Bucolicum carmen* di Petrarca e la *Monarchia* di Dante, sono in lettera testuale.

Nel manoscritto le tre lettere di Gherardesca sono precedute da due (le nn. VII e VI) e seguite da quattro altre lettere (le nn. II, IV, I e V). Di queste, cinque sono firmate da Dante o portano in testa una rubrica del copista che fa il nome di lui. Le tre lettere di Gherardesca sono puramente trascritte, senza alcuna rubrica; e dunque né dentro di esse né prima di esse compare il nome di Dante. Lo stesso vale per l'unica altra lettera in cui egli non è nominato, la penultima copiata, quella al cardinale Niccolò da Prato (*Ep.* I).

L'allestimento del manoscritto Palatino si deve al notaio-cancelliere-umanista Francesco Piendibeni da Montepulciano, che organizzò e diresse un piccolo gruppo di copisti, oltre a intervenire direttamente sul codice.[56] Il Piendibeni dal 1381 al 1396 fu attivo a Perugia al servizio del Comune, coprendovi a partire dal 1393 l'incarico di cancelliere. La fattura del manoscritto dovrebbe risalire agli anni del cancellierato: la copia del *Bucolicum carmen* è datata Perugia, 20 luglio 1394; le altre copie saranno state eseguite intorno a quella data.

Quanto alle lettere, anzitutto è esclusa all'unanimità l'ipotesi che Piendibeni le abbia copiate o fatte copiare dagli originali, che naturalmente stavano nei luoghi più lontani e diversi. Si ritiene che la trascrizione di esse sia stata eseguita a Poppi o nei dintorni, forse in occasione di una missione casentinese del cancelliere perugino. Molte di esse, infatti, risalgono al periodo in cui Dante fu ospite dei conti Guidi; inoltre, a quanto pare (non capisco come lo si possa dire e in che misura la cosa sia significativa in termini di tradizione), molte di esse presentano una patina linguistica congruente con quell'area.[57] Prevale tra gli studiosi l'idea che l'antigrafo della trascrizione fosse un copialettere della cancelleria dei conti Guidi.[58] Col termine 'copialettere' s'intende un registro delle lettere inviate, lettere cioè scritte dai notai dei conti casentinesi e da loro registrate in libro prima dell'invio al destinatario, come avveniva, per dire l'esempio massimo, con i registri dei pontefici. Altra cosa erano un minutario, registro delle minute, e un cartulario, registro delle lettere e documenti ricevuti. Rinviare a un "copialettere" vuol dire supporre che Dante, durante il suo soggiorno presso il conte Guido, abbia operato organicamente all'interno della cancelleria

---

[56] Un altro, simile episodio di «regia» libraria (il termine è usato da Emanuele Romanini nella sua relazione in questo volume) vide protagonista un collega e amico eccellente del Piendibeni, Coluccio. Lo illustra efficacemente Zamponi, *Nello scrittoio*; ripreso in Zamponi, *Un Lattanzio Placido*, nr. 113.
[57] *Ep.* (Baglio), p. 30.
[58] Montefusco, *Le "Epistole"*, pp. 421–423. Lo riprende *Ep.* (Baglio), pp. 3 e 30.

guidinga o comunque potesse accedere alla documentazione da essa gestita. In verità quest'idea è plausibile solo per le tre lettere della contessa Gherardesca; le missive di quell'*exul inmeritus*, invece, sembrano davvero fuori posto in un registro del conte Guido. Cosicché, in alternativa, si è spinti a pensare che sia stato Dante stesso, come privata persona, a farsi un proprio registrino epistolare e a lasciarlo nel Casentino, dove l'avrebbe scoperto ottant'anni dopo il cancelliere-umanista Piendibeni. I dubbi abbondano.

2.2 Che cosa e come

Saranno "letterine", saranno "biglietti" (anzi *viglietti*, come scriveva Francesco Novati), ma si tratta di epistole sì brevi ma ben aderenti alla norma cancelleresca. Il protocollo è rispettoso della prescrizione che obbliga a gerarchizzare mittente e destinatario secondo i rispettivi ranghi. Dunque prima la destinataria, l'imperatrice:[59]

> VIII Gloriosissime atque clementissime domine domine M., divina providentia Romanorum regine et semper auguste
> IX Serenissime atque piissime domine domine M., celestis miserationis intuitu Romanorum regine et semper auguste
> X Illustrissime atque piissime domine domine Margarite, divina providentia Romanorum regine et semper auguste

poi la mittente, la contessa, il cui status comitale si dichiara discendente dall'Impero oltre che da Dio («adiuvalis magnificentie gratia», «Imperii gratia largiente», «imperialis indulgentie gratia»):

> VIII G. de Bat., Dei et adiuvalis magnificentie gratia comitissa in Tuscia palatina
> IX devotissima sua G. de Batefolle, Dei et Imperii gratia largiente comitissa in Tuscia palatina
> X fidelissima sua G. de Batifolle, Dei et imperialis indulgentie gratia comitissa in Tuscia palatina

L'*inscriptio* (al dativo) e l'*intitulatio* (al nominativo) sono legati dalla *salutatio*. Una piccola deviazione dalla consuetudine nell'*Ep.* IX, con il verbo *exhibet* espresso, quando invece dovrebbe essere sottinteso:[60]

---

[59] Le tre *intitulationes* si confrontino con quella suggerita da Guido Faba, *Summa artis dictaminis*, XL (*Quomodo scribitur domine imperatrici...*): «gloriosissime ac serenissime domine A. Dei gratia felicissime Romanorum imperatrici et semper auguste» (p. 315).
[60] Così prescriveva lo stesso Guido Faba, LXI (*In quo casu scribatur salutatio, et que verba intelligantur, et quare celentur*): «verbum in salutatione celatur (...) Et in salutatione subauditur

> VIII tam debite quam devote subiectionis officium ante pedes
> IX flexis humiliter genibus reverentie debitum exhibet
> X cum promptissima recommendatione se ipsam et voluntarium ad obsequia famulatum

Alla fine dovrebbe esserci la datazione, che però è presente solo nell'*Ep.* X: «missum de castro Poppii XV kalendas iunias, faustissimi cursus Henrici Cesaris ad Ytaliam anno primo». Siamo al 18 maggio di un anno indicato come anno primo del faustissimo percorso italiano di Enrico, la stessa modalità che Dante aveva adottato nella lettera ai fiorentini del 31 marzo e nella lettera all'imperatore del 17 aprile precedenti:[61] la speranza di un nuovo corso dell'umanità («ecce Agnus Dei») nascosta nell'elemento formulare più neutrale, la datazione.

In mezzo, il testo. Che nelle tre lettere ha più o meno la stessa lunghezza, 14–15 linee a stampa nell'edizione Baglio. Ciascuna di esse inizia con una breve *narratio*, poiché vi si allude all'arrivo di una lettera della sovrana:

> VIII Gratissima regie benignitatis epistola et meis oculis visa letanter et manibus fuit assumpta reverenter, ut decuit
> IX Regalis epistole documenta gratuita ea qua potui veneratione recepi, intellexi devote
> X Cum pagina vestre serenitatis apparuit ante scribentis et gratulantis aspectum ...

Altri minimi elementi narrativi provenivano dalle lettere dell'imperatrice, e la contessa non può che rallegrarsene: i sovrani godono di buona salute («ad enarrandum michi de sospitate consortis et sua», *Ep.* VIII, 3) e proseguono felicemente la loro missione («de prosperitate successuum vestri felicissimi cursus familiariter intimata», *Ep.* IX, 2) grazie alla protezione divina («dextera summi Regis vota Cesaris et Auguste feliciter adimplebat», *Ep.* X, 2). A sua volta Gherardesca informa la regina circa la salute propria e dei suoi nella terza lettera, ma solo in quanto richiesta espressamente dalla sovrana: «coniunx predilectus et ego, Dei dono, vigebamus incolumes, liberorum sospitate gaudentes».

---

aliquod istorum verborum "mittit, mandat, legat, delegat, optat, cupit, desiderat vel affectat", vel aliud verbum quod ad mittendum pertineat» (p. 327).

61 Una lieve correzione va fatta a *Ep.* (Baglio), p. 33: là dove c'è la datazione, questa non è «sempre limitata all'indicazione del mese». Semmai è limitata all'indicazione del giorno e mese e dell'anno: giorno e mese secondo il calendario giuliano, l'anno mediante quell'inedita "era della venuta enriciana" (forse perché Dante non aveva ben chiaro a quale incoronazione far riferimento, tra Francoforte 27 novembre 1308, Aquisgrana 6 gennaio 1309, Milano 6 gennaio 1310 ...). Mancano il millesimo, come accade di frequente nelle epistole, e l'indizione, che invece era sovente additata nelle epistole per indicare l'anno.

Per il resto i tre testi scorrono in gonfie e difficili volute, come si conviene a un'epistola di omaggio a un'autorità superiore. L'ottimo apparato predisposto da Baglio è più che sufficiente a mostrare dipendenze ed echi dalle *artes dictaminis* dell'epoca, le cui risorse sono qui impiegate a piene, pienissime mani. Più alto è il livello di formalità da raggiungere più complicato ha da essere lo scrivere, sembra che così ragioni l'autore. Il risultato sono tre testi di asperrimo latino, comprensibile a fatica. Ben venga un riassunto, come quello fornito da Baglio: «a nome della contessa Gherardesca di Battifolle, l'epistola ringrazia l'imperatrice Margherita di Brabante per una precedente missiva, le augura che i felici esordi del regno procedano ancor più favorevolmente, chiede protezione e la informa della buona salute propria e dei suoi familiari. Il contenuto della lettera è assai simile a quello delle due successive».[62]

2.3 Quante

Prosegue Baglio: «forse si tratta di un unico testo pervenuto in diverse forme redazionali». E spiega: «la somiglianza di tono e la sovrapponibilità dei contenuti hanno fatto pensare a un'unica epistola, sopravvissuta anche nelle redazioni preparatorie (...). Si tende generalmente a identificare nell'*Ep.* X quella realmente spedita e a considerare come due minute o testi similari tra cui scegliere le altre due».[63] Ci sono buone ragioni per sostenere questa, e l'idea contraria. Si sia però consapevoli che la scelta ha ripercussioni sulla domanda circa l'antigrafo delle trascrizioni di Piendibeni. Infatti se si ritiene che sia stata effettivamente sigillata e spedita la sola *Ep.* X, automaticamente cade l'ipotesi copialettere (che significa, ripetiamo, un registro delle lettere inviate).

L'argomento più pesante a favore della lettera unica è la presenza della datazione nella sola epistola X ovvero, corrispettivamente, la brusca interruzione del testo nelle altre due. E però, quasi tutte le restanti lettere di Dante, sette su nove, non hanno l'escatocollo (l'hanno la VI e la VII, come detto); si aggiunga la mancanza anche del protocollo nelle lettere II, IV IX, XI e XII, oltre che nella VI. Senza che queste assenze portino a mettere in dubbio la realtà delle missive di Dante.

La «somiglianza di tono» e la «sovrapponibilità dei contenuti», scrive Baglio. E allora: che senso ha scrivere le stesse cose, più o meno, per tre volte?

---

62 *Ep.* (Baglio), p. 5. Il regesto al modo documentario dovrebbe suonare «la contessa Gherardesca di Battifolle ringrazia». Nell'elenco di Baglio i sunti delle altre lettere hanno tutti per soggetto, espresso o sottinteso, Dante: da ció consegue la formulazione di cui sopra.
63 *Ep.* (Baglio), pp. 180–181.

In verità non è così. Nella lettera X è scritto: «verum, quia nonnulla regalium clausularum videbatur hortari ut, si quando nuntiorum facultas adesset, celsitudini regie aliquid peroptando de status mei conditione referrem, quamvis quedam presumptionis facies interdicat, obedientie tamen suadente virtute obediam. Audiat, ex quo iubet, Romanorum pia et serena maiestas, quoniam tempore missionis presentium ...».[64]

La richiesta dell'imperatrice a Gherardesca di farle avere notizie della sua condizione non può appartenere a un primo contatto, e comunque non è neanche adombrata nelle altre due lettere. Al primo contatto semmai risale la comunicazione inversa, dell'imperatrice alla contessa, che si legge nell'*Ep*. VIII: «nam quanta vel qualis ego, ‹ut› ad enarrandum michi de sospitate consortis et sua, utinam diuturna!, coniunx fortissima Cesaris condescendat?» (*Ep*. VIII, 3).[65]

Subito prima Gherardesca scrive: «proinde gradum mee fidelitatis experta, petentis audeo iam inire officium. Ergo ad audientiam vestre Sublimitatis exorans et suppliciter precor et devote deposco quatenus mentis oculis intueri dignemini prelibate interdum fidei puritatem» (*Ep*. X, 2–3).[66]

Si tratta con ogni evidenza di una progressione all'interno di una corrispondenza già in essere: Gherardesca non può dire che la regina ha sperimentato il grado della sua *fidelitas* se non avendone lei dato prova con precedenti missive.

Un altro fatto da considerare è che la «sovrapponibilità dei contenuti» (ammissibile senza scendere in troppi particolari) ha un contraltare nella non-sovrapponibilità del lessico. Non c'è una sola parola significativa che si ripeta nelle tre lettere. Pare proprio che lo scrivente ce la metta tutta per trovare ogni volta parole diverse. Il che sembra appropriato a delle missive che si susseguono nel tempo, non a delle minute: di solito le minute sono gradi progressivi di approssimazione al risultato definitivo. Questi invece sono tre testi completamente diversi. La bilancia a mio avviso pende verso la credibilità delle tre missive, in risposta ad altrettante missive dell'imperatrice. Per chiudere il nostro di-

---

64 *Ep*. (Baglio), p. 190. Traduzione: «ma poiché una delle frasi regali sembrava esortare affinché, nel caso ci fosse la disponibilità di messaggeri, riferissi alla regale Altezza, volendo, qualcosa circa le mie condizioni, sebbene me ne distolga una certa apparenza di presunzione, tuttavia obbedirò su sollecitazione della virtù dell'obbedienza. Sappia, dato che lo ordina, la pia e serena Maestà dei Romani che, al momento di invio della presente lettera ...».
65 «Infatti chi e quale sono io perché la potentissima sposa di Cesare si abbassi a narrarmi della salute, voglia il cielo duratura!, del consorte e sua?».
66 «Di conseguenza, dopo aver sperimentato il grado della mia fedeltà, oso oramai accingermi all'ufficio di richiedente. Implorando dunque l'ascolto della vostra Altezza supplichevolmente chiedo e devotamente domando con insistenza che vi degniate di guardare con gli occhi della mente la purezza di una fedeltà altre volte già delibata».

scorso di diplomatica signorile virtuale, se avessimo un cartulario dei Guidi vi troveremmo magari le tre lettere della sovrana, il contrappunto alle tre lettere della contessa Gherardesca.

2.4 Chi

La paternità dantesca delle tre lettere di Gherardesca è altamente probabile. Anzitutto per le condizioni della tradizione testuale: unico testimone, il manoscritto Palatino latino 1729; i tre testi all'interno, anzi al centro di una serie di testi sicuramente di Dante o a lui attribuiti dal copista. Se quelle tre lettere non fossero di Dante, non si capirebbe proprio che cosa ci stiano a fare lì.

Una ricostruzione proponibile è questa. Arriva a Poppi, alla fine del 1310 o nei primi mesi del 1311, una lettera dell'imperatrice Margherita alla contessa consorte Gherardesca, spedita da Torino o da Milano. Probabilmente era una di molte, inviate dall'imperatrice a svariate autorevoli signore italiane: un tentativo di "campagna acquisti" alla causa imperiale per via femminile? Non si sa, soprattutto a causa della solitudine assoluta del trittico di Battifolle, senza alcun altro riscontro negli archivi italiani. Il conte Guido certamente fu al corrente della lettera. Nulla di più naturale, allora, che decidere di gestire in prima persona la faccenda, incaricando la sua "cancelleria" e insomma i notai al suo servizio di rispondere, a nome della moglie, con adeguata epistola.

Avrebbe potuto ben farlo, il conte Guido. Il Casentino era un'area di peculiare tradizione e presenza notarile, all'altezza dei migliori notariati urbani. Vi operavano professionisti di primo livello (altro che notariato rurale), che fornirono ai conti Guidi tutti gli strumenti per operare al meglio in quegli strumenti di governo così importanti che erano la documentazione e l'epistolografia. Questo fatto si conosce meglio per il XII secolo, al quale risalgono importanti raccolte di modelli epistolari riconducibili all'area tosco-emiliana e contenenti materiali guidinghi: le *Introductiones* di maestro Bernardo, l'*Ars Barberini*, la *Mire commoditatis* e i *Modi dictaminum* di maestro Guido.[67] Sicuramente quella tradizione non venne meno con il XIII e il XIV secolo.[68]

Per rispondere all'imperatrice Margherita, però, questa egregia cultura notarile si preferì non utilizzarla. Si preferì – con l'accordo, manco a dirlo, della contessa Gherardesca – ricorrere a un fior di letterato in grado di raggiungere stilisticamente (e pure ideologicamente) l'altezza necessaria. Si aggiunga: dietro la sonora prosa filoimperiale di Dante e sotto il nome di Gherardesca si nascon-

---

[67] La scelta dei testi in Bartoli, *I conti Guidi*.
[68] Si veda la collettanea *Il notariato nel Casentino*.

de l'incertezza del conte Guido, la sua volontà di lasciarsi tutte le porte aperte. La scelta conveniva anche a Dante, perché gli permetteva di alimentare per via epistolare la sua strategia politica. L'andata e ritorno epistolare si ripeté tre volte; ultima tappa, presumibilmente, la missiva spedita da Poppi il 18 maggio 1311.

Tutto ciò vale poco assai: una congettura alla quale se ne potrebbero opporre molte altre. E una congettura si è obbligati a proporre anche per l'ultima domanda: chi materialmente abbia scritto, chi abbia vergato queste tre lettere. Un bravo notaio casentinese al servizio del conte e della contessa, non c'è dubbio. Eppure ...

Eppure anche Dante, come molti cólti del Due-Trecento, molto di notarile doveva averlo, non solo per essere stato allievo di notaio, e di quale levatura. Per esempio notarile doveva essere la sua cultura grafica, quale s'intravede dal famoso brano di Leonardo Bruni nella sua *Vita di Dante*, scritta nel 1436: «fu ancora scrittore perfetto, et era la lettera sua magra et lunga et molto corretta, secondo io ho veduto in alcune epistole di sua propria mano scritte».[69] Prendiamo in considerazione i commenti più recenti a queste parde di Bruni.

Sbrigativo era il giudizio espresso nel 1984 da Gianfranco Contini: «una definizione impressionistica».[70] Quelle parole per primo lesse in chiave paleografica Armando Petrucci, che v'intravedeva «una rigida, dritta e formale corsiva di tipo notarile», aggiungendo prudenzialmente «se non interpreto male l'espressione di Leonardo Bruni».[71] Dello stesso avviso era Giancarlo Savino, che nel suggestivo *autografo virtuale* parla di «minuscola corsiva cancelleresca» e adduce l'esempio sommo dei Danti di mano di Francesco di ser Nardo da Barberino.[72] Ampio il commento di Manlio Pastore Stocchi, in premessa alla sua edizione delle *Epistole*: «il tracciato della scrittura gotica fra secondo Duecento e primo Trecento era caratterizzato in genere dal pesante spessore e dall'angolosità dei tratti di penna, ma il Bruni rileva che il *ductus* di Dante era magro, cioè sottile, e forse proprio per questo poteva apparirgli "perfetto" in quanto più vicino al gusto prevalso nella scrittura umanistica».[73] Brano riportato da Baglio, che commenta: «trattandosi di epistole, mi pare più economico pensare che Bruni stia descrivendo una cancelleresca».[74] Valutazione confermata da Anto-

---

[69] *Vite di Dante*, p. 548.
[70] Contini, *Introduzione* alla sua edizione de *Il 'Fiore' e il 'Detto d'amore' attribuibili a Dante Alighieri*, Milano 1984, p. LVI (cit. da Savino, vedi oltre, p. 1109).
[71] Petrucci, *Storia e geografia*, p. 1223.
[72] Savino, *L'autografo virtuale*, pp. 1109–1110.
[73] *Ep.* (Pastore Stocchi), p. 136.
[74] *Ep.* (Baglio), p. 238.

nio Ciaralli, il quale, riprendendo le parole di Petrucci, spiega: «il che, tradotto nella terminologia paleografica corrente, significa che Dante scriveva la propria corrispondenza (la precisazione non è superflua), molto probabilmente, nella corsiva cancelleresca».[75] Infine si è espresso Marco Palma: «forse una bastarda su base cancelleresca»;[76] lo fa in un intervento non ancora stampato, ultimo episodio di quello che pare un vero e proprio genere letterario: il genere dell'*exemplum fictum* (come lui stesso definisce il proprio scritto) sul ritrovamento di un autografo di Dante.[77]

Traduco anch'io le parole di Bruni nel lessico paleografico, anzi nei lessici paleografici: esse indicano la scrittura che Battelli ed altri chiamavano «gotica corsiva», che Petrucci e prima di lui Cencetti chiamavano «minuscola cancelleresca», che Savino con Casamassima e Zamponi e Bertelli chiamava «lettera bastarda cancelleresca» (riecheggiati da Marco Palma) e che io chiamerei volentieri anche per assonanza con mercantesca «minuscola notaresca».

Era questa la *littera* per scriver lettere, oltre che documenti e libri e registri. Chissà, dunque, che Dante non solo abbia elaborato e composto, ma abbia anche *scritto* le epistole della contessa Gherardesca all'imperatrice Margherita, saltando ogni mediazione notarile e facendosi lui stesso notaio. Gli studiosi delle epistole di Dante non si diano per vinti. Prima o poi ne troveranno una scritta da lui in quella «lettera sua magra et lunga et molto corretta»: magari una di quelle della sposa guidinga. E potranno scrivere finalmente un articolo vero sul trovamento dell'autografo di Dante.

---

75 Ciaralli, *Tra segno e disegno*, p. 118.
76 Palma, *L'autografo di Dante*.
77 Di questo "genere" cito solo due esponenti prima di Palma, poiché di altri discorre Savino, *L'autografo virtuale*, nella sua gustosissima nota 2: Mazzoni, *Un autografo di Dante?*; e Branca, *Un sogno* (citato da Cursi, *Percezione dell'autografia*, pp. 159–160). Per la cronaca, Mazzoni parlava, prendendone le distanze, di un testimone del *Fiore* conservato a Montpellier, Branca scopriva un fascicolo con gli ultimi canti della *Commedia* in Marciana, Palma ritrova un *Boetium de Consolatione* in una casa privata in Romagna.

Federico Canaccini
Essere (filoimperiali) o non essere? Questo è il dilemma

Relazioni politiche tra i conti Guidi, Dante Alighieri e l'imperatore Enrico VII a partire dal cosiddetto "trittico Battifolle" (epistole VIII–X)

Abstracts: Le tre brevi lettere indirizzate dalla contessa Gherardesca all'imperatrice Margherita di Brabante, attribuite a Dante (epp. VIII–X), pur nella loro esiguità e povertà di contenuto, se analizzate sotto la chiave di lettura politica, mostrano un complicato gioco di poteri in seno alla potente famiglia Guidi, divisa su posizioni diverse in merito alla discesa di Enrico VII. Dalle brevi lettere, infine, emerge l'idea di Dante e la sua speranza nell'avvento di un nuovo corso che però non si avvererà mai.

The three short epistles addressed by countess Gherardesca to the Empress Margherita of Brabante, attributed to Dante (epp. VIII–X), despite their size and their insubstantial content, can show, if analyzed from a political point of view, a complex dynamic of power within the powerful family of the counts Guidi, who was divided between different opinion regarding Henry VII's mission in Italy. From the epistles, we can grasp Dante's ideas and his hope of the advent of a new course that will, nonetheless, never come true.

Parole chiave: Dante, Guidi, Epistole, Ghibellini, Enrico VII.

All'interno della produzione dantesca, il cosiddetto "trittico Battifolle" non brilla certamente per originalità, spessore o fama. Eppure, nonostante la povertà di contenuto e l'esiguità testuale, pare che questi «biglietti di poco o punto valore»[1] possano ancora dirci qualche cosa. Mi è stato chiesto di indagare i rapporti politici evincibili dallo sparuto scambio epistolare tra Gherardesca, moglie del conte Guido, signore di Battifolle, e Margherita di Brabante,[2] moglie

---
[1] Novati, *L'epistola di Dante*, pp. 508–509.
[2] Pispisa, *Margherita di Brabante*; Falzone, *Margherita di Brabante*.

Federico Canaccini, Uninettuno

dell'imperatore Enrico VII di Lussemburgo. Impresa non semplice per più di una ragione.

In primo luogo per l'esiguità del testo dei biglietti che la contessa scrive, per mano di Dante, all'imperatrice; esiguità nonché ripetitività, al punto che numerosi studiosi hanno ipotizzato che si trattasse di un'unica missiva, di volta in volta ritoccata. In secondo luogo per la difficoltà di valutare le relazioni politiche tra le parti in causa: il rapporto che lega l'imperatore alla intera famiglia Guidi, divisa al suo interno per rivalità intestine, per adesione più o meno antica all'idea di fedeltà all'Impero, ed infine – ed è il dato più importante – per la posizione più o meno condiscendente dei vari conti Guidi all'espansione della vicina Firenze. Da ultimo, l'impresa è complicata dal ruolo giocato dagli specifici attori dello scambio epistolare: la contessa e l'imperatrice (ma naturalmente anche i consorti, il conte Guido e Enrico VII). L'Alighieri, in quanto "mero estensore", non dovrebbe essere chiamato in causa per quanto attiene al contenuto delle epistole. Oppure, e sarà la parte conclusiva del mio intervento, Dante svolse un ruolo di diverso spessore che non quello di semplice scrivano di corte?

1 Il trittico Battifolle

A causa della loro brevità, le epistole VIII–X, attribuite all'Alighieri, hanno sollevato nel corso del tempo diverse questioni, compresa quella della paternità dantesca. A cavaliere del XIX e XX secolo, infatti, ci fu una sorta di "epidemico scetticismo" verso le opere attribuite al poeta fiorentino. Furono definite da autori quali tal Canonico Moreni «roba scritta in stile barbarico, con parole non rinvenibili neppure nel Ducange» opere quali il *De vulgari eloquentia*, la *Questio* e persino la *Monarchia*, definita da Prompt «this barbarous and abominable book».[3] Novati criticò questo atteggiamento definendolo «incredulità aprioristica e scetticismo elevato a sistema». Tra le varie opere considerate spurie, le epistole erano particolarmente attaccabili e, all'interno del *corpus* epistolare, il "trittico Battifolle" ancor di più: esso infatti era stato scritto da Dante, ma a nome di qualcun altro. Nelle tre epistole non compare mai il nome dell'Alighieri, né vi è alcun indizio che ci lasci supporre che sia lui l'estensore di tali missive. Come indagare dunque? Se sulla base di questi argomenti molti studiosi avevano rifiutato l'idea che tali letterine fossero opera del fiorentino, si deve in parti-

---

3 Moore, *The "Battifolle" Letters*.

colare a Scheffer-Boichorst (1882)[4] e Corrado Ricci (1891) la spinta a mantenerne la paternità dantesca.[5]

L'indizio principe per l'attribuzione a Dante ce lo fornisce la loro posizione all'interno del manoscritto Vaticano Palatino Latino 1729, l'unico che ce le ha preservate, giacché, come ha notato il Moore,[6] esse non sono sistemate al principio o in chiusura della sezione epistolare, ma proprio al suo centro. L'ordine con cui il manoscritto ci presenta le nove epistole attribuite a Dante, a quanto pare scandito dall'importanza politica dei destinatari, è infatti il seguente: 1) *Ep.* VII; 2) *Ep.* VI; 3–4–5) *Ep.* VIII–IX–X (il "trittico Battifolle"); 6) *Ep.* II; 7) *Ep.* IV; 8) Ep. I; 9) *Ep.* V.

Particolare non trascurabile è la relativa prossimità con l'Alighieri del manufatto suddetto, giacché il manoscritto fu composto solo 70 anni dopo la morte del poeta. Al momento della realizzazione del codice, nel 1394, il copista non ebbe dubbi sulla paternità dantesca del "trittico Battifolle". Doveva esserci perciò una tradizione precedente (a noi non pervenuta) che garantiva come dantesche le tre epistole.[7] Benché le lettere non siano precedute da alcuna nota esplicativa o commento e non presentino dunque alcun nesso con l'Alighieri, la loro posizione e il fatto stesso che il copista non abbia avvertito la necessità di postillarle potrebbe già di per sé avvalorarne parzialmente l'autenticità. Di contro, si deve comunque sottolineare che nelle lettere non appare effettivamente alcun legame con la figura di Dante e, addirittura, la lettera X risulta firmata da terzi, ossia dalla contessa Gherardesca di Battifolle.[8]

Altri indizi della paternità dantesca sono alcuni riscontri di tipo formale[9] e la *datatio* topica e cronologica del terzo biglietto, l'unico ad essere stato datato Poppi, 18 maggio 1311 («missum de castro Poppii XV Kalendas Iunias, faustissimi cursus Henrici Cesaris ad Ytaliam anno primo»); si tratta di una data vicina a quelle delle *Ep.* VI, inviata ai Fiorentini intrinseci il 31 marzo 1311, e della *Ep.* VII, indirizzata all'imperatore Enrico VII il 17 aprile 1311 da una località «sub fonte Sarni»[10] – forse dal castello di Porciano, ai piedi del Falterona, presso

---

4 Scheffer-Boichorst, *Aus Dante's Verbannung*.
5 Ricci, *L'ultimo rifugio*.
6 Moore, *The "Battifolle" Letters*.
7 Per quanto attiene alla questione del manoscritto e del suo autore, rinvio alle illuminanti relazioni di E. Romanini e A. Bartoli-Langeli contenute in questo medesimo volume.
8 Il nome della mittente è indicato nel manoscritto dalla sua iniziale (una G). Nell'edizione che fece il Giuliani, l'iniziale fu scambiata per una C. e l'identificazione della mittente cadde su Caterina, moglie di un altro conte Guido, inopinatamente anch'egli signore di Battifolle e coevo del suo omonimo.
9 Moore, *Studies in Dante*, vol. IV, pp. 256–75 e 287.
10 Con l'idronimo "Sarno" l'Alighieri identifica spesse volte nelle epistole il fiume Arno, pur conoscendo, come attesta il Boccaccio, il fiume campano, a lui noto almeno tramite Virgilio

altri conti Guidi.[11] Su questi particolari topografici si tornerà nel prosieguo del discorso.[12]

Novati, rimpiangendo la perdita di altri documenti epistolari danteschi ben più significativi di questi, ne parlò come di documenti «di sì tenue valore, che nulla o ben poco ci giova il possederle».[13] Meno severo Mazzoni il quale, pur ammettendo che rispetto alle altre epistole queste certamente sono «meno solenni», le definì «assai ben architettate e clausolate», mentre Pastore Stocchi le ha riconosciute come dotate di «un'abile tessitura retorica» pur nella povertà contenutistica.[14]

La brevità, la somiglianza tra i tre bigliettini e il fatto che la datazione sia presente nell'ultima delle tre epistole hanno indotto alcuni studiosi a ipotizzare che si tratti dello stesso testo,[15] di cui sarebbero sopravvissute delle redazioni preparatorie (per lo più identificate nelle *Ep.* VIII e IX) e la redazione definitiva, che è anche l'unica a riportare la datazione (*Ep.* X).[16] Altri studiosi hanno invece ritenuto autentiche e autonome le tre epistole, discutendone fra l'altro anche l'ordine di invio e la relativa cronologia:[17] Chiappelli propose un preciso ordine di stesura, assegnando ai primissimi del 1311 l'*Ep.* IX (forse addirittura anteriore all'*Ep.* VII), poi la X e infine l'VIII, caratterizzata, secondo lo studioso, da «una atmosfera più autunnale» di disincanto.[18]

2 «Progenies maxima tuscanorum»

Tra i vari nobili su cui Enrico VII pensava di fare affidamento non mancò la famiglia comitale guidinga, «progenies maxima tuscanorum», un tempo compattamente leale all'Impero ma, a seguito della divisione familiare avvenuta dopo Guido Guerra III, spezzata in vari rami tra loro in conflitto.[19] Dal secondo

---

(*Aen.* VII, 738) e Lucano (*Phars.* II, 424). Sulla scelta di ribattezzare l'Arno col nome di Sarno cfr. Brugnoli, *Sarno*.
11 «Scriptum in Tuscia sub fonte Sarni XV Kalendas Maias, divi Henrici faustissimi cursus ad Ytaliam anno primo».
12 *Imago et descriptio Tusciae*. Colgo qui l'occasione per ringraziare l'amico e collega P. T. Stella per l'inaspettato ma provvido e graditissimo aiuto.
13 Novati, *Le Epistole*, p. 17.
14 Mazzoni, *Le epistole di Dante*, pp. 47-ss.
15 Padoan, *La pubblicazione casentinese*; *Ep.* (Pastore Stocchi), p. 68 e 74.
16 Rossetto, *Per il testo critico*, p. 105.
17 Mazzoni, *Le epistole di Dante*, pp. 47-ss.
18 Chiappelli, *Osservazioni sulle tre epistole*, pp. 558-ss.
19 *La lunga storia di una stirpe comitale*.

matrimonio, contratto con Gualdrada di Bellincione Berti dei Ravignani,[20] Guido ebbe infatti cinque figli maschi; secondo la tradizione longobarda, i quattro superstiti, al momento del raggiungimento della maggiore età, si spartirono il patrimonio paterno, dando vita a quattro rami identificabili dai nomi dei castelli in cui i vari conti presero dimora: da Guido VIII si ebbe il ramo di Battifolle (e di Bagno), da Marcovaldo quello di Dovadola, da Tegrimo il ramo di Modigliana (e Porciano), da Aghinolfo quello di Romena.

Nel corso del Duecento si assiste all'espansione del Comune di Firenze anche su territori guidinghi nei pressi dell'area urbana e, di converso, a un arretramento montano dei conti in Casentino: se Poggibonsi diventa fiorentina, i Guidi espandono i propri domini nella angusta valle casentinese, fondando in pieno XIII secolo addirittura nuovi fortilizi, come quello di Montemignaio, a difesa della alta valle del Solano-Scheggia. La frammentazione patrimoniale, le divisioni personali e politiche fra parenti, nonché il mutato quadro politico dopo il prevalere guelfo e fiorentino, avevano sostanzialmente cristallizzato la situazione geopolitica dei Guidi di fine Duecento. Per questo non ci saranno più nuove acquisizioni e i conti saranno via via estromessi da altre ed eterogenee forze, entrando in conflitto con i Camaldolesi, con il vescovo di Arezzo e il comune di Firenze, divenendo via via, «Signori delle montagne».[21] Se il dominato si restringeva e si paralizzava sul Casentino, di converso si animarono le rivalità in seno alla famiglia.

Con la discesa di Federico II, agli inizi del Duecento, alcuni conti si mantennero su posizioni filoimperiali legandosi alla fazione ghibellina, mentre altri si dichiararono favorevoli al comune di Firenze e alla sua posizione guelfa, in chiave anti-imperiale.[22] Sessanta anni dopo la morte dello Stupor Mundi, all'avvento di Enrico VII, nuove lotte fratricide scoppiarono all'interno di ciò che rimaneva della famiglia comitale. In primo luogo ci interessano i due fratelli, Guido Novello e Simone, signori di Poppi: costoro, dopo aver agito concordemente nelle fila ghibelline, una volta sconfitti dovettero scendere a patti con Firenze. Guido Novello rigettò gli accordi, mentre il fratello ne firmò altri separatamente il 28 agosto 1274. Da questa divisione si originarono anche i due rami di Bagno e di Battifolle, il primo facente capo al figlio di Guido Novello, Guglielmo Novello, e il secondo a Guido figlio di Simone, il marito della Gherardesca per conto della quale sono scritte le epistole.

Proviamo però adesso a distinguere i vari rami della famiglia dei Guidi, assegnando loro i rispettivi principali fortilizi casentinesi e "fotografando", per

---
20 Su questo personaggio cfr. Faini, *Ruolo sociale*, p. 9.
21 Wickham, *The Mountains*.
22 Canaccini, *Ghibellini e Ghibellinismo*.

gli anni che interessano, una posizione o una simpatia politica che, talvolta, risulterà quanto mai "sfocata".

Con una buona approssimazione possiamo identificare il dominio del conte Guido di Battifolle, a questa altezza cronologica di fede fiorentina e filo-guelfa, con Poppi, Borgo alla Collina, Larniano e Fronzola, Quota, San Martino e Riosecco. Spostandoci verso l'Alto Casentino troviamo altri possessi del conte da Battifolle: il castello omonimo, oggi scomparso, e poi i dominî di Caiano e Montemignaio. Di posizione ghibellina invece suo cugino Guglielmo Novello, che dominava su Castel san Nicolò, Pagliericcio, Cetica, ma anche Farneta e Soci. Pratovecchio e Castel Castagnaio erano di proprietà del guelfo Guido Selvatico da Dovadola, mentre era di tradizione ghibellina il conte Guido Novello II, figlio di Federico di Guido Novello I, che dominava su Raggiolo, Ortignano, Garliano e San Piero. Di posizione incerta, perché di un guelfismo recente e traballante, i conti di Romena, quelli ricordati da Dante nel canto di Mastro Adamo, padroni anche di Lierna, Ragginopoli e Partina. Infine, ai piedi del Falterona, e quindi alle sorgenti dell'Arno, «sub fonte Sarni», incontriamo alcuni dei possessi casentinesi dei figli di Guido di Modigliana: Porciano in testa e poi Urbech, Papiano, Lonnano e il mercatale di Stia.

Il nobile e prolifico Guido di Modigliana e Porciano ebbe ben undici figli, di cui otto maschi. La posizione politica di questa famiglia appare chiaramente filo-ghibellina,[23] anche se ben presto al suo interno sorgono delle screziature e persino delle ostilità. Alla discesa dei messi di Enrico VII, nel 1310, il conte Tegrimo di Guido di Modigliana li accolse a San Godenzo, assieme al fratello

---

[23] Nel 1275 essi combattono assieme a Guido da Montefeltro contro i Guelfi bolognesi nella battaglia di Ponte San Procolo. Poco dopo, con il padre, accolsero il messo di Rodolfo d'Asburgo e nel 1277 sconfissero nuovamente i Guelfi bolognesi a Bagnacavallo. Tra i vari fratelli, Tegrimo sembra prediligere la residenza di Modigliana, di cui sembra il principale custode. Nel 1284 Tegrimo si trova in Valdambra (dove crea una *potestas*, definendo quell'area *vicecomitatus*) per ottemperare alla richiesta pontificia di allontanarsi per un periodo proprio da Modigliana. Dopo la battaglia di Campaldino, il conte Tegrimo sembra frequentare maggiormente invece la residenza di Porciano, dove erano rimasti i figli di un altro fratello (Corrado). Doveva risiedere con lui anche il fratello Tancredi, che viene condannato dal Comune di Firenze per avere, proprio in Porciano, depredato un mercante anconetano e deriso dei messi fiorentini. Dal 1299 è probabile che Tancredi resti a Porciano da solo, giacché Tegrimo viene nominato podestà di Faenza. Nel 1302 i capi dei Bianchi e dei Ghibellini tengono un convegno presso il castello dei Guidi di Modigliana a San Godenzo. Parteciparono a tale convegno Vieri dei Cerchi e altri due membri della sua famiglia, quattro Ubertini, Guglielmo dei Ricasoli, Andrea dei Gherardini, Bettino dei Pazzi, uno degli Scolari e quattro degli Uberti, con il nipote di Farinata, Lapo, in testa. Cfr. Pirillo, *La signoria dei conti Guidi*; Davidsohn, *Storia di Firenze*, vol. IV, pp. 319–320.

Tancredi,[24] colui che si mostrerà fedele sino alla fine all'imperatore di Lussemburgo. Sarà questo Tancredi, il signore di Porciano (e non Tegrimo), ad accompagnare il re a Roma per l'incoronazione, per poi affiancarlo nell'assedio di Firenze: nel 1313, perciò, Enrico concesse a lui i beni di Ildebrandino Guidi di Romena, da poco defunto, e altri beni che aveva espropriato a quei conti di Modigliana che non gli erano stati fedeli.[25] La questione si sarebbe protratta nel tempo, e solo nel 1316 si tentò di addivenire ad una pace tra Tancredi e i figli del fu Tegrimo di Modigliana, Gualtieri, Fazio e Guido: in quella occasione le due parti schierarono i propri alleati, mostrandoci la portata e la qualità degli schieramenti.[26] Tancredi poteva contare sull'appoggio dei conti Alberti di Mangona e sui fiorentini Cerchi e Tosinghi, mentre dal lato dei figli di Tegrimo erano Guido Novello di Federico, di Raggiolo, altri tra fratelli e figli di Tegrimo, due figli del conte Guglielmo Novello, il vescovo di Arezzo Guido Tarlati, e altri membri della aristocrazia aretina (Pietramala, Pazzi, Della Faggiola, Valenzano, Montedoglio), nonché Tommaso Donati, figlio di Corso.

Per comprendere le ragioni che collegavano un signore di salda tradizione ghibellina come Tancredi a fiorentini di solidi ascendenti guelfi come Cerchi e Tosinghi, concentriamoci su quest'ultima famiglia che consente di seguire più da vicino alcune dinamiche interfamiliari. Dopo la morte di Bindo Tosinghi a Campaldino (1289), suo figlio Baschiera, pur essendo di provata fede guelfa, fu escluso, assieme ad altri parenti, dagli uffici politici per opera dell'ambizioso e invidioso Rosso della Tosa (1309†) il quale, come scrive il Davidsohn «lo aveva sempre tenuto lontano da tutti gli uffici pubblici come un temibile rivale», al punto da indurlo ad allearsi coi Cerchi. Quando infatti Rosso, alla fine del Duecento, si schierò coi Donati, Baschiera prese per reazione posizioni cerchiesche. Da allora la famiglia dei Della Tosa fu divisa tra le due parti: nel maggio del 1300 Baschiera fu confinato a Sarzana insieme ad altri Bianchi – anche per volere di Dante, che allora era priore – ma poi, liberato da quella pena, l'11 novembre del 1300 si recò a Roma presso Bonifacio VIII per trattare la revoca dell'interdetto che gravava su Firenze. In quella medesima ambasciata vi era anche Betto de' Frescobaldi, già nemico di Giano della Bella, il quale, unico tra i membri del suo casato, parteggiava per i Cerchi dovendo loro una grande somma di denaro. L'anno seguente Baschiera Tosinghi rifiutò le offerte di pace

---

24 Il palazzo di San Godenzo era detto "Palazzo dello Specchio", forse per le finestre vetrate, assai rare per l'epoca. Nel 1306 tale residenza risulta ancora di Tancredi, come appare nella continuazione della *Cronica Cantinelli*; cfr. Davidsohn, *Storia di Firenze*, III, pp. 319–320.
25 Circa l'investimento politico ed economico dei conti Guidi rimasti di fede ghibellina alla venuta di Enrico VII si legga Nelli, *Una corte feudale*.
26 *Notarile antecosimiano*, 9497, c. 26r, 5 ottobre 1316.

avanzate dai Neri e proseguì a combatterli sino alla morte, partecipando tra l'altro nel 1304 alla cosiddetta battaglia della Lastra.[27] Al momento della discesa di Enrico VII Baschiera non rimase in disparte:[28] schierato davanti alle mura di Firenze nell'assedio portato dall'imperatore, figura quale "testis" all'emanazione delle condanne pronunciate dal tribunale imperiale.[29]

Il legame visibile nel 1316 tra Tancredi Guidi e i Tosinghi aveva quindi dietro di sé una certa storia. Sarà perciò da tenere bene a mente che, accanto a Tancredi, signore di Porciano in questi anni, figuravano membri dei Cerchi e molti di coloro che riponevano speranze in Enrico VII (Bianchi o Ghibellini che fossero) e che avevano già giocato le proprie carte, esponendosi alla fallimentare battaglia della Lastra e subendo il perpetuarsi dell'esilio, se non l'inasprimento della pena.

3 «Plus guelphi quam guibelini, meo judicio»

La discesa dell'«alto Arrigo» rinnovò ovunque antiche tensioni In Toscana, poiché Firenze sin dall'inizio si mostrò particolarmente fredda nei confronti dell'imperatore, l'impresa arrighiana mise in difficoltà comuni e nobili, che spesso si schierarono a seconda dei rapporti che avevano con questa città.[30] In Italia si comprese che il nuovo sovrano, a differenza dei suoi predecessori, era intenzionato ad intervenire nelle faccende della penisola, e perciò Bianchi e Ghibellini inviarono degli ambasciatori tanto a lui quanto a papa Clemente V. Sappiamo che raggiunsero la Germania Guido di Filippo dell'Antella, legato alla compagnia degli Scali e socio di Giovanni de' Cerchi, e Ugolino da Vico, un ghibellino fiorentino che nel 1309 già si trovava a Spira per la Dieta imperiale.

Quando il 3 luglio 1310 si presentarono in Toscana gli ambasciatori del re, la risposta del Comune fiorentino fu più arrogante che evasiva. L'ambasciata imperiale era composta dal conte Luigi di Savoia, da Filippo vescovo di Eichstätt, da Gerardo, vescovo di Basilea, dal giurista Bassiano de' Gaschi e da Simone de' Reali. Essi protestarono per gli attacchi portati da Firenze contro la città di Arezzo e chiesero l'immediato ritiro delle truppe. Successivamente, quando

---

27 Viene condannato alla decapitazione il 5 aprile del 1302, come risulta dal Libro del Chiodo.
28 Figurerà anche per questo nella cosiddetta "Riforma di Baldo di Ugualione", la lista di circa 1500 personalità ghibelline o guelfe bianche escluse dal provvedimento di amnistia varato dal comune fiorentino (2 settembre 1311) per aver progettato o perpetrato atti di ostilità contro Firenze. Come è noto, anche l'Alighieri patisce lo stesso destino del Tosinghi.
29 Tarassi, *Della Tosa, Baschiera*.
30 Bowsky, *Henry VII in Italy*; Cognasso, *Arrigo VII*; Somaini, *Henri VII*.

re Enrico poté valutare l'intero groviglio degli eventi, comprese che il primo segno della rivolta contro l'Impero era stato proprio l'atteggiamento di Firenze nei riguardi dei propri ambasciatori.[31] Spostatisi nell'aretino, due degli ambasciatori ricevettero il giuramento di fedeltà dal conte Aghinolfo da Romena, già alleato se non addirittura capitano dei Guelfi bianchi.[32]

Il 30 settembre dello stesso anno, di contro, i fiorentini ricevettero re Roberto d'Angiò e «gli fu fatto grande onore, e armeggiata, e presenti grandi di moneta, e dimorò in Firenze infino a XXIIII dì d'ottobre per riconciliare i Guelfi insieme, ch'erano divisi per sette intra lloro, e per trattare al riparo dello 'mperadore».[33] Solo nel novembre i Fiorentini preparano, peraltro senza inviarli mai, degli ambasciatori per Enrico.[34] Si danno invece da fare per erigere steccati e scavare fossi intorno alle mura: il 30 novembre «per tema della venuta dello 'mperadore sì ordinarono a chiudere la città di fossi (...) e poi, da la porta di San Gallo infino a quella del Prato d'Ognesanti, erano già fondate le mura, sì le feciono innalzare VIII braccia. E questo lavoro fu fatto sùbito e in poco tempo».[35] L'atteggiamento anti-imperiale di Firenze, benché Enrico fosse stato coronato paradossalmente con egida papale, è quanto mai eloquente. A confermarlo vi fu, nel 1311, la stipulazione di una lega quinquennale anti-imperiale con Lucca, Siena, Bologna, Perugia e il re di Napoli. Infine, simbolo di un guelfismo intransigente e al limite dello scaramantico, fu la grande festa riservata il 13 aprile alle reliquie di san Barnaba, divenuto celeste protettore di Firenze e della Lega guelfa, dopo la vittoria di Campaldino: le reliquie «mandò da corte di papa il cardinale Pelagrù al Comune di Firenze, perché sapea che' Fiorentini l'aveano in grande devozione. E fune fatta in Firenze grande reverenza e solennità e furono riposte nell'altare di Santo Giovanni».[36] Probabilmente non sarà stata una scelta casuale l'invio dei resti di quell'apostolo che aveva procurato la vittoria contro i Ghibellini proprio nel momento dell'arrivo di un nuovo imperatore. Nello stesso anno, il 2 settembre 1311, i guelfi «trassono di bando tutti i cittadini e contadini guelfi di che bando si fosse, pagando certa piccola gabella: feciono più ordini di leghe in città e in contado e coll'altre terre guelfe di Toscana».[37] Come è noto, l'Alighieri, pur di famiglia e posizione guelfa, fu escluso con altri da tale amnistia.

---

31 Davidsohn, *Storia di Firenze*, III, pp. 524–527.
32 *Acta Henrici VII Romanorum Imperatoris*, I, n. 21 e *Henrici VII Constitutiones*, 4, 1, p. 307. Su Aghinolfo cfr. il contributo di M. Tavoni in questo stesso volume.
33 Villani, *Nuova cronica*, vol. II, p. 216.
34 Davidsohn, *Storia di Firenze*, III, p. 529.
35 Villani, *Nuova cronica*, vol. II, pp. 218–219.
36 Villani, *Nuova cronica*, vol. II, p. 222.
37 Villani, *Nuova cronica*, vol. II, p. 224.

Ai fini di questo contributo e dell'ipotesi che sto tentando di proporre, una fonte risulta per noi particolarmente preziosa. Si tratta della *Relatio de Heinrici VII imperatoris itinere italico* composta dal vescovo di Butrinto, il domenicano Nicola de Ligny, che ci offre un quadro sull'atteggiamento politico di alcuni membri della famiglia Guidi, e in particolare del signore da Battifolle, all'altezza della discesa dell'imperatore, ed in particolare nell'ottobre del 1311.[38]

Questo nuovo vicario, assieme al notaro papale Pandolfo Savelli, dopo aver attraversato gli ostili territori di Bologna e Firenze e aver rischiato più volte la vita, fu scortato dal conte Tegrimo di Modigliana: la notte tra il 27 e il 28 ottobre li condusse a San Godenzo e poi fino in Casentino, dove il prelato incontrò due fratelli di Tegrimo, Tancredi – che evidentemente in questo periodo vive in Casentino – e Bandino.[39] Successivamente incontrarono anche il conte Ruggero figlio di Guido Salvatico di Dovadola:[40] «isti omnes dicuntur de comitibus Guidonibus et sunt comites palatini; et eiusdem domus sunt *comes de Batefole* et *comes Salvaticus* [cioè il conte di Dovadola]. Item comites de Romena omnes vocant se comites palatinos et magnos redditus habent in Romandiola». In realtà questi Guidi in comune avevano oramai poco più che il nome e qualche porzione di castello, e se ne era avveduto anche il vescovo di Butrinto, giacché segnalò che

> inter istos quidam sunt *guelphi* et illi sunt ditiores, *videlicet* comes Salvaticus et *comes de Batifole* et comes Bandinus [il vescovo di Arezzo]. (...) Omnes juraverunt nobis fidelitatem et venire ad dominum suum personaliter, vel mittere, si impediti essent, statim quod esset in Tuscia, et ipsum associare ad coronam in illa decentia in qua possent secundum suam facultatem. Isti omnes nos multum honoraverunt et gaudenter receperunt, et *plus guelphi quam guebelini*, meo iudicio.

Quindi, se identità politica aveva, il conte di Battifolle l'aveva guelfa, almeno a detta del messo imperiale.

---

38 Nikolaus von Butrinto, *Relatio de itinere Italico*.
39 Nikolaus von Butrinto, *Relatio de itinere Italico*: «altera die, que fuit sanctorum Symonis et Jude vigilia in tertiis, predicti tres dimiserunt nos in quodam oppido in quo Florentini et comes Tegrinus habebant dominium. Et in nocte dictus comes Tigrinus duxit nos inter Alpes ad unum burgum suum qui vocatur burgus Sancti Gaudentii et mutuavit nobis equos quot potuit pro familia, que erat pedes. Postea ivimus cum eo ad alium locum; ubi ad nos venerunt duo fratres dicti comitis Tegrini, videlicet comes Tancredus et comes Bandinus. Postea invenimus quartum fratrem comitem Rogerium» (p. 525).
40 Ruggero, ulteriore fratello di Tegrimo e Tancredi, non avendo mantenuto gli aiuti promessi agli ambasciatori di Enrico VII in San Godenzo, si vedrà confiscati tutti i suoi beni, che saranno assegnati proprio a Tancredi, col quale entrerà in guerra sino alla sua morte (1318).

Nella primavera del 1312 a Pisa converge il fior fiore del ghibellinismo toscano:[41] vi sono anche numerosi membri dei Guidi di Modigliana, tra cui certamente Tancredi, c'è il conte Aghinolfo da Romena e suo fratello, il vescovo Ildebrandino, che proprio a Pisa morirà in quei giorni.[42] A Pisa vi sono forse anche Dante e un giovanissimo Petrarca di appena otto anni, se è vera l'informazione che lo stesso poeta scrisse anni dopo a Giovanni Boccaccio.[43] Ma non vi sono i conti Guidi dei rami di Battifolle e di Dovadola che hanno già ripiegato su Firenze:

> non obstantibus fidelitatibus, nullus de istis *Guelphis* venit ad eum in Tusciam vel misit ad renovandum juramentum, sed dilationem petiverunt et habuerunt usque ad terminum petitum, et in termino petito, iam imperatore existente ante Florentiam, confederati sunt publice cum Florentinis, cum ipsis in Florentia existentes.[44]

Dalle parole del messo domenicano risulta perciò chiaramente la differenza di schieramento politico dei vari membri della famiglia guidinga: per quanto essi avessero accolto, promesso e giurato fedeltà a Enrico, in molti gli risultarono «plus guelphi quam guibelini» e, al momento di esporsi, furono ben pochi quelli che confermarono la loro sincera devozione per l'imperatore. Tra questi, concentrando il nostro interesse sui pochi nobili che attirano la nostra attenzione, non certo il conte Guido di Battifolle, bensì il conte Tancredi di Porciano.

4 «Sub fonte Sarni»

Il 31 del mese di marzo del 1311 Dante indirizzava, da un luogo imprecisato probabilmente del Casentino giacché «sub fonte Sarni», la celebre epistola VI agli "sceleratissimi fiorentini", in cui li accusava di cieca stoltezza nell'opporsi alla volontà divina di un nuovo pacificatore. Sull'identificazione del luogo da cui sono state inviate le epistole VI e VII si è molto discusso. Sulla base di ciò

---

[41] Nikolaus von Butrinto, *Relatio de itinere Italico*: «qui erant Guebelini inter istos vel venerunt qui potuerunt vel miserunt et cu meo fuerunt usque ad mortem suam» (p. 526).
[42] Il vescovo Ildebrandino Guidi dovette essere il principale promotore della calorosa accoglienza che la città di Arezzo riservò agli ambasciatori imperiali nel 1311. Successivamente li accolse nel castello di Civitella, prestando giuramento di fedeltà. In cambio, Enrico fece nominare Ildebrandino suo vicario in Arezzo. Nella primavera del 1312, quando Enrico giunse in Toscana, il presule si recò a Pisa per presentare omaggio e avere la conferma del titolo vicariale. Cfr. Bicchierai, *Ildebrandino Guidi*.
[43] Ceccarelli Lemut, *Ghibellini e guelfi bianchi*, nota 85.
[44] Nikolaus von Butrinto, *Relatio de itinere Italico*, pp. 525–526.

che si è visto finora, credo che si tratti del castello di Porciano dove, come ho ipotizzato poco sopra, doveva risiedere in questi anni Tancredi, colui che, tra i conti di Modigliana, si rivelerà il più fedele seguace di Enrico VII, e con cui Dante ha forse già condiviso più di un sogno e di una delusione.

A ciò si aggiunga la clausola «sub fonte» che va intesa, secondo me, come 'ai piedi della sorgente' e non come un generico riferimento alla vasta valle del Casentino, dove scorre il primo tratto dell'Arno. Il maniero di Porciano è il primo castello, dei tanti fortilizi guidinghi, che il fiume incontra lungo il proprio corso: esso dista appena 7 kilometri, in linea d'aria, da Capo d'Arno, e si erge proprio ai piedi del monte Falterona. Si tenga a mente poi che l'epistola VI riporta l'ulteriore specificazione di «in finibus Tuscie», e infatti Porciano si trova all'estremo confine della valle casentinese: oltre il crinale vi è la brulla Romagna.[45] Se Dante avesse voluto far riferimento a Poppi, che dista circa altri 10 kilometri da Porciano, non avrebbe, a mio avviso, adottato una locuzione come «sub fonte». Inoltre, nel noto canto XIV del *Purgatorio*, il poeta sa bene che «per mezza Toscana si spazia / un fiumicel che nasce in Falterona» (*Purg.* IV, 16–17). E, se si accetta l'ipotesi di Casini e Barbi, il "porci" che compare pochi versi dopo («tra brutti porci, più degni di galle / che d'altro cibo fatto in uman uso, / dirizza prima il suo povero calle», vv. 43–45) sarebbe stato apposto come riferimento proprio al castello di Porciano.[46] Quando invece si trova presso Gherardesca, l'Alighieri scrive esplicitamente che la lettera è stata inviata il 18 maggio «de Castro Poppii».[47]

Si tratta ora di concentrarci finalmente sul "trittico Battifolle" per provare a capire perché Dante scrivesse per conto di Gherardesca alla moglie dell'imperatore, per giunta da Poppi.

---

45 «Scripsit pridie Kalendas Apriles in finibus Tuscie sub fonte Sarni, faustissimi cursus Henrici Cesaris ad Ytaliam anno primo» (*Ep.* VI, 27).

46 Cfr. Lanci, *Porco*: «netto il valore figurato in *Purg.* XIV, 43, dove il termine indica gli abitanti del Casentino, che l'Arno incontra dapprima nel suo corso. Secondo le varie ipotesi dei commentatori, essi sono così chiamati o perché di costumi rozzi e primitivi o in riferimento al castello di Porciano, possesso dei conti di Modigliana, ramo ghibellino della casata dei conti Guidi, "che erano nei documenti fiorentini solitamente indicati come conti di Porciano" (Casini-Barbi). Pietro però, seguito, sostanzialmente, da Benvenuto, Landino, e da molti altri, scorgeva in brutti porci un'allusione alla lussuria dei "comites Guidos, adeo in opera venerea luxuriosa implicitos, quod porcis quodammodo adaptantur". Quest'ultima motivazione, riproposta, sia pure in via ipotetica, anche da commentatori moderni (Scartazzini-Vandelli, Sapegno), è giudicata "piuttosto fantastica" dal Mattalia. È da ricordare, infine, che si è anche pensato da alcuni all'inimicizia dei conti di Modigliana nei confronti di Firenze e al fatto che essi non aiutarono sufficientemente i Bianchi fiorentini nei loro tentativi di rientrare in patria».

47 «Missum de Castro Poppii XV Kalendas Iunias, faustissimi cursus Henrici Cesaris ad Ytaliam anno primo» (*Ep.* X, 6).

In primo luogo bisogna considerare che non doveva essere pratica inusuale che le consorti di sovrani, conti o alti dignitari, intrattenessero scambi epistolari col fine di cattivarsi simpatie o alleanze politiche, e avessero anche un qualche ruolo nelle missioni del marito. La contessa si fa promotrice della riverenza che il suo sposo dovrebbe avere nei confronti dell'imperatore, rivolgendo auguri all'imperatrice. La regina, del resto, appare presente e attiva nel corso della spedizione: sempre Nicola de Ligny vescovo di Butrinto ci informa, ad esempio, che «regina, piissima domina, (...) claves civitatis (si tratta di Cremona) receperat, et omnes de suo consilio dabant spem quam quod laborarent secundum suum posse, sic quod non debebant desperare». Oppure che, quando fu intercettato un messo che portava lettere da Brescia a Firenze inviate dal podestà di Brescia, «Pynus nomine», le lettere furono lette non solo dal re, ma anche dalla regina, così anche come dal vescovo «Treverensis, dominus Sabaudie, unus clericus qui vocatur magister Henricus de Jodonia, juris professor» e dallo stesso estensore della Cronaca, il vescovo di Butrinto.[48]

Si tratta tuttavia di provare a capire perché il poeta si trovasse proprio a Poppi: una domanda a cui non è semplice dare una risposta univoca e definitiva. Una possibilità è che egli fosse lì in qualità di messo imperiale. Nella *Ep.* VII Dante dichiara di aver toccato e baciato i piedi del sovrano, forse a Milano, forse in un'altra città del Nord Italia: «io ti vidi benignissimo, come alla maestà imperiale si conviene, quando le mie mani strinsero i tuoi piedi, e le mie labbra pagarono il loro debito. Allora esultò lo spirito mio in me e dissi tacitamente: ecco l'Agnello di Dio, ecco colui che toglie i peccati del mondo» (*Ep*. VII, 9-10). Possiamo quindi ipotizzare, senza tuttavia alcuna certezza, che nel corso di questo incontro la regina abbia affidato al poeta un biglietto indirizzato a Gherardesca, e che questo biglietto abbia poi innescato lo scambio epistolare.

Il Petrocchi scartava l'ipotesi che l'Alighieri potesse essere stato inviato in Casentino dai sovrani sulla base del fatto che nell'epistola VII (la cui datazione è 17 aprile 1311 e che solo da Chiappelli è posta cronologicamente dopo la epistola IX) egli avesse affermato di scrivere «tam pro me quam pro aliis»: «non può essersi recato come messo di Enrico, ché anzi scrivendo "tam pro me quam pro aliis" mostra di esser portavoce di tutta la comunità degli esuli fiorentini»[49]. Da che cosa si evincerebbe che Dante rappresentasse *tutta* questa comunità di esuli se vi è un «pro aliis»? Inoltre, ed è l'argomento che qui interessa, l'epistola VII è di un certo tipo, il "trittico Battifolle riguarda eventualmente un altro tipo di missione. Infatti un conto è scrivere a proprio nome (e, supponiamo, a nome dei Bianchi e dei Ghibellini) all'imperatore; un conto è – ed è invece il

---

48 Nikolaus von Butrinto, *Relatio de itinere Italico*, pp. 509–511.
49 Petrocchi, *Vita di Dante*, p. 149.

caso delle epistole VIII–X – recare eventualmente da parte dell'imperatrice una missiva alla Gherardesca e poi assumere il ruolo di suo segretario, a un mese di distanza dall'epistola ad Arrigo. Perciò non ravviserei in quel passo dell'epistola VII l'impossibilità che Dante sia stato inviato, limitatamente allo scambio del "trittico Battifolle", quale messo imperiale in Casentino al fine di prendere contatti con la sola contessa.

Altra ipotesi è che egli fosse lì come inviato degli esuli fiorentini. I Bianchi e i Ghibellini – forse gli stessi con cui condivide le intenzioni espresse nell'epistola VII, certamente gli stessi con cui condivideva l'esilio – all'arrivo di Enrico VII potrebbero aver chiesto al poeta di catechizzare quanti tra i Guidi erano ancora più titubanti nell'abbracciare la causa imperiale, abbandonando il guelfismo, Firenze e la sua cecità. Per questo non credo sia assurdo ipotizzare non tanto che Dante fosse ospite del conte Guido da Battifolle (guelfo nero e anti-imperiale, legato a Bonifacio e a Corso Donati), quanto piuttosto che avesse trovato riparo a Porciano presso il conte Tancredi, di simpatie ghibelline e cerchiesche, come abbiamo visto. Ce lo confermerebbero le due epistole succitate, che furono date «sub fonte Sarni», con il loro contenuto chiaramente anti-fiorentino e filo-imperiale, e anche la posizione ghibellina e filo-bianca del conte.

Perché dunque trovare asilo presso il Guido di Battifolle in quei mesi? Certo è che l'epistola X sia stata inviata proprio dal castello di Poppi. Si può immaginare una missione di Dante finalizzata a convertire gli "incerti", come i Guidi di Romena – che comunque avevano rafforzato i legami con Arezzo, appoggiando i Bianchi contro Firenze – o, come il signore di Poppi, più schiettamente anti-imperiali?

Guido Guidi era senza dubbio uno di questi incerti.[50] La sua carriera ce lo mostra anzi come vero guelfo, anti-ghibellino e anti-imperiale, a dispetto di quanto dice la moglie nell'epistola X, dove chiede che i sovrani si degnino «di guardare con gli occhi della mente la purezza di una fedeltà altre volte già delibata» (*Ep.* X, 3). Quali siano questi segni di fedeltà resta assai poco chiaro: forse l'antico titolo di *comes palatinus*? Oppure la contessa, parlando in prima persona, si riferisce ai segni della propria famiglia, i della Gherardesca?

Questo Guido era figlio del conte Simone il quale, assieme a Guido Novello, guidò la famiglia comitale in senso ghibellino negli anni attorno a Montaperti. Dopo i disastri di Benevento e Tagliacozzo, però, i due fratelli imboccarono strade opposte: nel 1273, su iniziativa papale, entrambi furono costretti a stipulare una pace con Firenze che prevedeva la consegna in ostaggio dei figli di Guido Novello e di sedici abitanti di Poppi, nonché un giuramento da prestare agli

---

50 Bicchierai, *Guidi, Guido*.

emissari di Carlo d'Angiò. Mentre tuttavia Guido Novello si ribellò alla pace, tradita dall'Angioino e dai Guelfi, il conte Simone e suo figlio rimasero fedeli a questa scelta e nel 1281, morto il padre almeno da un anno, Guido giurò la Pace del cardinal Latino. Podestà di Città di Castello, si distinse giovanissimo nell'assedio di Messina, in appoggio a Carlo d'Angiò, contro gli Aragonesi che combattevano «pro exaltacione predecessorum nostrorum»:[51] gli Svevi. Qui si rivela, oltre all'anti-ghibellinismo, la sua fedeltà agli Angioini, e quindi la sua conseguente ostilità agli Svevi. Proseguì la collaborazione con Firenze, assediando Poggio Santa Cecilia, ricettacolo di Ghibellini sbanditi, fino alla capitolazione. Nel 1288 partecipò probabilmente alla guerra contro Arezzo (all'epoca retta da un governo ghibellino, e dove era presente il vicario imperiale Percivalle Fieschi). Non sappiamo se prese parte allo scontro di Campaldino (11 giugno 1289), dopo il quale fu indennizzato con 3000 fiorini d'oro per i danni subiti al castello di Poppi – di cui prese pieno controllo successivamente. Nei primi del Trecento lo vediamo addirittura appoggiare Corso Donati. Più di un fattore conduceva questo Guidi ad abbracciare la fazione nera: papa Bonifacio VIII lo aveva allettato offrendo un canonicato a un suo figlio, una sua figlia aveva sposato Musciatto dei Franzesi, consigliere di Carlo di Valois; inoltre uno dei suoi maggiori creditori era Manetto Scali, che si era schierato con i Bianchi. Com'è noto, il tentativo di Corso Donati di prendere il potere fallì temporaneamente e il conte fu condannato al bando; ma nel novembre del 1301 i Neri presero comunque il potere.

Se si accetta l'ipotesi che l'Alighieri fosse in "missione" in Casentino per conto di Enrico VII o dei Bianchi per far proseliti per la causa arrighiana, resta tuttavia incerto quanto Dante abbia potuto influenzare con la propria presenza i membri più incerti dei Guidi.[52] Nelle righe delle epistole VIII–X, secondo Moore, sarebbe errato cercare tracce del pensiero dantesco, poiché Dante compose tali testi in qualità di segretario, e il *dictator* è chiamato naturalmente a rispettare volontà e contenuti del mittente. Però, specie nella chiusa della VIII e della X, non si può non notare qualcosa di squisitamente dantesco: la devozione per l'Impero e la divina missione di Enrico. Come conciliare allora il ruolo di *secretarius* con un contenuto filo-imperiale che appartiene più all'estensore che, come si è visto, certamente non al mittente? Come generica *captatio benevolentiae*? Forse c'è un'altra possibilità.

---

51 Canaccini, *Ghibellini e Ghibellinismo*.
52 La letteratura sul pensiero politico dell'Alighieri è naturalmente molto ampia. Si fa riferimento almeno a Solmi, *Il pensiero politico*; Ercole, *Il pensiero politico*; Passerin d'Entrèves, *Dante politico*; De Angelis, *Il concetto*; Lumia, *Aspetti del pensiero politico*; Mancusi-Ungaro, *Dante and the Empire*, 1987; Woodhouse, *Dante and Governance*; Carletti, *Impero, stati particolari*; Carletti, *Dante politico*.

Si deve supporre infatti che Dante abbia rispettato le volontà della contessa (e forse del conte), che quelle siano perciò non le parole di Dante ma quelle della Gherardesca (e del suo consorte).[53] Ma non credo sia un azzardo supporre che nei mesi trascorsi in Casentino le idee di un intellettuale del calibro dell'Alighieri fossero state fatte proprie da alcuni nobili casentinesi: sono i mesi in cui il poeta è mosso dalla ferma convinzione del trionfo imminente di Arrigo VII.

La parabola di Enrico VII si consumò tuttavia rapidamente e tragicamente. Nell'ottobre del 1311 i sovrani raggiunsero Genova. Tra il 13 e il 14 dicembre, «in palatio eredum Benedicti Zachariae»,[54] l'imperatrice Margherita morì a 34 anni, colpita dalla peste. In primavera Enrico arrivava a Pisa. Con ogni probabilità il conte Guido aveva a quel punto già deciso di tornare (se mai se ne era allontanato) alla sua tradizionale alleanza con Firenze, e così avevano fatto anche Guido Salvatico e suo figlio Ruggero di Dovadola. Sei mesi più tardi Enrico veniva incoronato in Laterano, e nel settembre del 1312 iniziava il lungo e vano assedio di Firenze. Il Bruni ci informa di un'altra lettera da cui traspariva la devozione di Dante per l'Impero, ma anche il rispetto per la propria città: «pure il tenne tanto la reverenza della patria che, venendo lo imperadore contro a Firenze e ponendosi a campo presso alla porta, non vi volle essere, secondo lui scrive, con tutto che confortatore fusse stato di sua venuta».[55] Se con l'imperatore si schierò il conte Aghinolfo, Guido da Battifolle (assieme a Guido Salvatico e Ruggero di Dovadola) era a quel punto dalla parte dei fiorentini, a minacciare alle spalle, da Ganghereto, le forze imperiali. L'imperatore li condannò vanamente per fellonia.[56] Un anno dopo, il 24 agosto 1313, anche l'imperatore moriva, colpito dalla malaria durante l'assedio di Siena. Enrico non aveva nemmeno 40 anni e le speranze per un effettivo potere imperiale, in Italia, morirono con lui. A scortarne la salma vi erano alcuni Guidi, tra cui il futuro leader dello schieramento ghibellino, tal Guido Novello il giovane, conte di Raggiolo, e Tancredi, signore di Porciano.

---

53 Un'ulteriore riflessione deve essere fatta circa la eventualità che il conte, nei giorni di permanenza in Poppi dell'Alighieri, non fosse neppure presente in Casentino. Ulteriori indagini sul Diplomatico di Firenze o sulle Provvisioni, potrebbero magari portare qualche informazione su una sua permanenza magari in città, in questi mesi. Che a scrivere sia la consorte e non il marito non è certo una prova a sostegno di questa ipotesi, ma faciliterebbe la presenza dell'Alighieri presso il maniero poppese. Sia chiaro che non sto proponendo un sotterfugio della contessa alle spalle del marito, che viene nominato esplicitamente; ma si deve riflettere almeno sul fatto che la comunicazione intercorra esclusivamente tra le due donne.
54 Mussato, *De gestis Heinrici VII*, col. 404.
55 Bruni, *Vita di Dante*, p. 237.
56 I conti Salvatico di Dovadola e Guido di Battifolle furono privati di tutti i feudi imperiali, restituiti ai proprietari solo il 4 gennaio del 1330 per volere di papa Giovanni XXII. Cfr. Davidsohn, *Storia di Firenze*, III, p. 713.

Per Dante terminava la speranza di restaurazione dell'«alto imperio», di porre fine al suo esilio e tornare a Firenze. Il voltafaccia (qualora ve ne sia stato uno) del conte di Battifolle dovette frustrare ulteriormente i sogni di giustizia di Dante. Non sappiamo se il Guidi prese parte alla guerra contro i Bianchi e contro Dante: sappiamo però che, dopo la morte di Enrico VII, sarà proprio questo conte Guido a rivestire il ruolo di vicario di Roberto d'Angiò in Firenze per un anno, ottenendone il plauso, dopo la mala condotta del suo predecessore, nientemeno che del cognato del re, Bertrando del Baux. Di certo il poeta non era nelle grazie di re Roberto a causa delle evidenti posizioni filoimperiali che aveva preso con le lettere – e forse anche con la *Monarchia* che sarebbe stata invisa all'Angioino e da lui fatta più volte confutare.[57]

La delusione, per l'Alighieri, doveva essere completa.

---

57 Padoan, *Tra Dante e Mussato*, pp. 16–17.

Gian Maria Varanini
Cancellerie in dialogo

Nuove testimonianze su Enrico VII di Lussemburgo, gli Scaligeri e i Ghibellini italiani

Abstracts: Il contributo illustra le caratteristiche della documentazione prodotta dalla cancelleria del comune di Verona agli inizi del Trecento, durante la dominazione di Alboino e Cangrande I della Scala. In essa è ancora predominante la tradizione notarile. In particolare, viene illustrata la figura del notaio Ivano di Bonafine de Berinzo, autore di una raccolta di modelli oratorii e documentari intitolata *Eloquium super arengis*. Sono pubblicate alcune lettere dei signori della Scala a Enrico VII di Lussemburgo, e le relative risposte.

The essay illustrates the characteristics of the documents issued by the Chancellor's office of the Commune of Verona at the beginning of the XIVth century, during the rule of Alboino and Cangrande I Della Scala. These documents still show the predominant influence of the notarial tradition. The essay focuses on the figure of Ivano di Bonafine de Berinço, a notary who was the author of a collection of oratorical and documentary models entitled *Eloquium super arengis*. We publish here a number of letters from the Della Scala lords to Henry VII of Luxembourg, and their answers.

Parole chiave: Verona, XIV secolo, cancelleria comunale, notai, Enrico VII.

Questo contributo non concerne le epistole dantesche, ma alcuni testi prodotti in ambienti sfiorati dall'Alighieri nel primo e nel secondo decennio del Trecento: gli uffici del comune di Verona nei quali si produceva la documentazione comunale e signorile, per un verso, e la cancelleria itinerante dell'imperatore Enrico VII, durante la sua spedizione in Italia tra il 1310 e il 1313.[1] L'apporto che ne può venire all'economia di questo incontro di studio, pertanto, è la creazione di un contesto: le pratiche di scrittura, la circolazione di prodotti cancellereschi al di fuori del rapporto bilaterale tra mittente e destinatario.

---

[1] Si veda al riguardo Merati, *L'attività documentaria*, pp. 1–29, con attenta analisi del cruciale ruolo di mediazione del notaio savoiardo Bernardo «de Mercato» e del suo collega di origine pisana, Leopardo del fu *Frenectus*.

Gian Maria Varanini, Università di Verona

∂ Open Access. © 2020 Gian Maria Varanini, published by De Gruyter. This work is licensed under the Creative Commons Attribution 4.0 International License (CC BY 4.0).
https://doi.org/10.1515/9783110590661-022

Prima di illustrare rapidamente alcune lettere, sinora sconosciute, intercorse tra l'imperatore e il comune e i signori di Verona (con cenni brevi ad altri soggetti politici italiani), è necessario presentare il manoscritto dal quale sono tràditi questi testi, e soprattutto le caratteristiche degli uffici che sovraintendono, in una città a regime signorile, alla produzione della documentazione pubblica.

1 L'*Eloquium* del notaio Ivano di Bonafine *de Berinzo*

Si tratta di una raccolta di fac-simili e di modelli, messa insieme a Verona probabilmente entro gli inizi del 1311, da un importante notaio cittadino, appartenente a una famiglia che esprimeva da tre generazioni notai di prestigio, Ivano di Bonafine *de Berinzo*. Il testo è dedicato al collegio dei notai di Verona e a Bailardino da Nogarole, uno dei più eminenti collaboratori degli Scaligeri. Il titolo è *Eloquium magistri Yvani notarii de Verona super arengis et super informationibus principis ad virtutes et super epistolis*.[2]

Il manoscritto – che l'autore «licet insufficiens et indignus» asserisce di aver compilato «scrutans tam perdiversorum volumina sapientum in modo da quedam exempla et auctoritates applicare suffragandas» – è dunque tripartito. Questa suddivisione interna è un elemento di per sé molto significativo perché rispecchia i diversi ambiti di interesse che alimentano la sensibilità culturale e politica dell'autore: quello che lui ritiene importante tramandare, sulla base della sua esperienza. Si tratta in effetti di un notaio esperto, che aveva lavorato fianco a fianco in anni non lontani con i bolognesi *de Bonandrea*, presenti a Verona sino ai primissimi anni del Trecento prima che alcuni di loro tornassero in patria mentre altri si recavano a Trento a consolidare la cultura notarile presso quei principi vescovi, prima Bartolomeo Querini e poi Enrico di Metz.[3] A testimoniare il ruolo eminente di Ivano di Bonafine, basterà ricordare che è proprio lui a rogare il 15 novembre 1310, in qualità di «imperialis auctoritate notarius ed dictator comunis Verone» l'atto di nomina del procuratore del co-

---

[2] Su questo manoscritto si veda Varanini, *Appunti sull'*Eloquium, pp. 99–121; Varanini, *La documentazione*, pp. 53–76.

[3] Rando, *Fonti trentine*, pp. 7–27; Motter, *Il notaio Bongiovanni*, pp. 29–67, con aggiornata bibliografia.

mune di Verona e dei suoi capitani del popolo Alboino e Cangrande della Scala, che si reca ad Asti a incontrare il re dei Romani.[4]

Quali sono questi ambiti di interesse? In questa sede non tratterò della *informatio principis ad virtutem*, e dunque del secondo libro dell'*Eloquium* che raccoglie una serie di considerazioni morali, indirizzate a un giovane apprendista signore; il riferimento a uno dei due dedicatari, Bailardino da Nogarole,[5] è indiretto ma evidente. L'aristocratico veronese fu infatti l'educatore del giovane Cangrande secondo Ferreto Ferreti, che adotta ovviamente per i due il paragone Chirone/Achille.[6] Il primo e il terzo libro dell'*Eloquium* rinviano invece direttamente alle due polarità tra le quali si muove la professionalità di Ivano di Bonafine: da un lato la cultura politica del comune cittadino; dall'altro le "epistole" prodotte anche, ma non esclusivamente, a nome del signore.

Il primo libro dell'*Eloquium* (quello propriamente *super arengis*, e precisamente *super arengis ad utilitatem illorum qui arrengant et consulunt rei publice*) è costituito infatti da una serie di discorsi pronunziati (o preparati per essere pronunziati) nel consiglio comunale di Verona o di altre città. Le tematiche affrontate sono le più diverse, dalla materia fiscale all'amministrazione della giustizia al diritto di rappresaglia e a molto altro ancora.

In questa sede interessa poi direttamente il terzo libro, *super epistolis*. Gli *specimina* presentati dal notaio Ivano – si tratta con ogni evidenza di lettere effettivamente inviate – sono 84; per la gran parte, risalgono al primo decennio del Trecento, con particolare riferimento agli anni nei quali governarono Alboino (1304 ss.) e successivamente Alboino e Cangrande capitani del popolo affiancati (1308 e ss.), mentre un *terminus post quem* è sicuramente l'ultimo decennio del Duecento, perché in alcune rare occasioni compare Alberto della Scala (morto nel 1301) con il figlio Bartolomeo capitano *penes eum*, secondo quell'*escamotage* di affiancamento che rese nel caso della signoria scaligera relativamente fluido (e comunque meno problematico che non altrove, almeno nel 1301, nel

---

[4] *Acta Henrici VII Romanorum Imperatoris*, doc. XLVII, pp. 60–61. È designato il giudice Bonmesio Paganotti; fra i testimoni, altre figure ripetutamente citate in queste pagine come Bailardino da Nogarole, Aldrighetto Castelbarco, il giudice Corrado Gizzi. Si tratta di una riunione del consiglio generale del comune. Vedi l'originale del «sindicatus Verone» (questa la scritta sul verso, forse di mano di Bernardo «de Mercato») in Archivio di Stato di Pisa, *Diplomatico, Roncioni*, perg. RON 00874 (online all'URL: http://san.beniculturali.it/web/san/dettaglio-oggetto-digitale?pid= san.dl.SIAS:IMG-00455368). Il documento, scritto *per transversum* (335 × 195) su una pergamena accuratamente rigata, bene impaginato, permette di apprezzare la bella scrittura di Ivano e di constatare che il manoscritto dell'*Eloquium* non è dovuto alla sua mano.

[5] Varanini, *Nogarola, Bailardino*, pp. 678–679, con rinvio alla precedente bibliografia (in particolare le ricerche di Gino Sandri).

[6] Ferreto de Ferreti, *De Scaligerorum origine*, IV, vv. 300–301.

1304 e nel 1310)⁷ il delicato momento della successione nel capitaniato. È importante osservare che i modelli epistolari sono definiti in astratto, indicandone l'argomento, come è d'uso in queste raccolte: mentre solo raramente viene riportata l'indicazione del mittente o del destinatario. Neppure per il re dei Romani c'è reverenza particolare.

2 Tra il palazzo comunale e l'*entourage* del signore

Il fatto che il primo libro dell'*Eloquium* sia dedicato alle *arenge* significa che attorno al 1310 l'oratoria civile che ha come suo palcoscenico il consiglio cittadino è ancora abbastanza importante – in una città da 50 anni di fatto, e da 40 formalmente, soggetta a un regime personale – perché il notaio Ivano di Bonafine *de Berinzo* ne selezioni una settantina.

Egli aveva i piedi ben piantati nella tradizionale adesione dei notai ai valori del mondo comunale, dei quali essi si sentivano depositari, a Verona come pressoché ovunque. Erano opinioni largamente condivise. A proposito degli umori presenti nel notariato veronese, di quanto la loro visione del mondo fosse impregnata di nostalgie comunali, pochi particolari sono significativi come il fatto che nel 1311 ben duecento ascritti al collegio furono posti *in banno artis* per non aver voluto pagare la tassa per i festeggiamenti (*bagurdum*) indetti per la concessione ad Alboino e Cangrande I della Scala del vicariato imperiale da parte del re dei Romani.⁸

Lo studio della produzione documentaria veronese tra fine Duecento e primo ventennio del Trecento dimostra in modo incontrovertibile l'assoluta permeabilità dei due distinti ambienti: il palazzo comunale e l'*entourage* signorile. A questa altezza cronologica non esiste, propriamente parlando, una "cancelleria signorile" scaligera. Le formule che usano i notai per sottoscrivere i documenti prodotti sono oscillanti e ambigue. Lo stesso notaio Ivano si sottoscrive nel 1306 *notarius domini capitanei* e nel 1310, si è visto, *dictator comunis Verone*, operando indifferentemente per i due «poteri». Ancora nel 1318, per un compito di alta rappresentanza in politica internazionale («ad tractandum, ineundum et firmandum parentelam seu parentelas, societates, unionem et fraternitatem perpetuo duraturas» con Rinaldo, Obizzo e Niccolò d'Este, signori di Ferrara) è

---

7 Vale a dire nella trasmissione tra Alberto I e Bartolomeo I (1301), tra costui e Alboino (1304), tra Alboino e Cangrande I (1310).
8 Varanini, *"Corte", cancelleria*, p. 17.

designato da Cangrande I un notaio la cui carriera è del tutto parallela a quella dell'autore dell'*Eloquium*; l'atto di procura che lo abilita a recarsi nella città romagnola è rogato dal suo collega Bonaventura da S. Sofia, «imperiali auctoritate notarius et ipsius domini vicarii scriba»,[9] nella sua casa privata. Nella casa privata di questo notaio ove uno degli uomini più potenti d'Italia, il capo riconosciuto e formale dei *fideles imperii* (nell'anno precedente Cangrande aveva assunto questo titolo), personalmente si reca, accompagnato da Bernardo Ervari, facendo quattro passi fuori dal proprio palazzo.[10]

L'operazione di assemblaggio dell'*Eloquium* avviene dunque in un contesto nel quale il legame di Cangrande I con la società cittadina è ancora vivo e vitale. Quell'equilibrio che il fondatore della potenza scaligera, Alberto I della Scala, aveva realizzato negli ultimi vent'anni del Duecento tanto sotto il profilo della "immagine di sé" quanto sul piano istituzionale, non era ancora tramontato. Già allora egli perseguiva una politica di nobilitazione, attraverso una accorta politica matrimoniale e una oculata politica estera. Ma come ricorda Salimbene de Adam Alberto della Scala era anche molto amato dai cittadini veronesi, «quia se bene habet»; egli è «communis persona», un uomo qualunque, «et iustitiam tenet», rispettando i ruoli istituzionali: «et est ibi [cioè a Verona] potestas alius homo».[11]

L'esempio veronese non è isolato. Anche a Mantova i migliori notai "bonacolsiani" tranquillamente trascorrono da un palazzo all'altro, e i loro prodotti documentari sono lo specchio dell'ambiguità del loro profilo. Superare le remore e gli schemi di una lunga tradizione diplomatistica di stampo cittadino/comunale e notarile, anche se l'*arbitrium* sugli statuti cittadini è indiscusso da 25 o 30 anni, non è indolore neanche per notai attrezzati culturalmente ai concetti di *plenitudo potestatis* ecc., che sanno cos'è un *mandatum* o una *ambaxata*, sono graficamente provetti e non privi di inventiva (producono per il capitano del popolo o per il vicario imperiale *quaterni* pergamenacei a tema, omogenei per argomento).[12] Questi professionisti di grande qualità sarebbero stati perfettamente in grado di "forzare" una situazione in lenta e fisiologica evoluzione, producendo precocemente documenti di tipo cancelleresco. Invece, prima che si

---

[9] Bonaventura (che nell'*Eloquium* è in un caso citato come «de domina Sapientia») sarà definito, nel 1380, dai cancellieri "protoumanisti" di tre generazioni dopo, «rhetoricus illorum de la Scala». Anche un altro notaio in consuetudine con Cangrande I, Alberto «de la Colcerella», nel 1319 è qualificato semplicemente come «notarius et scriba dicti domini vicarii». Si veda Varanini, *Cancellerie signorili*. Le cose cominciano a cambiare con Mastino II e Alberto II (cfr. *infra*, nota 17 e testo corrispondente).
[10] Riprendo qui quanto osservato in Varanini, *"Corte", cancelleria*, p. 24.
[11] Salimbene de Adam, *Cronica*, I, p. 548.
[12] Varanini, *I notai*.

arrivi senz'altro al documento autoritativo, anonimo, redatto in prima persona, fornito di sigillo, in altre parole alla lettera patente o diploma signorile che dir si voglia, ancora un po' di acqua deve passare sotto i ponti.

Un altro esempio interessante, che si incrocia direttamente con l'epistolarità dantesca. Non di rado, negli studi sul possibile o sicuro soggiorno di Dante a Forlì nel 1302 si scrive tranquillamente, come di cosa assodata, dell'esistenza una cancelleria di Scarpetta Ordelaffi, di Pellegrino Calvi cancelliere di Scarpetta Ordelaffi, e così via.[13] Come dimostrano gli esempi precedenti, occorre prudenza, e tanto più perché la posizione politica dell'Ordelaffi a Forlì è alquanto più precaria di quella degli Scaligeri a Verona e dei Bonacolsi a Mantova. L'"interfaccia" dell'Alighieri nella città romagnola non è dunque il ben organizzato ufficio di uno stabile governo. Al riguardo si è giustamente parlato di «anacronismo», sostenendo con piena ragione che «i rapporti tra Dante e Scarpetta non sono quelli tra un letterato e un principe mecenate, ma vanno piuttosto inquadrati nell'ambito della fitta rete di relazioni politiche che costituiva il coordinamento ghibellino».[14]

Le considerazioni che precedono, con i confronti proposti, costituiscono una prova ulteriore – se ce ne fosse ancora bisogno – di quanta cautela sia necessaria prima di enfatizzare i segnali di fastosità e di ritualità (in realtà inesistenti) della vita pubblica veronese di quegli anni. Occorre decodificare e contestualizzare molte testimonianze riguardo a Cangrande I, inquinate dal dantismo di risulta (si pensi a Boccaccio) e soprattutto spremute in modo troppo strenuo dagli studiosi contemporanei, che pretendono dalle fonti diplomatistiche risposte che esse non possono dare.[15] Anche per gli anni Venti del Trecento, quando la propensione del signore scaligero per una politica di "immagine" si fa più evidente (si pensi al riguardo all'esibizione di potenza del 1327, in occasione dell'incoronazione di Ludovico il Bavaro a Milano),[16] è arduo affermare che l'en-

---

13 Si veda a titolo di esempio Pontari, *Sulla dimora di Dante*, pp. 219–ss.
14 Poloni, *Ordelaffi, Scarpetta*, p. 428.
15 È il caso in particolare della formula di dedica della epistola XIII, sulla quale si strologa a mio avviso in modo eccessivo (sull'aggettivo *victoriosus*, sull'aggettivo *cesareus*, ecc.). In effetti, anche nella documentazione ufficiale del secondo decennio del secolo, anche dopo l'ottenimento del vicariato, Cangrande I continua ad intitolarsi semplicemente «capitaneus»: si veda lo scambio di lettere del luglio 1312 con il capitano del comune di Modena (Schneider, *Untersuchungen*, pp. 262–263, docc. II–III, e anche le lettere di Enrico VII edite in appendice a questo saggio; inoltre, si veda la nota 18, qui sotto).
16 Basti richiamare Rigoli, *L'esibizione del potere*, pp. 150–151. Ciò ovviamente non significa che non si manifestino già in precedenza orientamenti culturali e scelte tipicamente "di corte" (come la presenza – peraltro assai risalente (già al tempo di Alberto I della Scala, anni Novanta del Duecento) – del nano Pietro da Marano, celebre anche per i sortilegi contro Giovanni XXII

tourage del signore veronese abbia assunto le caratteristiche di una "corte", e che per quanto riguarda la produzione documentaria il personale direttamente dipendente dal signore abbia assunto la prevalenza rispetto alla "cancelleria" comunale e al ruolo del notariato: è emblematico che su questo piano l'esperienza veronese di un grande intellettuale come Benzo d'Alessandria, cancelliere scaligero per un decennio (a partire dal 1322), non abbia di fatto inciso, anche se proprio all'avvento di Mastino II e Alberto II qualcosa sembra cambiare.[17]

Tanto meno è opportuna la definizione di "corte scaligera" (e conseguentemente – ciò che qui interessa – l'ipotesi della presenza di personale specializzato nella redazione dei documenti signorili) per il primo e il secondo decennio del secolo, vale a dire per le due finestre temporali nelle quali l'Alighieri fu (per un *tot* di mesi nel 1303–1304, più a lungo – ma sulla collocazione cronologica e sulla durata del secondo soggiorno la discussione, basata per lo più su indizi di plausibilità, è tutt'altro che chiusa[18] – nel decennio successivo) a Verona. Con una certa imprudenza, anche per il 1303–1304 si sottintende talvolta una relazione mecenatesca tra Bartolomeo della Scala e l'Alighieri; e si ipotizza un ruolo di "ambasciatore" che Dante avrebbe svolto per il signore veronese. Ma le caratteristiche della produzione documentaria del comune e della signoria

---

menzionati nei processi viscontei, nei quali è menzionato anche Dante). Si veda Carlotto, *Pietro «Nan» da Marano*, pp. 143–148.

17 Nel 1329 Benzo si sottoscrive «ego Bencius Chona, natione alexandrinus, civis veronensis, publicus imperiali auctoritate notarius, dictorum dominorum de la Scala officialis» e «Bencius noster publicus scriba et cancellarius noster» (18 ottobre; Verci, *Storia della Marca*, doc. MCXXXVIII). Per un cenno su di luo si veda Petoletti, *Milano e i suoi documenti*, pp. XXIX–XXXII. Gli intellettuali scaligeri dell'età di Mastino II forse compresero a posteriori l'occasione perduta; è Guglielmo da Pastrengo nel *De viris illustribus* che oltre a ricordarlo come «Canisgrandis primi, inde nepotum cancelarius» lo definisce «magne literature vir» che «omnium hystoriographorum scripta complectens» scrisse un «opus grande, volumen immensum». Si veda Guglielmo da Pastrengo, *De viris*, p. 45.

18 Ma neppure nel (più o meno breve) periodo nel quale Dante soggiorna a Verona nei dintorni del potere scaligero nel secondo decennio del secolo il quadro istituzionale interno, e più in generale il rapporto del vicario imperiale con le istituzioni cittadine, si modifica in alcun modo. Verso di essi, Cangrande I mantiene un atteggiamento di grande rispetto e prudenza; lo prova ad es. la revisione degli statuti delle arti, promossa nel 1319, ma è forse ancor più significativo che a pochi mesi di distanza (rispettivamente nell'agosto e nel dicembre 1317) a seconda dei contesti documentari Cangrande I sia definito nella documentazione «potestas mercatorum de Verona» (la vecchia, gloriosa carica "popolare" del nonno Mastino I!) e – nell'indirizzo di una lettera ufficiale da Cangrande stesso reindirizzata al principe vescovo di Trento – «imperiali auctoritate vicarius Verone et Vincencie ac capitaneus et rector unionis et societatis dominorum et fidelium Imperii Lombardie». Si veda per quanto sopra *Il «Quaternus rogacionum»*, doc. 126 a p. 147 e doc. 352, pp. 277–278.

veronese che emergono dall'*Eloquium* rendono tutto ciò sostanzialmente implausibile.[19]

Le considerazioni qui svolte sulle caratteristiche della documentazione prodotta nelle città italiane rette nel primo Trecento da un regime personale contribuiscono anche, più in generale, a spiegare l'estrema scarsità delle attestazioni documentarie dantesche del ventennio d'esilio. Le ricerche dantistiche hanno ormai ben metabolizzato il superamento del paradigma di contrapposizione fra "comune" e "signoria" nell'Italia del tardo Duecento e del Trecento, che una ricerca pluridecennale ha imposto. Ma sul piano della ricerca diplomatistica forse non si sono tratte sino in fondo le conseguenze di questo superamento, che di per sé stesso azzera o riduce fortemente la possibilità che l'*exul immeritus* resti impigliato nelle maglie della documentazione veronese o ravennate o di altre città o poteri.

A questo riguardo è forse utile qualche considerazione per così dire quantitativa. Nella recente riedizione del *Codice diplomatico dantesco*, prendendo in considerazione gli anni 1302–1321, al netto dei cinque fondamentali documenti malaspiniani del 1306 e dei 10 documenti bolognesi relativi a Francesco del fu Bellino di Lapo di Bello abitante a San Giovanni in Persiceto e alle sue vicende patrimoniali, i documenti non fiorentini relativi agli Alighieri entro l'arco della vita di Dante sono veramente pochissimi, e si contano letteralmente sulle dita di una mano.[20] Anche laddove si trova in città rette da un regime personale, Alighieri opera in contesti documentari a intelaiatura (inesorabilmente, inevitabilmente) comunale e cittadina. In via di ipotesi, potrebbe essere intercettato più facilmente dalla documentazione notarile pertinente al fuoruscitismo fiorentino, che non da una improbabile se non inesistente documentazione signorile.[21]

E per quello che riguarda Verona, di tracce dantesche e alighieresche (cercate con accanimento feroce da generazioni di eruditi) difficilmente ne troveremmo nella documentazione "scaligera" e comunale; ma piuttosto, ed eventualmente, nella documentazione generica concernente le tante casate fiorentine

---

19 In tale direzione si veda Varanini, *"Corte", cancelleria*.
20 *CDD*.
21 Le stesse considerazioni valgono, *mutatis mutandis*, per la spedizione di Enrico VII nel suo insieme, come facilmente risulta da una scorsa all'edizione Schwalm. Se non si fosse salvato a Pisa l'archivio enriciano e con esso i registri dei due notai, Bernardo «de Mercato» e Leopardo «q. Freneeti», del concreto dipanarsi dei rapporti politici sapremmo veramente ben poco. Del resto, il fatto che l'archivio Gonzaga sia uno dei serbatoi più ricchi di documenti enriciani tràditi anche dai registri pisani, come pure risulta dall'edizione Schwalm, è in sostanza una conferma di quanto qui asserito: è l'archivio della "famiglia" Gonzaga (erede dei Bonacolsi nel governo della città), non della "signoria" mantovana.

presenti in città. È possibile calcolare che delle famiglie di fiorentini e toscani residenti a Verona elencate nel 1311 dai funzionari di Enrico VII per obbligarle alla contribuzione alle spese non oltre il 50 % è altrimenti documentato nel decennio 1310-1320, sulla base di uno spoglio completo della documentazione veronese (che è priva del tutto, vale la pena di ricordarlo, di cartulari notarili). Le testimonianze sull'Alighieri, una volta attenuata la convinzione di un suo rapporto stretto e privilegiato con l'*entourage* di Cangrande I (del resto esso stesso assai scarsamente documentato), possono ben essere ricomprese nell'altro 50 %: non stupisce dunque che un breve soggiorno di alcuni anni possa sfuggire del tutto agli sfilacciati brandelli pieni di buchi della rete documentaria cittadina.

3 L'*Eloquium super epistolis*

Il terzo libro dell'*Eloquium*, quello dedicato alle *epistole*, raccoglie in tutto 84 testi, ciascuno dei quali è introdotto da una rubrica che ne definisce le caratteristiche e gli obiettivi, tacendo in genere (ma non sempre) il nome del mittente o del destinatario. Quest'ultima circostanza non è irrilevante: significa che nella testa del notaio Ivano di Bonafine la prospettiva della creazione di un'antologia ben strutturata – in ultima analisi, la sua visione della documentazione, e il rispetto del "genere letterario" della raccolta di *specimina* – è la dimensione prevalente: foss'anche destinatario o mittente Enrico di Lussemburgo. Così effettivamente accade: cinque lettere di Enrico VII o a Enrico VII sono regolarmente inserite nel sommario del *liber* come esempio di una tipologia, senza dar rilievo documentario all'eccellenza del destinatario: così è per una *epistula super postulanda quadam gratia*, oppure per una *epistula super obsidione removenda* (e si tratta in questo secondo caso dell'assedio dei fiorentini ad Arezzo, che l'imperatore duramente stigmatizza nell'estate 1310).

Peraltro la disposizione dei testi non è casuale, e fa invece gran conto dell'eccezionalità degli eventi del 1310. In apertura abbiamo infatti la lettera indirizzata al re dei Romani *pro suo adventu* dai capitani generali del popolo e del comune di Verona (Alboino e Cangrande, che così si intitolano) e dal comune stesso, databile genericamente all'estate 1310. L'ultima lettera che il notaio Ivano ha trascritto è indirizzata invece dall'imperatore ai due Scaligeri, l'11 settembre 1310, in risposta a una loro precedente, ma diversa da quella *pro suo adventu*; in essa i due capitani del popolo veronesi, *imperii fideles dilecti*, gli avevano significato la cacciata dei Guelfi da Modena.

Sono numerosi i mittenti istituzionali (il podestà del comune e il capitano del popolo di Verona), ma sono numerosi anche i singoli *cives* (qualche influente giudice, gli aristocratici), né mancano gli ecclesiastici. Non è casuale la posizione di uno scambio epistolare tra Clemente V e il comune di Padova, collocato all'inizio dell'antologia subito dopo le missive di Enrico e a Enrico; a queste lettere, ne segue una indirizzata al doge e tre altri testi provenienti dalla cancelleria di Tebaldo, vescovo di Verona in carica.

Rinviando ad altra occasione un'analisi completa, ritengo utile accennare qui almeno a un problema suggerito dall'*Eloquium super epistolis*, che ha riflessi diretti sulla epistolarità dantesca. È ben noto l'apporto dato da un colto fuoruscito come l'Alighieri nel 1306 alla stesura di una pace (*tractatus*) interna alla famiglia Malaspina, con la sua citazione delle *Varie* di Cassiodoro;[22] così come sono state anche in questo convegno specificamente approfondite le sue lettere d'occasione, indirizzate ai conti Guidi ovvero scritte per loro conto. Orbene, al proposito occorre sottolineare la carenza di ricerche anche di carattere comparativo a proposito del personale notarile attivo negli *entourages* delle grandi casate signorili italiane del primo Trecento. L'esilio dantesco è stato esaminato in ogni suo benché minimo dettaglio, ma questo particolare aspetto – quantità, qualità, tipologia della documentazione prodotta dalle "cancellerie" delle signorie italiane di questi decenni (signorie non radicate in città di tradizione comunale, si badi: ché in questo caso come si è sopra visto il condizionamento culturale esercitato da una pesantissima tradizione comunale è evidente)[23] – merita ancora un approfondimento importante.

Per misurare il rilievo di questa circostanza apparentemente esterna, basterà ricordare che per la stessa trasmissione della maggior parte delle lettere dantesche, comprese nel codice Vaticano redatto a fine Trecento da Francesco Piendibieni (cancelliere del comune di Perugia), è stato ipotizzata l'esistenza di un antigrafo, costituito da un copialettere dei conti Guidi.[24] E tuttavia, allo stato delle ricerche l'eventualità che una famiglia signorile dell'Appennino conservi

---

22 Oltre a *CDD*, docc. 144–146, pp. 234–245, si veda Dolcini, *Qualcosa di nuovo su Dante*, pp. 57–64; Bertin, *La pace di Castelnuovo Magra*; e in particolare Vecchi, *«Ad pacem»*, pp. 69–194 (che fa parte degli atti del convegno di Castelnuovo Magra [6 ottobre 2006] «Il *nostro* Dante e il Dante di *tutti* 1306–2006»). Come è noto, gli atti lunigianesi sono redatti da un notaio "neutrale", un buon professionista che non appartiene all'*entourage* vescovile né a quello malaspiniano.

23 E in questa categoria, quella della lenta evoluzione da forme e pratiche cancelleresche di tradizione cittadino/comunale a forme signorili e a tipologie documentarie autoritative (mandato, lettera patente, "diploma"), rientra anche uno dei pochi termini di confronto possibili per la Toscana, quello della cancelleria di Castruccio Castracani, simile nella sostanza ai casi di Mantova e Verona sopra evocati. Si veda Mosiici, *Ricerche sulla cancelleria di Castruccio*; Francesconi, *La signoria pluricittadina*, pp. 162, 164.

24 Si veda Montefusco, recensione a *Epistole*, p. 132 («ipotesi [...] plausibile», anche se «non esaustiva»); e ancora Montefusco, *Le "Epistole"*.

abbastanza a lungo, nel corso del Trecento, un copialettere cancelleresco, con missive di importanza trascurabile (tali sono quelle dantesche, mi sembra tutta da dimostrare. In ogni caso, dovrebbe essere inserita in un contesto che dimostri che presso le famiglie aristocratiche dell'Italia centro-settentrionale era prassi corrente, nel Trecento, la conservazione (a fianco dei cartulari e di altre fonti ascrivibili alla categoria dei *munimina*) di simili tipologie documentarie, dal valore transeunte.²⁵

La conservazione: ché quanto alla presumibile abbondanza della produzione epistolare da parte dell'élite politica di primo Trecento, proprio il terzo libro dell'*Eloquium* del quale sto parlando fornisce un qualche apporto nuovo, segnalando come mittenti – o come destinatari di lettere inviate da personaggi autorevoli dell'*entourage* degli Scaligeri –, nel primo decennio del Trecento, numerosi aristocratici di prima grandezza: veneti o assimilati (Guglielmo Castelbarco, Tiso Camposampiero, Bailardino da Nogarole), ma anche emiliani, romagnoli, toscani (Francesco della Mirandola, Maghinardo Pagani da Susinana, Aghinolfo conte di Romena).²⁶ Come fece per i Guidi, il colto fuoriuscito fiorentino, epistolografo e politico, che maneggiava bene (come è stato scritto) il linguaggio alto delle lettere pontificie e dei manifesti imperiali, avrebbe (in ipotesi!) potuto supplire alle carenze dello *staff* notarile alle dipendenze dei signori: mentre non

---

25 Si veda al riguardo Gamberini, *La memoria dei gentiluomini*, pp. 1–2 (sia per la opportuna e pur banale distinzione fra cartulari e copialettere, sia per la menzione – sulla base di una ricerca di Savy – di un copialettere dei Dal Verme: ma quattrocentesco e dunque molto recente). Non ne lascia intravedere traccia un inventario d'archivio di una grande personalità aristocratica dei primi decenni del Trecento come quello di Bailardino da Nogarole, che pure conservava un cartulario e documentazione sciolta di prima qualità, anche proveniente dalla cancelleria enriciana (ad esempio «unam literam in carta membrana d. Henrici imperatoris de vicariatu concesso d. Baylardino de terra Lonadi, et est etiam privilegium duplex bullatum bulla magna de cera alba cum cordis de carta»), ove un copialettere avrebbe fatto un figurone; si veda al riguardo l'inventario del perduto archivio, studiato in Varanini, *Archivi di famiglie aristocratiche*, pp. 24–38.
26 Per il quale scrive, nell'atto edito dallo Schwalm (12 luglio 1310), «Maffeus c. Bonagure de Biblena imperiali auctoritate notarius et iudex ordinarius» (*Henrici VII Constitutiones*, p. 307): dunque senza nessuna qualificazione cancelleresca specifica, semplicemente come notaio. Interessante il caso di Rizzardo Tizzoni (*Henrici VII Constitutiones*, p. 306, «Litterae Richardi de Tizionibus regi destinatae»), capo dei vercellesi estrinseci («antianus partis Ticionorum civitatis Vercellensis nunc extrinsecorum prefate civitatis»), che sembra scrivere in prima persona («pars mea»), e sigilla lui stesso («ut autem presentibus fides plenaria adhibeatur, presentes litteras nomine quo supra sigilli mei munimine roboravi»). Il testo, nel quale Rizzardo Tizzoni promette di venire con 100 cavalli a Ivrea e Susa, assicurando appoggio pieno «cum reduti ego et pars mea Vercellis fuerimus», è datato «apud Imer», il 28 maggio 1310. Imer si trova nella valle prealpina di Primiero (provincia di Belluno, diocesi di Feltre); l'identificazione era già proposta dubitativamente da Schwalm (p. 306 nota 2).

avrebbe potuto certamente farlo negli uffici di produzione documentaria di Verona e tantomeno di Bologna, ove la tradizione notarile era ben più robusta e ostile.

4 La corrispondenza tra Enrico di Lussemburgo, gli Scaligeri e i Ghibellini italiani

Oltre che nella corrispondenza della quale è mittente o destinatario, Enrico di Lussemburgo è menzionato nell'*Eloquium* anche in altri luoghi: ad esempio nelle lettere che il giudice del comune di Verona Corrado *de Ziçis* (o Gizzi), esponente di una famiglia ghibellina originaria di Imola che fu a lungo al servizio degli Scaligeri, invia a Corrado di Antiochia, lo svevo imparentato con gli Scaligeri.[27]

Come si è accennato, è uno scambio epistolare con gli Scaligeri che apre e chiude la collezione di 84 lettere, e su quelle due lettere (una terza, inviata al re dei Romani dal solo Alboino, è di trascurabile importanza[28]) mi soffermo più avanti. Ma più in generale otto delle ultime dieci lettere dell'antologia sono scritte da o indirizzate a Enrico di Lussemburgo.

---

27 Corrado Gizzi a Corrado di Antiochia, *de felicibus auspiciis serenissimi domini Henrici de Lucimborgo et de gaudenda legatione quam per solempnes viros hiis diebus meis dominis destinavit ac de confirmatione eiusdem in regem per d. papam solempniter celebrata*; nella lettera il giudice imolese menziona i più importanti esponenti della famiglia scaligera («domini mei») in quel momento politicamente attivi: Federico della Scala e Chichino della Scala, oltre a Cangrande I (rispettivamente un cugino, figlio del defunto Bocca, e un nipote, figlio del defunto fratello Bartolomeo, del vicario imperiale). Un altro Gizzi, Pietro, probabilmente il padre di Corrado, scrive a Simone Engelfredi (padovano; fu anche podestà di Verona), e insieme con Corrado e Giovanni Gizzi a un Tartagni di Imola. Sui Gizzi in rapporto con Imola (a proposito anche della carriera giuridica di Corrado e del suo matrimonio con una Tartagni, nonché della sua epigrafe funeraria [+ 1340] nella quale si menziona anche il servizio presso gli Scaligeri) si veda Padovani, *Santa Maria in Regola*, pp. 110–111 e nota 314; Padovani, *Dall'alba al crepuscolo*, p. 185. La presenza di Corrado Gizzi a Verona, per lungo tempo come giudice al maleficio, durò almeno dal 1305 al 1335 (Fainelli, *Podestà e ufficiali, ad Indicem*). Nel corpo del *liber* altre tre missive *epistula responsionis lete fiende domino regi Romanorum, arenga ad dominum regem Romanorum super infamatione quorundam, epistula super recomendatione cuiusdam domino regi Romanorum* sono indirizzate al re dei Romani, ma si tratta in questo caso di Alberto d'Asburgo.

28 Si tratta della richiesta di conferma di un privilegio imperiale concesso da un predecessore di Enrico di Lussemburgo a Pietro da Fagnano, personaggio ignoto; vedi comunque l'edizione *infra*, n. 3.

Per una piena conoscenza del funzionamento del quadro politico di quella fase cruciale, è innanzitutto rilevante la circostanza stessa che Ivano di Bonafine abbia avuto tempestiva conoscenza di testi eccentrici, che con la città nella quale egli viveva e operava non avevano relazione diretta, e che ne sia entrato in possesso nel momento nel quale compila il suo *Liber* (forse prima della concessione del vicariato, che non viene mai menzionato: ma ovviamente l'*argumentum ex silentio* è debole). Il fatto che il notaio veronese abbia avuto tra le mani questo materiale significa che il commercio epistolare tra Enrico VII e i suoi potenziali alleati italiani fu alquanto più fitto e più stretto di quanto sinora non si ritenesse.

Delle lettere aventi Enrico di Lussemburgo come mittente o destinatario, due sole sono datate: l'ultima (cui si è accennato sopra), indirizzata agli Scaligeri, e la penultima, del 22 settembre 1310. Di questa è destinataria la *Universitas* dei Cremonesi estrinseci («exules iam XLIII annis pro nomine sacri imperii»); il re dei Romani la firmò a Colmar in Alsazia (*Columbaria*) così come la *Encyclica italicis missa*[29] della quale riprende alcuni stilemi e alcune notizie, segnalando *ad incentivum gaudium* l'assunzione del regno di Boemia da parte di Giovanni, il suo matrimonio ecc. Anche in questo caso c'è esplicito riferimento a una corrispondenza precedente tra i cremonesi estrinseci e il re dei Romani, e inoltre alle notizie sulla «devocionis vestre constancia quam erga nos et sacrum geritis incesanter imperium», che i legati imperiali recentemente rientrati in Germania hanno fornito.[30] Pure la lettera inviata da Enrico VII nell'estate del 1310 ai fiorentini per stigmatizzare l'assedio dei *fideles imperii* di Arezzo,[31] così come quella per i bolognesi estrinseci, costituiscono delle risposte a precedenti lettere delle due *universitates*. Tutto ciò permette di evidenziare un particolare significativo. Mentre infatti secondo la relazione dei legati imperiali (stesa in francese al ritorno in Germania dopo la missione durata dal 10 maggio ai primi di agosto 1310)[32] erano stati i fuorusciti a prendere l'iniziativa di recarsi presso di loro nelle città ove avevano sostato, da questi testi si evince una precisa volontà del

---

[29] Si veda qui sotto, nota 34 e testo corrispondente.
[30] Nella loro relazione infatti «tous les foressis de Boulongne et de toutes les autres cites de Lonbardie sont venus a nous et se son ofers de servir a tout leur povoir monsigneur l'enpereur» (*Henrici VII Constitutiones*, p. 331).
[31] «Potestati, ançianis, capitudinibus, consilio et comuni Florencie etc. Tam nobis precipue admirationis causam affert, dum nuper ad audientiam nostram non sine cordis turbatione pervenit quod circa obsidionme fidelium imperii Arecii et civitatis eorundem vestra squalet intentio [illegg.] suggestionibus Luchanorum, de quo compatimur et compatiendo turbamur».
[32] *Henrici VII Constitutiones*, pp. 325–331 («Relatio legatorum regi porrecta»), e in generale nn. 361–379 («Acta legationis in Lombardiam missae»).

re dei Romani, già nell'estate 1310, di appoggiarsi agli estrinseci.[33] Non meno significativo, al riguardo, è il testo della *Epistula regis Romanorum significantis suum adventum*, come la intitola il notaio Ivano. Essa è indirizzata specificamente «universis et singulis sacri imperii fidelibus presentes litteras inspecturis», ed è cosa diversa dalla *Encyclica italicis missa* del 13 settembre 1310,[34] priva di connotazioni di partito; evidenzia dunque una precoce doppiezza enriciana.[35]

In buona sostanza, l'insieme delle lettere sopra menzionate lascia intendere l'esistenza – prima dell'inizio della spedizione in Italia, o comunque nella sua primissima fase – di un livello di comunicazione con le forze "ghibelline" attive sul territorio italiane molto diretto e molto stretto. In particolare, la lettera di Enrico di Lussemburgo ad Alboino e Cangrande suggerisce un profilo meno *super partes* di quello che oggi comunemente si ritiene assodato, per la fase preliminare della spedizione enriciana in Italia. Enrico afferma infatti che grazie al loro aiuto Modena è «a quorundam noxiis conatibus preservata et in fidelitate debita persistit», e per questo «et all*ia* plurim*a* fidell*ia* obsequi*a* que ad honoris nostri et imperii incrementum hactenus exibuistis et non speramus in proximum exibere non mancheranno digne recompensationes erga vos et vestros amicos». Adotta dunque il classico riferimento al lessico della *pars*.

Oltre a quelle sopra menzionate, sono da tempo conosciute, ma non troppo valorizzate dalla letteratura critica,[36] un paio di altre lettere che Enrico VII e la signoria scaligera (in questo caso rappresentata da Cangrande I) si scambiarono

---

33 «Nobilibus ac prudentibus viris priori, consiliariis et Universitati partis imperii expulse de Bononia fidelibus suis dilectis. Sollempnes nuncios nostros ad vos ac ad alios fideles imperii constitutos in partibus Ytalie destinamus ad presens, qui de intentione nostra vos clarius poterunt informare... Unde devotionem vestram rogamus studiose, quatenus tale responsum eisdem nunciis prebeatis et ad nostra et imperii servicia vos taliter preparetis sicut statum nostrum imperii diligitis».

34 Così la intitola Schwalm, che pubblica il testo tràdito dall'archivio Gonzaga, l'unico sopravvissuto (*Henrici VII Constitutiones*, pp. 389-390).

35 Eccone l'*incipit*: «exagitat in sensibus nostris meditatione continua Ytalie viciati erroris contagium, ut contra morbum qui per longam predecessorum nostrorum absenciam ingratitudinis obrepere consuevit ad vicia nostre piietatis remedio obstaculum errigamus. Vox enim audita est in terra nostra, vox annunciantis pacem. Hac enim consideratione splendore divini luminis concedente commoti, ut arida siccitas beneficium pluvie madentis exoptet et ut tranquilitas omni decore prepolens sub Cesaris Augusti temporibus augeatur in populis».

36 Furono edite nel 1924 da Schneider, *Untersuchungen*. Citò la ampiamente la lettera proveniente dalla cancelleria scaligera, in un contributo del 1966, Manselli, *Cangrande e il mondo ghibellino*, pp. 304-305, che ne sottolineò l'elevatezza dei toni; l'ha ripubblicata e ulteriormente valorizzata Marchi, *Dante e Petrarca*, pp. 265-267; e ancora Marchi, *Dante nella Verona scaligera*, p. 28.

nell'agosto 1312, dunque dopo l'incoronazione. Anche esse ci sono pervenute grazie alle scelte antologiche "esemplari" compiute da un *magister* trecentesco, Pietro de' Boattieri, e percorrendo strade archivistico-conservative lontane dalla città di Verona. Un'analisi di questi testi sotto il profilo dei materiali testuali e della tessitura retorica esula tuttavia dalle mie competenze e dai limiti di questo contributo.[37]

Appendice

1. [inizi settembre 1310]
Alboino e Cangrande I della Scala, capitani generali del comune e del popolo di Verona, si congratulano con Enrico re dei Romani per il suo prossimo arrivo in Italia.
Beinecke Rare Book and Manuscripts Library, Yale University [Rosenthal MS 63], f. 50v.

Epistula ad regem Romanorum pro suo adventu.
Serenissimo domino suo domino Henrico Dei gratia Romanorum regi et semper augusto devotissimi sui Albuynus[a] et Canis grandis de la Scala comunis et populi Veronensium capitanei generales et ipsum comune felicitatis applausum, cum devocione ac[b] promptitudine obsequendi. Aquila vestra grandis, magnarum alarum decorata suffragiis, sub quarum umbra fideles imperii cesariensem adventum indesinenter expectant et expetunt, ad sue fomenta salutis suum disponat maturitate[c] volatum ad partes Ytalie, pro honore diadematis glorioso. Hoc enim applaudet prophetarum oraculum, "elegit sibi Dominus virum iuxta cor suum, et precepit sibi ut esset dux super populum suum"[1]. Hoc enim significat equalium coniunctio planetarum, ut de fulgore throni vestri cesarei exuberent radii solares, illuminantes corda fidelium ad sacrum. Nos igitur, qui ex integritate fidei quam ad decus imperii semper nostra progenies propagavit, dampnosis rebelium imperii multam protulimus lesionem, gratiarum datore favente prospere vivimus, et conculcatis rebellibus multos fideles imperii acquisivimus indefense. Sane itaque, si cesaree fortune fastigium ex celesti presagio decoratur, si summi pontificis de adventu vestro placidam collegimus voluntatem, dignetur vestre maiestatis veneranda sublimitas apud Veronam vestram (ad honorem vestrum et statum imperii semper paratam obsequiis auxiliis debitis et favoribus oportunis) aquilarum victricia signa, vestrum desideratissimum

---

[37] Sul testo qui edito al n. 4 e sulle sue fonti si attende ora un contributo di Paolo Pellegrini dell'Università di Verona.

adventum, gemitibus viduarum et expectationibus pupillorum (vestri romani sceptri fulgor illuminet corda fidelium!) ad sacrum imperium extollendum, vel saltem usque ad serenitatis vestre presentiam, quam continue affectat fidelium sinceram devocionem, vicarium vestrum accintum militibus oportunis ad partes ytalicas destinare, ut laurea vestre potencie sua iurisdicione digna conti‹nue› per universam orbem irresistibiliter diffundatur.

^au *sopra il rigo*   ^bcione ac *sopra il rigo*   ^cms maturitatem
¹ Re, 13, 14.

2. 11 settembre 1310.
Enrico re dei Romani, rispondendo a una missiva di Alboino e Cangrande I della Scala capitani di Verona, si congratula con loro per l'intervento a sostegno dei fedeli dell'impero a Modena, riferisce di recenti eventi politici e preannunzia – essendosi già messo in viaggio in direzione di Losanna – il suo prossimo arrivo in Piemonte.
Beinecke Rare Book and Manuscripts Library, Yale University [Rosenthal MS 63], f. 75v–76r.

Epistula missa per dominum regem Romanorum domino Albuyno et Cani Grandi de la Scala. Henricus Dei gratia Romanorum rex semper augustus. Nobilibus viris Albuyno de la Scala, Canigrandi fratri suo capitaneis Verone, suis et imperii fidelibus dilectis, graciam suam et omne bonum. Litteras vestras recepimus hiis diebus quibus nostre celsitudini significare curastis quod mediante vestro auxilio et diligenti provisione civitas Mutine est a quorundam noxiis conatibus preservata et in fidelitate debita persistit, de quo et alliis plurimis fidelibus obsequiis que ad honoris nostris et Imperii incrementum hactenus exibuistis et nos speramus in posterum exibere vobis refferimus multas grates, disponentes hoc nostre memorie comendare sic ut in suo loco et tempore cum dignis recompensationibus erga vos et vestros amicos recognoscere debeamus. Ceterum, ut de prosperis successibus quibus per gratiam habundamus letificentur corda vestra, vos scire volumus quod illustrem Iohannem primogenitum nostrum karissimum de consensu principum electorum nostrorum fecimus per Alemaniam vicarium generalem, ipsumque in regem Boemorum de consensu principum nobilium ipsius regni prefecimus, sibique Eliçabeth natam quondam Gueçelay regis Boemorum in matrimonium pro firmiori concordia decrevimus copulandam. Quarum nupciarum solempnia die VIII ante festum beate marie Virginis celebravimus apud Spiram, transmittentes eundem in instanti in Boemia cum solempni comitiva principum et baronum. Nos vero, arepto iam itinere, versus Lausanam cum principibus baronibus et nobilibus nostris continuatis dietis dirigimus gressus nostros, fidelitatis vestre constanciam requirentes attencius, et rogantes quatenus sic vos paretis ut quanto decencius poteritis prout decet

regiam maiestatem; et de vobis presumimus nobis in Pedemontis occurrere valeatis.
Dat(a) tercio ydus septembris, regni nostri anno secundo.

3. [1310–1312]
Alboino della Scala capitano generale del comune e del popolo di Verona chiede a Enrico re dei Romani di confermare al fedele Pietro da Fagnano un suo privilegio.
Beinecke Rare Book and Manuscripts Library, Yale University [Rosenthal MS 63], f. 73v.

Epistula super postulanda quadam gratia.
Serenissimo domino Henrico Dei gratia inclito Romanorum regi et semper augusto Albuynus de la Scala comunis et populi Verone capitaneus generalis se ipsum ad pedes. Imperiale sceptrum extollitur si gratia dignitatum circumspicit dignos ornare subiectos, et tanto laudabilius illuminat fulgor cesareus quanto libencius imperii fidelibus exibet munificencie sue gratiam, de quibus non solum devotionis et fidei puritas, set gratitudo servicii multiplicis ab operum experimento sentitur. Cum igitur Petrus de Fagnano, qui semper devotionis et fidei puritate ad obsequia grata vestri culminis se exibuit, graciosum quoddam suum privilegium quod vestrorum predecessor serenitas confirmavit sublimem maiestatem vestram exoro suppliciter omni sinceritate devota quatenus contemplatione mei pro munere specialis gratie eidem Petro dilecto et benemerito meo suum privillegium dignemini confirmare.

4. Verona, agosto 1312
Cangrande I della Scala, capitano di Verona, informa l'imperatore Enrico VII del contrasto insorto fra i presides et rectores Werner von Homberg e Filippo d'Acaia e lo mette in guardia sulle possibili conseguenze.
Ed. *Acta Henrici VII Romanorum Imperatoris*, pp. 275–276, doc. CLXXVII; Schneider, *Untersuchungen*, pp. 265–266, doc. V.

Illustrissimo domino domino Henrico inclito Romanorum imperatori et semper augusto [Canisgrandis] capitaneus Veronensis devotione fidelitatis continua semper insistere votis suis.
Cum serena pacis tranquillitas, decora genitrix artium et alumpna, multiplicet et dilatet quam plurimum commoda populorum, cura vigili procurare tenetur cuiuslibet principantis intentio, que sonoro laudis preconio desiderat predicari, ut inviolatus permaneat status pacificus subiectorum. Nam, ut lectio testatur divina, illud imperium, illud regnum, quod divisis voluntatibus intercisum in se non continet unionem, desolationem incurrit, nec in illo corpore sospitatis hilaritas perseverat, cuius partes vel membra passionibus aliquibus singulariter affliguntur. Quippe recenter vobis hoc notifico evenisse, quod quidam

iniquitatis alumpni, vasa scelerum ac putei vitiorum, quorum propositum clandestinum et nefandum sub cuius effectus specie imperiale decus corruere moliuntur, quod absit, inter virum magnificum dominum F(ilippum) inclitum principem Achaie et hominem excelse potentie dominum G(uernerium) comitem, quod in istis partibus prefeceratis in presides et rectores, malignis affatibus seminaverunt de novo semen et materiam iurgiorum, ita, quod utroque ipsorum cum suorum comitiva sequacium contentionum ardoribus concitato, ad perniciem alterius perrumpere iam presumpsit multotiens, ita quod fere iam partis cuiuslibet concurrissent conquassatis capitibus plurimorum, nisi forent quorundam magnatum imperii suadele, qui ad salutem et robur imperialis diadematis aspirantes, pro viribus studuerunt exstinguere iracundiam iam conceptam, quod nondum tamen efficaciter potuerunt, malignante diabolo, bonorum operum subversore. Propter quod provincia Lombardorum tota concutitur tremebunda timore, ne causa huius scandali lanietur grassantibus inimicis propter casum huiusmodi, dum ex hoc cogitant evenire, quod iam pridem attentius desideratis affectibus cupierunt. Studeat igitur imperatoria celsitudo sui maturitate consilii has radices amarissimas et pericula summovere; nam si membra talia vestri gubernaculi tam excelsi sic inter se iam ceperint debaccari, quin et contra se ipsos alii non insurgant, non debet fore dubitabile menti vestre.

5. Tivoli, agosto 1312
Enrico VII imperatore accusa ricevuta della lettera con la quale Cangrande I della Scala lo informa dei preoccupanti dissidi fra Werner von Homberg e Filippo d'Acaia, e gli indirizza lodi e ringraziamenti.
Ed. *Acta Henrici VII Romanorum Imperatoris*, pp. 275-276, doc. CLXXVII; Schneider, *Untersuchungen*, pp. 265-266, doc. V.

Henricus Dei gratia Romanorum imperator et semper augustus peramando fideli C(anigrandi) nobili capitaneo Veronensi affectuose benivolentie gratiam cum salute. Quamvis in introitu potentatus, ad quem in totius orbis commodum superna dispositio nostram mansuetudinem evocavit, in diversorum cogitationum fornace noster animus decoquatur, illa tamen in nostro pectore plus ebullit, que nostris subditis prestare valeat causam pacifice requiei, nobisque gratius et magis acceptanter blanditur, qui procul dubio talibus desideriis se conformat. Tuis itaque litteris nostris conspectibus presentatis et perceptis tenoribus earundem, quantum fuit ex ipsarum materia turbati fuimus pre dolore timentes ne ille dissensiones virorum inter alios subditos scandala parturirent; tuam in hoc affectuosam sollicitudinem collaudantes, quod te invenimus in hoc facto sicut in aliis rectum corde, transmittentes pro predicti sedatione tumultus G. et P. nostre curie partes precipuas et excelsas, quos pro nostris iniunctionibus in tantis persecutione operis coadiuvet.

Proiezioni profetiche e impossibilità di tornare

Gian Luca Potestà
«Cum Ieremia»
Sul testo della lettera di Dante ai cardinali

Abstracts: La lettera di Dante ai cardinali è tramandata da un unico manoscritto, interamente di mano del Boccaccio. Fino a un recente passato, gli studiosi hanno considerato Boccaccio come un copista poco affidabile. L'articolo intende mostrare che si tratta di un pregiudizio non più sostenibile. In questa prospettiva riesamina sul piano paleografico, filologico e storico le righe iniziali del testo, nelle quali Dante rivendica il proprio carisma di novello Geremia, la cui parola autenticamente profetica rimane inascoltata. Approfondendo la conoscenza della lingua e delle fonti e dei riferimenti storici e dottrinali rinvenibili nella lettera, l'autore la restituisce nella luce sua propria. E mostra così l'infondatezza di alcuni emendamenti testuali e proposte di lettura formulati nell'ambito della critica dantesca.

Dante's epistle to the Cardinals is attested by a single manuscript, entirely copied by Boccaccio. Until very recently, scholars have regarded Boccaccio as an unreliable copyist. The article aims to show that this prejudice must be discarded. In this light, I examine on a paleographic, philological and historical ground the first lines of the text, where Dante claims his charisma as a new Jeremiah, whose authentically prophetic words fall on deaf ears. By focusing on the epistle's language, sources and historical and doctrinal bearings, I put the text into its own right light, and thus show how some textual revisions and readings advanced by Dante scholarship are misguided.

Parole chiave: Epistola ai cardinali, Epistola XI, Boccaccio copista di Dante, latino di Dante, Dante profeta, Dante e il profeta Geremia.

Il testo noto come Epistola di Dante ai cardinali italiani è tramandato da un unico manoscritto, il Pluteo 29.8 della Biblioteca Medicea Laurenziana di Firenze, comunemente designato dagli studiosi con la sigla *L* e convenzionalmente definito lo Zibaldone di Giovanni Boccaccio. In origine era unito a un altro, il Pluteo 33.31 della medesima Biblioteca, la cosiddetta Miscellanea. Il codice, interamente di mano del Boccaccio, fu da lui allestito negli anni giovanili, verosimilmente entro il 1348, tra Napoli, Firenze e la Romagna. Il copista vi trascrisse via via oltre centoquaranta testi, fra cui opere latine di Dante e di Petrarca, nonché componimenti letterari suoi propri.[1] *L* è in particolare testimone unico di tre epistole di Dante, giunte a conoscenza di Boccaccio per tramite forse di Sennuccio del Bene o più probabilmente di Cino da Pistoia, insegnante di diritto a Napoli nel 1330–1331 e destinatario di una delle tre.[2]

Fino a un recente passato, gli studiosi hanno ritenuto poco affidabile il Boccaccio scriba dello Zibaldone. «La qualità della testimonianza – scriveva ancora nel 1990 Enzo Cecchini, proprio a proposito della lettera ai cardinali – è purtroppo scadente, certo anche a causa della scarsa competenza e della notoria distrazione del Boccaccio copista».[3] La valutazione negativa, sedimentatasi fin dal secolo XIX senza mai essere davvero discussa e argomentata a fondo, è il presupposto implicito di tentativi di restauro disparati, più o meno plausibili, più o meno azzardati.

Parlando in generale delle edizioni delle *Epistole*, Antonio Montefusco vi ha ravvisato come tratto comune «un abuso di *iudicium* – non di rado malfondato – che ha prodotto un testo critico caratterizzato da una vera e propria "furia" emendativa».[4] La lettera ai cardinali rappresenta un campione significativo di questo modo di procedere: lezioni sintatticamente ardue sono state appianate grazie a correzioni e invenzioni miranti a rendere più scorrevole e comprensibile il dettato dantesco; riferimenti sfuggenti o allusioni non facilmente decifrabili a dottrine, fonti, vicende storiche e personaggi sono stati disinvoltamente spiegati ricorrendo a interpretazioni poco plausibili o non convincenti.

A ben vedere, la diffidenza previa nei confronti del Boccaccio copista di *L* è priva di fondamento. Il codice è frutto dell'attività di un giovane intellettuale ancora alla ricerca di un suo programma editoriale: raccoglie e trascrive testi letterariamente significativi via via che li acquisisce. L'impresa rivela devoto attaccamento a una memoria per lui in costruzione, materialmente ancorata a un codice che per anni dovette seguire il proprietario nei suoi spostamenti in Italia. Tenuto conto di ciò – avvertiva di recente Marco Petoletti mettendo in guardia da «modifiche troppo onerose» – se «il dettato funziona, sarà opportu-

---

[1] Accurata descrizione, che dà conto della genesi dell'impresa e del graduale allestimento dei due manoscritti originariamente uniti, in Petoletti, *Gli zibaldoni*. Cfr. anche Petoletti, *Boccaccio editore*, in part. pp. 162–163; panoramica sul complesso della produzione scrittoria di Boccaccio in Bertelli, Cursi, *Boccaccio copista di Dante*.
[2] Per le due ipotesi cfr. rispettivamente Billanovich, *L'altro stil nuovo*, in part. pp. 47–51 e Petoletti, *Boccaccio editore*, in part. pp. 181–182.
[3] Cecchini, *Sul testo dell'epistola*.
[4] Montefusco, *Le "Epistole"*, p. 412.

no rinunciare a quegli interventi apparentemente migliorativi, ma ispirati più dalla velleità di stupire i lettori con una congettura geniale piuttosto che da reale necessità».[5]

Chi voglia prendere sul serio tale raccomandazione dovrà dunque compiere innanzi tutto un approfondito riesame grammaticale e sintattico del testo tramandato da Boccaccio. I suoi esiti dipendono però non solamente dalla paleografia e dalla filologia latina, ma da una rinnovata considerazione della lingua di Dante, della testualità e del contenuto storico e dottrinale dello scritto. Solo una tale ricerca, compiuta per così dire "senza presupposti", potrà forse chiarire questioni discusse e ancora *sub iudice*, quali la precisa datazione, le reali finalità e l'effettiva destinazione dello scritto, e con esse il ruolo che Dante si attribuisce nell'arringare prelati la cui identità rimane controversa.

Compiere un esame completo e ravvicinato del testo tramandato da Boccaccio, che muova da una verifica di esso parola per parola, risulta in questa sede impossibile. Limiterò qui l'esperimento alle parti in cui Dante rivendica il proprio carisma profetico di novello Geremia, concentrandomi perciò soprattutto sull'*exordium*, cioè sui due paragrafi iniziali, in quanto *inscriptio* e *intitulatio* – «Cardinalibus ytalicis D. de Floren. et cetera» – non possono essere sue (ma vanno attribuite a Boccaccio oppure all'antigrafo) e la usuale *salutatio* manca.[6]

Ripartire dal testo di *L* significa innanzi tutto metterne alla prova il latino. Dante era convinto che i volgari fossero lingue naturali, il latino invece lingua artificiale, dotata come tale di una grammatica e di una sintassi funzionali a stabilire regole e consentire eccezioni. Il suo latino è diversamente modulato in relazione ai generi e alle finalità delle opere. Nella *Monarchia* la pretesa di rigore dialettico comporta modalità espressive di tipo scolastico-argomentativo; nel *De vulgari eloquentia*, nelle *Epistole* e nelle *Egloghe*, invece, prevale l'attitudine a costruire e sperimentare una scrittura più creativa, che mette alla prova procedimenti retorici e stilistici delle *artes dictandi*.[7] Per quanto riguarda propriamen-

---

5 Petoletti, *Boccaccio editore*, p. 180. Già Mazzoni, *Moderni errori di trascrizione*, in particolare pp. 317–321, aveva individuato alcune manchevolezze dei moderni editori, introdotte a correzione delle presunte «lamentevoli condizioni delle epistole dantesche conservate in *L*» (p. 317).
6 Per la struttura-tipo della lettera tengo presente le indicazioni contenute nel manuale di Bene da Firenze (prima metà del secolo XIII), che distingue di norma cinque parti – *salutatio, exordium, narratio, petitio, conclusio* – avvertendo però che in certi casi se ne possono dare di più o di meno. Bene definisce la *salutatio* come il «limen epistole, debita ordinatione tam nomina quam merita personarum cum mittentis afflictione declarans» e l'*exordium* come «preambulus narrationi, affatus ad audiendum preparans animum auditoris» (Bene da Firenze, *Candelabrum*, rispettivamente pp. 93–94, 95 e 129).
7 Brugnoli, *Il latino di Dante*, p. 57, ricorda che Giovanni Villani (*Chron*. IX, 136) elogiò come «alto e nobile» il dettato delle epistole, proclamando Dante «rettorico perfetto tanto in dittare e versificare, come in arenga parlare nobilissimo».

te le *Epistole*, al di là della tanto celebrata adozione dei diversi tipi di *cursus*, Silvia Rizzo richiamava recentemente scelte peculiari quali «gli ordini artificiosi di parole, lo stile arditamente metaforico, i vocaboli rari e poetici, l'uso di figure».[8] I periodi sono spesso complessi, ricchi di subordinate e parentetiche non sempre agevolmente riconoscibili e di citazioni in discorso diretto non sempre immediatamente rilevabili come tali. Una lingua sovraccarica di allusioni multiple, grazie anche all'utilizzo di termini preziosi e rari.[9]

La questione principale è legata alla corretta interpretazione della testualità dantesca; e a questo scopo occorre innanzi tutto riuscire a discernere – procedendo frase per frase, senza dare nulla in partenza per acquisito – quanto può essere ricercatezza dell'autore rispetto a semplici sviste o interventi correttivi del copista. Il rischio è bilaterale: che in nome di un presunto virtuosismo di Dante si cada nel feticismo del manoscritto, o viceversa che lezioni singolari siano sottoposte a frettolose modifiche o ingiustificate normalizzazioni. Il dilemma non può essere risolto mantenendosi esclusivamente entro i confini dell'analisi grammaticale e sintattica. La divinazione dipende dall'adozione di un'ermeneutica priva di pregiudizi, consapevole dello stato delle ricerche (e della montagna di ipotesi cresciute su sé stesse), ma anche capace di fare *epochè* nei confronti di esse. Ciò che conta è conoscere quanto meglio è possibile la biografia e la produzione di Dante per porsi idealmente in dialogo con il suo testo, per cercare di stabilire volta per volta se un'apparente incongruenza testuale non possa essere piuttosto il segnale di una sua scelta precisa e consapevole, in riferimento a una dottrina, a una vicenda o a un personaggio per lui significativi.

Un ipotetico confronto fra tutta la sua produzione epistolare da una parte e tutta la *Commedia* dall'altra risulterebbe peraltro euristicamente poco significativo. Dante ha cambiato molte volte idea anche su sé stesso, sicché occorre tenere conto della cronologia, per quanto risulti possibile accertarla, e considerare solo testi risalenti all'incirca agli stessi anni. La lettera ai cardinali fu stesa in un periodo compreso tra primavera 1314 e autunno 1316.[10] I testi che possono

---

8 Rizzo, «*La lingua nostra*», in part. p. 545.
9 Così Brugnoli, *Il latino di Dante*, p. 54: «uso di termini preziosi e rari (…); anche il fatto che li usi in prevalenza una sola volta è indizio di una ricercatezza e di un virtuosismo particolari». Ma si veda al riguardo ora anche Rizzo, *Note sulla latinità di Dante*.
10 Sulle drammatiche vicende intercorse fra la morte di Clemente V e l'elezione di Giovanni XXII rimane classico Mollat, *Les papes d'Avignon*, pp. 39–ss. Sulle allusioni contenute nella lettera di Dante, espresse in termini che allo stato attuale non permettono tuttavia di precisare ulteriormente luogo e circostanze della sua composizione, si vedano le notizie raccolte da Villa, *Dante fra due conclavi*, in part. pp. 1–9, a premessa di alcune ipotesi, che andrebbero attentamente soppesate e discusse, riguardo ai destinatari della lettera.

aiutare a capire la lettera e che la lettera può aiutare a meglio comprendere saranno dunque innanzi tutto quelli più prossimi a tale spanna di tempo.

Il primo versetto del primo paragrafo non presenta lezioni dubbie o controverse. Il testo prende avvio dall'accorato lamento su Gerusalemme che apre le *Lamentazioni* attribuite al profeta Geremia. Di per sé, nulla di eccezionale nell'incipit. La possibilità che una lettera iniziasse con un proverbio o con una citazione risulta contemplata da autori di *artes dictandi* quali Guido Faba e Bene da Firenze e ben praticata nell'epistolografia medievale. È interessante notare che, stando alle lettere che conosciamo, le citazioni che Dante assume come incipit hanno tutte valenza profetica. Insieme alla *Ep.* V (preannuncio ai signori d'Italia dell'arrivo di Enrico VII), che prende inizio da un'espressione paolina fiduciosamente rivolta al futuro («ecce nunc tempus acceptabile», *2 Cor.* 6, 2, che presuppone *Is.* 49, 8),[11] vanno ricordate due lettere andate perdute. In una, nota a Giovanni Villani e a Leonardo Bruni, che ne trasmise qualche passo, Dante aveva apostrofato Firenze con parole del profeta Michea (6, 3). In una lettera precedente, cui fa cenno lui stesso nella *Vita nuova*, si era rivolto ai «principi della terra» precisamente con le parole di *Lamentazioni* 1, 1, per proclamare che Firenze a seguito della morte di Beatrice era «desolata» e «quasi vedova, dispogliata da ogni dignitade».[12] Il ricorso alla medesima citazione non deve trarre in inganno. Mentre nella lettera giovanile l'incipit biblico doveva avere, a quanto è dato capire dal riferimento nella *Vita nuova*, una valenza nostalgica e una cifra sostanzialmente letteraria, qui nella *Ep.* XI il richiamo profetico ha ben altra pretesa di giudizio storico-teologico. L'evocazione del versetto mira a indicare che vi è perfetta corrispondenza tra la condizione di Gerusalemme denunciata da Geremia e quella della Chiesa romana.

È stato più volte osservato che un tratto caratteristico della scrittura di Dante è costituito dalla propensione all'auto-commentario, a servirsi in particolare delle lettere sia per ribadire, precisare e definire quanto già scritto nella *Commedia*, sia per anticiparvi in forma provvisoria quanto avrebbe di lì a poco fissato nell'opera maggiore in forma poeticamente trasfigurata.[13] Dopo aver citato il versetto delle *Lamentazioni*, la lettera prosegue affermando che «la cupidigia dei principi dei farisei di un tempo, che rese abominevole il sacerdozio antico,

---

11 Richiama l'attenzione su tale dipendenza Ledda, *Modelli biblici e profetismo*, p. 62.
12 «Poi che fue partita da questo secolo, rimase tutta la sopradetta cittade quasi vedova, dispogliata da ogni dignitade; onde io, ancora lagrimando in questa desolata cittade, scrissi alli principi della terra alquanto de la sua condizione, pigliando quello cominciamento di Geremia profeta: Quomodo sedet sola civitas» (*VN* XXX, 1–2).
13 In questo senso già Montefusco, *Le "Epistole"*, p. 451, con rinvio a Steinberg, *Accounting for Dante*, pp. 61–94.

non solo trasferì il ministero della discendenza di Levi, ma produsse inoltre assedio e rovina alla citta eletta di David».[14] Causa di tutto è dunque la «cupiditas».[15] Come risulta chiaro dal prosieguo del testo, Dante rivendica, nel denunciarla, il ruolo di novello Geremia. La pretesa di rilanciare il messaggio del profeta aggiornandolo si profila già in queste prime righe ed è segnalata dal termine «quondam». La cupidigia dei «principi dei farisei di un tempo» corrisponde a quella della gerarchia ecclesiastica del suo tempo (significativamente, Bonifacio VIII è presentato in *Inf.* XXVII, 85 come «lo principe d'i' novi farisei»).

L'idea di una corrispondenza fra l'antica Gerusalemme compianta dal profeta e la Chiesa romana, nuova Gerusalemme, non è certo nuova. Gioacchino da Fiore, considerato nell'Occidente medievale il profeta per eccellenza, nella sua *Concordia Novi ac Veteris Testamenti* aveva precisamente evocato il lamento di Geremia per denunciare la corrispondenza tra i destini di Gerusalemme e di Roma, nuova Gerusalemme.[16] Richiamando ora Gioacchino, non intendo dire che Dante dipenda qui direttamente da lui, bensì semplicemente rilevare «una coincidenza di ordine paradigmatico e culturale» (per usare un'espressione efficace di Elisa Brilli):[17] il punto di tangenza sta nella comune proiezione della tipologia fuori dai consueti riscontri intrabiblici e nella istituzione di una concordia, cioè di una precisa corrispondenza storica, fra eventi biblici ed eventi della storia della Chiesa.

Le righe successive della lettera precisano le caratteristiche della rivendicata investitura profetica.

---

14 «Principum quondam phariseorum cupiditas, que sacerdotium vetus abominabile fecit, non modo levitice prolis ministerium transtulit, quin et preelecte civitati David ossidionem peperit et ruinam» (*Ep.* XI, 1; qui come altrove, se non altrimenti indicato, la traduzione è mia).
15 «Radix enim omnium malorum est cupiditas» (*1 Tim.* 6, 10), intesa come desiderio sfrenato di possesso di beni, in primo luogo di danaro. In questo senso «cupiditas» è sinonimo di «avaritia». Per un primo inquadramento storico-dottrinale si veda Casagrande, Vecchio, *I sette vizi capitali*, pp. 96–123. Per Dante in particolare, qualche spunto in Capitani, *Cupidigia, avarizia*, pp. 95–111.
16 «Quomodo, inquit, sedet sola civitas plena populo? Facta est quasi vidua domina gentium, princeps provinciarum facta est sub tributo. Non Ierusalem illa terrestris, que servivit quondam regibus terre, ipsa pariter cum filiis suis, domina gentium fore legitur et princeps provinciarum, sed ecclesia Petri, immo Christi, que in diebus Constantini augusti constituta fuit domina totius mundi. Sed heu, que aliquando erat plena populo, modo vacua est, quia, etsi plena videtur esse populo etiam nunc, non tamen suo populo, sed alieno, non filiis suis, qui sint cives celestis Ierusalem, sed filiis Babylonis» (Joachim von Fiore, *Concordia Novi ac Veteris Testamenti*, IV 1 c. 39, Teil 2, pp. 455–456). L'intero capitolo, che prende inizio proprio da queste parole, è fondamentalmente una critica a clero e monaci del tempo.
17 Brilli, *Firenze e il profeta*, p. 176.

> Quod quidem de specula punctalis eternitatis intuens, qui solus eternus est, mentem Deo dignam viri prophetici per Spiritum sanctum sua iussione impressit. Et sanctam Ierusalem velut exstinctam per verba presignata et nimium, proh dolor!, iterata deflevit.[18]

Nel lessico profetico la *specula* è il luogo elevato, l'osservatorio da cui lo *speculator*, la sentinella, vede il nemico, preannunciandone l'arrivo al popolo. Un riferimento fondativo sta nella prefazione di Gioacchino alla *Concordia Novi ac Veteris Testamenti*, in cui l'abate calabrese rivendica che «a noi spetta salire sulla specola del monte e, visti i nemici, dare il segnale; a voi, udito il segnale, fuggire verso luoghi più sicuri».[19] Quando, nel 1300, Arnaldo di Villanova rivendica dinanzi ai teologi parigini il valore del proprio computo dell'anno dell'Anticristo, questi lo rimbeccano dicendogli sarcasticamente: «state seduto sulla specola, siete un profeta!».[20]

Nella lettera di Dante il termine rinvia però direttamente alla decisione eterna e indivisibile di Dio: è la *specula aeternitatis* di cui parla Tommaso (*Super Sent.*, lib. 1 d. 38 q. 1 a. 5; lib. 1 d. 39 q. 2 a. 1 arg. 1) nella scia del *De consolatione philosophiae* di Boezio. La definizione, a prima vista astrattamente teologica, avverte che Geremia ricevette un'impronta divina singolare e gratuita, conferitagli direttamente dall'Altissimo per tramite dello Spirito santo, al di fuori di ogni mediazione umana e gerarchica.

Poste queste premesse, nel secondo paragrafo Dante esplicita la propria vocazione di novello Geremia. Qui il testo tramandato da Boccaccio risulta meno scorrevole. Ciò ha indotto alla formulazione nel corso del tempo di molteplici interventi correttivi, con il rischio di compromettere l'intelligibilità del passo e in ultima analisi di vanificare la portata dell'autoidentificazione di Dante con il profeta biblico.

---

18 *Ep.* XI, 2 («e colui che solo è eterno, vedendo ciò dalla specola dell'indivisibile eternità, per tramite dello Spirito santo con un suo comando impresse la mente del profeta, degna di Dio. E con le parole indicate sopra e, ahimé, tanto ripetute, pianse sulla santa Gerusalemme quasi annientata!»). La lezione «puctalis» del manoscritto *L* è errata (caduta nel manoscritto del *titulus* sopra la u). In questo caso l'intervento correttivo «punctalis» (proposto da Arsenio Frugoni) è d'obbligo. Qui come altrove modifico la punteggiatura dell'edizione là dove mi sembra opportuno, dandone notizia solo quando l'intervento mi paia di rilievo in vista della comprensione del testo.
19 «Nostrum est ascendere super speculam montis et visis hostibus dare signum, vestrum audito signo ad loca confugere tutiora» (Joachim von Fiore, *Concordia Novi ac Veteris Testamenti*, Praefatio, Teil 2, p. 7).
20 «Vos sedetis super speculam, vos estis propheta!» (*Instrumentum alterum appellationis magistri Arnaldi de Villanova a processu Parisiensium ad Apostolicam Sedem*, in Arnaldi de Villanova *Tractatus de tempore adventus Antichristi*, p. 347).

Ripartiamo dunque dalla trascrizione pura e semplice di ciò che si legge in *L* (carta 62v, punteggiatura mia):

> nos quoque, idem Patrem et Filium eundem Deum et hominem nec non eandem matrem et Virginem profitentes (propter quos et propter quorum salutem ter de caritate interrogatum dictum est: Petre, pasce), sacrosanctam ovilem Romanam – cui post tot triumphorum pompas et verbo et opere Christus orbis confirmavit imperium, quam etiam ille Petrus et Paulus, gentium predicator, in apostolicam sedem aspergine proprii sanguinis consecravit – cum Ieremia, non lugenda postvenientes, sed post ipso dolentes, viduam et disertam lugere compellimur.[21]

Una serie di proposizioni subordinate, concatenate l'una all'altra, si trova incastonata entro una principale il cui soggetto sta all'inizio («anche noi») e il cui predicato verbale sta alla fine («siamo costretti a piangere»). Tutto il resto è come racchiuso all'interno di questa dichiarazione programmatica, per cui Dante giunge infine a porsi sul piano di Geremia e sulle sue orme.

Per dare consistenza e autorevolezza a tale esito finale, ecco la prima subordinata: «nos (...), idem Patrem et Filium eundem Deum et hominem nec non eandem matrem et Virginem profitentes (propter quos et propter quorum salutem [...]), lugere compellimur». Come già da tempo notato, le parole riportate qui fra le parentesi riprendono una formula del *Credo* niceno-costantinopolitano. Dante sta dunque allusivamente avvertendo che quanto afferma pertiene a una sua *confessio* o *professio fidei*. Professioni di fede erano espresse da (o attribuite *post mortem* a) uomini di Chiesa, filosofi e teologi, che nel proclamarle cercavano di dissipare sospetti addensatisi sulla propria ortodossia (si pensi alle professioni di Abelardo, Valdesio, Olivi) o semplicemente miravano a conferire maggiore autorevolezza alle proprie convinzioni dottrinali (così ad esempio le ripetute professioni di Gioacchino). In prima approssimazione, una *professio fidei* ha dunque, per chi la fornisce e rispetto a ciò che intende sostenere, valore autodifensivo e autocorrettivo oppure asseverativo e autolegittimante.

Ma in che cosa dichiara di credere Dante? La risposta è articolata e complessa. Partiamo dal contenuto propriamente teologico della *professio*. Incontriamo così una prima lezione controversa su cui vale la pena soffermarsi. Il manoscritto presenta «idem». La lezione, difesa a suo tempo da R. Morghen, è mantenuta nella sua edizione da C. Villa, mentre le altre due edizioni recenti che teniamo sott'occhio, rispettivamente di M. Pastore Stocchi e di M. Baglio, la sostituiscono con «eundem», come suggerito da precedenti interpreti ed editori, nella scia

---

[21] Il testo proposto differisce da quello prodotto dalla più recente edizione, per cui rinvio a *Ep.* (Baglio), pp. 194–196.

del Troya e del Moore (fa eccezione Cecchini, che ventila «idest»).[22] A me sembra che il neutro «idem» vada senz'altro mantenuto. Come fissato un secolo prima dal Concilio Lateranense IV, la sostanza divina «quaedam summa res est, incomprehensibilis quidem et ineffabilis, quae veraciter est Pater et Filius et Spiritus Sanctus».[23] In questo senso Padre e Figlio sono appunto «idem», ovvero una medesima cosa («quaedam summa res»), in quanto persone distinte partecipanti della medesima essenza o sostanza.[24] Alla base di tale elaborazione teologica plurisecolare sta *Io.* 10, 30: «ego et Pater unum sumus». Il maschile «eundem» va invece escluso in quanto comporterebbe un errore dottrinale basilare: vorrebbe dire che le persone del Padre e Figlio sono come tali pienamente coincidenti, sono unico e medesimo soggetto personale. La frase va dunque intesa così: «anche noi, professando che uno stesso [una stessa cosa] sono il Padre e il Figlio, che uno stesso [una stessa persona] è Dio e uomo, che una stessa [una stessa donna] è madre e vergine».[25]

A proposito di questo passo, Morghen si chiese indirettamente che professione trinitaria fosse mai questa, in cui lo Spirito santo risulta sostituito da Maria. La domanda non tiene conto della raffinata scelta stilistica di Dante, che non vuole certo ripetere pedestremente il *Credo*, bensì mettere in luce attraverso l'uso dei tre generi (neutro, maschile e femminile) il tratto universalmente proprio della teologia cristiana: annuncio paradossale di un Dio che è Padre e insieme Figlio, di Gesù che è Dio e insieme uomo, di Maria che è Madre e insieme Vergine – nella linea che troverà poi la sua celebre formulazione nel canto XXXIII del *Paradiso*.

Ritorniamo ora al passo riprodotto sopra e passiamo a considerare le espressioni immediatamente successive: «nos quoque idem Patrem et Filium eundem Deum et hominem nec non eandem matrem et Virginem profitentes

---

22 Si veda in particolare *Ep.* (Villa), p. 1480. Per gli altri riferimenti bibliografici mi permetto, per brevità, di rinviare alla documentata *Nota ai testi* di *Ep.* (Baglio), p. 49.

23 Costituzione *Damnamus igitur*, in *Conciliorum Oecumenicorum Decreta*, p. 231.

24 Decisiva in questo senso la recezione dell'insegnamento di Pietro Lombardo a proposito dell'assoluta unicità dell'essenza o sostanza divina, ripreso e canonizzato dal Concilio nel quadro delle costituzioni dogmatiche riguardanti rispettivamente la fede cattolica e la condanna (con ordine di distruzione) di un «libellus» trinitario antilombardiano di Gioacchino da Fiore. Cfr. rispettivamente Rainini, *«Firmiter credimus»* e Potestà, *La condanna del «libellus» trinitario*.

25 È interessante notare che le traduzioni proposte dai due editori che hanno scelto «eundem» postulano in realtà «idem» (*Ep.* [Pastore Stocchi], p. 79: «anche noi, che professiamo e la medesima divinità del Padre e del Figlio, e il Dio che fu anche uomo»; *Ep.* [Baglio], p. 195: «anche noi, che professiamo che Padre e Figlio sono la medesima cosa»). A quanto pare, la forza di trascinamento esercitata da una tradizione consolidata del testo latino fa sì che gli editori non traggano le logiche conseguenze che le loro stesse traduzioni dovrebbero di fatto suggerire.

(propter quos et propter quorum salutem ter de caritate interrogatum dictum est: Petre, pasce), sacrosanctam ovilem Romanam (...) viduam et disertam lugere compellimur».

Dante dichiara dunque di credere in chi, rassicurando Simon Pietro sul suo amore per lui, gli affidò il compito di pascere il gregge. La professione di fede in Gesù Cristo comporta l'adesione al disegno pastorale affidato da Gesù a Pietro. Notiamo innanzi tutto che la citazione evangelica non è *ad litteram*, ma risulta modificata, come spesso avviene in Dante.[26] In questo caso si tratta di un costrutto che unisce al vocativo «Petre» di *Lc.* 22, 34 l'imperativo «pasce» ripetuto tre volte in *Io.* 21, dove le prime due volte è seguito da «agnos meos» (*Io.* 21, 15–16) e la terza da «oves meas» (*Io.* 21, 17). La citazione vera e propria si limita dunque a due sole parole e si interrompe con il termine «pasce». Un esempio molto simile di questo modo di procedere si trova nella *Monarchia* (III, 14), là dove, ugualmente in riferimento a *Io.* 21, si afferma che Gesù, dopo avere affidato a Pietro l'ufficio di pastore, «Petre – inquit – sequere me». Anche in tale caso si tratta di un costrutto, che unisce il «Petre» di *Lc.* 22, 34 al «sequere me» di *Io.* 21, 19. Dopo aver rimodellato la professione di fede, Dante rimodella dunque la citazione evangelica, proponendola in forma originale e contratta, come accade spesso nei testi medievali: «Pietro, pasci».

La comprensione del passo dipende fondamentalmente dalla lezione «sacrosanctam ovilem Romanam». L'unanime convinzione che il termine latino «ovilis» non possa essere di genere femminile ha fatto sì che siano state formulate diverse proposte alternative. Pastore Stocchi e Baglio optano per la formula, proposta da Witte e condivisa da Moore e Pistelli: «"Petre, pasce sacrosanctum ovilem"; Romam (...) viduam et desertam lugere compellimur».[27] Scelta indubbiamente dispendiosa, poiché comporta due interventi correttivi («sacrosanctum» in luogo di «sacrosanctam» e «Romam» in luogo di «Romanam») su tre termini. Al di là di ciò, resta la questione più importante: come si fa a pascere un ovile, cioè una stalla? Più economica la proposta di Claudia Villa, che propone «ovem» in luogo di «ovilem» e così può riportare il sintagma entro il discorso diretto di Gesù: «Petre, pasce sacrosanctam ovem romanam».[28] Nelle opere lati-

---

[26] Osserva Brilli, *Reminiscenze*, p. 445, in riferimento alle epistole V, VI e VII, che «come buona norma gli editori virgolettano le citazioni *ad litteram* così da distinguerle dal corpo dell'epistola. Tuttavia nelle nostre tre epistole vi sono dei casi in cui questo sistema è adottato in modo non chiaro o addirittura improprio». Gli esempi addotti alle pp. 446-ss. in riferimento a *Ep.* V, 21 e a *Ep.* V, 15 mostrano che Dante in verità non riporta lezioni bibliche riconducibili a una qualche variante della *Vulgata*. Così è qui: il testo biblico è liberamente rimodellato dalla sua memoria.

[27] Si vedano rispettivamente *Ep.* (Pastore Stocchi), p. 78; *Ep.* (Baglio), p. 194.

[28] *Ep.* (Villa), p. 1480. Per le altre proposte di restauro mi permetto di rinviare alla *Nota ai testi* di *Ep.* (Baglio), p. 49.

ne di Dante il termine «sacrosanctus» compare altre quattro volte: in riferimento alla Chiesa, all'Impero romano (due volte) e a Gerusalemme. Di per sé dunque, l'ipotesi non può essere esclusa. Per «sacrosanta pecora romana» si dovrebbe però intendere in questo caso non la Chiesa – gerarchia e popolo – nel suo complesso, bensì il solo gregge. Ma, ponendosi dal punto di vista di Dante, può un gregge essere ancora detto «sacrosanto» se si prescinde dal pastore? C'è da dubitarne. A me pare d'altronde che questa proposta indebolisca la forza del suo discorso, che non intende qui riferirsi alla Chiesa come popolo di credenti, bensì alla sua sede romana, abbandonata e quasi dimenticata come lo fu Gerusalemme dopo la caduta; non dunque al gregge, ma alla sua dimora, abbandonata da Clemente V.

Se davvero questa è la preoccupazione di Dante, allora occorrerà intendere il termine «ovilem» come complemento oggetto del successivo «lugere» e non del «pasce» che immediatamente lo precede. Una soluzione tutt'altro che ovvia, ma in linea con l'attitudine di Dante di percorrere strade sintatticamente impervie, miranti a mettere alla prova la capacità di comprensione del lettore. A questa soluzione si oppone la radicata convinzione che in latino il termine «ovile» sia di genere maschile o neutro, mai femminile. In realtà «ovilis» è letterariamente attestato anche al genere femminile: quanto meno nella *Apologia contro Gerolamo* di Rufino, testo assai diffuso nell'Occidente medievale prima e dopo Dante, in quanto circolante insieme ai testi dell'avversario Gerolamo.[29] Si può dunque ben pensare che lo sia anche qui. Come già accennato, studi recenti hanno mostrato la straordinaria ricercatezza del latino di Dante, il cui rapporto sperimentativo con la lingua lo induce ad invenzioni audaci e a recuperi singolari.[30] Defamiliarizzando il familiare, egli mira a fermare lo sguardo del lettore; e per questa via lo chiama, oltre che ad apprezzarne il dominio assoluto della

---

29 Tyrannii Rufinus, *Apologia adversus Hieronymum* I, 41, p. 76, l. 35 («caelestia et terrestria, id est homines et angelos, sicut ante unam formam gesserunt et unam ouilem habuerunt, ita et in futuro dicis esse reparanda, quia Christus uenit utraque unum facere gregem»). L'editore elenca (nella *Praefatio*, p. 31) diciotto manoscritti, di cui almeno dodici risultano anteriori agli inizi del secolo XIV. Importante è quanto sottolinea in apparato (p. 76): «cum codices potiores non solum *ovilem* pro *ovile* tradant, sed etiam *unam* pro *unum*, certum est hic Rufinum usum esse verbo *ovilis* feminini generis». Per un più approfondito esame della tradizione manoscritta dell'opera, si veda Simonetti, *Introduzione all'edizione critica*. Ai manoscritti individuati dall'editore ne vanno aggiunti altri quattro anteriori al sec. XIV segnalati da P. Lardet nell'introduzione alla sua edizione critica di Hieronymus, *Contra Rufinum*, pp. 53–55. Altri tredici manoscritti sono segnalati alla pagina <http://www.mirabileweb.it/author/rufinus-aquileiensis-author/42737> (consultata il 4 giugno 2018). Ad eccezione del ms. della Biblioteca Publica Municipal di Porto (sec. XII), si tratta di testimoni risalenti tutti al secolo XV. Sei di essi sono attualmente conservati a Firenze.
30 Al riguardo si veda da ultimo Rizzo, *Note sulla latinità di Dante*.

lingua, a individuare il significato preciso di enunciati che così sottrae al rischio della banalizzazione. In effetti, la scelta inconsueta non è un puro preziosismo: poiché Dante vuole piangere con Geremia la condizione di una dimora rimasta vuota e paragonarla, nella scia del profeta, a una vedova abbandonata e trascurata, l'argomentazione esige un «ovile» che sia al femminile. Non si tratta infatti di un ovile qualsiasi, ma della «sacrosanta dimora romana», cioè: «di Roma».

Ritorniamo al passo in questione e affrontiamo la frase subordinata immediatamente successiva, che comporta un ulteriore slittamento di accenti e di significati:

> nos quoque (...) sacrosanctam ovilem Romanam – cui post tot triumphorum pompas et verbo et opere Christus orbis confirmavit imperium, quam etiam ille Petrus et Paulus gentium predicator in apostolicam sedem aspergine proprii sanguinis consecravit – (...) viduam et disertam lugere compellimur.

Ora l'attenzione si sposta dalla dimora del gregge al luogo dove essa dovrebbe trovarsi: l'ovile di Roma non può che stare a Roma, sacra in quanto sede dell'Impero e della Chiesa universali. Di passaggio in passaggio, Roma centro della cristianità ha così assunto il ruolo di perno di tutto il discorso. Dante piange precisamente l'avvenuto abbandono da parte del papato di questo ovile irrevocabilmente situato nella capitale dell'Impero riconosciuto e approvato da Cristo (come argomentato in *Mon.* II, x–xi e in *Ep.* VII, 14), nella città consacrata sede della Chiesa universale in virtù del sangue versatovi da Pietro e da Paolo.

Concludendo la lettura del periodo, occorre infine chiedersi se sia possibile conservare il testo tradito dal Boccaccio anche per l'ultima proposizione di esso: «nos quoque (...) cum Ieremia, non lugenda postvenientes, sed post ipso dolentes, viduam et disertam lugere compellimur». Nella scia di Toynbee,[31] E. Pistelli ritenne necessario leggere «prevenientes» al posto di «postvenientes» e «post ipsa» in luogo di «post ipso».[32] Il duplice emendamento fu accolto dalla maggior parte degli interpreti successivi e come tale è stato recepito nelle tre edizioni più recenti.[33] Al primo restauro si oppose Gustavo Vinay, che nel contesto di un'aspra polemica con Raffaello Morghen propose di mantenere a testo il «postvenientes», facendo notare che il termine «post» può avere significato sia temporale sia spaziale. Avendo però accolto la correzione «ipsa» (al posto della lezione «ipso» del manoscritto), offrì infine una soluzione non del tutto chiara e convincente: «allo stesso modo di Geremia non venendo appresso ai lutti ma

---

31 *Ep.* (Toynbee), p. 129.
32 *Ep.* (Pistelli), p. 432.
33 Si vedano *Ep.* (Pastore Stocchi), p. 78; *Ep.* (Villa), p. 1480; *Ep.* (Baglio), p. 196.

appresso ai lutti soffrendo».[34] Morghen gli rispose per le rime, e la suggestione di Vinay non fu più ripresa.

Se però si assume che il Geremia delle *Lamentazioni* coincida con il Geremia cui è attribuito il libro omonimo, come allora si riteneva, si deve innanzi tutto riconoscere che già il dato biblico si oppone alla correzione «non (...) praevenientes». Geremia infatti aveva, per così dire, previsto tutto, annunciando fin dall'inizio ai giudei che se avessero continuato a ignorare gli avvertimenti divini e ad adorare falsi dèi avrebbero portato Gerusalemme alla rovina. Ben consapevole dei rapporti di forza esistenti tra i vicini potenti e il suo popolo, cerca invano di distoglierli dall'intesa con gli egiziani. Quando poi il peggio si compie – l'offensiva dei babilonesi, l'assedio e la distruzione della città, la deportazione del popolo – Geremia piange la rovina avvenuta, e siamo così alle *Lamentazioni*. Gioacchino da Fiore, interprete profetico per eccellenza, spiega icasticamente nella *Concordia novi ac veteris Testamenti*: «Geremia predisse la presa di Gerusalemme [*Ger.* 21–24, 3–4], come pure la caduta di Babilonia [*Ger.* 25, 15–38 e soprattutto *Ger.* 50–51], ed entrambi gli eventi si realizzarono in pochi anni. Infatti quello stesso Geremia rimase a Gerusalemme fino alla sua caduta [*Ger.* 38,28], mostrando che si era realizzato proprio ciò che aveva predetto in anticipo; e neppure così poté convertire ai lamenti il cuore del popolo [*Ger.* 44, 15–23]».[35]

A prescindere dal dato biblico – da cui in verità è difficile prescindere – l'emendamento proposto non convince anche perché indebolisce la pretesa di Dante di identificarsi con Geremia, riducendola alla comune condizione nel provare dolore per eventi imprevisti («non prevenendo eventi degni di pianto, ma addolorandoci dopo il loro verificarsi», traduce Baglio).[36] Non è un po' poco per giustificare e legittimare la pretesa di Dante di accostarsi al profeta, tanto più se si tiene presente la solenne e impegnativa *professio fidei* da cui tutto prende le mosse?

A me pare che se invece si mantiene il testo tradito da Boccaccio, l'intero periodo acquisisce ben altra forza allusiva. È come se Dante dicesse: «sto con Geremia non solo perché compiango l'accaduto come lui, ma perché provo dolore stando dietro a lui». Affermazione quest'ultima che coglie il centro della

---

34 Vinay, *A proposito della lettera*, p. 72.
35 Joachim von Fiore, *Concordia Novi ac Veteris Testamenti*, IV,1, c. 30, Teil 2, p. 446: «predixit autem Ieremias captivitatem Ierusalem, nec minus excidium Babylonis, et utrumque in paucis annis consummationem accepit. Perseveravit enim idem Ieremias usque ad excidium Ierusalem, ostendens completum, quod ipse ante predixerat, et nec sic potuit cor populi ad lamenta converti».
36 *Ep.* (Baglio), p. 197.

missione profetica: «il discorso profetico non si riduce mai alla sola predizione degli eventi: esso ripropone e riattualizza, nella situazione presente, il messaggio dei profeti antichi» (M. Miegge).[37] In questa prospettiva l'intero periodo acquista un significato meno scontato. Sul fondamento della sua originale professione di fede, Dante giunge a rivendicare il proprio carisma nel segno della sequela del profeta: «cum Ieremia (...) post ipso». Un riferimento paradigmatico per comprendere di che tipo di relazione si tratti qui ci è offerto dalla vocazione di Eliseo da parte di Elia: il profeta vede il ragazzo che sta arando i campi e gli pone il mantello sulle spalle. Eliseo lascia tutto e corre «post Heliam» (*1 Re* 19, 20).

Per valutare se questa autoidentificazione con Geremia segni una nuova tappa nella coscienza della vocazione profetica di Dante, occorrerebbe a questo punto volgersi alla ricerca di precise connessioni fra questa lettera e passi di altre *Epistole* e della *Commedia*, in cui Dante si richiama a Geremia assumendone immagini e formule o paragonandosi direttamente a lui. Altro infatti è servirsi di Geremia come arsenale di immagini e di formule (ciò che Dante fa sin dal primo canto dell'*Inferno*), altro paragonarsi discretamente a lui (come in *Inf.* XIX), altro identificarsi tendenzialmente con lui, facendone propria l'accorata denuncia riguardante Gerusalemme/Roma (come fa qui e anche in *Purg.* VI). Una corretta individuazione dei rapporti intercorrenti fra testo e testo potrà aiutare a comprendere le fasi di maturazione della sua coscienza profetica e soprattutto, facendo perno sulla datazione della *Ep.* XI, a circoscrivere – grazie al riconoscimento dei segnavia, non sempre ben visibili, disseminati dall'autore – la datazione di testi le cui fasi di composizione sono controverse.

Non è qui minimamente possibile affrontare una tale questione. Vorrei invece ritornare in quest'ultima parte del mio contributo sulla questione dell'autocoscienza profetica di Dante. Nel quarto paragrafo egli apostrofa i cardinali aggiornando e piegando contro di loro una serie di riferimenti biblici: volgono le terga al carro della Chiesa, come quegli uomini visti da Ezechiele (*Ez.* 8, 15–16), che volgevano le terga al Tempio; disprezzano il fuoco divino, cioè lo Spirito, mentre sui loro altari si bruciano offerte illecite (*Lev.* 10, 1–2); sono come Alcimo che nella sua ambizione di assumere il sommo sacerdozio tradì il proprio popolo e si offrì a Demetrio di sostenerlo contro i Maccabei (*1 Macc.* 7). Il susseguirsi delle accuse viene interrotto dall'interrogativo che apre il quinto paragrafo. «Forsitan: "Et quis iste?" (...) indignanter obiurgabitis»,[38] cioè: «e forse rimproverete con indignazione (...) "Chi è costui?"». Prima di considerare la risposta di Dante, vorrei soffermarmi brevemente sulla domanda.

---

37 Miegge, *Introduzione*, in *Girolamo Savonarola*, p. 309.
38 *Ep.* (Baglio), p. 200.

Come rilevò Patrizia di Patre,[39] la formula: «et quis iste?» è presa di peso da *Io.* 1, 19–22, passo evangelico in cui il Battista è interrogato più volte dai leviti, cioè dai sacerdoti, che gli chiedono infine se sia un profeta. La domanda è una provocazione. Riferendola a sé stesso, Dante propone una variazione originale su di un tema frequentato nella letteratura profetica dell'Occidente medievale: chi ti credi di essere, tu che ti atteggi a profeta? Nel replicare, il profeta non si qualifica apertamente come tale, ma si schermisce allusivamente. Quando nell'Occidente medievale un profeta o presunto tale, interrogato sulla sua identità, cita il versetto del profeta Zaccaria (13, 5): «non sono un profeta, sono un lavoratore della terra» (formula riferita da Gioacchino da Fiore a sé stesso), oppure il versetto del profeta Amos (7, 14): «non sono profeta, né figlio di profeti» (espressione riferita a sé stessi da Ugo di Digne e Giovanni di Rupescissa), le formule mirano in realtà ad asseverare ciò che viene in apparenza negato.[40] Non si tratta di espressioni di modestia o di cautela, bensì di dichiarazioni, discrete ma inequivocabili, di chi riferisce a sé stesso le allusioni con cui i profeti biblici si sono confermati tali.

La risposta di Dante risulta particolarmente interessante perché egli risponde non celandosi affatto, bensì rivendicando con forza la propria condizione. Mentre nel passo evangelico il Battista risponde (con riferimento a *Is.* 23): «io sono voce di uno che grida nel deserto: Rendete diritta la via del Signore», Dante risponde evocando il precedente biblico di Uzzà, che, incaricato di seguire il trasferimento dell'arca a Gerusalemme, intervenne per raddrizzarla ad evitare che si rovesciasse lungo la strada. Gesto utile a impedire il peggio, ma profanatore: Uzzà non era infatti un levita, e come tale non aveva diritto a toccare l'arca; per questo Dio lo fulminò sul posto (*2 Sam.* 6, 3–8).[41]

Il paragone serve a Dante per sottolineare la propria condizione di profeta che raddrizza, ovvero – ponendosi dal punto di vista della gerarchia – sovverte. Diversamente da quanto potrebbe sembrare, la sua non è un'affermazione di modestia, ma una precisa rivendicazione del suo carisma. Come si legge nelle righe successive, la più piccola delle pecore del pascolo di Gesù Cristo è colui che, «non abusando di alcuna autorità pastorale», confessa la verità, come fece

---

39 Di Patre, *L'arte della emulazione.*
40 D'altra parte, Dante lo ribadisce alla riga successiva: definendosi «la più piccola delle pecore del pascolo di Gesù Cristo», non fa che riprendere con altre parole *1 Cor.* 15, 9, passo in cui Paolo, dopo essersi definito il più piccolo degli apostoli, non esita a rivendicare proprio per sé il sostegno della grazia divina. Cfr. al riguardo già Ledda, *Modelli biblici nella Commedia*, in particolare pp. 187–188.
41 Cfr. al riguardo Ledda, *Modelli biblici nella Commedia*, 187 e Ledda, *Modelli biblici e profetismo*, p. 73.

il cieco nato contro i nuovi farisei (*Ep.* XI, 9-10). La portata antigerarchica e anticlericale della sua intenzione si chiarisce infine là dove rimarca la propria differenza rispetto allo stesso Uzzà: diversamente da lui, non sta toccando l'arca (sacrosanta) della Chiesa, ma cerca di riportare sulla retta via i buoi recalcitranti, i cardinali che, incuranti del carro che dovrebbero trainare, rischiano di farlo precipitare.[42] La vigorosa polemica presuppone un'ecclesiologia che supera la concezione riduttiva della Chiesa intesa come clero, dominante fino ad allora e destinata ad essere resa oggetto di aperta critica, di lì a pochi anni, da parte di Marsilio da Padova e di Guglielmo di Ockham («sicut Deus est Deus clericorum, ita est Deus laicorum»).[43] Laico che sa di teologia,[44] Dante oppone agli «archimandriti» che usurpano l'ufficio pastorale una voce «sola, pia e privata».[45] Proclama ciò che tutti pensano, ma che nessuno osa dire: la denuncia del profeta inascoltato dal suo popolo.

---

42 In questo senso già Hollander, *Dante as Uzzah?*, in part. p. 150.
43 Ockham, *Dialogus*, I, VI, c. 100, II, p. 631.
44 Illuminanti in questo senso le concise espressioni di Dionisotti, *Chierici e laici*, pp. 58-59.
45 *Ep.* (Baglio), p. 204.

Rodney Lokaj
Le fonti biblico-patristiche quali vettori tematici nella lettera XI ai Cardinali

Abstracts: Il contributo intende esplorare la possibilità che le citazioni bibliche, specie veterotestamentarie, inserite nell'*Ep*. XI ai cardinali, costituiscano altrettanti vettori tematici e semantici verso una comprensione a due livelli distinti, uno esplicito, l'altro più recondito. La conclusione raggiunta stabilisce un parallelismo fra Dante e Giuda Maccabeo dove l'epistola in questione andrebbe letta quale invito esteso ai cardinali italiani a farsi un bagno di umiltà accettando un posto, anche umile, nel Tabernacolo del Signore a Roma.

The article aims to explore the possibility that biblical quotations – and notably those from the Old Testament – inserted in Dante's Epistle XI to the cardinals can be interpreted as thematic and semantic signals towards a twofold comprehension of the text – involving both an explicit and a more disguised meaning. In conclusion, we can draw a parallel between Dante and Judas Maccabeus: the epistle should thus be read as inviting Italian cardinals to embrace humility and accept their place – however humble – in the Lord's Tabernacle in Rome.

Parole chiave: Epistola XI, Oza, Giuda Maccabeo, San Gregorio, Sant'Ambrogio, Sant'Agostino.

Il seguente contributo non prende in esame l'identità dei destinatari dell'epistola XI, come quella del lemma *Transtiberine* verosimilmente da intendersi quale vocativo riferito al cardinal Iacopo Stefaneschi, e non entra nel dibattito né sul ruolo effettivamente svolto dai sette cardinali italiani contro i cinque francesi e gli undici guasconi[1] né sulla questione della datazione, tutti elementi già trattati nella esaustiva disamina di Claudia Villa apparsa su «Studi Danteschi» e intitolata *Dante fra due conclavi*.[2] Per i limiti redazionali imposti, il contributo si limiterà ad alludere soltanto sia agli innesti fra testi biblici e letteratura classica, come quel Fetonte che guida illegittimamente il carro del Sole,[3] sia alla sua

---
1 Paravicini Bagliani, *Clemente V*, parla di 7 italiani, 6 francesi e 10 guasconi.
2 Villa, *Dante fra due conclavi*.
3 *Ep*. (Villa), p. 1426.

Rodney Lokaj, Università Kore di Enna

Open Access. © 2020 Rodney Lokaj, published by De Gruyter. This work is licensed under the Creative Commons Attribution 4.0 International License (CC BY 4.0).
https://doi.org/10.1515/9783110590661-024

tematica connaturata, vale a dire, la spinosissima questione dell'irruenza dei buoi che trascinano fuori strada il carro che trasporta l'Arca dell'Alleanza, quale Figura del corpo di Cristo.[4] Quest'ultimo in particolare, d'altronde, è un discorso assai complesso in quanto, se in quei medesimi buoi bisogna ravvisare il clero, o più specificatamente il sacro collegio, allora bisognerà far risalire la taccia di sconsiderata irruenza a quella tara genetica che la Chiesa di Roma, rivelatore lo stesso Dante autore del *Monarchia*, aveva ereditato da Pietro, presunto avventato fondatore della sede romana *ab origine*, incapace persino di ammettere di aver mai conosciuto Colui che aveva pur giurato di amare e difendere sempre.[5]

Alla luce della ricca messe di frutti che queste ed altre *quaestiones* hanno già prodotto in tempi sia lontani sia più recenti, il presente contributo vuole ripartire, piuttosto, dai dati certi acquisiti alla filologia dantesca, i quali sono: 1) che Dante compone l'epistola in data non meglio precisabile dopo la morte di Clemente V, avvenuta il 20 aprile 1314, ma comunque prima del 7 agosto 1316, data in cui verrà eletto il famigerato Giovanni XXII, francese; 2) che il conclave per l'elezione del nuovo papa è già stato quanto meno indetto a Carpentras dieci giorni dopo la morte di Clemente V, ovvero, il primo maggio successivo sempre del 1314; 3) e che, fra qualche battuta d'arresto, rocambolesche fughe degli stessi membri del Sacro Collegio, gli italiani verso Valenza, i francesi e i guasconi *passim*, e il conseguente spostamento della sede del conclave medesimo a Lione, Dante, che non può certamente prevedere il risultato finale di tutte queste operazioni, alcune occulte, molte altre violentemente patenti, vale a dire che il collegio a guida francese eleggerà appunto un francese, nel frattempo manda la nostra epistola a chi di competenza. Ligio al proprio titolo, il presente contributo esaminerà prevalentemente tre luoghi dell'*Epistola* relativamente poco discussi dalla filologia dantesca, luoghi la cui articolazione e utilizzazione sono, a modesto parere di chi scrive, il diretto esito della riflessione da parte di Dante su alcune fonti biblico-patristiche, fonti che diventano veri e propri vettori tematici, rivelatrici, cioè, di una comprensione relativamente nuova e più articolata dell'*Epistola* sia come forma sia come contenuto.

Intanto si riprenda in esame *VN* XXVIII, 1, laddove Dante scrive di essersi trovato a riflettere sul senso di vacuità e di abbandono che investe la città di Firenze all'indomani della morte di Beatrice, avvenuta nel 1290. Possibilmente sotto l'influsso dell'Ufficio di Mattutino del Giovedì santo,[6] Dante indossa le

---

4 Cfr. Menzinger, *Dante, la Bibbia*, pp. 1 29–ss.
5 Sull'irruenza dei buoi, cfr. Menzinger, *Dante, la Bibbia*, p. 125; sulla figura di Pietro avventato, cfr. Lokaj, *Dante's Comic Reappraisal*, pp. 110–11; 126–33; 137; 140–44.
6 Per l'uso diffuso della fonte veterotestamentaria all'epoca di Dante, dall'Ufficio di Mattutino del Giovedì santo cfr. *Ep.* (Villa), p. 1557; *Ep.* (Baglio), p. 193.

vesti lugubri di Geremia, nome che la tradizione esegetica veterotestamentaria ascriveva all'autore, altrimenti anonimo, delle *Lamentationes* con una tale convinzione da collocare le medesime immediatamente dopo il Libro di Geremia nel Canone come se ne costituissero la naturale prosecuzione, e scrive:

quomodo sola sedet civitas plena populo! facta est quasi vidua domina gentium.[7]

Sempre nella *Vita nuova*[8] l'autore si appropria ancora della medesima citazione, parafrasandola, per descrivere la Firenze privata della persona di Beatrice riprommettendosi «ancora lacrimando in questa desolata cittade» di vergare una epistola «a li principi de la terra alquanto de la sua condizione, pigliando quello cominciamento di Geremia profeta che dice: *Quomodo sola sedet civitas*» ecc. Se la nostra *Epistola* XI, indirizzata ai cardinali italiani circa venticinque anni dopo in una congiuntura politica completamente diversa per Dante e la cristianità tutta, è in qualche modo da ricollegarsi a quella lontana riflessione sul parallelismo fra Gerusalemme, città che si pensava inespugnabile, ma che fu, invece, invasa e devastata nel 587 avanti Cristo dai babilonesi, e Firenze, «desolata cittade» dopo che Beatrice l'aveva abbandonata, se, cioè, Dante adempie finalmente alla promessa fatta a sé stesso di scrivere ai grandi della terra, oggi da individuarsi nei cardinali, allora la partenza per l'esegesi dell'*Epistola* XI è anch'essa ancorata nella riflessione sulle fonti bibliche e nel parallelismo fra queste e la situazione attuale. Ora che l'Italia piange l'abbandono della città di Roma «solam sedentem et viduam destitutam» sia da parte imperiale sia da parte pontificia, città che sarebbe dovuta rimanere, come aveva insegnato Brunetto Latini, «capo del mondo e comune a ogni uomo»,[9] la riflessione sulle fonti bibliche ivi dispiegate diventa indispensabile, anzi esegesi prioritaria quanto privilegiata, le fonti stesse essendo vettori di altri significati cui l'autore dell'*Epistola* XI, autodefinito uomo semplice, ovvero, laico, può solo alludere.

Ebbene, tale allusività laica sta tanto nell'ordine delle fonti citate quanto nelle ricadute semantiche che quello stesso ordine produce sui vari elementi intavolati. Vale a dire, la più recente riflessione sulle *Lamentationes* del profeta Geremia porta Dante a considerare la cupidigia dei nuovi Farisei quale causa della messa in abominio della casta sacerdotale quale discendenza dei Levi, considerazione che lo porta, poi, a stabilire il parallelismo fra la Gerusalemme antica abbondata e quella nuova, Roma, abbandonata a sua volta da coloro che

---

[7] *Lam.* 1, 1.
[8] *VN* XXX, 1.
[9] Brunetto Latini, *La Rettorica*, p. 10; cfr. Dante *Ep.* XI, 10, cit. in Villa, *Dante fra due conclavi*, p. 18.

sarebbero dovuti essere i privilegiati preposti alla sua retta guida, i cardinali appunto, i quali non solo non guardano più il carro della Sposa di Cristo, ma addirittura le volgono le spalle interessati a tutt'altre questioni. Codesta constatazione conduce Dante a sua volta ad avvalersi dei *Libri dei Maccabei* per la congiura, già antica ma ora tristemente attuale, da parte di tali ipocriti preposti al culto sacro nella profanazione dello stesso, e di qui a dipingere l'immagine del carro dell'Arca dell'Alleanza che sta per cadere, per poi preparare il lettore all'anafora potente «iacet (...) iacet (...) iacet» a proposito dei tre esponenti della Patristica latina abbandonati a loro volta, sostituiti nelle attenzioni del sacro collegio dai decretalisti intenti solo a procacciare per sé e per i loro padroni ulteriori entrate e benefici.[10]

L'ordine in cui Dante presenta le fonti biblico–patristiche è, dunque, significativo, come sopra si è asserito, ma lo sono anche le ricadute semantiche che tale ordine produce. Se nel profeta Nathan inserito nella seconda corona sapienziale a *Par.* XII, 127–141 quale corrispettivo di Orosio «avvocato de' tempi cristiani / del cui latino Augustin si provide»,[11] storico a sua volta citato fra l'altro proprio nell'*Ep.* XI,[12] Sarolli[13] e Brugnoli ebbero ragione a ravvisare un «archetip[o] dell'intellettuale laico, scriba dei principi e loro consigliere»,[14] un *typus prophetae* insomma vigenti quei versi sempre a *Par.* X, 25–27: «messo t'ho innanzi: omai per te ti ciba / ché a sé torce tutta la mia cura / quella materia ond'io sono fatto scriba»,[15] allora è davvero particolarmente suggestiva l'interpretazione latina geronimiana, addotta da Brugnoli sulla scia di Isidoro e Uguccione, in virtù della quale il nome del profeta Nathan rimanda a *dans*, participio presente del verbo *dare* da cui deriva l'antroponimo Dante, ovvero, che Dante risulterebbe ipostasi a sua volta di Nathan stesso, anch'egli dunque laicamente e divinamente ispirato.[16]

Diventa particolarmente suggestiva anche la prosecuzione logica di tale accostamento interpretativo in quanto nel medesimo testo geronimiano, *De nominibus Hebraicis*, e specificatamente nel libro dedicato al profeta Geremia, san Girolamo spiega non solo che Nathania significa «donum Domini, vel dedit Dominus», ovvero, 'ciò che il Signore ha dato, lo stesso dono di Dio', rientrando,

---

10 *Ep.* XI, 7: «isti census et beneficia consecuntur».
11 Cfr. *Par.* X, 119–20.
12 Cfr. *Ep.* XI, 11: «ab Occeani margine circumspecta»; Orosio, *Hist.*, 1, 1, 2: «orbem totius terrae, Oceani limbo circumsaeptum», cit. in *Epistole* (Frugoni, Brugnoli), p. 591.
13 Cfr. Sarolli, *Natàn*.
14 Brugnoli, *Studi Danteschi*, p. 148.
15 Brugnoli, *Studi Danteschi*, p. 149.
16 Brugnoli, *Studi Danteschi*, p. 150; cfr. Girolamo, *Nom. hebr.* (= PL 23), col. 870: «Nathania, dante Domino».

dunque, nella medesima sfera semantica del verbo *dare*, ma che anche il nome Nathanael, ovvero, uno dei sette sacerdoti preposti a suonare le trombe davanti all'Arca dell'Alleanza del Signore, nel capitolo dedicato all'esposizione del *Libro dei Numeri*,[17] significa «Deus meus, vel donum Dei». Sviluppato semanticamente nel suo omonimo neotestamentario, il Nathaniel fra i primi seguaci di Gesù nel Vangelo di Giovanni,[18] come spiega anche *The Oxford Bible Commentary*,[19] Nathaniel, 'dono di Dio', 'colui che dà', *dans*, rappresenta tutti gli ebrei che riconoscano il grande dono mandato dal Signore. Nel caso specifico del seguace di Gesù, costui è anche il primo a riconoscere che «qualcosa di buono può venire da Nazaret»,[20] constatazione che Filone glosserà arricchendola come «colui che, a differenza degli altri, riesce a vedere Dio».[21] Se nell'*Ep*. XI si scagiona da ogni taccia mossagli dai cardinali di essere avventato e presuntuoso come Oza, che aveva osato toccare l'Arca dell'Alleanza venendo poi punito immediatamente da Dio, Dante comunque presenta anche la possibilità, nella *mise en scène* del trionfo di David, dell'accostamento fra sé e colui che cercò di rettificare ciò che non avrebbe dovuto mai verificarsi, vale a dire fra sé e Oza. In altri termini, Dante ammette la possibilità, pur nella metafora della processione trionfale del Carro, che a lui non certamente come novello Oza che osò, bensì a lui che si cala onomanticamente nei panni di portatore di *sacra*, un sacerdote appunto forse proprio di nome Nathanael preposto alla funzione di nunzio musicale che suona la tromba, spetti l'incombenza di avvertire il popolo e chi di competenza che l'Arca dell'Alleanza è in gravi difficoltà.

Tuttavia, per quanto suoni quella tromba, per quanto, cioè, Dante, quale autoproclamato nunzio sacro, scriva furiosamente le sue lettere e prosegua nella composizione della *Commedia* – in questi anni sta componendo o gli ultimi canti del *Purgatorio*, con il carro trionfale di Beatrice, carro preceduto per giunta sempre dall'allusione a Fetonte che «exorbita[t]»[22] o «svïa»[23] con il «combusto»[24] carro del Sole, o i primi canti del *Paradiso* – non riesce, invece, a farsi sentire da chi altrimenti potrebbe, e dovrebbe, rettificare la situazione. Anzi, dolosamente intenti, piuttosto, a seguire tutt'altra rotta, quella che porterà ineluttabilmente al precipizio,[25] i cardinali sono paragonati a Fetonte, «falsus auri-

---

17 Girolamo, *Nom. hebr.* (= PL 23), coll. 839–40.
18 *Io.* 1, 45–51.
19 *The Oxford Bible Commentary*, pp. 964–65, a p. 998.
20 *Io.* 1, 46: «et dixit ei Nathanahel a Nazareth potest aliquid boni esse».
21 Cfr. Filone, *De mutatione nominum*, cit. in *The Oxford Bible Commentary*, p. 964.
22 Cfr. *Ep*. XI, 4: «non aliter quam falsus auriga Pheton exorbitastis».
23 *Purg.* XXIX, 118.
24 *Purg.* XXIX, 118.
25 Cfr. *Mt.* 23, 16; *Lc.* 11, 42.

ga» nel conio dantesco[26] non solo in quanto nome improprio – il figlio del Sole, Eridano, viene nominato Phaethon, etimologicamente derivante dal lemma φάος (= luce), solo dopo la combustione ed essere precipitato nel Po, motivo per cui Uguccione da Pisa lo chiamerà «filius solis, quasi totus ardens»[27] – ma soprattutto perché, non avendo né il *pondus* del padre Apollo (è, anzi, caratterizzato da "eccessiva leggerezza"),[28] né tanto meno la capacità divina di tenere a freno e di guidare i quattro cavalli del cocchio,[29] arreca danni enormi alla terra che la divinità solare è pur tenuta a proteggere e a nutrire. Rischiando di arrecare danni persino al regno di Nettuno, al Tartaro e alle stesse dimore degli dei sull'Olimpo,[30] il folle volo di Fetonte si rivela così disastroso da indurre Apollo stesso, padre sconsolato, a minacciare di non portare mai più la luce al mondo lasciandolo totalmente al buio.[31] Fuor di metafora, le ricadute semantiche per la contemporaneità di Dante sono drammaticamente palesi.

Analogamente, i cardinali sono «archimandriti»[32] «nomine solo»[33] in quanto, sempre grazie a Uguccione, Dante intendeva il termine anche in senso etimologico, vale a dire, come 'pastori delle pecore' o, in senso lato, 'padri spirituali'.[34] I cardinali, pertanto, non guidano correttamente il popolo di Dio, anzi,

---

26 Mentre l'«auriga» è certamente riferimento ovidiano a Fetonte, per cui si veda Ovidio, *Met.* II, 312, il «falsus», invece, fu sicuramente suggerito dal locus di cui a 2, 37: «falsa imagine», riferito alla madre Climene, ma qui temprato dalla lettura dantesca di Agostino, *De civitate Dei* XVIII, xlv, 2, di cui *infra* a n. 50.
27 Cfr. Uguccione da Pisa, *Derivationes*, II, p. 463: «item a fos quod est ignis hic Pheton – tontis, filius Solis, quasi totus ardens. Ipse enim primo vocabatur Eridanus, qui, cum male regeret currum patris, fulmine a Iove extinctus est et combustus; a combustione dictus est Eridanus ab illo in eo submerso».
28 Cfr. Ovidio, *Met.* II, 161–65: «sed leve pondus erat (...) nimia levitate (...) sic onere adsueto vacuus».
29 Cfr. Ovidio, *Met.* II, 128: «labor est inhibere volentes». Per i quattro cavalli, cfr. i vv. 153–54.
30 Ovidio, *Met.* II, 171–318.
31 Cfr. Ovidio, *Met.* II, 329–31: «nam pater obductos luctu miserabilis aegro / condiderat vultus: et si modo credimus, unum / isse diem sine sole ferunt»; vv. 381–85: «squalidus interea genitor Phaethontis et expers / ipse sui decoris, qualis, cum deficit orbem, / esse solet, lucemque odit seque ipse diemque / datque animum in luctus et luctibus adicit iram / officiumque negat mundo»; vv. 394–96: «talia dicentem circumstant omnia Solem / numina, neve velit tenebras inducere rebus, / supplice voce rogant».
32 *Ep.* XI, 6.
33 *Ep.* XI, 6.
34 Cfr. Uguccione da Pisa, *Derivationes*, II, p. 86: «archimandrita – te, princeps ovium, nam mandros dicitur ovis, et per translationem dicitur quandoque de pastoribus spiritualibus»; e p. 728: «et per compositionem hic et hec archimandrita – e, idest princeps vel pastor ovium; unde et quadam translatione episcopi, archiepiscopi et etiam sacerdotes dicuntur archimandrite, quasi pastores ovium Christi».

ammantati di ipocrisia, lo trascinano dritto nel precipizio. Ed è precisamente da questo punto di vista che si può, ora, capire quell'accusa che Dante scaglia contro i cardinali di aver congiurato con Demetrio nell'elezione di Alcimo[35] rendendo di nuovo tristemente attuale nell'Europa trecentesca la trama del primo *Libro dei Maccabei*, già devastante per il culto ebraico e la stessa città di Gerusalemme, oggi ancora di più per il culto cristiano e la città di Roma.

1 I due Libri dei Maccabei

Messa in evidenza a fine paragrafo quale vettore tematico, la coppia Alcimo-Demetrio rimanda a *Inf.* XIX, 79–ss. a proposito del simoniaco «pastor senza legge» messo capofitto nel foro nella terza bolgia in cui sono collocate anche altre anime di simoniaci fra i quali la tradizione esegetica dantesca ha ravvisato Clemente V. Mentre lì, a *Inf.* XIX, il papa che trasferì la sede pontificia da Roma ad Avignone viene paragonato a un «Nuovo Iasòn»[36] che, come si racconta nel secondo *Libro dei Maccabei*, fratello del sacerdote legittimo ma allontanato, Onia, si procurò il sommo sacerdozio versando 590 talenti d'argento nelle casse private del re, Antioco Epifane,[37] qui, invece, Dante epistolografo, forse sulla scia di sant'Agostino,[38] allude al primo *Libro dei Maccabei* in cui Alcimo, la cui morte viene raccontata nell'epilogo del medesimo libro poco dopo quella del protagonista eponimo, Giuda Maccabeo, si era macchiato del medesimo crimine. Nell'*Epistola* XI Dante si riferisce, dunque, al modello di corruzione simoniaca inaugurato da Alcimo che, forte del sostegno di tanti "uomini iniqui", aveva comperato per sé il sommo sacerdozio.[39] Stando a tale logica, a sua volta Filippo il Bello è, dunque, un novello Demetrio che, figlio di Seleuco, uccise Antioco per prendersi il regno d'Israele.[40]

---

35 *Ep.* XI, 4: «quod si de prelibato precipitio dubitatur, quid aliud declamando respondeam, nisi quod in Alcimum cum Demetrio consensistis?».
36 *Inf.* XIX, 85.
37 II *Macc.* 4, 7–ss.
38 Cfr. Agostino, *De civitate Dei* XVIII, xlv, 2: «deinde contriti sunt [*scil.* gli ebrei] bellis, quae in *Machabaeorum* libris explicantur. Post haec capti a rege Alexandriae Ptolomaeo, qui est appellatus Epiphanes; inde ab Antiocho rege Syriae multis et gravissimis malis ad idola colenda compulsi, templumque ipsum repletum sacrilegis superstitionibus gentium, quod tamen dux eorum strenuissimus Iudas, qui etiam Machabaeus dictus est, Antiochi ducibus pulsis ab omni illa idolatriae contaminatione mundavit»; XVIII, xlv, 3: «non autem multo post Alcimus quidam per ambitionem, cum a genere sacerdotali esset alienus, quod nefast erat, pontifex factus est».
39 I *Macc.* 7, 5.
40 I *Macc.* 7, 1–5.

Ma chi fu esattamente Giuda Maccabeo e come mai Dante lo onora con l'appellativo imperiale "alto" nel *Paradiso*? L'appellativo, d'altronde, non può essere casuale visto che nella *Commedia* denota indiscutibile nobiltà, come nell'apposizione «alto dottore» usata per Virgilio a *Purg.* XVIII, 2; o nel qualificativo «alto Bellincione» a *Par.* XVI, 99 o, e ancora più significativamente, nell'«alto Arrigo» a *Par.* XVII, 82, quest'ultimo quale luce che compone, assieme alle altre fra cui Carlo Magno, Orlando e Roberto il Guiscardo, il simbolo cristomimetico dell'Aquila.[41] E quale valenza bisognerà ascrivere al fatto che l'«altus» usato per Giuda Maccabeo corrisponde al medesimo uso del termine per l'imperatore Enrico VII testé citato – «l'alto Arrigo» – in un contesto in cui Dante fa esplicito riferimento all'inganno del «pastor sanza legge (...) nuovo Iasón» già citato *supra* proprio dei *Libri dei Maccabei*?[42] Viene da concludere che, quanto meno a livello implicito tramite l'uso del qualificativo imperiale "alto", pare di ravvisare un legame fra Giuda Maccabeo e Enrico VII che l'autore non è disposto a esplicare ulteriormente.

Intanto nel primo *Libro dei Maccabei*[43] si apprende che Mattatia aveva generato cinque figli maschi, il primo Giovanni detto Gaddi, il secondo Simone detto Tassi, il terzo Giuda detto Maccabeo, il quarto Eleazaro detto Abaran e il quinto Gionata detto Affus, tutti nomi ebraici ai quali la tradizione, senza fondamento né filologico né storico, eccezion fatta per il solo nome Giuda che san Girolamo spiega senza, però, dedicare spazio specifico ai *Libri dei Maccabei*, ha attribuito i rispettivi significati di 'mia felicità', 'soccorritore', 'il designato da Jahve' o 'il martello', 'lo sveglio, e 'il favorito'. Sotto Antioco Epifane, discendente del re designato due secoli prima da Alessandro Magno, Giuda

---

[41] *Par.* XVIII, 40–42: «e al nome de l'alto Macabeo / vidi muoversi un altro roteando, / e letizia era ferza del paleo». Per come le gesta di Giuda Maccabeo fossero assurte nel medioevo a emblema del *miles-martyr* che combatte e muore per la fede, cfr. Sarolli, *Maccabei*. Si noti che l'appellativo "altus" non compare nei *Libri dei Maccabei* se non come riferimento a mura a *I Macc.* 4, 60; a un edificio a *I Macc.* 13, 27; a una cisterna d'acqua a *II Macc.* 1, 19; e al largo di una distesa d'acqua a *II Macc.* 12, 4, dunque mai in riferimento a Giuda o altra persona. Per i vari usi in Dante dell'appellativo "alto", cfr. Consoli, *Alto*.

[42] Cfr. *Inf.* XIX, 82–87: «ché dopo lui verrà di più laida opra, / di ver' ponente, un pastor sanza legge, / tal che convien che lui e me ricuopra. / Nuovo Iasón sarà, di cui si legge / ne' Maccabei; e come a quel fu molle / suo re, così fia lui chi Francia regge».

[43] *I Macc.* 2, 2–5. Per Giuda Maccabeo = "martello" in san Girolamo, cfr. Girolamo, *Nom. hebr.*, col. 862: «Maacha, molitus, sive confractus»; coll. 865–66: «Maacha, percutiens, sive percussa». Per una discussione dell'assenza di spiegazioni per i nomignoli dei figli di Mattatia ma con una proposta storica per il solo Giuda, ovvero, il lemma ebraico *makkebet* (martello) quale radice del nomignolo *Macchabeus*, cfr. *The Oxford Bible Commentary*, pp. 711–50, a p. 715.

"martello" viene, dunque, designato dal padre[44] a organizzare la rivolta nazionale ebraica contro l'imposizione della cultura e del dominio ellenistici a Gerusalemme, vale a dire, l'imposizione di un culto essenzialmente straniero e assai distante dai valori tradizionali ebraici. In piena linea con l'incipit dell'*Ep*. XI di Dante, Gerusalemme viene definita un «desertum»[45] e Giuda Maccabeo stesso, figlio di Gerusalemme, un esule designato a sua volta quale «salvator Israhel»[46] con il preciso scopo di restaurarla. Giuda Maccabeo, ingiustamente esiliato, dunque, è povero, vestito di cenci e penitente ma, proprio per questo, potente e protetto da Dio[47] tanto da essere sempre in grado, pur sotto numero con il proprio esercito, di sbaragliare il nemico.[48]

Dal momento che fu lo stesso Alcimo – il dettato veterotestamentario per Alcimo è «impiu[s]»[49] mentre per Giasone è «impius et falsus»,[50] come sopra Fetonte (ovvero i cardinali) è «falsus» – a convincere Demetrio che a rovinare il paese, seminare scompiglio e ammazzare gli amici del nuovo re sia stato proprio Giuda Maccabeo, figlio di Mattatia,[51] la coppia Alcimo-Demetrio stabilisce, sempre a livello implicito, un certo qual parallelismo anche fra Giuda Maccabeo e il nuovo autodesignato eroe del momento, il salvatore prescelto, Dante stesso. D'altronde anche Dante viene accusato ed esiliato ingiustamente, anch'egli si erge a martellatore, pur solo a parole s'intende, e Dante stesso vede nella contemporaneità «omnia mala quae fecit Alchimus et qui cum eo erant in filios Israel plus multo quam gentes».[52] Inoltre il parallelismo si estende dallo scenario veterotestamentario anche a quello attuale. Non solo Gerusalemme, dunque Roma per estensione, è un «desertum», ma anche lo stesso Tempio, cuore pulsante del culto ebraico, dunque la stessa Chiesa, è stato abbandonato. L'altare è stato profanato; le porte sono state divelte; ci sono erbacce e cespugli che

---

[44] *I Macc.* 2, 66: «et Iudas Macchabeus fortis viribus a iuventute sua sit vobis princeps militiae et ipse aget bellum populi»; *I Macc.* 3, 1–2: «et surrexit Iudas qui vocabatur Macchabeus filius eius [*scil.* di Mattatia] pro eo et adiuvabant eum omnes fratres eius et universi qui se coniunxerant patri eius et proeliabantur proelium Israhel cum laetitia».
[45] *I Macc.* 3, 45.
[46] Cfr. *I Macc.* 4, 11: «et scient omnes gentes quia est qui redimat et liberet Israhel»; *I Macc.* 4, 30: «benedictus es salvator Israhel qui contrivisti impetum potentis in manu servi tui David».
[47] *I Macc.* 3, 47: «et ieiunaverunt illa die et induerant se ciliciis et cinerem imposuerunt capiti suo et disciderunt vestimenta sua».
[48] *I Macc.* 4, 6–15.
[49] *I Macc.* 7, 9.
[50] *II Macc.* 4, 13; *II Macc.* 4, 19; cfr. Agostino, *De civitate Dei* XVIII, xlv, 2: «hostias sane Alexander immolavit in Dei templo, non ad eius cultum vera pietate conversus, sed impia vanitate cum diis eum falsis colendum putans».
[51] *I Macc.* 7, 6; 7, 25.
[52] *I Macc.* 7, 23.

crescono nelle sale principali come fossero un prato o un fondo valle di montagna; e i *pastophoria*, ovvero le camere per i sacerdoti o casse per il tesoro, sono stati completamente distrutti.[53]

Se il parallelismo fra Giuda Maccabeo e Dante è corretto, allora come Giuda Maccabeo, che elesse certi sacerdoti senza peccato e con la propria volontà bene ancorata nella Legge per purificare il santuario il venticinquesimo giorno del nono mese, detto Casleu o Kislev (dicembre), dell'anno 148 a.C.,[54] festa che gli ebrei chiamano ancora oggi Hanucca, festa della Ridedicazione o Riconsacrazione, sembrerebbe di poter concludere che con l'*Ep*. XI anche Dante voglia trovare certi sacerdoti immacolati che abbiano ancora a cuore il ripristino della sede principale di culto, la restaurazione di Roma.

Dante, poi, figlio putativo di Roma nel senso adombrato sopra come Brunetto Latini gli aveva insegnato,[55] alla stessa stregua della tradizione storiografica romana che interpretava ogni alleanza con Roma positiva e ogni azione contro Roma come un tradimento non solo moralmente ma anche antropologicamente esecrabile, interpreta positivamente l'episodio chiave che l'anonimo estensore dei *Libri dei Maccabei* inserisce fra le gesta di Giuda Maccabeo, quello appunto degli accordi stretti con Roma.[56] Ebbene, in tale luce, se Demetrio, nel racconto veterotestamentario, era scappato da Roma per impossessarsi illegittimamente, addirittura dietro regicidio, del regno d'Israele, Giuda il Maccabeo, invece, stringe un'alleanza con il senato romano contro i nemici del popolo romano, ovvero, Demetrio stesso e il suo sommo sacerdote connivente, Alcimo, riscotendo, dunque, la duplice approvazione di Dante. È vero che Giuda stesso morì in battaglia e che gli "iniqui" s'impossessarono di tutto Israele, ma la volontà divina si abbatté su questi ultimi mandando loro una carestia che non si ricordava a memoria d'uomo. Lo stesso Alcimo, intento a demolire il muro del cortile interno del Tempio e l'opera dei profeti, ebbe un ictus morendone da lì a poco fra atroci dolori, ictus rappresentato significativamente con lo stesso verbo, «percussus est», che presumibilmente stava alla radice del nomignolo di Giuda, almeno per san Girolamo, e forse per gli stessi ebrei, «Maacha, percutiens, sive percussa».[57] La fine di Alcimo era segnata:

---

[53] *I Macc.* 4, 38: «et viderunt sanctificationem desertam et altare profanatum et portas exustas et in atriis virgulta nata sicut in saltu vel in uno ex montibus, et pastophoria diruta».
[54] Cfr. *II Macc.* 10, 1–8.
[55] Cfr. di nuovo *supra*, nota 9.
[56] Per un episodio del tutto analogo raccontato da Livio ma interpretato da Petrarca, cfr. Liv. 39, 47, 10 e Lokaj, *De sotio*, p. 60.
[57] Cfr. ancora n. 43.

inpedita sunt opera illius et obclusum est os eius et dissolutus est paralysin nec ultra loqui potuit verbum et mandare de domo sua. Et mortuus est Alchimus in tempore illo cum tormento magno.[58]

Nel parallelismo che Dante tesse nell'*Ep*. XI fra la fine del regno illegittimo, cioè falso, di Demetrio e Alcimo, da una parte, e, dall'altra, la cattività avignonese, bisogna cogliere un'implicita profezia? Alludendo, come sopra si è constatato, alla morte di Clemente V che sarebbe arrivato per spingere più giù nel foro della terza bolgia di cui a *Inf*. XIX i due papi precedenti, Niccolò III e Bonifacio VIII, Dante a quell'altezza cronologica non poteva prevedere come sarebbe avvenuta la morte dell'allora pontefice. Ora, però, nel 1314-16, Clemente V è morto da poco e Dante sa che non è avvenuto per ictus. Fu Bonifacio VIII, invece, a morire, secondo Dino Compagni, «ferito nella testa».[59] Dante fu in qualche modo suggestionato dalla morte di Bonifacio pensando a quella di Clemente? Non è ovviamente dato saperlo.

Tuttavia, altri parallelismi ben più precisi suggeriscono a Dante non solo il rapporto Clemente V-Alcimo, ma la stessa orditura dell'*Ep*. XI. Intanto sia Bertrand de Got sia Alcimo comprano il sommo sacerdozio, il primo da Filippo il Bello il secondo appunto da Demetrio. Giovanni Villani narra addirittura di un abboccamento segreto fra i due francesi presso Bordeaux nella foresta di St. Jean d'Angély per stipulare il "contratto".[60] E se Alcimo muore di ictus, la morte, invece, avvenuta verosimilmente per tumore intestinale, di Clemente V, preoccupato, quasi ossessionato, dal proprio stato di salute durante quasi tutto il suo pontificato, fornisce d'altronde l'occasione alla nostra epistola. Ma nel fatto che Alcimo, una volta diventato sommo sacerdote, abbia saccheggiato e contaminato il Tempio disperdendone i sacerdoti che gli si opponevano, non potremmo vedere un'allusione non solo alla città di Roma, ora abbandonata dal papato e vilipesa dai francesi, ma anche al Tempio stesso, non quello giudaico sotto l'ellenismo ma quello cristiano a Gerusalemme, saccheggiato in tempi molto più recenti (1307), i cui sacerdoti, ovvero, i Templari, erano stati avviliti e dispersi contemporaneamente? Certamente una tale allusione, già lumeggiata dalla critica,[61] potrebbe accendere intuizioni in grado di alimentare a loro volta allusioni ad altri tipi ancora di corruzione e collusione nel regno di Francia, ma atteniamoci strettamente al dettato della lettera.

---

58 *I Macc.* 9, 55-56.
59 Compagni, *Cronica*, p. 85: «il Papa era preso in Alagna; e sanza fare alcuna difesa o scusa, fu menato a Roma, ove fu ferito nella testa, e dopo alcuni dì arrabbiato si morì».
60 Villani, *Cronica*, VIII 80, p. 149 (cit. in Paravicini Bagliani, *Clemente V*).
61 Paravicini Bagliani, *Clemente V*, p. 506; cfr. *Ep*. (Villa), pp. 1562-63.

Ben più concreta, infatti, è la suggestione della possibile influenza di un episodio avvenuto all'inizio del pontificato di Clemente V sul prosieguo dell'*Ep.* XI. Dopo essere stato informato dell'esito della propria elezione avvenuta a Perugia nel 1305, mentre l'interessato si trovava in Francia a fare una visita pastorale, il neo-eletto Clemente V allestisce immediatamente un corteo trionfale. Il fatto è emblematico in quanto a un certo punto del corteo un segmento di muro della città di Lione si stacca crollando sopra la processione pontificia. Muoiono diversi personaggi importanti fra cui il conte di Bretagna, mentre il neo-eletto papa viene sbalzato dalla sua cavalcatura perdendo la tiara da cui si stacca un enorme rubino che si teme poi perduto. Naturalmente il popolino che assiste inorridito allo spettacolo interpreta l'avvenimento come un cattivo presagio,[62] ma il tutto è stranamente vicino alla scena che segue nell'epistola di Dante, ovvero l'accusa di *presumptio* che la tradizione aveva addossato a Oza, un laico che osò appunto por mano all'Arca dell'Alleanza quando, durante il corteo organizzato da Davide, i buoi rischiavano di trascinarla fuori strada e dunque di rovesciarla, disperdendone i preziosi contenuti.[63] A prescindere dal parallelismo che Dante stesso tesse fra sé e l'audace e non del tutto vituperabile Oza, nome ebraico, d'altronde, che san Girolamo spiega del tutto positivamente nel senso di «robustus Domini»,[64] sembrerebbe che l'associazione di idee che Dante ha, da una parte, fra il pontificato di Clemente V, non tanto per come era terminato quanto, invece, per com'era iniziato, e, dall'altra, l'Arca dell'Alleanza decisamente traballante ora in terra di Francia, gli suggerisca come proseguire nella composizione dell'*Epistola* ai cardinali.

2 Il catalogo patristico

Nell'orditura dell'*Epistola*, subito dopo il parallelismo fra sé e Oza, il cui reato Dante dichiara di non voler replicare, laico com'è anch'egli, bensì rettificare intervenendo non sull'Arca direttamente, compito di Cristo medesimo,[65] ma sui

---

[62] Per le fonti storiche e relativa bibliografia critica inerenti al corteo trionfale e relativo crollo del muro, cfr. Menache, *Clement V*, p. 17.

[63] Cfr. *II Reg.* 6, 3–8. Su tale «presumptio», cfr. *Ep.* (Baglio), p. 203. Può essere stato suggestivo per Dante constatare che la forma di *Oza* presso i LXX (per cui si veda Girolamo, *Nom. hebr.*, col. 866) è «Osa», nome-programma, dunque, di colui che osò troppo.

[64] Cfr. Girolamo, *Nom. hebr.*, col. 866. Per il parallelismo fra Dante e Oza, cfr. Hollander, *Dante as Uzzah?*; Menzinger, *Dante, la Bibbia*.

[65] Per l'allusione a Cristo a *Ep.* XI, 5 («ille ad arcam proficiat qui salutiferos oculos ad naviculam fluctuantem aperuit»), cfr. *Mt.* 8, 23; *Mc.* 4, 36; *Lc.* 8, 22; *Ep.* VI, 1.

buoi, ovvero i cardinali, che la trascinano fuori strada, falsi anche qui come archimandriti, l'epistolografo introduce un catalogo anaforico di grande rilievo. Dopo la taccia che Dante scaglia drammaticamente contro tutti i cardinali in generale, e ironicamente contro il cardinale Gherardino Malaspina (o Luca Fieschi) in particolare,[66] di essere dediti unicamente alla cupidigia e alla lussuria, il catalogo si presenta come segue:

> Iacet Gregorius tuus in telis aranearum; Iacet Ambrosius in neglectis clericorum latibulis; Iacet Augustinus abiectus, Dionysius, Damascenus et Beda; et nescio quod "Speculum", Innocentium et Ostiensem declamant. Cur non? Illi Deum querebant, ut finem et optimum; isti census et beneficia consecuntur.[67]

Il catalogo, Gregorio, Ambrogio, Agostino, Dionigi l'Areopagita, Giovanni Damasceno e Beda il Venerabile, andrà sicuramente letto sotto il tema dell'abbandono non solo della città di Roma ma di tutto il sapere teologico, di «letture sacre neglette».[68] Ma Dante volle semplicemente denunciare tale abbandono, cosa comunque in sé della massima importanza, o l'uomo laico, qual era, offrì tale catalogo anche per introdurre o rafforzare più sottilmente altri filoni già affrontati nell'*Epistola*? Lasciamo che sia l'orditura stessa dell'*Epistola* ad aiutarci. Intanto quel «tuus», successivo a Gregorio, con la «connotazione sponsale simile a quella di *Par*. IX, 1 («da poi che Carlo tuo, bella Clemenza»),[69] apre sì il catalogo ma segna già una *cæsura* netta fra i primi sei nomi e gli ultimi tre designati con il dispregiativo «isti», vale a dire, i decretalisti Guglielmo Durante, francese, Innocenzo IV, genovese, e il canonista vescovo di Ostia, detto pertanto antonomasticamente l'Ostiense, Enrico da Susa. Mentre i primi sei uomini avevano contribuito a costruire un mondo cristiano e a renderlo grande, gli ultimi tre, invece, almeno dell'ottica del Dante autore sia di *Par*. XII sia di *Mon*. III, iii, 9, l'avevano corrotto e ridotto ai minimi termini.

Ma c'è di più. Perché in quella sequenza anaforica «Iacet (...) Iacet (...) Iacet», che ricorda il «legant (...) legant (...) legant» dell'*Ep*. XIII, 28,[70] alla luce del Pluteo 29.08 della Laurenziana si vede palesemente come la *i* del verbo *Iacet* sia maiuscola in tutte e tre le occorrenze? Plausibilmente sulla scia della reazio-

---

66 Per la nota ironica e l'identificazione del cardinale di cui a *Ep*. XI, 7 («preter Lunensem pontificem»), cfr. *Ep*. (Villa), pp. 1484 e 1561, nonché *Ep*. (Baglio), p. 206, che propongono il Malaspina. Per una discussione, invece, della candidatura di Luca Fieschi, cfr. Villa, *Dante fra due conclavi*, pp. 16–18.
67 *Ep*. XI, 7.
68 Cfr. *Ep*. (Baglio), p. 206.
69 Cfr. *Ep*. (Baglio), p. 207.
70 Cfr. *Ep*. XIII, 28, cit. in *Ep*. (Baglio), p. 206.

ne scandalizzata del Witte per la "generale trascuratezza" dimostrata nella trascrizione da parte di Boccaccio, l'elemento paragrafematico in oggetto non fu riportato né da Arsenio Frugoni né dai successivi editori.[71] Ma, visto che è l'unico caso in tutta l'epistola di un uso sistematico di lettere maiuscole, non potrebbe essere, piuttosto, non frutto di trascuratezza bensì marchio o segnalazione boccaccesca, e con ben altra pregnanza, di una ancor maggiore letterarietà? Di Dante o di Boccaccio o di entrambi non lo sapremo mai, ma comunque rimane il fatto che l'anafora in sé, con o senza le maiuscole, sembrerebbe segnalare un locus dettato dall'*ars dictaminis*, vale a dire, un innalzamento dello stile che diventa quasi di fatto semi–biblico. Ma perché Dante vi tesse, poi, quelle frasi qualificatrici «Gregorius tuus in telis aranearum»; «Ambrosius in neglectis clericorum latibulis»; «Augustinus abiectus»? E perché, inoltre, la seconda triade, Dionysius, Damascenus et Beda, rimane senza qualificazione alcuna?

Baglio ci ricorda che Gregorio Magno, Ambrogio e Agostino furono proclamati dottori della Chiesa nel 1298,[72] Dante ancora in Firenze, ma perché, *in ultimis*, presentare i primi tre padri della Chiesa latina fuori ordine? L'ordine cronologico stesso costituisce una specie di canone e sta di fatto che quel canone è effettivamente rispettato nel catalogo successivo: «Dionysius, Damascenus et Beda». Di norma avremmo dovuto leggere Ambrogio, Agostino, Girolamo e Gregorio, ma invece si ha «Gregorius (...) Ambrosius (...) Augustinus». Possibile, come le maiuscole, che anche il catalogo incompleto e fuori ordine cronologico sia una specie di marchio, una segnalazione o addirittura un invito a porvi un'attenzione particolare? Va detto pure che il grande assente qui è ovviamente san Girolamo, sulla qual cosa bisognerà riflettere, come bisognerà riflettere se e come eventualmente Dante tenesse ironicamente presente lo *Speculum* di Guglielmo Durante e il commento di Innocenzo IV ai cinque libri delle Decretali di Gregorio IX e alle opere del cardinale Ostiense, Enrico da Susa.

Già Pastore Stocchi aveva indicato Gregorio Magno fra le possibili fonti dirette di Dante per la composizione dell'epistola, e specificatamente di quell'«apostate Potestates» del terzo capitolo, così emendato da Pistelli, emendato a sua volta da Claudia Villa in «apostatice potentes»,[73] e della frase al capitolo quarto «ipsum una vobiscum ad precipitium traduxistis». Stando, però, esclusivamente al dettato dell'epistola, la studiata letterarietà del periodo al capitolo settimo desta sospetti, invita, anzi, a soffermarsi a riflettere estendendo l'intuizione sagace di Pastore Stocchi anche al luogo in oggetto. Così facendo si scopre subito infatti come quei sintagmi messi dopo i primi tre padri del catalogo – «in telis

---

71 Cfr. la discussione *ad loc*. in Petoletti, *Boccaccio editore*.
72 Cfr. Petoletti, *Boccaccio editore*, p. 206.
73 *Ep*. (Pastore Stocchi), pp. 79–80.

aranearum», «in neglectis clericorum latibulis», «abiectus» – non siano soltanto descrittori succintamente riassuntivi dello stato di abbandono in cui versano i Padri testé elencati, bensì vettori culti indicativi a loro volta di luoghi patristici ben precisi, vettori tematici, dunque, verso la corretta esegesi di questa sezione dell'epistola.

3 San Gregorio Magno: *in telis aranearum*

Come insegnava l'insuperato Krautheimer, san Gregorio Magno costituisce uno spartiacque di indiscutibile importanza nel passaggio fra mondo antico e mondo medievale.[74] L'ultimo vescovo della grande stagione della Roma antica oramai cristianizzata diventa il primo papa "medievale" proprio in quanto eredita una città abbandonata effettivamente da Bisanzio, costretta a pagare lei stessa il proprio esercito, sfamare il popolo già allo stremo, ricostruire e mantenere una parvenza di infrastruttura ed edifici pubblici, dialogare direttamente con i longobardi costantemente alle porte, evitare, o quanto meno rallentare, insomma l'annientamento che sembrava oramai ineludibile.[75]

A descrivere la fine della grande epoca antica spesso si cita un periodo di un'omelia rimasta emblematica di Gregorio, ovvero, «ubique mors, ubique luctus, ubique desolatio, undique percutimur, undique amaritudinibus replemur»,[76] con o senza ricorso a un'epistola di san Girolamo che descrive la medesima situazione a Roma di squallore generalizzato, ovvero, «auratum squalet Capitolium, fuligine et aranearum telis omnia Romae templa cooperta sunt».[77] È vero che anche san Girolamo si avvale della metafora della ragnatela sulla scia di luoghi veterotestamentari ben noti, ma tematicamente piuttosto lontani dal nostro locus dantesco,[78] tuttavia per il sintagma «in telis aranearum» Dante non cita, o non cita direttamente, san Girolamo, grande traduttore della Bibbia sì, istruito a Roma sì, ma di origine dalmata. Dante cita, invece, il romanissimo

---

74 Cfr. Krautheimer, *The Times*, p. 59.
75 Krautheimer, *The Times*, passim.
76 Gregorio, *Hom.* 28 (= PL 76), col. 1212.
77 Girolamo, *Ep.* 107, I, 4, cit. in *Ep.* (Baglio), pp. 206–207.
78 Cfr. la ragnatela quale simbolo di vane speranze a *Iob* 8, 14: «non ei placebit vecordia sua et sicut tela aranearum fiducia eius»; di significato oscuro, ma forse il più avvicinabile fra i tre al locus dantesco, a *Is.* 59, 5: «ova aspidum ruperunt et telas araneae texuerunt»; e di idolatria a *Os.* 8, 6: «quia ex Israhel et ipse est artifex fecit illum et non est Deus quoniam in aranearum telas erit vitulus Samariae», cit. in *Ep.* (Baglio) a pp. 206–207 e così discussi in *The Oxford Bible Commentary*, rispettivamente alle pp. 338, 480, 575.

Gregorio, il quale non ricorse mai alla ragnatela quale metafora con la stessa valenza dei luoghi veterotestamentari testé citati se non in un solo contesto che riguarda non la morte di una città o il suo abbandono, e neanche la trascuratezza degli studi, bensì l'ipocrisia. Siamo verso la fine dei *Moralia in Iob* laddove l'autore vuole parlare dei falsi profeti, di coloro che si auto-procurano ferite e un aspetto trascurato solo per farsi considerare uomini santi. Ma sono ipocriti. La rete di intrighi che tessono questi ipocriti è simile a una ragnatela tesa a catturare la gloria. Certo, non appena cambia il vento dei favori umani la ragnatela può spezzarsi perché gli ipocriti non cercano la lode del Creatore bensì i beni temporali, i quali sono transeunti e fragili. E lungi dall'abbandonare gli studi, gli ipocriti sono ben fondati nella scienza della legge divina, attendono all'insegnamento della dottrina, rinforzano tutto ciò che proferiscono con citazioni autorevoli. Presi come sono dalla cupidigia, con il cuore dunque freddo che cerca solo il plauso, non importa loro dell'anima degli ascoltatori, ma gli ipocriti cercano invece di ammaliarli con artifizi retorici. A loro son riferite le parole di Paolo: «la scienza gonfia, la carità edifica».

> Et sicut tela aranearum fiducia eius. Bene hypocritarum fiducia aranearum telis similis dicitur, quia omne quod ad obtinendam gloriam exsudant ventus vitae mortalis dissipat. Nam quoniam aeterna non quaerunt, bona temporalia cum tempore amittunt. Pensandum quoque est quod fila araneae per ordinem ducunt, quia sua hypocritae quasi sub discretione opera disponunt. Aranearum tela studiose texitur, sed subito flatu dissipatur, quia quicquid hypocrita cum labore peragit aura humani favoris tollit; et dum in appetitu laudis opus deficit quasi in ventum labor evanescit. Saepe namque et usque ad praesentis vitae terminum hypocritarum facta perdurant, sed quia per haec auctoris laudem non quaerunt, bona ante Dei oculos numquam fuerunt. Plerumque enim ut praediximus, sacrae legis eruditione fulciuntur, doctrinae verba proferunt, omne quod sentiunt testimoniis accingunt, nec tamen per haec vitam audientium sed proprios favores quaerunt, quia nec proferre alia noverunt nisi quae auditorum corda ad rependendas laudes excutiant, non autem ad lacrimas accendant. Mens quippe concupiscentiis exterioribus occupata igne divini amoris non calet: et idcirco ad supernum desiderium inflammare auditores suos nequeunt verba, qua frigido corde proferuntur. Neque enim res quae in se ipsa non arserit aliud accendit. Unde fit plerumque ut hypocritarum dicta et audientes non erudiant, et eosdem ipsos qui se proferunt elatos laudibus deteriores reddant. Attestante etenim Paulo: *scientia inflat, caritas aedificat*.[79]

Il sintagma che Dante inserisce dopo la menzione nel catalogo di san Gregorio si riferisce ovviamente allo stato in cui versa Roma, abbandonata dai suoi due soli, il papa oramai stabilmente avignonese e Arrigo VII oramai morto (1313). Saremmo nel giusto a pensare che il sintagma si riferisca anche, per estensione ma in modo piuttosto implicito, agli stessi cardinali destinatari dell'epistola?

---

[79] Cfr. *I Cor.* 8, 1; Gregorio, *Moral.* VIII, xliv, 72.

4 Sant'Ambrogio: *in neglectis clericorum latibulis*

> Qua ratione igitur Moyses jurantem Deum inducit? Quia nos usu quodam mortalium claudimur, et velut echini cortice quodam nos vulgaris opinionis involvimus, aut velut cochleae quae nisi intra testae operimentum sint, spirare non possunt, nec aerem liberum carpere aut sustinere: sic nos non nisi intra quaedam humanae consuetudinis <u>latibula</u> terrena versamur. Unde quia illud verius solemus credere, quod jurejurando firmatur; ne nostra claudicet fides, jurare describitur Deus qui ipse non jurat, sed jurantium judex, et <u>ultor</u> est pejerantium. Denique scriptum est; Juravit Dominus, et non poenitebit eum: <u>Tu es sacerdos in aeternum</u> (Ps. CIX, 4).[80] Servavit utique quod juravit, dedit nobis aeternum principem sacerdotum; ut quia per eum juras qui non mentitur, scias eum futurum, si mentiaris, <u>ultorem</u>.[81]

Si vede che la fonte dalla quale Dante potrebbe avere estrapolato il sintagma-ipallage «in neglectis clericorum latibulis»[82] non indica soltanto che il sapere teologico e antropologico di matrice ambrosiana sia trascurato, come se lo stesso sant'Ambrogio, in un'epoca fra l'altro non ancora contrassegnata dal monachesimo eremitico, si fosse drammaticamente ritirato dalla città di Milano rintanandosi invece in un eremo abbandonato. La fonte si costituisce, invece, e con ben altra pregnanza, quale invito a rispettare i *vota* già solennemente pronunciati davanti alla Sposa di Cristo, ovvero, davanti al popolo di Dio rappresentato in terra dalla Chiesa Cattolica Apostolica Romana. Una volta formulati e pronunciati quei voti, si rimane sacerdoti per sempre – «tu es sacerdos in aeternum» – non importa quanto importanti si sia diventati nel frattempo come vescovi, cardinali o addirittura papi. I cardinali si ricordino, dunque, che in caso contrario l'eterno principe dei sacerdoti, ovvero Cristo stesso, è pronto a vendicarsi, a esigere vendetta, cioè, quale *ultor* o *veltro*, sugli sventurati che dovessero macchiarsi di spergiuro.

5 Sant'Agostino: *abiectus*

Ovviamente qui è difficile applicare lo stesso metodo del caso di san Gregorio Magno e sant'Ambrogio. Qui se di citazione si tratta, è la classica ricerca dell'ago nel pagliaio, e senza alcuna reale certezza che la lectio sia giusta considerando che lo stesso Boccaccio, nel suo zibaldone, trascrisse non «*abiectus*», correzio-

---

[80] Cfr. pure Agostino, *De civitate Dei*, XVII, v.
[81] Cfr. *De Cain et Abel* (PL XIV tomo I), pars I, 338, AB.
[82] Cfr. *Ep.* XI, 16.

ne introdotta da Witte nel 1827 e accolta da tutti gli editori moderni tranne Claudia Villa,[83] ma «*adiectus*». Con sommo ossequio per l'impostazione seguita dalla Villa, rispettosa della *ratio* e della perizia filologica di Boccaccio, a suffragare, invece, l'*abiectus* di Witte, bisogna pur constatare che in tutto il corpus agostiniano pochissime sono le attestazioni dell'uso di esiti del verbo *adicio*. I pochi casi si trovano in *Enarrationes in psalmos*, *Gesta collationis Carthaginiensis*, *Quaestiones in Leviticum*, *Enchiridion de Fide*, e *Spe et Charitate liber unus*, e quasi sempre in riferimento a leggi e provvedimenti, mai a persone. È inoltre fortemente significativo che tali esiti non vengano usati affatto nel *De doctrina Christiana*. A differenza del verbo *adicere*, gli esiti del verbo *abicere* fanno parte, invece, del normale *usus scribendi* di Agostino e compaiono quasi sempre in contesti in cui il vescovo d'Ippona cerca di invitare i suoi fedeli a restare saldamente attaccati alla fede in Dio. Si ponga mente ai seguenti loci agostiniani:

> *Enarratio in psalm.* 32, 2:
> Quod est, *in omni tempore;* hoc est, *semper:* et quod est, *benedicam;* hoc est, *laus eius in ore meo*. Omni tempore et semper, sive in prosperis sive in adversis. Nam si in prosperis et non in adversis, quomodo omni tempore, quomodo semper? et audivimus multas multorum tales voces: quando illis provenit aliqua felicitas, exsultant, gaudent, cantant Deo, laudant Deum; non sunt improbandi, imo gaudendum est illis, quia multi nec tunc. Sed isti qui iam Deum laudare ex prosperitatis parte coeperunt, docendi sunt patrem agnoscere et flagellantem, nec murmurare adversus corrigentis manum; ne semper pravi remanentes exhaeredari mereantur, ut facti iam recti, (quid est recti? Ut nihil illis displiceat quod fecerit Deus.) possint et in adversis Deum laudare, et dicere: Dominus dedit, Dominus abstulit; sicut Domino placuit, ita factum est: sit nomen Domini benedictum. Tales rectos decet laudatio, non primo laudaturos, et postea vituperaturos.
> Deum laudat qui eius sequitur voluntatem.
> 4. Ergo iusti recti, exsultate in Domino: quia vos decet laudatio. Nemo dicat: Quis ego iustus, aut quando ego iustus? <u>Nolite vos abicere</u> et desperare de vobis. Homines estis, ad imaginem Dei facti estis: qui vos homines fecit, pro vobis et homo factus est: ut multi filii ad haereditatem sempiternam adoptaremini, sanguis Unici pro vobis effusus est. Si vos vobis terrena fragilitate viluistis, ex pretio vestro vos appendite: quid manducetis, quid bibatis, quo subscribatis Amen, digne cogitate. Numquid hoc vos monemus, ut superbi sitis, et vobis aliquam perfectionem audeatis arrogare? Sed non iterum ab omni iustitia vos putare debetis exules fieri. Nolo enim vos interrogare de iustitia vestra; fortassis enim nemo vestrum mihi audeat respondere: Iustus sum: sed interrogo vos de fide vestra. Sicut nemo vestrum audet dicere: Iustus sum; sic nemo audet dicere: Fidelis non sum.

Il locus agostiniano, vicino tematicamente per certi versi al dantesco «fatti non foste per viver come bruti» (*Inf.* XXVI, 118–20), suggerirebbe che la superbia dei cardinali li porti ad autoconvincersi di essere esenti da qualsivoglia idea di

---

[83] Cfr. *Ep.* (Villa), a pp. 1484, 1561.

giustizia, come se la loro fede non fosse più vincolante. Tuttavia, qui c'è un problema di ordine filologico in quanto nello specifico locus l'uso del verbo "abicere" non sembra sistematico, cioè non sembra dotato di una natura particolarmente emblematica o comunque tale da indurre Dante né a riconoscerlo come cifra specificatamente agostiniana né tanto meno ad avvalersene per l'*Ep.* XI.

Ben altra considerazione, invece, sarebbe il caso in cui l'«abiectus» dantesco fosse più aggettivale che non verbale, come pare Dante stesso lo intendesse stando al «derelitti» di *Par.* IX,[84] da intendersi sì in definitiva come 'dimenticati', ma anche in senso statico come ingiustamente considerati 'piccoli', 'insignificanti', 'ultimi'. Se così fosse, rientrerebbe, non certo come lemma, perché *hapax* nel Dante latino, bensì come tema, anche nell'aura dell'epistola e sarebbe più in linea, pertanto, con il *topos modestiae* che vi compare a più riprese come, per esempio, laddove Dante si qualifica quale pecora «minima» «de ovibus in pascuis Iesu Christi»[85] o si scusa nel tentativo di redarguire i cardinali dal di sotto, «ab infra»[86] o, ancora più significativamente, laddove l'autore si richiama alla tradizione profetica veterotestamentaria, accolta necessariamente anche nel Nuovo Testamento, in virtù della quale sarebbe uscito dalla pur piccola Betlemme un grande leader, l'idea di grandezza, insomma, pur in forma apparentemente insignificante.[87] E sta di fatto che la valenza aggettivale del termine, più di quella verbale, fa parte proprio dell'*usus scribendi* agostiniano, in piena sintonia anche con la restaurazione del Tempio da parte di Giuda Maccabeo, laddove Agostino commenta il salmo 83 evidenziando il desiderio di essere anche il minimo, il più *abiectus* appunto, pur di poter stare dentro il Tabernacolo del Signore.

Ad Enarratio in psalm. 83. De ferventi desiderio justorum ad regnum cœlorum
Quam dilecta tabernacula tua Domine virtutum: concupiscit et deficit anima mea in atria Domini. Cor meum, et caro mea exultaverunt in Deum vivum. Etenim passer invenit sibi

---

[84] Cfr. *Par.* IX, 133–35: «per questo l'Evangelio e i dottor magni / son derelitti, e solo ai Decretali / si studia, sì che pare a' lor vivagni», dove il «derelitti», che traduce l'«abiectus», è ovviamente di natura aggettivale e statica.
[85] *Ep.* XI, 5.
[86] *Ep.* XI, 9. Cfr. *Ep.* (Baglio), *ad loc.*, dove giustamente si suggerisce quale fonte la *Exhortatio humilitatis*; cfr. anche Ledda, *Modelli biblici e identità*, p. 38, e Ledda, *Modelli biblici e profetismo*, p. 74, cit. in *Ep.* (Villa), a p. 1560, che suggerisce, invece, la presunta umiltà di Paolo, «minimus apostolorum» (*I Cor.* 15, 9).
[87] Cfr. *Mic.* 5, 2: «et tu Bethlehem Ephrata parvulus es in milibus Iuda ex te mihi egredietur qui sit dominator in Israhel et egressus ius ab initio a diebus aeternitatis»; *Mt.* 2, 6: «et tu Bethlehem terra Iuda nequaquam minima es in principibus Iuda ex te enim exit dux qui reget populum meum Israhel».

domum: et turtur nidum sibi, ubi ponat pullos suos. Altaria tua Domine virtutum: Rex meus, et Deus meus. Beati, qui habitant in domo tua Domine: in sæcula sæculorum laudabunt te. Beatus vir, cuius est auxilium abs te: ascensiones in corde suo disposuit, in valle lacrymarum in loco, quem posuit. Etenim benedictionem dabit legislator, ibunt de virtute in virtutem: videbitur Deus deorum in Sion. Domine Deus virtutum exaudi orationem meam: auribus percipe Deus Jacob. Protector noster aspice Deus: et respice in faciem Christi tui: Quia melior est dies una in atriis tuis, super millia. <u>Elegi abiectus esse in domo Dei mei: magis quam habitare in tabernaculis peccatorum</u>. Quia misericordiam, et veritatem diligit Deus: gratiam et gloriam dabit Dominus. Non privabit bonis eos, qui ambulant in innocentia. Domine virtutum, beatus homo, qui sperat in te.

Si confronti pure: *De Scriptura Sacra Speculum*: 64 [Ps. 83]:

Beati qui habitant in domo tua, adhuc laudabunt te. Beatus homo cuius fortitudo est in te, semitae in corde eius: transeuntes in valle fletus fontem ponent eam. Benedictionem quoque amicietur doctor: ibunt de fortitudine in fortitudinem; parebunt apud Deum in Sion [83, 5-8]. *Et paulo post:* Quoniam melior est dies in atriis tuis super millia. <u>Elegi abiectus esse in domo Dei mei, magis quam habitare in tabernaculis impietatis</u> [83, 11].

E ancora l'*Enarratio in Psalm*. 83, 15:

<u>Elegi abici in domo Domini, magis quam habitare in tabernaculis peccatorum</u>. Invenit enim iste convallem plorationis, invenit iste humilitatem unde ascendat: scit quia si se extollere voluerit, cadet, si se humiliaverit, erigetur; <u>elegit abici</u>, ut sublevetur. Quam multi praeter tabernaculum hoc torcularis dominici, id est, praeter Ecclesiam catholicam volentes sublimari, et amantes honores suos, nolunt cognoscere veritatem? Si esset illis in corde versus iste: <u>Elegi abici</u> in domo Domini, magis quam habitare in tabernaculis peccatorum; nonne <u>abicerent</u> honores, et currerent ad convallem plorationis, et hinc invenirent ascensus in corde, et hinc irent a virtutibus in virtutem, ponentes spem suam in Christo, non in nescio quo homine? Bona vox, gaudenda vox, eligenda vox: <u>Elegi abici in domo Domini</u>, magis quam habitare in tabernaculis peccatorum. Ipse <u>elegit abici</u> in domo Domini; sed ille qui invitavit ad convivium, eligentem inferiorem locum vocat ad superiorem, et dicit illi: Ascende. Ipse tamen non elegit nisi esse in domo Domini, in quocumque loco, non tamen extra limen.

E, in fine, si confronti: *De civitate Dei* XVII, v, 5:

Quis panis sit in sacerdotio
Quid ergo dicit iste, qui venit adorare sacerdoti Dei et sacerdoti Deo? Iacta me in partem sacerdotii tui, manducare panem. Nolo in patrum meorum collocari honore, qui nullus est; iacta me in partem sacerdotii tui. <u>Elegi enim abiectus esse in domo Dei</u>. qualecumque et quantulumcumque membrum esse cupio sacerdotii tui. Sacerdotium quippe hic ipsam plebem dicit, cuius plebis ille sacerdos est mediator Dei et hominum, homo Christus Iesus. Cui plebi dicit apostolus Petrus: Plebs sancta, regale sacerdotium. Quamvis nonnulli sacrificii tui sint interpretati non sacerdotii tui; quod nihilo minus eumdem significat populum christianum. Unde dicit apostolus Paulus: Unus panis, unum corpus multi sumus. Quod ergo addidit: Manducare panem, etiam ipsum sacrificii genus eleganter expressit,

de quo dicit sacerdos ipse: Panis, quem ego dedero, caro mea est pro saeculi vita. Ipsum est sacrificium; non secundum ordinem Aaron, sed secundum ordinem Melchisedech qui legit, intellegat.

«Chi legge, comprenda». Se di citazione o intertesto si tratta, è assai più probabile, dunque, che Dante, pensando all'*œuvre* di Agostino e in ispecie ai luoghi testé riportati, avesse effettivamente usato «abiectus» e che Boccaccio, intenzionalmente o meno, lo abbia modificato, poi, in «adiectus».

Il sintagma «Augustinus abiectus», dunque, inserito da Dante nei panni di nunzio sacrale auto-preposto davanti al carro dei buoi recalcitranti, novello Nathanael e Giuda martellatore, dove l'insieme dei sintagmi è ben segnalato dall'ordine cronologicamente errato e dalla serie di *I* maiuscole, sarebbe in piena sintonia con la tematica generale dell'epistola, tratto, com'è, anch'esso dalla Patristica come cifra ben riconoscibile, più citazione, dunque, che non semplice descrizione di abbandono. Anzi, quali veri e propri vettori tematici verso contesti patristici ben precisi e dai contenuti a dir poco scottanti, i tre sintagmi «in telis aranearum», «in neglectis clericorum latibulis» e «Augustinus abiectus», ove riconosciuti come tali ovviamente, sembrerebbero svolgere una doppia funzione narrativa, quella più patente quale invito esteso ai cardinali destinatari a riprendere in mano le opere dei Padri, ora neglecti e apparentemente superati dai decretalisti, e quella più recondita, ma con ben altra pregnanza, a farsi un bagno di umiltà ricordandosi il voto espresso davanti alla Sposa di Cristo e disponendosi nuovamente ad accettare non un posto d'onore nella reggia degli empi nemici francesi, ma un posto qualunque, pur minimo e abietto appunto, pur di trovarsi di nuovo nel vero Tabernacolo del Signore, a Roma.

Giuliano Milani
Il punto di non ritorno

Note sull'epistola all'amico fiorentino

Abstracts: L'articolo ripercorre alcuni dei punti più discussi dell'interpretazione dell'Epistola XII "all'amico fiorentino": la datazione, che viene riconfermata al maggio 1315, il destinatario per cui si avanza cautamente l'ipotesi di una vicinanza all'ambiente dei Domenicani di Santa Maria Novella e il clima politico in cui fu scritta, caratterizzato da un ritorno di condizioni più favorevoli al rientro dei Bianchi. Alla luce di queste considerazioni si propone di considerare questa epistola come specialmente legata al compimento della seconda cantica e alla prima circolazione della prima.

The article raise issues concerning the most discussed features of Dante's epistle XII to the "Florentine friend": its date of composition, which is confirmed to be May 1315, its recipient, for whom it is cautiously suggested to take into account the hypothesis of someone close to the Dominican milieu of Santa Maria Novella, and the political context in which it was written, characterized by some favorable conditions for a possible readmission of the Whites. In light of these issues, I propose to consider this epistle as particularly tied to the accomplishment of Dante's second *cantica* and to the first dissemination of the first.

Parole chiave: Dante, Epistola XII, amico fiorentino, Firenze, amnistie, bandi politici, Remigio de' Girolami, *De bono Pacis*.

> *Von einem gewissen Punkt gibt es keine Rückkehr mehr. Dieser Punkt ist zu erreichen.*
> F. Kafka, *Nachgelassene Schriften und Fragmente*, Frankfurt am Main, Fischer, II, 1992, p. 34.

La breve epistola XII all'amico fiorentino testimonia la scelta dantesca di non accettare le condizioni con cui i fuoriusciti erano normalmente riaccolti nelle città che li avevano banditi e dunque di non rientrare a Firenze. Gli editori di solito la dividono in quattro parti. Nella prima, Dante accenna al fatto che si tratta della risposta a una lettera precedente che trattava della possibilità di un

---

Giuliano Milani, Université Paris Est Marne-la-Vallée

suo rientro, annuncia che la risposta sarà diversa rispetto alle attese di alcuni e chiede dunque al destinatario di ponderarla prima di giudicarla.¹ Nella seconda, espone le condizioni del rientro e le giudica inaccettabili.² Nella terza e nella quarta, formula alcune domande retoriche rispondendo alle quali esplicita ulteriormente il suo rifiuto delle condizioni di riammissione e lo sostiene con nuovi argomenti.³

Nelle pagine che seguono analizzerò l'epistola per fare alcune considerazioni su tre questioni ancora più o meno aperte: la datazione, l'identità del destinatario e il significato politico del provvedimento che qui Dante rifiuta. Su questa base concluderò valutando il senso di questa lettera nell'autobiografia del poeta.

1 Il piano del diritto La datazione e il provvedimento di amnistia

Quando è stata scritta l'epistola? Il testo offre due appigli: il riferimento a una distanza di quasi quindici anni dall'inizio dell'esilio di Dante («trilustrium fere perpessus exilium», *Ep.* XII, 5) e quello a un provvedimento ufficiale, un "ordinamento fatto recentemente a Firenze relativo all'assoluzione dei banditi" («or-

---

1 *Ep.* XII, I: «in litteris vestris et reverentia debita et affectione receptis, quam repatriatio mea cure sit vobis et animo, grata mente ac diligenti animadversione concepi; et inde tanto me districtius obligastis, quanto rarius exules invenire amicos contingit. Ad illarum vero significata responsio, etsi non erit qualem forsan pusillanimitas appeteret aliquorum, ut sub examine vestri consilii ante iudicium ventiletur, affectuose deposco».
2 *Ep.* XII, II: «ecce igitur quod per litteras vestri meique nepotis nec non aliorum quamplurium amicorum, significatum est michi per ordinamentum nuper factum Florentie super absolutione bannitorum quod si solvere vellem certam pecunie quantitatem vellemque pati notam oblationis, et absolvi possem et redire ad presens. In quo quidem duo ridenda et male preconsiliata sunt, pater; dico male preconsiliata per illos qui talia expresserunt, nam vestre lettere discretius et consultius clausulate nichil de talibus continebant».
3 *Ep.* XII, III–IV: «estne ista revocatio gratiosa qua Dantes Aligherii revocatur ad patriam, per trilustrium fere perpessus exilium? Hocne meruit innocentia manifesta quibuslibet? hoc sudor et labor continuatus in studio? Absit a viro phylosophie domestico temeraria tantum cordis humilitas, ut more cuiusdam Cioli et aliorum infamium quasi vinctus ipse se patiatur offerri! Absit a viro predicante iustitiam ut perpessus iniurias, iniuriam inferentibus, velut benemerentibus, pecuniam sua solvat! Non est hec via redeundi ad patriam, pater mi; sed si alia per vos ante aut deinde per alios invenitur que fame Dantisque honori non deroget, illam non lentis passibus acceptabo; quod si per nullam talem Florentiam introitur, numquam Florentiam introibo. Quidni? nonne solis astrorumque specula ubique conspiciam? nonne dulcissimas veritates potero speculari ubique sub celo, ni prius inglorium, ymo ignominiosium populo Florentie civitatis me reddam? Quippe nec panis deficiet».

dinamentum nuper factum Florentie super absolutione bannitorum», *Ep.* XII, 3) che prevede due condizioni: l'oblazione («notam oblationis pati») e il pagamento di una certa quantità di danaro («solvere [...] certam pecunie quantitatem», *Ep.* XII, 3).

La "nota", che si potrebbe tradurre come il 'marchio', infamante, dell'oblazione, costituisce un riferimento al rituale, attestato almeno dal 1281,[4] per cui in occasioni speciali i banditi potevano riacquisire la condizione di cittadini se accettavano di indossare paramenti infamanti (una mitra, una veste di sacco, una candela), di recarsi in un luogo di reclusione, e di passare tra due ali di folla fino a raggiungere il battistero di San Giovanni, cioè il luogo in cui ogni sabato santo venivano battezzati i bambini e presentati i servi emancipati. Si trattava di una cerimonia che riecheggiando in positivo il parallelo tra bando e scomunica,[5] richiamava le analogie tra il primo ingresso e il reinserimento nella comunità dei cittadini fedeli. A quanto si può ricavare dagli statuti del 1325, a Firenze le oblazioni avvenivano di solito a Pasqua, a Natale e San Giovanni e riguardavano normalmente un numero fisso di rei (25, 50, 75 o 100) pre-approvati dal consiglio del Popolo.[6]

Come attestano gli statuti, da queste amnistie di solito erano esplicitamente escluse alcune categorie di criminali: gli autori di reati particolarmente violenti, di crimini politici come la ribellione, l'appartenenza al gruppo dei Ghibellini o a quello dei magnati, e dunque, i banditi come Dante. Dalle tracce documentarie di tali provvedimenti veniamo a sapere anche che sistematicamente, per poter fruire dell'amnistia, i banditi dovevano pagare una "certa quantità di danaro" spesso calcolata come quota dell'ammontare del loro bando. Le amnistie dei banditi erano infatti promulgate in momenti di guerra e dunque di necessità finanziaria. Grazie ad esse, almeno nelle intenzioni, si sottraevano forze al nemico e si rimpinguavano al contempo le casse comunali.

Proprio la frequenza di provvedimenti di questo tipo ha costituito un ostacolo per determinare a quale amnistia potesse riferirsi l'epistola XII. Fino alla fine dell'Ottocento si riteneva che l'ordinamento in questione fosse quello emanato il 2 giugno 1316[7] per la buona ragione che si trattava del primo provvedimento attestato nella serie delle *Provvigioni*, cioè i registri di deliberazione dei consigli, compatibile con l'indicazione cronologica dell'epistola XII ("per trilustrium fere perpessus exilium»). Michele Barbi, tuttavia, notò che nel provvedimento di bando che aveva subìto il 6 novembre 1315 Dante era stato definito

---

4 *Le consulte*, I, p. 38; Davidsohn, *Storia di Firenze*, III, p. 246.
5 Milani, *Rovesci della cittadinanza*.
6 Davidsohn, *Storia di Firenze*, IV.I, p. 624.
7 Archivio di Stato di Firenze, *Provvisioni, Registri*, 14, c. 181v.

«ghibellin*us* et rebell*is* Communis et populi civitatis Florentie et status Partis Guelfe». Queste qualifiche rendevano impossibile ritenere che gli amici fiorentini di Dante avessero potuto consigliargli di approfittare di un'amnistia che escludeva proprio «omnes et singuli condemnati et exbanniti, seu condemnati tantum seu exbanniti tantum, pro rebellibus seu tamquam rebelles Comuni Florentie».[8]

Preso da solo questo argomento non era del tutto dirimente. In un'altra occasione, giudicando impossibile che un cittadino fiorentino potesse sedere in due consigli contemporaneamente perché gli statuti lo proibivano, Barbi aveva manifestato eccessiva fiducia nella stretta corrispondenza tra il dettato della norma e la sua applicazione.[9] Nei primi decenni del Trecento, così come la proibizione del cumulo di cariche, anche il divieto di amnistia per banditi politici era stato talvolta disatteso e questi avevano potuto essere riammessi. Barbi tuttavia stavolta coglieva nel segno: esistono infatti altri argomenti, in parte anticipati da lui stesso, per ritenere che l'epistola XII non possa riferirsi al provvedimento del 2 giugno 1316. Se Dante si fosse riferito a un'amnistia promulgata sette mesi dopo il bando che gli era stato comminato il 6 novembre 1315 per aver "spregiato gli ordini e i precetti del vicario" di presentarsi a Firenze, di accettare la pena del confino e di pagare la dovuta garanzia pecuniaria, egli non avrebbe potuto menzionare – come invece fa nell'epistola XII – questi atti come eventi ancora ipotetici, destinati a compiersi in un futuro possibile, sulla base di una sua decisione.

Il bando del 6 novembre 1315 infatti trasformò la condizione di Dante. Prima di quel bando egli era ancora un esule considerato di vecchia data e dunque meno pericoloso, la cui ultima condanna risaliva a 13 anni prima. Benché sin dal principio fosse stato accusato di aver agito contro il comune e la parte guelfa e per questo, come si vedrà, era stato escluso da amnistie precedenti, nel 1313 non era stato schedato dal comune tra i fuoriusciti che si erano schierati con Enrico VII e avevano attivamente mosso guerra a Firenze.[10] L'intervallo temporale e la mancata schedatura erano condizioni che prima del novembre 1315 rendevano possibile se non ragionevole il suo perdono.

Dopo quella data, a causa del nuovo bando, Dante si ritrovò riportato, per così dire, alla casella di partenza, con una nuova condanna a morte e una imputazione gravissima. Il nuovo bando, inoltre, aggiunse al suo nome la menzione dei figli che sino a quel momento avevano vissuto di una condizione giuridicamente più ambigua di quello che normalmente si ritiene, al punto che uno di

---

8 Barbi, *Problemi, Prima serie*, pp. 48–56.
9 Milani, *Dante politico fiorentino*, p. 4.
10 Archivio di Stato di Firenze, *Il Libro del chiodo*, pp. 332–343.

loro, benché maggiorenne, è attestato a Firenze nel 1314.[11] Nulla di questa vera e propria catastrofe che poneva Dante in una situazione per certi versi ancora più grave di quella del 1302 appare nell'epistola XII, che si concentra sul mancato guadagno di un rientro glorioso e non sul danno oggettivo di una condanna avvenuta. È dunque assai più probabile che Dante si riferisca a un provvedimento di assoluzione emanato *prima* della proclamazione del nuovo bando e con ogni probabilità anche prima della minaccia di condanna dell'ottobre immediatamente precedente.[12]

Sulla base di alcuni tra questi argomenti, Barbi si mise alla ricerca di assoluzioni proclamate anteriormente a ottobre-novembre del1315. Dato che la serie delle *Provvigioni* presenta una lacuna per i consigli maggiori tra il 27 marzo 1314 e il 26 febbraio 1315, egli si dovette rivolgere a un'altra serie archivistica, quella dei registri delle *Consulte* (o *libri fabarum*), che riportano appunti preliminari e più succinti delle stesse delibere che nelle *Provvigioni* sono registrate integralmente. Qui Barbi individuò il riferimento a provvedimenti di assoluzione presi dal consiglio dei Cento nel maggio 1315 che con ogni probabilità preparavano l'amnistia per il 24 giugno (festa di San Giovanni) successivo. Nell'appunto relativo al 16 maggio si legge infatti che in quella data si deliberò in favore dei condannati e dei banditi che avessero pagato dodici denari per libra («item provisionem factam in favorem condempnatorum et exbannitorum, solvendo pro qualibet libra den. xij») cioè un ventesimo, il 5%, dell'ammontare relativo al loro bando.[13]

A leggere questo appunto si potrebbe concludere che Dante, la cui condanna del 1302 era stata di 5000 fiorini piccoli, per essere assolto avrebbe dovuto sborsarne 250. In realtà la spesa che Dante avrebbe affrontato sarebbe stata molto più bassa. Un indizio importante è lì a provarlo. L'appunto abbreviato del 1315 andrebbe confrontato con la provvigione intera che, come si è visto, non è giunta sino a noi. Il confronto è tuttavia possibile, come mostrò sempre Barbi, per un provvedimento analogo preso all'inizio del giugno 1316. In questo caso all'appunto nella serie delle *Consulte*, pressoché identico a quello del maggio 1315, corrisponde, in quella delle *Provvigioni*, un testo più ampio che stabilisce che i condannati e/o quanti erano stati banditi fino a quel momento potevano presentarsi fino al 3 giugno pagando 12 denari piccoli, se cittadini, e 6, se comitatini, per ogni lira di fiorini piccoli della loro condanna, anche se tale pena prevedeva la morte o la mutilazione. Lo stesso testo aggiunge che comunque

---

11 *CDD*, p. 301, doc. 168.
12 Che Dante si riferisse a un ordinamento del settembre o ottobre 1315 è l'opinione di Davidsohn, *Storia di Firenze*, III, p. 815, che tuttavia non porta argomenti sufficienti.
13 Barbi, *Problemi, Prima serie*, p. 53.

l'importo finale, al di là di quanto non prevedesse l'originaria condanna, non doveva superare le 50 lire per i cittadini e 25 per i *districtuales*.[14]

Considerando il carattere ripetitivo delle decisioni di questo tipo, ci sono ottime probabilità che nel maggio 1315 si fosse proceduto esattamente nello stesso modo e che dunque Dante si trovò a scegliere se rientrare pagando 50 lire di fiorini, oppure rimanere fuori. Seguendo questo ragionamento l'epistola XII, che contiene la sprezzante risposta a questa alternativa, va dunque datata tra il maggio e l'ottobre 1315.

Il tempo, poi, si può forse restringere ulteriormente considerando che al centro di questo lasso di tempo si colloca la cruciale battaglia di Montecatini, per allestire la quale Firenze aveva di fatto emanato un provvedimento come l'amnistia e che nell'agosto vide le forze fiorentine sconfitte dai Ghibellini comandati da Uguccione della Fagiuola. La mia opinione – che tuttavia ha il difetto di essere basata su un argomento *ex silentio* – è che se Dante avesse potuto far riferimento alla capitolazione di Firenze, difficilmente si sarebbe trattenuto, e che quindi l'epistola vada collocata prima del 29 agosto, data della battaglia.

2 Il piano della società: per un identikit del destinatario

In quel momento, nel comune di Firenze, che subiva già da tempo gli attacchi di Uguccione, il consenso attorno alla signoria di Roberto d'Angiò, installatasi nel 1313, si andava erodendo. Come spiegano in modo concorde Giovanni Villani e Marchionne di Coppo Stefani, andava prendendo piede una fazione antiangioina che raccoglieva alcuni magnati (come Simone della Tosa), alcuni popolani come i Magalotti, quanti non erano inseriti nelle arti maggiori e i Ghibellini rientrati.[15] Questo gruppo aveva ostacolato il governo del vicario angioino Bertrand de Baux che aveva abbandonato la carica dopo solo quattro mesi, proprio nel maggio 1315. La stessa fazione, peraltro, avrebbe prevalso nel comune fino a circa la metà del 1316, sotto le podesterie del bolognese Rolando Galluzzi e dei conti Guido Novello e Guido di Battifolle, anche tramite il governo straordinario del bargello Lando Bicci di Gubbio.[16] Solo dopo il rovesciamento di quest'ultimo la corrente filoangioina (che Giovanni Villani sosteneva) tornò in auge per una lunga fase, fino a circa il 1324.[17]

---

14 Barbi, *Problemi, Prima serie*, pp. 53–54, n. 1.
15 Davidsohn, *Storia di Firenze*, III, p. 837. Villani, *Nuova Cronica*, II, pp. 278–280.
16 Villani, *Nuova Cronica*, II, pp. 282–284.
17 Villani, *Nuova Cronica*, II, pp. 443–444; 450–451.

È molto probabile che se non il destinatario, almeno qualcuno tra gli amici che Dante nell'epistola XII ricorda avergli spedito lettere per avvertirlo della nuova possibilità di rientro, facesse parte di questo gruppo che nel 1315 stava provando a instaurare a Firenze un clima politico meno condizionato dalla parte guelfa e dalla signoria angioina, più favorevole al rientro dei banditi politici. Più difficile, detto questo, è precisarne ulteriormente il profilo.

Una possibile pista che tuttavia, come si vedrà, non porta molto lontano, è stata rinvenuta nel passaggio che segna l'inizio della seconda parte della lettera: «ecce igitur quo per *litteras vestri meique nepotis*» (*Ep.* XII, 3). Come hanno messo in rilievo molti commentatori questa frase potrebbe far riferimento a tre situazioni diverse: a due lettere distinte (una del destinatario e una del nipote di Dante); a una sola lettera (ma menzionata al plurale secondo l'idioma latino *litterae* che può indicare un singolo testo epistolare) di qualcuno che è al tempo stesso nipote del destinatario e di Dante; o ancora, infine, a una o più lettere scritte però da qualcuno che è al tempo stesso destinatario e nipote del poeta.

Nella prima metà del Novecento la seconda e la terza di queste interpretazioni ("la lettera di chi è al tempo stesso vostro e mio nipote", oppure "la lettera di voi, mio nipote") sono state privilegiate. Una possibile ragione di questa fortuna è nel fatto che, rispetto alla prima ("la vostra lettera e quella di mio nipote"), presentavano il vantaggio di fornire un elemento in più per l'identificazione del destinatario: il fatto di avere un nipote in comune con Dante o il fatto di essere egli stesso nipote del poeta.

Seguendo la seconda interpretazione e considerando che Dante qualificava come "pater" il suo destinatario, cosa che, come vedremo più oltre, lasciava ragionevolmente intendere che fosse un religioso, nel 1905 Arnaldo Della Torre si mise sulle tracce di un nipote di Dante che avesse anche uno zio religioso.[18] Tale fu la voglia di trovarlo che lo trovò: si trattava di un nipote acquisito: Nicolò, figlio di Foresino fratello di Gemma Donati, il cui zio Teruccio, altro fratello di Gemma, vivente nel 1315, non sembrava avere figli e portava il soprannome di Baccellieri, elemento quest'ultimo che lasciava ritenere che dovesse essere laureato in teologia ed ecclesiastico. Michele Barbi, tuttavia, contestò questa ricostruzione sulla base di documenti che dimostravano in modo dirimente come Teruccio fosse in realtà sposato e padre di almeno una figlia.[19] Questa scoperta, che smentiva l'esistenza di un nipote di Dante che avesse uno zio ecclesiastico, fu tra i motivi che spinsero Barbi a proporre di emendare il testo in «vestras meique nepotis»[20] e scegliere così, definitivamente, la prima possibilità di interpretazione ("le lettere vostre e di mio nipote").

---

18 Della Torre, *L'epistola all'«amico fiorentino»*.
19 Barbi, *Problemi, Prima serie*, pp. 309–312.
20 Barbi, *Problemi, Prima serie*, pp. 327–328.

Senza mostrare un analogo rigore nelle premesse, Renato Piattoli imitò Barbi nella disinvoltura con cui aveva tradotto le sue ipotesi interpretative in un intervento sul testo. Ben informato che Dante aveva effettivamente avuto un nipote ecclesiastico (il frate minore Bernardo Riccomanni, figlio della sorella Tana), Piattoli adottò la terza interpretazione, si convinse cioè che destinatario e nipote fossero la stessa persona e propose, di conseguenza, un'emendazione ancora più aggressiva e meno giustificata: «vestri mei nepotis» ("la lettera di voi, nipote mio").[21]

Che quest'ultima proposta di intervento fosse troppo onerosa mi pare del tutto evidente. La ricerca recente, tuttavia, ha dimostrato che lo era anche l'altra, quella formulata da Barbi. Nella sua edizione delle epistole,[22] infatti, Manlio Pastore Stocchi ha chiarito come il "vestri" non sia affatto un aggettivo incongruo ma il genitivo del pronome "vos" che Dante usa in questo modo anche altrove.[23] Questa soluzione, come nota l'ultimo commentatore,[24] ha il pregio di lasciare il testo nella forma in cui ci è pervenuto e di mantenere la distinzione tra destinatario e nipote che Barbi aveva stabilito. Occorre dunque assumerla quale punto di partenza per ogni ragionamento. Una volta escluso che si tratti di un parente di Dante è nel resto del testo che andranno cercate le altre caratteristiche che permettano di delinearne il profilo.

Un primo dato, già accennato e direi largamente acquisito, è che Dante chiama questo interlocutore "pater". Ora, dal momento che con questa parola Dante si rivolge al cardinale Nicolò da Prato nell'*Epistola* I,[25] ai cardinali nell'*Epistola* XI[26] e che la usa anche per il pontefice, definito "padre dei padri" nell'epistola VII,[27] è evidente che si tratti di un uomo di Chiesa.

Un secondo dato, che mi pare sia stato meno notato (forse per effetto dell'ipotesi di Piattoli relativa a Bernardo Riccomanni), è che con il destinatario dell'epistola XII Dante usa espressioni di grande solennità che fanno pensare

---

21 Piattoli, *Codice diplomatico dantesco. Aggiunte*, pp. 75–103.
22 *Ep.* (Pastore Stocchi), p. 91.
23 Una conferma di quest'uso di "vestri" da parte di Dante si trova nel paragrafo IV dell'epistola VI: «et si presaga mens mea non fallitur, sic signis veridicis sicut inexpugnabilibus argumentis instructa prenuntians, urbem diutino merore confectam in manus alienorum tradi finaliter, plurima vestri parte seu nece seu captivitate deperdita, perpessuri exilium pauci cum fletu cernetis». *Ep.* (Baglio), p. 147, traduce "la più parte di voi"; *Ep.* (Villa), p. 1459 traduce "la gran parte di voi".
24 *Ep.* (Baglio), p. 219.
25 *Ep.* I, 1: «reverendissimo in Christo patri».
26 *Ep.* XI, 8: «sed, o patres».
27 *Ep.* VII,7 : «vere in paternos ardet ipsa concubitus, dum improba procacitate conatur summi Pontificis, qui Pater est patrum».

che si trattasse di un personaggio dotato di prestigio e influenza. Al principio, infatti, afferma che a lui è dovuta *reverentia*, usando la stessa parola che impiega quando scrive per conto della contessa Gherardesca di Battifolle all'imperatrice Margherita nell'intestazione dell'epistola IX.[28] Alla fine, trattando delle possibili soluzioni alternative a quelle che sono state immaginate, spiega rapidamente in un'ipotetica che esse saranno immaginate prima dal *pater* e poi dagli altri.[29] Sembra di capire, insomma, che la persona in questione sia non solo importante, ma capace di influenzare il governo cittadino. L'amico fiorentino, insomma, non sembra essere un semplice frate, prete o monaco, ma qualcuno che ha voce in capitolo: un religioso di alto livello, vicino al comune al punto da poter proporre una forma di rientro dei fuoriusciti che non preveda pubbliche umiliazioni e pagamento di danaro.

Considerando questo aspetto, il campo si restringe. Una prima possibilità è che si tratti di un personaggio dell'ambiente vescovile, se non addirittura del vescovo stesso, all'epoca Antonio D'Orso. Per quanto, come si vedrà tra breve, alcune considerazioni relative al contesto politico la rendano poco verosimile, questa possibilità merita di essere brevemente presa in considerazione perché in apparenza, ma solo in apparenza, potrebbe contribuire a chiarire un passaggio del testo. È stato infatti osservato, da ultimo da parte di Claudia Villa, come Dante nell'epistola XII, rifiutando il rientro infamante dell'oblazione, alluda a un rientro più glorioso, che ricorda a quello che alcuni anni dopo auspicherà all'inizio del canto XXV del *Paradiso*, una incoronazione trionfale.[30] Il fatto che le oblazioni si svolgevano nello stesso luogo in cui Dante auspica di essere incoronato (il battistero di san Giovanni), il contrasto tra la mitra prevista dal rituale e il "cappello", cioè il segno del riconoscimento della sua opera auspicato da Dante, hanno fatto pensare che egli nel terzo paragrafo stia proponendo al suo destinatario di immaginare un'accoglienza di quel tipo. Tra i modelli che Dante poteva avere in mente per questo tipo di omaggio ci si riferisce spesso a quello offerto dal comune di Padova ad Albertino Mussato, che nel dicembre 1315 vi avrebbe ricevuto l'incoronazione poetica.[31] Ma, benché nel momento in cui scri-

---

28 *Ep.* IX, 1: «serenissime (...) Dei et Imperii gratia largiente comitissa in Tuscia palatina, flexis humiliter genibus reverentie debitum exhebet».
29 *Ep.* XII, 4: «non est hec via redeundi ad patriam, pater mi; sed si alia per vos ante aut deinde per alios invenitur que fame Dantisque honori non deroget». La traduzione suona "non è questa la via, padre mio, per tornare in patria, ma se un'altra prima da voi, quindi da altri si trova, che non deroghi alla fama e all'onore di Dante"; Baglio, come la maggior parte degli editori sceglie di mettere a testo "ante autem", mentre il ms. riporta il solo "autem". Anche lasciando il testo così com'è il senso di priorità del *pater* sugli altri resta intatto.
30 *Ep.* (Villa), p. 1563.
31 «*Moribus antiquis sibi me fecere poetam*».

veva la sua risposta (come si è visto, quasi certamente la primavera precedente) teoricamente Dante potesse essere informato dei preparativi di questa cerimonia, resta il fatto che in quel momento la laurea a Mussato non era stata ancora conferita.

Semmai, un altro personaggio, assai più vicino a Dante, aveva ottenuto da poco una laurea in forma di riconoscimento onorifico. Si tratta di Francesco da Barberino che fu onorato del titolo di dottore da parte del vescovo fiorentino, Antonio d'Orso. Una bolla di Clemente V del 28 marzo 1313 indirizzata ai vescovi di Bologna, Padova e Firenze aveva autorizzato questi tre prelati a conferirgli, previo esame, il titolo di *doctor in utroque iure*. Come mostra un documento dell'8 agosto successivo, Francesco scelse il vescovo di Firenze, con il quale aveva e avrebbe mantenuto un rapporto di grande prossimità, e gli inviò un procuratore con la bolla papale. Quando l'esame e il conferimento ufficiale effettivamente avvennero non è chiaro. Le ipotesi formulate da Claude Cazalé, Catherine Guinbard e recentemente da Antonio Montefusco in un articolo di prossima pubblicazione si attestano tra il 1314 e il 1315.[32] Dante, evidentemente in qualche contatto con Francesco,[33] potrebbe quindi aver pensato a un tipo di onore che ricordava quello dell'autore dei *Documenti d'Amore* che, ipotesi per ipotesi, avrebbe potuto forse intercedere in suo favore presso il presule di cui era già o stava per divenire uno dei più stretti collaboratori.

A questa ipotesi di identificazione dell'"amico fiorentino" con il vescovo Antonio d'Orso, tuttavia, si oppongono motivi molto validi. Antonio veniva da ambienti stabilmente e francamente "neri", era prossimo alle compagnie dei Frescobaldi e dei Velluti, era stato molto vicino a Bonifacio VIII e a Clemente V, dei quali si sarebbe fatto aggiungere gli stemmi sulla tomba, e intorno al 1312 era anche diventato familiare di due sovrani invisi a Dante come Edoardo II e Roberto d'Angiò.[34] Giovanni Villani spiega che a Firenze il vescovo Antonio era stato tra quanti si erano opposti con più forza all'assedio di Enrico VII, mobilitando i cavalli del clero e scendendo direttamente in campo.[35] Nicolò di Butrinto gli attribuisce una professione di fede guelfa direttamente rivolta ai messi dell'imperatore.[36] Pensare che Dante potesse rivolgersi a lui con la complicità che traspare dall'epistola XII costringerebbe a ritenere lo schieramento politico del poeta in esilio assai più incerto di quanto si ritenga attualmente anche da

---

32 Montefusco, *Essere notaio episcopale*.
33 Fenzi, *Ancora a proposito* e Indizio, *Gli argomenti esterni*.
34 Barbavara di Gravellona, *Insegne araldiche*.
35 Villani, *Nuova Cronica*, II, p. 246.
36 Cit. in Davidsohn, *Storia di Firenze*, III, p. 703.

parte di chi ipotizza occasionali contatti con ambienti prossimi al guelfismo nero.[37]

Queste considerazioni portano a rivolgere l'attenzione verso altri religiosi influenti che Dante aveva potuto frequentare a Firenze o negli anni dell'esilio e che condividevano di più le sue frequentazioni e le sue idee. Un personaggio che risponde a questo profilo e che ebbe un rapporto epistolare con Dante è il cardinale Nicolò da Prato. Certo, se altri elementi confermassero questa congettura, il cardinale in questione diventerebbe un vero protagonista della collezione delle epistole dantesche: non solo destinatario della prima e molto vicino all'ambiente della seconda nei primi anni dell'esilio, non solo personaggio per certi versi presupposto dal trittico arrighiano e dai biglietti all'imperatrice (fu lui infatti a incoronare Enrico nel 1312 a Roma), ma anche membro del collegio a cui è destinata la undicesima.[38] Si potrebbe addirittura ragionare sul fatto che proprio a lui possa essere legata una parte della tradizione delle epistole giunte fino a noi.

A questa ipotesi tuttavia ostano altri argomenti, speculari rispetto a quelli che si oppongono all'identificazione con il vescovo Antonio d'Orso. Non solo l'intestazione dell'epistola manca delle formule che sarebbero state appropriate a un cardinale che all'epoca era decano del sacro collegio, ma l'intitolazione (boccacciana?) si riferisce a un amico *fiorentino*, non *pratese*, e come si è visto il tenore fa capire che si tratta di qualcuno che se non fiorentino di nascita lo fosse di residenza, al punto da poter avere un ruolo nell'emanazione di un provvedimento comunale. Alcuni studi recenti su Nicolò portano a ritenere improbabile che nel 1315 fosse a Firenze e impossibile che potesse avere un ascendente sul governo della città in materia di riammissioni.[39]

Gli stessi studi confermano però che nell'agosto di quell'anno Nicolò ricevette epistole dagli esuli fiorentini i quali, dopo la morte dell'imperatore, gli scrissero per rassicurarlo sui sospetti di avvelenamento che gravavano sul confessore di Enrico VI, anche lui domenicano, Bernardino da Montepulciano. Sappiamo che quest'ultimo, dopo la morte di Enrico, era stato accolto a Firenze dove rimase a vivere.[40] E sappiamo anche che altri ecclesiastici che, come Nicolò e Bernardino, avevano visto di buon occhio l'imperatore rimasero nelle sedi dell'ordine domenicano toscane e in particolare nel convento fiorentino di Santa Maria Novella. Tra 1314 e 1318 per esempio risulta priore provinciale dei domenicani Lapo Cerlichi da Prato, che nel 1308–1309 aveva assistito Nicolò da

---

37 Carpi, *L'inferno dei guelfi*, pp. 99–143 e Santagata, *Dante*.
38 *Ep.* (Baglio), p. 192.
39 Cadili, *La diplomazia*, p. 121. Davidsohn, *Storia di Firenze*, III, p. 730.
40 Davidsohn, *Storia di Firenze*, III, p. 749.

Prato nelle trattative relative alla possibile soggezione di Pisa alla Corona d'Aragona e che qualche anno prima, nel 1304, in occasione dell'infruttuoso tentativo di pacificazione di Nicolò, aveva con ogni probabilità conosciuto personalmente Dante facendo da tramite tra il cardinale e i fuoriusciti.[41] Costui potrebbe essere un candidato assai più probabile al ruolo di amico "fiorentino" del poeta.

Secondo numerosi studiosi, tuttavia, in quella stessa occasione, nel maggio-giugno 1304, un altro, più famoso, domenicano, lui sì fiorentino, Remigio de' Girolami,[42] appartenente a una famiglia bianca che era stata duramente colpita dalle esclusioni dei Neri, aveva lavorato presso la corte di Benedetto XI a un trattato volto a favorire la pacificazione tra Firenze e i suoi fuoriusciti.[43] In quel testo, il *De bono pacis*, Remigio aveva fornito numerosi argomenti a favore della possibilità di compiere una pacificazione tra due fazioni che contemplava la reciproca remissione dei debiti, anche in mancanza di un consenso unanime di tutti i loro membri, ecclesiastici inclusi.[44] Emilio Panella ha giustamente visto dietro questa formulazione generale e teorica la concreta volontà di offrire ai governanti della Firenze nera e alle reti sociali che li sostenevano un condono sulle acquisizioni di beni ecclesiastici in cambio dell'accettazione del rientro dei Bianchi. Questo ruolo rivestito nella mediazione tra fuoriusciti bianchi e governanti neri, benché svolto undici anni prima, corrisponde bene al profilo di ecclesiastico autorevole e potente che proietta il testo dell'epistola XII.

Sappiamo che nel 1315 Remigio si trovava a Firenze, dove dall'anno precedente ricopriva ormai il ruolo prestigioso e quasi-pubblico di priore di Santa Maria Novella. Proprio negli anni successivi alla morte di Enrico VII, tra 1314 e 1316, egli provvide a sovrintendere la raccolta dei suoi scritti facendoli copiare nel manoscritto che ce li ha trasmessi «con palesi intenti di pubblica utilizzazione».[45] È probabile che anche il *De bono pacis*, che era stato scritto nel 1304, fu dunque trascritto insieme ad altri trattati politici in una temperie che lo rendeva nuovamente attuale. Esso poteva tornare utile nel momento in cui i Bianchi, dopo la fine dell'esperienza enriciana, ricominciavano a tentare il rientro. Tra i tanti, il 16 maggio 1315, cioè nello stesso momento che costituisce il termine

---

41 Cadili, *La diplomazia*.
42 Gentili, *Girolami, Remigio de'*; Carron, *Remigio de' Girolami*.
43 Davis, *L'Italia di Dante*, pp. 201–230.
44 Remigio de' Girolami, *De bono Pacis*, in Panella, *Dal bene comune*, p. 169–183, p. 169: «queritur utrum pro bono pacis et concordie inter civitates et castra et alias comunitates possit fieri remissio iniuriarum et dampnorum illatorum et receptorum per ipsas comunitates ad invicem componentes sine assensu omnium personarum particularium illius civitatis seu comunitatis, immo contra voluntatem aliquarum personarum passarum iniurias et dampna, etiam ecclesiasticarum».
45 Panella, *Un'introduzione alla filosofia*, p. 27.

post quem del provvedimento evocato dall'epistola XII, Giovanni dei Cerchi, guelfo bianco bandito, che aveva accompagnato Napoleone Orsini e Enrico VII, mandò a Firenze suo fratello Filippo che provvide a stipulare una pace con i Donati proprio in vista del suo prossimo rientro.[46]

Si tratta, beninteso, di una ipotesi, ma se ulteriori prove potessero confermare che proprio Remigio fu il destinatario di questa lettera le conseguenze sugli studi danteschi sarebbero, credo, importanti. Al di là della questione dell'influenza di Remigio su Dante e della prossimità o meno delle loro idee politiche in merito a questioni come il bene comune, la pace, l'usura,[47] mi pare utile, sulla scia di studi recenti, tornare a riflettere sull'evidente vicinanza tra le reti sociali e le frequentazioni istituzionali di questi due fiorentini di primo Trecento, nonché sul loro ripetuto collocarsi, magari a distanza ma sostanzialmente dallo stesso lato, nei grandi conflitti che agitavano la città in quegli anni.[48] Questa prossimità permette, credo, di non escludere in linea di principio che Remigio possa essere stato il destinatario dell'epistola XII.

In ogni caso, allo stato attuale delle conoscenze, l'ambiente domenicano fiorentino sembra quello in cui è più promettente continuare a scavare.

3 Il piano della politica: rientri, colpa e fedeltà

I provvedimenti di amnistia varati nel maggio 1315 erano gli ultimi di una lunga serie. Dante lo sapeva bene. Sin dal suo avvicinamento ai consigli fiorentini aveva potuto rendersi conto di come la riammissione di banditi e condannati fosse una parte integrante della politica fiorentina, un argomento abituale nelle discussioni dei consigli. Nel 1300 in qualità di priore aveva egli stesso approvato le richieste di oblazione di alcuni prigionieri, e una di queste richieste, relativa a Neri figlio di quel Gherardino Diedati, che da savio aveva contribuito all'elezione a priore di Dante, aveva forse costituito un capo di incriminazione al momento dell'inchiesta per baratteria che si era svolta nel 1301.[49]

Che nella primavera-estate del 1315 Dante avesse in mente tutto questo lo dimostra una spia testuale significativa nell'epistola XII: quel riferimento a «Ciolo e agli altri infami» (*Ep.* XII, 6) che, a differenza di quanto dichiara di voler fare lui, la *nota oblationis* e il pagamento della *certa quantitas pecuniae*

---

46 Davidsohn, *Storia di Firenze*, III, p. 790.
47 Panella, *Per lo studio*; Panella, *Remigiana*; Panella, *Dal bene comune*; Panella, *Remigio de' Girolami*; Panella, *Nuova cronologia remigiana*.
48 Carron, *Remigio de' Girolami* discute la storiografia precedente.
49 Milani, *Appunti per una riconsiderazione*, p. 63.

l'avevano accettati. Da Isidoro Del Lungo in poi gli studiosi ritengono che Dante si riferisca qui a Ciolo Abati.[50] Dalla documentazione superstite sappiamo che questo personaggio aveva partecipato ai consigli del Comune e delle Capitudini delle Arti nel 1281 (gli stessi che attestano le prime oblazioni di prigionieri);[51] che, come era avvenuto anche nel 1284, nel 1285 aveva fatto parte del consiglio del Comune (dove nel giugno si discusse di prigionieri da liberare),[52] che aveva preso in appalto la gabella sul pedaggio di una porta[53] e che infine, nel 1295, era stato membro dello stesso consiglio del Comune in cui aveva seduto Dante.

La ragione per la quale Dante cita questo personaggio sembra tuttavia rimandare a una fase successiva. Nel 1302, infatti, anche Ciolo, come Dante, era stato bandito insieme alla sua famiglia, bianca, residente nello stesso sesto degli Alighieri e, forse, con essi apparentata.[54] Nove anni dopo, tuttavia, a differenza di Dante, aveva approfittato del provvedimento noto come "Riforma di Baldo d'Aguglione", cioè di un'amnistia promulgata dal comune quattro anni prima, ma simile a quella che sarebbe stata proposta nel 1315, perché dettata dalle stesse motivazioni tipiche del tempo di guerra: fare cassa e privare il nemico di risorse umane. Il 27 agosto del 1311, infatti, i consigli avevano stabilito che di fronte all'avanzare delle truppe di Enrico VII i banditi potessero essere ammessi all'oblazione pagando una parte della loro condanna e avevano delegato a una commissione presieduta appunto dal giudice di lungo corso Baldo D'Aguglione. Al principio del settembre successivo la commissione aveva decretato le modalità di applicazione del decreto e stabilito la lista degli eccettuati, cioè di quanti, avendo compiuto crimini particolarmente gravi, non avrebbero potuto fruire dall'amnistia, tra cui compare il nome di Dante.[55] Robert Davidsohn calcola che del procedimento beneficiarono circa 1500 persone.[56] Tra queste vi fu con molta probabilità anche Ciolo, unico della sua famiglia a non risultare tra gli eccettuati all'amnistia.[57]

Non sappiamo perché Dante, per trovare un esempio di infame disposto ad accettare le condizioni infamanti che il regime imponeva ai banditi umiliandosi e pagando, scelse proprio Ciolo. Forse perché lo aveva visto agire nei consigli e

---

50 *Ciolo* e Ricklin, "more cuiusdam cioli et aliorum infamium".
51 *Le consulte*, I, p. 539.
52 *Le consulte*, I, p. 248.
53 *Le consulte*, I, p. 256.
54 Diacciati, *Dante*, p. 244.
55 CDD, p. 293, doc. 161. Anche se in teoria questa indicazione non dimostra in sé che Ciolo godé di questa amnistia, ma solo che avrebbe potuto goderne, il riferimento di Dante sembra provare che effettivamente lo fece.
56 Davidsohn, *Storia di Firenze*, III, pp. 619–623.
57 CDD, p. 289, doc. 161 (lista degli eccettuati): «omnes de domo Abatibus excepto Ciolo».

sapeva che già in precedenza aveva la fama di parassita e trafficone.[58] Sembra invece più chiaro perché egli volle cercare un esempio tra gli amnistiati del 1311. La ragione per cui questa amnistia aveva riguardato moltissime persone era infatti che essa, differentemente da altre ma analogamente a quelle del periodo maggio 1315-giugno 1316, non aveva escluso sin dal principio tutti i Bianchi, tutti coloro cioè che erano stati condannati a partire dal momento dell'instaurazione del regime nero nel novembre 1301, ma ne aveva esclusi solo alcuni: quelli, appunto, elencati nella lista degli eccettuati. In altre parole, tanto nell'estate del 1311[59] quanto nella primavera del 1315 Dante avrebbe in teoria potuto domandare di essere riammesso.

In molte altre assoluzioni collettive, prima e dopo quegli anni, non avrebbe potuto farlo affatto. In quella che si ebbe nel febbraio 1303,[60] in quella decretata nel novembre del 1313, in quelle promulgate a partire dal dicembre 1316[61] si trova infatti nella formulazione stessa la clausola che esclude dall'amnistia tutti i condannati tra l'arrivo di Carlo di Valois e la primavera successiva, quanti, cioè, erano nella condizione di Dante.[62] Quella di Baldo d'Aguglione (così come quella evocata nell'epistola XII), sebbene non estensibile a quanti avevano combattuto Firenze, non escludeva di per sé tutti coloro che erano stati condannati per qualsiasi ragione tra fine 1301 e metà 1302, né tutti i "ribelli". Proprio per questa ragione essa dovette essere accompagnata da un elenco di quanti, tra costoro, non erano comunque ammessi al ritorno e, tra questi, finì anche Dante.

In altre parole, con la riforma di Baldo d'Aguglione e con l'amnistia del 1315 si derogò al principio usuale che stabiliva che anche in momenti di guerra in cui si sollecitavano assoluzioni collettive di banditi, il comune non poteva comunque riammettere i Bianchi in quanto tali, sottintendendo che se alcuni banditi politici, che pure erano qualificabili come Bianchi (perché cacciati dal regime nero), avessero dimostrato di non essersi troppo esposti nel corso del loro esilio, di non aver combattuto il comune negli ultimi anni, potevano essere accolti individualmente e ammessi all'oblazione, valutando caso per caso.[63] Ora,

---

58 *Ciolo*.
59 Tra il momento della deliberazione dell'amnistia, cioè, e quello della scrittura delle liste nominali di quanti non ne avrebbero potuto beneficiare.
60 *Consigli della repubblica fiorentina*, vol. I, p. 80: «salvo quod condemnatis vel exbannitis a kal. Novembris citra MCCCI predicta non prosint».
61 Davidsohn, *Storia di Firenze*, III, p. 815, n. 1.
62 *Consigli della repubblica fiorentina*, I, p. 640: «ac etiam exceptentur omnes et singuli condempnati per d. Cantem de Gabriellibus a kal. Novembris MCCCI usque ad kal. Iulii MCCCII, ac etiam omnes et singuli condempnati ex eo quod fuerint in campo imperatoris, vel eidem dederint consilium vel favorem».
63 *Consigli della repubblica fiorentina*, I, pp. 49, 214, 219, 222.

se questi provvedimenti davano a banditi politici come Ciolo nel 1311 e a Dante nel 1315 la possibilità di rientrare, al tempo stesso li degradavano allo statuto di criminali comuni, non configurandosi né come pacificazioni, né come assoluzioni in senso proprio, ma come indulti possibili solo sulla base di una rituale ammissione di colpa.

Molti provvedimenti individuali e collettivi relativi alla riammissione di banditi per crimini comuni rintracciabili nelle delibere mostrano infatti che proprio questa era la logica dell'oblazione. Talvolta la logica è implicita e queste riammissioni non danno alcuna spiegazione delle motivazioni, facendo riferimento semplicemente al fatto che i banditi sono ammessi all'oblazione, cioè a un rituale che, talvolta in modo attenuato (nella maggior parte dei casi si specificava che i condannati potevano sfilare "sine mitra"), prevedeva comunque che essi partissero da una delle prigioni comunali.[64] In altri casi, come quelli relativi ai falliti e ai fuggitivi, cioè a chi aveva fatto bancarotta, si menziona il fatto che l'accusatore o il creditore del bandito aveva chiesto, probabilmente in seguito a un pagamento o a un accordo, di sospendere la pena del bando al debitore e/o di ammetterlo all'oblazione[65] Anche in questo caso il bandito rientrava riconoscendo implicitamente la colpa per cui era stato stato condannato e provvedendo prima dell'oblazione, che comunque avviene, a una riparazione di quella colpa.

Più raro è che si faccia riferimento all'innocenza o all'assoluzione del condannato. Ma questo sembra necessario proprio quando si tratta di banditi politici. È questo per esempio il caso dell'oblazione del padre di Francesco Petrarca. Una provvigione del 10 febbraio 1309 aveva stabilito che Petracco, notaio, bandito anche lui nel 1302 sulla base di un'accusa di falsificazione documentaria, si potesse recare in una delle carceri del comune "in ragione della sua innocenza", e da qui, senza aver l'obbligo di portare la mitra, andare al battistero dove sarebbe stato "offerto", cioè ammesso all'oblazione.[66] Il fatto che si faccia riferimento all'innocenza ma che si conservi la necessità dell'oblazione, cioè della richiesta del perdono, fa pensare che tale innocenza non fosse stata accertata in sede giudiziaria, ma fosse stata semplicemente menzionata nella petizione che Petracco aveva presentato e che così era stata accettata. Solo raramente, come avviene nel luglio 1306 per gli Ubaldini del Mugello, che pure erano stati banditi dallo stesso podestà che aveva bandito Dante, si fa riferimento all'assoluzione senza menzionare affatto il rituale di oblazione, prospettando cioè una situazione forse vicina a quella che Dante propone come alternativa nell'episto-

---

64 *Consigli della repubblica fiorentina*, I, pp. 49, 214, 222, 290, 367, 517.
65 *Consigli della repubblica fiorentina*, I, pp. 223, 271, 323.
66 *Consigli della repubblica fiorentina*, II, p. 431; su Petracco vedi anche Bombi, *The 'Babylonian captivity' of Petracco*.

la XII.[67] Ma si tratta di un caso molto diverso da quello di Dante: l'assoluzione degli Ubaldini è evidentemente l'esito di una trattativa tra banditi e comune che vedeva i primi in un rapporto di forza molto vantaggioso. In quel momento di guerra Firenze aveva urgente bisogno dell'appoggio esterno di questa stirpe rurale.

Molti banditi bianchi, insomma, negli anni 1302–1315 erano riusciti a rientrare a Firenze: alcuni chiedendo al comune di essere ammessi all'oblazione in quanto individui pentiti o innocenti, alcuni procedendo ad accordi preliminari con creditori o nemici, ma pochissimi erano riusciti a ottenere che il loro rientro fosse accompagnato da una assoluzione "con formula piena" o che addirittura non prevedesse alcun riferimento, nemmeno simbolico, alla colpa di cui erano stati accusati e in ragione della quale erano stati esclusi. In certi momenti, come in occasione della Riforma di Baldo di Aguglione nel 1311 e nel 1315, il comune aveva in qualche misura incoraggiato alcuni Bianchi a venire ai suoi ordini, riducendo le eccezioni che le amnistie prevedevano nei loro confronti; in altri momenti, come nel 1313 e nel dicembre 1316, tali eccezioni erano state ristabilite. Rientri che lasciassero ai banditi la piena dignità e di fatto ne riconoscessero l'innocenza o almeno la non colpevolezza, come quelli tentati in occasione dei tentativi di pacificazione del 1304 condotti da Nicolò da Prato e ben visti, per ragioni diverse, da Dante e da Remigio da Girolami, nella realtà si erano realizzati solo occasionalmente per signori rurali come gli Ubaldini (o, prima, Carlino dei Pazzi), ed erano stati, più che pacificazioni fatte in vista del bene comune, merce di scambio per ottenere appoggio militare.

4 Epilogo: *il piano dell'autobiografia*

Quando Dante nel 1315 risponde al suo amico fiorentino che la strada dell'oblazione, prevedendo un rituale umiliante e un pagamento, non è per lui percorribile e che un'assoluzione diversa l'accetterebbe subito («non lentis passibus», *Ep.* XII, 8), egli sta rifiutando l'insieme dei sistemi che il regime nero aveva impiegato nei decenni precedenti per garantire la propria identità piegando in un modo o nell'altro i suoi nemici, e stabilisce una connessione diretta con l'unico progetto di rientro a suo modo di vedere giusto che in quei decenni era stato vicino a realizzarsi, quello al quale anche lui, undici anni prima, come prova l'epistola II, aveva partecipato.

---

[67] *Consigli della repubblica fiorentina*, I, pp. 283, 301.

Compiendo questa scelta, egli non solo mostra la coerenza del suo atteggiamento da esule prima e dopo quella data, ma rende il proprio percorso politico più lineare di quanto non fosse in effetti stato. Tendiamo infatti a interpretare i riferimenti alla "colpa" fatti in *Tre donne intorno al cor mi son venute*, le dense pagine sull'esilio del *Convivio* e del *De Vulgari eloquentia*, la qualifica di *Exul immeritus* usata nelle lettere a partire dalla II come dettati dallo stesso atteggiamento dell'epistola XII: il fiero rifiuto di ogni possibile compromesso. Dovremmo chiederci piuttosto se faremmo lo stesso in assenza di questo testo e della scelta di cui dà conto.

Se sottratte alla luce dell'epistola all'amico fiorentino, infatti, queste testimonianze cambiano aspetto. Da *Tre Donne* emerge più chiaramente il riferimento a un pentimento e a un perdono perfettamente compatibili con un'oblazione. I passi relativi all'esilio dell'autore che si trovano al principio del *Convivio* (I, iii, 3-6) e del *De vulgari eloquentia* (I, vi, 2-3) mostrano tutta la loro moderazione, facendo apparire gli elogi di Firenze che contengono meno ironici e più funzionali. Definire il proprio esilio come immeritato e sé stesso come innocente negli anni 1303-1308 poteva anche preludere alla richiesta di un rituale di sottomissione e a un pagamento in denaro analogo a quello che nel 1309 fu concesso a ser Petracco.

I lavori dell'ultimo decennio hanno insistito molto sui tentativi del poeta di rientrare a Firenze, soprattutto sulla base dell'Epistola perduta *Popule mee quid feci tibi?* Benché forse non sapremo mai quale fosse il tono che la caratterizzava, la sua stessa esistenza prova in modo evidente che l'atteggiamento da esule di Dante in realtà era stato assai più complicato e altalenante di quanto emerga dalla lettura dell'epistola XII. Questo percorso, a sua volta, era stato fatto guardando a un regime cittadino – quello fiorentino che lo aveva bandito – anch'esso meno granitico di quanto siamo abituati a pensare.

Nel corso degli anni 1302-1315, infatti, il comune di Firenze non era stato caratterizzato da una continuità omogeneamente e compattamente "nera", ma da una situazione assai più fluida che aveva visto, come era avvenuto prima e come sarebbe successo dopo, un mutare dei conflitti, dovuto non solo al prevalere dell'una e dell'altra parte, ma anche al rimescolarsi delle fedeltà e al ridefinirsi delle parti stesse. Così, dopo l'entrata Carlo di Valois e i primi mesi di guerra civile, a una fase tutto sommato ancora aperta, durata dal gennaio al maggio-giugno 1302 (in cui i bandi politici si erano dovuti ancora giustificare con accuse comune, come quella di barratteria), e una di conflitto aperto tra Neri al potere e Bianchi e Ghibellini fuoriusciti, durata dal giugno 1302 al luglio 1304 circa, erano seguiti quattro anni di scontri interni che avevano finito per polarizzarsi, com'è noto, tra una parte guidata da Corso Donati e un'altra guidata da Rosso della Tosa e alcuni grandi popolani. Dopo la morte di Corso, nel 1308, c'era stato un rinserrarsi delle fila, aiutato anche dal pericolo di Enrico VII, ma in seguito le rivalità interne, che non si erano del tutto sedate nemmeno tra 1312 e 1313, se non altro a causa dei sacrifici che la guerra costringeva a fare, si erano riaccese assumendo la forma di tensioni tra i più entusiasti e più freddi sostenitori della signoria di Roberto d'Angiò, una divisione che aveva visto i secondi prevalere nel momento a ridosso della scrittura dell'epistola XII e che avrebbe visto i primi dominare in seguito. In sintesi, il clima politico del 1315, così come il provvedimento di amnistia che aveva generato, vantava numerosi precedenti.

Nel 1315, più che sul piano delle contingenze della politica fiorentina, la situazione era mutata su un altro piano: quello dell'identità intellettuale e letteraria di Dante. Dobbiamo infatti considerare che certamente a quell'altezza Dante aveva scritto l'*Inferno* e probabilmente anche il *Purgatorio* ed è difficile immaginare che non avesse in mente di scrivere il *Paradiso*. Possiamo chiederci non solo come guarderemmo a quelle opere, ma anche cosa ne sarebbe stato, nel caso in cui Dante avesse scelto, per qualsiasi ragione, di approfittare di un'amnistia e di rientrare a Firenze. Certamente il tenore di profezie relative all'esilio come quelle di Ciacco, di Farinata degli Uberti, di Brunetto Latini, sarebbe suonato assai più debole, forse avrebbe avuto bisogno di più di una revisione. È difficile pensare che non solo l'accorato appello all'inizio di *Paradiso* XXV, ma il compimento dei canti di Cacciaguida, e forse l'intero progetto del *Paradiso* avrebbero potuto resistere anche al più dignitoso dei rientri a Firenze. C'è dunque da chiedersi se l'epistola XII non debba essere letta come testo non solo coevo, ma connesso alla divulgazione delle prime due cantiche, come chiave ideologica e autobiografica capace di collegare le profezie dell'esilio che contenevano i canti autobiografici che avrebbe ospitato la terza. Considerando che nel 1315 l'*Inferno* era noto a un personaggio vicinissimo agli ambienti neri come Francesco da Barberino, il riferimento che Dante fa al principio dell'epistola XII alle "attese di alcuni" che sperano in modo pusillanime, cioè vile, opposto alla sua magnanimità, in un suo ritorno, sembra testimoniare l'esistenza di una strategia, messa in atto da lettori fiorentini neri, di depotenziamento della polemica anti-fiorentina che marca le prime cantiche, in cui Firenze è presentata come la più grande fornitrice di peccatori, la nuova Babilonia.[68] Certo, si potrebbe trattare di un sospetto eccessivo del poeta che, se non giustificato, presenterebbe un profilo leggermente paranoico. Proprio perché ancora una volta la nostra fonte è costituita dal solo Dante il minimo che si può dire è allora che, scrivendo questa lettera, Dante intendeva comunicare ad ambienti fiorentini che già cono-

---

68 Brilli, *Firenze e il profeta*.

scevano la sua ultima e maggiore opera una decisione capace non di indebolire quella poesia, ma di rafforzarla.

Se la lettera è stata scritta tra il maggio e l'agosto 1315, il «trilustrium fere perpessus exilium» di Dante era allora durato esattamente 13 anni e mezzo. In questo periodo a Firenze erano stati presi provvedimenti che, talvolta per motivi congiunturali, talvolta più politici, avevano stabilito condizioni più agevoli per riaccogliere i banditi. Con le loro eccezioni che confermavano la regola, tali reintegrazioni ribadivano l'identità politica guelfa, anti-imperiale e frutto di quella formale adesione al Popolo che caratterizzava dal principio il regime nero di Firenze. Esse riaccoglievano gli esclusi mostrandone l'adesione al regime, la loro riconversione.

In quegli stessi anni Dante aveva elaborato e messo in atto, l'una dopo l'altra, diverse strategie per rientrare a Firenze: combatterla, lusingarla, implorarla, maledirla. Quelle strategie si erano infine trasfigurate quando egli aveva concentrato tutti i suoi sforzi su un progetto politico, filosofico e letterario in cui la maledizione di Firenze saliva a un livello nuovo. facendo raggiungere a Dante quello che il frammento di Franz Kafka in exergo definisce "il punto oltre il quale non è più possibile tornare indietro". La *Commedia* aveva scavato a tal punto la distanza tra Dante e la sua città che un eventuale ritorno avrebbe seriamente messo a repentaglio, forse compromesso in modo definitivo, lo statuto e il senso di quell'opera.

Andreas Kistner
Da Montecatini ad Altopascio: Firenze senza Dante

Abstracts: Gli ultimi cinque anni della vita di Dante possono essere visti, dal punto di vista del coinvolgimento politico di Firenze, come una fase intermedia tra due grandi battaglie che si risolsero nella sconfitta della parte guelfa in Italia centrale. I capi ideologici e militari della parte guelfa, il papa e il re di Sicilia, cercarono di sfruttare i comuni guelfi per i loro scopi. I comuni, da parte loro, cercarono di venire incontro alle richieste di questi ultimi ma anche alle loro esigenze locali e regionali. L'articolo propone un bilancio delle diverse necessità di Firenze, principale città guelfa e punto di riferimento per Dante, nonostante la sua condizione di *exul immeritus*.

The last five years in Dante's life may be seen, from the vantage point of Florence's political involvement, as the *interim* between two major battles that ended in defeat of the Guelf party in middle Italy. The ideological and the military heads of this party, the pope and the king of Sicily, tried to use the Guelf communes for their own means. The communes on the other hand tried to cope with the "masters" requirements as well as with their own local and regional needs. This article tries to assess the diverging needs of Florence as the most prominent Guelf city – and mainly as the point of reference for Dante even though his state of *exul immeritus*.

Parole chiave: Firenze, Papa Giovanni XXII, storia politica, Roberto d'Angiò, parte guelfa.

Mi è stato affidato il compito di abbozzare il contesto politico di Firenze nell'ultimo lustro della vita di Dante.[1] Questo contesto sarà presentato alla luce delle

---

1 Questo mio contributo è nato dalla mia tesi di laurea, presentata all'Università di Colonia nel 2011 e diretta dal professor Ludwig Vones.

Annotazione: Tengo molto a ringraziare Giuliano Milani, Antonio Montefusco e Gaia Tomazzoli per la rilettura e i suggerimenti.

Andreas Kistner, Heinrich Heine Universität Düsseldorf

Open Access. © 2020 Andreas Kistner, published by De Gruyter. This work is licensed under the Creative Commons Attribution 4.0 International License (CC BY 4.0).
https://doi.org/10.1515/9783110590661-026

grandi linee della politica guelfa;[2] l'ultimo lustro della vita del poeta coincide infatti con i primi cinque anni del pontificato del primo "vero" papa avignonese: Giovanni XXII. Il papa tuttavia costituisce solo uno dei poli che compongono il triangolo guelfo, vale a dire quello ideologico-teologico: gli altri sono Firenze – polo finanziario – e Napoli – centro costante della forza militare sulla penisola italiana. Limitarsi solo ai primi due poli significa rischiare di non considerare una parte importante della politica italiana, ossia la potenza militare. Tanto più che dal 1313 al 1322 Firenze si diede in signoria a Roberto, e che Roberto dimorò ad Avignone presso il papa dal 1319 fino al 1324.

Nelle pagine che seguono procederemo nel modo seguente: dopo alcune considerazioni sulle fonti disponibili, accenneremo alla situazione generale della politica italiana attorno al momento dell'elezione di papa Giovanni XXII – papa severamente criticato da Dante, come si dirà; è un momento in cui è attiva una forte cooperazione tra il braccio militare del papa, re Roberto, e Firenze. Per seguire il periodo successivo cambieremo punto di vista e ci concentreremo sull'azione militare di Firenze nei confronti di Genova, della Lombardia e della Toscana. Nell'ultimo paragrafo si tenterà di delineare alcune linee generali della relazione tra il papa e Firenze, la patria del poeta.

1 Osservazioni sulle fonti

Quando si fanno ricerche sul papato del secolo XIV non si può fare a meno di consultare i registri di lettere pontificie da tempo oggetto di pubblicazioni da parte dell'École française de Rome.[3] Seguendo questa serie per il periodo che

---

[2] Per quanto riguarda i termini e il loro valore significativo si rinvia a Herde, *Guelfen und Neoguelfen*; Herde, *Guelfen und Gibellinen*, e alle voci corrispondenti di Franco Cardini nel *Lexikon des Mittelalter* IV (1989), coll. 1436–1438 e 1763–1765. Recentemente è stato importante l'intervento di Raveggi, *L'Italia dei guelfi*; cfr. anche Maire Vigueur, *Nello Stato*, p. 769: «come ben sappiamo, il guelfismo è una nozione fluttuante e la qualifica di guelfo si applica, secondo i momenti e le circostanze, a una gamma abbastanza ampia di scelte compiute nel quadro della politica sia interna che esterna delle città e degli altri soggetti politici. (...) Nel quadro dell'Italia centrale, il guelfismo caratterizza senz'altro la politica estera delle città fedeli, nella lunga durata, ad un sistema di alleanza dominato della Chiesa, da Firenze e/o dalla monarchia angioina, e possiamo anche etichettare come guelfo il personale politico che gode della fiducia dell'una o dell'altra di queste tre entità – meglio ancora se riceve incarichi ufficiali da parte di esse».
[3] Nel nostro caso si tratta di Jean XXII, *Lettres communes* e Jean XXII, *Lettres secrètes et curiales relatives á la France* – entrambi i corpora consultati grazie al database *Ut per litteras apostolicas* ospitato su <apps.brepolis.net/litpa/Pontificates.aspx>.

va dal primo gennaio 1316 fino al 31 dicembre 1321, pur limitandosi alle sole lettere emesse da Giovanni XXII, ci si trova a considerare ben 16272 lettere, delle quali 237 menzionano Firenze (*Florenti**). Si tratta di lettere "fiorentine" in senso molto ampio: provvisioni di benefici per chierici fiorentini che risiedono altrove, provvisioni di benefici per chierici che risiedono a Firenze, sostegni papali alle società bancarie di Firenze (i Bardi soprattutto) e pagamenti in moneta fiorentina. E tutto questo corrisponde solo all'1,5% delle lettere papali di questo periodo che sono state pubblicate. Più precisamente per il periodo 1322–1326 le lettere che si riferiscono a Firenze sono 234 su un totale di 14075 lettere (1,7%); per il periodo 1327–1331 sono 409 su 21255 (1,9%); negli anni 1332–1334 sono 100 su 8954 (1,1%). Le lettere "secrete" relative alla Francia del periodo 1316–1321 sono 8; negli anni 1322–1326 sono 11; tra il 1327 e il 1331 arrivano a 18, e dal 1332 al 1334 tornano a essere 6. L'ultimo lustro della vita di Dante, per quanto riguarda le relazioni fiorentino-papali, è segnato dunque da una certa freddezza.[4]

L'analisi condotta si limita alle lettere edite sinora, cioè alle lettere politiche relative alla solo Francia. Quelle relative ad altri paesi non sono state oggetto di iniziativa editoriale fino ad oggi; è possibile dunque che i risultati cambino una volta che tali lettere saranno pubblicate, anche se, a mio modo di vedere, probabilmente non molto. Purtroppo per la preparazione di questo mio contributo non ho potuto consultare i registri inediti conservati presso l'Archivio Segreto Vaticano. Le vecchie pubblicazioni di Preger e Reinkens permettono di rimediare in parte a questa lacuna, ma da esse non possono essere estratti dati quantitativi.[5]

Per quanto riguarda le fonti narrative è molto importante la *Nuova Cronica* di Giovanni Villani;[6] le forzature del posizionamento politico del Villani[7] posso-

---

4 Per uno sguardo complessivo sulle iniziative papali attraverso i registri secreti cfr. Zanke, *Johannes XXII*. Si vedano anche le recensioni di R. Lützelschwab (<http://www.sehepunkte.de/2014/12/24267.html>) e K. Hitzbleck (<http://www.perspectivia.net/publikationen/francia/francia-recensio/2016-1/ma/zahnke_hitzbleck>).
5 Preger, *Die Anfänge*; Preger, Reinkens, *Die Verträge*; Riezler, *Vatikanische Akten*.
6 Si utilizza l'edizione di Giuseppe Porta del 1991 (Villani, *Nuova Cronica*). Il Porta propone un nuovo ordinamento dei capitoli e dei libri rispetto all'edizione "classica" di Dragomanni del 1845.
7 Come sottolinea Rodolico nella prefazione alla sua edizione della *Cronaca Fiorentina* di Marchionne di Coppo Stefani, p. LXXXVII. Cfr. anche Green, *Chronicle*, p. 16: «for Giovanni Villani, the Church remained the embodiment of the forces of the righteousness in history, in spite of the aberrations of its Pastors, and the Emperors of the Hohenstaufen line (...) the incarnation of evil in so far as they opposed its interests or defied its pronouncements». Non si possono verificare sempre tali divergenze tra le fonti.

no essere comprese alla luce della sua biografia.[8] Questi scrisse la sua *Nuova Cronica* a partire degli anni 1320–30 del secolo XIV,[9] dunque in contemporanea o poco dopo gli eventi qui discussi. In alcuni casi si farà ricorso anche alla cronica di Marchionne di Coppo Stefani, fondata sul testo di Villani ma caratterizzata da alcune aggiunte; il suo orizzonte strettamente fiorentino limita però le nostre possibilità di usare questa fonte scritta nella prima metà degli anni 1380.[10]

2 La situazione attorno all'elezione di Jacques Duèse

Dopo la morte di Clemente V (20 aprile 1314), profetizzata da Nicolò IV nell'*Inferno*, i conflitti interni alle città ricominciarono[11] e la parte guelfa subì una serie di sconfitte: Lucca fu conquistata da Uguccione della Faggiuola il 14 giugno 1314[12] e, un anno più tardi, il 29 agosto 1315, Firenze subì la sconfitta di Montecatini – evento luttuoso che si può forse intravedere dietro la funesta profezia che Forese Donati consegna a Dante nel XXIII canto del *Purgatorio* (vv. 106–108). Nonostante Pietro, detto "tempesta" (fratello di Roberto d'Angiò che dal 1313 era anche signore di Firenze), fosse morto durante questa battaglia,[13] Roberto non diede seguito al desiderio di vendetta dei fiorentini, e per questa ragione cominciò a essere visto come un vigliacco e come un avaro che non intendeva pagare le truppe mercenarie.[14] Queste accuse nei confronti di

---

8 Green, *Chronicle*, pp. 11–13.
9 Green, *Chronicle*, p. 9.
10 Marchionne di Coppo Stefani, *Cronaca fiorentina*, pp. LXXXVII–XCII; CIII; CVIII. Per una valutazione generale di questa fonte si vedano De Vincentiis, *Scrittura storica*; Green, *Chronicle*, p. 90.
11 Heckmann, *Stellvertreter*, p. 428; Cognasso, *L'unificazione*, pp. 15–34; 50–57; 60; 65–66; 93; Simeoni, *Le signorie*, p. 88; Bock, *Kaisertum*, p. 44.
12 Per questo personaggio si veda la voce di C. E. Meek nel DBI (<http://www.treccani.it/enciclopedia/uguccione-della-faggiuola_(Dizionario-Biografico)>); cfr. anche Green, *Castruccio Castracani*, capitolo II.
13 Davidsohn, *Geschichte*, III, pp. 581–584. Per gli antecedenti della battaglia, cfr. ivi, p. 576. Il malcontento fiorentino fu acceso ulteriormente dalle esigenze finanziarie di Filippo da Taranto (cfr. Acta Arag. II, p. 553, n. 362). Dall'altro lato questa sconfitta ebbe come conseguenza che Firenze fu trascinata ancora di più in «the old pattern of guelf and ghibelline hostility» (Partner, *Florence and Papacy*, p. 83).
14 Davidsohn, *Geschichte*, III, p. 586. Questo malcontento fu forse soltanto un fenomeno fiorentino, come suggerisce Abulafia, *The Western Mediterranean Kingdoms*, p. 139: «Robert

Roberto erano largamente diffuse, e confluirono anche nella *Commedia*, dove Carlo Martello lamenta la parca discendenza di una stirpe tanto larga e la mancata lungimiranza del fratello nei confronti dell'avarizia dei catalani (*Par.* VIII, 67-84).

Con la morte di Enrico VII nel 1313, del resto, era venuto a mancare il nemico comune, e perciò anche una comune direzione della politica. La mancata prosecuzione della guerra da parte di Roberto peggiorò ulteriormente i rapporti tra i due alleati.[15]

L'assunzione del potere a Lucca da parte di Castruccio Castracani[16] e il rovesciamento del governo a Pisa non cambiarono la situazione generale e gran parte d'Italia si trovò a essere dominata da signori ghibellini, come i Visconti a Milano e i della Scala a Verona, che cercavano di allargare i loro domini.[17] In questa situazione Jacques Duèse fu eletto al soglio pontificio il 7 agosto 1316.[18]

L'inizio del suo pontificato fu segnato da una speranza di miglioramento: negli anni 1316-1317 le guerre si arrestarono. Dopo un altro cambio di regime i pisani mandarono una legazione a Napoli per trattare la pace; il 12 agosto 1316 fu firmato un primo trattato, e il 12 maggio 1317 anche gli altri comuni dell'alleanza angioina accettarono – a malincuore[19] – la pace.[20] Se tuttavia Roberto

---

proved able just to hold his position, exercising influence as leader of the Guelf factions from Piedmont to Tuscany».
15 Kelly, *The New Solomon*, p. 228.
16 Green, *Castruccio Castracani*, pp. 30-60. La nomina a vicario generale dell'impero gli comportò, nel contesto regionale, una più forte legittimazione. Nel 1320 fu nominato da Federico il Bello e nel 1324 da Lodovico IV (cfr. MGH, Const. V, n. 570, p. 458; n. 573, p. 460; n. 925, p. 764). Per quanto riguarda la ricerca sul vicariato imperiale si veda *infra*, nota 27.
17 Jugie, *Un Quercynois*, p. 75; Mollat, *Les papes d'Avignon*, p. 186, e più recentemente: Favier, *Les papes d'Avignon*, pp. 43-48.
18 Mollat, *Les papes d'Avignon*, pp. 156-57. Tabacco, *Egemonie sociali*, p. 327: «la "sede romana", operante ora da Avignone, con una tranquillità e una sicurezza quali in Roma non aveva mai conosciuto, riassunse energicamente il comando del fronte guelfo. Il combattivo pontefice (1316-34) inserì il problema italiano nel contesto europeo. La soluzione del problema italiano doveva essere guelfo-angioina, in un'Europa diretta dal papato e dalla casa di Francia: *domus Franciae benedicta*, la casa a cui appartenevano così i Capetingi regnanti a Parigi, come gli Angioini di Napoli, discendenti gli uni dal santo re Luigi IX, gli altri dal suo audace fratello Carlo d'Angiò».
19 Villani, *Nuova cronica*, X 82, p. 287: «e con tutto che per gli Guelfi malvolentieri si facesse per la sconfitta ricevuta da lloro».
20 Davidsohn, *Geschichte*, pp. 605-06; Tabacco, *La casa di Francia*, p. 153. Secondo le *Cronache Senesi*, p. 111, le prime trattative del trattato di pace si fecero senza conoscenza degli alleati: «e none aveva detto niente a nisuno, e masime a noi Sanesi, e' quai eravamo cholegati cho lui».

aveva concluso questi trattati sulla base dei suoi interessi,[21] i comuni guelfi, da parte loro, non erano pronti a mettere termine alla guerra.

In questo frangente il ruolo di Roberto fu di garantire la sicurezza con mezzi militari, mentre quello del papa fu quello di mettere a disposizione una rete diplomatica. I comuni guelfi, e Firenze tra gli altri, rimasero insoddisfatti, mentre Roberto fu in grado di approfittare della situazione: cessata la minaccia imperiale e conclusa la dispendiosa guerra in Toscana e Lombardia, si riapriva per lui la possibilità di avvantaggiarsi di un contributo pisano per il conseguimento di quello che per lui restava l'obiettivo principale: la riconquista della Sicilia. Firenze e gli altri comuni, dal canto loro, vedevano Roberto come un re interessato a utilizzare strumentalmente l'alleanza guelfa per difendere il suo regno dalla minaccia imperiale senza tener conto degli interessi dei suoi alleati.[22] D'altro canto il papa stesso sollecitava già da qualche tempo il re a fare la pace; le difficoltà finanziarie furono un argomento importante.[23] Ma Giovanni XXII percepiva anche il conflitto delle parti come un danno per tutta l'Italia e come ostacolo a un possibile ritorno della Curia Romana a Roma.[24]

Firenze godette di quattro anni di pace, ma si trovò comunque costretta a contribuire alle esigenze militari degli alleati,[25] in primo luogo del re Roberto, che approfittò del fatto che, dal punto di vista del papa, l'impero era vacante.

3 Vicario imperiale per conto del papa

Il 16 luglio 1317, *vacante imperio*, papa Giovanni XXII nominò vicario imperiale d'Italia – Genova esclusa – Roberto d'Angiò.[26] La cancelleria papale comunicò

---

21 I pisani assicurarono a re Roberto di fornire del supporto navale: «ebbe il re da' Pisani che quando facesse generale armata, gli darebbono V galee armate, o la moneta che costassono» (Villani, *Nuova cronica*, X 82, p. 287).
22 Caggese, *Roberto d'Angiò*, vol. II, p. 21.
23 Riezler, *Vatikanische Akten*, p. 49, n. 65 (18 giugno 1317): «tu itaque attento, quam dispendiosam sit etiam quibuscumque potentibus, sed tibi precipue, hoc tempore impacato guerrarum inculcare discrimina».
24 Cognasso, *L'unificazione*, p. 105.
25 Davidsohn, *Geschichte*, III, p. 611.
26 MGH, Const. V, n. 443A, pp. 367–368. La ricerca sul vicariato imperiale fu dominata per tanto tempo dal libro di Ercole, *Dal comune al principato*. Recentemente Zorzi, *Ripensando i vicariati*, ha presentato la ricerca sul vicariato sottoponendo il fenomeno a una rivalutazione. Alla sua bibliografia si aggiunge, però, Baethgen, *Der Anspruch des Papsttums*, pp. 241-ss. Per quanto riguarda il vicariato imperiale durante il secolo XIV, cfr. in generale Heckmann, *Stellvertreter*, pp. 422–426; Viora, *A proposito del vicariato*, tratta più precisamente del vicariato di Roberto.

la decisione anche a Firenze in una lettera in cui si sottolineavano i vantaggi che ne sarebbero risultati anche per la città toscana: «quanta ex regis prefati regimine accresceret utilitas quantusque in diversis mundi partibus favor accedet». Ma, allo stesso tempo, il papa ammoniva i suoi alleati: «in omnibus, que ad ipsius spectabunt officium parea[nt] humiliter et plenarie intenda[nt], ut exinde reipublice tranquillitas optate serenitas arrideat et tocius contratte securitas sperata resurgat».[27]

In questo modo Firenze si trovò ad essere sottomessa a Roberto per due ragioni: da un lato Roberto rimaneva il signore a termine,[28] dall'altro, dal momento che la città toscana faceva comunque parte del regno d'Italia, il re di Napoli, una volta nominato vicario imperiale ne diveniva anche il sovrano per così dire "costituzionale".

Già poco tempo dopo, tuttavia, si aprì un primo contrasto tra il sovrano pontefice e il suo vicario. Quest'ultimo, come chiarito dal classico studio di Romolo Caggese, percepiva la carica di vicario imperiale come una carica redditizia: Roberto si dichiarò incapace di esercitare il suo ufficio in mancanza dei mezzi finanziari adeguati.[29] Papa Giovanni, invece, riteneva l'appannaggio percepito da Roberto assolutamente sufficiente;[30] secondo Caggese, Giovanni trascurava il fatto che il vicario perseguiva comunque gli interessi della Chiesa in Toscana e altrove. Ad ogni modo il papa non esaudì le richieste del re che lui stesso, prima di diventare papa (quando tanti signori richiedevano quella carica),[31] aveva chiesto di nominare vicario imperiale.[32]

Come soluzione Giovanni propose di rivolgersi ai fiorentini e agli altri Guelfi:

---

27 MGH, Const. V, n. 443B, p. 368, rr. 27–29, 35 ss.
28 Monti, *Sul dominio di Roberto*, p. 162. Questa signoria non è stata oggetto di uno studio approfondito e soprattutto recente. De Vincentiis, *Le signorie angioine*, discute la ricerca più recente. Secondo Davidsohn, *Geschichte*, III, p. 531, questa signoria avrebbe potuto diventare "eterna". A Genova, questa permanenza della signoria avvenne esattamente tramite la presenza militare degli angioini (cfr. Abulafia, *Genova angioina*, p. 17).
29 Caggese, *Roberto d'Angiò*, vol. II, pp. 22–25. Cfr. anche Tabacco, *La casa di Francia*, pp. 162–164, che ritiene la carica onerosa.
30 18 dicembre 1317 (Preger, *Die Anfänge*, n. 36, p. 199–201, a p. 201).
31 Preger, *Die Anfänge*, n. 36, pp. 199–201, a p. 201: «nedum non petentes subsidium aliquod, quinimo grande nobis in promptu pro illo dare servicium offerentes, quin etiam a fide dignis audivimus, quod pridem pro vicariatu unici comitatus in Lombardia obtinendo data fuerunt florenorum decem milia impetranti».
32 Preger, *Die Anfänge*, n. 36, pp. 199–201, a p. 201: «scimus etiam quod tu ad predictum vicariatum obtinendum iam dudum ferventer aspirans a dicto predecessore nostro tibi illum concedente nullum petiisti subsidium, immo de sola concessione te valde reputasti et reputare debuisti contentum».

> in Florentina civitate vel alibi (...) Guelforum ambassiatores et nuncios, quasi cum eis de alio negocio tractaturus ad tuam presenciam evocares, et forte tua sibi circa vicariatum huiusmodi viriliter assumendum voluntate secreto detecta, eos ad subveniendum tibi exuberanter de pecunia et gente promptos et voluntarios invenires.[33]

Quando Filippo di Valois, nel 1321, scese in Italia come vicario di re Roberto per combattere insieme alle truppe del legato papale Bertrand du Pouget contro i "tiranni" di Milano, le città di Firenze, Bologna e Siena promisero di fornire 1000 cavalieri. Firenze, però, fu poco incline a legarsi per troppo tempo alla campagna del Valois.[34]

Giovanni non dimenticò questa riserva fiorentina e ricordò ai fiorentini la loro responsabilità nella ritirata del Valois: «quam graviter dudum in adventu dilecti filii nobilis viri Philippi de Valesio tarda vestrorum equitum missio et revocatio celeris obfuit».[35]

4 Genova e l'alleanza guelfa

Il primo campo d'osservazione, nel nostro contesto, è la Liguria, e Genova in primo luogo. Nel 1318 gli Spinola e i Doria, entrambi cacciati da Genova, si rivolsero ai Visconti.[36] Gli intrinseci di Genova cercarono invece appoggio presso il re di Sicilia, offrendogli di diventare signore di Genova. Una volta accettata questa carica, Roberto mandò in Liguria 300 cavalieri e vi giunse in persona il 23 luglio. A Genova fu investito della signoria per dieci anni – assieme al papa, che pure avrebbe preferito non essere coinvolto in maniera così esplicita.[37]

---

[33] Preger, *Die Anfänge*, n. 36, pp. 199–201, a p. 201. Davidsohn, *Geschichte*, III, p. 624, commenta che i fiorentini furono ben capaci di rispondere a tali iniziative.

[34] Cognasso, *L'unificazione*, p. 133; Davidsohn, *Geschichte*, III, p. 632; Tabacco, *La casa di Francia*, pp. 193–202.

[35] Ficker, *Urkunden*, n. 22, pp. 13–14. L'abbandono da parte di Castruccio Castracani della Toscana, secondo Davidsohn, *Geschichte*, III, p. 641, rese possibile l'invio delle truppe fiorentine. Caggese, *Roberto d'Angiò*, vol. II, p. 52, al contrario, sostiene un'altra opinione.

[36] Cognasso, *L'unificazione*, p. 118; Villani, *Nuova cronica*, X 87, pp. 294–295. Mollat, *Les papes d'Avignon*, p. 164, sostiene che la signoria di Genova fu affidata a Roberto per venti anni. In realtà, però, la signoria gli fu affidata per dieci anni e con un rinnovo di altri dieci anni dopo il ritorno di Roberto da Avignone (cfr. Villani, *Nuova cronica*, X 93, pp. 298–299; Caggese, *Roberto d'Angiò*, vol. II, p. 71). Per la storia di Genova nel secolo XIV e le sue relazioni con Avignone si veda Leonhard, *Genua und die päpstliche Kurie*, cap. 4.

[37] Villani, *Nuova cronica*, X 93, pp. 298–299; *Storie pistoresi*, p. 103; Cognasso, *L'unificazione*, p. 120. Si presunse che Roberto accettò la signoria di Genova «a intenzione quando avesse a queto la signoria di Genova, si credea racquistare l'isola di Cicilia, e venire al di sopra di tutti gli suoi nimici» (Villani, *Nuova cronica*, X 94, p. 299). La ricerca di un collegamento senza

Nonostante la sua iniziale riluttanza, papa Giovanni decise infine di aiutare i suoi alleati almeno in modo non militare: poiché si rifiutavano di abbandonare Genova, i Ghibellini furono scomunicati.[38] Roberto convinse poi il papa a mettere a sua disposizione alcune navi papali che erano state preparate per una possibile crociata. L'appello all'ideologia guelfa, però, non fu sufficiente: Roberto dovette anche sottolineare che le navi non sarebbero state utilizzate altrimenti durante l'inverno.[39] Finì che il papa non poté servirsi delle sue navi, perché furono affondate durante una battaglia navale assieme a quattordici navi angioine.[40]

Nel frattempo l'alleanza guelfa, con Firenze tra gli altri, mise a disposizione le sue truppe dal 1318 al 1320.[41] Le richieste del capo militare dell'alleanza guelfa arrivarono a Firenze immediatamente dopo il prolungamento della signoria robertina.[42] Roberto chiese a Firenze perfino di rompere la pace conclusa da lui stesso per facilitare la sua iniziativa genovese: Castruccio Castracani si stava sempre più dimostrando un nemico minaccioso.[43] Del resto anche lui, come Roberto, era vicario imperiale, investito nel 1320 da Federico d'Asburgo.[44] Da

---

interruzioni tra le terre angioine di Provenza e d'Italia, nonché di un collegamento sicuro per mare che avrebbe garantito questa continuità territoriale, fu sicuramente una delle ragioni che spinsero Roberto ad accettare la signoria (cfr. Abulafia, *Genova angioina*, p. 18). Heckmann, *Stellvertreter*, p. 424, suppone inoltre che "l'acquisto" di Genova fu una reazione al conferimento del vicariato imperiale da parte del papa, che tralasciò proprio Genova.

38 Davidsohn, *Geschichte*, III, p. 626. Bock, *Studien zum politischen Inquisitionsprozess*, non menziona questa scomunica. Parent, *Dans les abysses*, in conformità alla disponibilità delle fonti, si occupa piuttosto del periodo dopo il 1320, però accenna a questo atto alle pp. 66-ss. Si veda egualmente Parent, *Publication et publicité*.

39 Secondo Housley, *The Italian Crusades*, p. 100, nota 18, Roberto insisté sul fatto che «quod ipsarum armatio galearum propter instantiam proximum temporis yemalis esset inutilis et inanis in partibus tam remotis».

40 Housley, *The Italian Crusades*, pp. 100-101. Cfr. anche Abulafia, *Genova angioina*, p. 20.

41 Marchionne di Coppo Stefani, *Cronaca fiorentina*, n. 334, p. 125; Cognasso, *L'unificazione*, p. 121. Per la provenienza dei mercenari cfr. Davidsohn, *Geschichte*, III, p. 621. Una vittoria riportata dai mercenari messi a disposizione del re di Sicilia e Napoli fu celebrata a Firenze come una vittoria propria. Roberto, da parte sua, giustificò la sua domanda di aiuto militare tramite il pericolo siciliano: dichiarò di temere «Siculi hostis impii sagacitatem» e di non poter essere sicuro «de quibusdam Neapolitanis civibus, quod inficit imperialis macula» (MGH, Const. V, n. 505, pp. 408-09, rr. 34-35).

42 Caggese, *Roberto d'Angiò*, vol. II, p. 58; Cognasso, *L'unificazione*, pp. 125-126. I fiorentini, invece, si impegnarono militarmente nelle lotte di Brescia per conto proprio, senza il coinvolgimento del papa o del re (cfr. Davidsohn, *Geschichte*, III, pp. 627-628).

43 Davidsohn, *Geschichte*, III, pp. 624-625; 642.

44 MGH, Const. V, n. 570, p. 458, n. 573, p. 460. Lodovico IV l'istituì di nuovo il 29 marzo 1324 (cfr. n. 925, p. 764).

Genova Roberto si recò allora ad Avignone per continuare la lotta a fianco del papa – che aveva infatti finito per farsi coinvolgere: già il 26 giugno 1319 il re scrisse ai Bresciani che papa Giovanni aveva assunto la guida della guerra, e che era deciso a non cedere ai nemici.[45]

Fu in questo quadro che Matteo Visconti e i suoi figli furono scomunicati per la prima volta il 4 gennaio 1318; altre scomuniche contro di loro e contro altri signori ghibellini sarebbero seguite a breve.[46] Contro questa spregiudicata strumentalizzazione dell'azione spirituale si sarebbe scagliato Dante nel *Paradiso*: nel cielo di Giove al culmine della visione dell'aquila, simbolo della giustizia divina in terra, il poeta invoca l'intervento divino affinché «rimiri / ond'esce il fummo che 'l tuo raggio vizia», e soprattutto affinché si adiri «del comperare e vender dentro al templo / che si murò di segni e di martìri» (vv. 119–120; 122–3). Il riferimento a Giovanni XXII si fa quasi esplicito nelle aspre terzine successive, con tutta probabilità memori della scomunica comminata dallo stesso papa a Cangrande nel 1317: «già si solea con le spade far guerra; / ma or si fa togliendo or qui or quivi / lo pan che 'l pio Padre a nessun serra. / Ma tu che sol per cancellare scrivi, / pensa che Pietro e Paulo, che moriro / per la vigna che guasti, ancor son vivi» (vv. 127–132). Il canto si chiude con una *sermocinatio* di violentissimo cinismo, che vede il papa disconoscere Pietro e Paolo in favore di Giovanni Battista – la cui effigie era impressa sui fiorini (vv. 133–136).

5 Lotte in Umbria e in Lombardia

Anche in Umbria la situazione non andò del tutto come sperato, dal momento che i Ghibellini conquistarono Spoleto nel novembre del 1319. Perugia, alleata tradizionale di Firenze, si trovò così isolata in una sorta di accerchiamento ghibellino e bisognosa di aiuto. Giovanni tentò allora di spingere Firenze in suo soccorso tramite alcune lettere, ma soprattutto tramite la nomina di Bartolomeo de' Bardi, appartenente all'eminente società bancaria dei Bardi, a vescovo di Spoleto. L'investitura di Bartolomeo non poteva prescindere dalla riconquista

---

[45] Caggese, *Roberto d'Angiò*, vol. II, pp. 49–50, ma cfr. anche p. 73: «il re (...) aveva pensato che la campagna contro i Visconti, contro i Ghibellini di Genova, contro i Savoja, contro Can Grande, contro Castruccio poteva esser condotta efficacemente soltanto da Avignone, e gli era sembrato indispensabile mobilitare gl'interessi della Chiesa e quelli del vecchio Pontefice». Il viaggio per Avignone era stato già progettato diverso tempo prima ma fu rinviato più volte (cfr. Tabacco, *La casa di Francia*, pp. 176–78).

[46] Cognasso, *L'unificazione*, p. 116; Bock, *Studien zum politischen Inquisitionsprozess*, pp. 21–56; e soprattutto Parent, *Dans les abysses*; Parent, *Publication et publicité*.

di Spoleto – e, nei piani del papa, tale riconquista doveva essere condotta dai fiorentini.

Nel 1321 grazie alla loro partecipazione alla guerra contro Federico da Montefeltro e contro le città di Spoleto, Urbino, Osimo e Recanati, i fiorentini ottennero dal papa l'indulgenza di una crociata che sarebbe durata fino al 1323.[47] Durante questa crociata i mercanti fiorentini realizzarono addirittura dei guadagni grazie alle bandiere dell'esercito crociato. Fu una delle prime crociate del secolo XIV contro i Ghibellini: la bolla relativa fu emessa il 8 dicembre 1321. Il mezzo politico delle crociate, tuttavia, non fu utilizzato senza limiti: l'interesse papale era decisivo, e Giovanni non cedeva sempre alle richieste angioine di predicare una crociata contro i nemici dei Guelfi; dal canto loro gli Angioini non si impegnarono in ogni crociata in Italia. Ciò non toglie che «the list of crusades which were waged by the papacy and its royal vassals together remains striking».[48]

Anche in Lombardia le lotte si protrassero: nel 1321 Firenze e Bologna contribuirono in maniera straordinaria a rinforzare le truppe guelfe – più che il papa e il re avrebbero dovuto contribuire servendosi di risorse più grandi.[49]

Quanto al contributo specifico del papa, i processi contro i Ghibellini – i Visconti e altri– proseguirono.[50] Durante gli interrogatori un accusato sostenne di essere stato reclutato per praticare un maleficio nei confronti del papa, e spiegò che il suo mandante aveva evocato Dante come possibile rimpiazzo nel caso in cui lui avesse finito per non compiere il sortilegio.[51] Da maggio a novembre 1322 le tensioni si intensificarono tanto che Galeazzo Visconti fu costretto ad abbandonare Milano. Sulle sponde dell'Arno e del Rodano si sperava che una così dispendiosa guerra stesse ormai per concludersi,[52] ma la gioia per questo successo durò poco: l'11 dicembre Galeazzo rientrò, e il 29 dicembre fu proclamato signore.

Le battaglie dell'anno 1323 videro alterni vincitori: in giugno i Guelfi entrarono nei borghi milanesi. Nel campo milanese i mercenari tedeschi erano però scontenti del mancato pagamento del soldo e minacciarono di consegnare Milano e Galeazzo Visconti al legato Bertrand du Pouget. Bertoldo di Neuffen arrivò in aiuto con 600 mercenari, assunse il governo della città e re-investì il Visconti

---

47 Davidsohn, *Geschichte*, III, pp. 665–669. Giovanni XXII fece predicare questa crociata persino in Renania.
48 Housley, *The Italian Crusades*, pp. 25–32, cit. a p. 32.
49 Davidsohn, *Geschichte*, III, pp. 656–666.
50 Cognasso, *L'unificazione*, pp. 157–158.
51 Parent, *Dans les abysses*, pp. 70–80.
52 Cognasso, *L'unificazione*, pp. 166–169.

del ruolo di *protector et defensor*.[53] Anche Bertoldo e, di conseguenza Ludovico IV, divennero così bersaglio degli inquisitori, e furono accusati di sostenere l'eresia perché avevano aiutato i Visconti scomunicati.[54] Nonostante il grande margine d'azione di cui godevano gli inquisitori, i Guelfi dovevano ormai battere in ritirata.[55]

Dopo la grave sconfitta di Vaprio d'Adda,[56] Giovanni rese pubblici i processi contro gli eretici milanesi[57] e chiese ai fedeli della Chiesa, Firenze *in primis*, di partecipare a una crociata contro i nemici della fede[58] e di fare donazioni in tutte le chiese per contribuire al suo finanziamento. Firenze, disperata per lo sviluppo della guerra e minacciata nel suo territorio, voleva ritirarsi dal conflitto.[59] Fino alla discesa di Lodovico IV questi sviluppi segnarono un arresto dell'intera iniziativa militare guelfo-angioina in Lombardia.[60]

Nel cuore dell'universo guelfo, la Curia Romana, papa Giovanni cambiò infine opinione sul suo «maggior protettore» – come lo definì Cognasso:[61] da questo momento in poi le sue speranze furono rivolte piuttosto a Parigi che a Napoli. Sul suo ospite, che sarebbe ripartito da Avignone poco dopo, disse:

---

[53] Villani, *Nuova cronica*, II, X 212, pp. 394–396; Davidsohn, *Geschichte*, III, p. 687; Cognasso, *L'unificazione*, pp. 174–176. Il giuramento di fedeltà di Milano nei confronti del vicario imperiale di Lodovico IV, Bertoldo di Neuffen, si trova in MGH, Const. V, n. 752, pp. 586–588.

[54] MGH, Const. V, n. 897, pp. 711–712 (12 aprile 1324). Cfr. Parent, *Publication et publicité*; Thomas, *Ludwig der Bayer*, pp. 118–121; Decker-Hauff, *Graf Berthold von Neuffen*, pp. 33–35; Serck, *Berthold von Neuffen*, pp. 14–22. Questo personaggio sarà finalmente più conosciuto grazie alla tesi di dottorato di Mirjam Eisenzimmer (Freie Universität Berlin / München): *Berthold von Neuffen, Graf von Graisbach und Marstetten (1282–1342). Ein Berater Kaiser Ludwigs des Bayern*.

[55] Quando un numero elevato di cavalieri tedeschi cambiò fronte e si mise a combattere per la Chiesa, Castruccio Castracani e altri signori ghibellini lombardi portarono la guerra sotto le mura di Milano perché temevano che il loro potere fosse minacciato da un'eventuale vittoria guelfa (cfr. Davidsohn, *Geschichte*, III, p. 688).

[56] Cognasso, *L'unificazione*, pp. 176–178.

[57] Riezler, *Vatikanische Akten*, n. 356, p. 175. Gli atti dei processi furono inviati perfino in Inghilterra per evitare che Galeazzo Visconti ricevesse appoggi internazionali (cfr. Riezler, *Vatikanische Akten*, n. 360–361, pp. 176–177, e anche, come sempre, Parent).

[58] Il 24 agosto 1324 Giovanni XXII chiese a Firenze, già ampiamente coinvolta nella guerra, di fornire altre truppe (cfr. Ficker, *Urkunden*, n. 25, p. 15 [= MGH, Const. V, n. 780, pp. 607–608]; cfr. anche Riezler, *Vatikanische Akten*, n. 330, pp. 166–167).

[59] Davidsohn, *Geschichte*, III, p. 317: Firenze non voleva «für den lombardischen Krieg (...) immer weitere Aufwendungen an Geld und Menschen machen». A questo contesto appartiene probabilmente anche il documento pubblicato in Ficker, *Urkunden*, n. 31, p. 17 (23 giugno 1324).

[60] Léonard, *Les Angevins de Naples*, p. 238.

[61] Cognasso, *L'unificazione*, p. 183.

certe, nos fuimus et sumus decepti in isto misero rege Roberto, qui est miser et miserabilis. Sperabamus enim et indubitanter credebamus, quod dictum negocium una cum Januensibus assumeret, precipue cum ipse in hoc videat finalem suam et suorum destructionem. Set ipse est ita timorosus et miserabilis, quod non est ausus hoc acceptare. Et ideo habeat sibi![62]

6 Ultime lotte in Toscana fino ad Altopascio

In Toscana, nel frattempo, Castruccio Castracani continuava a costituire una minaccia, e anche su questo campo la guerra rimase a lungo aperta. Giovanni XXII era ampiamente coinvolto: a seguito di alcune manovre poco onorevoli criticò i fiorentini, accusandoli di essere molli e di dare un cattivo esempio agli alleati.[63] Dopo la cacciata del vicario angioino da Pistoia, però, si rivolse di nuovo a Firenze per chiedere aiuto.[64]

Queste sconfitte della parte guelfa in Lombardia e in Toscana incoraggiarono ulteriormente Castruccio Castracani.[65] La minaccia di un nemico così vicino rese pressante la necessità di trovare un generale capace: di Bertrand de Beaux,[66] ritenuto incapace, si tentò di liberarsi già dal 1323.[67] Ramon de Cardo-

---

[62] Acta Arag. II, n. 392, pp. 611–614, citazione alle pp. 612–613. Il rapporto che menziona questo moto di sdegno di Giovanni è datato 23 gennaio 1324, dunque prima della partenza di Roberto per Napoli. Tuttavia Léonard, *Les Angevins de Naples*, p. 243, non vuole attribuire a questo documento una grande importanza: «n'exagérons pas l'importance d'un mouvement d'humeur, soigneusement rapporté, sinon provoqué, par le représentant d'un pays mal disposé pour la cour de Naples, comme fidèle à la cause gibeline et contraint à une participation onéreuse et peu honorable aux expéditions napolitaines contre la Sicile: il n'y avait pas moins là l'indice d'une divergence certaine entre les Angevins et Avignon». Il malcontento, però, non fu sempre dalla parte del papa: anche Roberto fu talvolta esasperato dall'alleato papale, come dimostra Tabacco, *La casa di Francia*, p. 175. Per una valutazione del soggiorno avignonese del re Roberto si confrontino le opinioni di Caggese, *Roberto d'Angiò*, vol. II, pp. 73–74; Tabacco, *La casa di Francia*, p. 281; Léonard, *Les Angevins de Naples*, p. 243; Barbero, *Il mito angioino*, pp. 151–152; Galasso, *Il Regno di Napoli*, p. 139. La domanda fondamentale resta quella relativa al successo del tentativo di Roberto di guidare la lotta insieme al papa.
[63] Cfr. Preger, *Die Anfänge*, n. 156, p. 264 (18 agosto 1323): i fiorentini avrebbero avuto l'occasione di annientare il nemico, ma per inerzia non riuscirono a coglierla.
[64] Caggese, *Roberto d'Angiò*, vol. II, p. 62 con nota 3. Pistoia fu vinta da Castruccio Castracani (ivi, pp. 62–63).
[65] Cognasso, *L'unificazione*, p. 187; Caggese, *Roberto d'Angiò*, vol. II, p. 75.
[66] Villani, *Nuova cronica*, X 254, p. 427; Davidsohn, *Geschichte*, III, p. 587. Quanto al personaggio, si veda la voce di J. Göbbels per il DBI (<http://www.treccani.it/enciclopedia/bertrando-del-balzo_res-12cf9dfa-87ec-11dc-8e9d-0016357eee51_(Dizionario-Biografico)>.
[67] Caggese, *Roberto d'Angiò*, vol. II, p. 76, nota 1. Si rinunciò ad attaccare Lucca perché i fiorentini si convinsero che Bertrand, cognato del re, fosse incapace di comandare con succes-

na, comandante guelfo nella sconfitta di Vaprio d'Adda, giunse il giorno dopo la conquista di Pistoia a opera di Castruccio Castracani[68] e assunse la carica di nuovo capitano generale della guerra.[69]

Nonostante questo inizio poco incoraggiante, il fronte ottenne alcuni successi, tanto che addirittura si diffuse la speranza di arrivare alla vittoria decisiva.[70] Le belle speranze della signoria fiorentina sembravano sul punto di rivelarsi ben riposte, quando giunse invece la sconfitta di Altopascio.[71] Insieme alla sconfitta dei bolognesi a Zappolino queste «due battaglie segnarono il crollo della egemonia guelfa in Italia» – dice Cognasso.[72] Giovanni XXII inviò una lettera consolatoria e piena di auspici di vittorie future[73] – che sarebbero invece mancate a lungo. Da Napoli non c'era da aspettarsi molto, perché Roberto era immerso nei preparativi per il futuro tentativo di riconquistare il regno di Trinacria.[74] Ludovico IV, dopo la riconciliazione di Trausnitz, poteva finalmente aspirare alla corona imperiale – il che l'avrebbe portato, secondo le previsioni dei

---

so un esercito composto di contingenti provenienti da Bologna, Siena e da altri signori alleati e segnato da forti divergenze d'opinione. Queste divergenze seguivano le opposizioni "sociali" tra magnati e popolani (cfr. Davidsohn, *Geschichte*, III, p. 696). Un'altra ragione di controversia tra Bertrand e Firenze fu la valutazione strategica della conquista del castello Carmignano (cfr. ivi, p. 713; Marchionne di Coppo Stefani, *Cronaca fiorentina*, n. 372, p. 136).
68 Sulla conquista di Pistoia cfr. Villani, *Nuova cronica*, X 294, pp. 459–460; sull'arrivo di Ramon de Cardona cfr. ivi, X 295, p. 460. Conquistando Pistoia, Castruccio realizzò il suo vicariato imperiale (cfr. MGH, Const. V, n. 927, p. 766).
69 Dopo la sconfitta di Vaprio d'Adda Ramon aveva dovuto giurare di non combattere mai più in territorio italiano (cfr. Cognasso, *L'unificazione*, p. 179); ma il giuramento ebbe come testimone e garante uno scomunicato, e fu perciò ritenuto nullo. Ramon si fece poi confermare ulteriormente da re Roberto (cfr. Caggese, *Roberto d'Angiò*, vol. II, p. 76; Villani, *Nuova cronica*, X 295, p. 460). Giovanni XXII scrisse allora ai fiorentini per incitarli a pagare un soldo adeguato e a fornire delle altre truppe, e raccontò che Ramon non aveva accettato la carica a cuor leggero (cfr. Preger, Reinkens, *Die Verträge*, n. 202, pp. 161–62 [21 gennaio 1325]; cfr. anche Ferrer Mallol, *Cavalieri catalani*).
70 Decisiva soprattutto la conquista del castello di Artimino il 22 maggio 1325 (cfr. Villani, *Nuova cronica*, X 300, p. 463–464); sulla leva di mercenari, cfr. ivi, X 302, dove si trova un amaro commento relativo alle truppe fornite dagli alleati: «essendo i Fiorentini in vittoria, tutti gli amici mandarono soccorso».
71 Davidsohn, *Geschichte*, III, pp. 735–738; Partner, *Lands of St Peter*, p. 317, ritiene che per qualche tempo fu Bologna la cerniera dell'alleanza guelfa.
72 Cognasso, *L'unificazione*, p. 163.
73 Davidsohn, *Geschichte*, III, p. 743. Forse la lettera riportata in Ficker, *Urkunden*, n. 39, p. 23 (13 novembre 1325) appartiene a questo contesto.
74 Davidsohn, *Geschichte*, III, p. 745. È vero che Roberto fu occupato dai preparativi per la guerra e non inviò le sue truppe a Firenze, ma Carlo di Calabria, suo figlio, inviò una missiva alle città alleate promettendo un aiuto veloce (cfr. Caggese, *Roberto d'Angiò*, vol. II, p. 80).

fiorentini, anche a Firenze. Nel frattempo il Castracani fu libero di devastare il contado fiorentino e arrivò fino a Fiesole.[75]

7 Un primo riepilogo

Le relazioni angiono-papali-fiorentine non furono mai interamente prive di tensioni né di interessi divergenti, ma con queste sconfitte e con il mancare del sostegno napoletano la situazione cominciò a evolvere in direzione di un ribaltamento delle alleanze: Giovanni XXII si sarebbe infine alleato col re di Boemia,[76] i fiorentini e Roberto avrebbero combattuto l'alleato papale[77] e, alcuni decenni più tardi, Firenze avrebbe combattuto il papa stesso[78] dopo che questi si fu ritirato per sempre dalle signorie angioine – come ha dimostrato Amedeo De Vincentiis.[79]

Il resoconto dei fatti condotto fin qui manca però di una componente fondamentale: l'azione robertina, e soprattutto il venir meno del suo contributo alle lotte dei fiorentini, non si comprende a fondo se non si considera il ruolo cruciale che la Sicilia rivestiva per il sovrano. La logica principale, se non l'unica logica, di tanta parte della sua politica ruotava infatti proprio attorno alla Sicilia: in nome di essa chiese un contributo ai pisani e poté incitare Genova a fornire delle navi per la riconquista dell'isola. In fondo i fiorentini, combattendo su richiesta di Roberto Castruccio Castracani in Toscana, contribuirono all'energico tentativo del re di Napoli di contrastare i Vespri Siciliani – operazione non per tutti legittima, se teniamo a mente che Dante, ad esempio, ne parla come della naturale conseguenza di una «mala segnoria» (*Par.* XVIII, 73–75). Una volta dissolte le minacce esterne con la morte di Enrico VII e l'allontanamento dei Ghibellini lombardi dal suo regno, l'impegno di Roberto nella lotta contro i nemici della parte guelfa in Toscana e in Umbria si raffreddò considerevolmente.

---

75 Villani, *Nuova cronica*, X 317–319, pp. 485–89; Caggese, *Roberto d'Angiò*, vol. II, pp. 80–81. Per la riconciliazione di Trausnitz cfr. Thomas, *Ludwig der Bayer*, p. 172–74; MGH, Const. VI, 1, n. 29, pp. 18–20.
76 Margue, *La conquête de l'Italie du Nord*; Härtel, *Die Italienpolitik*, pp. 363–382; Dumontel, *L'impresa italiana*; Landogna, *Giovanni di Boemia*.
77 Villani, *Nuova cronica*, XI 210, p. 775. Cfr. anche Caggese, *Roberto d'Angiò*, vol. II, pp. 149–ss.
78 Favier, *Les papes d'Avignon*, pp. 482–488.
79 De Vincentiis, *Signorie angioine*. Non ho potuto consultare la sua tesi di dottorato.

8 Modalità d'influenza e di sostegno

Giovanni XXII, dal momento che al di fuori dello Stato della Chiesa era solo raramente signore di una città, non disponeva delle stesse capacità d'influenza di re Roberto. Il papa poteva inviare delle truppe, ma su questo terreno l'interlocutore principale di Roberto era il cardinale legato Bertrand du Pouget, che si trovava in Italia e aveva delle truppe già assoldate:[80] al papa il re si rivolgeva soltanto se il legato non corrispondeva alle richieste fiorentine.[81] La repubblica fiorentina, da parte sua, si rivolse a più riprese al papa per chiedergli di predicare una crociata contro i nemici di Firenze – una richiesta che non fu esaudita se non raramente.[82] Il tentativo di indurre il papa ad aprire dei processi di eresia contro i nemici della repubblica giunse vicino al suo obiettivo: anche in questo caso si trattò di una coincidenza di interessi che si poteva realizzare solo poche volte, e non sempre o non necessariamente nei momenti in cui l'azione era richiesta.[83] Gli atti dei processi furono pubblicati su scala europea – ed è anche per giustificare gli appelli alla crociata che Giovanni arrivò a compiere questo passo.[84]

La repubblica fiorentina chiedeva anche la tassazione del clero fiorentino: poiché le truppe fiorentine difendevano non soltanto l'area urbana e il contado ma anche il clero, questo avrebbe dovuto, secondo la signoria fiorentina, contri-

---

[80] Per questo personaggio si veda la voce corrispondente di A. Jamme, P. Jugie nel DBI (<http://www.treccani.it/enciclopedia/bertrando-del-poggetto_(Dizionario-Biografico)>).

[81] Per esempio il 23 maggio 1328: «supplicamus, quatenus omni mora sublata scribere dignemini efficaciter domino Lombardie legato nec non communibus Bononie et aliarum civitatum fidelium Lombardie, quod ad nos dicta causa omne suum et ecclesie exfortium destinent indilate, et hoc facto faciant et non verbis» (Ficker, *Urkunden*, n. 119, p. 72).

[82] Ficker, *Urkunden*, n. 57, p. 35 (= MGH, Const. VI, 1, n. 284, pp. 200–201): «primo nanque petiit ambaxiator predictus, quod cum Ludovicus olim Bavarie, tractatibus et colloquiis iniquis cum hereticis et rebellibus habitis ac pactionibus confederationibus et colligationibus initis dampnabiliter cum eisdem ad offendendum deum et ecclesiam ac fideles, Lombardiam dampnate intentionis proposito sit ingressus, tam ad ipsum quam dictos rebelles et hereticos eorumque fautores et sequaces citius et felicius extirpandos crucem predicari contra eos faceremus. Super quibus duximus respondendum, quod cum fratribus nostris deliberatione super hiis habita pleniori annuente domino proponimus, quod expediens in hac parte videbitur ordinare». Cfr. anche Housley, *The Italian Crusades*, pp. 145–47. Giovanni, nonostante essendo il papa perseguisse più energicamente questa strada, tentennò a lungo, giacché preferiva combattere sul campo spirituale (cfr. Bock, *Studien zum politischen Inquisitionsprozess*, p. 31).

[83] Parent, *Publication et publicité*, pp. 104; 121–128.

[84] Parent, *Publication et publicité*, pp. 96–97; 102; 113–114. Housley, *The Italian Crusades*, p. 69, commenta così la pubblicazione: «the most important aim of the papacy in justifying the Italian crusades was to present the struggle in Italy as an issue which affected all Christians».

buire «pro novorum constructione murorum». Una richiesta che, una volta esaudita, portò all'interdetto contro la città guelfa.[85] La repubblica domandò anche un appoggio per una "guerra economica": il papa, nelle richieste di Firenze, avrebbe dovuto esortare i vescovi di Siena e Volterra a distruggere le strade verso Pisa e Lucca e a interrompere ogni commercio con questi comuni. Una simile richiesta avrebbe dovuto però piuttosto essere diretta al re di Francia.[86]

Oltre a tutte queste misure che si potrebbero chiamare "pratiche", lo strumento principale con il quale il papa fornì il suo appoggio fu un'epistola contenente consigli paterni: in essa Giovanni XXII pregò i fiorentini di non farsi spaventare dalla discesa di Ludovico IV e di fare ulteriori sforzi;[87] alcune settimane più tardi fornì addirittura un consiglio tattico: bisognava incrementare il numero di cavalieri e non spargere le truppe.

> Providenciam et universitatem vestram rogamus, monemus et hortamur attente, vobis nichilominus paterno consilio suadentes, quatenus sic expedienti bellatorum exfortio vestrum roboretis exercitum, vires vestras undecunque dispersas reducentes in unum, cum unita virtus fiat fortior disgregata, quod, si opus extiterit, potenter eisdem inimicis vestris et emulis resistere valeatis, circa quod nostrum auctore deo non deerit auxilium et consilium oportunum.[88]

9 Conclusioni

Concentrandoci sull'ultimo quinquennio della vita di Dante abbiamo seguito il coinvolgimento della repubblica fiorentina nella politica papale, ma soprattutto robertina, con le notevoli differenze d'interesse relative alle due.[89] Questi anni,

---

85 Villani, *Nuova cronica*, XI 110, p. 662; cfr. Marchionne di Coppo Stefani, *Cronaca fiorentina*, n. 447, p. 159; Davidsohn, *Geschichte*, III, p. 865. La lettera papale non si trova nelle pubblicazioni consuete.
86 Ficker, *Urkunden*, n. 178, pp. 101–102 (8 settembre 1328); Mommsen, *Italienische Analekten*, n. 185, pp. 82–83 (7 marzo 1329), n. 188, pp. 83–84 (16 maggio 1329). Firenze stessa sembra non aver rispettato le proprie proposte (cfr. Pinto, *Aspetti della guerra*, p. 236).
87 Ficker, *Urkunden*, n. 61, pp. 37–38.
88 Riezler, *Vatikanische Akten*, n. 878, pp. 334–335.
89 Maire Vigueur, *Nello Stato della Chiesa*, p. 771: «a due riprese perlomeno, all'epoca di Clemente V e di Benedetto XII, ci furono tra Firenze e gli Angioini, da una parte, e il papato, dall'altra, contrasti con serie ripercussioni sulla scelta degli ufficiali, là dove i capofila del guelfismo dettavano legge o per lo meno esercitavano una forte influenza in questo campo»; a queste considerazioni possiamo dunque aggiungere altri contrasti durante la vita di Dante, che saranno destinati a inasprirsi nel futuro. Cfr. anche Tabacco, *La casa di Francia*, p. 335.

fino alla discesa di Ludovico IV, sono l'ultimo periodo in cui l'alleanza guelfa classica, così come si era formata nel secolo XIII sotto Carlo d'Angiò, fu ancora attiva e vitale. Le azioni militari richieste dalle relazioni tra il papa e i fiorentini avrebbero dovuto portare ulteriori conseguenze, come scomuniche e guerre economiche, fino alla preparazione di un conflitto su scala – almeno teoricamente – europea. Il papa però non corrispose se non molto parzialmente alle esigenze fiorentine. Ci associamo, dunque, alla domanda implicitamente posta da Maire Vigueur: volendo analizzare il guelfismo come alleanza politica attiva, bisogna interrogarsi sulle condizioni precise di ogni comune: chi si associa quando, con chi, e per quali ragioni?[90]

---

90 Maire Vigueur, *Nello Stato della Chiesa*, pp. 772–774.

Giuliano Milani e Antonio Montefusco
Le epistole attraverso i contesti

Osservazioni conclusive

I saggi che precedono sono il risultato di una ricerca collettiva, compiuta a più voci in tempi diversi distesi lungo l'arco di tre anni, nella quale storici delle istituzioni e dei testi, filologi e italianisti sono stati sollecitati a rileggere, ognuno con i propri strumenti, le epistole dantesche. Per questo nel ricapitolarne le principali conclusioni cercheremo di resistere alla tentazione di ridurle a unità, eliminando la pluralità di voci (e talvolta la differenza di opinioni) che rappresenta una delle ricchezze dell'impresa. Detto questo, dalla nostra – inevitabilmente personale – rilettura ci sembrano emergere anche convergenze e dati condivisi, tanto sul piano storico e biografico dell'esperienza di Dante, quanto su quello formale e retorico della sua *ars dictaminis*, che vorremmo qui riassumere e offrire alla discussione. Prima di tutto, però, è necessario tornare al problema del testo.

1 Per un ritorno ai manoscritti: le forme peculiari della trasmissione

Uno dei problemi che si pone a chi voglia studiare la tradizione delle epistole dantesche è la costruzione di un quadro di comparazioni che permetta di definirne con precisione le coordinate culturali, nonché le peculiari caratteristiche di conservazione e trasmissione. Studiando la raccolta di *dictamina* assemblata dal notaio veronese Ivano di Bonafine de Berinzo intorno al 1310, Varanini offre finalmente anche allo specialista di cose dantesche una spiegazione della difficoltà di trovare tracce di Dante a Verona. Il quadro complessivo della documentazione "signorile" di questa città fa emergere il protagonismo di un gruppo di notai di livello alto (in rapporto con Bologna), che lavorava per il Comune e per il Capitanato del Popolo (nel cui ambito istituzionale si definisce e si afferma la personalizzazione del potere degli Scaligeri). Questo quadro professionale e scrittorio, presumibilmente chiuso ad apporti esterni – e ci sarebbe da chiedersi

---

Giuliano Milani, Université Paris Est Marne-la-Vallée
Antonio Montefusco, Università Ca' Foscari Venezia

Open Access. © 2020 Giuliano Milani e Antonio Montefusco, published by De Gruyter. This work is licensed under the Creative Commons Attribution 4.0 International License (CC BY 4.0).
https://doi.org/10.1515/9783110590661-027

anche se il rapporto con un non professionista come Dante possa essere qui considerato possibile – spiega l'infruttuosità delle ricerche che, seppure con accanimento, hanno cercato evidenze di un'attività non limitata a quella poetico-letteraria. Allo stesso tempo, Varanini spiega come il telaio della documentazione "signorile" sia totalmente sfilacciato e pieno di buchi e che, se a Verona è più pesante la tradizione di stampo comunale, profondamente diversa è la situazione che si crea negli *entourages* di casate signorili come quelle dei Malaspina, laddove l'apporto – effettivamente attestato con la pace di Castelnuovo nel 1306 – di un *dictator* illustre può ben essere accolto e quindi conservato.

A partire da questi dati, si può ragionare su due questioni che hanno impegnato un buon numero di contributori. La prima è quella dell'esile trasmissione manoscritta e della conservazione fortunosa del *corpus* epistolare dantesco. La seconda riguarda il profilo di questo particolare *dictator* che è Dante, la sua collocazione nella cultura del tempo. Proviamo ad analizzarle separatamente, nella consapevolezza che i problemi sono intrecciati e che proprio su queste tematiche di ricerca "di frontiera" i risultati di questo volume spingono verso ricerche più sistematiche.

La fortunosità con cui il *corpus* epistolare dantesco si è effettivamente conservato, come si è visto in sede introduttiva, è ancora difficile da valutare, ma ciò non impedisce di ragionare sulle concrete modalità di trasmissione. Lo studio di Romanini, che si concentra su un vettore cruciale, e cioè il manoscritto *V* (BAV, Pal. Lat. 1729), testimone di nove delle lettere, ci dice almeno tre cose. Primo: a prescindere dal problema, forse non risolvibile in maniera univoca, della sua autografia, un confronto allargato anche agli altri codici dello stesso copista conferma la regia di Francesco Piendibeni da Montepulciano. Secondo: la data tradizionale, solitamente assegnata al 1394, è da correggere. La costituzione del manoscritto (in cui è difficile capire come si sono posizionati i fascicoli) non può dare sicurezze su questo (nonostante l'attuale assetto, non possiamo escludere che i fascicoli con la *Monarchia* e le epistole siano precedenti al *Bucolicum carmen*, chiuso dalla data ricordata); indubbio risulta il rapporto con il periodo perugino (1381–1396), quando Piendibeni scalò la gerarchia cancelleresca da *coadiutor* a *cancellarius* su promozione di Bonifacio IX, arrivando ad occupare la posizione che Filippo Villani tenne fino al 1381. Terzo: il dato delle caratteristiche di copia rimane aperto. Le variazioni di stile di scrittura (secondo un gradiente ascendente di corsività) nonché di inchiostro, fanno pensare addirittura a più copisti.

Al netto di ciò, altri saggi offrono argomenti per confermare l'ipotesi, lanciata da Mazzoni e, sulla base della sua autorevolezza trasmessa al resto degli studi più recenti, secondo cui nella biblioteca di Piendibeni, dotata di centinaia di libri, ci fossero altre epistole; insomma, le lettere potrebbero essere state copiate da antigrafi in cui erano già conservate in forma libraria e non documentaria. Varanini, per esempio, sembra dar poco credito all'ipotesi che presso i Guidi ci fosse la possibilità di conservare a lungo documentazione di questo tipo. Anche l'analisi di Bartoli Langeli sulle epistole VIII, IX e X, i biglietti scritti per la contessa Gherardesca in risposta a lettere provenienti dalla imperatrice Margherita di Brabante, va nella stessa direzione e fornisce ulteriori precisazioni. Lascia infatti intendere che l'ipotesi del "copialettere" resta plausibile solo per questi tre testi (che potevano trovare copia in un registro delle lettere inviate da parte di notai casentinesi), certo non per le altre lettere dantesche, e prospetta la possibilità di un registro personale di Dante rimasto e copiato in Casentino. A questa tradizione, già fortemente orientata in senso librario, andrà aggiunta quella che confluisce nello zibaldone autografo di Boccaccio (e specificamente in *L*, il codice Firenze, Biblioteca Med. Laur., 29.8). Petoletti, infatti, fa notare che l'illustre copista, che scrive le epistole (la III, la XI e la XII) non attestate nel testimone vaticano negli anni estremi del soggiorno napoletano, opera una trascrizione in sordina, non eclatante, all'interno di una raccolta di testi che risale a collezioni di scuole di retorica dell'Italia meridionale: si tratta, dunque, di un flebile segno sia della precoce acclusione di Dante alla trasmissione di *dictamina* esemplari, sia della peculiare ricezione da parte di Boccaccio di queste collezioni.

Infine, anche la storia delle edizioni testimonia bene il processo che ha reso le lettere dantesche un oggetto troppo distante dal suo contesto culturale di produzione. L'intervento di Zanin, che ricostruisce nel dettaglio la storia del ritrovamento del testimone vaticano e il ruolo di Witte, mostra quanto l'italianistica in generale e la dantistica in particolare siano stati campi di studio attraversati da tensioni politiche in un periodo cruciale per la storia d'Italia come il pieno Ottocento. Tedesco e "laico", Karl Witte ebbe la capacità di rimanere al di qua di queste tensioni e del processo che fece di Dante un padre della patria italiana. Lo studio delle carte dello studioso tedesco conservate alla Biblioteca universitaria di Strasburgo dimostra il suo interesse per la contestualizzazione dell'opera dantesca alla luce della biografia e la sua influenza sotterranea sugli studi danteschi italiani.

Non possiamo, dunque, non pensare con rammarico all'abbandono del suo progetto di una nuova edizione del testo – anche se Witte continuò a collaborare a quella di Fraticelli. Va osservato comunque che in quella fase si era agli albori non solo di una concezione moderna degli studi danteschi, ma anche della filologia lachmanniana; e non si dovrà dimenticare nemmeno che questo nuovo orizzonte metodologico sarà lontano anche da Francesco Novati, ufficialmente incaricato della Società Dantesca di procedere all'edizione nazionale delle lettere, ma ancora lontano dalla "nuova filologia". Questo momento fondativo della storia editoriale delle epistole lascia dunque un'eredità piuttosto negativa sul loro testo, rendendolo un terreno fertile per trovate filologiche spesso infondate e non sempre felici.

L'urgenza di una *restitutio* rinnovata anche sul piano della *facies* propriamente testuale caratterizza infatti numerosi interventi qui raccolti. Sembra ormai condivisa la consapevolezza che la *vulgata* Torri-Pistelli, riproposta fino ad anni recentissimi senza grosse variazioni, possa essere profondamente corretta con l'innesto di pratiche filologiche basate su tre principi: un ritorno ai manoscritti (perlopiù testimoni unici nel caso delle lettere) che ne decifri definitivamente il dettato e lo rianalizzi alla luce di un rispetto più spiccato della lettera; una nuova valutazione dello stile, e in particolare del *cursus*, e infine un uso più sistematico dell'intertestualità. Su questo, gli interventi di Petoletti e di Potestà hanno anche mostrato che, eliminando lo strato di superfetazioni del *iudicium* che hanno fatto accumulare fin troppe correzioni, notevoli sono i guadagni non solo sul piano della correttezza e affidabilità testuale, ma anche su quella dell'interpretazione. Entrambi, infatti, riducendo molto le lezioni indubbiamente erronee in *L*, permettono non solo di valutare Boccaccio, secondo una linea sempre più condivisa, come un copista meno distratto di quanto la sua cattiva fama facesse presagire, ma anche di capire meglio il testo dantesco.

Se consideriamo corretta la lezione «sacrosantam ovilem» di *L*, e quindi lo consideriamo femminile e complemento oggetto di «lugere», come propone di fare Potestà, il discorso della lettera XI si concentra ancora di più su Roma, centro della cristianità e nuova Gerusalemme, che Dante, nuovo Geremia, invita a piangere in quanto abbandonata dal papato. Nel caso della lettera successiva (la XII) Petoletti mostra che gli errori imputabili a Boccaccio sono limitati a striminziti scorsi di penna (di fatto solo due), mentre indica nel manoscritto di Francesco Piendibeni un nucleo più consistente di errori di vario tipo e non tutti di facile soluzione. Ciò comporta, in definitiva, che il ritorno al manoscritto e al suo dettato deve mettere in questione sia l'*usus* di copia dei due scribi sia, ancora una volta, la trafila di copie che ad essi è arrivata, e infine le loro caratteristiche, materiali e non. Le correzioni proposte nei restanti contributi mettono a frutto l'utilità della conoscenza di altri contesti: la lettura retorico-dictaminale permette per esempio a Delle Donne di intervenire sulla paragrafatura dell'epistola II, e lascia credere che una verifica basata sulla strutturazione delle epistole secondo le partizioni canonizzate, a cui Dante si attiene sistematicamente, se generalizzata, darà i suoi frutti.

2 Oltre le fasi: Dante esule attraverso le lettere

Veniamo ora alla biografia. Un'impressione generale che si ricava dalla lettura consecutiva dei saggi (e con essi delle epistole a cui si riferiscono) è quella della difficoltà di stabilire discontinuità nette tra le presunte fasi dell'esilio. Rispetto a biografie che recentemente hanno esaltato cesure e cambi di orizzonte, il *corpus* sulle epistole accumula fasi intermedie e momenti di passaggio già a partire dai primissimi anni.

La lettura fatta da Mirko Tavoni delle prime due lettere, che confuta la proposta di retrodatazione della seconda (e dunque l'inversione d'ordine) avanzata da Giuseppe Indizio e accettata da una parte importante della bibliografia successiva, lascia emergere due fatti interessanti. Primo: gli incarichi ricevuti (inviato a Verona nell'inverno 1302, scrittore dell'epistola al cardinale da Prato nel 1304) mostrano il forte coinvolgimento, pratico e ideale, di Dante nelle primissime organizzazioni degli esuli fiorentini. Il dato è ricavabile, contemporaneamente, dal cosiddetto patto di San Godenzo del 1302, dalla scrittura della epistola I e dalla rivendicazione di fedeltà ad Alessandro da Romena dell'epistola II. Secondo: rispetto a questa organizzazione Dante mantiene una certa autonomia, che gli permette di alternare momenti di vicinanza con altrettante fasi di distacco. Uno di questi momenti di "freddezza", per così dire, forse dovuto a conflitti con i Bianchi, è il soggiorno a Verona del 1303-1304. Questa autonomia sfocerà in un lungo allontanamento avviato al momento della scrittura dell'epistola II – dunque dopo la battaglia della Lastra, secondo la ricostruzione di Tavoni – che per certi versi si concluderà solo molti anni dopo, quando una parte dei Bianchi riconfluirà, insieme a Dante, nel sostegno per il nuovo imperatore Enrico VII.

Una possibile spiegazione di questo altalenante rapporto tra Dante e gli esuli bianchi si trova nell'articolo di Paolo Grillo, che indaga l'organizzazione dei fuoriusciti fiorentini nel quadro più ampio delle relazioni intercittadine condizionate dai progetti di egemonia di Bonifacio VIII e dalle resistenze "ghibelline" a tali progetti. Sebbene Grillo interpreti in modo leggermente differente alcuni dettagli, la sua proposta di datare l'istituzionalizzazione vera e propria della *Universitas Alborum* nel 1303, nel momento in cui le fortune del fronte nero guidato da Bonifacio VIII e dai Della Torre erano in ribasso, converge in più punti con la ricostruzione di Tavoni. Non solo conferma il ruolo importante di Bologna nello schieramento bianco e offre argomenti a ritenere che nel principio del 1303 in questo schieramento vi fossero ottime ragioni per inviare Dante ambasciatore a Verona, ma mostra anche come le compagnie di fuoriusciti potessero avere gradi diversi e cangianti di organizzazione, strutturazione e personalità giuridica. Se la «compagnia malvagia e scempia» nel corso dei primi due anni successivi all'esilio dei suoi membri non fu affatto uno stabile "comune di fuori", ma si trasformò da aggregato informale in organizzazione strutturata e poi nella parte di un'alleanza più grande (per poi disperdersi nuovamente e tornare a subire negli anni seguenti metamorfosi dello stesso tipo), diviene più comprensibile come uno dei suoi membri o simpatizzanti potesse avvicendare momenti di impegno diretto, anche intenso, allontanamenti, fasi intermedie.

In considerazione di ciò, dunque, il cambio di fase che nelle biografie di Dante, sulla base della ricostruzione della profezia di Cacciaguida, segna il passaggio dal momento di attività per l'*Universitas Alborum* a quello in cui Dante fa «parte per sé stesso», acquista una luce nuova e diversa. Da un lato, infatti, appare diluito nella continuità dei referenti, dall'altro è accentuato dalla posizione che in questa continuità assume Dante. Il contesto sociale e politico è infatti lo stesso: appartengono della stessa famiglia signorile alleata dei Bianchi, i Guidi da Romena, il mittente della prima e i destinatari della seconda. Ma il ruolo del *dictator* ha subito un cambiamento radicale: colui che nell'epistola I scriveva per altri, nella seconda lo fa, appunto, per sé, come mostra nella sua analisi Fulvio Delle Donne, a cui si è già accennato e sulla quale si tornerà.

Una conferma di questo cambiamento viene dall'epistola III indirizzata a Cino da Pistoia. Qui l'autodefinizione di Dante utilizzata nella II come «exul immeritus» (a conferma *ex post* della peculiarità della lettera in morte di Alessandro) viene declinata all'interno di un'occasione diversa dalla consolazione. Si tratta di una *quaestio* di tematica amorosa (se l'anima possa mutare oggetto del proprio innamoramento) che si inserisce, in verità, in un complesso ciclo di rime (*Rime* 98–99; 103–106) in cui è Cino a sollecitare più volte l'Alighieri sul problema dell'impossibilità di rendere unico l'oggetto d'amore. Gli studi si sono giustamente concentrati su questo tema filosofico-amoroso, ma sarebbe un errore separare questo aspetto dalle urgenze politiche, che animano Dante anche in questa scrittura. Nella lettera lo certificano l'accento della comune condizione dell'esilio, che segna la *salutatio* e la *conclusio*, dove Dante invita Cino, con riferimento a testi senecani di consolazione, a farsi forza in questa situazione (*Ep*. III, 8). A questo si aggiunga che nell'*exordium* Dante sottolinea la sua gratitudine per essere stato interpellato e poter così "accrescere il prestigio del *suo* nome" (*Ep*. III, 2), cosa evidentemente importante in questa fase dell'esilio e, infine, che l'intero scambio contiene riferimenti politici (per esempio, in *Dante quando per caso*, *Rime* 103, v. 12, dove si fa riferimento al «nero e il bianco» che uccidono).

Spingono infatti a considerare l'importanza di tale valenza politica delle epistole apparentemente più "letterarie" anche i saggi dedicati all'epistola IV, che con la III ha un rapporto stretto da vari punti di vista. In primo luogo, la quarta epistola accompagna con ogni probabilità anch'essa un testo poetico volgare di contenuto amoroso (e se si tratta della canzone "montanina" *Amor, da che convien pur ch'io mi doglia*, Rime 15, come ha preteso una lunga tradizione critica ma non la testimonianza dell'unico manoscritto, non potrà sottovalutarsi il congedo "politico" della canzone, in cui il poeta si rivolge alla poesia dicendole che nel suo cammino vedrà Firenze che gli chiude la porta in faccia). In secondo luogo, è indirizzata a Moroello Malaspina, a cui Cino invia un sonetto in volgare (*Cercando di trovar miniera in oro*, Rime 105), a cui risponderà, in suo nome, Dante con un altro sonetto (*Degno fa voi trovare ogni tesoro*, Rime 106). Insomma, le lettere III e IV fanno parte di un unico scambio tra Dante, Cino e Moroello e andrebbero lette nel flusso di questo scambio, da cui ricevono luce e a cui consegnano un più ampio orizzonte di significato, tanto più se analizzate nella loro totalità, a prescindere dal *medium* comunicativo-linguistico, in questo caso palesemente integrato.

I due saggi che commentano specificamente la lettera IV cercano in modi diversi di cogliere la convergenza di tematiche amorose e interessi politici. Quello di Claudia Villa adduce argomenti per una datazione tarda, successiva all'incontro con Enrico VII, e un contesto contemporaneo a quello della *Monarchia* e degli ultimi canti del *Purgatorio*. Quello di Giuliano Milani, pur non condividendo l'ipotesi di una datazione così bassa, sottolinea l'importanza del rapporto che Dante ebbe con la corte signorile di Moroello nel quadro non solo di una sintonia "poetica", ma anche di una crescente affinità politica destinata a risolversi per entrambi, tra 1307 e 1309, nell'allontanamento dall'orbita di Firenze e nell'avvicinamento a quella dell'imperatore.

Il saggio di Justin Steinberg, pur trattando della fase successiva, fornisce un elemento in più a favore di questa impressione condivisa, per cui la fase malaspiniana non costituì solo una pausa "cortese" o addirittura "cortigiana" tra l'impegno politico con i Bianchi e quello per l'impero, ma piuttosto un momento di intensa rielaborazione intellettuale. Sottolineando l'impiego da parte di Dante dell'argomento dell'inalienabilità dei diritti imperiali e il suo debito con la scuola di Orléans, Steinberg apre la strada all'ipotesi per cui proprio Cino, al tempo stesso traghettatore delle dottrine orleanesi in Italia e sodale di Dante nell'avventura in Lunigiana, abbia vissuto da molto vicino, forse come compagno nella ricerca, e, perché no, addirittura come ispiratore, la scoperta dantesca della necessità dell'Impero.

I saggi dedicati alle epistole enriciane costituiscono il nucleo numericamente più consistente della raccolta. Il dato non stupisce, in ragione tanto della loro ricchezza, densità ed estensione rispetto alle altre lettere, quanto del loro formare un insieme coerente e, per una volta, databile con una certa sicurezza. Dalla loro lettura emerge ancora una volta il valore delle epistole come fonte primaria per osservare lo spazio intermedio tra le "fasi" nell'evoluzione della visione dantesca, per collegare cioè le diverse posizioni espresse nelle opere poetiche.

Significativa in primo luogo è l'epistola V, che il saggio di Francesco Somaini colloca con argomenti persuasivi nel Casentino dominato dalla signoria guidinga e nella tarda estate-inizio autunno del 1310, quando ormai, come una serie di studi ha chiarito, l'annuncio della spedizione imperiale era ben noto in Italia e stava destando speranze e preoccupazioni. Dalla sua lettura emergono numerose continuità con la situazione delle due epistole precedenti. Se si accoglie l'ipotesi della possibilità che questa lettera sia non solo coeva ma complementare al canto VI del *Purgatorio*, perché destinata a circolare insieme a esso, avremmo un'ulteriore epistola destinata ad accompagnare un testo poetico volgare. Ma anche al di là di quest'ipotesi, colpisce in questo testo l'insistenza su due aspetti che avevano segnato la produzione dantesca degli anni precedenti: nel metodo, il proporsi come intellettuale capace di tenere insieme filosofia, politica e poesia (come era avvenuto nel *Convivio*) e, nel merito, il considerare l'Italia come un'entità politica unitaria, così come era avvenuto nel *De Vulgari Eloquentia*.

Questo ultimo aspetto mostra quanto Dante, come intellettuale e teorico politico, mantenga in questa fase la propria autonomia, non prestandosi semplicemente a farsi portavoce e cantore del programma enriciano, ma provando a orientare il sovrano verso esiti che egli stesso elabora originalmente – e forse in parte isolatamente, su basi che magari all'imperatore non interessavano affatto (per esempio quella dell'unità linguistico-culturale, come nel *De vulgari*). La sua visione di un'Italia come possibile regno unitario all'interno dell'impero, a cui le regioni governate da altri sovrani esistenti (Sud, Sicilia, Sardegna) dovranno sottomettersi, era assai differente da quella che aveva in mente Enrico, più tradizionalmente ancorato al *Regnum Italiae* centro-settentrionale di ascendenza carolingia.

Anche l'attenta lettura di Anna Fontes (che tra l'altro sottolinea importanti continuità con le due epistole precedenti) va in questa direzione quando osserva che l'epistola V, scritta nel momento in cui l'alleanza tra Enrico e Clemente V è ancora solida, è tuttavia disseminata di riferimenti che avrebbero potuto far capire ai lettori più attenti la polemica del suo autore sul ruolo del potere papale nella penisola italiana e sui suoi rapporti con l'impero (quella polemica, come noto, che avrebbe trovato espressione piena ed esplicita solo nella *Monarchia*). E a tali riferimenti Somaini aggiunge l'esplicita menzione dei Senatori dell'Urbe nella *salutatio*, che in una certa misura delegittima il papa quale signore di Roma, nell'auspicio che proprio Roma torni a essere la capitale dell'impero rinnovato.

I saggi sull'epistola VI permettono di cogliere la stessa visione politica dantesca ma, per così dire, in negativo, poiché evocano un sistema politico italiano più ostile a quello a guida imperiale immaginato da Dante, ossia quello guelfo e angioino guidato da Firenze. A questo proposito il saggio di Andreas Kistner mostra, sulla scia di indagini classiche, come tale sistema fosse destinato a entrare in crisi poco dopo la conclusione della spedizione di Enrico VII. Nonostante la morte dell'imperatore, infatti, nel periodo che coincise con gli ultimi anni cinque anni della vita di Dante, le relazioni interne tra i membri che componevano tale sistema andarono deteriorandosi, a cominciare da quelle tra angioini e papato.

Un filo rosso tiene insieme i tre articoli che parlano dell'epistola in cui Dante critica violentemente questo sistema *prima* di questa crisi, cioè nel momento del suo massimo successo. Si tratta della scelta della prospettiva dei destinatari, cioè dei primi lettori dell'epistola VI, i Fiorentini. Nel saggio di Amedeo de Vincentiis questo aspetto si coglie più da vicino, poiché vi si ricostruiscono, tra l'altro, le ragioni che resero questo testo imbarazzante nella Firenze trecentesca, desiderosa di recuperare un rapporto con Dante stemperando la polemica virulenta delle sue opere e trasformando il poeta in un dispensatore di opportuni consigli per la comunità cittadina. Se tale operazione si poté compiere con la *Monarchia*, assai più difficile era farlo con un testo che, in ragione della sua data, era impossibile sganciare dalla sua occasione storica, e che individuava, attraverso la polemica contro la cupidigia, uno dei fondamenti della rete politica di cui Firenze e il re di Napoli erano i nodi più importanti: la centralità delle relazioni finanziarie.

Il contributo di Luca Marcozzi converge con questa prospettiva nella sua seconda parte, rinvenendo motivazioni di tipo culturale e letterario che resero caduca la posterità della lettera: in particolare la volontà – esplicita in Petrarca – di allontanarsi dallo stile di *reprehensoria* che aveva praticato Dante e che al suo tempo trovava un epigono in Cola di Rienzo. Nella prima parte dell'epistola l'identificazione di nuove puntuali spie intertestuali permette di comprendere come Dante mirasse, a Firenze, a un pubblico imbevuto di letture sacre, capace di decodificare messaggi complessi.

Nella stessa direzione del punto di vista del destinatario andrà letto l'intervento di Justin Steinberg, che analizza l'uso dantesco dell'argomento dell'imprescrittibilità dei diritti pubblici dell'impero. Un tale argomento poteva colpire i giuristi che lavoravano per consolidare i poteri comunali, ma anche, in questa fase primo-trecentesca, gli ambienti regi e pontifici. Come mostra Steinberg, tuttavia, una volta assunto da Dante, tutto ciò entra in risonanza con dimensioni di solito lontane dal diritto e produce una serie di conseguenze nella visione del tempo e della storia, concorrendo in modo importante ad arricchire il repertorio del poeta e a costruire quello che normalmente si indica come profetismo dantesco.

Tre saggi della raccolta permettono di dare una consistenza particolare a questo tema, conducendo analisi serrate di alcune porzioni del testo epistolari. Elisa Brilli si concentra sull'intestazione dell'epistola VII, dalla quale propone di eliminare l'aggettivo "sanctissimo" (che Dante avrebbe usato per rivolgersi a Enrico VII), attestato dalla tradizione in modo minoritario. Inoltre, comparando il mittente collettivo che si giustappone a Dante nell'intestazione a quello di altri, Brilli dimostra che Dante qui non sta affatto scrivendo per conto dell'intera parte bianca o ghibellina, e nemmeno dei Conti Guidi, ma sta piuttosto lanciando un suo proprio messaggio che potrà essere recepito da quanti, "desiderando pace", concorrono non solo alla comunicazione e alla rappresentanza politica di un gruppo già esistente, ma alla formazione di una avanguardia (per dir così) tutta da fare. Il rapporto di un sostenitore di Enrico, com'era Dante in quel momento, con i differenti rami dei conti Guidi emerge come estremamente delicato e necessariamente destinato a mutare grazie alla ricostruzione del complesso profilo politico di questa stirpe signorile fatta da Federico Canaccini.

Trattando dell'epistola XI, Gian Luca Potestà e Rodney Lokaj evidenziano che una nuova immagine dell'auto-coscienza dantesca emerge dopo la fase enriciana, ma sempre sulla base del ricorso agli stessi materiali impiegati per le lettere di quella fase, in particolare la Bibbia. Lokaj mostra che le citazioni bibliche costituiscono dei vettori tematici alla base dei livelli di comprensione della lettera; tra le fonti veterotestamentarie emerge nella sua analisi l'accostamento con Giuda Maccabeo, che trasforma l'epistola in un invito all'umiltà rivolto ai cardinali. Potestà, dal canto suo, chiarisce alcuni punti importanti del testo e offre una lettura innovativa del Dante profeta. Se sin dal tempo della *Vita Nova* tutte le volte che Dante aveva preso in prestito un tema scritturale per una lettera lo aveva tratto dai libri profetici, qui l'autopresentazione come profeta si fa esplicita secondo modalità su cui si tornerà alla fine.

Considerando questo alto livello di consapevolezza che Dante esprime nell'epistola XI, ma in continuità con le precedenti, stupisce meno l'attitudine manifestata nell'epistola XII, l'ultima a essere trattata in questa raccolta di saggi. Qui Dante, scrivendo a un personaggio fiorentino di qualche rilievo in merito alle condizioni di un'eventuale riammissione a Firenze, ha in mente non solo la ormai lunga serie di amnistie che hanno segnato gli anni del suo esilio, durato a quel punto quasi un quindicennio, ma anche e soprattutto la propria autorevolezza, che costituisce il frutto delle opere che ha scritto e che sta scrivendo, e rivendica un'investitura non dissimile da quella della lettera ai cardinali, ormai chiaramente identificabile con quella dell'autore della *Commedia*.

Nel corso del tempo, dunque, se cambia e di molto, spesso in maniera improvvisa, il ruolo del Dante epistolografo, molto meno bruscamente cambia la coscienza che Dante ha di sé. Facendosi meno evidente solo occasionalmente, quando Dante scrive per altri (l'*universitas* dei Bianchi o addirittura la contessa Gherardesca), l'autocoscienza poetica e poi profetica di Dante non fa che crescere, sviluppandosi da una lettera all'altra, riutilizzando e riconvertendo a nuovi scopi esperienze e letture lontane e vicine.

3 Da *dictator* a profeta: le specificità dell'epistolografia di Dante

Resta infine da trattare la questione della caratterizzazione dell'epistolografia dantesca nel contesto del *dictamen*, dottrina egemonica nell'espressione latina (e in buona parte anche volgare) dell'epoca. Un nucleo di interventi cerca di usare a questo scopo gli strumenti perfezionati da un campo di studi recentemente rinnovato. Nonostante la varietà di metodologie utilizzate, gli interventi di Benoît Grévin, Gaia Tomazzoli, Fulvio Delle Donne e Antonio Montefusco abbozzano complessivamente un primo profilo del Dante *dictator*.

In generale, il *dictamen* è caratterizzato, sia dal punto di vista dell'insegnamento sia della pratica, dal *cursus rhytmicus* e dall'uso della *transumptio*. Durante l'infanzia e l'epoca di formazione di Dante le grandi collezioni di *dictamina* si stabilizzano in un vario gruppo di testi che ha il suo nucleo più significativo nelle *Summae* attribuite a Pier della Vigna (di emanazione sveva) e in quelle di ambiente papale (Tommaso di Capua e Riccardo da Pofi). Se si amplia questo nucleo a ritroso (verso Pietro di Blois, in epoca di stabilizzazione del sapere del *dictamen*) e in avanti (verso le notevoli rielaborazioni comunali di Mino di Colle Val d'Elsa e Guido Faba), si ottiene un *corpus* particolarmente rappresentativo della modellizzazione della scrittura epistolare, e più generalmente prosastica, all'inizio del Trecento.

Grévin propone di confrontare le lettere di Dante con questo *corpus*, cospicuo e qualitativamente significativo, a partire dai nuclei di automatismo formulare racchiusi e consegnati, con lo strumento del *cursus*, alle clausole. Si tratta di una proposta importante, volta a capire quali testi Dante poteva avere a disposizione, come li interiorizzò nell'epoca della sua formazione, e come sottopose a trasformazione una cultura scritta fortemente condizionata da formule e ripetibilità. Tutto ciò ha evidentemente conseguenze rilevanti anche sulla nostra percezione della cosiddetta "originalità" dantesca proprio all'interno di tali fortissimi condizionamenti formulari.

Anche dal punto di vista dell'*ornatus difficilis*, l'altro aspetto fondamentale del *dictamen*, Dante – secondo l'analisi di Tomazzoli – si dimostra pienamente immerso nella tradizione retorica. Vista da questo lato, tuttavia, la prassi dantesca sviluppa usi tipici della retorica modulata dall'*ars dictaminis* di ambiente cittadino-notarile. Dante, infatti, attinge alla *transumptio*, ma – in particolare nella declinazione della metafora – tende in maniera evidente all'*explanatio*, procedimento anch'esso pseudo-ciceroniano che punta a esplicitare il tropo utilizzato. Così la scrittura dantesca, come la retorica di impianto comunale, viene a collocarsi al di qua della *obscuritas* sacrale esibita nella epistolografia sveva. Anche Montefusco riscontra nella prassi scrittoria epistolare dantesca una forte distanza dalla scrittura di emanazione sveva (al netto, ovviamente, di singole convergenze intertestuali) e indica nello *stylus curie romane* un modello privilegiato a cui Dante attinge con forza soprattutto nella fascia stilisticamente più elevata della scrittura epistolare (per esempio, nell'epistola XI).

Ulteriore segno di una dimestichezza con la tradizione dictaminale sta nell'uso consapevole del modello dell'epistola di tipo consolatorio, molto presente nelle *Summae* di Tommaso da Capua e Pier della Vigna, nelle quali un libro intero, in posizione rilevante, è dedicato proprio a questa produzione. Dante vi ricorre nell'epistola II, a cui, come si è già detto, è dedicata un'analisi complessiva da parte di Fulvio Delle Donne. Vi sono mobilitati i temi peculiari del genere: il defunto che torna alla patria celeste, dove riceverà una ricompensa spirituale; egli resterà nella memoria, ed è bene – questo è un *topos* cruciale – moderare il dolore. Ma proprio analizzando questa conformità, Delle Donne segnala, giustamente, che lo sviluppo di tali *topoi* è volutamente limitato e squilibrato rispetto al tema che più sta a cuore all'autore: quello della richiesta di protezione, che viene declinato all'interno di un'autopresentazione della propria condizione di bandito per ingiusti motivi.

Bartoli Langeli, analizzando il "trittico di Battifolle", prende in considerazione un ulteriore aspetto del profilo del *dictator*, quello di un'attività di tipo allografico, cioè di scrittura per altri. Il saggio presenta anche una riflessione sul livello di alfabetizzazione di Gherardesca e di Margherita, alle quali attribuisce – anche grazie alla preziosa testimonianza di Francesco da Barberino – una buona competenza scrittoria, com'era previsto per le donne dei gradi più alti dell'aristocrazia (mogli e figlie di imperatore e re, nonché donne di schiatta marchesale, ducale, baronale o comitale). Solo apparentemente questo è trascurabile per il dantista: questo trittico, e le condizioni ambientali che vi sono sottese, sono infatti la prova forse più forte di un'attività di tipo "proto-notarile" o "cancelleresca" da parte di Dante, che, in forza di quelle conoscenze specifiche in ambito retorico-epistolografico, partecipa a una comunicazione che dovette partire dall'imperatrice – lettera o lettere perduta/e – e svilupparsi in uno scambio piuttosto prolungato. L'ipotesi avanzata da Bartoli Langeli è che le tre lettere siano appunto tre e non, come talvolta si è ipotizzata, un'unica lettera di cui si offrirebbero tre variazioni o minute. Nel contesto della scrittura epistolare femminile, esse presentano tra l'altro anche qualche originalità, soprattutto per quanto riguarda la mancanza della parte dispositiva e la comunicazione puramente politico-diplomatica. Redatte secondo le norme epistolari, le tre lettere sono insomma testimonianze di una fascia non estesa e scarsamente conservata della tradizione del *dictamen*, che probabilmente solo l'aura dell'autorialità dantesca ha fatto giungere fino a noi.

Montefusco aggiunge a questo quadro un ulteriore elemento: l'autoconsapevolezza delle proprie competenze che Dante sviluppa in quella sorta di micromanuale di *dictamen* fornito in un capitolo del *De vulgari eloquentia* (II, vi), dove si teorizza la *suprema constructio*. Il confronto tra le lettere e questo capitolo, con gli esempi ivi presentati, mostra che la cultura dantesca si colloca nella linea del *dictamen* di impianto comunale (e più specificamente fabiano), differenziandosi con forza dalle operazioni di volgarizzazione dell'epistolografia realizzate e proposte contemporaneamente da Guittone d'Arezzo e Brunetto Latini.

Questa specificità della posizione intellettuale di Dante emerge anche nelle lettere che rivelano rapporti più stretti con la testualità profetica. Montefusco, Potestà e Tomazzoli, aggredendo il problema da punti di vista diversi, giungono a un medesimo risultato: le epistole sono un terreno importante in cui Dante si posiziona e si distingue rispetto al discorso profetico del suo tempo. Questa distinzione si innesta, innanzitutto, sul piano stilistico-retorico, sul livello, cioè, della partecipazione alla retorica politicizzata del tempo, di cui il discorso profetico è parte fondamentale. Dante è particolarmente attento a evitare l'oscurità che questo discorso produce all'interno di una corrispondenza troppo netta e biunivoca tra *res* e *signa* che, come si è visto, nelle epistole non è mai banalizzata, e anzi punta a sciogliere la complessità con gli strumenti dell'*explanatio*.

Dal piano stilistico a quello storico-sociale, Montefusco sottolinea che l'Alighieri, pur attingendo a una linea di *dictamen* comunale e professionale, manca di una legittimazione istituzionale che possa venire da un *cursus* regolare di studi e da una pratica professionale; il profetismo diventa così uno strumento di legittimazione che si intreccia con la ricerca di una *auctoritas* fondata sul complesso della propria scrittura (comprese la *Commedia* e la *Monarchia*). In questo quadro Dante trova opportuno definire con precisione il suo profetismo, e non è un caso che questa definizione si completi nella lettera ai cardinali, forse coeva almeno ai canti finali del *Purgatorio* e alla visione del carro.

Come spiega Potestà, proponendosi come il Geremia veterotestamentario, ritenuto autore sia del libro omonimo sia delle *Lamentazioni*, Dante individua nella Roma abbandonata dai papi la nuova Gerusalemme, prima oggetto degli avvertimenti di Geremia e poi da lui pianta. Questa identificazione, che è una tappa nuova e definitiva nell'autocoscienza dantesca, si compie tramite una sottile ma decisiva variazione rispetto alla tradizione letteraria dei chierici, che aveva spesso fatto ricorso a uno scherno allusivo («propheta non sum»). Dante si smarca perché vuole rivendicare questo ruolo, facendolo da laico, con una carica polemica contro l'*Ecclesia* ridotta a clero che sarà destinata a un notevole futuro. Non è un caso, dunque che proprio nell'epistola XI ci sia anche la più consapevole ed esibita condanna di un altro tipo di profezie (quella dei «crude prophetantes», *Ep.* XI, 4), che tendono a vedere nella vacanza papale un passaggio necessario per la futura rigenerazione della Chiesa, e che costituivano il genere più diffuso in epoca di fibrillazioni politiche.

Tutti questi elementi, presi insieme, congiurano a indebolire l'immagine di Dante come *dictator* ufficiale di una corte – quello per esempio rappresentato dal Dante "cancelliere" di Scarpetta Ordelaffi basato sulla peraltro non limpida testimonianza di Biondo Flavio che menziona Pellegrino Calvi – e a rafforzare, invece, il profilo di un *dictator* competente, di formazione solida e tipica della sua età, ma allo stesso tempo privo di un vero profilo professionale e di una relazione stabilizzata con un'istituzione. Se si considera questo dato, le atipicità del Dante epistolografo, che appaiono ora più definite e più coerenti con il Dante maggiore, acquistano un loro senso, del tutto omogeneo con la volontà di porsi al di sopra e al di là di forme discorsive (e ideologiche) correnti nel suo tempo, una volontà che l'Alighieri esule manifesta sistematicamente nei suoi progetti letterari e teorici, e in particolare nella *Commedia*.[1]

---

[1] Mentre il libro era in bozze, è stato pubblicato il contributo di Pellegrini, *La quattordicesima epistola*, che propone di allargare il *corpus* delle lettere dantesche. L'ipotesi merita una discussione ampia che è stato impossibile sviluppare in questa sede.

Opere citate

Fonti

Acta Henrici VII Imperatoris Romanorum et Monumenta quaedam alia Medii Aevi, a cura di G. Doenniges, Berlin 1839.
Acta Henrici VII Romanorum Imperatoris et monumenta quaedam alia suorum temporum historiam illustrantia, a cura di F. Bonaini, Firenze 1877 (rist. anastica Aalen 1970).
Acta Imperii Angliae et Franciae ab A. 1267 ad A. 1313: Dokumente Vornehmlich zur Geschichte der Auswärtigen Beziehungen Deutschlands in Ausländischen Archiven, a cura di F. Kern, Tübingen 1911.
Die Aktenstücke zum Frieden von S. Germano 1230, MGH EE., Epistole selectae, IV, a cura di K. Hampe, Berlin 1926.
Annales Aretinorum, Maiores et Minores, con appendice di altre croniche e di documenti, a cura di A. Bini, G. Grazzini, RIS², XXIV, 1, Città di Castello 1909.
Annales Caesenates, a cura di E. Angiolini, Roma 2003.
Arnaldi de Villanova, *Tractatus de tempore adventus Antichristi. Ipsius et aliorum scripta coæva*, a cura di J. Perarnau, Barcelona 2014.
Augustinus Hipponensis, *In Evangelium Ioannis tractatus CXXIV*, PL, XXXV: on-line <https://www.augustinus.it/latino/commento_vsg/index.htm>.
Augustinus Hipponensis, *De Genesi ad litteram*, a cura di J. Zycha, CSEL XXVIII/4 Vindobonae 1894.
E. Batzer, *Zur Kenntnis der Formularsammlung des Richard von Pofi*, Heidelberg 1910.
E. Baluze, *Vitae paparum avenionensium*, nouvelle édition par Guillaume Mollat, Paris 1877–1968.
Bene da Firenze, *Candelabrum*, a cura di G. C. Alessio, Padova 1983.
The Oxford Bible Commentary, a cura di J. Barton, J. Muddiman, Oxford 2001.
G. Boccaccio, *Decameron*, a cura di V. Branca, in *Tutte le opere di G. Boccaccio*, IV, Milano 1976.
G. Boccaccio, *Esposizioni sopra la Comedìa di Dante*, a cura di G. Padoan, in *Tutte le opere di Giovanni Boccaccio*, VI, Milano 1965.
G. Boccaccio, *Genealogie deorum gentilium*, a cura di V. Zaccaria, in *Tutte le opere di Giovanni Boccaccio*, VII-VIII, Milano 1998.
G. Boccaccio, *Trattatello in laude di Dante*, a cura di P. G. Ricci, in *Tutte le opere di Giovanni Boccaccio*, III, Milano 1974, pp. 423–538.
G. Boccaccio, *Trattatello* (Iª red.), in NECOD, IV, *Le vite di Dante dal XIV al XVI secolo. Iconografia dantesca*, a cura di M. Berté, M. Fiorilla, S. Chiodo, I. Valente, Roma 2017, pp. 28–120.
G. Boccaccio, *Trattatello* (IIª red.), in NECOD, IV, *Le vite di Dante dal XIV al XVI secolo. Iconografia dantesca*, a cura di M. Berté, M. Fiorilla, S. Chiodo, I. Valente, Roma 2017, pp. 121–154.
Bono Giamboni, *Il libro de' vizî e delle virtudi e Il trattato di virtú e di vizî*, a cura di C. Segre, Torino 1968.
Bonus Lucensis, *Cedrus Libani*, a cura di G. Vecchi, Modena 1963.
V. Borghini, *Discorsi*, a cura di D. M. Manni, Milano 1808.
L. Bruni, *Vita di Dante*, in *Opere letterarie e politiche*, a cura di P. Viti, Torino 1996, pp. 536–552.

L. Bruni, *Vita di Dante*, a cura di M. Berté, in NECOD, VII, Roma 2017, pp. 213–248.

M. Campanelli, *Le sentenze contro i Bianchi fiorentini del 1302. Edizione critica*, in «Bullettino dell'istituto storico italiano per il Medio Evo», 108 (2006), pp. 187–377.

Carteggio dantesco del duca di Sermoneta con Giambattista Giuliani, Carlo Witte, Alessandro Torri, ed altri insigni dantofili, Milano 1883.

Chronicon Parmense ab anno MXXXVIII usque ad annm MCCCXXXVIII, a cura di G. Bonazzi, RIS², 9/9, Città di Castello 1902.

Dantis Alagherii Monarchiae liber et Epistolae ex codice Vaticano Palatino latino 1729 phototypice expressa, praefatus est F. Schneider, Romae 1930.

D. Compagni, *Cronica*, a cura di D. Cappi, Roma 2000.

D. Compagni, *La Cronica di Dino Compagni delle cose occorrenti ne' tempi suoi*, a cura di I. Del Lungo, RIS², 9/2, Città di Castello 1913.

Conciliorum Oecumenicorum Decreta, a cura di G. Alberigo, G. L. Dossetti, P. P. Joannou, C. Leonardi, P. Prodi, Bologna 1991².

I consigli della Repubblica Fiorentina, a cura di B. Barbadoro, Bologna 1921.

Constantiae imperatricis et reginae Siciliae diplomata (1195–1198), Codex diplomaticus Regni Siciliae, ser. 2: *Diplomata regum e gente suevorum*, edd. C. Bruhl, F. Giunta, 1/2, Köln-Wien 1983.

Le consulte della Repubblica fiorentina dall'anno MCCLXXX al MCCXCVIII, a cura di A. Gherardi, Firenze 1896–1898.

Corpus Chronicorum Bononensium, a cura di A. Sorbelli, RIS², 18/1, Città di Castello 1938.

Corpus iuris canonici, I, a cura di Ae. Friedberg, Lipsiae 1879.

Cronache senesi, a cura di A. Lisini, F. Iacometti, Torino 1969.

Diplomatario de la reina Urraca de Castilla y León (1109–1126), ed. C. Monterde Albiac, Zaragoza 1995.

Epistole et dictamina Clementis pape quarti, a cura di M. Thumser, MGH, 2007, <http://www.mgh.de/datenbanken/epistolae/clemens-iv/>.

Ex rerum Anglicarum scriptoribus saeculi XIII, a cura di F. Liebermann, MGH SS (in folio), XXVIII, Hannover 1888.

Magistri Guidonis Fabe Rota nova: ex codice manuscripto oxoniensi New College 255 nunc primum prodit, a cura di A. Campbell, V. Pini, A. Saiani, Bologna 2000.

G. Faba, *Summa artis dictaminis*, a cura di A. Gaudenzi, in «Il Propugnatore», 3 (1890), vol. 13–14 pp. 287–338, vol. 16–17, pp. 345–393.

E. Faral, *Les arts poétiques du XIIe et du XIIIe siècle: recherches et documents sur la technique littéraire du Moyen Age*, Paris 1924.

Ferreto de' Ferreti, *Historia rerum in Italia gestarum ab anno MCCL ad annum usque MCCCXVIII*, in *Le opere di Ferreto de' Ferreti vicentino*, a cura di C. Cipolla, Roma 1908.

E. Fleuchaus, *Die Briefsammlung des Berard von Neapel*, München 1998.

Fontes Franciscani, a cura di E. Menestò, S. Brufani *et al.*, Santa Maria degli Angeli-Assisi 1995.

Fontes rerum Austriacarum, 2. *Diplomataria et acta*, VI.2: *Das Stiftungs-buch des Klosters St. Bernhard*, ed. H. J. Zeibig, Wien 1853.

Francesco da Barberino, *Reggimento e costumi di donna*, ed. critica a cura di G. E. Sansone, Roma 1995.

C. Ghirardacci, *Della historia di Bologna*, parte prima, Bologna 1596.

Giordano da Osnabrück, *Tractatus super Romano Imperio*, in MGH, SS, Staatsschriften des Spateren Mittelatlers, pp. 94–148.

Giovanni da Cermenate, *Historia Iohannis de Cermenate notarii mediolanensis*, a cura di L. A. Ferrai, Roma 1889.
Guglielmo di Ockham, *Dialogus*, in M. Goldast, *Monarchia S. Romani Imperii*, II, Francofordiae 1614 (rist. anast. Graz 1960).
Guglielmo da Pastrengo, *De viris illustribus et de originibus*, a cura di G. Bottari, Padova 1991.
E. Heller, *Die Ars dictandi des Thomas von Capua*, in «Sitzungsberichte der Heidelberger Akademie der Wissenschaften. Philosophisch-historische Klasse», 1928–1929.
Henrici VII Constitutiones, a cura di J. Schalm, in *MGH, Constitutiones et acta publica imperatorum et regum*, 4, 1 (1298–1311), Hannover-Leipzig 1906.
Henrici VII Constitutiones, a cura di J. Schalm, *MGH, Constitutiones et acta publica imperatorum et regum*, 4, 2 (1312–1313), Hannover-Leipzig 1909–11.
Hieronymus, *Contra Rufinum*, in S. Hieronymi presbyteri *Opera. Pars Prima. Opera polemica, I. Contra Rufinum*, a cura di P. Lardet, Turnholti 1982.
Jacobus de Ravanis, *Lectura super prima [-secunda] parte Codicis domini Justiniani*, Paris, 1519.
Jean XXII, *Lettres communes*, a cura di G. Mollat, Paris 1904–1947.
Jean XXII, *Lettres secrètes et curiales relatives à la France*, a cura di A. Coulon, S. Clémencet, Paris 1900–1972.
Joachim von Fiore, *Concordia Novi ac Veteris Testamenti*, hrsg. von A. Patschovsky, Teile 1–4, Wiesbaden 2017.
Die Konstitutionen Friedrichs II. für das Königreich Sizilien, MGH, LL, Constitutiones et acta publica imperatorum et regum, 2, *Inde ab a. MXCXVIII. usque ad a. MCCLXXII, supplementum*, a cura di W. Stürner, Hannover 1996.
Il Libro del chiodo, riproduzione in fac-simile con edizione critica, a cura di F. Klein, Firenze 2004.
Marchionne di Coppo Stefani, *Cronaca fiorentina*, a cura di N. Rodolico, Città di Castello 1903.
MGH, LL, *Constitutiones et acta publica imperatorum et regum*, 2, *Inde ab a. MXCXVIII. usque ad a. MCCLXXII*, a cura di L. Weiland, Hannover 1896.
MGH, LL, *Constitutiones et acta publica imperatorum et regum*, 3, *Inde ab a. MCCLXXIII. usque ad a. MCCXCVIII*, a cura di I. Schwalm, Hannover 1904–1906.
MGH, LL, *Constitutiones et acta publica imperatorum et regum*, 4, *Inde ab a. MCCXCVIII usque ad a. MCCCXIII*, a cura di I. Schwalm, Hannover 1906.
MGH, LL, *Constitutiones et acta publica imperatorum et regum*, 6, *Inde ab a. MCCCXV. usque ad a. MCCCXXX*, a cura di I. Schwalm, Hannover 1927.
G. Manetti, *Vita Dantis* in *Biographical Writings*, eds. S. U. Baldassarri, R. Baghemil, Cambridge (MA)-London 2003, pp. 2–61.
Mini de Colle Vallis Elsae, *Epistolae*, a cura di F. Luzzati Laganà, Roma 2010.
G. B. Mittarelli, *Bibliotheca codd. Mss. Monasterii S. Michaelis Venetiarum prope Muranum*, Venezia 1779.
A. Mussato, *De gestis Heinrici VII Caesaris historia augusta*, RIS X, Milano 1727.
Nicola da Rocca, *Epistolae*, a cura di F. Delle Donne, Firenze 2003.
Nicolai episcopi Botrontinensis Relatio de itinere Italico Henrici VII imperatori ad Clementem V papam, in E. Baluze, *Vitae paparum Avenionensium*, a cura di G. Mollat, vol. III, Paris 1921, pp. 491–561 (on-line: <http://baluze.univ-avignon.fr/>).
Oraculum Angelicum Cyrilli, nebst dem Kommentar des PseudoJoachim, herausgegeben von P. Piur, in K. Burdach, *Von Mittelalter zur Reformation. Forschungen zur Geschichte der deutschen Bildung*, zweiter band, vierter teil, Berlin 1912, pp. 221–343.

The Parisiana Poetria of John of Garland, ed. T. Lawler, New Haven 1974 (alternativamente ed. in G. Mari, *Poetria magistri Johannis anglici de arte prosayca metrica et rithmica*, in «Romanische Forschungen», 13/3 [1902], pp. 883-965).

"Quaestio de Potestate Papae (Rex Pacificus)": An Enquiry into the Power of the Pope: A Critical Edition and Translation, a cura di R. W. Dyson, Lewiston (NY) 1999.

F. Petrarca, *Il Bucolicum Carmen e i suoi commenti inediti*, a cura di A. Avena, Padova 1906 (= rist. Bologna 1969).

F. Petrarca, *Le Familiari*, a cura di V. Rossi, Firenze 1933-1942.

Petrus Blesensis, *Epistolae*, in PL, 207, coll. 1-558.

Petrus de Vinea, *Epistolae*, a cura di J. R. Iselin (Iselius), Basileae 1740 (ristampa anastatica, con *Einführung* di H. M. Schaller, Hildesheim 1991).

L'Epistolario di Pier della Vigna, edizione, traduzione italiana, introduzione e commento a cura di A. Boccia, E. D'Angelo, T. De Angelis, F. Delle Donne, R. Gamberini, Ariano Irpino 2014.

Piccola antologia della Bibbia volgata con introduzione e note per cura di Ermenegildo Pistelli, con dodici tavole e in appendice alcune epistole di Dante e del Petrarca secondo il programma del liceo moderno, Firenze 1915.

P. Pieri, *Croniche della città di Firenze*, a cura di C. Coluccia, Lecce-Rovato 2013.

W. Preger, J. H. Reinkens, *Die Verträge Ludwigs des Baiern mit Friedrich dem Schönen in den Jahren 1325 und 1326: mit J. H. Reinkens Auszügen aus Urkunden des vatikanischen Archivs von 1325-1334*, in «Abhandlungen der Historischen Klasse der Königlich-Bayerischen Akademie der Wissenschaften», 17 (1886), pp. 103-338.

W. Preger, *Die Anfänge des kirchenpolitischen Kampfes unter Ludwig dem Bayern: mit Auszügen aus Urkunden des vatikanischen Archivs von 1315-1324*, in «Abhandlungen der Historischen Klasse der Königlich-Bayerischen Akademie der Wissenschaften», 16/2 (1882), pp. 113-284.

Delle poesie di Antonio Pucci celebre versificatore, in I. Di San Luigi, *Delizie degli eruditi toscani*, vol. V, Firenze 1774.

Il "quaternus rogacionum" del notaio Bongiovanni di Bonandrea (1308-1320), a cura di D. Rando, M. Motter, Bologna 1997.

Il Quinternone di Ascoli Piceno, a cura di G. Borri, Spoleto 2009.

Regesta Imperii, V. Die Regesten des Kaiserreichs unter Philipp, Otto IV, Friedrich II, Heinrich (VII), Conrad IV, Heinrich Raspe, Wilhelm und Richard. 1198-1272, a cura di J. Ficker, Innsbruck 1882.

Regesta Imperii VI.2, Die Regesten des Kaiserreiches unter Rudolf, Adolf, Albrecht, Heinrich VII. 1273-1313, 2. Die Regesten des Kaiserreiches unter Adolf von Nassau. 1291-1298, a cura di V. Samanek, Wien 1948.

Regesta Imperii VI.4, Heinrich VII. 1288/1308-1313, lief. 1: *1288/1308-August 1309*, a cura di K.-U. Jäschke, P. Thorau, Wien-Weimar-Köln 2006.

Regesten der Pfalzgrafen am Rhein, a cura di A. Koch, E. Winkelmann, I: *1214-1400*, Innsbruck 1894.

Les registres de Boniface VIII, a cura di G. Digard et M. Faucon, Paris, 1884-1931.

La reina doña Urraca (1109-1126). Cancíllería y colección diplomática, ed. I. Ruiz Albi, León 2003.

Hieronymi Rubei Historiarium Ravennatum libri decem hac altera editione libro undecimo aucti, et multiplici, insignisque antiquitatis historia amplissime locupletati ..., Venetiis 1589.

Girolamo Rossi, *Storie ravennati*, trad. e cura di M. Pierpaoli, pref. di A. Vasina, Ravenna 1996.
Salimbene de Adam, *Cronica*, a cura di G. Scalia, Bari 1966.
Coluccio Salutati, *Epistolario*, a cura di F. Novati, Roma 1891–1911.
Coluccio Salutati, *Political Writings*, a cura di S. U. Baldassarri e R. Bagemihl, Cambridge (MA)-London 2014.
Serie dei consoli e dei podestà del Comune di Siena, in *Archivio del Consiglio generale del Comune di Siena. Inventario*, Roma 1952.
Una silloge epistolare della seconda metà del XIII secolo. I «dictamina» provenienti dall'Italia meridionale del ms. Paris, Bibl. Nat. Lat. 8567, ed. a cura di F. Delle Donne, Firenze 2007.
Publilii Syri *Sententiae*, ad fidem codicum optimorum primum recensuit E. Woelfflin, Lipsiae 1869.
I. Hijmans-Tromp, *La "Sommetta" falsamente attribuita a Brunetto Latini*, in «Cultura Neolatina», 59 (1999), pp. 177–243.
Statuti della Repubblica fiorentina, ed. a cura di R. Caggese, nuova ed. a cura di G. Pinto, F. Salvestrini, A. Zorzi, vol. II, *Statuto del Podestà dell'anno 1325*, Firenze 1999.
Storie Pistoresi (MCCC–MCCCXLVIII), a cura di S. A. Barbi, Città di Castello 1927.
Testi fiorentini del Dugento e dei primi del Trecento, con introduzione, annotazioni linguistiche e glossario, a cura di A. Schiaffini, Firenze 1926 (rist. 1954).
Die Briefsammlung des Thomas von Capua, a cura di J. Frohmann, M. Thumser, MGH, 2011, <www.mgh.de/datenbanken/thomas-von-capua>.
J.-P. Torrell, *Théorie de la prophétie et philosophie de la connaissance aux environs de 1230. La contribution d'Hugues de Saint-Cher (ms Douai 434, Quest. 481)*, édition critique avec introduction et commentaire, Leuven, 1977.
Thomae Aquinatis, *Catena aurea in quatuor Evangelia*, <http://docteurangelique.free.fr/bibliotheque/ecriture/catenaaureajean.htm>.
Thomas von Capua, *Ars dictaminis*, in E. Heller, *Die Ars dictandi des Thomas von Capua*, in «Sitzungsberichte der Heidelberger Akademie der Wissenschaften. Philosophisch-historische Klasse», 1928–1929.
Three Royalist Tracts, 1296–1302, ed. and trans. R. W. Dyson, Durham-Sterling 1999.
P. Toynbee, *Appendix C*, in Dantis Alagherii *Epistolae. Letters of Dante*, ed. P. Toynbee, Oxford 1920.
P. Toynbee, *Dante's Letter to the Emperor Henry VII: Critical Text*, in «The Modern Language Review», 10 (1915), pp. 64–72.
P. Toynbee, *The S. Pantaleo Text of Dante's Letters to the Emperor Henry VII, and to the Princes and Peoples of Italy*, in «The Modern Language Review», 7 (1912), pp. 208–224.
P. Toynbee, *The Vatican Text (Cod. Vat.-Palat. Lat. 1729) of the Letters of Dante*, in «The Modern Language Review», 7 (1912), pp. 1–39.
P. Toynbee, *The Venetian Text (Cod. Marc. Lat. XIV, 115) of Dante's Letter to the Emperor Henry VII*, in «The Modern Language Review», 7 (1912), pp. 433–440.
Tyrannii Rufini *Apologia adversus Hieronymum*, in Tyrannii Rufini *Opera*, a cura di M. Simonetti, Turnhout 1961, pp. 29–123.
Uguccione da Pisa, *Derivationes*, a cura di E. Cecchini et al., Firenze 2004.
Die Urkunden der lateinischen Könige von Jerusalem, a cura di H. E. Mayer, III, MGH, Hannover 2010.
Die Urkunden Heinrich Raspes und Wilhelms von Holland 1246–1252, a cura di D. Hägermann et al., MGH, Hannover 1989.

Die Urkunden Lothars III. und der Kaiserin Richenza, a cura di E. von Ottenthal e H. Hirsch, in MGH, DD, VIII, Berlin 1927.

Die Urkunden und Briefe der Markgräfin Mathilde von Tuszien, a cura di E. e W. Goez, in MGH, DD, Laienfürsten- und Dynasten-Urkunden der Kaiserzeit, II, Hannover 1998.

M. Vescovo, *La Gemma purpurea di Guido Faba. Edizione critica e commento*, tesi di laurea magistrale in Scienze dell'Antichità, Università Ca' Foscari Venezia, relatore A. Montefusco, Venezia 2019.

Filippo Villani, *Expositio seu Comentum super "Comedia" Dantis Allegherii*, a cura di S. Bellomo, Firenze 1989.

Giovanni Villani, *Cronica*, a cura di P. Massai, I. Moutier, Firenze 1823.

Giovanni Villani, *Nuova Cronica*, a cura di G. Porta, Parma 1991.

La visita pastorale del 1424 compiuta nel Casentino dal vescovo Francesco da Montepulciano (1414–1433), a cura del sac. F. Coradini, Anghiari 1941.

E. A. Winkelmann, *Acta imperii inedita saeculi XIII. Urkunden und Briefe zur Geschichte des Kaiserreichs und des Königreichs Sizilien (1198–1273)*, Innsbruck 1880 (rist. anast. Aalen 1964).

Studi

D. Abulafia, *Genova angioina, 1318–1335: gli inizi della signoria di Roberto re di Napoli*, in Mediterranean Encounters: Economic, Religious, Political, 1100–1550, Aldershot 2000.

D. Abulafia, *The Western Mediterranean Kingdoms 1200–1500: the Struggle for Domination*, London-New York 1997 (trad. it. *I regni del Mediterraneo occidentale dal 1200 al 1500. La lotta per il dominio*, Roma-Bari 2006).

G. Agamben, *Il regno e la gloria: Per una genealogia teologica dell'economia e del governo*, Torino 2009.

Alfabetismo e cultura scritta, a cura di A. Bartoli Langeli, A. Petrucci, in «Quaderni storici», XIII (1978), 38.

Alfabetismo e cultura scritta nella storia della società italiana. Atti del seminario (Perugia, 29–30 marzo 1977), Perugia 1978.

G. C. Alessio, *I trattati di grammatica e retorica e i classici*, in *I classici e l'Università umanistica. Atti del Convegno di Pavia, 22–24 novembre 2001*, a cura di L. Gargan, M. P. Mussini Sacchi, Messina 2006, pp. 161–194.

G. C. Alessio, *L'ars dictaminis nel Quattrocento italiano: eclissi o persistenza?*, in «Rhetorica», 19 (2001), pp. 155–173.

G. C. Alessio, *Un commento in volgare al «Bononienatus» di Giovanni di Bonandrea*, in *Lucidissima dictandi peritia. Studi di grammatica e retorica medievale*, a cura di F. Bognini, Venezia 2015, pp. 375–395.

S. Ammirato, *Dell'istorie fiorentine di Scipione Ammirato, Libri venti, dal principio della città infino all'anno MCCCCXXXIIII*, Firenze MDC.

G. Andenna, *Enrico VII e il suo progetto politico per le "tre valli del Capitolo di Milano" e per il "Regnum Italiae"*, in *Linea Ticino. Sull'unità culturale delle genti del fiume nel Medioevo*, Bellinzona 2002, pp. 29–59.

G. Andenna, *Henri VII et son projet politque pour le Regnum Italiae*, in *Le rêve italien de la maison de Luxembourg aux XIVe et au XVe siècles*, a cura di P. Margue, V. Colling-Kerg, Luxembourg, 1998^2, pp. 43–48.

L. Andreoli, R. Tagliani, *Bibliografia unificata degli scritti di Francesco Novati*, in «Carte Romanze», 4/1 (2016), pp. 279–389.

A. Antonelli, *La riflessione sul volgare a Bologna nel Duecento*, in *La poesia in Italia prima di Dante*, a cura di F. Suitner, Ravenna 2017, pp. 171–186.
A. Antonelli, *«Tanto crebbe la baldanza de' neri, che si composono col marchese di Ferrara di tòrre Bologna». La dimensione archivistica e della tradizione nella ricerca storica: logica della documentazione, esegesi delle fonti e sistema documentario comunale*, in «Culture del testo e del documento», 59 (2019), pp. 21–82.
R. Antonelli, *La morte di Beatrice e la struttura della storia*, in *Beatrice nell'opera di Dante e nella memoria europea (1290–1990)*, Firenze 1994, pp. 34–56.
R. Antonelli, *Oscurità e piacere*, in *Obscuritas. Retorica e poetica dell'oscuro*. Atti del XXVIII convegno interuniversitario di Bressanone (12–5 luglio 2001), a cura di G. Lachin, F. Zambon, Trento 2004, pp. 47–58.
R. Antonelli, *"Subsistant igitur ignorantiae sectatores"*, in *Guittone d'Arezzo nel settimo centenario della morte*, a cura di M. Picone, Firenze 1995, pp. 337–349.
L. Armstrong, *The Idea of a Moral Economy: Gerard of Siena on Usury, Restitution, and Prescription*, ed. and trans. by L. Armstrong, Toronto 2016.
G. Arnaldi, *Dino Compagni cronista e militante "popolano"*, in «La cultura», 21 (1983), pp. 37–82.
G. Arnaldi, *La maledizione del sangue e la virtù delle stelle. Angioini e Capetingi nella "Commedia" di Dante*, «La Cultura», 30 (1992), pp. 47–74; 185–216.
Dall'"ars dictaminis" al Preumanesimo? Per un profilo letterario del XIII secolo, a cura di F. Delle Donne, F. Santi, Firenze 2013.
E. Artifoni, *Prudenza del consigliare. L'educazione del cittadino nel Liber consolationis et consilii di Albertano da Brescia (1246)*, in *Consilium. Teorie e pratiche del consigliare nella cultura medievale*, a cura di C. Casagrande, C. Crisciani, S. Vecchio, Firenze 2004, pp. 195216.
E. Artifoni, *"Sapientia Salomonis". Une forme de présentation de savoir rhétorique chez les "Dictatores" italiens (première moitié du XIIIe siècle)*, in *La parole du prédicateur: V^e–XVe siècles*, éds. R. M. Dessì, M. Lauwers, Nice 1997, pp. 291–310.
A. R. Ascoli, *Dante and the Making of a Modern Author*, Cambridge 2008.
E. Auerbach, *Literary Language and its Public in Latin Antiquity and in the Middle Ages*, trans. R. Manheim, Princeton 1993.
J. L. Austin, *How to do things with words*, ed. by J. O. Urmson, M. Sbisà, Oxford 1975².
Autografie dell'età minore. Lettere di tre dinastie italiane tra Quattrocento e Cinquecento, a cura di M. Ferrari, I. Lazzarini, F. Piseri, Roma 2016.
L. Azzetta, *Ancora sul Dante di Giovanni Villani, Andrea Lancia e la prima circolazione fiorentina della Commedia*, in «Rivista di Studi Danteschi», 19 (2019), pp. 148–67.
L. Azzetta, *Le "Esposizioni" e la tradizione esegetica trecentesca*, in *Boccaccio editore e interprete di Dante*, a cura di L. Azzetta, A. Mazzucchi, Roma 2014, pp. 275–292.
R. Badalì, *I codici romani di Lucano (III)*, in «Bollettino del Comitato per la preparazione dell'edizione nazionale dei classici greci e latini», n.s. 23 (1975), pp. 15–85.
F. Baethgen, *Dante und Petrus de Vinea*, in «Sitzungsberichte der Bayerischen Akademie der Wissenschaften. Phil.-hist. Kl», 1955, Heft 3, pp. 413–441.
F. Baethgen, *Der Anspruch des Papsttums auf das Reichsvikariat: Untersuchungen zur Theorie und Praxis der potestas indirecta in temporalibus*, in «Zeitschrift der Savigny-Stiftung für Rechtsgeschichte: Kanonistische Abteilung», 10 (1920), pp. 168–268.
L. Baggioni, *La forteresse de la raison. Lectures de l'humanisme politique florentin, d'après l'œuvre de Coluccio Salutati*, Genève 2015.

M. Baglio, *Filippo Villani*, in *Autografi dei letterati italiani. Le origini e il Trecento*. 1, a cura di G. Brunetti, M. Fiorilla, M. Petoletti, Roma 2013.

C. Balbo, *Vita di Dante*, Torino 1840.

S. U. Baldassarri, *La Invectiva in florentinos di Antonio Loschi*, in «Esperienze Letterarie», 35/1 (2010), pp. 3–28.

S. U. Baldassarri, *La vipera e il giglio. Lo scontro tra Milano e Firenze nelle invettive di Antonio Loschi e Coluccio Salutati*, Roma 2012.

S. U. Baldassarri, *Prime ricerche per un'edizione critica della "Invectiva Antonium Luscum"*, in «Medioevo e Rinascimento», 19 (2008), pp. 105–130.

Z. Barański, *«Chiosar con altro testo». Leggere Dante nel Trecento*, Fiesole 2001.

Z. Barański, *«E Cominciare stormo»: Notes on Dante's Sieges*, in *«Legato con amore in un volume». Essays in Honour of John A. Scott*, eds. J. J. Kinder, D. Glenn, Firenze 2013, pp. 175–204.

T. Barbavara di Gravellona, *Insegne araldiche sul monumento di Antonio d'Orso, vescovo fiorentino*, in «Emblemata», 5 (1999) pp. 153–172.

A. Barbero, *Il mito angioino nella cultura italiana e provenzale fra Duecento e Trecento*, Torino 1983.

A. Barbero, *L'Italia comunale e le dominazioni angioine*, in *I comuni di Jean-Claude Maire Vigueur. Percorsi storiografici*, a cura di M. T. Caciorgna, S. Carocci, A. Zorzi, Roma 2014, pp. 9–32.

M. Barbi, *Nuovi problemi della critica dantesca. VII. L'Italia nell'ideale politico di Dante*, in «Studi Danteschi», XXIV (1939), pp. 5–37.

M. Barbi, *Per un passo dell'epistola all'amico fiorentino e per la parentela di Dante*, in «Studi danteschi», 2 (1920), pp. 115–148, poi in M. Barbi, *Problemi di critica dantesca. Seconda serie (1920-1937)*, Firenze 1941, pp. 305–328.

M. Barbi, *Problemi di critica dantesca. Prima serie (1893-1918)*, Firenze 1934.

M. Barbi, rec. a Scartazzini, *Dantologia*, in «Bullettino della Società Dantesca Italiana», n.s. 2 (1894-1895), pp. 2–24.

M. Barbi, *Sulla dimora di Dante a Forlì*, in «Bullettino della Società Dantesca Italiana», n.s. VIII (1892), pp. 21–28, poi in Barbi *Problemi di critica dantesca. Prima serie (1893-1918)*, Firenze 1934, pp. 189–195.

J. Barnes, *Moroello "vapor": metafora meteorica e visione dantesca del marchese di Giovagallo*, in «Dante Studies», 124 (2006), pp. 35–56.

T. Baron, *La conoscenza della "Commedia" prima del 1315*, Ferrara 1965.

E. Bartoli, *I conti Guidi nelle raccolte inedite di modelli epistolari del XII secolo*, Spoleto 2015.

M. Bartoli, *La Caduta di Gerusalemme. Il commento al Libro delle Lamentazioni di Pietro di Giovanni Olivi*, Roma 1991.

J. Bartuschat, *Le biografie di Dante tra dati documentali e costruzione retorica*, in *Dante fra il settecentocinquantenario della nascita (2015) e il settecentenario della morte (2021)*, a cura di E. Malato, A. Mazzucchi, Roma 2016, 1, pp. 171–198.

A. Barzazi, *Mittarelli, Giovanni Benedetto*, in *DBI*, 75 (2011).

F. Bausi, *Coluccio traduttore*, in «Medioevo e Rinascimento», 22 (2008), pp. 33–58.

F. Beggiato, *Giovanni di Garlandia*, in *ED*, 3.

A. Bellieni, *Tra Petrarca e Salutati: i carmi e le epistole di Francesco da Fiano*, tesi di dottorato, rel. V. Fera, Università degli Studi di Messina 2014.

P. Bellini, *«Dominus Totius mundi»: L'imperatore dei romani e i popoli estranei al popolo romano (sec. XII–XIV)*, in *Popoli e spazio romano tra diritto e profezia*, Napoli 1986, pp. 247–271.

S. Bellomo, *Dizionario dei commentatori danteschi. L'esegesi della Commedia da Iacopo Alighieri a Nidobeato*, Firenze 2004.

S. Bellomo, *Il sorriso di Ilaro e la prima redazione in latino della "Commedia"*, in «Studi sul Boccaccio», 32 (2004), pp. 201-235.

S. Bellomo, *L'interpretazione di Dante nel Tre e nel Quattrocento* in *Storia della letteratura italiana*, vol. XI. *La critica letteraria dal Due al Novecento*, a cura di E. Malato, P. Orvieto, pp. 131-159.

M. Bertè, M. Fiorilla, *Il Trattatello in laude di Dante*, in *Boccaccio editore e interprete di Dante*, a cura di L. Azzetta, A. Mazzucchi, Roma 2014, pp. 41-72.

S. Bertelli, M. Cursi, *Boccaccio copista di Dante*, in *Boccaccio editore e interprete di Dante*, Atti del Convegno internazionale di Roma 28-30 ottobre 2013, a cura di L. Azzetta, A. Mazzucchi, Roma 2014, pp. 73-112.

E. Bertin, *La pace di Castelnuovo Magra (6 ottobre 1306). Otto argomenti per la paternità dantesca*, in «Italia medioevale e umanistica», 46 (2005), pp. 1-34.

L. Bertolini, *I volgarizzamenti italiani degli apocrifi (secc. XIII-XV): un sondaggio*, in *Seneca. Una vicenda testuale*. Catalogo della Mostra di manoscritti ed edizioni, Firenze, Biblioteca Medicea Laurenziana, 2 aprile-2 luglio 2004, a cura di T. De Robertis, G. Resta, Firenze 2004, pp. 357-364.

D. Birnbaum *Dante's Briefe*, in «Blätter für literarische Unterhaltung», 341/7 (1843), pp. 1370-1372.

M. Berté, M. Petoletti, *La filologia medievale e umanistica*, Bologna 2017.

V. Biagi, *Dante e il cardinal Niccolò da Prato*, in *Dante e Prato: conferenze tenute nel salone della R. Accademia dei Misoduli in Prato* («Archivio storico pratese», Suppl. I), Prato 1922, pp. 75-98.

V. Bianchi, *La poesia d'amore nelle corti del Trecento: Cino da Pistoia, Dante e Moroello Malaspina*, in «Archivio Storico per le Province Parmensi», 25 (1973), pp. 31-56.

Bibliothecae Apostolicae Vaticanae codices manu scripti recensiti. Codices Vaticani latini, recensuit B. Nogara, Romae 1912, vol. III. *Codices 1461-2059*.

M. Bicchierai, *Guidi, Aghinolfo*, in *DBI* 61 (2004).

M. Bicchierai, *Guidi, Guido*, in *DBI* 61 (2004).

M. Bicchierai, *Guidi, Guido Novello (il Giovane o di Reggiolo)*, in *DBI* 61 (2004).

M. Bicchierai, *Guidi, Guido Salvatico*, in *DBI* 61 (2004).

M. Bicchierai, *Guidi, Ildebrandino*, in *DBI* 61 (2004).

M. Bicchierai, *Guidi, Manfredi*, in *DBI* 61 (2004).

M. Bicchierai, *Guidi, Tegrimo*, in *DBI* 61 (2004).

G. Billanovich, *Giovanni del Virgilio, Pietro da Moglio, Francesco da Fiano*, in «Italia medioevale e umanistica», 6 (1963), pp. 203-34, e 7 (1964), pp. 279-324.

G. Billanovich, *La leggenda dantesca del Boccaccio. Dalla lettera di Ilario al "Trattatello in laude di Dante"*, in «Studi danteschi», 28 (1949), pp. 45-144.

G. Billanovich, *L'altro stil nuovo. Da Dante teologo a Petrarca filologo*, in «Studi petrarcheschi», 11 (1994), pp. 1-98.

G. Billanovich, *Petrarca letterato, I. Lo scrittoio del Petrarca*, Roma 1947.

G. Billanovich, *Petrarca, Pietro da Moglio e Pietro da Parma*, in «Italia medioevale e umanistica», 22 (1979), pp. 367-395.

G. Billanovich, *Restauri boccacceschi*, Roma 1947.

G. Billanovich, *Tra Dante e Petrarca*, in «Italia medioevale e umanistica», 8 (1965), pp. 1-44.

D. Bloch, *La formation de la Bibliothèque du Roi*, in *Histoire des bibliothèques françaises*, sous la direction d'A. Vernet, Paris 1989, vol. I. *Les bibliothèques médiévales. Du VIe siècle à 1530*, pp. 311-331.

M. W. Bloomfield, B. G. Guyot et al., *Incipits of Latin Works on the Virtues and Vices, 1100–1500 A. D. Including a Section of Incipits of Works on the Pater Noster*, Cambridge (Massachusetts) 1979.

A. Boccia, *Forme della creazione letteraria nell'epistolario di Pier della Vigna*, in *Dall'"ars dictaminis" all'umanesimo? Per un profilo letterario del secolo XIII*, a cura di F. Delle Donne, F. Santi, Firenze 2013, pp. 83–100.

A. Boccia, *La redazione maggiore dell'epistolario di Pier della Vigna. Rapporti tra i testimoni e prospettive editoriali*, in «ArNoS. Archivio normanno-svevo. Studi sul mondo euromediterraneo dei secoli XI–XIII», 1 (2008), pp. 151–160.

F. Bock, *Kaisertum, Kurie und Nationalstaat zu Beginn des 14. Jahrhunderts*, in «Römische Quartalschrift», 44 (1936), pp. 105–122; 169–220.

F. Bock, *Studien zum politischen Inquisitionsprozess Johanns XXII.*, in «Quellen und Forschungen aus italienischen Archiven und Bibliotheken», 26 (1935/1936), pp. 21–142.

G. P. Bognetti, *Note per la storia del passaporto e del salvacondotto (a proposito di documenti genovesi del Sec. XII)*, Pavia 1933.

F. Bognini, F. Delle Donne, *Partes*, in *"Ars dictaminis". Handbuch der mittelalterlichen Briefstillehre*, a cura di F. Harthmann, B. Grévin, Stuttgart 2019, in corso di stampa.

B. Bombi, *The 'Babylonian captivity' of Petracco di ser Parenzo dell'Incisa, father of Francesco Petrarca*, in «Historical Research», 83–221 (2010), pp. 431–443.

K. Borchardt, *Petrus de Vinea und die nach ihm benannten Mustersammlungen*, in «Deutsches Archiv für Erforschung des Mittelalters», 70 (2014), pp. 541–594.

P. Borsa, *«Scuro saccio che par lo / meo detto» (I Know that my Word Seems Obscure): Wordplay and Obscurity in Thirteenth-Century Italian Poetry*, in *Etymology and Wordplay in Medieval Literature*, ed. M. Males, Turnhout 2018, pp. 137–168.

D. Bortoluzzi, *I rapporti diplomatici tra le città italiane alla fine del Duecento: il caso di Bologna e Firenze*, in *Dante attraverso i documenti. II. Presupposti e contesti dell'impegno politico a Firenze (1295–1302)*, a cura di G. Milani, A. Montefusco, in «Reti medievali», 18/1 (2017), pp. 493–510.

M. Boschi Rotiroti, *Un Seneca copiato in Umbria. Firenze, Biblioteca Medicea Laurenziana, Conv. Soppr. 533*, in *Seneca. Una vicenda testuale*. Catalogo della Mostra di manoscritti ed edizioni, Firenze, Biblioteca Medicea Laurenziana, 2 aprile–2 luglio 2004, a cura di T. De Robertis, G. Resta, Firenze 2004, p. 156 n. 21.

J. P. Boyer, *Conclusions. Définir une haute administration au Moyen Âge tardif*, in *Les grands officiers dans les territoires angevins / I grandi ufficiali nei territori angioini*, a cura di R. Rao, Roma 2016.

J. P. Boyer, *Florence et l'idée monarchique. La prédication de Remigio dei Girolami sur les Angevins de Naples*, in *La Toscane et les Toscans autour de la Renaissance. Cadres de vie, société, croyances. Mélanges offerts à Charles-M. de La Roncière*, Aix-en-Provence 1999, pp. 363–376.

J. P. Boyer, *Le droit civil entre studium et cour de Naples. Barthélemy de Capoue et son cercle*, in *La justice temporelle dans les territoires angevins*, Roma 2005.

J. P. Boyer, *Le fisc d'après les juristes napolitains (fin XIIIe–début XIVe siècle)*, in *Périphéries financières*.

J. P. Boyer, *Roberto d'Angiò, re di Sicilia-Napoli*, in *DBI*, 87 (2017).

W. Bowsky, *Clement V and the Emperor-elect*, in «Medievalia et Humanistica», 12 (1958), pp. 52–69.

W. Bowsky, *Florence and Henry de Luxembourg, King of Romans: The Rebirth of Guelfism*, in «Speculum», 33 (1958), pp. 177–203.

W. Bowsky, *Henry VII in Italy. The Conflict between Empire and City-States*, Lincoln (Nebraska) 1960.
S. Brambilla, *Zanobi da Strada volgarizzatore di Cicerone: edizione critica del «Sogno di Scipione»*, in «Studi petrarcheschi», n.s. 13 (2000), pp. 1–79.
V. Branca, *Tradizione delle opere di Giovanni Boccaccio. I. Un primo elenco dei codici e tre studi*, Roma 1958.
V. Branca, *Tradizione delle opere di Giovanni Boccaccio. II. Un secondo elenco di manoscritti e studi sul testo del "Decameron" con due appendici*, Roma 1991.
V. Branca, *Un quarto elenco di codici*, in «Studi sul Boccaccio», 9 (1975–1976), pp. 1–19.
V. Branca, *Un sogno*, in *Ponte Santa Trinita. Per amore di libertà, per amore di verità*, Venezia 1987, pp. 197–199.
F. Brancucci, *Italia. Storia*, in *Enciclopedia Dantesca*, Roma 1970–1978.
H. Bresslau, *Manuale di diplomatica per la Germania e l'Italia*, trad. di A. M. Voci-Roth, Roma 1998.
Dante and Biography, a cura di E. Brilli, in «Dante Studies», 136 (2019), pp. 133–231.
E. Brilli, *Firenze 1300–1301. Le cronache antiche (XIV secolo in.)*, in «Reti Medievali Rivista», 17/2 (2016), pp. 113–151.
E. Brilli, *Firenze e il profeta. Dante fra teologia e politica*, Roma 2012.
E. Brilli, *Profeti, veri e falsi, e "quasi profeti". Il profetismo (non solo dantesco) secondo Giovanni Villani*, in *Dante poeta cristiano e la cultura religiosa medievale. In ricordo di Anna Maria Chiavacci Leonardi*, a cura di G. Ledda, Ravenna 2018, pp. 167–198.
E. Brilli, *Reminiscenze scritturali (e non) nelle epistole politiche dantesche*, in «La Cultura», 45/3 (2007), pp. 439–455.
E. Brilli, *The Interplay between Political and Prophetic Discourse: a Reflection on Dante's Autorship in Epistles V–VII*, in Brilli, Fenelli, Wolf, *Images and Words in Exile*, pp. 153–169.
E. Brilli, L. Fenelli, G. Wolf (a cura di), *Images and Words in Exile. Avignon and Italy during the first half of the fourteenth century*, Firenze 2015.
E. Brilli, A. Fontes Baratto, A. Montefusco, *Sedurre l'imperatore. La lettera di Francesco da Barberino a Enrico VII a nome della corona romana (1311)*, in «Italia medioevale e umanistica», 57 (2016), pp. 37–89.
T. Broser, *Les règles de l'ars dictaminis à la Curie pontificale durant le XIIIe siècle*, in *Le dictamen dans tout ses états. Perspectives de recherche sur la théorie et la pratique de l'ars dictaminis*, éds. B. Grévin, A.-M. Turcan-Verkerk, Turnhout 2015, pp. 243–256.
G. Brugnoli, *Il latino di Dante*, in *Dante e Roma*, Atti del Convegno di studi a cura della «Casa di Dante», Roma, 8-9-10 aprile 1965, Firenze 1965, pp. 51–71.
G. Brugnoli, *L'invidia di Pier della Vigna*, in «Critica del testo», 5 (2002), pp. 641–652.
G. Brugnoli, *Sarno*, in *ED*, 5.
G. Brugnoli, *Studi Danteschi. 1. Per suo richiamo*, Pisa 1998.
F. Bruni, *Italia. Vita e avventura di un'idea*, Bologna 2010.
F. Bruni, *La città divisa. Le parti e il bene comune da Dante a Guicciardini*, Bologna 2003.
F. Bruni, *Dialogi ad Petrum Paulum Histrum*, a cura di S. U. Baldassarri, Firenze 1994.
W. W. Buckland, A. McNair, *Roman Law and Common Law*, Cambridge 1952.
M. Buonocore, *Recensio Horatianorum codicum qui in Bibliotheca Apostolica Vaticana asservantur*, in «Giornale italiano di Filologia», 45 (1993), pp. 3–28.
K. Burdach, *Von Mittelalter zur Reformation. Forschungen zur Geschichte der deutschen Bildung*, Berlin 1912.
D. Burr, *Olivi on Prophecy*, in «Cristianesimo nella storia», 17 (1996), pp. 369–91.

A. M. Cabrini, *Le Historiae del Bruni: risultati e ipotesi di una ricerca sulle fonti*, in *Leonardo Bruni, cancelliere della Repubblica di Firenze*, a cura di P. Viti, Firenze 1990, pp. 247–319.
A. Cadili, *La diplomazia e le missioni legatizie*, in «Memorie domenicane», n.s. 44 (2013), *Niccolò da Prato e i frati Predicatori tra Roma ed Avignone*, a cura di M. Benedetti, L. Cinelli, pp. 85–139.
R. Caggese, *Roberto d'Angiò e i suoi tempi*, Firenze 1922–1930.
G. M. Cagni, *I codici Vaticani Palatino-Latini appartenuti alla biblioteca di Giannozzo Manetti*, in «La Bibliofilia», 62 (1960), pp. 1–43.
G. Caiti-Russo, *Il marchese Moroello Malaspina testimone ideale di un dibattito tra Dante e Cino sull'eredità trobadorica*, in «Dante Studies», 124 (2006), pp. 137–148.
G. Caiti-Russo, *Les Troubadours et la cour des Malaspina*, Montpellier 2005.
F. Calasso, *I glossatori e la teoria della sovranità*, Firenze 1945.
M. Camargo, *The* Libellus de arte dictandi rhetorice *attributed to Peter of Blois*, in «Speculum», 59 (1984), pp. 16–41.
A. Campana, *Calvi, Pellegrino*, in *ED*, 1.
K. M. Camper, *The stylistic virtues of clarity and obscurity in Augustine of Hippo's* De doctrina christiana, in «Advances in the History of Rhetoric», 16/1 (2013), pp. 58–81.
F. Canaccini, *Ghibellini e Ghibellinismo in Toscana da Montaperti a Campaldino*, Roma 2010.
J. Canning, *The Political Thought of Baldus de Ubaldis*, Cambridge-New York 1987.
C. Cantù, *Schiarimenti e note alla storia universale*, Torino 1842.
O. Capitani, *Cupidigia, avarizia, bonum commune in Dante Alighieri e in Remigio de' Girolami*, in *Da Dante a Bonifacio VIII*, Roma 2007, pp. 95–111.
O. Capitani, *La storiografia medievale*, in *La storia. I grandi problemi dal medioevo all'età contemporanea*, a cura di N. Tranfaglia, M. Firpo, Torino 1988, I/1 *Il medioevo. I quadri generali*, pp. 757–92.
O. Capitani, *Remigio de' Girolami*, in *Enciclopedia Dantesca*, Roma 1970–1978.
L. Capo, *La cronachistica italiana dell'età di Federico II*, in «Rivista storica italiana», 114 (2002), pp. 380–430.
F. Cardini, *Cerchi, Giovanni*, in *DBI*, 23 (1979).
F. Cardini, *La Romfahrt di Enrico VII*, in *Il viaggio di Enrico VII in Italia*, a cura di M. Tosti Croce, Città di Castello 1993, pp. 1–11.
G. Carletti, *Dante politico: la felicità terrena secondo il pontefice, il filosofo, l'imperatore*, Pescara 2006.
N. L. Carlotto, *Pietro «Nan» da Marano: ritratto di un cortigiano scaligero*, in *Gli Scaligeri 1277–1387. Saggi e schede raccolti in occasione della mostra storico-documentaria*, a cura di G. M. Varanini, Verona 1988, pp. 143–148.
U. Carpi, *La nobiltà di Dante*, Firenze 2004.
U. Carpi, *L'Inferno dei guelfi e i principi del* Purgatorio, Milano 2013.
U. Carpi, *Un congedo da Firenze?*, in *L'inferno dei guelfi e i principi del Purgatorio*, Milano 2013, pp. 91–98.
U. Carpi, *Un inferno guelfo*, in *L'inferno dei guelfi ei principi del Purgatorio*, Milano 2013, pp. 101–167.
S. Carrai, *Guittone e le origini dell'epistolografia in volgare*, in «Giornale storico della letteratura italiana», 192 (2015), pp. 161–171.
D. Carron, *Remigio de' Girolami dans la Florence de Dante*, in «Reti Medievali. Rivista», 18 (2017) (consultato online <http://www.rmojs.unina.it/index.php/rm/article/view/5150>).
A. Casadei, *Dante oltre la* Commedia, Bologna 2013.
C. Casagrande, S. Vecchio, *I sette vizi capitali. Storia dei peccati nel Medioevo*, Torino 2000.

U. Cassuto, *I manoscritti Palatini ebraici della Biblioteca Apostolica Vaticana e la loro storia*, Città del Vaticano 1935.
J. Catto, *Ideas and Experience in the Political Thought of the Aquinas*, in «Past and Present», 71 (1976), pp. 3-21.
A. Cavalcabò, *Un Cremonese Consigliere Ducale di Milano*, in «Bollettino Storico Cremonese», 2 (1932), pp. 5-56.
G. Cavallo, *Dal segno incompiuto al segno negato*, in *Alfabetismo e cultura scritta*, a cura di A. Bartoli Langeli e A. Petrucci, in «Quaderni storici», XIII (1978), n. 38, pp. 466-487.
M. L. Ceccarelli Lemut, *Ghibellini e guelfi bianchi alla corte pisana dell'imperatore*, in *Enrico VII, Dante e Pisa a settecento anni dalla morte dell'imperatore e della monarchia (1313-2013)*, a cura di G. Petralia, M. Santagata, Ravenna 2016, pp. 93-109.
I. Ceccherini, *Mercanti copisti delle opere di Dante*, in *Intorno a Dante. Ambienti culturali, fermenti politici, libri e lettori nel XIV secolo*, a cura di L. Azzetta, A. Mazzucchi, Roma 2018, pp. 295-306.
E. Cecchini, *Sul testo dell'epistola di Dante Cardinalibus Ytalicis*, in *Dicti studiosus. Scritti di filologia offerti a Scevola Mariotti dai suoi allievi*, Urbino 1990, pp. 387-406.
A. Cecilia, *Italia*, in *Enciclopedia Dantesca*, Roma 1970-1978.
R. Cella, *Il "Centiloquio" di Antonio Pucci e la "Nuova Cronica" di Giovanni Villani*, in *Firenze alla vigilia del Rinascimento: Antonio Pucci e i suoi contemporanei: atti del convegno di Montreal (22-23 ottobre 2004)*, a cura di M. Bendinelli Predelli, Fiesole 2006, pp. 84-110.
F. Cengarle, *Enrico VII e le città lombarde (1311), tra duttilità politica e affermazioni autoritarie: qualche nota*, in *Enrico VII e il governo delle città italiane (1310-1313)*, a cura di G. M. Varanini, in «Reti Medievali», 15 (2014), 1: https://doi.org/10.6092/1593-2214/417.
F. Cheneval, *Die Rezeption der Monarchia Dantes bis zur Editio Princeps im Jahre 1559. Metamorphosen eines philosophischen Werkes*, München 1995.
G. Cherubini, *Dante e le attività economiche del tempo suo*, in *Scritti toscani. L'urbanesimo medievale e la mezzadria*, Firenze 1991, pp. 313-325.
G. Cherubini, *Gargonza*, in *ED*, 3.
G. Cherubini, *L'immagine di Federico II nella cultura toscana del Trecento*, in *Scritti toscani. L'urbanesimo medievale e la mezzadria*, Firenze 1991, pp. 289-311.
G. Cherubini, *San Godenzo*, in *ED*, 5.
J. Chesley Mathews, *Richard Henry Wilde's Knowledge of Dante*, in «Italica», 45/1 (1968), pp. 28-46.
F. Chiappelli, *Osservazioni sulle tre epistole dantesche a Margherita imperatrice*, in «Giornale storico della letteratura italiana», 140 (1963), pp. 558-565.
L. Chiappelli, *Cino da Pistoia giurista*, Pistoia 1999.
P. Chiesa, *L'impiego del "cursus" in sede di critica testuale: una prospettiva diagnostica*, in *Meminisse iuvat. Studi in memoria di Violetta de Angelis*, a cura di F. Bognini, Pisa 2012, pp. 279-304.
S. A. Chimenz, *Alighieri Dante*, in *DBI*, 2 (1961).
S. Ciampi, *Monumenti di un manoscritto autografo e lettere inedite di messer Giovanni Boccaccio, il tutto nuovamente trovato e illustrato da S. Ciampi*, seconda edizione dal medesimo rivista e accresciuta, Milano 1830.
G. Ciappelli, *Introduzione*, in *Famiglia, memoria, identità tra Italia ed Europa nell'età moderna. Atti del convegno internazionale (Trento, 4-5 ottobre 2007)*, a cura di G. Ciappelli, Bologna 2009, pp. 11-36.

A. Ciaralli, *Tra segno e disegno. La scrittura dell'italiano e i suoi designer*, in *L'italiano e la creatività: marchi e costumi, moda e design*, a cura di P. D'Achille, G. Patota, Firenze 2016, pp. 117–131.

Ciolo, in *ED*, 2.

C. Cipolla, F. Cipolla, *Antiche cronache veronesi*, Venezia 1890.

S. Cohn, *The manuscript evidence for the letters of Peter of Blois*, in «English Historical Review», 41 (1926), pp. 43–60.

F. Cognasso, *Arrigo VII*, Milano 1973.

F. Cognasso, *L'unificazione della Lombardia sotto Milano*, in *Storia di Milano V. La signoria dei Visconti (1310–1392)*, Milano 1955, pp. 1–567.

F. Colagrosso, *Gli uomini di corte nella "Divina Commedia"*, in «Studi di letteratura italiana», 2 (1900), pp. 24–57.

P. Colomb de Batines, *Bibliografia dantesca, ossia catalogo delle edizioni, traduzioni, codici …*, Prato 1845.

M. Conetti, *L'origine del potere legittimo: spunti polemici contro la donazione di Costantino da Graziano a Lorenzo Valla*, Parma 2004.

D. Consoli, *Alto*, in *ED*, 1.

G. Constable, *Letters and letter collection*, Turnhout 1976.

E. Conte, *"Vetustas". Prescrizione acquisitive e possesso dei diritti nel Medioevo*, in *Uso, Tempo, Possesso dei Diritti. Una ricerca storica e di diritto positivo*, Torino 1999, pp. 49–128.

B. Corio, *Storia di Milano*, a cura di A. Morisi Guerra, I, Torino 1978.

La corrispondenza epistolare in Italia, 2: *Forme, stili e funzioni della scrittura epistolare nelle cancellerie italiane*. Atti del Convegno di studio (Roma, 20–21 giugno 2011), a cura di P. Cammarosano, S. Gioanni, Trieste 2013.

E. Cortese, *La norma giuridica: Spunti teorici nel diritto comune classico*, Milano 1964.

E. Cortese, *Scritti*, a cura di I. Birocchi, U. Petronio, Spoleto 1999.

M. Corti, *Dante a un nuovo crocevia*, Firenze 1981.

S. Cristaldi, *La profezia imperfetta. Il Veltro e l'escatologia medievale*, Caltanissetta-Roma 2011.

E. Cristiani, *I fuoruscati toscani di parte "bianca" tra il sec. XIII e XIV*, in *Exil et civilisation en Italie (XIIe–XVIe siècles)*, éds. J. Heers, C. Bec, Nancy 1990, pp. 61–66.

G. Cura Curà, *Cultura classica e biblica nella prospettiva politica dell'epistola dantesca a Enrico VII*, in «La Parola del testo», 14/2 (2010), pp. 269–332.

M. Cursi, *Percezione dell'autografia e tradizione dell'autore*, in «*Di mano propria*». *Gli autografi dei letterati italiani*. Atti del convegno internazionale di Forlì, 24–27 novembre 2008, a cura di G. Baldassarri, M. Motolese, P. Procaccioli, E. Russo, Roma 2010, pp. 159–184.

A. D'Addario, *Uberti, Lapo degli*, in *Enciclopedia Dantesca*, Roma 1970–1978.

A. Dalzell, *The "Forma dictandi" attributed to Albert of Morra and related texts*, in «Mediaeval Studies», 39 (1977), pp. 440–465.

E. D'Angelo, *Le sillogi epistolari tra "autori" e "compilatori". Il caso di Pietro di Blois*, in *Dall'"ars dictaminis" al preumanesimo? Per un profilo letterario del secolo XIII*, a cura di F. Delle Donne, F. Santi, Firenze 2013, pp. 25–42.

E. D'Angelo, J. M. Ziolkowski (eds.), *Auctor et Auctoritas in Latinis Medii Aevi litteris. Author and Authorship in Medieval Latin literature*. Proceedings of the 6th Congress of the International Medieval Latin Committee, Firenze 2014.

Dante attraverso i documenti. I. Famiglia e patrimonio (secolo XII–1300 circa), a cura di G. Milani, A. Montefusco, in «Reti Medievali Rivista», 15/2 (2014), https://doi.org/10.6092/1593-2214/436.

Dante attraverso i documenti. II. Presupposti e contesti dell'impegno politico a Firenze (1295–1302), a cura di G. Milani, A. Montefusco, in «Reti medievali», 18/1 (2017), https://doi.org/10.6092/1593-2214/5154.

R. Davidsohn, *Dante, i Guidi e gli Elisei*, in «Bullettino della società dantesca», n.s. XIX (1912), pp. 221–225.

R. Davidsohn, *Forschungen zur älteren Geschichte von Florenz*, I–IV, Berlin 1896–1908.

R. Davidsohn, *Geschichte von Florenz III: die letzten Kämpfe gegen die Reichsgewalt*, Berlin 1912 (tr. it. *Storia di Firenze*, I–VI, Firenze 1956–68).

C. T. Davis, *Dante and the Empire*, in *Dante and the idea of Rome*, Oxford 1957, pp. 139–194.

C. T. Davis, *L'Italia di Dante*, Bologna 1984.

C. T. Davis, *Remigio de' Girolami and Dante. A Comparison of their Conceptions of Peace*, in «Studi Danteschi», 16 (1959), pp. 123–136.

A. De Angelis, *Il concetto d'imperium e la comunità soprannazionale in Dante*, Milano 1965.

V. de Angelis, *Magna questio preposita coram Dante et domino Francisco Petrarca et Virgiliano*, in «Studi petrarcheschi», n.s. 1 (1984), pp. 103–209.

V. de Angelis, *Un percorso esemplare della lezione sui classici nel Trecento: Giovanni del Virgilio e l'"Achilleide" di Stazio*, in *I classici e l'Università umanistica*. Atti del Convegno di Pavia, 22–24 novembre 2001, a cura di L. Gargan, M. P. Mussini Sacchi, Messina 2006, pp. 225–260.

A. C. de la Mare, *The Handwriting of Italian Humanists*, Oxford 1973, vol. I. *Francesco Petrarca, Giovanni Boccaccio [et al.]*.

H. Decker-Hauff, *Graf Berthold von Neuffen: Graf von Marstetten und Graisbach, Kaiserlicher Generalvikar für Italien*, in *Schwäbische Lebensbilder VI*, hsgb. von H. Haering, M. Miller, R. Uhland, Stuttgart 1957, pp. 28–39.

C. De Dominicis, *Membri del Senato della Roma pontificia. Senatori, Conservatori, Caporioni e loro Priori e Lista d'Oro delle famiglie dirigenti (secc. X–XIX)*, Roma 2009.

C. Delcorno, *"Ma noi siam peregrin come voi siete". Aspetti penitenziali del "Purgatorio"*, in *Da Dante a Montale. Studi di filologia e critica letteraria in onore di Emilio Pasquini*, a cura di G. M. Anselmi et al., Bologna 2005, pp. 11–30.

A. Della Torre, *L'epistola all'"amico fiorentino"*, in «Bullettino della Società dantesca italiana», n.s. 12 (1905), pp. 121–174.

F. Delle Donne, *Autori, redazioni, trasmissioni, ricezione. I problemi editoriali delle raccolte di Dictamina di epoca sveva e dell'epistolario di Pier della Vigna*, in «ArNoS. Archivio normanno-svevo», 2 (2009), pp. 7–28.

F. Delle Donne, *Die Briefsammlung des Petrus des Vinea und die Probleme der Überlieferung von* Dictamina *in der Zeit Friedrichs II.*, in *Kuriale Briefkultur im späteren Mittelalter. Gestaltung – Überlieferung – Rezeption*, a cura di T. Broser, A. Fischer, M. Thumser, Köln – Weimar – Wien 2015, pp. 223–233.

F. Delle Donne, *Federico II, Pier della Vigna, la propaganda cancelleresca e i modelli retorici*, in *L'epistolario di Pier della Vigna*, coordinamento di E. D'Angelo, Soveria Mannelli 2014, pp. 51–76.

F. Delle Donne, *La cultura e gli insegnamenti retorici nell'Alta Terra di Lavoro*, in *Suavis terra, inexpugnabile castrum. L'Alta Terra di Lavoro dal dominio svevo alla conquista angioina*, Arce 2007, pp. 133–57.

F. Delle Donne, *La dedica del cosiddetto 'Opus metricum' di Iacopo Stefaneschi*, in «Filologia mediolatina. Studies in Medieval Latin Texts and their Transmission», 17 (2010), pp. 85–104.

F. Delle Donne, *La porta del sapere. Cultura alla corte di Federico II*, Roma 2019.

F. Delle Donne, *Le formule di saluto nella pratica epistolare medievale. La 'Summa salutationum' di Milano e Parigi*, in «Filologia Mediolatina», 9 (2002), pp. 251–279.

F. Delle Donne, *Le lettere di Pier della Vigna: da Epistolae a dictamina, da "insegne del potere" a "emblemi retorici"*, in *La corrispondenza epistolare in Italia 2. Forme, stili e funzioni della scrittura epistolare nelle cancellerie italiane (secoli V–XV) / Les correspondances en Italie 2. Formes, styles et fonctions de l'écriture épistolaire dans les chancelleries italiennes (V^e–XVe siècle)*. Atti del convegno di studio (Roma, 20–21 giugno 2011), a cura di P. Cammarosano, S. Gioanni, Trieste-Roma 2013, pp. 239–52.

F. Delle Donne, *Le parole del potere: l'epistolario di Pier della Vigna*, in *Pier delle Vigne in catene da Borgo San Donnino alla Lunigiana medievale: itinerario alla ricerca dell'identità storica, economica e culturale di un territorio*. Atti del Convegno itinerante (28 maggio 2005–13 maggio 2006), a cura di G. Tonelli, Sarzana 2006, pp. 111–122.

F. Delle Donne, *«Per scientiarum haustum et seminarium doctrinarum». Storia dello Studium di Napoli in età sveva*, Bari 2010.

F. Delle Donne, *Tommaso di Capua e la cancelleria papale: tra normativa retorica e comunicazione politica*, in *Dall'"ars dictaminis" al preumanesimo? Per un profilo letterario del XIII secolo*, a cura di F. Delle Donne, F. Santi, Firenze 2013, pp. 43–61.

F. Delle Donne, *Tra antico e moderno: Iacopo Stefaneschi e la cultura letteraria del suo tempo*, in «Rivista di cultura classica e medioevale», 62 (2020), in corso di stampa.

F. Delle Donne, *Una costellazione di epistolari del XIII secolo: Tommaso di Capua, Pier della Vigna, Nicola da Rocca*, in «Filologia Mediolatina», 11 (2004), pp. 143–59.

F. Delle Donne, *Una fonte per l'ep. XI: Dante, Pier della Vigna e il codice Fitalia*, in «Spolia. Journal of Medieval Studies», 5 (2019), c.d.s.

I. Del Lungo, *Dell'esilio di Dante*, Firenze 1881.

I. Del Lungo, *Dino Compagni e la sua Cronica*, Firenze 1879–1887.

C. Del Vento, *«L'avara povertà di Catalogna» e la «milizia» di Roberto d'Angiò (Pd VIII 76–148)*, in «Nuova Rivista di Letteratura Italiana», 1 (1998), pp. 339–372.

D. De Robertis, *Censimento dei manoscritti di rime di Dante (I)*, in «Studi danteschi», 37 (1960), pp. 141–273.

D. De Robertis, *Il caso di Cavalcanti*, in *Dante e la Bibbia*, Atti del convegno internazionale (Firenze, 26–28 settembre 1986), a cura di G. Barblan, Firenze 1988, pp. 341–50.

R. Desmed, *Le cercle des préhumanistes de Padoue et les commentaires des tragédies de Sénèque*, in «Scriptorium», 25 (1971), pp. 82–84.

R. M. Dessì, *I nomi dei Guelfi e Ghibellini da Carlo I d'Angiò a Petrarca*, in *Guelfi e Ghibellini nell'Italia del Rinascimento*, a cura di M. Gentile, Roma 2004, pp. 3–78.

R. M. Dessì, *"Nec predicator sum": Pétrarque orateur et la communication verbale au temps de Visconti*, in *Humanistes, clercs et laïcs dans l'Italie du XIIIe au début du XVIe siècle*, éds. C. Caby, R. M. Dessì, Turnhout 2012, pp. 41–119.

A. De Vincentiis, *Le signorie angioine a Firenze: storiografia e prospettive*, in «Reti Medievali», 2/2 (2001), <http://dx.doi.org/10.6092/1593-2214/237>.

A. De Vincentiis, *Origini, memoria, identità a Firenze nel XIV secolo. La rifondazione di Carlomagno*, in «Mélanges de l'École française de Rome. Moyen Âge», 115 (2003), pp. 385–443.

A. De Vincentiis, *Scrittura storica e politica cittadina: la Cronaca Fiorentina di Marchionne di Coppo Stefani*, in «Rivista Storica Italiana», 108 (1996), pp. 230–297.

S. Diacciati, *Dante a Campaldino*, in «Le tre Corone», 6 (2019), pp. 11–25.

S. Diacciati, *Dante: relazioni sociali e vita pubblica*, in *Dante attraverso i documenti. I. Famiglia e patrimonio (secolo XII–1300 circa)*, a cura di G. Milani, A. Montefusco, in «Reti Medievali Rivista», 15/2 (2014), pp. 243–270.

S. Brambilla, *Per la fortuna volgare del «Somnium Scipionis»: da Zanobi da Strada alla cerchia di Giovanni delle Celle*, in «Studi petrarcheschi», 11 (1994), pp. 200–238.
F. Di Capua, *Appunti sul "cursus", o ritmo prosaico nelle opere latine di Dante Alighieri*, Castellammare di Stabia 1919.
F. Di Capua, *Fonti ed esempi per lo studio dello "stilus curiae romanae" medioevale*, Roma 1941.
F. Di Capua, *Tre note sull'Epistola di Dante ai Fiorentini*, in «Giornale dantesco», 39 (1936), pp. 239–256.
Le dictamen *dans tous ses états. Perspectives de recherche sur la théorie et la pratique de l'*ars dictaminis *(XIe–XVe siècles)*, a cura di B. Grévin, A.-M. Turcan-Verkerk, Turnhout 2015.
M. C. Di Franco Lilli, *La Biblioteca manoscritta di Celso Cittadini*, Città del Vaticano 1970.
P. Di Patre, *I modi dell'intertestualità dantesca: tradizione classica e biblica in un frammento di prosa ("Ep." VI, 12–24)*, in «Studi Danteschi», 56 (1989), pp. 289–306.
P. Di Patre, *L'arte della emulazione nelle epistole dantesche (tre reperti classico-biblici)*, in «Studi Danteschi», 62 (1990), pp. 323–334.
P. Di Patre, *Un cursus geometrico? L'impalcatura nascosta della prosa ritmica dantesca nelle Epistole (I–XIII)*, in «Deutsches Dante-Jahrbuch», 85–86 (2011), pp. 279–300.
G. J. Dionisi, *Serie di aneddoti. V. De' codici fiorentini*, Verona 1790.
C. Dionisotti, *Chierici e laici*, in *Geografia e storia della letteratura italiana*, Torino 1977, pp. 55–88.
G. Di Scipio, *St. Paul in Dante's Political Epistles*, in *The Presence of Pauline Thought in the Works of Dante*, Lewiston 1995, pp. 143–184.
C. Dolcini, *Qualcosa di nuovo su Dante. La prima dimenticata voce del suo pensiero politico (1306)*, in *Ovidio Capitani, quaranta anni per la storia medioevale*, a cura di M. C. De Matteis, Bologna 2003, 1, pp. 57–64.
P. Dronke, *Dante e le tradizioni latine medioevali*, Bologna 1990.
C. Dumontel, *L'impresa italiana di Giovanni di Lussemburgo re di Boemia*, Torino 1952.
P. Duparc, *À propos des lettres de Jeanne d'Arc*, in «Bulletin de la Société nationale des Antiquaires de France», 1991, pp. 71–80.
Enrico VII, Dante e Pisa a settecento anni dalla morte dell'imperatore e della monarchia (1313–2013), a cura di G. Petralia, M. Santagata, Ravenna 2016.
Enrico VII e il governo delle città italiane (1310–1313), a cura di G. M. Varanini, in «Reti Medievali Rivista», 15/1 (2014), pp. 37–155: https://doi.org/10.6092/1593-2214/417.
F. Ercole, *Da Bartolo all'Althusio: Saggi sulla Storia del Diritto Pubblico del Rinascimento Italiano*, Firenze 1932.
F. Ercole, *Dal comune al principato. Saggi sulla storia del diritto pubblico del rinascimento italiano*, Firenze 1929.
F. Ercole, *Dante e l'unità nazionale* [1921], *Il pensiero politico di Dante*, Milano 1927–1928, vol. I, pp. 79–87.
F. Ercole, *L'unità politica della nazione italiana e l'Impero nel pensiero di Dante*, in F. Ercole, *Il pensiero politico di Dante*, Milano 1927–1928, I, pp. 9–77.
F. Ercole, *Il canto dell'Italia*, in F. Ercole, *Il pensiero politico di Dante*, Milano 1927–1928, I, pp. 109–156.
F. Ercole, *Il pensiero politico di Dante*, Milano 1927–1928.
F. Ercole, *Il sogno italico di Dante*, in *Il pensiero politico di Dante*, Milano 1927–1928, I, pp. 89–107.

F. Ercole, *Le tre fasi del pensiero politico di Dante*, in *Il pensiero politico di Dante*, Milano 1927–1928, II, pp. 271–407.
L'État angevin. Pouvoir, culture et société entre XIIIe et XIVe siècle, Roma 1998.
G. Fagioli Vercellone, *Fraticelli, Pietro*, in *DBI*, 50 (1998).
V. Fainelli, *Podestà e ufficiali di Verona dal 1305 (sec. sem.) al 1405 (prim. sem.)*, in «Atti e memorie dell'Accademia di Agricoltura scienze e lettere di Verona», 4/9 (1909), pp. 155–256.
E. Faini, *Ruolo sociale e memoria degli Alighieri prima di Dante*, in *Dante attraverso i documenti. I. Famiglia e patrimonio (secolo XII-1300 circa)*, a cura di G. Milani, A. Montefusco, in «Reti Medievali Rivista», 15/2 (2014), pp. 203–242: https://doi.org/10.6092/1593-2214/431.
E. Faini, *Italica gens. Memoria e immaginario politico dei cavalieri-cittadini (secoli XII–XIII)*, Roma 2018.
P. Falzone, *Desiderio della scienza e desiderio di Dio nel Convivio di Dante*, Bologna 2010.
P. Falzone, *Margherita di Brabante*, in *DBI*, 70 (2008).
P. Falzone, L. Fiorentini, *Note sul discorso politico dantesco tra le cancellerie imperiali di Federico II e di Enrico VII*, in *Dante e la retorica*, a cura di L. Marcozzi, Ravenna 2017, pp. 211–45.
J. Favier, *Les papes d'Avignon*, Paris 2006.
C. Felisi, A.-M. Turcan-Verkerk, *Les artes dictandi latines de la fin du XIe à la fin du XIVe siècle : un état des sources*, in *Le dictamen dans tous ses états. Perspectives de recherche sur la théorie et la pratique de l'ars dictaminis (XIe–XVe siècles)*, éds. B. Grévin, A.-M. Turcan-Verkerk, Turnhout 2015, pp. 417–541.
E. Fenzi, *Ancora a proposito dell'argomento barberiniano (una possibile eco del Purgatorio nei Documenti d'Amore di Francesco da Barberino)*, in «Tenzone», 6 (2005), pp. 97–120.
E. Fenzi, *Ancora sulla Epistola a Moroello e sulla "montanina" di Dante (Rime, 15)*, in «Tenzone. Revista de la Asociación Complutense de Dantología», 4 (2003), pp. 43–84.
E. Fenzi, *La Montanina e i suoi lettori*, in *Amor, da che convien pur ch'io mi doglia*, a cura di E. Pasquini, Madrid 2009, pp. 31–84.
M. Feo, *Bucolicum carmen*, in *Petrarca nel tempo. Tradizione lettori e immagini delle opere*. Catalogo della Mostra, Arezzo, Sottochiesa di San Francesco, 22 novembre 2003–27 gennaio 2004, a cura di M. Feo, Pontedera 2003, pp. 279–282.
V. Fera, *Storia e filologia tra Petrarca e Boccaccio*, in *Petrarca, l'Umanesimo e la civiltà europea*, a cura di D. Coppini, M. Feo, Firenze 2012 («Quaderni petrarcheschi», XV–XVIII, 2005–2008), pp. 369–389.
S. Ferrara, *Devotissimus et amicus*, in «Arzanà», 13 (2010), pp. 191–210.
S. Ferrara, *D'un bannissement subi à un exil revendiqué. La construction de l'«exul» dans les Épîtres de Dante*, in «Arzanà», 16–17 (2013), *Écritures de l'exil dans l'Italie médiévale*, éds. A. Fontes Baratto, M. Gagliano, pp. 199–213.
S. Ferrara-Pavlović, *La métaphore solaire. Les trois épîtres politiques de Dante et le chant XVI du Purgatoire*, in «Arzanà. Cahiers de literature médievale italienne», 12 (2007), pp. 99–115.
M. Ferrari, I. Lazzarini, F. Piseri, *Lettere autografe di principi "in fieri"*, in *Autografie dell'età minore. Lettere di tre dinastie italiane tra Quattrocento e Cinquecento*, a cura di M. Ferrari, I. Lazzarini, F. Piseri, Roma 2016, pp. 11–38.
G. J. Ferrazzi, *Manuale dantesco*, Bassano 1877.
M. T. Ferrer Mallol, *Cavalieri catalani e aragonesi al servizio dei guelfi in Italia*, in «Medioevo (Cagliari)», 20 (1995), pp. 161–194.

J. Ficker, *Urkunden zur Geschichte des Römerzuges Kaiser Ludwigs des Baiern und der italienischen Verhältnisse*, Innsbruck 1865.
G. Fioravanti, *Università e Città. Cultura umanistica e cultura scolastica a Siena nel '400*, Firenze 1980.
G. Fiori, *I Malaspina: castelli e feudi nell'Oltrepò piacentino, pavese, tortonese*, Piacenza 1995.
G. Fiori, *I Malaspina di Pregola ed i feudi imperiali sulla sinistra del Trebbia*, in «Archivio Storico delle Province Parmensi», 16 (1964), pp. 261–342.
J. Fohlen, *Les manuscrits classiques dans le fonds Vatican latin d'Eugène IV (1443) à Jules III (1550)*, in «Humanistica Lovaniensia», 34A (1985), pp. 1–51.
P. Fohlen, *La bibliothèque du pape Eugène IV (1431–1447). Contribution à l'histoire du fonds Vatican latin*, Città del Vaticano 2008.
A. Fontes Baratto, *Le diptyque montanino de Dante*, in «Arzanà. Cahiers de Littérature médiévale italienne», 12 (2007), *Poésie et épistolographie dans l'Italie médiévale*, pp. 65–97.
A. Fontes Baratto, *Linguaggio biblico e missione imperiale nell'Epistola V di Dante*, in *Enrico VII, Dante e Pisa*, Ravenna 2016, pp. 223–42.
F. Forti, *La* transumptio *nei dettatori bolognesi e in Dante*, in *Dante e Bologna nei tempi di Dante*, Bologna 1967, pp. 127–49.
Francesco Novati. Inventario del fondo conservato presso la Società storica lombarda, a cura di E. Colombo, Bologna 1997.
G. Francesconi, *La signoria pluricittadina di Castruccio Castracani. Un'esperienza politica "costituzionale" nella Toscana di primo Trecento*, in *Le signorie cittadine in Toscana. Esperienze di potere e forme di governo personale (secoli XIII–XV)*, a cura di A. Zorzi, Roma 2013, pp. 149–168.
M. E. Franke, *Kaiser Heinrich VII. im Spiegel der Historiographie. Eine faktenkritische und quellenkundliche Untersuchung ausgewählter Geschichtsschreiber der ersten Hälfte des 14. Jahrhunderts*, Köln-Weimar-Wien 1992.
A. Frugoni, *Divinae Sapientiae*, in *ED*, 2.
E. Fumagalli, *Appunti sulla biblioteca dei Visconti e degli Sforza nel castello di Pavia*, in «Studi petrarcheschi», n.s. 7 (1990), pp. 93–211.
F. Gabrieli, *Il canto VI del Purgatorio*, in *Nuove letture dantesche*, Firenze 1969, pp. 333–349.
F. Gagliardi, *L'«alto Arrigo» nelle epistole dantesche del 1310–11. Modelli biblici e classici*, in «La Cultura», 45/1 (2007), pp. 133–142.
G. Galasso, *Il Regno di Napoli: il mezzogiorno angioino e aragonese*, Torino 1993².
S. Gallick, *Medieval Rhetorical Arts in England and the Manuscript Traditions*, in «Manuscripta», 18 (1974), pp. 67–95.
A. Gamberini, *La memoria dei gentiluomini. I cartulari di lignaggio alla fine del medioevo*, in *Scritture e potere. Pratiche documentarie e forme di governo nell'Italia tardomedievale (XIV–XV secolo)*, a cura di I. Lazzarini, in «Reti medievali. Rivista», 9 (2008), pp. 1–16.
P. Garbini, *Francesco Petrarca fra l'arte della regola e la regola d'arte*, in *Dall''ars dictaminis' al preumanesimo? Per un profilo letterario del secolo XIII*, a cura di F. Delle Donne, F. Santi, Firenze 2013, pp. 173–86.
L. Gargan, *Scuole di grammatica e Università a Padova tra Medioevo e Umanesimo*, in «Quaderni per la storia dell'Università di Padova», 33 (2000), pp. 9–26 (poi in Gargan, *Libri e maestri tra Medioevo e Umanesimo*, Messina 2011, pp. 539–556).
L. Gargan, *Dante e Giovanni del Virgilio: le "Egloghe"*, in «Giornale Storico della Letteratura Italiana», 187 (2010), pp. 342–369 (poi in Gargan, *Dante, la sua biblioteca e lo Studio di Bologna*, Roma-Padova 2014, pp. 112–141).

A. Gaudenzi, *Sulla cronologia delle opere dei dettatori Bolognesi da Buoncompagno a Bene di Lucca*, in «Bullettino dell'Istituto storico italiano», 14 (1895), pp. 118–150.
A. Gauert, *Albrecht I*, in *Neue Deutsche Biographie*, I, Berlino 1953, pp. 152–54.
S. Gentili, *Girolami, Remigio de'*, in *DBI*, 56 (2006).
E. Gerini, *Memorie storiche d'illustri scrittori e di uomini insigni dell'antica e moderna Lunigiana*, Massa 1829.
F. Giancotti, *Ricerche sulla tradizione manoscritta delle sentenze di Publilio Siro*, Messina-Firenze 1963.
W. Goez, *Die Einstellung zum Tode im Mittelalter*, in *Der Grenzbereich zwischen Leben und Tod*, Göttingen 1976.
G. Gorni, *Dante. Storia di un visionario*, Roma-Bari 2009.
G. Gorni, *La canzone "montanina"*, in *Le "Rime" di Dante*, a cura di M. Picone, in «Letture Classensi», XXIV, Ravenna 1995, pp. 129–150.
M. Gragnolati, *Authorship and Performance in Dante's «Vita nova»*, in *Aspects of the Performative in Medieval Culture*, a cura di M. Gragnolati, A. Suerbaum, Berlin-New York 2010, pp. 123–140.
M. Gragnolati, *Una performance senza gerarchia: la riscrittura bi-stabile della Vita nova*, in *Vita nova, Fiore, Epistola XIII*, a cura di M. Gragnolati, L. C. Rossi, P. Allegretti, N. Tonelli, A. Casadei. Firenze 2018, p. 67–86.
T. Grasilier, *Cartulaires inédits de la Saintonge*, II. *Cartulaire de l'Abbaye royale de Notre-Dame de Saintes de l'ordre de saint Bénoit*, Niort 1871.
E. Graziosi, *Dante a Cino: sul cuore di un giurista*, in «Letture Classensi», 26 (1997), pp. 55–91.
L. Green, *Castruccio Castracani. A study on the origins and character of a fourteenth-century Italian despotism*, Oxford 1986.
L. Green, *Chronicle into history: an essay on the interpretation of history in the Florentine fourteenth-century chronicles*, Cambridge 1972.
B. Grévin, *De l'ornementation à l'automatisme. Cursus rythmique et écriture semi-formulaire (XIIe–XIVe s.)*, *Rythmes et croyances au Moyen Âge*, a cura di M. Formarier, J.-C. Schmitt, Bordeaux 2014, pp. 81–102.
B. Grévin, *Héritages culturels des Hohenstaufen. Volgarizzamenti de lettres et discours de Fréderic II et de ses adversaires. Problèmes d'interprétation*, in «Mélanges de l'École Française de Rome», 114/2 (2002), pp. 981–1043.
B. Grévin, *L'ars dictaminis, discipline hégémonique (fin XIIe–début XIVe s.). Mutations et idéologisation d'un art d'écrire médiéval, entre trivium, droit et exégèse*, in *Frontières des savoirs en Italie à l'époque des premières universités (XIIIe–XVe siècle)*, a cura di J. Chandelier, A. Robert, Rome 2015, pp. 17–80.
B. Grévin, *L'empire d'une forme. Réflexions sur la place du* cursus *dans les pratiques d'écriture européennes à l'automne du Moyen Âge (XIIIe–XVe siecle)*, in *Parva pro magnis munera. Études de littérature tardo-antique et médiévale offertes à François Dolbeau par ses élèves*, a cura di M. Goullet, Turnhout 2009, pp. 857–881.
B. Grévin, *Les frontières du dictamen. Structuration et dynamiques d'un espace textuel médiéval (XIIIeXVe s.)*, in «Interfaces», 1 (2015), pp. 142–169.
B. Grévin, *«Linguistic mysteries of the state». Réflexions sur la tension entre intelligibilité et sacralisation dans la rhétorique politique latine aux XIIIe et XIVe siècles*, in *La langue des actes*. Actes du XIe congrés international diplomatique, a cura di O. Guyotjeannin, Paris 2003: <http://elec.enc.sorbonne.fr/CID2003/grevin.
B. Grévin, *Métaphore et vérité: la transumptio, clé de voûte de la rhétorique au XIIIe siècle*, in *La vérité. Vérité et crédibilité: construire la vérité dans le système de communication de l'Occident (XIIIe–XVIIe siècle)*, a cura di J.-P. Genet, Paris 2015, pp. 149–82.

B. Grévin, *Rhétorique du pouvoir médiéval. Les lettres de Pierre de la Vigne et la formation du langage politique européen (XIIIe–XVe siècle)*, Rome 2008.
B. Grévin, *Zur Benutzung der päpstlichen Briefsammlungen des 13. Jahrhunderts im Spätmittelalter. Das Beispiel der französischen Königskanzlei*, in *Kuriale Briefkultur. Gestaltung Überlieferung Rezeption*, a cura di T. Broser, A. Fischer, M. Thumser, Wien-Köln-Weimar 2015, pp. 313–34.
P. Grillo, *Milano guelfa (1302–1310)*, Roma 2013.
M. Grimaldi, *Per lo studio della poesia italiana del Due e del Trecento*. "Versi a un destinatario" *di Claudio Giunta*, in «Nuova Rivista di Letteratura Italiana», 18/2 (2015), pp. 11–22.
Grupo Tenzone, *"Amor, da che convien pur ch'io mi doglia"*, a cura di E. Pasquini, Departamento de Filologìa Italiana UCM-Asociaciòn Complutense de Dantologìa, Barcellona 2009.
P. Guiraud, *L'argot*, Paris 1956.
G. G. Guzman, *Manuscripts of the "Speculum historiale" of Vincent of Beauvais in the Vatican Library*, in «Manuscripta», 32 (1988), pp. 20–27.
Handschriftenverzeichnis zur Briefsammlung des Thomas von Capua, auf Grundlage der Vorarbeiten von H. M. Schaller bearb. v. K. Stöbener, M. Thumser, München 2017 (MGH, Hilfsmittel).
J. Hankins, *Coluccio Salutati e Leonardo Bruni*, in *Il contributo italiano alla storia del pensiero*, a cura di M. Ciliberto, Roma 2012, pp. 85–94.
R. Härtel, *«Autodenominazione» e «allodenominazione» nei secoli centrali del medioevo (Aquileia, sec. XII e XIII)*, in «Mélanges de l'école française de Rome. Moyen âge Temps modernes», 106 (1994), 2, pp. 331–341.
R. Härtel, *Die Italienpolitik König Johanns von Böhmen*, in *Johann der Blinde, Graf von Luxemburg, König von Böhmen 1296–1346*, a cura di M. Pauly, Luxembourg 1997, pp. 363–382.
F. Hartmann, *Ars dictaminis: Briefsteller und verbale Kommunikation in den italienischen Stadtkommunen des 11. bis 13. Jahrhunderts*, Ostfildern 2013.
P. S. Hawkins, *«Descendit ad inferos»*, in *Dante's Testaments: Essays in Scriptural Imagination*, Stanford 1999, pp. 99–124.
M.-L. Heckmann, *Stellvertreter, Mit- und Ersatzherrscher. Regenten, Generalstatthalter, Kurfürsten und Reichsvikare in Regnum und Imperium vom 13. bis zum frühen 15. Jahrhundert*, Warendorf 2002.
M. Heidemann, *Heinrich VII (1308–1313). Kaiseridee im Spannungsfeld von Staufischer Universalherrschaft und frühneuzeitlicher Partikularautonomie*, Warendorf 2008.
D. Heilbronn, *Dante's Gate of Dis and the Heavenly Jerusalem*, in «Studies in Philology», 72 (1975), pp. 167–92.
E. Heller, *Der kuriale Geschäftsgang in den Briefen des Thomas v. Capua*, in «Archiv für Urkundenforschung», 13 (1935), pp. 198–318.
P. Herde, *Aspetti retorici dell'epistolario di Riccardo da Pofi: documenti papali autentici o esercitazioni letterarie?*, in *Dall'"ars dictaminis" al preumanesimo? Per un profilo letterario del secolo XIII*, a cura di F. Delle Donne, F. Santi, Firenze 2013, pp. 117–41.
P. Herde, *Authentische Urkunde oder Stilübung? Papsturkunden in der Briefsammlung des Richard von Pofi*, in *Kuriale Briefkultur im späteren Mittelalter. Gestaltung Überlieferung Rezeption*, a cura di T. Broser, A. Fischer, M. Thumser, Köln-Weimar-Wien 2015.
P. Herde, *Guelfen und Gibellinen*, in *Friedrich II.: Tagung des Deutschen Historischen Instituts in Rom im Gedenkjahr 1994*, a cura di A. Esch, N. Kamp, Tübingen 1996, pp. 50–65.

P. Herde, *Guelfen und Neoguelfen*, in *Gesammelte Abhandlungen und Aufsätze*, vol. I: *Von Dante zum Risorgimento*, Stuttgart 1997, pp. 259-398.

P. Hibst, *Utilitas publica, gemeiner Nutz, Gemeinwohl: Untersuchungen zur Idee eines politischen Leitbegriffes von der Antike bis zum späten Mittelalter*, Frankfurt 1991.

W. Hoffa, *Textkritische Untersuchungen zu Senecas Tragödien*, in «Hermes», 49 (1914), pp. 464-475.

R. Hollander, *Dante as Uzzah? («Purg.» X 57, and «Ep.» XI 9-12*, in *Sotto il segno di Dante. Scritti in onore di Francesco Mazzoni*, a cura di L. Coglievina, D. De Robertis, Firenze 1998, pp. 143-51.

C. E. Honess, *«Ritornerò poeta»: Florence, Exile, and Hope*, in *«Se mai continga ...»: Exile, Politics and Theology in Dante*, a cura di C. E. Honess, M. Treherne, Ravenna 2013, pp. 85-103.

A. Hortis, *Studj sulle opere latine del Boccaccio con particolare riguardo alla storia della erudizione nel Medio Evo e alle letterature straniere*, Trieste 1879.

N. Housley, *The Italian Crusades. The Papal-Angevin Alliance and the Crusade against Christian Lay Powers*, Oxford 1982.

A. Iannucci, *Dottrina e allegoria in Inf. VIII, 67-IX, 105*, in *Dante e le forme dell'allegoresi*, a cura di M. Picone, Ravenna 1987, pp. 99-124.

Imago et descriptio Tusciae: la Toscana nella geocartografia dal XV al XIX secolo, a cura di L. Rombai, Firenze-Venezia 1993.

G. Indizio, *«Con la forza di tal che testè piaggia»: storia delle relazioni tra Bonifacio VIII, Firenze e Dante*, in «Italianistica», 39 (2010), pp. 69-96 (poi in G. Indizio, *Problemi di biografia dantesca*, Ravenna 2013, pp. 57-91).

G. Indizio, *Gli argomenti esterni per la pubblicazione dell'Inferno e del Purgatorio*, in *Problemi di biografia dantesca*, Ravenna 2013, pp. 223-234.

G. Indizio, *La profezia di Cacciaguida: note sulla biografia di Dante nei primi tempi dell'esilio*, in «Rivista di studi danteschi», 16 (2016), pp. 290-323.

G. Indizio, *Problemi di biografia dantesca*, Ravenna 2014.

G. Indizio, *Sul mittente dell'"Epistola" I di Dante (e la cronologia della I e della II)*, in «Rivista di Studi Danteschi», 2 (2002), 1, pp. 134-145 (poi in Indizio, *Problemi di biografia dantesca*, Ravenna 2014, pp. 189-201).

G. Inglese, *Dante (?) a Cangrande. Postille*, in «Giornale Storico della Letteratura Italiana», 131 (2014), pp. 121-123.

G. Inglese, *Vita di Dante. Una biografia possibile*, Roma 2015.

D. Internullo, *Ai margini dei giganti: la vita intellettuale dei Romani nel Trecento (13051367 ca.)*, Roma 2016.

R. Jacoff, *Dante, Geremia, e la problematica profetica*, in *Dante e la Bibbia*, a cura di G. Barblan, Firenze 1988, pp. 113-23.

A. Jacomuzzi, *Il palinsesto della retorica e altri saggi danteschi*, Firenze 1972.

T. Janson, *Prose Rhythm in Medieval Latin from the 9th to the 13th Century*, Stockholm 1975.

E. Jordan, *Les origines de la domination angevine en Italie*, Paris 1909.

P. Jugie, *Un Quercynois à la cour pontificale d'Avignon: le cardinal Bertrand du Pouget*, in *La papauté d'Avignon et le Languedoc*, Toulouse 1991, pp. 69-95.

E. Kantorowicz, *An "Autobiography" of Guido Faba*, in «Medieval and Renaissance Studies», 1 (1941-3), pp. 253-80; ristampato in Kantorowicz, *Selected Studies*, New York 1965, pp. 194-212.

H. Kantorowicz, *Über die dem Petrus de Vineis zugeschriebenen "Arenge"*, in «Mitteilungen des Instituts für Österreichische Geschichtsforschung», 30 (1909).

M. H. Keen, *The Political Thought of the Fourteenth-Century Civilians*, in *Trends in Medieval Political Thought*, ed. Beryl Smalley, Oxford 1965, pp. 105–26.

S. Kelly, *The New Solomon: Robert of Naples (1309–1343) and Fourteenth-Century Kingship*, Leiden-Boston 2003.

M. S. Kempshall, *The Common Good in Late Medieval Political Thought*, Oford 1999.

J. Kirshner, *Bartolo of Sassoferrato's De Tyranno and Sallutio Buonguglielmi's Consilium on Niccolò Fortebracci's Tyranny in Città di Castello*, in «Medieval Studies», 68 (2006), pp. 303–331.

C. König-Pralong, *La philosophie de Dante dans l'ombre de la Comédie: de Brucker à Witte*, in *La filosofia e la sua storia. Studi in onore di Gregorio Piaia*, a cura di M. Forlivesi, M. Longo, G. Micheli, Padova 2017, II, pp. 15–28.

R. Krautheimer, *The Times of Gregory the Great*, in *Rome Profile of a City, 312–1308*, New Jersey 1983, pp. 59–87.

P. O. Kristeller, *Iter Italicum. A Finding List of Uncatalogued or Incompletely Catalogued Humanistic Manuscripts of the Renaissance in Italian and other Libraries*, London-Leiden 1963–1997.

P. O. Kristeller, *Matteo de' Libri, Bolognese notary of the thirteenth century, and his "Artes dictaminis"*, in *Miscellanea Giovanni Galbiati*, Milano 1951, vol. II, pp. 283–320.

P. O. Kristeller, *Un'"Ars dictaminis" di Giovanni del Virgilio*, in «Italia medioevale e umanistica», 4 (1961), pp. 179–200.

T. Kuehn, *Conflicting Conceptions of Property in Quattrocento Florence: A Dispute over Ownership in 1425–26*, in *Law, Family, & Women: Toward a Legal Anthropology of Renaissance Italy*, Chicago 1991, pp. 101–126.

G. La Mantia, *Il primo documento in carta (contessa Adelaide, 1109) esistente in Sicilia e rimasto finora sconosciuto*, Palermo 1908.

A. Lanci, *Porco*, in *ED*, 4.

A. Lancia, *Chiose alla "Commedia"*, a cura di L. Azzetta, Roma 2012.

F. Landogna, *Giovanni di Boemia e Carlo di Lussemburgo signori di Lucca*, in «Nuova rivista storica», 12 (1928), pp. 53–72.

C. D. Lanham, *Salutatio Formulas in Latin Letters to 1200*, München 1975.

C. M. de La Roncière, *Diversi conti Guidi dai loro testamenti (1300–1400): pietà, proprietà, vanagloria*, in *La lunga storia di una stirpe comitale. I conti Guidi tra Romagna e Toscana*, Atti del Convegno (Poppi-Modigliana 2003), a cura di F. Canaccini, Firenze 2008, pp. 445–465.

Brunetto Latini, *La Rettorica*, a cura di Francesco Maggini, Firenze 1915.

Brunetto Latini, *Poesie*, a cura di S. Carrai, Torino 2015.

I. Lazzarini, *I Gonzaga e gli Este tra XV e XVI secolo*, in *Autografie dell'età minore. Lettere di tre dinastie italiane tra Quattrocento e Cinquecento*, a cura di M. Ferrari, I. Lazzarini, F. Piseri, Roma 2016, pp. 39–67.

J. Leclerq, *Jean de Paris et l'Ecclesiologie du XIIIe Siecle*, Paris 1942.

G. Ledda, *Modelli biblici e identità profetica nelle epistole di Dante*, in «Lettere italiane», LX/1 (2008), pp. 18–41.

G. Ledda, *Modelli biblici e profetismo nelle «Epistole» di Dante*, in *Sotto il cielo delle Scritture. Bibbia, retorica e letteratura religiosa (secc. XIII–XVI)*, Atti del Colloquio organizzato dal Dipartimento di Italianistica dell'Università di Bologna (Bologna, 16–17 novembre 2007), a cura di C. Delcorno, G. Baffetti, Firenze 2009, pp. 57–78.

G. Ledda, *Un bestiario politico nelle* Epistole *di Dante*, in «Italianistica», 44/2 (2015), pp. 161–79.

P. Lehmann, *Eine Geschichte der alten Fuggerbibliotheken*, Tübingen 1960, vol. II. *Quellen und Rekonstruktionen*.

L. Leonardi, *Guittone e dintorni. Arezzo, lo Studium e la prima rivoluzione della poesia italiana*, in *750 anni degli Statuti universitari aretini*. Atti del Convegno internazionale su origini, maestri, discipline e ruolo culturale dello *Studium* di Arezzo (Arezzo, 16–18 febbraio 2005), a cura di F. Stella, Firenze 2006, pp. 205–223.

É. G. Léonard, *Les Angevins de Naples*, Paris 1954.

J. Leonhard, *Genua und die päpstliche Kurie in Avignon (1305–1378). Politische und diplomatische Beziehungen im 14. Jahrhundert*, Frankfurt 2013.

R. E. Lerner, *Ornithological propaganda: the fourteenth-century denigration of Dominicans*, in *Politische Reflexion in der Welt des späten Mittelalters = Political thought in the age of scholasticism: essays in honour of Jürgen Miethke*, ed. M. Kaufhold, Leiden 2004, pp. 171–191.

V. Licitra, *La 'Summa de arte dictandi' di maestro Goffredo*, in «Studi medievali» 3 (1966), pp. 865–913.

Limitation and Prescription. A Comparative Legal History, a cura di H. Dondorp, D. Ibbetson, E. Schrage, Berlin 2019.

G. Lindholm, *Studien zum Mittellateinischen Prosarhythmus. Seine Entwicklung und sein Abklingen in der Briefliteratur Italiens*, Stockholm 1963.

R. Lokaj, *Dante's Comic Reappraisal of Petrine Primacy*, in «Critica del testo», XIV/2 (2011), pp. 109–146.

R. Lokaj, *De sotio, sive Petrarch's Use of Livy in Fam. IV 1*, in «Euphrosyne», 33 (2005), pp. 53–65.

R. Lokaj, *L'emergenza di un'"ars dictaminis" dantesca: L'"Epistola" II*, in «Studi danteschi», 79 (2014), pp. 1–38.

C. Lorenzi, *Volgarizzamenti di epistole in un codice trecentesco poco noto (Barb. lat. 4118)*, in «Linguistica e letteratura Open», 42 (2017), pp. 315–58, online: <https://www.libraweb.net/articoli.php?chiave=201701602&rivista=16>.

G. Lumia, *Aspetti del pensiero politico di Dante*, Milano 1965.

La lunga storia di una stirpe comitale. I conti Guidi tra Romagna e Toscana, Atti del Convegno (Poppi-Modigliana 2003), a cura di F. Canaccini, Firenze 2008.

A. P. MacGregor, *The Manuscripts of Seneca's Tragedies: A Handlist*, in *Aufstieg und Niedergang der römischen Welt*, hrsg. von H. Temporini, W. Haase, Berlin-New York 1985, II/32.2, pp. 1134–1241.

Mächtige Frauen? Königinnen und Fürstinnen im europäischen Mittelalter (11.–14. Jahrhundert). Zur Einführung, a cura di C. Zey, in «Vorträge und Forschungen», 81 (2015).

M. Madero, *Penser la physique du pouvoir. La possession de la juridiction dans les commentaires d'Innocent IV et d'Antonio de Budrio à la décrétale "Dilectus"*, in «Clio & Themis», 11 (2016), online.

D. Maffei, *La donazione di Costantino nei giuristi medievali*, Milano 1964.

W. Maleczek, *Vent'anni dopo. L'autenticità del Testamento di Chiara: una questione chiusa?*, in «Franciscana. Bollettino della Società internazionale di studi francescani», 20 (2018), pp. 51–133.

J.-C. Maire Vigueur, *Il comune romano*, in *Storia di Roma dall'antichità a oggi*, vol. II, *Roma medievale*, a cura di A. Vauchez, Roma-Bari 2001, pp. 117–157.

J.-C. Maire Vigueur, *Nello Stato della Chiesa: da una pluralità di circuiti al trionfo del Guelfismo*, in *I podestà dell'Italia comunale*, a cura di J. C. Maire Vigueur, Roma 2000,

vol. II *Nord*, in *Un itinéraire européen: Jean l'Aveugle, comte de Luxembourg et roi de Bohême 1296-1346*, dir. M. Margue, Luxembourg 1996, pp. 87-109.
E. Malato, *Dante*, Roma 1999.
E. Malato, *Il mito di Dante dal Tre al Novecento*, in *«Per correr miglior acque ...». Bilanci e prospettive degli studi danteschi alle soglie del nuovo millennio*, Roma 2001, pp. 3-40.
A. Mancini, *Un nuovo manoscritto dell'Epistola ad Arrigo*, in «Studi danteschi», 24 (1939), p. 197.
D. Mancusi-Ungaro, *Dante and the Empire*, New York 1987.
A. Manfredi, *I codici latini di Niccolò V. Edizione degli inventari e identificazione dei manoscritti*, Città del Vaticano 1994.
N. Mann, *The Making of Petrarch's "Bucolicum Carmen": A contribution to the history of the text*, in «Italia medioevale e umanistica», 20 (1977), pp. 127-182.
N. Mann, *L'unico esemplare di un commento anonimo al "Bucolicum carmen"*, in *Codici latini del Petrarca nelle biblioteche fiorentine*. Catalogo della Mostra, Biblioteca Medicea Laurenziana, Firenze, 19 Maggio-30 Giugno 1991, a cura di M. Feo, Firenze 1991, pp. 81-82 n. 42.
N. Mann, *Bucolicum carmen*, in *Codici latini del Petrarca nelle biblioteche fiorentine*. Catalogo della Mostra, Biblioteca Medicea Laurenziana, Firenze, 19 Maggio-30 Giugno 1991, a cura di M. Feo, Firenze 1991, pp. 423-425 sch. PP 10.
N. Mann, *Il "Bucolicum carmen" e la sua eredità*, in «Quaderni petrarcheschi», 9-10 (1992-1993), pp. 513-534 (poi in N. Mann, *I manoscritti del "Bucolicum carmen" e dei suoi commenti*, in *Petrarca nel tempo. Tradizione lettori e immagini delle opere*. Catalogo della Mostra, Arezzo, Sottochiesa di San Francesco, 22 novembre 2003-27 gennaio 2004, a cura di M. Feo, Pontedera 2003, pp. 288-290).
I Manoscritti del fondo S. Pantaleo, a cura di V. Jemolo, M. Morelli, Roma 1977.
R. Manselli, *Cangrande e il mondo ghibellino nell'Italia settentrionale alla venuta di Arrigo VII*, in R. Manselli, *Scritti sul medioevo*, Roma 1994, pp. 293-306.
R. Manselli, *Carlo Martello d'Angiò, re titolare d'Ungheria*, in *Enciclopedia Dantesca*, Roma 1970-1978.
R. Manselli, *Profetismo*, in *Enciclopedia Dantesca*, Roma 1970-1978.
Les manuscrits classiques latins de la Bibliothèque Vaticane, catalogue établi par É. Pellegrin, F. Dolbeau, J. Fohlen, J. Y. Tilliette, Paris-Roma 1991, vol. III/1. *Fonds Vatican latin, 224-2900*.
Les manuscrits classiques latins de la Bibliothèque Vaticane, catalogue établi par É. Pellegrin, édité par A. V. Gilles-Raynal, F. Dolbeau *et al.*, Cité du Vatican-Paris 2010, vol. III/2. *Fonds Vatican latin, 2901-14740*.
G. P. Marchi, *Dante nella Verona scaligera*, in Dante Alighieri, *Commedia. Biblioteca Universitaria di Budapest, Codex Italicus 1. Studi e ricerche*, a cura di G.P.M. e Jozsef Pal, Verona, 2006, pp. 25-33.
G. P. Marchi, *Dante e Petrarca nella Verona scaligera*, in «Atti e memorie dell'Accademia di agricoltura, scienze e lettere di Verona», CLXXXI (2004-2005, ma 2009), pp. 259-275.
G. P. Marchi, *«Equis armisque vacantem». Postille interpretative a un passo dell'epistola di Dante a Oberto e Guido da Romena*, in «Testo», 32 (2011), pp. 239-252.
S. Marchitelli, *Da Trevet alla stampa: le tragedie di Seneca nei commenti tardomedievali*, in *Le commentaire entre tradition et innovation*. Actes du colloque international de l'Institut des traditions textuelles (Paris et Villejuif, 22-25 septembre 1999), publiés sous la direction de M. O. Goulet-Cazé, Paris 2000, pp. 137-145.

L. Marcozzi, *Petrarca testimone dell'esilio di Dante*, in «Letture classensi», 44 (2015), pp. 44–97.

E. Marguin-Hamon, *Arts poétiques médiolatins et arts de seconde rhétorique: convergences*, in «Revue d'Histoire des Textes», 6 (2011), pp. 99–137.

A. Mariani, *Moderno*, in *ED*, 3.

A. Marigo, *Mistica e scienza nella «Vita nuova»*, Padova 1914.

G. Martellotti, *Censura severior*, in «Italia medioevale e umanistica», 17 (1974), pp. 244–247 (poi in Martellotti, *Scritti petrarcheschi*, a cura di M. Feo, S. Rizzo, Padova 1983, pp. 419–423).

R. L. Martinez, *Cavalcanti "Man of Sorrows" and Dante*, in *Guido Cavalcanti tra i suoi lettori*, a cura di M. L. Ardizzone, Fiesole 2003, pp. 187–212.

R. L. Martinez, *Cleansing the Temple: Dante, Defender of the Church*, Buffalo (NY) 2017.

R. L. Martinez, *"Vadam ad portas inferi": la catabasi dantesca e la liturgia*, in *Lecturae Dantis: Dante oggi e letture dell'Inferno*, a cura di S. Cristaldi, in «Le forme e la storia: Rivista di Filologia Moderna», 9/2 (2016), pp. 105–126.

L. Mascetta-Caracci, *Il «cursus» ritmico, la critica dei testi medioevali e l'«Epistolario» di Dante Alighieri*, in «La Biblioteca degli Studiosi», 2 (1910), pp. 174–88, 219–223.

G. Masi, *I banchieri fiorentini nella vita politica della città sulla fine del Duecento*, in «Archivio giuridico "Filippo Serafini"», 105 (1931), pp. 57–89.

S. Maspoli Genetelli, *Filosofia politica in forma di lettera*, in «Freiburger Zeitschrift für Philosophie und Theologie», 53 (2006), pp. 367–385.

D. Masson, *La Broce ou la Brosse (Pierre de)*, in *Dictionnaire de Biographie Française*, XVIII (1994), coll. 1423–1425.

P. Mazzamuto, *L'epistolario di Pier della Vigna e l'opera di Dante*, in *Atti del convegno di studi su Dante e la Magna Curia* (Palermo-Catania-Messina, 7–11 novembre 1965), Palermo 1967, pp. 201–255.

G. Mazzatinti, F. Pintor, *Inventari dei manoscritti delle biblioteche d'Italia*, Forlì 1901, XI.

F. Mazzoni, *Con Dante per Dante: saggi di filologia ed ermeneutica dantesca*, a cura di G. C. Garfagnini, E. Ghidetti, S. Mazzoni, Roma 2014–2016.

F. Mazzoni, *Dante e la terra Casentinese*, in «Rotary Club Firenze», IV (1985), pp. 8–15 (rist. anast. in F. Mazzoni, *Con Dante per Dante: saggi di filologia ed ermeneutica dantesca*, a cura di G. C. Garfagnini, E. Ghidetti, S. Mazzoni, Roma 2014–2016, I, pp. 97–109).

F. Mazzoni, *Filologia dantesca all'ombra del Salutati*, in «Studi Danteschi», 70 (2005), pp. 193–236.

F. Mazzoni, *Il codice S(enese) dell'Epistola dantesca ad Arrigo*, in *Tradizione classica e letteratura umanistica. Per Alessandro Perosa*, a cura di R. Cardini, E. Garin, L. Cesarini Martinelli, G. Pascucci, Roma 1985, vol. II, pp. 685–691 (rist. anast. in F. Mazzoni, *Con Dante per Dante: saggi di filologia ed ermeneutica dantesca*, a cura di G. C. Garfagnini, E. Ghidetti, S. Mazzoni, Roma 2014–2016, IV, pp. 281–288).

F. Mazzoni, *L'edizione delle opere latine minori*, in *Atti del Convegno internazionale di studi danteschi, Ravenna, 10–12 settembre 1971*, Ravenna 1979, pp. 129–166 (rist. anast. in F. Mazzoni, *Con Dante per Dante: saggi di filologia ed ermeneutica dantesca*, a cura di G. C. Garfagnini, E. Ghidetti, S. Mazzoni, Roma 2014–2016, IV, pp. 71–108).

F. Mazzoni, *Le Ecloghe e le Epistole*, in «Città di Vita», 20 (1965), pp. 395–430.

F. Mazzoni, *Le epistole di Dante*, in *Conferenze aretine 1965*, Arezzo-Bibbiena 1966, pp. 47–100 (rist. anast. con correzioni d'autore in F. Mazzoni, *Con Dante per Dante: saggi di filologia ed ermeneutica dantesca*, a cura di G. C. Garfagnini, E. Ghidetti, S. Mazzoni, Roma 2014–2016, IV, pp. 277–330).

F. Mazzoni, *Moderni errori di trascrizione nelle epistole dantesche conservate nello Zibaldone Laurenziano*, in *Gli Zibaldoni di Boccaccio. Memoria, scrittura, riscrittura*. Atti del Seminario internazionale di Firenze-Certaldo (26–28 aprile 1996), a cura di M. Picone, C. Cazalé Bérard, Firenze 1998, pp. 315–325 (rist. anast. in F. Mazzoni, *Con Dante per Dante: saggi di filologia ed ermeneutica dantesca*, a cura di G. C. Garfagnini, E. Ghidetti, S. Mazzoni, Roma 2014–2016, IV, pp. 333–343).

F. Mazzoni, *Riflessioni sul testo dell'Epistola VII di Dante: vi fu un archetipo?*, in «Filologia e critica», 15 (1990), pp. 436–44 (rist. anast. in F. Mazzoni, *Con Dante per Dante: saggi di filologia ed ermeneutica dantesca*, a cura di G. C. Garfagnini, E. Ghidetti, S. Mazzoni, Roma 2014–2016, IV, pp. 289–299).

F. Mazzoni, *Un autografo di Dante?*, in «La Stampa» del 10 marzo 1965.

C. E. Meek, *Della Faggiola Uguccione*, in *DBI*, 36 (1988).

G. G. Meersseman, *Seneca maestro di spiritualità nei suoi opuscoli apocrifi dal XII al XV secolo*, in «Italia medioevale e umanistica», 16 (1973), pp. 43–135.

A. C. Megas, *O prooumanistikos kyklos tēs Padouas (Lovato Lovati Albertino Mussato) kai oi tragōdies tou L. A. Seneca. Diatribē epi didaktoria*, Thessalonikē 1967.

P. Mehtonen, *Obscure language, unclear literature. Theory and practice from Quintilian to the Enlightenment*, Helsinki 2003.

E. M. Meijers, *Usucapione e prescrizione contro lo stato*, in *Scritti per la beatificazione di Contardo Ferrini*, Milano 1949, IV, pp. 202–217.

S. Menache, *Clement V*, New York 1998.

P. V. Mengaldo, *Cursus*, in *ED*, 2.

A. Menniti Ippolito, *Dente, Vitaliano*, in *DBI*, 38 (1990).

S. Menzinger (a cura di), *Cittadinanze medievali. Dinamiche di appartenenza a un corpo comunitatio*, Roma 2017.

S. Menzinger, *Dante, la Bibbia, il diritto. Sulle tracce di Uzzà nel pensiero teologico-giuridico medievale* in «Dante Studies», 133 (2015), pp. 122–146.

S. Menzinger, *Diritti di cittadinanza nelle* quaestiones *giuridiche duecentesche e inizio-trecentesche (I)*, in «Mélanges de l'École française de Rome. Série Moyen Âge», 125/2 (2013): <http://journals.openedition.org/mefrm/1468>.

P. A. Menzio, *Il traviamento intellettuale di Dante Alighieri, secondo Witte, Scartazzini ed altri critici e commentatori del sec. 19*, Livorno 1903.

P. Merati, *L'attività documentaria di Enrico VII in Italia*, in *Enrico VII e il governo delle città italiane (1310–1313)*, a cura di G. M. Varanini, in «Reti medievali. Rivista», 15/1 (2014), pp. 1–29: https://doi.org/10.6092/1593-2214/411

W. Meyer, *Über Ursprung und Blute der mittellateinischen Dichtungsformen*, in *Gesammelte Abhandlungen zur mittellateinischen Rythmik*, I, Berlin 1905, pp. 1–58.

M. Miegge, *Introduzione*, in *Girolamo Savonarola da Ferrara all'Europa*, a cura di G. Fragnito, M. Miegge, Firenze 2001, pp. 301–311.

L. Miglio, *«Perch'io ho charestia di chi scriva». Delegati di scrittura in ambiente mediceo*, in L. Miglio, *Governare l'alfabeto. Donne, scrittura e libri nel Medioevo*, Roma 2008, pp. 133–162.

M. Miglio, *Il senato in Roma medievale*, in *Il Senato nella storia. Il senato nel Medioevo e nella prima età moderna*, Roma 1997, pp. 117–172.

R. Migliorini Fissi, *Dante e il Casentino*, in *Dante e le città dell'esilio*. Atti del Convegno internazionale di Studi, Ravenna, 11–13 settembre 1987, a cura di G. Di Pino, Ravenna 1989, pp. 115–146.

R. Migliorini Fissi, *La lettera pseudo-dantesca a Guido da Polenta: Edizione critica e ricerche attributive*, in «Studi Danteschi», 46 (1969), pp. 101–272.

A. Mikkel, *Cursus in Dante Alighieri's prose books "De vulgari eloquentia", "De Monarchia" and "Convivio"*, in «Studia Metrica et Poetica», 3/1 (2016), pp. 105–120.

G. Milani, *Appunti per una riconsiderazione del bando di Dante*, in «Bollettino di italianistica», 8 (2011), pp. 42–70.

G. Milani, *Dante politico fiorentino*, in *Dante attraverso i documenti. II. Presupposti e contesti dell'impegno politico a Firenze (1295-1302)*, a cura di G. Milani, A. Montefusco, in «Reti Medievali Rivista», 18 (2017), pp. 511–563: https://doi.org/10.6092/1593-2214/5153.

G. Milani, *I contesti politici e sociali*, in G. Inglese, *Vita di Dante. Una biografia possibile*, Roma 2015, pp. 169–191.

G. Milani, *L'esclusione dal Comune. Conflitti e bandi politici a Bologna e in altre città italiane tra XII e XIV secolo*, Roma 2003.

G. Milani, *Rovesci della cittadinanza. Appunti per una storia comparata di bandi e scomuniche nel medioevo* in *Cittadinanze medievali: dinamiche di appartenenza a un corpo comunitario*, a cura di S. Menzinger, Roma 2017, pp. 177–194.

G. Milani, *Sulle relazioni politiche e ideologiche tra Carlo I d'Angiò e i comuni italiani. Una nota*, in *Construction et circulation des modèles et des pratiques politiques (France et Italie, XIIIe–XVIe siècle)*, a cura di I. Taddei, A. Lemonde, Roma 2014, pp. 115–127.

G. Milani, A. Montefusco, *Prescindendo dai versi di Dante? Un percorso negli studi tra testi, biografia e documenti*, in *Dante attraverso i documenti. I. Famiglia e patrimonio (secolo XII–1300 circa)*, a cura di G. Milani, A. Montefusco, in «Reti Medievali. Rivista», 15/2 (2014): https://doi.org/10.6092/1593-2214/429.

N. Mineo, *Mondo classico e città terrena in Dante*, in Mineo, *Dante: un sogno di armonia terrena*, Torino-Catania 2005, vol. I, pp. 53–85.

J.-M. Moeglin, *Henri VII: «l'homme qui voulait être empereur»*, in «Reti Medievali Rivista», 15/1 (2014): https://doi.org/10.6092/1593-2214/423.

G. Mollat, *Les papes d'Avignon (1305–1378)*, Paris 1965^{10}.

T. E. Mommsen, *Italienische Analekten zur Reichsgeschichte des 14. Jahrhunderts*, Stuttgart 1952.

A. Montefusco, *Ancora su epistole dantesche e* dictamen*: osservazioni sulla* salutatio *dell'epistola VII e dintorni*, in *Sulle tracce del Dante minore. Prospettive di ricerca per lo studio delle fonti dantesche II*, a cura di T. Persico, M. Sirtori e R. Viel, Bergamo 2019, pp. 17–30.

A. Montefusco, *Dall'Università di Parigi a frate Alberto. Immaginario antimendicante ed ecclesiologia vernacolare in Giovanni Boccaccio*, in «Studi sul Boccaccio», 43 (2015), pp. 177–232.

A. Montefusco, *Epistole*, in *Dante*, a cura di R. Rea, J. Steinberg, Roma 2020, pp. 123–144.

A. Montefusco, *Epistole a c. di M. Baglio*, in *Su Dante Alighieri, Le opere, V, a c. di M. Baglio, L. Azzetta, M. Petoletti e M. Rinaldi, Roma, Salerno, 2016*: Atti della tavola rotonda tenutasi a Venezia, 19–21 ottobre 2016, nell'ambito del convegno «Dante attraverso i documenti III. Contesti culturali e storici delle epistole dantesche», in «L'Alighieri», n.s. 50 (2017), pp. 125–132.

A. Montefusco, *Essere notaio episcopale. Appunti sulla cultura di Francesco da Barberino*, in *Francesco da Barberino al crocevia.Culture, società, bilinguismo*, a cura di A. Montefusco, Berlin 2020, c.d.s.

A. Montefusco, *La linea Guittone-Monte e la nuova parola poetica*, in «Reti medievali rivista», 18/1 (2017), pp. 219–270: https://doi.org/10.6092/1593-2214/5097.

A. Montefusco, *Le "Epistole" di Dante: un approccio al corpus*, in «Critica al testo», 14/1 (2011), pp. 401–457.
A. Montefusco, *Petri de Vinea "Vehementi nimium commotus dolore": la restituzione del testo tra storia e filologia*, in «La parola del testo», 11/2 (2007), pp. 299–365.
A. Montefusco, *Pier della Vigna e la sua eredità:* ars dictaminis, *poesia, diritto e distribuzione sociale dei saperi nella corte siciliana*, in *Poesia e diritto nel Due e Trecento italiano*, a cura di F. Meier, Ravenna 2019, pp. 31–52.
A. Montefusco, S. Bischetti, *Prime osservazioni su* ars dictaminis, *cultura volgare e distribuzione dei saperi nella Toscana medievale*, in «Carte Romanze», 6/1 (2018), pp. 163–240.
C. M. Monti, *La "Genealogia" e il "De montibus": due parti di un unico progetto*, in «Studi sul Boccaccio», 44 (2016), pp. 327–366.
C. M. Monti, *Una raccolta di "exempla epistolarum". I. Lettere e carmi di Francesco da Fiano*, in «Italia medioevale e umanistica», 27 (1984), pp. 121–160.
G. M. Monti, *Sul dominio di Roberto a Firenze e a Genova*, in *Da Carlo I a Roberto d'Angiò. Ricerche e documenti*, Trani 1936, pp. 161–179.
E. Moore, *Studies in Dante*, Oxford 1896.
E. Moore, *The "Battifolle" Letters Sometimes Attributed to Dante*, in «The Modern Language Review», vol. 9/2 (1914), pp. 173–189.
E. Moore, *Two proposed emendations in Dante's Epistola VI, § 6* (1910), in E. Moore, *Studies in Dante. Fourth Series. Textual criticism of the "Convivio" and miscellaneous essays*, Oxford 1917, pp. 280–283.
S. Morelli, *Introduzione. Periferie finanziarie angioine: un sistema integrato?*, in *Périphéries financières angevines. Institutions et pratiques de l'administration de territoires composites (XIIIe–XVe siècle)*, a cura di S. Morelli, Roma 2018, pp. 1–18.
R. Morghen, *Dante profeta. Tra la storia e l'eterno*, Milano 1989.
R. Morghen, *Le lettere politiche di Dante. Testimonianza della sua vita in esilio*, in *Dante profeta. Tra la storia e l'eterno*, Milano 1989, pp. 89–107.
«Moribus antiquis sibi me fecere poetam». Albertino Mussato nel VII centenario dell'incoronazione poetica (Padova 1315–2015), a cura di R. Modonutti, E. Zucchi, Firenze 2017.
L. Mosiici, *Ricerche sulla cancelleria di Castruccio Castracani*, in «Annali della scuola speciale per archivisti e bibliotecari dell'Università di Roma», 7 (1967), pp. 1–86.
M. Motter, *Il notaio Bongiovanni di Bonandrea e il suo protocollo*, in *Il "quaternus rogacionum" del notaio Bongiovanni di Bonandrea (1308–1320)*, a cura di D. Rando, M. Motter, Bologna 1997, pp. 29–67.
A. Moussatou, *Oi ypotheseis tōn tragōdiōn tou Seneka, apospasmata agnōstou ypomnēmatos, stis tragōdies tou Seneka*, kritikē ekdosē me eisagōgē kai paratērēseis A. C. Megas (= A. Mussati *Argumenta tragoediarum Senecae, commentarii in L. A. Senecae tragoedias, fragmenta nuper reperta*, cum praefatione, apparatu critico, scholiis edidit A. C. Megas), Thessalonikē 1969.
B. Munk Olsen, *L'étude des auteurs classiques latins aux XIe et XIIe siècles, I. Catalogue des manuscrits classiques latins copiés du IXe au XIIe siècle. Apicius-Juvénal*, Paris 1982,
G. Murano, *Donne, sante e madonne (da Matilde di Canossa ad Artemisia Gentileschi)*, Imola 2018.
G. Murano, *«Ô scritte di mia mano in su l'Isola della Rocca». Alfabetizzazione e cultura di Caterina da Siena*, in «Reti Medievali Rivista», 18/1 (2017), pp. 139–176: https://doi.org/10.6092/1593-2214/5081.

M. Musa, *Advent at the Gates*, Bloomington 1974.
J. N. Najemy, *Storia di Firenze, 1200–1575*, Torino 2014.
B. Nardi, *Dante profeta*, in B. Nardi, *Dante e la cultura medievale*, nuova ediz. a cura di P. Mazzantini, introd. di T. Gregory, Roma-Bari 1983, pp. 265–326.
R. Nelli, *Una corte feudale itinerante. I conti Guidi al cospetto dell'imperatore*, in «Erba d'Arno», 63 (1996), pp. 51–59.
M. G. Nico Ottaviani, *«Me son missa a scriver questa letera ...». Lettere e altre scritture femminili tra Umbria, Toscana e Marche nei secoli XV–XVI*, Napoli 2006.
Il notariato a Perugia. Catalogo della Mostra documentaria e iconografica per il XVI Congresso nazionale del notariato (Perugia, maggio–luglio 1967), a cura di R. Abbondanza, Roma 1973.
Il notariato nel Casentino nel Medioevo. Cultura, prassi, carriere, a cura di A. Barlucchi, Firenze 2016.
F. Novati, *La giovinezza di Coluccio Salutati (1331–1353). Saggio di un libro sopra la vita, le opere, i tempi di Coluccio Salutati*, Torino 1888.
F. Novati, recensione a Zippel, *Nicolò Niccoli*, in «Giornale Storico della Letteratura Italiana», 17 (1891), pp. 114–117.
F. Novati, *Le epistole. Conferenza letta nella sala di Dante in Orsanmichele*, Firenze 1905 (poi in F. Novati, *Freschi e minii del Dugento*, Milano 1908, pp. 329–361).
F. Novati, *L'epistola di Dante a Moroello Malaspina*, in *Dante e la Lunigiana*, Milano 1909, pp. 505–542.
A. Olivieri, *Serie dei consoli del comune di Genova*, in «Atti della Società ligure di Storia Patria», 1 (1858), pp. 157–626.
L. Onder, *Antico*, in *ED*, 1.
E. Orioli, *Documenti bolognesi sulla fazione dei Bianchi*, in «Atti e memorie della R. Deputazione di Storia Patria per le Provincie di Romagna», s. III, XIV, 1896, pp. 1–15.
G. Orlandi, *Le statistiche sulle clausole della prosa. Problemi e proposte*, in «Filologia mediolatina», 5 (1998), pp. 1–35.
G. Orlandi, *Recensione* a T. Janson, *Prose Rhythm in Medieval Latin from the 9th to the 13th Century*, in «Studi Medievali», s. III, 89 (1978), pp. 701–718.
M. Orlandi, *Una valle dantesca: il Casentino nella vita e nelle opere di Dante Alighieri*, Scandicci 2002.
G. Padoan, *La pubblicazione casentinese della prima dell'"Inferno"*, in *Il lungo cammino del "poema sacro". Studi danteschi*, Firenze 1993, pp. 39–56.
G. Padoan, *Tra Dante e Mussato. I. Tonalità dantesche nell'«Historia Augusta» di Albertino Mussato*, in «Quaderni veneti», 24 (1966), pp. 27–45.
G. Padoan, recensione ad A. Rossi, *"Dossier" di un'attribuzione. Dieci anni dopo*, in «Paragone», n.s. 36 (1968), pp. 61–125, in «Studi sul Boccaccio», 5 (1969), pp. 365–368.
A. Padovani, *Santa Maria in Regola nel medioevo*, in *L'abbazia benedettina di Santa Maria in Regola. Quindici secoli di storia imolese*, I, (Studi e ricerche), a cura di A. Ferri, M. Giberti, C. Pedrini, O. Orsi, Imola 2010, pp. 5–188.
Padovani, *Dall'alba al crepuscolo del commento. Giovanni da Imola (1375 ca.–1436) e la giurisprudenza del suo tempo*, Frankfurt am Main 2017.
F. Palermo, *I Manoscritti Palatini di Firenze*, Firenze 1868.
M. Palma, *L'autografo di Dante*, intervento alla Tavola rotonda *Statuto e stato della catalogazione dei manoscritti in Italia e in Europa*, in *Catalogazione, storia della scrittura, storia del libro. I manoscritti datati d'Italia vent'anni dopo. Atti del convegno*

internazionale di studi (Cesena, Biblioteca Malatestiana, 4-5 dicembre 2014), c.d.s., leggibile su http://www.let.unicas.it/dida/links/didattica/palma/testi/palmaz1.htm.

G. Pampaloni, *Bianchi e neri*, in *Enciclopedia Dantesca*, Roma 1970-1978.

G. Pampaloni, *I primi anni dell'esilio di Dante*, in *Conferenze aretine 1965*, Arezzo-Bibbiena 1966, pp. 133-147.

E. Panella, *Dal bene comune al bene del comune. I trattati politici di Remigio de' Girolami († 1319) nella Firenze dei bianchi-neri*, in «Memorie domenicane», 16 (1985), pp. 1-198.

E. Panella, *Nuova cronologia remigiana*, in «Archivum fratrum praedicatorum», 60 (1990), pp. 145-311.

E. Panella, *Per lo studio di fra Remigio de' Girolami († 1319)*, in «Memorie domenicane», 10 (1979), pp. 1-313.

E. Panella, *Priori di Santa Maria Novella di Firenze, 1221-1325*, in «Memorie domenicane», 17 (1986), pp. 253-284.

E. Panella, *Remi de' Girolami*, in *Dictionnaire de spiritualité*, t. XIII, Paris 1987, pp. 343-347.

E. Panella, *Remigiana: note biografiche e filologiche*, in «Memorie domenicane», 13 (1982), pp. 366-421.

E. Panella, *Un'introduzione alla filosofia in uno "studium" dei frati Predicatori del XIII secolo*, in «Memorie domenicane», 12 (1981), pp. 27-126.

A. Paravicini Bagliani, *Clemente V*, in *Enciclopedia dei papi*, Roma 2000, vol. II, pp. 501-12.

S. Parent, *Dans les abysses de l'infidélité: les procès contre les ennemis de l'église en Italie au temps de Jean XXII (1316-1334)*, Rome 2014.

S. Parent, *Publication et publicité des procès à l'époque de Jean XXII (1316-1334): l'example des seigneurs gibelins italiens et de Louis de Bavière*, in «Mélanges de l'École Française de Rome Moyen Âge», 119/1 (2007), pp. 93-134.

E. G. Parodi, *La data della composizione e le teorie politiche dell'Inferno e del Purgatorio. Secondo articolo*, in *Poesia e Storia nella "Divina Commedia"*, a cura di G. Folena, P. V. Mengaldo, Vicenza 1965, pp. 263-324.

E. G. Parodi, *Intorno al testo delle epistole di Dante e al "cursus"*, in «Bullettino della Società dantesca italiana», n.s. 19 (1912), pp. 249-275 e 22 (1915), pp. 137-144 (poi in E. G. Parodi, *Lingua e letteratura. Studi di teoria linguistica e di storia dell'italiano antico*, a cura di G. Folena, con un saggio introduttivo di A. Schiaffini, II, Venezia 1957, pp. 399-442).

P. Partner, *The lands of St Peter: the papal state in the Middle Ages and the early Renaissance*, London 1972.

G. Pascoli, *Mirabile visione*, in G. Pascoli, *Prose. II. Scritti danteschi*, a cura di A. Vicinelli, Milano 1971, pp. 1071-1089.

U. Pasqui, *Documenti per la storia della città di Arezzo nel Medio Evo. II. Codice diplomatico (anno 1180-1337)*, Firenze 1920.

E. Pasquini, *Cupidigia*, in *ED*, 2.

E. Pasquini, *Cupidità*, in *ED*, 2.

E. Pasquini, *Fra Due e Quattrocento. Cronotopi letterari in Italia*, Milano 2013.

E. Pasquini, *Intersezioni fra prosa e poesia nelle Lettere di Guittone*, in *Guittone d'Arezzo nel settimo centenario della morte*. Atti del Convegno Internazionale di Arezzo, a cura di M. Picone, Firenze 1995, pp. 177-204.

E. Pasquini, *Un crocevia dell'esilio: la canzone "montanina" e l'epistola a Moroello Malaspina*, in *Studi dedicati a Gennaro Barbarisi*, a cura di C. Berra, Milano 2007, pp. 13-29.

A. Passerin d'Entrèves, *Dante politico*, in *Dante politico e altri saggi*, Torino 1955, pp. 37-128.

M. Pastore Stocchi, *Epistole*, in *Enciclopedia Dantesca*, Roma 1970-1978.

M. Pastore Stocchi, *Petrarca e Dante*, in «Rivista di studi danteschi», 4 (2004), pp. 184–204.
E. Pasquini, *Vita di Dante. I giorni e le Opere*, Milano 2006.
G. Pedullà, *Machiavelli in tumulto. Conquista, cittadinanza e conflitto nei «Discorsi sopra la prima deca di Tito Livio»*, Roma 2011.
P. Pellegrini, *Dante: biografia, ideologia* e politica editoriale (1965-2015), in *"Quando soffia Borea". Dante e la Scandinavia (1265-2015)*. Atti dell'VIII seminario di letteratura italiana (Helsinki, 26 ottobre 2015), a cura di E. Garavelli, Helsinki 2016, pp. 9-54.
P. Pellegrini, *Dante da Forlì a Verona*, in P. Pellegrini, *Dante tra Romagna e Lombardia*, Padova 2016, pp. 39-61.
P. Pellegrini, *Dante tra Romagna e Lombardia. Studi di linguistica e di filologia italiana*, Padova 2016.
P. Pellegrini, *I primi passi dell'esilio dantesco*, in *Dante a Verona 2015-2021*, a cura di E. Ferrarini, P. Pellegrini, S. Pregnolato, Ravenna 2018, pp. 25-43.
P. Pellegrini, *Lo stilista nascosto di Cangrande*, in «Alias/Il Manifesto», 16 settembre 2018.
P. Pellegrini, *La quattordicesima epistola di Dante Alighieri. Primi appunti per una attribuzione*, in «Studi di erudizione e filologia italiana», 7, 2018, pp. 5-20.
K. Pennington, *The Prince and the Law, 1200-1600: Sovereignty and Rights in the Western Legal Tradition*, Berkeley 1993.
L. Pertile, *Dante looks forward and back: political allegory in the Epistles*, in «Dante Studies», 115 (1997), pp. 1-17.
M. Petoletti, *Boccaccio editore delle egloghe e delle epistole di Dante*, in *Boccaccio editore e interprete di Dante*. Atti del Convegno internazionale (Roma, 28-30 ottobre 2013), a cura di L. Azzetta, A. Mazzucchi, Roma 2014, pp. 159-183.
M. Petoletti, *Epistole*, in *Boccaccio autore e copista*, a cura di T. De Robertis, C. M. Monti et al., Firenze 2013, pp. 233-241.
M. Petoletti, *Gli zibaldoni di Giovanni Boccaccio*, in *Boccaccio autore e copista*, a cura di M. Petoletti, S. Zamponi, Firenze 2013, pp. 291-326.
M. Petoletti, *Il Boccaccio e la tradizione dei testi latini*, in *Boccaccio letterato*. Atti del Convegno internazionale (Firenze-Certaldo, 10-12 ottobre 2013), a cura di M. Marchiaro, S. Zamponi, Firenze 2015, pp. 105-121.
M. Petoletti, *Le "Egloghe" di Dante: problemi e proposte testuali*, in *Dante e la sua eredità a Ravenna nel Trecento*, a cura di M. Petoletti, Ravenna 2015, pp. 11-39.
M. Petoletti, *Milano e i suoi monumenti: La descrizione trecentesca del cronista Benzo d'Alessandria*, Alessandria 2004.
M. Petoletti, S. Zamponi, *Gli Zibaldoni*, in *Boccaccio autore e copista*, a cura di T. De Robertis, C. M. Monti, M. Petoletti, G. Tanturli, S. Zamponi, Firenze 2013, pp. 289-326.
G. Petralia, *Fiscalità, politica e dominio nella Toscana fiorentina*, in *Lo stato territoriale fiorentino (secoli XIV-XV). Ricerche, linguaggi, confronti. Seminario internazionale di studi (San Miniato, 7-8 giugno 1996*, a cura di W. J. Connel, A. Zorzi, Pisa 2002, pp. 161-187.
G. Petralia, *I Toscani nel mezzogiorno medievale: genesi ed evoluzione trecentesca di una relazione di lungo periodo*, in *La Toscana nel secolo XIV. Caratteri di una civiltà regionale*, a cura di S. Gensini, Pisa 1988, pp. 287-301.
G. Petrocchi, *Intorno alla pubblicazione dell'Inferno e del Purgatorio*, in *Itinerari danteschi*, a cura di C. Ossola, Milano 1994, pp. 63-87.
G. Petrocchi, *Vita di Dante*, Bari-Roma 1984.
A. Petrucci, *Scrittura, alfabetismo ed educazione grafica nella Roma del primo Cinquecento. Da un libretto di conti di Maddalena pizzicarola in Trastevere*, in «Scrittura e civiltà», 2 (1978), pp. 163-207.

A. Petrucci, *Scrivere per gli altri*, in «Scrittura e civiltà», 13 (1989), pp. 475–487; poi anche in *Istruzione, alfabetismo, scrittura. Saggi di storia dell'alfabetizzazione in Italia (sec. XV–XIX)*, a cura di A. Bartoli Langeli, X. Toscani, Milano 1991, pp. 61–74.

A. Petrucci, *Storia e geografia delle culture scritte (dal secolo XI al secolo XVIII)*, in *Letteratura italiana. Storia e geografia*, a cura di A. Asor Rosa. II/1-2. *L'età moderna*, Torino 1988, pp. 1193–1292 (ora in Petrucci, *Letteratura italiana: una storia attraverso la scrittura*, Roma 2017).

A. Pézard, *«La rotta gonna». Gloses et corrections aux textes mineurs de Dante*, Firenze-Paris, 1967–1979.

A. Piacentini, *Domenico Silvestri*, con una nota sulla scrittura di I. Ceccherini, in *Autografi dei letterati italiani. Le Origini e il Trecento*, a cura di G. Brunetti, M. Fiorilla, M. Petoletti, Roma 2013, vol. I, pp. 289–299.

R. Piattoli, *Alberti, Orso*, in *ED*, 1.

R. Piattoli, *Benincasa da Laterina*, in *ED*, 1.

R. Piattoli, *Codice diplomatico dantesco. Aggiunte, Aggiunta VII. Frate Bernardo Riccomanni destinatario dell'epistola di Dante «all'Amico Fiorentino»*, in «Archivio Storico Italiano», 127 (1969), pp. 85–108.

R. Piattoli, *Scornigiani, Gano*, in *ED*, 5.

A. M. Piazzoni, *Concoregio, Rinaldo da, beato*, in *DBI*, 27 (1982).

D. Piccini, *Un amico del Petrarca: Sennuccio del Bene e le sue rime*, Padova 2004.

Piendibeni, Francesco, in *ED*, 4.

V. Pini, *La tradizione manoscritta di Guido Faba dal XIII al XV secolo*, in *Magistri Guidonis Fabe Rota nova: ex codice manuscripto oxoniensi New College 255 nunc primum prodit*, a cura di A. Campbell, V. Pini, A. Saiani, Bologna 2000, pp. 251–452.

G. Pinto, *Aspetti della guerra tra Firenze e Ludovico il Bavaro in alcune lettere della cancelleria fiorentina*, in «Archivio Storico Italiano», 131 (1973), pp. 225–40.

R. Pinto, *Gli anni e la poetica dell'esilio (1302-1307): periodizzazione*, in «Tenzone», 16 (2015), pp. 31–70.

R. Pinto, *La poetica dell'esilio e la tenzone con Cino*, in «Tenzone. Revista de la Asociación Complutense de Dantología», 10 (2010), pp. 41–74.

P. Pirillo, *La signoria dei conti Guidi tra dinamiche di lignaggio e poteri territoriali*, in *La lunga storia di una stirpe comitale. I conti Guidi tra Romagna e Toscana*, Atti del Convegno (Poppi-Modigliana 2003), a cura di F. Canaccini, Firenze 2008, pp. 267–290.

S. Piron, *Allégories et dissidences médiévales*, in *Allégorie et symboles. Voies de dissidence? De l'antiquité à la Renaissance*, a cura di A. Rolet, Rennes 2012, pp. 243–68.

S. Piron, *La parole prophétique*, in *Le pouvoir des mots au Moyen Âge*, éds. N. Beriou, J. P. Boudet, I. Rosier Catach, Turnhout 2014, pp. 255–86.

E. Pispisa, *Alberto I d'Asburgo*, in *ED*, 1.

E. Pispisa, *Margherita di Brabante*, in *ED*, 3.

E. Pistelli, rec. a Toynbee, in «Bullettino della Società dantesca italiana», n.s. 22 (1917), pp. 58–65.

E. Pistelli, *Dubbi e proposte sul testo delle Epistole*, in «Studi Danteschi», 1 (1920), pp. 149–155.

T. Plebani, *Le scritture delle donne in Europa. Pratiche quotidiane e ambizioni letterarie (secoli XIII–XX)*, Roma 2019.

M. Plezia, *Quattuor stili modernorum. Ein Kapitel mittellateinischer Stillehre*, in *Orbis Mediaevalis*, Weimar 1970, pp. 192–210.

E. J. Polak, *A textual study of Jacques de Dinant's «Summa dictaminis»*, Genève 1975.

A. Poloni, *Banchieri del re. La monarchia angioina e le compagnie toscane da Carlo I a Roberto*, in *Périphéries financières angevines. Institutions et pratiques de l'administration de territoires composites (XIIIe–XVe siècle)*, a cura di S. Morelli, Roma 2018, pp. 309–330.

A. Poloni, *Ordelaffi, Scarpetta*, in *DBI*, 79 (2013).

P. Pontari, *Sulla dimora di Dante a Forlì: Pellegrino Calvi, Benvenuto da Imola e Biondo Flavio*, in «Studi danteschi», 80 (2015), pp. 183–241.

G. Post, *Two Notes on Nationalism in the Middle Ages*, in «Traditio», 9 (1953), pp. 281–320.

G. L. Potestà, *Dante profeta e i vaticini papali*, in «Rivista di Storia del Cristianesimo», 1 (2004), pp. 67–88.

G. L. Potestà, *La condanna del «libellus» trinitario di Gioacchino da Fiore: oggetto, ragioni, esiti*, in *The Fourth Lateran Council. Institutional Reform and Spiritual Renewal*, Proceedings of the Conference, Rome 15–17 October 2015, eds. G. Melville, J. Helmrath, Affalterbach 2017, pp. 203–223.

G. L. Potestà, *L'ultimo messia. Sovranità e profezia nel Medioevo*, Bologna 2014.

W. Purcell, *Transsumptio: A Rhetorical Doctrine of the Thirteenth Century*, in «Rhetorica», 5 (1987), pp. 369–410.

A. E. Quaglio, *La poesia realistica e la prosa del Duecento*, Roma-Bari 1971.

D. Quaglioni, *La "Monarchia", l'ideologia imperiale e la cancelleria di Enrico VII*, in *Enrico VII, Dante e Pisa a 700 anni dalla morte dell'imperatore e dalla Monarchia (1313–2013)*, a cura di G. Petralia, M. Santagata, Ravenna 2016.

D. E. Queller, *The Office of Ambassador in the Middle Ages*, Princeton 1967.

C. Rabel, *Le "Sénèque des ducs". Un cadeau lombard pour Jean de Berry*, in «Revue de l'Art», 135 (2002), pp. 7–22.

J. Rabiot, *«Fatta fedelmente volgarizzare». Documents traduits et insérés dans la «Nuova cronica» de Giovanni Villani (Florence, XIVe siècle)*, in «Médiévales», 75 (2018), pp. 49–66.

P. Racine, *La signoria di Alberto Scotti*, in *Storia di Piacenza*, II, *Dal vescovo conte alla signoria (996–1313)*, Piacenza 1984, pp. 331–346.

E. Ragni, *Brosse, Pierre de la (Pier de la Broccia)*, in *Enciclopedia Dantesca*, Roma 1970–1978.

F. Ragone, *Giovanni Villani e i suoi continuatori. La scrittura delle cronache a Firenze nel Trecento*, Roma 1998.

G. Ragonese, *Federico (Federigo) Novello*, in *ED*, 2.

M. Rainini, *«Firmiter credimus». Premesse teologiche e obiettivi polemici della costituzione I del Concilio Lateranense IV*, in *Il Lateranense IV. Le ragioni di un concilio*, Todi, 9–12 ottobre 2016, Spoleto 2017, pp. 111–156.

P. Rajna, *Per il "cursus" medievale e per Dante*, in «Studi di filologia italiana», 3 (1932), pp. 7–86.

D. Rando, *Fonti trentine per Enrico di Metz fra Italia comunale e Mitteleuropa*, in *Il "quaternus rogacionum" del notaio Bongiovanni di Bonandrea (1308–1320)*, a cura di D. Rando, M. Motter, Bologna 1997, pp. 7–27.

R. Rao, *Signori di Popolo. Signoria cittadina e società comunale nell'Italia nord-occidentale 1275–1350*, Milano 2011.

N. Rauty, *I conti Guidi in Toscana*, in *Formazione e strutture dei ceti dominanti nel Medioevo: marchesi, conti e visconti nel regno italico (secc. IX–XII)*. Atti del II convegno (Pisa, 3–4 dicembre 1993), in «Nuovi studi storici», 39 (1996), pp. 241–64.

S. Raveggi, *L'Italia dei guelfi e dei ghibellini*, Milano 2009.

S. Raveggi, M. Tarassi, D. Medici, P. Parenti, *Ghibellini, Guelfi e popolo grasso. I detentori del potere politico a Firenze nella seconda metà del Dugento*, Firenze 1978.

R. Rea, *Cavalcanti e l'invenzione del lettore*, in *Les deux Guidi. Guinizzelli et Cavalcanti. Mourir d'aimer et autres ruptures*, a cura di M. Gagliano, P. Guérin, R. Zanni, Paris 2016, pp. 157–70.

M. Reeves, *The influence of prophecy in the later Middle Ages: a study in joachimism*, Oxford 1969.

C. Revest, *"Romam veni". L'humanisme à la curie de la fin du Grand Schisme, d'Innocent VII au concile de Constance (1404–1417)*, tesi di dottorato, rel. E. Crouzet-Pavan, J. C. Maire Vigueur, Université Paris-Sorbonne (Paris IV)-Università degli Studi di Firenze 2012.

C. Ricci, *L'ultimo rifugio di Dante Alighieri*, Milano 1891.

F. Ricciardelli, *The Politics of Exclusion in Early Renaissance Florence*, Turnhout 2007.

C. Ricottini Marsili-Libelli, *Anton Francesco Doni scrittore e stampatore*, Firenze 1963.

T. Ricklin, *"more cuiusdam cioli et aliorum infamium". On Dante's Refusal to Return Home and How he Becam Florentine Again*, in *Images of Shame. Infamy, Defamation and the Ethics of oeconomia*, Berlin 2016, pp. 141–168.

P. Riesenberg, *Inalienability of Sovereignty in Medieval Political Thought*, New York 1965.

S. Riezler, *Vatikanische Akten zur deutschen Geschichte in der Zeit Kaiser Ludwigs des Bayern*, Innsbruck 1891.

P. Rigo, *Tempo liturgico nell'epistola dantesca ai Principi e ai Popoli d'Italia*, in «Lettere Italiane», 32/2 (1980), pp. 222–231, poi confluito in Rigo, *Memoria classica e memoria biblica in Dante*, Firenze 1994, pp. 33–44.

P. Rigoli, *L'esibizione del potere. Curie e feste scaligere nelle fonti cronistiche*, in *Gli Scaligeri 1277–1387. Saggi e schede raccolti in occasione della mostra storico-documentaria*, a cura di G. M. Varanini, Verona 1988, pp. 149–156.

S. Rizzo, *«La lingua nostra»: il latino di Dante*, in *Dante fra il settecentocinquantenario della nascita (2015) e il settecentenario della morte (2021)*. Atti delle Celebrazioni in Senato, del Forum e del Convegno internazionale di Roma (maggio-ottobre 2015), a cura di E. Malato, A. Mazzucchi, vol. II, Roma 2016, pp. 535–557.

S. Rizzo, *Note sulla latinità di Dante*, in «Italia medioevale e umanistica», 58 (2017), pp. 283–292.

D. M. Robathan, *Boccaccio's accuracy as a scribe*, in «Speculum», 13 (1938), pp. 458–460.

W. R. Robins, *Antonio Pucci, guardiano degli Atti della Mercanzia*, in «Studi e problemi di critica testuale», 61 (2000), pp. 29–70.

W. Robins, *The Case of the Court Entertainer: Popular. Culture, Intertextual Dialogue, and the Early. Circulation of Boccaccio's Decameron*, in «Speculum», 92 (2017), pp. 1–35.

A. Rodolfi, *Cognitio obumbrata: lo statuto epistemologico della profezia nel secolo XIII*, Firenze 2016.

E. Romanini, *Boccaccio "auctoritas" nel commento di Francesco Piendibeni al "Bucolicum carmen" del Petrarca*, in *Intorno a Boccaccio / Boccaccio e dintorni*. Atti del Seminario internazionale di studi (Certaldo Alta, Casa di Giovanni Boccaccio, 25 giugno 2014), a cura di G. Frosini, S. Zamponi, Firenze 2015, pp. 59–75.

E. Romanini, *L'esegesi di Francesco Piendibeni al "Bucolicum carmen" del Petrarca (ms. Vat. Pal. lat. 1729). Edizione critica e commento. Egloghe I–IX e XI–XII (con una trascrizione dei "marginalia" all'egloga X)*, tesi di dottorato, rel. S. Fiaschi, H. Casanova-Robin, Università degli Studi di Macerata-Université Paris-Sorbonne (Paris IV) 2016.

E. Romanini, *Francesco Piendibeni*, in *Autografi dei letterati italiani. Le Origini e il Trecento*, a cura di G. Brunetti, M. Fiorilla, M. Petoletti, vol. II, c.d.s.

E. Romanini, *Verso l'edizione critica del commento di Francesco Piendibeni al "Bucolicum carmen"*, saggio derivato dalla comunicazione presentata in *Laureatus in Urbe*. Seminario annuale di studi petrarcheschi (Roma, Università degli Studi Roma Tre, 22-23 maggio 2017), c.d.s.

E. Romanini, *Francesco Piendibeni lettore del Boccaccio: le postille alla "Genealogia" del codice Vat. lat. 2940*, saggio derivato dalla comunicazione presentata in *Intorno a Boccaccio / Boccaccio e dintorni*. Seminario internazionale, V edizione (Certaldo Alta, Casa di Giovanni Boccaccio, 6-7 settembre 2018), c.d.s.

A. Roncaglia, *Il canto VI del* Purgatorio, in «La rassegna della letteratura italiana», 60 (1956), pp. 409-426.

M. Ronzani, *La chiesa cittadina pisana tra Due e Trecento*, in *Genova, Pisa e il Mediterraneo tra Due e Trecento. Per il VII centenario della battaglia della Meloria*, Genova 1984, pp. 283-347.

I. Rosier-Catach, *La parole efficace. Signe, rituel, sacré*, Paris 2004.

G. Rossetti, *Sullo spirito antipapale che produsse la Riforma, e sulla segreta influenza ch'esercitò nella letteratura d'Europa, e specialmente d'Italia, come risulta da molti suoi classici, massime da Dante, Petrarca, Boccaccio*, London 1832.

L. Rossetto, *Per il testo critico delle Epistole dantesche: l'uso del «cursus»*, in M. Bordin, P. Fusco, L. Rossetto, *Tre studi danteschi*, Roma 1993, pp. 63-131.

A. Rossi, *Ingresso*, in «Poliorama. Semestrale di analisi filologiche e ricerche interdisciplinari», 3 (1984), pp. 1-2.

A. Rossi, *Da Dante a Leonardo. Un percorso di originali*, Firenze 1999.

M. Ryan, *Bartolus of Sassoferrato and Free Cities: the Alexander Prize Lecture*, in «Transactions of the Royal Historical Society», 10 (2000), pp. 65-89.

L. Ruggio, *Repertorio bibliografico del teatro umanistico*, Firenze 2011.

V. Russo, *Dante "exul immeritus". Variazioni compositive sul/dal tema*, in «Esperienze letterarie», 17/2 (1992), pp. 3-16.

V. Russo, *Impero e stato di diritto. Studio su «Monarchia» ed «Epistole» politiche di Dante*, Napoli 1987.

E. Ruth, *Studien über Dante Allighieri: ein Beitrag zum Verständriss der göttlichen Komödie*, Tübingen 1853.

S. Saffiotti Bernardi, *Malaspina, Moroello*, in *ED*, 3.

S. Saffiotti Bernardi, *Tarlati, Guccio*, in *ED*, 5.

A. Saiani, *La figura di Guido Faba nel prologo autobiografico della Rota nova. Una rilettura*, in *Magistri Guidonis Fabe Rota nova: ex codice manuscripto oxoniensi New College 255 nunc primum prodit*, a cura di A. Campbell, V. Pini, A. Saiani, Bologna 2000, pp. 469-508.

V. Salaverty y Rosa, *Cerdeña y la expansión mediterránea de la Corona de Aragón (1297-1314)*, Madrid 1956.

E. Salvatori, *Malaspina, Moroello*, in *DBI*, 67 (2006).

A.-E.-K. Salza, *Del carteggio di Alessandro Torri. Letture scelte sugli autografi e postillate*, Pisa 1897.

C. Samaran, R. Marichal, *Catalogue des manuscrits en écriture latine portant des indications de date, de lieu ou de copiste*, Paris 1974, vol. III/1-2. Bibliothèque Nationale, Fonds Latin (n°s 8001 à 18613).

M. Santagata, *Dante. Il romanzo della sua Vita*, Milano 2012.

M. Santagata, *Il racconto della Commedia. Guida al poema di Dante*, Milano 2017.

F. Santi, *Arnau de Vilanova: l'obra espiritual*, Valencia 1987.

A. Sapori, *La crisi delle compagnie mercantili dei Bardi e dei Peruzzi*, Firenze 1926.

G. Sasso, *Dante, l'imperatore e Aristotele*, Roma 2002.
G. Savino, *L'autografo virtuale della Commedia*, in *«Per correr miglior acque ...» Bilanci e prospettive degli studi danteschi alle soglie del nuovo millennio*. Atti del convegno internazionale (Verona-Ravenna, 25-29 ottobre 1999), Roma 2001, pp. 1099-1110.
G. Scarpelli, *Scultura giacente di vescovo*, in *Scultura a Montepulciano dal XIII al XX secolo*, introduzione storica di G. Greco, testi di G. Scarpelli, A. Sigillo *et al.*, schede di I. Iarrapino, A. Marzuoli *et al.*, Montepulciano 2003, pp. 41-42.
G. A. Scartazzini, *Dante in Germania*, Napoli-Milano-Pisa 1881.
G. A. Scartazzini, *Dantologia: vita e opere di Dante Alighieri*, Milano 1894.
G. A. Scartazzini, *Enciclopedia dantesca, continuata dal prof. A. Fiammazzo*, Milano 1905.
B. Scavizzi, *Abbiamo un autografo di Arnau de Vilanova?*, in «Arxiu de Textos Catalans Antics», 30 (2011), pp. 413-38.
L. Scavo Lombardo, *Buona fede (diritto canonico)*, in *Enciclopedia del diritto*, Milano 1960, vol. III, pp. 368-370.
H. M. Schaller, *Ein Manifest des Grafen Guido von Montefeltro nach der Schlacht von Forlì (1. Mai 1282)*, in *Storiografia e storia. Studi in onore di Eugenio Duprè Theseider*, Roma 1973, pp. 669-87 (rist. in H. M. Schaller, *Stauferzeit. Ausgewählte Aufsätze*, Hannover 1993, pp. 423-442).
H. M. Schaller, *Handschriftenverzeichnis zur Briefsammlung des Petrus de Vinea*, Hannover 2002. H. M. Schaller, *L'epistolario di Pier della Vigna*, in *Politica e cultura nell'Italia di Federico II*, a cura di S. Gensini, Pisa 1986, pp. 95-111 (rist. in H. M. Schaller, *Stauferzeit. Ausgewählte Aufsätze*, Hannover 1993, pp. 463-478).
H. M. Schaller, *Stauferzeit. Ausgewählte Aufsätze*, Hannover 1993.
H. M. Schaller, *Studien zur Briefsammlung des Kardinals Thomas von Capua*, in «Deutsches Archiv für Erforschung des Mittelalters», 21 (1965), pp. 371-518.
H. M. Schaller, *Zur Entstehung der sogenannten Briefsammlung des Petrus de Vinea*, in «Deutsches Archiv für Erforschung des Mittelalters», 12 (1956), pp. 114-159 (rist. in H. M. Schaller, *Stauferzeit. Ausgewählte Aufsätze*, Hannover 1993, pp. 225-270).
H. M. Schaller, B. Vogel, *Hanschriftenverzeichnis zur Briefsammlung des Petrus de Vinea*, Hannover 2002.
H. M. Schaller, K. Stobener, M. Thumser, *Handschriftenverzeichnis zur Briefsammlung des Thomas von Capua*, Wiesbaden 2017.
G. P. G. Scharf, *Potere e società ad Arezzo nel XIII secolo (1214-1312)*, Spoleto 2013.
P. Scheffer-Boichorst, *Aus Dante's Verbannung. Literarhistorische Studien*, Strassburg 1882.
M. Scherillo, *Ciacco e Dante uomini di corte*, in «Emporium. Rivista mensile illustrata d'Arte e di Coltura», 314 (1921), pp. 58-74.
A. Schiaffini, *Gli stili prosastici e la prosa rimata nel Medioevo latino*, in A. Schiaffini *Tradizione e poesia nella prosa d'arte italiana dalla latinità medievale a G. Boccaccio*, Roma 1943, p. 11-24.
F. Schneider, *Kaiser Heinrich VII. Dantes Kaiser*, Stuttgart-Berlin 1943.
F. Schneider, *Untersuchungen zur italienischen Verfassungsgeschichte. Anhang II. Analekten zum Römerzug Heinrichs VII.*, in «Quellen und Forschungen aus italienischen Archiven und Bibliotheken», 18 (1926), pp. 256-266.
F. Scolari, *Intorno alle epistole latine di Dante Allighieri, giusta l'edizione fattasene in Breslavia nel 1827, ed ultimamente in Livorno nel 1843, lettera critica*, Venezia 1844.
J.A. Scott, *Dante ha rivisto il testo dell'Inferno nel 1314?*, in «Studi Danteschi», 76 (2011), pp. 115-128.
C. Segre, *Lingua, stile e società*, Milano 1963.

M. Serck, *Berthold von Neuffen im Dienste Ludwigs des Bayern*, Berlin 1936.

E. Sestan, *Dante e i conti Guidi*, in *Conferenze aretine 1965*, Arezzo-Bibbiena 1966, pp. 101–131.

G. Sforza, *Castruccio Castracani degli Antelminelli e gli altri Lucchesi di parte bianca in esilio (1300–1314)*, in «Memorie della R. Accademia di Scienze di Torino», s. II, 42 (1891), pp. 47–104.

P. Silva, *Giacomo II d'Aragona e la Toscana (1307–1309)*, in «Archivio Storico Italiano», 71 (1913), pp. 23–57.

D. Silvestri, *The Latin Poetry*, edited with an introduction and notes by R. C. Jensen, München 1973.

L. Simeoni, *Le Signorie (1313–1559)*, Milano 1950.

M. Simonetti, *Introduzione all'edizione critica dell'Apologia di Rufino contro s. Girolamo*, in «Maia», n.s. IV/8 (1956), pp. 294–321.

I. Sluiter, *Obscurity*, in *Canonical texts and scholarly practices. A global comparative approach*, a cura di A. Grafton, G. Most, Cambridge 2016, pp. 34–51.

A. Solerti, *Le Vite di Dante, Petrarca e Boccaccio scritte fino al secolo decimosesto*, Milano 1904.

A. Solmi, *L'Italia nel pensiero politico di Dante*, in *Il pensiero politico di Dante. Studi storici*, Firenze 1922, pp. 193–218.

F. Somaini, *Dante e il quadro politico italiano. Lettura di* Purgatorio VI, in *Lectura Dantis Lupiensis*. Vol. 2 2013, a cura di V. Marucci, V. Puccetti, Ravenna 2014, pp. 7–99.

F. Somaini, *Henri VII et le cadre italien : la tentative de relancer le* Regnum Italicum. *Quelques réflexions préliminaires*, in *Europäische Governance in Spätmittelalter. Heinrich VII. von Luxembourg und die grossen Dynastien in Europas Gouvernance européenne au bas moyen âge. Henri VII de Luxembourg et l'Europe des grandes dynasties*. Actes des 15es journées lotharingiennes. 14–15 octobre 2008. Université de Luxembourg, a cura di M. Pauly, Luxembourg 2010, pp. 397–428.

F. Somaini, *La crisi delle città-stato*, in *Geografie politiche italiane tra Medioevo e Rinascimento*, Milano 2012, pp. 13–50.

R. W. Southern, *Towards an edition of Peter of Blois's letter-collection*, in «English Historical Review», 110 (1995), pp. 925–937.

C. P. E. Springer, *The Manuscripts of Sedulius. A Provisional Handlist*, Philadelphia 1995.

Lo stato territoriale fiorentino (secoli XIV–XV). Ricerche, linguaggi, confronti, a cura di A. Zorzi, W. J. Connell, Pisa 2002.

A. Stefanin, *Pietro Alighieri rimatore*, in «Studi Danteschi», 66 (2001), pp. 63–146.

J. Steinberg, *Accounting for Dante. Urban Readers and Writers in Late Medieval Italy*, Notre Dame 2007 (tr. It. J. Steinberg, *Dante e il suo pubblico. Copisti, scrittori e lettori nell'Italia comunale*, Roma 2018).

J. Steinberg, *Dante and the Limits of the Law*, Chicago 2013.

F. Stella, *I manuali di epistolografia delle scuole aretine fra XII e XIII secolo: documenti manoscritti di una tradizione inesplorata*, in *La produzione scritta tecnica e scientifica nel Medioevo: libro e documento tra scuole e professioni*, a cura di G. De Gregorio, Spoleto 2012, pp. 1–35.

F. Stella, *Chi scrive le mie lettere? La funzione-autore e l'eterografia nei modelli epistolari latini del XII secolo*, in E. D'Angelo, J. M. Ziolkowski (eds.), *Auctor et Auctoritas*, pp. 1071–1096.

H. Stieglitz, *Erinnerungen an Rom und den Kirchenstaat im ersten Jahre seiner Verjüngung*, Leipzig 1848.

C. Storti Storchi, *Appunti in tema di «Potestats Condendi Statuta»*, in *Scritti sugli statuti lombardi*, Milano 2007, pp. 115–138.
P. T. Struck, *Birth of the symbol. Ancient readers at the limits of their texts*, Princeton 2004.
Su Dante Alighieri, *Le opere*, V, a c. di M. Baglio, L. Azzetta, M. Petoletti e M. Rinaldi, Roma, Salerno, 2016. Atti della tavola rotonda tenutasi a Venezia, 19–21 ottobre 2016, nell'ambito del convegno «Dante attraverso i documenti III. Contesti culturali e storici delle epistole dantesche», in «L'Alighieri», 50 (2017), pp. 125–151.
B. H. Sumner, *Dante and the Regnum Italicum*, in «Medium Aevum», 1 (1932), pp. 2–23.
C. Sutter, *Aus Leben und Schriften des Magisters Boncompagno*, Freiburg i. B. 1894.
G. Tabacco, *Egemonie sociali e strutture del potere nel medioevo italiano*, Torino 1979.
G. Tabacco, *La casa di Francia nell'azione politica di papa Giovanni XXII*, Roma 1953.
F. Tamburini, *Note diplomatiche intorno a supplice e lettere di Penitenzieria (sec. XIV–XV)*, in «Archivum Historiae Pontificiae», 11 (1973), pp. 149–208.
G. Tanturli, *Un nodo cronologico e tematico: l'*invectiva in Florentinos *d'Antonio Loschi, la risposta di Coluccio Salutati e la* Laudatio florentine urbis *di Leonardo Bruni*, in *L'Humanisme italien de la Renaissance et l'Europe*, a cura di G. Tanturli, T. Picquet, L. Faggion, P. Gandoulphe, Aix en Provence 2010, pp. 109–119.
M. Tarassi, *Della Tosa, Baschiera*, in *DBI*, 37 (1989).
M. Tavoni, Convivio *e* De vulgari eloquentia: *Dante esule, filosofo laico e teorico del volgare*, in «Nuova rivista di letteratura italiana», 17/1 (2014), pp. 11–54.
M. Tavoni, *«De vulgari eloquentia»: luoghi critici, storia della tradizione, idee linguistiche*, in *Storia della lingua italiana e filologia*. Atti del VII Convegno internazionale dell'ASLI (Associazione per la Storia della Lingua Italiana), Pisa-Firenze, 18–20 dicembre 2008, a cura di C. Ciociola, Firenze 2010, pp. 47–72.
M. Tavoni, *La cosiddetta battaglia della Lastra e la biografia politica di Dante*, in «Nuova rivista di letteratura italiana», 17/2 (2014), pp. 51–87.
M. Tavoni, *L'idea imperiale nel* De vulgari eloquentia, in *Enrico VII, Dante e Pisa. A 700 anni dalla morte dell'Imperatore e dalla "Monarchia" (1313–2013)*. Atti del Convegno internazionale (Pisa-San Miniato, 24–26 ottobre 2013), a cura di G. Petralia, M. Santagata, Ravenna 2016, pp. 215–233.
M. Tavoni, *Qualche idea su Dante*, Bologna 2015.
M. Tavoni, *Un paesaggio memoriale ricorrente nella* Divina Commedia: *i fiumi che decorrono dal versante destro e sinistro dell'Appennino*, in «Deutsches Dante-Jahrbuch», 92/1 (2017), pp. 50–65.
M. Tavoni, E. Chersoni, *Ipotesi d'interpretazione della «supprema constructio» (De vulgari eloquentia*, in «Studi di grammatica italiani», 21–22 (2012–2013), pp. 131–158.
P. Terenzi, *Gli Angiò in Italia centrale. Potere e relazioni politiche in Toscana e nelle terre della Chiesa (1263–1335)*, Roma 2019.
C. Thiry, *La plainte funèbre*, Turnhout 1978.
H. Thomas, *Ludwig der Bayer (1282–1347): Kaiser und Ketzer*, Regensburg 1993.
D. Thomson, J. J. Murphy, *Dictamen as a Developed Genre: the Fourteenth Century "Brevis doctrina dictaminis" of Ventura da Bergamo*, in «Studi medievali» S. III, 23 (1982), pp. 361–386.
M. Thumser, *Zur Überlieferungsgeschichte der Briefe Papst Clemens' IV (1265–1268)*, in «Deutsches Archiv für Erforschung des Mittelalters», 51 (1995), pp. 115–68.
M. Thumser, *Les grandes collections de lettres de la curie pontificale au XIIIe siècle. Naissance, structure, édition*, in *Le dictamen dans tous ses états. Perspectives de*

*recherche sur la théorie et la pratique de l'*ars dictaminis *(XIe–XVe siècles)*, éds. B. Grévin, A.-M. Turcan-Verkerk, Turnhout 2015, pp. 209–241.

M. Thumser, *Petrus de Vinea im Königreich Sizilien. Zu Ursprung und Genese der Briefsammlung*, in «Mitteilungen des Instituts für Österreichische Geschichtsforschung», 123 (2015), pp. 30–48.

G. Todeschini, *La banca e il ghetto. Una storia italiana*, Roma-Bari 2016.

S. Tognetti, *Le compagnie mercantili-bancarie toscane e i mercati finanziari europei tra metà XIII e metà XVI secolo*, in «Archivio storico italiano», 173 (646), pp. 687–717.

F. Tollemache, *Orare*, in *ED*, 4.

G. Tomazzoli, *Nova quaedam insita mirice transsumptio: il linguaggio figurato tra le* artes poetriae *e Dante*, in *Le poetriae del medioevo latino: modelli, fortuna, commenti*, a cura di G. C. Alessio, D. Losappio, Venezia 2018, pp. 257–296.

N. Tonelli, *La canzone montanina di Dante Alighieri (Rime 15): nodi problematici di un commento*, in «Per leggere», 19 (2010), pp. 7–36.

N. Tonelli, *Rileggendo le rime di Dante secondo l'edizione e il commento De Robertis: il libro delle canzoni*, in «Studi e problemi di critica testuale», 73 (2006), pp. 9–59.

N. Tonelli, *«Tre donne», il «Convivio» e la serie delle canzoni*, in *Tre donne intorno al cor mi son venute*, Madrid 2007, pp. 51–71.

F. Torraca, recensione a Zenatti, *Dante e Firenze*, in «Bullettino della Società Dantesca Italiana», 10 (1903), pp. 139–160.

J.-P. Torrell, *Recherches sur la théorie de la prophétie au Moyen Âge, XIIe–XIVe siècles*, Fribourg 1992.

A. Torri, *Su l'epistolario di Dante Allighieri impresso a Livorno nel 1842-43: dichiarazione e protesta dell'Editore verso un bibliografo francese*, Pisa 1848.

P. Toynbee, *A Mispunctuation in the title of Dante's Letter to the Emperor Henry VII*, in «Bulletin italien», 18 (1918), pp. 111–113 (poi in Toynbee, *Dante Studies*, pp. 15–18).

P. Toynbee, *Dante Studies*, Oxford 1921.

P. Toynbee, *History of the letters of Dante from the fourteenth century to the present day*, in *The thirty-sixth annual report of the Dante Society*, Cambridge (Mass.) 1919².

R. Trachsler, *Moult obscure parleüre. Quelques observations sur la prophétie médiévale*, in *Moult obscures paroles. Études sur la prophétie médiévale*, a cura di R. Trachsler, Paris 2007, pp. 7–14.

R. C. Trexler, *Public Life in Renaissance Florence*, New York 1980.

C. Tripodi, *Gli Spini tra XIV e XV secolo. Il declino di un antico casato fiorentino*, Firenze 2013.

C. Troya, *Del Veltro allegorico di Dante*, Firenze 1826.

A.-M. Turcan Verkerk, *La théorisation progressive du* cursus *et sa terminologie entre le XIe et la fin du XIVe siècle*, in «Archivum latinitatis medii aevi Bullettin Du Cange», 73 (2015), pp. 179–201.

A.-M. Turcan-Verkerk, *La théorie des quatre styles: une invention de Jean de Garlande*, in «Archivum Latinitatis Medii Aevi Bulletin Du Cange», 66 (2008), pp. 167–187.

W. Ullmann, *The Development of the Medieval Idea of Sovereignty*, in «The English Historical Review», 64, no. 250 (1949), pp. 1–33.

M. Vallerani, *La giustizia pubblica medievale*, Bologna 2006.

A. Vallone, *Note sul testo e sulla pubblicazione della Commedia*, in *La critica dantesca nel Settecento*, Firenze, 1961, pp. 65–76 (già in «Giornale Italiano di filologia», 12 [1959]).

A. Vallone, *Studi sulla Divina Commedia*, Firenze, 1955, pp. 3–18.

G. M. Varanini, *Appunti sull'*Eloquium super arengis *del notaio veronese Ivano di Bonafine «de Berinzo» (1311 c.)*, in «Italia medioevale e umanistica», 50 (2009, ma 2011), pp. 99–121.

G. M. Varanini, *Archivi di famiglie aristocratiche nel Veneto del Trecento e Quattrocento. Appunti*, in *Un archivio per la città*, Atti della giornata di studi sugli Archivi di famiglia (Vicenza 4 aprile 1998), a cura di L. Marcadella, Vicenza 1999, pp. 24–38.

G. M. Varanini, *Cancellerie signorili trecentesche dell'Italia settentrionale. Tra notariato e "proto-umanesimo"*, in *L'art au service du prince. La politique monumentale, artistique et culturelle des États princiers et seigneuriaux: paradigme italien, expérience européenne (vers 1250-vers 1550)*, a cura di E. Crouzet Pavan, J. C. Maire Vigueur, Roma 2015, pp. 355–376.

G. M. Varanini, *"Corte", cancelleria, cultura cittadino-comunale nella Verona del primo Trecento*, in *Dante a Verona 2015–2021*, a cura di E. Ferrarini, P. Pellegrini, S. Pregnolato, Ravenna 2018, pp. 9–24.

G. M. Varanini, *Della Scala Bartolomeo*, in *DBI*, 47 (1989).

G. M. Varanini, *I notai e la signoria cittadina. Appunti sulla documentazione dei Bonacolsi di Mantova fra Duecento e Trecento (rileggendo Pietro Torelli)*, in *Scritture e potere. Pratiche documentarie e forme di governo nell'Italia tardomedievale (XIV–XV secolo)*, a cura di I. Lazzarini, in «Reti medievali. Rivista», 9 (2008), pp. 1–54.

G. M. Varanini, *La documentazione delle signorie cittadine italiane tra Duecento e Trecento e l'*Eloquium super arengis *del notaio veronese Ivano di Bonafine «de Berinzo»*, in *Chancelleries et chanceliers des princes à la fin du Moyen Âge*, Actes de la table ronde de Chambéry, 5 et 6 octobre 2006, sous la direction de G. Castelnuovo, O. Mattéoni, Chambéry 2011, pp. 53–76.

G. M. Varanini, *Nogarola, Bailardino*, in *DBI*, 78 (2013), pp. 678–679.

G. M. Varanini, *Reclutamento e circolazione dei podestà fra governo comunale e signoria cittadina: Verona e Treviso*, in *I podestà dell'Italia comunale*, I, *Reclutamento e circolazione degli ufficiali forestieri (fine XII sec.–metà XIV sec.)*, a cura di J.-C. Maire Vigueur, Roma 2000, pp. 169–201.

M. Vattasso, *I codici petrarcheschi della Biblioteca Vaticana*, Roma 1908.

E. M. Vecchi, *«Ad pacem et veram et perpetuam concordiam devenerunt». Il cartulario del notaio Giovanni di Parente di Stupio e l'*instrumentum pacis *del 1306*, in «Giornale storico della Lunigiana e del territorio lunense», 59 (2008), pp. 69–194.

G. Velli, *Il Dante di Francesco Petrarca*, in «Studi petrarcheschi», n.s. 2 (1985), pp. 185–99.

G. B. Verci, *Storia della Marca Trivigiana e Veronese*, Venezia 1786–1791.

C. Villa, *Appunti danteschi: cronache "curiali fra DVE e Monarchia*, in «Giornale storico della Letteratura italiana», 194 (2017), pp. 44–58.

C. Villa, *Dante lettore di Orazio*, in *Dante e la «bella scola» della poesia*, a cura di A. Iannucci, Ravenna 1993, pp. 87–106.

C. Villa, *Dante fra due conclavi (luglio 1314–giugno 1316): per un restauro storico-conservativo della lettera ai cardinali «Apostolica Sede pastore vacante»*, in «Studi Danteschi», 80 (2015), pp. 1–21.

C. Villa, *Il vicario imperiale, il poeta e la sapienza di Salomone: pubblicistica politica e poetica nell'epistola a Cangrande (con una postilla per re Roberto e donna Berta)/1*, in «L'Alighieri», 47 (2016), pp. 19–39.

C. Villa, *La testa del chiodo e il furore di Dante: "sine retractatione rivantur" (Ep. VI, 6, 26)*, in «Filologia mediolatina», 26 (2019, c.d.s.).

C. Villa, *L'epistola a Cangrande, la scomunica dello Scaligero e la bozza "Ne pretereat"*, in «Giornale storico della letteratura italiana», 196 (2019, c.d.s.).

C. Villa, *L'epistola di Dante ai cardinali (post 8 settembre 2014–ante 28 giugno 2016) e la Constitutio "Ubi periculum"*, in «Giornale storico della letteratura italiana», 195 (2018, c.d.s.).

C. Villa, *Un oracolo e una ragazza: Dante fra Moroello e la gozzuta alpigina*, in *Dai pochi ai molti. Studi in onore di Roberto Antonelli*, a cura di P. Canettieri, A. Punzi, 2014, vol. II, pp. 1787–1798.

C. Villa, *«Per le nove radici d'esto legno». Pier della Vigna, Nicola della Rocca (e Dante): anamorfosi e riconversione di una metafora*, in «Strumenti critici», 6 (1991), pp. 131–144.

C. Villa, *Un oracolo e una ragazza. Dante fra Moroello e la gozzuta alpigina*, in *Dai molti ai pochi. Studi in onore di Roberto Antonelli*, a cura di P. Canettieri, A. Punzi, Roma 2014, vol. II, pp. 1787–1798.

C. Villa, M. Petoletti, *Teatro Ambrosiano*, in *Nuove ricerche su codici in scrittura latina dell'Ambrosiana*. Atti del Convegno, Milano, 6–7 ottobre 2005, a cura di M. Ferrari, M. Navoni, Milano 2007, pp. 135–152.

P. Villari, *Dante, gli esuli fiorentini e Arrigo VII (1888–1889)*, in Villari, *I primi due secoli della Storia di Firenze*, Firenze 1898 (2ª ed.), vol. I, pp. 145–184.

G. Vinay, *A proposito della lettera di Dante ai cardinali*, in «Giornale storico della letteratura italiana», 135 (1958), pp. 71–80.

G. Vinay, *Riflessioni per un centenario (1265–1965)*, in «Studi medievali», 3/6 (1965), pp. 11–66, poi parzialmente rist. in *Peccato che non leggessero Lucrezio. Riletture proposte da C. Leonardi*, Spoleto 1989, pp. 379–434.

M. E. Viora, *A proposito del vicariato imperiale in Italia attribuito dai Pontefici a Roberto d'Angiò*, in «Annali triestini di diritto, economia e politica», 13 (1942), pp. 175–187.

V. Vitale, *Il dominio della parte guelfa in Bologna (1280–1327)*, Bologna 1901 (rist. anastatica Sala Bolognese 1978).

P. Viti, *Francesco da Montepulciano*, in *DBI*, 49 (1997).

P. Viti, *Due commedie umanistiche pavesi. Ianus sacerdos, Repetitio magistri Zanini coqui*, Padova 1982.

P. von Moos, *Consolatio*, München 1971–1972.

P. Von Moos, *Die italienische ars arengandi des 13. Jahrhunderts als Schule der Kommunikation*, in *Rhetorik, Kommunikation und Medialität. Gesammelte Studien zum Mittelalters*, Berlin 2006, vol. II, pp. 127–152.

L. von Rockinger, *Briefsteller und Formelbücher des eilften bis vierzehnten Jahrhunderts*, München 1863.

F. X. von Wegele, *Albrecht I (römisch-deutscher-könig)*, in *Allgemeine Deutsche Biographie*, Leipzig 1875–1910, vol. I (1875), pp. 224–27.

L. Wahlgren, *The Letter Collection of Peter of Blois: Studies in the Manuscript Tradition*, Göteborg 1993.

D. Waley, *Colonna, Giacomo*, in *DBI*, 27 (1982).

D. Waley, *The army of the Florentine republic from the twelfth to the fourteenth century*, in *Florentine studies. Politics and society in renaissance Florence*, a cura di N. Rubinstein, London 1968, pp. 70–108.

I. Walter, *Carlo Martello d'Angiò, re d'Ungheria*, in *DBI*, 20 (1977).

J. O. Ward, *Rhetorical Theory and the Rise and Decline of* Dictamen *in the Middle Ages and Early Renaissance*, in «Rhetorica», 19 (2001), pp. 175–223.

M. Weber, *La scienza come professione. La politica come professione*, Torino 1994.

C. Wickham, *The Mountains and the City*, Oxford 1988.
P. H. Wicksteed, E. G. Gardner, *Dante and Giovanni del Virgilio. Including a critical edition of the text of Dante's "Eclogae latinae" and of the poetic remains of Giovanni del Virgilio*, Westminster 1902.
H. Wieruszowski, *Politics and Culture in Medieval Spain and Italy*, Roma 1971.
R. Witt, *Medieval* ars dictaminis *and the beginnings of humanism: a new construction of the problem*, in «Renaissance Quarterly», 35/1 (1982), pp. 1–35 (rist. anastica in R. Witt, *Italian Humanism and Medieval rhetoric*, Aldershot 2001, t. I, pp. 1–35).
H. Witte, *Karl Witte ein Leben für Dante*, Hamburg 1971.
K. Witte, *Dante Alighieri's Lyrische Gedichte*, Leipzig 1842.
K. Witte, *Dante Forschungen* I, Heilbronn 1869.
K. Witte, *Neu aufgefundene Briefe des Dante Allighieri*, in «Blätter für literarische Unterhaltung», pp. 149–151 (1838), (poi in Witte, *Dante-Forschungen. Altes und neues*, I, Heilbronn 1877, pp. 473–499).
K. Witte, *Torris Ausgabe von Dantes Briefen*, in «Blätter für literarische Unterhaltung», p. 341 (poi in *Dante Forschungen. Altes und neues*, I, pp. 488–499).
K. Witte, *Über das Missverständnis Dantes* (poi in *Dante Forschungen. ALtes und neues*, I, Heilbronn 1869).
J. R. Woodhouse, *Dante and Governance*, Oxford 1997.
C. N. S. Woolf, *Bartolus of Sassoferrato: His Position in the History of Medieval Political Thought*, Cambridge 1913.
W. Ysebaert, *Medieval letters and letter collections as historical sources: methodological questions, reflections and research perspectives (6th–14th centuries)*, in «Studi medievali», III/50 (2009), pp. 41–73.
G. Yver, *Le commerce et les marchand dans l'Italie méridionale au XIIIè et au XIVè siècle*, Paris 1902.
M. Zabbia, *Dalla propaganda alla periodizzazione. L'invenzione del "buon tempo antico"*, in «Bullettino dell'Istituto Storico Italiano per il Medio Evo», 107 (2005), pp. 247–282.
M. Zabbia, *Il Regno nelle cronache comunali prima e dopo la battaglia di Benevento*, in *Suavis terra, inexpugnabile castrum. L'alta Terra di lavoro dal dominio svevo alla concquista angioina*, a cura di F. Delle Donne, Arce 2007, pp. 115–131.
G. Zaccagnini, *Cino da Pistoia: studio biografico*, Pistoia 1918.
V. Zaccaria, *Per il testo delle "Genealogie deorum gentilium"*, in «Studi sul Boccaccio», 16 (1987), pp. 179–240.
V. Zaccaria, *Boccaccio narratore, storico, moralista e mitografo*, Firenze 2001.
S. Zamponi, *Nello scrittoio di Coluccio Salutati: il Lattanzio Placido forteguerriano*, in *Tra libri e carte. Studi in onore di Luciana Mosiici*, a cura di G. Savino, T. De Robertis, Firenze 1998, pp. 549–592.
S. Zamponi, *Un Lattanzio Placido scritto da un gruppo di copisti diretti da Salutati (scheda del ms. Pistoia, Biblioteca Comunale Forteguerriana, A.45)*, in *Coluccio Salutati e l'invenzione dell'Umanesimo*, a cura di T. De Robertis, G. Tanturli, S. Zamponi, Firenze 2008, pp. 338–341.
S. Zanke, *Johannes 22., Avignon und Europa: das politische Papsttum im Spiegel der kurialen Register (1316–1334)*, Leiden 2013.
K. Zelzer, *Zur Überlieferung der Rhetorik Ad Herennium*, in «Wiener Studien», n.s. 16 (1982), pp. 183–211.
O. Zenatti, *Dante e Firenze. Prose antiche*, Firenze 1902.

C. Zey, *Zur Einführung*, in *Mächtige Frauen? Königinnen und Fürstinnen im europäischen Mittelalter (11.–14. Jahrhundert). Zur Einführung*, a cura di C. Zey, in «Vorträge und Forschungen», 81 (2015), pp. 9–33.

N. Zingarelli, *La vita, i tempi e le opere di Dante*, Milano 1931.

J. M. Ziolkowski, *Theories of obscurity in the Latin tradition*, in «Mediaevalia. A journal of medieval studies», 19 (1993), pp. 101–70.

G. Zippel, *Nicolò Niccoli. Contributo alla storia dell'Umanismo, con un'appendice di documenti*, Firenze 1890.

A. Zorzi, *La faida Cerchi-Donati*, in Zorzi, *La trasformazione di un quadro politico. Ricerche su politica e giustizia a Firenze dal Comune allo Stato territoriale*, Firenze 2008, pp. 95–120.

A. Zorzi, *Ripensando i vicariati imperiali e apostolici*, in *Signorie italiane e modelli monarchici (secoli XIII–XV)*, a cura di P. Grillo, Roma 2013, pp. 19–43.

R. Zucchi, *Ottonello Descalzi e la fortuna del "De viris illustribus"*, in «Italia medioevale e umanistica», 17 (1974), pp. 469–490.

H. Zug Tucci, *Henricus coronatur corona ferrea* in *Il viaggio di Enrico VII in Italia*, a cura di M. Tosti Croce, Città di Castello 1993, pp. 29–42.

Banche dati on-line

Alim, Archivio della latinità italiana del Medioevo: http://alim.unisi.it.

BREPOLiS, insieme di archivi testuali mediolatini: http://apps.brepolis.net/BrepolisPortal/default.aspx.

DanteSearch: corpus delle opere volgari e latine di Dante lemmatizzate con annotazione morfologica e sintattica: http://www.perunaenciclopediadantescadigitale.eu:8080/dantesearch/.

Dartmouth Dante Project: a searchable full-text database containing more than seventy commentaries on Dante's *Divine Comedy*: https://dante.dartmouth.edu/search.php.

www.ingramcontent.com/pod-product-compliance
Lightning Source LLC
Chambersburg PA
CBHW050522300426
44113CB00012B/1925